AF559368

HIER+JETZT

De Tutela Librorum

ANDREA GIOVANNINI

La conservation des livres et des documents d'archives

Quatrième édition revue et augmentée

Die Erhaltung von Büchern und Archivalien

Vierte, überarbeitete und wesentlich erweiterte Auflage

2010 hier+jetzt, Verlag für Kultur und Geschichte, Baden

La publication de ce volume a été rendue possible par les contributions financières des institutions suivantes, qui ont permis de combler le déficit d'édition :
- Office fédéral pour la protection de la population, Protection des biens culturels.
- Société d'Histoire de Suisse Romande
- Archives Fédérales Suisses
- Association des Archivistes Suisses
- Association Vaudoise des Archivistes (AVA)
- Zentrum Historische Bestände de la Bibliothèque de l'Université de Berne

Dans le souci de faciliter la lecture et l'utilisation du livre, j'ai choisi, pour la rédaction du texte, d'employer de manière systématique la forme masculine. Cela malgré le fait que les femmes soient largement majoritaires dans ma profession ; je n'ai cependant pas trouvé de meilleure solution.

Die Veröffentlichung dieses Bandes wurde durch die nachfolgend aufgeführten Institutionen möglich. Dank ihrer finanziellen Unterstützung konnte das Finanzierungsdefizit ausgeglichen werden.
- Bundesamt für Bevölkerungsschutz, Kulturgüterschutz
- Société d'Histoire de Suisse Romande
- Schweizerisches Bundesarchiv
- Verein Schweizerischer Archivarinnen und Archivare
- Association Vaudoise des Archivistes (AVA)
- Zentrum Historische Bestände der Universitätsbibliothek Bern

Um die Lektüre und die Benutzung dieses Buches zu vereinfachen, habe ich mich bei der Ausarbeitung des Textes für die systematische Anwendung der maskulinen Form entschieden, und das, obwohl die Frauen in meinem Beruf in der Mehrheit sind. Ich habe jedoch keine bessere Lösung gefunden.

Traduction allemande/deutsche Übersetzung: Marie Besson

Lectorat/Lektorat: Marianne Tsioli und Andreas Steigmeier
Mise en page/Gestaltung und Satz: Sara Glauser, hier+jetzt

Imprimé sur papier permanent (ISO 9706)
Gedruckt auf alterungsbeständiges Papier nach ISO 9706

www.hierundjetzt.ch
ISBN 978-3-03919-144-4

Sommaire

Inhalt

CHAPITRE 5

Nature et altérations du cuir et du parchemin

KAPITEL 5

Beschaffenheit und Abbauprozesse von Leder und Pergament

CHAPITRE 6

CHAPITRE 6, PARTIE I

KAPITEL 6

KAPITEL 6, TEIL I

CHAPITRE 6, PARTIE IV

Le traitement direct des livres et des documents . . . 400

CHAPITRE 6, PARTIE V

La conservation de quelques supports spéciaux . . . 422

KAPITEL 6, TEIL IV

Direkter Eingriff auf Buch- und Schriftgut . . . 400

KAPITEL 6, TEIL V

Die Aufbewahrung einiger spezieller Informationsträger . . . 422

Annexes

Anhang

Introduction

En écrivant cette quatrième édition du « De Tutela Librorum » (après les trois éditions précédentes de 1995, 1999 et 2004) je me suis demandé, à une époque où l'information, y compris celle sur la conservation des biens culturels écrits, est devenue largement disponible sur internet, quel pouvait encore être le sens d'un livre comme celui-ci. A mon avis, c'est justement parce que des masses d'informations sont désormais accessibles à chacun qu'un livre cherchant à réunir l'essentiel – les bases sur lesquelles construire une politique de conservation pour des collections de livres ou de documents d'archives – est encore utile. Ce livre ne cherche par à réunir un savoir universel ; il est plutôt la synthèse de ma vision personnelle de la conservation sous tous ses aspects, fondée sur 25 ans de travail dans ce domaine.

Quel est le sens profond, éthique et politique, de la conservation des biens culturels en général, des biens culturels manuscrits et imprimés en particulier ? Je suis convaincu que la solidité d'une culture, en tant qu'élément constitutif d'une identité à la fois individuelle et collective, est fondée sur la conscience du chemin parcouru par ceux qui nous ont précédés au cours des siècles et sur celle de notre propre responsabilité pour les générations à venir. Les phénomènes de mondialisation et de banalisation de l'expression culturelle, de réduction d'une grande partie de l'existence à un rapport de type commercial fragilisent les personnes et les collectivités et les rendent plus facilement manipulables. Nos biens culturels nous rappellent qui nous sommes, par quels chemins nous sommes arrivés ici, quelles valeurs nous ont guidés, en bien et en mal. Ils nous forcent, consciemment, ou le plus souvent de manière peu consciente, à nous po-

Einleitung

Bei der Arbeit an der vierten Auflage von «De Tutela Librorum» (nach den drei vorangegangenen Auflagen 1995, 1999 und 2004) stellte sich mir die Frage, welche Bedeutung einem solchen Buch in einer Zeit zukommt, in der auch die Informationen über die Erhaltung des schriftlichen Kulturgutes in breitem Mass über das Internet zugänglich sind. Meiner Meinung nach ist es gerade diese Informationsfülle, durch die ein Buch von Nutzen bleibt, in dem die wesentlichen Grundlagen für die Erarbeitung eines Konservierungsprogramms für Bibliotheks- und Archivgut aufgeführt werden. In diesem Buch soll nicht das gesamte Wissen dargelegt werden. Auf der Grundlage meiner 25-jährigen Tätigkeit in diesem Bereich bildet es eher die Synthese meiner persönlichen Auffassung von Bestandserhaltung in all ihren Aspekten.

Worin liegt die tiefere ethische und politische Bedeutung der Erhaltung von Kulturgut im Allgemeinen und des Druck- und Schriftguts im Besonderen? Ich bin überzeugt, dass das Bestehen einer Kultur, die einer individuellen und kollektiven Identität angehört, auf dem Bewusstsein einer jahrhundertelangen Überlieferung durch unsere Vorfahren und unserer eigenen Verantwortlichkeit gegenüber den kommenden Generationen beruht. Globalisierung und Banalisierung der kulturellen Ausdrucksformen schwächen Menschen und Gemeinschaften und beschränken einen grossen Teil unseres Daseins auf geschäftliche Beziehungen, sodass Manipulation leichter möglich ist. Unsere Kulturgüter erinnern uns daran, wer wir sind. Sie zeigen uns, auf welchen Wegen wir hierher gelangt sind und welche Werte uns im Guten wie im Schlechten geleitet haben. Sie bringen uns dazu, uns mehr oder eher weniger bewusst die Frage

ser la question de notre identité. L'effort de conservation de nos biens culturels sous forme de livres et de documents d'archives sous-entend donc à mes yeux une action qui, bien loin d'être élitiste, même quand elle concerne des objets difficilement accessibles à tout un chacun, est profondément politique et démocratique.

Le livre est divisé en chapitres, avec une disproportion évidente pour le chapitre 6, qui traite des méthodes de conservation; ceci reflète le caractère pratique de mon travail. Les éléments théoriques sont introduits dans la mesure où ils sont nécessaires pour bien comprendre les indications pratiques qui les suivent. Comme pour les éditions précédentes, j'ai cherché à écrire d'une manière aussi simple et claire que possible, en partant de l'idée que quand on a bien compris un phénomène, on devrait être capable de l'expliquer simplement.

Le livre a été écrit en pensant aux besoins des personnes qui portent une responsabilité en matière de conservation sans avoir reçu une formation spécifique dans ce domaine, du directeur, de la directrice d'une institution jusqu'au magasinier. Pour les questions complexes, le recours à des spécialistes en matière de conservation, c'est-à-dire les restaurateurs-conservateurs ayant reçu une formation approfondie de niveau master, est de toute manière conseillé.

Ce volume ne comporte que peu d'images; cela principalement pour limiter ses coûts et permettre ainsi une bonne diffusion auprès des personnes en formation. Par ailleurs, des images sont disponibles sur le Web pour illustrer pratiquement tous les arguments traités, ce qui rend superflue leur publication sur papier.

La réalisation de cette quatrième édition, dont environ un quart du contenu a été renouvelé et actualisé, a été rendue possible tout d'abord par les institutions qui depuis 25 ans ont fait appel à moi comme conseiller en conservation ou comme restaurateur; qu'elles soient remerciées pour la confiance qu'elles me témoignent.

nach unserer Identität zu stellen. Auch wenn die Bücher und Archivalien nicht immer für jeden zugänglich sind, ist das Bemühen um die Erhaltung dieser Kulturgüter in meinen Augen daher eine wirklich politische und demokratische Handlung.

Das Buch ist in Kapitel unterteilt, wobei den im 6. Kapitel ausgeführten Konservierungsmethoden als praxisbezogenen Hinweisen selbstverständlich am meisten Platz eingeräumt wurde. Auf die theoretischen Grundlagen wird immer dann eingegangen, wenn sie zum Verständnis der nachfolgenden praktischen Erläuterungen nötig sind. Wie in den früheren Auflagen habe ich versucht, möglichst einfach und klar zu schreiben, immer von dem Prinzip ausgehend, dass ein Vorgang auf einfache Weise beschrieben werden kann, wenn er gut verstanden wurde.

Beim Schreiben des Buches wurde versucht, auf die Bedürfnisse von Personen einzugehen, denen Verantwortlichkeiten im Bereich der Bestandserhaltung übertragen wurden, die aber keine spezifische Ausbildung auf diesem Gebiet erhalten haben – von den Leitenden einer Institution bis hin zu den Beschäftigten im Magazin. Für schwierige Fragen sollte man sich auf jeden Fall an Spezialisten im Bereich der Bestandserhaltung, das heisst an Konservatoren-Restauratoren mit einer umfassenden Ausbildung auf Master-Niveau, wenden.

Mit der Entscheidung für eine beschränkte Zahl an Illustrationen sollen vor allem die Herstellungskosten niedriger gehalten werden, in erster Linie, um das Buch auch den in Ausbildung befindlichen Interessenten zugänglich zu machen. Auf jeden Fall stehen auf dem Web ausreichend viele Illustrationen zu so gut wie jedem hier behandelten Thema zur Verfügung, sodass der Druck auf Papier überflüssig scheint.

Diese vierte, aktualisierte und um ungefähr ein Viertel erweiterte Auflage konnte zuallererst dank der Einrichtungen, die mich seit 25 Jahren als Berater für die Bestandserhaltung oder als Restaurator beigezogen haben, verwirklicht werden. Hiermit danke ich ihnen für das mir erwiesene Vertrauen.

Plus immédiatement, mes remerciements vont à ceux qui ont contribué par leurs critiques, par des informations ponctuelles, par la relecture bénévole du texte français et aussi par leurs encouragements à la naissance de cette nouvelle édition du « De Tutela Librorum », en particulier : Marianne Tsioli, Elke Mentzel, Ulrike Bürger.

Lumino, mars 2010
Andrea Giovannini

Mein unmittelbarer Dank geht an diejenigen, die durch Kritik, konkrete Hinweise, unentgeltliches Korrekturlesen des französischen Textes und besonders durch ihre Ermutigung zur Entstehung dieser neuen Auflage von «De Tutela Librorum» beigetragen haben. Hier sind vor allem zu nennen: Marianne Tsioli, Elke Mentzel, Ulrike Bürger.

Lumino, März 2010
Andrea Giovannini

Andrea Giovannini, né en 1953, travaille à Lumino (canton du Tessin, Suisse) ; il est conservateur-restaurateur accrédité auprès de l'Institute of Conservation (ICON) et de l'Association suisse de Conservation et Restauration (SCR).
Son activité en tant que restaurateur est centrée sur les livres et les documents médiévaux et de la Renaissance. Il est très actif en qualité de conseiller en conservation pour des institutions, principalement au niveau national, et il accompagne des projets de construction ou de rénovation de bibliothèques et d'archives.
Très engagé dans la formation des futurs professionnels de l'information, il a élaboré des cours et enseigne régulièrement dans diverses formations : Hautes Ecoles Spécialisées de Genève et de Coire, Université de Haute-Alsace, Université de Berne, cours de formation des associations professionnelles AAS et BBS. Il offre des cours ponctuels liés aux divers thèmes de la conservation pour archives et bibliothèques dans les trois langues nationales.
Andrea Giovannini a publié de nombreux articles concernant divers aspects de la conservation et de la restauration.

Pour plus d'information voir :
www.andrea-giovannini.ch.

Andrea Giovannini, geboren 1953, arbeitet in Lumino (Kanton Tessin, Schweiz). Er ist akkreditierter Konservator/Restaurator beim Institute of Conservation (ICON) und dem Schweizerischen Verband für Konservierung und Restaurierung (SKR).
Den Schwerpunkt seiner Tätigkeit als Restaurator bilden Bücher und Dokumente des Mittelalters und der Renaissance. Er ist sehr aktiv als Berater für Bestandserhaltung in Institutionen, hauptsächlich auf nationaler Ebene, tätig und begleitet Bau- oder Renovierungsvorhaben von Bibliotheken und Archiven.
Er engagiert sich intensiv bei der Ausbildung für zukünftige Spezialisten in den informationswissenschaftlichen Disziplinen und unterrichtet nach der von ihm entwickelten Methode an verschiedenen Bildungsgängen: Fachhochschulen in Genf und in Chur, Université de Haute-Alsace, Universität Bern, Aus- und Weiterbildung der Berufsvereinigungen VSA und BBS. Weiter gibt er für Bibliotheken und Archive Spezialkurse in den drei Landessprachen zu den verschiedenen Aspekten der Bestandserhaltung.
Andrea Giovannini hat zahlreiche Artikel zu den verschiedenen Thematiken im Bereich der Konservierung und der Restaurierung veröffentlicht.

Für weiter reichende Informationen siehe:
www.andrea-giovannini.ch

CHAPITRE 1

Outils conceptuels pour une politique de conservation et de restauration

1 Introduction

La conservation et la restauration des livres et des documents d'archives ont connu, au cours du dernier quart du XXe siècle et du début de ce XXIe siècle, de profonds changements; les activités longtemps considérées comme marginales, artisanales et donc gérées individuellement par chaque institution sont désormais reconnues comme des tâches essentielles, basées sur des données scientifiques, parfois organisée sur le plan régional et national.

L'œuvre des pionniers, conservateurs-restaurateurs, bibliothécaires, archivistes et conservateurs de musées, qui s'étaient formés d'eux-mêmes pour cette tâche alors nouvelle, s'est poursuivie par une nouvelle génération de personnes ayant reçu une formation solide et sérieusement motivées pour garantir la conservation du patrimoine écrit et imprimé.

Au cours des dernières années, les grandes institutions en Suisse et dans les pays industrialisés ont conçu et mis en œuvre une véritable politique de conservation, mais ce travail reste à faire dans de nombreuses institutions régionales et locales, bien qu'une part très importante du patrimoine écrit et imprimé y soit conservé.

Une organisation claire et efficace de la politique de conservation et de restauration nécessite autant des outils concrets – des magasins offrant

KAPITEL 1

Konzeptionelle Ansätze für eine Konservierungs- und Restaurierungspolitik

1 Einleitung

Die Konservierung und Restaurierung von Archiv- und Bibliotheksgut hat im letzten Viertel des 20. und seit Beginn des 21. Jahrhunderts grosse Veränderungen erfahren. Aus einer wenig beachteten, handwerklichen, von jeder Institution individuell betriebenen Tätigkeit wurde eine wichtige, anerkannte, auf wissenschaftlichen Grundlagen beruhende und mitunter auf regionaler und nationaler Ebene organisierte Aufgabe.

Das wegbereitende Werk von Konservatoren-Restauratoren, Bibliothekaren, Archivaren und Museumskonservatoren, die sich selbsttätig für diese damals neue Aufgabe ausbildeten, wurde von einer neuen Generation fortgesetzt, deren solide Ausbildung und ernsthafte Motivation die Erhaltung von geschriebenem und gedrucktem Kulturgut garantieren.

Im Lauf der letzten Jahre wurde in bedeutenden Einrichtungen in der Schweiz und in anderen Industrieländern das Konzept einer Konservierungspolitik entworfen und in die Praxis umgesetzt. In zahlreichen regionalen und örtlichen Einrichtungen jedoch, die immerhin einen bedeutenden Teil des Buch- und Schriftgutes aufbewahren, muss diese Arbeit noch in Angriff genommen werden.

Voraussetzung eines erfolgreichen Konservierungs- und Restaurierungsprogramms sind sowohl

des conditions correctes, un système de rangement et de conditionnement efficace, une bonne équipe de restaurateurs – que des outils intellectuels, qui doivent permettre de définir les grandes lignes de cette politique sur le plan de l'institution, de la région et du pays.

Le but de ce chapitre est de proposer des concepts de base utiles pour déterminer les possibilités, les limites et les priorités pour la conservation et la restauration des livres et des documents d'archives.

konkrete Mittel, wie Archivräume mit korrekten Aufbewahrungsbedingungen, ein effizientes Aufstellungs- und Verpackungssystem und gut ausgebildete Restauratoren, als auch intellektuelle Mittel, das heisst Konzeption und Zielsetzung dieser Politik auf institutioneller, regionaler und nationaler Ebene.

In diesem Kapitel werden Konzepte aufgezeigt, die bei der Festlegung von Möglichkeiten, Grenzen und Prioritäten der Konservierung und Restaurierung von Archiv- und Bibliotheksgut von Nutzen sein können.

2 L'évolution du livre dans le temps

Nous allons utiliser le concept de « niveau d'information potentiel » (NIP) d'un objet (livre ou document d'archives), concept élaboré par Federici et Rossi (1982). Le NIP se réfère à l'ensemble des informations présentes dans un livre ou un document d'archives, plus ou moins cachées dans son texte, sa structure et ses matériaux.

Le livre ou le document d'archives est considéré comme un « paquet » d'informations dont une partie est accessible immédiatement (p. ex. le texte, dans la mesure où l'on peut le lire et le comprendre, ou certaines caractéristiques matérielles qui nous fournissent des informations sur les origines ou sur l'histoire de l'objet, ou encore des ex-libris ou autres marques de propriété) alors qu'une autre partie n'est pas tout de suite exploitable scientifiquement, tout en étant potentiellement riche en renseignements sur l'objet (données codicologiques encore mal étudiées, comme par exemple les proportions et les techniques utilisées lors de la mise en page d'un manuscrit médiéval ou certains éléments structurels de la reliure). Les recherches dans le domaine de la codicologie et de l'archéologie du livre et du document d'archives ont mis en lumière la richesse des informations qui peuvent être tirées de l'examen comparé des matières et des techniques qui ont permis la réalisation concrète d'un objet, ceci non seulement pour des livres et documents médiévaux, mais aussi pour des objets beaucoup plus récents.

2 Zeitbedingte Veränderungen des Buches

Als Grundlage dient uns ein von Federici und Rossi (1982) erarbeitetes Konzept, nach dem jedes Objekt (Buch oder Dokument) über ein bestimmtes «Niveau an potenzieller Information» (hier NIP genannt) verfügt. Als NIP wird die Gesamtheit der in einem Objekt enthaltenen Informationen bezeichnet, die mehr oder weniger sichtbar in seinem Text, seinem Aufbau und seinen Materialien vorhanden sind.

Das Buch beziehungsweise das Dokument wird als ein «Informationspaket» betrachtet. Ein Teil davon ist sofort zugänglich (z. B. der Text, soweit man ihn lesen und verstehen kann, bestimmte Materialeigenschaften, die uns Informationen über die Herkunft und die Geschichte des Objekts vermitteln, oder ein Exlibris sowie andere Besitzzeichen). Der andere Teil kann aufgrund der oft noch lückenhaften Kenntnisse nicht sogleich wissenschaftlich ausgewertet werden, obwohl er potenziell reich an Auskünften über das Objekt ist (ungenügend untersuchte kodikologische Aspekte, zum Beispiel die bei der Seitenaufteilung einer mittelalterlichen Handschrift angewandten Proportionen und Techniken oder bestimmte strukturelle Elemente des Einbandes). Die Untersuchungen auf dem Gebiet der Kodikologie und der Archäologie von Büchern und Archivalien haben deutlich gemacht, welchen Reichtum an Informationen man aus einer vergleichenden Untersuchung der zur Herstellung des Objekts verwendeten Materialien und Techniken

Le livre ou le document d'archives est ainsi considéré comme une unité qui comprend le texte, ainsi que les matières et les techniques utilisées pour le créer. Cette vision globale de l'objet est particulièrement importante à un moment où les techniques numériques tendent à mettre en valeur uniquement l'image de l'objet au détriment de son intégralité matérielle.

Le NIP représente un outil précieux pour définir les possibilités et les limites de la conservation et de la restauration. Examinons tout d'abord comment le NIP évolue dans le temps, en fixant arbitrairement la valeur du NIP d'un objet neuf à 100 %.

Un phénomène inéluctable auquel nous sommes confrontés est que le NIP diminue sans cesse avec le temps qui passe; l'univers entier se transforme continuellement, aucune matière n'échappe à ce processus et seule la vitesse du changement le rend plus ou moins perceptible; ce qui nous semble éternel a simplement une vitesse de changement trop lente pour être perceptible dans le laps de temps de notre existence. Concrètement, cet axiome signifie que le livre ou le document d'archives subira toujours des processus d'altération : il vieillit. Cette situation est un cas particulier du deuxième principe de la thermodynamique. Toute transformation d'un système thermodynamique s'effectue avec une augmentation de l'entropie globale incluant l'entropie du système et du milieu extérieur. On dit encore qu'il y a création d'entropie. Cette évolution peut être représentée graphiquement.

L'image du NIP peut être utilisée autant pour un objet individuel que pour une collection, dans la mesure où ses caractéristiques matérielles présentent une certaine uniformité.

L'évolution du NIP dans le temps est dépendante de deux facteurs : d'une part de la qualité des matériaux, chaque matière ayant ses propres limites de conservation même dans des conditions idéales, et de l'autre des conditions de conservation auxquelles l'objet est soumis et les événements qui peuvent surgir dans sa vie.

La vitesse avec laquelle le NIP diminue varie très fortement et ne peut pas être représentée que d'une manière schématique sur un tel graphique, de même que les diverses combinaisons possibles entre les deux facteurs cités ci-dessus. Par exemple,

beziehen kann. Dies trifft nicht nur für mittelalterliche Bücher und Dokumente zu, sondern auch für Objekte viel jüngeren Datums.

Das Buch beziehungsweise das Dokument wird somit als Einheit betrachtet, die den Text und die zu seiner Herstellung verwendeten Materialien und Techniken umfasst. Diese Betrachtung des Objekts in seiner Gesamtheit ist besonders wichtig zu einer Zeit, in der durch die digitalen Techniken hauptsächlich das Abbild des Objekts im Vordergrund steht und seine materielle Ganzheit somit vernachlässigt wird.

Das NIP ist eine wertvolle Hilfe zur Definition von Möglichkeiten und Grenzen der Konservierung und Restaurierung. Indem wir den Wert des NIP eines neuen Objekts willkürlich auf 100 % festlegen, können wir durch Zahlen darstellen, wie sich das NIP im Lauf der Zeit entwickelt.

Das NIP nimmt im Lauf der Zeit unwiderruflich ab. Das gesamte Universum ist in ständiger Wandlung begriffen. Kein Stoff entgeht diesem Prozess, der nur durch seine Ablaufgeschwindigkeit mehr oder weniger deutlich wahrnehmbar ist. Wir nehmen Dinge für ewig an, einfach weil sie einer äusserst langsamen Wandlung unterworfen sind, die wir im Lauf unserer Lebenszeit nicht wahrnehmen können. Diese Gesetzmässigkeit bedeutet, dass Bücher und Dokumente auf jeden Fall einem Abbauprozess unterliegen, das heisst, sie altern. Dieser Umstand ist ein besonderer Fall des zweiten Hauptsatzes der Thermodynamik. Jede Veränderung eines thermodynamischen Systems verläuft unter Erhöhung der Gesamtentropie, die sich aus der Entropie des Systems und der Umgebung zusammensetzt. Es wird auch von der Entropie-Bildung gesprochen. Diese Entwicklung kann grafisch dargestellt werden.

Die Vorstellung des NIP kann sowohl auf ein einzelnes Objekt als auch auf eine Sammlung von Objekten mit ähnlichen Materialeigenschaften angewendet werden.

Die Entwicklung des NIP im Verlauf der Zeit hängt von zwei Faktoren ab: erstens von den Materialeigenschaften, denn jedes Material ist unterschiedlich lange, aber auch unter Idealbedingungen nur begrenzt haltbar, und zweitens von den Aufbewahrungsverhältnissen des Objekts sowie

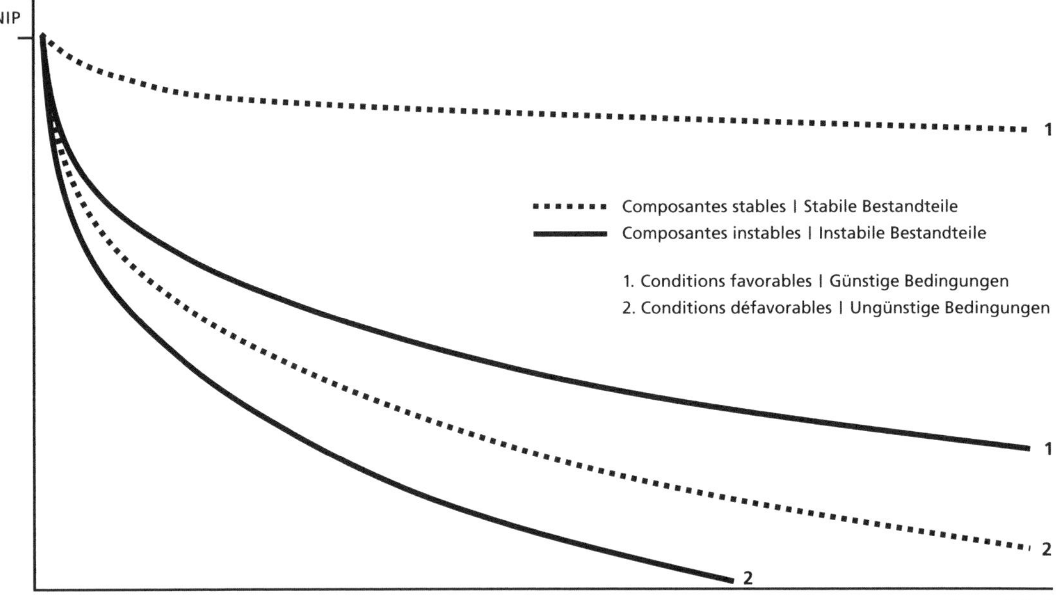

Fig. 1/1 : Représentation de l'évolution du NIP[1] dans le temps en fonction de la qualité des composantes et des conditions de conservation.

Fig. 1/1: Darstellung der Entwicklung des NIP[1] im Lauf der Zeit in Abhängigkeit von den Materialeigenschaften und den Konservierungsbedingungen.

un livre médiéval écrit sur du très bon papier et conservé correctement peut ne montrer que de très faibles signes d'altération après plus de cinq siècles de vie, alors qu'un livre imprimé sur un papier contenant de la pâte de bois montre des signes d'altération amplement visibles et mesurables après un jour passé au soleil. La différence entre ces deux échelles de temps est d'environ 200 000 fois.

Un volume qui subit un incendie mais dont il reste une partie, même brûlée, voit son NIP chuter brutalement au moment du sinistre, sans toutefois qu'il soit réduit à 0 % ; il reste une partie de l'objet de laquelle il est encore possible de tirer quelques informations. Ainsi par exemple, le simple plat d'un livre peut parfois nous indiquer l'époque et la

[1] L'idée que le NIP d'un objet soit à 100 % quand il est neuf est une simplification évidente de la réalité ; au cours de sa vie, chaque objet perd des informations suite à son vieillissement, mais de nouvelles informations se superposent aux anciennes. Un modèle plus correct serait donc une série de courbes dont l'origine est décalée dans le temps.

von unvorhersehbaren Ereignissen, von denen es betroffen wird.

Das NIP nimmt mit sehr unterschiedlicher Geschwindigkeit ab und kann, genau wie die verschiedenen Kombinationsmöglichkeiten zwischen den beiden oben genannten Faktoren in einem solchen Diagramm, nur schematisch dargestellt werden. Zum Beispiel kann es sein, dass ein mittelalterliches Buch, auf gutem Papier geschrieben und sachgemäss aufbewahrt, auch nach mehr als fünf Jahrhunderten nur sehr schwache Schädigungsmerkmale aufweist. Ein auf holzschliffhaltigem Papier gedrucktes Buch dagegen weist schon nach einem Tag Sonnenbestrahlung deutlich sichtbare und messbare Schäden auf, das heisst, das NIP nimmt etwa 200 000-mal schneller ab.

[1] Die Festlegung des NIP auf den Wert von 100 % für den Neuzustand eines Objekts stellt eine Vereinfachung dar: Tatsächlich gehen jedem Objekt infolge seiner Alterung Informationen verloren, und neue Informationen überlagern die alten. Korrekter wäre also ein Modell mit mehreren Kurven, deren Beginn zeitlich verschoben wäre.

provenance du volume qu'il protégeait. Un volume incendié dont les cendres sont dispersées voit son NIP tomber d'un coup à 0 % ; l'objet est totalement détruit et il ne reste que des traces indirectes de son existence, par exemple dans un catalogue de bibliothèque.

Wenn nach einem Brand der versengte Rest eines Buches zurückbleibt, fällt das NIP zum Zeitpunkt der Katastrophe zwar schlagartig ab, doch sinkt es nicht auf 0 %. Dem verbleibenden Rest können immer noch Informationen entnommen werden: Ein Buchdeckel kann unter Umständen über das Alter und die Herkunft eines Buches Auskunft geben. Das NIP eines verbrannten Buches, dessen Asche verloren geht, sinkt mit einem Schlag auf 0 % ab. Von der Existenz des völlig zerstörten Objekts bleiben nur noch indirekte Spuren, die Angaben in einem Bibliothekskatalog.

3 Concept de conservation

Le but des mesures de conservation est de ralentir autant que possible la diminution du NIP d'un objet ou d'un groupe d'objets; ce concept implique le souci de conservation pour la globalité de l'objet (contenant et contenu) et non pas seulement de son texte.

Une politique de conservation comprend toutes les mesures – qu'elles concernent l'entreposage, la protection, la manipulation ou l'utilisation de l'objet – qui visent à ralentir les processus de dégradation endogènes et exogènes.

Les limites d'une politique de conservation sont données par l'évolution naturelle du NIP dans le temps. En effet, aucun objet ne peut être conservé de manière absolue dans un état inaltérable. Les limites sont liées essentiellement aux matières et aux techniques utilisées pour fabriquer l'objet. Le vieillissement sera d'autant plus rapide que les matières utilisées sont de mauvaise qualité et subiront des processus relativement rapides d'autodestruction. Ceci peut se vérifier avec une grande partie des papiers fabriqués industriellement, du moins jusqu'aux années 70 du XXe siècle.

L'influence des conditions de conservation et de consultation est toutefois très importante pour tous les matériaux: si les conditions sont bonnes, tous les processus de vieillissement ralentissent fortement, au point de devenir difficilement perceptibles pour les matières de bonne qualité; si elles sont mauvaises, même les meilleurs matériaux s'altèrent rapidement.

3 Ein Konservierungskonzept

Konservierungsmassnahmen sollen das Altern eines Objekts oder einer Sammlung und somit das Absinken des NIP so weit wie möglich verlangsamen; dieses Konzept verlangt die Erhaltung des gesamten Objekts (Inhalt und Form) und nicht nur die des Textes.

Eine Konservierungspolitik umfasst alle Massnahmen der Lagerung, des Schutzes, der Handhabung und der Benutzung, mittels derer die endogenen und exogenen Abbauprozesse der Objekte verlangsamt werden.

Die Grenzen einer Konservierungspolitik sind durch die natürliche Entwicklung des NIP im Lauf der Zeit vorgegeben: Kein Objekt kann uneingeschränkt ohne irgendeine Form von Schädigung erhalten werden. Diese Grenzen ergeben sich vor allem aus den Materialien und Techniken, die bei der Herstellung eines Objekts verwendet wurden. Je schlechter die Qualität der verwendeten Materialien (die endogenen Zerstörungsprozesse vollziehen sich hier relativ rasch), desto schneller läuft der Alterungsprozess ab. Dies zeigt sich vor allem bei industriell hergestellten Papieren, zumindest bis in die 1970er-Jahre.

Aber auch Aufbewahrungs- und Benutzungsbedingungen beeinflussen die Alterungsprozesse ganz wesentlich. Dies gilt für alle Materialien: Unter guten Bedingungen laufen alle Alterungsprozesse stark verlangsamt ab, sodass ihre Auswirkungen auf Materialien guter Qualität kaum wahr-

Les objets composés de matières peu stables, s'altérant rapidement, sont particulièrement sensibles aux conditions de conservation : dans de bonnes conditions « normales » (sans faire appel à des techniques coûteuses telles que la conservation à des températures négatives), le processus de vieillissement se déroulera jusqu'à cent fois moins rapidement que dans de mauvaises conditions de conservation.

En principe, la conservation des matières plus sensibles car moins stables chimiquement devrait être prioritaire par rapport à la conservation des matières de très bonne qualité. Cet aspect a fréquemment été oublié dans l'organisation des mesures de conservation dans les bibliothèques et les services d'archives, où l'on a presque toujours privilégié la conservation des fonds les plus anciens, qui sont en principe assez stables, du moins de par leurs composantes. Bien sûr, cette remarque doit être mise en relation avec la valeur patrimoniale de l'objet et de la collection, la fréquence de consultation et d'autres critères.

La représentation graphique de l'effet d'une politique de conservation appelle deux remarques importantes :

- ☐ Une politique de conservation n'a de sens qu'en tant qu'ensemble de mesures cohérentes. Des actions ponctuelles pour maîtriser tel ou tel facteurs de dégradation sont généralement inefficaces, si l'on ne tient pas compte de l'ensemble des conditions qui influencent le vieillissement d'un objet ou d'une collection,.
- ☐ L'efficacité d'une politique de conservation ne devient manifeste qu'avec le temps. Peu de temps après la mise en œuvre des mesures de conservation, on peut douter de l'efficacité de l'action, car les deux courbes sont encore relativement proches. Avec le temps, la distance entre les deux courbes augmente : l'efficacité de la politique de conservation devient évidente. Un délai minimum pour apprécier les premiers effets d'une politique de conservation est de cinq ans, alors que le plein effet se développe au bout de dix à vingt ans seulement.

Sur le plan financier, une politique de conservation est toujours plus avantageuse qu'une politique de restauration. Les mesures de conservation

zunehmen sind. Unter schlechten Verhältnissen dagegen altern selbst beste Materialien schnell.

Objekte aus unbeständigen, schnell alternden Materialien reagieren bei schlechten Aufbewahrungsbedingungen besonders empfindlich. Durch gute «Normalbedingungen» (ohne besonders teure Methoden wie z. B. die Aufbewahrung bei Minustemperaturen) kann erreicht werden, dass Alterungsprozesse hundertmal langsamer ablaufen als unter schlechten Aufbewahrungsbedingungen.

Im Prinzip ist die Konservierung von empfindlicheren, das heisst chemisch instabileren Materialien vorrangig gegenüber derjenigen von Materialien guter Qualität. Dieser Aspekt wurde bei der Durchführung von Konservierungsmassnahmen in Bibliotheken und Archiven oft ausser Acht gelassen. Meistens wurden zuerst die ältesten Bestände berücksichtigt, die normalerweise wenigstens aufgrund ihrer Bestandteile verhältnismässig haltbar sind. Natürlich müssen hierbei die kulturhistorische Bedeutung des Objekts und der Sammlung, die Nutzungshäufigkeit und andere Kriterien beachtet werden.

Zur grafischen Darstellung der Auswirkung einer Konservierungspolitik ist Folgendes anzumerken:

- ☐ Konservierungspolitik ist nur als Gesamtheit kohärenter Massnahmen sinnvoll. Wird bei punktuellen Eingriffen zur Behebung des einen oder anderen Schadensfaktors nicht die Gesamtheit der Kriterien berücksichtigt, die den Abbau eines Objekts oder einer Sammlung beeinflussen, bleiben diese Eingriffe im Allgemeinen wirkungslos.
- ☐ Die Wirksamkeit einer Konservierungspolitik wird erst mit der Zeit sichtbar. Betrachtet man den relativ geringen Abstand zwischen den beiden Kurven kurze Zeit nach dem Einsatz von Konservierungsmassnahmen, könnte man deren Wirksamkeit in Frage stellen. Der Abstand zwischen den beiden Kurven nimmt jedoch mit der Zeit zu: Die Wirksamkeit der Konservierungspolitik wird offensichtlich. Die ersten Auswirkungen einer Konservierungspolitik lassen sich frühestens nach fünf Jahren einschätzen, die vollständige Wirkung zeigt sich erst nach zehn bis zwanzig Jahren.

In finanzieller Hinsicht ist Konservierung immer vorteilhafter als Restaurierung. Die Wirtschaftlich-

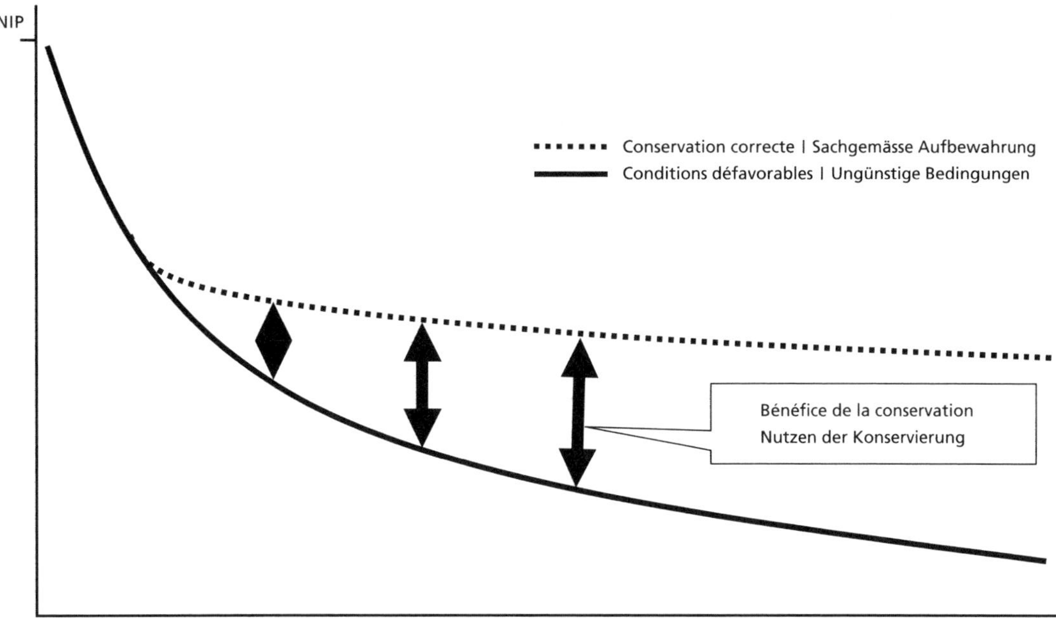

Fig. 1/2: Représentation graphique de l'effet d'une politique de conservation sur le NIP.

Fig. 1/2: Grafische Darstellung der Auswirkung von Konservierungspolitik auf das NIP.

permettent de ralentir le vieillissement de groupes d'objets (fonds, dépôts entiers) à peu de frais, si l'on répartit le coût entre les objets touchés. Grâce à de bonnes conditions de conservation, on peut éviter le développement de dommages qui demanderaient l'intervention d'un restaurateur, avec des conséquences financières très importantes. Même confronté à des limites financières rigoureuses, il est toujours possible d'améliorer les conditions de conservation par quelques mesures simples et peu coûteuses.

Le schéma ci-dessous met en évidence le fait que la politique de conservation, basée sur un bilan de conservation initial, constitue la base pour toutes les mesures à prendre, tandis que cette étape n'a pas une incidence majeure sur le plan financier.

Une politique de conservation est toujours prioritaire par rapport à toute restauration, puisque:

- ☐ elle permet d'améliorer le sort d'une grande quantité d'objets, en ralentissant certains processus de vieillissement et en évitant le déve-

keit von Aufbewahrungsmassnahmen, mit denen die Alterungsprozesse ganzer Objektgruppen (Bestände, vollständige Magazinräume) verlangsamt werden können, wird deutlich, wenn die Kosten auf die einzelnen Objekte aufgeteilt werden. Durch richtige Konservierungsmassnahmen können Schäden vermieden werden, welche den Eingriff eines Restaurators erforderlich machen würden, und das hat beträchtliche finanzielle Auswirkungen. Auch bei sehr beschränkten finanziellen Mitteln besteht immer eine Möglichkeit, die Aufbewahrungs- und Benutzungsbedingungen durch einfache Massnahmen zu verbessern.

Im folgenden Schema wird deutlich, dass eine auf der Konservierungsbilanz begründete Konservierungspolitik die Vorraussetzung für alle vorzunehmenden Massnahmen ist und dass diese Etappe den geringsten Kostenaufwand erfordert.

Eine Konservierungspolitik hat jeder Restaurierung gegenüber Vorrang, denn

- ☐ die Bedingungen für ganze Bestände können verbessert werden. Alterungsprozesse können

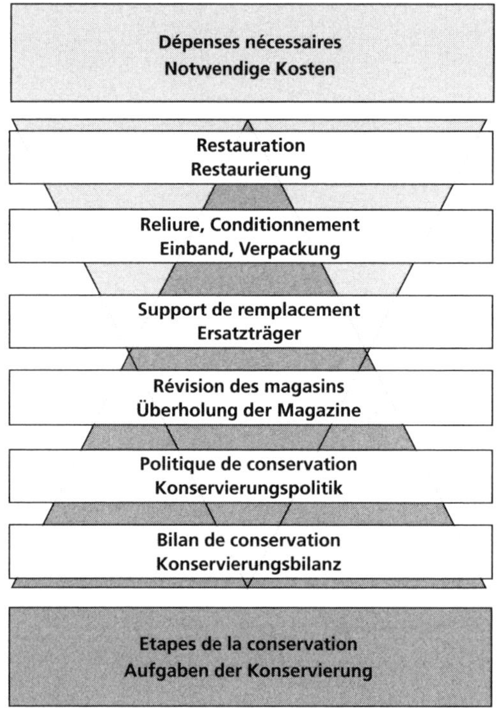

Fig. 1/3: Concept élaboré par Glauert, partiellement modifié. Voir: http://www.uni-muenster.de/Forum-Bestandserhaltung/downloads/001_012_Glauert_Ruhnau_Einfuehrung.pdf.

Fig. 1/3: Konzept von Glauert, leicht verändert. Siehe: http://www.uni-muenster.de/Forum-Bestandserhaltung/downloads/001_012_Glauert_Ruhnau_Einfuehrung.pdf

loppement de graves processus d'altération exogènes;

- elle n'a pas «d'effets secondaires nuisibles», contrairement à toute intervention directe sur l'objet (voir plus loin le concept de restauration conservative);
- elle est le complément indispensable de toute restauration: en effet, un objet restauré déposé dans de mauvaises conditions se dégrade à nouveau très rapidement et le bénéfice de la restauration est perdu en peu de temps.

verlangsamt, viele exogene Schäden vermieden werden;

- im Gegensatz zum direkten Eingriff am Objekt gibt es keine schädlichen Nebenwirkungen (siehe unten das Konzept der konservatorischen Restaurierung);
- Konservierung ist nach jeder Restaurierung unerlässlich, weil ein restauriertes Objekt unter schlechten Bedingungen sehr schnell von Neuem abgebaut wird und der Erfolg der Restaurierung in kürzester Zeit verloren geht.

4 L'organisation d'une politique de conservation

Si les principales matières composant les livres et documents d'archives ainsi que leurs altérations sont relativement bien connues, la situation de chaque bibliothèque ou service d'archives est différente et il n'est pas possible de dresser un programme d'action applicable partout. La diversité des fonds, de leur état de conservation et des conditions de conservation et de consultation ne peut pas être résumée dans un schéma, tout comme le cadre institutionnel et humain dans lequel l'institution doit évoluer. Il est donc nécessaire de concevoir un ensemble de mesures adapté à chaque situation particulière.

Sous l'angle financier, une telle démarche est avantageuse, surtout à long terme, car elle évite la dispersion des ressources. Parallèlement, sur le plan humain, elle est encourageante, car une action ciblée et cohérente a plus de chances de succès et renforce la motivation.

La conception et la mise sur pied d'une politique de conservation se basent sur une double démarche, d'analyse et de synthèse.

4.1 Analyse de la situation actuelle

Une politique cohérente de conservation doit partir d'un constat, que j'ai appelé «bilan de conservation», portant sur les points suivants:

- ☐ les conditions de conservation effectives dans les diverses parties de la bibliothèque ou du service d'archives, c'est-à-dire l'état des locaux, des équipements et des pratiques courantes;
- ☐ les activités et pratiques de travail dans l'institution;
- ☐ le statut intellectuel et l'état physique des différents fonds ou groupes d'objets et la fréquence d'utilisation des livres ou des documents;
- ☐ les ressources humaines disponibles.

4 Organisation einer Konservierungspolitik

Für die gebräuchlichsten Bestandteile von Büchern und Dokumenten sind die materialspezifischen Risiken recht gut bekannt. Dieses Wissen genügt aber nicht, um ein allgemeingültiges Konservierungsprogramm aufzustellen. Unterschiedliche Bestände, ihr Erhaltungszustand und die Aufbewahrungs- und Benutzungsbedingungen können schematisch genauso wenig erfasst werden wie die institutionellen und personalspezifischen Umstände, unter denen sich die Einrichtung entwickeln muss. Es ist daher notwendig, ein Massnahmenbündel zu erarbeiten, das jeder spezifischen Situation angemessen ist.

Vom finanziellen Gesichtspunkt aus betrachtet, ist ein solches Vorgehen (besonders langfristig gesehen) von Vorteil, denn man vermeidet eine Zersplitterung der Ressourcen. Gleichzeitig ist es für die Mitarbeiter ermutigend, denn eine gezielte und kohärente Aktion hat mehr Chancen auf Erfolg und erhöht die Motivation.

Ausgangspunkt für die Konzeption und die Bewerkstelligung einer Konservierungspolitik sind sowohl eine Analyse als auch eine Synthese.

4.1 Analyse der aktuellen Situation

Für eine sinnvolle Konservierungspolitik sollte man in jeder Bibliothek und jedem Archiv von einem Situationsbericht ausgehen (von mir «Konservierungsbilanz» genannt), der auf folgenden Punkten beruht:

- ☐ Aufbewahrungsbedingungen in den verschiedenen Räumen einer Bibliothek oder eines Archivs, das heisst der Zustand der Räumlichkeiten und der Ausstattung sowie die alltäglichen Abläufe, inbegriffen die Benutzungsbedingungen;
- ☐ die Tätigkeiten und Arbeitsabläufe in der Einrichtung;
- ☐ der geistig-kulturelle Wert und die materielle Beschaffenheit der einzelnen Bestände oder Objektgruppen sowie die Nutzungshäufigkeit der Bücher und Archivalien;
- ☐ verfügbare Mitarbeiter.

4.1.1 L'évaluation des locaux et de leur équipement

Un certain nombre de facteurs doivent être examinés individuellement pour chaque local, alors que d'autres sont considérés pour le bâtiment dans son ensemble. Les facteurs examinés local par local sont:

■ *Caractéristiques du local*

□ Identification du local, surface et volume.

□ Enveloppe extérieur du local (et du bâtiment). Qualité des matériaux, propriétés thermiques, hygrométriques, physiques et chimiques des matériaux des murs et du plafond, des fenêtres et des ouvertures, du sol; en regard avec différents risques de catastrophes, le climat interne, les risques de pollution interne.

□ Climatologie: valeurs absolues et variations de la température et de l'humidité relative de l'air. Mesure, synthèse et évaluation des conditions thermo-hygrométriques, sur la base de relevés annuels faits avec des appareils bien étalonnés. Influence des structures architecturales sur le climat interne (position du bâtiment, murs, ouvertures, toit, emplacement des locaux, etc.).

□ Lumière: mesure et évaluation du rayonnement lumineux naturel et artificiel dans les dépôts et les salles de consultation.

□ Pollution de l'air: évaluation estimée ou, si nécessaire, mesure de la concentration des polluants principaux à l'intérieur des locaux (les données extérieures étant souvent déjà disponibles).

□ Etat de propreté: situation de propreté du local, des équipements et des objets. Ce facteur aussi est lié à la position du bâtiment (près d'une route à grande circulation ou isolée), à la qualité des fenêtres et portes, à la circulation de l'air, à la qualité des filtres installés et à l'entretien des locaux.

□ Risques biologiques: recherche des signes d'une présence actuelle ou passée de colonies de micro-organismes (bactéries ou moisissures), d'insectes et de rongeurs, ou identification de conditions potentiellement favorables à leur développement.

4.1.1 Die Bewertung der Räumlichkeiten und ihrer Ausstattung

Einige Faktoren müssen für jeden Raum individuell, andere hingegen für das gesamte Gebäude untersucht werden. Folgende Faktoren werden Raum für Raum untersucht:

■ *Raumverhältnisse*

□ Kennzeichnung des Raums, Raumfläche und -inhalt.

□ Äussere Hülle des Raums (und des Gebäudes). Materialbeschaffenheit, thermische, klimatische, physikalische und chemische Materialeigenschaften von Mauern und Decke, Fenstern und Bauöffnungen sowie Fussboden; auch in Bezug auf die unterschiedlichen Katastrophenrisiken, den Einfluss auf das Klima und auf Luftschadstoffe im Innern.

□ Klimatechnik: absolute Werte und Schwankungen von Temperatur und relativer Luftfeuchte. Messung, Synthese und Bewertung der klimatischen Bedingungen auf der Grundlage der jährlichen Klimamessungen mit gut geeichten Messinstrumenten. Einfluss der baulichen Verhältnisse auf das Innenklima (Ausrichtung des Gebäudes, Mauern, Bauöffnungen, Dach, Standort der Räume usw.).

□ Licht: Messung und Beurteilung der natürlichen und künstlichen Lichtstrahlung in Magazinräumen und Lesesälen.

□ Luftverschmutzung: Veranschlagte Beurteilung oder, wenn notwendig, Messung der Konzentration an gasförmigen und festen Schadstoffen in den Räumlichkeiten (Daten für aussen stehen oftmals schon zur Verfügung).

□ Sauberkeit: Sauberkeit des Raums, der Ausstattung und der Objekte. Bei diesem Faktor müssen auch die Lage des Gebäudes (Nähe einer verkehrsreichen oder einer ruhigen Strasse), die Qualität der Fenster und Türen, die Luftzirkulation, die Qualität der installierten Filter und die Reinhaltung der Räume beachtet werden.

□ Gefahr biologischen Befalls: Untersuchung auf Anzeichen akuter oder inaktiver Kolonien von Mikroorganismen (Bakterien oder Schimmel), von Insekten oder Nagetieren; Identifizierung von potenziell günstigen Bedingungen zu ihrer Entwicklung.

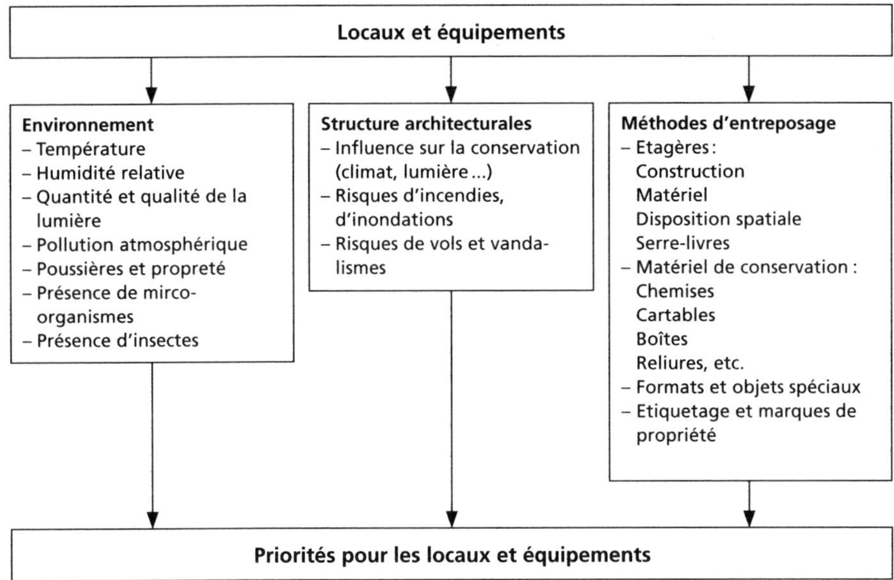
Locaux et équipements
Environnement
– Température
– Humidité relative
– Quantité et qualité de la lumière
– Pollution atmosphérique
– Poussières et propreté
– Présence de mirco-organismes
– Présence d'insectes
Structure architecturales
– Influence sur la conservation (climat, lumière ...)
– Risques d'incendies, d'inondations
– Risques de vols et vandalismes
Méthodes d'entreposage
– Etagères:
Construction
Matériel
Disposition spatiale
Serre-livres
– Matériel de conservation :
Chemises
Cartables
Boîtes
Reliures, etc.
– Formats et objets spéciaux
– Etiquetage et marques de propriété
Priorités pour les locaux et équipements

Fig. 1/4

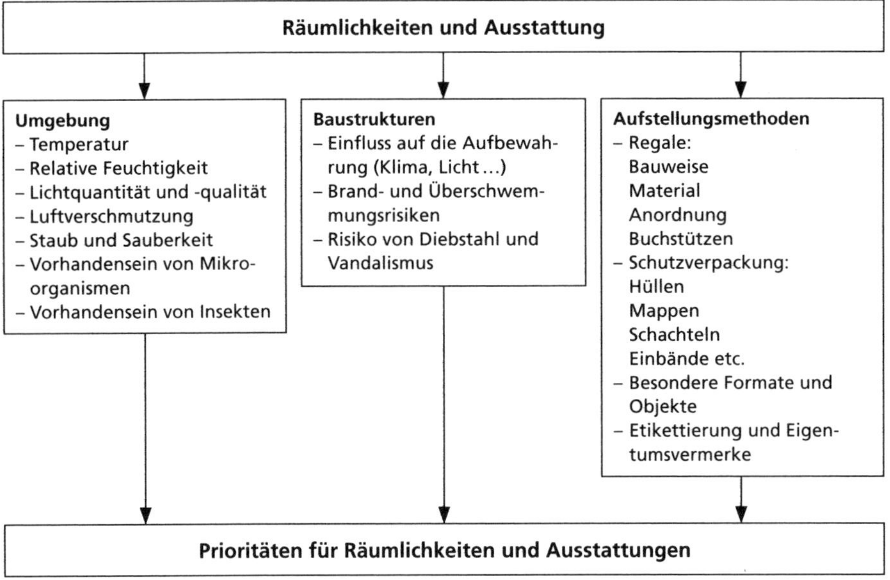
Räumlichkeiten und Ausstattung
Umgebung
– Temperatur
– Relative Feuchtigkeit
– Lichtquantität und -qualität
– Luftverschmutzung
– Staub und Sauberkeit
– Vorhandensein von Mikroorganismen
– Vorhandensein von Insekten
Baustrukturen
– Einfluss auf die Aufbewahrung (Klima, Licht ...)
– Brand- und Überschwemmungsrisiken
– Risiko von Diebstahl und Vandalismus
Aufstellungsmethoden
– Regale:
Bauweise
Material
Anordnung
Buchstützen
– Schutzverpackung:
Hüllen
Mappen
Schachteln
Einbände etc.
– Besondere Formate und Objekte
– Etikettierung und Eigentumsvermerke
Prioritäten für Räumlichkeiten und Ausstattungen

Fig. 1/4

■ *Catastrophes*

□ Risques et équipements pour la détection

- feu : structure du bâtiment, matériaux, installations électriques, détecteurs, comportements humains ;
- eau : structure et équipement du bâtiment, état et position des tuyauteries, possibilités d'écoulement de l'eau en cas de débordement, risques de refoulement, infiltrations d'eau par le toit, les ouvertures ou par capillarité des murs, risques d'afflux d'eau par l'extérieur (sous-sols), détecteurs ;
- vol : risques liés à la disposition des locaux, à la structure et à l'équipement du bâtiment, aux circuits internes de circulation, aux conditions de consultation pour les usagers ;
- équipements pour le sauvetage : systèmes d'extinction (examen généralement effectué par les spécialistes de la prévention du feu), autres équipements, par exemple pompes d'évacuation, groupes de continuité, générateurs de secours. Le plan d'intervention en cas de sinistres est traité dans un point spécifique ci-après.

■ *Equipement des locaux*

□ Etagères

- structure : mode de construction, absence d'éléments nuisibles (p. ex. des éléments coupants ou dépassant des montants, qui pourraient endommager des objets) ;
- matériel et solidité : qualités propres du matériel de construction, absence d'émission de composants volatiles nuisibles ;
- dimensions adaptées au matériel : adaptation au type de matériel conservé, évaluation qui comprend la méthode d'entreposage utilisée pour les objets spéciaux (p. ex. cartes et plans, œuvres d'art sur papier, parchemins, sceaux, reliures médiévales, etc.) ;
- stabilité et facilité de déplacement des étagères mobiles ;
- hauteur du premier rayon, en fonction des possibilités de nettoyage et de la sécurité en cas d'inondation ;

■ *Katastrophenfälle*

□ Risiken und Warnanlagen

- Brand: Materialien und Aufbau des Gebäudes, elektrische Anlagen, Detektoren, menschliches Verhalten;
- Wasser: Aufbau und Ausstattung des Gebäudes, Zustand und Anordnung der Rohrleitungen, Abflussmöglichkeiten bei Überschwemmungen, Stauwasserrisiko, Wasserinfiltration durch das Dach, die Öffnungen oder durch die Kapillarwirkung der Mauern, Risiko von eindringendem Wasser von aussen (Untergeschosse), Detektoren;
- Diebstahl: Risiko infolge der Raumanordnung, der Bauweise und der Ausstattung des Gebäudes, des internen Personenverkehrs und der Nutzungsbedingungen für die Leser;
- Ausstattung für Notfälle: Löschsysteme (diese Untersuchung wird normalerweise von Fachleuten für Brandvorsorge durchgeführt), andere Ausstattungen wie zum Beispiel Wasserpumpen, Notstromaggregate, Ersatzgeneratoren. In einem späteren Kapitel wird der Notfallmassnahmenplan besprochen.

■ *Ausstattung der Räume*

□ Regale

- Aufbau: Bauart, Prüfung nach Schädlichkeit der Bestandteile (z. B. schneidende oder überstehende Teile, an denen Objekte beschädigt werden könnten);
- Material und Stabilität: Qualität des Herstellungsmaterials, keine Abgabe flüchtiger schädigender Bestandteile;
- Objektbezogenes Format: Anpassung an die aufbewahrten Objekte. Diese Beurteilung erfasst die zur Aufbewahrung besonderer Objekte verwendete Methode (z. B. Karten und Pläne, Kunstwerke auf Papier, Pergamente, Siegel, mittelalterliche Handschriften usw.);
- Stabilität und einfache Bewegung der Rollregale;
- Höhe des ersten Regalfaches: Möglichkeit der Bodenreinigung und Sicherheit bei Überschwemmungen;
- Objektgerechte Aufstellungsausstattung: Seitenstützen, Buchstützen, Leseboden usw.

- accessoires adaptés aux objets entreposés: soutiens latéraux, serre-livres, tablettes de consultation, etc.

□ Disposition des équipements: position des étagères par rapport aux murs extérieurs, aux ouvertures, aux autres étagères et en fonction du type d'objets entreposés (possibilité de les sortir et les remettre en place sans problème). Absence de zones d'accès difficile entre les meubles, qui font obstacle au nettoyage des locaux.

□ Utilisation des équipements
  - mode de disposition du matériel sur les étagères: utilisation effective des étagères, par exemple le respect de l'unité des formats;
  - ordre effectif sur les étagères: ce facteur est lié à la qualité des étagères, au mode de disposition et au soin du personnel de l'institution.

Les points qui précèdent constituent une évaluation individuelle pour chaque local. D'autres facteurs peuvent être évalués et notés pour l'ensemble des locaux.

■ *Matériel de conservation*

□ Forme et matières: analyse des caractéristiques chimiques et de la forme matérielle des chemises, enveloppes, cartables, boîtes ainsi que des techniques de reliure et de brochage.

□ Etiquetage et marques de propriété: examen de la stabilité chimique et physique, de la compatibilité avec les différents supports et de la possibilité éventuelle de démonter tous les éléments d'identification et de propriété posés sur les objets.

4.1.2 **Evaluation des activités et pratiques de travail**

■ *Activités courantes*

□ Comportement du personnel: soin porté lors de la manipulation et du transport des objets, comportement dans l'orientation et la surveillance des usagers.

□ Comportement des lecteurs: en considérant les moyens mis à leur disposition pour une consultation correcte, le cadre réglementaire et les informations qui leur sont données et leurs habitudes.

□ Anordnung der Ausstattung: Standort der Regale unter Berücksichtigung von Aussenmauern, Öffnungen, weiteren Regalen und der Art der gelagerten Objekte (problemloses Herausnehmen oder Einstellen). Alle Bereiche müssen gut zugänglich sein, um eine problemlose Reinigung der Räume zu gestatten.

□ Verwendung der Ausstattung
  - Anordnung der Objekte auf den Regalen: effektive Nutzung der Regale, zum Beispiel Einheitlichkeit des Formats beachten;
  - Ordnung in den Regalen: Dieser Faktor hängt von der Qualität der Regale, von der Anordnung der Objekte und von der Sorgfalt der Mitarbeiter ab.

Die genannten Elemente dienen der individuellen Beurteilung der einzelnen Räume. Andere Faktoren können für alle Räumlichkeiten gemeinsam bewertet und aufgezeichnet werden.

■ *Konservierungsmaterial*

□ Form und Art: Analyse der chemischen Eigenschaften und der Art der Montage von Hüllen, Umschlägen, Schachteln sowie der Heft- und Einbandarten.

□ Signaturschilder und Besitzzeichen: Untersuchung der chemischen und mechanischen Stabilität, der Verträglichkeit mit den verschiedenen Trägern und einer möglichen Abnahme der auf dem Objekt befindlichen Identifikations- und Besitzzeichen.

4.1.2 **Bewertung von Tätigkeiten und Arbeitsabläufen**

■ *Normaler Betriebsablauf*

□ Verhalten der Mitarbeiter: Umsicht bei der Handhabung und dem Transport der Objekte, Verhalten bei der Anleitung und Aufsicht der Benutzer.

□ Verhalten der Leser: unter Beachtung der zur Verfügung stehenden Mittel für eine sachgerechte Benutzung, der Benutzungsbedingungen, der Art der Aufklärung über richtiges und falsches Verhalten sowie der Gewohnheiten der Leser.

□ Transportbedingungen: täglich in der Einrichtung oder auswärts von oder zu externen Lager-

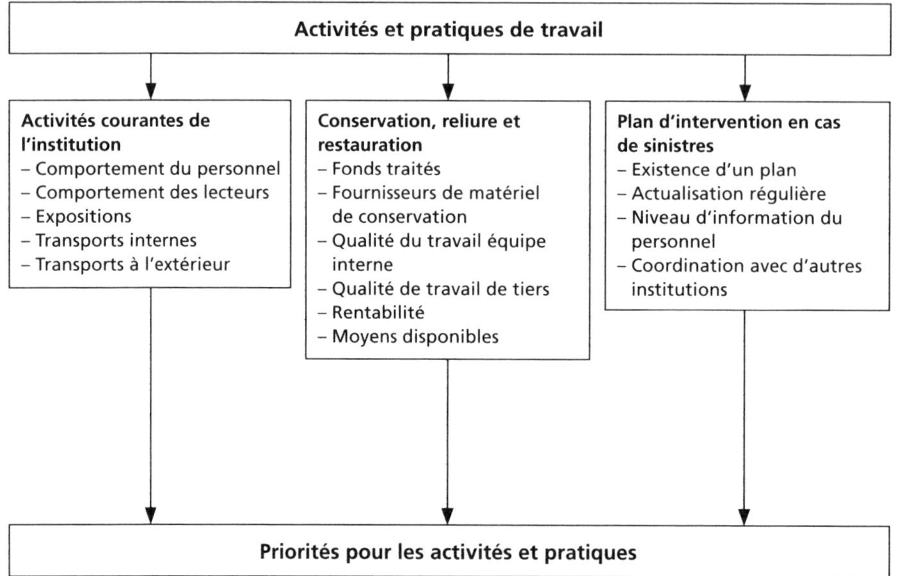
Activités et pratiques de travail
Activités courantes de l'institution
– Comportement du personnel
– Comportement des lecteurs
– Expositions
– Transports internes
– Transports à l'extérieur
Conservation, reliure et restauration
– Fonds traités
– Fournisseurs de matériel de conservation
– Qualité du travail équipe interne
– Qualité de travail de tiers
– Rentabilité
– Moyens disponibles
Plan d'intervention en cas de sinistres
– Existence d'un plan
– Actualisation régulière
– Niveau d'information du personnel
– Coordination avec d'autres institutions
Priorités pour les activités et pratiques

Fig. 1/5

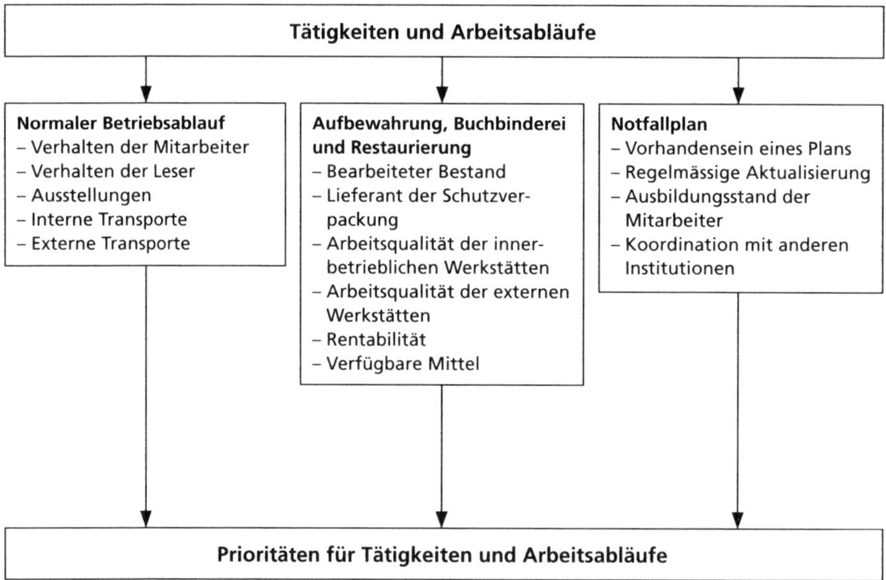
Tätigkeiten und Arbeitsabläufe
Normaler Betriebsablauf
– Verhalten der Mitarbeiter
– Verhalten der Leser
– Ausstellungen
– Interne Transporte
– Externe Transporte
Aufbewahrung, Buchbinderei und Restaurierung
– Bearbeiteter Bestand
– Lieferant der Schutzverpackung
– Arbeitsqualität der innerbetrieblichen Werkstätten
– Arbeitsqualität der externen Werkstätten
– Rentabilität
– Verfügbare Mittel
Notfallplan
– Vorhandensein eines Plans
– Regelmässige Aktualisierung
– Ausbildungsstand der Mitarbeiter
– Koordination mit anderen Institutionen
Prioritäten für Tätigkeiten und Arbeitsabläufe

Fig. 1/5

- ☐ Conditions pendant le transport : soit à l'intérieur de l'institution pendant la routine quotidienne, soit à l'extérieur de l'institution, de et vers des dépôts extérieurs ou pour des expositions, restaurations et autres opérations ponctuelles.
- ☐ Conditions de conservation pendant les expositions : selon les caractéristiques matérielles et intellectuelles et les exigences des divers matériaux, autant pour des expositions internes qu'à l'extérieur.

■ *Reliure et restauration*

- ☐ Examen de la qualité du travail fourni, de l'adéquation des moyens matériels et humains en fonction du type de travail et de la productivité ; évaluation des priorités (type de fonds traités) établies pour les ateliers de reliure et de restauration, qu'ils soient internes ou extérieurs à l'institution.

■ *Plan de catastrophe*

- ☐ Evaluation d'un plan d'urgence déjà élaboré ou des éléments non structurés déjà existants. Evaluation de l'état de mise à jour du plan.

4.1.3 Evaluation du statut intellectuel et de l'état physique des différents fonds ou groupes d'objets et la fréquence d'utilisation des livres ou des documents

Le statut intellectuel et l'état physique sont des critères essentiels pour la détermination des priorités en matière de conservation ; ils doivent impérativement être considérés en parallèle.

■ *Statut intellectuel des collections*

L'effort de conservation concerne en premier lieu les objets et les collections ou fonds qui ont une grande importance culturelle, ce qu'on définit volontiers avec le terme de « fonds patrimoniaux ». Les contours du patrimoine culturel de l'institution ne sont pas forcément simples à définir, car ils dépendent de facteurs multiples.

- ☐ L'importance culturelle des fonds et des objets individuels. Il faut tenir compte que ce critère d'évaluation varie avec le temps et qu'il est lié au contexte culturel.

räumen oder zu Ausstellungen, bei Restaurierungen und anderen Gelegenheiten.

- ☐ Konservierungsbedingungen bei Ausstellungen: Beachtung der materiellen und geistig-kulturellen/inhaltlichen Merkmale sowie der Erfordernisse der unterschiedlichen Materialien (für interne als auch externe Ausstellungen).

■ *Buchbinderei und Restaurierung*

- ☐ Untersuchung der Qualität der abgelieferten Arbeiten sowie der Verhältnismässigkeit des materiellen und menschlichen Aufwands mit Bezug auf die Art der Arbeit und die Wirtschaftlichkeit; Prüfung der Prioritätensetzung (Art der zu behandelnden Bestände) für die Aufträge an interne oder externe Buchbinder- und Restaurierungswerkstätten.

■ *Katastrophenplan*

- ☐ Bewertung des schon existierenden Einsatzplans oder schon vorhandener, nicht strukturierter Elemente. Bewertung des Aktualisierungsstandes des Plans.

4.1.3 Bewertung der geistig-kulturellen Bedeutung und des materiellen Erhaltungszustandes der verschiedenen Bestände oder Objektgruppen und die Benutzungshäufigkeit der Bücher beziehungsweise Archivalien

Die geistig-kulturelle Bedeutung und der materielle Erhaltungszustand sind grundlegende Kriterien zur Bestimmung der Konservierungsprioritäten. Beide müssen unbedingt parallel zueinander betrachtet werden.

■ *Geistig-kulturelle Bedeutung der Sammlungen*

Zu erhalten sind vorrangig Objekte, Sammlungen oder Bestände von grosser kulturhistorischer Bedeutung, in den Institutionen oft mit «Historischer Bestand und Sondersammlungen» bezeichnet. Es ist nicht immer einfach zu definieren, welche Objekte in der Institution zum Kulturerbe gehören, denn das hängt von vielfältigen Faktoren ab.

- ☐ Kulturelle Bedeutung der Bestände und der einzelnen Objekte. Dabei ist zu berücksichtigen, dass sich dieses Bewertungskriterium mit der

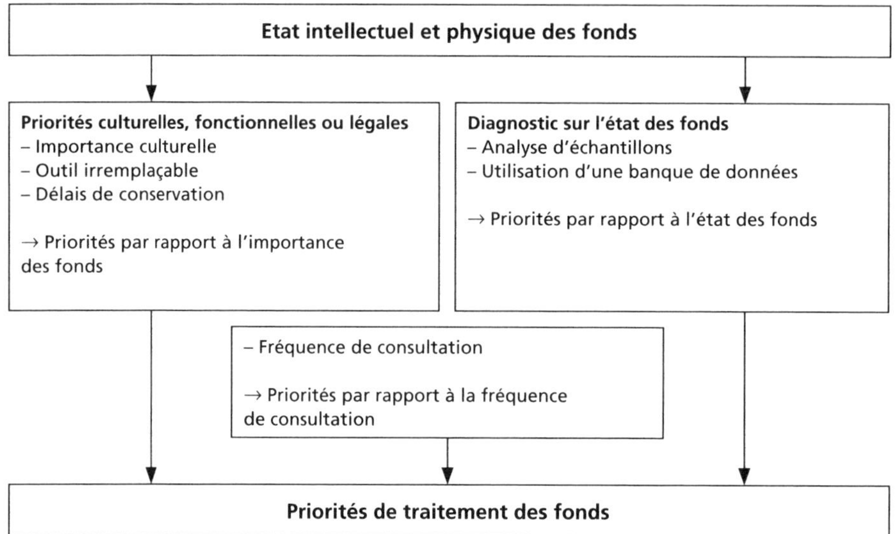
Etat intellectuel et physique des fonds
Priorités culturelles, fonctionnelles ou légales
– Importance culturelle
– Outil irremplaçable
– Délais de conservation
→ Priorités par rapport à l'importance des fonds
Diagnostic sur l'état des fonds
– Analyse d'échantillons
– Utilisation d'une banque de données
→ Priorités par rapport à l'état des fonds
– Fréquence de consultation
→ Priorités par rapport à la fréquence de consultation
Priorités de traitement des fonds

Fig. 1/6

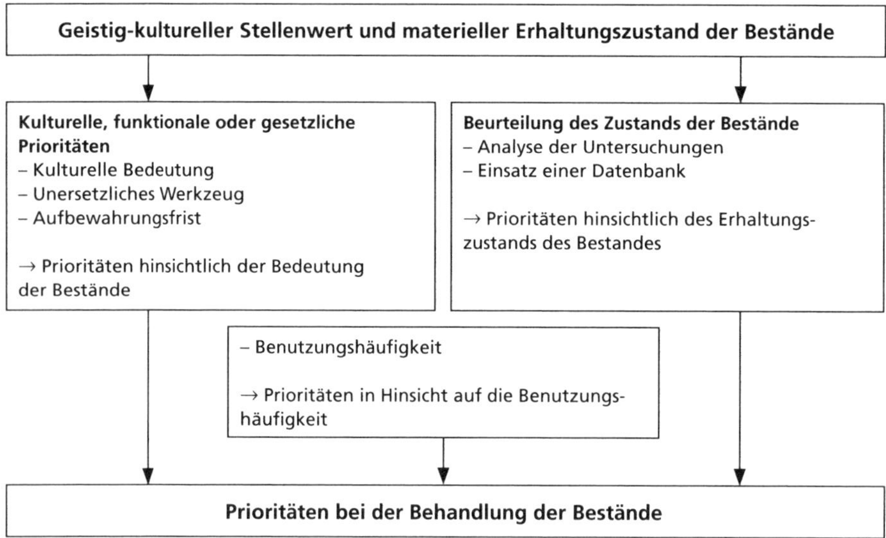
Geistig-kultureller Stellenwert und materieller Erhaltungszustand der Bestände
Kulturelle, funktionale oder gesetzliche Prioritäten
– Kulturelle Bedeutung
– Unersetzliches Werkzeug
– Aufbewahrungsfrist
→ Prioritäten hinsichtlich der Bedeutung der Bestände
Beurteilung des Zustands der Bestände
– Analyse der Untersuchungen
– Einsatz einer Datenbank
→ Prioritäten hinsichtlich des Erhaltungszustands des Bestandes
– Benutzungshäufigkeit
→ Prioritäten in Hinsicht auf die Benutzungshäufigkeit
Prioritäten bei der Behandlung der Bestände

Fig. 1/6

☐ Les priorités et/ou obligations légales en matière de conservation. Si cet aspect concerne principalement les archives, il touche également les bibliothèques, par exemple à travers le dépôt légal.

☐ La mission que l'institution a reçue ou s'est assignée.

Trois niveaux de priorité devraient être définis, les deux premiers étant limités chacun à 20 % au maximum de l'ensemble des livres et documents. Ces niveaux de priorité fourniront également une base indispensable pour l'organisation d'un plan d'intervention en cas de catastrophes.[2]

Dans ce contexte, il faut encore considérer:

☐ La structure des cotes. Des cotes qui ne permettent pas de définir clairement les ensembles patrimoniaux, par exemple des cotes format, posent des problèmes supplémentaires pour la gestion de la conservation.

☐ L'existence de fonds ou d'ensembles non cotés ou mal connus sur le plan intellectuel.

■ *Etat physique des collections*

Cette démarche aboutit à la création d'un atlas interne des catégories matérielles des objets, de leur état de conservation et de l'adéquation des méthodes de conditionnement et de rangement appliquées.

L'évaluation des fonds vise donc à différencier les objets et les collections (ou fonds d'archives) et à les évaluer selon plusieurs facteurs:

☐ les composantes (papier, parchemin, cire, encres et couleurs, matériel de reliure et de brochage, supports photographiques);

☐ les dimensions (standard ou non par rapport au type d'objet);

☐ l'époque de production de l'objet.

Pour chaque objet, on identifie ces facteurs au moyen de listes prédéfinies. D'autres facteurs sont évalués de manière chiffrée, avec un code similaire à celui utilisé pour les locaux:

[2] Dans les bibliothèques, l'introduction des «niveaux de conservation», qui définissent la durée de conservation souhaitée pour chaque livre, est un outil précieux pour la gestion des priorités. Ces concepts ont été développés et sont appliqués à la Bibliothèque Cantonale et Universitaire de Lausanne (Suisse). Voir à ce propos: Villard, H.: «Le concept PAC et son application à la BCU Lausanne», in: Arbido 2/1997, p. 5s., et le point 6 de ce chapitre.

Zeit verändert und vom kulturellen Hintergrund bestimmt wird.

☐ Prioritäten und/oder gesetzliche Verpflichtungen bei der Aufbewahrung. Obwohl hauptsächlich Archive von diesem Aspekt betroffen sind, gilt dies auch für Bibliotheken, zum Beispiel durch Depotzwang.

☐ Auftrag, welcher der Institution erteilt wurde oder den sie sich selbst gegeben hat.

Es sollten drei Prioritätsstufen erarbeitet werden, wobei zu den ersten beiden nicht mehr als jeweils maximal 20 % der Gesamtheit der Bücher und Dokumente gerechnet werden sollten. Die Prioritätsstufen bilden gleichzeitig eine unerlässliche Grundlage für die Aufstellung eines Einsatzplans im Notfall.[2]

In diesem Zusammenhang ist weiter zu bedenken:

☐ Die Zusammensetzung der Signaturen. Signaturen, mit denen nicht alle Bestände eindeutig definiert werden können, zum Beispiel Format-Signaturen, verursachen bei der Aufbewahrungsverwaltung zusätzliche Probleme.

☐ Sind unsignierte oder inhaltlich/kulturhistorisch noch nicht ausreichend erschlossene Bestände oder Einheiten vorhanden?

■ *Materieller Erhaltungszustand der Sammlungen*

Hier wird ein Verzeichnis aufgestellt, das über Objekte einer bestimmten Materialzugehörigkeit Auskunft gibt, über ihren Erhaltungszustand, über die Angemessenheit der verwendeten Schutzverpackungen und Aufstellungsmethoden.

Die Bewertung der Bestände hat also die Unterscheidung der Objekte und Sammlungen (beziehungsweise der Archivbestände) und ihre Beurteilung nach verschiedenen Faktoren zum Ziel:

☐ Materialien (Papier, Pergament, Wachs, Tinten und Farben, Heft- und Einbandmaterialien, fotografisches Material);

[2] Für Bibliotheken bietet die Einführung von «Konservierungsniveaus», durch die der gewünschte Konservierungszeitraum für jedes Buch definiert wird, ein wertvolles Instrument zur Prioritätensetzung. Der Gedanke wurde in der Bibliothèque cantonale et universitaire in Lausanne entwickelt und wird dort gegenwärtig in die Praxis umgesetzt. Siehe dazu: Villard, H.: «Le concept PAC et son application à la BCU Lausanne», in: Arbido 2/1997, S. 5f. Siehe ausserdem Punkt 6 des vorliegenden Kapitels.

- □ état de conservation du support de l'information ;
- □ état de conservation du texte ou de l'image ;
- □ état de conservation de la reliure ou du brochage ;
- □ état de conservation des autres composantes (p. ex. les sceaux d'une charte).

A ce propos, il est important de définir clairement le critère d'évaluation qui est représenté par la stabilité physique et chimique de l'objet, et non pas par son aspect plus ou moins dégradé. Un objet endommagé mais actuellement dans un état stable représente en principe une priorité peu élevée.

- □ Qualité du conditionnement de l'objet (brochage, reliure, boîte d'archives, passe-partout, etc.) :
  - les matériaux de conditionnement (stabilité chimique et physique, nocivité potentielle) ;
  - la forme physique du conditionnement et du rangement (protection mécanique, possibilité d'une manipulation et d'une consultation aisée).

Sont encore évalués :

- □ l'opportunité d'exclure un objet de la consultation, qui offre une indication supplémentaire sur l'état d'instabilité grave ;
- □ la méthode de cotation (étiquettes) ;
- □ les causes de l'altération (composantes de l'objet, conditions de conservation, utilisation intense, bricolages, etc.) ;
- □ le type de traitement qui devra être appliqué (changement du matériel ou de la forme du conditionnement, désacidification individuelle ou de masse, petites réparations, reliure, restauration, établissement d'un support de remplacement, etc.) ;
- □ l'urgence de l'intervention de conservation ou éventuellement de restauration.

L'examen de l'état physique des collections est de loin la démarche la plus exigeante et coûteuse ; il est très important d'adapter les données recueillies aux buts de la démarche et d'éviter de récolter des informations sans utilité directe.

- □ Format (bezogen auf Objekttyp: Standard oder nicht);
- □ Herstellungsepoche des Objekts.

Diese Faktoren werden für jedes Objekt anhand von vordefinierten Listen festgestellt. Andere Faktoren werden wie bei der Bewertung der Räume nach einer numerischen Wertskala beurteilt:

- □ Erhaltungszustand des Informationsträgers;
- □ Erhaltungszustand des Textes oder des Bildes;
- □ Erhaltungszustand des Einbandes oder der Broschur;
- □ Erhaltungszustand der anderen Bestandteile (z. B. Siegel einer Charta).

Das Bewertungskriterium muss hier ganz eindeutig auf der Grundlage der mechanischen und chemischen Stabilität des Objekts definiert werden und nicht etwa auf der seines mehr oder weniger beschädigten Zustandes. Ein Objekt, das zwar beschädigt, dessen Zustand im Moment jedoch stabil ist, hat normalerweise eine geringere Priorität.

- □ Qualität der Schutzverpackung des Objekts (Broschüre, Einband, Archivschachtel, Passepartout usw.):
  - Materialien der Schutzverpackung (chemische und mechanische Stabilität, potenzielle Schädlichkeit);
  - Art der Schutzverpackung und der Aufstellung (mechanischer Schutz, Gewährleistung einer einfachen Benutzung).

Es wird ausserdem bewertet:

- □ die Zweckmässigkeit, das Objekt von der Nutzung auszuschliessen, um somit einen zusätzlichen Hinweis auf einen äusserst instabilen Zustand zu geben;
- □ die Signierungsmethode (Etiketten);
- □ die Gründe für die Abbauerscheinungen (bewirkt durch Bestandteile des Objekts oder Konservierungsbedingungen, häufige Nutzung, notdürftige Reparaturen usw.);
- □ die vorzusehenden Behandlungsmassnahmen (neues Material oder neue Art der Schutzverpackung, Einzel- oder Massenentsäuerung, kleine Reparaturen, Buchbinden, Restaurieren, Herstellen eines Ersatzmediums usw.);
- □ die Dringlichkeit von Konservierungs- oder eventuell Restaurierungsmassnahmen.

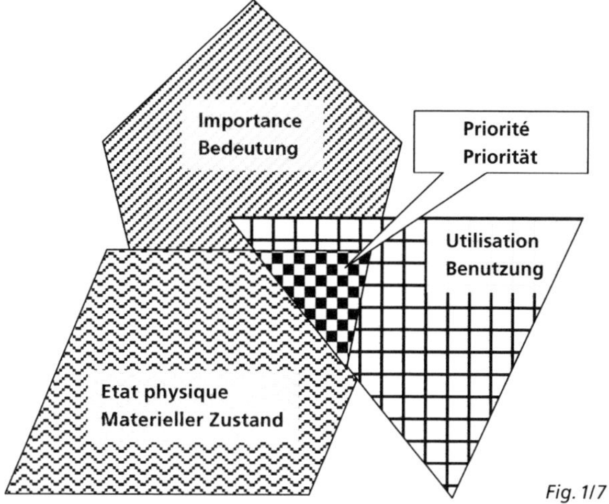

Fig. 1/7

■ *Fréquence d'utilisation des collections ou des objets particuliers*
Cet aspect définit un risque important pour la conservation, car la consultation d'objets fragiles ou mal conservés est une cause très importante de nouveaux dommages. L'existence de statistiques de consultation simplifie grandement l'analyse de cet aspect.

Il est clair que, sur le plan des objets et des collections, les priorités seront définies dans la zone d'intersection des trois sous-ensembles: importance culturelle élevée, état physique instable et taux de consultation élevé.

4.1.4 **Evaluation des ressources humaines disponibles**
Dans le domaine des ressources humaines, l'évaluation devrait se faire sur deux plans.

□ L'organigramme et la répartition des responsabilités en matière de conservation. La conservation étant une activité transversale, qui concerne autant les magasiniers que les responsables des collections et de l'institution, il est important de définir une répartition claire des responsabilités. Le niveau hiérarchique de la personne responsable de la conservation doit être analogue à celui des responsables des collections (archiviste/bibliothécaire responsable, conservateur), pour

Die Untersuchung des materiellen Erhaltungszustandes der Sammlungen ist der bei Weitem anspruchsvollste und teuerste Schritt. Es ist deshalb sehr wichtig, dass die Daten dem Verwendungszweck entsprechend erfasst werden. Ausserdem sollten möglichst nur Daten erfasst werden, die wirklich direkt notwendig sind.

■ *Benutzungshäufigkeit der Sammlungen oder besonderer Objekte*
Mit diesem Punkt wird ein bedeutender Risikofaktor für die Konservierung beleuchtet, denn sehr häufig werden durch die Benutzung von empfindlichen oder schlecht erhaltenen Objekten neue Schäden verursacht. Die Analyse dieses Aspekts wird durch Benutzungsstatistiken weitgehend vereinfacht.

Die Prioritäten für Objekte und Sammlungen liegen natürlich im Überlappungsbereich der drei Gruppen: grosse kulturelle Bedeutung, instabiler materieller Erhaltungszustand und hoher Benutzungsgrad.

4.1.4 **Einschätzung der verfügbaren Mitarbeiter**
Hinsichtlich der Mitarbeiter sollte die Einschätzung auf zwei Ebenen stattfinden.

□ Organisationsplan und Zuordnung der Verantwortlichkeiten im Bereich der Bestandserhaltung.

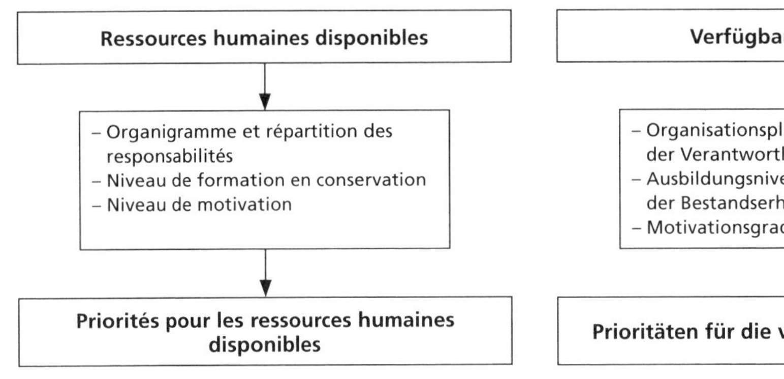

Fig. 1/8

que la conservation soit prise en compte dans les décisions qui touchent à la politique générale des collections.[3]

- ☐ Le niveau de formation en matière de conservation. Sur ce plan également, tous les niveaux hiérarchiques de l'institution sont concernés, naturellement avec des besoins de formation différenciés. Le niveau de formation est très souvent étroitement lié au niveau de la motivation et de l'engagement personnel dans le travail, la conservation ne fait pas exception dans ce domaine. L'analyse devrait donc définir les besoins en formation pour tous les groupes professionnels à l'intérieur de l'institution.

4.1.5 **Aspects pratiques de l'analyse**

Quelques aspects pratiques méritent d'être considérés pour obtenir une démarche efficace et d'un coût raisonnable.

- ☐ Profil de compétences pour un bilan en conservation. Un tel bilan demande une solide base de connaissances et d'expérience et ne devrait pas être confié à des étudiants ou à des personnes

[3] Le profil de formation d'une telle personne est aujourd'hui encore peu fréquent, car il doit combiner plusieurs aspects : (1) une très bonne connaissance en matière de conservation-restauration, avec de solides bases en chimie et physique des matériaux libraires et documentaires ; (2) une très bonne connaissance en conservation préventive, autant sur le plan théorique que pour la gestion concrète de projets ; (3) une compréhension approfondie de l'ensemble des fonctions de l'institution concernée. Il est probable que le niveau master en conservation-restauration remplira au mieux ces exigences.

Verfügbare Mitarbeiter

- Organisationsplan und Verteilung der Verantwortlichkeiten
- Ausbildungsniveau im Bereich der Bestandserhaltung
- Motivationsgrad

Prioritäten für die verfügbaren Mitarbeiter

Fig. 1/8

Da die Konservierung eine transversale Aktivität ist, welche die Magazinmitarbeiter und Verantwortlichen für die Sammlungen und die Institution gleichermassen betrifft, muss die Verteilung der Verantwortlichkeiten klar definiert werden. Die Dienststellung des Verantwortlichen für Konservierung muss der des Verantwortlichen für die Sammlungen (Archivar/verantwortlicher Bibliothekar, Konservator) entsprechen, damit der Bereich Konservierung bei den allgemeinen sammlungspolitischen Entscheidungen mit einbezogen wird.[3]

- ☐ Ausbildungsniveau auf dem Gebiet der Bestandserhaltung. Auch hier sind alle Dienstebenen der Einrichtung betroffen, natürlich mit unterschiedlichem Bedarf an Ausbildung. Das Ausbildungsniveau hängt oft direkt mit der Motivation und dem persönlichen Engagement in der Arbeit zusammen, die Bestandserhaltung bildet hier keine Ausnahme. Die Analyse sollte also die erforderliche Ausbildung jeder Berufsgruppe innerhalb der Einrichtung aufzeigen.

[3] Das Ausbildungsprofil für einen solchen Mitarbeiter ist heute noch nicht geläufig, denn es müssen mehrere Aspekte berücksichtigt werden: (1) sehr gute Kenntnisse im Bereich der Konservierung/Restaurierung, mit soliden Grundlagen in Chemie und Physik der Materialien von Buch- und Schriftgut; (2) sehr gute theoretische Kenntnisse im Bereich der vorbeugenden Konservierung und ihre konkrete Umsetzung bei Projekten; (3) fundierte Kenntnis der Gesamtaufgaben der jeweiligen Institution. Wahrscheinlich entspricht das Niveau Master für Konservierung/Restaurierung diesen Anforderungen am besten.

ayant une expérience professionnelle réduite. En effet, il est important de différencier clairement les problèmes majeurs, les situations d'instabilité grave, par rapport aux problèmes mineurs. Un jugement trop sévère aboutirait à une vision catastrophiste qui ne correspond pas à la perception donnée par le bon sens, alors que la sous-évaluation de risques importants fausserait la politique de conservation à moyen terme. L'engagement d'un spécialiste en conservation préventive est vivement conseillé et souvent indispensable, pour que le jugement sur la qualité des locaux, sur les pratiques et sur l'état des fonds soit bien fondé, sans dramatiser des dommages sans gravité et sans banaliser des situations potentiellement dangereuses.

Si le travail est exécuté directement par la personne responsable de l'analyse, on obtient un avantage par le fait que la perception de l'état n'est pas limitée aux échantillons examinés et enregistrés dans une banque de données. Le fait de passer un long moment dans les magasins, de manipuler directement les objets permet d'avoir une perception directe, expérimentale de l'état général de la collection et des conditions de conservation, ainsi que des conditions de travail des magasiniers.

- ☐ Formation de l'équipe de travail. Il est possible de confier une telle analyse à un spécialiste en conservation-restauration. Cependant, il est très recommandé de constituer un groupe de travail formé par une personne expérimentée de l'institution (bibliothécaire ou archiviste chevronné) et un spécialiste en conservation préventive. Leurs profils de compétence sont d'une part complémentaires et permettent une grande efficacité dans la démarche analytique. D'autre part, en travaillant avec le spécialiste en conservation, le représentant de l'institution acquiert une nouvelle vision et des connaissances plus pointues sur la situation réelle en matière de conservation. Un effet d'apprentissage fait toujours partie de ce type de collaboration, effet très bénéfique à long terme.
- ☐ Travaux préparatoires de l'analyse. La première démarche de l'analyse de conservation est la définition des buts, des limites et des moyens qu'on

4.1.5 Praktische Aspekte der Analyse

Damit wirksame Schritte mit akzeptablen Kosten erarbeitet werden können, sind einige praktische Aspekte zu bedenken.

- ☐ Zuständigkeitsprofil für eine Konservierungsbilanz. Für die Aufstellung einer Konservierungsbilanz sind solide Grundkenntnisse und Erfahrung nötig, und sie sollte daher auch nicht Studenten oder Personen mit ungenügender beruflicher Erfahrung anvertraut werden. In der Tat müssen ernstliche Probleme und sehr unbeständige Situationen eindeutig von geringfügigeren Problemen unterschieden werden können. Eine zu strenge Beurteilung könnte zu einer Schreckensvision führen, die einer Einschätzung mit gesundem Menschenverstand widerspricht; eine Unterbewertung ernstlicher Risiken hingegen würde die mittelfristige Konservierungspolitik negativ beeinträchtigen. Die Anstellung eines Spezialisten für vorbeugende Konservierung ist auf jeden Fall zu empfehlen und oft unbedingt notwendig, damit eine gut begründete Einschätzung der Raumqualität, der Tätigkeiten und des Erhaltungszustandes der Bestände gewährleistet wird, ohne bedeutungslose Schäden zu dramatisieren und potenziell gefährliche Situationen zu banalisieren.

  Es ist von Vorteil, wenn diese Arbeit von derselben Person durchgeführt wird, die dann auch für die Analyse verantwortlich ist: Durch den langen Aufenthalt in den Magazinen und die Arbeit mit den Objekten während der Datenerfassung bekommt man einen direkten empirischen Eindruck vom Gesamtzustand der Sammlung und den Konservierungsbedingungen sowie von den Arbeitsbedingungen der Mitarbeiter im Magazin. Die Zustandseinschätzung bleibt somit nicht nur auf die untersuchte, in die Datenbank aufgenommene Datenauswahl beschränkt.
- ☐ Ausbildung der Arbeitsgruppe. Eine solche Analyse kann einem Spezialisten für Konservierung/Restaurierung anvertraut werden. Es ist jedoch sehr zu empfehlen, eine Arbeitsgruppe mit einem erfahrenen Mitarbeiter der Institution (bewährter Bibliothekar oder Archivar) und einem Spezialisten für vorbeugende Konservierung zu bilden. Zum einen ergänzen sich ihre Kompe-

peut mettre à disposition. L'efficacité de la démarche peut être ensuite optimisée par un bon travail de préparation concrète, qui peut comprendre, entre autres:

- Un temps de préparation suffisant, qui permet d'adapter les outils d'analyse au caractère de l'institution et aux buts poursuivis;
- La récolte de données sur le climat interne de l'institution au moyen de thermo-hygrographes correctement étalonnés pendant l'année qui précède le bilan. Les données climatiques sur le climat externe existent généralement et il est utile de se les procurer à temps;
- La mise à disposition ou l'établissement de plans (à l'échelle 1:100) de tous les locaux de conservation et de consultation, ce qui permet de visualiser certains risques et certaines données récoltées;
- La définition de l'organigramme actuel et de la répartition des responsabilités pour tout ce qui touche à la vie du livre et du document;
- La récolte d'informations auprès du personnel travaillant depuis un certain temps dans l'institution, à tous les niveaux de la hiérarchie, ce qui permet souvent de reconstruire les raisons de situations peu compréhensibles à première vue et de retrouver la trace d'accidents de conservation» qui n'ont pas été documentés;[4]
- La recherche de la documentation disponible sur le matériel de conditionnement utilisé actuellement et dans le passé (désignation des articles, producteur, composition, prix, etc.).

☐ Utilisation d'une banque de données. Etant donné le grand nombre d'informations à récolter et à gérer, en particulier pour l'analyse de l'état des collections, l'utilisation d'une banque de données va aujourd'hui de soi. Elle ne raccourcit pas vraiment le temps nécessaire pour la collecte des informations sur les locaux et les fonds, mais elle augmente grandement l'efficacité dans l'analyse et l'exploitation des informations. La banque

[4] La création d'un «journal de la conservation» où seraient consignés les décisions et les événements essentiels concernant la conservation fournirait un outil précieux à nos successeurs.

tenzprofile, und sie sind daher umso effizienter. Zum anderen bekommt der Vertreter der Institution durch die Arbeit mit dem Konservierungsspezialisten eine neue Sicht und tiefere Kenntnisse über die reale Situation im Bereich der Bestandserhaltung. Diese Art Zusammenarbeit führt immer zu einem Lerneffekt, der sich langfristig positiv auswirkt.

☐ Vorbereitungen für die Analyse. Der erste Schritt zur Konservierungsbilanz ist die Definition der Ziele, der Grenzen und der zur Verfügung stehenden Mittel. Konkrete Vorbereitungsarbeiten helfen, die Effizienz ganz wesentlich zu steigern:

- Genügend Zeit vorsehen, um die technischen Hilfsmittel zur Analyse den Eigenheiten der Institution und den angestrebten Zielen anzupassen;
- Zusammentragen der Resultate der klimatischen Messungen, die während eines ganzen Jahres vor der Bilanz mit Hilfe eines korrekt geeichten Thermohygrografen in der Einrichtung vorgenommen wurden; Einfordern von Angaben über das Aussenklima; normalerweise stehen statistische Messwerte zur Verfügung;
- Bereitstellung oder Ausarbeitung eines Plans (Massstab 1:100) aller Räumlichkeiten, die der Aufbewahrung oder der Benutzung dienen; dadurch werden gewisse Risikofaktoren klarer ersichtlich;
- Definieren des aktuellen Organisationsplans der Institution und Zuteilung der Verantwortlichkeiten im Bereich der Bestandserhaltung;
- Einholen von Informationen bei Mitarbeitern, die schon längere Zeit in der Einrichtung tätig sind (in jeder hierarchischen Position); dadurch werden oft Erklärungen für nur schwer verständlich erscheinende Situationen und Spuren von früheren, nicht dokumentierten «Konservierungsunfällen» gefunden;[4]

[4] Ein «Konservierungstagebuch», das getroffene Entscheidungen und wichtige, die Konservierung betreffende Ereignisse in der Institution festhält, ist ein wertvolles Werkzeug für unsere Nachfolger.

de données utilisée devrait avoir les caractéristiques suivantes :

- Etre basée sur un programme informatique commercial courant (p. ex. FileMaker, Access), qui puisse être géré par les personnes responsables de l'analyse. Des outils trop raffinés et complexes manquent souvent de souplesse et engendrent des coûts excessifs. De plus, de petites adaptations sont parfois nécessaires en cours de travail ; il faudrait toutefois qu'une banque de données soit modifiée le moins que possible une fois dépassée la phase de test initiale. La gestion de la banque de données doit dans tous les cas être confiée à une seule personne.
- Le choix des informations à récolter (définition des champs de la banque de données) devrait être fait en essayant de ne récolter que les informations essentielles : cela signifie limiter le nombre de champs. Une banque de données exhaustive est théoriquement intéressante, mais elle ralentit et rencherit l'analyse des fonds, autant au moment de la récolte des données que lors de leur élaboration. Une réflexion initiale approfondie est indispensable pour adapter la structure de la banque de données aux buts de l'analyse et aux caractéristiques des fonds. Il n'est pas conseillé d'utiliser un produit standard : la banque de données doit être adaptée à chaque cas particulier, de manière à réduire le temps autant que possible. Le concept initial doit être vérifié par une phase de test, de préférence sur de petits fonds.
- Les champs en principe indispensables comprennent les informations suivantes :
  › Identification de l'objet et du fonds concerné (cote, fonds, magasin).
  › Caractérisation de la structure matérielle de l'objet (livre, cahier, feuilles libres, document en parchemin, carte ou plan, affiche, tirage photographique, etc.).
  › Epoque par grandes catégories, en fonction des caractéristiques des supports et du fonds. Il est particulièrement important de différencier les fonds antérieurs à 1800 et ceux postérieurs à 1960.

- Zusammentragen von Informationen über die bisher für Schutzverpackungen verwendeten Materialien (Beschreibung der Artikel, Hersteller, Zusammensetzung, Preis usw.).

☐ Verwendung einer Datenbank. Die grosse Menge an Informationen, die vor allem für die Zustandsanalyse von Sammlungen zu erfassen und zu verwalten sind, macht eine Datenbank heute zu einer Selbstverständlichkeit. Zwar wird das Erfassen der Daten über Räume und Bestände auch mit Hilfe einer elektronischen Datei nicht schneller, für die Analyse und die Nutzung der Daten aber ist sie äusserst effektiv. Die verwendete Datenbank sollte über die nachfolgend aufgeführten Eigenschaften verfügen:

- Sie sollte sich auf ein handelsübliches Programm (z. B. FileMaker oder Access) stützen, das vom Verantwortlichen für die Analyse verwaltet werden kann. Zu komplizierte und komplexe Arbeitsmittel sind oft zu schwerfällig und können zu hohen Kosten führen. Ausserdem müssen im Verlauf der Arbeit manchmal Veränderungen an der Datenbank vorgenommen werden, obwohl nach Ablauf der anfänglichen Testphase nur noch so wenig wie möglich daran verändert werden sollte. Die Verwaltung der Datenbank ist auf jeden Fall nur einer Person anzuvertrauen.
- Die Auswahl der zu erfassenden Informationen (Definition der Datenfelder) sollte so getroffen werden, dass nur die entscheidenden Daten erfasst werden: Daraus ergibt sich eine limitierte Anzahl an Feldern. Zwar ist eine vollständige Datenbank theoretisch gesehen interessant, die Analyse der Bestände würde dadurch aber sowohl bei der Datenerfassung als auch bei der Datenbearbeitung langsamer und teurer werden. Der Aufbau der Datenbank muss vorgängig gut durchdacht werden, um ihn dann den Zielen der Analyse und den Charakteristiken der Bestände anpassen zu können. Von der Verwendung eines Standardprodukts wird abgeraten: Die Datenbank muss jedem besonderen Fall angepasst werden, damit so wenig Zeit wie möglich verloren wird. Das Ausgangskonzept muss durch eine Testphase

› Format et épaisseur (pour les livres), car cet aspect est déterminant pour certains problèmes de conservation.

› Conditionnement (brochage, reliure historique/artisanale/industrielle, chemise/enveloppe, boîte d'archives, rouleau, etc.). Ce champ est souvent multiple, car un objet peut recevoir plusieurs couches de conditionnement (p. ex. enveloppe + boîte, brochage + boîte, etc.).

› Mesures envisagées (dépoussiérage, nouveau conditionnement, reliure, restauration, désacidification de masse, création d'un support de remplacement, etc.).

› Urgence des mesures envisagées (court/moyen/long terme, délais à définir).

L'état de l'objet sera évalué par une note chiffrée en fonction des aspects suivants :

› Etat du support de l'écriture ou de l'impression.

› Etat du tracé de l'écriture ou de l'impression.

› Etat du brochage ou de la reliure.

› Etat d'autres éléments (p. ex. le sceau d'une charte, l'étui original d'un livre, etc.).

La qualité du/des conditionnements sera évaluée avec une note chiffrée sur deux plans :

› La qualité des matières utilisées (carton gris, carton de conservation, PVC, polyester, etc.).

› Le degré de protection physique offert à l'objet examiné. Un conditionnement réalisé dans un bon matériel peut être insuffisant sur ce plan, par exemple un cartable plus petit que les feuilles qu'il est censé protéger.

– Les champs devraient être remplis à l'aide de menus déroulants avec des termes standardisés. Il faut limiter au maximum les champs de texte, car il sont peu utilisables lors d'une analyse quantitative.

☐ Densité de l'échantillonnage, coût et efficacité du travail d'évaluation. Si l'analyse des locaux nécessite l'examen de chaque dépôt, celle de l'état des fonds ne peut être faite que par échantillonnage. D'un point de vue strictement scientifique, la fiabilité de l'analyse d'une situation où apparaissent de très nombreux éléments variables, est directement liée à l'ampleur de l'échantillonnage. Pour obtenir des données

überprüft werden, am besten an kleineren Beständen.

– Unbedingt notwendig sind im Prinzip Datenfelder mit folgenden Informationen:

› Kennzeichnung des Objekts und des betreffenden Bestands (Signatur, Bestand, Magazin).

› Angabe der materiellen Struktur des Objekts (Buch, Heft, lose Blätter, Pergamenturkunde, Karte oder Plan, Plakat, fotografisches Material usw.).

› Herstellungsepoche in weit gefassten Kategorien, hinsichtlich der Eigenschaften von Materialkomponenten und Beständen. Bestände vor 1800 und Bestände nach 1960 müssen unbedingt besonders kenntlich gemacht werden.

› Format und Dicke (für Bücher), denn dieser Aspekt ist für bestimmte Problemstellungen der Konservierung entscheidend.

› Schutzverpackung (Broschüre, historischer/handwerklicher/industrieller Einband, Hülle/Umschlag, Archivschachtel, Rolle usw.). Dieses Feld gibt es oft mehrmals, denn ein Objekt kann mehrere Schutzverpackungen erhalten (z. B. Umschlag und Schachtel, Broschüre und Schachtel usw.).

› Geplante Massnahmen (Trockenreinigen, neue Schutzverpackung, Buchbinden, Restaurieren, Massenentsäuerung, Herstellen eines Ersatzmediums usw.).

› Dringlichkeit der geplanten Massnahmen (kurz-/mittel-/langfristig, Festlegen der Frist).

Der Zustand des Objekts wird nach einer numerischen Wertskala nach folgenden Kriterien beurteilt:

› Zustand des Schrift- beziehungsweise Druckträgers

› Zustand der Linienführung oder des Druckbildes

› Zustand der Broschüre oder des Einbandes

› Zustand anderer Elemente (z. B. Siegel einer Charta, Originaletui eines Buches usw.)

Die Qualität der Schutzverpackung(en) wird mit Hilfe einer numerischen Wertskala nach zwei Aspekten beurteilt:

fiables, il est nécessaire d'observer un nombre très important d'objets, quelles que soient les méthodes d'échantillonnage élaborées,[5] mais dans tous les cas, la relation entre la fiabilité de l'analyse et les dimensions de l'échantillon reste valable. Un échantillonnage de 1 % peut être considéré comme un minimum absolu pour que les données récoltées soient fiables. Ce pourcentage devrait être augmenté à 5–10 % dans des fonds où l'uniformité matérielle est réduite. L'utilisation d'un pourcentage d'échantillonnage variable n'est pas vraiment correct sur le plan statistique, mais il permet de réduire au minimum le temps pour l'analyse des fonds.

Naturellement, les démarches illustrées ci-dessus se réfèrent à des projets de grande ampleur et peuvent être fortement simplifiées quand l'objet de l'analyse est une institution de petite taille.

Pour ce qui concerne les coûts de l'analyse, le temps pour la récolte des informations est déterminant. Dans des fonds « normaux » et selon la quantité d'informations récoltées, on peut compter sur une vitesse moyenne effective de 10 à 20 objets/heure, soit entre 3 et 6 minutes par objet examiné. A ce temps, il faut ajouter celui de l'analyse des données et de l'élaboration du rapport.

› Qualität der verwendeten Materialien (Pappe, Konservierungskarton, PVC, Polyester usw.)

› In welchem Mass ist der mechanische Schutz für das untersuchte Objekt ausreichend? Eine Schutzverpackung aus gutem Material kann diesbezüglich unzureichend sein, wenn zum Beispiel eine Mappe kleiner ist als die damit zu schützenden Blätter.

– Die Felder sollten mit Hilfe eines Pulldown-Menüs (Aufklapp-Menü) mit Standard-Bezeichnungen ausgefüllt werden. Felder mit Text sollten so wenig wie möglich benutzt werden, da sie bei einer quantitativen Analyse kaum verwendbar sind.

□ Dichte der Stichprobenauswahl, Kosten und Wirksamkeit der Bewertungsarbeit. Im Gegensatz zur Bewertung der Räume, bei der jedes Magazin untersucht werden muss, kann bei der Bewertung der Bestände mit Stichproben gearbeitet werden. Vom wissenschaftlichen Standpunkt aus betrachtet, ist die Zuverlässigkeit der Analyse eines Zustandes, der von zahlreichen veränderlichen Komponenten beeinflusst wird, direkt vom Umfang der Stichprobenauswahl abhängig. Um zuverlässige Angaben zu erhalten, muss eine sehr grosse Menge von Objekten betrachtet werden, und zwar ungeachtet der gewählten Auswahlmethoden[5] (das direkte Verhältnis zwischen der Zuverlässigkeit der Analyse und der Menge von Stichproben besteht auf jeden Fall). Damit die erfassten Daten zuverlässig sind, ist eine Stichprobenauswahl von 1 % als absolutes Minimum zu betrachten. Dieser Prozentsatz muss auf 5–10 % erhöht werden, wenn die Materialzugehörigkeit eines Bestandes sehr unterschiedlich ist. Es ist statistisch gesehen eigentlich nicht korrekt, wenn der Prozentsatz variiert wird, aber die Zeit für die Analyse der Bestände kann damit auf ein Minimum reduziert werden. Natürlich beziehen sich die oben aufgezeigten Schritte auf Projekte von grossem Ausmass und können für die Analyse in kleineren Institutionen

[5] Ces méthodes sont bien décrites par Philippe Vallas dans l'article « Maîtrise de l'état des collections et définitions des besoins », in : Oddos, J.-P. et al., 1995.

[5] Diese Methoden werden von Philippe Vallas im Artikel «Maîtrise de l'état des collections et définitions des besoins» gut beschrieben. In: Oddos, J.-P. et al., 1995.

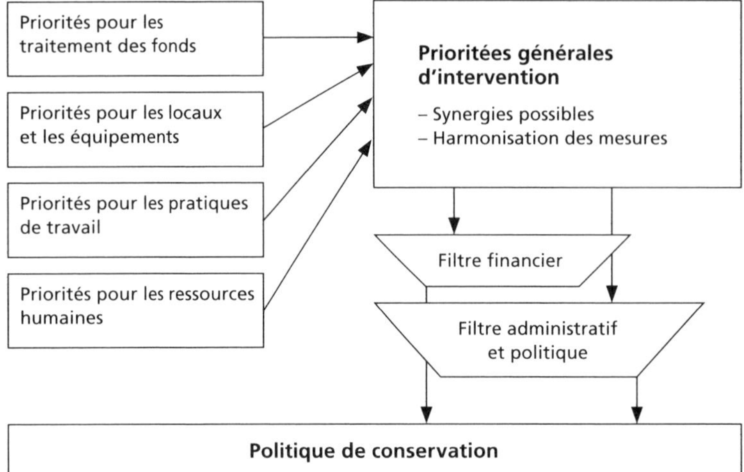
Priorités pour les traitement des fonds
Priorités pour les locaux et les équipements
Priorités pour les pratiques de travail
Priorités pour les ressources humaines
Prioritées générales d'intervention
– Synergies possibles
– Harmonisation des mesures
Filtre financier
Filtre administratif et politique
Politique de conservation

Fig. 1/9

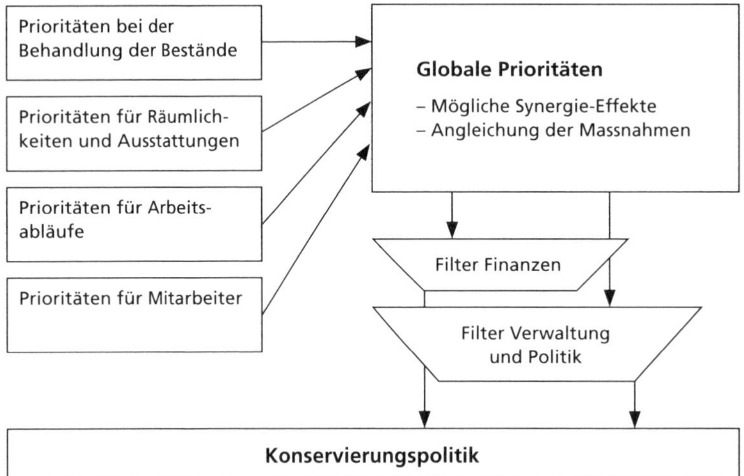
Prioritäten bei der Behandlung der Bestände
Prioritäten für Räumlichkeiten und Ausstattungen
Prioritäten für Arbeitsabläufe
Prioritäten für Mitarbeiter
Globale Prioritäten
– Mögliche Synergie-Effekte
– Angleichung der Massnahmen
Filter Finanzen
Filter Verwaltung und Politik
Konservierungspolitik

Fig. 1/9

4.2 Synthèse de données et élaboration d'un programme de conservation

Une fois définies les priorités partielles pour chacun des quatre grands domaines pris en considération, on peut procéder à une synthèse générale, en prenant en considération les synergies possibles et les harmonisations nécessaires entre les différentes exigeances partielles, en évitant les contradictions qui pourraient exister entre certaines des mesures souhaitables.

Les données fournies par le bilan de conservation et exploitées en fonction des critères cités ci-dessus formeraient l'essentiel du programme de conservation, dans la situation idéale où l'on disposerait de toute la liberté pour appliquer les mesures souhaitées. On dispose à ce moment d'indications claires et spécifiques sur les interventions prioritaires, que ce soit au niveau des structures matérielles de l'institution (bâtiments, équipements, etc.), des ressources humaines ou au niveau des fonds.

Cependant, pour disposer d'un programme de conservation qui colle étroitement à la situation concrète et actuelle de l'institution, il faut encore passer ces lignes d'action à travers des filtres: les contraintes, les limites liées à la situation réelle dans laquelle nous travaillons. Il est rare en effet que l'on dispose d'une liberté d'action qui permette l'application immédiate et intégrale des mesures souhaitées.

Les filtres servent à confronter le programme à la « dure réalité » et à l'adapter en conséquence, ce qui peut paraître décourageant dans certains cas. Cependant, la démarche du bilan de conservation et de l'établissement d'un programme de conservation réaliste est recommandée, voire indispensable, même quand on considère que les filtres à travers lesquels il faut passer limitent gravement notre liberté d'action.

D'ailleurs, une limite n'est jamais entièrement figée; si l'on doit souvent s'y adapter, on peut envisager aussi de la modifier, du moins à moyen terme, et orienter son action dans ce sens.

Il est utile de séparer clairement l'analyse de la situation, l'identification des besoins et l'adaptation de ce programme aux limites de notre réalité

stark vereinfacht werden. Entscheidend für die Kosten der Analyse ist die Zeitdauer der Informationserfassung. Für «normale» Bestände und je nach Quantität der erfassten Daten kann mit einer durchschnittlichen Geschwindigkeit von 10 bis 20 Objekten pro Stunde, das heisst zwischen 3 und 6 Minuten für jedes untersuchte Objekt gerechnet werden. Dazu kommt die Zeit der Datenanalyse und der Ausarbeitung des Berichts.

4.2 Die Synthese der Daten und die Ausarbeitung eines Konservierungsprogramms

Sobald die entsprechenden Prioritäten für jeden der vier betrachteten Bereiche definiert worden sind, kann eine globale Synthese vorgenommen werden. Dabei müssen die möglichen Synergie-Effekte und die notwendigen Angleichungen zwischen den verschiedenen partiellen Erfordernissen in Erwägung gezogen und gleichzeitig Widersprüche vermieden werden, die sich manchmal zwischen wünschenswerten Massnahmen ergeben können.

Die durch die Konservierungsbilanz gelieferten und auf der Grundlage der oben genannten Kriterien ausgewerteten Angaben würden das Wesentliche eines Konservierungsprogramms in einer Idealsituation ergeben, wenn nämlich alle erforderlichen Massnahmen ohne Einschränkungen durchgeführt werden könnten. Es stehen jetzt klare, spezifische Angaben über die vorrangig notwendigen Veränderungen, sei es der materiellen Strukturen (Gebäude, Ausstattungen usw.), des Personals oder der Bestände, zur Verfügung.

Für ein reales Konservierungsprogramm jedoch, das der aktuellen und konkreten Situation der Einrichtung wirklich entspricht, sind noch Filter notwendig: Einschränkungen und Grenzen aufgrund der realen und gegenwärtigen Situation, in welcher wir arbeiten. In der Tat kommt es selten vor, dass man über genügend Handlungsfreiheit verfügt, um die erforderlichen Massnahmen sofort und vollständig umzusetzen.

Die Filter dienen dazu, das Programm der «harten Realität» gegenüberzustellen und es entsprechend anzupassen. Das kann in manchen Fällen entmuti-

du moment. En effet, cette démarche nous permet d'orienter notre action à moyen et à long terme, même si dans l'immédiat, nous sommes confrontés à des limites rigoureuses. Enfin, lors de l'établissement d'un programme de conservation, on identifie toujours des mesures dont l'application dépend beaucoup plus de la motivation du personnel que des moyens financiers disponibles; l'application de ces mesures peut améliorer les conditions de conservation de l'institution sans en grever le budget.

Les filtres ou limites que la réalité nous impose peuvent être très variés. Ceux qui constituent souvent, du moins en apparence, un obstacle à l'application d'une politique de conservation sont décrits ci-après. Il est clair qu'il y a interaction entre ces limites: le cadre administratif et politique et les disponibilités financières, par exemple, sont souvent en corrélation.

■ *Les disponibilités financières*

L'aspect économique de la conservation peut être abordé de deux manières: soit par la recherche de nouveaux fonds, soit par l'optimisation de l'utilisation des ressources disponibles. Le bilan de conservation, tout comme la démarche pour son élaboration, constitue un outil précieux quand il s'agit de rechercher de nouveaux fonds, car il permet d'identifier avec clarté les problèmes existants et de présenter des demandes ciblées et bien fondées. La présence d'un consultant extérieur donne souvent un poids et une crédibilité supplémentaires aux demandes de nouveaux crédits.

Quant aux ressources disponibles, les mesures suivantes aident à mieux les utiliser:

- ☐ La recherche de méthodes de conservation aussi rentables que possible, soit par rapport à la forme (modèle de boîtes, de cartables, etc.), soit par rapport aux matériaux utilisés.
- ☐ La gestion rigoureuse des activités, l'établissement de priorités claires et un programme d'action à moyen terme: le programme de conservation est en lui-même un outil qui améliore la gestion des ressources.
- ☐ L'application de mesures simples qui ne demandent pas des investissements importants.

gend erscheinen. Aber auch wenn man weiss, dass die zu durchlaufenden Filter die Handlungsfreiheit stark einschränken, ist es wichtig, ja notwendig, eine Konservierungsbilanz vorzunehmen und ein realistisches Konservierungsprogramm aufzustellen.

Stösst man an Grenzen, ist es wichtig zu wissen, dass diese nie völlig starr sind. Zwar muss man sich häufig anpassen, doch kann man zumindest mittelfristig eine Veränderung ins Auge fassen.

Es ist angebracht, klar zwischen der Zustandsanalyse, der Festlegung notwendiger Eingriffe und der Anpassung dieses Programms an die reale Situation zu unterscheiden. Dadurch können wir unser Vorgehen mittel- und langfristig ausrichten, selbst wenn wir zunächst mit strengen Einschränkungen konfrontiert sind. Bei der Aufstellung eines Konservierungsprogramms finden sich immer Massnahmen, deren Realisierung eher von der Motivation der Mitarbeiter abhängt als von den zur Verfügung stehenden finanziellen Mitteln, sodass die Konservierungsbedingungen der Institution verbessert werden können, ohne das Budget zu belasten.

Die Filter, das heisst die durch die reale Situation gegebenen Grenzen, können sehr verschieden sein. Diejenigen, die, jedenfalls dem Anschein nach, die Umsetzung einer Konservierungspolitik häufig behindern, werden nachfolgend beschrieben. Natürlich beeinflussen sich diese Faktoren gegenseitig, zum Beispiel besteht zwischen dem Verwaltungs- und politischen Bereich und den verfügbaren finanziellen Mitteln meist ein Zusammenhang.

■ *Verfügbarkeit von finanziellen Mitteln*

Es gibt zwei Wege, an die ökonomischen Probleme der Konservierung heranzugehen: Entweder sucht man nach neuen Geldmitteln, oder man nutzt die zur Verfügung stehenden Ressourcen effektiver. Die Konservierungsbilanz, einschliesslich der Schritte zu ihrer Erarbeitung, bietet wertvolle Hilfe bei der Suche nach neuen Geldmitteln, da die bestehenden Probleme klar aufgeführt sind und damit gezielte und gut fundierte Anträge gestellt werden können. Ein externer Berater verleiht den Bitten um neue Kredite oft zusätzliches Gewicht und hilft, deren Notwendigkeit verständlicher zu machen.

Pour ces raisons, les limites financières et en personnel ne devraient jamais décourager une démarche d'analyse et l'élaboration d'un programme de conservation.[6]

■ *Les disponibilités logistiques*
La démarche illustrée ci-dessus peut également être appliquée, dans son esprit, à la question des locaux disponibles. Faute de moyens financiers importants, il est souvent possible d'améliorer les conditions de conservation par des mesures simples et économiques. Dans le pire des cas, on peut au moins utiliser les meilleurs locaux pour entreposer les fonds les plus importants et sensibles.

■ *L'organigramme et le niveau de formation du personnel en matière de conservation*
L'analyse de l'organigramme peut permettre de déceler des vides ou des superpositions qui font obstacle au bon fonctionnement de la chaîne de la conservation. Des changemens sur le plan de l'organigramme et des cahiers des charges des collaborateurs ne sont pas nécessairement liés à des dépenses supplémentaires et apportent souvent de la clarté et un nouvel élan en matière de conservation.

Un personnel insuffisant constitue une limite difficile à dépasser; cependant, la motivation du personnel pour la conservation – qui est en relation directe avec son niveau de formation en la matière – est un facteur décisif de l'efficacité du travail. Dans ce domaine, il est souvent possible d'obtenir de meilleurs résultats par une campagne de formation et de valorisation du personnel.

Le niveau de formation du personnel est en principe en corrélation directe avec sa motivation. Cet aspect est central et mérite une grande attention. En effet, toute démarche de conservation passe par des personnes et peut par celles-ci être facilitée ou, au contraire, rendue difficile ou impossible. L'attention portée à la motivation est une condition indispensable pour la réussite d'un programme de conservation.

[6] L'analyse économique de la conservation est un outil complémentaire, précieux bien qu'actuellement peu exploité, pour aboutir à une utilisation optimale des ressources disponibles. Voir l'article de J.-P. Oddos: Approche économique de la conservation (1995, pp. 91–114).

Die vorhandenen Ressourcen können durch folgende Massnahmen besser genutzt werden:

- ☐ Suche nach möglichst wirtschaftlichen Konservierungsmethoden: Art (Modell der Schachtel, der Mappe usw.), verwendete Materialien.
- ☐ Eine strenge Verwaltung der Aufgabenbereiche und die Festlegung eindeutiger Prioritäten sowie eines mittelfristigen Aktionsprogramms: Das Konservierungsprogramm selbst ist ein Mittel zur besseren Verwaltung der Ressourcen.
- ☐ Durchführung einfacher Massnahmen, die keine bedeutenden finanziellen Investitionen erfordern.

An einem Mangel an finanziellen Mitteln und an Personal sollten die Durchführung einer Analyse und die Ausarbeitung eines Konservierungsprogramms deshalb nie scheitern.[6]

■ *Verfügbarkeit von Logistik*
Das weiter oben erläuterte Vorgehen gilt im Prinzip auch bei Mangel an Räumlichkeiten. Verfügt man für die Räumlichkeiten nur über geringe finanzielle Mittel, ist es häufig dennoch möglich, die Konservierungsbedingungen durch einfache und kostengünstige Massnahmen zu verbessern. Im ungünstigsten Fall können wenigstens die wichtigsten und empfindlichsten Bestände in den besten Räumen gelagert werden.

■ *Der Organisationsplan und der Ausbildungsstand der Mitarbeiter auf dem Gebiet der Bestandserhaltung*
Mit der Analyse des Organisationsplans können Lücken oder Überlappungen erfasst werden, die das gute Funktionieren des Konservierungsablaufs behindern. Häufig machen Änderungen am Organisationsplan und am Aufgabenprofil der Mitarbeiter keine zusätzlichen Ausgaben erforderlich und führen zu besserem Verständnis und zu neuem Tatendrang im Bereich der Bestandserhaltung.

Stehen zu wenig Mitarbeiter zur Verfügung, sind die möglichen Alternativen beschränkt. Das Wissen

[6] Eine Wirtschaftsanalyse für die Konservierung ist ein zusätzliches wertvolles, noch selten genutztes Mittel zum optimalen Einsatz der vorhandenen Ressourcen. Siehe Artikel von J.-P. Oddos: Approche économique de la conservation (1995, S. 91–114).

La formation devrait être ciblée en fonction du rôle dans l'institution et du niveau d'instruction de base des personnels concernés. Si la formation du personnel intermédiaire, en particulier des archivistes et bibliothécaires qualifiés, ne pose en général pas de problème, car elle est souhaitée par ces personnes, la formation du personnel technique (magasiniers, équipes de nettoyage, etc.) et celle du personnel dirigeant pose quelques difficultés spécifiques.

Pour le personnel technique, il est important d'apporter une information sérieuse et approfondie, qui ne se limite pas à des directives sur ce qui est souhaité et ce qui ne l'est pas; le langage employé doit être adapté au niveau de formation de ces personnes. Il est fondamental que le rôle du personnel technique soit valorisé et son importance pour l'institution soulignée; une formation en matière de conservation peut devenir une démarche de promotion et de valorisation.

En ce qui concerne le personnel dirigeant, il n'est pas rare que le besoin de formation soit ressenti comme dévalorisant et ne soit pas de ce fait reconnu ouvertement, car la position de pouvoir est interprétée comme présupposant un savoir presque universel. Il est bien clair que cela n'est pas réaliste, ni même humain, mais il est utile de tenir compte de ce contexte psychologique quand il est présent.

■ *Aspects administratifs et politiques*

Le cadre administratif et politique de l'institution est généralement déterminant pour les moyens humains et financiers mis à disposition; cette constatation devrait conduire les responsables de l'institution à une attitude d'ouverture envers les supérieurs administratifs et politiques, pour les convaincre de l'utilité de la démarche conservative et les amener à prendre conscience des problèmes de la conservation du patrimoine écrit et imprimé.

La présence d'un consultant extérieur à l'institution fournit souvent l'occasion pour diffuser à ce niveau les informations essentielles et pour donner une meilleure crédibilité à la démarche.

Une documentation photographique attrayante et éloquente est un excellent moyen d'attirer l'attention sur le contenu du bilan et du programme

der Mitarbeiter um die Probleme der Konservierung ist indessen ein wichtiger Faktor für eine erfolgreiche Arbeit. Hier besteht eine direkte Beziehung zu ihrem Ausbildungsniveau; häufig kann man durch eine Schulung der Mitarbeiter und die Aufwertung ihrer Arbeit Verbesserungen erreichen.

Zwischen dem Ausbildungsstand und der Motivation der Mitarbeiter besteht ein direkter Zusammenhang. Dieser Aspekt ist unbedingt zu beachten, da jede Konservierungsmassnahme von Personen vorgenommen wird und ihre Durchführung von diesen erleichtert oder im Gegenteil erschwert beziehungsweise unmöglich gemacht werden kann. Die Beachtung der Motivation ist demnach eine unerlässliche Voraussetzung für das Gelingen eines Konservierungsprogramms.

Die Schulung der Mitarbeiter sollte im Verhältnis zu ihrer Zuständigkeit in der Institution und dem Niveau ihrer Grundausbildung stehen. Mit der Schulung der mittleren Kader, vor allem qualifizierter Archivare und Bibliothekare, ergeben sich normalerweise keine Probleme, denn sie selbst sind an einer Weiterbildung interessiert. Anders verhält es sich mit dem technischen Personal (Magazinarbeiter, Reinigungskräfte usw.) und den leitenden Mitarbeitern.

Es genügt nicht, den technischen Mitarbeitern Anweisungen über erwünschte beziehungsweise unerwünschte Handlungsweisen zu geben, wichtig ist es vielmehr, ihnen solide und grundlegende Informationen in einer ihrem Bildungsstand gemässen Sprache zu vermitteln und ihre Rolle und deren Bedeutung für die Institution zu unterstreichen. Eine Schulung im Bereich der Konservierung kann ein Schritt zur Beförderung und Aufwertung sein.

Von leitenden Mitarbeitern wird die Notwendigkeit einer Schulung häufig als abwertend empfunden und daher nicht offen als wichtig anerkannt, denn ihre leitende Stellung entspricht für sie fast der Allwissenheit. Natürlich ist das weder realistisch noch menschlich, aber man sollte sich dieses psychologischen Aspekts im entsprechenden Falle bewusst sein.

■ *Aspekte von Verwaltung und Politik*

Entscheidungen über die zur Verfügung gestellten finanziellen und personellen Mittel werden im Allgemeinen auf verwaltungstechnischer und politischer

de conservation; jointe à un résumé essentiel, elle permet de convaincre des personnes parfois peu sensibles à la conservation des biens culturels.

Il apparaît que ce travail d'élaboration suppose une interaction très étroite entre les diverses personnes responsables de l'institution et le consultant en conservation, soit pour intégrer dans l'analyse les éléments qu'on vient d'évoquer, soit pour évaluer de manière réaliste les possibilités d'appliquer l'une ou l'autre mesure souhaitable.

Au terme de la démarche décrite, l'institution dispose d'un véritable programme de conservation à court, moyen et long terme, où sont proposés des groupes de mesures adaptées étroitement à la situation réelle du moment.

4.3 Structure des mesures proposées dans la politique de conservation

Schématiquement, les mesures proposées peuvent être subdivisées en trois groupes, qui comprennent chacun des mesures à court terme (indispensables et réalisables) et à moyen terme (nécessitant une préparation ou de deuxième priorité). Les trois catégories sont illustrées ci-après par quelques exemples non exhaustifs.

■ *Mesures générales utiles pour toute l'institution*

Ces mesures offrent l'avantage d'améliorer les conditions de conservation pour l'ensemble des fonds ou pour de grands groupes d'objets.

- □ Mesures architecturales (exemples: contrôle de la toiture ou des installations sanitaires, installation de portes coupe-feu, de volets ou de rideaux aux fenêtres, etc.);
- □ achat d'équipements techniques (exemples: appareils de mesure ou de contrôle du climat, de la lumière, de la pollution de l'air, détecteurs pour le feu, l'eau et l'effraction, etc.);
- □ achat ou modification des étagères (exemples: achat de matériel adapté pour les objets de grand format, de serre-livres, etc.);
- □ achat et mise en œuvre de matériel de conditionnement pour les livres et les documents (exemples: achat de chemises, d'enveloppes, de

Ebene getroffen. Die Verantwortlichen der Institution sollten daher den Vorgesetzten in Verwaltung und Politik gegenüber eine Öffnung anstreben, um sie von der Nützlichkeit eines bestandserhaltenden Vorgehens zu überzeugen und das Bewusstsein für die Probleme der Konservierung des Kulturguts in Bibliotheken und Archiven zu fördern.

Häufig ist es hilfreich, wenn ein externer Berater grundlegende Informationen an die zuständigen Stellen weiterleitet, um ein Konservierungsprogramm und seine Notwendigkeit verständlich zu machen.

Eine ausdrucksstarke Fotodokumentation vermag das Interesse auf den Gehalt von Konservierungsbilanz und -programm zu lenken; mit der Fotodokumentation und einer Zusammenfassung der Grundlinien können Personen überzeugt werden, die dem Problem der Bestandserhaltung eher uninteressiert gegenüberstehen.

Die Erarbeitung dieser Komponenten ist nur durch ein enges Zusammenwirken zwischen den verschiedenen Verantwortlichen der Einrichtung und oft auch dem Konservierungsberater möglich; das betrifft sowohl die Integration der schon genannten Angaben in die Analyse als auch die Bewertung der realen Möglichkeiten der Umsetzung der einen oder anderen wünschenswerten Massnahme.
Nach Abschluss dieser Arbeiten steht der Einrichtung ein kurz-, mittel- und langfristiges Konservierungsprogramm zur Verfügung, in dem Massnahmenbündel vorgeschlagen werden, die der aktuellen Situation der Einrichtung genau entsprechen.

4.3 Gliederung der vorgeschlagenen Massnahmen im Rahmen der Konservierungspolitik

Schematisch können die vorgeschlagenen Massnahmen in drei Gruppen unterteilt werden, die jeweils kurzfristige (unbedingt notwendige und realisierbare) und mittelfristige (benötigen Vorbereitungszeit oder sind zweitrangig) Massnahmen enthalten. Diese drei Kategorien werden nachfolgend anhand einiger Beispiele illustriert.

boîtes, de matériel spécifique pour des objets particuliers) ;

- ☐ établissement d'un plan de catastrophe (organisation de la prévention, des réactions et des moyens d'action en cas de petits et de grands sinistres) ;
- ☐ orientation des activités de reliure et de restauration (pour des ateliers internes ou extérieurs à l'institution) ;
- ☐ révision de l'organigramme et redéfinition des cahiers des charges en matière de conservation ;
- ☐ organisation et formation du personnel, selon le type d'activité et les responsabilités en matière de conservation ;
- ☐ équipement des salles de lecture et formation des lecteurs, pour accroître leur motivation et diminuer les dommages causés lors de la consultation.

■ *Mesures spécifiques pour une collection ou pour un fonds*

On trouve dans cette catégorie des mesures de conservation adaptées aux conditions particulières d'un fonds (p. ex. : mise en boîte de reliures anciennes supportant mal la conservation sans protection particulière ; rangement à plat de livres de grande taille ; reliures ou brochages de conservation ; adoption et mise en œuvre de matériel de conservation adéquat : chemises, dossiers, boîtes ; confection de passe-partout de conservation pour des œuvres d'art sur papier ; protection des documents scellés avec des boîtes particulières ; etc.).

Dans cette catégorie d'interventions, on peut également placer le traitement de désacidification de masse de collections entières écrites ou imprimées sur un papier qui vieillit trop rapidement.

■ *Mesures particulières pour un objet*

Quand les moyens de protection qui précèdent s'avèrent insuffisants pour garantir la conservation d'objets d'une importance certaine, il est justifié d'appliquer des mesures adaptées spécialement aux caractéristiques de l'objet. Dans la mesure du possible, on adoptera des mesures de conservation passive, telle que des protections particulières concernant les divers facteurs d'altération. Seulement dans le cas où ces mesures s'avèrent inef-

■ *Allgemeine Massnahmen für die gesamte Institution*

Mit diesen Massnahmen können die Konservierungsbedingungen für den Gesamtbestand oder für grosse Objektgruppen verbessert werden.

- ☐ Bautechnische Massnahmen (Untersuchung der Bedachung und der Sanitäreinrichtungen, Installation von Brandschutztüren, Fensterläden oder -vorhängen usw.);
- ☐ Ankauf von technischem Ausstattungsmaterial (z. B. Mess- oder Kontrollinstrumente für Klima, Licht und Luftqualität sowie von Alarmanlagen für Feuer, Wasser und Einbruch usw.);
- ☐ Ankauf oder Umgestaltung von Regalen (z. B. Ankauf von Regalen für grossformatige Objekte, Buchstützen usw.);
- ☐ Ankauf und Verwendung von Schutzverpackungen für Bücher und Dokumente (z. B. Ankauf von Hüllen, Umschlägen, Schachteln, speziellem Material für besondere Objekte);
- ☐ Ausarbeitung eines Notfallplans (Organisation von Vorbeugung, Verhaltensweisen und Handlungsmöglichkeiten im Fall von kleinen und grossen Notfällen);
- ☐ Ausarbeitung von Richtlinien für Buchbindereiund Restaurierungswerkstätten (interne und externe);
- ☐ Überprüfung des Organisationsplans und Neudefinition der Aufgabenprofile im Bereich der Bestandserhaltung;
- ☐ Organisation und Schulung der Mitarbeiter entsprechend dem Wirkungskreis und der Verantwortlichkeit im Bereich der Bestandserhaltung;
- ☐ Ausstattung der Lesesäle und Aufklärung der Leser über ihre Mitverantwortung. Dadurch werden die bei der Benutzung verursachten Schäden eingeschränkt.

■ *Spezifische Massnahmen für eine Sammlung oder einen Bestand*

Hier sind Konservierungsmassnahmen aufgeführt, die den besonderen Eigenschaften eines bestimmten Bestandes angepasst sind, zum Beispiel: alte Einbände müssen in Schachteln gelegt werden, da sie nicht ohne einen besonderen Schutz aufbewahrt werden können; grossformatige Bücher müssen flach liegend gelagert werden; Konservierungseinband oder

ficaces, il devient utile, et souvent nécessaire, de faire intervenir un restaurateur qualifié, pour qu'il applique des traitements adaptés aux caractéristiques de l'objet afin de permettre sa conservation à long terme et, autant que possible, sa consultation (voir le point 7 de ce chapitre).

La restauration trouve ainsi sa place correcte dans l'ensemble des mesures d'un programme de conservation; de même, le document restauré bénéficiera après l'intervention d'un cadre de conservation correct.

-broschüre; Einführung von angemessenem Konservierungsmaterial: Hüllen, Sammelmappen, Schachteln usw.; Herstellung von Konservierungspassepartouts für Kunstwerke auf Papier; Spezialschachteln für Urkunden mit Siegel usw.

Zu dieser Kategorie gehört auch die Massenentsäuerung vollständiger Sammlungen von extrem schnell alterndem, beschriebenem oder bedrucktem Papier.

■ *Spezifische Massnahmen für ein Objekt*

Sollten sich die vorgenannten Massnahmen für die Erhaltung eines wichtigen Objekts als nicht ausreichend erweisen, können Massnahmen ergriffen werden, die den Eigenschaften des Objekts angepasst sind. Wenn möglich werden passive Konservierungsmassnahmen ergriffen, das heisst besondere Schutzmassnahmen gegen die verschiedenen Abbaufaktoren. Nur wenn diese Massnahmen ohne Wirkung bleiben, ist es nützlich und oft nötig, einen qualifizierten Restaurator einzuschalten. Er kann entsprechende objektgerechte Instandsetzungsmassnahmen ergreifen, um die langfristige Konservierung und wenn möglich die Nutzung des Objekts zu ermöglichen (siehe Punkt 7 dieses Kapitels).

So hat die Restaurierung den ihr entsprechenden Platz in der Gesamtheit der Massnahmen eines Konservierungsprogramms. Ausserdem wird dadurch sichergestellt, dass das restaurierte Objekt nach dem Eingriff unter korrekten Bedingungen aufbewahrt wird.

5 Politique régionale et nationale de conservation

S'il est nécessaire que chaque institution ait sa propre politique de conservation, on ne peut pas éviter d'envisager certains aspects sur le plan régional ou national, car l'efficacité et la limitation des coûts passent par la coordination; une politique régionale et nationale de conservation doit être élaborée parallèlement à l'action sur le plan de chaque institution, bibliothèque ou service d'archives.

L'élaboration d'une politique cohérente de conservation pose aussi quelques questions qui ne peuvent être réglées que par la concertation; une des plus importantes est celle du choix des responsabilités de conservation pour chaque institution.

Les grandes bibliothèques et services d'archives sont confrontés à la saturation des dépôts et magasins; il apparaît que la construction de nouvelles unités de conservation pour pouvoir conserver chaque livre et chaque document d'archives n'est pas réaliste, ni finalement souhaitable.

Il s'agit donc de déterminer, pour chaque livre ou document d'archives, dans quelle mesure il doit être conservé et de coordonner cette tâche entre les institutions concernées, de façon à garantir la conservation rationnelle des livres et des documents d'archives en fonction de leur importance et de leur utilisation, avec des techniques de conservation adaptées.

Cette idée présuppose que tous les livres et documents d'archives ne doivent pas être conservés à long terme. Ce concept est acquis pour les archivistes, qui pratiquent couramment le tri des fonds entrant dans leurs services; il est beaucoup moins familier aux bibliothécaires, qui tendent souvent à sacraliser le livre, ce qui implique naturellement le refus de la destruction d'un seul exemplaire, à cause de sa valeur symbolique. Dans ce domaine, nous sommes les héritiers d'une tradition ayant des racines médiévales, mise en évidence entre autres par Guglielmo Cavallo (1989).

Par ailleurs, il n'est pas rare de constater des incohérences dans la gestion des fonds, les efforts n'étant pas toujours dirigés vers les collections réellement prioritaires.

5 Regionale und nationale Konservierungspolitik

Jede Institution, ob Bibliothek oder Archiv, soll zwar ihr eigenes Konservierungsprogramm verfolgen, bestimmte Aspekte aber müssen auf regionaler und nationaler Ebene betrachtet werden, weil bei guter Koordination effizienter und kostengünstiger gearbeitet werden kann. Eine regionale und nationale Konservierungspolitik muss parallel zum Vorgehen jeder Einrichtung ausgerichtet sein.

Bei der Ausarbeitung einer globalen Konservierungspolitik stellen sich natürlich auch Fragen der Koordination und der Zuständigkeit. Es ist wichtig, dass jeder Institution die Verantwortung für bestimmte Konservierungsaufgaben (Sammelauftrag) zugeordnet wird.

Die Magazine der grossen Bibliotheken und Archive sind überfüllt, und es ist offensichtlich, dass es weder realistisch noch wünschenswert ist, immer neue Gebäude zu erstellen, um ausnahmslos alles Schriftgut aufbewahren zu können.

Es muss also für jedes Buch oder Archivdokument festgelegt werden, ob es kurz-, mittel- oder langfristig aufbewahrt werden soll. Diese Aufgabe muss zwischen den betreffenden Institutionen so gelöst werden, dass eine rationelle Aufbewahrung von Büchern und Dokumenten entsprechend ihrer Bedeutung und ihrer Nutzung (natürlich mit Hilfe der entsprechenden Konservierungstechniken) gewährleistet ist.

Archivare wissen sehr wohl, dass nicht alle Bücher und Archivalien langfristig aufbewahrt werden können. Es gehört zu ihrer alltäglichen Arbeit, die im Archiv eintreffenden Bestände zu bewerten. Den Bibliothekaren aber ist dieser Gedanke noch wenig vertraut, denn sie halten das Buch oft für «heilig». Dies, und damit die symbolische Bedeutung jedes Buches, impliziert natürlich die Ablehnung der Vernichtung auch nur eines Exemplars. Wir sind hier Erben einer Tradition, die ihren Ursprung im Mittelalter hat, wie unter anderem von Guglielmo Cavallo (1989) aufgezeigt wurde.

Bei der Verwaltung der Bestände sind daher nicht selten Unstimmigkeiten festzustellen; nicht immer werden die Anstrengungen auf die wirklich vorrangigen Sammlungen ausgerichtet.

De plus, beaucoup d'institutions ont leur « zone grise » où s'accumulent des volumes ou documents parfois d'intérêt limité, souvent non classés, qui constituent pratiquement du « ballast ». Or, le « ballast » occupe de la place précieuse, alourdit l'institution et limite les possibilités d'organiser une bonne politique de conservation.

L'organisation d'une politique de conservation implique donc de différencier les fonds ou les objets et d'appliquer des méthodes de conservation adaptées à leur caractère matériel, à leur état de conservation, à leur importance et à leur utilisation. Si, d'une part, certains objets doivent être conservés avec tous les soins possibles, à l'extrême opposé, les bibliothèques et les services d'archives doivent se libérer du « ballast » qui les alourdit, pour pouvoir consacrer les énergies disponibles à la conservation des objets qui le méritent.

Ce choix nécessite un très grand changement de mentalité, particulièrement pour les bibliothécaires : les bibliothèques vont devenir des lieux où non seulement on consulte et conserve les livres, mais aussi où l'on élimine des volumes qui ne sont plus consultés ou consultables (par leur état physique), qui ne font pas partie des « objets à conserver » et dont l'exemplaire de conservation se trouve ailleurs. Les archivistes sont familiarisés depuis longtemps déjà avec une politique sélective de conservation; l'élaboration de critères de choix reste cependant un sujet très délicat et exige un effort important de la part des bibliothécaires.

La formation des archivistes, des bibliothécaires et du personnel des bibliothèques et des archives sur les divers aspects de la conservation devrait également être unifiée et développée pour que, dans chaque institution, il y ait un nombre suffisant de personnes bien informées à ce sujet. Les écoles et programmes de formation pour archivistes et bibliothécaires devraient intégrer dans leurs programmes la conservation comme matière principale, avec un programme de base uniformisé; ce programme doit comprendre des notions théoriques et des informations pratiques.

Dans ce domaine, un effort important a été fait en Suisse dans les formation BA en information documentaire, où une information de base en conservation préventive a été intégrée dans le pro-

Ausserdem gibt es in vielen Einrichtungen eine «Grauzone», in der sich Bücher oder Dokumente stapeln, die manchmal von geringem Interesse sind. Sie sind oft nicht katalogisiert und stellen eigentlich einen «Ballast» dar. Dieser Ballast besetzt aber wertvollen Platz, behindert die Einrichtung und beschränkt die Möglichkeiten guter Konservierungspolitik.

Zur Organisation einer Konservierungspolitik gehört also die Differenzierung der Bestände oder Objekte nach ihrer Materialbeschaffenheit, ihrem Erhaltungszustand, ihrer Bedeutung und ihrer Nutzung und der Einführung der dementsprechend notwendigen Konservierungsmethoden. Bestimmte Objekte müssen mit grösstmöglicher Sorgfalt aufbewahrt werden. Andererseits müssen sich Bibliotheken und Archive von unnötigem Ballast befreien. Die frei gewordenen Energien sollen dort eingesetzt werden, wo der Aufwand gerechtfertigt ist.

Diese Auswahl verlangt besonders von Bibliothekaren ein neues Verständnis: Bibliotheken werden zu Stätten, an denen Bücher nicht nur benutzt und aufbewahrt, sondern auch ausgeschieden werden. Ausscheiden wird man Bücher, die nicht mehr benutzt werden oder nicht mehr benutzbar sind (aufgrund ihres Zustandes), die nicht zu den «erhaltenswerten Objekten» gehören und deren Aufbewahrungsexemplar anderswo gesichert ist. Obwohl Archivare schon lange eine Auswahlpolitik betreiben, bleiben Bewertungskriterien ein sehr heikles Problem. Bibliothekare sehen sich hier vor eine wichtige Aufgabe gestellt.

Die Ausbildung der Archivare und Bibliothekare muss im Bereich der Konservierung ausgeweitet und vereinheitlicht werden, damit in jeder Institution genügend Personen verfügbar sind, die auf diesem Gebiet über gute Kenntnisse verfügen. In die Lehrpläne der Schulen und Ausbildungsprogramme für Archivare und Bibliothekare sollte die Konservierung mit einem einheitlichen Grundprogramm als Hauptfach aufgenommen werden. Dieses Programm sollte theoretisches Grundwissen und praktische Informationen vermitteln.

In dieser Hinsicht wurden in der Schweiz bei der Bachelor-Ausbildung für Information und Dokumentation wichtige Anstrengungen unternommen, hier wurde die Vermittlung von Grundkenntnissen

gramme. Le personnel non spécialisé devrait également recevoir une information de base d'orientation plus pratique, car ces personnes jouent souvent un rôle décisif dans l'application concrète d'une politique de conservation. En considérant les parcours professionnels très variés du personnel non spécialisé des bibliothèques et archives, il convient d'organiser des cours de formation dans l'institution ou sur le plan régional.

La formation en conservation de tout le personnel des services d'archives et bibliothèques est idéalement la première étape d'une politique de conservation : la collaboration active à une telle politique passe par la conscience de son importance, qui ne se développe que par une compréhension claire des principaux mécanismes d'altération des matières et de l'influence sur ces processus des conditions de conservation et d'utilisation.

der vorbeugenden Konservierung in das Lehrprogramm integriert.

Auch dem fachlich nicht ausgebildeten Personal sollten praktisch ausgerichtete Grundkenntnisse vermittelt werden, denn diese Personen sind häufig entscheidend an der praktischen Umsetzung einer Konservierungspolitik beteiligt. Bedenkt man die verschiedenartigen beruflichen Entwicklungswege der nicht fachspezifisch ausgebildeten Bibliotheks- und Archivmitarbeiter, wird die Notwendigkeit von Weiterbildungskursen in der Einrichtung oder auf regionaler Ebene deutlich.

Die Ausbildung von Archiv- und Bibliothekspersonal im Bereich der Bestandserhaltung wäre eigentlich die erste Stufe eines Konservierungsprogramms: Die aktive Beteiligung an einem solchen Programm ist nur möglich, wenn man sich der Problematik bewusst ist. Dieses Bewusstsein entwickelt sich nur, wenn die wichtigsten Abbaumechanismen der Materialien und ihre Abhängigkeit von den Aufbewahrungs- und Benutzungsverhältnissen klar verstanden werden.

6 Conservation différenciée

Dans la pratique des archives, le tri des fonds est une activité bien établie, tout comme la définition du délai d'archivage. Cela établit automatiquement au moins trois catégories de documents : ceux à éliminer, ceux à conserver pour un délai donné (p. ex. en fonction d'obligations légales) et ceux destinés à la conservation définitive. Plusieurs niveaux d'archivage intermédiaires permettent de différencier ultérieurement le destin des documents.

Par contre, cette idée est encore peu répandue dans les bibliothèques. Si l'on admet l'idée que tous les livres et périodiques dans une bibliothèque ne doivent pas être conservés de façon identique et que toutes les gradations sont possibles dans ce domaine, il apparaît utile d'élaborer une structure formelle permettant de distinguer des groupes d'objets ayant un but de conservation similaire. L'idée des « niveaux de conservation » est née lors d'un travail d'analyse pour la Bibliothèque cantonale et universitaire (BCU) de Lausanne, Suisse, en collaboration avec l'équipe de direction (en par-

6 Differenzierte Konservierung

Die Bewertung ist in den Archiven Teil des Arbeitsablaufs und gehört wie der Begriff der Archivierungsfrist zum Arbeitsalltag. Dadurch ergeben sich für die Aufteilung der Archivalien zwangsläufig mindestens drei Kategorien: Kassation, Aufbewahrung für einen gegebenen Zeitraum (z. B. aufgrund von gesetzlichen Verpflichtungen) und definitive Aufbewahrung. Mit Hilfe von mehreren Zwischenstufen der Kategorie Aufbewahrung kann die Bestimmung der Dokumente noch präzisiert werden.

Dieser Gedanke ist in den Bibliotheken noch nicht sehr verbreitet. Akzeptiert man die Tatsache, dass nicht alle Bücher und Zeitschriften einer Bibliothek gleichermassen aufbewahrungswürdig sind und dass es in diesem Bereich viele Abstufungen gibt, wird es notwendig, für die Einteilung in Gruppen, deren Objekte dem gleichen Konservierungsziel zugeordnet sind, eine formale Grundlage zu schaffen. Der Gedanke einer Einteilung in «Konservierungsniveaus» entstand bei der Arbeit an einer Analyse für die Bibliothèque cantonale et univer-

ticulier M. H. Villard, Mme D. Mincio et M. L.-D. Perret). Les exigences et les besoins en matière de conservation sont classés selon cinq niveaux allant de la conservation maximale à l'élimination de l'objet; les appellations des divers niveaux ont subi des changements avec le temps, mais le concept de base reste inchangé.

■ *Niveau de conservation 0*
Il concerne la « réserve fermée », les volumes conservés qui ne sont, en principe, pas consultables. Dans ce niveau se trouvent les « doublets de conservation » d'ouvrages dont la conservation à très long terme est essentielle pour l'institution ou, selon une politique concertée, sur le plan régional ou national.

Afin de préserver ces volumes, on prendra toutes les précautions pour limiter la vitesse de vieillissement, en particulier sur le plan climatique et du rangement, et on appliquera, si nécessaire, des mesures de conservation active : création d'un support de remplacement, désacidification des fonds, éventuellement restauration.

La consultation des originaux est en principe exclue, car un exemplaire de consultation se trouve dans le niveau de conservation 1 ou 2.

■ *Niveau de conservation 1*
Ce niveau comprend le concept habituel de réserve, amplement revu et élargi : on y trouve non seulement les manuscrits et autres livres rares et précieux, mais encore tous les livres dont la conservation intégrale (contenant et contenu, c'est-à-dire texte et structure matérielle de l'objet) est importante pour la bibliothèque. On y trouvera, selon l'importance de la bibliothèque et la politique nationale de conservation, tous les livres et périodiques en relation avec la zone géographique et culturelle « couverte » par la bibliothèque et d'autres objets en fonction des « charges de conservation » qu'elle aura reçues.

Les mesures de conservation seront optimales, identiques à celles du niveau 0. La consultation sera organisée de manière à préserver, autant que possible, l'original ; elle se fait exclusivement en salle surveillée. Pour des objets particulièrement fragiles ou très fréquemment consultés, on orga-

sitaire (BCU) in Lausanne, Schweiz, in Zusammenarbeit mit der Direktion (vor allem mit Herrn H. Villard, Frau D. Mincio und Herrn L.-D. Perret). Die Anforderungen und Bedürfnisse im Bereich der Bestandserhaltung werden fünf Niveaus, von der maximalen Konservierung bis zur Ausscheidung eines Objekts, zugeordnet. Die Bezeichnungen der Niveaus wurden im Lauf der Zeit verändert, aber das Grundkonzept bleibt unverändert.

■ *Konservierungsniveau 0*
Die in diesem Niveau aufbewahrten Bände werden unter Verschluss gehalten; sie sind im Prinzip nicht benutzbar. Hier befinden sich die Doppelanschaffungsexemplare (Dubletten) von Werken, deren langfristige Bewahrung für die Institution wichtig oder, entsprechend der vereinbarten Konservierungspolitik, auf regionaler beziehungsweise nationaler Ebene von Bedeutung ist.

Für diese Bände werden auf allen Ebenen Vorkehrungen getroffen, um die Alterungsgeschwindigkeit zu verringern, vor allem hinsichtlich der klimatischen Verhältnisse und der Aufstellungsmethoden. Wenn nötig, werden Massnahmen aktiver Konservierung ergriffen: Anfertigung eines Ersatzträgers, Entsäuern der Bestände, eventuell Restaurierungen.

Die Originale sind im Prinzip von der Nutzung ausgeschlossen; ein Konsultationsexemplar befindet sich im Konservierungsniveau 1 oder 2.

■ *Konservierungsniveau 1*
Dieses Niveau entspricht dem üblichen Konzept für die Aufbewahrung von Rara und Altbeständen, das genau überprüft und erweitert wurde: Hier befinden sich nicht nur Handschriften und andere seltene und wertvolle Bücher, hier werden auch alle Bücher aufbewahrt, bei denen die Konservierung der Gesamtheit des Objekts (Hülle und Inhalt, das heisst Material, Aufmachung und Text) wichtig für die Bibliothek ist. Man findet hier alle Objekte, die zum Sammelauftrag der Bibliothek gehören; je nach ihrer Bedeutung und Aufgabe auch alle Bücher und Zeitschriften des ihr zugehörigen geografischen und kulturellen Territoriums.

Die Aufbewahrungsbedingungen entsprechen denjenigen des Niveaus 0, also den höchsten An-

nisera des alternatives à la consultation directe (création d'un support de remplacement, copie de consultation).

■ *Niveau de conservation 2*
Ce groupe inclut tous les livres et périodiques qui sont importants ou essentiels pour le travail intellectuel, mais qui ne font pas partie des « charges de conservation » de la bibliothèque. Ces volumes sont importants seulement pour leur contenu, la conservation intégrale de l'objet revenant à d'autres institutions. Dans la mesure où ces objets ne peuvent pas être rachetés, leur conservation se fera selon des critères proches de ceux du niveau 1, mais au moment où des exemplaires bien conservés ou une réédition deviennent disponibles, on pourra reléguer l'exemplaire mal conservé dans un des niveaux de conservation inférieurs.

La consultation de ces outils essentiels pour le travail intellectuel devra être aisée, mais on cherchera à réduire les dommages dus à leur utilisation, par exemple en limitant les photocopies et en évitant, si possible, de les mettre dans des zones en libre accès pour le public (car il est notoire que dans ces parties, les livres s'altèrent plus rapidement que dans les magasins fermés).

■ *Niveau de conservation 3*
Nous trouvons dans ce niveau la grande majorité des livres conservés dans les bibliothèques ; il s'agit de livres ou périodiques renouvelables ou d'un intérêt limité dans le temps, qui sont en dehors des domaines liés aux « charges de conservation » de la bibliothèque. Pour ces volumes, on accepte l'idée d'une durée de vie limitée et, tout en maintenant des conditions de conservation correctes, on considère qu'ils seront éliminés et éventuellement remplacés, si nécessaire, au moment où ils seront trop altérés pour être consultables ou auront perdu leur intérêt.

■ *Niveau de conservation 4*
Ce niveau correspond à l'idée d'une « élimination physique » du livre ou du périodique, qui peut prendre des formes très différentes. En effet, un volume se trouvant dans ce niveau de conservation pour une bibliothèque peut être d'un intérêt

forderungen. Das Original muss so gut wie möglich geschützt werden; es kann nur in einem beaufsichtigten Lesesaal benutzt werden. Für besonders empfindliche oder sehr häufig benutzte Objekte muss auf Alternativen zurückgegriffen werden (Anfertigung eines Ersatzträgers, Benutzungsexemplar).

■ *Konservierungsniveau 2*
Zu dieser Gruppe gehören alle Bücher und Zeitschriften, die wichtig oder notwendig für die wissenschaftliche Arbeit sind, die aber nicht zum Sammelauftrag der Bibliothek gehören. Bei diesen Bänden ist nur der Inhalt wichtig, denn ihre Bewahrung als Gesamtheit wird von einer anderen Institution gewährleistet. Wenn diese Objekte nicht wiederbeschafft werden können, werden sie unter den Bedingungen des Konservierungsniveaus 1 aufbewahrt. Wenn aber andere Exemplare oder Neuauflagen zur Verfügung stehen, können die schlecht erhaltenen Exemplare einem niedrigeren Konservierungsniveau zugeordnet werden.

Die Nutzung dieser wichtigen wissenschaftlichen Arbeitsmittel sollte einfach sein, wobei man aber bemüht sein muss, durch die Nutzung verursachte Schäden möglichst klein zu halten. Zum Beispiel wird das Fotokopieren eingeschränkt, und die Bücher werden nach Möglichkeit nicht im Freihandbereich aufgestellt (denn es ist allgemein bekannt, dass die Bücher in diesem Bereich viel schneller altern als in abgeschlossenen Magazinen).

■ *Konservierungsniveau 3*
In diesem Niveau findet sich die grosse Mehrheit der in Bibliotheken aufbewahrten Bücher. Es handelt sich um Bücher oder Zeitschriften, die wieder erworben werden können oder nur kurzfristig von Interesse sind und nicht zum Sammelauftrag der Bibliothek gehören. Diese Bände werden zwar unter korrekten Bedingungen aufbewahrt, doch rechnet man mit einer beschränkten Lebensdauer. Wenn sie für die Nutzung zu stark abgebaut oder nicht mehr von Interesse sind, werden sie ausgeschieden und eventuell ersetzt.

■ *Konservierungsniveau 4*
Dieses Niveau betrifft die aus den Magazinen der Bibliothek auszuscheidenden Bücher oder Zeit-

particulier pour une autre bibliothèque (p.ex. un exemplaire isolé d'une publication d'intérêt strictement régional, relatif à une région éloignée). Les objets destinés à l'élimination seront d'abord proposés à d'autres institutions. S'ils ne sont pas désirés, ils seront ensuite offerts à des bouquinistes, vendus ou donnés directement au public de la bibliothèque, et seuls les objets refusés par tous seront éliminés comme vieux papier.

Dans ce groupe d'objets, la finalité est la sortie physique des magasins de la bibliothèque; elle se libère ainsi des poids inutiles pour mieux se consacrer à la conservation correcte des autres volumes.

Il faut cependant remarquer que ce tri est exigeant, car il doit être opéré avec attention par des personnes compétentes expérimentées, et il peut nécessiter beaucoup de travail.

Les différents niveaux de conservation ne doivent pas être imaginés comme absolument étanches et définitifs, car il n'est pas possible de placer correctement tous les livres et périodiques dans l'un de ces niveaux sans envisager une évolution imprévue: changement de l'importance perçue de l'objet ou réorientation de la politique de conservation, etc. Nous pouvons ainsi prévoir des relations entre ces niveaux de conservation, après la première attribution (voir Fig. 1/10).

L'attribution des livres aux différents niveaux de conservation est un travail délicat, car on prend des options sur la conservation future du patrimoine culturel. Un groupe de bibliothécaires très expérimentés élabore des «arbres décisionnels» qui permettent aux autres bibliothécaires de placer dans l'un ou l'autre des niveaux de conservation une grande partie des livres et périodiques. Ceux qui ne rentrent pas dans ces critères devront être examinés individuellement par un petit groupe d'experts qui décidera de leur conservation future. Il serait souhaitable que le travail du développement des critères d'attribution des niveaux de conservation se fasse sur un plan national ou international.

Un outil privilégié pour organiser la répartition des charges de conservation entre les différentes institutions est le fichier informatisé en réseau, car il permet de savoir où se trouvent les différents exemplaires d'un même volume; pour les nou-

schriften. Ein Buch dieses Konservierungsniveaus kann für eine andere Bibliothek von grossem Interesse sein (z.B. eine einzelne Veröffentlichung von ausschliesslich regionalem Interesse über eine entfernte Gegend). Die zur Ausscheidung bestimmten Objekte werden zunächst anderen Institutionen angeboten. Sind sie nicht erwünscht, bietet man sie Antiquariaten an. Zuletzt werden sie an interessierte Benutzer abgegeben oder verkauft. Nur die von allen zurückgewiesenen Objekte werden als Altpapier vernichtet.

Das Endziel für diese Objektgruppe ist die Ausscheidung aus den Magazinen. Die Bibliothek wird so von unnützem Ballast befreit, und die sachgemässe Konservierung der anderen Bücher kann gezielter erfolgen.

Auf jeden Fall muss diese anspruchsvolle und potenziell zeitaufwendige Arbeit von erfahrenen, sachverständigen Personen durchgeführt werden.

Die verschiedenen Konservierungsniveaus soll man sich nicht als endgültig und definitiv vorstellen. Bei der Zuordnung der Bücher und Zeitschriften zu einem dieser Niveaus muss immer mit unvorhersehbaren Entwicklungen gerechnet werden: Die Bedeutung eines Objekts kann sich ändern, die Konservierungspolitik kann neuorientiert werden usw. Nach einer ersten Zuordnung sollen Verbindungen zwischen den Konservierungsniveaus vorgesehen werden (siehe Fig. 1/10).

Die Zuordnung der Bücher zu den verschiedenen Konservierungsniveaus ist problematisch, denn man trifft die Wahl über künftig aufzubewahrendes Archiv- und Bibliotheksgut. Der Auswahlschlüssel, auf dessen Grundlage die Bibliothekare einen grossen Teil der Bücher und Zeitschriften dem einen oder anderen Konservierungsniveau zuordnen können, wird von einer Gruppe erfahrener Bibliothekare ausgearbeitet. Bücher, die sich nicht nach diesen Kriterien einordnen lassen, müssen einzeln von einer kleinen Expertengruppe untersucht werden, die über ihre Konservierung entscheidet. Es wäre sinnvoll, Zuordnungskriterien zu den Konservierungsniveaus auf nationaler oder internationaler Ebene auszuarbeiten.

Ein gutes Hilfsmittel bei der Aufteilung der Konservierungsaufgaben unter den Bibliotheken ist

Niveau 0 (fermé)		Niveau 1 (ouvert)		Niveau 2 (textes de référence)		Niveau 3 (consommation)		Niveau 4 (éliminiation)
exemplaire de conservation non relié								
-------------------------	←	tri du fonds ancien	→	-------------------------	→	-------------------------		
-------------------------	←	tri de la réserve	→	-------------------------	→	-------------------------		
remplacement par un exemplaire mieux conservé	→	remplacement par un exemplaire mieux conservé	→	remplacement par un exemplaire mieux conservé	→	remplacement par un exemplaire mieux conservé	→	-------------------------
		-------------------------	←	livres devenant rares ou précieux	←	livres devenant rares ou précieux		
				livres de référence remplacés par une réédition	→	-------------------------	→	-------------------------
-------------------------	←	-------------------------	←	-------------------------	←	-------------------------	←	volumes du Niveau 4 envoyés par d'autres bibliothèques
				livres morts (contenant)	→	-------------------------	→	-------------------------
						livres morts (contenant et contenu)	→	-------------------------
		tri périodique	↔	tri périodique	↔	tri périodique	→	-------------------------
-------------------------	←	acquisition d'une copie en meilleur état						

Fig. 1/10

veaux achats, on attribue le niveau de conservation au moment du catalogage déjà, ce qui libère les bibliothèques détentrices des autres exemplaires des charges de la conservation à long terme.

Dans l'organisation de la conservation différenciée, on peut prévoir des « boucles de contrôle » qui corrigent les fautes éventuelles dans le classement des livres et prennent en compte des changements dans les éléments qui ont déterminé l'attribution de tel ou tel niveau de conservation. La gestion informatisée du service du prêt des bibliothèques permet d'identifier les livres et périodiques très fréquemment consultés. Il serait opportun d'examiner périodiquement la liste de ces ouvrages,

der Online-Zugriff auf Katalogdaten. Dadurch lassen sich die Standorte der verschiedenen Exemplare desselben Werkes leicht finden. Neu erworbene Bücher können den Konservierungsniveaus schon beim Katalogisieren zugeordnet werden, dadurch können die Bibliotheken, in denen zusätzliche Exemplare aufbewahrt werden, von deren Langzeitkonservierung absehen.

Bei der differenzierten Konservierung kann eine spätere Kontrolle (Feedback) eingeplant werden. Damit können falsche Zuordnungen korrigiert oder die Kriterien geändert werden, die für die Zuordnung eines Buches zu diesem oder jenem Konservierungsniveau entscheidend waren. Dank Infor-

Niveau 0 (geschlossen)		**Niveau 1 (offen)**		**Niveau 2 (Referenztexte)**		**Niveau 3 (Gebrauch)**		**Niveau 4 (Ausscheidung)**
ungebundenes Konservierungs-exemplar								
-------------------------	←	Sortieren alter Bestände	→	-------------------------	→	-------------------------		
-------------------------	←	Sortieren der Reserven	→	-------------------------	→	-------------------------		
Ersatz durch ein besser erhaltenes Exemplar	→	Ersatz durch ein besser erhaltenes Exemplar	→	Ersatz durch ein besser erhaltenes Exemplar	→	Ersatz durch ein besser erhaltenes Exemplar	→	-------------------------
		-------------------------	←	rar oder wertvoll werdende Bücher	←	rar oder wertvoll werdende Bücher		
				durch Neuauflage ersetzte Referenzwerke	→	-------------------------	→	-------------------------
-------------------------	←	-------------------------	←	-------------------------	←	-------------------------	←	Bände aus Niveau 4, aus anderen Biblio-theken ausge-schiedene Bücher
				unbrauchbar gewordene Bücher (Einband)	→	-------------------------	→	-------------------------
						unbrauchbar ge-wordene Bücher (Einband und Inhalt)	→	-------------------------
		regelmässiges Sortieren	↔	regelmässiges Sortieren	↔	regelmässiges Sortieren	→	-------------------------
-------------------------	←	Anschaffung eines besser erhaltenen zweiten Exemplars						

Fig. 1/10

pour vérifier si le niveau de conservation correspond toujours à la «valeur intellectuelle»; cette méthode permettrait de placer en niveau de conservation 2 un volume placé initialement au niveau 3 (consommation), mais qui s'est révélé être un point de référence pour les études dans son domaine. Une autre «boucle de contrôle» de la conservation différenciée se situerait au moment où un livre destiné à la consommation (niveau 3) doit être «éliminé» (niveau 4): ce choix ne se ferait pas sans passer par la supervision d'experts.

matik in der Ausleihe können häufig benutzte Bücher nachgewiesen werden. Die Liste dieser Werke sollte regelmässig durchgesehen werden. Nur so lässt sich erkennen, ob ein Konservierungsniveau richtig ausgewählt wurde. So wird ein Buch, das zuerst dem Niveau 3 (Gebrauch) angehörte, von dem es sich aber zeigt, dass es zur Grundlagenliteratur eines bestimmten Gebiets gehört, dem Niveau 2 zugewiesen werden. Eine andere Kontrolle findet statt, wenn ein dem Niveau 3 zugeordnetes Buch ausgeschieden werden soll (Niveau 4): Diese Entscheidung darf nicht ohne Absprache mit Experten getroffen werden.

7 Restauration : concept de restauration conservative

La restauration, c'est-à-dire l'intervention directe sur un objet en mauvais état de conservation pour le consolider et rétablir autant que possible sa fonctionnalité, n'est qu'une mesure parmi d'autres destinées à garantir la meilleure conservation possible du livre ou du document.

Nous avons vu que les mesures de conservation passive sont en principe prioritaires et plus avantageuses. Il arrive cependant qu'elles soient insuffisamment efficaces et qu'une intervention directe (la restauration) s'avère nécessaire. A ce moment, il est utile de différencier les divers types de restauration possibles.

La priorité des mesures de conservation sur celles de restauration et la conscience des « effets secondaires » indésirables de toute restauration sont des notions récentes et en partie encore mal assimilées.

Le terme « restauration » couvre, dans le domaine qui nous touche, des actions qui visent des buts très divers. Le relieur recousant et donnant une nouvelle couverture à un imprimé du XVIIIe siècle, celui qui recolle une coiffe déchirée, le bricoleur blanchissant une gravure à l'eau de Javel dans sa baignoire se déclarent « restaurateurs », au même titre que le spécialiste qui n'intervient que sur la base d'une démarche scientifique. Fondamentalement, la qualité d'une restauration n'est pas seulement liée à l'équipement dont un restaurateur dispose, mais principalement à la démarche intellectuelle, scientifique et éthique qui régit ses choix de restauration. Il est dangereux de réduire la restauration à un problème technique et scientifique, car les critères, explicites ou implicites, qui déterminent le choix de l'ampleur et du type de l'intervention vont influer très profondément sur le résultat final. En effet, un restaurateur disposant d'équipements sophistiqués, mais n'ayant pas de ligne claire dans sa démarche pourra causer des dommages graves et étendus, alors qu'un restaurateur sensible à l'éthique de la restauration fera un travail correct avec un équipement limité et saura, le cas échéant, renoncer du moins provisoirement à toute intervention ou se limiter à des mesures de

7 Restaurierung: Konzept der konservatorischen Restaurierung

Die Restaurierung, das heisst der direkte Eingriff an einem Objekt in schlechtem Erhaltungszustand, um es zu festigen und ihm so weit als möglich seine ursprüngliche Funktionsfähigkeit wiederzugeben, ist nur eine der möglichen Massnahmen, die der guten Erhaltung eines Buches oder Dokuments dienen.

Wir haben gesehen, dass Massnahmen der passiven Konservierung im Prinzip Vorrang haben und vorteilhafter sind. Es kommt allerdings vor, dass sie nicht ausreichend wirksam sind und dass sich ein direkter Eingriff (die Restaurierung) als notwendig erweist. Aus diesem Grund sollte man zwischen den verschiedenen Restaurierungsformen unterscheiden können.

Der Vorrang von Konservierungsmassnahmen vor der Restaurierung und die Kenntnis um unerwünschte Nebenwirkungen bei jeder Restaurierung sind häufig immer noch nicht selbstverständlich.

Der Begriff «Restaurierung» steht in dem uns hier interessierenden Gebiet für unterschiedliche Arbeitsmethoden und Ziele. Der Buchbinder, der eine Druckschrift aus dem 18. Jahrhundert neu einbindet oder ein eingerissenes Häubchen anklebt, und der Bastler, der in seiner Badewanne einen Stich mit Natriumhypochlorit (Javel-Wasser) bleicht, nennen sich ebenso «Restaurator» wie ein Spezialist, der nur auf der Grundlage wissenschaftlicher Überlegungen einen Eingriff in das Buch vornimmt. Die Qualität einer Restaurierung hängt nicht nur von der technischen Ausstattung einer Werkstatt ab, sondern hauptsächlich von einem intellektuellen Herangehen und den wissenschaftlichen und ethischen Überlegungen, die zur Wahl einer Restaurierungsmethode führen. Die Restaurierung darf nicht ausschliesslich als ein technisches und wissenschaftliches Problem aufgefasst werden. Die expliziten oder impliziten Kriterien, nach denen der Restaurator Umfang und Art des Eingriffs bestimmt, sind von grossem Einfluss auf das Endresultat. Ein Restaurator, dem eine gut eingerichtete Werkstatt zur Verfügung steht, der aber in seiner Arbeitsweise nicht überlegt vorgeht, kann schwere Schäden verursachen. Ein Restaurator hingegen, der die Grundsätze der Restaurierungsethik aner-

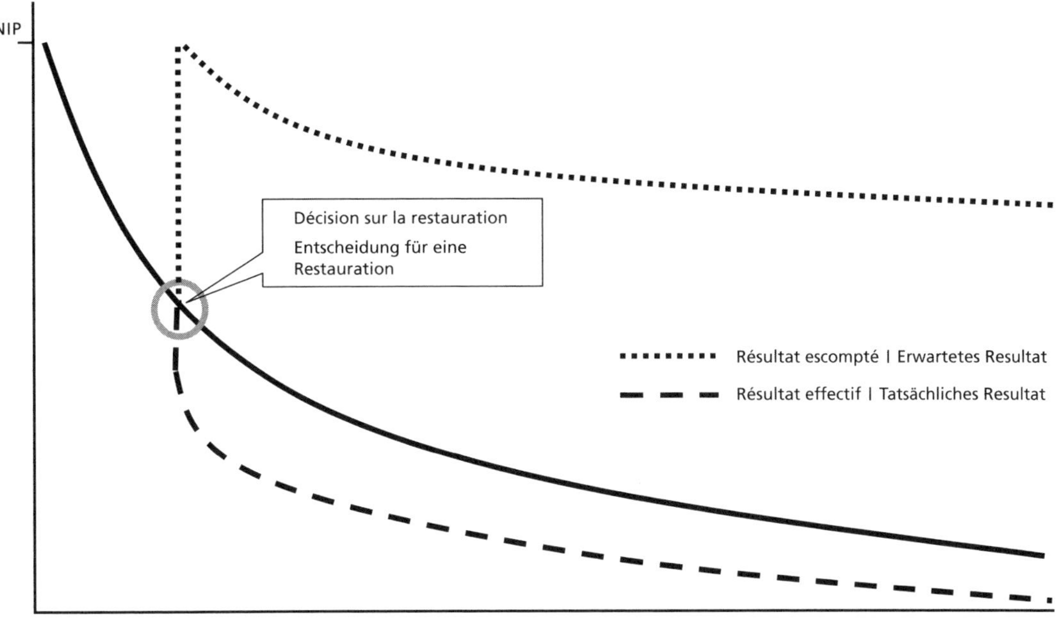

Fig. 1/11: Effets sur le NIP d'une restauration reconstitutive.

Fig. 1/11: Auswirkungen einer rekonstruierenden Restaurierung auf das NIP.

conservation passive. Bien sûr, cette comparaison extrême ne doit pas être prise comme un argument pour limiter l'équipement des ateliers de restauration, mais plutôt comme une invitation à inclure de façon très approfondie l'étude de l'éthique de la restauration dans la formation des restaurateurs et dans la formation continue des restaurateurs qui exercent déjà.

Pour comprendre les tendances en présence, on peut schématiquement faire une distinction entre restaurations « reconstitutives » et restaurations « conservatives ».

■ *Restauration reconstitutive*

Une restauration « reconstitutive » traduit une vision romantique cherchant à reconstruire l'état original de l'objet. Le NIP de l'objet se trouverait porté à nouveau à 100 %, grâce au restaurateur qui répare les dégâts causés par le temps. Dans cette catégorie, nous trouvons toutes les interventions qui s'intègrent si étroitement dans la matière originale qu'on peut difficilement distinguer ce qui est original et ce qui ne l'est pas. Les antiquaires en-

kennt und befolgt, wird auch mit einer beschränkten Ausrüstung gute Arbeit liefern und gegebenenfalls einstweilen auf jeden Eingriff verzichten beziehungsweise sich auf Massnahmen der passiven Konservierung beschränken. Dieser extreme Vergleich darf nicht als Argument zur Einschränkung von Werkstatteinrichtungen verstanden werden, sondern soll dazu aufrufen, Restaurierungsethik als wichtiges Fach in die Aus- und Weiterbildungsprogramme für Restauratoren zu integrieren.

Die beiden folgenden Begriffe sollen helfen, zwei verschiedene Tendenzen unterscheiden zu lernen: die «rekonstruierende» und die «konservatorische» Restaurierung.

■ *Rekonstruierende Restaurierung*

Eine «rekonstruierende» Restaurierung folgt der romantischen Vorstellung, den Originalzustand eines Objekts wiederherzustellen. Das NIP eines Objekts erreicht scheinbar wieder 100 %, denn der Restaurator hat die mit der Zeit entstandenen Fehlstellen aufgefüllt. Zur Rekonstruktion zählen alle Eingriffe, die sich unsichtbar in ein Original einfügen,

couragent fréquemment cette logique d'intervention, car ces restaurations sont souvent admirées par le public non informé, puisque l'objet paraît complet et parfaitement conservé après l'intervention du restaurateur. Pour ce faire, le restaurateur rajoute à l'objet les informations perdues, selon son interprétation. Ces informations sont mélangées avec l'information originale encore contenue dans l'objet et rendent plus difficile la lecture de cette information originale. La lecture de l'information originale est d'autant plus difficile que le restaurateur est habile, surtout si quelques années ont déjà donné une certaine patine aux parties restaurées ; l'absence d'un rapport de restauration, chose courante dans ce genre de restaurations, ne contribue pas à clarifier la situation.

Une perte de la lisibilité de l'information correspond en réalité à une diminution du NIP de l'objet. La restauration reconstitutive prétend reporter le NIP d'un objet à 100 %, mais cause finalement une diminution réelle du NIP qu'elle prétendait restaurer, par perte de lisibilité de l'information originale. Ce type de restauration est donc destructif sur le plan de la richesse informative de l'objet.

■ *Restauration conservative*

Une restauration « conservative » ne vise qu'à conserver la matière originale de l'objet. L'intervention doit être clairement lisible et les matières ajoutées facilement identifiables. Le but d'une telle opération est que, après l'intervention, le NIP de l'objet diminue plus lentement que si l'on n'était pas intervenu ; concrètement, il s'agit simplement de ralentir autant que possible le vieillissement de l'objet et de rétablir dans la mesure du possible sa fonctionnalité, en tenant compte de son utilisation actuelle. Le rapport avec la politique de conservation, et particulièrement avec les conditions de conservation et d'utilisation après la restauration, est ici évident. Une restauration, même correcte, exécutée en dehors du cadre d'une politique générale de conservation a peu de sens, car des conditions de conservation non adaptées détruiraient rapidement le bénéfice de la restauration, ne laissant que les « effets secondaires » de ce traitement.

Le restaurateur doit, en effet, être conscient que toute intervention sur un objet comporte une

sodass kaum zwischen originalem und neu hinzugefügtem Material unterschieden werden kann. Diese Arbeitsweise wird häufig von Antiquaren begünstigt, denn ein so restauriertes Objekt scheint nach dem Eingriff des Restaurators vollständig und hervorragend erhalten und wird vom nicht informierten Publikum bewundert. Um sein Ziel zu erreichen, fügt der Restaurator zu einem Objekt die verlorenen Informationen entsprechend seiner eigenen Interpretation hinzu. Diese Informationen werden mit den originalen, noch am Objekt enthaltenen Informationen vermengt und erschweren somit deren Lesbarkeit. Je geschickter der Restaurator gearbeitet hat, desto schwerer sind die originalen Informationen zu erkennen. Dies wird besonders schwierig, wenn die restaurierten Teile nach einigen Jahren Patina angesetzt haben. Ist kein Restaurierbericht vorhanden, was bei dieser Art Restaurierung häufig vorkommt, wird die Situation noch undurchschaubarer.

Tatsächlich aber sinkt das NIP des Objekts mit abnehmender Lesbarkeit der Informationen ab. Angeblich stellt die rekonstruierende Restaurierung das NIP von 100 % eines Objekts wieder her, bewirkt aber durch den Verlust an Lesbarkeit der Originalinformationen schliesslich die Abnahme des NIP, das wiederherzustellen sie vorgab. Eine solche Restaurierung wirkt also in Bezug auf den Informationsgehalt eines Objekts zerstörend.

■ *Konservatorische Restaurierung*

Eine «konservatorische» Restaurierung dient ausschliesslich der Erhaltung der Originalsubstanz eines Objekts. Der Eingriff muss deutlich zu erkennen und die hinzugefügten Materialien müssen leicht zu identifizieren sein. Es soll erreicht werden, dass das NIP eines Objekts nach einem Eingriff langsamer abnimmt. Ziel des Eingriffs ist es also, die Alterung des Objekts so weit wie möglich zu verlangsamen und ihm unter Beachtung seiner gegenwärtigen Verwendung so viel wie möglich von seiner Funktionsfähigkeit wiederzugeben. Diese Art Restaurierung versteht sich somit als Teil eines ganzen Konservierungsprogramms, und der Zusammenhang zwischen Restaurierungsmassnahmen und Aufbewahrungs- und Nutzungsbedingungen wird hier besonders deutlich. Eine Restaurierung, die

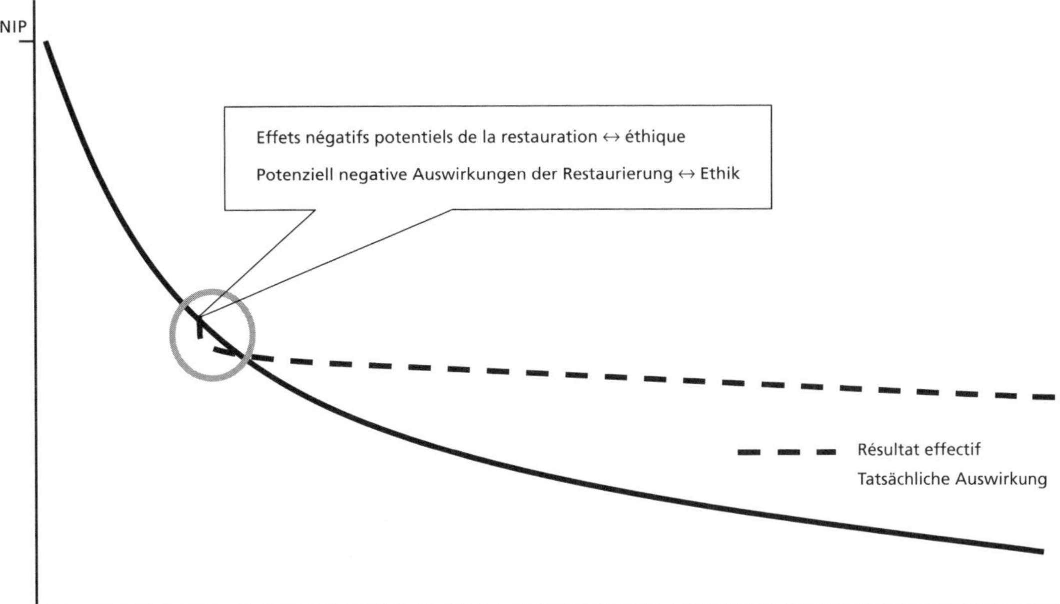

Fig. 1/12: Effets sur le NIP d'une restauration conservative. La diminution du NIP au moment de la restauration représente la perte d'informations causée par les modifications de l'objet dues à la restauration.

Fig. 1/12: Auswirkungen einer konservatorischen Restaurierung. Das Absinken des NIP nach der Restaurierung erklärt sich durch den Informationsverlust infolge der im Verlauf der Restaurierung am Objekt vorgenommenen Veränderungen.

perte d'informations, potentielle ou réelle, due à l'action de la restauration et aux modifications que celle-ci apporte. Un livre restauré est toujours différent d'un livre original bien conservé, et même l'intervention la plus soigneuse, exécutée avec les critères les plus rigoureux, modifie l'objet. C'est ce phénomène que nous avons représenté graphiquement.

On constate que le NIP de l'objet subit une légère diminution au moment de la restauration ; ces « effets secondaires » de la restauration peuvent ainsi être représentés graphiquement. Ils sont en principe d'autant plus étendus que la restauration est importante.

Face aux effets secondaires de la restauration, force est de constater que l'intervention du restaurateur ne se justifie que si les mesures de conservation sont insuffisamment efficaces pour ralentir la chute du NIP. En effet, les mesures de conservation ne provoquent aucune diminution du NIP de l'ob-

zwar vorschriftsmässig, aber nicht im Rahmen einer globalen Konservierungspolitik durchgeführt wird, ergibt wenig Sinn. Unangemessene Konservierungsbedingungen würden den Erfolg einer Restaurierung schnell zunichtemachen, und nur die sekundären Folgen dieser Behandlung würden bestehen bleiben.

Dem Restaurator muss bewusst sein, dass bei jedem Eingriff Informationen verloren gehen (der Informationsverlust kann nicht in seinem ganzen Umfang eingeschätzt werden). Ein restauriertes Buch ist verändert, es wird sich immer von einem gut konservierten, nicht behandelten Buch unterscheiden. Selbst der sorgfältigste und nach strengsten Kriterien durchgeführte Eingriff verändert ein Objekt. Diesen Vorgang zeigt die grafische Darstellung.

Es ist zu erkennen, dass das NIP des Objekts im Moment der Restaurierung leicht abnimmt. So können die Nebenwirkungen einer Restaurierung

jet ! Sur la base de ces observations, on peut établir une priorité absolue des mesures de conservation par rapport à une restauration.

Le concept de restauration conservative et la conscience de l'existence d'effets secondaires sur le NIP dus à la restauration justifient aussi les règles éthiques qui définissent l'action du restaurateur. Le bibliothécaire et l'archiviste doivent avoir une conscience claire de l'ambiguïté de l'intervention du restaurateur et des règles éthiques qui régissent les choix de restauration, pour pouvoir interagir avec le restaurateur dans le but de conserver aussi rigoureusement que possible le patrimoine culturel qui leur est confié.

grafisch dargestellt werden. Je grösser der Eingriff, desto vielfältiger werden im Prinzip die Nebenwirkungen sein.

Aufgrund dieser Nebenwirkungen ist der Eingriff eines Restaurators nur gerechtfertigt, wenn Konservierungsmassnahmen nicht ausreichen, um den Abfall des NIP zu verlangsamen. Konservierungsmassnahmen bewirken erwiesenermassen keinen momentanen Abfall des NIP eines Objekts! Daher haben Konservierungsmassnahmen immer absoluten Vorrang vor einer Restaurierung.

Das Konzept der konservatorischen Restaurierung und das Wissen um die Nebenwirkungen auf das NIP bestimmen auch die ethischen Grundsätze, welche die Arbeitsweise eines Restaurators beeinflussen. Bibliothekare und Archivare müssen sich der Zwiespältigkeit des Restaurierungsproblems bewusst sein und die ethischen Grundsätze kennen, welche die Wahl der restauratorischen Eingriffe bestimmen. Nur so können sie gemeinsam mit den Restauratoren die Aufgabe lösen, das ihnen anvertraute Kulturgut bestmöglich zu erhalten.

8 Ethique de la restauration

La connaissance de l'éthique de la restauration doit faciliter les relations entre l'archiviste ou le bibliothécaire et le restaurateur : l'archiviste/bibliothécaire qui sait ce qu'il peut attendre de la part du restaurateur, sur le plan de la démarche fondamentale, est aussi mieux à même d'interagir avec lui pour élaborer le programme de restauration.

8.1 L'étude codicologique

Le restaurateur est souvent dans une position critique par rapport à l'information matérielle contenue dans un livre : d'une part, il est l'observateur privilégié de nombreux aspects qui ne deviennent visibles qu'en cours de restauration ; d'autre part, après la restauration, le livre original est modifié et une partie de l'information n'est plus lisible, par exemple parce qu'elle est cachée par la matière de couverture.

8 Restaurierungsethik

Die ethischen Grundsätze der Restaurierung erleichtern den Dialog zwischen dem Archivar, dem Bibliothekar und dem Restaurator: Wenn der Archivar oder Bibliothekar weiss, welche Grundhaltung er von Seiten des Restaurators erwarten kann, wird die gemeinsame Arbeit beim Entwickeln des Restaurierungsprogramms vereinfacht.

8.1 Die kodikologische Untersuchung

Der Restaurator befindet sich, was die materialbedingten Informationen eines Buches betrifft, oft in einer schwierigen Lage: Einerseits kann er viele Sachverhalte des materiellen Aufbaus erkennen, die nur im Lauf der Restaurierung sichtbar werden, andererseits ist der Originalzustand des Buches nach der Restaurierung verändert, und ein Teil der Informationen ist nicht mehr lesbar (z. B. weil unter dem Einbandmaterial nicht mehr sichtbar).

Très souvent, en effet, le restaurateur est amené à démonter au moins quelques éléments du livre pour pouvoir intervenir. A ce moment, il peut librement observer des aspects de la structure matérielle de l'objet qui étaient cachés auparavant. Par exemple, en soulevant une feuille de garde collée sur le contre-plat, on met souvent à jour la technique de l'attelle des nerfs au plat, les renforcements posés entre les nerfs, la technique du montage de la feuille de garde, la technique du rempliage du cuir, etc. Ces éléments sont extrêmement précieux pour le chercheur archéologue du livre, qui ne peut pas s'autoriser à exécuter lui-même une telle opération. La collaboration du restaurateur est ici fondamentale pour fournir au chercheur ces données importantes et autrement inaccessibles.

Par ailleurs, au cours du travail de restauration, certains de ces éléments sont modifiés ou remplacés par des parties nouvelles (ils sont conservés comme fragments), ce qui modifie les possibilités de toute étude future. Ces modifications constituent des effets secondaires lourds de la restauration et ne peuvent être acceptées que si elles sont indispensables pour la conservation future de l'objet, de la même manière que l'on accepte une mutilation pour sauver la vie d'un patient en médecine humaine.

Pour éviter de transformer la restauration en une opération destructrice sur le plan de l'information, le restaurateur doit fournir à l'archiviste ou bibliothécaire, et à travers lui aux chercheurs, une documentation précise et complète sur les caractéristiques matérielles de l'objet. La description de l'objet est effectuée tout au long de la restauration et une documentation photographique en est le complément indispensable.

Cette exigence suppose que le restaurateur ait une formation suffisante pour exécuter ce travail de recherche, car généralement on ne reconnaît dans une structure que les éléments dont on connaît l'existence potentielle.[7]

Par exemple, le restaurateur qui sait qu'il existe des piqûres de construction (elles servaient à

[7] Malheureusement, la codicologie et l'archéologie du livre ne sont pas enseignés, ou le sont de manière trop superficielle, dans de nombreuses formations actuelles de restaurateurs.

Bei seiner Arbeit ist der Restaurator oft gezwungen, bestimmte Einbandteile auseinanderzunehmen. Dabei stösst er auf Informationen, die vorher versteckt waren. Löst man zum Beispiel einen Spiegel ab (auf die Deckelinnenseite geklebtes Vorsatzblatt), werden die bei den verschiedenen Einbandelementen verwendeten Arbeitstechniken sichtbar: die Befestigung der Bünde am Deckel, die Verstärkung zwischen den Bünden, die Vorsatztechnik, die Art und Weise des Einlederns usw. Diese Einzelheiten sind für den Buch- und Einbandforscher, der ja eine solche Freilegung nicht selber vornehmen kann, sehr wertvoll. Der Restaurator hat die Möglichkeit, dem Forscher Informationen zu vermitteln, die für diesen wichtig, normalerweise aber unzugänglich sind.

Diese Einbandelemente werden bei der weiteren Arbeit oft verändert oder durch neues Material ersetzt (die Fragmente des Originalmaterials werden aufbewahrt), was die Gegebenheiten aller zukünftigen Untersuchungen verändert. Dies sind schwerwiegende Sekundärfolgen der Restaurierung, und sie können nur akzeptiert werden, wenn der Eingriff für die Erhaltung des Objekts unbedingt notwendig ist. Auch in der Humanmedizin «verstümmelt» man Patienten nur, wenn es darum geht, deren Leben zu retten.

Um zu verhindern, dass bei der Restaurierung Informationen verloren gehen, muss der Restaurator eine genaue und umfassende Dokumentation über die materialbezogenen Merkmale eines Objekts zusammenstellen. Dieser Bericht wird dem Archiv oder der Bibliothek und weiter den Forschern übergeben. Eine solche Dokumentation wird während der gesamten Restaurierung geführt und muss fotografisch illustriert werden. Das setzt voraus, dass der Restaurator für eine solche Untersuchung ausreichend ausgebildet wurde, denn man sucht und erkennt in einer Struktur nur die Merkmale, von deren möglicher Existenz man weiss.[7]

Nur wer zum Beispiel von Stichen für die Blatteinteilung oder von Heftstichen weiss, kann die Bedeutung eines vom Heftfaden verdeckten kleinen

[7] Leider werden die Kodikologie und die Archäologie des Buches im Rahmen vieler Ausbildungen zum Konservator/Restaurator gegenwärtig gar nicht oder zu oberflächlich berührt.

construire les proportions de la page) ou des piqûres de reliure, saura évaluer l'intérêt d'une légère piqûre cachée par le fil de couture dans le pli d'un cahier médiéval, alors que ces très faibles traces ne seraient pas identifiées ou attribuées au hasard par une personne non avertie.

Cette observation devrait aussi inciter à la plus grande prudence, car l'archéologie du livre est une science encore jeune et les connaissances dans ce domaine sont largement incomplètes; il y a donc un risque certain que des éléments précieux et encore inconnus soient modifiés en toute inconscience au cours de la restauration.

Lors de la restauration, les fragments qui se trouvent dans le livre ou qui s'en détachent devraient être conservés séparément avec soin; le restaurateur ne doit pas juger de l'opportunité de conserver ou non tel ou tel fragment. Dans ce domaine aussi, la science évolue rapidement et une étude de J. Vnoucec de Prague a, par exemple, mis en évidence toutes les informations que l'on peut tirer de l'analyse des poussières qui se trouvent au fond des cahiers d'un livre médiéval.

Un exemple simple peut illustrer l'importance de l'étude archéologique: en restaurant le plus ancien exemplaire conservé des homélies de saint Amédée, évêque de Lausanne, de la fin du XIIIe siècle (BCU/Fribourg L 303), j'ai été frappé par un caractère dualiste de la reliure: la couture et la technique du montage des plats (passage des nerfs dans les ais) étaient caractéristiques de la fin du XIIIe siècle, alors que la décoration en cuir tressé sur les tranchefiles et, surtout, la feuille de garde postérieure formée par un acte notarial daté de la fin du XIVe siècle témoignaient d'une reliure refaite au plus tôt à la fin du XIVe. Un élément décisif dans l'analyse de l'histoire de cette reliure a été l'observation du fil de couture du livre et de celui de la feuille de garde postérieure: ces fils étaient différents et la feuille de garde apparaissait clairement comme ayant été ajoutée plus tard au livre. J'ai ainsi pu conclure que la reliure originale du volume avait gardé ses éléments essentiels (couture, ais) et qu'elle avait été modifiée lors d'une réparation exécutée environ un siècle plus tard. Les différents fragments de fil ont été conservés séparément, pour permettre des vérifications futures de cette

Einstichs in der Lagenmitte eines mittelalterlichen Buches einschätzen. Ist man darüber nicht informiert, bleiben diese schwachen Spuren unerkannt oder werden falsch interpretiert.

Dieses Beispiel soll auch zu grösster Vorsicht mahnen. Buch- und Einbandforschung ist eine noch junge Hilfswissenschaft, und die Kenntnisse sind noch lückenhaft. Es besteht die Gefahr, dass man im Verlauf einer Restaurierung wertvolle und bisher unbekannte Elemente verändert, ohne sich dessen bewusst zu sein.

Fragmente, die im oder am Buch vorgefunden werden, müssen sorgfältig aufbewahrt werden. Es ist nicht Aufgabe des Restaurators, über die Bedeutung oder die Erhaltungswürdigkeit eines Fragments zu entscheiden. Auch auf diesem Gebiet gehen die Forschungen ständig voran. Eine Untersuchung von J. Vnoucec aus Prag zum Beispiel zeigt, dass aus der Analyse von Staub, der sich in der Lagenmitte eines mittelalterlichen Buches angesammelt hat, viele Informationen gewonnen werden können.

Ein einfaches Beispiel zeigt die Bedeutung einer archäologischen Untersuchung: Als ich das älteste noch erhaltene Homeliar von Sankt Amédée, Bischof von Lausanne, (BCU/Freiburg L 303, Ende 13. Jh.) restaurierte, wurde ich auf ein widersprüchliches Merkmal am Einband aufmerksam. Die Heftung und die Verbindung vom Buchblock zum Deckel (Übergang der Bünde in den Holzdeckel) entsprachen der Technik des 13. Jahrhunderts. Dagegen wiesen das mit Leder umflochtene Kapital und ein datiertes Vorsatzblatt (notariell beglaubigte Akte, Ende 14. Jh.) auf einen frühestens gegen Ende des 14. Jahrhunderts erneuerten Einband hin. Einen entscheidenden Hinweis zur Geschichte dieses Einbands ergab die Untersuchung des Heftfadens. Die Fäden des Buches und des vorgenannten Vorsatzblattes waren unterschiedlich. Offensichtlich war das Vorsatzblatt später hinzugefügt worden. Daraus konnte ich schliessen, dass die wichtigsten Elemente des Originaleinbandes des Buches noch vorhanden waren (Heftung, Holz) und dass er ungefähr ein Jahrhundert später durch eine Reparatur verändert worden war. Damit spätere Überprüfungen möglich bleiben, wurden die Fragmente der verschiedenen Fäden voneinander ge-

analyse, et le rapport de restauration décrit en détail les observations faites, par le texte et par les photographies.

Si l'observation des fils et des points de couture n'avait pas été faite, il aurait été impossible, par la suite, de reconstituer ces observations, car même en conservant soigneusement tous les fragments dans une enveloppe, la lecture des fragments serait devenue très problématique. Dans ce cas, sans analyse archéologique, la restauration aurait été destructive sur le plan de l'information contenue dans l'objet.

Les données récoltées dans les analyses archéologiques sont utiles non seulement pour reconstituer l'histoire individuelle de l'objet, mais également, dans la mesure où il est possible de comparer un grand nombre d'échantillons, pour identifier les aspects caractéristiques en fonction du temps et de l'espace. Ce travail suppose une description systématique des objets et l'utilisation de banques de données.

Bien sûr, l'analyse archéologique doit être proportionnée à l'ampleur de l'intervention et à la richesse informative potentielle de l'objet; pour des objets plus récents, les observations seront simplifiées, mais pas oubliées. L'observation des matières et des techniques qui ont permis la réalisation d'un livre ou d'un document d'archives fournit, même pour des objets récents, des informations complémentaires à celles du texte, notamment sur le caractère de l'objet, sur l'époque de sa production ou de réparations postérieures, et donc sur l'histoire de l'objet.

Il faut aussi tenir compte que l'archéologie du livre est une science encore jeune, elle s'est développée à partir de la codicologie et a pris pour objet les livres médiévaux. Cette situation va certainement évoluer dans le sens d'une extension du domaine d'intérêt aux livres et documents d'archives plus récents, mais pour l'instant, ce domaine n'a été abordé que de façon ponctuelle. Il faudra veiller à ne pas sous-estimer l'intérêt des aspects matériels des livres datant de l'époque du XVIe au XIXe siècle. Pour les objets récents, il faut de plus contrer la tendance naturelle qui consiste à mépriser ce qui est « vieux », mais n'est pas encore devenu « ancien ».

trennt aufbewahrt. Die Untersuchungsergebnisse wurden im Restaurierbericht detailliert mit Text und Fotos beschrieben.

Ohne die Analyse der Fäden und Heftlöcher wären Informationen verloren gegangen. Denn selbst bei sorgfältiger Aufbewahrung aller Fragmente in einem Umschlag wäre eine Interpretation sehr schwierig geworden. Damit hätte eine Restaurierung ohne archäologische Analyse Informationsverlust zur Folge gehabt.

Die in den archäologischen Untersuchungen zusammengetragenen Informationen ermöglichen die Rekonstruktion der individuellen Geschichte eines Objekts. Können die Daten vieler Objekte verglichen werden, erhöht sich die wissenschaftliche Bedeutung dieser Angaben noch. Charakteristische Elemente können so nach Herstellungszeit und -ort eingeteilt werden. Diese Arbeit setzt die systematische Beschreibung der Objekte und die Benutzung von Datenbanken voraus.

Natürlich muss die archäologische Untersuchung dem Umfang des Eingriffs und dem potenziellen Informationswert eines Objekts angemessen sein. Für Objekte jüngeren Datums können die Untersuchungen vereinfacht, aber auf keinen Fall weggelassen werden. Die Untersuchung der Herstellungsmaterialien und -techniken ergibt selbst bei Büchern und Dokumenten jüngeren Datums zusätzliche Informationen über die Eigenart des Objekts, die Epoche seiner Herstellung oder frühere Reparaturen – das heisst über die Geschichte des Objekts.

Die Einbandforschung (Archäologie des Buches) ist eine noch junge Hilfswissenschaft, die sich aus der Kodikologie entwickelt hat und auf mittelalterliche Bücher ausgerichtet ist. Dieses Forschungsgebiet wird sicher zunehmend Bücher und Archivalien jüngeren Datums erfassen. Zurzeit werden diese aber nur beschränkt untersucht, und hier ist Vorsicht geboten, denn die Bedeutung der materialbedingten Informationen von Büchern des 16. bis 19. Jahrhunderts darf nicht unterschätzt werden. Bei noch jüngeren Objekten muss man ausserdem gegen die Tendenz angehen, schon «veraltete», aber noch nicht «altertümliche» Objekte gering zu achten.

Auch alte Reparaturen müssen als potenzielle Informationsquellen über die Geschichte des Ob-

Il est également utile de mettre en valeur les anciennes réparations subies par un objet comme sources potentielles d'informations sur son histoire; souvent, ces réparations sont même la seule trace existante de l'histoire d'un livre ou d'un document. Dans la mesure où elles ne constituent pas un obstacle à la bonne conservation de l'objet, elles seront maintenues.

La recherche archéologique sur l'objet exige d'y consacrer quelques heures de travail, dans le cadre des opérations de restauration. Le temps nécessaire varie fortement en fonction du caractère de l'objet et de sa complexité; d'une manière générale, les objets qui ont été partiellement modifiés à plusieurs reprises demandent plus de temps que les objets conservés dans leur état original. Le mandataire, conscient que la restauration est une occasion unique de récolter des informations précieuses sur l'objet et sur son histoire, doit accepter que le travail de recherche archéologique et l'élaboration de la partie correspondante du rapport de restauration fassent partie intégrante des opérations normales d'une restauration.

8.2 La détermination des causes de l'altération

Cette étape suit et complète la première; il s'agit de définir autant que possible la nature des divers composants de l'objet et des processus d'altération qui en compromettent la conservation. Cette étape de la restauration a un caractère scientifique; la connaissance de la structure chimique et des processus d'altération des divers composants d'un livre, l'observation systématique, la recherche microscopique et les analyses chimiques sont les moyens habituels pour établir ce diagnostic.

Un diagnostic clair est indispensable pour respecter les critères de choix du traitement de restauration; de façon générale, moins on comprend le processus d'altération et le caractère des matières de l'objet, plus on est tenté de choisir un traitement global, peu spécifique, avec des risques et des effets secondaires plus élevés.

jekts sehr ernst genommen werden; häufig bilden solche Reparaturen sogar die einzigen Spuren der Geschichte eines Buches oder Dokumentes. Solange die gute Erhaltung des Objekts nicht von ihnen behindert wird, sollten sie belassen werden.

Die archäologische Untersuchung eines Objekts kann im Rahmen der Restaurierungsarbeiten einige Stunden Arbeitszeit in Anspruch nehmen. Der Zeitaufwand ist unterschiedlich und hängt von der Art des Objekts und seiner Zusammensetzung ab. Im Allgemeinen ist für (oft mehrmals) veränderte Objekte mehr Zeit erforderlich als für Objekte im Originalzustand. Ein Auftraggeber, der sich der einzigartigen Gelegenheit bewusst ist, durch eine Restaurierung wertvolle Informationen über das Objekt und seine Geschichte zu erhalten, muss den Zeitaufwand für die archäologische Untersuchung und die Erarbeitung des entsprechenden Abschnitts im Restaurierbericht als festen Bestandteil des normalen Restaurierungsvorgangs anerkennen.

8.2 Die Untersuchung der Alterungsursachen

Der archäologischen Untersuchung folgt ergänzend die der Alterungsursachen: Zusammensetzung und Alterungsprozesse der verschiedenen Bestandteile eines Objekts sollen möglichst umfassend beschrieben werden. Für diesen wissenschaftlich ausgerichteten Abschnitt des Restaurierungsvorgangs müssen die chemische Struktur und die Abbauprozesse der verschiedenen Bestandteile bekannt sein. Ein systematisches Vorgehen bei der Untersuchung, die Arbeit mit dem Mikroskop und die Auswertung chemischer Analysen sind Mittel zur Diagnosestellung.

Nur auf der Grundlage einer klaren Diagnose kann die anzuwendende Behandlungsmethode nach konservatorischen Entscheidungskriterien ausgewählt werden. Wird der Alterungsprozess ungenügend verstanden und ist die Materialzusammensetzung eines Objekts nicht ausreichend bekannt, entscheidet man sich schneller für eine allgemeine Behandlung, die dann wenig objektbezogen ist, höhere Risiken birgt und mehr Nebenwirkungen zur Folge hat.

8.3 Le choix du traitement

Dans l'optique de la restauration conservative, on appliquera quelques règles fondamentales pour déterminer le choix du traitement :

■ *Traitement aussi limité que possible*
Toute intervention comporte un risque potentiel de perte d'information ; l'intervention la plus limitée est aussi celle qui réduit au mieux ce risque. Le restaurateur se trouve cependant face à une double exigence contradictoire : intervenir de façon aussi limitée que possible, mais aussi de façon suffisante pour permettre la conservation de l'objet à long terme. Cette tension est fondamentale pour un choix correct en restauration et ne doit pas être évacuée ; au contraire, le restaurateur doit la garder à l'esprit tout au long de son travail.

De plus en plus souvent, la recherche d'une intervention limitée amène les restaurateurs à proposer des traitements partiels et restreints pour consolider et protéger l'objet ; ils tentent ainsi d'éviter une intervention lourde qui passe généralement par le démontage de la reliure, avec toutes les modifications que cela implique.[8]

L'ampleur de la restauration doit être décidée aussi en fonction de la consultation plus ou moins intense de l'objet. N'oublions pas que, par exemple, des livres liturgiques médiévaux, autrefois ouverts chaque jour, sont peut-être aujourd'hui consultés une fois par année ! De nos jours encore, il arrive qu'on intervienne lourdement sur des objets qui ne sont que rarement consultés et qui, avec quelques prudentes réparations localisées, pourraient supporter une consultation précautionneuse. Au contraire, quelques objets de grande valeur patrimoniale sont fortement sollicités, car ils sont régulièrement montrés au public lors de visites de l'institution.

[8] Le développement des techniques de restauration au cours des dernières années permet de plus en plus souvent l'application localisée de traitements qui auparavant exigeaient un démontage du livre ; de nouveaux outils, par exemple des feuilles lumineuses extrêmement minces, des tables aspirantes en forme de coin qui peuvent être insérées dans le livre, permettent ce type d'intervention.

8.3 Die Wahl der Behandlungsmethode

Bei der Wahl der Behandlungsmethode werden die folgenden Grundsätze der konservatorischen Restaurierung berücksichtigt:

■ *Beschränkung der Behandlung auf das absolut Notwendige*
Bei jedem Eingriff besteht die Gefahr von Informationsverlust. Je geringer der Eingriff, desto kleiner ist diese Gefahr. Der Restaurator sieht sich dabei zwei widersprüchlichen Forderungen gegenüber: Er soll möglichst begrenzt eingreifen, aber die Methode soll trotzdem die Langzeiterhaltung eines Objekts ermöglichen. Dieser Widerspruch ist für eine richtige Wahl der Restaurierungsmethode wichtig und soll nicht aufgehoben werden; im Gegenteil, der Restaurator soll sich während seiner Arbeit ständig damit auseinandersetzen.

Im Bestreben, den Eingriff zu beschränken, schlägt der Restaurator immer häufiger lokale Teileingriffe, einfache Festigungsarbeiten und Schutzverpackungen vor. So kann er gravierende Eingriffe vermeiden, für die das Zerlegen des Einbandes mit allen sich daraus ergebenden Veränderungen unumgänglich wäre.[8]

Auch die Benutzungshäufigkeit eines Objekts ist für die Wahl der Restaurierungsmethode von Bedeutung. Man darf zum Beispiel nicht vergessen, dass mittelalterliche liturgische Bücher, die früher jeden Tag geöffnet wurden, heute vielleicht nur noch einmal im Jahr benutzt werden! Nach wie vor werden Objekte voll restauriert, die man nur selten benutzt, obwohl kleine lokale Eingriffe für eine beschränkte und sorgfältige Nutzung bei Weitem ausreichen würden. Indes werden Objekte von grosser kulturhistorischer Bedeutung sehr stark beansprucht, da sie den Besuchern bei Führungen durch die Einrichtung regelmässig gezeigt werden.

[8] Mit der Entwicklung der Restaurierungstechniken im Lauf der letzten Jahre kann man sich dort, wo vorher das Zerlegen eines ganzen Bandes unumgänglich war, immer öfter auf einen lokalen Eingriff beschränken. Das ist z. B. mit neuen Instrumenten wie den sehr dünnen Leuchtplatten oder keilförmigen Unterdrucktischen möglich, mit denen direkt im Buch gearbeitet werden kann.

La création d'un support de remplacement est une mesure qui permet souvent de limiter la fréquence de consultation de l'original.

Les choix de restauration opérés dans la conscience de ces exigences divergentes ont plus de chances de répondre aux critères de l'éthique de la restauration, mais cette position est très inconfortable pour le restaurateur, qui ne peut pas se rassurer par des vérités absolues et des «traitements panacée».

■ *Traitements spécifiques (en fonction de la nature et des causes de la dégradation)*
Ce point est complémentaire du premier: le traitement le plus spécifique sera généralement aussi le plus limité, tout en étant très efficace. Tout schéma d'intervention est dangereux! Il n'existe aucun traitement applicable universellement, car toute intervention a, du moins potentiellement, des effets secondaires indésirables.

■ *Traitement compatible avec toutes les matières composant l'objet*
Les éléments de l'objet qui n'entrent pas directement dans le processus de dégradation doivent également être pris en compte, pour éviter qu'un traitement positif pour un aspect ne devienne nocif pour l'ensemble. Les interactions chimiques à long terme entre les produits utilisés et les matières présentes dans le livre doivent être considérées lors du choix d'un traitement. Il faut savoir que ces interactions ne sont que rarement entièrement prévisibles: le choix de traitements simples et l'utilisation, si la situation le demande, de quantités limitées de produits chimiques aussi simples que possible limitent les risques de réactions indésirables. Dans tous les cas, une grande prudence et un respect profond pour l'objet à restaurer sont indispensables.

■ *Traitement réversible*
Malgré toutes les précautions, il n'est pas possible de prévoir toutes les interactions, toutes les réactions chimiques qui se produiront dans les siècles à venir. Les influences extérieures aussi sont imprévisibles à long terme. Qui aurait pu prévoir, il y a un siècle ou deux, la présence dans l'air des biblio-

Mit der Herstellung eines Ersatzmediums kann die Benutzungshäufigkeit des Originals oft herabgesetzt werden.

Wird die Restaurierungsmethode unter Beachtung der vorgenannten widersprüchlichen Forderungen ausgewählt, entspricht sie am ehesten den Kriterien der Restaurierungsethik. Für den Restaurator jedoch ist diese Situation sehr unbequem, denn er kann sich weder durch absolute Wahrheiten noch durch Universalmethoden absichern.

■ *Schadensgerechte Behandlung*
Dieser Punkt ergänzt den vorigen: Je gezielter die Behandlung auf den Schaden ausgerichtet ist, umso begrenzter und wirkungsvoller ist im Allgemeinen der Eingriff. Niemals darf einfach nach einem Schema vorgegangen werden! Es gibt keine generell anwendbare Behandlungsmethode, denn jeder Eingriff kann unerwünschte Nebenwirkungen zur Folge haben.

■ *Für alle Materialien des Objekts verträgliche Behandlung*
Bei der Wahl der Behandlungsmethode müssen auch alle nicht direkt betroffenen Bestandteile des Objekts berücksichtigt werden, damit sich die für den gegebenen Schaden positive Behandlung nicht schädigend auf das Objekt in seiner Gesamtheit auswirkt. Dabei müssen auch die chemischen Wechselwirkungen zwischen den verwendeten Produkten und den Buchmaterialien beachtet werden. Diese sind langfristig nur selten vollkommen vorhersehbar. Mit einer möglichst einfachen Behandlungsmethode und der vorsichtigen Anwendung von kleinen Mengen chemischer Produkte (wenn erforderlich) wird die Gefahr unerwünschter Reaktionen eingeschränkt. Auf jeden Fall sind grosse Vorsicht und Anerkennung der Integrität des zu restaurierenden Objekts erforderlich.

■ *Reversible Behandlung*
Es ist unmöglich, allumfassende Vorsichtsmassnahmen zu ergreifen, denn es kann nicht jede Wechselwirkung und jede chemische Reaktion, die in den folgenden Jahrhunderten ablaufen wird, vorausgesehen werden. Auch die exogenen Einflüsse sind auf lange Sicht unvorhersehbar. Wer hätte vor ein

thèques de réactifs tels que les oxydes d'azote, l'anhydride sulfureux et l'ozone? Pour cette raison, il faut toujours utiliser des méthodes qui permettent, autant que possible, un démontage de la restauration.

Il est important de savoir que la réversibilité d'un traitement n'est presque jamais absolue: une fois qu'on introduit une nouvelle substance dans une matière, il est presque impossible de l'en extraire à nouveau totalement. Par exemple, des essais expérimentaux avec des résines acryliques Paraloid B 72, théoriquement bien solubles après leur application, ont montré que, même par des méthodes destructives d'extraction chimique, il n'est pas possible de récupérer plus de la moitié du produit appliqué. Nous trouvons ici une raison supplémentaire pour choisir un traitement très limité!

Il peut arriver, dans des cas extrêmes, qu'on soit contraint de choisir entre la perte immédiate de l'objet et un traitement pratiquement irréversible; mais en général, il est préférable de renoncer à un traitement plutôt que d'hypothéquer la conservation future de l'objet. De bonnes mesures de protection et l'exclusion de la consultation permettent souvent de différer une intervention et d'attendre qu'une solution correcte à une situation aujourd'hui trop problématique puisse être trouvée. Cette solution est également préférable si on n'est pas en mesure d'assumer le coût de la restauration; elle ne devient réellement problématique qu'en cas de maladies évolutives de l'objet, par exemple pour des papiers de très mauvaise qualité ou pour des objets réparés avec des matières autocollantes.

■ *Traitement n'empêchant pas de futures recherches sur l'objet*

Le but de la restauration est de diminuer la vitesse de vieillissement de l'objet, pour permettre sa consultation future dans les meilleures conditions possibles. Ce but fondamental doit être bien présent à l'esprit au moment où l'on choisit le traitement.

Très souvent encore, les livres sont restaurés avec des techniques « d'origine » (correspondant plus ou moins à celles utilisées à l'époque de la création du volume), qui par la suite empêchent une bonne

oder zwei Jahrhunderten in einer Bibliothek von Stickoxiden, Schwefeldioxid oder Ozon gesprochen? Deshalb müssen möglichst immer Methoden angewendet werden, die eine Rückführung der ausgeführten Restaurierungsarbeiten erlauben.

Allerdings ist eine Behandlung selten vollständig reversibel: Hat man einmal eine neue Substanz in das Material eingebracht, ist es so gut wie unmöglich, sie wieder vollständig daraus zu entfernen. Experimente zeigten zum Beispiel, dass Acrylharz Paraloid B 72, das theoretisch auch nach dem Auftrag gut löslich ist, selbst durch destruktive chemische Methoden nicht mehr als zur Hälfte zurückzugewinnen war. Dies ist ein weiteres Argument für die begrenzte Behandlung!

Im Extremfall kann man gezwungen sein, zwischen dem sofortigen Verlust des Objekts oder einer praktisch irreversiblen Behandlung wählen zu müssen. Im Allgemeinen sollte man aber auf eine sofortige Behandlung verzichten, wenn diese die Gefahr birgt, die Erhaltung des Objekts in seiner Gesamtheit zu beeinträchtigen. Häufig lohnt es sich, ein Objekt einige Jahre lang durch gute Massnahmen zu schützen und von der Nutzung auszuschliessen, denn die ständige Weiterentwicklung der Restaurierungsmethoden kann zu einer guten Lösung für ein Schadensbild führen, das heute zu problematisch ist. Diese Lösung ist auch zu bevorzugen, wenn die Kosten für eine Restaurierung zu hoch sind; wirkliche Probleme ergeben sich hier eigentlich nur bei einer fortschreitenden endogenen Schädigung des Objekts, zum Beispiel bei Papier von sehr schlechter Qualität oder bei Objekten, die mit Selbstklebematerialien repariert worden sind.

■ *Behandlung, die spätere wissenschaftliche Untersuchungen nicht behindert*

Das Ziel einer Restaurierung ist die Verringerung der Alterungsgeschwindigkeit eines Objekts, um seine zukünftige Benutzbarkeit unter den bestmöglichen Bedingungen sicherzustellen. Bei der Wahl der Behandlung soll man sich dieses Zieles immer bewusst sein.

Noch heute werden Bücher oft mit Hilfe von «Originaltechniken» restauriert (die ungefähr den bei der Herstellung des Buches verwendeten Techniken entsprechen), wodurch dann die Benutzung

consultation, par exemple une bonne ouverture du livre. Ou encore, on remplace et on colle des feuilles de garde sur les contre-plats, sans se demander si l'on ne ferait pas mieux de laisser au chercheur l'accès à ces aspects particulièrement intéressants de la reliure.

Le restaurateur ne doit pas faire preuve de virtuosité artisanale en «reconstituant» des parties perdues: son habileté, plus modestement, doit consister à respecter au mieux les parties originales de l'objet, et les éléments ajoutés doivent être principalement fonctionnels.

Enfin, il faut tenir compte de la dimension émotionnelle de la restauration. Une intervention qui est intellectuellement satisfaisante peut donner le sentiment de «trahir l'esprit de l'objet». Ce sentiment doit être considéré, car il exprime la relation entre l'objet et le contexte culturel dans lequel il est conservé et utilisé. Une intervention correcte saura intégrer également cet aspect.

8.4 Le rapport de restauration

Le rapport de restauration doit fournir des renseignements exhaustifs sur:

- ☐ les caractéristiques archéologiques de l'objet, en fonction de sa richesse sur ce plan, par une documentation photographique complète et une description écrite;
- ☐ l'analyse des caractères matériels et des processus de dégradation, les résultats des mesures et la justification du choix du traitement;
- ☐ le traitement effectivement appliqué: description précise des méthodes et produits appliqués: quantités, conditions d'application, etc. Il est important de souligner qu'il n'existe pas de «secrets de restaurateurs»: les méthodes utilisées doivent être connues et vérifiées scientifiquement. Une recette secrète, peut-être efficace sur le moment, n'ayant pas subi de vérification par un institut de recherche peut se révéler nuisible à long terme. L'histoire de la restauration est riche en exemples de recettes à résultats souvent catastrophiques: l'intelligence et la créativité du restaurateur se reconnaissent dans le choix des

behindert wird: Manche Bücher lassen sich nicht richtig öffnen; Vorsatzblätter werden ersetzt oder auf die Deckelinnenseite geklebt, ohne Rücksicht auf den Forscher, dem dieses interessante Element des Einbands einsehbar bleiben sollte.

Der Restaurator darf nicht sein handwerkliches Geschick beweisen wollen, indem er verlorene Teile «rekonstruiert»; seine Geschicklichkeit muss sich darin äussern, dass er die originalen Bestandteile eines Objekts so weit wie möglich respektiert. Alle Ergänzungen müssen vor allem funktionsbedingt sein.

Jeder Restaurierung ist auch eine emotionale Dimension eigen, die nicht unterschätzt werden darf. Ein Eingriff kann intellektuell befriedigend sein und einem dennoch das Gefühl vermitteln, dem Charakter des Objekts nicht entsprochen zu haben. Diesem Gefühl ist Sorge zu tragen, denn es beleuchtet die Beziehung zwischen dem Objekt und dem kulturellen Kontext, in dem es aufbewahrt und benutzt wird. Bei einem objektgerechten Eingriff wird man versuchen, auch diesem Aspekt gerecht zu werden.

8.4 Der Restaurierbericht

Der Restaurierbericht soll umfassende Auskunft geben über:

- ☐ die archäologischen Merkmale des Objekts (in angemessenem Verhältnis zur Relevanz dieser Elemente) durch eine vollständige fotografische Dokumentation und eine schriftliche Beschreibung;
- ☐ Materialbeschaffenheit und Abbauprozesse, Untersuchungsergebnisse und Begründung der Wahl der Behandlungsmethode;
- ☐ die tatsächlich durchgeführte Behandlung: genaue Beschreibung der verwendeten Methoden und Produkte mit Mengenangaben, Bedingungen der Anwendung usw. Es gibt keine «geheimen» Rezepte und Mittel: Die angewandten Methoden sollen allgemein bekannt und wissenschaftlich untersucht sein. Ein Geheimrezept ist im Moment vielleicht wirkungsvoll, wurde es aber nicht in einem Forschungsinstitut geprüft, kann es sich langfristig als schädlich erweisen. Die Geschichte der Restaurierung ist reich an

méthodes d'intervention et dans leur application bien adaptée aux caractéristiques de chaque objet;

- la réversibilité des produits appliqués : pour chaque produit, et en particulier pour les colles, indication du ou des solvants les mieux appropriés pour le démontage de la restauration.

Beispielen, die von solchen Rezepten mit katastrophalen Auswirkungen erzählen. Intelligenz und Kreativität eines Restaurators sind an den gewählten Instandsetzungsmethoden und ihrer objektgerechten Umsetzung zu erkennen;

- die Reversibilität der verwendeten Produkte: Für jedes Produkt, ganz besonders für Klebstoffe, sollen das oder die Lösemittel angegeben werden, mit denen die Restaurierung am besten rückgängig gemacht werden kann.

9 Critères de décision pour le choix d'un traitement de restauration

Ce schéma illustre le parcours nécessaire pour parvenir à une décision correcte en matière de restauration. Les trois premières cases illustrent la démarche intellectuelle et technique de « connaissance de l'objet ». Il est très dangereux et fondamentalement incorrect d'intervenir sur un objet qu'on ne connaît que superficiellement.

Les trois aspects ont été évoqués au point 8 cidessus. Il faut souligner l'importance du critère du caractère évolutif ou non des processus d'altération subis par un objet. L'aspect esthétique de l'objet ne joue pas ici le premier rôle, à moins que le but final de l'opération ne soit de mettre en valeur justement cet aspect. Mais beaucoup plus importante est l'évaluation du développement futur des altérations. Une altération évolutive nécessite une intervention rapide et prioritaire, alors que des dommages stables permettent souvent de renoncer à une intervention en adoptant des mesures de protection.

Un critère important dans des cas extrêmes est donné par l'état actuel des connaissances scientifiques d'une part et par les possibilités techniques de l'autre. Dans le domaine de la pathologie des documents écrits et imprimés il y a encore des champs où le savoir est partiellement lacunaire ou en pleine évolution. Par exemple, certaines altérations corrosives des pigments à base de cuivre ou d'encres métallo-galliques, certaines altérations des sceaux en cire et même certains aspects des altérations du papier.

9 Kriterien zur Auswahl einer Restaurierungsmethode

Im abgebildeten Schema wird aufgezeigt, über welche Schritte man zu einer fachgerechten Entscheidung in Bezug auf eine Restaurierung findet. Die ersten drei Felder benennen das intellektuelle und technische Vorgehen, das zur genaueren «Kenntnis des Objekts» führt. Es ist sehr gefährlich und wäre falsch, einen Eingriff an einem Objekt vorzunehmen, das man nur oberflächlich kennt.

Die drei Aspekte wurden schon weiter oben bei Punkt 8 erläutert. Besonders wichtig ist es, festzustellen, ob die Abbauprozesse, denen ein Objekt ausgesetzt ist, fortschreitender Art sind. Der ästhetische Aspekt des Objekts ist hier nicht entscheidend, ausser wenn vorrangig gerade dieser Aspekt herausgearbeitet werden soll. Viel wichtiger ist die Einschätzung der künftigen Entwicklung der Abbauprozesse. Fortschreitende Schäden machen einen schnellen und vorrangigen Eingriff erforderlich, bei einer stabilisierten Schädigung kann man oft auf einen Eingriff verzichten und sich für Schutzmassnahmen entscheiden.

In Extremfällen können der aktuelle Stand der wissenschaftlichen Erkenntnisse sowie die technischen Möglichkeiten ein entscheidendes Kriterium sein. In der Pathologie von Schrift- und Druckgut gibt es noch Bereiche mit teilweise lückenhaften oder in rascher Entwicklung begriffenen Kenntnissen: zum Beispiel bei Korrosionsschäden durch Kupferpigmente oder Eisengallustinten, bei Schäden an Wachssiegeln und sogar bei bestimmten Abbauerscheinungen von Papier.

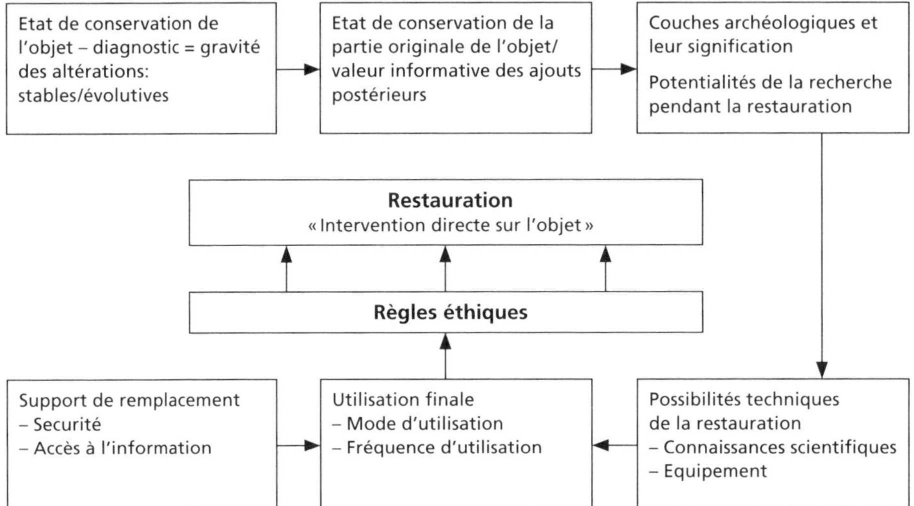

Fig. 1/13

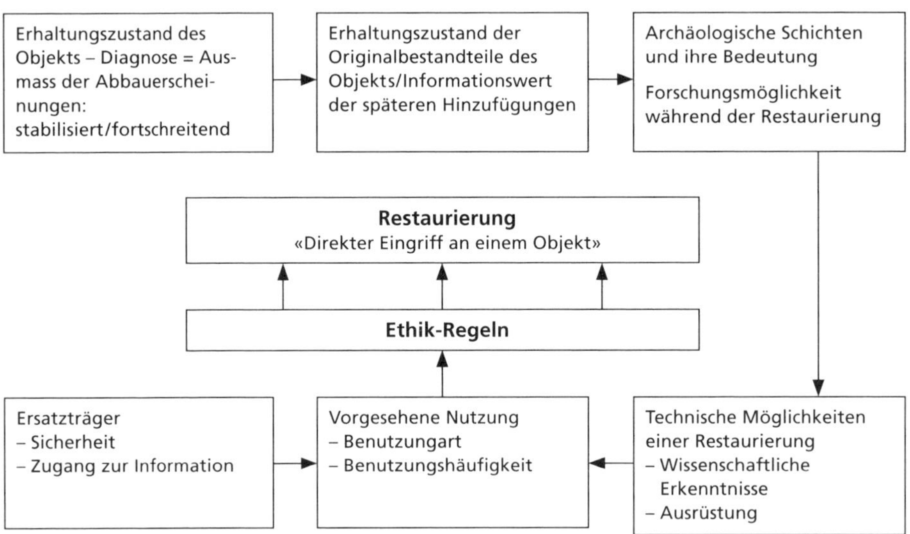

Fig. 1/13

Les possibilités techniques ne font que rarement obstacle à une intervention, mais il peut arriver que les moyens actuels ne permettent pas d'intervenir d'une manière satisfaisante. Dans ces cas, il est opportun de renoncer à toute intervention, en adoptant uniquement des mesures rigoureuses de conservation passive.

Ces aspects doivent être mis en relation avec l'utilisation finale de l'objet. Selon le mode d'utilisation et sa fréquence, il sera possible de limiter plus ou moins l'ampleur de l'intervention. Par exemple, on interviendra d'une manière très différente pour un livre destiné à être exposé de manière permanente dans une vitrine ou pour un autre qui sera accessible au public.

La relation avec l'éventuelle création d'un support de remplacement est ici claire. Un support de remplacement modifie fortement les conditions d'accès à l'information contenue dans l'objet, au moins pour ce qui concerne le texte; il permet de réduire très fortement la consultation directe de l'original. De plus, un support de remplacement peut offrir une garantie supplémentaire de conservation de l'information écrite de l'objet, mais ne peut jamais remplacer l'objet dans sa globalité.

L'ensemble des éléments récoltés passera encore à travers le filtre des critères de l'éthique de la restauration, pour aboutir au choix de traitement de restauration.

Cette démarche ne peut pas être accomplie par le conservateur seul ni par le restaurateur seul. L'interaction des savoirs spécifiques de la personne chargée de la gestion intellectuelle et physique de l'objet dans l'institution et du restaurateur est indispensable pour aboutir à un choix équilibré et respectueux des règles éthiques.

Das technische Können stellt nur selten ein Hindernis für einen Eingriff dar, aber es kann vorkommen, dass die aktuellen Möglichkeiten es nicht gestatten, in befriedigendem Mass einzugreifen. In diesem Fall sollte besser auf jeden Eingriff verzichtet und auf strenge Massnahmen der passiven Konservierung zurückgegriffen werden.

Bei all diesen Gesichtspunkten muss die vorgesehene Nutzung des Objekts stets im Auge behalten werden. Je nach Benutzungsart und -häufigkeit wird man das Ausmass des Eingriffs mehr oder weniger beschränken. Zum Beispiel wird man sich bei einem Buch, das permanent in einer Vitrine ausgestellt werden soll, für ein anderes Vorgehen entscheiden als bei einem Buch, das zur direkten Benutzung bestimmt ist.

Hier wird auch deutlich, warum man sich eventuell für die Herstellung eines Ersatzmediums entscheidet. Durch ein Ersatzmedium wird der Zugriff auf die im Objekt enthaltenen Informationen, jedenfalls in Hinsicht auf den Text, erheblich verändert. Die direkte Nutzung des Originals kann stark eingeschränkt werden, und darüber hinaus bietet ein Ersatzträger zusätzlich Garantie für die Erhaltung der schriftlichen Informationen des Objekts, wenn er auch das Objekt selbst in seiner Gesamtheit nie ersetzen kann.

Bevor die endgültige Entscheidung für eine Restaurierungsmethode getroffen wird, müssen alle erfassten Elemente noch unter dem Blickwinkel der Kriterien der Restaurierungsethik betrachtet werden.

Weder dem Konservator noch dem Restaurator kann diese Entscheidungsfindung allein überlassen werden. Voraussetzung für eine ausgeglichene Entscheidung nach den ethischen Regeln ist die Interaktion zwischen den spezifischen Kenntnissen des Verantwortlichen für die intellektuelle und praktische Verwaltung der Objekte in der Einrichtung und denen des Restaurators.

10 Divers types de traitements de conservation et de restauration

Face à un livre ou un document d'archives en mauvais état de conservation, le restaurateur, en collaboration avec l'archiviste ou le bibliothécaire responsable, dispose d'une gamme assez vaste d'interventions possibles. Il peut être intéressant de répartir en groupes ces traitements, pour faciliter l'analyse et le choix du traitement le plus approprié.

■ *Traitements purement conservatifs*
L'objet ne subit aucune intervention directe. Le traitement type dans cette catégorie est la confection d'un coffret de protection pour un livre. L'avantage de cette mesure est le respect total de l'objet et son coût limité ; mais, dans ce cas, l'objet n'est pas consolidé et les processus d'altération endogènes poursuivent leur développement. Par contre, cette mesure est très efficace pour prévenir les dommages mécaniques ou comme mesure d'attente en vue d'une restauration prochaine.

■ *Traitements de restauration conservative sans remplacement d'aucune partie essentielle du livre*
Dans cette catégorie se trouvent les restaurations « partielles » où le livre n'est pas démonté et garde tous les éléments originaux de ses cahiers et de sa reliure. Ces interventions sont les plus respectueuses du caractère original de l'objet et ont le moins d'effets secondaires », mais elles ne permettent pas toujours de garantir une stabilité suffisante pour des objets fortement endommagés.

■ *Traitements de restauration conservative avec remplacement de quelques parties essentielles du livre*
Cette situation se présente quand le dommage est si grave qu'il implique inévitablement le démontage du livre et, par là, la nécessité de reconstruire certains éléments, en particulier la couture et les tranchefiles. Dans ce cas, les parties reconstituées devront l'être dans leur fonction, mais dans une forme permettant de reconnaître leur origine.

10 Verschiedene Konservierungs- und Restaurierungsmethoden

Für die Behandlung eines geschädigten Buches oder Dokuments muss der Restaurator gemeinsam mit dem verantwortlichen Archivar oder Bibliothekar nach der jeweils objektgerechten Instandsetzungsmethode suchen. Um die Auswahl zu erleichtern, können die Behandlungsmethoden je nach Ziel in Gruppen unterteilt werden.

■ *Rein konservatorische Behandlung*
Hier wird nicht direkt in die Substanz eingegriffen. Das Objekt erhält eine Schutzverpackung und wird in seinem Zustand belassen; die Kosten sind gering. Das Objekt wird also nur gesichert, und die endogenen Alterungsprozesse laufen weiterhin ab. Diese Massnahme bietet wirkungsvollen Schutz vor mechanischen Beschädigungen und ist eine gute Zwischenlösung für die Aufbewahrung eines Objekts bis zu seiner späteren Restaurierung.

■ *Konservatorische Restaurierung, bei der kein Hauptelement des Objekts ersetzt wird*
Hier handelt es sich um Teilrestaurierungen, bei denen das Buch nicht zerlegt wird. Alle Originalbestandteile (Heftung, Einband) bleiben erhalten. Bei dieser Art Eingriff wird das Objekt als Original am besten respektiert; «Nebenwirkungen» bleiben beschränkt. Diese Art von Behandlung bringt aber für stark beschädigte Objekte nicht immer genügend Stabilität.

■ *Konservatorische Restaurierung mit Ersetzen von Hauptelementen*
Eine solche Massnahme kommt in Betracht, wenn der Schaden nur durch vorheriges Zerlegen des Buches behandelt werden kann. Daraus ergibt sich die Notwendigkeit zur Rekonstruktion von Einbandelementen, und zwar hauptsächlich die der Heftung und des Kapitals. In diesem Fall müssen die rekonstruierten Teile einerseits funktionsgerecht und andererseits als nachgearbeitet zu erkennen sein.

■ *Traitements de restauration avec remplacement complet de la reliure*

Ce type de restauration peut être appliqué dans plusieurs situations, par exemple :

- ☐ quand la reliure originale est dans un état de conservation tel que sa restauration impliquerait des changements très profonds et une importante perte d'informations. Dans ce cas, les cahiers doivent être protégés par une nouvelle reliure et les fragments de la reliure originale conservés séparément pour permettre l'accès sans problème à l'information encore conservée ;
- ☐ quand le livre a été restauré précédemment et muni d'une reliure inadaptée aux exigences de sa conservation. C'est le cas de livres en parchemin reliés avec des techniques adaptées aux livres en papier ;
- ☐ quand le livre n'a plus de reliure. Le livre sera alors muni d'une reliure technique adaptée aux exigences de sa conservation. Selon les goûts du conservateur, l'aspect extérieur d'une telle reliure pourra être plus ou moins proche du style de l'époque du livre, mais la reliure devra clairement afficher son origine moderne et remplir sa fonction de protection tout en rendant facile la consultation.

■ *Confection d'un exemplaire de remplacement ou d'une copie*

Une copie est utile sur le plan de la conservation parce que, dans bon nombre de situations, elle permet d'éviter d'exposer ou de consulter l'original. Cette opération permet une très grande liberté d'action, car dans l'exemplaire de remplacement, on ne trouve aucun élément original du livre. Les cahiers sont formés par des copies (selon diverses techniques) des feuilles du volume original. Si on le désire, on peut refaire la reliure en imitant parfaitement l'original ou en reconstituant celle qu'on suppose être la reliure d'origine.

■ *Restaurierung mit neuem Einband*

Diese Art Restaurierung kann zum Beispiel für folgende Schadensbilder als Lösung gewählt werden:

- ☐ Der Originaleinband ist in einem so schlechten Erhaltungszustand, dass er durch das Restaurieren zu sehr verändert werden müsste und dabei zu viele Informationen verloren gehen würden. Zum Schutz der Lagen muss ein neuer Einband angefertigt werden. Ursprüngliche Bestandteile und Materialfragmente werden aufbewahrt; dadurch ist ein problemloser Zugang zu den noch erhaltenen Informationen möglich.
- ☐ Das Buch wurde schon früher restauriert und dabei ein Einband angefertigt, der nicht funktionsgerecht ist und seine Schutzfunktion nicht erfüllt. Das ist häufig bei Pergamenthandschriften der Fall, bei denen Bindetechniken für Bücher aus Papier angewendet wurden.
- ☐ Das Buch hat keinen Einband mehr. In solchen Fällen wird ein Konservierungseinband hergestellt, der den Erhaltungskriterien entspricht. Nach Absprache mit dem Archivar oder Bibliothekar kann der Einband mehr oder weniger einem bestimmten, dem Herstellungsdatum des Werkes entsprechenden Stil angepasst werden. Der Einband muss aber als moderne Arbeit deutlich zu erkennen sein, die geforderten Schutzfunktionen erfüllen und optimale Benutzbarkeit gewährleisten.

■ *Anfertigung eines Ersatzexemplars oder einer Kopie*

Soll das Original eines Objekts nicht oder selten ausgestellt oder benutzt werden, ist die Anfertigung einer Kopie zu empfehlen. Damit sind Benutzung und Ausstellung ohne Einschränkungen möglich, denn es werden keine Originalbestandteile verwendet. Aus den (nach verschiedenen Techniken) kopierten Seiten werden Lagen gebildet. Der neue Einband kann entweder genau nach dem Originaleinband gearbeitet oder nach einem Einbandtyp rekonstruiert werden, der aufgrund der Entstehungszeit des Buches als original angenommen wird.

CHAPITRE 2

La fabrication du papier

Dans ce chapitre nous passons en revue les méthodes de production du papier depuis le Moyen-Age jusqu'à nos jours. Notre but est d'examiner l'histoire de ces méthodes en fonction des conséquences que l'évolution des techniques a eues sur la conservation des divers papiers. Il importe pour cela d'examiner les principales techniques utilisées pour produire le papier et ses composants. Un paragraphe sur les principaux types de papiers disponibles sur le marché actuel et sur les papiers de conservation complétera cette incursion dans le monde des papetiers et des papeteries.

1 La fabrication traditionnelle du papier

En se référant à l'histoire du papier, on considère souvent que les méthodes artisanales de production sont restées pratiquement inchangées du XIIIe au XIXe siècle. En réalité, de nombreux changements techniques sont intervenus dans les méthodes de production tout au long de ces siècles, modifiant soit l'aspect de la feuille, soit sa durabilité.

KAPITEL 2

Die Papierherstellung

In diesem Kapitel betrachten wir die Entwicklung der Herstellungsmethoden für Papier vom Mittelalter bis in die heutige Zeit. Dabei interessiert uns besonders, welche Auswirkungen der technische Fortschritt auf die Erhaltung der verschiedenen Papiere hatte. Um dies zu ergründen, werden wir sowohl die am häufigsten angewendeten Verfahren wie auch die Bestandteile des Papiers betrachten. Dieses Kapitel über das Papier und seine Produktion wird mit einem Überblick über das heutige Angebot an Papiersorten und über alterungsbeständiges Papier abgeschlossen.

1 Die traditionelle Herstellung von Papier

Vom historischen Standpunkt aus betrachtet, sind die Herstellungsverfahren für handgeschöpftes Papier in der Zeit vom 13. bis zum 19. Jahrhundert praktisch unverändert geblieben. Tatsächlich aber haben im Verlauf dieser Jahrhunderte viele technische Neuerungen Eingang in die Herstellungsmethoden gefunden, und diese haben das Aussehen und die Haltbarkeit des Blattes verändert.

1.1 Méthodes primitives de production en Occident

Les méthodes de production du papier, héritées du monde arabe, se sont implantées dans le monde occidental vers la deuxième moitié du XIIIe siècle, en Italie; elles ont été profondément modifiées par les artisans papetiers de Fabriano, probablement en relation avec le travail traditionnel de la laine dans cette localité,[1] donnant un produit à la fois semblable et pourtant très différent de celui déjà utilisé depuis environ deux siècles dans la région méditerranéenne.

La description qui suit retrace les étapes essentielles de la production artisanale du papier, sans entrer dans les détails techniques ou de nomenclature, qu'on trouvera dans les ouvrages cités dans la bibliographie.

■ *Les chiffons*

Le papier était produit à partir de chiffons de fibres textiles, principalement en lin et en chanvre, et beaucoup plus tard aussi en coton.[2]

Les chiffons étaient tout d'abord triés en fonction de la qualité des fibres, de la couleur et de leur état d'usure, en vue de la production de papiers de différentes qualités.

Cette opération était généralement suivie ou précédée d'un lavage des chiffons pour éliminer poussières et saletés. Le lavage était fait avec de l'eau et des cendres, plus tard avec de la soude.

[1] Les modifications essentielles de la méthode de production du papier introduites à Fabriano par rapport aux méthodes de production arabes sont: (1) l'utilisation de la roue hydraulique et de l'arbre à cames pour actionner une batterie de piles à papier; les arabes utilisaient une pile manuelle ou une meule en pierre; (2) l'adoption d'une forme rigide pour la production de la feuille; le papier arabe, comme celui d'Extrême Orient, était produit dans une forme dont le fond était formé par un tamis de roseaux simplement appuyé sur un cadre; (3) l'adoption d'un filigrane pour identifier le producteur du papier; (4) le séchage entre feutres de laine; le papier arabe était séché sur des planches en bois; (5) l'encollage à la gélatine; le papier arabe était encollé avec de l'amidon ou de la farine. – Voir les différentes étapes de production dans le texte.

[2] M.-A. Doizy (1997) affirme que dans le monde occidental le coton a été utilisé à partir du XVIIe siècle et qu'il est devenu courant au XVIIIe siècle, alors qu'il était déjà utilisé au VIIIe siècle dans l'Espagne arabe. Les papetiers ont accueilli avec réticence cette nouvelle matière première, à cause de son caractère plus souple et moins facile à manier.

1.1 Einfache Herstellungsmethoden im Abendland

Die von der arabischen Welt übernommenen Verfahren wurden im Abendland um die zweite Hälfte des 13. Jahrhunderts zuerst in Italien angewendet. Sie wurden von den handwerklichen Papierherstellern in Fabriano erheblich modifiziert, wahrscheinlich nach dem Vorbild der dort üblichen Methoden bei der Verarbeitung von Wolle.[1] Das Endprodukt war dem seit ungefähr zwei Jahrhunderten im Mittelmeerraum verwendeten Produkt Papier ähnlich, doch wies es gleichzeitig grosse Unterschiede dazu auf. Nachfolgend werden die wesentlichen Vorgänge der handwerklichen Papierherstellung beschrieben; nähere technische Einzelheiten sowie vollständige Sachwortverzeichnisse finden sich in den in der Bibliografie aufgeführten Werken.

■ *Die Lumpen*

Papier wurde aus Abfalltextilien hergestellt, hauptsächlich aus Leinen und Hanf, später auch aus Baumwolle.[2] Um Papiere unterschiedlicher Güte herstellen zu können, sortierte man die Lumpen nach Abnutzungsgrad, Farbe und Faserqualität.

Vor oder nach diesem Vorgang erfolgte im Allgemeinen das Waschen der Lumpen, um Staub und Schmutz zu entfernen. Dafür verwendete man aschenhaltiges Wasser, später auch Sodalösungen.

[1] Die wesentlichen Veränderungen der Papierherstellung durch die Handwerker in Fabriano waren: (1) Einführung des Wasserrades und der Nockenwelle, wodurch mehrere Stampflöcher gleichzeitig bedient werden konnten; die Araber verwendeten ein manuell betriebenes Stampfwerk oder einen Schleifstein; (2) Verwendung einer starren Form für die Blattbildung; für das arabische sowie das fernöstliche Papier wurde ein Schilfrohrgeflecht auf einen Rahmen aufgelegt; (3) Einführung des Wasserzeichens zur Identifizierung des Herstellers; (4) Trocknen zwischen Filzmatten; das arabische Papier wurde auf Holzbrettern getrocknet; (5) Leimung mit Gelatine; das arabische Papier wurde mit Stärke oder Mehl geleimt. – Siehe die weiter unten beschriebenen Arbeitsvorgänge.

[2] M.-A. Doizy (1997) gibt an, dass Baumwolle im Abendland seit dem 17. Jh. verwendet, aber erst seit dem 18. Jh. gängig gebraucht wurde. Im arabischen Spanien hingegen verwendete man sie schon im 8. Jahrhundert. Da Baumwolle geschmeidiger und schwieriger zu handhaben war, wurde sie von den Papiermachern nur zögernd als Ersatzrohstoff eingeführt.

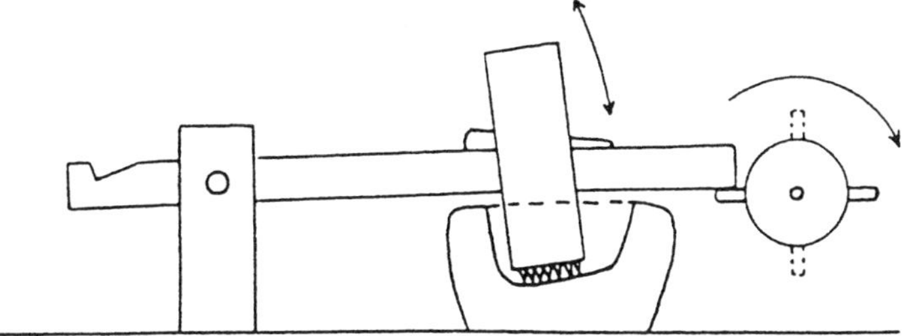

Fig. 2/1 : Pile à papier.
(D. Muzerelle, Vocabulaire codicologique http ://vocabulaire.irht.cnrs.fr/vocab.htm [XII-2009])

Fig. 2/1: Stampfwerk.
(D. Muzerelle, Vocabulaire codicologique http://vocabulaire.irht.cnrs.fr/vocab.htm [XII 2009])

■ *Le pourrissoir*

Les tissus triés séjournaient ensuite pendant trois à douze semaines, selon la qualité des fibres et la saison, entassés dans une fosse appelée « pourrissoir » où ils subissaient une fermentation, favorisée par l'alternance de périodes de repos et d'arrosage, qui affaiblissait le lien entre les fibres. Cette opération était étroitement surveillée, car elle devait être suffisamment poussée pour que les chiffons puissent se défaire facilement, mais une durée excessive aurait sensiblement affaibli les fibres. Pour obtenir un certain blanchiment des chiffons, il était possible d'ajouter de la chaux, ce qui donnait bien sûr un caractère alcalin aux fibres.

■ *L'eau*

L'eau utilisée dans le moulin à papier avait aussi une influence décisive sur la qualité du produit fini : l'absence d'impuretés et encore une certaine dureté de l'eau, c'est-à-dire la présence de carbonates dissous, constituent des conditions très favorables pour la production du papier.

L'eau était soigneusement filtrée et décantée avant d'être mélangée aux chiffons. Une dureté suffisante contribue à donner au papier un caractère alcalin.

■ *La pile à papier*

A la sortie du pourrissoir, les chiffons étaient découpés en lanières et en morceaux ; ils étaient ensuite défibrés et déchiquetés par des maillets en bois actionnés par la force hydraulique, dans la pile à papier. Il semble qu'on puisse attribuer aux artisans de Fabriano, dans la deuxième moitié du XIIIe

■ *Das Faulen*

Die Stoffe ruhten dann drei bis zwölf Wochen, je nach Faserqualität und Jahreszeit, dicht gestapelt in einer Grube. Durch abwechselnde Befeuchtungs- und Ruhephasen wurde ein Fäulungsprozess bewirkt, der die Bindung zwischen den Fasern lockerte. Dieser Vorgang musste gut überwacht werden: Wurde er genau bis zum richtigen Punkte vorangetrieben, fielen die Lumpen leicht auseinander, dehnte man ihn aber über Gebühr aus, so wurden die Fasern merklich geschwächt. Um die Lumpen aufzuhellen, konnte Kalk hinzugegeben werden; die Fasern wurden dadurch alkalisch.

■ *Das Wasser*

Das in der Papiermühle verwendete Wasser übte einen entscheidenden Einfluss auf die Qualität des fertigen Produktes aus. Die Reinheit des Wassers sowie eine gewisse Härte desselben, das heisst das Vorhandensein von gelösten Carbonaten, bilden sehr günstige Voraussetzungen für die Papierherstellung.

Das Wasser wurde sorgfältig gefiltert und dekantiert, bevor es zu den Lumpen gegeben wurde. Weist es eine ausreichende Härte auf, so wird das Papier leicht alkalisch.

■ *Das Stampfwerk (Lumpenschneider)*

Nach dem Faulen zerschnitt man die Lumpen in Streifen und Stücke; danach wurden sie in einem mit Wasserkraft betriebenen Stampfwerk durch Holzstempel zerfetzt und zerfasert. Wahrscheinlich waren es die Handwerker von Fabriano, die in der zweiten Hälfte des 13. Jahrhunderts (1276) den

siècle (1276), l'idée de remplacer le mortier actionné manuellement ou les meules en pierres issues de la tradition arabe par des maillets actionnés mécaniquement à l'aide d'un arbre à cames mû par la force hydraulique dans des piles.

Les chiffons mélangés à l'eau étaient soumis à l'action de maillets garnis de clous métalliques de différentes formes qui écrasaient la pâte à papier dans les piles, sortes de cuves où coulait un filet d'eau; celles-ci étaient généralement en bois avec une plaque métallique posée sur le fond. Des dents longues et pointues défibraient d'abord les chiffons puis, dans la pile suivante, des dents larges et plates achevaient de séparer les fibres entre elles.

Copedé[3] et Doizy[4] signalent que certains papetiers faisaient reposer la pâte à papier dans un bassin contenant de la chaux, pour éclaircir la pâte. L'utilisation de carbonates de calcium améliore par ailleurs la dispersion des fibres dans l'eau, et il est probable que cette propriété ait été remarquée aussi par les anciens papetiers. Une dernière pile, sans dents métalliques, achevait de répartir uniformément les fibres, assurant une suspension régulière des fibres textiles dans l'eau, sans qu'il ne subsiste de flocons ou fils résiduels: cette suspension est la matière première pour produire une feuille de papier.

Des gravures de l'« Encyclopédie » de Diderot et d'Alembert nous montrent des groupes de quatre maillets travaillant dans la même pile; d'autres piles travaillaient avec trois maillets. Ces maillets n'avaient pas la même grosseur, de façon à provoquer, avec leur mouvement alterné et le mouvement de l'eau s'écoulant dans la pile, un brassage des chiffons favorisant l'uniformité de l'action opérée par les maillets. Une partie des fibres (environ 25 %) était perdue dans cette opération, malgré les filtres installés à la sortie de la pile.

Cette opération durait environ trente à quarante heures, mais elle pouvait être simplifiée et raccourcie pour la production de papiers de qualité plus grossière.

[3] Copedé, M.: La carta e il suo degrado. Firenze, Nardini, 1991.

[4] Doizy, M.; Fulacher, O.: Papiers et moulins. Des origines à nos jours. Paris, Arts et Métiers du Livre, 1997.

manuell betriebenen Mörser oder Schleifstein arabischer Tradition durch mechanisch bewegte Stempel ersetzten, welche über dem Löcherbaum durch eine hydraulisch angetriebene Nockenwelle auf und ab bewegt wurden. Der Löcherbaum bestand aus einem Baumstamm mit mehreren bottichartigen Vertiefungen, deren Böden mit Metallplatten belegt waren und die von Wasser durchflossen wurden.

In diesen Vertiefungen wurde der Lumpenbrei von den mit Eisen unterschiedlicher Form beschlagenen Stempeln bearbeitet. Zuerst zerfetzten lange, spitze Zacken die Lumpen, dann wurden die Fasern in der nächsten Vertiefung von breiten, flachen Stiften völlig voneinander getrennt.

M. Copedé[3] und M.-A. Doizy[4] geben an, dass manche Papierhersteller den Faserstoff in einem mit Kalk gefüllten Becken ruhen liessen, um den Brei aufzuhellen. Erwiesenermassen fördert der Zusatz von Calciumcarbonat ausserdem die Vermischung der Fasern mit dem Wasser, und es ist anzunehmen, dass diese Eigenschaft schon den damaligen Papiermachern bekannt war. Im letzten Loch wurden, ohne Zuhilfenahme von Metallzähnen, die Fasern gleichmässig zu einer einheitlichen Fasersuspension gerührt, welche keine Flockengebilde oder Fadenreste mehr aufwies. Diese Suspension bildete den Rohstoff zur Herstellung eines Blattes Papier.

Die Kupferstiche in der «Encyclopédie» von Diderot und d'Alembert zeigen uns Gruppen von vier Stempeln, die in derselben Vertiefung arbeiten; andere Löcher funktionierten mit drei Stempeln. Diese waren nicht alle von gleicher Grösse, sodass durch ihre alternierende Bewegung und durch die Bewegung des in den Vertiefungen fliessenden Wassers die bestmögliche Durchmischung der Lumpen erreicht werden konnte. Ein Teil der Fasern (ca. 25 %) ging während dieses Vorgangs verloren, obwohl am Ausfluss des Stampfwerks Filter angebracht waren.

Der gesamte Vorgang dauerte 30 bis 40 Stunden, konnte jedoch zur Herstellung von Papier gröberer Qualität vereinfacht und verkürzt werden.

[3] Copedé, M.: La carta e il suo degrado. Firenze, Nardini, 1991.

[4] Doizy, M.; Fulacher, O.: Papiers et moulins. Des origines à nos jours. Paris, Arts et Métiers du Livre, 1997.

Fig. 2/2: Planche IV « Encyclopédie ». Trois piles à papier comportant 4 maillets chacune. La pile du fond est en position de repos. L'arbre moteur est muni de cames, dont la position détermine le mouvement des maillets. L'eau arrive aux piles par le petit canal au-dessus de l'arbre moteur.

Fig. 2/2: Tafel IV «Encyclopédie». Drei Löcher mit jeweils vier Stempeln. Im hinteren Loch wird nicht gearbeitet. Die Antriebswelle ist mit Nocken versehen, deren Stellung die Bewegung der Stempel bestimmt. Das Wasser gelangt durch den schmalen Einfluss über der Antriebswelle in die Löcher.

La pâte à papier était ensuite diluée dans une cuve où l'eau était tiédie par un système de chauffage; on fabriquait une feuille de papier en prélevant une certaine quantité de pâte à papier dans la cuve, avec la forme à papier. Les fibres se compactaient sur le fond de la forme, d'où l'eau pouvait s'échapper; la feuille de papier nouvellement formée était ensuite couchée sur un feutre et pressée pour que soit éliminée l'eau en excès.

■ *La forme à papier*

La forme à papier consiste en un cadre rectangulaire en bois parcouru par des lames de bois de section triangulaire, parallèles au petit côté, sur lesquelles reposent, parallèlement au grand côté, des fils de laiton (ou bronze) très proches les uns des autres. Ces fils ont la propriété de retenir les fibres de papier en laissant s'écouler l'eau. Les fils, appelés vergeures, sont unis aux lames de support, dites pontuseaux, par un fil très fin en laiton (les chaînettes).

Der Faserstoff wurde anschliessend in einer heizbaren Bütte (Schöpfbütte) mit lauwarmem Wasser verdünnt. Zur Herstellung eines Blattes Papier wurde mit der Schöpfform eine bestimmte Menge Fasersuspension aus der Bütte geschöpft: Während das Wasser abfloss, setzten sich die Fasern als kompaktes Gefüge auf dem Boden der Form ab. Das neu gebildete Blatt wurde zwischen Filze gelegt und dann gepresst, um das überschüssige Wasser zu entfernen.

■ *Die Schöpfform*

Die Schöpfform besteht aus einem rechteckigen Holzrahmen, in welchen parallel zu seinen Schmalseiten dreikantige Holzleisten (Stege) eingelassen sind. Auf diesen Leisten sind in sehr kleinen Abständen parallel zu den Längsseiten Messing- oder Bronzedrähte gespannt: Sie halten die Papierfasern zurück, lassen dagegen das Wasser ablaufen. Die Drähte, genannt Rippen (Rippdraht, Siebdraht), sind auf den Kanten der Stege mit einem sehr feinen Messingdraht, dem Bewindedraht, befestigt.

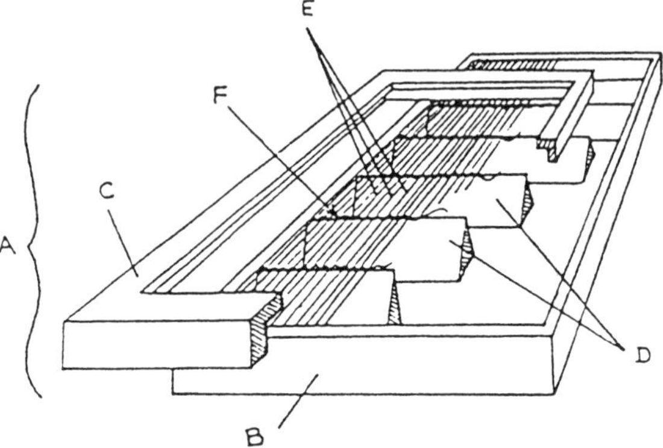

Fig. 2/3 : Forme à papier.
(D. Muzerelle, Vocabulaire codicologique http ://vocabulaire.irht.cnrs.fr/vocab.htm [XII 2008])

A = forme à papier
B = châssis
C = couverte
D = pontuseaux, fûts
E = vergeures
F = fil de chaînette reliant les vergeures aux pontuseaux

Fig. 2/3: Schöpfform.
(D. Muzerelle, Vocabulaire codicologique http://vocabulaire.irht.cnrs.fr/vocab.htm [XII 2008])

A = Schöpfform
B = Rahmen
C = Deckel
D = Stegdraht, Stege
E = Rippen
F = Bewindedraht, verbindet Rippen mit Stegdrähten

Au XVIIIe siècle, pour contrer la tendance à une certaine accumulation des fibres le long des pontuseaux, on a placé entre ceux-ci et les vergeures un fil en laiton plus épais (le fil en laiton est alors dit pontuseau et son support en bois est appelé fût). Les pontuseaux sont placés en principe régulièrement sur la largeur de la forme, mais on peut trouver un pontuseau supplémentaire, constitué par un fil en laiton plus épais qu'une vergeure, pour soutenir le filigrane, et deux pontuseaux plus proches des autres, aux extrémités gauche et droite de la forme, dits tranchefiles. Les vergeures sont liées entre elles et avec les pontuseaux par une chaînette formée par un fil très fin en laiton.

La forme à papier est pourvue aussi d'un cadre mobile en bois, dit couverte, qui s'ajuste sur elle et permet de prélever une quantité régulière de pâte à papier ; la hauteur de la couverte détermine la quantité de pâte à papier prélevée et par là l'épaisseur du papier.

Dans la tradition orientale, les vergeures de la forme à papier étaient formées par des tiges végétales. Aujourd'hui encore, dans divers pays orien-

Um eine Anhäufung der Fasern entlang der Stege zu vermeiden, wurde im 18. Jahrhundert zusätzlich ein etwas dickerer Messingdraht (Stegdraht, Bodendraht) auf den Stegen angebracht. Die Stege sind im Prinzip gleichmässig über die Breite der Form verteilt. Man kann aber einen zusätzlichen Steg antreffen, der das Wasserzeichen stützt und durch einen dickeren Draht als den der Rippen gebildet wird. Auch tritt gelegentlich je ein Steg am äusseren linken und rechten Ende der Schöpfform auf (Randsteg mit Spanndraht), die in kleinerem Abstand zu den benachbarten Stegen liegen. Die Rippen sind untereinander und mit den Stegdrähten durch einen sehr feinen Draht aus Messing im Kettstich verbunden. Zur Schöpfform gehört ein beweglicher Holzrahmen, Deckel oder Deckelrahmen genannt, der genau passend aufgesetzt wird. Seine Höhe ermöglicht die Entnahme einer gegebenen Menge Faserstoff, wodurch gleichzeitig die Dicke des Papiers bestimmt wird.

Im Orient wurden die Rippen der Schöpfform durch Pflanzenstängel gebildet. Noch heute benutzt man in verschiedenen fernöstlichen Ländern

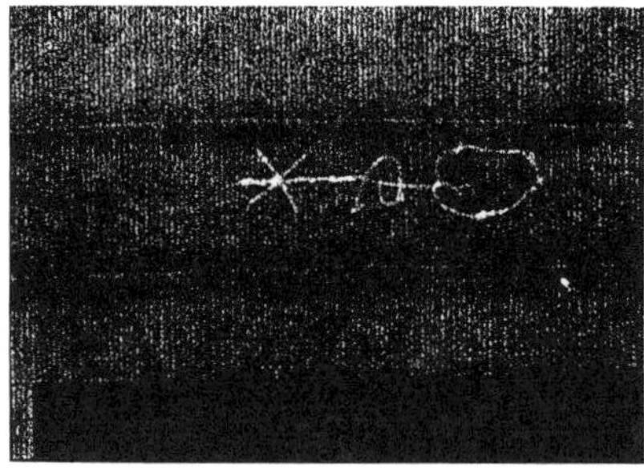

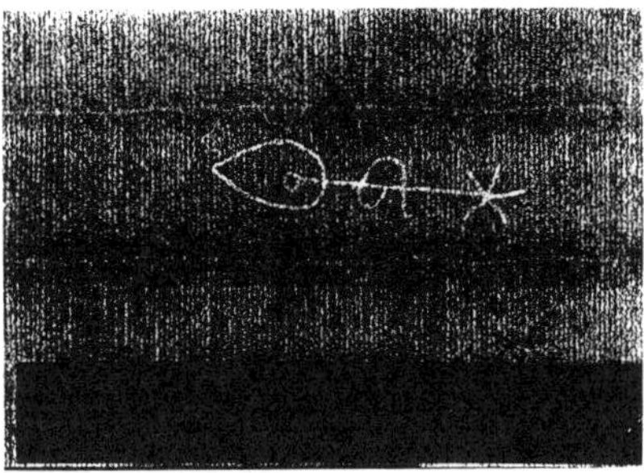

Fig. 2/4: Deux formes à papier jumelles montrent la diversité des formes à papier, tant dans la position des filigranes par rapport aux pontuseaux qu'à cause de la déformation des filigranes causée par l'utilisation intense de la forme.

Fig. 2/4: Dieses Wasserzeichenpaar zeigt, wie sehr sich die Schöpfformen eines Formenpaares sowohl durch die Stellung des Wasserzeichens zu den Stegen als auch aufgrund einer Verformung des Wasserzeichens durch den intensiven Gebrauch der Formen unterscheiden können.

taux, on utilise des formes à papier dont le fond mobile est formé par des tiges très minces liées par des chaînettes en fil végétal. Le remplacement des vergeures végétales par des fils métalliques est une des innovations introduites par les artisans de Fabriano; contrairement aux vergeures végétales, qui forment une natte mobile, les vergeures métalliques étaient assujetties de manière fixe au cadre de la forme à papier.

L'usage d'une filière qui permet de produire un fil métallique mince et régulier est attesté en Europe depuis le XIIe siècle. L'examen de certains papiers très anciens montre cependant des vergeures très grossières et irrégulières, provenant probablement de fines lanières de métal travaillées au marteau, mais très rapidement les vergeures deviennent régulières. L'épaisseur des vergeures peut varier fortement, de façon que l'espace occupé par vingt vergeures peut aller de vingt à plus de soixante millimètres.

Dès le XIIIe siècle, en Italie, les moulins à papier ont identifié leur production en posant sur la forme à papier un fil plus épais, représentant des lettres ou un symbole, uni aux vergeures et aux pontuseaux par un fil très fin en laiton. Cette forme laisse une marque en creux dans le papier, visible par transparence et appelée filigrane; l'usage du filigrane s'est ensuite généralisé dans les pays occidentaux.

Schöpfformen, deren beweglicher Boden aus sehr dünnen Stängeln gebildet wird. Diese Stängel sind mit pflanzlichen Fäden durch Kettstich verbunden. Der Einsatz von Metallfäden anstelle von Pflanzenstängeln ist eine der Neuerungen der Handwerker von Fabriano; im Gegensatz zu den pflanzlichen Rippen, die ein bewegliches Geflecht ergeben, werden die metallischen Rippen als starres Sieb auf dem Rahmen der Schöpfform befestigt.

Der Gebrauch eines Drahtzieh-Eisens, das die Herstellung eines dünnen und ebenmässigen Metalldrahtes ermöglicht, ist in Europa seit dem 12. Jahrhundert belegt. Bei sehr alten Papieren finden sich jedoch grobe und unebenmässige Rippen. Hier wurden wahrscheinlich sehr feine Metallstreifen zugeschnitten und mit dem Hammer zu runden Drähten geformt; sehr schnell aber werden die Rippen ebenmässig. Die Dicke der Rippen kann sehr unterschiedlich sein; der von 20 Rippen eingenommene Raum kann zwischen 20 und mehr als 60 Millimetern liegen.

Seit dem 13. Jahrhundert haben die Papiermühlen in Italien ihre Ware gekennzeichnet, indem sie auf der Schöpfform einen dickeren Draht in Form eines Buchstaben oder eines Symbols befestigten und durch einen sehr feinen Messingdraht mit den Rippen und den Stegen verbanden. Diese Figur hinterlässt einen Abdruck im Papier: Die Faserschicht ist dort dünner, und bei durchscheinendem Licht wird das «Wasserzeichen» genannte Abbild sicht-

Fig. 2/5: Planche X « Encyclopédie ». Fig. 1: le plongeur; Fig. 2: le coucheur; Fig. 3: ouvrier qui retire les feuilles des feutres après le premier pressage; M: deuxième pressage des feuilles.

Fig. 2/5: Tafel X «Encyclopédie». Fig. 1: der Schöpfer; Fig. 2: der Gautscher; Fig. 3: der Leger, er entnimmt die Blätter nach dem ersten Pressen. M = zweites Pressen der Blätter.

Le filigrane était presque toujours posé dans la partie centrale droite de la feuille; dès le milieu du XVIe siècle on y a parfois ajouté une contremarque, sorte de monogramme posé symétriquement sur la forme à papier.

■ *La production de la feuille*

Le procédé de travail habituel comportait l'utilisation de deux formes à papier, dites jumelles. Le travail était réparti entre deux ouvriers: le premier, l'ouvreur, puisait la pâte dans la cuve et permettait la formation de la feuille en facilitant l'égouttage et l'enchevêtrement des fibres par des mouvements appropriés; il déposait la forme à papier, de laquelle il avait enlevé la couverte, sur une surface prévue à cet effet sur le bord de la cuve à papier. Pendant ce temps, le deuxième ouvrier, le coucheur, déposait la feuille précédemment formée sur un feutre se trouvant sur la pile des feuilles déjà accumulées et remettait la forme à papier libre à la disposition du plongeur, puis il couvrait le papier avec un autre feutre. Le rythme de ces opérations était très rapide, il permettait la production de sept à huit feuilles de papier par mi-

bar. Das Anbringen eines Wasserzeichens hat sich schnell in ganz Europa verbreitet.

Das Wasserzeichen erschien fast immer in der Mitte der rechten Seite des Blattes. Seit der Mitte des 16. Jahrhunderts hat man manchmal auch auf der anderen Seite, symmetrisch zum Hauptzeichen, ein Gegenzeichen angebracht.

Dieses Wasserzeichenpaar zeigt deutlich, wie sehr sich die Schöpfformen eines Formenpaares unterscheiden können, sowohl durch die Stellung des Wasserzeichens zu den Stegen als auch aufgrund einer Verformung des Wasserzeichens durch den intensiven Gebrauch der Formen.

■ *Die Blattbildung*

Der tägliche Arbeitsablauf bedingte den Gebrauch von zwei Schöpfformen, Formenpaar genannt. Die Arbeit wurde zwischen zwei Arbeitern aufgeteilt. Der erste, der Schöpfer, schöpfte den Brei aus der Bütte und bildete das Blatt, indem er das Abtropfen und das Verfilzen der Fasern durch fachgerechte Schüttelbewegungen förderte. Danach entfernte er den Deckelrahmen und legte die Form auf der dafür vorgesehenen Stelle am Rand der Bütte für

Fig. 2/6: Planche XI « Encyclopédie ». A l'arrière-plan la cuve avec le panier où la colle est préparée. Fig. 1 : le filtrage de la colle; Fig. 2 : encollage des feuilles par petits groupes; Fig. 3 : pressage des feuilles après l'encollage.

Fig. 2/6: Tafel XI «Encyclopédie». Im Hintergrund die Herstellung von Leim in einer Bütte. Fig. 1: Filtern des Leims; Fig. 2: Leimung der Blätter in kleinen Gruppen; Fig. 3: Pressen der Blätter nach der Leimung.

nute. Après un certain temps, la pile de feutres, qui comprenait, selon les régions, de 100 à 250 feuilles, était pressée pour éliminer, autant que possible, l'eau du papier.

Après ce premier pressage, les feuilles étaient suspendues à des fils pour sécher; elles pouvaient auparavant subir un deuxième pressage, sans feutres interposés entre les feuilles. M.-A. Doizy cite une étape supplémentaire, le mouillage des feuilles après un premier séchage, destiné à éliminer les déformations causées par le premier séchage; le mouillage était suivi par un deuxième séchage.

■ *L'encollage*

Le papier, à ce stade de production, se prête mal à l'écriture à la plume avec des encres ou à l'impression, car il est excessivement absorbant; en outre, il manque souvent de rigidité. Pour lui conférer les qualités souhaitées, la surface de la feuille de papier était enduite avec de la colle obtenue par la cuisson de déchets carnés: les restes de peau, d'os et de cartilages de divers animaux, à l'exclusion du porc, étaient posés dans un filet métallique qui était plongé, pendant environ quatre heures, dans

den zweiten Arbeiter bereit. Dieser, Gautscher genannt, drückte das frisch geschöpfte Papier auf einen Stapel von Filzmatten ab, zwischen welchen die vorher geschöpften Papiere lagen. Dann gab er dem Schöpfer die Schöpfform zurück und bedeckte das neue Papier mit einer weiteren Filzmatte. Die beschriebene Arbeit lief in schnellem Rhythmus ab; es wurden sieben bis acht Blätter pro Minute hergestellt. Enthielt der Filzstapel 100 bis 250 Blätter (regional unterschiedlich), kam er in die Presse, wo möglichst viel Wasser ausgepresst wurde.

Nach diesem ersten Pressen wurden die Blätter auf Wäscheleinen zum Trocknen aufgehängt; häufig wurden sie vorher, allerdings ohne dazwischengelegte Filzmatten, ein zweites Mal gepresst. M.-A. Doizy nennt als einen zusätzlichen Arbeitsgang das Feuchten der Blätter nach dem ersten Trocknen, um die hier entstandenen Verformungen zu beseitigen; dem Feuchten folgte ein zweites Trocknen.

■ *Die Leimung*

Vor der Leimung ist das Papier von geringer mechanischer Festigkeit und äusserst saugfähig. Daher eignet es sich in keiner Weise zum Beschreiben mit

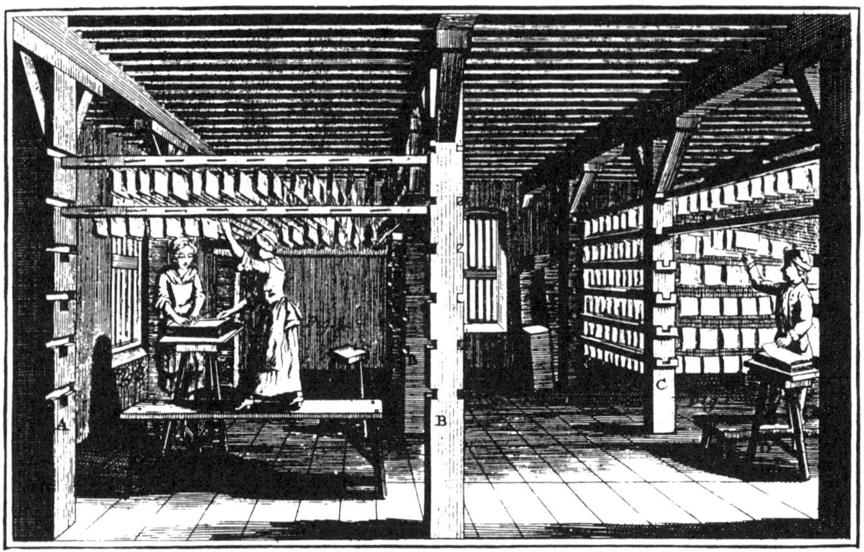

Fig. 2/7: Planche XII «Encyclopédie» – Séchage des feuilles.

Fig. 2/7: Tafel XII «Encyclopédie» – Das Trocknen der Blätter.

une cuve contenant de l'eau chaude mais pas en ébullition. La colle ainsi obtenue, à base de gélatine, était filtrée et mélangée, selon sa force, avec de l'eau; elle était maintenue tiède dans une cuve chauffante.

Les feuilles étaient rapidement plongées, par couples ou petits groupes, dans cette solution; après un pressage destiné à éliminer la colle excédentaire, on les amenait dans le local de séchage, où des femmes les séparaient et les suspendaient pour le séchage final. Les conditions météorologiques avaient une grande influence sur le résultat final de l'encollage. En effet, une humidité excessive rendait la colle trop fluide et elle coulait sur la feuille; inversement, pendant des jours secs, la colle séchait trop rapidement et formait des écailles à la surface du papier.

Les Arabes aussi pratiquaient l'encollage du papier, mais ils utilisaient des colles végétales à base d'amidon et de farine. On connaît, par exemple, des papiers des Játiva (dès le XIe siècle, Espagne arabe) encollés de telle sorte; les papiers arabes sont, par ailleurs, souvent fortement lissés et leur surface ressemble un peu au parchemin.

Feder und Tinte oder zum Bedrucken. Um dem Papier zweckgünstigere Eigenschaften zu verleihen, wurde die Blattoberfläche mit einem Leim überzogen, welchen man durch das Verkochen tierischer Abfälle gewann. Zum gewünschten Zweck wurden Haut-, Knochen- und Knorpelreste der verschiedensten Tiere (mit Ausnahme des Schweins) in ein Metallsieb gelegt und dieses ca. vier Stunden lang in eine Bütte mit heissem, aber nicht kochendem Wasser getaucht. Der so gewonnene Leim auf Gelatinebasis wurde abgefiltert und je nach seiner Konzentration mit Wasser verdünnt. Er wurde bei mittlerer Temperatur in einem beheizten Bottich aufbewahrt.

Die Blätter wurden paarweise oder in kleinen Stapeln kurz in diese Lösung eingetaucht; nach dem Auspressen des überschüssigen Leims kamen sie in den Trockenraum, wo Frauen sie voneinander trennten und zur letzten Trocknung aufhängten. Für das Ergebnis des Leimungsvorgangs waren die klimatischen Verhältnisse von ausserordentlicher Bedeutung. Bei zu hoher Feuchtigkeit wurde der Leim zu flüssig und rann über das Blatt herab, trocknete er hingegen zu schnell, bildeten sich auf der Papieroberfläche Schuppen.

Fig. 2/8: Planche XIII « Encyclopédie » – Travaux de finition. Fig. 2 : lissage des feuilles ; Fig. 3 : comptage des feuilles ; Fig. 5 : pressage des feuilles.

Fig. 2/8: Tafel XIII «Encyclopédie» – Die Veredelung. Fig. 2: Glätten der Blätter; Fig. 3: Zählen der Blätter; Fig. 5: Pressen der Blätter.

■ *Séchage et finition*

Après un séchage de deux à trois jours sur des cordes, les feuilles étaient entassées et mises sous presse pendant quelques heures pour éliminer les déformations issues du séchage ; en fait, le séchage sur cordes est documenté dès le XVe siècle tandis que, dans la tradition orientale, les feuilles étaient posées sur des plaques de bois ou de métal, et les détails du passage de l'une à l'autre de ces méthodes de séchage sont encore inconnus.

La dernière opération, le lissage, pouvait être faite soit à la main, à l'aide d'instruments en bois dur, en os ou en pierre, ou plus tard machinalement, par une calandre. Certains papiers occidentaux ont une surface très rugueuse, ce qui nous fait penser que cette opération n'était pas toujours exécutée.

Le dernier tri pour éliminer les feuilles défectueuses, la formation de rames, par exemple de 500 feuilles (20 mains de 25 feuilles), et un dernier pressage terminaient le cycle de production du papier.

Auch die Araber leimten ihre Papiere, benutzten aber pflanzliche Leime auf der Grundlage von Stärke und Mehl. Wir kennen zum Beispiel so geleimte Papiere aus Játiva (seit dem 11. Jahrhundert, arabisches Spanien). Oft sind arabische Papiere auch stark geglättet, sodass ihre Oberfläche ein wenig an Pergament erinnert.

■ *Trocknen und Nacharbeiten*

Nachdem die Blätter zwei bis drei Tage auf der Leine getrocknet hatten, wurden sie gestapelt und einige Stunden lang gepresst, um die beim Trocknen entstandenen Verformungen zu entfernen. Das Trocknen auf der Leine ist seit dem 15. Jahrhundert belegt; gemäss orientalischer Tradition wurden die Blätter zum Trocknen auf Metall- oder Holzplatten abgelegt. Wann man zur anderen Methode überging, ist nicht bekannt.

Der letzte Arbeitsgang war das Glätten, das mit Werkzeugen aus Hartholz, Knochen oder Stein oder später mechanisch mit einem Kalander durchgeführt wurde. Manche westliche Papiere weisen eine sehr raue Oberfläche auf, was darauf schliessen lässt, dass dieser letzte Arbeitsgang nicht immer zur Ausführung kam.

1.2 Evolution des méthodes de production jusqu'au XIXe siècle et au début de la production industrielle

Il est très difficile de reconstituer en détail l'évolution des méthodes de production du papier, car les sources et les travaux de recherche au sujet font défaut. Le cycle de production décrit ci-dessus n'a certainement pas été mis en œuvre avec la même organisation au XIIIe et au XVIIIe siècle. L'évolution des techniques de production a été importante et continue, depuis les premiers artisans papetiers à Fabriano, en passant par les fabriques très organisées du XVIIIe siècle, qui sont bien illustrées par l'« Encyclopédie » de Diderot et d'Alembert, jusqu'aux premiers pas de la production industrielle du papier au XIXe siècle. Le développement technologique s'est fortement accéléré à partir du XVIIIe siècle.

Nous allons aborder ici quelques changements importants survenus dans les méthodes de production du papier.

1.2.1 Les composantes de la pâte à papier

■ *Les fibres*

En ce qui concerne les fibres utilisées, des changements se sont produits surtout au XVIIIe et XIXe siècles : le coton est devenu une matière première importante pour la production de la pâte à papier, parallèlement au lin et au chanvre utilisés traditionnellement, malgré la méfiance des papetiers. Pour le lavage des chiffons, on connaît au XVIIIe siècle l'utilisation de tonneaux tournants où les chiffons étaient lavés avec de la soude ; à ce moment, comme l'attestent de nombreuses descriptions et gravures, la production du papier était déjà fortement organisée.

Outre l'utilisation de chiffons de coton, on a connaissance, en 1794, d'un développement technique permettant de séparer les poils de coton courts, inutilisables pour le tissage, qui restent sur le cocon (linter de coton).

De plus, la pénurie en matières premières qui touchait les moulins à papier au XVIIIe siècle a favorisé la recherche de matières fibreuses alternatives : en 1719 déjà, l'idée d'utiliser des nids de guêpes ; René-Antoine Ferchault de Réaumur (1683–1757) en 1741 des échantillons de papiers produits avec

Bei der Schlusskontrolle wurden mangelhaft geratene Blätter entfernt. Dann wurden zum Beispiel Riese von je 500 Bogen gebildet (1 Ries umfasste 20 Buch zu 25 Bogen); ein letztes Pressen schloss den Produktionsvorgang endgültig ab.

1.2 Entwicklung der Herstellungsmethoden bis zum 19. Jahrhundert und zu Beginn der industriellen Herstellung

Es ist sehr schwierig, die einzelnen Schritte der Entwicklung zu rekonstruieren, denn zu diesem Thema fehlen Quellen und Forschungsarbeiten. Der oben beschriebene Herstellungsablauf war im 13. Jahrhundert sicher anders organisiert als im 18. Jahrhundert. Beginnend bei den ersten handwerklichen Papierschöpfern von Fabriano, führt eine stetige Entwicklung bis zu den hoch entwickelten Fabriken des 18. Jahrhunderts, die durch die «Enzyklopädie» von Diderot und d'Alembert genau erläutert worden sind, und weiter zu den Anfängen der industriellen Papierherstellung im 19. Jahrhundert. Die technologische Entwicklung hat sich vom 18. Jahrhundert an stark beschleunigt.

Wir werden hier einige wichtige Schritte dieser Entwicklung aufzeigen.

1.2.1 Zusammensetzung des Faserstoffs

■ *Die Fasern*

Was die Art der zur Papierherstellung verwendeten Fasern betrifft, brachten vor allem das 18. und 19. Jahrhundert grosse Veränderungen. Zusätzlich zum herkömmlichen Leinen und Hanf wurde die Baumwolle, trotz dem Misstrauen der Papiermacher, zu einem wichtigen Rohstoff für die Faserstoffproduktion. Im 18. Jahrhundert wurden rotierende Trommeln eingeführt, in denen die Lumpen mit Soda gewaschen wurden. Zu diesem Zeitpunkt war die Papierherstellung, wie es die vielen Beschreibungen und Stiche belegen, schon hervorragend organisiert.

Abgesehen von der Verwendung von Baumwoll-Lumpen, hat man aus dem Jahr 1794 Nachricht von einer technischen Entwicklung, durch die das zum Weben ungeeignete kurze Baumwollhaar abgeson-

des écorces, feuilles d'arbres, plantes, arbustes et mousses; en 1765 un volume imprimé sur 81 types de papiers différents, obtenus avec toutes sortes de végétaux mélangés à une part de chiffons, par Christian Schaeffer, suivi par un autre volume similaire en 1772; en 1769, un premier essai d'utilisation de lamelles de bois résineux; en 1774, le premier essai de recyclage de vieux papier; en 1775–1785 des livres imprimés sur papiers d'écorce; etc. Ces essais, dont ceux cités ne sont qu'un échantillon, montrent la recherche intensive d'une matière première de remplacement pour la production du papier.

En 1800, le premier livre imprimé sur papier de paille, dont Matthias Koops est l'auteur,[5] ouvre une nouvelle époque: Koops déposa, entre autres, un brevet pour la fabrication du papier de paille et un pour le désencrage du vieux papier. Il fut le premier à produire du papier commercial à base de fibres non issues de chiffons. A ce premier brevet suivent de nombreux autres concernant l'utilisation de la paille comme matière papetière. En 1830, la paille entrait pour une part importante dans la composition des papiers aux Etats-Unis; ces procédés se diffusèrent largement dans les années suivantes.

La paille, bien avant le bois, était couramment utilisée comme matière de remplacement. Elle était traitée, comme l'étaient les chiffons à cette époque, par un lessivage à la soude et un blanchiment au chlorure de chaux.

L'utilisation de la paille ou d'autres végétaux annuels demandait une macération dans l'eau avec une substance fortement alcaline (chaux, soude ou potasse caustique) avant le défibrage.

■ *Le blanchiment des chiffons et des fibres*

Traditionnellement, le blanchiment des feuilles pouvait être obtenu par exposition au soleil, par l'effet des rayons ultraviolets sur les fibres textiles de cellulose pure, ou, de manière peu efficace, par l'adjonction de chaux dans la pâte à papier pendant sa préparation.

[5] Historical Account of the Substances which have been used to describe Events and to convey Ideas, from the earliest Date to the Invention of Paper; cité par M.-A. Doizy (1997).

dert und auf dem Kokon belassen werden konnte (Baumwoll-Linters).

Durch den Rohstoffmangel, von dem die Papiermühlen des 18. Jahrhunderts betroffen waren, wurde ausserdem die Suche nach alternativen faserigen Materialien vorangetrieben. Uns sind einige Daten bekannt: 1719 die Idee, Wespennester zu verwenden, René-Antoine Ferchault de Réaumur (1683–1757); 1741 die probeweise Herstellung von Papier aus Rinden, Baumblättern, Pflanzen, Sträuchern und Moos; 1765 von Christian Schaeffer der Druck eines Buches, dessen Seiten aus 81 verschiedenen Papieren bestanden (gewonnen aus einer Vielzahl von Pflanzen, denen ein Anteil Lumpen beigemischt worden war); 1772 Herausgabe eines neuen, gleichartigen Bandes; 1769 ein erster Versuch, Scheibchen harzhaltigen Holzes zu verwenden; 1774 der erste Versuch von Wiederverwendung alten Papiers; 1775–1785 die Herausgabe von auf Rindenpapier gedruckten Büchern. Diese Versuche, von denen hier nur einige aufgeführt sind, zeigen die intensive Suche nach einem Ersatzrohstoff für die Papierherstellung.

Der Druck des ersten Buches auf Strohpapier, im Jahr 1800 durch Matthias Koops,[5] markiert den Beginn eines neuen Zeitalters. Koops erwarb unter anderem ein Patent für die Herstellung von Strohpapier und das Entfernen von Tinte aus altem Papier. Er war der Erste, der für den Handel Papier herstellte, das nicht aus Lumpen war. Diesem ersten Patent folgten zahlreiche andere zur Verwendung von Stroh als Papierrohstoff. 1830 wurde Stroh in den USA ein bedeutender Rohstoff der Faserstoffproduktion; verschiedene Verfahren fanden in den folgenden Jahren weite Verbreitung.

Stroh wurde also viel früher als Holz als Ersatzmaterial verwendet. Gleich den Lumpen wurde es mit Soda gelaugt und mit Chlorkalk gebleicht.

Der Gebrauch von Stroh oder anderen einjährigen Pflanzen bedingte vor dem Zerfasern das Auslaugen in Wasser mit einer stark alkalischen Substanz (Kalk, Soda oder Ätzkali).

[5] Historical Account of the Substances which have been used to describe Events and to convey Ideas, from the earliest Date to the Invention of Paper; zitiert von M.-A. Doizy (1997).

La découverte du chlore, en 1774, a eu comme conséquence de mettre à disposition des différents corps de métiers des produits chlorés dès la fin du XVIIIe siècle. Le chlorure de chaux dans les moulins à papier a été d'abord utilisé pour blanchir les chiffons qui gardaient une couleur après le lavage. Auparavant, ces chiffons étaient utilisés pour produire un papier de deuxième choix, dont la couleur grisâtre était masquée par une teinture bleue du papier. Le blanchiment des papiers à base de paille ne peut être réalisé qu'avec des produits chlorés, car cette matière, contrairement aux fibres textiles, jaunit au soleil.

Au début du XIXe siècle, on utilisait des produits chlorés pour blanchir les chiffons déjà partiellement défibrés, dans des tonneaux particuliers. Cette méthode avait comme conséquence qu'une partie du chlore pouvait rester dans le papier, causant son vieillissement rapide; on a connaissance, en 1857, de traitements destinés à neutraliser le chlore.

■ *Les charges*

L'utilisation de charges, qui sont des particules minérales dispersées entre les fibres cellulosiques, était connue déjà par les Arabes au début du dernier millénaire. A cette époque, et pendant plusieurs siècles, les charges étaient composées principalement par du carbonate de chaux; sa présence rend le papier plus opaque et plus compact et peut aussi servir à diminuer le coût du papier parce que cette substance est moins chère que la composante fibreuse du papier. La présence de telles charges peut être une conséquence de l'adjonction de chaux dans le pourrissoir; elle joue un rôle favorable dans la conservation du papier.

Au XIXe siècle, les carbonates utilisés traditionnellement comme charges furent souvent remplacés par du gypse (sulfate de calcium) ou par d'autres substances, comme le sulfate de baryum ou de plomb, le kaolin ou le talc; contrairement aux carbonates, certaines de ces substances ont un caractère acide, tandis que d'autres ont un caractère neutre.

■ *Das Bleichen von Lumpen und Fasern*

Die herkömmliche Methode bestand darin, das Papier der Sonne auszusetzen, also die Auswirkungen der ultravioletten Strahlen auf die Textilfasern reiner Cellulose zu nutzen, oder, nicht sehr erfolgreich, bei der Vorbereitung des Faserstoffs Kalk zuzusetzen.

Infolge der Entdeckung des Chlors im Jahr 1774 standen verschiedenen Handwerkszweigen gegen Ende des 18. Jahrhunderts Produkte aus Chlor zur Verfügung. Chlorkalk wurde in den Papiermühlen zum Bleichen von Lumpen benutzt, die durch Waschen allein nicht weiss wurden. Früher waren solche Lumpen für Papier zweiter Wahl verwendet worden, dessen gräuliche Farbe durch eine Blaufärbung überdeckt wurde. Auch Papier aus Stroh konnte nur mit Produkten aus Chlor gebleicht werden, denn im Gegensatz zu Papier aus Textilfasern vergilbt es an der Sonne.

Am Anfang des 19. Jahrhunderts ging man dazu über, die schon zerfetzten Lumpen in eigens dafür vorgesehenen Bottichen mit chlorhaltigen Produkten zu bleichen. Bei dieser Methode bestand die Möglichkeit, dass ein Teil des Chlors im Papier zurückblieb, was dessen schnellen Abbau zur Folge hatte. Seit 1857 wurden Verfahren zur Neutralisierung des Chlors angewendet.

■ *Die Füllstoffe*

Der Gebrauch von Füllstoffen – so werden die zwischen den Cellulosefasern verteilten Mineralien genannt – war den Arabern schon zu Anfang des letzten Jahrtausends bekannt. Zu dieser Zeit, und während der folgenden Jahrhunderte, verwendete man als Füllstoff hauptsächlich Calciumcarbonat. Das Papier wird opaker und fester. Da Füllstoffe billiger sind als Fasern, können durch ihre Verwendung ausserdem Kosten bei der Papierherstellung gespart werden. Das Vorhandensein solcher Füllstoffe kann eine Folge der Kalkzugabe beim Faulen sein; es hat sich als günstig für die Konservierung von Papier erwiesen.

Die traditionell als Füllstoff verwendeten Carbonate wurden im 19. Jahrhundert oft durch Gips (Calciumsulfat) oder durch Substanzen wie Barium- oder Bleisulfat, Kaolin oder Talk ersetzt. Im Gegensatz zu den Carbonaten reagieren manche dieser Substanzen sauer, andere wiederum neutral.

■ *L'encollage*

A partir du XVIIe siècle, on a fréquemment ajouté à la gélatine utilisée pour l'encollage une certaine quantité d'alun. Cette matière, couramment utilisée depuis des temps très reculés, est présente dans des gisements naturels; chimiquement il s'agit d'un sulfate double de potassium et d'aluminium.

L'adjonction d'alun au bain d'encollage améliore la fixation de la colle sur le papier et rend le papier moins sensible aux moisissures, mais tend à lui conférer un caractère acide. Cette pratique n'était pas généralisée et certains moulins à papier ont continué à encoller les papier sans utiliser ces adjuvants. Lalande (L'art de faire le papier, Paris 1761) parle aussi de l'utilisation de petites quantités de vitriol (sulfate de fer ou de zinc) pour améliorer les propriétés de la colle.

On retrouve l'alun dans une nouvelle méthode d'encollage développée au début du XIXe siècle: en 1806, Illig découvre que la gélatine peut être remplacée par de la colophane, obtenue à partir de la résine des arbres. La résine de pin, de sapin ou d'autres arbres résineux est distillée et donne, outre l'essence de térébenthine, un résidu sous forme d'une résine dure, transparente, de couleur jaune, dite colophane.[6] Cette résine, pulvérisée, est saponifiée par cuisson avec de la soude (carbonate de sodium Na_2CO_3 ou hydroxyde de sodium NaOH); elle est ensuite précipitée sur les fibres par adjonction d'alun.

L'avantage principal de cette méthode est que l'encollage peut se faire avant la production de la feuille de papier, par son adjonction à la pâte à papier; on évitait ainsi l'opération traditionnelle de l'encollage et du nouveau séchage de la feuille.

Ce procédé s'est diffusé rapidement et il était très utilisé dès le deuxième quart du XIXe siècle. Les substances d'encollage étaient généralement ajoutées aux fibres dans la pile hollandaise (voir ci-dessous). Pour éviter la formation d'écume, on ajoutait encore de petites quantités d'huile ou de lait.

Le gain au niveau du coût de production, par la simplification du processus, est accompagné d'une diminution de la qualité du papier, car l'importante

[6] Dès 1860, l'industrie papetière a utilisé du sulfate d'aluminium provenant de l'industrie chimique, où il était disponible en grande quantité comme sous-produit.

■ *Die Leimung*

Seit dem 17. Jahrhundert hat man der zur Leimung verwendeten Gelatine häufig Alaun zugesetzt. Dieser Stoff wurde schon früher allgemein verwendet und kommt in natürlichen Ablagerungen vor. Alaun ist chemisch betrachtet ein Doppelsulfat von Kalium und Aluminium.

Der Zusatz von Alaun verbessert die Haftung des Leims auf dem Papier und macht es weniger anfällig für Schimmel, bringt aber seinen pH-Wert in den sauren Bereich. Die Alaunzugabe war nicht allgemein verbreitet, das heisst, einige Papiermühlen haben das Papier weiterhin ohne diesen Zusatz geleimt. Lalande (L'art de faire le papier, Paris, 1761) spricht auch vom Gebrauch kleiner Mengen Vitriols (Eisen- oder Zinksulfat) zur Verbesserung der Eigenschaften des Leims.

Alaun findet man auch bei einem neuen Leimungsverfahren zu Beginn des 19. Jahrhunderts wieder: 1806 entdeckt Illig, dass die Gelatine durch das aus Baumharz gewonnene Kolophonium ersetzt werden kann. Das Harz von Kiefern, Tannen oder anderen harzhaltigen Bäumen wird destilliert. Ausser dem Terpentinöl bildet sich ein Rückstand, das sogenannte Kolophonium,[6] ein festes, transparentes Harz gelber Farbe. Das Kolophonium wird pulverisiert und dann durch Kochen mit Soda (Natriumcarbonat Na_2CO_3 oder Ätznatron NaOH) verseift. Anschliessend wird es durch den Zusatz von Alaun auf die Fasern gefällt.

Der Vorteil dieser Methode besteht darin, dass die Leimung vor der Blattbildung, durch Zugabe der Stoffe in die Fasersuspension, durchgeführt wird. Der herkömmliche Vorgang der Leimung und das anschliessende Trocknen des Blattes konnten somit eingespart werden.

Das Verfahren verbreitete sich schnell und wurde vom zweiten Viertel des 19. Jahrhunderts an sehr häufig angewendet. Die Leimstoffe wurden den Fasern gewöhnlich im Holländer (siehe unten) zugesetzt. Um Schaumbildung zu vermeiden, gab man noch kleine Mengen von Öl oder Milch hinzu.

[6] Seit 1860 wurde in der Papierindustrie Aluminiumsulfat, ein reichlich vorhandenes Nebenprodukt der chemischen Industrie, verwendet.

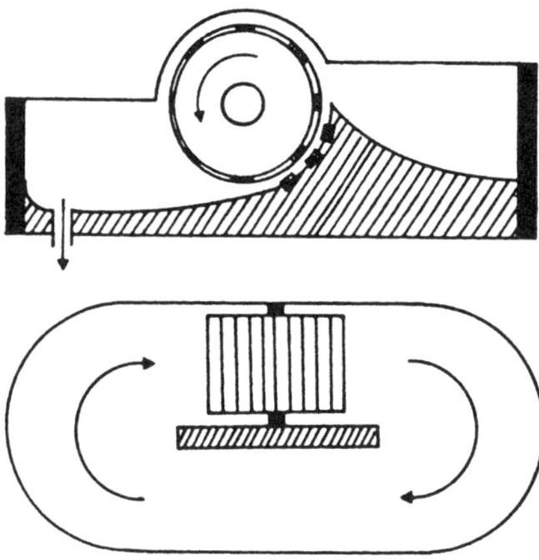

Fig. 2/9: Dessin schématique d'une pile hollandaise. (D. Muzerelle, Vocabulaire codicologique http://vocabulaire.irht.cnrs.fr/vocab.htm [XII 2008])

Fig. 2/9: Schematischer Aufbau eines Holländers (D. Muzerelle, Vocabulaire codicologique http://vocabulaire.irht.cnrs.fr/vocab.htm [XII 2008])

quantité d'alun lui donne désormais un caractère franchement acide.

1.2.2 La préparation de la pâte à papier

A la fin du XVIIe siècle, les papetiers hollandais ont introduit une nouvelle machine, qui remplaçait l'action des piles à papier. L'introduction de la pile hollandaise, mentionnée en 1682, a changé profondément les conditions de production et la qualité du papier.

La pile hollandaise est formée par une cuve en bois ou en pierre, de forme circulaire ou ovale, dans laquelle les fibres sont écrasées contre une plaque métallique par un cylindre rotatif en bois, muni de lames métalliques. Les différents profils de lames et le réglage de la distance entre les lames et la plaque métallique permettent d'abord de défibrer les chiffons, puis d'affiner la pâte à papier.

Cette machine avait un rendement bien supérieur à celui des piles à papier : d'une part, elle permettait de produire en six heures ce que cinq piles produisaient en vingt-quatre heures et, d'autre part, la perte de fibres était réduite à 5 %, par rapport aux 25 % habituels des piles à papier. Le ren-

Durch die Vereinfachung des Herstellungsverfahrens konnten beträchtliche Einsparungen bei den Produktionskosten erzielt werden. Allerdings sank die Papierqualität stark, da das Papier durch die bedeutende Menge zugesetzten Alauns in den sauren Bereich gebracht wurde.

1.2.2 Herstellung des Faserstoffs

Am Ende des 17. Jahrhunderts haben die holländischen Papiermacher anstelle des Stampfwerks eine neue Maschine eingeführt, den Holländer. Seine Einführung, vermerkt 1682, hat die Herstellungsbedingungen und die Qualität des Papiers tief greifend verändert.

Der Holländer besteht aus einer runden oder ovalen Holz- oder Steinbütte, in welcher die Fasern durch einen sich drehenden, mit Metallschneiden bestückten Holzzylinder gegen eine Metallplatte gequetscht werden. Aufgrund der verschiedenartig geformten Schneiden und der Einstellung des Abstands zwischen Schneiden und Metallplatte wurde es möglich, nicht nur die Lumpen zu zerfasern, sondern auch den Faserstoff selbst weiter zu verfeinern.

Die Arbeitsleistung dieser Maschine war bedeutend höher als die eines Stampfwerks: Erstens lieferte ein Holländer in sechs Stunden die gleiche Menge Faserstoff wie ein Stampfwerk in 24 Stunden; zweitens wurde der Faserverlust von 25 % auf 5 % reduziert. Aufgrund der bedeutenden Zerfaserungsfähigkeit des Holländers wurde es ausserdem möglich, das Lagern der Lumpen in der Faulgrube zu verkürzen.

Der Gebrauch des Holländers hatte nicht nur Vorteile: Durch seine hohe Zerfaserungs- und Verfeinerungsfähigkeit wurden die mit dem Holländer behandelten Fasern kürzer und damit schwächer als die mit den herkömmlichen Stampfwerken hergestellten. Wir kennen Papiermühlen, in denen beide Techniken kombiniert wurden; die Lumpen wurden in den herkömmlichen Stampfwerken zerfasert und der Faserstoff dann im Holländer verfeinert.

Der Holländer verbreitete sich schneller in Nord- als in Südeuropa. In Frankreich setzte er sich seit der Mitte des 18. Jahrhunderts zunehmend durch, doch die Regierung verlangte bis 1861, dass das Pa-

dement était encore augmenté par le fait que la capacité de défibrage de la pile hollandaise permettait de réduire le temps de séjour des chiffons dans le pourrissoir.

L'utilisation de la pile hollandaise ne comportait pas que des avantages: de par sa forte capacité de défibrage et d'affinage, les fibres traitées étaient plus courtes, et donc plus faibles. Il existait également des moulins à papier qui combinaient les deux procédés, en défibrant les chiffons dans des piles traditionnelles et en affinant la pâte à papier dans des piles hollandaises.

La diffusion de la pile hollandaise fut plus rapide dans le Nord que dans le Sud de l'Europe. En France, elle a été introduite progressivement dès le milieu du XVIIIe siècle, mais le gouvernement imposa, jusqu'en 1861, que le papier pour les actes officiels provienne de piles traditionnelles. En Italie, la diffusion semble avoir été freinée surtout par une certaine passivité des producteurs de papier, qui, après avoir exercé un quasi-monopole pendant quelques siècles, n'ont pas su développer leurs manufactures. Le rendement supérieur de la pile hollandaise rendait trop cher le papier produit avec des méthodes traditionnelles, d'où difficultés financières pour les moulins n'ayant pas suivi ce développement technologique.

1.2.3 Méthodes de production de la feuille de papier

■ *Le papier vélin*

Dans la production manuelle de la feuille, le changement le plus significatif fut le remplacement des vergeures de la forme à papier par un treillis métallique uniforme. Cette méthode, inventée par John Baskerville en Angleterre en 1750, utilisée par Wattman en Angleterre en 1757 et en France dès 1780, permet d'obtenir un papier très régulier dont la surface, même vue en transparence, présente un aspect lisse et uniforme. Ce papier fut appelé « vélin » par association avec un type de parchemin particulièrement mince et uniforme.

Cette nouvelle forme à papier changea l'aspect du papier, ce qui eut des conséquences sur son imprimabilité, mais non sur son vieillissement. Cependant, la production de papiers très minces et réguliers exigea des fibres de cellulose très raffinées, pier für offizielle Schriftstücke mit herkömmlichen Stampfwerken hergestellt werde. In Italien scheint die Verbreitung durch die Passivität der Papierhersteller gebremst worden zu sein. Nachdem diese einige Jahrhunderte lang eine Art Monopol innegehabt hatten, wussten sie ihre Fabriken nicht weiterzuentwickeln. Durch die höhere Leistungsfähigkeit des Holländers wurde das mit der herkömmlichen Methode hergestellte Papier zu teuer und brachte die Mühlen, die der technologischen Entwicklung nicht gefolgt waren, in finanzielle Schwierigkeiten.

1.2.3 Methoden der Blattherstellung

■ *Das Velinpapier*

Die manuelle Blattherstellung erfuhr ihre bedeutendste Veränderung, als die Rippen der Schöpfform durch ein ebenes Metallsieb ersetzt wurden. Dieses System wurde 1750 von John Baskerville in England erfunden, 1757 von Wattman in England und ab 1780 in Frankreich angewendet. Es ermöglichte die Herstellung eines sehr gleichmässigen Papiers, dessen Oberfläche selbst bei Durchsicht ein glattes und einheitliches Aussehen hatte. Wegen seiner Ähnlichkeit mit einer besonders dünnen und ebenmässigen Pergamentart (frz. vélin) wurde es «Velin» genannt.

Die neue Schöpfform veränderte das Aussehen des Papiers und hatte Auswirkungen auf seine Bedruckbarkeit, nicht aber auf seine Alterung. Allerdings wurden für dieses dünne und gleichmässige Papier stark verfeinerte, das heisst kurze und verhältnismässig schwache Cellulosefasern benötigt, wie sie der Holländer liefern konnte. Die Verwendung der Velinform war also an die des Holländers gebunden.

■ *Die Papiermaschine*

Die Papierherstellung wurde 1799 durch den Franzosen Louis Nicolas Robert (1761–1828) mit der Erfindung der Langsiebmaschine revolutioniert. Die neue Methode fand ihre erste Anwendung 1803 in England und verbreitete sich zwischen 1820 und 1830 in Nordeuropa.

Mit der Langsiebmaschine wurde es möglich, Papier im Endlosverfahren herzustellen: Die Papierfasern wurden auf ein endloses Band aus Draht-

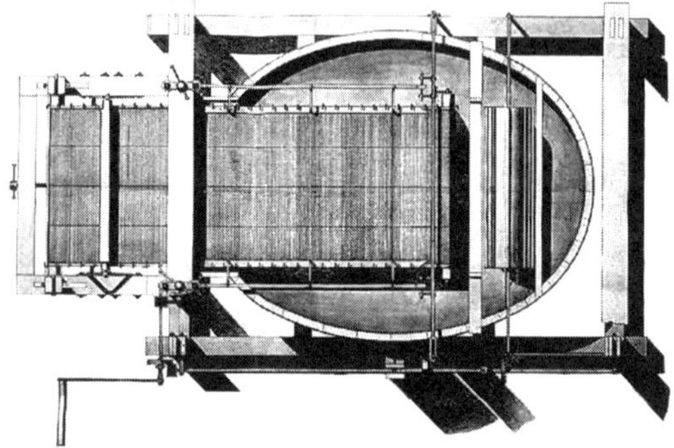

Fig. 2/10: Première machine à papier de Louis Nicolas Robert, 1799. Vue de dessus.

Fig. 2/10: Erste Papiermaschine von Louis Nicolas Robert, 1799. Draufsicht.

donc courtes et relativement faibles, telles que la pile hollandaise pouvait les fournir. L'utilisation de la forme à papier vélin fut liée à celle de la pile hollandaise.

■ *La machine à papier*

La découverte de la machine à table plate, en 1799, par le Français Louis Nicolas Robert (1761–1828) a révolutionné la production du papier. Cette découverte trouva sa première application concrète en Angleterre, en 1803, et se diffusa en Europe du Nord entre 1820 et 1830.

Cette machine permettait de produire du papier en continu. Les fibres de papier étaient déversées sur une bande sans fin en treillis métallique. Dans un premier temps, la bande de papier était découpée en feuilles qui étaient alors séchées, encollées et traitées comme celles provenant de la cuve.

Dès 1822, on appliqua à la machine à table plate des cylindres métalliques chauffés qui permettaient le séchage du papier au fur et à mesure de sa production.

L'augmentation de la vitesse de production, de quelques mètres par minute pour les premières machines à soixante mètres par minute vers 1830, engendra des développements technologiques pour compenser les conséquences négatives de cette augmentation. Ainsi, la machine fut munie de caisses aspirantes permettant de soustraire rapidement l'eau au papier nouvellement formé, et on chercha à imprimer des vibrations transversales au treillis, pour favoriser un certain enchevêtrement des fibres, qui tendent d'autant plus à se disposer

gewebe gegossen. Die so erhaltene Papierbahn wurde in einzelne Bogen zerschnitten, die dann wie handgeschöpftes Papier behandelt wurden: Trocknen, Leimen usw.

Ab 1822 verwendete man Langsiebmaschinen, die zusätzlich mit beheizbaren Metallzylindern ausgestattet waren, was das Trocknen des Papiers während seiner Herstellung erlaubte.

Um 1830 gelang es, die Produktionsgeschwindigkeit – sie betrug anfänglich nur wenige Meter pro Minute – auf 60 Meter pro Minute zu steigern. Nun musste nach technischen Mitteln gesucht werden, um die negativen Auswirkungen dieser Beschleunigung zu kompensieren. So wurde die Maschine mit Saugkästen ausgestattet, die dem frisch gebildeten Papier schnellstmöglich das Wasser entzogen. Ausserdem brachte man eine Vorrichtung an, die das Sieb quer zur Laufrichtung des Bandes vibrieren liess, um so das Verfilzen der Fasern untereinander zu fördern, die natürlicherweise dazu neigen, sich parallel zur Laufrichtung des Bandes auszurichten; naturgemäss verstärkt sich diese Tendenz bei zunehmender Geschwindigkeit.

Diese Ausrichtung der Fasern ist charakteristisch für alle auf einer Langsiebmaschine hergestellten Papiere. Diese können in Laufrichtung (parallel zu den Fasern) oder quer dazu in Bogen geschnitten werden. In Laufrichtung ist das Papier verhältnismässig steif und fest, es dehnt sich im Wasser kaum; quer zur Laufrichtung ist das Papier biegsamer und weicher, und da die Fasern viel stärker quellen, als sie sich verlängern, vergrössert sich das Format des feuchten Blattes bedeutend.

parallèlement au sens du mouvement que ce mouvement est rapide.

Cette disposition des fibres est caractéristique pour tous les papiers produits avec une machine à table plate et donne au papier des propriétés physiques différentes, selon qu'il soit pris dans la direction parallèle aux fibres ou dans celle perpendiculaire. Ainsi, dans le sens parallèle aux fibres, le papier est plus rigide, plus résistant et son gonflement dans l'eau est plus réduit; au contraire, dans la direction perpendiculaire le papier est plus souple, moins résistant et la feuille mouillée augmente sensiblement ses dimensions, car les fibres gonflent beaucoup plus qu'elles ne s'allongent.

A remarquer encore, vers 1830, la découverte d'un rouleau filigraneur qui permettait d'imprimer dans le papier encore gorgé d'eau le filigrane voulu.

Un autre type de machine fut également développé à la fin du XVIIIe siècle, en France, et appliqué industriellement au début du XIXe siècle en Angleterre : il s'agit d'une machine en rond qui permet la formation du papier sur un grand cylindre couvert par un treillis métallique qui tourne, aux trois quarts immergé, dans une cuve de pâte à papier. La différence de pression due à la différence du niveau d'eau à l'intérieur et à l'extérieur du cylindre attire l'eau vers l'intérieur et permet le dépôt des fibres sur le treillis. Le papier qui vient de se former est déposé sur un feutre; avec cette machine, il est possible d'appliquer un filigrane sur le treillis et de former des feuilles de la dimension voulue en masquant opportunément certaines parties du cylindre. La machine à papier à forme ronde permettait de produire du papier d'une qualité plus soignée que celle obtenue avec les machines à table plate, mais son rendement plus réduit en a limité l'utilisation à la production de papiers spéciaux.

1.2.4 **Méthodes de finition**

Le travail du lissage de la feuille fut mécanisé : passage de la feuille entre une plaque métallique et un cylindre ou entre deux cylindres, qui pouvaient être en bois ou en métal. Avec une pression suffisante sur les cylindres on obtint une bonne égalisation de la surface du papier.

Cet appareil simple, dit calandre, fut utilisé dès 1720 pour les feuilles qui venaient d'être encollées.

Ebenfalls um 1830 wurde die Wasserzeichenwalze (Egoutteur) erfunden, mit der man in das noch nasse Papier das gewünschte Wasserzeichen prägen konnte.

Ein anderer Papiermaschinentyp, der am Ende des 18. Jahrhunderts in Frankreich entwickelt und am Anfang des 19. Jahrhunderts in England industriell eingesetzt wurde, ist die Rundsiebmaschine. Hier wurde das Blatt auf einem grossen, mit einem Metallsieb bedeckten Zylinder gebildet, der sich, zu drei Vierteln in die Fasersuspension eingetaucht, in einem Trog drehte. Das unterschiedliche Wasserniveau innerhalb und ausserhalb des Zylinders ergab unterschiedlichen Druck, wodurch das Wasser nach innen gesogen wurde. Die Fasern setzten sich aussen auf dem Sieb ab; das neu gebildete Papier wurde dann auf einem Filz abgelegt. Mit der Rundsiebmaschine konnten verschieden grosse Blätter hergestellt werden, indem man je nach Bedarf bestimmte Bereiche des Zylinders abdeckte. Auch konnte direkt auf dem Sieb der Maschine ein Wasserzeichen angebracht werden. Das so hergestellte Papier war von besserer Qualität als das der Langsiebmaschine, doch blieb die Verwendung der Rundsiebmaschine ihrer niedrigeren Leistungsfähigkeit wegen auf die Herstellung von Spezialpapieren beschränkt.

1.2.4 **Veredelungsmethoden**

Der Glättvorgang des Blattes wurde mit Hilfe einer einfachen Apparatur mechanisiert. Das Blatt wurde entweder zwischen einer Metallplatte und einem Zylinder oder zwischen zwei Holz- beziehungsweise zwei Metallzylindern hindurchgeführt. Mit ausreichendem Druck auf die Zylinder erreichte man eine gute Gleichmässigkeit der Papieroberfläche.

Diese Glättwalze wurde ab 1720 für frisch geleimte Blätter verwendet.

2 La production industrielle du papier

Comme nous venons de le voir, l'évolution des méthodes de production du papier a été continuelle et elle s'est fortement accélérée à partir du XVIIIe siècle. On considère généralement le milieu du XIXe siècle comme étant le début de la production industrielle ; en fait, cette époque inaugure surtout l'utilisation systématique du bois comme matière première pour la production du papier et le déclin du papier à base de fibres textiles.

2.1 La production de la pâte à papier

2.1.1 Fibres textiles et fibres de bois

Les fibres textiles utilisées pour la production de papier sont formées par de la cellulose pratiquement pure ; cette substance, comme nous le verrons dans le chapitre suivant, donne au papier ses propriétés spécifiques. Aujourd'hui ce type de fibres provient des restes de l'industrie textile et du linter de coton ; les fibres textiles entrent dans la composition de papiers très résistants et à longue durée de vie, comme les billets de banque.

L'introduction des fibres de bois pour la production de pâte à papier a rapidement changé le visage de la production papetière : actuellement plus de 99,5 % des papiers sont produits à partir de bois.

Le bois a été introduit en tant que matière première papetière par Koops en Angleterre vers 1800 : une machine qui en permet une utilisation industrielle a été brevetée en 1840 et l'utilisation du bois se généralise vers 1865–1870. Nous avons cependant vu que l'utilisation du bois a été précédée au début du XIXe siècle par celle de la paille, dont la composition chimique est proche de celle du bois.

L'utilisation de fibres de bois pour produire le papier comporte quelques problèmes particuliers dus au fait que le bois n'est que partiellement composé de cellulose. Dans le bois, les fibres de cellulose se trouvent unies à des fibres de substances proches, les hémicelluloses, et elles sont entourées par un incrustant, la lignine. Dans le tableau ci-dessous, nous pouvons constater que, indépendam-

2 Die industrielle Papierherstellung

Wie wir gesehen haben, war die Entwicklung der Herstellungsmethoden von Papier stetig und hat sich seit dem 18. Jahrhundert stark beschleunigt. Gewöhnlich wird die Mitte des 19. Jahrhunderts als Beginn der industriellen Papierherstellung bezeichnet. Tatsächlich beginnt in diesem Zeitraum vor allem die systematische Verwendung von Holz als Hauptrohstoff für die Papierherstellung und damit der Niedergang des auf der Grundlage textiler Fasern hergestellten Papiers.

2.1 Die Herstellung des Faserstoffs

2.1.1 Textile Fasern und Holzfasern

Die zur Papierherstellung verwendeten Textilfasern bestehen aus nahezu reiner Cellulose. Wie in den folgenden Kapiteln aufgezeigt, ist es dieser Stoff, der dem Papier seine spezifischen Eigenschaften verleiht. Heutzutage werden die textilen Fasern aus Resten der Textilindustrie und aus Baumwoll-Linters gewonnen; sie finden bei der Herstellung von sehr resistenten Papieren mit langer Lebensdauer Verwendung (z. B. Banknoten).

Seit Holz als Rohstoff für die Faserstoffproduktion eingesetzt wird, hat sich die gesamte Papierindustrie stark verändert. Gegenwärtig werden mehr als 99,5 % der Papiere auf der Grundlage von Holz hergestellt.

Holz wurde um 1800 von Koops in England als Papierrohstoff eingeführt; 1840 wurde eine Maschine für eine industrielle Anwendung patentiert, und ab 1865–1870 fand der Gebrauch von Holz allgemeine Verbreitung. Wir haben jedoch gesehen, dass der Verwendung von Holz die von Stroh voranging (Anfang 19. Jahrhundert), dessen chemischer Aufbau dem von Holz ähnlich ist.

Die Verwendung von Holzfasern zur Papierherstellung bringt einige besondere Probleme mit sich, da Holz nur zum Teil aus Cellulose besteht. Die Cellulosefasern im Holz sind mit Fasern verwandter Stoffe, den Hemicellulosen, verbunden und mit diesen zusammen von einer Kruste, dem Lignin, umgeben. Anhand der nachfolgenden Tabelle ist

	coton, lin, chanvre[7]	bois résineux	bois feuillu
cellulose	+/–100 %	46–48 %	40–51 %
hémicelluloses	traces	20–25 %	16–38 %
lignine	traces	24–27 %	18–23 %
résines	–	1–5 %	1–3,5 %
tanins, gommes	–	1–4 %	1,5–15 %

ment de l'origine du bois, la cellulose ne représente pas plus de la moitié des composants du bois.

Dans le bois, on trouve encore des composants moins importants, tels que les résines (jusqu'à 5 % dans le bois résineux), les constituants minéraux (0,5 %–5 %), les tanins, les protéines et d'autres substances encore.

Une grande partie des végétaux utilisés pour produire de la pâte à papier sont des arbres. Les résineux fournissent des fibres plus longues (2–4 mm), les feuillus des fibres plus courtes (1–1,5 mm). On peut utiliser également des végétaux annuels, tels que la paille de céréales, les tiges de maïs, les restes de cannes à sucre (dits bagasses), les roseaux, etc., mais ces matières premières sont peu utilisées en Europe; leur composition n'est pas sensiblement différente de celle des fibres de bois.

Le coton, le mûrier du Japon et le ramie fournissent des fibres d'une extrême longueur (p. ex. 60 mm pour le coton, 60–250 mm pour le ramie), utilisées actuellement pour des papiers de qualité supérieure.

La paroi cellulaire des végétaux comporte plusieurs couches de fibres cellulosiques, disposées selon divers angles, entourées par une couche de lignine. Cette structure complexe explique la difficulté de séparer les fibres pour obtenir de la pâte à papier.

En raison de cette complexité, des processus particuliers ont dû être développés pour permettre l'utilisation de ces végétaux dans la production de pâte à papier. Le but de ces processus est d'obtenir une séparation des fibres et, pour une partie d'en-

[7] Les fibres de coton sont formées pratiquement par de la cellulose pure ; dans le lin et le chanvre, les fibres extraites sont en cellulose pure, tandis que dans la plante les proportions de cellulose sont un peu inférieures.

	Baumwolle, Leinen, Hanf[7]	Nadelholz	Laubholz
Cellulose	+/–100 %	46–48 %	40–51 %
Hemicellulose	Spuren	20–25 %	16–38 %
Lignin	Spuren	24–27 %	18–23 %
Harze	–	1–5 %	1–3,5 %
Gerbstoffe, Pflanzengummi	–	1–4 %	1,5–15 %

festzustellen, dass die Cellulose, unabhängig von der Holzart, nicht mehr als die Hälfte der Bestandteile des Holzes ausmacht. Ausserdem findet man im Holz Stoffe geringerer Bedeutung wie Harze (bis zu 5 % in harzhaltigen Holzen), Mineralien (0,5 %–5 %), Gerbstoffe, Proteine und andere.

Bei einem grossen Teil der zur Herstellung des Faserstoffs verwendeten Pflanzen handelt es sich um Bäume. Von Nadelbäumen werden längere Fasern (2–4 mm) gewonnen, von Laubbäumen kürzere (1–1,5 mm). Es können auch einjährige Pflanzen wie Stroh, Maisstängel, Pressrückstände von Zuckerrohr (Bagasse), Schilfrohr usw. verwendet werden. Sie sind den Holzfasern in ihrem Aufbau sehr ähnlich, in Europa als Rohstoff aber kaum in Gebrauch.

Baumwolle, der japanische Maulbeerbaum und Chinagras liefern besonders lange Fasern (z. B. 60 mm die Baumwolle, 60–250 mm das Chinagras) und werden deshalb für Papiere hoher Qualität verwendet.

Die pflanzliche Zellwand weist mehrere Schichten von cellulosehaltigen Fasern auf, die unterschiedlich ausgerichtet und von einer Ligninschicht umgeben sind. Diese komplexe Struktur erklärt die Schwierigkeit beim Separieren der Fasern für die Faserstoffgewinnung.

Damit solche Pflanzen zur Faserstoffherstellung verwendet werden konnten, mussten besondere Verfahren entwickelt werden, um die Fasern zu separieren und gegebenenfalls die Cellulosefasern von den Substanzen zu reinigen, die sie im Holz umhüllen. Die chemischen Eigenschaften der Holz-

[7] Baumwollfasern bestehen fast völlig aus reiner Cellulose; die aus Leinen und Hanf herausgelösten Fasern sind aus reiner Cellulose, in den Pflanzen dagegen ist der Celluloseanteil etwas geringer.

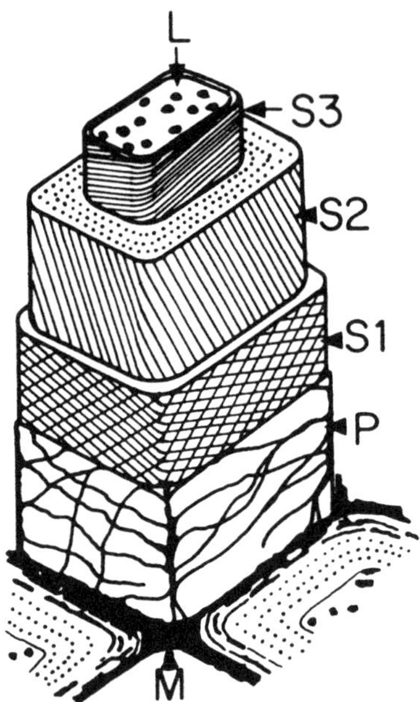

Fig. 2/11 : Structure d'une paroi végétale (d'après Vallette, 1989).

M représente la lamelle mitoyenne qui se trouve entre les cellules végétales; elle contient beaucoup de lignine, associée surtout avec des hémicelluloses.

P est la paroi primaire, très mince, contenant quelques fibres et une part importante de lignine et d'hémicelluloses.

S (S 1, 2, 3) constituent la parois secondaire de la cellule. Ces trois couches, à épaisseur différente (environ 0.1/0.5/0.1 μ) sont formées par des cellules cellulosiques enroulées dans des sens et avec des angles différents, ce qui confère à la fibre une bonne rigidité. Les espaces entre les fibrilles sont partiellement remplis avec des hémicelluloses et de la lignine.

L représente le lumen de la cellule.

Fig. 2/11: Aufbau einer pflanzlichen Zellwand (nach Vallette, 1989).

M stellt die Mittellamelle zwischen den Fasern dar; sie enthält viel Lignin und ist hauptsächlich mit den Hemicellulosen verbunden.

P ist eine sehr schmale Primärwand, die einige Fasern und einen bedeutenden Anteil an Lignin und Hemicellulosen enthält.

S (S1, S2, S3) bilden die Sekundärwand der Zelle. Diese drei Lagen verschiedener Dicke (ca. 0,1/0,5/0,1 μ) bestehen aus feinsten Cellulosefibrillen, die in verschiedenen Richtungen und Winkeln zusammengerollt sind. Diese Lagen verleihen der Faser eine gute Festigkeit. Die Räume zwischen den Fibrillen sind zum Teil mit Hemicellulosen und Lignin gefüllt.

L stellt das Lumen der Faser dar.

tre eux, une purification des fibres de cellulose des substances qui les enveloppent dans le bois.

Les propriétés chimiques des composants du bois seront abordées dans un prochain chapitre. Contentons-nous pour l'instant de définir quelques caractéristiques essentielles de ces matières.

La cellulose et les hémicelluloses sont formées par des hydrates de carbone (sucres) qui s'unissent pour former de longues chaînes. La cellulose est formée par un seul sucre, le glucose, disposé dans

bestandteile werden in einem späteren Kapitel behandelt. Im Moment geht es um einige grundlegende Charakteristiken dieser Stoffe.

Cellulose und Hemicellulosen bestehen aus Kohlenhydraten (Zucker), die sich zu langen Ketten verbinden. Cellulose wird von einem einzigen Zucker, der Glukose, gebildet, der in einer unverzweigten Kette angeordnet ist. Cellulose ist kaum reaktionsfähig und daher sehr stabil und in Wasser und chemisch schwachen Reagenzien so gut wie unlöslich.

une chaîne non ramifiée; elle est peu réactive, donc très stable, et elle est insoluble dans l'eau et dans les réactifs chimiques faibles. Les molécules de cellulose s'unissent facilement par une faible attraction électrique entre certaines parties de la molécule, ce qui permet la formation du papier (voir chap. 3, point 1.1).

Les hémicelluloses forment le même type de liaison électrostatique, mais elles sont composées par divers sucres, disposés en chaînes souvent ramifiées; elles sont moins stables chimiquement, partiellement solubles dans l'eau et facilement solubles dans plusieurs réactifs faibles (p.ex. dans une solution de soude). La présence d'hémicelluloses facilite la liaison entre les fibres, mais ne contribue pas à la solidité du papier; au contraire, les hémicelluloses constituent un élément d'instabilité à long terme de par leur réactivité.

La lignine est une molécule beaucoup plus complexe qui comble les espaces entre les fibres végétales; elle est très difficilement soluble. Elle est relativement instable dans certaines de ses parties, mais il est très difficile de l'éliminer complètement. Sa structure est difficile à étudier, car son isolation entraîne toujours la formation de dérivés. Elle n'est d'aucune utilité dans la fabrication du papier; sa présence cause le jaunissement et le vieillissement précoce du papier. De plus, la lignine maintient les fibres de bois, ce qui entraîne une mauvaise qualité mécanique des fibres des pâtes obtenues par défibrage direct (pâtes mécaniques).

Cependant, comme les fibres provenant du bois peuvent être traitées de différentes manières avant le défibrage, on trouve des pâtes à papier de qualités très diverses, selon le degré d'élimination des impuretés (lignine, hémicelluloses et autres substances) qui se trouvent naturellement dans le bois.

La fabrication des pâtes à papier consiste à extraire du bois ses fibres cellulosiques par des moyens physiques et mécaniques, combinés ou non avec l'action de réactifs chimiques. Selon la méthode utilisée et le degré de purification des fibres cellulosiques, on distingue différentes méthodes de production, dont les principales catégories sont illustrées ci-après.

Durch eine schwache elektrische Anziehungskraft zwischen bestimmten Teilen des Moleküls können sich die Cellulosemoleküle leicht miteinander verbinden, wodurch die Bildung von Papier möglich wird (siehe Kap. 3, Punkt 1.1).

Die Hemicellulosen weisen die gleiche Art elektrostatischer Bindung auf, sind aber aus verschiedenen Zuckern aufgebaut, die in oft verzweigten Ketten angeordnet sind. Sie sind chemisch weniger stabil, in Wasser teilweise und in verschiedenen schwachen Reagenzien leicht löslich (z. B. in verdünnter Natronlauge). Die Hemicellulosen erleichtern die Verbindung zwischen den Fasern, tragen aber nicht zur Stabilität des Papiers bei. Durch ihre Reaktionsfähigkeit stellen sie auf die Dauer sogar ein Element der Instabilität dar.

Das Lignin, das die Räume zwischen den pflanzlichen Fasern ausfüllt, ist ein viel komplizierteres Molekül. Es ist sehr schwer löslich. Einige seiner Bestandteile sind verhältnismässig instabil, aber eine vollständige Eliminierung des Lignins ist sehr schwierig. Die Untersuchung seiner Struktur ist problematisch, da die Isolierung des Lignins immer die Bildung von Derivaten verursacht. Es ist für die Papierherstellung ohne Nutzen. Lignin ist für das Vergilben und das frühzeitige Altern des Papiers verantwortlich. Ausserdem ist Lignin in den Holzfasern eingelagert, sodass die durch mechanische Zerfaserung (Holzschliff/Refinerstoff) gewonnenen Faserstoffe von schlechter mechanischer Qualität sind.

Jedoch können die aus Holz gewonnenen Fasern vor dem Zerfasern auf verschiedene Weise behandelt werden, wodurch sich sehr unterschiedliche Faserstoffqualitäten ergeben. Entscheidend ist, bis zu welchem Grad die im Holz befindlichen Unreinheiten (Lignin, Hemicellulosen und andere Substanzen) entfernt wurden.

Bei der Herstellung des Faserstoffs werden dem Holz durch physikalische und mechanische Methoden, manchmal verbunden mit dem Wirken chemischer Reagenzien, seine Cellulosefasern entzogen. Die verschiedenen Verfahren zur Faserstoffherstellung werden nach angewendeter Methode und nach Reinigungsgrad der Cellulosefasern unterschieden; die wichtigsten Begriffe werden nachfolgend erläutert.

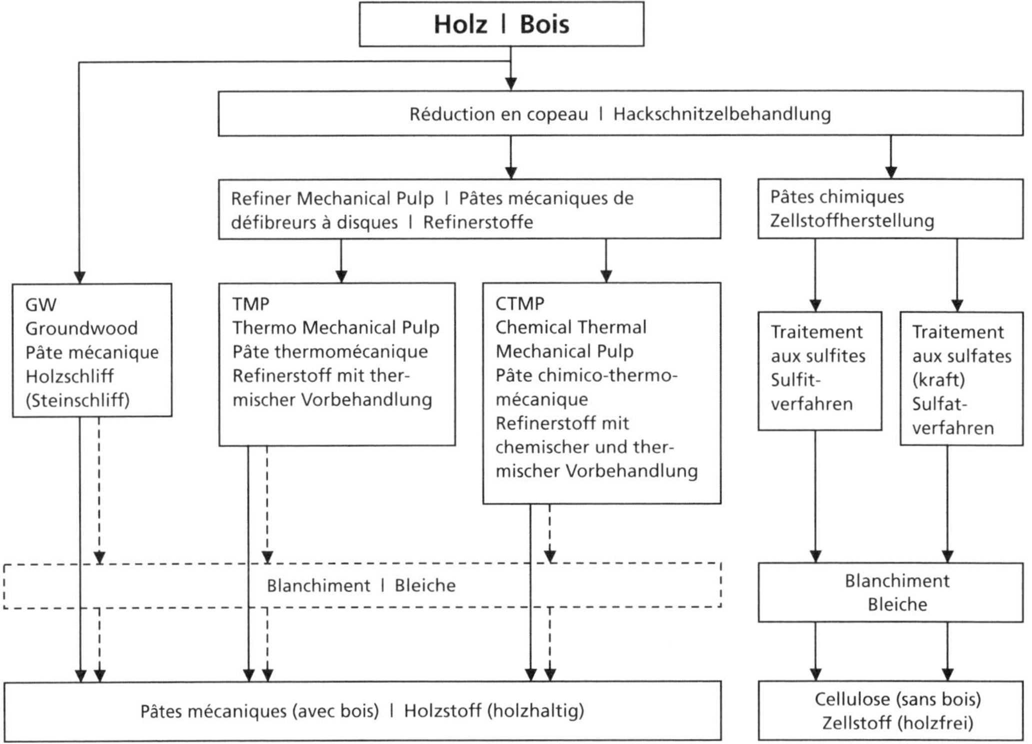

Fig. 2/12

2.1.2 Aperçu des méthodes actuelles de production de pâte à papier[8]

Dans le schéma ci-dessus, sont évoquées les méthodes les plus utilisées dans la production actuelle de pâtes à papier en Europe. De nombreuses variantes sont possibles.

On distingue tout d'abord la possibilité de traiter le bois en rondins ou en copeaux. Actuellement, le traitement en copeaux se généralise, car il permet de traiter des bois tordus, des déchets de scierie, etc. Divers types de traitement sont possibles:

- Le simple défibrage de bois en rondins ou en copeaux, qui fournit la pâte mécanique (GW);

[8] Je remercie M. Peter Stuber, chimiste à M-Real Biberist, pour les informations sur l'état actuel de la production du papier. Des informations complètes sur les méthodes de production des papiers modernes peuvent être trouvées dans: Bos, J. H. et al.: Das Papierbuch. 1999, ECA Pulp & Paper BV, EPN Verlag, 3994 Houten, Nederland.

2.1.2 Übersicht heutiger Herstellungsmethoden[8]

Das obenstehende Schema zeigt die heute in Europa am häufigsten angewandten Methoden der Faserstoffherstellung. Es sind zahlreiche Abwandlungen möglich.

Es kommen entweder Rundhölzer oder Holzverschnitt zur Anwendung. Heute ist die Verarbeitung von Holzverschnitt immer verbreiteter, da hierbei auch verwachsenes Holz, Sägereiabfälle usw. verwendet werden können. Es gibt verschiedene Verfahrensarten:

- einfache Zerfaserung von Rundholz oder Holzverschnitt, Gewinnung von Holzschliff (GW);

[8] Ich danke Peter Stuber, dipl. Chemiker bei M-Real Biberist, für die Auskünfte zum aktuellen Stand der Papierherstellung. Folgendes Nachschlagewerk gibt vollständige Informationen zu den Herstellungsmethoden moderner Papiere: Bos, J. H. u. a.: Das Papierbuch. 1999, ECA Pulp & Paper BV, EPN Verlag, 3994 Houten, Nederland.

- Le défibrage de bois en copeaux avec prétraitement à la chaleur, qui fournit la pâte thermomécanique (TMP);
- Une variante de la TMP qui inclut également un traitement chimique des fibres (CTMP);
- Des traitements chimiques poussés, par deux filières différentes qui permettent d'obtenir de la cellulose pure.

- Zerfaserung von Holz in Schnitzel bei vorheriger Behandlung mit Wärme, Gewinnung von Refinerstoff mit thermischer Vorbehandlung (TMP);
- Abwandlung des TMP, schliesst eine chemische Behandlung der Fasern ein (CTMP);
- hoch entwickelte chemische Verfahren; zwei verschiedene Methoden ermöglichen die Gewinnung von reiner Cellulose.

2.1.3 La pâte mécanique

La pâte mécanique a été la première utilisée pour la production industrielle de papier. Le bois résineux, qui a des fibres plus longues et moins compactes que le bois de feuillus, se prêtait mieux à ce type de traitement et a été utilisé en premier, au XIXe siècle.

La pâte à papier mécanique était produite dans un défibreur, dont le plus ancien modèle est le « défibreur à chaînes »; son principe de fonctionnement est encore appliqué de nos jours, avec un certain nombre de perfectionnements; la qualité de pâte produite est appelée « Groundwood » (GW).

Le bois est écorcé et les rondins, pressés par des chaînes contre une meule, sont défibrés en présence d'une grande quantité d'eau; dans le temps, les meules étaient en pierre, elles sont aujourd'hui en béton recouvert par une céramique qui lie un abrasif très fort. La chaleur due aux frottements permet un certain assouplissement du lien entre les fibres, qui sont arrachées et emportées par le courant d'eau. Cependant, cette méthode provoque la rupture d'une grande partie des fibres, qui sont encore souvent réunies en amas, et donne une pâte à papier trop faible pour être utilisée à l'état pur: on y ajoute 15–20 % de fibres de meilleure qualité pour produire du papier journal.

Le rendement de ce procédé est très élevé, de l'ordre de 95 %; presque tous les composants du bois se trouvent dans la pâte (fibres cellulosiques, lignine, résines). Le prix de revient de la pâte mécanique étant le plus bas, elle est largement utilisée dans tous les papiers de bas de gamme et dans les matières d'emballages.

Ce procédé tend à disparaître aujourd'hui, et il est remplacé par le traitement par des défibreurs à disques (refiner) du bois réduit en copeaux.

2.1.3 Holzschliff

Als erster Faserstoff für die industrielle Papierherstellung wurde Holzschliff verwendet. Nadelholz, das längere und weniger kompakte Fasern hat als Laubholz, bot sich am besten für diese Behandlungsart an und kam im 19. Jahrhundert zuerst zur Anwendung. Holzschliff wurde mit Hilfe eines Zerfaserers gewonnen. Dieses Prinzip der ursprünglichen Holzschleifmaschine wird, natürlich in einer technisch verbesserten Form, auch heute noch angewendet. Die Faserstoffqualität wird auch als Groundwood (GW) bezeichnet.

Das Holz wird entrindet, die geschälten Stämme werden mit Ketten gegen einen Schleifkörper gepresst und so in viel Wasser zerfasert. Schleifkörper waren ursprünglich aus Stein, sind aber heute aus Beton, der mit einer sehr starke Schleifmittel enthaltenden Keramikschicht verkleidet ist. Die durch die Reibung entstehende Wärme verursacht eine Lockerung der Faserbindungen; die abgerissenen Fasern werden vom Wasserstrom mitgenommen. Diese Methode bringt allerdings das Brechen eines grossen Teils der Fasern mit sich, die noch dazu oft in Bündeln vorkommen. Der entstandene Faserstoff ist von schlechter Qualität und kann nicht direkt verwendet werden: Zur Herstellung von Zeitungspapier zum Beispiel werden 15–20 % Fasern besserer Qualität beigegeben.

Die Ausbeute dieser Verfahren ist sehr hoch, sie liegt bei 95 %. Nahezu alle Holzbestandteile (cellulosehaltige Fasern, Lignin, Harze) verbleiben im Faserstoff. Da seine Kosten niedrig sind, wird Holzschliff für alle Papiere minderer Qualität und für Verpackungsmaterialien verwendet.

Dieses Verfahren ist heute im Verschwinden begriffen und wird von der Behandlung mit dem Scheibenrefiner und zerschnitzeltem Holz abgelöst.

Fig. 2/13: Modèle primitif d'un défibreur à chaîne (rondins – bois râpé – pâte mécanique).

Fig. 2/13: Modell einer frühen Holzschleifmaschine (Holzverschnitt – zerfasertes Holz – Holzschliff).

2.1.4 Les pâtes mécaniques de défibreurs à disques (TMP, CTMP)

La pâte à papier mécanique peut être obtenue aujourd'hui par des défibreurs à disques, où le bois, préalablement réduit en copeaux, est défibré par le passage entre un ou deux disques tournants dont la surface opportunément structurée défibre le bois. Cette technique permet d'utiliser du bois de deuxième choix: bois tordu, déchets de scierie et bois feuillus.

La pâte thermo-mécanique (TMP Thermo Mechanical Pulp) est obtenue par un prétraitement de copeaux de bois qui sont lavés et chauffés avec de la vapeur à environ 70 °C; ils passent ensuite dans le défibreur, où la température atteint environ 165 °C, ce qui permet d'assouplir un peu la liaison entre les fibres de bois et d'obtenir un plus grand pourcentage de fibres relativement longues.

La pâte chimico-thermo-mécanique (CTMP Chemical Thermal Mechanical Pulp) subit avant le défibrage un traitement chimique supplémentaire, qui facilite ultérieurement le défibrage et améliore encore un peu la qualité des fibres. Le réactif le plus utilisé est le sulfite de sodium (Na_2SO_3).

Ces traitements n'améliorent pas sensiblemet la qualité chimique des fibres, qui restent associées avec la lignine, mais plutôt leurs qualités physiques

2.1.4 Refinerstoffe (TMP und CTMP)

Holzschliff kann heute mit einem «Scheibenrefiner» hergestellt werden: Das zerschnitzelte Holz wird im Refiner zwischen ein oder zwei sich drehenden Platten, deren Oberfläche entsprechend strukturiert ist, zerfasert. Durch dieses Verfahren ist es möglich, Holz zweiter Wahl, verwachsenes Holz, Sägereiabfälle und Laubholz zu verarbeiten.

Zur Gewinnung von Refinerstoff mit thermischer Vorbehandlung (TMP Thermo Mechanical Pulp) werden Holzschnitzel vorbereitend gewaschen und mit Hilfe von Dampf auf eine Temperatur von ca. 70 °C erwärmt. Bei der anschliessenden Behandlung im Refiner steigt die Temperatur auf ca. 165 °C. Dadurch wird die Bindung zwischen den Holzfasern etwas gelockert, und der gewonnene Anteil an relativ langen Fasern nimmt zu.

Refinerstoff mit chemischer und thermischer Vorbehandlung (CTMP Chemical Thermal Mechanical Pulp) wird durch eine zusätzliche chemische Behandlung vor dem Zerfasern gewonnen. Das Zerfasern wird damit ein wenig erleichtert und die Qualität der Fasern noch etwas verbessert. Das am häufigsten verwendete Reagens ist Natriumsulfit (Na_2SO_3).

Durch diese Verfahren wird die mechanische Qualität der Fasern (Länge und Beweglichkeit),

(longueur et souplesse); leur rendement est semblable à celui des pâtes mécaniques (90–95 %).

Les pâtes mécaniques, thermo-mécaniques ou chimico-thermo-mécaniques entrent, pour une part importante, dans la production de papiers de qualité courante; elles constituent l'essentiel de la composante fibreuse des papiers recyclés ordinaires. Le papier journal contient environ 80 % de pâte mécanique,[9] ou 100 % de pâte thermo-mécanique; le papier magazine en contient entre 50 % et 70 %.

2.1.5 Pâtes à papier chimiques

Le déficit qualitatif des papiers produits à base de pâte mécanique ayant été rapidement remarqué par les papetiers du XIXe siècle, on chercha à extraire, par des moyens chimiques, les substances qui entourent les fibres cellulosiques dans le bois, pour obtenir de la cellulose aussi pure que possible.

Les premiers essais dans ce domaine ont été faits en Angleterre, dès 1850, et ont mené à la découverte, dans les années 1880, des deux procédés principaux utilisés encore aujourd'hui.

Les pâtes à papier chimiques sont obtenues par un traitement du bois, préalablement réduit en copeaux, avec des réactifs chimiques, pour éliminer la lignine et les autres composantes indésirables; il en résulte accessoirement la solubilisation d'une part importante des hémicelluloses; le rendement de ces méthodes est relativement faible, proportionnel au degré de purification des fibres. On distingue deux procédés de traitement principaux, dont le rendement se situe entre 45 % et 50 %.

Les pâtes au bisulfite (procédé dit acide) sont obtenues par le traitement du bois réduit en copeaux avec une solution de bisulfite de calcium $Ca(SO_3H)_2$ (ou de magnésium, de sodium ou d'ammonium) contenant de l'anhydride sulfureux (SO_2) libre, à température élevée (135–145 °C) et sous forte pression, pendant huit à douze heures. La lignine et une partie des hémicelluloses se dissolvent dans la lessive, par action de la substance active, l'anhydride sulfureux; ce réactif ne reste pas sans

[9] Le papier journal actuel est formé essentiellement par des fibres de pâte mécanique provenant du recyclage, auxquelles on ajoute une certaine quantité de fibres d'une qualité légèrement supérieure, pour atteindre les propriétés mécaniques indispensables pour le passage dans les rotatives.

nicht aber deren chemische Qualität verbessert, da die Fasern mit dem Lignin verbunden bleiben. Die Ausbeute liegt wie bei Holzschliff bei 90–95 %.

Holzschliff, TMP oder CTMP werden zu einem bedeutenden Teil zur Herstellung von Papieren gewöhnlicher Qualität verwendet; sie liefern den wesentlichen Faseranteil von einfachem Recyclingpapier. Zeitungspapier besteht zu 80 % aus Holzschliff,[9] heute häufig durch Recycling gewonnen, oder zu 100 % aus Refinerstoff; bei Papier von Illustrierten beträgt der Anteil an Holzschliff 50–70 %.

2.1.5 Zellstoff

Die schlechte Qualität von Papier aus Holzschliff beziehungsweise Refinerstoff ist von den Papiermachern des 19. Jahrhunderts schnell bemerkt worden. Um eine möglichst reine Cellulose zu erhalten, suchte man die Substanzen, welche die Cellulosefasern im Holz umgeben, durch chemische Mittel auszuschliessen.

Die ersten Versuche auf diesem Gebiet wurden ab 1850 in England vorgenommen. Sie führten in den 1880er-Jahren zur Entdeckung der beiden entscheidenden, noch heute angewendeten Behandlungsverfahren.

Zellstoffe werden hergestellt, indem das zerschnitzelte Holz mit chemischen Reagenzien behandelt wird. Zusätzlich zur Entfernung des Lignins und der anderen störenden Bestandteile wird die Auflösung eines bedeutenden Teils der Hemicellulosen erreicht. Die Ausbeute dieser Verfahren ist relativ niedrig und verhält sich proportional zum Reinheitsgrad der Fasern. Man unterscheidet zwei wesentliche Aufbereitungsverfahren, deren Ausbeute bei 45–50 % liegt.

Sulfitzellstoffe (saures Holzaufschliessen) werden durch die Behandlung der Holzspäne mit einer Lösung von Calciumhydrogensulfit $Ca(SO_3H)_2$ (oder Magnesium-, Natrium- oder Ammoniumhydrogensulfit) gewonnen, die freies Schwefeldioxid (SO_2) enthält. Die Behandlung findet unter hoher Temperatur (135–145 °C) und unter starkem Druck während acht bis zwölf Stunden statt. Das Lignin und

[9] Gegenwärtig besteht Zeitungspapier hauptsächlich aus Holzschliff von Recycling, welchem Fasern etwas besserer Qualität zugesetzt werden, um dem Papier die für den Druck erforderlichen mechanischen Eigenschaften zu verleihen.

effets négatifs sur la cellulose et les conditions dans lesquelles le traitement a lieu sont déterminantes pour la qualité des fibres obtenues. La lessive bisulfitique est obtenue, dans des « tours acides », à partir de dioxyde de soufre, d'hydroxydes de calcium ou de magnésium et d'eau.

Les pâtes écrues au bisulfite ont un contenu en cellulose de 85–90 % (rendement 45 %), le reste étant formé par des restes de lignine et d'hémicelluloses ; la couleur de ces pâtes est relativement claire (crème) et elles sont assez simples à blanchir. Pour cette raison, ce procédé a connu une grande diffusion avant d'être remplacé par le procédé au sulfate, qui donne des fibres d'une meilleure qualité et pose aujourd'hui moins de problèmes écologiques ; le procédé au bisulfite représente aujourd'hui environ le 10 % des pâtes chimiques produites dans le monde.

Le procédé au sulfate ou kraft (procédé dit alcalin) donne une cellulose un peu moins pure que le procédé au bisulfite, mais très résistante ; les substances actives sont la soude caustique (NaOH) et le sulfure de sodium (Na_2S), réactifs issus du sulfate de sodium. La cuisson des copeaux de bois se fait à 160–170 °C, pendant deux à cinq heures, et donne la cellulose écrue au sulfate, dont la coloration est assez foncée, ce qui l'a destinée initialement à la production de papiers d'emballage[10] (dits kraft).

Les méthodes modernes de blanchiment et la découverte de procédés efficaces pour le retraitement des lessives usagées ont provoqué une utilisation très vaste de cette méthode. Le rendement est d'environ 50 %, le contenu en cellulose est un peu plus bas que dans les pâtes au bisulfite (75–80 %).

Ce procédé, par lequel on produit aujourd'hui 90 % des pâtes chimiques dans le monde, est en constante évolution, avec la découverte de substances ou de conditions d'application qui améliorent encore la délignification des fibres.

2.1.6 Les fibres de récupération

Les fibres de récupération sont la principale composante de ce qu'on appelle généralement le « pa-

[10] Aujourd'hui, le papier d'emballage dit « kraft » contient une partie importante de fibres recyclées (pâte mécanique).

ein Teil der Hemicellulosen lösen sich während des Kochens durch das Wirken der aktiven Substanz, des Schwefeldioxids, auf. Dieses Reagens bleibt nicht ohne negativen Einfluss auf die Cellulose: Die Bedingungen, unter denen die Behandlung durchgeführt wird, sind entscheidend für die Qualität der erhaltenen Fasern. Die Hydrogensulfitlauge wird im «Säureturm» aus Schwefeldioxid, Calcium- oder Magnesiumhydroxid und Wasser gewonnen.

Die ungebleichten Sulfitzellstoffe enthalten 85–90 % Cellulose (Ausbeute 45 %), der Rest besteht aus Lignin- und Hemicelluloseresten. Dieser Faserstoff ist von relativ heller Farbe (creme) und verhältnismässig einfach zu bleichen. Aus diesem Grund hat das Verfahren grosse Verbreitung gefunden, bevor es durch das Sulfatverfahren ersetzt wurde, das Fasern besserer Qualität erbringt und heute geringere ökologische Probleme stellt. Das Sulfitverfahren wird heute weltweit bei ungefähr 10 % der Zellstoffproduktion angewendet.

Sulfatzellstoff, auch Kraft- oder Natronzellstoff genannt (alkalisches Holzaufschliessen), ist weniger rein als die durch das Bisulfitverfahren gewonnene Cellulose, dafür aber sehr widerstandsfähig. Die aktiven Substanzen sind Ätznatron (NaOH) und Natriumsulfid (Na_2S), vom Natriumsulfat (Na_2SO_4) abstammende Reagenzien. Die Holzspäne werden zwei bis fünf Stunden lang bei 160–170 °C gekocht und ergeben eine ungebleichte Sulfatcellulose. Ihrer eher dunklen Färbung wegen wurde sie zu Beginn hauptsächlich für die Herstellung von Verpackungsmaterialien[10] (Kraftpapier) benutzt. Moderne Bleichmethoden und die erfolgreiche Aufarbeitung der Abwässer haben eine sehr breite Anwendung dieses Verfahrens bewirkt. Die Ausbeute beläuft sich auf ungefähr 50 %. Der Gehalt an Cellulose ist etwas geringer als bei den Sulfitzellstoffen (75–80 %).

Dieses Verfahren, mit dem man heute ca. 90 % der Weltproduktion an Zellstoff absichert, wird ständig weiterentwickelt. Es werden zum Beispiel Substanzen oder Anwendungsbedingungen gefunden, welche die Entlignifizierung der Fasern weiter verbessern.

[10] Heutzutage enthält «Kraftpapier» einen hohen Anteil an Recyclingfasern (Holzschliff).

pier recyclé ». Elles proviennent de la récupération de vieux journaux et magazines, de déchets d'imprimerie, d'emballages.

Leur qualité dépend de la qualité de leur matière originale. La très grande majorité des papiers recyclés sont à base de pâtes mécaniques (avec bois) et la qualité des fibres de récupération est proche de celle de ces pâtes, avec quelques différences toutefois : ces fibres d'une part sont amoindries du fait d'une utilisation préalable, d'autre part contiennent de l'encre et diverses impuretés telles que colles, plastiques, métaux, etc. Par contre, leur prix de revient est moins élevé que celui des autres matières fibreuses et inférieur aussi au prix des pâtes mécaniques.

On sépare généralement les papiers, imprimés ou non, des cartons provenant d'emballages, chaque groupe retrouvant ensuite son affectation originale. Il serait possible de produire des papiers recyclés de meilleure qualité à partir de restes de papiers sans bois triés, mais ce type de production est resté marginal dans l'industrie du papier.

Les « vieux papiers » sont d'abord défibrés et les fibres sont mises en suspension dans l'eau ; une première épuration permet d'éliminer les impuretés grossières. Les fibres sont ensuite désencrées dans des appareils particuliers où l'on exploite les différentes propriétés physiques des fibres et de l'encre, qui est éliminée par accrochage à des bulles d'air en présence d'agents tensioactifs.

2.1.7 **Ecologie et papier recyclé**

Les papiers produits avec des fibres de récupération offrent un bilan écologique plus favorable que les autres papiers. Cet avantage n'est réel que pour des utilisations à court terme ; en effet, la conservation de ces papiers est très difficile et demande des investissements (tels qu'une désacidification de masse) qui annulent rapidement le bénéfice écologique obtenu au moment de leur production.

De ce tableau, le bénéfice écologique résultant de l'utilisation de papiers de bonne qualité pour des documents destinés à la conservation à long terme est évident. Par conséquent, les papiers recyclés de qualité ordinaire ne devraient jamais être employés pour des fonctions touchant le moyen et le long terme.

2.1.6 **Wiederaufbereitete Papierfasern**

Sie bilden den Hauptbestandteil des sogenannten Recyclingpapiers und werden durch die Wiederaufbereitung von alten Zeitungen und Illustrierten, von Druckerei- und Verpackungsabfällen gewonnen.

Seine Qualität hängt von der Güte des ursprünglichen Materials ab. Zu einem sehr grossen Teil handelt es sich bei Recyclingpapier um Papiere aus Holzschliff. Die Beschaffenheit der wiederaufbereiteten Fasern ist mit einigen Unterschieden derjenigen des Holzschliffs ähnlich. Erstere besitzen schlechtere mechanische Eigenschaften, da sie schon gebraucht wurden. Überdies weisen sie Tinten und andere Unreinheiten wie Leime, Plastik, Metalle usw. auf. Hingegen sind ihre Kosten niedriger als diejenigen der anderen Faserstoffe, inbegriffen jene des Holzschliffs.

Im Allgemeinen werden Papiere – bedruckte oder unbedruckte – und Verpackungskartons gesondert und gemäss ihrer ursprünglichen Verwendung wiederaufbereitet. Es wäre möglich, Recyclingpapier besserer Qualität aus den aussortierten Resten holzfreien Papiers herzustellen; diese Methode blieb jedoch in der Papierindustrie ohne Bedeutung.

Das Altpapier wird zuerst zerfasert und bei einer ersten Reinigung in Wasser von den gröbsten Unreinheiten befreit. Die Fasern werden sodann in speziellen Maschinen von der Tinte gesäubert, wobei man die verschiedenen Eigenschaften der Fasern und der Tinte ausnutzt. Mit Hilfe verschiedener Tenside wird die Tinte durch Anhängen an Luftbläschen eliminiert.

2.1.7 **Ökologie und Recyclingpapier**

Die ökologische Bilanz der Recyclingpapiere ist besser als die der anderen Papiere, aber nur, wenn sie zu kurzfristigem Gebrauch bestimmt sind. Tatsächlich ist die Konservierung dieser Papiere sehr schwierig und macht Investitionen erforderlich (wie z.B. Massenentsäuerung), die den zur Zeit ihrer Herstellung erzielten ökologischen Nutzen schnell aufheben.

Aus diesem Diagramm geht eindeutig hervor, dass es ökologisch von Vorteil ist, für langfristig aufzubewahrende Dokumente Papier guter Qualität

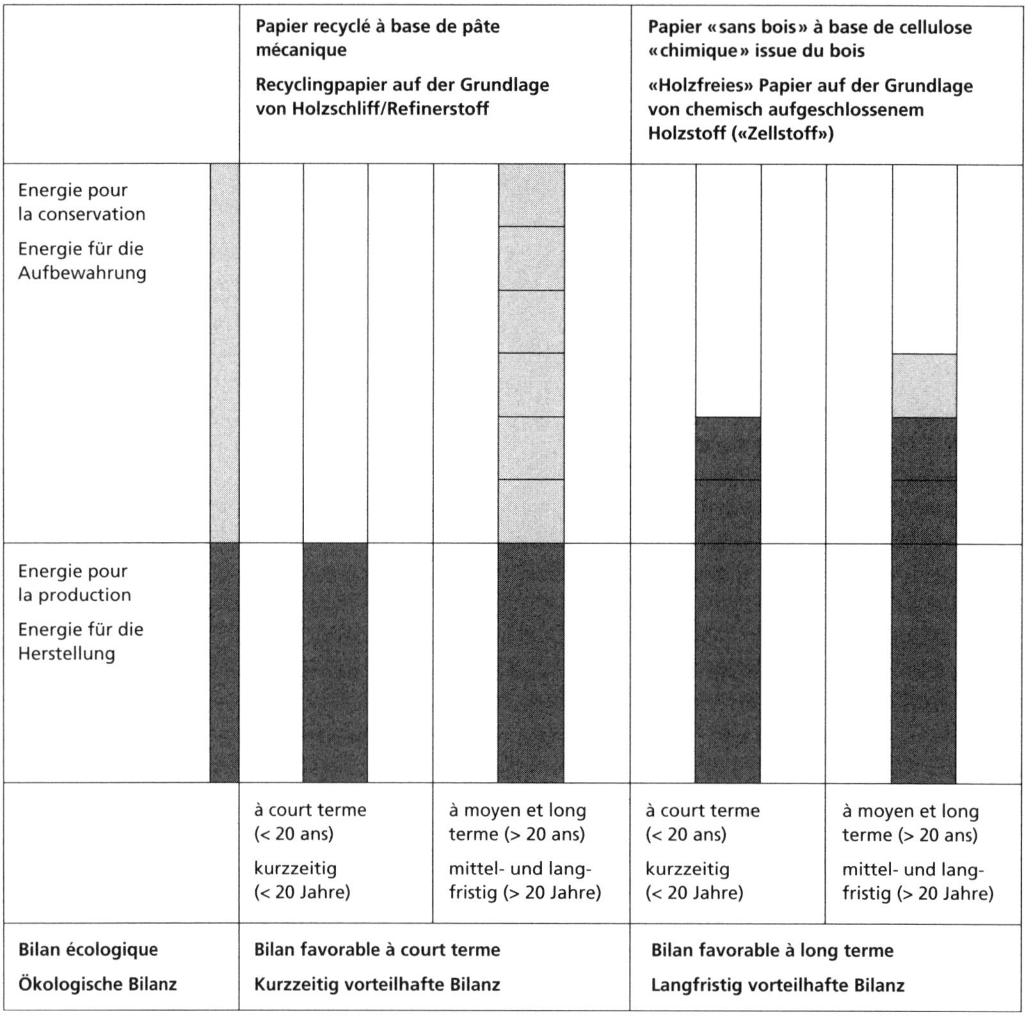

	Papier recyclé à base de pâte mécanique **Recyclingpapier auf der Grundlage von Holzschliff/Refinerstoff**		**Papier «sans bois» à base de cellulose «chimique» issue du bois** **«Holzfreies» Papier auf der Grundlage von chemisch aufgeschlossenem Holzstoff («Zellstoff»)**	
Energie pour la conservation Energie für die Aufbewahrung				
Energie pour la production Energie für die Herstellung				
	à court terme (< 20 ans) kurzzeitig (< 20 Jahre)	à moyen et long terme (> 20 ans) mittel- und langfristig (> 20 Jahre)	à court terme (< 20 ans) kurzzeitig (< 20 Jahre)	à moyen et long terme (> 20 ans) mittel- und langfristig (> 20 Jahre)
Bilan écologique **Ökologische Bilanz**	**Bilan favorable à court terme** **Kurzzeitig vorteilhafte Bilanz**		**Bilan favorable à long terme** **Langfristig vorteilhafte Bilanz**	

Fig. 2/14: Bilan écologique de divers papiers à court et à long terme.

Fig. 2/14: Kurz- und langfristige ökologische Bilanz verschiedener Papiere.

2.1.8 Le blanchiment des pâtes à papier

La méthode traditionnelle et artisanale de production du papier ne prévoyait qu'un blanchiment au soleil, par effet du rayonnement ultraviolet sur les fibres textiles. Dès la fin du XVIIIe siècle, on utilisa des produits à base de chlore, en particulier l'hypochlorite de calcium.

Aujourd'hui, les pâtes issues de n'importe quel procédé peuvent être blanchies. L'opération du blanchiment peut viser deux buts différents : soit une amélioration de la blancheur par transformation des parties colorées des molécules de lignine, sans élimination de celle-ci, soit une purification des fibres par élimination de la lignine, avec une amélioration de la qualité de la pâte et une diminution du rendement. Les pâtes mécaniques sont traitées selon la première méthode, les pâtes chimiques selon la seconde.

■ *Blanchiment des pâtes mécaniques*

La complexité de la molécule de lignine (qui est normalement incolore) rend possible de nombreuses combinaisons chimiques qui donnent au papier une coloration plus ou moins forte. Le blanchiment vise à modifier les groupements colorés (chromogènes) de la lignine sans solubiliser celle-ci, donc sans l'éliminer.

Actuellement, le blanchiment des pâtes mécaniques est généralement effectué en un seul traitement, soit par oxydation, en utilisant de l'eau oxygénée (H_2O_2), soit par réduction, en utilisant des hyposulfites de sodium ($Na_2S_2O_4$) ou d'autres produits.

■ *Blanchiment des pâtes chimiques*

Le blanchiment par élimination de la lignine est connu depuis 1920 et se pratique en plusieurs traitements successifs, qui peuvent être combinés de multiples façons. Ils sont indiqués par les papetiers par une suite d'initiales symbolisant les différents traitements.

Le perfectionnement des méthodes de production des pâtes chimiques a permis de réduire le nombre de traitement et leur charge écologique. Actuellement deux types de traitements sont utilisés.

Les traitements de blanchiment sans chlore comprennent en général trois étapes : par exemple, un

zu verwenden. Daher darf gewöhnliches Recyclingpapier auf keinen Fall für einen mittel- oder langfristigen Verwendungszweck eingesetzt werden.

2.1.8 Das Bleichen des Faserstoffs

Der herkömmliche Herstellungsprozess von handgeschöpftem Papier sah nur ein Bleichen der Textilfasern an der Sonne durch die ultraviolette Strahlung vor. Seit dem 18. Jahrhundert wird das Bleichen mit Chlorprodukten durchgeführt, insbesondere mit Calciumhypochlorit.

Heutzutage kann jeder Faserstoff gebleicht werden. Man unterscheidet zwei verschiedene Bleichvorgänge: die Entfärbung der Ligninmoleküle, ohne dass diese dabei eliminiert würden, und die Reinigung der Fasern durch Eliminierung des Lignins, wodurch die Faserstoffqualität verbessert, die Ausbeute aber verringert wird. Die erste Bleichmethode wird bei Holzschliff beziehungsweise Refinerstoff, die zweite bei Zellstoffen angewendet.

■ *Bleichen von Holzschliff beziehungsweise Refinerstoff*

Die Komplexität des Ligninmoleküls erlaubt vielfältige Verbindungen, die dem Papier eine mehr oder minder starke Färbung verleihen (normalerweise ist Lignin farblos). Beim Bleichen sollen die verfärbten Gruppen (Chromogene) des Lignins verändert werden, ohne dass dieses selbst aufgelöst, also eliminiert würde.

Gegenwärtig wird das Bleichen des Holzschliffs/Refinerstoffs gewöhnlich in einem einzigen Vorgang durchgeführt: entweder durch Oxidation, indem man Wasserstoffperoxid (H_2O_2) verwendet, oder durch Reduktion, durch Anwendung von Natriumhyposulfit ($Na_2S_2O_4$) oder anderen Produkten.

■ *Bleichen von Zellstoffen*

Das Bleichverfahren, durch welches das Lignin eliminiert wird, ist seit 1920 bekannt und geht in mehreren Stufen vor sich. Diese Verfahrensstufen können auf vielzählige Weise kombiniert werden. Die Papiermacher geben die verwendete Kombination durch Symbole an, die sie aneinanderreihen.

Durch die Verbesserung der Verfahren zur Zellstoffgewinnung konnte die Anzahl der Verfahrensstufen und deren ökologische Auswirkungen her-

premier traitement avec de l'oxygène (O_2), suivi par une extraction alcaline avec de l'hydroxyde de sodium (NaOH), et un deuxième blanchiment avec de l'eau oxygénée (H_2O_2). Diverses variantes sont possibles. Ces traitements sont plus favorables sur le plan écologique, mais ne permettent pas d'atteindre un très grand degré de blancheur; ces papiers sont désignés comme TCF (total chlorfrei, blanchis sans chlore).

D'autre part, les blanchiments qui permettent d'obtenir des papiers à haut degré de blancheur comprennent un traitement avec du dioxyde de chlore (ClO_2), généralement précédé de traitements avec l'oxygène ou l'eau oxygénée. Ces papiers sont désignés comme ECF (elementar chlorfrei), parce que dans leur traitement on renonce à l'utilisation de chlore élémentaire (Cl_2), qui était utilisé autrefois, mais dont l'impact écologique est plus lourd.

Les traitements de blanchiment éliminent la lignine, mais ils ne sont pas sans effet sur la cellulose. Bien que les conditions de traitement soient étudiées et surveillées, pour préserver autant que possible la cellulose, celle-ci subit aussi une dégradation, de sorte qu'au bout de ces traitements, ses qualités chimiques sont devenues très bonnes, mais ses qualités mécaniques se trouvent affaiblies.

2.2 Les composants non fibreux

Outre les pâtes à papier, plusieurs composants entrent dans la production du papier: les charges minérales, les colles et les adjuvants contribuent de manière très importante à donner à un papier ses caractéristiques particulières.

2.2.1 Charges minérales

Les charges minérales sont des particules minérales qui sont dispersées dans la pâte à papier et se fixent entre les fibres du papier; elles sont incorporées à la pâte à papier à raison de 5 % à 40 %, selon le but recherché.[11]

La présence de charges améliore l'opacité, la blancheur, l'état de la surface et la souplesse du pa-

[11] Le cas extrême est celui du papier à cigarettes, où une grande quantité de charges est ajoutée pour ralentir la combustion.

abgesetzt werden. Heute kommen zwei Verfahren zur Anwendung.

Bleichverfahren ohne Verwendung von Chlor laufen gewöhnlich in drei Stufen ab: zum Beispiel eine erste Behandlung mit Sauerstoff (O_2), gefolgt von einer alkalischen Extraktion durch Natriumhydroxid (NaOH) und einem zweiten Bleichvorgang mit Wasserstoffperoxid (H_2O_2). Es sind verschiedene Varianten möglich. Die Verfahren sind in ökologischer Hinsicht von Vorteil, ergeben aber keinen sehr hohen Weissgrad. Dieses Papier wird mit «TCF» (total chlorfrei) bezeichnet.

Bleichverfahren zur Herstellung von Papier von hohem Weissgrad schliessen eine Behandlungsstufe mit Chlordioxid (ClO_2) ein. Im Allgemeinen erfolgen vorher Behandlungen mit Sauerstoff oder Wasserstoffperoxid. Dieses Papier wird als «ECF» (elementar chlorfrei) bezeichnet, weil zu seiner Herstellung auf den Gebrauch des früher verwendeten, zu hohe ökologische Belastungen bewirkenden elementaren Chlors (Cl_2) verzichtet wird.

Durch die Bleichverfahren wird das Lignin beinahe vollständig eliminiert, aber auch die Cellulose angegriffen. Um diese so weit wie möglich zu schonen, werden die Behandlungsbedingungen ständig untersucht und überwacht. Dennoch kann eine Schädigung der Cellulose nicht vermieden werden, was bedeutet, dass ihre chemischen Qualitäten am Ende der Behandlungen sehr gut sind, ihre mechanischen aber geschwächt wurden.

2.2 Nichtfaserige Rohstoffe

Ausser dem Faserstoff gibt es mehrere andere Komponenten in der Papierherstellung: Füllstoffe, Leimstoffe und Zusatzstoffe tragen einen wichtigen Teil dazu bei, einem Papier seine speziellen Eigenschaften zu verleihen.

2.2.1 Füllstoffe

Füllstoffe sind in der Fasersuspension verteilte Mineralien, die sich zwischen den Papierfasern festsetzen. Entsprechend dem gewünschten Resultat[11]

[11] Extrem ist Zigarettenpapier, dessen hoher Anteil an Füllstoffen die Verbrennung verlangsamen soll.

pier. Leur coût plus réduit que celui de la cellulose diminue aussi le prix du papier. Certaines charges à caractère alcalin peuvent aussi améliorer la stabilité chimique à long terme du papier.

Par contre, les charges acides peuvent réduire à long terme la solidité mécanique du papier et ont une influence négative sur son vieillissement; leur utilisation est rare dans l'industrie papetière moderne en Europe.

De très nombreuses substances minérales peuvent être utilisées comme charges. Elles sont très finement pulvérisées, en particules de cinq à trente millièmes de mm de diamètre. Les charges actuellement le plus utilisées sont le carbonate de calcium ($CaCO_3$), le kaolin ($Al_3O_3.2SiO_2.2H_2O$), qui est un silicate, et, pour des papiers particuliers, le dioxyde de Titane (TiO_2, ayant une blancheur et une opacité particulière). Le gypse ($CaSO_4.2H_2O$, sulfate de calcium) est parfois également utilisé comme charge. La charge la plus largement utilisée est actuellement le carbonate de calcium.

2.2.2 Agents de collage

Les agents de collage ont pour but de diminuer l'hygroscopicité des fibres de cellulose pour permettre l'écriture et l'impression (un papier non collé a un comportement de papier buvard).

Actuellement, dans les pays industrialisés l'encollage acide avec la colophane,[12] utilisé par l'industrie de manière presque généralisée jusque dans les dernières décennies du XXe siècle, est pratiquement abandonné. Les papiers sont généralement encollés dans un milieu neutre ou légèrement alcalin, avec des résines synthétiques[13] et avec des amidons, plus ou moins modifiés pour obtenir les qualités requises.

[12] La colophane est obtenue par distillation de la térébenthine sécrétée par les arbres résineux et est solubilisée par saponification sous action d'une substance fortement alcaline (carbonate ou hydroxyde de sodium); cette solution est ajoutée à la suspension des fibres. En ajoutant du sulfate d'aluminium (« alun »), on provoque la formation de précipités, qui sont retenus par les fibres, rendues réceptives par absorption de ions aluminium et avec l'aide d'agents de rétention; leur fixation définitive se fait dans la sécherie de la machine à papier: une température d'environ 70°C ramollit la résine et permet son étalement sur la fibre. Un collage ordinaire contient 1–1,5 % de résine et 2–3 % de sulfate d'aluminium, par rapport au poids des fibres sèches.

[13] Par exemple AKD dispersion de Alkyldiketène.

werden der Fasersuspension 5–40 % Füllstoffe beigemengt.

Füllstoffe verbessern die Opazität, die Weisse, die Oberflächenbeschaffenheit und die Flexibilität des Papiers. Da sie weniger kosten als Cellulose, wird auch das Papier billiger. Bestimmte Füllstoffe mit alkalischem Charakter können auf längere Zeit auch die chemische Stabilität des Papiers verbessern.

Andererseits können saure Füllstoffe die mechanische Stabilität des Papiers langfristig verringern und entsprechend ihrer chemischen Beschaffenheit einen negativen Einfluss auf seine Alterung haben. Mit Ausnahme von Gips werden sie in der modernen Papierindustrie Europas selten verwendet.

Es können sehr viele mineralische Substanzen als Füllstoffe verwendet werden. Sie werden zu sehr feinen Teilchen von fünftausendstel bis dreissigtausendstel Millimeter Grösse pulverisiert. Die gebräuchlichsten Füllstoffe sind Calciumcarbonat ($CaCO_3$), das Silikat Kaolin ($Al_3O_3.2SiO_2.2H_2O$) und, für spezielle Papiere, Titandioxid (Ti02, das hohen Weissgrad und besondere Opazität ergibt). Manchmal wird Gips ($CaSO_4.2H_2O$, Calciumsulfat) als Füllstoff verwendet. Gegenwärtig ist hauptsächlich Calciumcarbonat im Gebrauch.

2.2.2 Leimung

Die Leimung soll das Wasseraufnahmevermögen der Cellulosefasern verringern, um so das Schreiben und den Druck zu ermöglichen (ein nicht geleimtes Papier reagiert wie ein Löschblatt).

In den industrialisierten Ländern ist die Leimung mit Kolophonium[12] fast gänzlich eingestellt worden. Diese Leimung im sauren Bereich wurde aber bis in die letzten Jahre des 20. Jahrhunderts von der Industrie allgemein verwendet. Papier wird im

[12] Das Kolophonium, ein Harzdestillat, wird flüssig gemacht, indem man es mit Hilfe einer stark alkalischen Substanz (Natriumcarbonat oder -hydroxid) verseift. Diese Lösung wird der Faserflüssigkeit zugegeben. Indem man Aluminiumsulfat («Alaun») beigibt, bewirkt man eine Fällreaktion. Der Niederschlag (ausflockender Leim) wird von den Fasern, die durch die Absorption der Aluminiumionen aufnahmefähig geworden sind, mit Hilfe von Retentionsmitteln zurückgehalten. Seine endgültige Fixierung geht während des Trocknens in der Papiermaschine bei einer Temperatur von ungefähr 70°C vor sich. Dabei wird das Harz aufgeweicht und zieht auf die Fasern auf. Für eine gewöhnliche Leimung nimmt man 1–1,5 % Harz und 2–3 % Aluminiumsulfat im Verhältnis zum Gewicht der Trockenfasern.

Les résines synthétiques sont ajoutées dans des quantités de l'ordre de 0,3 % du poids de la matière sèche; on combine volontiers une application dans la masse avec une application finale à la surface (« size press » dans la machine à papier).

2.2.3 Autres composants

Les agents de rétention sont utilisés pour éviter, autant que possible, que les fibres, les charges et les agents de collage ne soient perdus avec l'eau, au moment de la formation de la feuille. On utilise des amidons modifiés ou des produits synthétiques, ajoutés dans des proportions atteignant 0,05 %. Ils permettent d'obtenir des taux de rétention allant jusqu'à 80 %.

Les adjuvants sont utilisés à faible dose pour améliorer la qualité ou l'aspect du papier: les amidons sont utilisés pour renforcer le lien fibrille-fibrille dans des papiers de basse qualité; les résines synthétiques sont ajoutées pour faciliter la fixation des charges, et les azurants optiques améliorent la blancheur en transformant la composante ultraviolette de la lumière visible en lumière bleue, des colorants bleus ou violets renforcent l'impression de blancheur du papier.

D'autres adjuvants servent à faciliter le processus de production, par exemple à éviter la formation de mousse ou le développement de moisissures. D'autres encore sont utilisés pour mieux préparer le papier à recevoir une impression, selon la technique prévue.[14]

Les industries papetières actuelles utilisent au moins une dizaine d'adjuvants choisis dans une gamme d'environ 1500 substances, dans le but de faciliter et d'optimiser la production du papier. L'effet à long terme de la présence de ces substances, présentes il est vrai à très faible concentration, est inconnu.

[14] Par exemple, les papiers destinés aux copies électrostatiques peuvent recevoir un léger traitement superficiel avec du chlorure de sodium pour compenser l'effet du réchauffement du papier dans le copieur ou l'imprimante laser.

Allgemeinen je nach den gewünschten Eigenschaften im neutralen oder leicht alkalischen Bereich mit synthetischen Harzen[13] und mehr oder weniger modifizierten Stärken geleimt.

Die synthetischen Harze werden in einer Grössenordnung von 0,3 % des Trockengewichts zugegeben. Oft wird die Massenleimung noch durch eine abschliessende Oberflächenleimung ergänzt («Size Press» in der Papiermaschine).

2.2.3 Andere Komponenten

Retentionsmittel werden verwendet, um während der Blattbildung den Verlust an Fasern, Füll- und Leimstoffen im Wasser so gering wie möglich zu halten. Verwendet werden modifizierte Stärken oder synthetische Produkte (bis zu 0,05 %). Damit kann ein Retentionsgrad von bis zu 80 % erreicht werden.

Zusatzstoffe, in geringen Mengen angewendet, verbessern die Qualität oder das Aussehen des Papiers: Um die Bindung Fibrille-Fibrille bei Papieren minderer Qualität zu verstärken, werden Kleister verwendet; soll die Fixierung der Füllstoffe erleichtert werden, setzt man synthetische Harze zu; optische Aufheller verbessern die Weisse, da der UV-Anteil des weissen Lichts in blaues Licht umgewandelt wird, blaue und violette Farbstoffe verstärken den Eindruck von der Weisse des Papiers.

Andere Zusatzstoffe erleichtern den Herstellungsprozess: Zum Beispiel kann die Schaum- oder Schimmelbildung verhindert werden. Andere werden verwendet, um entsprechend der vorgesehenen Technik die Bedruckbarkeit des Papiers zu verbessern.[14]

Um die Papierherstellung zu erleichtern und optimal zu gestalten, werden aus einem Angebot von etwa 1500 Substanzen von der Papierindustrie gegenwärtig mindestens ein Dutzend verschiedener Zusatzstoffe verwendet. Der Langzeiteffekt dieser Substanzen – die zugegebenermassen nur in sehr geringer Menge verwendet werden – ist nicht bekannt.

[13] Zum Beispiel AKD, Alkyl Keten-Dimer-Dispersion.

[14] Zum Beispiel kann Papier, das für elektrostatische Kopien verwendet werden soll, an der Oberfläche leicht mit Natriumchlorid behandelt werden, um das Erwärmen des Papiers im Kopierer oder Laserdrucker auszugleichen.

2.3 Le raffinage de la pâte à papier

Cette opération permet de changer la structure et/ou la longueur des fibres, en fonction des qualités spécifiques du papier en production. Les fibres, déjà isolées les unes des autres par les opérations précédentes, peuvent être écrasées ou coupées; dans le premier cas, la paroi primaire de la cellule végétale s'ouvre, libérant les fibrilles contenues dans la paroi secondaire et qui gonflent au contact de l'eau. Dans le deuxième cas, les fibres sont coupées dans le sens de la longueur.

Selon le type et le degré de raffinage, on peut modifier les propriétés des fibres et donc la qualité du papier. Selon la qualité souhaitée, le papetier décide du type de raffinage: « maigre » ou « gras ».

Un degré de raffinage « maigre » tend à couper les fibres plus qu'à les écraser, ce qui facilite la formation uniforme du papier et donne un papier peu compact, souple, très absorbant s'il n'est pas collé, comme, par exemple, le papier ménage. La coupe des fibres a une influence négative sur les qualités mécaniques du papier, mais en facilitant l'égouttage, elle permet une plus grande vitesse de production.

Par un raffinage « gras », on modifie l'organisation des fibrilles dans la paroi cellulaire en évitant de couper les fibres. Les fibres sont ainsi hydratées et deviennent plus souples et de leur paroi secondaire se libèrent des fibrilles qui multiplient les possibilités de liaison entre les fibres. Ce traitement améliore certaines propriétés mécaniques du papier (traction, éclatement, rigidité), mais peut en diminuer d'autres (résistance à la déchirure). Avec des fibres grasses, on obtient un papier plus compact et on facilite la rétention des charges.

Un raffinage très poussé produit aussi une quantité appréciable d'éléments fins qui se détachent de la paroi des fibres et qui comblent facilement les interstices entre les fibres; cet effet peut être recherché, par exemple, pour la production de papier calque (voir chap. 6, partie IV, point 1).

Les piles hollandaises utilisées anciennement pour cette opération ont été remplacées par des raffineurs coniques ou à disques, permettant le travail en continu. Les fibres y sont écrasées entre une

2.3 Die Mahlung des Faserstoffs

Dieser Vorgang gestattet je nach gewünschter Qualität des herzustellenden Papiers die Änderung der Struktur und/oder der Länge der Fasern. Die Fasern, die durch die vorhergehenden Behandlungen schon voneinander getrennt sind, werden zerquetscht oder zerschnitten. Im ersten Fall öffnet sich die Primärwand und setzt die in der Sekundärwand befindlichen Fibrillen frei, die bei Kontakt mit Wasser quellen. Im zweiten Fall werden die Fasern in Längsrichtung zerschnitten.

Die Mahlart und der Mahlgrad verändern die Eigenschaften der Fasern und damit die Qualität des Papiers. Entsprechend der gewünschten Qualität entscheidet der Papiermacher über den Mahlgrad: «rösch» oder «schmierig».

Beim Mahlgrad «rösch» werden die Fasern eher zerschnitten als zerquetscht, was eine einheitliche Blattbildung erleichtert. Es entsteht ein nicht sehr kompaktes, flexibles Papier, das sehr saugfähig ist, wenn es nicht geleimt wird (z. B. Haushaltpapier). Das Schneiden der Fasern wirkt sich ungünstig auf die mechanischen Eigenschaften des Papiers aus, da es aber das Abtropfen erleichtert, kann die Produktionsgeschwindigkeit gesteigert werden.

Durch einen «schmierigen» Mahlgrad wird die Anordnung der Fibrillen in der Zellwand verändert, wobei das Zerschneiden der Fasern vermieden wird. Die Fasern werden hydratisiert und damit beweglicher. Von ihren Sekundärwänden lösen sich Fibrillen, welche die Möglichkeiten der Bindung zwischen den Fasern vervielfachen. Diese Behandlung erhöht bestimmte mechanische Eigenschaften des Papiers (Zugfestigkeit, Berstdruck, Steifheit), kann aber andere (Reissfestigkeit) verringern. Die schmierigen Fasern ergeben ein festeres Papier, und die Retention der Füllstoffe wird erleichtert.

Durch einen sehr hohen Mahlgrad erhöht sich der Anteil feiner Teilchen, die sich von den Zellwänden lösen und die Hohlräume zwischen den Fasern ausfüllen. Dieser Umstand kann beispielsweise bei der Herstellung von Transparentpapieren ausgenutzt werden (siehe Kap. 6, Teil IV, Punkt 1).

Der Holländer, früher für den Mahlvorgang eingesetzt, wurde durch Kegel- oder Scheibenrefiner ersetzt, womit ein durchgehender Arbeitsablauf

Fibres longues	
non fibrillées	fibrillées
« fibres maigres longues »	« fibres grasses longues »
papier buvard	papier d'emballage
	cartes géographiques

Fibres courtes	
non fibrillées	non fibrillées
« fibres maigres courtes »	« fibres grasses courtes »
papier bouffant	papier machine à écrire
papier d'édition	papier pergamine
papier polycopie	papier calque

Fig. 2/15: Diverses sortes de raffinage et exemples de leur application.

Lange Fasern	
nicht fibrilliert	fibrilliert
«rösche lange Fasern»	«schmierige lange Fasern»
Löschpapier	Verpackungspapier
	geografische Karten

Kurze Fasern	
nicht fibrilliert	nicht fibrilliert
«rösche kurze Fasern»	«schmierige lange Fasern»
bauschiges Papier	Schreibmaschinenpapier
Werkdruckpapier	Pergaminpapier
Kopierpapier	Transparentpapier

Fig. 2/15: Verschiedene Mahlsorten und Beispiele ihrer Anwendung.

partie mobile et la paroi de la machine. Le raffinage peut être facilité par l'addition d'adjuvants.

La pâte à papier est encore diluée avant d'être envoyée sur la machine à papier.

2.4 La machine à papier

La suspension très diluée (environ 1 % de matières sèches, 99 % d'eau) qui parvient à la machine à papier, contient déjà tous les composants du papier. En principe, une telle machine doit étaler de manière très uniforme la suspension fibreuse sur un treillis et retirer ensuite, aussi rapidement que possible, l'eau excédentaire.

La machine à papier comprend plusieurs parties : la partie humide avec la distribution uniforme de la pâte et la formation de la feuille, les presses, la sécherie et l'enrouleuse, auxquelles peut s'ajouter une presse encolleuse (dite « size press ») suivie d'une nouvelle section de sécherie, d'une lisse ou d'une calandre. Actuellement, ces machines ont des dimensions imposantes et produisent des rouleaux de papier de plusieurs centaines de mètres par minute (jusqu'à 1500 mètres/minute, selon le type de papier), sur des largeurs qui atteignent dix mètres.

möglich wird. In diesen Maschinen werden die Fasern zwischen einem beweglichen Teil und der Wand der Maschine zerquetscht. Die Mahlung kann durch die Beigabe von Zusatzstoffen erleichtert werden.

Bevor der Faserstoff in die Papiermaschine kommt, wird er noch verdünnt.

2.4 Die Papiermaschine

Der extrem verdünnten Fasersuspension (ca. 1 % Trockenmaterial, 99 % Wasser), die in die Papiermaschine kommt, sind schon alle Papierbestandteile beigegeben. Die Maschine dient dazu, den Faserbrei sehr gleichmässig auf einem Sieb zu verteilen und ihm dann so schnell wie möglich das überschüssige Wasser zu entziehen.

Die Papiermaschine besteht aus mehreren Teilen: der Nasspartie, wo der Faserbrei gleichmässig ausgegossen und das Blatt gebildet wird, der Pressenpartie, der Trockenpartie und der Aufrollung. Eine Leimpresse (genannt «size press») und eine nochmalige Trockenpartie sowie ein Kalander können die Anlage vervollständigen. Heute sind solche Maschinen von gewaltigem Ausmass und produzieren Papierrollen von mehreren hundert Metern in der Minute (bis zu 1500 m/Min., je nach Papierart) auf Breiten bis zu zehn Metern.

2.4.1 La partie humide

Il existe plusieurs types de machines, dont le modèle traditionnel est celui à table plate; nous allons baser notre description sur ce modèle, bien qu'il soit de plus en plus souvent remplacé par des machines à double toile, qui seront décrites par la suite. Les principes de fonctionnement et les qualités essentielles des produits obtenus sont semblables, tandis que les nouvelles machines atteignent des vitesses de production très élevées, de l'ordre de 2 km par minute.

Dans la *machine à table plate,* la pâte contenant les fibres et les autres composants très dilués est déversée sur une toile sans fin constituée par des fils synthétiques.

Ce treillis permet un premier écoulement de l'eau; l'enchevêtrement des fibres est favorisé par des vibrations. La vitesse de déplacement du treillis cause une orientation préférentielle des fibres qui est à l'origine du «sens» du papier; voir à ce propos le point 3.2.1 de ce même chapitre sur les papiers d'aujourd'hui.

La caisse de tête permet de déverser une quantité déterminée de pâte à papier très homogène à une vitesse proche de celle de la toile sans fin. Après cette opération, on cherchera essentiellement à soustraire, aussi rapidement que possible, l'eau du papier en formation, pour passer d'un contenu en eau de 99 % à 5 % environ dans le papier fini.

Après le rouleau de tête, des lames appelées «foils» qui créent un effet aspirant et des caissons à vide accélèrent l'élimination de l'eau à travers la toile; le matelas fibreux se compacte et se solidifie progressivement.

Un rouleau égoutteur ou filigraneur, en contact direct avec le papier, égalise la surface et peut imprimer un filigrane dans les fibres encore très humides. La machine à table plate se termine par un dernier rouleau aspirant, qui porte le contenu en eau du papier à environ 80 %; le papier passe alors dans la section des presses.

Dans la *machine à formes rondes,* dont le principe de fonctionnement a déjà été cité précédemment, le papier se forme sur un treillis posé sur un cy-

2.4.1 Die Nasspartie

Unter den verschiedenen Maschinentypen ist die Langsiebmaschine die am häufigsten verwendete. Wir beziehen uns in unserer grundlegenden Beschreibung auf dieses Modell, obwohl es immer mehr von den Doppelsieb-Formern ersetzt wird, die weiter unten beschrieben werden. Die Funktionsweise der Maschinen und die Beschaffenheit der entstehenden Produkte ähneln sich im Wesentlichen, die neuen Maschinen erreichen jedoch eine sehr hohe Produktionsgeschwindigkeit in der Grössenordnung von 2 km pro Minute.

In der *Langsiebmaschine* wird die sehr verdünnte Fasersuspension, welche die Fasern und die anderen Komponenten enthält, auf einem Endlossieb aus Kunststoff verteilt.

Dieses Sieb erlaubt ein erstes Ablaufen des Wassers. Das Verfilzen der Fasern wird durch Schütteln gefördert. Die Schnelligkeit, mit der sich das Sieb fortbewegt, ergibt eine vorzugsweise Ausrichtung der Fasern; dadurch wird die «Laufrichtung» des Papiers bestimmt (vgl. Punkt 3.2.1 betreffend moderne Papiere).

Im Stoffauflauf wird eine bestimmte Menge sehr homogener Fasersuspension in einer Geschwindigkeit, die derjenigen des Endlossiebs nahekommt, gleichmässig ausgegossen. Im Folgenden wird dem sich bildenden Papier so schnell so viel Wasser wie möglich entzogen. Der Wasseranteil soll von 99 % zu Beginn der Herstellung auf etwa 5 % im fertigen Papier reduziert werden.

Nach dem Stoffauflauf wird die Papierbahn von Platten (Foilpartie) weitergeführt, die einen Saugeffekt ausüben. Der Wasserentzug wird von den unter dem Sieb angebrachten Saugkästen noch beschleunigt, und das Fasergefüge verdichtet und verfestigt sich zunehmend.

Ein Egoutteur oder eine Wasserzeichenwalze glättet in direktem Kontakt mit dem Papier die Oberfläche und kann in das noch sehr feuchte Fasergefüge ein Wasserzeichen eindrücken. Die Siebpartie endet mit einer letzten Saugwalze, die den Wassergehalt des Papiers auf ca. 80 % senkt. Dann kommt es in die Pressenpartie.

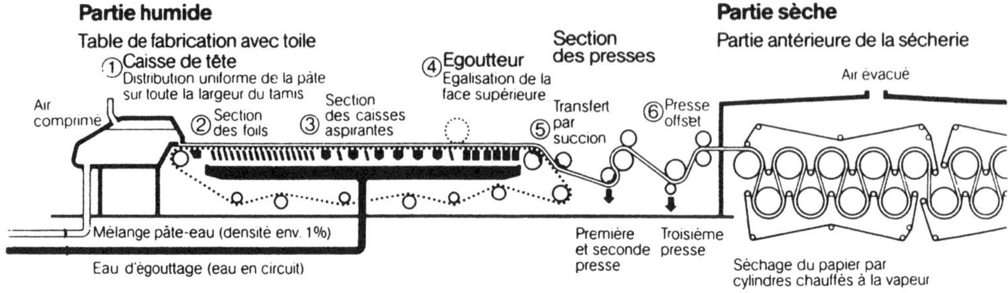

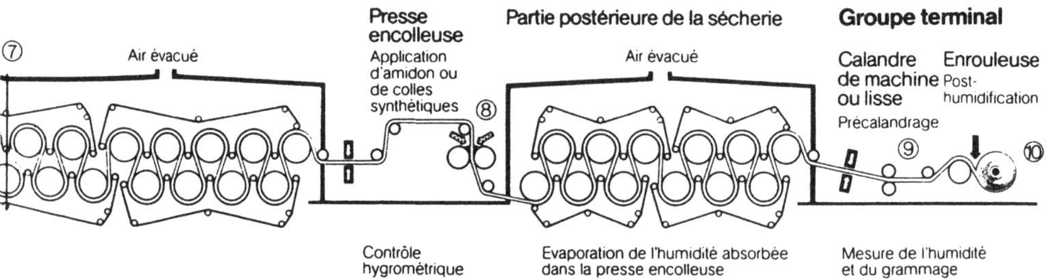

Fig. 2/16: Schéma d'une machine à table plate et des autres parties d'une machine à papier (par aimable concession du Verband der Schweizerischen Zellstoff-, Papier- und Kartonindustrie, Zurich).

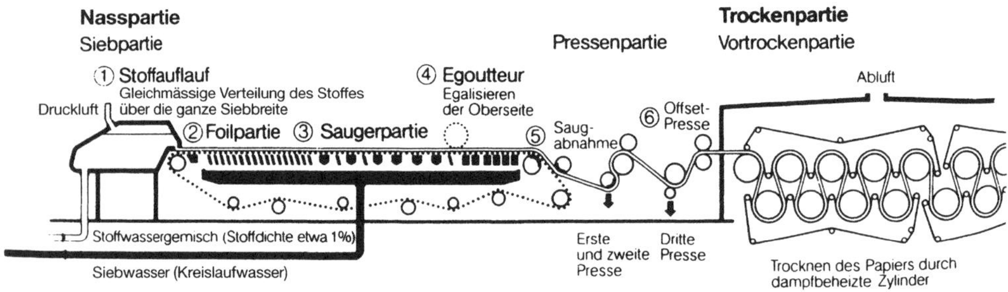

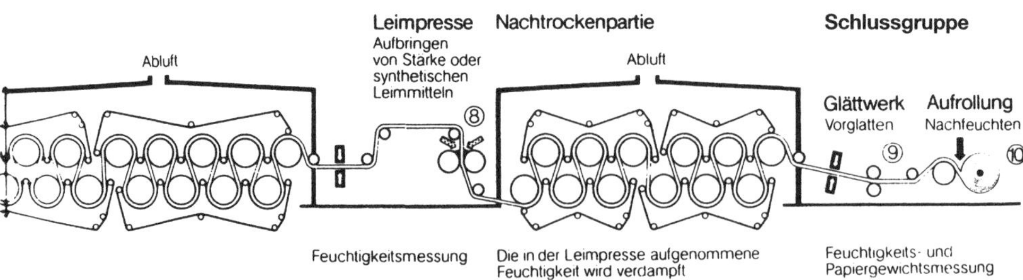

Fig. 2/16: Darstellung einer Langsiebmaschine und anderer Teile einer Papiermaschine (mit freundlicher Genehmigung des Verbandes der Schweizerischen Zellstoff-, Papier- und Kartonindustrie, Zürich).

lindre qui tourne horizontalement, aux trois quarts immergé dans la pâte à papier. Les fibres se déposent sur le treillis à cause de la différence de pression à l'intérieur et à l'extérieur du cylindre. Le papier est ensuite pressé contre un feutre qui le détache du cylindre. Ces machines sont les ancêtres des machines modernes, où les fibres sont projetées sur la toile et l'égouttage est facilité par des caisses aspirantes.

Par ces méthodes, on produit encore aujourd'hui des cartons, en assemblant, à l'état humide, des couches issues de plusieurs machines à forme ronde. Il est également possible d'assembler des couches issues des diverses machines citées ci-dessus pour former des cartons dont les couches n'ont pas la même composition et les mêmes propriétés.

Dans la *machine à double toile,* la pâte à papier est envoyée sur deux toiles convergentes : il se forme deux couches de papier qui s'unissent dès que les deux toiles se trouvent à la distance correspondant à l'épaisseur programmée du papier. Cette technique permet d'obtenir un papier dont les caractéristiques des deux surfaces sont très semblables. En effet, dans la machine à table plate, le côté du papier qui se trouve sur le treillis aura un aspect moins compact, plus fibreux, car les particules et les charges auront été partiellement perdues par l'aspiration exercée sur ce côté ; sur l'autre côté, dit côté feutre, le papier sera moins poreux, car une grande partie des éléments fins aura été retenue entre les fibres. Les machines à double toile tendent à remplacer les machines à table plate dans les nouvelles installations papetières.

2.4.2 **Presses, sécherie, et groupe terminal**

Dans la partie des *presses,* on fait passer la feuille entre des rouleaux pour en extraire, autant que possible, l'eau. Le papier est pris à la sortie de la table plate par un feutre qui le soutient et l'amène à passer entre deux ou plusieurs presses. Par la compression de la feuille, l'eau est expulsée et les fibres se compactent ; d'où meilleure résistance du papier.

Les rouleaux pleins traditionnels ont été remplacés par des rouleaux aspirants, par des rouleaux structurés de façon à favoriser l'écoulement direct

In der *Rundsiebmaschine,* deren Arbeitsweise schon erwähnt wurde, wird das Papier auf einem Sieb gebildet, welches auf einem in horizontaler Lage sich drehenden Zylinder angebracht ist. Dieser ist zu drei Vierteln in die mit Faserstoff gefüllte Rundsiebbütte getaucht. Die Fasern lagern sich aufgrund des unterschiedlichen Innen- und Aussendrucks des Zylinders auf dem Sieb ab. Das Papier wird dann gegen einen Filz gepresst und dadurch vom Zylinder gelöst. Diese Maschinen sind die Vorläufer der modernen Maschinen, bei denen die Fasersuspension auf das Sieb gegeben und das Ablaufen durch Saugkästen erleichtert wird.

Mit Hilfe dieser Verfahren stellt man auch heute noch Kartons her: Die noch feuchten Schichten aus mehreren Rundsiebmaschinen werden zusammengegeben. Soll ein Karton gebildet werden, dessen Schichten verschiedene Zusammensetzungen und Eigenschaften aufweisen, können verschiedene Schichten der anderen genannten Maschinen zusammengegeben werden.

Im *Doppelsieb-Former* wird der Faserstoff auf zwei zusammenlaufende Siebe gegeben: Es bilden sich zwei Schichten Papier, die sich zu einer einzigen vereinen, wobei der Abstand zwischen den beiden Sieben der Dicke des Papiers entspricht. So entsteht ein Papier, bei dem die Eigenschaften der Ober- und der Unterseite sehr ähnlich sind. In der Langsiebmaschine hergestelltes Papier hingegen weist auf der Siebseite einen faserigeren und weniger kompakten Aspekt auf, da teilweise Teilchen und Füllstoffe durch das auf dieser Seite ausgeübte Saugen verloren gehen. Die Oberseite (Filzseite) ist weniger porös, da ein grosser Teil der feinen Elemente durch die Fasern zurückgehalten wird. Der Doppelsieb-Former wird in den neuen Anlagen der Papierindustrie immer mehr anstelle der Langsiebmaschine verwendet.

2.4.2 **Presse- und Trockenpartie, Schlussgruppe**

In der *Pressenpartie* läuft das Papier zwischen Walzen hindurch, wobei ihm so viel Wasser wie möglich entzogen werden soll. Das Papier wird am Ausgang des Langsiebes von einem Filz übernommen. Auf dieser festen Unterlage wird es zwischen zwei oder mehreren Pressen hindurchgeführt. Das Was-

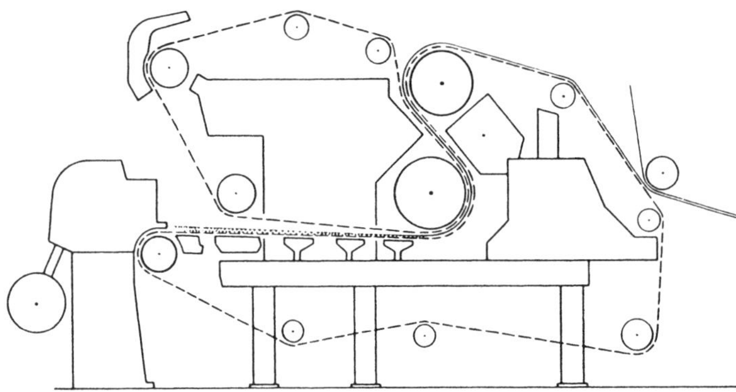

Fig. 2/17: Schéma d'une machine à double toile (par aimable concession du Verband der Schweizerischen Zellstoff-, Papier- und Kartonindustrie, Zurich).

Fig. 2/17: Darstellung eines Doppelsieb-Formers (mit freundlicher Genehmigung des Verbandes der Schweizerischen Zellstoff-, Papier- und Kartonindustrie, Zürich).

de l'eau à travers le papier et par des rouleaux travaillant avec un sabot, de façon à augmenter la surface de contact.

La disposition de plusieurs presses successives permet d'augmenter les pressions exercées sur le papier, à mesure où son contenu en eau diminue, et d'atteindre une siccité du papier de 35–45 %, selon l'efficacité des presses utilisées. Il reste dans le papier 55–65 % d'eau qui ne peut être éliminée par essorage. La partie des presses se termine par une presse offset comportant deux rouleaux destinés à égaliser, autant que possible, les deux faces de la feuille.

L'eau restante est éliminée dans la *sécherie*. La feuille passe sur des cylindres métalliques creux, chauffés à la vapeur d'eau. Des feutres ou toiles synthétiques maintiennent le papier sur les cylindres. L'eau est éliminée soit par conduction, où la chaleur est transmise à la feuille à travers la paroi métallique, soit par convection, où de l'air chaud est soufflé sur la feuille. La chaleur des cylindres est contrôlée, de façon à obtenir une montée progressive de la température de 60 °C à environ 100 °C.

Les cylindres sont disposés par rangées superposées et par groupes, et toute cette section est couverte par une hotte qui permet une aération efficace et la récupération d'une partie de la chaleur.

Entre les groupes de la sécherie on peut placer un *cylindre frictionneur* qui permet d'obtenir un

ser wird ausgepresst, die Fasern verdichten sich, und das Papier gewinnt an Festigkeit.

Die traditionellen vollen Walzen wurden durch Saugwalzen ersetzt, deren Oberflächenstruktur den direkten Wasserablauf ermöglicht, oder durch Walzen mit einer erweiterten Kontaktoberfläche. Durch die Anordnung mehrerer aufeinanderfolgender Pressen kann der auf das Papier ausgeübte Druck in dem Mass erhöht werden, wie der Wassergehalt des Papiers abnimmt. Je nach Leistung der verwendeten Presse erreicht man eine Trockenheit des Papiers von 35–45 %. Es verbleiben 55–65 % Wasser im Papier, die nicht durch Pressen entfernt werden können. Die Pressenpartie wird durch eine Offsetpresse abgeschlossen. Diese besteht aus zwei Walzen, die dazu dienen, die beiden Seiten des Blattes weitmöglichst zu glätten.

In der *Trockenpartie* wird das restliche Wasser eliminiert. Das Blatt wird von Filzen oder synthetischen Geweben über hohle, mit Wasserdampf beheizte Metallzylinder geführt. Das Wasser kann auf zwei Arten entfernt werden: entweder durch Wärmeleitung, wobei die Wärme dem Blatt durch die Metallwand zugeführt wird, oder durch Konvektion, wobei warme Luft auf das Blatt geblasen wird. Die Temperatur des Zylinders wird unter Kontrolle fortschreitend von 60 °C auf 100 °C erhöht.

Die Zylinder sind in Reihen übereinander und in Gruppen angeordnet. Über dem gesamten Bereich

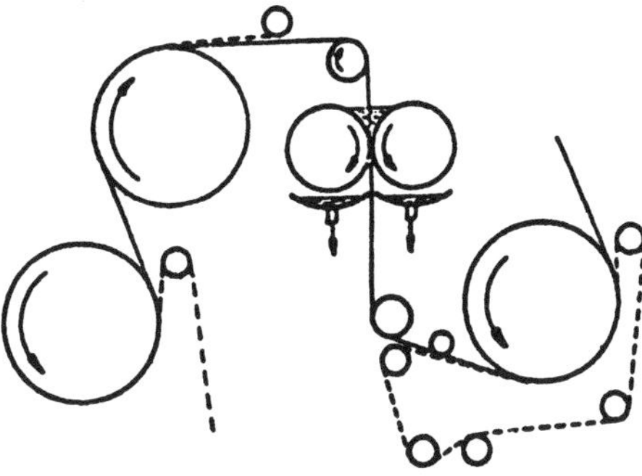

Fig. 2/18: Schéma d'une presse encolleuse.

effet de brillant sur une face du papier: le papier est pressé contre un grand cylindre (4–5 m de diamètre) par un rouleau compresseur et un feutre; l'installation est recouverte d'une hotte soufflant de l'air chaud. La face en contact avec le cylindre prend un aspect «glacé», qui peut encore être renforcé si l'on humidifie au préalable cette face.

Une sécherie à cylindre unique, de construction semblable au cylindre frictionneur, mais avec un diamètre et une capacité de séchage supérieurs, peut, pour certains papiers (p. ex. les papiers ménage), remplacer la sécherie multicylindrique.

La *presse encolleuse (size press)* permet de déposer sur la surface du papier une faible quantité de colle, ce qui améliore ses caractéristiques d'imprimabilité et ses propriétés mécaniques. Par exemple, dans un modèle de size press, le papier passe à travers deux cylindres revêtus de caoutchouc; l'espace entre les deux cylindres est rempli d'une «sauce» contenant de la colle (p. ex. amidon) et éventuellement des pigments. On obtient ainsi un léger couchage du papier. La presse encolleuse dépose, pour les papiers écriture-impression, une quantité de colle de 0,8–1,5 g/face/m^2. A sa sortie, le papier doit à nouveau passer dans une section de sécherie; il en sort avec un taux d'humidité de 5–10 %, approprié pour la plupart des utilisations.

Au moyen de la size press, il est également possible de déposer une fine couche de pigments à la

Fig. 2/18: Darstellung einer Leimpresse.

ist eine Absaugvorrichtung für eine wirkungsvolle Lüftung sowie die Rückgewinnung eines Teils der Wärme angebracht.

Zwischen die Gruppen der Trockenpartie kann man einen *Yankee-Zylinder* einfügen, durch den einer Seite des Papiers Glanzwirkung verliehen werden kann. Der Zylinder (ca. 4–5 m Durchmesser) ist von einer Haube überdeckt, die warme Luft bläst; das Papier wird von einer Presswalze und einem Filz gegen den Zylinder gepresst, wodurch die mit ihm in Berührung kommende Seite ein «glänzendes» Aussehen annimmt, das durch vorheriges Anfeuchten der Seite noch gesteigert werden kann.

Für bestimmte Papiere (z. B. Haushaltpapier) kann die mehrzylindrige Trockenpartie durch eine einzylindrige ersetzt werden. Dieser Einzelzylinder ist ähnlich wie der Yankee-Zylinder konstruiert, verfügt aber über einen grösseren Durchmesser und ein höheres Trocknungsvermögen.

Mit Hilfe der *Leimpresse (size press)* kann man die Papieroberfläche mit einer geringen Menge Leim überziehen, wodurch ihre Bedruckbarkeit und ihre mechanischen Eigenschaften verbessert werden. Es gibt zum Beispiel einen Leimpressentyp, bei dem das Papier zwei mit Kautschuk verkleidete Zylinder durchläuft. Der zwischen den beiden Zylindern befindliche Raum ist mit einer Masse gefüllt, die Leim (z. B. Kleister) und eventuell auch Pigmente enthält.

surface du papier, soit pour améliorer son aspect, soit pour préparer la surface à recevoir un véritable couchage.

A la sortie de la sécherie, le papier a une surface un peu irrégulière qui doit encore être modifiée par les opérations de finition.

Par le passage à travers une *lisse,* on obtient une égalisation de la surface de la feuille : elle est formée par des rouleaux en métal poli exerçant une pression déterminée sur le papier. Les irrégularités du papier sont écrasées et sa surface aura un aspect légèrement satiné ; le papier ainsi traité est dit « apprêté ».

Enfin, le papier est enroulé en bobines par une machine dite *bobineuse*.

2.5 Traitements de surface

Les papiers qui sortent de la machine à papier sans autres traitements supplémentaires sont dits « papiers nature ». Dans ces papiers, les surfaces côté toile et côté supérieur restent légèrement différentes.

Il est possible d'améliorer l'aspect de la surface et les caractéristiques d'imprimabilité soit par des traitements physiques, soit en ajoutant une couche superficielle sur une ou sur les deux faces du papier.

- ☐ Une modification importante de l'aspect superficiel est obtenue par une calandre, dite aussi « supercalandre », laquelle permet d'exercer sur le papier des pressions beaucoup plus élevées (environ dix fois supérieures) qu'avec une lisse. La feuille passe entre des rouleaux alternés en fonte et en matériel élastique (fibres textiles, laine, fibres cellulosiques) ; le microglissement qui se produit entre ces rouleaux donne au papier une surface satinée. Il est possible de traiter ainsi soit une face, soit les deux faces de la feuille. Le résultat final est influencé par de nombreux facteurs, tels que l'humidité du papier, la température, la qualité des rouleaux, la pression, la vitesse et la composition superficielle du papier. La calandre est souvent placée séparément de la machine à papier, car les vi-

So wird ein leichter Strich des Papiers erreicht. Die Leimpresse gibt für Schreib- und Druckpapiere eine Leimmenge von 0,8 bis 1,5 g/Seite/m^2 ab. Aus der Leimpresse kommend, durchläuft das Papier von Neuem eine Trockenpartie, die es mit einem Feuchtigkeitsgehalt von 5 bis 10 % verlässt. Damit ist es für die meisten Verwendungszwecke geeignet.

Mit der Leimpresse ist es ferner möglich, eine feine Pigmentschicht auf die Papieroberfläche aufzutragen, entweder um ihr Aussehen zu verbessern oder um die Oberfläche auf einen tatsächlichen Strich vorzubereiten.

Nach Verlassen der Trockenpartie hat das Papier eine leicht unregelmässige Oberfläche, die noch veredelt werden muss.

Im *Glättwerk* wird die Gleichmässigkeit der Papieroberfläche verbessert. Die Papierbahn wird zwischen Walzen aus poliertem Metall hindurchgeführt, die einen regulierbaren Druck ausüben. Die Unregelmässigkeiten des Papiers werden geglättet, und es nimmt ein leicht satiniertes Aussehen an. Ein so behandeltes Papier nennt man «maschinenglatt» (matt).

Schliesslich wird das Papier von einer *Tambour* genannten Maschine aufgespult.

2.5 Oberflächenbehandlungen

Papiere, die ohne weitere zusätzliche Behandlungen aus der Papiermaschine kommen, werden «Naturpapiere» genannt. Bei diesen Papieren unterscheidet sich die Flächenstruktur der Siebseite leicht von der Struktur der Oberseite.

Es ist möglich, das Aussehen der Oberfläche und die Bedruckbarkeit entweder durch mechanische Behandlungen oder durch das Bestreichen der Oberfläche einer oder beider Seiten des Papiers zu verbessern.

- ☐ Eine bedeutende Veredelung der Oberfläche kann mit dem Kalander, auch «Satinierkalander» genannt, erreicht werden, mit dem man auf das Papier einen viel höheren (ungefähr den zehnfachen) Druck ausüben kann als mit einem Glättwerk. Das Blatt läuft abwechslungsweise zwischen Walzen aus Stahlguss und solchen aus

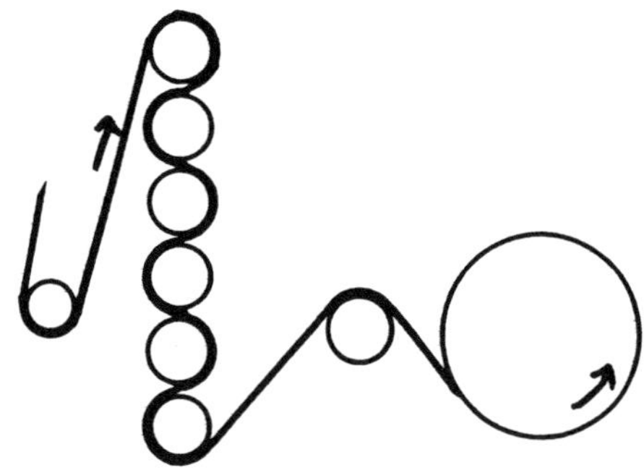

Fig. 2/19: Schéma d'une calandre.
Fig. 2/19: Darstellung eines Kalanders.

tesses de passage ne peuvent pas être très élevées. Le papier qui a passé dans une calandre est « satiné » (une face, deux faces).

- ☐ Le couchage modifie la structure de surface du papier par le dépôt d'une fine couche de matières minérales très finement pulvérisées, fixée par un liant. Cette couche régularise la surface et bouche les pores du papier; elle permet d'améliorer la blancheur et l'imprimabilité du papier. Le couchage peut être appliqué à des supports fibreux de qualités très différentes, allant des papiers de pâte mécanique jusqu'aux papiers de cellulose pure. La solidité d'un papier couché dépend uniquement du support fibreux utilisé, car la couche de pigments sur la surface n'améliore pas les caractéristiques mécaniques du papier.

Le couchage est fait par application d'une « sauce » composée à 80–90 % de pigments et à 10–20 % de liants. Les pigments sont en principe les mêmes que ceux utilisés comme charges, mais ils sont plus finement pulvérisés. Les plus importants sont :

- le kaolin : argile réfractaire blanche, très pure et friable ;
- le blanc satin : aluminate de calcium obtenu à partir d'alun et de lait de chaux ;
- le carbonate de calcium : obtenu artificiellement par introduction d'acide carbonique dans du lait de chaux, ou sous forme de craie, qui est une roche sédimentaire contenant presqu'exclusivement du calcaire $CaCO_3$ et un peu d'argile;

elastischem Material (Textilfasern, Wolle, cellulosehaltige Fasern) hindurch. Durch den sich zwischen den Walzen entwickelnden Reibungsdruck wird dem Papier eine satinierte Oberfläche verliehen. Man kann auf diese Weise eine oder beide Blattseiten behandeln. Das Endergebnis wird von zahlreichen Faktoren (Feuchtigkeit des Papiers, Temperatur, Qualität der Walzen, Druck, Geschwindigkeit, Oberflächenzusammensetzung des Papiers) beeinflusst. Der Kalander wird meistens getrennt von der Papiermaschine aufgestellt, da die Durchlaufgeschwindigkeiten nicht sehr hoch sind. Das Papier, das einen Kalander durchlaufen hat, wird als satiniert bezeichnet (einseitig, beidseitig).

- ☐ Mit dem Strich wird die Oberflächenstruktur des Papiers verändert, indem eine dünne Schicht fein pulverisierter mineralischer Stoffe aufgetragen und durch das enthaltene Bindemittel fixiert wird. Der Strich ebnet die Oberfläche, verstopft die Poren im Papier und verbessert damit dessen Bedruckbarkeit und Weisse. Gestrichen werden können Papiere verschiedenster Faserstoffqualität, von Holzschliff bis zu reiner Cellulose. Die Haltbarkeit eines gestrichenen Papiers hängt allein von der verwendeten Faserstoffqualität ab, da die mechanischen Eigenschaften des Papiers durch die Pigmentschicht auf der Oberfläche nicht verbessert werden.

Gestrichen wird mit einer Streichmasse, die zu 80–90 % aus Pigmenten und zu 10–20 % aus Bindemitteln besteht. Die Pigmente sind gewöhnlich die gleichen wie die als Füllstoffe verwendeten, sie werden aber feiner pulverisiert. Die wichtigsten sind:

- Kaolin: weisser, feuerfester Ton, sehr rein und brüchig;
- Satinweiss: Calcium-Aluminat wird aus Alaun und Kalkmilch hergestellt;
- Calciumcarbonat: Synthetisches Calciumcarbonat wird durch das Einleiten von Kohlensäure in Kalkmilch gewonnen. In der Natur bildet es Kreide, ein Sedimentgestein, das fast ausschliesslich aus Kalkspan $CaCO_3$ und etwas Ton besteht;
- Titanoxid: Es wird aus natürlichen Vorkommen oder künstlich gewonnen. Es ist sehr

– l'oxyde de titane : extrait de gisements naturels ou obtenu chimiquement. Il est très cher et employé notamment dans la fabrication des papiers bible afin de leur donner l'opacité nécessaire.

Les liants les plus utilisés sont des amidons, des méthylcelluloses, la caséine et des polymères synthétiques. A ces composants viennent s'ajouter des produits auxiliaires pour améliorer la dispersion et la fluidité de la sauce, pour obtenir une surface peu sensible à l'eau (impression offset) ou pour d'autres buts encore.

Le couchage est réalisé dans des machines dites coucheuses qui étalent sur la surface du papier une quantité bien déterminée de sauce. On distingue plusieurs catégories de couchage, selon la quantité de pigment appliquée sur chaque face du papier, citées au point 3.2.1 ci-après.

Il existe des machines très différentes pour cette opération ; généralement le papier est enduit de la sauce de couchage par un rouleau ou des injecteurs ; la quantité en excès est éliminée par une lame métallique ou par un jet d'air.

Le papier couché doit à nouveau être séché : passage soit sur des cylindres sécheurs classiques, soit dans un tunnel à air chaud où la feuille repose sur un coussin d'air, ou encore dans des séchoirs à rayons infrarouges.

Le papier couché peut rester mat ou être rendu satiné ou brillant à la surface par le passage dans une calandre ou avec d'autres procédés, selon le résultat souhaité et les matières utilisées pour le couchage.

teuer und wird vor allem für Bibelpapier verwendet, um diesem die nötige Opazität zu verleihen.

Als Bindemittel werden hauptsächlich Stärken, Methylcellulosen, Kasein und synthetische Polymere verwendet. Diesen Komponenten setzt man Hilfsstoffe zu, um zum Beispiel die Verteilung und die Beweglichkeit der Streichmasse zu verbessern, eine kaum wasserempfindliche Oberfläche zu erhalten (Offsetdruck) und anderes mehr.

Der Strich wird im Streichwerk durchgeführt, das eine festgesetzte Menge der Streichmasse auf dem Papier verteilt. In Abhängigkeit von der Pigmentmenge, die auf jede Papierseite aufgetragen wird, wird zwischen mehreren Stricharten unterschieden, siehe nachfolgenden Punkt 3.2.1.

Es gibt sehr unterschiedliche Maschinen für diesen Vorgang. Gewöhnlich wird das Papier mit Hilfe einer Walze oder von Düsen mit der Streichmasse bedeckt und die überschüssige Masse mittels einer Metallklinge oder eines Luftstrahls entfernt.

Das gestrichene Papier muss erneut getrocknet werden: auf den herkömmlichen Trockenzylindern, in einem Warmlufttunnel, in dem das Blatt auf einem Luftkissen liegt, oder in einem Infrarot-Trockner.

Gestrichenes Papier kann matt bleiben, es kann aber auch mittels eines Durchgangs durch einen Kalander oder mittels anderer Behandlungsweisen satiniert oder glänzend gemacht werden, je nach dem gewünschten Resultat und den für den Strich verwendeten Stoffen.

3 Les papiers d'aujourd'hui

3.1 Les papiers de production artisanale

La tradition artisanale dans la production papetière reste vivante encore aujourd'hui grâce à quelques dizaines de moulins à papier qui appliquent les techniques traditionnelles. Le papier y est produit à partir de fibres végétales (chiffons, déchets de l'industrie textile, linter de coton); il ne devrait pas contenir de fibres issues du bois.

Si l'aspect des feuilles produites par les moulins à papier est toujours très beau, la qualité de ces papiers est en principe excellente, mais n'est pas forcément garantie par le respect d'une norme. Il existe un choix relativement étendu de textures, de grammages et de couleurs dans les papiers produits artisanalement. Leur utilisation est principalement liée aux activités artistiques et aux impressions d'art; leur utilisation en conservation est limitée par le prix très élevé de ces papiers. Actuellement, des papiers produits industriellement selon des critères de conservation à long terme remplacent les papiers à la cuve pour les fonctions de conservation; les papiers de production artisanale sont par contre encore utilisés pour la restauration.

3.2 Les papiers de production industrielle

3.2.1 Terminologie essentielle

- ☐ Papier chiffon – papier fabriqué à partir de fibres textiles provenant généralement de l'industrie: en général, il s'agit de linter de coton, formé par les fibres courtes qui restent sur les graines de coton. Ces fibres ne sont plus utilisées que pour la production de billets de banque et de papiers particuliers de très haute qualité.
- ☐ Papier sans bois – papier fabriqué à partir de fibres provenant de bois dont presque toutes les impuretés ligneuses ont été éliminées: il s'agit de cellulose chimique blanchie. Cette gamme couvre actuellement presque tous les papiers de bonne qualité et les papiers pour copie et impression non recyclés.
- ☐ Papier avec bois – papier fabriqué à partir de pâtes mécaniques et pâtes mécaniques amélio-

3 Moderne Papiere

3.1 Handgeschöpfte Papiere

Die Tradition handgeschöpfter Papiere bleibt dank einigen Papiermühlen, in denen die herkömmlichen Methoden angewendet werden, noch heute lebendig. Das Papier wird hier normalerweise aus pflanzlichen Fasern (Lumpen, Abfälle der Textilindustrie oder Baumwoll-Linters) hergestellt; es sollte keine aus Holz gewonnenen Fasern enthalten.

Obwohl das von diesen Papiermühlen hergestellte Papier sehr schön aussieht und die Qualität im Prinzip hervorragend ist, kann es doch sein, dass seine Qualität nicht unbedingt durch eine Norm abgesichert wird. Es gibt ziemlich viele verschiedene handgeschöpfte Papiere; sie unterscheiden sich durch ihre Oberflächenbeschaffenheit, ihr Flächengewicht und ihre Farbe. Sie werden hauptsächlich für künstlerische Zwecke und für den Kunstdruck verwendet; aufgrund ihres hohen Preises werden sie in der Konservierung nur beschränkt eingesetzt. Für Konservierungsaufgaben werden Büttenpapiere heutzutage durch industriell hergestellte Papiere ersetzt, die den Anforderungen der Langzeitkonservierung entsprechen. Handgeschöpfte Papiere werden aber noch im Bereich der Restaurierung benutzt.

3.2 Industriell hergestellte Papiere

3.2.1 Terminologie

- ☐ Hadernpapier – Papier aus Textilfasern, die gewöhnlich aus der Industrie stammen: im Allgemeinen Baumwoll-Linters, gebildet aus den kürzeren Fasern, die auf dem Baumwollsamen verbleiben. Diese Fasern werden nur noch für Banknoten und besondere Papiere hervorragender Qualität verwendet.
- ☐ Holzfreies Papier – Papier aus Zellstoff (chemisch gebleichte Cellulose); in dem aus Holz gewonnenen Faserstoff wurden fast alle vom Holz stammenden Unreinheiten beseitigt. Fast alle Papiere guter Qualität und nicht rezykliertes Kopier- und Druckpapier werden gegenwärtig mit Faserstoff aus dieser Kategorie hergestellt.

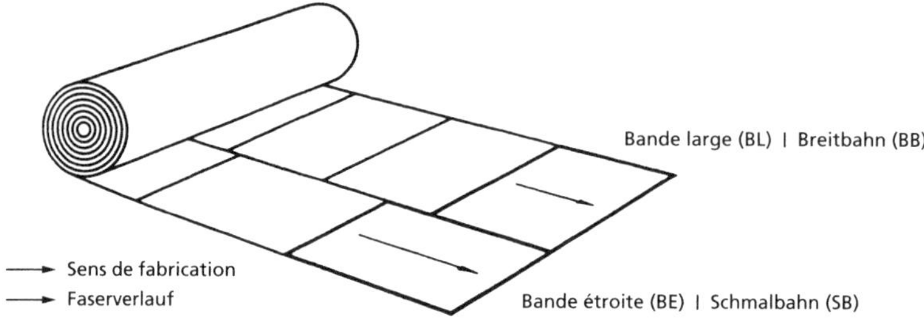

Fig. 2/20: Schéma « bande étroite » et « bande large » dans une feuille de papier (d'après « Le manuel de l'imprimeur », Bernasconi, 1989).

Fig. 2/20: Darstellung von «Schmalband» (SB) und «Breitband» (BB) eines Bogens (aus: «Handbuch drucktechnischer Papierangaben», Bernasconi, 1989).

rées (TMP, CTMP). Ce type de fibres est présente dans tous les papiers ordinaires, papiers journal, magazine, catalogue, etc., sous forme de fibres fraîches ou recyclées.

- ☐ Papier sans chlore (TCF) – papier fabriqué à partir de pâtes blanchies sans produits chlorés. Le chlore est remplacé par de l'oxygène issu de l'eau oxygénée ; d'où réduction importante de la pollution des eaux. Cette définition ne renseigne pas sur la qualité des fibres, comme les deux appellations suivantes.
- ☐ Papier pauvre en chlore (ou sans chlore élémentaire, ECF) – papier fabriqué à partir de pâtes blanchies où le chlore moléculaire du premier traitement est remplacé par de l'eau oxygénée ; cette méthode permet une réduction sensible de la pollution des eaux.
- ☐ Sens du papier – dans la fabrication à la machine, les fibres de papier tendent à s'orienter dans le sens du mouvement de la bande de papier, ce qui confère au papier des caractéristiques différentes selon la direction que l'on considère :
  - La feuille de papier se plie plus facilement dans le sens parallèle au sens de fabrication, ce dont les imprimeurs doivent tenir compte pour obtenir des livres qui s'ouvrent facilement ; les fibres doivent toujours être orientées perpendiculairement au texte et parallèlement au pli du cahier.
  - Les fibres de papier s'allongent difficilement et gonflent sensiblement au contact de l'eau ; ainsi, les propriétés élastiques et les réactions

- ☐ Holzhaltiges Papier – Papier aus Holzschliff und Refinerstoff (TMP, CTMP). Faserkategorie (auch rezykliert), die in gewöhnlichem Papier wie zum Beispiel für Zeitungen, Zeitschriften, Kataloge enthalten ist.
- ☐ Chlorfreies Papier (total chlorfrei, TCF) – Papier aus gebleichtem Faserstoff. Beim Bleichen wurde anstelle von Chlorprodukten Sauerstoff verwendet, der aus Wasserstoffperoxid gewonnen wird. Bedeutende Herabsetzung der Wasserverschmutzung. Mit dieser Definition wird, wie bei den folgenden beiden, keine Auskunft über die Faserqualität gegeben.
- ☐ Chlorarmes Papier (elementar chlorfrei, ECF) – Papier aus gebleichtem Faserstoff, ohne Produkte auf Chlorbasis. Beim Bleichen wurde das molekulare Chlor der ersten Behandlungsstufe durch Wasserstoffperoxid ersetzt und dadurch die Wasserverschmutzung deutlich vermindert.
- ☐ Laufrichtung des Papiers – Während des Herstellungsvorgangs in der Maschine richten sich die Papierfasern in Richtung der Bandbewegung aus. Das verleiht dem Papier entsprechend seiner Ausrichtung (parallel oder quer zur Laufrichtung) sehr unterschiedliche Eigenschaften:
  - Ein Blatt Papier lässt sich leichter parallel zur Laufrichtung falzen. Diese Tatsache muss von den Druckern berücksichtigt werden, damit Bücher produziert werden können, die sich leicht öffnen lassen. Die Fasern sollten immer senkrecht zum Text und parallel zum Falz der Lage ausgerichtet sein.

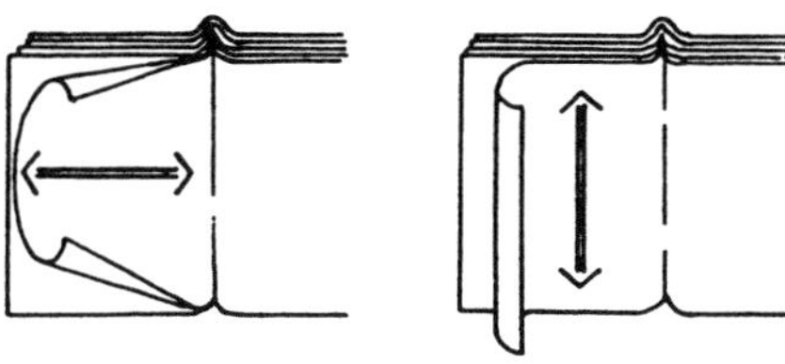

Fig. 2/21: Effets sur le mouvement des feuilles d'un livre de la direction des fibres du papier. D'après Muzerelle http://vocabulaire.irht.cnrs.fr/pages/vocab2.htm (XII 2009).

Fig. 2/21: Auswirkung der Faserausrichtung auf das Verhalten der Blätter im Buch. Nach Muzerelle http://vocabulaire.irht.cnrs.fr/pages/vocab2.htm (XII 2009).

à l'humidité sont très différentes selon qu'on prenne le papier dans son sens parallèle ou perpendiculaire au sens de fabrication.

Dans les feuilles livrées par l'industrie du papier, on distingue, selon l'orientation des fibres, une bande étroite (BE) et une bande large (BL). Dans la BE, les fibres sont orientées parallèlement au grand côté, alors que dans la BL elle sont parallèles au petit côté.

- ☐ Main du papier – elle désigne l'aspect plus ou moins « compact » ou « bouffant » du papier. L'indice de main se calcule en divisant l'épaisseur de la feuille (microns) par le poids du papier (g par m^2). Ainsi, un papier de 100 microns et de 100g/m^2 aura une main de 1,0; un papier de même grammage, mais d'une épaisseur de 150 microns, donc plus « bouffant », aura une main de 1,5.
- ☐ Epair du papier – uniformité du papier regardé en transparence.
- ☐ Papiers pigmentés et couchés:
  Ces termes concernent la présence d'une couche minérale superficielle. Dans ces papiers, nous pouvons distinguer les supports et l'épaisseur de la couche. La distinction fondamentale concernant le support est celle des papiers « couchés sans bois » ou « couchés avec bois ». Cette appellation se réfère uniquement à la nature du support fibreux; elle se combine avec l'appellation relative à l'épaisseur du couchage.

Selon l'épaisseur de la couche apportée, on distingue plusieurs types de papiers couchés:

- Bei Kontakt mit Wasser verlängern sich die Papierfasern kaum, quellen aber beträchtlich auf. Die Biegsamkeit eines Papierbogens und seine Reaktion auf Feuchtigkeit ist daher stark von der Ausrichtung der Fasern abhängig.

Bei den von der Papierindustrie gelieferten Bogen unterscheidet man, je nach Ausrichtung der Fasern, ein Schmalband (SB) und ein Breitband (BB). Beim SB sind die Fasern parallel zur längeren Seite ausgerichtet, während sie beim BB parallel zur kürzeren Seite ausgerichtet sind.

- ☐ X-faches Volumen des Papiers – Ausdruck für das mehr oder weniger feste oder bauschige Aussehen des Papiers. Das x-fache Volumen wird berechnet, indem man die Dicke des Blattes in Mikron durch seine Masse in Gramm pro Quadratmeter dividiert. So hätte ein Blatt von 100 Mikron und 100 g/m^2 ein x-faches Volumen von 1,0; ein Papier vom selben Flächengewicht, aber von einer Dicke von 150 Mikron, also «bauschiger», hätte ein x-faches Volumen von 1,5.
- ☐ Durchsicht-Prüfmethode – vor durchscheinendem Licht wird die gleichmässige Beschaffenheit des Papiers beurteilt.
- ☐ Pigmentiertes und gestrichenes Papier:
  Diese Begriffe beziehen sich auf eine mineralische Oberflächenbehandlung durch Strich. Gestrichene Papiere können wir nach dem Trägerpapier und nach der Dicke des Strichs unterscheiden. Der entscheidende Unterschied bei den Trägerpapieren besteht zwischen «holzfrei gestrichen» und «holzhaltig gestrichen». Diese Bezeichnung bezieht sich allein auf die Beschaffenheit des Trägerpapiers und wird mit der Benennung verbunden, die der Dicke des Strichs entspricht.

Je nach Dicke des aufgetragenen Strichs unterscheidet man mehrere Sorten gestrichenen Papiers:

- pigmentiertes Papier: 3–6 g/m^2/Seite, gewöhnlich in der size press aufgetragen;
- einfach gestrichenes Papier: 6–12 g/m^2/Seite;
- zweifach gestrichenes Papier: 10–20 g/m^2/Seite;
- Kunstdruckpapier (oder originalgestrichen): 20–30 g/m^2/Seite;
- Chromolux, Spiegelglanzpapier: erhält seinen Glanz in einer Maschine, in der das Trocknen

- papiers pigmentés : 3–6 g/m^2/face, généralement dans la size press ;
- papiers simple couchés : 6–12 g/m^2/face ;
- papiers double couchés (couchés modernes) : 10–20 g/m^2/face ;
- papiers couchés véritables (ou couchés classiques) : 20–30 g/m^2/face ;
- papiers couchés sur chrome : reçoivent leur couche dans une machine où le séchage se fait contre un cylindre chromé, ce qui confère une brillance particulière à la surface. Cette technique est utilisée surtout pour des cartons d'emballage. Remarquons que ces appellations ne nous renseignent pas sur les pigments, les liants et les additifs utilisés pour le couchage.

☐ Papiers nature, apprêté, satiné:
Ces termes concernent le traitement physique de la surface du papier. Dans ce domaine, nous distinguons, dans une échelle croissante, les traitements destinés à égaliser les surfaces du papier :
- papier nature ou brut de machine : papier tel qu'il sort de la sécherie de la machine à papier ;
- papier apprêté : papier dont la surface a été égalisée par une lisse ; son aspect reste mat ;
- papier satiné : papier satiné, sur une ou deux faces, par le passage dans une calandre ;
- papier brillant : papier, nécessairement couché, dont la surface a été rendue brillante par le passage dans une calandre après le couchage. Les papiers couchés peuvent également être réalisés avec une surface mate ou satinée.

3.2.2 Le classement des papiers

L'industrie du papier produit une infinité de sortes de papiers et de cartons pour toutes sortes d'usages. Il n'existe pas de classement internationalement appliqué pour distinguer les sortes de papier. Une norme française distingue cinq groupes, en fonction de leur usage :

1. Impression-écriture
2. Emballage
3. Carton
4. Sanitaire et domestique
5. Papiers et cartons spéciaux

durch das Drücken der Strichoberfläche gegen einen Chromzylinder vor sich geht. Diese Technik wird besonders für Verpackungskartons angewendet. Wie wir sehen, sagen diese Bezeichnungen nichts über die Pigmente, die Bindemittel und die für den Strich benutzten Zusätze aus.

☐ Naturpapier, maschinenglattes und satiniertes Papier:
Diese Begriffe geben über die mechanische Behandlung der Papieroberfläche Auskunft. Wir unterscheiden hier nach Methoden der Papierglättung:
- Natur- oder Rohpapier: nach der Trockenpartie der Papiermaschine nicht mehr bearbeitetes Papier;
- maschinenglattes Papier: durch das Glättwerk gegangenes Papier; sein Aussehen bleibt matt;
- Naturpapier satiniert: durch Kalander ein- oder beidseitig satiniertes Papier;
- gestrichenes Papier, glänzend: die Oberfläche des gestrichenen Papiers wird mit dem Durchgang durch einen Kalander glänzend gemacht. Die gestrichenen Papiere können auch mit einer matten oder satinierten Oberfläche hergestellt werden.

3.2.2 Die Klassifizierung der Papiere

Die Papierindustrie produziert sehr viele, je nach dem Verwendungszweck unterschiedliche Papier- und Kartonsorten. Eine international anerkannte Klassifizierung zur Unterscheidung der Papiersorten gibt es allerdings nicht. Eine französische Norm unterteilt sie ihrer Verwendung nach in fünf Gruppen:

1. Druck/Schrift
2. Verpackung
3. Karton
4. Sanitätswesen/Haushalt
5. Spezielle Papiere und Kartons

Die Schwierigkeiten dieser Klassifizierung sind schon ersichtlich, wenn man an die vielen Verpackungspapiere denkt, die sich hervorragend zum Bedrucken eignen müssen. Kategorien, die auf den Verwendungsbereichen des Papiers beruhen, werden sich immer überschneiden.

Les limites de ce classement sont évidentes si l'on pense, par exemple, à tous les papiers d'emballage qui doivent avoir d'excellentes caractéristiques d'imprimabilité; il n'est pas possible d'établir des catégories qui ne se recoupent pas, en se basant simplement sur l'usage.

Dans les bibliothèques et les archives, nous sommes confrontés surtout à des papiers de la catégorie impression-écriture. La tendance actuelle des producteurs de papier est de désigner de plus en plus les papiers selon leur fonction, sans indiquer ni leur composantes, ni leur processus de production. Le consommateur dispose de peu d'informations sur la nature des papiers qu'il achète. La seule distinction qui reste encore fréquemment utilisée dans la description des produits accessibles à l'utilisateur concerne les papiers «sans bois». Pour cette raison, l'utilisation de normes de référence devient toujours plus nécessaire.

3.3 Les papiers longue conservation ou papiers permanents

3.3.1 Principes généraux

Nous avons vu que les différentes appellations industrielles du papier ne nous renseignent que peu sur les composants du papier; cette information est pourtant essentielle pour prévoir le vieillissement à long terme du papier. Pour cette raison, des normes particulières ont été élaborées pour définir les caractéristiques minimales des papiers dits «permanents» ou de «longue conservation», c'est-à-dire de papiers qui garantissent une certaine stabilité dans le temps.

Un papier permanent, dont l'espérance de vie se situe au moins à quelques siècles, doit répondre à quatre exigences minimales, reprises par les principales normes à ce sujet.

1. Il doit être formé par des fibres de cellulose pure, c'est-à-dire être exempt de pâte de bois.[15] Cette exigence exclut l'utilisation de pâte mécanique, mais peut être aisément remplie avec

[15] La mesure est faite à travers la valeur Kappa (K), qui doit être inférieure à 5. Cette valeur garantit un pourcentage de lignine inférieur à 2 %, ce qui représente la marge d'erreur de la méthode d'analyse utilisée.

In den Bibliotheken und Archiven haben wir es besonders mit Papieren für Druck und Schrift zu tun. Heute kennzeichnen die Hersteller die Papiere entsprechend ihrer Funktion, ohne dabei Bestandteile und Herstellungsverfahren anzugeben. Der Verbraucher verfügt demnach kaum über Informationen über die Art des von ihm gekauften Papiers. Am häufigsten wird in der Produktbeschreibung als Unterscheidung «holzfreies» Papier angegeben. Es wird daher immer wichtiger, sich auf Normbestimmungen zu stützen.

3.3 Alterungsbeständige Papiere beziehungsweise Konservierungspapiere

3.3.1 Allgemeine Grundsätze

Wir haben gesehen, dass uns die verschiedenen Papierbezeichnungen der Industrie nur wenig Auskunft über die Papierbestandteile geben; diese Informationen sind aber entscheidend, um langfristig die Alterung des Papiers vorauszusehen. Aus diesem Grund wurden besondere Normen für die erforderlichen Mindestmerkmale des mit «alterungsbeständig» bezeichneten Papiers entwickelt, das heisst von Papier, das eine langfristige Stabilität gewährleistet.

Ein mit «alterungsbeständig» bezeichnetes Papier, dessen Lebenserwartung zumindest einige Jahrhunderte betragen soll, muss vier Mindestanforderungen entsprechen, die bei den gängigsten Normen berücksichtigt werden:

1. Es muss aus reinen Cellulosefasern bestehen, das heisst frei von Holzschliff beziehungsweise Refinerstoff sein.[15] Diese Forderung schliesst die Verwendung von Holzschliff/Refinerstoff aus, kann aber leicht durch den Einsatz von Zellstoff erfüllt werden, ohne auf Textilfasern zurückgreifen zu müssen (Baumwolle, Leinen, Hanf).
2. Es muss einen leicht basischen pH-Wert von ca. 7,5–9,5 haben. Diese Forderung schliesst die Anwendung von Leimungsverfahren im

[15] Gemessen wird durch den Wert Kappa (K), der unter 5 liegen muss. Dieser Wert garantiert einen Ligninanteil von unter 2 %, was der Fehlergrenze der angewendeten Analysemethode entspricht.

de la cellulose chimique blanchie, sans recourir à des fibres textiles (coton, lin, chanvre).
2. Il doit avoir un pH légèrement alcalin, soit d'environ 7,5 à 9,5. Cette exigence exclut l'utilisation de méthodes de collage acides, en particulier l'utilisation de colophane et d'alun.
3. Il doit contenir une réserve alcaline d'environ 2 % de carbonate de calcium.
4. Il doit posséder une bonne résistance mécanique initiale, mesurée avec un test de résistance à la déchirure.

3.3.2 Les normes pour les papiers permanents

La norme européenne ISO 9706 (1994) est le plus fréquemment utilisée, et on trouve une norme américaine correspondante, ANSI Z 39.48-1992 ; les deux normes donnent des indications et des méthodes de vérification légèrement différentes.

Une norme européenne plus récente, la ISO 11108 (1996), pose des exigences supplémentaires pour les papiers destinés à être archivés à long terme ; ces exigences concernent :

- ☐ la composition du papier, qui devrait être « principalement » à base de fibres textiles, avec une minorité de fibres de cellulose chimique blanchie;
- ☐ une plus grande résistance mécanique initiale, mesurée avec un test de résistance à la déchirure (comme pour ISO 9706) et un test de résistance au pliage.

Avec la norme ISO 9706, la norme ISO 11108 constitue la référence pour tout achat de papier à des fins de conservation. Si la norme ISO 9706 est largement diffusée et utilisée, les papiers produits selon la norme plus sévère ISO 11108 sont restés marginaux.

Il existe également des normes nationales, comme par exemple la norme autrichienne Önorm A 1119, ou d'autres normes, en Italie et en Finlande par exemple, qui suivent essentiellement les mêmes critères.

La norme allemande DIN 6738 classe les papiers en fonction de leur durée de vie, qui est évaluée sur la base du comportement de ce papier pendant un vieillissement artificiel d'une durée déterminée, mais ne donne pas d'indication sur la composition du papier.

sauren Bereich aus, besonders den Gebrauch von Kolophonium und Alaun.
3. Es muss eine alkalische Reserve in einem Anteil von ca. 2 % Calciumcarbonat beinhalten.
4. Es muss über einen guten mechanischen Ausgangswiderstand verfügen, der mit dem Reissfestigkeitstest gemessen wird.

3.3.2 Normen für alterungsbeständiges Papier

Die europäische Norm ISO 9706 (1994) wird häufiger angewendet als die amerikanische Norm ANSI Z 39.48-1992. Beide geben leicht voneinander abweichende Angaben und Prüfungsmethoden an.

Eine neuere europäische Norm, ISO 11108 (1996), stellt zusätzliche Anforderungen an alterungsbeständige Papiere:

- ☐ das Papier soll «hauptanteilig» aus Textilfasern mit einem geringeren Anteil an Zellstoff bestehen;
- ☐ der mechanische Ausgangswiderstand soll höher sein; Messung durch Tests der Reissfestigkeit (wie für ISO 9706) und der Falzfestigkeit.

Die Norm ISO 9706 bildet zusammen mit der Norm ISO 11108 die Referenz für den Einkauf von Konservierungspapieren. Während die Norm ISO 9706 weitreichend angewendet wird, bleiben die nach der strengeren Norm ISO 11108 hergestellten Papiere von untergeordneter Bedeutung.

Es gibt auch nationale Normen, wie zum Beispiel die österreichische Norm Önorm A 1119, oder auch Normen in Italien und in Finnland, die im Wesentlichen die gleichen Kriterien beinhalten.

Die deutsche Norm DIN 6738 teilt die Papiere nach ihrer Lebensdauer ein. Die Einstufung erfolgt auf der Grundlage des Papierverhaltens während einer zeitlich begrenzten künstlichen Alterung, es werden aber keine Angaben zur Zusammensetzung des Papiers gemacht.

Quatre «classes de durabilité» (Lebensdauer-Klassen LDK) sont prévues:

Classe de durabilité LDK	24–85	12–80	6–70	6–40
Durée du vieillissement en jours	24	12	6	6
Facteur de durée de vie	0,85	0,80	0,70	0,40
Durée de vie estimée	durée maximale	plusieurs siècles	> 100 ans	> 50 ans

Cette norme se base sur les indications données par un vieillissement artificiel,[16] qui sont certainement significatives, mais ne doivent pas être interprétées de manière absolue. Le «facteur de durée de vie» exprime la perte des qualités mécaniques du papier après le vieillissement artificiel.

Il faut enfin relever qu'à l'intérieur de ces normes des différences qualitatives importantes sont possibles. Ainsi: par rapport à la qualité des fibres, les fibres cellulose chimique blanchie offrent des caractéristiques mécaniques inférieures à celles de coton, bien que toutes ces fibres soient utilisables pour produire des papiers de longue conservation. Ou encore: la présence d'azurants optiques n'est généralement pas interdite par ces normes, bien qu'on soupçonne leur influence négative à long terme sur la blancheur du papier. Les très nombreux additifs utilisés pour la production des papiers industriels ne sont également pas considérés.

Le marché de la longue conservation a pris une certaine importance économique au cours des dernières années et une partie des produits sont déclarés en conformité avec les normes citées ci-dessus. Mais il existe sur le marché des papiers qui répondent à ces normes sans que cela soit déclaré. Ainsi, presque tous les papiers pour copieurs et imprimantes de la qualité «sans bois» ou, selon ce qu'on a estimé, la moitié au moins des papiers offset «sans bois» sont conformes aux normes pour la longue conservation.

[16] Le vieillissiment est fait à une température de 80 ±0,5 °C et par une humidité relative de 65 ±2 %.

Vier «Lebensdauer-Klassen» (LDK) sind vorgesehen:

Lebensdauer-Klasse LDK	24–85	12–80	6–70	6–40
Alterungszeit in Tagen	24	12	6	6
Faktor Lebensdauer	0,85	0,80	0,70	0,40
Geschätzte Lebensdauer	maximale Dauer	mehrere Jahrhunderte	> 100 Jahre	> 50 Jahre

Diese Norm beruht auf Angaben, die sich infolge einer künstlichen Alterung[16] ergeben. Sie sind zwar aufschlussreich, sollten aber nicht als absolut interpretiert werden. Der «Faktor Lebensdauer» zeigt den Verlust der mechanischen Qualitäten des Papiers nach der künstlerischen Alterung auf.

Es sei noch angemerkt, dass innerhalb dieser Normen noch bedeutende qualitative Unterschiede möglich sind. So die Faserqualität: Die mechanischen Eigenschaften der Zellstofffasern sind denen der Baumwollfasern unterlegen, beide Faserqualitäten aber sind zur Herstellung von alterungsbeständigen Papieren gestattet. Auch die optischen Aufheller werden von diesen Normen im Allgemeinen nicht verboten, obwohl ihre negative Langzeitauswirkung auf die Weisse des Papiers angenommen wird. Die grosse Menge der in der Papierindustrie verwendeten Zusätze wird ebenfalls nicht berücksichtigt.

Der Markt von alterungsbeständigem Papier hat im Verlauf der letzten Jahre an wirtschaftlicher Bedeutung gewonnen, und ein Teil der Produkte wird als den oben beschriebenen Normen gemäss deklariert. Indessen werden nicht alle Papiere, die diesen Normen entsprechen, auch als solche angezeigt. So entsprechen fast alle Fotokopier- und Druckpapiere mit der Benennung «holzfrei» oder schätzungsweise mindestens die Hälfte aller «holzfreien» Offsetpapiere den Normen für alterungsbeständiges Papier.

[16] Die Alterung wird bei einer Temperatur von 80 °C ±0,5 °C und einer relativen Feuchtigkeit von 65 % ±2 °C durchgeführt.

Actuellement, l'offre de papiers de conservation évolue rapidement et il convient de se renseigner, au moment du besoin, sur l'état du marché et sur les prix des produits. D'une manière générale, le prix d'un papier répondant aux normes pour la conservation n'est pas nécessairement supérieur à celui d'un autre papier de bonne qualité; il est naturellement un peu plus élevé que le prix des papiers à base de pâte mécanique.

Das Angebot an alterungsbeständigen Papieren ist in ständiger Entwicklung begriffen. Es ist daher empfehlenswert, sich bei Bedarf über den Stand des Marktes und den Preis der Produkte zu informieren. Generell ist ein Papier, das den Konservierungsnormen entspricht, nicht unbedingt teurer als ein beliebiges Papier guter Qualität; es ist natürlich teurer als Holzschliff- beziehungsweise Refinerstoffpapier.

CHAPITRE 3

Nature et altérations du papier

1 La structure chimique du papier

1.1 La cellulose[1]

Comme nous venons de le voir, le papier est principalement composé de cellulose; il peut aussi contenir, en quantités variables, des composantes indésirables dérivées du bois ainsi que des charges minérales, des colles, des colorants et divers additifs.

La cellulose confère au papier ses caractéristiques de souplesse et de résistance qui en ont fait le principal support pour l'écriture et l'impression. La qualité de la cellulose dépend de son origine et des traitements chimiques et physiques qu'elle a subis pour être utilisée dans la production du papier.

La cellulose est le composant principal des parois cellulaires des végétaux; elle s'y trouve généralement liée à d'autres substances, hémicelluloses et lignine en particulier. On la trouve à l'état pratiquement pur dans le coton, le lin et le chanvre; ces végétaux ont été les matières premières utilisées à l'origine dans la fabrication du papier.

[1] Dans ce chapitre, le langage chimique a été quelque peu simplifié pour faciliter la compréhension des phénomènes généraux concernant la cellulose, ses propriétés spécifiques et ses processus d'altération.

KAPITEL 3

Beschaffenheit und Alterung des Papiers

1 Der chemische Aufbau des Papiers

1.1 Die Cellulose[1]

Wie wir gesehen haben, besteht Papier hauptsächlich aus Cellulose; es kann ausserdem verschieden hohe Anteile an vom Holz herstammenden unerwünschten Bestandteilen sowie mineralische Füllstoffe, Leime, Farbstoffe und verschiedene Zusätze enthalten.

Die Cellulose verleiht dem Papier seine charakteristische Biegsamkeit und Beständigkeit, die es zum Hauptträger für Schrift und Druck machen. Die Qualität der Cellulose hängt von ihrer Herkunft und von den chemischen und mechanischen Behandlungen ab, mittels deren sie für die Papierherstellung vorbereitet wurde.

Cellulose ist der Hauptbestandteil von pflanzlichen Zellwänden. Sie ist meist mit anderen Stoffen verbunden, im Besonderen mit den Hemicellulosen und dem Lignin. Sie kommt in Baumwolle, Leinen und Hanf in fast reinem Zustand vor; diese Pflanzen wurden als erste Rohstoffe für die Papierherstellung eingesetzt.

[1] In diesem Kapitel wurde die chemische Sprache etwas vereinfacht mit dem Ziel, die Zusammensetzung, die Eigenschaften und die Alterungsprozesse der Cellulose besser verständlich zu machen.

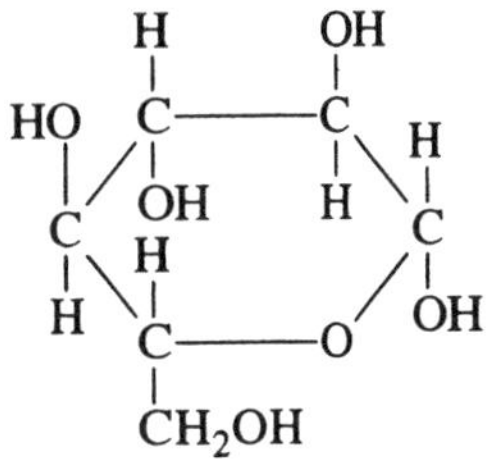

Fig. 3/1 : Molécule de glucose.
Fig. 3/1: Glukosemolekül.

Les caractéristiques de la molécule de cellulose rendent possible la fabrication du papier et lui confèrent ses caractéristiques physiques particulières. La connaissance des principales caractéristiques de cette molécule nous permet de mieux comprendre la nature du papier et les processus de son altération.

La cellulose est une substance stable, peu sensible à l'eau, aux acides et aux alcalis dilués. La molécule de cellulose est une longue chaîne linéaire formée par association d'éléments identiques; on appelle de telles molécules des polymères. L'élément de base (ou monomère) de cette longue chaîne est une molécule de glucose ($C_6H_{12}O_6$) ou, plus précisément, l'association de deux molécules de glucose, appelée cellobiose.

La molécule de glucose a six atomes de carbone. Dans le glucose, le carbone est présent sous forme cyclique (cinq atomes de carbones et un atome d'oxygène forment un cycle hexagonal, le sixième atome est lié latéralement). Les monomères s'associent entre eux en perdant une molécule d'eau et forment ainsi une chaîne de structures hexagonales. Si l'on considère comme monomère le glucose, la formule de la cellulose est $[C_6H_{10}O_5]_n$; en considérant la cellobiose comme élément de base, la formule devient $[C_{12}H_{22}O_{11}]_n$. On peut représenter la cellulose comme :

La longueur de la chaîne, c'est-à-dire le nombre d'éléments qui s'unissent pour former la molécule (polymérisation), varie selon l'origine de la cellulose et a une grande importance pour sa qualité. Ce nombre est exprimé généralement par le degré moyen de polymérisation (DP).

Die Eigenschaften des Cellulosemoleküls ermöglichen die Bildung des Papiers und verleihen ihm seine besonderen physischen Merkmale. Das Verständnis der hauptsächlichsten Eigenschaften dieses Moleküls erlaubt es, die Beschaffenheit von Papier und die Prozesse seiner Alterung besser zu begreifen.

Cellulose ist ein stabiler, gegenüber Wasser, verdünnten Säuren und Basen kaum empfindlicher Stoff. Das Cellulosemolekül ist eine lange unverzweigte Kette, die durch das Aneinanderreihen gleichartiger Grundbausteine gebildet wird; solche Moleküle nennt man Polymere. Das Grundelement dieser langen Kette, Monomer genannt, ist ein Glukosemolekül ($C_6H_{12}O_6$), oder genauer gesagt, die Verbindung zweier Glukosemoleküle, Cellobiose genannt.

Das Glukosemolekül hat sechs Kohlenstoffatome; in der Glukose ist der Kohlenstoff ringförmig angeordnet (fünf Kohlenstoffatome und ein Sauerstoffatom bilden einen sechseckigen Ring, das sechste Kohlenstoffatom ist an diesen Ring angehängt). Diese Monomere verbinden sich untereinander, indem sie ein Wassermolekül abgeben und so eine Kette sechseckiger Ringe bilden. Geht man vom Monomer der Glukose aus, ist die Summenformel der Cellulose $[C_6H_{10}O_5]_n$; betrachtet man die Cellobiose als Grundbaustein, so entsteht die Summenformel $[C_{12}H_{22}O_{11}]_n$. Man kann die Cellulose folgendermassen darstellen:

Die Länge der Kette, das heisst die Anzahl der Monomere, die sich zu einem Makromolekül verbinden (Polymerisation), variiert je nach Herkunft der Cellulose und ist von grosser Bedeutung für deren Qualität. Diese Anzahl kommt im Polymerisationsgrad zum Ausdruck; es wird gewöhnlich der durchschnittliche Polymerisationsgrad (DP) genannt.

Baumwolle liefert eine Cellulose mit einem DP von ungefähr 7000–15 000, Cellulose von Baumwoll-Linters (kurze Fasern des Baumwollsamens, die nach dem Dreschen auf ihm verbleiben) hat einen DP von ca. 6500 und die von ungereinigtem Holz einen DP von 1000–3000. Bei einem DP unter 300 verliert die Cellulose jede Festigkeit. Es ist zu beachten, dass der DP durch die Verfahren in der Papierfabrik oft abnimmt. Dies trifft besonders für die aus Holz gewonnene Cellulose zu.

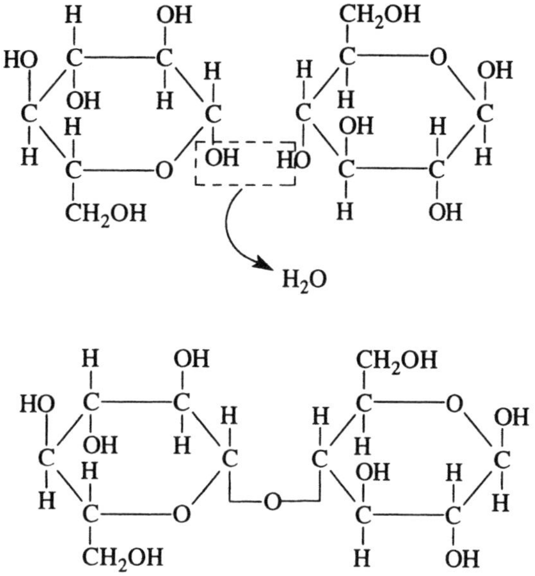

Fig. 3/2: Association de deux molécules de glucose pour former la cellobiose.

Fig. 3/2: Zusammenschluss zweier Glukosemoleküle zur Cellobiose.

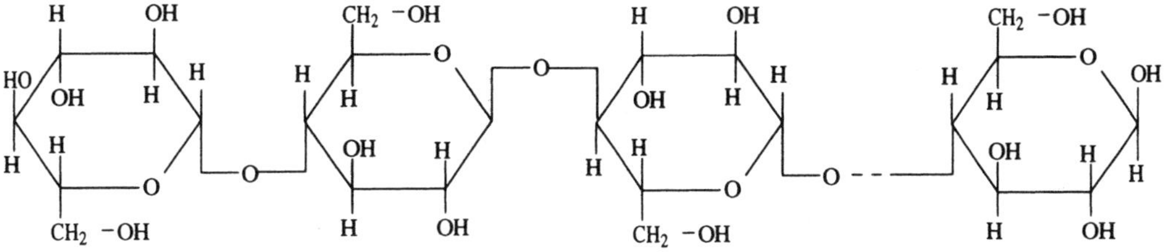

Fig. 3/3: Molécule de cellulose.

Fig. 3/3: Cellulosemolekül.

Le coton fournit une cellulose avec un DP d'environ 7000–15 000, la cellulose des linters de coton (duvet de fibres très courtes qui reste attaché au grain de coton après l'égrenage) a un DP d'environ 6500, celle de bois un DP de 1000–3000. Une cellulose dont le DP est inférieur à 300 perd toute solidité. Il faut considérer que le DP est souvent modifié par les traitements dans les usines à papier, en particulier en ce qui concerne la cellulose issue du bois.

La longueur de la molécule, et donc le DP, détermine la qualité de la cellulose et sa résistance au vieillissement. On peut imaginer ce phénomène en comparant une microfibrille de cellulose, formée par l'association des molécules, à une ficelle : cette

Die Länge des Moleküls, das heisst der DP, entscheidet über die Qualität der Cellulose und ihre Alterungsbeständigkeit. Zur Veranschaulichung kann man eine Mikrofibrille (Verbund von Cellulosemolekülen) mit einem Faden vergleichen. Dieser ist umso haltbarer, je länger seine Fasern sind. Entsprechend ist die Qualität der Cellulose desto besser, je höher ihr DP ist.

Die aus Holz gewonnenen Cellulosen werden in Alpha-Cellulose, das heisst in die reine Cellulose (sie wird durch ihre Unlöslichkeit in einer 17,5-%igen Lösung aus Natriumhydroxid definiert), in Beta- und Gamma-Cellulosen, das heisst in Cellulosen mit niedrigem DP, und in Hemicellulosen unterteilt.

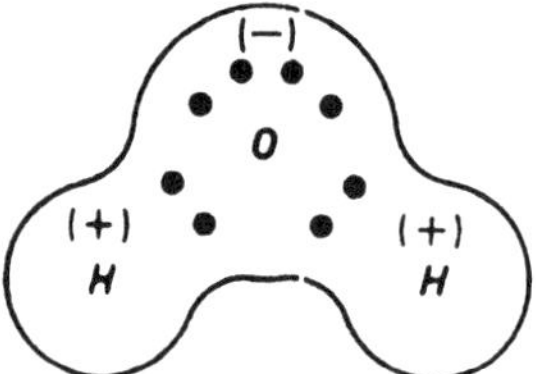

Fig. 3/4: Polarisation dans une molécule d'eau.
Fig. 3/4: Polarisierung eines Wassermoleküls.

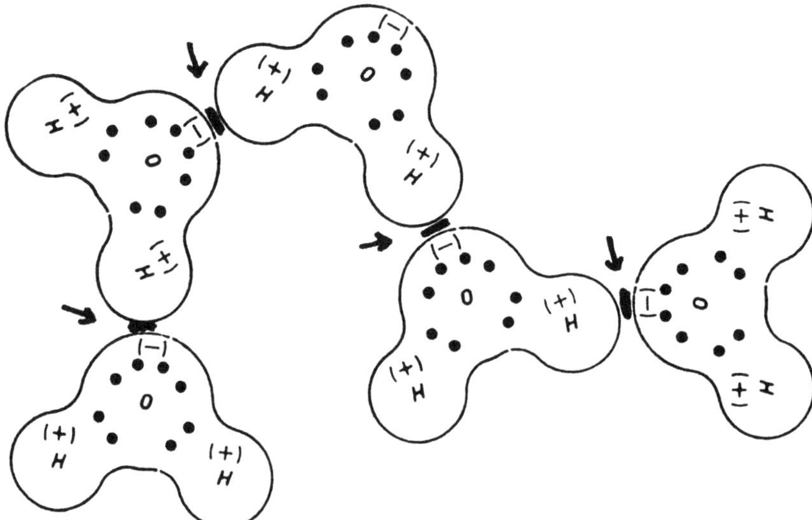

Fig. 3/5: Ponts hydrogène entre des molécules d'eau.

Fig. 3/5: Wasserstoffbrücken zwischen Wassermolekülen.

dernière est d'autant plus solide que ses fibres sont longues, et la qualité de la cellulose est d'autant meilleure que son DP est élevé.

On distingue dans les celluloses issues du bois: l'alpha-cellulose, qui représente la cellulose pure (définie par son insolubilité dans une solution d'hydroxyde de sodium à 17,5 %), les beta- et gamma-celluloses, qui représentent la cellulose à bas DP, et les hémicelluloses.

La propriété la plus remarquable des molécules de cellulose est leur capacité à former entre elles des liens particuliers qui les unissent sans les altérer: les ponts hydrogène. Le pont hydrogène (ou liaison hydrogène) se forme lorsqu'un atome d'hydrogène (H) se trouve placé entre deux atomes d'oxygène (O) et qu'il est lié de façon covalente à l'un d'eux. (Le lien covalent se forme par partage d'électrons entre deux atomes.) Cette liaison covalente est polarisée, créant une charge positive par-

Die hervorragendste Eigenschaft der Cellulosemoleküle ist ihr Vermögen, untereinander spezielle Bindungen einzugehen, die sie chemisch nicht verändern: die Wasserstoffbrücken. Wasserstoffbrücken (-bindungen) werden gebildet, wenn sich zwischen zwei Sauerstoffatomen (O) ein Wasserstoffatom (H) befindet, das durch Atombindung (kovalente Bindung) an eines dieser Sauerstoffatome gebunden ist. (Eine Atombindung besteht, wenn Elektronen zwei Atomen gleichzeitig angehören.) Hier liegt eine polare Atombindung vor, die zu einer positiven Teilladung (Partialladung) am Wasserstoffatom führt. Eine gleichartige Polarisierung führt am Sauerstoffatom des anderen Moleküls zu einer negativen Teilladung. Durch die gegenseitige Anziehung und die Annäherung dieser beiden entgegengesetzten Teilladungen kann die Wasserstoffbrücke entstehen.

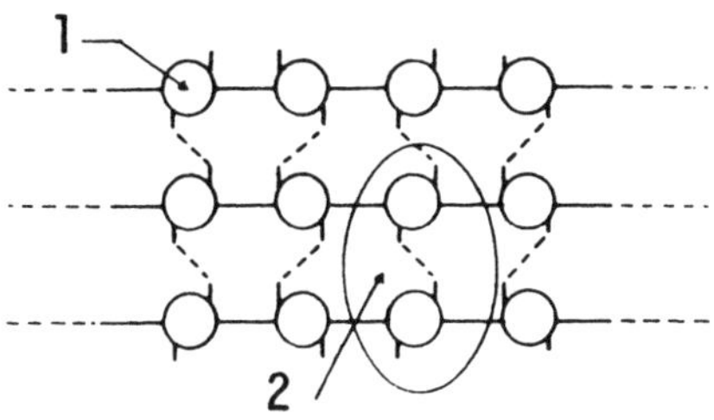

Fig. 3/6A: Ponts hydrogène entre les chaînes moléculaires de la cellulose (d'après Federici, 1982).
1 = glucose dans la chaîne moléculaire de la cellulose
2 = pont hydrogène (voir image suivante)

Fig. 3/6A: Wasserstoffbrücken zwischen den Molekülketten der Cellulose (nach Federici, 1982).
1 = Glukose der Molekülkette der Cellulose
2 = Wasserstoffbrücke (siehe nachfolgende Abbildung)

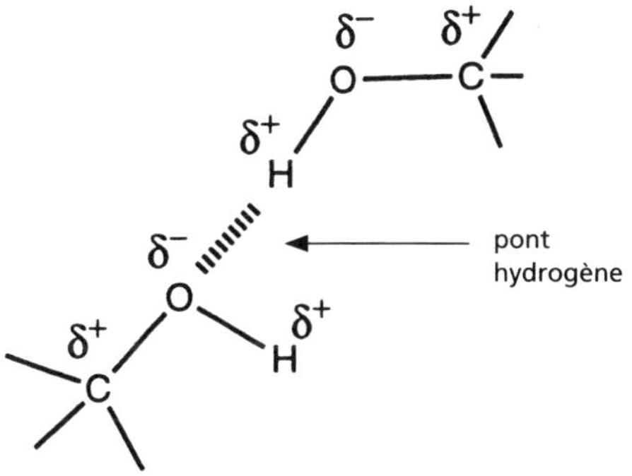

Fig. 3/6B: Détail du pont hydrogène entre les chaînes moléculaires de la cellulose.

Fig. 3/6B: Wasserstoffbrücke zwischen Molekülketten der Cellulose (Ausschnitt).

tielle sur l'atome d'hydrogène. Une polarisation de même nature crée une charge négative partielle sur l'oxygène de l'autre molécule. L'attraction et le rapprochement de ces deux charges partielles opposées est à l'origine du pont hydrogène.

En observant une molécule d'eau, on peut plus facilement comprendre le phénomène de la polarisation: les deux électrons de la liaison hydrogène oxygène sont attirés par le noyau de l'oxygène, ils tendent à se trouver plus fréquemment dans ses alentours, créant ainsi une charge électrique négative près de l'oxygène et une (demi-)charge positive correspondante sur les noyaux d'hydrogène (Fig. 3/4).

Les ponts hydrogène se forment entre les parties chargées positivement et celles chargées négativement; dans l'eau, les ponts hydrogène causent une disposition particulière des molécules les unes par rapport aux autres (Fig. 3/5).

Am Beispiel des Wassermoleküls lässt sich das Phänomen der Polarisierung leichter erklären: Die beiden Elektronen der Bindung Wasserstoff-Sauerstoff werden vom Sauerstoffkern angezogen und befinden sich deshalb häufiger in seinem Umfeld. Dadurch entsteht in der Nähe des Sauerstoffs eine elektrisch negative Ladung und eine entsprechende positive (halbe) Ladung an den Wasserstoffkernen (Fig. 3/4).

Die Wasserstoffbrücken entstehen zwischen den positiv und den negativ geladenen Teilen; im Wasser bewirken die Wasserstoffbrücken eine besondere Ausrichtung der Moleküle untereinander (Fig. 3/5).

In der Cellulose gibt es dank den zahlreichen -OH-Gruppen vielfältige Möglichkeiten, Wasserstoffbrücken zu bilden. Die Wasserstoffbrückenbindungen können sich zwischen den einzelnen Molekülen, aber auch innerhalb der Moleküle

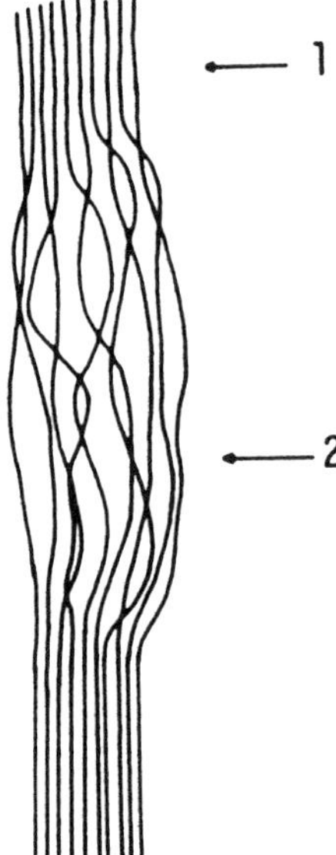

Fig. 3/7: Structure des molécules de cellulose avec:
1 = zones cristallines et
2 = zones amorphes
(d'après T. Krause, in: Bansa, 1980).

Fig. 3/7: Aufbau von Cellulosemolekülen mit:
1 = kristallinen und
2 = amorphen Bereichen
(nach T. Krause, in: Bansa, 1980).

Dans la cellulose, il y a de multiples possibilités de formation de ponts hydrogène du fait de la présence d'un grand nombre de groupes -OH; ces liens peuvent se former entre les molécules, mais aussi à l'intérieur même de la molécule, ce qui augmente sa stabilité. Les liens entre les molécules permettent leur association en faisceaux pour former des microfibrilles, des fibres et, enfin, du papier (Fig. 3/6 A+B).

Le papier est donc formé par simple association de fibres de cellulose en présence d'eau, en principe sans aucun besoin de liant ou de substance de collage. La solidité du papier est déterminée par la qualité des fibres et par la liaison entre elles. Les autres composants du papier sont ajoutés pour lui conférer des caractéristiques particulières en fonction de l'usage prévu. L'encollage, par exemple, augmente la rigidité, diminue la perméabilité et permet l'écriture (voir le chapitre sur la production du papier). La capacité de la cellulose à former des liaisons hydrogène permet donc la production du papier avec les méthodes décrites précédemment.

Les chaînes moléculaires de cellulose s'unissent en faisceaux, liées par des ponts hydrogène; l'organisation de ces faisceaux de molécules n'est pas uniforme et cet aspect joue un rôle important dans les caractéristiques physiques du papier.

selbst bilden, wodurch deren Stabilität erhöht wird. Die Bindungen zwischen den Molekülen bewirken den Zusammenschluss zu Molekülbündeln, aus denen sich Mikrofibrillen formen. Diese verbinden sich zu Fasern, und aus den Fasern wird schliesslich das Papier hergestellt (Fig. 3/6 A+B).

Papier bildet sich also durch einfachen Zusammenschluss von Cellulosefasern im Kontakt mit Wasser, ohne Bindemittel oder Leimsubstanz irgendwelcher Art. Die Stabilität des Papiers wird von der Qualität der Fasern und ihrer Bindung bestimmt. Die anderen Papierkomponenten werden hinzugefügt, um dem Papier je nach Verwendungszweck bestimmte Eigenschaften zu verleihen. So wird zum Beispiel Leim zugesetzt, um die Festigkeit des Papiers zu erhöhen, die Saugfähigkeit zu verringern und das Schreiben zu ermöglichen (siehe Kap. über die Papierherstellung). Die Eigenschaft der Cellulose, Wasserstoffbindungen einzugehen, ermöglicht also die Herstellung von Papier nach den weiter oben beschriebenen Methoden.

Die Molekülketten der Cellulose fügen sich dank den Wasserstoffbrückenbindungen bündelweise zusammen. Die Anordnung dieser Molekülbündel ist nicht gleichmässig, und dies hat einen entscheidenden Einfluss auf die mechanischen Eigenschaften des Papiers.

Certaines parties du faisceau sont ordonnées régulièrement; elles sont appelées parties cristallines. D'autres sont moins organisées, plus désordonnées; elles sont appelées parties amorphes.

Les parties cristallines sont formées par environ 200 monomères. Dans les parties cristallines, le nombre de liaisons hydrogène est maximal. Ces parties sont difficilement accessibles pour d'autres substances et réactifs provenant de l'extérieur.

La structure plus relâchée des parties amorphes rend ces parties plus vulnérables et réactives. Les réactions d'altération de la cellulose ont effectivement lieu principalement dans les parties amorphes.

Par rapport aux caractéristiques physiques, les parties cristallines donnent au papier sa dureté et sa relative rigidité, alors que les parties amorphes confèrent au papier son élasticité et sa souplesse.

1.2 Les hémicelluloses

Il existe de nombreux types d'hémicelluloses, qui se trouvent avec la cellulose dans le bois. Elles ont une structure semblable à celle de la cellulose, mais leurs chaînes moléculaires sont constituées de divers sucres, certains avec cinq atomes de carbone, dits pentoses (xylose, arabinose), d'autres avec six atomes de carbone (glucose, mannose, galactose), dits hexoses.

Les chaînes moléculaires des hémicelluloses sont plus courtes que celles de la cellulose et elles peuvent être soit linéaires, soit ramifiées. Les différents bois contiennent des hémicelluloses différentes: le bois résineux, par rapport au bois feuillu, contient moins de pentosanes et plus d'hexosanes.

Les hémicelluloses se trouvent soit associées à la lignine dans la lamelle mitoyenne des fibres de bois, soit dans la paroi secondaire des fibres, où elles servent probablement de lien entre les fibrilles de cellulose.

Les hémicelluloses peuvent être plus ou moins fortement liées à la cellulose et à la lignine; une partie d'entre elles reste associée à la cellulose même après le blanchiment de la pâte à papier.

Leur stabilité chimique est moins bonne que celle de la cellulose. Les hémicelluloses sont par-

Bestimmte Abschnitte des Bündels sind regelmässig angeordnet und werden als kristalline Bereiche bezeichnet, andere hingegen sind ohne regelmässige Ordnung und werden amorphe Bereiche genannt.

Die kristallinen Bereiche bestehen aus ungefähr 200 Monomeren. In den kristallinen Bereichen ist die Anzahl der Wasserstoffbindungen maximal. Sie sind für andere, von aussen einwirkende Substanzen und Reagenzien schwer zugänglich.

Mit ihrer lockereren Struktur sind die amorphen Bereiche zugänglicher und reaktionsfähiger. Tatsächlich finden die Alterungsvorgänge der Cellulose hauptsächlich in diesen amorphen Bereichen statt.

Was die mechanischen Eigenschaften betrifft, so sind die kristallinen Bereiche für die Festigkeit und relative Steifheit, die amorphen Bereiche für die Biegsamkeit und Elastizität des Papiers verantwortlich.

1.2 Die Hemicellulosen

Es gibt zahlreiche Arten von Hemicellulosen, und sie sind, wie die Cellulose, Holzbestandteile. Ihr Aufbau ähnelt dem der Cellulose, aber ihre Molekülketten bestehen aus verschiedenen Zuckern, manche mit fünf Kohlenstoffatomen, Pentosen (Xylose, Arabinose), andere mit sechs Kohlenstoffatomen, Hexosen (Glukose, Mannose, Galaktose).

Die Molekülketten der Hemicellulosen sind kürzer als die der Cellulose und können entweder gerade oder verzweigt auftreten. Unterschiedliches Holz enthält unterschiedliche Hemicellulosen: Nadelholz enthält weniger Pentosen als Laubholz, dafür aber mehr Hexosen.

Die Hemicellulosen sind entweder in der Mittellamelle der Holzfasern mit dem Lignin verbunden, oder sie kommen in der Sekundärwand der Fasern vor, wo sie wahrscheinlich der Bindung zwischen den Cellulosefibrillen dienen.

Hemicellulosen sind mehr oder weniger stark an die Cellulose und an das Lignin gebunden; ein Teil von ihnen bleibt selbst nach dem Bleichen des Faserstoffs mit der Cellulose verbunden.

Hemicellulosen haben eine geringere chemische Stabilität als Cellulose. Sie sind teilweise in ver-

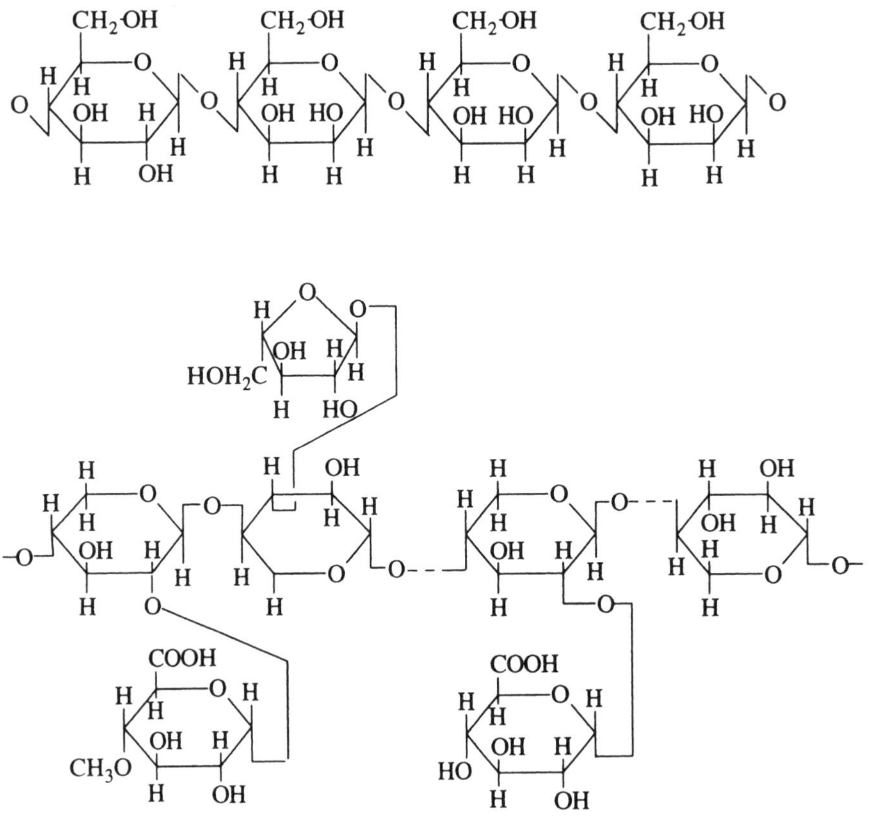

Fig. 3/8: Exemples de molécules d'hémicelluloses, avec chaîne linéaire et avec chaîne ramifiée.

Fig. 3/8: Beispiele von Hemicellulosemolekülen, gerade und verzweigte Kette.

tiellement solubles dans des solutions alcalines diluées et sont plus sensibles aux réactifs extérieurs. Elles peuvent constituer un facteur d'instabilité dans le papier.

1.3 La lignine

La lignine est le principal constituant de la lamelle mitoyenne qui se trouve entre les fibres végétales; cette lamelle soude les fibres entre elles et leur confère une grande rigidité. On la qualifie aussi d'incrustant.

La lignine a une structure chimique très complexe et très différente de celle de la cellulose; sa composition diffère selon les espèces végétales et

dünnten alkalischen Lösungen löslich und reagieren leichter mit Fremdreagenzien. Sie können einen Instabilitätsfaktor im Papier darstellen.

1.3 Das Lignin

Lignin ist der Hauptbestandteil der Mittellamelle, die sich zwischen den pflanzlichen Fasern befindet; diese Lamelle verkittet die Fasern miteinander und verleiht ihnen grosse Steifheit. Lignin wird auch als inkrustierende Substanz bezeichnet.

Die Strukturformel des Lignins ist komplex und ganz anders aufgebaut als die der Cellulose. Der Aufbau des Lignins unterscheidet sich je nach Art der Pflanze und nach Alter der Pflanzenfaser; es ist

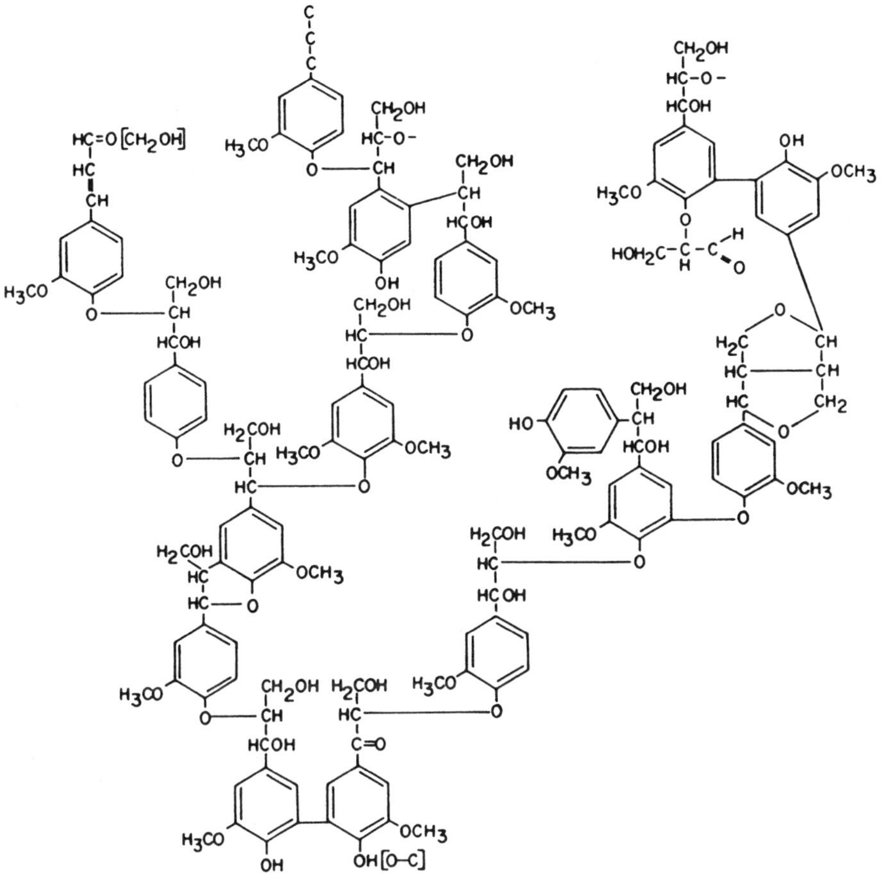

Fig. 3/9 : Principales structure des lignines (d'après Vallette, 1989).

Fig. 3/9: Allgemeiner Aufbau der Lignine (nach Vallette, 1989).

selon l'âge des fibres végétales; il est donc plus correct de parler de lignines. L'étude des lignines est difficile, car leur isolation provoque toujours une modification de leur structure et la formation de dérivés.

Les lignines sont insolubles dans l'eau, mais partiellement solubles dans des solutions alcalines. Par traitement avec de l'acide sulfureux, on obtient des acides lignosulfoniques solubles et le traitement au chlore donne des chlorolignines solubles. Ces propriétés sont utilisées dans l'industrie du papier pour libérer les fibres cellulosiques des incrustants. Les lignines réagissent aussi fortement en présence de rayonnement ultraviolet (voir 2.2.1). Dans le papier, elles constituent des impuretés indésirables et des facteurs de vieillissement rapide.

also korrekter, von den Ligninen zu sprechen. Die Untersuchung der Lignine wird dadurch erschwert, dass ihre Isolierung immer eine Strukturänderung und die Bildung von Derivaten mit sich bringt.

Lignine sind in Wasser unlöslich, in alkalischen Lösungen aber teilweise löslich. Durch Behandlung mit schwefliger Säure wird Lignin in Ligninsulfonsäure übergeführt, und die Behandlung mit Chlor ergibt lösliches Ligninchlorid. Diese Eigenschaften werden von der Papierindustrie ausgenutzt, um die cellulosehaltigen Fasern von Inkrustierungen zu befreien. Lignine reagieren auch sehr stark auf ultraviolette Strahlung (siehe 2.2.1). Im Papier stellen sie eine Verunreinigung dar, und sie sind einer der Faktoren, die für eine beschleunigte Alterung verantwortlich sind.

2 Altérations endogènes du papier

2.1 Altération de la cellulose

Nous avons vu que les propriétés de la cellulose, et donc du papier, dépendent:

- □ du degré de polymérisation (DP) de la molécule;
- □ de la disposition de la chaîne moléculaire et des faisceaux de molécules, qui forment des parties soit amorphes soit cristallines.

Toute modification de la structure chimique ou de la disposition spatiale de la molécule de cellulose aura pour conséquence des changements importants, directement perceptibles, de ses qualités. Par exemple, en remplaçant un groupe -OH par un groupe -OCH_3, on obtient de la méthylcellulose, utilisée comme colle ou comme agent épaississant.

Les processus d'altération ont lieu d'abord dans la partie la plus accessible, donc la plus sensible de la molécule, la partie amorphe. Dans ces processus de dégradation, nous pouvons distinguer: l'oxydation, l'hydrolyse et la formation d'un réticulé. Cette distinction concerne le mécanisme d'altération, elle n'indique pas un ordre chronologique; en réalité, les trois phénomènes coexistent et interagissent.

2.1.1 Oxydation

L'oxydation modifie les groupes H-C-OH. En perdant un atome d'hydrogène, ils forment des groupes H-C=O (aldéhydes) très réactifs. A leur tour, ces groupes peuvent s'oxyder en liant un atome d'oxygène, pour former des groupes OH-C=O (-COOH), dits carboxyles. Cette réaction peut avoir lieu en différents endroits de la molécule.

Les acides organiques sont caractérisés par la présence du groupe carboxyle -COOH, avec lequel se combinent de très nombreux radicaux. Par exemple: acide formique H-COOH, acide acétique CH_3-COOH, etc.

De l'oxydation de la cellulose résultent donc des acides organiques. Pour cette raison, la mesure de l'acidité du papier donne une indication importante quant aux processus d'altération dans ce papier.

L'acidité est due à la présence de ions H^+ (protons); ces protons ne se trouvent pas sous forme libre mais sous forme hydratée ($H^+ + H_2O \rightarrow H_3O^+$),

2 Endogene Schäden am Papier

2.1 Abbaureaktionen der Cellulose

Wie wir gesehen haben, sind die Eigenschaften der Cellulose und damit auch diejenigen des Papiers abhängig von:

- □ dem Polymerisationsgrad (DP) des Moleküls;
- □ der Anordnung der Molekülketten und Molekülbündel, die amorphe oder kristalline Bereiche bilden.

Jede Veränderung der chemischen Struktur oder der räumlichen Anordnung der Cellulosemoleküle wirkt sich sofort auf die Papierqualität aus. Wird zum Beispiel eine -OH-Gruppe durch eine -OCH_3-Gruppe ersetzt, erhält man Methylcellulose, die als Leim oder als Verdickungsmittel verwendet wird.

Die Abbauprozesse finden zuerst im zugänglichsten, also im empfindlichsten Teil des Moleküls statt, im amorphen Bereich. Es handelt sich um Oxidation, Hydrolyse und Bildung von Vernetzungen. Diese Unterscheidung gibt Auskunft über den Abbaumechanismus, keineswegs aber über einen chronologischen Ablauf. Tatsächlich können diese drei Abbaureaktionen gleichzeitig stattfinden und sich wechselseitig beeinflussen.

2.1.1 Oxidation

Die Oxidation verändert die H-C-OH-Gruppen. Unter Verlust eines Wasserstoffatoms bilden sich die sehr reaktionsfähigen H-C=O-Gruppen (Aldehydgruppen). Diese wiederum können durch Verbindung mit einem Sauerstoffatom weiter oxidiert werden, sie formen dann OH-C=O-(auch -COOH-) Gruppen, Carboxylgruppen genannt. Diese Reaktion kann an verschiedenen Stellen des Moleküls stattfinden.

Die Carboxylgruppen -COOH bilden zusammen mit zahlreichen Radikalen die organischen Säuren, deren chemisches Verhalten sie als funktionelle Gruppe bestimmen, zum Beispiel: Ameisensäure H-COOH, Essigsäure CH_3-COOH usw.

Aus der Oxidation der Cellulose resultieren also organische Säuren. Aus diesem Grund gibt uns das Mass des Säuregehaltes des Papiers Auskunft über den Abbauvorgang im Papier.

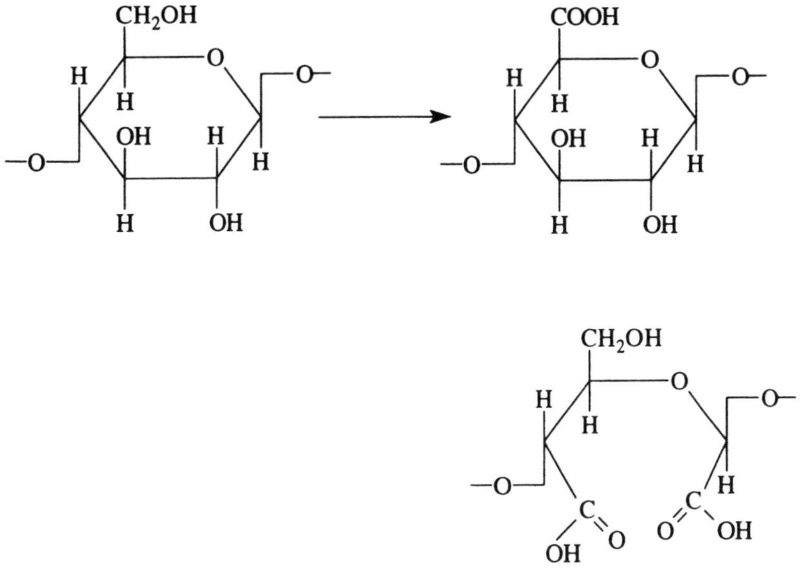

Fig. 3/10: Exemple d'oxydation sur la molécule de cellulose: formation de groupes carboxyles.

ce sont des ions hydronium. L'acidité se mesure dans une échelle logarithmique pH, c'est-à-dire potentiel ou exposant hydrogène, selon la relation: pH = – log [H_3O^+].

Le pH exprime la concentration de ions acides dans l'eau. Cette concentration est presque toujours inférieure à une mole par litre et son logarithme est donc un chiffre négatif; le signe moins est éliminé par l'adoption du logarithme négatif.

A chaque unité de pH, l'acidité (ou l'alcalinité) augmente ou diminue de dix fois. Le pH 7 correspond au point de neutralité: les concentrations de ions acides H_3O^+ et alcalins OH^- sont égales; ce point est atteint dans l'eau pure à 22 °C, avec une concentration de 10^{-7} moles/litre. Un pH inférieur à 7 indique une solution acide; un pH supérieur à 7 indique une solution alcaline.

Le pH du papier peut varier entre une acidité marquée et une légère alcalinité. Un papier fabriqué à partir de chiffons et selon la méthode traditionnelle aura en général un pH très légèrement acide à très légèrement alcalin (pH 6,5–8,5); un papier de mauvaise qualité et fortement dégradé peut avoir un pH vraiment acide (pH 3–4).

Fig. 3/10: Beispiele von Oxidation im Cellulosemolekül: Bildung von Carboxylgruppen.

Säure ergibt sich aus der Anwesenheit von H^+-Ionen (Protonen). Diese Protonen liegen nicht in freier, sondern in hydrierter Form vor ($H^+ + H_2O \rightarrow H_3O^+$), sie werden Hydronium-Ionen genannt. Der Säuregrad wird mit einer logarithmischen Einheit, dem pH-Wert, gemessen (Potenz oder Exponent Wasserstoff), und zwar im Verhältnis pH = – log (H_3O^+).

Der pH-Wert drückt die Konzentration an sauren Ionen im Wasser aus. Diese Konzentration liegt fast immer unter einem Mol pro Liter, ihr Logarithmus ist also eine negative Zahl. Das Minuszeichen wird eliminiert, indem man den negativen Logarithmus verwendet.

Jede Einheit des pH-Werts bedeutet eine Zunahme oder Abnahme des Säuregehalts (oder der Alkalität) um das Zehnfache. Der pH-Wert 7 entspricht dem Neutralpunkt, hier befinden sich die Konzentrationen von sauren Ionen H_3O^+ und alkalischen Ionen OH^- im Gleichgewicht. Dieser Wert, die Konzentration von 10^{-7} Mol/l, wird in reinem Wasser bei 22 °C erreicht. Ein pH-Wert unter 7 zeigt eine saure Lösung, ein pH-Wert über 7 eine alkalische Lösung an.

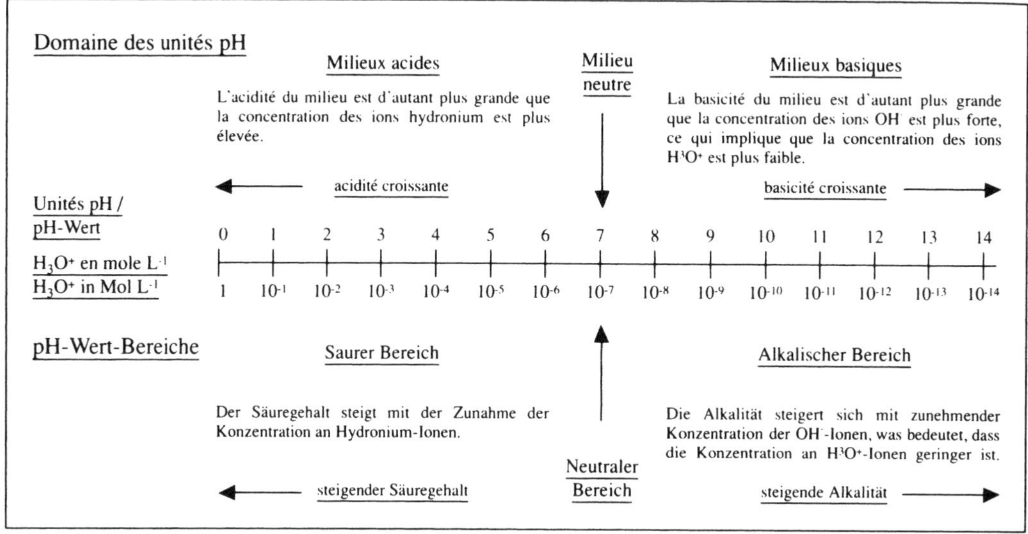

Fig. 3/11 : Domaine des unités de pH.

Fig. 3/11: pH-Wert-Bereiche.

2.1.2 **Hydrolyse**

Les acides résultant de l'oxydation de la cellulose catalysent (favorisent sans être directement transformés) un autre processus d'altération : l'hydrolyse. L'hydrolyse est une réaction caractérisée par la rupture d'une liaison chimique par action ou en présence d'eau.

La chaîne carbone, qui forme l'ossature de la molécule, se casse dans ses irrégularités (C-C-O-C ou R-C-O-C-R, là où se trouvent les atomes d'oxygène) ; la cellulose est soit dégradée en glucose, soit transformée en d'autres substances. Dans tous les cas, les produits issus de ces réactions n'ont plus du tout les propriétés de la cellulose et les propriétés du papier s'en trouvent modifiées.

La rupture de la chaîne carbone provoque une chute du degré de polymérisation ; comme mentionné plus haut, à partir d'un DP de 300, la cellulose perd toute solidité.

Au cours des processus d'oxydation et d'hydrolyse, il se forme aussi des groupes chromophores, par réaction des groupes C=O (carbonyles) ; ces réactions sont responsables du jaunissement du papier, qui est aussi un signe d'altération.

Der pH-Wert von Papier kann sich im Bereich von stark sauer bis leicht alkalisch bewegen. Ein nach herkömmlicher Methode aus Lumpen hergestelltes Papier wird im Allgemeinen einen leicht sauren bis leicht basischen pH-Wert aufweisen (6,5–8,5); ein stark abgebautes Papier schlechter Qualität kann einen ausgeprägt sauren pH-Wert haben (3–4).

2.1.2 **Hydrolyse**

Die aus der Oxidation der Cellulose entstandenen Säuren katalysieren (fördern die Reaktion, ohne selbst dabei verändert zu werden) einen anderen Abbauprozess: die Hydrolyse. Die Hydrolyse ist eine Reaktion, bei der eine chemische Bindung durch oder in Anwesenheit von Wasser gespalten wird.

Die Kohlenstoffkette, die das Molekülskelett bildet, wird an ihren Unregelmässigkeiten (C-C-O-C oder R-C-O-C-R, und zwar an den Sauerstoffatomen) aufgespalten; die Cellulose wird entweder zu Glukose abgebaut oder in andere Substanzen umgewandelt. In jedem Fall haben die aus diesen Reaktionen entstehenden Substanzen nicht mehr die Eigenschaften der Cellulose, und somit verändern sich auch die Eigenschaften des Papiers.

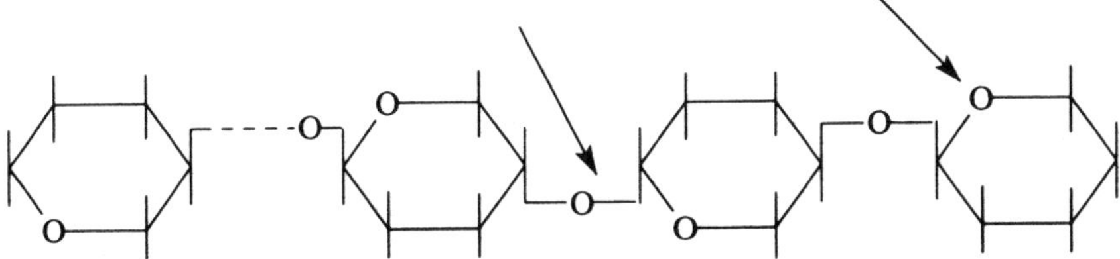

Fig. 3/12 : Hydrolyse de la cellulose – points de rupture de la chaîne moléculaire.

Fig. 3/12: Hydrolyse von Cellulose – Spaltstellen in der Molekularkette.

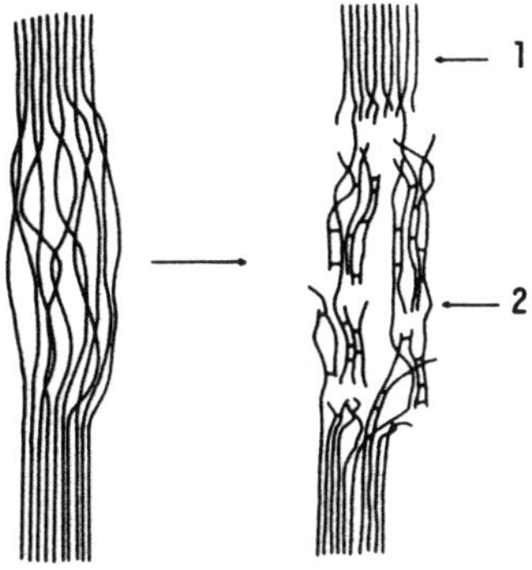

Fig. 3/13 : La réticulation de la cellulose cause une modification de la partie amorphe de la molécule (d'après T. Krause, in : Bansa, 1980) ; 1 = partie cristalline de la cellulose ; 2 = partie amorphe réticulée.

Fig. 3/13: Die Vernetzung der Cellulose bewirkt eine Veränderung im amorphen Bereich des Moleküls (nach T. Krause, in: Bansa, 1980); 1 = kristalliner Bereich der Cellulose; 2 = Vernetzung im amorphen Bereich.

Die Spaltung der Kohlenstoffkette bewirkt einen Abfall des Polymerisationsgrades; bei einem DP unter 300 verliert die Cellulose jede Festigkeit.

Im Verlauf des Oxidations- und des Hydrolysevorgangs bilden sich durch die Reaktionen der C=O-Gruppen (Carbonylgruppen) auch chromophore Gruppen. Diese Reaktionen sind für das Vergilben des Papiers – auch ein Zeichen für Schädigung – verantwortlich.

2.1.3 **Formation d'un réticulé**

Les éléments issus des phases décrites ci-dessus, l'oxydation et l'hydrolyse, réagissent aussi entre eux, pour former de nouvelles liaisons. La conformation des chaînes moléculaires s'en trouve modifiée : la chaîne se casse et de nouveaux liens se forment, en particulier dans les parties amorphes de la molécule. Ce phénomène est appelé réticulation.

De cette manière, un papier altéré trouve une nouvelle stabilité, en perdant cependant les propriétés physiques liées aux parties amorphes de la molécule et des faisceaux de molécules : élasticité et souplesse.

Le papier dont la cellulose a subi une réticulation devient rigide et cassant. Dans les cas extrêmes,

2.1.3 **Bildung einer Vernetzung**

Die aus den oben beschriebenen Vorgängen (Oxidation, Hydrolyse) entstandenen Stoffe reagieren untereinander, indem sie neue Bindungen eingehen. Dabei wird die Struktur der molekularen Kette verändert: Sie bricht ab, und es bilden sich, besonders in den amorphen Bereichen des Moleküls, neue Verbindungen. Diesen Vorgang nennt man Vernetzung.

Auf diese Weise findet geschädigtes Papier zu neuer chemischer Stabilität, verliert aber die mechanischen Eigenschaften, die den amorphen Bereichen des Moleküls und der Molekülbündel eigen sind: Elastizität und Biegsamkeit.

Papier, dessen Cellulose eine Vernetzung erfahren hat, wird hart und spröde. Im Extremfall wird

une manipulation normale de la feuille devient impossible; il existe bien des livres dont on ne peut plus tourner les pages sans provoquer des cassures dans le papier.

2.2 Facteurs internes de dégradation

Le processus d'altération de la cellulose, comme de toute autre matière, est inéluctable. Par contre, sa vitesse peut varier très fortement, en fonction d'influences internes et externes. Par exemple, un papier de très bonne qualité, conservé dans de bonnes conditions, ne montre que de très faibles signes d'altération après six siècles. Par contre, un papier de mauvaise qualité, soumis à des conditions de conservation défavorables, vieillit visiblement en quelques heures.

Les facteurs externes de dégradation seront examinés dans le chapitre 4; parmi les facteurs internes qui favorisent la dégradation du papier, nous pouvons distinguer les composants du papier et les méthodes de production.

2.2.1 Composants du papier

La présence d'hémicelluloses et de lignine dans le papier augmente sa réactivité et provoque une très forte accélération des réactions d'oxydation, d'hydrolyse et de formation d'un réticulé. La lignine augmente aussi la sensibilité du papier à la lumière, et en particulier au rayonnement ultraviolet, car elle favorise la formation de groupes chromophores qui donnent une coloration jaune brunâtre au papier.

La présence de lignine, inévitable dans les pâtes mécaniques, cause en outre une diminution de la résistance mécanique initiale du papier. Dans la pâte mécanique se trouvent des faisceaux de fibres courtes et des particules arrachées très fines qui sont aussi particulièrement réactives; les conséquences sur la conservation sont prévisibles.

Nous avons vu que la cellulose se dégrade plus rapidement en milieu acide. Le pH du papier a une influence déterminante sur sa qualité de conservation. L'utilisation de colles à base de colophane et d'alun donne au papier un caractère acide, car le sulfate d'aluminium peut se dissocier en présence

eine normale Handhabung des Blattes unmöglich. Sehr häufig treffen wir Bücher an, deren Seiten man nicht mehr umblättern kann, ohne das brüchige Papier zu beschädigen.

2.2 Papiereigene Abbaufaktoren

Der Alterungsprozess ist bei Cellulose, wie bei jedem anderen Stoff, unvermeidlich. Die Ablaufgeschwindigkeit des Prozesses aber ist sehr stark von den internen und externen Einflüssen abhängig. Zum Beispiel weist ein Papier sehr guter Qualität, das unter vorteilhaften Bedingungen aufbewahrt wird, nach sechs Jahrhunderten nur leichte Zeichen von Abbau auf. Im Gegensatz dazu altert ein Papier schlechter Qualität unter unvorteilhaften Aufbewahrungsbedingungen innerhalb einiger Stunden.

Die den Abbau fördernden äusseren Einflüsse werden in Kapitel 4 untersucht. Abbaureaktionen, die im Papier selbst ihre Ursache haben, werden durch die Papierkomponenten und die Herstellungsverfahren verursacht.

2.2.1 Papierkomponenten

Die Anwesenheit von Hemicellulosen und Lignin im Papier erhöht seine Reaktionsfähigkeit und beschleunigt die Oxidations- und Hydrolysereaktionen sowie die Bildung von Vernetzungen. Das Lignin bewirkt zudem eine besondere Lichtempfindlichkeit des Papiers, ganz besonders gegenüber ultravioletter Strahlung, denn dadurch werden chromophore Gruppen gebildet, die dem Papier eine gelbbraune Färbung verleihen.

Lignin, das in Holzschliff und Refinerstoff immer vorhanden ist, bewirkt unter anderem eine Verminderung der mechanischen Widerstandsfähigkeit des Papiers. Im Holzschliff finden sich Bündel kurzer Fasern und sehr feine abgerissene Teilchen, die ausgesprochen reaktionsfreudig sind. Die Folgen für die Konservierung sind abzusehen.

Wie wir gesehen haben, wird die Cellulose durch die Gegenwart von Säure schneller abgebaut. Der pH-Wert des Papiers hat also einen entscheidenden Einfluss auf seine Konservierung. Leime aus Kolophonium und Alaun bringen Säure ins Papier, denn das Aluminiumsulfat dissoziiert in Wasser

d'eau et former de l'hydroxyde d'aluminium (base faible) et de l'acide sulfurique (acide fort), selon la réaction $Al_2(SO_4)_3 + 6\ H_2O \rightarrow 2\ Al(OH)_3 + 3\ H_2SO_4$. L'alun utilisé anciennement dans la production du papier provenait de gisements naturels; issu d'une combinaison de sulfate d'aluminium et de potassium, il forme les acides et les bases correspondants. Dès 1860, l'utilisation du sulfate d'aluminium pur pose les mêmes problèmes.

Selon une recherche spécifique (T. Krause, in: Bansa, 1980), l'influence du sulfate d'aluminium sur la résistance du papier au test du double pli est très significative:

$Al_2(SO_4)_3$	Résistance par rapport aux fibres non traitées (test du double pli)
0 %	100 %
2 %	75 %
3 %	6 %
5 %	6 %
2 % + 2 % résine	8,5 %

On constate que l'affaiblissement du papier se manifeste à partir d'un certain taux d'acidité et que la combinaison résine-alun augmente encore les dommages. L'alun a, par contre, une action inhibitrice sur le développement de micro-organismes. C'est probablement pour cette raison qu'il a été utilisé comme adjuvant déjà dans l'encollage de surfaces à la gélatine.

Les charges introduites dans le papier peuvent avoir des influences diamétralement opposées, selon leur nature: les carbonates de calcium et de magnésium ralentissent très sensiblement le vieillissement du papier et le protègent contre les agressions acides endogènes et exogènes; par contre, des charges à caractère acide, comme le gypse, le sulfate de baryum (baryte) ou l'alun, confèrent au papier un caractère acide, avec les conséquences déjà évoquées.

Des impuretés présentes dans le papier peuvent influencer le processus d'altération. Ainsi, dans les papiers anciens, de production artisanale, on peut trouver des traces de métaux, provenant probablement de l'eau utilisée lors de la production des

und bildet Aluminiumhydroxid (schwache Base) und Schwefelsäure (starke Säure): $Al_2(SO_4)_3 + 6H_2O \rightarrow 2Al(OH)_3 + 3H_2SO_4$. Der in der traditionellen Papierherstellung verwendete Alaun stammte aus natürlichen Ablagerungen. Es ist eine Verbindung aus Aluminium- und Kaliumsulfat und bildet die entsprechenden Säuren und Basen. Das gleiche Problem ergibt sich bei dem ab 1860 eingesetzten Aluminiumsulfat.

Wie aus einer Untersuchung (T. Krause, in: Bansa, 1980) hervorgeht, kann mit dem Doppelfalztest der Einfluss von Aluminiumsulfat auf die Papierfestigkeit eindeutig nachgewiesen werden:

$Al_2(SO_4)_3$	Widerstand bei unbehandelten Fasern (Doppelfalztest)
0 %	100 %
2 %	75 %
3 %	6 %
5 %	6 %
2 % + 2 % Harz	8,5 %

Wie man sieht, ist der Abbau des Papiers von einem bestimmten Säuregrad an deutlich erkennbar, und die Verbindung von Harz und Alaun vergrössert den Schaden noch. Andererseits hemmt das Alaun die Entwicklung von Mikroorganismen. Wahrscheinlich wurde es deswegen schon bei der Oberflächenleimung als Zusatz zur Gelatine verwendet.

Je nach Art der zugesetzten Füllstoffe können völlig verschiedene, ja sogar gegensätzliche Wirkungen entstehen: Calcium- und Magnesiumcarbonate verlangsamen die Alterung des Papiers deutlich und schützen es gegen endogene und exogene saure Einflüsse; Gips, Bariumsulfat (Baryt) oder Alaun hingegen ergeben saures Papier, mit all den schon beschriebenen Konsequenzen.

Unreinheiten im Papier können den Abbauprozess beeinflussen. So kann altes Papier handwerklicher Produktion Spuren von Metallen aufweisen, die wahrscheinlich von dem für die Papierherstellung benutzten Wasser herrühren und bei den Abbauprozessen der Cellulose als Katalysatoren wirken. Bei modernen Papieren kann es sich, besonders

feuilles, qui ont un effet catalytique sur les réactions d'altération de la cellulose. Dans les papiers modernes, il peut s'agir d'impuretés provenant de la matière première, surtout pour les papiers recyclés.

De plus, dans la production industrielle des papiers, des dizaines d'additifs, sur plusieurs centaines de produits possibles, sont utilisés en très petites quantités, pour améliorer la qualité du produit et faciliter sa production (p. ex.: réduire la formation de mousse, faciliter la rétention des charges, etc.). Les réactions à long terme de ces substances sont mal connues et peu prévisibles. Parmi ces additifs, les azurants optiques sont relativement instables et on les soupçonne d'avoir une influence négative sur la conservation du papier.

2.2.2 Méthodes de production

Le degré de polymérisation de la cellulose est influencé par les méthodes de production et par les traitements que la cellulose doit subir. Alors que la cellulose de fibres textiles a un degré de pureté qui permet son utilisation avec un minimum de traitements, la cellulose de bois doit être libérée des impuretés et des incrustants. Les méthodes de production de pâtes à papier chimiques (au sulfite, au sulfate, etc.) agressent les molécules de cellulose, dont le DP tend à diminuer. Les procédés de blanchiment peuvent également agresser la cellulose, de sorte qu'au terme de ces opérations on dispose d'une cellulose presque pure, mais déjà partiellement dégradée et dont le DP n'est plus que d'environ 600.

Avec un DP inférieur à 300, on constate une diminution très sensible des propriétés mécaniques du papier; le papetier doit doser ses traitements de manière à purifier, autant que possible, les fibres cellulosiques tout en limitant au maximum leur dégradation.

Pour ces raisons, le papier à base de fibres textiles offre des qualités mécaniques et une espérance de vie sensiblement meilleures que le papier à base de fibres de bois, dans la mesure où d'autres facteurs n'interviennent pas.

Les qualités mécaniques initiales des papiers produits avec de la cellulose chimique blanchie varient également en fonction du type de cellulose utilisée.

bei Recycling-Papier, um rohstoffspezifische Unreinheiten handeln.

Dazu kommen Dutzende der von der modernen Papierindustrie in sehr geringer Quantität verwendeten Zusatzstoffe. Diese werden aus einem Angebot von Hunderten von Substanzen ausgewählt, welche die Produktqualität verbessern und den Produktionsvorgang beeinflussen sollen (z. B. Herabsetzung der Schaumbildung, Erleichterung der Füllstoffretention usw.). Die Langzeitreaktionen dieser Substanzen sind verhältnismässig schlecht bekannt und wenig vorhersehbar. Unter diesen Zusatzstoffen sind die optischen Aufheller relativ instabil, und es wird angenommen, dass sie sich negativ auf die Konservierung von Papier auswirken.

2.2.2 Herstellungsmethoden

Der Polymerisationsgrad der Cellulose wird von den Herstellungsmethoden und der Behandlung der Cellulose beeinflusst. Während die Cellulose textiler Fasern einen Reinheitsgrad aufweist, der ihre Verwendung nach wenigen Vorbehandlungen erlaubt, muss die Holzcellulose von Unreinheiten und inkrustierenden Substanzen befreit werden. Die Herstellungsmethoden der Zellstoffe (Sulfit-, Sulfatverfahren usw.) greifen die Cellulosemoleküle an, deren DP dabei sinkt. Bleichverfahren können ebenfalls die Cellulose angreifen, sodass am Ende dieser Behandlungen eine fast reine, aber teilweise schon abgebaute Cellulose vorliegt, deren DP nur noch bei ca. 600 liegt.

Da bei einem DP unter 300 die mechanischen Eigenschaften des Papiers ungenügend sind, muss der Hersteller die Behandlung so dosieren, dass die cellulosehaltigen Fasern möglichst gut gereinigt werden, ihr Abbau aber begrenzt bleibt.

Aus diesen Gründen ist Papier aus Textilfasern viel widerstandsfähiger und langlebiger als solches aus Holzfasern, vorausgesetzt dass keine anderen Faktoren Einfluss nehmen.

Die anfängliche Qualität von Papier aus Zellstoff hängt auch von der Art der verwendeten Cellulose ab. Generell sind die durch das Sulfatverfahren gewonnenen Fasern nicht so weiss wie die durch das Sulfitverfahren gewonnenen, weisen aber bessere mechanische Eigenschaften auf. Natürlich beein-

D'une manière générale, les fibres obtenues par le procédé aux sulfates possèdent un degré de blancheur moindre mais des qualités mécaniques meilleures que les fibres obtenues par les traitements aux sulfites. Bien sûr, beaucoup d'autres facteurs influencent la qualité du produit final.

La cellulose de la pâte à papier peut encore être modifiée par le raffinage de la pâte. Cette opération peut soit faire éclater la structure de la fibre, multipliant ainsi les possibilités de formation de liens entre les fibrilles, soit causer la rupture des fibres, selon les qualités recherchées pour un papier particulier et les contraintes de production. Une recherche spécifique (T. Krause, op. cit.) montre qu'en vieillissant un papier aux fibres raffinées perd rapidement ses excellentes propriétés initiales, alors que les fibres non raffinées maintiennent plus constantes dans le temps des propriétés initialement moins bonnes.

2.2.3 **Le foxing**

Cette altération, qui se développe sur certains types de papier, est caractérisée par des taches rondes, punctiformes, pouvant former des ensembles assez étendus. Le terme de « foxing » est fréquemment utilisé, mais dans le langage courant, on parle aussi de « papier piqué ». La couleur de ces taches varie, allant du jaune citron au brun foncé. On constate également une certaine tendance de ces taches à migrer d'une feuille à l'autre.

Le foxing se manifeste le plus souvent sur des papiers de fabrication relativement récente : on le trouve parfois déjà sur des papiers du XVIe siècle ; sa fréquence augmente dans les papiers produits industriellement, à partir de l'utilisation de la pile hollandaise pour la production de la pâte à papier jusqu'à l'industrialisation complète du processus de production ; le phénomène est particulièrement fréquent sur les papiers produits entre la fin du XVIIIe et le début du XXe siècle. On a constaté que le développement du foxing est accéléré par l'humidité, les variations climatiques, l'exposition à la lumière et aux polluants.[2]

[2] On constate que le foxing est plus fréquent sur les objets qui ont été longtemps exposés, sur les marges plutôt qu'au centre des feuilles, sur les premières pages plus qu'au centre d'une liasse de feuilles.

flussen viele andere Faktoren die Qualität des Endprodukts.

Durch das Mahlen des Faserstoffs kann die enthaltene Cellulose noch verändert werden. Entsprechend der erwünschten Papierqualität und den produktionsspezifischen Zwängen kann einerseits die Faserstruktur gesprengt und so die Bindungsmöglichkeiten zwischen den Fibrillen vervielfacht werden, andererseits können aber auch Brüche der Fasern bewirkt werden. Eine entsprechende Untersuchung (T. Krause, op. cit.) zeigt, dass Papiere aus gemahlenen Fasern bei Alterung schnell ihre anfänglich vorzüglichen Eigenschaften einbüssen, während die der Papiere aus ungemahlenen Fasern zwar schlechter sind, über längere Zeit hinweg jedoch stabil bleiben.

2.2.3 **Foxing**

Dieses Schadensbild zeigt sich auf bestimmten Papierarten und ist durch runde, punktförmige Flecken gekennzeichnet, die sich über weite Flächen ausbreiten können. Der Begriff «Foxing» ist üblich; umgangssprachlich wird auch von «Stockflecken» gesprochen. Die Farbe der Flecken variiert von Zitronengelb bis Dunkelbraun. Die Flecken können auch von einem Blatt zum anderen übergehen.

Foxing tritt meistens bei Papieren relativ neuen Herstellungsdatums auf, man findet es manchmal schon auf Papieren des 16. Jahrhunderts. Dieser Schaden häuft sich bei industriell gefertigten Papieren: seit dem Gebrauch des Holländers zur Faserstoffherstellung bis hin zur vollständigen Industrialisierung des Produktionsvorgangs. Besonders häufig ist Foxing bei Papieren zu beobachten, die zwischen dem Ende des 18. und dem Beginn des 20. Jahrhunderts hergestellt wurden. Die Entwicklung von Foxing wird vor allem durch Feuchtigkeit, Klimaschwankungen und die Einwirkung von Licht und Luftschadstoffen beschleunigt.[2]

Es ist noch nicht völlig geklärt, wie und warum sich diese Flecken entwickeln. Weitverbreitet ist die Annahme, dass Foxingflecken durch Metallionen (Fe_2^+) entstehen, die örtlich begrenzt einen

[2] Foxing ist nachweislich häufiger auf Objekten zu finden, die lange Zeit ausgestellt waren: So sind von Buchblättern eher die Randpartien betroffen als der Mittelteil und von einem Stoss Papier eher die ersten Blätter als die mittleren.

L'origine de ce phénomène et son développement n'ont pas encore été entièrement élucidés. Parmi les hypothèses les plus largement admises, on trouve celle de la présence d'ions métalliques (Fe_2^+) catalysant une altération locale de la cellulose, dont les produits secondaires provoquent une altération rapide des fibres adjacentes et ainsi de suite.[3]

2.2.4 **Altérations causées par les encres**

Nous parlerons ici des altérations dues aux encres métallo-galliques, bien qu'il ne s'agisse pas d'un facteur purement interne. Les encres modernes peuvent également être source de dommages, mais le phénomène est moins fréquent.

Les encres métallo-galliques constituent une famille très étendue d'encres utilisées depuis le début du Moyen-Age jusqu'au XIXe siècle, voire au-delà. Leur composition est extrêmement variable et les additifs utilisés sont très nombreux, mais en principe, on peut reconnaître trois composants fondamentaux :

- □ une solution tannique, obtenue généralement par macération de noix de galle ou de bois très riches en tanins ;
- □ un sel métallique, généralement du sulfate de fer [Fe_2^+], contenant fréquemment aussi du cuivre, appelé anciennement vitriol vert ;
- □ un liant, par exemple de la gomme arabique.

L'encre métallo-gallique, une fois déposée sur un support (parchemin, papier) va s'oxyder et ainsi acquérir sa composition finale. A ce moment se forme un composé de couleur très foncée, en principe insoluble dans l'eau (chimiquement il s'agit d'un complexe : le gallate de fer [Fe_3^+]). Dans les anciennes recettes, il est fréquent que le sel métallique soit présent en excès, restant ainsi disponible pour des réactions avec le support.

Abbau der Cellulose katalysieren. Die Sekundärprodukte bewirken einen schnellen Abbau der daneben liegenden Fasern und so fort.[3]

2.2.4 **Schädigung durch Tinten**

Wir gehen hier auf Schädigungen durch Eisengallustinten ein, obwohl es sich streng genommen nicht um einen papiereigenen Faktor handelt. Auch moderne Tinten können Ursache von Schäden sein, dies ist aber seltener der Fall.

Eisengallustinten bilden eine umfassende Familie von Tinten, die vom Beginn des Mittelalters bis ins 19. Jahrhundert und noch später verwendet wurden. Ihre Zusammensetzung kann sehr stark variieren, und die verwendeten Zusatzstoffe sind zahlreich, im Prinzip aber kann man drei Grundkomponenten ausmachen:

- □ eine gerbstoffhaltige Lösung, die gewöhnlich durch Einweichen der Gallusnuss oder von stark gerbsäurehaltigem Holz gewonnen wird;
- □ ein metallisches Salz, gewöhnlich Eisensulfat [Fe_2^+], das häufig auch Kupfer enthält, früher grünes Vitriol genannt;
- □ ein Bindemittel, zum Beispiel Gummi arabicum.

Beim Ausschreiben auf dem Träger (Pergament, Papier) oxidiert die Eisengallustinte und erlangt so ihre endgültige Zusammensetzung. Dabei bildet sich eine sehr dunkle Farbverbindung, die im Prinzip wasserunlöslich ist (chemisch betrachtet handelt es sich um einen Komplex: Eisengallat [Fe_3^+]). Bei alten Rezepten kommt es oft zu einem Überschuss dieses Metallsalzes, sodass dieses weiterhin mit dem Träger reagieren kann.

Das Problem für die Konservierung ergibt sich durch dieses Metallsalz Eisensulfat, das sich in Schwefelsäure und Eisenoxid spalten kann. Eisenoxid kann rötliche Flecken auf der Tinte verursa-

[3] Une recherche publiée en 2000 semble prouver que le foxing se forme quand des ions Fe_3^+ sont réduits par des produits liés à l'oxydation de la cellulose (peroxydes H_2O_2) en ions Fe_2^+, qui, étant beaucoup plus solubles, peuvent réagir à leur tour avec la cellulose et diffuser plus facilement. A un stade successif, ces réactions concernent des composés du papier contenant de l'azote (N) et aboutissent à la formation de colorants stables, qui sont à l'origine des taches visibles. Ce phénomène se produit en milieu acide, ce qui expliquerait pourquoi les papiers plus anciens sont moins affectés (cf. Rebrikova et Manturobskaya, 2000, pp. 85–100).

[3] Laut einer im Jahr 2000 veröffentlichten Untersuchung kann sich Foxing bilden, wenn Fe_3^+-Ionen durch mit der Oxidation der Cellulose verbundene Produkte (Peroxide H_2O_2) zu Fe_2^+-Ionen reduziert werden. Da diese viel löslicher sind, können sie ihrerseits mit der Cellulose reagieren und sich einfacher ausbreiten. Auf einer weiteren Stufe laufen diese Reaktionen mit Komponenten im Papier ab, die Stickstoff (N) enthalten. Das führt zur Bildung von stabilen Farbstoffen und damit zu sichtbaren Flecken. Dieser Vorgang läuft im sauren Bereich ab, was erklären würde, warum alte Papiere davon weniger betroffen sind (siehe Rebrikova und Manturobskaya, 2000, S. 85–100).

L'aspect problématique pour la conservation est donné par ce sel métallique, le sulfate de fer, qui peut se décomposer en acide sulfurique et en oxyde de fer. Ce dernier forme parfois des taches rougeâtres sur l'encre, tandis que l'acide peut former, en présence de carbonate de calcium, des dépôts blanchâtres de sulfate de calcium (gypse) apparaissant sous forme de cristaux blancs de forme quadrangulaire sur le tracé du texte.

Ainsi, deux mécanismes d'altération agissent simultanément :

- □ L'hydrolyse de la cellulose, catalysée par l'acidité, aboutit à la rupture des chaînes moléculaires et à une perte de solidité.
- □ L'oxydation de la cellulose, catalysée par le fer, provoque de plus des colorations brunâtres, une réaction de fluorescence UV et aboutit également à un fort affaiblissement du support.

Le phénomène est progressif : petit à petit, autour du tracé de l'écriture, se forme d'abord une auréole jaunâtre (à ce stade, on remarque une fluorescence UV verdâtre), ensuite, cette auréole devient brunâtre et s'étend toujours plus autour du tracé et en profondeur dans l'épaisseur du papier, jusqu'à devenir visible à l'œil nu au verso ; la lecture du texte écrit au verso devient difficile à partir de ce stade.

Dans les phases successives se forment des fissures dans le papier déjà fortement affaibli, qui aboutissent à la formation de lacunes et à la destruction complète du papier sur le tracé de l'écriture. Dans ce cas, le texte reste visible sous forme de « lacune » dans le papier, mais la manipulation de la feuille devient très difficile.[4]

Les pigments bleus et surtout verts à base de cuivre ont une action similaire et provoquent une dégradation locale du papier ou du parchemin. Ce type d'altération se transmet de son lieu d'origine, le texte écrit, aux zones avoisinantes et aux feuilles directement en contact. La gravité des dommages dépend de la qualité du support, de son épaisseur, de la composition du pigment et des conditions hygrométriques et de lumière auxquelles l'objet a été soumis ; en particulier une hygrométrie élevée et de fréquents changements de l'humidité ambiante aggravent rapidement cette altération.

chen. Die Säure hingegen kann in Anwesenheit von Calciumcarbonat weissliche Ablagerungen von Calciumsulfat (Gips) bilden, das sich als weisses, viereckiges Kristall auf den Schriftzügen absetzt.

Es laufen also zwei Abbaumechanismen gleichzeitig ab:

- □ Die durch Säure katalysierte Hydrolyse der Cellulose führt zur Spaltung der Molekülketten und zu einem Stabilitätsverlust.
- □ Bei der durch das Eisen katalysierten Oxidation der Cellulose werden ausserdem bräunliche Verfärbungen und eine Reaktion von UV-Fluoreszenz hervorgerufen. Es kommt auch hier zu einem starken Stabilitätsverlust.

Der Vorgang verläuft schrittweise: Nach und nach bildet sich rund um den Schriftzug zuerst ein gelblicher Rand (zu diesem Zeitpunkt tritt eine grünliche UV-Fluoreszenz auf). Der Rand wird dann bräunlich und breitet sich immer mehr um die Schrift herum und in die Papiertiefe hinein aus, bis er auf der Rückseite mit blossem Auge zu erkennen ist. Von diesem Moment an wird es schwierig, den Text auf der Rückseite zu lesen.

Im weiteren Verlauf bilden sich in dem schon sehr geschwächten Papier Risse, die zu Fehlstellen und zur vollständigen Zerstörung des Papiers um den Schriftzug herum führen. In diesem Fall bleibt der Text als «Fehlstelle» im Papier sichtbar, die Handhabung des Blattes aber wird sehr schwierig.[4]

Die blauen und vor allem die grünen Pigmente auf Kupferbasis haben ähnliche Auswirkungen und provozieren einen örtlich begrenzten Abbau des Papiers oder Pergaments. Der Schaden breitet sich um den Entstehungsort (den geschriebenen Text) herum auf die umliegenden Zonen und auf die mit der Schrift in direktem Kontakt befindlichen Blätter aus. Die Schwere des Schadens ist abhängig von der Qualität des Trägers, seiner Dicke, der Zusammensetzung des Pigments und den klimatischen und Lichtbedingungen, denen das Objekt ausgesetzt war. Besonders schädlich sind eine hohe Luftfeuchtigkeit und häufige Schwankungen der Umgebungsfeuchtigkeit.

[4] Reissland und Hofenk de Graaff, 2000 – www.icn.nl/getasset.aspx?id=654 (XII 2009).

CHAPITRE 4

Les facteurs externes de l'altération du papier

Les facteurs externes de dégradation comprennent les conditions d'entreposage et d'utilisation de l'objet. En effet, le papier se conserve très différemment selon les conditions auxquelles il est exposé. Un journal oublié pendant quelques heures au soleil prend déjà une coloration jaune, indice de réactions d'altération, alors que le même journal, conservé à l'intérieur dans des conditions normales, montrera des signes d'altération après quelques années seulement. Cette simple expérience nous permet de constater que, même pour un papier très sensible et réactif comme le papier journal, les conditions de conservation ont une influence sur la vitesse de vieillissement, avec un facteur certainement de l'ordre de 1000. Idem pour les manipulations : un journal non relié manipulé deux ou trois fois n'est déjà plus comme neuf.

Les conditions de conservation et d'utilisation méritent une étude approfondie, car elles permettent, si elles sont bonnes, une réduction sensible de l'altération du papier.

1 Les facteurs climatiques

Parmi les facteurs déterminants des conditions de conservation, le climat joue certainement le rôle principal, car il a une action directe sur l'altération du papier et il influence tous les autres mécanismes de dégradation.

KAPITEL 4

Äussere Einflüsse auf den Abbau von Papier

Die Aufbewahrungs- und Benutzungsbedingungen eines Objekts stellen einen äusseren Alterungsfaktor dar. Tatsächlich altert Papier je nach Aufbewahrungsbedingungen unterschiedlich schnell. Zum Beispiel vergilbt eine Zeitung, die in der Sonne gelegen hat, schon nach einigen Stunden. Diese Gelbfärbung ist ein typisches Zeichen für Alterungsvorgänge. Wird die Zeitung hingegen in einem Raum unter normalen Bedingungen aufbewahrt, weist sie erst nach einigen Jahren dieselben Abbauerscheinungen auf. Daraus können wir schliessen, dass die Konservierungsbedingungen selbst bei reaktionsfreudigem und empfindlichem Papier wie Zeitungspapier die Alterungsgeschwindigkeit erheblich beeinflussen; sie kann um den Faktor 1000 variieren. Das Gleiche gilt für die Handhabung: Schon wenn man zwei bis drei Mal mit einer ungebundenen Zeitung hantiert, ist sie nicht mehr wie neu.

Die Konservierungs- und Benutzungsbedingungen bedürfen einer gründlichen Untersuchung, da ihre Optimierung eine merkliche Verringerung des Abbauprozesses bewirkt.

1 Die klimatischen Faktoren

Unter den Konservierungsbedingungen spielen die klimatischen sicher die Hauptrolle, da sie eine direkte Wirkung auf die Veränderung des Papiers haben und alle anderen Abbaumechanismen beeinflussen.

1.1 Température

La température (T) se définit en physique comme le degré d'agitation thermique des particules. Les particules qui composent un système matériel (molécules ou atomes) ne sont jamais au repos. Elles sont en vibration permanente et possèdent donc une certaine énergie. La température est une mesure indirecte du degré d'agitation microscopique des particules. La mesure de la température est faite généralement en degrés Celsius (°C); d'autres unités sont utilisées selon le pays ou la branche scientifique, avec les correspondances suivantes:

Echelle[1]	Degrés Celsius – °C	Degrés Fahrenheit – °F	Kelvin – K
Zéro absolu	–273,15	–459,67	0
Fusion	0	32	273,15
Ebullition	99,98	212	373,13

La température joue un rôle important dans la vitesse des réactions chimiques: plus elle est élevée, plus les réactions sont rapides. Toutes les réactions chimiques nécessitent une quantité déterminée d'énergie pour se déclencher (p.ex. sous forme de chaleur). Certaines réactions se contentent de l'énergie présente à température ambiante, alors que d'autres ne se déroulent pas à une vitesse mesurable dans ces conditions. Un apport énergétique, par exemple sous forme de chaleur ou de lumière, permet le déclenchement ou l'accélération de ces réactions.

Théoriquement, une température aussi basse que possible serait souhaitable pour la conservation des livres et documents d'archives. Dans la pratique, on conseille généralement 16 °C à 18 °C pour les dépôts, soit environ 4 °C de moins que pour les salles de consultation. La différence est due, d'une part, à la difficulté de régler correctement l'humidité de l'air à très basse température et, d'autre part, elle tient compte des transports nécessaires entre les dépôts et les salles de consultation (voir le point 1.2 ci-dessous). Des différences de tempéra-

[1] Cf. http://fr.wikipedia.org/wiki/Temp%C3%A9rature (X 2009).

1.1 Temperatur

Die Temperatur (T) ist das Mass für die Heftigkeit der thermischen Bewegung der Teilchen in einem stofflichen System. Da sich diese Teilchen (Moleküle oder Atome) nie in Ruhestellung befinden, besitzen sie Energie. Die Temperatur kennzeichnet die Möglichkeit, die innere Energie eines Stoffes in Form von Wärme abzugeben. Die Temperatur wird meistens in Grad Celsius (°C) gemessen; sie kann je nach Land oder Wissenschaftszweig auch wie folgt ausgedrückt werden:

Skala[1]	Grad Celsius – °C	Grad Fahrenheit – °F	Kelvin – K
Absoluter Nullpunkt	–273,15	–459,67	0
Schmelzpunkt	0	32	273,15
Siedepunkt	99,98	212	373,13

Die Temperatur spielt eine wichtige Rolle für die Geschwindigkeit von chemischen Reaktionen: Je höher sie ist, desto schneller laufen die Reaktionen ab. Um chemische Reaktionen auszulösen, ist immer eine bestimmte Menge von Energie (z.B. in Form von Wärme) nötig. Für bestimmte Reaktionen reicht die Energie der Zimmertemperatur aus, während andere unter diesen Bedingungen nicht mit messbarer Geschwindigkeit ablaufen. Eine Energiezufuhr, etwa in Form von Wärme oder Licht, kann hier Reaktionen auslösen und dort deren Ablauf beschleunigen.

Theoretisch sollte die Temperatur der Magazine so niedrig wie möglich sein. Praktisch jedoch rät man normalerweise zu einer Temperatur zwischen 16 und 18 °C, das heisst etwa 4 °C weniger als die für Lesesäle empfohlene. Diese Abweichung besteht einerseits, weil es schwierig ist, die Luftfeuchtigkeit bei sehr niedrigen Temperaturen genau einzustellen, und andererseits, weil Bücher und Einzelblätter aus den Magazinen in die Lesesäle und zurück befördert werden müssen (siehe Punkt 1.2). Zu grosse Temperaturunterschiede zwischen die-

[1] Siehe http://fr.wikipedia.org/wiki/Temp%C3%A9rature (X 2009).

ture trop importantes entre ces deux types de lieux nécessiteraient l'utilisation d'un emballage de protection et imposeraient un long délai d'attente aux lecteurs. La conservation à une température très basse ou négative n'est appliquée que pour des objets extrêmement sensibles, par exemple les films en couleurs, et ce uniquement par des institutions spécialisées.

D'autre part, l'évolution récente privilégie la gestion correcte de l'humidité relative par rapport à un respect strict des normes sur la température; voir à ce propos le chapitre 6, part I.

1.2 Humidité relative de l'air

1.2.1 Définitions

L'humidité relative de l'air (HR) est probablement le facteur le plus important pour la conservation des livres et des documents d'archives; elle joue un rôle décisif dans la plupart des processus de dégradation.

Quelques concepts et définitions sont indispensables pour aborder la climatologie.

■ L'air ambiant n'est généralement pas complètement sec: il absorbe une certaine quantité de vapeur d'eau, qui varie fortement en fonction de sa température. La vapeur d'eau absorbée par l'air n'est pas visible, car l'eau se trouve sous forme de molécules libres. Quand l'air est saturé d'humidité, on atteint le point de rosée; si la quantité de vapeur augmente encore, elle se condense en fines gouttelettes qui deviennent visibles et forment du brouillard.

La quantité de vapeur d'eau présente dans l'air peut être mesurée en grammes par m^3 d'air sec ou

Température	Vapeur d'eau pouvant être absorbée	
	g/kg d'air sec	g/m^3 d'air sec
–10 °C	1,6	2,1
0 °C	3,8	4,8
10 °C	7,6	9,4
15 °C	10,6	12,8
20 °C	14,7	17,3
25 °C	20,1	23,0
30 °C	27,2	30,3

sen beiden Orten würden eine Schutzverpackung erforderlich machen und eine lange Wartezeit für den Leser mit sich bringen. Bei sehr niedrigen oder unter 0 °C liegenden Temperaturen werden nur äusserst empfindliche Objekte, etwa Farbfilme, aufbewahrt, und das nur in Spezialeinrichtungen.

Andererseits wird gegenwärtig eher eine vorschriftsmässige Regulierung der relativen Feuchtigkeit als eine strenge Befolgung der Temperaturnormen bevorzugt, siehe dazu Kapitel 6, Teil I.

1.2 Relative Luftfeuchtigkeit

1.2.1 Definitionen

Die relative Luftfeuchtigkeit (rF) ist sicherlich der wichtigste Faktor für die Konservierung von Büchern und Archivalien; sie spielt bei den meisten Abbauprozessen eine entscheidende Rolle.

Einige Begriffe und Definitionen der Klimakunde sind unerlässlich.

■ Luft ist für gewöhnlich nicht völlig trocken: Sie kann, je nach Temperatur, unterschiedliche Mengen von Wasserdampf absorbieren. Der in der Luft enthaltene Wasserdampf ist nicht sichtbar, da das Wasser nur in molekularer Form vorkommt. Wenn die Luft mit Feuchtigkeit gesättigt ist, hat man den Taupunkt erreicht. Steigt die Menge an Wasserdampf weiter an, kondensiert er in feinen Tröpfchen, die sichtbar werden, das heisst, es bildet sich Nebel.

Die Menge des in der Luft enthaltenen Wasserdampfs kann in Gramm pro m^3 trockener Luft oder in Gramm pro kg trockener Luft gemessen werden. Das Gewicht von Luft verändert sich je nach Tem-

Temperatur	Absorbierbare Menge Wasserdampf	
	g/kg Trockenluft	g/m^3 Trockenluft
–10 °C	1,6	2,1
0 °C	3,8	4,8
10 °C	7,6	9,4
15 °C	10,6	12,8
20 °C	14,7	17,3
25 °C	20,1	23,0
30 °C	27,2	30,3

en grammes par kg d'air sec. La densité de l'air varie avec la température ; elle est d'environ 1,3 kg/m^3 à 0 °C et d'environ 1,2 kg/m^3 à 20 °C. Le tableau ci-dessus montre, pour une température donnée, la quantité maximale de vapeur d'eau pouvant être absorbée ; cela correspond au point de rosée.

■ L'humidité absolue de l'air (HA, également appelée en météorologie « rapport de mélange ») indique la quantité de vapeur d'eau contenue dans une masse d'air, indépendamment de tout autre facteur ; elle est exprimée en g par kg d'air sec ou en g par m^3 d'air sec. L'humidité absolue ne varie pas avec la température de l'air.

■ L'humidité relative (HR) indique le rapport entre la quantité d'eau réellement contenue dans l'air et celle contenue dans l'air saturé, à une température donnée. Ce rapport est exprimé en pourcent. Par exemple :[2]

Une masse d'air contient 7,35 g de vapeur d'eau par kg d'air sec (humidité absolue) ; la température est de 20 °C. A cette température, l'air peut absorber au maximum 14,7 g/kg. L'HR sera de 50 %, soit : (7,35 : 14,7) × 100 = 50.

Si la température descend à 12 °C, le point de rosée se situe à 8,7 g/kg d'air sec. Pour la même masse d'air, l'HR sera (7,35 : 8,7) × 100 = 84 %.

Si la température descend à 8 °C, le point de rosée est à 6,7 g/kg d'air sec. Pour la même masse d'air, l'HR sera : (7,35 : 6,7) × 100 = 109 %. Une valeur supérieure à 100 % correspond au phénomène de la condensation. Dans ce cas, la quantité de vapeur d'eau contenue dans l'air est supérieure à la quantité de vapeur que l'air peut absorber à cette température ; il y a formation de brouillard.

Dans cet exemple, on constate qu'une même humidité absolue peut donner lieu à des valeurs d'humidité relative très différentes, avec une variation relativement réduite de la température.

Le diagramme de Mollier met en relation température, humidité absolue et humidité relative : il permet de calculer les effets sur l'HR des variations de la température ou de l'humidité absolue. La seule prise en mesure de l'humidité relative peut, dans certains cas, induire en erreur si elle est séparée de

[2] Toutes les données et les calculs de cette partie sont arrondis.

peratur; es beträgt ungefähr 1,3 kg/m^3 bei 0 °C und ca. 1,2 kg/m^3 bei 20 °C. Die vornstehende Tabelle zeigt die Höchstmenge an Wasserdampf (entspricht dem Taupunkt), die je nach Temperatur absorbiert werden kann.

■ Die absolute Luftfeuchtigkeit (P_w, in der Meteorologie auch als «Mischungsverhältnis» bezeichnet) gibt unabhängig von allen anderen Faktoren Auskunft über die in einer Masse Luft enthaltene Menge Wasserdampf, sie wird ausgedrückt in g pro kg Trockenluft, oder in g pro m^3 Trockenluft. Die absolute Luftfeuchtigkeit ist unabhängig von der Lufttemperatur.

■ Die relative Feuchtigkeit (rF) bezeichnet das Verhältnis zwischen der tatsächlich in der Luft vorhandenen Menge Wasser und der bei gleicher Temperatur in gesättigter Luft enthaltenen Menge; sie wird in Prozent ausgedrückt. Zum Beispiel:[2]

Eine Masse Luft enthält 7,35 g Wasserdampf pro kg Trockenluft (absolute Feuchtigkeit); die Temperatur beträgt 20 °C. Bei dieser Temperatur kann die Luft maximal 14,7 g/kg trockene Luft absorbieren. Die rF wäre 50 %: (7,35 : 14,7) × 100 = 50.

Wenn die Temperatur auf 12 °C absinkt, wird der Taupunkt bei 8,7 g/kg Trockenluft erreicht. Für die gleiche Masse Luft wäre die rF: (7,35 : 8,7) × 100 = 84 %.

Sinkt die Temperatur auf 8 °C, liegt der Taupunkt bei 6,7 g/kg Trockenluft. Für die gleiche Masse Luft wäre die rF: (7,35 : 6,7) × 100 = 109 %. Eine relative Feuchtigkeit über 100 % bedeutet Kondensation. Es wäre also mehr Wasserdampf in der Luft enthalten, als diese bei der genannten Temperatur absorbieren kann, daher würde sich Nebel bilden.

Wie man an diesem Beispiel sieht, kann dieselbe absolute Feuchtigkeit bei relativ geringen Temperaturschwankungen verschiedene Werte relativer Feuchtigkeit ergeben.

Das Diagramm von Mollier setzt die Temperatur, die absolute Luftfeuchtigkeit und die relative Feuchtigkeit in Beziehung: Es ermöglicht die Berechnung der Auswirkungen der Schwankungen von Temperatur oder absoluter Feuchtigkeit auf die relative Feuchtigkeit. Wird die relative Feuch-

[2] Die hier folgenden Angaben und Berechnungen sind gerundet.

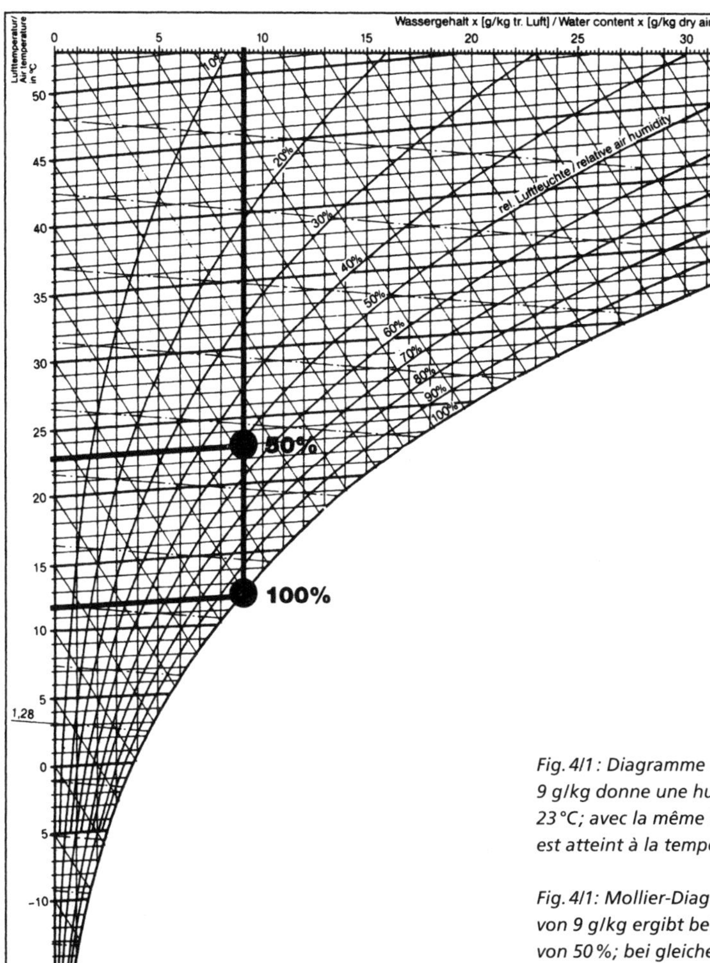

Fig. 4/1 : Diagramme de Mollier. Une humidité absolue de 9 g/kg donne une humidité relative de 50 % à environ 23 °C; avec la même humidité absolue, le point de rosée est atteint à la température de 12 °C.

Fig. 4/1: Mollier-Diagramm. Eine absolute Feuchtigkeit von 9 g/kg ergibt bei ca. 23 °C eine relative Feuchtigkeit von 50 %; bei gleicher absoluter Feuchtigkeit wird bei ca. 12 °C der Kondensationspunkt erreicht.

celle de l'humidité absolue. Par exemple, dans une situation estivale, les valeurs climatiques d'un dépôt sont : T 17 °C, HR 80 %. Les valeurs climatiques de l'air extérieur sont : T 25 °C, HR 60 %. L'air extérieur est apparemment plus sec. Pourtant, si on examine le contenu en humidité absolue, l'air intérieur contient environ 10 g de vapeur d'eau (par kg d'air sec) tandis que l'air extérieur en contient 12 g. Dans ce cas, en faisant pénétrer l'air extérieur dans le dépôt, on humidifierait ultérieurement ce local et on atteindrait même le point de rosée. Le diagramme de Mollier permet de reconnaître et d'interpréter correctement ce genre de situations.

tigkeit nicht zur absoluten Feuchtigkeit in Beziehung gesetzt, kann es zu Irrtümern kommen. Ein Beispiel: Bei sommerlichem Wetter herrschen in einem Magazin folgende klimatische Bedingungen, T 17 °C, rF 80 %. Die Aussenbedingungen sind T 25 °C, rF 60 %. Die Aussenluft scheint trockener. Untersucht man jedoch die absolute Feuchtigkeit, enthält die Innenluft ca. 10 g Wasserdampf (pro kg Trockenluft), die Aussenluft dagegen 12 g. Würde nun Aussenluft in den Lagerraum gelassen, ergäbe das eine Erhöhung der Raumfeuchtigkeit bis zum Erreichen des Taupunktes. Mit dem Diagramm von Mollier können solche Situationen richtig erkannt und interpretiert werden.

1.2.2 **Le climat extérieur**

Dans les pays européens, la température et le taux hygrométrique de l'air varient fortement avec un cycle annuel. En hiver, la température est plus basse et l'air ne contient que peu d'humidité. Ce phénomène est d'autant plus prononcé que les hivers sont froids. En effet, avec une température proche de 0 °C, une situation de brouillard (HR 100 %) se forme avec un contenu en humidité absolue d'environ 4 g de vapeur d'eau par kg d'air sec. Une fois que l'air a été chauffé à 22 °C, cette même humidité absolue donne une HR d'environ 28 %, soit une humidité relative très réduite.

La situation estivale est différente : les températures élevées et le rayonnement solaire font évaporer de grandes quantités d'eau, qui peuvent être absorbées par l'air sans former de brouillard. L'HR estivale est généralement supérieure à 60 % et peut atteindre les 70–80 %.

La tendance objective aux hivers secs et aux étés humides augmente sensiblement quand on se déplace de la Méditerranée vers le nord.

1.2.2 **Das Aussenklima**

Lufttemperatur und -feuchtigkeit sind in Europa entsprechend den Jahreszeiten starken Schwankungen unterworfen. Im Winter ist die Temperatur niedriger, und die Luft enthält nur wenig Feuchtigkeit. Je kälter der Winter, umso trockener die Luft. In der Tat bildet sich Nebel (rF 100 %) bei einer Temperatur um 0 °C mit einer absoluten Feuchtigkeit von ca. 4 g Wasserdampf pro kg Trockenluft. Steigt die Lufttemperatur auf 22 °C an, ergibt dieselbe absolute Feuchtigkeit eine rF von ca. 28 %, das heisst eine sehr niedrige Umgebungsfeuchtigkeit.

Im Sommer besteht eine andere Situation: Durch die hohen Temperaturen und die starke Sonneneinstrahlung verdampfen grosse Mengen Wasser, die von der Luft ohne Nebelbildung absorbiert werden können. Die rF beträgt im Sommer gewöhnlich mehr als 60 % und kann 70–80 % erreichen.

Je weiter man vom Mittelmeer in den Norden kommt, desto trockener sind die Winter und desto feuchter die Sommer.

1.3 Influence de l'humidité de l'air sur la conservation

La plupart des matières qui composent les livres et les documents sont hygroscopiques. Cela signifie que ces matières tendent à se mettre en équilibre hygrométrique avec leur environnement. Si l'humidité est élevée, elles absorbent de l'humidité, si elle est réduite, leur contenu en eau diminue. Ce processus est accompagné de changements dimensionnels : l'absorption d'humidité provoque une dilatation, la désorption une contraction des matières. La vitesse et l'ampleur de ce phénomène sont très différentes d'une matière à l'autre.

Certains papiers sont plus réactifs que d'autres : certains papiers calques par exemple, qui sont particulièrement réactifs. Le parchemin et certains cuirs sont également très réactifs.

1.3.1 **Influence des valeurs absolues**

Une HR inférieure à 40 % provoque le dessèchement des matériaux des livres et des documents, qui perdent leur souplesse, deviennent rigides et

1.3 Einfluss der Luftfeuchtigkeit auf die Konservierung

Die meisten Materialien, aus denen Bücher und Dokumente bestehen, sind hygroskopisch. Das bedeutet, dass sie bestrebt sind, sich der Umgebungsfeuchtigkeit anzupassen. Bei hoher Luftfeuchtigkeit nehmen die Materialien Feuchtigkeit aus der Umgebung auf, ist die Luftfeuchtigkeit niedrig, sinkt auch der Wassergehalt der Materialien. Bei diesem Vorgang verändert sich auch die Masse: Feuchtigkeitsaufnahme bewirkt eine Ausdehnung und Feuchtigkeitsabnahme ein Zusammenziehen des Materials. Die Geschwindigkeit und das Ausmass dieses Vorgangs sind bei jedem Material sehr unterschiedlich.

Einige Papiere reagieren mehr als andere: Zum Beispiel sind manche Pauspapiere sehr reaktiv. Auch Pergament und einige Leder reagieren sehr stark.

1.3.1 **Einfluss der absoluten Werte**

Eine rF unter 40 % bewirkt das Austrocknen der Materialien von Buch- und Schriftgut. Sie verlieren (manchmal unwiederbringlich) ihre Flexibilität und

fragiles, parfois de façon irréversible. Une HR très réduite ralentit de nombreux mécanismes de dégradation et bloque l'activité des micro-organismes, mais elle modifie les propriétés physiques de l'objet. Une diminution prononcée du contenu en eau cause une perte de souplesse et une plus grande fragilité du papier; dans ces conditions, il est plus facile de provoquer des dommages mécaniques. Certains matériaux particulièrement sensibles, comme certains cuirs et les parchemins, se contractent et peuvent se déchirer.

Ce phénomène est expliqué par un modèle scientifique. Parmi les fibres des matières constituant le livre se trouvent des molécules d'eau, liées par des ponts hydrogène, qui jouent un rôle de « lubrifiant » en facilitant le déplacement des fibres les unes par rapport aux autres. Dans des conditions d'humidité très réduite, cette eau finit par s'évaporer et les fibres se lient directement entre elles de manière stable, avec une perte de souplesse. Ce phénomène peut s'accompagner d'une certaine contraction et déformation des matériaux, particulièrement pour des objets composés de matières ayant des caractéristiques hygroscopiques différentes; c'est souvent le cas des reliures.

Une forte humidité est certainement le plus important facteur de dégradation des livres et des documents d'archives, car elle provoque une grande variété d'effets délétères. Une HR supérieure à 60–65 % cause:

- ☐ une accélération très importante des réactions chimiques d'altération qui nécessitent la présence de l'eau pour se produire: ce phénomène touche toutes les réactions, endogènes et exogènes;
- ☐ le déclenchement de processus de dégradation biologique, germination des spores des micro-organismes et création de conditions favorables pour de nombreux insectes bibliophages;
- ☐ la migration d'éléments nuisibles toujours plus en profondeur dans l'objet; il peut s'agir de produits issus des réactions d'altération du papier, de ions métalliques provenant des encres et des pigments, de polluants atmosphériques, etc., qui étendent ainsi la zone altérée;

werden hart und spröde. Durch eine sehr niedrige rF wird zwar eine starke Verlangsamung zahlreicher Abbaumechanismen erreicht und die Aktivität von Mikroorganismen gehemmt, es werden aber auch die mechanischen Eigenschaften des Objekts verändert. Bei starker Reduzierung des Wassergehalts wird das Papier steifer und empfindlicher, und es können schneller mechanische Schäden verursacht werden. Manche besonders empfindliche Materialien, zum Beispiel einige Leder und Pergamente, ziehen sich zusammen und können zerreissen.

Dieser Vorgang wird durch ein wissenschaftliches Modell erklärt. Zwischen den Fasern der Buchmaterialien befinden sich Wassermoleküle, die durch Wasserstoffbrücken gebunden sind. Diese spielen die Rolle eines «Gleitmittels», indem sie die Bewegungen der Fasern untereinander erleichtern. Bei sehr geringer Luftfeuchtigkeit verdunstet dieses Wasser, und die Fasern verbinden sich in stabiler Weise direkt miteinander. Sie verlieren dabei ihre Flexibilität. Dieser Vorgang kann von einem Zusammenziehen und Verformen der Materialien begleitet sein, vor allem bei Objekten aus Materialien mit unterschiedlichem hygroskopischem Verhalten; das ist bei Bucheinbänden oft der Fall.

Hohe Luftfeuchtigkeit ist sicher der grösste Schadenfaktor beim Abbauprozess von Büchern und Dokumenten, denn sie ist für verschiedenste negative Auswirkungen verantwortlich. Eine rF von über 60–65 % verursacht:

- ☐ eine bedeutende Beschleunigung der chemischen Alterungsprozesse, zu deren Ablauf Wasser nötig ist: das trifft auf alle endogenen und exogenen Reaktionen zu;
- ☐ möglicherweise einen biologischen Abbauprozess (z.B. Schimmel), Keimen der Sporen von Mikroorganismen und Entwicklung günstiger Bedingungen für viele bücherschädigende Insekten;
- ☐ das immer tiefere Eindringen schädlicher Stoffe in das Objekt. Dabei kann es sich um Abbauprodukte des Papiers, um Metall-Ionen aus Tinten oder Pigmenten, um Schadstoffe aus der Luft und anderes handeln, die so den abgebauten Bereich erweitern;

- ☐ la déformation par gonflement, en particulier dans les objets composites tels que les reliures, surtout si l'humidité augmente rapidement.

Ces dommages seront d'autant plus graves que les valeurs d'humidité seront très basses ou très élevées; l'ampleur des réactions, et par là la gravité des dommages, augmente d'une manière exponentielle avec la diminution de l'HR. Cela signifie que, en passant de 40 à 30 %, respectivement de 30 à 20 %, la probabilité de dommages significatifs ne double pas, mais elle est multipliée par 10.

Le temps d'exposition à des conditions hygrométriques extrêmes et la vitesse de variation jouent aussi un rôle important. Par exemple, un objet qui aura été exposé pendant une longue période à un climat très sec aura de la peine à retrouver un contenu en eau normal, même avec un apport suffisant d'humidité : on appelle ce phénomène « hystérésis ».

1.3.2 Influence des variations climatiques

Les variations de la température et, surtout, de l'humidité relative jouent un rôle important dans la stabilité mécanique des objets composés de plusieurs matières.

Chaque matière hygroscopique – presque toutes les matières constituant le livre le sont – absorbe différemment l'humidité, adaptant avec une sensibilité qui lui est propre son taux d'humidité à celui du milieu où elle se trouve; chaque matière contient une quantité d'eau à chaque température. Le contenu en humidité pour les matières libraires varie d'environ 8 à 15 % du poids sec à une HR de 50 % (cf. chap. 6, partie I, point 3.7). L'augmentation de l'humidité cause une dilatation, sa diminution une contraction des matériaux. Chaque matière a une capacité plus ou moins prononcée à absorber de la vapeur d'eau en cas d'augmentation du taux hygrométrique et de la désorber quand l'humidité ambiante diminue (elle est plus ou moins hygroscopique); de plus, les matières ne réagissent pas uniformément sur toute leur surface, se contractant ou se dilatant de façon plus marquée dans un sens que dans l'autre : bois, carton, papier ou, de façon plus complexe, cuir, parchemin (voir également chap. 5, point 6.4).

- ☐ die Verformung durch Quellen, besonders bei den aus unterschiedlichen Materialien bestehenden Objekten, zum Beispiel Einbänden. Sehr schnell ansteigende Feuchtigkeit beschleunigt den Vorgang.

Diese Schäden verstärken sich bei sehr niedrigen oder sehr hohen Feuchtigkeitswerten; das Ausmass der Reaktionen und damit auch das der Schäden steigt mit sinkender rF exponentiell an. Das bedeutet, dass sich bei einem Absinken der rF von 40 auf 30 % beziehungsweise von 30 auf 20 % die Wahrscheinlichkeit bedeutender Schädigungen nicht nur verdoppelt, sondern verzehnfacht.

Entscheidend ist ausserdem, wie lange die Objekte den extremen Feuchtigkeitsbedingungen ausgesetzt sind und mit welcher Geschwindigkeit sich die Werte verändern. Ein Beispiel: Wird ein Objekt über einen langen Zeitraum hinweg unter sehr trockenen Klimaverhältnissen gelagert, kann es seinen normalen Feuchtigkeitsgehalt auch bei ausreichender Feuchtigkeitszufuhr nur mühsam wieder erreichen. Dieser Vorgang wird als «Hysterese» bezeichnet.

1.3.2 Einfluss der klimatischen Schwankungen

Die Schwankungen der Temperatur und besonders der relativen Feuchtigkeit sind für die mechanische Stabilität der aus einem Materialverbund bestehenden Objekte von erheblicher Bedeutung.

Jedes hygroskopische Material, das heisst fast jedes Buch- und Schriftmaterial, nimmt Feuchtigkeit unterschiedlich auf. Mit einer ihm eigenen Empfindsamkeit passt es so seinen Feuchtigkeitsgrad demjenigen seines Umfeldes an; jedes Material hat bei jeder Temperatur einen spezifischen Wassergehalt. Der Feuchtigkeitsgehalt der Buchmaterialien schwankt zwischen ca. 15 % des Trockengewichts bei einer rF von 50 % (siehe Kap. 6, Teil I, Punkt 3.7). Die Erhöhung der Feuchtigkeit bewirkt ein Ausdehnen, die Verringerung der Feuchtigkeit ein Zusammenziehen der Materialien. Jedes Material absorbiert Wasserdampf bei steigender Zimmerfeuchtigkeit mehr oder weniger gut beziehungsweise gibt ihn bei sinkender Zimmerfeuchtigkeit mehr oder weniger gut ab (es ist mehr oder weniger hygroskopisch). Zudem reagiert die Oberfläche eines Materials nicht einheitlich. Das

Des variations lentes de la température et de l'HR peuvent être absorbées uniformément par tous les éléments du livre, qui se maintiennent ainsi en équilibre: dans ce cas, le livre s'adapte sans dommage au climat environnant. Des variations rapides provoquent une réponse brutale des matières les plus hygroscopiques, ce qui crée des tensions et des déformations pouvant aller, par exemple, jusqu'à la rupture de la reliure. Ainsi, les reliures recouvertes en parchemin sont fréquemment déformées, car cette matière a une sensibilité hygrométrique particulière.

On observe un autre phénomène au niveau moléculaire: à chaque augmentation d'humidité, qui se répercute naturellement dans les matières hygroscopiques telles que le papier, le cuir et le parchemin, les molécules solubles dans l'eau auront tendance à se déplacer toujours plus en profondeur dans la matière et à trouver ainsi de nouvelles possibilités d'interagir. Au moment où l'humidité diminue, ce phénomène est fortement ralenti, mais il reprend à la prochaine augmentation d'humidité. On peut expliquer de cette manière l'aggravation d'altérations chimiques, telles que la corrosion des encres, sur des objets périodiquement soumis à de fortes variations climatiques.

Ausdehnen oder Zusammenziehen ist in die eine Richtung oft ausgeprägter als in die andere: Holz, Karton, Papier oder noch viel komplexer: Leder, Pergament (siehe auch Kap. 5, Punkt 6.4).

Allmähliche Veränderungen von Temperatur und relativer Feuchtigkeit können gleichmässig von allen Teilen des Buches aufgefangen werden, wodurch das Gleichgewicht erhalten bleibt. In diesem Fall passt sich das Buch ohne Schaden den klimatischen Verhältnissen der Umgebung an. Auf schnelle Veränderungen reagieren stark hygroskopische Materialien eher, wodurch Spannungen und Verformungen verursacht werden. Sie können zum Beispiel ein Aufbrechen des Einbandes zur Folge haben. Bücher mit Pergamenteinbänden etwa sind häufig verformt, denn Pergament ist Feuchtigkeit gegenüber höchst empfindlich.

Auch ein anderer molekularer Vorgang ist zu beobachten: Bei jeder Erhöhung der Feuchtigkeit, die natürlich Auswirkungen auf hygroskopische Materialien wie Papier, Leder und Pergament hat, verlagern sich die wasserlöslichen Moleküle immer mehr in die Tiefe des Materials und finden somit neue Möglichkeiten, mit diesem zu reagieren. Nimmt die Feuchtigkeit ab, wird dieser Vorgang bedeutend verlangsamt – bei der nächsten Feuchtigkeitserhöhung aber beschleunigt er sich wieder. Damit können die verstärkten chemischen Abbaureaktionen, zum Beispiel Tintenkorrosion, bei Objekten, die regelmässig starken Klimaschwankungen ausgesetzt sind, erklärt werden.

2 La lumière

2.1 Définitions

La lumière désigne les ondes électromagnétiques visibles par l'œil humain, c'est-à-dire comprises dans des longueurs d'onde de 380 nm (violet) à 780 nm (rouge) ; le symbole nm désigne le nanomètre : 1 nm = un milliardième de mètre, soit 10^{-9} m. Outre la lumière visible, par extension, on appelle parfois « lumière » d'autres ondes électromagnétiques, telles que celles situées dans les domaines infrarouge et ultraviolet.

Les différentes longueurs d'onde comprises entre 380 et 780 nm sont perçues par nos yeux comme des lumières de différentes couleurs et l'ensemble comme de la lumière blanche. Les rayonnements émis par le soleil et les sources lumineuses courantes couvrent cependant une bande plus large que celle de la lumière visible. Les longueurs d'onde les plus courtes, de 100 à 380 nm, sont appelées rayonnement ultraviolet (UV) et celui-ci est divisé en trois bandes (UV-A, UV-B, UV-C).[3]

Les longueurs d'onde supérieures à celle de la lumière rouge font partie du rayonnement infrarouge (IR), qui couvre la bande de 780 nm à 1 mm.[4] Le rayonnement UV n'est pas perceptible pour nos sens, alors que le rayonnement IR l'est, dans certaines conditions, sous forme de chaleur. L'infrarouge est associé à la chaleur, car, à température ambiante ordinaire, les objets émettent spontanément des radiations dans le domaine infrarouge. L'absorption de rayonnement IR provoque une augmentation de la température.

L'énergie du rayonnement augmente avec la diminution de la longueur d'onde. Cela signifie que la lumière rouge, à quantité égale, a moins d'énergie qu'une lumière bleue ou violette et que le

[3] Les UV-A (315–380 nm) ne sont pas absorbés par le verre des fenêtres et agissent également à l'intérieur des bâtiments. Les UV-B (280–315 nm) sont présents à l'extérieur, mais sont en grande partie absorbés par le verre des fenêtres. Les UV-C (100–280 nm) sont en grande partie absorbés par l'atmosphère terrestre et n'atteignent qu'en petite partie la surface de la terre.

[4] L'infrarouge est subdivisé en IR proche (NIR-A : 780–1400 nm, NIR-B 1400–3000 nm), IR moyen (MIR : 3000–50 000 nm) et IR lointain (FIR 50 000–1 000 000 nm) ; selon DIN 5031.

2 Das Licht

2.1 Definitionen

Als Licht wird die für das menschliche Auge sichtbare elektromagnetische Strahlung bezeichnet. Es umfasst die Wellenlängen von 380 nm (violett) bis 780 nm (rot); die Einheit Nanometer hat das Zeichen nm, 1 nm = ein Milliardstel Meter, das heisst 10^{-9} m. Ausser dem sichtbaren Licht werden manchmal auch weitere elektromagnetische Strahlen aus dem ultravioletten und Infrarotbereich als Licht bezeichnet.

Die verschiedenen Wellenlängen werden von unseren Augen als Licht verschiedener Farbe und ihre Gesamtheit als weisses Licht wahrgenommen. Die von der Sonne und den üblichen Lichtquellen abgegebene Strahlung umfasst indessen einen breiteren Bereich als den des sichtbaren Lichts. Die kürzeren Wellenlängen (von 100 nm bis 380 nm) werden ultraviolette (UV) Strahlung genannt und in drei Bereiche aufgeteilt (UV-A, UV-B, UV-C).[3]

Wellenlängen, die direkt an das rote Licht anschliessen, gehören zur infraroten (IR) Strahlung, diese deckt den Bereich von 780 nm bis 1 mm ab.[4] Die UV-Strahlung ist mit unseren Sinnesorganen nicht wahrnehmbar, wohingegen die IR-Strahlung unter bestimmten Bedingungen als Wärme wahrgenommen wird. Die IR-Strahlung wird mit Wärme gleichgesetzt, da die Objekte bei normaler Umgebungswärme selbsttätig Strahlungen im Infrarotbereich emittieren. Die Aufnahme von IR hat eine Temperaturerhöhung zur Folge.

Die Strahlungsenergie erhöht sich mit kürzer werdender Wellenlänge. Bei gleicher Menge hat also rotes Licht weniger Energie als blaues oder violettes, und die IR-Strahlung hat weniger Energie als

[3] UV-A Strahlung (315–380 nm) wird von den Fenstern nicht absorbiert und wirkt auch im Gebäudeinneren. Die UV-B Strahlung (280–315 nm) ist im Freien vorhanden, wird aber vom Fensterglas zu einem grossen Teil absorbiert. UV-C Strahlung (100–280 nm) wird zu einem grossen Teil von der Erdatmosphäre absorbiert und dringt nur bis zu einem geringen Teil zur Erdoberfläche vor.

[4] Der Infrarotbereich wird in folgende Bänder eingeteilt: nahes Infrarot (NIR-A: 780–1400 nm, NIR-B 1400–3000 nm), mittleres Infrarot (MIR: 3000–50 000 nm) und fernes Infrarot (FIR 50 000–1 000 000 nm); nach DIN 5031.

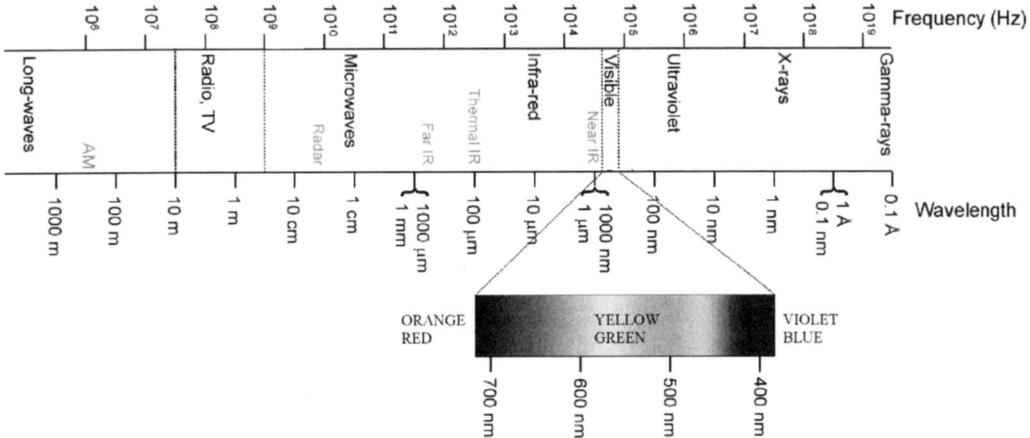

Fig. 4/2 : Schéma du rayonnement électromagnétique de la lumière visible et des rayonnements proches

Fig. 4/2: Schema der elektromagnetischen Strahlung: Licht und lichtnahe Strahlungen.

rayonnement IR a moins d'énergie que le rayonnement UV. On considère que, pour les livres ainsi que pour les pigments et colorants utilisés sur papier ou parchemin, les longueurs d'onde inférieures à 500 nm peuvent être nuisibles et que celles inférieures à 400 nm sont fortement nuisibles ; le rayonnement UV est particulièrement dangereux, à cause de son énergie élevée, et il n'apporte aucun avantage dans la vision et dans la perception des couleurs. La quantité de rayonnement reçue par un objet est aussi un facteur décisif pour sa conservation.

■ Le flux lumineux exprime la puissance d'une source lumineuse sous forme de rayonnement visible (donc par rapport à la sensibilité spectrale de l'œil humain) ; il est exprimé en lumen (lm). Le lumen est l'unité fondamentale de mesure de la lumière.

■ L'éclairement exprime le flux lumineux tombant uniformément sur une surface normalisée (1 m^2) ; il est exprimé en lux (1 lx = 1 lm/m^2). A titre d'exemple, une cage d'escalier est généralement illuminée avec 150–200 lx, une salle de lecture dans une bibliothèque avec une lumière diffuse de 300 lx et une lumière de 600–800 lx sur les tables ; les vitrines des bijoutiers sont fréquemment illuminées avec 1500–2000 lx. A l'extérieur, la quantité de lumière naturelle peut varier, selon les conditions météorologiques, la saison et l'heure, entre

die UV-Strahlung. Man nimmt an, dass Wellenlängen unter 500 nm für das Schriftgut und die auf Papier und Pergament aufgetragenen Pigmente und Farbstoffe schädlich sein können und dass diejenigen unter 400 nm sehr schädlich sind. Dabei ist die UV-Strahlung aufgrund ihrer hohen Energie besonders gefährlich und bietet keinen Vorteil für die Sicht oder die Wahrnehmung von Farben. Die Menge an Strahlung, die auf ein Objekt einwirkt, ist ein entscheidender Faktor für die Konservierung.

■ Der Lichtstrom bezeichnet die gesamte von einer Lichtquelle abgestrahlte sichtbare Lichtleistung (im Verhältnis zur spektralen Empfindlichkeit des menschlichen Auges); er wird in Lumen (lm) ausgedrückt. Das Lumen ist die grundlegende Masseinheit des Lichts.

■ Als Beleuchtungsstärke wird der einfallende Lichtstrom pro Element der Empfängerfläche (1 m^2) bezeichnet; er wird in Lux (1 lx = 1 lm/m^2) ausgedrückt. So ist ein Treppenhaus für gewöhnlich mit 150–200 lx beleuchtet, der Lesesaal einer Bibliothek mit 300 lx, auf den Arbeitstischen mit 600–800 lx und die Vitrinen eines Schmuckladens mit 1500–2000 lx. Im Freien kann die Menge des natürlichen Lichts, je nach den meteorologischen Verhältnissen, der Jahres- und der Tageszeit, zwischen 0,1 lx (Nacht mit Vollmond) und ca. 90 000 lx (direktes Sonnenlicht am Tag) variieren. Das menschliche

0,1 lx (nuit de pleine lune) et 90 000 lx environ (plein soleil en été). L'œil humain a donc une capacité dynamique d'environ un million.

■ Le rendement lumineux d'une source de lumière artificielle exprime le flux lumineux par rapport à l'énergie consommée. L'unité utilisé est le lumen par Watt (lm/W). Par exemple, une source qui produit 1000 lumen et consomme 100 W a un rendement de 10 lm/W.

■ Le rayonnement ultraviolet se mesure en µW/lm (microwatt par lumen)[5] ou en µW/m² (microwatt par mètre carré); la première unité met en rapport le rayonnement UV avec la quantité totale de lumière, la deuxième donne le rayonnement UV sur une surface déterminée. Si l'on connaît la quantité de lumière visible (exprimée en lux), il est possible de passer d'une unité à l'autre.

A titre d'exemples: le rayonnement UV du ciel peut atteindre 600 µW/lm, celui d'un tube fluorescent varie entre 20 et 200 µW/lm, celui d'une ampoule à incandescence entre 10 et 100 µW/lm.

■ La température de couleur exprime la couleur propre à la lumière. Par exemple, on peut constater que la couleur de la lumière naturelle varie fortement entre l'aube, le milieu de la journée et le crépuscule; en fin de journée, la lumière est plus « chaude » qu'à midi.

L'unité de mesure de la température de couleur est le Kelvin (K, cf. 1.1 dans ce chapitre) et la mesure est basée sur le principe qu'un filament de tungstène chauffé progressivement émet un rayonnement qui va passer du rouge au jaune, puis à un blanc de plus en plus froid. Plus la température est élevée, plus la lumière est « froide ».

A titre d'exemple, une bougie donne une température de couleur d'environ 2200 K; le ciel serein de 10 000 K. Ainsi, on définit comme « chaudes » les sources de lumière avec une température de couleur < 3000 K, « blanc neutre » celles entre 3000 et 4200 K, « blanc froid » de 4300 à 5000 K. La lumière solaire naturelle au zénith est d'environ 5800 K, celle des sources lumineuses dites « lumière du jour » de 5300 à 6500 K.

■ Le rendu des couleurs n'est pas directement lié à la température de couleur, car il dépend sur-

[5] Le µW/lm peut être parfois exprimé comme mW/1000 lm.

Auge hat also eine Anpassungsfähigkeit von ca. einer Million.

■ Die Lichtausbeute einer Quelle künstlichen Lichts ist der Quotient aus dem abgegebenen Lichtstrom und der von der Lichtquelle verbrauchten Energie. Die Einheit ist Lumen pro Watt (lm/W). Zum Beispiel liegt die Ausbeute einer Lichtquelle, die 1000 Lumen erzeugt und 100 Watt verbraucht, bei 10 lm/W.

■ Die ultraviolette Strahlung wird in µW/lm (Mikrowatt pro Lumen)[5] oder µW/m² (Mikrowatt pro Quadratmeter) gemessen; die erste Einheit setzt die UV-Strahlung zur Gesamtheit des Lichtes in Beziehung, die zweite gibt die auf einer begrenzten Oberfläche empfangene UV-Strahlung an. Kennt man die Menge des sichtbaren Lichts (ausgedrückt in Lux), ist es möglich, von einer zur anderen Einheit überzugehen.

Die UV-Strahlung des Himmels kann 600 µW/lm erreichen, jene einer Leuchtstoffröhre variiert zwischen 20 und 200 µW/lm, jene einer Glühlampe zwischen 10 und 100 µW/lm.

■ Die Farbtemperatur drückt die Eigenfarbe des Lichts aus. Zum Beispiel kann man feststellen, dass die Farbe des natürlichen Lichts bei Tagesanbruch, Tagesmitte und Sonnenuntergang sehr unterschiedlich ist. Am späten Nachmittag hat man den Eindruck eines «wärmeren» Lichts als mittags.

Die Masseinheit der Farbtemperatur ist das Kelvin (K; siehe Punkt 1.1 dieses Kapitels), und die Messung beruht auf folgendem Prinzip: Ein erhitzter Wolframfaden gibt mit steigender Temperatur eine Strahlung ab, die über Rot zu Gelb und dann zu einem immer kälteren Weiss geht. Je höher die Temperatur, desto «kälter» ist das Licht.

Als Beispiel: Eine Kerze hat eine Farbtemperatur von ca. 2200 K; ein wolkenloser Himmel eine von 10 000 K. Als «warm» wird eine Lichtquelle mit einer Farbtemperatur < 3000 K bezeichnet, von 3000 bis 4200 K als «neutralweiss» und von 4300 bis 5000 K als «Kaltweiss». Das Licht der Mittagssonne liegt bei ca. 5800 K, und die sogenannten «Tageslicht»-Leuchtmittel weisen eine Farbtemperatur von 5300 bis 6500 K auf.

[5] µW/lm kann auch mit mW/1000 lm ausgedrückt werden.

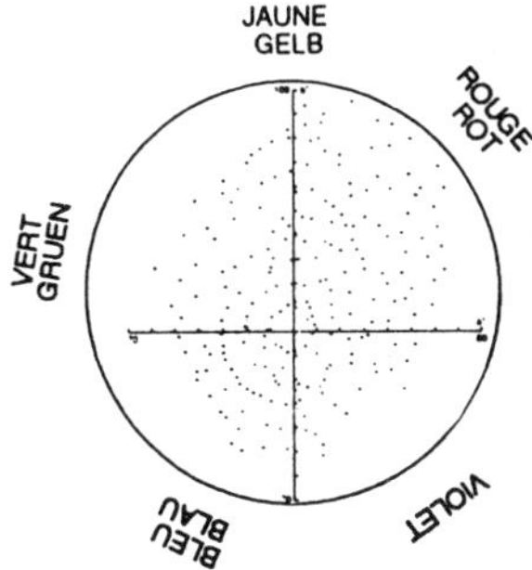

Fig. 4/3A: IRC 95. La reproduction des couleurs est excellente, les couleurs ne sont presque pas modifiées.

Fig. 4/3A: FWI 95. Die Farbwiedergabe ist ausgezeichnet, die Farben erscheinen praktisch unverändert.

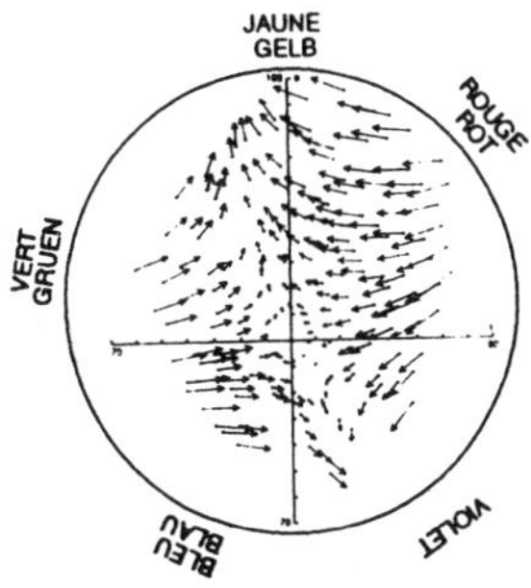

Fig. 4/3B: IRC 65. La plupart des couleurs apparaissent modifiées par cette source de lumière.

Fig. 4/3B: FWI 65. Die Mehrzahl der Farben erscheint durch diese Lichtquelle verändert.

tout de l'uniformité de la répartition spectrale de la lumière. Un objet réfléchit la lumière qu'il reçoit, et plus il y a de couleurs dans le spectre de cette lumière, plus l'image de cet objet est fidèle. L'indice de rendu de couleur ou IRC est la capacité d'une source de lumière à restituer les différentes couleurs du spectre visible sans en modifier les teintes. L'indice général de rendu des couleurs Ra détermine la qualité d'une lumière à partir de l'indice de rendu de huit couleurs normalisées. L'indice maximum Ra=100 correspond à une lumière blanche ayant le même spectre que celui de la lumière solaire. La lumière du jour (standardisée) est par définition de Ra=100. Les lampes à incandescence sont proches de Ra=100. Les tubes fluorescents ont un Ra de 60 à 98. Les tubes fluorescents dits « blanc industrie » ou « blanc universel » ont un IRC médiocre et donnent parfois ces teints « blafards » ou « verdâtres » qui ont donné une mauvaise réputation aux tubes fluorescents.

Une méthode plus élaborée de mesure utilise des « vecteurs de rendu des couleurs » : environ 200 couleurs sont mesurées ; dans un cercle dans lequel les couleurs du spectre lumineux sont reportées, un vecteur par point de mesure indique l'ampleur et

■ Die Farbwiedergabe ist nicht direkt an die Farbtemperatur gebunden, denn sie ist vor allem von der gleichmässigen Spektralverteilung des Lichts abhängig. Ein Objekt reflektiert das Licht, das es empfängt, und je mehr Farbe im Spektrum dieses Lichts auftritt, desto genauer wird das Abbild dieses Objekts. Unter dem Farbwiedergabeindex, auch FWI, CRI oder Ra, versteht man die Angabe der Fähigkeit einer Lichtquelle, die verschiedenen Spektralfarben des Lichts wiederzugeben, ohne die Farbtöne zu verändern. Der allgemeine Farbwiedergabeindex Ra beurteilt die Wiedergabequalität auf der Grundlage von acht genormten Farben. Der höchste Wert Ra=100 entspricht einem weissen Licht, mit demselben Spektrum wie das Sonnenlicht. Das «echte» Tageslicht ist mit Ra=100 die Referenzlichtquelle. Bei Glühlampen liegt der Ra nahe bei 100. Leuchtstoffröhren haben einen Ra von 60 bis 98. Die mit «neutralweiss» und «tageslichtweiss» bezeichneten Leuchtstoffröhren haben einen geringen FWI und erzeugen manchmal «fahle» oder «grünliche» Farbtöne. Sie werden deshalb eher negativ beurteilt.

Eine genauere Messmethode ist das Vektorensystem zur Farbwiedergabe: Dafür werden ungefähr

la direction de l'écart par rapport à une source lumineuse de référence. Cette méthode permet d'évaluer avec précision le rendu des couleurs et de choisir éventuellement la source lumineuse en fonction des couleurs qu'on veut mettre en évidence. Un IRC de 100 se traduit par une série de points dans le cercle, alors qu'un mauvais IRC de 65 montre un très grand nombre de vecteurs orientés dans la direction de la couleur dominante de la source lumineuse.

2.2 Les diverses sources de lumière

La lumière solaire comporte toutes les fréquences situées entre l'UV et l'IR; le rendu des couleurs est par conséquent idéal, mais la part de rayonnements nocifs pour la conservation est très importante. De plus, les quantités de lumière sont très grandes: par exemple, en été à midi, l'éclairement du soleil en Europe (latitude moyenne de la France, 47° nord) peut atteindre plus de 100 000 lx; par ciel couvert, dans la même situation, l'éclairement va de 5000 à 14 000 lx. La composition spectrale de la lumière solaire varie fortement selon l'heure du jour.

La lumière solaire directe n'est pas la seule lumière problématique; celle diffusée par le ciel est aussi très intense, et sa part de rayons UV est même proportionnellement plus importante.

Les lumières artificielles donnent des spectres et des quantités de lumière très différents selon la technique utilisée pour obtenir un rayonnement lumineux. La nocivité de ces sources est également très variable.

■ Dans les lampes à incandescence, la lumière est obtenue par l'échauffement d'un filament de tungstène qui devient lumineux à partir d'une certaine température (2100–2700 °C) dans un gaz inerte. Dans une ampoule ordinaire, cette température ne peut pas être élevée au-delà d'une certaine limite, car le filament fondrait et s'évaporerait rapidement. Le spectre d'émission est très pauvre en rayons UV; les longueurs d'onde visibles sont réparties de manière inégale, avec une nette prédominance de celles supérieures à 500 nm, et l'émission dans le domaine IR est très importante. Leur rendement est très mauvais: seulement 5 %

200 Farben gemessen. In einem Kreis, in welchen die Farben des Lichtspektrums übertragen werden, werden die Grösse und die Richtung der Abweichung in Bezug auf die Referenzlichtquelle als Vektor pro Messpunkt angezeigt. Diese Methode ermöglicht eine präzise Auswertung der Farbwiedergabe und gestattet es, die eventuelle Lichtquelle gemäss den Farben, die man sichtbar machen will, auszuwählen. Ein FWI von 100 stellt sich durch eine Reihe von Punkten im Kreis dar. Ein schlechter Index von 65 dagegen zeigt eine grosse Anzahl von Vektoren auf, die in Richtung der dominierenden Farbe der Lichtquelle ausgerichtet sind.

2.2 Die verschiedenen Lichtquellen

Das Sonnenlicht umfasst alle Frequenzen zwischen UV und IR. Die Farbwiedergabe ist folglich ideal, aber der Anteil an für die Konservierung schädlichen Strahlungen ist sehr hoch. Ausserdem sind die Lichtmengen sehr gross: So kann mittags im Sommer die Beleuchtungsstärke der Sonne in Europa (Frankreich, 47° nördlicher Breite) mehr als 100 000 lx erreichen; bei bedecktem Himmel und am gleichen Ort liegt die Leuchtkraft zwischen 5000 und 14 000 lx. Die spektrale Zusammensetzung des Sonnenlichts ist je nach Tageszeit völlig unterschiedlich.

Nicht nur das direkte Sonnenlicht ist problematisch, auch das vom bedeckten Himmel abgegebene Licht ist sehr intensiv, sein Anteil an UV-Strahlen ist proportional sogar noch höher.

Je nach der Technik, die zum Erzeugen eines Lichtstrahls verwendet wird, ergibt das künstliche Licht sehr unterschiedliche Lichtspektren und -mengen. Auch die Schädlichkeit dieser Lichtquellen ist sehr unterschiedlich.

■ In Glühlampen wird Licht erzeugt, indem ein Wolframfaden, der bei einer Temperatur zwischen 2100 und 2700 °C aufleuchtet, in einem inerten Gas erwärmt wird. In einer gewöhnlichen Glühlampe kann diese Temperatur nicht über ein gewisses Mass hinaus erhöht werden, da der Faden schmelzen und schnell verdampfen würde. Das Emissionsspektrum ist sehr arm an UV-Strahlen. Die sichtbaren Wellenlängen sind unregelmässig ver-

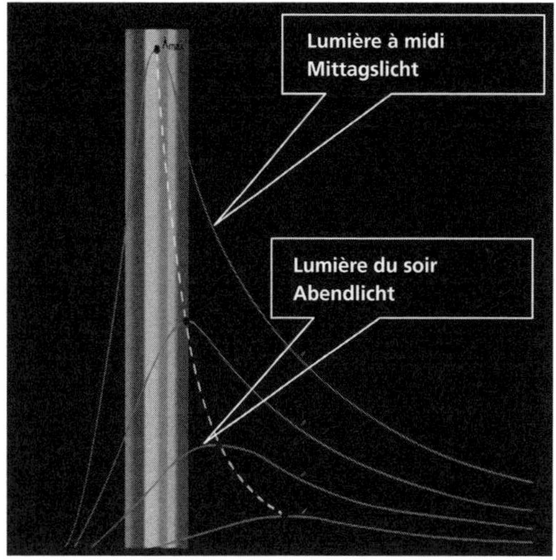

Fig. 4/4: Spectre de la lumière solaire: la part de radiations invisibles (UV+IR) est toujours importante; de plus, la composition et l'intensité de la lumière solaire varient fortement avec l'heure du jour.

Fig. 4/4: Spektrum des Sonnenlichts: Der Anteil der unsichtbaren Strahlungen (UV+IR) ist immer gross; die Zusammensetzung und die Intensität des Sonnenlichts variieren während des Tages stark.

de l'énergie consommée sont transformés en lumière, le reste l'est en chaleur. Le rendu des couleurs est bon, sauf pour le bleu et le violet où il est assez bon. La température de couleur de la lumière est de 2700 K. L'émission UV est très réduite, de l'ordre de 20–40 µW/lm. Pour des raisons écologiques, ces lampes tendent à disparaître du marché et sont remplacées soit par des ampoules halogènes, soit par des lampes fluocompactes.

Il existe des lampes à incandescence spéciales, dites « à miroir dichroïque » ou « à faisceau froid »; elles sont munies d'un réflecteur particulier qui laisse passer vers l'arrière environ 70 % du rayonnement IR tout en réfléchissant le rayonnement visible.

■ Les lampes halogènes sont également des lampes à incandescence, mais le filament supporte une température plus élevée grâce à l'adjonction d'un gaz halogène (brome, iode) au gaz inerte à l'intérieur de l'ampoule. Ce gaz permet tungstène qui s'évapore de retourner au filament sous forme de iodure ou bromure de tungstène. Les lampes halogènes doivent fonctionner à une température globale de la lampe supérieure à 250 °C; la température du filament atteint 2600–3700 °C. Leurs émissions dans le domaine des longueurs d'onde inférieures à 500 nm sont environ deux fois plus élevées que celles des ampoules à incandescence ordinaires. La forte chaleur émise par le fi-

teilt, wobei die über 500 nm liegenden überwiegen, und die Emission im Infrarot-Bereich ist sehr hoch. Die Ausbeute bei Glühlampen ist sehr schlecht: Nur 5 % der verbrauchten Energie werden in Licht umgewandelt, der Rest in Wärme. Die Farbwiedergabe ist gut, ausser für Blau und Violett, wo sie nur ausreichend ist. Die Farbtemperatur des Lichts beträgt 2700 K. Die UV-Emission ist stark herabgesetzt, sie liegt bei 20–40 µW/lm. Aus ökologischen Gründen werden diese Lampen langsam vom Markt genommen und entweder durch Halogenlampen oder Kompakt-Fluoreszenzlampen ersetzt.

Es gibt spezielle Glühlampen, «Spiegel-Reflektor»- oder «Kaltlicht»lampen genannt, die mit einem besonderen, an der Rückwand angebrachten Reflektor versehen sind. Dieser lässt ungefähr 70 % der Infrarot-Strahlung hindurch, reflektiert aber die sichtbare Strahlung.

■ Die Halogenlampen sind Glühlampen, in denen eine höhere Glühfadentemperatur erreicht werden kann, weil man dem inerten Gas der Glühlampe ein halogenes Gas hinzufügt (Brom, Jod). Dieses Gas ermöglicht es dem verdampften Wolfram, in Form von Wolframjodid oder -bromid zum Faden zurückzukehren. Halogenlampen müssen bei einer globalen Lampentemperatur von über 250 °C arbeiten; die Fadentemperatur erreicht 2600–3700 °C. Ihre Emissionen im Wellenlängen-

lament impose l'utilisation de verres de quartz. Contrairement au verre ordinaire, le verre de quartz ne filtre pas les longueurs d'onde les plus courtes dans le domaine UV; l'émission UV de ces lampes peut atteindre 100 µW/lm. Il existe cependant des ampoules halogène avec filtre UV intégré dans le quartz. On trouve également des lampes halogènes sous forme d'ampoules classiques, qu'elles remplacent partiellement.

L'efficacité des lampes halogènes est supérieure d'environ 25 % à celle des ampoules classiques. Le rendu des couleurs est bon. La température de couleur est de 2900 à 4000 K. Les émissions IR peuvent varier d'un type de lampe à l'autre, mais elles sont toujours importantes.

■ La lumière des lampes fluorescentes est produite par une couche de poudre fluorescente qui se trouve à l'intérieur de la lampe; elle est excitée par le rayonnement UV émis par une décharge électrique dans les vapeurs de mercure à basse pression se trouvant dans la lampe. L'émission spectrale n'est pas régulière, elle tend à se concentrer en quelques pics, ce qui donne une lumière plus ou moins froide, avec des rendus de couleurs très différents selon la composition de la poudre ou des couches de poudres fluorescentes utilisées.

Certaines lampes fluorescentes ont des émissions importantes dans le domaine UV, qui peuvent varier de 50 à 270 µW/lm. La température de la couleur n'informe pas sur l'émission UV du tube fluorescent: certains tubes « blanc chaud » ont une émission plus forte que d'autres « blanc » ou « lumière du jour ». Les températures de couleur varient sur toute la gamme de 2800 à 6500 K. Les émissions IR sont réduites et le rendement en énergie est très bon, avec environ 28 % de l'énergie consommée transformée en lumière.[6]

■ Les LED sont des diodes qui transforment l'énergie électrique directement en lumière; leur rendement théorique est excellent (env. 300 lm/W); dans la pratique, cette source de lumière est en plein développement et on peut s'attendre à d'im-

[6] Par exemple, dans un tube fluorescent de 36 W, la répartition de l'énergie utilisée donne environ 20 % d'énergie transformée en lumière visible, 38 % en chaleur, 0,6 % en radiation UV et 33,4 % de pertes.

bereich unter 500 nm sind ungefähr zweimal höher als die der gewöhnlichen Glühlampen. Die starke Wärmeabstrahlung des Fadens macht die Verwendung eines Quarzglases erforderlich. Im Gegensatz zum normalen Glas filtert es die kürzesten Wellenlängen im UV-Bereich nicht. Die UV-Emission dieser Lampen kann 100 µW/lm erreichen. Es gibt jedoch Quarz-Halogenlampen mit integriertem UV-Filter (im Quarz). Die herkömmlichen Glühlampen werden teilweise von Halogenlampen mit der gleichen Kolbenform ersetzt.

Die Leistung der Halogenlampen ist ca. 25 % höher als die der klassischen Glühlampen. Die Farbwiedergabe ist gut. Die Farbtemperatur liegt zwischen 2900 und 4000 K. Die Infrarot-Emissionen können von einem Lampentyp zum anderen variieren, sind aber immer sehr hoch.

■ Das Licht der Leuchtstoffröhren wird durch eine Schicht fluoreszierenden Pulvers im Inneren der Lampe erzeugt, die durch UV-Strahlung angeregt wird. Diese UV-Strahlen entstehen durch eine elektrische Entladung in Quecksilberdämpfen, die sich unter niedrigem Druck im Inneren der Lampe befinden. Die Spektralemission der Leuchtstoffröhren ist nicht gleichmässig. Sie konzentriert sich in einigen Spitzen, was ein mehr oder weniger kaltes Licht ergibt. Die Farbwiedergabe ist, je nach der Zusammensetzung des verwendeten Pulvers oder den verwendeten Schichten fluoreszierender Pulver, sehr unterschiedlich.

Die Emissionen mancher Leuchtstoffröhren können im UV-Bereich Werte zwischen 50 und 270 µW/lm erreichen. Die Farbtemperatur gibt keine Auskunft über die UV-Emission der Leuchtstoffröhre: Manche «warmweissen» Röhren haben eine stärkere Emission als «weiss» oder «Tageslicht». Die Farbtemperatur schwankt bei allen von 2800 bis 6500 K. Die Infrarot-Emissionen sind gering. Die Energieausbeute ist sehr gut, es werden etwa 28 % der verbrauchten Energie in Licht umgewandelt.[6]

■ LED sind Leuchtdioden, bei denen die elektrische Energie direkt in Licht umgewandelt wird; ihre Ausbeute ist hervorragend (ca. 300 lm/W).

[6] Zum Beispiel: In einer Leuchtstoffröhre von 36 W werden 20 % der zugeführten Energie in sichtbares Licht, 38 % in Wärme und 0,6 % in UV-Strahlung umgewandelt; 33,4 % gehen verloren.

Source Lichtquelle	T de couleur Farbtemperatur K	UV µw/lm	Rendu des couleurs Farbwiedergabe RC (Ra)/FWI (Ra)	Rendement* Ausbeute* lm/W	Durée de vie heures Lebensdauer Stunden
Ampoule incandescence Glühlampe	2400–3000	20–40	90–95	9–19	1000
Ampoule halogène Halogenlampe	2900–4000	40–40	94–97	15–25	2/3000
Tube fluorescent Leuchtstoffröhre	3200 blanc chaud/ warmweiss 4000 blanc neutre/ neutralweiss 5000/5500 lumière du jour/Tageslicht	50–270	70–98	50–70	8–12 000
Lampe fluocompacte Kompakt-Fluoreszenz- lampe	Idem	Idem	Idem	Idem valeurs un peu réduites leicht reduzierte Werte	6–10 000
LED	4000–8000	< 20	Jusqu'à/bis zu 95	30–150	50–100 000

* La limite théorique d'une source qui transformerait toute l'énergie électrique en lumière 683 lm/W ; la limite théorique pour la transformation en lumière blanche 300 lm/W.

* Die theoretische maximale Lichtausbeute einer Lichtquelle, welche die gesamte elektrische Energie in Licht umwandelt, liegt bei 683 lm/W. Die theoretische maximale Lichtausbeute für weisses Licht beträgt 300 lm/W.

portants progrès autant sur le plan du rendement que sur celui de la qualité de la lumière.

Contrairement aux autres sources courantes, les LED sont des sources de lumière monochromatiques ; pour cette raison, le développement de LED blanches a été relativement lent. Les LED blanches sont actuellement construites selon deux principes : en utilisant des matières fluorescentes excitées par la lumière bleue, violette ou UV émise par des LED (comme dans les lampes fluorescentes) ou en associant des LED de diverses couleurs. La première technique est la plus économique et la plus fréquemment utilisée. Si les premiers LED blanches émettaient une lumière très froide (5500–6000 K) et avec un mauvais IRC, il existe actuellement des LED qui émettent une lumière blanc chaud (3000 K) et avec un bon IRC (Ra > 90).

Les différentes sources de lumière offrent une répartition très différente de leur rayonnement dans les domaines UV, lumière visible et IR.

Dieses Leuchtmittel ist auf Expansionskurs, und es kann sowohl hinsichtlich der Energieausbeute als auch der Lichtqualität mit grossen Fortschritten gerechnet werden.

Im Gegensatz zum Licht der anderen gängigen Lichtquellen ist das der LED monochrom. Aus diesem Grund entwickelten sich weisse LEDs relativ langsam. Zur Erzeugung weissen Lichts kommen gegenwärtig zwei Verfahren zum Einsatz: erstens, indem ein Fluoreszenzfarbstoff durch das von der LED abgestrahlte blaue, violette oder UV-Licht angeregt wird (wie in den Leuchtstoffröhren), oder zweitens, indem Leuchtdioden verschiedener Farben kombiniert werden. Das erste Verfahren ist wirtschaftlicher und wird häufiger angewendet. Die ersten weissen LEDs gaben ein sehr kaltes Licht (5500–6000 K) mit einem schlechten FWI ab. Heute jedoch gibt es LEDs, die ein warmweisses Licht (3000 K) mit einem guten FWI (Ra > 90) abgeben.

Die spezifische Strahlungsverteilung in den Bereichen UV, sichtbares Licht und IR ist bei den verschiedenen Lichtquellen sehr unterschiedlich.

	UV-B 280–315 nm	UV-A 315–400 nm	Lumière visible Sichtbares Licht 380–780 nm	IR 780 nm–1 mm
Lampes à incandescence Glühlampen	0–3	20–100	5000–7000	35 000–60 000
Lampes halogènes Halogenlampen	3–6	40–100	5000–6000	25 000–30 000
Tubes fluorescents Leuchtstoffröhren	0,05–30	20–200	2800–5000	6000–10 000

Fig. 4/5: Répartition du rayonnement de différentes sources de lumière en µW/lm (Guide pour l'éclairage des musées, Paris, Lux, sans date).

2.3 Influence de la lumière sur la conservation

La lumière est une forme d'énergie qui peut déclencher ou accélérer les réactions chimiques de dégradation du papier et de toutes les matières organiques; les matières inorganiques, comme le verre ou le métal, sont beaucoup moins sensibles. Les longueurs d'onde les plus courtes sont plus énergétiques et plus pénétrantes. L'effet nuisible de la lumière (et des rayonnements proches UV et IR) est donné par la qualité du spectre et la quantité totale de rayonnement reçue par l'objet.

Pour ce qui concerne la qualité du rayonnement, une comparaison des différentes sources de lumière nous montre que leur nocivité est très inégale. Le tableau suivant attribue un facteur de dommage photochimique 100 à la lumière réfléchie par le ciel au zénith et évalue les autres sources de lumière par comparaison: voir Fig. 4/6.

Dans le domaine de la lumière visible, les longueurs d'onde inférieures à 500 nm ont une énergie qui les rend d'autant plus nuisibles que la longueur d'onde diminue. Dans le Fig. 4/7, on constate que le jaunissement du papier croît de manière exponentielle avec la diminution de la longueur d'onde de la lumière.

Le papier et une grande partie des matières organiques du livre sont sensibles à la lumière; l'action de la lumière peut s'exercer soit directement (photolyse), soit en combinaison avec d'autres substances comme, par exemple, la photo-oxydation avec l'oxygène de l'air.

Fig. 4/5: Strahlungsverteilung bei verschiedenen Lichtquellen, Angaben in µW/lm (Guide pour l'éclairage des musées, Paris, Lux, ohne Datum).

2.3 Einfluss des Lichts auf die Konservierung

Das Licht ist eine Art von Energie, die im Papier und in anderen organischen Materialien chemische Abbaureaktionen auslösen oder beschleunigen kann. Anorganische Materialien wie Glas oder Metall sind viel weniger empfindlich. Je kürzer die Wellenlängen, desto energiereicher und durchdringungsfähiger die Strahlung. Die schädliche Wirkung des Lichts (und der nahen UV- und IR- Strahlungsbereiche) wird durch die Qualität des Spektrums und die gesamte Menge der vom Objekt empfangenen Strahlung verursacht.

Was die Qualität der Strahlung betrifft, so zeigt ein Vergleich der unterschiedlichen Lichtquellen, dass ihre Schädlichkeit sehr verschieden ist. Die folgende Tabelle ordnet dem vom Himmelszenit reflektierten Licht einen fotochemischen Abbaufaktor 100 zu und bewertet die anderen Lichtquellen im Vergleich dazu: siehe Fig. 4/6.

Je kürzer die Wellenlängen unter 500 nm im Bereich des sichtbaren Lichts sind, umso schädlicher ist ihre Energie. In Fig. 4/7 kann man sehen, dass das Vergilben des Papiers exponentiell mit der Abnahme der Wellenlänge des Lichts zunimmt.

Papier und ein grosser Teil der anderen organischen Buch- und Schriftmaterialien sind lichtempfindlich. Das Licht kann entweder direkt (Fotolyse) oder in Verbindung mit anderen Substanzen wirken, zum Beispiel bei der Fotooxidation mit dem Luftsauerstoff.

Source de lumière Lichtquelle	Température de couleur Farbtemperatur	Facteur de détérioration Abbaufaktor
Ciel zénithal à travers un vitrage Licht vom Himmelszenit durch Fensterscheibe	11 000 K	100
Ciel couvert à travers un vitrage Bedeckter Himmel durch Fensterscheibe	6400 K	60
Ampoule à incandescence Glühlampe	2700 K	10
Lampe halogène sans vitre de protection Halogenlampe ohne Schutzscheibe	3100 K	25
Lampe halogène avec vitre de protection Halogenlampe mit Schutzscheibe	3100 K	15
Lampe fluorescente (blanc très chaud) Leuchtstoffröhre (extra-warmweiss)	2700 K	1*
Lampe fluorescente (blanc chaud) Leuchtstoffröhre (warmweiss)	3000 K	15
Lampe fluorescente (blanc) Leuchtstoffröhre (universalweiss)	4000 K	20
Lampe fluorescente (blanc froid) Leuchtstoffröhre (kaltweiss)	5000 K	33

Fig. 4/6: Dommages photochimiques de différentes sources lumineuses pour un même éclairement

* Il faut supposer que dans ce cas, les émissions inférieures à 500 nm sont très réduites et que le rayonnement inférieur à 400 nm est pratiquement nul; pour les autres lampes fluorescentes, on suppose que la part de rayonnement UV augmente avec la température de couleur.

Fig. 4/6: Fotochemische Schädlichkeit der verschiedenen Lichtquellen bei gleicher Beleuchtungsstärke.

* Es muss angenommen werden, dass in diesem Fall die Emissionen unter 500 nm sehr reduziert sind und dass die Strahlung unter 400 nm so gut wie null ist. Für die anderen Leuchtstoffröhren wird angenommen, dass der Anteil an UV-Strahlung mit der Farbtemperatur zunimmt.

La sensibilité du papier diffère fortement selon sa composition. Les papiers contenant de la pâte mécanique de bois, comme le papier journal, sont très sensibles et réagissent de manière très rapide aux rayonnements de longueurs d'onde inférieures à environ 500 nm, à cause d'une sensibilité spécifique de la lignine. Les papiers de cellulose pure (sans bois) ou les papiers de fibres textiles ont une sensibilité un peu plus réduite.

Il faut tenir compte du fait que l'intensité du rayonnement est également déterminante: ainsi, une forte quantité d'un rayonnement peu nuisible (de par sa longueur d'onde) engendre également des dommages.

Dans les papiers contenant des résidus ligneux (à base de pâte mécanique), l'altération induite par la lumière se manifeste par le jaunissement du papier, signe de la formation de groupes chromophores liés aux réactions d'oxydation et d'hydrolyse; ce

Die Empfindlichkeit des Papiers hängt in hohem Mass von seiner Zusammensetzung ab. Die holzschliffhaltigen Papiere wie zum Beispiel Zeitungspapier sind sehr empfindlich. Sie reagieren aufgrund der besonderen Empfindlichkeit des Lignins sehr schnell auf Strahlungen mit Wellenlängen unter ca. 500 nm. Papier aus reiner Cellulose (holzfrei) oder Hadernpapiere sind etwas weniger empfindlich.

Es darf nicht ausser Acht gelassen werden, dass auch die Intensität der Strahlung entscheidend ist: So kann eine grosse Menge kaum schädlicher (da langwelliger) Strahlung auch Schäden verursachen. In Papieren, die Restlignin enthalten (auf der Grundlage von Holzstoff), wird die vom Licht bewirkte Schädigung, das heisst die Bildung von chromophoren Gruppen infolge der Oxidations- und Hydrolysevorgänge, durch das Vergilben des Papiers sichtbar. Dieses ist mit einem merklichen Verlust an

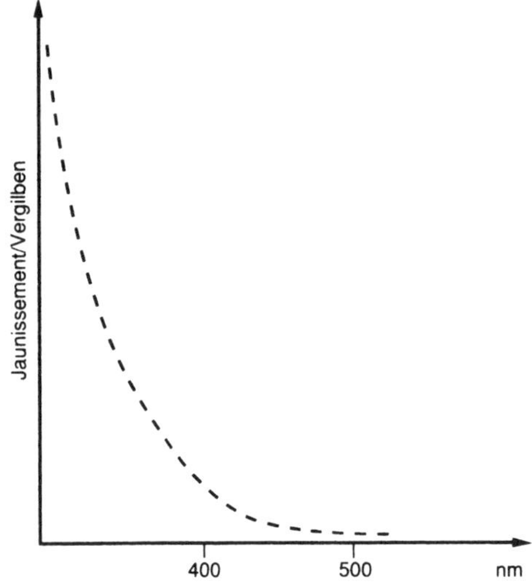

Fig. 4/7: Relation entre le jaunissement du papier et la longueur d'onde de la lumière.

Fig. 4/7: Beziehung zwischen dem Vergilben von Papier und der Wellenlänge des Lichts.

jaunissement est accompagné d'une perte sensible de souplesse et de résistance. Dans d'autres papiers, un processus d'altération peut se développer sans que la couleur du papier ne soit sensiblement modifiée. Le jaunissement est donc un signe certain, mais non indispensable, d'altération du papier.

D'autres matières, et en particulier certains médiums, réagissent par un pâlissement : réaction chimique qui, sous l'effet du rayonnement, transforme un produit coloré en un produit incolore. Les différents médiums d'écriture réagissent de manière très variée à la lumière ; ainsi, l'encre d'impression ou le crayon y sont très peu sensibles, tandis qu'un grand nombre d'encres et de pigments utilisés soit pour l'écriture et la décoration des textes, soit pour la teinture de cuirs ou de matières textiles (couvertures, tranchefiles) sont modifiés par la lumière visible et encore plus par le rayonnement UV.

L'action de la lumière est encore plus nuisible lorsqu'elle s'exerce dans une atmosphère humide (HR > 60 %) ou en présence d'impuretés qui catalysent les réactions de dégradation ou en présence de polluants atmosphériques dont l'action se combine avec celle de la lumière.

Il faut également considérer qu'une quantité excessive de lumière provoque souvent l'échauffement[7] de l'objet, avec une accélération sensible des

[7] L'échauffement est une manifestation de l'énergie absorbée par un corps.

Flexibilität und Reissfestigkeit verbunden. In anderen Papieren kann der Abbauprozess ablaufen, ohne dass sich die Papierfarbe sichtbar verändert. Das Vergilben zeigt also den Abbau von Papier an, es muss aber nicht zwangsläufig auftreten.

Andere Materialien, vor allem bestimmte Schreib- und Malmittel, reagieren durch Ausbleichen – eine chemische Reaktion, bei der unter Einfluss von Strahlung ein farbiger in einen farblosen Stoff umgewandelt wird. Die verschiedenen Schreibmittel reagieren sehr unterschiedlich auf Licht. So sind Druckfarbe und Bleistift kaum empfindlich, wogegen eine grosse Anzahl von Tinten und Pigmenten, die entweder zum Verzieren des Textes oder zum Färben des Leders oder der textilen Materialien (Bezugsstoff, Kapital) verwendet wurden, vom sichtbaren Licht und noch stärker von der UV-Strahlung verändert werden.

Die schädliche Wirkung des Lichts wird noch verstärkt durch eine feuchte Umgebung (rF > 60 %) oder durch die Anwesenheit von Unreinheiten, welche Abbaureaktionen katalysieren, oder durch vorhandene Luftschadstoffe, die mit dem Licht zusammenwirken.

Es muss ausserdem beachtet werden, dass zu viel Licht oft eine Erwärmung[7] des Objekts und dadurch eine starke Beschleunigung der chemischen

[7] Als Erwärmung wird die von einem Körper absorbierte Energie bezeichnet.

HIER+JETZT | VERLAG FÜR KULTUR UND GESCHICHTE

Neuerscheinungen zum Informationsmanagement Nouveautés en gestion d'information

De Tutela Librorum
La conservation des livres et des documents d'archives
Die Erhaltung von Büchern und Archivalien
Andrea Giovanninis Standardwerk zur Erhaltung von Büchern und Archivalien erscheint in einer stark erweiterten und aktualisierten Neuauflage.

Records Management
Gestaltung und Umsetzung
Peter M. Toebak ergänzt sein «Handbuch» um einen Zehn-Schritte-Plan zur Umsetzung von Records-Management-Projekten.

Informationswissenschaft: Theorie, Methode und Praxis
Sciences de l'information: théorie, méthode et pratique
Le volume réunit dix articles de la première volée d'étudiants du Master en sciences de l'information aux Universités de Berne et de Lausanne.

altérations chimiques: on estime que la vitesse de dégradation double si la température augmente de 8 °C. De plus, dans une atmosphère constante, l'augmentation de la température entraîne une diminution de l'humidité relative de l'air, ce qui peut causer des dommages par déformation et une perte de souplesse de la matière. Les différentes sources de lumière ne provoquent pas un échauffement identique dans les mêmes conditions; il est intéressant de les comparer.

Ordre de grandeur de l'échauffement relatif produit par différentes sources de lumière pour un même éclairement et un même facteur d'absorption spectrale:

Rayonnement naturel indirect	0,5
Lampes à incandescence ordinaire	3,8
Lampes à incandescence à miroir dichroïque	1,6
Lampe halogène	2,2
Lampe fluorescente	1,0

Alterungsreaktionen verursacht: Man nimmt an, dass sich die Abbaugeschwindigkeit verdoppelt, wenn die Temperatur um 8 °C steigt. Ausserdem bewirkt das Ansteigen der Temperatur bei gleichbleibenden klimatischen Verhältnissen eine Abnahme der relativen Luftfeuchtigkeit, wodurch Materialschäden wie Verformung und Flexibilitätsverlust hervorgerufen werden können. Die verschiedenen Lichtquellen bewirken unter gleichen Bedingungen eine unterschiedliche Erwärmung des Objekts; ein Vergleich ist interessant.

Grössenordnung der durch verschiedene Lichtquellen hervorgerufenen relativen Erwärmung bei gleicher Beleuchtungsstärke und gleichem Faktor der Spektralabsorption:

Indirekte natürliche Strahlung	0,5
Gewöhnliche Glühlampen	3,8
Glühlampen mit dichroitischem Spiegel	1,6
Halogenlampe	2,2
Leuchtstoffröhre	1,0

3 Pollution atmosphérique

L'air que nous respirons est composé, de manière à peu près constante, de 78 % d'azote, 21 % d'oxygène et de petites quantités d'argon, d'anhydride carbonique, d'hydrogène, néon, xénon, krypton et hélium; on doit encore ajouter une part très variable de vapeur d'eau. La combinaison et l'interaction des cycles naturels et des activités humaines apporte, en outre, dans l'atmosphère d'autres substances, qui peuvent être divisées en poussières et polluants atmosphériques.

3.1 Poussières

La poussière est constituée de débris fins, assez légers pour être mis en suspension dans l'air, ou plus généralement, de matériaux particulaires d'un diamètre inférieur à 500 micromètres. Les particules d'un diamètre supérieur à 50 μ tendent à chuter en fonction de leur poids et de leur densité, tandis que les particules plus petites restent en suspension et leur chute par gravité est négligeable.

3 Luftverschmutzung

Die Luft, die wir atmen, enthält in einer relativ konstanten Zusammensetzung 78 % Stickstoff, 21 % Sauerstoff und kleine Anteile von Kohlendioxid, Wasserstoff, Argon, Neon, Xenon, Krypton und Helium. Dazu kommt noch ein variabler Anteil an Wasserdampf. Das Zusammenwirken von natürlichen Kreisläufen und menschlichen Aktivitäten bringt noch andere Substanzen in die Atmosphäre, die in Staub und Luftschadstoffe unterteilt werden können.

3.1 Staub

Staub besteht aus feinsten festen Teilchen, die leicht genug sind, um in der Luft schweben zu können, oder allgemeiner gesagt, aus verschiedenen Materialien mit einem Durchmesser von unter 500 Mikrometern. Partikel mit einem Durchmesser von über 50 μ verweilen aufgrund ihres Gewichts und ihrer Dichte nicht sehr lange in der Luft. Partikel mit einem geringeren Durchmesser schweben in

Sont appelées «particules fines» les particules d'un diamètre inférieur à 2,5 µ.[8]
La composition de la poussière est très variable. Nous pouvons distinguer des composants inorganiques et organiques:

- ☐ composants inorganiques: sable, sel, argile, noir de fumée, charbon, cendres, chaux, ciment, métaux, etc.;
- ☐ composants organiques: fragments végétaux, fibres textiles, pollen, graines, spores, farine, etc.

La grandeur des particules varie entre 0,5 et 500 µm. A l'œil nu, seules sont visibles les particules de taille supérieure à 20–30 µm; elles ne représentent cependant qu'un faible pourcentage dans les poussières. Par exemple, dans le tableau suivant, les poussières sont réparties en fonction de leur taille et du nombre de particules par unité de volume.

Taille des particules (µm)	Nombre par m³ (en milliers)	% du poids
10–30	50	28
5–10	1750	52
3–5	2500	11
0,5–3	78 000	8
0–0,5	91 000	1

La concentration des particules de poussière varie très fortement selon le lieu:

Lieu	Concentration approximative en mg/m³
Campagne	0,05–0,10
Ville	0,10–0,30
Zone industrielle	1,0–3,0
Pièces d'habitation	1,0–2,0
Grands magasins	2,0–5,0
Fabriques de ciment	100–200

[8] En particulier: particules fines – PM 2,5: particules d'un diamètre inférieur à 2,5 µ; particules très fines – PM 1,0: les particules d'un diamètre inférieur à 1 µ; particules ultrafines ou nanoparticules: les particules d'un diamètre inférieur à 0,1 µ.

der Luft, und ihr Absinken infolge der Schwerkraft kann vernachlässigt werden.

Als «Feinpartikel» werden Partikel mit einem Durchmesser von unter 2,5 µ bezeichnet.[8]

Die Zusammensetzung von Staub ist vielfältig und sehr veränderlich. Man kann anorganische und organische Bestandteile unterscheiden:

- ☐ anorganische Bestandteile: Sand, Salz, Ton, Russ, Kohle, Asche, Kalk, Zement, Metalle usw.;
- ☐ organische Bestandteile: Pflanzenreste, Textilfasern, Pollen, Ähren, Sporen, Mehl usw.

Die Grösse der Partikel schwankt zwischen 0,5 und 500 µm. Mit blossem Auge sind nur Teilchen in der Grössenordnung von mehr als 20–30 µm sichtbar, ihr prozentualer Anteil am gesamten Staub ist allerdings gering. In der folgenden Tabelle ist der Staub nach Partikelgrösse und Anzahl Teilchen pro Volumeneinheit geordnet.

Partikelgrösse (µm)	Partikelanzahl m³ (mal tausend)	% des Gewichts
10–30	50	28
5–10	1750	52
3–5	2500	11
0,5–3	78 000	8
0–0,5	91 000	1

Die Konzentration an Staubteilchen ist je nach Standort sehr unterschiedlich:

Standort	ungefähre Konzentration in mg/m³
Land	0,05–0,10
Stadt	0,10–0,30
Industriegebiet	1,0–3,0
Wohnräume	1,0–2,0
Warenhäuser	2,0–5,0
Zementwerke	100–200

[8] Lungengängige Staubpartikel – PM 2,5: Partikel mit einem Durchmesser von unter 2,5 µ; lungengängige Staubpartikel – PM 1,0: Partikel mit einem Durchmesser von unter 1 µ; ultrafeine oder Nanopartikel – PM 0,1: Partikel mit einem Durchmesser von unter 0,1 µ.

Dans l'air, on trouve également un nombre étonnant d'êtres vivants d'un poids et d'une densité leur permettant de flotter. Cette population microscopique de l'air comprend: virus, bactéries, champignons et moisissures, algues, fougères, mousses et protozoaires. Les virus sont les êtres vivants les plus petits, avec une taille de l'ordre de 0,5 µm. Les bactéries ont une taille de quelques microns; on en trouve en moyenne 500 par m^3; les champignons microscopiques ont, sous forme de spores, une taille de 0,5–1,5 µm et leur concentration varie entre environ 100 et 5000 par m^3, avec les plus fortes concentrations dans les villes et, encore plus, à l'intérieur des habitations.

Certaines poussières sont hygroscopiques: absorbant l'humidité de l'air, elles peuvent servir de support pour le développement de micro-organismes; elles peuvent aussi fixer et transporter des polluants atmosphériques.

3.2 Polluants atmosphériques gazeux

La pollution atmosphérique gazeuse résulte principalement des gaz rejetés dans l'air par les véhicules à moteur, les installations de chauffage, les centrales thermiques et les installations industrielles, qui produisent des substances qui, en un cycle très complexe, peuvent réagir et dégrader (entre autres) les matières composant le livre.

Une description scientifiquement correcte des polluants est très complexe car ils sont en interaction permanente entre eux et avec de nombreux autres facteurs physiques (T, HR, lumière, rayonnement UV, etc.); d'une manière très simplifiée, on peut considérer que les polluants les plus dangereux pour les livres et les documents d'archives sont les oxydes de soufre, les oxydes d'azote et l'ozone.

La mesure des polluants se fait en µg/m^3 ou en ppm (parts par million), voire en ppb (« parts per billion » = parts par milliard); 1 ppm = 1000 ppb. La relation entre les deux unités de mesure est la suivante: 1 m = 40,9 M µg/m^3, ou 1 ppb = 40,9 M · 10^{-3} µg/m^3, M étant le poids moléculaire du polluant considéré; cette relation varie donc d'un polluant à un autre.

In der Luft existiert überdies eine erstaunlich hohe Zahl von Lebewesen, die aufgrund ihres Gewichts und ihrer Dichte «schweben» können: die «mikroskopische Bevölkerung» der Luft umfasst Viren, Bakterien, Pilze und Schimmel, Algen, Farn, Moos und Protozoen. Viren sind mit einer Grösse von 0,5 µm die kleinsten existierenden Lebewesen. Bakterien sind einige Mikron gross, und man findet durchschnittlich 500 Bakterien pro m^3. Die Sporen der Schimmelpilze haben eine Grösse von 0,5–1,5 µm, und ihre Konzentration schwankt zwischen ca. 100 und 5000 Sporen pro m^3. Sie treten verstärkt in den Städten und noch mehr in den Wohnräumen auf.

Bestimmte Staubarten sind hygroskopisch: Indem sie Luftfeuchtigkeit aufnehmen, können sie zum Nährboden für die Entwicklung von Mikroorganismen werden. Sie können ausserdem Luftschadstoffe binden und transportieren.

3.2 Luftschadstoffe

Zu den wichtigsten Ursachen für die Luftverschmutzung zählen Gasemissionen durch Kraftfahrzeuge, Heizungsanlagen, Kraftwerke und Industrieanlagen. Dabei werden Substanzen freigesetzt, die aufgrund eines komplexen Kreislaufs unter anderem auf die Buch- und Schriftmaterialien einwirken und sie abbauen können.

Eine wissenschaftlich korrekte Beschreibung der Schadstoffe ist sehr komplex, denn diese befinden sich miteinander und mit zahlreichen anderen physikalischen Faktoren (T, rF, Licht, UV-Strahlung usw.) in ständiger Wechselbeziehung. Vereinfachend sind Schwefeldioxid, Stickoxide und Ozon als die für Bücher und Einzelblätter gefährlichsten Schadstoffe zu nennen.

Gemessen wird die Konzentration der Schadstoffe in µg/m^3 oder ppm (parts per million = Teile pro Million) oder in ppb (parts per billion = Teile pro Milliarde); 1 ppm = 1000 ppb. Die Beziehung zwischen den beiden Masseinheiten entspricht dem folgenden Verhältnis: 1 ppm = 40,9 M µg/m^3 oder 1 ppb = 40,9 M · 10^{-3} µg/m^3, wobei M die molare Masse des betreffenden Schadstoffs ist; dieses Verhältnis ändert sich also von einem Schadstoff zum anderen.

3.2.1 Oxydes de soufre

La formule chimique du dioxyde de soufre est SO_2; son poids moléculaire est 64 g/mole. A 25 °C et 1013 millibar, on a les équivalences suivantes: 1 ppm = 2620 µg/m³ – 1 ppb = 2,620 µg/m³ – 1 µg/m³ = 0,38 ppb. Le soufre est contenu dans presque tous les combustibles d'origine fossile, en particulier le charbon et les huiles de chauffage. Lors de la combustion, le soufre se transforme selon la réaction schématique suivante:

$$S + O_2 \rightarrow SO_2$$
$$2SO_2 + O_2 \rightarrow 2SO_3$$
$$SO_3 + H_2O \rightarrow H_2SO_4$$

Le produit final de la réaction est l'acide sulfurique, qui est un acide très fort. Le taux de SO_2 naturellement contenu dans l'air est de 1–5 µg/m³; dans les zones polluées, il peut atteindre jusqu'à 500 µg/m³. La transformation des oxydes de soufre en acide sulfurique est favorisée par la lumière et par l'humidité. Dans le papier, ces réactions sont favorisées par la présence de lignine ou de catalyseurs métalliques (ions de fer ou de cuivre). Heureusement, la pollution causée par le soufre a diminué sensiblement dans les pays développés, suite à l'adoption de combustibles plus raffinés.

3.2.2 Oxydes d'azote et ozone

Les cycles de ces deux polluants sont étroitement liés. Les divers oxydes d'azote (principalement, mono- et dioxyde d'azote) sont considérés comme des précurseurs de l'ozone.

- ☐ La formule chimique du monoxyde d'azote est NO; son poids moléculaire est 30 g/mole. A 25 °C et 1013 millibar, on a les équivalences suivantes: 1 ppm = 1220 µg/m³ – 1 ppb = 1,220 µg/m³ – 1 µg/m³ = 0,82 ppb.
- ☐ La formule chimique du dioxyde d'azote est NO_2; son poids moléculaire est 46 g/mole. A 25 °C et 1013 millibar, on a les équivalences suivantes: 1 ppm = 1880 µg/m³ – 1 ppb = 1,880 µg/m³ – 1 µg/m³ = 0,53 ppb.
- ☐ La formule chimique de l'ozone est O_3; son poids moléculaire est 48 g/mole. A 25 °C et 1013 millibar, on a les équivalences suivantes: 1 ppm = 1960 µg/m³ – 1 ppb = 1,960 µg/m³ – 1 µg/m³ = 0,51 ppb.

3.2.1 Schwefeldioxid

Die chemische Formel für Schwefeldioxid ist SO_2; die molare Masse beträgt 64 g/mol. Bei 25 °C und 1013 Millibar ergeben sich folgende Äquivalenzen: 1 ppm = 2620 µg/m³ – 1 ppb = 2,620 µg/m³ – 1 µg/m³ = 0,38 ppb. Schwefel ist in fast allen Brennstoffen fossilen Ursprungs enthalten, besonders aber in Kohle und Heizölen. Bei der Verbrennung wird Schwefel schematisch wie folgt umgewandelt:

$$S + O_2 \rightarrow SO_2$$
$$2SO_2 + O_2 \rightarrow 2SO_3$$
$$SO_3 + H_2O \rightarrow H_2SO_4$$

Das Endprodukt ist Schwefelsäure, also eine sehr starke Säure. Der natürliche Anteil an SO_2 in der Luft liegt bei 1–5 µg/m³; in verschmutzten Gebieten können Werte um 500 µg/m³ auftreten. Die Umwandlung des Schwefeldioxids in Schwefelsäure wird durch Licht und Feuchtigkeit begünstigt. Im Papier werden diese Vorgänge durch das Lignin oder die metallischen Katalysatoren (Eisen- oder Kupferionen) unterstützt. Glücklicherweise nimmt die Verschmutzung durch Schwefel in den entwickelten Ländern infolge der Benutzung schwefelarmer beziehungsweise -freier Brennstoffe deutlich ab.

3.2.2 Stickoxid und Ozon

Die Zyklen dieser beiden Schadstoffe sind eng miteinander verbunden. Die verschiedenen Stickoxide (hauptsächlich Stickstoffmonoxid und -dioxid) werden als Vorstufen zum Ozon betrachtet.

- ☐ Die chemische Formel von Stickstoffmonoxid ist NO; seine molare Masse beträgt 39 g/mol. Bei 25 °C und 1013 Millibar ergeben sich folgende Äquivalenzen: 1 ppm = 1220 µg/m³ – 1 ppb = 1,220 µg/m³ – 1 µg/m³ = 0,82 ppb.
- ☐ Die chemische Formel von Stickstoffdioxid ist NO_2; seine molare Masse beträgt 46 g/mol. Bei 25 °C und 1013 Millibar ergeben sich folgende Äquivalenzen: 1 ppm = 1880 µg/m³ – 1 ppb = 1,880 µg/m³ – 1 µg/m³ = 0,53 ppb.
- ☐ Die chemische Formel von Ozon ist O_3; seine molare Masse beträgt 48 g/mol. Bei 25 °C und 1013 Millibar ergeben sich folgende Äquivalenzen: 1 ppm = 1960 µg/m³ – 1 ppb = 1,960 µg/m³ – 1 µg/m³ = 0,51 ppb.

L'ozone est une molécule peu stable, extrêmement réactive; elle tend à céder un atome d'oxygène pour retrouver la forme courante, plus stable, de O_2. L'ozone se forme naturellement dans la partie supérieure de l'atmosphère où il joue un rôle indispensable en absorbant les radiations UV d'une longueur d'onde inférieure à 300 nm provenant du soleil. Au sol, l'ozone se forme par l'action de la lumière sur les oxydes d'azote (pollution photochimique); il peut aussi être dégagé par des appareils qui produisent de fortes charges électrostatiques, tels que certains photocopieurs ou certains filtres électrostatiques pour la poussière.

La combustion d'hydrocarbures produit des oxydes d'azote (l'azote étant le principal composant de l'air), soit du mono- et dioxyde d'azote dans une proportion de 9:1. Un cycle complexe, dans lequel l'ozone et la lumière jouent aussi un rôle, s'instaure:

NO_2 + lumière $\rightarrow$ NO + O

$O + O_2 \rightarrow O_3$

$O_3 + NO \rightarrow + O_2$

$2\ NO_2 + H_2O \rightarrow HNO_2 + HNO_3$

$2\ HNO_2 + O_2 \rightarrow 2\ HNO_3$

De ces réactions peuvent être libérés de l'ozone et de l'acide nitrique. En outre, en présence de restes d'hydrocarbures non brûlés, l'ozone peut réagir pour former avec eux des radicaux organiques réactifs, lesquels, en un cycle extrêmement complexe, permettent la formation de peroxyacylnitrate (PAN). Ces réactions complexes suivent des cycles quotidiens et saisonniers, selon l'évolution de la concentration des polluants primaires et l'intensité de l'irradiation solaire.

Le taux naturel d'ozone est de 20–60 $\mu g/m^3$; dans les zones polluées, on mesure jusqu'à 500 $\mu g/m^3$; il est irritant pour l'homme à partir de 200 $\mu g/m^3$ (concentration momentanée). Le taux naturel de dioxyde d'azote est de 1–2 $\mu g/m^3$; on a mesuré des concentrations allant jusqu'à 1500 $\mu g/m^3$.

La concentration d'ozone à l'intérieur des bâtiments est encore assez controversée. Certaines études montrent que la demi-vie[9] de l'ozone dans des pièces normales est de six minutes, alors qu'à

[9] La demi-vie est le temps nécessaire pour que la concentration d'un produit actif se réduise de 50 %.

Ozon (O_3) ist ein unbeständiges, äusserst reaktives Molekül. Es neigt dazu, ein O-Atom abzugeben, um dadurch die normale, stabilere Form O_2 zu bilden. Ozon entsteht auf natürliche Weise im oberen Teil der Atmosphäre. Es ist dort von grosser Bedeutung, da es die von der Sonne kommende UV-Strahlung von weniger als 300 nm Wellenlänge absorbiert. Auf der Erde bildet sich Ozon durch die Wirkung von Licht auf Stickoxide (fotochemische Verschmutzung). Es kann auch von Geräten, die starke elektrostatische Ladungen abgeben, gebildet werden, zum Beispiel von bestimmten Fotokopierern oder elektrostatischen Staubfiltern.

Die Verbrennung von Kohlenwasserstoffen erzeugt bei hohen Temperaturen Stickoxide (da Stickstoff der Hauptbestandteil der Luft ist), und zwar Schwefelmonoxid und Schwefeldioxid im Verhältnis von 9:1. Es setzt ein komplexer Kreislauf ein, an dem Ozon und Licht beteiligt sind:

NO_2 + Licht $\rightarrow$ NO + O

$O + O_2 \rightarrow O_3$

$O_3 + NO \rightarrow NO_2 + O_2$

$2NO_2 + H_2O \rightarrow HNO_2 + HNO_3$

$2HNO_2 + O_2 \rightarrow 2HNO_3$

Bei diesen Reaktionen können Ozon und Salpetersäure freigesetzt werden. Ferner kann das Ozon mit den Rückständen der unvollständig verbrannten Kohlenwasserstoffe reagieren, indem es mit ihnen reaktive organische Radikale bildet. Diese ermöglichen aufgrund eines äusserst komplizierten Kreislaufs die Bildung von Peroxiacylnitrat (PAN). Entsprechend der Veränderung der Konzentration an Primärschadstoffen und der Intensität der Sonnenstrahlung folgen diese komplexen Reaktionen dem Zyklus der Tages- und Jahreszeiten.

Der natürliche Ozongehalt liegt bei 20–60 $\mu g/m^3$; in verschmutzten Gebieten misst man bis zu 500 $\mu g/m^3$; ab 200 $\mu g/m^3$ ist die schädliche Wirkung des Ozons für den Menschen deutlich spürbar (Ein-Stunden-Mittelwert). Der natürliche Stickstoffdioxidgehalt liegt bei 1–2 $\mu g/m^3$; es wurden Konzentrationen bis zu 1500 $\mu g/m^3$ gemessen.

Die Ozonkonzentration in Gebäuden ist stark umstritten. Einige Untersuchungen zeigen, dass die

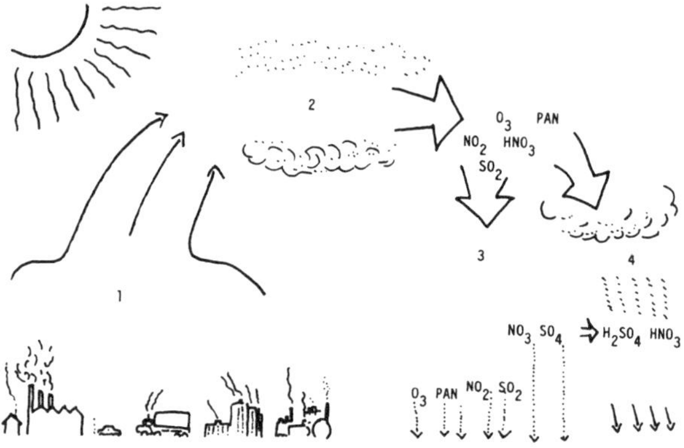

Fig. 4/8 : Cycle des polluants.
1 = émissions : oxydes de soufre et d'azote, hydrocarbures
2 = transformations chimiques dans les hautes couches de l'atmosphère (effet du rayonnement solaire, de l'humidité, etc.)
3 = dépôts secs acides
4 = pluies acides

Fig. 4/8: Schadstoffkreislauf.
1 = Emissionen: Schwefeldioxid und Stickoxide, Kohlenwasserstoffe
2 = durch Sonnenstrahlung, Feuchtigkeit usw. verursachte chemische Umwandlung in den oberen Luftschichten
3 = trockene saure Ablagerungen
4 = saurer Regen

l'extérieur, elle est de un à deux jours ; ceci est probablement dû aux réactions de l'ozone avec les nombreux matériaux organiques qui se trouvent à l'intérieur, parmi lesquels livres et documents.

Les mécanismes et les interactions photochimiques des polluants atmosphériques sont très complexes. Une partie des réactions se passent en haute altitude où les polluants sont transportés par les vents et où ils sont soumis à un rayonnement UV très intense ; ils retombent ensuite au sol, sous forme de particules ou sous forme de pluies acides.

3.2.3 Polluants engendrés à l'intérieur d'un bâtiment

On a mesuré à l'intérieur des bâtiments des valeurs significatives non seulement de polluants présents à l'extérieur, mais aussi d'autres substances, dont la concentration à l'extérieur est très réduite. Les sources de pollution intérieures sont multiples : d'une part, certains matériaux utilisés pour la construction et l'aménagement des locaux ont une stabilité chimique relative, et en se détériorant, ils émettent des composés organiques volatiles (COV ; par exemple le formaldéhyde) qui peuvent

Halbwertszeit[9] in gewöhnlichen Räumen bei sechs Minuten liegt, im Freien hingegen bei ein bis zwei Tagen. Das ergibt sich wahrscheinlich aus den Reaktionen des Ozons mit den in Räumen vorhandenen organischen Stoffen, darunter auch Bücher und Einzelblätter.

Die fotochemischen Abläufe und Wechselbeziehungen der Luftschadstoffe sind sehr komplex. Ein Teil der Vorgänge läuft in grosser Höhe ab, wohin die Schadstoffe vom Wind getragen werden und wo sie intensiver UV-Strahlung ausgesetzt sind. Sie fallen dann in Form von Teilchen oder saurem Regen wieder auf den Boden zurück.

3.2.3 Im Gebäudeinneren erzeugte Schadstoffe

In Innenräumen wurden nicht nur grosse Mengen an Schadstoffen nachgewiesen, die auch im Freien in grosser Zahl vorkommen, sondern auch solche, die ausserhalb des Gebäudes in sehr geringer Konzentration auftreten. Schadstoffquellen im Innenraum sind vielfältig: Zum einen sind manche Materialien, die zum Bau und zur Ausstattung der

[9] Die Halbwertszeit ist die Zeit, in der sich die abnehmende Konzentration eines aktiven Produktes halbiert.

être nuisibles soit pour la santé humaine, soit pour la conservation des biens culturels. D'autre part, les livres et les documents produisent au cours de l'altération de leurs matières constituantes des composés volatiles, en particulier des acides organiques tels que l'acide acétique.

Parmi les sources primaires potentielles de pollution interne, on trouve des peintures, laques, revêtements de sols, meubles, appareils électriques, produits de nettoyage, colles, insecticides ainsi que certains bois, panneaux de particules et matières isolantes. La plupart de ces matières ont été développées après 1950.

L'activité humaine, en particulier la combustion (cuisine, chauffage, bougies, fumée de tabac, etc.), l'activité physiologique des personnes et celle des micro-organismes sont également des sources importantes de pollution interne.[10]

Le mode d'émission varie d'une matière à l'autre, avec un cycle de vie de longueur très variable. Par exemple :

- ☐ Les matériaux de construction, certains bois et panneaux de particules ont une émission importante au moment de leur mise en œuvre, qui diminue ensuite dans le temps avec une vitesse très variable.
- ☐ Lors de travaux de rénovation ou d'aménagement, de nouvelles sources de polluants peuvent causer des pics de concentration, qui s'ajoutent à la pollution déjà présente.
- ☐ Plus rarement, certaines matières ont une émission faible au départ, mais qui augmente avec l'altération de la matière. Des exemples typiques sont les acétates de cellulose (supports de films et bandes magnétiques après 1935 environ et jusque vers 1970), ainsi que certains plastiques.
- ☐ Certains polluants présentent des pics très élevés et de courte durée. Par exemple la fumée de tabac, les solvants de certaines colles de bricolage, les huiles surchauffées, etc.

Räume benutzt wurden, chemisch relativ instabil. Sie setzen während ihres Abbauprozesses flüchtige organische Verbindungen (VOC; z. B. Formaldehyd) frei, die für den menschlichen Organismus und für die Erhaltung von Kulturgütern gleichermassen schädlich sind. Zum anderen können auch von den Büchern und Einzelblättern selbst, im Verlauf der Alterung ihrer Bestandteile, flüchtige Verbindungen freigesetzt werden, vor allem organische Säuren, wie zum Beispiel Essigsäure.

Zu den potenziellen Primärquellen der internen Luftverschmutzung gehören Farben, Lacke, Bodenbeläge, Möbel, elektrische Geräte, Reinigungsmittel, Klebstoffe, Insektizide sowie manche Hölzer, Spanplatten und Dämmstoffe. Die meisten dieser Materialien wurden nach 1950 entwickelt.

Auch menschliche Tätigkeiten, vor allem Verbrennungsvorgänge (Küche, Heizung, Kerzen, Tabakrauch usw.) sowie Stoffwechselprodukte des Menschen und der Mikroorganismen sind wichtige Quellen für Schadstoffe im Innenraum.[10]

Die Emissionscharakteristiken der Schadstoffquellen zeigen auch in ihrem Zeitverhalten von einem Stoff zum anderen sehr starke Unterschiede, zum Beispiel:

- ☐ Baumaterialien, manche Hölzer und Spanplatten haben zum Zeitpunkt ihres Einsatzes eine sehr hohe Emission, die dann mit unterschiedlichen Geschwindigkeiten im Lauf der Zeit abnimmt.
- ☐ Bei Renovierungs- oder Umbauarbeiten kann es durch neue Schadstoffe zu Konzentrationsspitzen kommen, die zu der schon vorhandenen Schadstoffstärke hinzukommen.
- ☐ Seltener kommt es vor, dass Materialien am Anfang eine niedrige Emission haben, diese dann aber parallel zum Abbau des Stoffes ansteigt. Typische Beispiele sind Celluloseacetate (Schichtträger für Filmmaterialien von ca. 1935 bis ca. 1970) sowie andere Kunststoffe.

[10] Cf. Trétault, Jean : Polluants dans les musées et les archives. Ottawa, Institut canadien de conservation, 2004. Pollution interne en général (en allemand) : http://www.lfu.bayern.de/umweltwissen/doc/uw_45_organische_luftschadstoffe_innenraeume_ueberblick.pdf (X 2009). A propos des polluants internes dans une bibliothèque : http://www.bnf.fr/pages/infopro/conservation/cn_act_num25_art3.htm (X 2009).

[10] Siehe Trétault, Jean: Polluants dans les musées et les archives. Ottawa, Institut canadien de conservation, 2004. Allgemein zu Schadstoffen in Innenräumen (auf deutsch): http://www.lfu.bayern.de/umweltwissen/doc/uw_45_organische_luftschadstoffe_innenraeume_ueberblick.pdf (X 2009). Zu internen Schadstoffen in Bibliotheken: http://www.bnf.fr/pages/infopro/conservation/cn_act_num25_art3.htm (X 2009).

Ces arguments sont également développés dans le chap. 6, partie II, point 2.2.4.

Enfin, il faut considérer des polluants internes peu volatiles, comme les produits pour le traitement du bois, des produits conservants, des insecticides, des produits présents dans les appareils électriques et électroniques, des composantes des plastiques (agents plastifiants).

3.3 Influence de l'air pollué sur la conservation

3.3.1 Poussières

L'influence des poussières se fait sur deux plans :

- Certaines poussières ont une certaine réactivité chimique, elles sont fortement acides ou alcalines ou constituent des catalyseurs[11] pour des réactions chimiques. La composition chimique de la poussière étant très variable, il est difficile de définir d'une manière générale sa part dans l'altération des livres et des documents; son influence est évidente dans certains cas.
- D'autre part, toutes les poussières tendent à s'incruster dans les matières fibreuses, d'autant plus que leur surface est peu compacte. Les poussières fines peuvent se fixer dans le matelas fibreux d'un papier ou d'un parchemin d'une manière telle que leur nettoyage complet devient impossible. Cela cause une modification définitive de l'aspect de l'original.

Certaines poussières sont directement pathogènes pour l'homme. Mais même quand les poussières ne sont pas toxiques, leur inhalation chronique peut induire des cancers (cancer du meunier, du boulanger qui ont inhalé beaucoup de farine par exemple). Le danger est plus élevé pour les poussières fines (voir note 8 dans ce chapitre), qui peuvent pénétrer jusque dans les alvéoles pulmonaires.

[11] En chimie, un catalyseur est une substance qui augmente ou ralentit la vitesse d une réaction chimique ; il participe à la réaction, mais est régénéré à la fin de la réaction.

- Manche Schadstoffe bewirken sehr hohe, aber nur kurzzeitig wirksame Konzentrationsspitzen, zum Beispiel Tabakrauch, Lösemittel einiger Heimwerkerklebstoffe, überhitzte Öle usw.

Diese Gegenstände werden auch im Kapitel 6, Teil II, Punkt 2.2.4 behandelt.

In Betracht zu ziehen sind auch die schwer flüchtigen Schadstoffe. Dazu gehören Holzschutzmittel, konservierende Produkte, Insektizide, Substanzen in elektronischen und Elektrogeräten, Bestandteile von Kunststoffen (Weichmacher).

3.3 Einfluss der Luftverschmutzung auf die Konservierung

3.3.1 Staub

Staub wirkt auf zweierlei Weise:

- Manche Staubpartikel sind chemisch relativ reaktionsfreudig, sie sind stark sauer, basisch oder wirken bei chemischen Reaktionen als Katalysatoren.[11] Die chemische Zusammensetzung von Staub ist sehr unterschiedlich, sodass es schwierig ist, seinen allgemeingültigen Anteil am Abbau von Büchern und Einzelblättern zu bestimmen. In manchen Fällen ist seine Einwirkung offensichtlich.
- Staubpartikel lagern sich nach Möglichkeit in fasrigen Materialien ab, und das umso mehr, als diese keine sehr dichte Oberfläche besitzen. Feinstaub kann sich im Faservlies von Papier oder Pergament so festsetzen, dass seine vollständige Entfernung nicht mehr möglich ist. Das stellt eine definitive Veränderung des Originals dar.

Manche Staubsorten wirken beim Menschen direkt krankheitsauslösend. Selbst wenn der Staub nicht giftig ist, kann sein ständiges Einatmen die Entstehung von Krebserkrankungen fördern (z. B. Bäcker und Müller, die viel Mehl einatmen). Diese Gefahr ist besonders bei Feinstaub (siehe Anm. 8) sehr gross, der bis in die Lungenbläschen eindringen kann.

[11] In der Chemie bezeichnet man als Katalysator einen Stoff, der die Geschwindigkeit einer chemischen Reaktion beschleunigt oder verringert. Er nimmt an der Reaktion teil, ist aber danach unverändert.

3.3.2 **Polluants gazeux**

L'action des polluants est complexe, car les divers polluants et matières présentes interagissent, en fonction également de l'environnement. En principe, les polluants gazeux cités sont des réactifs chimiques très puissants qui peuvent provoquer des réactions d'altération ou intervenir, en les accélérant, dans des réactions déjà en cours. Les acides qui se forment sont très dangereux pour la stabilité chimique du papier ; les matières de mauvaise qualité (en particulier le papier contenant des restes de lignine, comme le papier journal) sont particulièrement menacés, car ils sont souvent déjà acides à cause de leur composition et de leur altération endogène. Les papiers anciens contenant une charge de carbonate de calcium et le parchemin sont naturellement alcalins à cause du procédé de fabrication ; ils sont donc moins sensibles à ces agressions acides. Une température élevée, une forte humidité de l'air et une grande quantité de lumière favorisent fortement l'action destructive des polluants de l'air.

L'anhydride sulfureux SO_2 se transforme à la surface des matières en acide sulfurique ; cette réaction est facilitée par la présence de particules de fer ou de cuivre, par une forte humidité (HR > 70 %) et par la lumière. La combinaison de ces facteurs rend l'altération sensiblement plus rapide. La lignine a une forte affinité avec l'anhydride sulfureux ; on a trouvé, dans des papiers à base de pâte mécanique, des concentrations de soufre plus fortes que dans des papiers de pure cellulose exposés aux mêmes conditions. La présence d'acides catalyse ensuite l'hydrolyse de la cellulose et des autres matières du livre.

L'action des oxydes d'azote et de leur dérivé, l'acide nitrique, est similaire à celle des composés de soufre, mais le caractère volatile de l'acide nitrique rend son action plus superficielle. Le dioxyde d'azote réagit facilement avec les groupes amines -NH_2, présents dans les protéines (cuir, parchemin, etc.) ou dans certains colorants, tels que l'indigo.

L'action des polluants acides et l'acidification causée par des facteurs internes au papier causeront une répartition différente de l'acidité sur les pages des livres : un livre attaqué par la pollution

3.3.2 **Luftschadstoffe**

Die Wirkung von Schadstoffen ist kompliziert, denn die verschiedenen Schadstoffe und Materialien reagieren wechselseitig, auch in Abhängigkeit von der Umgebung, aufeinander. Im Prinzip sind die genannten Luftschadstoffe chemisch sehr reaktionsfreudig; sie bewirken Alterungsprozesse oder beschleunigen schon ablaufende Vorgänge. Die sich bildenden Säuren sind für die chemische Stabilität von Papier sehr gefährlich; Materialien schlechter Qualität (vor allem Papier, das Ligninreste enthält, z. B. Zeitungspapier) sind ganz besonders bedroht, denn sie sind aufgrund ihrer Zusammensetzung und ihrer endogenen Schäden oft schon sauer. Alte Papiere, die Calciumcarbonat enthalten, und Pergament sind aufgrund ihrer Herstellungsverfahren basisch und daher diesen Säuren gegenüber weniger empfindlich. Hohe Temperatur, hohe Luftfeuchtigkeit und viel Licht fördern die zerstörende Wirkung der Luftschadstoffe beträchtlich.

Schwefeldioxid SO_2 wird an der Oberfläche der Materialien in Schwefelsäure umgewandelt. Diese Reaktion wird durch vorhandene Eisen- oder Kupferteilchen, durch hohe Feuchtigkeit (rF > 70 %) und durch Licht gefördert. Durch ein Zusammenwirken dieser Faktoren wird die Alterung des Materials stark beschleunigt. Das Lignin reagiert sehr leicht mit Schwefeldioxid; in holzschliffhaltigen Papieren wurden höhere Schwefelkonzentrationen vorgefunden als in Papieren aus reiner Cellulose, obschon beide Papiere unter denselben Bedingungen aufbewahrt worden waren. Die vorhandenen Säuren katalysieren dann die Hydrolyse der Cellulose und der anderen Materialien des Buches.

Die Wirkung der Stickoxide und ihres Derivats, der Salpetersäure, entspricht derjenigen von Schwefelverbindungen. Da Salpetersäure jedoch eine flüchtige Säure ist, bleibt ihre Wirkung beschränkter. Stickstoffdioxid reagiert leicht mit den Aminogruppen -NH_2, die in Proteinen (Leder, Pergament usw.) oder in bestimmten Farbstoffen (z. B. Indigo) vorhanden sind.

Die durch Luftschadstoffe gebildeten Säuren und die durch endogene Prozesse im Papier entstehenden Säuren sind an den Buchseiten unterschiedlich verteilt zu beobachten: Die Seiten eines durch Luftverschmutzung geschädigten Buches

de l'air sera altéré plus fortement dans les marges que dans le centre de la page ; la mesure du pH à différents endroits de la page montrera, dans ce cas, un gradient significatif, alors qu'une altération endogène se développe, en principe, de manière plus uniforme sur toute la feuille.

L'ozone et le PAN ont une action oxydante très dangereuse pour tous les matériaux organiques, action qui aboutit à l'hydrolyse : concrètement, la matière perd très rapidement sa souplesse et sa résistance mécanique et devient fragile. Des concentrations élevées de polluants atmosphériques entraînent des dommages perceptibles sur les objets en moins de dix ans.

La présence de polluants atmosphériques est à redouter également à grande distance de leur lieu d'origine : on a, par exemple, trouvé des concentrations importantes d'ozone produit à Londres dans le nord de l'Irlande, soit à environ 1000 kilomètres de distance.

werden an den Rändern stärker betroffen sein als in der Mitte. Misst man den pH-Wert an verschiedenen Stellen der Seite, wird er ein entsprechendes Gefälle aufweisen. Eine endogene Schädigung des Papiers dagegen entwickelt sich im Prinzip gleichmässiger auf dem ganzen Blatt.

Die oxidierende Wirkung von Ozon und PAN ist sehr gefährlich für alle organischen Materialien und endet mit der Hydrolyse: Das Material verliert sehr schnell seine Flexibilität und mechanische Haltbarkeit und wird brüchig. Erhöhte Konzentrationen an Luftschadstoffen führen an empfindlichen Objekten in weniger als zehn Jahren zu sichtbaren Schäden.

Luftschadstoffe können auch weit entfernt von ihrem Entstehungsort angetroffen werden: So wurden bedeutende, in London entstandene Ozonkonzentrationen im Norden Irlands, also in 1000 km Entfernung, nachgewiesen.

4 Altérations biologiques

4.1 Micro-organismes

Un micro-organisme est un organisme vivant microscopique ; c'est-à-dire qu'il est généralement invisible à l'œil nu et ne peut être observé qu'à l'aide d'un microscope. Les micro-organismes sont représentés par diverses formes de vies ; les plus connues sont les bactéries et les champignons microscopiques (moisissures), mais aussi des plantes microscopiques et des animaux tel que le plancton, les amibes. Certains microbiologistes incluent les virus, mais d'autres ne les considèrent pas comme des êtres vivants. Le terme de moisissure est un nom vernaculaire ambigu qui désigne certains champignons microscopiques filamenteux.

Dans l'air que nous respirons se trouve une faune invisible. Par exemple, lors de chaque inspiration, nous aspirons vraisemblablement une demi-douzaine de bactéries, quelques dizaines de champignons microscopiques, quelques spores, quelques protozoaires et, selon la saison, des graines de pollen. La fonction naturelle des micro-organismes est la retransformation des substances complexes

4 Biologische Schäden

4.1 Mikroorganismen

Ein Mikroorganismus ist ein mikroskopisch kleines Lebewesen, das heisst, es ist normalerweise nicht mit blossem Auge, sondern nur mit dem Mikroskop zu erkennen. Mikroorganismen treten unter verschiedenen Lebensformen auf: Die bekanntesten sind Bakterien und mikroskopische Pilze (Schimmel), aber auch mikroskopische Pflanzen und Tiere wie das Plankton oder die Amöben. Während manche Mikrobiologen die Viren zu den Mikroorganismen zählen, werden sie von anderen nicht zu den Lebewesen gerechnet. Schimmel ist ein mehrdeutiger umgangssprachlicher Begriff, mit dem manche filamentöse Pilze bezeichnet werden.

Die Luft, die wir atmen, enthält eine unsichtbare Mikrofauna. So wird angenommen, dass wir mit jedem Atemzug durchschnittlich ein halbes Dutzend Bakterien, bedeutend mehr mikroskopische Pilze, einige Sporen, einige Protozoen und, je nach Jahreszeit, etwa zwanzig Pollenkörner aufnehmen. Die natürliche Funktion der Mikroorganismen besteht in der Rückwandlung komplexer Ver-

en substances élémentaires pour que le cycle naturel puisse se produire. Les micro-organismes représentent ainsi une des grandes forces destructives de la nature, essentielles pour que le cycle vital puisse s'accomplir. Leur capacité d'adaptation est extraordinaire; par exemple, en 2007, une équipe de biologistes de l'Université du Massachusetts a découvert dans les profondeurs de l'océan Pacifique, la «Souche 121», un microbe se reproduisant à 121 °C. C'est l'organisme connu vivant sur terre résistant à la plus forte température.

Dans l'air se trouve ainsi une proportion variable de spores des nombreux micro-organismes potentiellement destructeurs pour les livres et les documents; ils ne sont pas nocifs pour les livres et documents d'archives, tant que les conditions climatiques ne permettent pas leur prolifération. Mais dès l'établissement de conditions favorables à leur développement, de très nombreuses espèces peuvent utiliser les matériaux organiques des livres et des documents comme substrat de croissance, causant ainsi des dommages très importants. Parmi les micro-organismes potentiellement nuisibles, on trouve en premier lieu des champignons microscopiques (moisissures et quelques levures) et aussi quelques bactéries.[12] Les champignons microscopiques se distinguent des bactéries à cause d'une structure cellulaire plus développée et d'une morphologie plus différenciée.[13]

Beaucoup de champignons microscopiques et quelques bactéries ont la faculté de produire des spores, qui sont des formes de résistance particulièrement efficaces, car elles peuvent résister pendant plusieurs décennies à des conditions très défavorables tout en conservant leur capacité de germination une fois que les conditions adéquates sont réunies. Pour les champignons microscopiques, les spores assurent également la diffusion de l'es-

[12] Les espèces dangereuses sont des champignons microscopiques (Penicillium, Aspergillus, Chaetonium, Mucor, Rhyzopus, Fusarium, etc.) et quelques bactéries. La répartition des micro-organismes n'est pas la même à l'extérieur qu'à à l'intérieur des locaux. Ici, les espèces Aspergillus et Penicillium sont les plus fréquentes et sont responsables d'une part importante des dommages microbiologiques aux livres et aux documents.

[13] Les bactéries sont unicellulaires tandis que les champignons microscopiques sont pluricellulaires et développent des structures plus complexes.

bindungen in Grundstoffe, und aufgrund dieser grossen zerstörenden Kraft sind die Mikroorganismen von grosser Bedeutung für die Vollendung des Stoffkreislaufs der Natur. Sie verfügen über ein ausserordentliches Adaptationsvermögen. So entdeckte 2007 eine Gruppe von Mikrobiologen der Universität Massachusetts in einer Unterwasserquelle des Pazifiks den «Stamm 121», eine Mikrobe, die sich bei 121 °C vermehrt. Sie ist das einzige bekannte Lebewesen, das dermassen resistent gegen Hitze ist.

In der Luft sind demnach unterschiedlich grosse Konzentrationen von Sporen zahlreicher Mikroorganismen vorhanden, und sie können potenziell zerstörend auf die Buch- und Schriftmaterialien wirken. Sie bleiben für diese unschädlich, solange ihre Vermehrung nicht durch die klimatischen Bedingungen ermöglicht wird. Bieten sich allerdings günstige Wachstumsverhältnisse, können sehr viele Spezies die organischen Materialien der Bücher und Einzelblätter als Nährboden benutzen und so bedeutende Schäden verursachen. Zu den potenziell schädlichen Mikroorganismen gehören vor allem mikroskopische Pilze (Schimmel und einige Hefen) sowie einige Bakterien.[12] Pilze haben einen entwickelteren Zellaufbau und eine differenziertere Morphologie als Bakterien.[13]

Viele Pilze und einige Bakterien können Sporen bilden, die eine besonders beständige Überlebensform darstellen. Sie sind sehr widerstandsfähig und können ihr Keimvermögen über Jahrzehnte hinweg auch unter extremen Verhältnissen aufrechterhalten, um sodann unter günstigeren Bedingungen wieder aktiv zu werden. Bei den Pilzen dienen die Sporen auch der Verbreitung der Gattung. Die Sporen von Pilzen treten in verschiedenen Formen auf und haben die Grösse von einigen Mikron; die Sporen von Bakterien sind kleiner als ein halbes Mikron.

[12] Gefährliche Arten sind die mikroskopischen Pilze (Penicillium, Aspergillus, Chaetomium, Mucor, Rhizopus, Fusarium usw.) sowie einige Bakterien. Die Verteilung der Mikroorganismen ist ausser- und innerhalb der Lagerräume unterschiedlich; in den Innenräumen kommen die Spezies Penicillium und Aspergillus am häufigsten vor und bewirken einen grossen Teil der Schäden in Bibliotheken und Archiven.

[13] Bakterien sind einzellig, Schimmel hingegen sind mehrzellig und weisen komplexere Strukturen auf.

pèce. Les spores des champignons microscopiques ont des formes variables et des dimensions de quelques microns, tandis que celles des bactéries sont inférieures à un demi-micron.

Dès que les conditions favorables à leur développement sont réunies, le cycle vital commence. La plupart des spores nécessitent une humidité relative de l'air supérieure à 70 % pour se développer; à partir de ce taux hygrométrique, les spores forment d'abord des hyphes, très fins filaments uni- ou pluricellulaires de 1 à 4 μ de diamètre, qui constituent l'appareil végétatif de ces champignons.

Un tissu d'hyphes est appelé mycélium; la partie végétative du mycélium croît dans le substrat et en absorbe certains éléments pour se nourrir; elle se développe en premier et elle a un aspect blanchâtre qui ne permet pas de différencier les micro-organismes. La partie aérienne ou reproductive se développe si les conditions favorables perdurent; elle produit les corps fructifères avec les spores caractéristiques qui permettent l'identification de l'espèce.

Les spores sont très légères et elles se déplacent facilement avec chaque courant d'air. La où elles tombent, elles peuvent créer une nouvelle colonie ou attendre pendant des années, parfois pendant des siècles, que les conditions nécessaires à leur croissance se créent à nouveau. En effet, les spores se trouvent partout et il est très difficile de s'en débarrasser ou de les rendre inactives. Nous ne pouvons qu'empêcher leur développement.

Le développement des micro-organismes est dépendant de quatre conditions:

☐ la présence de spores;
☐ la présence d'un support de croissance;
☐ un taux d'humidité suffisant dans le support de croissance;
☐ des conditions de température favorables.

La première condition est pratiquement toujours remplie sauf dans des environnements très particuliers (chambres stériles). La deuxième est pleinement réalisée dans les bibliothèques et les archives, dont le contenu peut être utilisé par de très nombreux micro-organismes. Le papier et les autres matières composant le livre étant hygroscopiques, la troisième condition est réalisée quand l'humidité relative de l'air est suffisamment élevée, en principe

Sobald sich ihnen günstige Wachstumsverhältnisse bieten, beginnt der Lebenskreislauf von Neuem. Die meisten Sporen benötigen zu ihrer Entwicklung eine relative Luftfeuchtigkeit von über 70 %. Bei dieser Feuchtigkeit bilden die Sporen zunächst Hyphen aus, das sind sehr feine ein- oder mehrzellige Fäden mit einem Durchmesser von 1 bis 4 μ, die das vegetative Gerüst dieser Schimmelpilze bilden.

Die Gesamtheit der Hyphen wird Myzelium genannt. Zuerst entwickelt sich der ungeschlechtliche Teil des Myzels; er wächst im Substrat und nährt sich durch die Absorption hier vorhandener Nährstoffe. Er ist von weisslicher Farbe; daher sind Mikroorganismen in diesem Stadium nicht voneinander zu unterscheiden. Der äussere beziehungsweise reproduzierende Teil entwickelt sich, wenn die günstigen Wachstumsbedingungen andauern; er produziert die Fruchtkörper mit den charakteristischen Sporen, durch welche die Gattungen identifiziert werden können.

Die Sporen sind sehr leicht und werden von einem feinen Luftzug mühelos transportiert. Dort wo sie niederfallen, können sie sofort eine neue Kolonie bilden oder Jahre, manchmal Jahrhunderte abwarten, bis sich die zu ihrem Wachstum nötigen Verhältnisse von Neuem bieten. Sporen gibt es faktisch überall, und es ist sehr schwer, sie zu entfernen oder sie unwirksam zu machen. Man kann nur ihre Entwicklung verhindern.

Für die Entwicklung von Mikroorganismen müssen vier Voraussetzungen gegeben sein:

☐ das Vorhandensein von Sporen;
☐ das Vorhandensein eines Wachstumsträgers;
☐ ein ausreichend hoher Feuchtigkeitsgrad des Wachstumsträgers;
☐ günstige Temperaturen.

Die erste Voraussetzung wird in der Regel immer erfüllt; Ausnahme bilden zum Beispiel sterile Räume. Die zweite Vorraussetzung ist in Bibliotheken und Archiven vollständig gegeben, da das hier gelagerte Material von zahlreichen Mikroorganismen verwertet werden kann. Weil sowohl Papier als auch die anderen Materialien hygroskopisch sind, ist bei einer ausreichend hohen relativen Luftfeuchtigkeit (im Prinzip bei über 60 %) auch die dritte Voraussetzung gewährleistet. Papier kann zum Bei-

supérieure à 60 %. Le papier peut, par exemple, contenir de 3 à 18 % d'eau par rapport à son poids, selon l'humidité relative de l'air; un contenu en eau d'environ 10 à 12 % peut être suffisant pour le développement des micro-organismes. La température joue également un rôle important; en fait, à conditions égales, ce sont les diverses combinaisons de température et d'humidité de l'air qui déterminent la vitesse de croissance des colonies.

- ☐ Les conditions les plus favorables sont réunies dans une fourchette de température de 20 à 35 °C et avec une HR > 85 %.
- ☐ Des conditions favorables sont réunies entre 15 et 20 °C avec une HR > 75 %.
- ☐ Des conditions qui permettent une croissance lente des micro-organismes xérophiles (les moins exigeants en matière d'humidité) sont réunies avec une T > 7 °C. et une HR > 60 %.

La vitesse de développement est fortement influencée par les conditions hygrométriques; en passant de 70 à 100 % de HR, la vitesse de croissance peut augmenter de 25 à 30 fois.

La lumière ne joue pas un rôle dominant dans la croissance de colonies de micro-organismes; elle peut avoir des effets autant inhibiteurs que stimulants, selon le type de micro-organisme. Le rayonnement UV déclenche chez certaines moisissures la formation de substances colorantes.

Enfin, la durée dans le temps de conditions de développement favorables joue aussi un rôle important: les dommages aux objets augmentent très fortement quand ces conditions sont maintenues pendant une longue période. Ainsi, selon les conditions de l'environnement, on peut identifier cinq stades de développement des colonies de micro-organismes.[14]

1. Phase végétative: germination des spores, formation d'un mycélium végétatif (tissu d'hyphes)
2. Phase reproductive: formation d'un mycélium avec des inflorescences et formation de nouvelles spores
3. Phase de croissance retardée: ralentissement de la croissance causé par des conditions peu favorables

[14] D'après Meier, C. ; Petersen, K. : Schimmelpilze auf Papier. Ein Handbuch für Restauratoren. Tönning, Der Andere Verlag, 2006.

spiel je nach herrschender rF im Verhältnis zu seinem Gewicht 3 bis 18 % Wasser enthalten; ein Wassergehalt von ca. 10 bis 12 % kann für die Entwicklung der Mikroorganismen ausreichend sein. Auch die Temperatur kann weitreichende Auswirkungen haben; tatsächlich befinden sich Temperatur und Luftfeuchtigkeit in einem gleichwertigen Verhältnis und bestimmen durch die Veränderungen ihrer Werte die Wachstumsgeschwindigkeit der Kolonien.

- ☐ Die günstigsten Bedingungen herrschen bei einer Temperatur von 20 bis 35 °C und einer rF > 85 %.
- ☐ Günstige Bedingungen herrschen bei einer T von 15 bis 20 °C und einer rF > 75 %.
- ☐ Bedingungen, die ein langsames Wachstum xerophiler Mikroorganismen (sie haben den geringsten Wasserbedarf) ermöglichen, herrschen bei einer T > 7 °C und einer rF > 60 %.

Die Wachstumsgeschwindigkeit der Mikroorganismen wird sehr stark von den hygrometrischen Bedingungen beeinflusst: Zum Beispiel kann sie sich um das 25- bis 30-fache beschleunigen, wenn die rF von 70 % auf 100 % ansteigt.

Licht ist für das Wachstum von Mikroorganismenkolonien von keiner entscheidenden Bedeutung. Es kann sich je nach Art der Mikroorganismen sowohl hemmend als auch fördernd auswirken. UV-Strahlung löst bei manchen Schimmelpilzen die Bildung von färbenden Substanzen aus.

Schliesslich ist auch die zeitliche Dauer der günstigen Wachstumsverhältnisse von Bedeutung: Die Schäden am Objekt werden bei lange anhaltenden günstigen Verhältnissen sehr viel grösser. So kann man je nach Umgebungsbedingungen fünf Entwicklungsstadien von Mikroorganismenkolonien beobachten.[14]

1. Vegetative Phase: Keimung der Sporen, Bildung eines vegetativen Myzels (Hyphengeflecht)
2. Fruktifikative Phase/Vermehrungsphase: Bildung eines Myzels mit Fluoreszenzen und Bildung neuer Sporen
3. Verzögerungsphase: Abnahme der Vermehrungsrate aufgrund ungünstiger Lebensbedingungen

[14] Nach Meier, Ch.; Petersen, K.: Schimmelpilze auf Papier. Ein Handbuch für Restauratoren. Tönning, Der Andere Verlag, 2006.

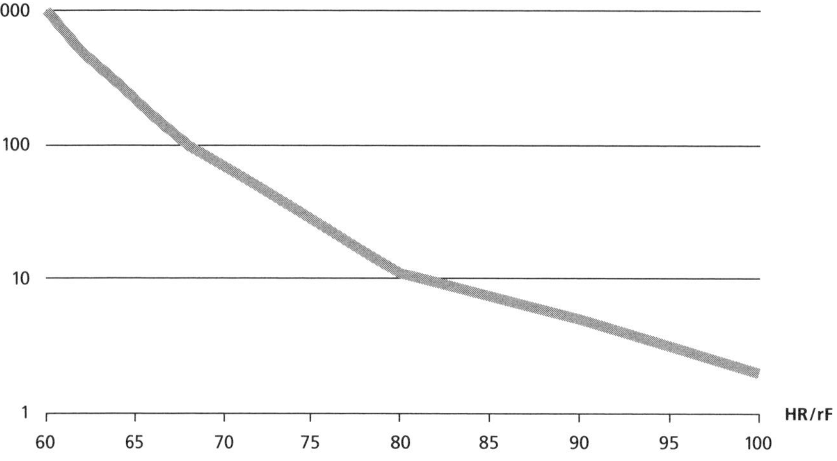

Fig. 4/9: Temps nécessaire au développement de colonies de micro-organismes en fonction de l'hygrométrie ambiante.

Fig. 4/9: Notwendige Zeit für die Entwicklung von Mikroorganismuskolonien in Abhängigkeit von der Umgebungsfeuchtigkeit.

4. Phase stationnaire : équilibre entre naissances et morts naturelles des cellules, aucune croissance
5. Phase de décroissance : mort progressive des cellules, jusqu'à l'extinction de la colonie

La construction du mycélium et en particulier le contenu en chitine des parois cellulaires de champignons microscopiques les rendent résistants à des diminutions provisoires de l'humidité ambiante.

■ *Action des micro-organismes*

Les micro-organismes sont extrêmement dangereux à cause de leur diffusion universelle et leur capacité de « digérer » le papier, le cuir et le parchemin. Pour se nourrir, les micro-organismes utilisent les matériaux organiques sur lesquels ils se développent. Par des procédés biochimiques très efficaces et complexes, ils en obtiennent la nourriture organique qui leur est nécessaire ; ils produisent des enzymes[15] qui peuvent dégrader le substrat pour le rendre utilisable par leur métabolisme. Ainsi, de nombreux micro-organismes peuvent dégrader la

4. Stationäre Phase: Gleichgewicht zwischen Neubildung und natürlichem Absterben von Zellen, kein Wachstum
5. Absterbephase: fortschreitendes Absterben der Zellen bis zum Aussterben der Kolonie

Die Struktur des Myzels, und vor allem der Chitingehalt der Zellwände von mikroskopischen Pilzen bewirken deren Resistenz gegenüber vorübergehendem Absinken der Umgebungsfeuchtigkeit.

■ *Das Verhalten von Mikroorganismen*

Mikroorganismen sind aufgrund ihrer weiten Verbreitung und wegen ihrer Fähigkeit, Papier, Pergament und Leder zu «verdauen», sehr gefährlich. Die Mikroorganismen ernähren sich von den organischen Materialien, auf denen sie sich entwickeln. Sie entziehen ihnen durch sehr wirkungsvolle und komplexe biochemische Prozesse die benötigte organische Nahrung. Sie produzieren Enzyme,[15] die einen Nährboden abbauen, um ihn für ihren Stoffwechsel verwertbar zu machen. Auf diese Weise können viele Mikroorganismen die Cellulose von

[15] Les enzymes sont des protéines qui dans les systèmes vivants accélèrent les réactions chimiques nécessaires à la vie ; on peut les définir comme des catalyseurs protéiques.

[15] Enzyme sind Eiweisse, die im lebenden Organismus die lebenswichtigen chemischen Reaktionen beschleunigen; sie können als Eiweisskatalysatoren bezeichnet werden.

cellulose du papier en glucose; ce type de dégradation peut donc aboutir à la destruction totale de l'objet. Si le développement des colonies est moins intense, le matériel attaqué devient d'abord plus fragile; à ce stade, les sollicitations mécaniques peuvent ensuite produire d'importants dégâts.

Certaines colonies de micro-organismes colorent le terrain sur lequel elles se développent de teintes très diverses: blanc, gris, jaune, rouge, violet, vert, bleu, brun et noir, souvent de manière indélébile; ces colorants sont des matières organiques, produits finaux du métabolisme des micro-organismes. La couleur n'est pas caractéristique pour l'un ou l'autre micro-organisme, car elle peut varier aussi en fonction du degré d'acidité du support, des substances contenues dans le terrain de culture et des conditions de croissance de la colonie. D'autres substances invisibles peuvent être produites par les micro-organismes et déposées dans le papier; certaines d'entre elles sont détectables avec la fluorescence UV.

En réalité, l'attaque des micro-organismes peut se développer en plusieurs vagues. Par exemple, les substances complémentaires contenues dans le papier (colles dans les papiers anciens, par exemple) peuvent être attaquées d'abord par des micro-organismes «généralistes», qui seront suivies par des micro-organismes plus spécifiques, suivis à leur tour par des micro-organismes très spécialisés qui ne se nourrissent que d'une substance spécifique.

4.2 Insectes

Les insectes constituent une menace très importante pour le matériel documentaire. Papier, cuir, parchemin, bois et colles d'origine animale ou végétale sont autant d'aliments pour au moins soixante-dix espèces principales d'insectes appartenant à plusieurs ordres et familles. Une humidité élevée, l'absence de circulation d'air, les accumulations de poussière et de saleté et l'absence de bruits et de vibrations sont des facteurs qui favorisent la croissance des insectes. D'autre part, les insectes ont besoin d'une voie d'entrée pour pénétrer dans les dépôts des bibliothèques ou des archives: fenêtres, portes, fissures, canalisations ou conduits d'aéra-

Papier zu Glukose abbauen. Diese Art von Abbau kann demnach zur völligen Zerstörung des Objekts führen. Entwickeln sich die Kolonien wenig intensiv, wird das angegriffene Material zunächst geschwächt; in dieser Phase können mechanische Belastungen dann grosse Schäden verursachen.

Manche Mikroorganismen bewirken an den Stellen, an denen sie sich entwickeln, Verfärbungen: weiss, grau, gelb, rot, violett, grün, blau, braun und schwarz. Diese organischen Farbstoffe sind Stoffwechselendprodukte der Mikroorganismen und häufig unmöglich zu entfernen. Die auftretende Färbung kann keiner bestimmten Mikroorganismenart zugeordnet werden, da sie auch vom Säuregrad des Trägers, den im Nährboden enthaltenen Substanzen und den Wachstumsbedingungen der Kolonie abhängig ist. Von den Mikroorganismen können auch farblose Substanzen produziert und im Papier abgelagert werden, manche von ihnen sind mittels Fluoreszenz im UV-Licht nachweisbar.

Der Mikroorganismenbefall kann sich in mehreren Stufen entwickeln. Die im Papier enthaltenen Zusatzstoffe (wie Kleister) können zum Beispiel zuerst von einfachen und dann von spezifischeren Mikroorganismen angegriffen werden. Diesen können wiederum andere, höher entwickelte Mikroorganismen folgen, die sich nur von einem ganz bestimmten Stoff ernähren.

4.2 Insekten

Die Insekten sind eine grosse Bedrohung für Buch- und Schriftmaterialien. Papier, Leder, Pergament, Holz und pflanzliche oder tierische Leime werden von mindestens siebzig wesentlichen Insektenarten, die vielen verschiedenen Ordnungen und Familien angehören, als Nahrung benutzt. Viel Feuchtigkeit, die Ansammlung von Staub und Schmutz sowie das Fehlen von Luftbewegung, Lärm und Erschütterungen fördern das Wachstum von Insekten. Natürlich benötigen Insekten zuerst einmal einen Zugang zu den Bibliotheks- oder Archivmagazinen: Fenster, Türen, Spalten, die Kanalisation oder Belüftungskanäle. Auch durch die Einlagerung eines schon befallenen Bestands in die Ma-

tion, tout comme l'introduction dans les dépôts de fonds déjà infestés, permettent à la faune entomologique de coloniser les bibliothèques et les archives; s'ils y trouvent d'autres conditions favorables, leur développement peut être très rapide et les dommages qu'ils causent peuvent devenir très graves.

Toute simplification dans l'entomologie ne peut être que grossière. Le monde des insectes est très complexe et cette partie du livre ne peut illustrer que de manière très simplifiée les insectes bibliophages et leur mode de vie. Cependant, quelques connaissances de base peuvent être utiles pour reconnaître à temps les dangers et pour dialoguer avec les spécialistes de ce domaine.

Les insectes bibliophages adultes sont tous formés par trois parties essentielles:

- ☐ la tête avec les yeux et un appareil buccal complexe;
- ☐ le thorax formé par trois segments munis chacun d'une paire de pattes et, pour certains, d'une paire d'ailes pour les deux derniers segments;
- ☐ l'abdomen avec d'éventuelles appendices.

Le squelette est extérieur, formé principalement de chitine;[16] sa rigidité impose la subdivision en segments.

Tous les insectes se multiplient en déposant des œufs, dans des quantités très variables. Le grand nombre d'œufs déposés par certains insectes et la succession très rapide des générations peuvent faire craindre une expansion exponentielle. En réalité, la vitesse de développement est fortement influencée par les conditions externes; en effet, dans de nombreux cas, parmi des centaines de larves, il ne se développe que quelques exemplaires fertiles, ce qui fait que parfois les espèces qui pondent un nombre d'œufs moins important peuvent se développer autant ou plus que les autres.

Les conditions extérieures influencent donc de manière radicale la vitesse de développement des insectes. D'une manière générale, les facteurs suivants interviennent dans ce processus:

[16] La chitine est un polysaccharide azoté résistant à l'eau, aux acides dilués et aux substances alcalines; elle est la composante principale de l'exosquelette des insectes, des araignées et des crustacés.

gazine kann in der gesamten Bibliothek oder dem Archiv eine Besiedlung mit Insekten erfolgen. Finden diese günstige Bedingungen vor, entwickeln sie sich sehr schnell und können bedeutende Schäden verursachen.

Eine Vereinfachung der Entomologie führt gezwungenermassen zur Unvollständigkeit. Die Welt der Insekten ist sehr komplex, und in diesem Buch können die bücherschädigenden Insekten und ihre Lebensweise nur sehr vereinfacht dargestellt werden. Einige Grundkenntnisse aber können nützlich sein, um Gefahren rechtzeitig zu erkennen und mit Spezialisten dieses Gebiets diskutieren zu können.

Der Körper der bücherschädigenden Vollinsekten (Imago) gliedert sich in drei Abschnitte:

- ☐ den Kopf mit Augen und kompliziertem Mundwerkzeug;
- ☐ den aus drei Segmenten bestehenden Brustkorb; jedes Segment ist mit einem Beinpaar und manchmal an den letzten beiden Segmenten mit je einem Flügelpaar versehen;
- ☐ den Hinterleib, eventuell mit Appendix.

Das starre, hauptsächlich aus Chitin[16] bestehende Aussenskelett ist, um beweglich zu sein, in Segmente unterteilt.

Alle Insekten vermehren sich durch Legen von Eiern in unterschiedlichen Mengen. Die manchmal sehr grosse Anzahl gelegter Eier und die sehr schnelle Generationenfolgen lassen eine exponentielle Ausbreitung befürchten. Die Wachstumsgeschwindigkeit wird jedoch stark von den äusseren Bedingungen beeinflusst: So kommt es oft vor, dass sich von hunderten von Larven nur einige fruchtbare Exemplare entwickeln. Deshalb können sich Spezies, die nur wenige Eier legen, genauso schnell oder schneller entwickeln als solche, die viele legen.

Die äusseren Bedingungen beeinflussen also grundlegend die Wachstumsgeschwindigkeit der Insekten. Grundsätzlich haben folgende Faktoren Einfluss auf den Prozess:

[16] Chitin ist ein stickstoffhaltiges Polysaccharid, beständig gegen Wasser, verdünnte Säuren und alkalische Substanzen; es ist Hauptbestandteil des Aussenskeletts von Insekten, Spinnen und Krebstieren.

■ *Température*

Les fonctions vitales sont accélérées par la chaleur et ralenties par le froid. Entre 3 et 10 °C, les insectes survivent, mais ne sont pas très actifs. Certains insectes parviennent à sécréter des substances qui leur permettent de résister à des températures négatives. Entre 10 et 35 °C, la vitesse de développement croît avec la température, avec un maximum entre 25 et 35 °C; ce facteur explique le développement nettement plus prononcé pendant la saison estivale. Au-delà de 35 °C, l'insecte est atteint et se développe mal ou meurt.

■ *Humidité de l'air*

Chaque être vivant a besoin d'eau pour vivre. Cependant, la plupart des insectes ne boivent pas; ils tirent l'eau, qui constitue plus de la moitié de leur corps, par voie chimique, lors de la digestion de la nourriture. Les insectes sont bien protégés contre les pertes d'eau; leur contenu en eau dépend de l'humidité ambiante et les conditions idéales pour leur développement sont données avec une humidité relative se situant entre 70 et 100 %. Certains insectes résistent mieux que d'autres à des conditions d'humidité réduite; en ce qui nous concerne, il s'agit surtout des anobiidés et des dermestidés.

■ *Autres facteurs*

La lumière est souvent un facteur de dérangement pour la croissance des insectes, tout comme les mouvements d'air et les vibrations. Par contre, l'absence de dérangements et la présence de niches: petites cavités ou fissures protégées, sont des facteurs favorables à leur développement.

D'une manière générale, il faut considérer ces données comme des indications; il est toujours possible que des individus parviennent à s'adapter à des conditions qui leur sont en principe défavorables et qu'ils prolifèrent dans une nouvelle niche biologique. Les lois qui régissent la prolifération des insectes sont encore en grande partie mal connues.

Le classification des insectes selon une nomenclature standardisée suit le schéma illustré par l'exemple suivant:

■ *Temperatur*

Die lebenswichtigen Funktionen werden durch Wärme beschleunigt und durch Kälte gehemmt. Insekten überleben Temperaturen zwischen 3 und 10 °C, sind dabei aber nicht sehr aktiv. Manche Insekten können Substanzen ausscheiden, mit deren Hilfe sie Temperaturen unter null überstehen können. Zwischen 10 und 35 °C steigt die Wachstumsgeschwindigkeit mit der Temperatur an, am günstigsten sind Werte zwischen 25 und 35 °C. Hierdurch erklärt sich das deutlich stärkere Wachstum während der Sommerzeit. Bei einer Temperatur von über 35 °C wird das Insekt geschädigt, entwickelt sich schlecht oder stirbt.

■ *Luftfeuchtigkeit*

Jedes Lebewesen benötigt zum Leben Wasser. Die meisten Insekten trinken jedoch nicht, sondern nehmen das Wasser mit Hilfe chemischer Vorgänge bei der Verdauung auf. Mehr als die Hälfte eines Insektenkörpers besteht aus Wasser. Insekten sind gut gegen Wasserverlust geschützt; ihr Wassergehalt hängt von der Zimmerfeuchtigkeit ab, und die Idealbedingungen für ihr Wachstum liegen zwischen 70 und 100 % rF. Verhältnisse geringer Feuchtigkeit überstehen manche Insekten besser als andere, für uns wichtig sind hierbei vor allem die Anobiidaen und die Dermestidaen.

■ *Andere Faktoren*

Licht, Luftbewegungen und Erschütterungen wirken sich oft störend auf das Wachstum von Insekten aus. Günstig für ihre Entwicklung hingegen sind störungsfreie, geschützte Orte wie kleine Mulden oder Ritzen.

Die hier gemachten Angaben sind eher als Hinweise zu betrachten. Es besteht immer die Möglichkeit, dass sich vereinzelte Insekten an die für sie eigentlich ungünstigen Bedingungen anpassen und sich in einer neuen ökologischen Nische vermehren. Die Gesetze der Insektenvermehrung sind grösstenteils noch nicht gut bekannt. Die vereinheitlichte Nomenklatur zur Klassifizierung von Insekten folgt dem an einem Beispiel erläuterten Schema:

Classification	insecte
Ordre	blattaria
Famille	blattidae
Genre	blatta
Espèce	orientalis
Nom de l'auteur	Linnaeus (Linné) 1758

Tous les insectes se reproduisent en déposant des œufs: toujours de couleur claire, mais de formes variables, soit ronds ou allongés; les œufs peuvent être déposés individuellement ou en groupes, parfois réunis dans des oothèques. La surface des œufs est souvent collante et la poussière y adhère, les rendant difficilement reconnaissables. Les œufs représentent le stade de développement le plus résistant.

Des œufs d'insectes naissent les larves; la tâche biologique de la larve est de se nourrir et de grandir. Pour cette raison, c'est à ce stade que les insectes causent les dommages les plus graves. Les larves peuvent rechercher une autre nourriture et d'autres conditions de vie que les adultes; ces derniers ne se nourrissent souvent que peu ou pas du tout, leur tâche biologique est la reproduction.

Selon la forme de la larve par rapport à celle de l'insecte adulte, on peut classer les insectes en deux groupes. Chaque groupe est illustré par quelques-uns parmi les insectes les plus répandus en Suisse.

■ *Premier groupe*

Les larves ressemblent aux adultes, avec une taille plus petite et quelques caractéristiques différentes, par exemple l'absence d'ailes.

■ *Deuxième groupe*

La larve a un aspect complètement différent de celui de l'adulte, elle est souvent vermiforme, de couleur claire si elle vit à l'intérieur du matériel qui lui sert de nourriture. Quand la larve a atteint un développement suffisant, elle se transforme en pupe, stade intermédiaire apparemment inactif à partir duquel se développe, au cours d'une dernière transformation, l'insecte adulte qui se reproduit et recommence ainsi le cycle vital.

Parmi les insectes bibliophages, les deux principales familles de ce groupe font partie de l'ordre des coléoptères.

Klassifizierung	Insekt
Ordnung	Blattariae
Familie	Blattidae
Gattung	Blatta
Spezies	orientalis
Entdecker	Linnaeus (Linné) 1758

Alle Insekten vermehren sich durch das Ablegen von Eiern; diese haben immer eine helle Farbe, sind aber unterschiedlich geformt (rund oder länglich) und werden einzeln oder in Gruppen, manchmal gesammelt in Ootheken abgelegt. Die Eioberfläche ist oft klebrig, dadurch bleibt der Staub haften, und die Eier sind schwer zu erkennen. Das Ei stellt das widerstandsfähigste Wachstumsstadium dar.

Aus den Eiern der Insekten schlüpfen die Larven; biologische Funktionen der Larven sind Ernährung und Wachstum, und deshalb sind die in diesem Stadium der Insekten verursachten Schäden am grössten. Nahrung und Lebensbedingungen der Larven sind oft verschieden von denen der Imago; letztere ernährt sich oft nur wenig oder gar nicht, und ihre biologische Funktion ist die Fortpflanzung.

Vergleicht man das Aussehen der Larve mit dem der Imago, kann man die Insekten in zwei Gruppen unterteilen. Jede Gruppe wird durch einige der in der Schweiz am meisten vorkommenden Insekten vorgestellt.

■ *Erste Gruppe*

Die Larve gleicht im Aussehen der Imago, ist aber kleiner und hat auch einige andere Merkmale, zum Beispiel hat sie keine Flügel.

■ *Zweite Gruppe*

Die Larve hat eine völlig andere Form als die Imago. Sie ist oft wurmförmig, und wenn sie in dem Material lebt, von dem sie sich ernährt, ist sie von heller Farbe. Ist die Larve ausreichend entwickelt, wird sie zur Puppe, einem anscheinend inaktiven Zwischenstadium. Aus der Puppe entwickelt sich zuletzt das Vollinsekt, das sich fortpflanzt und so den Lebenszyklus wieder beginnt.

Die zwei Hauptfamilien dieser Gruppe bücherschädigender Insekten gehören zur Ordnung der Coleoptera (Käfer).

Blattidés I Blattidae	*Blattella germanica L.*	Blatte germanique I Hausschabe
	Blatta orientalis L.	Blatte orientale I orientalische Schabe
	Periplaneta americana L.	Blatte américaine I amerikanische Schabe
Lépismatidés I Lepismatidae	*Lepisma saccharina L.*	Poisson d'argent I Silberfischchen
Liposcélidés I Liposcelidae	*Liposcelis divinatorius Müll.*	Pou des livres I Buchlaus

Anobiidés I Anobiidae	*Anobium punctatum DeG.*	Vrillette domestique I Nagekäfer (Holzwurm)
	Stregobium paniceum L.	Vrillette du pain I Brotkäfer
Dermestidés I Dermestidae	*Dermestes lardarius L.*	Dermeste du lard I Speckkäfer
	Attagenus pellio L.	Charançon des fourrures I Pelzkäfer
	Attagenus piceus Ol.	Charançon des tapis I Brauner Pelzkäfer
	Anthrenus museorum L.	Charançon des musées I Kabinettkäfer
	Anthrenus verbasci L.	Charançon des vêtements I Wollkrautblütenkäfer

Nous ne traiterons pas ici des termites, car cet ennemi vorace et redoutable est heureusement absent au nord des Alpes et en Suisse. Nous allons examiner un peu plus en détail les caractéristiques essentielles de quelques insectes bibliophages.

■ Les *blattes* sont d'une couleur allant du jaune brun au brun foncé, de longueur, selon les espèces, de 10 à 44 mm à l'état adulte (voir le tableau ci-dessous). Elles ont des mœurs nocturnes et nichent dans les fissures des murs, là où elles trouvent une forte humidité, près des éviers, dans les salles de bain, dans les caves et les égouts. Les femelles adultes déposent des oothèques en forme de haricots sombres, de 5 à 10 mm de longueur, qui contiennent de 15 à 40 embryons; les larves naissent après une période qui peut durer jusqu'à un mois et demi, selon les espèces.

Les trois espèces de blattes qui infestent le plus souvent bibliothèques et archives se différencient par plusieurs caractéristiques.

Les blattes se nourrissent de toutes les composantes naturelles des livres, de préférence de produits végétaux, mais aussi de cuir, de parchemin et de colles d'origine végétale et animale et également de produits alimentaires et d'excréments; elles peuvent véhiculer des maladies infectieuses.

Les blattes provoquent le plus souvent des érosions superficielles irrégulières, plus rarement des

Wir übergehen hier die Termiten, da diese gefrässigen und gefürchteten Tiere glücklicherweise nördlich der Alpen und in der Schweiz nicht vorkommen. Wir werden die Hauptmerkmale einiger bücherschädigender Insekten genauer betrachten.

■ Die *Schaben* sind von gelb- bis dunkelbrauner Farbe und haben je nach Spezies als Imago eine Länge von 10 bis 44 mm (siehe folgendes Schema). Sie sind lichtscheu und leben in Mauerritzen nahe bei Feuchtigkeitsquellen wie Ausflussbecken, Badezimmern, Kellern und Abwasserkanälen. Die weibliche Imago legt dunkle, bohnenförmige, 5 bis 10 mm lange Ootheken ab. Diese enthalten 15 bis 40 Embryos; die Larven schlüpfen je nach Spezies nach bis zu anderthalb Monaten.

Die drei Spezies der Schaben, von denen Bibliotheken und Archive am meisten heimgesucht werden, unterscheiden sich durch mehrere Merkmale.

Die Schaben ernähren sich von allen natürlichen Buchmaterialien; vor allem von den pflanzlichen Stoffen, aber auch von Leder, Pergament sowie pflanzlichen oder tierischen Leimen. Als Nahrung dienen ausserdem Lebensmittel und Exkremente. Schaben können Infektionskrankheiten übertragen.

Schaben hinterlassen meistens unregelmässigen Oberflächenfrass, seltener tiefen Frass mit unregelmässigen Umrissen, oft findet man schwarze Flecken in Kommaform, die vom Kot herrühren. Scha-

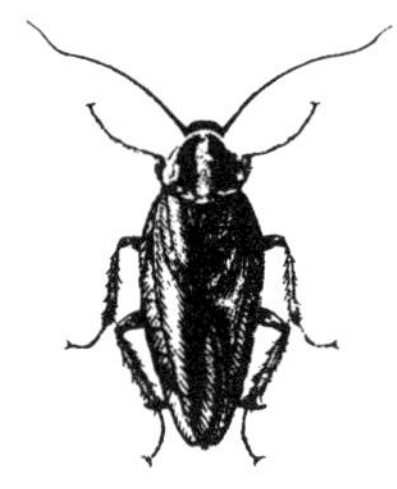

Fig 4/10: Blatta germanica L.

Fig. 4/11: Lepisma saccharina L.

Fig. 4/12: Liposcelis divinatorius L.

érosions profondes aux contours irréguliers; on trouve souvent des excréments: des taches noires en forme de virgule. Elles sont nuisibles à tous les stades de leur développement et peuvent causer des dommages considérables.

Conditions idéales pour le développement: T 25–30 °C, HR > 70 %, tranquillité, absence de lumière. En dessous de –5 °C, les blattes sont atteintes ou meurent.

■ Le *poisson d'argent* a une couleur pouvant aller du blanc au brun foncé, mais toujours avec des reflets argentés caractéristiques; l'adulte mesure 7 à 12 mm de longueur et n'a pas d'ailes. Les excréments sont rares et difficiles à reconnaître. Les œufs sont brunâtres ou rougeâtres. Les larves ont un aspect similaire aux adultes, elles ont une longueur de 1,5 à 2 mm et une couleur blanchâtre. Le développement embryonnaire dure entre 20 et 40 jours, le développement des larves entre 3 mois et 1 an à température ambiante, et la durée de vie de l'adulte est d'environ 2 à 3 ans.

Le poisson d'argent se nourrit volontiers de papiers ou de colles végétales, mais attaque aussi le parchemin, le cuir et les colles animales. Il peut causer des dommages importants aux photographies, dont il mange le papier et la couche de gélatine, car il a également besoin de protéines pour se nourrir. Les érosions ont un contour irrégulier et sont superficielles, un peu moins marquées que celles des blattes; elles peuvent être confondues avec de simples dommages mécaniques. Le poisson d'argent est nuisible aussi bien à l'état de larve qu'à l'âge adulte.

Conditions idéales pour le développement:
T 16–24 °C, HR 90 %, obscurité, tranquillité.

ben sind in allen Wachstumsstadien schädlich und können beträchtlichen Schaden anrichten.

Ideale Bedingungen für die Entwicklung: T 25–30 °C, rF > 70 %, Ruhe, kein Licht. Unter –5 °C werden die Schaben geschädigt oder sterben ab.

■ Das *Silberfischchen* ist weiss oder dunkelbraun mit charakteristischen silbrigen Reflexen und hat keine Flügel, die Imago misst 7 bis 12 mm. Die Exkremente sind selten zu finden und schwer zu erkennen. Die Eier sind bräunlich oder rötlich. Die Larven sehen der Imago ähnlich, sie sind 1,5 bis 2 mm lang und von weisslicher Farbe. Das embryonale Wachstum dauert 20 bis 40 Tage, die Entwicklung der Larven dauert bei Zimmertemperatur drei Monate bis ein Jahr, und die Lebensdauer der Imago liegt zwischen zwei bis drei Jahren.

Silberfischchen ernähren sich gern von Papier und pflanzlichen Leimen, greifen aber auch Pergament, Leder und tierischen Leim an. Sie verursachen gravierende Schäden an Fotos, da sie das Papier und die Gelatineschicht fressen; zu ihrer Ernährung benötigen sie nämlich auch Proteine. Die Frassspuren haben unregelmässige Umrisse und liegen an der Oberfläche, sie sind etwas weniger ausgeprägt als bei den Schaben; sie können mit mechanischen Schäden verwechselt werden. Silberfischchen sind sowohl im Larven- als auch im Imagostadium schädlich.

Ideale Bedingungen für die Entwicklung:
T 16–24 °C, rF 90 %, Dunkelheit, Ruhe.

■ Die *Buchlaus* ist mit blossem Auge gerade noch zu erkennen und hat eine gräuliche, gelbliche oder bräunliche Farbe. Die Imago hat eine Länge von 1 bis 2 mm. Die Larven sind kleiner, sehen sonst aber gleich aus. Unter guten Bedingungen dauert

	Blattella germanica L.	Blatta orientalis L.	Periplaneta americana L.
Dimensions Grösse	10–15 mm	20–24 mm	28–44 mm
Couleur Farbe	Jaune-brun Gelbbraun	Brun châtain Kastanienbraun	Brun roux Rotbraun
Nombre des oothèques Zahl der Kokons	4–8	Env./ca. 8	20–60
Naissance des larves Schlüpfen der Larven	Rapide Schnell	40–50 jours/Tage	30–45 jours/Tage
Développement à 22–25 °C Wachstum bei 22–25 °C	120–240 jours/Tage	300–500 jours/Tage	200–500 jours/Tage
Vie d'adulte Lebensdauer der Imago	250 jours/Tage	150 jours/Tage	450 jours/Tage

■ Le *pou des livres* est à peine visible à l'œil nu, il a une couleur grisâtre, jaunâtre ou brunâtre. Les adultes mesurent 1 à 2 mm de longueur, les larves sont identiques mais plus petites. Dans de bonnes conditions, le développement embryonnaire dure environ 14 jours et le développement larvaire 30 jours. L'adulte vit environ 6 mois. La poussière qui tend à coller sur leur corps les rend difficiles à reconnaître.

Ils se nourrissent de papier, d'amidon, de protéines ou de micro-organismes (champignons microscopiques) se trouvant sur les matériaux du livre; les herbiers sont aussi fréquemment attaqués. Une humidité élevée leur est indispensable.

Le pou des livres cause de très légères érosions superficielles aux contours irréguliers, qui peuvent devenir sérieuses en cas d'invasion. Il est nuisible en tant que larve et en tant qu'adulte.

Conditions idéales pour le développement:
T 25–30 °C, HR supérieure à 75 %.

Les *coléoptères bibliophages*, dont les principales familles sont les anobiidés et les dermestidés, sont appelés vulgairement vrillettes ou cirons, sans distinction particulière. La caractéristique principale des adultes est la présence de deux paires d'ailes, dont la première est fortement chitinisée et recouvre le corps. La deuxième paire d'ailes est fonctionnelle et, au repos, se range sous la première paire. Pour les deux familles, le cycle de vie est semblable: l'adulte dépose les œufs dans des irrégularités, fissures, anfractuosités. Les larves se dirigent directement vers l'intérieur des matériaux où

das embryonale Wachstum ca. 14 Tage und das Wachstum der Larve 30 Tage, die Imago lebt ca. 6 Monate. Durch den an ihrem Körper haften bleibenden Staub sind sie schwer zu erkennen.

Sie ernähren sich von Papier, Kleister, Eiweissen oder Mikroorganismen (mikroskopische Pilze), die sich auf Buch- und Schriftmaterialien finden, und greifen häufig Herbarien an. Sie benötigen viel Feuchtigkeit.

Die Buchlaus hinterlässt leichten Oberflächenfrass mit unregelmässigen Umrissen, bei Befall kann ernsthafter Schaden verursacht werden. Die Buchlaus ist sowohl im Larven- als auch im Imagostadium schädlich.

Ideale Bedingungen für die Entwicklung:
T 25–30 °C, rF > 75 %.

Die für Bücher schädlichen *Coleopteren,* deren wichtigste Familien die Anobiidaen und Dermestidaen sind, werden umgangssprachlich ohne besondere Unterscheidung Würmer oder Maden genannt. Das Hauptmerkmal der Imago sind zwei Flügelpaare: Das eine ist stark chitinisiert und bedeckt den Körper (Flügeldecken), das andere dient dem Fliegen und wird in Ruhestellung unter den Flügeldecken eingefaltet. Die Lebenszyklen sind einander ähnlich: Die Imago legt die Eier in Unebenheiten, Ritzen oder Aushöhlungen ab. Die Larven entschlüpfen direkt ins Innere des Materials, wo sie bis zur Umwandlung in Puppen und später als Imago Gänge graben. Sie ernähren sich vom Material, in dem sie graben. Der Durchmesser der

elles creusent des galeries, et ce jusqu'à leur métamorphose en pupe et plus tard en tant qu'adultes. Ils se nourrissent du matériel qu'ils creusent ; le diamètre des galeries augmente avec la croissance des larves. L'adulte sort du matériel hôte par des trous caractéristiques, il s'accouple et meurt après un temps variable selon les espèces et les conditions.

■ Dans la famille des *anobiidés,* nous trouvons la *vrillette domestique* (Anobium punctatum DeG.) et la *vrillette du pain* (Stregobium paniceum L.) ; ces deux insectes sont très semblables et difficiles à distinguer pour les non-initiés. L'adulte mesure de 2 à 4 mm, il est brun grisâtre avec des poils fins (anobium) ou brun roux avec des poils jaunâtres (stregobium).

La femelle du stregobium dépose jusqu'à 100 œufs blanchâtres et très petits (environ 0,4 × 0,2 mm). Les larves naissent après 8 à 30 jours, elles sont blanchâtres et vermiformes avec des mandibules brunes. La durée du stade larvaire varie fortement avec la température ambiante, entre 70 et 230 jours environ ; on peut avoir d'une à deux générations par année.

Les larves creusent vers l'intérieur du substrat des canaux de section circulaire, jusqu'à leur transformation en pupe. L'insecte adulte sort à l'extérieur par un trou rond dont le diamètre varie entre 0,7 et 2,2 mm, s'accouple et meurt après six à huit semaines, sans plus se nourrir. Dans les galeries creusées par les larves, généralement à partir des marges vers l'intérieur, on trouve une farine composée de restes alimentaires et d'excréments. Les dommages peuvent être très graves et détruire des volumes et des collections entières. Ces insectes sont particulièrement attirés par l'amidon, mais mangent aussi le bois, le papier, le cuir, le parchemin et les denrées alimentaires.

Conditions idéales pour le développement :
T 28 °C, HR 70 %, mais il est possible aussi avec une humidité plus réduite.

L'anobium a un cycle de vie similaire à celui du stregobium, cependant la femelle dépose un moins grand nombre d'œufs, et cet insecte préfère le bois de résineux ou de feuillus. Pour se développer rapidement il a besoin d'une humidité ambiante et du substrat assez élevée.

Conditions idéales pour le développement :
T 23 °C, HR 80–90 %.

Gänge wird mit dem Wachstum der Larven grösser. Die Imago hinterlässt beim Austritt aus dem Frassmaterial charakteristische Löcher. Anschliessend paart sie sich und stirbt dann nach einer der Spezies und den Lebensbedingungen entsprechenden Zeit ab.

■ In der Familie der *Anobiidaen* finden wir den *Holzwurm* (Anobium punctatum DeG.) und den *Brotkäfer* (Stregobium paniceum L.). Diese beiden Insekten sind sich sehr ähnlich und für einen Laien schwer zu unterscheiden. Die Imago hat eine Länge von 2 bis 4 mm, sie ist graubraun mit feinen Härchen (Anobium) oder rotbraun mit gelblichen Härchen (Stregobium).

Das Weibchen des *Stregobium* legt bis zu 100 weissliche, sehr kleine (ca. 0,4 × 0,2 mm) Eier ab. Die Larven schlüpfen nach 8 bis 30 Tagen, sie sind weisslich, wurmförmig und haben einen braunen Kiefer. Die Dauer des Larvenstadiums schwankt in Abhängigkeit von der Raumtemperatur zwischen ca. 70 und 230 Tagen; es kann ein bis zwei Generationen im Jahr geben.

Die Larven fressen bis zum Puppenstadium Gänge mit rundem Querschnitt ins Innere des Substrats. Die Imago gelangt durch ein rundes Loch (Durchmesser von 0,7 bis 2,2 mm) ins Freie, paart sich und stirbt nach sechs bis acht Wochen ohne Nahrungsaufnahme. In den von den Larven gefressenen Gängen, die gewöhnlich von den Rändern ins Innere führen, findet man ein Mehl, das aus Nahrungs- und Kotresten besteht. Die verursachten Schäden können sehr gross sein und Einzelbände oder Sammlungen vollständig zerstören. Bevorzugtes Material ist Kleister, sie greifen aber auch Holz, Papier, Leder, Pergament und Lebensmittel an.

Ideale Bedingungen für die Entwicklung:
T 28 °C, rF 70 %, aber auch bei geringerer Feuchtigkeit ist Wachstum möglich.

Der Lebenszyklus des *Anobium* ähnelt dem des Stregobium, das Weibchen legt aber weniger Eier ab, und als Nahrung wird Nadel- oder Laubholz bevorzugt. Um sich schnell zu entwickeln, ist eine verhältnismässig hohe Umgebungs- und Substratfeuchtigkeit nötig.

Ideale Bedingungen für die Entwicklung:
T 23 °C, rF 80–90 %.

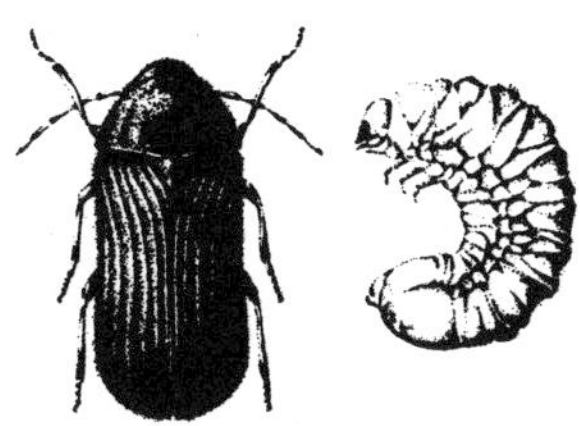

Fig. 4/13: Stregobium paniceum L.

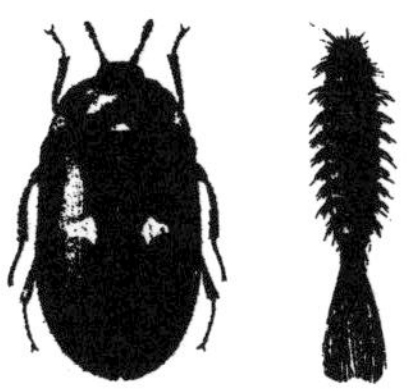

Fig. 4/14: Attagenus Pellio L.

■ Les insectes de la famille des *dermestidés* sont de petite taille, avec des adultes mesurant entre 5 et 10 mm ; leur corps est ovale, les larves ont beaucoup de longs poils.

Le *dermeste du lard* (Dermestes lardarius L.) mesure entre 7 et 9 mm, avec un corps jaunâtre à l'avant, noir à l'arrière. Les œufs sont allongés, d'environ 2 mm de longueur ; les larves mesurent 2,5 mm à l'éclosion et atteignent 18 mm à la maturité. L'éclosion des œufs se fait après 3 à 9 jours, le stade larvaire dure de 17 à 24 jours, et la durée de vie de l'insecte est d'environ un an. Dans des locaux tempérés, plusieurs générations peuvent se succéder pendant une année, tandis que le froid hivernal inhibe leur activité. Les dermestidés peuvent véhiculer des maladies ou provoquer des allergies chez l'homme.

Les dommages apparaissent soit sous forme d'érosions superficielles irrégulières semblables à celles des blattes, soit sous forme de galeries et de trous ronds. Les larves mangent dans toutes les directions ; les dommages se reconnaissent souvent à cause des restes de la mue des larves et des excréments, en forme de cordons plus ou moins longs selon le degré d'humidité du substrat.

Conditions idéales pour le développement :
T 18–20 °C, HR 70 %.

■ Les *attagènes* comprennent les *charançons des tapis et des fourrures* (Attagenus piceus L. et Attagenus pellio L.) ; ces insectes, très semblables pour les profanes, mesurent entre 3,5 et 6 mm et sont de couleur noire uniforme sur le dos. Les adultes volent et entrent dans les maisons, y déposent des œufs qui éclosent ; les larves sont longilignes et atteignent 12 mm de longueur, elles sont caractérisées par un long faisceau de poils sur la partie postérieure. Les larves se nourrissent prin-

■ Die Insekten der Familie der *Dermestidaen* sind klein, die Imago ist 5 bis 10 mm lang; der Körper ist oval, und die Larven haben viele lange Härchen.

Der *Speckkäfer* (Dermestes lardarius L.) misst 7 bis 9 mm, der Körper ist vorn gelblich und hinten schwarz. Die Eier sind länglich und ca. 2 mm gross; die Larven sind vor dem Schlüpfen 2,5 mm lang und erreichen bei der Reife eine Länge von 18 mm. Das Schlüpfen erfolgt nach 3 bis 9 Tagen, das Larvenstadium dauert 17 bis 24 Tage, und die Lebensdauer des Insekts beträgt ca. ein Jahr. In Räumen mit mittlerer Temperatur können in einem Jahr mehrere Generationen aufeinander folgen; Winterkälte hingegen hemmt ihre Entwicklung. Die Dermestidaen können Krankheiten übertragen oder beim Menschen Allergien auslösen.

Das Schadensbild zeigt entweder unregelmässigen Oberflächenfrass, ähnlich dem der Schaben, oder Gänge und runde Löcher. Die Larven fressen in alle Richtungen; die Schäden sind häufig durch die Larvenhüllen und die je nach Feuchtigkeitsgehalt des Substrats mehr oder weniger langen Kotfäden identifizierbar.

Ideale Bedingungen für die Entwicklung:
T 18–20 °C, rF 70 %.

■ Zur Familie der *Attagenus* gehören der *Pelzkäfer* und der *braune Pelzkäfer* (Attagenus pellio L. und A. piceus L.); diese Insekten, für den Laien einander sehr ähnlich, sind 3,5 bis 6 mm lang und auf dem Rücken von gleichmässiger schwarzer Farbe. Die Imago fliegt und legt in den Häusern Eier ab, aus denen längliche Larven schlüpfen, die eine Länge von 12 mm erreichen, ihr charakteristisches Merkmal ist ein langes Haarbüschel am Hinterleib. Die Larven ernähren sich hauptsächlich von Wolle

cipalement de laine et de fourrures, mais aussi de cuir, de parchemin ou d'autres substances. Les adultes ne sont pas nuisibles directement, car il se nourrissent de végétaux, probablement de pollen. La durée de vie d'une génération varie : entre un et trois ans, de manière que le développement de colonies importantes est rare. Les dommages sont semblables à ceux provoqués par les dermestidés.

Conditions idéales pour le développement : T 25 °C, HR > 60 % ; les locaux chauffés pendant l'hiver facilitent le cycle vital.

■ Les *anthrènes* comprennent les *charançons des vêtements* et des *musées* (Anthrenus verbasci L. et Anthrenus museorum L.). Ils ont un mode de vie semblable à celui des attagènes ; l'adulte vit à l'extérieur et entre dans les maisons à la fin de l'été, il dépose les œufs dans des fissures bien cachées, où les larves se développent discrètement.

Les larves atteignent 5 mm de longueur, elles sont légèrement allongées, d'un brun jaunâtre, poilues, avec un faisceau de longs poils à l'arrière. Leur durée de vie est de un an, le développement de grandes colonies est rare. L'adulte est très petit, long de 2 à 3 mm, de forme ovale ; le dos est multicolore, avec des taches noires, brunes, blanches ou jaunâtres.

Ces insectes se nourrissent de textiles et de matières protéiques, comme par exemple les cadavres d'autres insectes, mais aussi de papier et de produits alimentaires. Les dommages sont des érosions superficielles irrégulières, des canaux superficiels et aussi des trous ronds que l'insecte creuse au moment de sa transformation en pupe.

Conditions idéales pour le développement : T 25 °C, HR > 60 % ; les locaux chauffés pendant l'hiver facilitent le cycle vital.

und Pelzen, aber auch von Leder, Pergament oder anderen Stoffen. Die Imago ist nicht unmittelbar schädlich, denn sie ernährt sich von Pflanzen, wahrscheinlich von Pollen. Die Lebenszeit einer Generation liegt zwischen ein und drei Jahren, sodass die Entwicklung bedeutender Kolonien selten ist. Das Schadensbild gleicht dem der Dermestidaen.

Ideale Bedingungen für die Entwicklung: T 25 °C, rF > 60 %; der Lebenszyklus wird im Winter durch die geheizten Räume begünstigt.

■ Zur Familie der *Anthrenus* gehören der *Wollkrautblüten-* und der *Kabinettkäfer* (Anthrenus verbasci L. und A. museorum L.). Ihre Lebensweise ähnelt denen der Attagenus. Die Imago lebt im Freien und kommt am Ende des Sommers in die Häuser. Dort legt sie die Eier in gut versteckte Ritzen ab, wo die Larven sich ungestört entwickeln.

Die leicht länglich geformten Larven werden 5 mm lang, sie sind von gelblich brauner Farbe, behaart, mit einem langen Haarbüschel am Hinterleib. Die Lebensdauer beträgt ein Jahr, und die Entwicklung grosser Kolonien ist selten. Die Imago ist sehr klein, nur 2 bis 3 mm lang, der Körper ist oval, der Rücken vielfarbig mit schwarzen, braunen, weissen oder gelben Flecken.

Diese Insekten ernähren sich von Textilien und eiweisshaltigen Stoffen wie zum Beispiel den Kadavern anderer Insekten, aber auch von Papier und Lebensmitteln. Sie hinterlassen einen unregelmässigen Oberflächenfrass, oberflächliche Gänge sowie runde Löcher, die von den Insekten bei der Umwandlung zur Puppe gegraben werden.

Ideale Bedingungen für die Entwicklung: T 25 °C, rF > 60 %; der Lebenszyklus wird im Winter durch die geheizten Räume begünstigt.

4.3 Rongeurs

Souris, rats et autres petits rongeurs occasionnent des dommages très importants ; leur taille leur confère un pouvoir destructeur redoutable. Mais ils ont besoin d'une voie d'accès bien plus grande que les insectes ; il faut craindre leur présence surtout dans les bâtiments anciens. L'automne est une période critique, car aux premiers froids, ces petits animaux cherchent refuge dans les bâtiments. La

4.3 Nagetiere

Mäuse, Ratten und andere kleine Nagetiere können aufgrund ihrer Grösse fürchterliche Zerstörung anrichten. Allerdings benötigen sie einen viel grösseren Zugangsweg als die Insekten. Mit ihrer Anwesenheit ist vor allem in alten Gebäuden zu rechnen. Ein kritischer Zeitpunkt ist der Herbst, denn bei der ersten Kälte suchen die kleinen Tiere in Gebäuden Zuflucht. Auch Ruhe und Einsamkeit

tranquillité et l'abandon des locaux constituent des conditions favorables à leur développement.

in wenig begangenen Räumen bieten ihnen günstige Lebensbedingungen.

5 Dégradations dues aux méthodes de rangement et à l'utilisation

La manipulation, la saisie, le rangement et l'utilisation des livres et documents provoquent surtout des dommages mécaniques; il est important de ne pas banaliser ce type de dommages, car ils peuvent avoir des conséquences graves pour la conservation. Des méthodes de rangement inadaptées sont à l'origine d'une partie significative des dommages qui mènent à la dégradation de l'objet et que le restaurateur est appelé à réparer. Ce problème mérite une étude approfondie, d'autant plus que la modification des méthodes de rangement et d'utilisation est souvent plus facile à réaliser que celle d'autres facteurs influençant la conservation. Les situations décrites ci-dessous sont le reflet de nombreuses expertises que j'ai eu l'occasion de faire dans des bibliothèques de toutes dimensions et qui m'ont convaincu de l'importance de cette étiologie dans la pathologie du livre et du document d'archives.

5 Schäden durch Aufstellungs- und Nutzungsmethoden

Beim Handhaben, Ausheben, Reponieren und Nutzen von Büchern und Einzelblättern entstehen vor allem ernst zu nehmende mechanische Schäden, die für die Konservierung schwerwiegende Folgen haben können. Ungeeignete Aufstellungsmethoden sind verantwortlich für einen grossen Teil der Schäden, die zur Zerstörung eines Objekts führen und die der Restaurator zu beheben hat. Dieses Gebiet bedarf einer genaueren Untersuchung, und das ist umso wichtiger, als eine Verbesserung der Aufstellungs- und Nutzungsmethoden oft mit viel weniger Aufwand zu verwirklichen ist als andere Erhaltungsmassnahmen. Auf die unten beschriebenen Schadensbilder bin ich während meiner Gutachtertätigkeit in den verschiedensten Bibliotheken immer wieder gestossen und kam daher zu der Überzeugung, dass die Kenntnis der Ursachen der Schäden an Buch und Einzelblatt von grundlegender Bedeutung ist.

5.1 Dommages mécaniques

5.1.1 Livres et reliures

Le rangement inadapté des livres peut être à l'origine de dommages importants. Le livre mal entreposé subit des déformations qui provoquent rapidement une détérioration de la reliure; ensuite, les pages sans protection deviennent très vulnérables et s'altèrent à leur tour. Ces déformations sont très difficiles à corriger et il est souvent impossible de le faire sans démonter totalement la reliure.

Le risque de déformations est lié aux caractéristiques physiques du livre: le type de papier (poids, souplesse), le format, l'épaisseur du livre et la qualité du brochage ou de la reliure sont déterminants pour sa stabilité mécanique. Les volumes très épais ou de très grand format sont naturellement plus menacés que les autres, car les forces qui s'exercent sont très grandes du fait du poids propre du vo-

5.1 Mechanische Schäden

5.1.1 Bücher und Einbände

Unsachgemässes Aufstellen von Büchern kann die Ursache für grosse Schäden sein. Ein falsch gelagertes Buch verformt sich, der Einband wird in kurzer Zeit zerstört sein. Dadurch ist der Buchblock nicht mehr geschützt, und die Seiten reissen leicht ein. Die Verformungen können nur schwer behoben werden, ein vollständiges Auseinandernehmen des Bandes ist deshalb oft unerlässlich.

Ob und wie sich ein Buch verformt, hängt von seinen physikalischen Eigenschaften ab: Die Art des Papiers (Gewicht, Flexibilität), das Format sowie die Dicke des Buches und die Qualität der Broschüre oder des Einbandes sind für seine mechanische Stabilität ausschlaggebend. Grossformatige oder sehr dicke Bücher sind aufgrund ihres Eigengewichts viel gefährdeter. Am häufigsten

lume. Les dommages les plus souvent constatés sont la déformation du dos et la déformation du corps du livre.

Dans le graphique ci-dessus, élaboré au cours d'une analyse des fonds à la Bibliothèque de Genève, on constate que l'état de conservation des livres de format supérieur à 35 cm est sensiblement moins bon que celui des livres en général.

Le poids et l'épaisseur du livre jouent également un rôle très important dans le domaine des dommages mécaniques : la force de gravité provoque des tensions qui sont proportionnelles au poids du livre. Souvent, le dos des volumes très épais ne résiste pas à ces forces et se déforme.

La déformation du dos en modifie la forme : de convexe ou plat, il devient concave ; de ce fait, il perd sa stabilité et les forces exercées sur les charnières du livre augmentent. De plus, la tranche de gouttière suit nécessairement la même déformation et se trouve plus exposée aux dommages mécaniques. La déformation du dos est souvent la première d'une série de dégradations qui mènent à la perte de la reliure. Pour les livres brochés, cette altération peut se stabiliser, laissant toutefois la tranche de gouttière plus exposée ; elle

treten Verformungen am Rücken und am Buchblock auf.

Aus dem vorliegenden Diagramm, das während einer Bestandsanalyse an der Bibliothèque de Genève erstellt wurde, geht hervor, dass der Erhaltungszustand von Büchern über 35 cm bedeutend schlechter ist als bei den Büchern kleinerer Formate.

Auch das Gewicht und die Dicke eines Buches spielen eine sehr wichtige Rolle bei mechanischen Schäden: Die Schwerkraft ruft Spannungen hervor, die proportional zum Buchgewicht wirken. Der Rücken sehr dicker Bände ist oft nicht widerstandsfähig genug und verformt sich.

Bei der Verformung des Rückens bekommt ein konvexer oder gerader Rücken eine konkave Form. Dadurch verliert das Buch an Stabilität, die auf den Falz wirkenden Kräfte werden stärker. Ausserdem entsteht am Vorderschnitt dieselbe Verformung, wodurch die einzelnen Seiten mechanischen Schädigungen stärker ausgesetzt sind. Die Verformung des Rückens ist oft die erste Stufe einer Folge von Schäden, die zum Verlust des Einbandes führen. Bei broschierten Büchern stabilisiert sich diese Verformung meistens, der Vorderschnitt bleibt mecha-

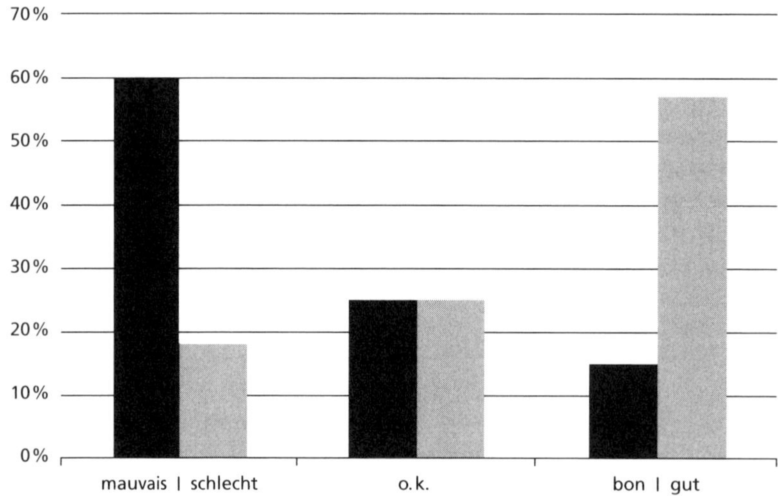

Fig. 4/15: Livres endommagés en fonction du format. En noir, les volumes de grand format (> 35 cm), en gris, les volumes de tous formats (Bibliothèque de Genève, 2008–2009).

Fig. 4/15: Verhältnis zwischen den Schäden am Buch und der Buchgrösse. Schwarz: grossformatige Bände (> 35 cm), grau: Bände verschiedener Grössen (Bibliothèque de Genève, 2008–2009).

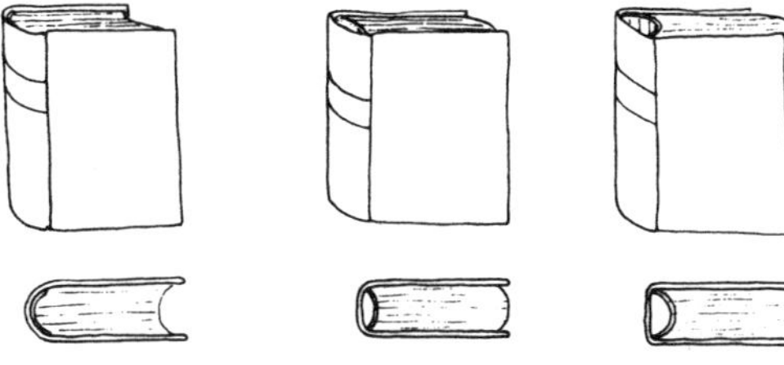

Fig. 4/16: Déformation du dos: de convexe à concave.

Fig. 4/16: Verformung des Rückens: von konvex zu konkav.

peut aussi aboutir au partage de l'ouvrage en deux parties.

Les déformations du corps du livre se rencontrent fréquemment sur des livres très souples ou sur des volumes peu épais de très grande dimension, mais peuvent se produire sur tous les ouvrages. Elles sont typiques des livres appuyés contre des bords d'étagères trop bas ou des livres soutenus par des serre-livres inadaptés qui permettent, par exemple, au livre de glisser sous le serre-livres. Dans ces cas, le corps du livre prend une forme en banane qu'il est très difficile de modifier par la suite.

Une variante particulière des déformations citées est liée à l'usage d'étagères de type «compactus»: quand un livre très souple et lourd se trouve entre des livres plus stables, il peut glisser derrière ses voisins suite à des coups provoqués par un maniement un peu rude des étagères mobiles; sans soutien latéral, ce livre se déformera rapidement.

Une déformation moins marquée mais nuisible est observable quand les livres sont appuyés obliquement; après un certain temps, les livres dont le dos est relativement faible s'adaptent à cette position de manière qu'ils ne peuvent plus être entreposés verticalement. Cette déformation provoque une répartition non uniforme des forces sur la charnière au moment de l'ouverture du livre, ce qui engendre assez rapidement des dommages aux charnières et à la couverture.

Les frottements entre les reliures peuvent entraîner des abrasions et la formation de déchirures sur des cuirs délicats, sur des reliures recouvertes de papier ou des livres avec des coins ou fermoirs en métal, rangés côte à côte sans protection. Ces frottements peuvent être dus aux manipulations pour extraire ou remettre le livre sur l'étagère ou aux vibrations engendrées par le mouvement d'étagères mobiles.

nischen Schädigungen jedoch ausgesetzt, oder das Buch wird in zwei Teile getrennt.

Der Verformung des Buchblocks begegnet man häufig bei biegsamen Bänden oder bei grossformatigen, dünnen Büchern, sie kann aber bei allen Büchern auftreten. Typische Schäden zeigen sich bei Büchern, die auf einem zu niedrigen Bücherregal gegen den Rand gelehnt werden, oder bei solchen, die von ungeeigneten Buchstützen gehalten werden: Sie können leicht unter die Buchstütze gleiten. In diesem Fall nimmt der Buchblock die Form einer Banane an, was schwer wieder rückgängig zu machen ist.

Typische Schäden entstehen bei der Benutzung von Rollregalen: Wenn ein schweres Buch mit einem weichen Einband zwischen stabileren Büchern eingestellt ist, kann es durch eine grobe Handhabung der beweglichen Regale hinter die danebenstehenden Bücher gleiten. Ohne seitlichen Schutz wird es sich schnell verformen.

Eine weniger sichtbare, aber trotzdem schädliche Verformung ergibt sich bei schräg angelehnten Büchern. Bleiben sie lange in dieser Lage, passen sich Bücher mit relativ schwachem Rücken dieser Position an und können nicht mehr vertikal aufgestellt werden. Diese Verformung verursacht beim Öffnen des Buches eine ungleichmässige Krafteinwirkung auf den Falz, was schnell zu Schäden an Bünden und Deckeln führen kann.

Reibung zwischen Einbänden kann an empfindlichen Ledern, an mit Papier bezogenen oder mit Ecken oder Schliessen versehenen Büchern, die ohne Schutz nebeneinander eingestellt werden, Scheuerschäden und Risse bewirken. Reibung entsteht beim Ausheben oder Reponieren der Bücher oder durch Schwingungen, die bei der Bewegung von Rollregalen entstehen.

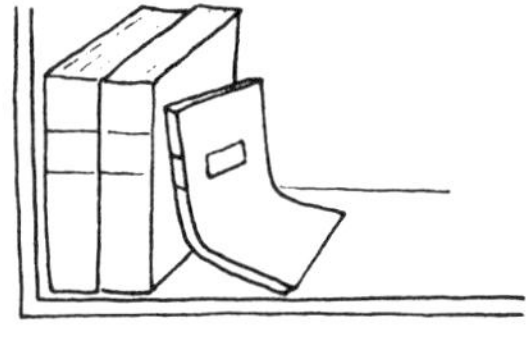

Fig. 4/17: Déformation du corps d'un livre souple par manque d'appui latéral.

Fig. 4/17: Verformung eines biegsamen Einbandes infolge fehlender seitlicher Stützen.

Fig. 4/18: Déformation d'un livre souple et lourd dans une étagère mobile.

Fig. 4/18: Verformung eines biegsamen, schweren Buches in einem Rollregal.

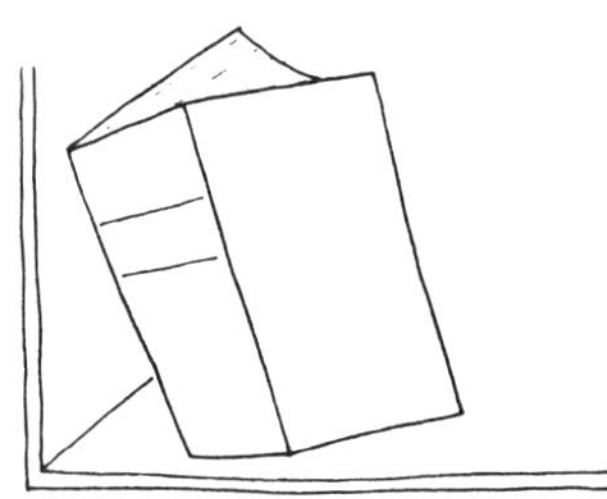

Fig. 4/19: Déformation du dos d'un livre appuyé obliquement.

Fig. 4/19: Rückenverformung eines schräg angelehnten Buches.

Lors de la saisie d'un livre, un dommage très fréquent est la déchirure de la coiffe ou du dos du livre, parce que le livre est saisi par cette partie avec un ou deux doigts. Lors du rangement, ce sont les livres brochés qui sont le plus souvent endommagés quand ils sont poussés avec force dans un espace trop petit entre les autres livres.

5.1.2 Brochures

Les brochures et cahiers isolés sont très exposés aux dégâts mécaniques; ils ne disposent pas d'une couverture de protection et n'ont généralement pas une rigidité suffisante pour soutenir leur propre poids.

Les dommages les plus fréquents sont les déformations, la formation de plis et les déchirures. Les déformations surviennent rapidement en cas de rangement non correct; la plupart des brochures ne supportent pas le rangement vertical sur une étagère, et le rangement vertical dans une boîte est tout aussi nuisible si cette dernière n'est pas en-

Beim Herausnehmen eines Buches wird häufig das Häubchen oder der Buchrücken eingerissen, da das Buch an diesen Stellen mit einem oder zwei Fingern herausgezogen wird. Bei der Aufstellung werden am häufigsten Broschüren beschädigt, denn sie werden mit Gewalt in einen zu kleinen Raum zwischen die anderen Bücher geschoben.

5.1.2 Broschüren

Broschüren und Einzelhefte sind mechanischer Beschädigung besonders ausgesetzt; sie haben keine Schutzdeckel und sind gewöhnlich nicht stabil genug, um ihr eigenes Gewicht zu halten.

Die am häufigsten auftretenden Schäden sind Verformungen, Falten und Risse. Die Verformungen bilden sich bei nicht korrektem Einstellen sehr schnell. Die meisten Broschüren vertragen die vertikale Stellung sehr schlecht; das gilt auch für Broschüren, die in nur halb gefüllten Schachteln aufbewahrt werden. Broschüren in Schachteln können auch gefaltet oder zerknittert werden, wenn sie

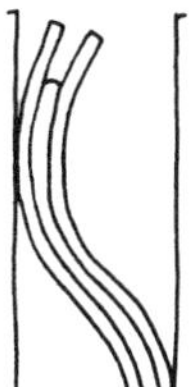

Fig. 4/20: Déformation de brochures stockées dans des boîtes.

Fig. 4/20: Verformung in Schachteln aufbewahrter Broschüren.

tièrement remplie. Dans les boîtes, les brochures peuvent aussi être pliées et froissées si, lors de l'extraction et de la remise en place d'autres brochures, elles sont poussées vers le fond.

Quand une petite brochure se trouve rangée parmi des objets plus lourds et solides, le risque de produire des déchirures est grand au moment où ces objets sont manipulés. La pratique de réunir plusieurs brochures par une ficelle ou un élastique est aussi à proscrire : ce lien blesse rapidement le papier aux extrémités du faisceau, créant l'amorce pour une déchirure qui se produira à la première fausse manipulation ; les fragments déchirés se détachent souvent sans problème, mutilant ainsi l'objet d'une de ses parties.

5.1.3 **Documents et feuilles isolées**

Dans cette catégorie, nous trouvons des objets très différents, de dimensions très diverses, qui peuvent être conservés de multiples façons : imprimés et manuscrits d'une page, gravures, dessins, plans, cartes de géographie, affiches. La stabilité mécanique de ces objets dépend de la qualité et de l'épaisseur du papier, ainsi que de leurs dimensions.

Les documents sous forme de feuilles isolées de petit format (jusqu'à env. A4) sont souvent entassés dans des boîtes sans protection particulière ; quand la boîte est rangée verticalement et n'est pas entièrement remplie, les feuilles s'y déforment ; les boîtes excessivement remplies sont aussi une cause de dommages mécaniques. Les conteneurs qui ne s'ouvrent que sur un seul côté facilitent la formation de plis et de déchirures quand on saisit ou range un document, car on ne voit pas directement ce que l'on fait. Le fait de mettre des documents en tas de plus d'un cm d'épaisseur est souvent source de dommages ; les ficelles et les élastiques utilisés pour maintenir ensemble les feuilles créent des

beim Ausheben oder Reponieren anderer Broschüren auf den Schachtelboden rutschen.

Wird eine kleine Broschüre zwischen schwereren und stabileren Objekten aufbewahrt, besteht beim Bewegen dieser Objekte die Gefahr, dass Risse in der Broschüre entstehen. Es sollte auch vermieden werden, mehrere Broschüren mit einer Schnur oder einem Gummiband zusammenzuhalten: Das Papier der äusseren Broschüre wird beschädigt, und es bilden sich bei der ersten falschen Handhabung Risse. Von den eingerissenen Seiten werden schnell Teile abgerissen, wodurch Bestandteile eines Objekts verloren gehen.

5.1.3 **Urkunden und Einzelblätter**

In dieser Kategorie finden wir verschiedenste Objekte unterschiedlichen Formats, die auf vielfältige Weise aufbewahrt werden können: Druckschriften und Manuskriptseiten, Stiche, Zeichnungen, Pläne, geografische Karten und Plakate. Die mechanische Stabilität dieser Objekte hängt von der Qualität und der Dicke des Papiers und von ihrem Format ab.

Kleinformatige Einzelblätter bis ungefähr A4 werden häufig ohne besonderen Schutz in Schachteln gestapelt. Wird eine nur halb gefüllte Schachtel vertikal gelagert, kommt es zu Verformungen der Blätter. Auch wenn zu viele Blätter in eine Schachtel gepackt werden, kann es zu Schäden kommen. Bei der Verwendung von Behältern, die nur auf einer Seite zu öffnen sind, können beim Ausheben oder Reponieren einer Urkunde leicht Falten und Risse entstehen, denn es ist schlecht zu erkennen, was man tut. Auch das Aufeinanderstapeln von Urkunden zu Stössen von mehr als 1 cm Dicke ist oft eine Schadensursache. Schnüre oder Gummibänder, mit denen die Dokumente zusammengehalten werden, verursachen vor allem um

blessures dans le papier, surtout là où la zone de contact est très réduite. Les agrafes et trombones aussi représentent un danger: d'une part du point de vue mécanique et, d'autre part, à cause des interactions chimiques avec le papier quand leur matériel n'est pas inoxydable. Le rôle de protection exercé par l'emballage est déterminant pour ce type d'objets. Dans l'exemple ci-dessous, issu de l'analyse d'une collection de manuscrits en principe assez bien conservée, l'influence d'un conditionnement de qualité sur l'état de conservation du papier apparaît de manière claire. Les documents conditionnés de manière correcte présentent un pourcentage supérieur de papiers en bon état et un pourcentage inférieur de papiers en mauvais état par rapport aux documents qui ont reçu un conditionnement de qualité moyenne. Ces données sont particulièrement intéressantes parce que les conditionnements médiocres n'ont rien de scan-

den Gummi beziehungsweise die Schnur herum Schäden. Heft- und Büroklammern können mechanischen als auch chemischen Schaden verursachen, letzteren aufgrund der chemischen Wechselwirkungen mit dem Papier, wenn die Klammern nicht aus rostbeständigem Material sind. Schutzverpackungen kommt bei diesen Objektkategorien eine besondere Bedeutung zu. Das folgende Beispiel ging aus der Analyse einer Handschriftensammlung hervor, die im Prinzip unter guten Bedingungen aufbewahrt wird, und zeigt deutlich den Einfluss von qualitätsvollen Schutzverpackungen auf den Erhaltungszustand von Papier. Vorschriftsmässig verpackte Objekte weisen einen höheren Prozentsatz an Papier in gutem Zustand und einen niedrigeren Prozentsatz an Papier in schlechtem Zustand auf als Objekte mit einer Schutzverpackung mittelmässiger Qualität. Diese Daten sind nicht deshalb besonders interessant, weil mittel-

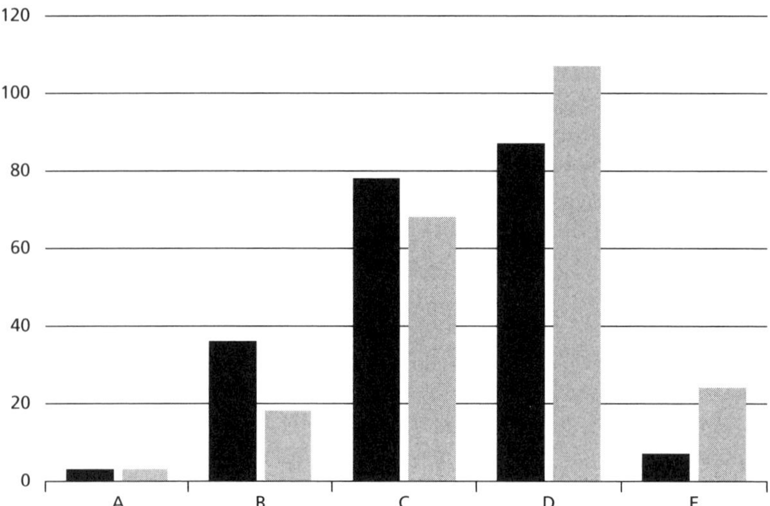

Fig. 4/21: Etat d'une collection de manuscrits en fonction du conditionnement. Noir: conditionnement approximatif, gris: conditionnement correct.

A Papier en très mauvais état
B Papier en mauvais état
C Papier en état suffisant pour une utilisation normale
D Papier en bon état
E Papier en excellent état

Fig. 4/21: Zustand einer Handschriftensammlung in Abhängigkeit von der Schutzverpackung. Schwarz: mittelmässige Schutzverpackung, grau: vorschriftsmässige Schutzverpackung.

A Papier in sehr schlechtem Zustand
B Papier in schlechtem Zustand
C Papier in ausreichend gutem Zustand für eine normale Nutzung
D Papier in gutem Zustand
E Papier in ausgezeichnetem Zustand

daleux, mais correspondent à ceux de nombreuses institutions qui n'ont pas fait du reconditionnement une priorité. Ces données sont issues de l'analyse des fonds de la Bibliothèque de Genève en 2008/2009.

Les feuilles et cahiers de grand format sont naturellement plus menacés que les autres. S'ils ne sont pas conservés avec beaucoup de soins, les plis et les déchirures sont pratiquement inévitables. La conservation en grands tas dans des cartables ou des tiroirs finit par provoquer des dommages lors de l'extraction ou du rangement d'une feuille. D'une manière générale, le risque de dommages mécaniques graves et irréversibles augmente avec le format de l'objet et avec la fragilité, originale ou acquise, de son papier. Parmi les objets les plus menacés, on trouve les dessins techniques et d'architecture, les cartes et les plans, les affiches du format A0 ou format mondial (B4), les œuvres d'art sur papier de grand format.

Les très grandes feuilles sont fréquemment conservées sous forme de rouleaux. Sans un support (rouleau de carton), les rouleaux s'écrasent facilement et la feuille est marquée de plis réguliers, souvent indélébiles. Les extrémités du rouleau et le côté de la feuille qui reste à l'extérieur sont aussi très exposés aux dommages mécaniques et l'utilisation fréquente de ficelles ou d'élastiques augmente les risques d'une déchirure. Un support interne améliore fortement la protection mécanique.

D'une manière générale, la conservation en rouleaux entraîne une déformation des feuilles : elles se stabilisent dans cette forme et, perdant de leur souplesse, acceptent de plus en plus difficilement d'être remises à plat. En cas de forte altération du papier, la feuille peut présenter des brisures ou déchirures régulières correspondant à la moitié de la circonférence du rouleau ; plus le diamètre du rouleau est réduit, plus ces dommages sont graves. Si le rouleau de protection est en carton ordinaire, à ces dommages s'ajoutent les altérations chimiques abordées ci-dessous.

Certains objets, selon le moyen d'écriture, de dessin ou d'impression utilisé, craignent les frottements. Une partie des encres anciennes peut craindre les abrasions causées par le contact direct avec d'autres documents, surtout quand ils sont

mässiges Schutzmaterial an sich unerhört wäre, sondern weil es in zahlreichen Institutionen, in denen Schutzverpackungen nicht zu den Prioritäten gehörten, zu ähnlichen Angaben kommt. Die Daten sind der Bestandsanalyse der Bibliothèque de Genève von 2008/2009 entnommen.

Grossformatige Blätter und Hefte sind natürlich gefährdeter als die anderen. Falten und Risse sind nur durch sehr sorgfältiges Aufbewahren zu vermeiden. Die lose Aufbewahrung grosser Stapel in Mappen oder Schubladen bewirkt mit der Zeit Schäden beim Ausheben oder Reponieren eines Blattes. Allgemein gilt: je grösser das Objekt und je brüchiger das Papier (herstellungs- oder alterungsbedingt), umso höher wird das Risiko bedeutender, irreversibler mechanischer Schäden. Am meisten bedroht sind technische und Architekturzeichnungen, Karten und Pläne, Plakate von Format A0 oder Weltformat (B4) und grossformatige Kunstwerke auf Papier.

Sehr grosse Blätter werden oft gerollt aufbewahrt. Fehlt ein innerer Träger (Papprolle), werden die Rollen leicht zerdrückt, und es entstehen gleichmässige, oft nicht mehr zu entfernende Falten im Blatt. Die Enden der Rolle und die äussere Seite des Blattes sind noch dazu sehr starken mechanischen Belastungen ausgesetzt, und mit der Verwendung von Strippen und Gummibändern erhöht sich die Gefahr des Einreissens. Ein innerer Träger verbessert den mechanischen Schutz erheblich.

Allgemein gilt, dass Einzelblätter durch gerollte Aufbewahrung geschädigt werden. Sie gewöhnen sich an diese Form, verlieren ihre Flexibilität, und es wird immer schwieriger, sie aufzurollen und flach zu legen. Bei starkem Abbau des Papiers können Brüche oder geradlinige Risse in der Grösse des halben Rollenumfangs entstehen; je kleiner der Durchmesser der Rolle, umso schlimmer sind die Schäden. Ist die Rolle aus gewöhnlicher Pappe, kommen chemische Schäden hinzu, die im Folgenden besprochen werden.

Manche Objekte sind aufgrund des für Schrift, Zeichnung oder Druck verwendeten Mittels empfindlich gegenüber Reibung. Ein Teil der alten Tinten ist empfindlich gegen Abrieb, der vor allem bei der Handhabung des Objekts durch den direkten Kontakt mit anderen Urkunden verursacht wird.

manipulés; de nombreuses techniques artistiques sont sensibles à ce danger, en particulier les œuvres tracées au crayon, à la sanguine ou avec des pastels, mais aussi beaucoup d'autres, selon la stabilité de la liaison entre le médium et le support.

Diese Gefahr besteht bei vielen künstlerischen Techniken wie Bleistift, Rötel oder Pastell und anderen; entscheidend ist die Stabilität der Bindung zwischen Mittel und Träger.

5.2 Dommages chimiques causés par le matériel de conservation et de conditionnement

Quand on examine l'efficacité respectivement la nocivité potentielle d'un emballage ou conditionnement, on doit prendre en compte deux aspects:

- L'aspect physique apparaît de manière évidente: par exemple, si on force un document dans un conditionnement trop petit pour lui, on l'endommage. Ces dommages se manifestent le plus souvent à court ou à moyen terme.
- L'aspect chimique, qui joue un rôle à plus long terme.

Nous avons vu dans le chapitre 3 comment les papiers et cartons contenant des impuretés s'altèrent plus rapidement que les papiers de cellulose pure. Les produits de l'altération chimique de ces papiers peuvent migrer dans des papiers avec lesquels ils sont en contact et ils y accélèrent les réactions de dégradation.

Ce mécanisme se produit quand on conserve des livres, brochures ou feuilles isolées dans des chemises, enveloppes et boîtes de mauvaise qualité, c'est-à-dire contenant des impuretés du bois ou des composantes acides. En général, presque tout le matériel de bureau ordinaire présente ces caractéristiques et ne devrait pas être utilisé pour la conservation à long terme.

L'altération par contact se produit également lors de l'utilisation de tubes en carton ordinaire pour la conservation de feuilles de grand format; l'influence négative du support se traduit souvent par une coloration perceptible de la partie en contact direct avec le tube.

Les dommages par contact se développent en fonction des caractéristiques des matières et des conditions de conservation. Certains papiers y sont plus sensibles que d'autres. Une température et une humidité élevées, ainsi que des fortes varia-

5.2 Chemische Schäden durch Konservierungsmaterial und Schutzverpackungen minderer Qualität

Bei der Untersuchung der Wirksamkeit beziehungsweise der potenziellen Schädlichkeit einer Schutzverpackung sind zwei Aspekte zu berücksichtigen:

- Der mechanische Aspekt ist klar ersichtlich: So wird ein Objekt beschädigt, wenn man es in eine zu kleine Schutzverpackung hineinzwängt. Diese Schäden treten meistens kurz bis mittelfristig auf.
- Der chemische Aspekt mit langfristigeren Auswirkungen.

Im Kapitel 3 wurde gezeigt, dass Papiere und Kartons, die Unreinheiten enthalten, schneller abgebaut werden als Papiere aus reiner Cellulose. Die durch die chemischen Vorgänge im Papier entstandenen Produkte können in ein danebenliegendes Papier abwandern und dort die Abbauvorgänge beschleunigen.

Dieser Vorgang ist zu beobachten, wenn Bücher, Broschüren oder Einzelblätter in Hüllen, Umschlägen oder Schachteln schlechter Qualität (das heisst, wenn diese Unreinheiten vom Holz oder saure Verbindungen enthalten) aufbewahrt werden. Im Allgemeinen trifft das auf alle normalen Büromaterialien zu, deshalb dürfen sie nicht für die langfristige Aufbewahrung verwendet werden.

Auch bei der Verwendung von Rollen aus gewöhnlicher Pappe zur Konservierung grossformatiger Blätter kommt es aufgrund des direkten Kontakts zu Abbauerscheinungen. Diese zeigen sich oft durch eine Verfärbung des Originalmaterials an der Stelle, an der es mit der Rolle in direktem Kontakt war.

Kontaktbedingte Schäden sind in ihrer Entwicklung von den Eigenschaften der Materialien und den Aufbewahrungsbedingungen abhängig. Manche Papiere sind hier empfindlicher als andere. Verstärkende Faktoren sind hohe Temperatur,

tions hygrométriques, sont des facteurs aggravants.

Un phénomène similaire peut se produire lorsque des documents ayant des natures chimiques différentes sont mis en contact : des composantes ou des produits de l'altération d'un document peuvent migrer dans le document voisin et influencer négativement sa conservation. Par exemple, quand on met en contact des papiers de bonne qualité avec des papiers contenant des impuretés du bois, ou encore quand on mélange divers types de copies de dessins techniques.

Les passe-partout protègent efficacement les gravures et dessins, du moins sur le plan mécanique, mais ils peuvent avoir une influence négative sur la conservation si le matériel dont ils sont faits contient des impuretés du bois ou présente un caractère acide. Le fond sur lequel les objets reposent joue un rôle très important pour la conservation et il s'avère souvent de mauvaise qualité, puisqu'il reste invisible dans les encadrements. De plus, la colle utilisée pour fixer l'objet sur le fond est fréquemment une cause de dommages.

Les feuilles isolées d'un format inférieur à A4 sont parfois conservées dans des chemises en plastique qui les protègent assez efficacement sur le plan mécanique. Ces chemises peuvent cependant provoquer des altérations du papier. Du fait de leur étanchéité sur trois côtés, il se forme à l'intérieur un microclimat et, par fortes variations de température, il peut y avoir une augmentation importante de l'humidité relative de l'air, avec toutes les conséquences déjà décrites. La pratique de souder l'ouverture avec une bande autocollante augmente encore ce danger. De plus, le matériel de ces chemises peut être nuisible, par exemple par un contenu en plastifiants libres qui peuvent migrer dans le papier et y réagir.

Les trombones, épingles ou agrafes en fer nickelé causent, à long terme, une dégradation locale du papier, par action de l'oxyde de fer. A court terme, on constate souvent des dommages mécaniques, déchirures ou plis près de la pièce métallique. Le risque de dommages mécaniques de ce type est semblable quand on utilise des trombones en matière plastique ; celles-ci ne rouillent pas, mais leur stabilité à long terme est inconnue.

hohe Luftfeuchtigkeit und starke hygrometrische Schwankungen.

Ähnliche Erscheinungen können auftreten, wenn Urkunden unterschiedlicher chemischer Beschaffenheit in Kontakt kommen: Die Bestandteile oder Abbauprodukte des einen Blattes können in das danebenliegende Blatt abwandern und sich negativ auf dessen Erhaltung auswirken. Das trifft zum Beispiel zu, wenn Papier guter Qualität mit Papier in Kontakt kommt, das Unreinheiten vom Holz enthält, oder wenn verschiedene Typen von Kopien technischer Zeichnungen gemischt gelagert werden.

Passepartouts schützen Stiche und Zeichnungen sehr wirksam vor mechanischer Beschädigung. Sie können sich aber langfristig negativ auswirken, wenn sie aus holzhaltigem oder saurem Material bestehen. Der Träger des Objekts spielt bei der Konservierung eine wichtige Rolle. Da er nicht direkt sichtbar ist, ist er oft von schlechter Qualität. Auch der Leim, der zum Befestigen des Objekts am Träger verwendet wurde, ist häufig Ursache von Schäden.

Einzelblätter, die kleiner als A4 sind, werden manchmal auch in Plastikumschlägen aufbewahrt. Diese schützen zwar verhältnismässig gut vor mechanischen Schäden, verursachen aber gleichzeitig selbst Schädigungen am Papier. Da sie an drei Seiten geschlossen sind, entwickelt sich im Inneren ein Mikroklima. Werden die Umschläge nun starken Temperaturschwankungen ausgesetzt, kann dies eine bedeutende Erhöhung der relativen Luftfeuchte mit allen schon beschriebenen Konsequenzen bewirken. Die Gewohnheit, die offene Seite mit einem Klebeband zu verschliessen, erhöht diese Gefahr noch. Ausserdem kann das Material dieser Umschläge schädlich sein, zum Beispiel aufgrund ungebundener Weichmacher, die abwandern und im Papier reagieren können.

Bei der Verwendung von eisenhaltigen, vernickelten Büroklammern, Nadeln oder Heftklammern wird langfristig ein örtlich begrenzter Abbau des Papiers durch Eisenoxid verursacht. Kurzfristig werden oft mechanische Schäden wie Risse oder Falten um das Metallstück herum festgestellt. Bei der Verwendung von Büroklammern aus Kunststoff bestehen die gleichen Risiken mechanischer Schädi-

5.3 Dommages causés par les étiquettes et les autocollants

Les pièces collées sur les livres ou documents (étiquettes de cote, pièces de titre) peuvent occasionner des dommages locaux par l'action négative de la colle et, aussi, du papier utilisé.

Les dommages dus à la colle peuvent être directs ou indirects. Les dommages directs sont ceux provoqués par une colle chimiquement instable qui réagit avec la matière sur laquelle elle est appliquée et entraîne une altération locale. Les dommages indirects sont liés au fait que souvent, ces colles sont très difficiles à enlever. Le remplacement d'une étiquette (parce qu'elle est abîmée ou qu'il y a eu changement de classement – fait relativement courant) impose le décollage, qui est souvent fait par abrasion grossière, ce qui endommage le dos du livre ou le papier sur lequel l'étiquette était collée. Il arrive aussi que des étiquettes posées négligemment couvrent une partie du titre ou des indications bibliographiques.

La vie de tous les jours nous a habitués à l'utilisation de nombreux autocollants et ces matières sont entrées dans les bibliothèques et les services d'archives, en particulier pour l'étiquetage ou pour des réparations rapides de feuilles ou de livres endommagés. Leur utilisation impropre cause des dommages d'autant plus graves qu'ils sont généralisés et qu'ils sont difficiles à réparer. Il est donc utile de comprendre la structure et le mode d'action d'un autocollant.

Un autocollant est formé par quatre couches dont les deux principales sont une couche de papier ou de matière plastique et une couche de colle.[17] Pour maintenir son pouvoir « autocollant », la colle ne doit pas sécher ni durcir. On peut imaginer ce type de colles comme des liquides extrêmement épais. Une fois l'autocollant posé sur le papier, cette colle, qui reste « liquide » et ne se stabilise pas, peut migrer dans le support et réagir avec celui-ci. Il en résulte, à plus ou moins long

[17] Les autres couches sont, d'une part, une couche antiadhérente qui empêche que l'autocollant colle sur lui-même (p. ex. rouleaux de ruban autocollant), et, d'autre part, une couche de « primer » qui garantit l'adhésion de la colle au support de l'autocollant.

gung. Sie rosten nicht, aber ihre Langzeitstabilität ist nicht bekannt.

5.3 Schäden durch Etiketten und Selbstklebematerial

Das Kleben von Schildern auf Bücher oder Urkunden (Signaturetikette, Titelschild) kann durch die negative Wirkung des Klebstoffs und des verwendeten Papiers örtlich begrenzte Schäden hervorrufen.

Der Klebstoff kann direkte oder indirekte Schäden verursachen. Ein direkter Schaden wird durch chemisch instabilen Leim bewirkt. Er reagiert mit dem Material, auf das er aufgetragen wurde, und löst dort eine lokale Schädigung aus. Indirekter Schaden wird durch schwer abzulösenden Leim verursacht. Wenn eine Etikette infolge von Abnutzung oder einer Signaturveränderung (kommt häufig vor) ausgewechselt werden muss, wird sie abgelöst. Da dies oft durch grobes Abreissen oder Abschaben geschieht, wird dabei der Buchrücken oder das Papier, auf das die Etikette geklebt war, beschädigt. Es kommt auch vor, dass unsorgfältig aufgeklebte Etiketten Teile des Titels oder der bibliografischen Angaben verdecken.

Selbstklebematerialien verschiedenster Art werden heutzutage überall verwendet. In Bibliotheken und Archiven braucht man sie zum Beschildern der Bestände, aber auch für kleine Reparaturen an beschädigten Blättern oder Büchern. Durch die unsachgemässe Verwendung von Klebebändern werden grosse Schäden verursacht. Diese Schäden treten noch dazu häufig auf und sind schwer zu reparieren. Deshalb ist es nützlich, den Aufbau und die Wirkungsweise von Selbstklebematerial zu verstehen.

Selbstkleber bestehen aus vier Schichten; die zwei wichtigsten sind eine Schicht Papier oder Kunststoff und eine Schicht Klebstoff.[17] Um sein «Selbstklebevermögen» zu bewahren, darf dieser

[17] Die weiteren Schichten sind: eine klebstoffbeständige Schicht, die das Zusammenkleben des Selbstklebebandes verhindert (z. B. bei einer Rolle Selbstklebeband), und eine Schicht «Primer», der die Haftung des Klebstoffs auf dem Träger des Selbstklebebandes garantiert.

terme, que la pellicule de papier (ou de plastique) de l'autocollant se détache : les réparations et les étiquetages avec des autocollants deviennent ainsi inefficaces, car il ne reste de l'autocollant que la colle. Celle-ci réagit avec le support en formant des produits, souvent de couleur jaunâtre ou brunâtre, qui peuvent être stables, très difficilement solubles et qui posent des problèmes complexes pour la restauration. Il est également possible que la colle reste simplement active, migre toujours plus loin dans l'original et colle toutes les particules et poussières. Les cas de figure sont très nombreux, selon la nature de la colle de l'autocollant et du support sur lequel il a été posé. De même, la vitesse avec laquelle les phénomènes décrits se développent varie fortement, entre quelques semaines (p. ex. : bande de masquage des peintres) et quelques décennies (autocollants de qualité).

Pour des usages à long terme, les autocollants sont toujours inefficaces et dangereux. Ils sont, par contre, très utiles pour des utilisations à court terme et on peut envisager l'utilisation d'autocollants de qualité à moyen terme (20–30 ans).

Certains « autocollants pour archives », proposés pour l'étiquetage ou la réparation, utilisent des papiers de bonne qualité et des colles chimiquement assez stables à moyen terme. Cependant, pour rester autocollantes, ces colles ne peuvent jamais être vraiment stables et auront toujours une tendance à migrer. Avec le temps, il faut craindre, pour ces produits également, le détachement de la couche de papier ou, au contraire, une adhésion qui ne sera plus réversible ; les réactions de la colle avec le support ne sont pas prévisibles. Dans la plupart des cas, la réversibilité devient problématique après quelques années déjà, malgré les promesses contraires des fabricants.

Les « autocollants temporaires », par exemple les étiquettes « Post-it », représentent, eux aussi, un certain danger. L'adhésion de la colle au support est certes réduite, mais quand on détache l'étiquette provisoire, des traces de colle resteront liées au papier là où l'étiquette était posée ; ces colles ont une stabilité réduite à moyen terme et vont très probablement s'avérer nuisibles.

Enfin, l'utilisation de films en plastique transparent pour renforcer les étiquettes sur le dos des

Klebstoff weder trocken noch hart werden, man kann ihn sich als eine Art Brei vorstellen. Einmal aufgeklebt, kann der Klebstoff solcher Bänder, weil er «flüssig» bleibt und sich nicht stabilisiert, in den Träger (z. B. Papier) abwandern und mit ihm reagieren. Daraufhin löst sich nach einer bestimmten Zeit die Papier- oder Kunststoffschicht des Klebebandes ab: Die Etikette haftet nicht mehr; die gewünschte Reparatur oder das Etikettieren sind wirkungslos. Der Klebstoff allerdings verbleibt im Objekt, es kommt zu chemischen Reaktionen, und das Material verfärbt sich an dieser Stelle oft gelblich oder bräunlich. Diese Verfärbungen können sehr beständig und schwer löslich sein; sie verursachen bei der Restaurierung viele Probleme. Es kommt auch vor, dass der Klebstoff sein Klebevermögen behält, immer tiefer in das Original abwandert und alle Partikel sowie Staub bindet. Die unterschiedlichen Problemfälle hängen von der Art des Klebstoffs des Sebstklebematerials und von der Art des Materials ab, auf das dieses geklebt wurde. Auch die Ablaufgeschwindigkeit der beschriebenen Vorgänge ist sehr unterschiedlich und liegt zwischen einigen Wochen (z. B. Krepp-Klebeband für Maler) und einigen Jahrzehnten (qualitätsvolles Selbstklebematerial).

Die Verwendung von Selbstklebebändern für langfristige Zwecke ist in jedem Fall unangebracht und gefährlich. Für eine kurzzeitige Anwendung hingegen sind sie sehr nützlich. Die Verwendung von qualitätsvollem Selbstklebematerial kann mittelfristig in Betracht gezogen werden (20–30 Jahre).

Die für das Etikettieren und die Reparatur empfohlenen archivbeständigen Klebebänder bestehen aus Papieren guter Qualität und chemisch mittelfristig einigermassen stabilen Klebstoffen. Gleichwohl können sich diese Klebstoffe, um selbstklebend zu bleiben, nie wirklich stabilisieren – und darum bleibt die Gefahr des Abwanderns immer bestehen. Mit der Zeit muss auch hier mit dem Ablösen der Papier- oder Kunststoffschicht oder im Gegenteil mit einer irreversiblen Haftung gerechnet werden. Ausserdem sind die Reaktionen des Klebstoffs mit dem Trägermaterial nicht vorhersehbar. In den meisten Fällen ist die Reversibilität schon nach einigen Jahren problematisch, entgegen den Versicherungen der Hersteller.

livres augmente encore le dommage causé par une étiquette de mauvaise qualité, car leur surface est souvent assez grande; ils sont inutiles si les étiquettes sont collées avec des techniques adéquates (cf. chap. 6). Les films transparents sont également utilisés parfois pour doubler entièrement la couverture de livres brochés ou de reliures illustrées; cet emploi se justifie dans les bibliothèques de lecture publique, mais hypothèque lourdement la conservation à long terme de l'objet. Cette pratique devrait être réservée uniquement aux ouvrages destinés à une conservation à court terme (10–20 ans au maximum).

5.4 Dommages dus aux photocopies

Les photocopies sont souvent mises en cause dans la crainte que la décharge lumineuse puisse endommager des originaux. En réalité, les dommages causés par la lumière sont minimes et seule une accumulation importante de copies d'un objet avec un médium sensible peut aboutir à des modifications chimiques perceptible (cf. chap. 6, partie II, 1.1.4).

La photocopie provoque principalement des dommages mécaniques; ils peuvent être graves et irréversibles dès la première copie pour les livres brochés ou reliés. En effet, l'exigence de mettre le livre à plat sur la vitre de l'appareil contraint le dos à prendre une position tout à fait différente de sa géométrie habituelle et qui dépasse souvent ses possibilités naturelles de mouvement; si le dos n'a pas une très grande souplesse, la force exercée pour mettre le livre ouvert à plat se concentre dans des points précis et y cause des brisures qui constituent un point de faiblesse. A partir de ce moment, le livre aura tendance à s'ouvrir toujours à cet endroit, avec une concentration des efforts mécaniques toujours au même point du dos, ce qui causera une rupture prématurée de la couture ou des charnières.

De nombreux livres reliés par thermocollage ne supportent pas une seule de ces manipulations: la colle, unique matière qui maintient l'unité des feuilles, n'est pas assez souple à température ambiante et se brise, laissant dans les mains de l'uti-

Gefahr besteht auch bei der Verwendung von «befristetem Selbstklebematerial» wie zum Beispiel «Post-it»-Etiketten: Die Haftung des Klebstoffs am Objekt ist sehr schwach, aber nach dem Ablösen der provisorischen Etikette bleiben an den Haftstellen Klebstoffspuren zurück. Diese Klebstoffe sind mittelfristig nur bedingt haltbar und höchstwahrscheinlich schädlich.

Die Verwendung von transparenter Kunststofffolie zur Verstärkung der Etikette auf dem Buchrücken vergrössert noch den durch eine Etikette schlechter Qualität verursachten Schaden, denn sie bedeckt oft eine grosse Fläche. Ihre Anwendung ist unnötig, wenn die Etikette mit angemessenen Mitteln aufgeklebt wird (siehe Kap. 6). Die transparenten Folien werden auch verwendet, um die Umschläge von Broschüren vollständig zu kaschieren. Diese Lösung ist in öffentlichen Bibliotheken verständlich, beeinflusst die langfristige Konservierung des Objekts aber negativ; sie sollte nur Werken kurzfristiger Nutzung vorbehalten sein (Lebensdauer höchstens 10–20 Jahre).

5.4 Schäden durch Fotokopieren

Das Fotokopieren wird aus Angst, dass die Originale durch die Lichtentladung geschädigt werden könnten, häufig diskutiert. In Wirklichkeit sind die durch das Licht verursachten Schäden minimal, und nur wenn ein Objekt mit einem fragilen Schreib- oder Farbmittel sehr häufig fotokopiert wird, kann es zu merklichen chemischen Veränderungen kommen (siehe Kap. 6, Teil II, Punkt 1.1.4).

Durch das Fotokopieren werden vor allem mechanische Schäden verursacht, diese können schwer und irreversibel sein, und das häufig schon beim ersten Fotokopieren eines broschierten oder gebundenen Buches. Die Schäden entstehen hauptsächlich, weil der Rücken durch das Flachlegen des Buches auf der Scheibe des Geräts eine völlig andere Position als gewöhnlich einnehmen muss, die der einbandtechnischen Bewegungsfähigkeit häufig nicht entspricht. Ist der Rücken nicht sehr beweglich, wird die Kraft, die beim Öffnen des Buches um 180° entsteht, auf einzelne Punkte des Rückens konzentriert. Sie bewirkt dort Knicke, die einen

lisateur deux moitiés de livre ou des paquets de feuilles volantes.

Les volumes de très grand format, en particulier les journaux reliés, sont menacés aussi par un autre phénomène : leur format et leur poids empêchent une manipulation correcte par une seule personne. Ouvrir le livre, le retourner pour le mettre à plat sur le photocopieur, le relever, tourner une page et ainsi de suite, voici toute une série d'opérations sur lesquelles, en les effectuant, l'utilisateur n'a qu'un contrôle limité : le dos du livre est soumis à des tractions importantes, des pages peuvent se plier ou être déchirées lors de l'effort de retourner le volume, etc. L'expérience pratique montre que ces manipulations sont régulièrement à l'origine de dommages mécaniques graves. La sensibilité particulière du papier journal, due à sa mauvaise qualité, aggrave encore ce problème.

Enfin, les forts courants électrostatiques dans certains photocopieurs et imprimantes laser produisent un dégagement d'ozone ; si la ventilation du local est insuffisante, l'atmosphère ainsi polluée accélère le vieillissement de tous les objets se trouvant dans cet environnement. Elle peut d'ailleurs également être nuisible pour les personnes, en cas d'utilisation intensive de ces appareils.

5.5 Dommages causés par des réparations « bricolées »

Face à une feuille ou un livre endommagés, la tentation d'exécuter rapidement une réparation avec les « moyens du bord » est forte. Nous avons parlé plus haut des dangers liés à l'utilisation d'autocollants ; ces derniers ne devraient jamais être utilisés pour réparer des papiers dont la durée de conservation prévue dépasse dix ans. Un autre moyen de réparation souvent utilisé sont les colles ; dans le commerce, on en trouve de toutes les sortes, de compositions chimiques très différentes et généralement non déclarées, dont la stabilité physique et chimique à moyen et à long terme est inconnue.

Dans la pratique, les réparations exécutées avec des colles « ordinaires » sont souvent inefficaces, car celles-ci cassent rapidement ou rendent l'objet rigide et plus difficile à utiliser. Les déchirures ré-

Schwachpunkt darstellen. Von da an wird sich das Buch beim Öffnen nämlich vorzugsweise an diesen Stellen des Rückens biegen, und die Konzentration der mechanischen Kräfte wird einen vorzeitigen Bruch der Heftung oder des Falzes verursachen.

Viele Bücher mit thermoplastischer Klebebindung vertragen nicht einmal eine einzige solche Manipulation: Der Leim, durch den allein die Blätter zusammengehalten werden, ist bei Zimmertemperatur nicht flexibel genug. Er bricht, und der Benutzer hält zwei Buchhälften oder einzelne Blätter in den Händen.

Bände sehr grossen Formats, besonders gebundene Zeitungen, sind auch in anderer Hinsicht bedroht: Aufgrund ihres Formats und ihres Gewichts können sie von nur einer Person nicht vorschriftsmässig behandelt werden. Das Buch öffnen, es umdrehen und flach auf den Kopierer auflegen, es wieder hochheben, eine Seite umblättern usw. ergibt eine Folge von Vorgängen, bei denen der Benutzer nur eine beschränkte Kontrolle über die Bewegungen hat. Der Buchrücken wird bedeutenden Zugkräften ausgesetzt, die Blätter können Falten bekommen oder beim Umdrehen des Buches einreissen. Die Praxis zeigt, dass diese Verfahrensweisen immer wieder Ursache für schwere mechanische Schäden an Zeitungen sind. Die schlechte Qualität von Zeitungspapier verschärft noch das Problem.

Schliesslich bewirkt die starke elektrostatische Aufladung mancher Fotokopierer und Laser-Drucker die Freisetzung von Ozon. Ist der Raum nicht ausreichend belüftet, wird die Alterung aller vorhandenen Objekte durch die ozonhaltige Luft beschleunigt und kann im Fall intensiver Benutzung der Geräte sogar schädlich für den Menschen sein.

5.5 Schäden aufgrund notdürftiger Reparaturen

Sieht man sich einem beschädigten Blatt oder Buch gegenüber, ist die Versuchung gross, schnell eine Reparatur mit den zur Verfügung stehenden Mitteln durchzuführen. Oben wurden die Gefahren erwähnt, die sich aus der Benutzung von Selbstklebebändern ergeben; diese dürfen auf keinen Fall

parées par des personnes qui n'ont pas une base de connaissances pratiques se déforment fréquemment, limitent la fonctionnalité de l'objet et deviennent sources de nouveaux dommages. Par ailleurs, le démontage de telles réparations est souvent problématique et coûteux. En cas de doute, il est toujours préférable de renoncer à agir ! Par contre, des mesures de protection passive d'un original endommagé parviennent souvent à limiter la progression des dommages, sans effets secondaires nuisibles.

5.6 Dommages causés par les manipulations

Le geste d'extraire un livre d'une étagère ou de le ranger peut être source de dommages. Très fréquemment, en saisissant le livre par la coiffe (extrémité supérieure du dos du livre), on la déchire ; les tranchefiles peuvent être décollés, cassés ou arrachés de cette façon.

Les livres à couverture délicate ou les livres anciens ayant des parties métalliques, coins, cabochons ou fermoirs, peuvent être abîmés ou à leur tour abîmer les livres voisins.

Le rangement dans l'étagère peut ne pas être innocent, car on peut plier ou déformer les pages extérieures en forçant un livre dans une place trop étroite, ou on peut faire glisser et déformer d'autres livres en cherchant à créer une place suffisante pour le volume que l'on désire ranger.

Les objets minces ou de petit format, tels que les brochures ou les documents sous forme de feuilles isolées, sont particulièrement menacés lors des manipulations.

La recherche ou le rangement dans une boîte est potentiellement d'autant plus dangereux que la forme du conditionnement est mauvaise et que le papier de l'original est déjà fragilisé par son altération propre.

Pendant le transport des livres et des documents à l'intérieur de l'institution, il est possible de causer des dommages : si les livres sont entassés pêle-mêle sur un chariot, les plus faibles peuvent être endommagés par les plus lourds ; des livres et des documents peuvent tomber par terre pendant le trans-

zum Reparieren von Papier verwendet werden, für das eine Aufbewahrung von mehr als zehn Jahren vorgesehen ist. Es werden aber auch «gewöhnliche» Klebstoffe für Reparaturen verwendet. Im Handel findet man die verschiedensten Sorten; deren chemische Zusammensetzung wird gewöhnlich nicht angegeben, und deren mittel- bis langfristige mechanische und chemische Stabilität ist unbekannt.

In Wirklichkeit sind mit «gewöhnlichem» Klebstoff durchgeführte Reparaturen nicht sehr wirkungsvoll. Sie brechen schnell auf oder versteifen das Papier und erschweren dadurch die Handhabung. Risse, die von Personen ohne praktische Erfahrung repariert wurden, verformen sich häufig, beeinträchtigen die Funktionalität des Objekts und werden Ursache neuer Schäden. Häufig ist das Wiederentfernen problematisch und teuer. Im Zweifelsfall ist es immer besser, nicht selbst zu handeln! Hingegen verursachen passive Schutzmassnahmen keine schädlichen Nebenwirkungen und können das Fortschreiten der Schäden häufig beschränken.

5.6 Schäden durch Handhabung

Beim Reponieren oder Ausheben eines Buches in ein Regal entstehen oft Schäden. Häufig werden Bücher am Häubchen (oberer Rückenrand) gefasst, dabei reisst es ein, und in der Folge kann das Kapital gelöst, gebrochen oder abgerissen werden.

Mit empfindlichen Materialien bezogene oder alte, mit Metallteilen, Ecken, Beschlägen oder Schliessen versehene Bücher können durch Bewegen beschädigt werden oder die neben ihnen stehenden Bücher beschädigen.

Wenn man ein Buch in einen zu engen Zwischenraum zwängt, können die äusseren Seiten einknicken oder sich verformen. Will man Platz für das einzustellende Buch schaffen, können dabei andere Bücher wegrutschen und sich verformen.

Dünne oder kleinformatige Objekte, wie Broschüren oder Einzelblätter, sind bei Handhabungen besonders gefährdet.

Die Suche nach einem Objekt in einer Schachtel oder seine Einordnung ist potenziell noch gefähr-

port ou heurter les murs s'ils dépassent du chariot. Certains types de documents sont particulièrement sensibles aux pressions et aux chocs et peuvent être endommagés de manière très grave; ainsi, presque tous les types de sceaux, pendants ou apposés sur le document, se brisent et peuvent être réduits en morceaux par un seul choc.

5.7 Dommages dus à l'utilisation

Les dégâts dus à la manipulation ou à l'utilisation sont souvent causés par les lecteurs; les atteintes peuvent être de type physique ou chimique. Quelques exemples:

- ☐ On peut endommager les reliures en forçant leur ouverture ou en entassant plusieurs livres ouverts les uns sur les autres. Les reliures anciennes qui s'ouvrent difficilement sont particulièrement menacées: un seul geste brusque de la part d'un lecteur non averti peut briser les nerfs ou affaiblir les charnières.
- ☐ Le dos d'un livre se déforme et s'affaiblit lorsque l'on force l'ouverture, pour faire des photocopies.
- ☐ Le papier peut être altéré par des plis, par exemple aux coins des livres, par le contact avec des objets durs ou épais utilisés comme signets, par une manipulation peu soigneuse des pages.
- ☐ L'utilisation du livre ou du document d'archives comme sous-main laisse fréquemment des traces en creux dans le papier.
- ☐ Un nombre non négligeable de lecteurs utilisent les marges d'un livre pour y inscrire leurs notes personnelles ou mettent en évidence des parties de texte avec des feutres marqueurs. Ces pratiques diminuent la lisibilité de l'objet pour celui qui désire approcher le texte de manière neutre. La stabilité des moyens d'écriture utilisés étant en général très réduite, on trouve fréquemment des inscriptions qui sont ou peu stables ou très difficiles à éliminer, et parfois les deux à la fois!
- ☐ L'utilisation de signets autocollants «post-it» laisse souvent des traces invisibles mais réelles sur le papier; si ces signets sont oubliés entre les pages, ils peuvent devenir nuisibles à moyen terme pour le papier ou pour le texte.

licher, wenn es sich um eine schlecht ausgeführte Schutzverpackung handelt und das Papier des Objekts bereits durch seinen endogenen Abbauprozess sehr brüchig geworden ist.

Schäden entstehen auch durch den Transport von Büchern und Urkunden innerhalb einer Einrichtung: Werden sie ohne eine bestimmte Ordnung auf dem Fahrgestell aufeinandergestapelt, können dünne Bücher durch schwerere beschädigt werden, Bücher und Einzelblätter verloren gehen oder durch Anstossen an der Wand beschädigt werden, wenn sie am Rand des Fahrgestells überstehen. Manche Objekte sind ganz besonders druck- und stossempfindlich und können daher stark beschädigt werden; zum Beispiel können die meisten hängenden oder aufgedrückten Siegel durch einen einzigen Stoss in Stücke zerbrechen.

5.7 Schäden durch Benutzung

Die durch Benutzung oder falsche Handhabung entstandenen Beschädigungen werden oft von den Lesern verursacht; sie können mechanischer oder chemischer Natur sein. Hier einige Beispiele:

- ☐ Einbände können durch gewaltsames Offenhalten oder das Aufeinanderstapeln mehrerer geöffneter Bände beschädigt werden. Alte Einbände, die sich schlecht öffnen lassen, sind besonders gefährdet: Eine einzige ungeschickte Handhabung kann das Zerbrechen der Heftung oder das Lockern der Falze zur Folge haben.
- ☐ Der Buchrücken verformt sich und wird geschwächt, wenn Bücher mit Gewalt offen gehalten werden, zum Beispiel beim Fotokopieren.
- ☐ Papier kann durch Falten, zum Beispiel von Ecken, durch die Benutzung starrer oder hoher Gegenstände als Lesezeichen sowie durch unachtsames Blättern der Seiten beschädigt werden.
- ☐ Werden Bücher oder Urkunden als Schreibunterlage verwendet, bleiben Einkerbungen im Papier zurück.
- ☐ Viele Leser machen sich während der Arbeit mit dem Schriftgut, besonders bei Büchern, Randnotizen oder unterstreichen Textstellen mit farbigem Leuchtstift. Diese Praktiken reduzieren die Lesbarkeit für denjenigen, der den Text un-

- ☐ Les documents de grand format sont facilement endommagés si on ne les manipule pas des deux mains et avec soin.
- ☐ Les documents en parchemin ou en papier rigide s'ouvrent souvent difficilement ; le fait de forcer leur ouverture ou leur mise à plat peut briser ou déchirer le support.
- ☐ Les documents scellés sont particulièrement menacés ; le simple choc d'un sceau sur une table de travail non recouverte d'une matière souple (feutre, p. ex.) peut briser ou provoquer le détachement de fragments des sceaux en cire.
- ☐ La mutilation d'ouvrages, par exemple le découpage avec une lame de rasoir d'un article dans une page d'une encyclopédie, est devenue plus fréquente avec la généralisation des magasins en libre accès, où la surveillance des lecteurs est très limitée. Une politique des photocopies trop restrictive peut augmenter les risques de mutilation.
- ☐ La manipulation des objets avec des mains sales ou moites apporte localement de l'humidité, des graisses et d'autres réactifs chimiques qui peuvent altérer support et écriture (pour les manuscrits). En plus, le frottement des doigts sur des encres et des pigments d'objets non imprimés combine les altérations chimiques et mécaniques.
- ☐ La manipulation directe à mains nues de tous les supports photographiques cause le plus souvent des dommages irréversibles.
- ☐ L'habitude d'humecter les doigts sur les lèvres avant de tourner les pages a des conséquences négatives pour la conservation : par ce geste, on apporte de l'humidité, des protéines et des sucres de la salive et on fixe sur la page la saleté qui se trouvait sur les doigts.
- ☐ Les comportements alimentaires pendant la consultation représentent un risque direct (miettes, restes ou gouttelettes qui se dégagent en croquant ou en pelant un fruit) ou indirect (gobelets renversés, etc.) pour l'objet consulté.
- ☐ De même, la fumée comporte un risque direct, lié à la présence dans la fumée de groupes d'aldéhydes qui peuvent réagir avec les matériaux, et indirect, pour les brûlures ou les incendies qui peuvent être provoqués par le fumeur.

voreingenommen lesen will. Die im Handel erhältlichen Schreibmittel sind häufig nicht sehr beständig, und so sind die angebrachten Notizen meistens unbeständig oder sehr schwer zu entfernen – und manchmal beides gleichzeitig!

- ☐ Durch die Verwendung von «Post-it»-Selbstklebezeichen bleiben oft nicht sichtbare Spuren auf dem Papier zurück; werden diese Lesezeichen im Buch vergessen, können sie mittelfristig schädlich für Papier oder Schriftmaterial werden.
- ☐ Grossformatige Objekte können leicht beschädigt werden, wenn sie nicht sorgfältig mit beiden Händen gehandhabt werden.
- ☐ Urkunden aus Pergament oder steifem Papier lassen sich oft schlecht öffnen; werden sie mit Gewalt geöffnet, können Brüche oder Risse am Träger entstehen.
- ☐ Urkunden mit Siegeln sind besonders gefährdet; stösst ein Siegel gegen einen Arbeitstisch, der nicht mit einem weichen Material (z. B. Filz) bedeckt ist, kann das Siegel zerbrechen; es können auch Teilchen von einem Wachssiegel absplittern.
- ☐ Mutwillige Beschädigung, wie beispielsweise das Ausschneiden eines Lexikonartikels mit einer Rasierklinge, ist mit der Verbreitung der Freihandaufstellung häufiger geworden, da hier die Beaufsichtigung der Benutzer weniger streng ist. Wird die Möglichkeit des Fotokopierens zu sehr eingeschränkt, kann das die Gefahr solcher Beschädigungen erhöhen.
- ☐ Durch die Handhabung der Objekte mit schmutzigen oder feuchten Händen werden lokal Feuchtigkeit, Fette und andere chemisch reaktive Stoffe aufgebracht, die den Träger und die Schrift schwächen können (in Handschriften). Zu diesen chemischen Schädigungen kommt mechanischer Schaden hinzu, wenn Finger auf Tinten und Pigmenten nicht gedruckter Objekte reiben.
- ☐ Die Handhabung jedweden Fotodokuments mit blossen Händen bewirkt sehr häufig irreversible Schäden.
- ☐ Die Gewohnheit, vor dem Umblättern der Seite den Finger anzufeuchten, hat negative Auswirkungen auf die Erhaltung: Man führt dem Objekt Feuchtigkeit, Proteine und Zucker des Speichels zu und fixiert damit den Schmutz des Fingers auf der Buchseite.

- ☐ Le fait de parler au-dessus d'un document équivaut à l'arroser de microgouttelettes de salive qui sont nocives pour la conservation, particulièrement pour des objets très sensibles (photographies, certains procédés de copie, parchemins, aquarelles, miniatures).

- ☐ Der Verzehr von Nahrungsmitteln während der Lesesaalbenutzung beschädigt das konsultierte Objekt direkt (Krümel, Reste oder Tröpfchen, die sich beim Abbeissen oder Schälen einer Frucht lösen) und birgt ausserdem noch indirekte Risiken (Umstossen eines Bechers usw.).
- ☐ Auch Rauchen birgt eine direkte Gefahr: Im Rauch kommen Aldehydgruppen vor, die mit den Materialien reagieren können. Indirekte Gefahr besteht, da durch Raucher Brandflecken oder Brände verursacht werden können.
- ☐ Sprechen über ein Objekt hinweg heisst, es mit Mikro-Speicheltröpfchen zu besprühen; das wirkt sich, besonders bei sehr empfindlichen Objekten (Fotografien, manche Kopierverfahren, Pergament, Aquarelle, Miniaturen), schädlich auf die Konservierung aus.

6 Sinistres

Incendies, inondations, guerres, vols et mutilations de livres et de documents d'archives peuvent annuler en peu de temps des siècles d'efforts de conservation. Si l'incendie a toujours été craint, les dégâts d'eau à la suite d'un incendie et les dégâts dus à des inondations et infiltrations d'eau ont certainement causé des dommages beaucoup plus importants. Chaque année, en Suisse, l'une ou l'autre institution doit faire face à des inondations de dépôts, le plus souvent suite à la rupture d'une canalisation ou d'une conduite d'eau, alors qu'heureusement les incendies et les alluvions sont beaucoup plus rares; sur le plan européen, il s'agit certainement de plusieurs centaines de sinistres par année.

■ Les dommages dus aux incendies sont liés à la fumée, à la chaleur ou aux flammes, selon l'intensité de l'action de l'incendie sur l'objet. Le noircissement causé par la fumée et les déformations induites par la chaleur sont souvent irréversibles; ainsi, même des dommages «indirects» peuvent détériorer irrémédiablement le patrimoine écrit et imprimé. L'eau utilisée pour éteindre l'incendie cause très souvent plus de dommages que le feu.

■ Les dégâts d'eau doivent être distingués selon leur origine: les dommages directs ne sont pas les mêmes si l'eau est propre (eau des conduites)

6 Notfälle

Brände, Überschwemmungen, Kriege, Diebstähle und mutwillige Beschädigung von Büchern und Urkunden können in kurzer Zeit jahrhundertelange Bemühungen um Erhaltung zunichte machen. Die Furcht vor einem Brand war immer gross, aber Löschwasser sowie Überschwemmungen und Wasserinfiltrationen haben sicherlich viel grössere Schäden verursacht. Jedes Jahr sind Einrichtungen in der Schweiz von einer Überschwemmung in den Magazinen betroffen, die meistens durch einen Rohrbruch in der Kanalisation oder in einer Wasserleitung verursacht wird, glücklicherweise kommen Brände und Anschwemmungen viel seltener vor. In Europa kommt es sicher zu mehreren hunderten von Notfällen im Jahr.

■ Brandschäden entstehen durch Rauch, Wärme oder Flammen, je nachdem, wie ein Objekt dem Brand ausgesetzt war. Die Schwarzfärbung durch Rauch und die Verformungen durch Wärme sind oft irreversibel. So können selbst «indirekte» Schäden Archiv- und Bibliotheksgut unwiederbringlich zerstören. Das zum Löschen des Brandes benötigte Wasser verursacht sehr oft grössere Schäden als das Feuer selbst.

■ Wasserschäden werden nach ihrer Ursache unterschieden. Die unmittelbaren Auswirkungen

ou sale (eau boueuse, eau polluée par des hydrocarbures, eau des égouts). Dans les deux cas, l'eau fait gonfler et déforme le papier, les reliures et les boîtes, et il se crée des conditions favorables au développement rapide de colonies de micro-organismes. Si l'eau est sale, le papier peut absorber des impuretés qui s'y lient de manière pratiquement définitive.

L'eau faisant gonfler les matières qui l'absorbent, il arrive souvent que des livres serrés dans une étagère forment un bloc compact qui ne peut être partagé sans dommages. Les pages en papier couché collent les unes aux autres, de telle manière que les tentatives habituelles de les partager aboutissent au partage de l'épaisseur du papier, le texte d'une page restant collé sur la page adjacente.

Il peut arriver que les étagères mobiles en bois aggloméré gonflent et se bloquent, d'où impossibilité d'accéder aux livres sans démolir les étagères. De même, le poids des livres et des documents peut augmenter très fortement en cas d'inondation et causer l'affaissement des étagères ou même des dalles des dépôts, rendant les opérations de sauvetage difficiles et parfois impossibles avant un long délai.

En cas d'infiltration d'eau ou d'inondation, les dommages secondaires peuvent être très graves, ils dépassent parfois les dommages directs : dans le lieu où l'eau s'est infiltrée, l'humidité de l'air est souvent proche du point de rosée et elle est absorbée par toutes les matières hygroscopiques sur place, y compris les livres et les documents d'archives. De cette manière se créent des conditions favorables à une infection généralisée de moisissures et de micro-organismes, ce qui amplifie le problème initial posé par l'eau.

Dans tous les cas, les dommages causés par les incendies et les inondations sont fortement amplifiés s'il manque une structure de gestion des cas de catastrophes ; la confusion, les pertes de temps, la mauvaise organisation et le manque de connaissance quant aux méthodes d'intervention possibles peuvent causer la multiplication des dommages.

■ La valeur sur le marché des livres anciens et le manque de préparation d'un grand nombre de bibliothèques et services d'archives font du vol un

sind bei sauberem Leitungswasser oder schmutzigem Wasser (schlammig, durch Brennstoffe verunreinigt, Abwässer) verschieden. In beiden Fällen quellen Papier, Einbände und Schachteln und verformen sich. Noch dazu bilden sich günstige Bedingungen für das schnelle Wachstum von Mikroorganismenkolonien. Ist das Wasser schmutzig, nimmt das Papier Unreinheiten auf, die sich später kaum noch entfernen lassen.

Da Buchmaterialien durch das absorbierte Wasser quellen, bilden in einem Regal stehende Bücher häufig einen kompakten Block, der nicht ohne Schaden auseinandergenommen werden kann. Gestrichene Papiere kleben besonders fest aneinander, sodass beim Versuch, die Seiten zu trennen, das Papier gespalten wird. Dabei bleibt der Text auf der gegenüberliegenden Seite kleben.

Es kann vorkommen, dass Rollregale aus Spanplatten quellen, womit der Zugang zu den Büchern ohne Zerstörung der Regale unmöglich wird. Weiterhin kann das Gewicht der Bücher und Dokumente bei Überschwemmung so stark zunehmen, dass dadurch Regale oder sogar die Bodenplatten des Lagerraums absacken. Die Rettungsaktionen werden damit schwierig und manchmal für lange Zeit unmöglich gemacht.

Im Fall von Wasserinfiltration oder Überschwemmung können die Sekundärschäden bedeutend, ja oft schlimmer als die unmittelbaren Schäden sein: In einem Raum, in den Wasser eingedrungen ist, nähert sich die Luftfeuchtigkeit oft dem Taupunkt; sie wird von allen vorhandenen hygroskopischen Materialien, das heisst auch vom Buch- und Schriftgut, aufgenommen. Damit sind günstige Verhältnisse für Schimmel- oder Mikroorganismenbefall gegeben, und der anfängliche Schaden nimmt breitere Ausmasse an.

Auf jeden Fall vergrössern sich die Ausmasse der durch Brände und Überschwemmungen verursachten Schäden, wenn für die Einrichtung keine gute Massnahmenplanung für Notfälle vorliegt; das Durcheinander, der Zeitverlust, eine schlechte Organisation und Uninformiertheit über durchführbare Massnahmen können zur Vergrösserung der Schäden führen.

danger très actuel. Les mutilations de livres anciens, pour en extraire une image ou une partie, deviennent plutôt rares, car ces volumes sont actuellement mieux surveillés, mais elles sont assez fréquentes sur les livres modernes.

■ Les conflits armés survenus au cours des dernières années ont montré que les biens culturels peuvent être pris pour cible militaire privilégiée, avec l'objectif précis et criminel de détruire les témoins de la culture d'un peuple. Si cette pratique n'est pas nouvelle, elle est malheureusement devenue d'actualité dans les récents conflits. Il est d'autant plus important que les livres et les documents d'archives essentiels soient protégés et un plan d'évacuation devrait être élaboré pour toute institution ayant une responsabilité dans ce domaine (cf. chap. 6, partie VII).

■ Hohe Preise auf dem Markt für alte Bücher und fehlende Sicherheitsvorrichtungen in Bibliotheken und Archiven können zu Diebstahl führen. Bei alten Büchern wird die mutwillige Beschädigung (Entfernen eines Bildes oder Abschnittes) seltener, da ihre Benutzung heutzutage strenger beaufsichtigt wird. Bei neueren Büchern allerdings kommt sie häufiger vor.

■ Wie die bewaffneten Konflikte der letzten Jahre gezeigt haben, kann man Kulturgüter als militärische Zielscheibe benutzen, um die Zeugnisse der Kultur eines Volkes vorsätzlich zu zerstören. Obschon nicht neu, ist dieses Vorgehen in den Konflikten jüngeren Datums leider wieder aktuell geworden. Unerlässliche Bücher und Archivdokumente müssen umso mehr geschützt werden, und für jede auf diesem Gebiet verantwortliche Einrichtung sollte ein Evakuierungsplan ausgearbeitet werden (siehe Kap. 6, Teil VII).

7 Erreurs de fabrication et de restauration

7.1 Techniques de production

La qualité du papier joue depuis toujours un rôle essentiel pour la conservation des livres et documents d'archives, qu'ils soient manuscrits ou imprimés. A toutes les époques, on connaît le cas de papeteries qui ont produit un papier peu durable, de manière consciente ou inconsciente. Papiers médiévaux produits avec une eau ferrugineuse, papiers de l'époque baroque acides par une forte adjonction d'alun, papiers industriels contenant des impuretés du bois ou d'autres éléments instables en témoignent. Cependant, la quantité de papiers peu durables a explosé depuis l'introduction des méthodes industrielles de production.

Dans les scriptoria, chez les imprimeurs et les relieurs, les techniques de travail utilisées n'ont pas toujours été adaptées à la bonne conservation de l'objet non plus. Quelques exemples peuvent illustrer cette catégorie de dommages :

Une faute technique courante, encore de nos jours, est l'utilisation du papier avec le sens de fabrication parallèle à l'écriture : dans ces livres, les

7 Fehler bei der Herstellung und bei der Restaurierung

7.1 Herstellungstechniken

Die Papierqualität war für die Erhaltung von Buch- und Schriftmaterial schon immer von entscheidender Bedeutung, ob es sich nun um Hand- oder Druckschriften handelt. Zu allen Zeiten gab es Hersteller, die (absichtlich oder nicht) ein nur kurzzeitig haltbares Papier hergestellt haben. Davon zeugen mittelalterliche, mit eisenhaltigem Wasser hergestellte Papiere, durch hohen Alaungehalt saure Papiere aus der Zeit des Barocks und industriell hergestellte Papiere, die Unreinheiten aus dem Holz oder andere unbeständige Elemente enthalten. Mit der Industrialisierung jedoch nahm die Produktion schlecht beständiger Papiere explosionsartig zu.

Auch in den Skriptorien, bei den Druckern und Buchbindern entsprachen die Arbeitstechniken nicht immer den Anforderungen einer guten Alterungsbeständigkeit des Objekts. Einige Beispiele sollen die Art der daraus folgenden Schäden beschreiben:

Ein auch heute noch häufig auftretender technischer Fehler ist die Verarbeitung des Papiers in

pages s'ouvrent difficilement et restent raides, ce qui pousse le lecteur à forcer le dos du livre; la conséquence habituelle est un dos brisé ou cassé, autant sur les livres anciens que sur les ouvrages modernes.

Si l'encre d'imprimerie présente toujours une stabilité suffisante, il existe, parmi les encres pour l'écriture manuelle, des qualités très différentes: les encres de la famille métallo-gallique peuvent avoir un caractère fortement acide, renforcé encore par la présence de particules métalliques qui catalysent les réactions de dégradation du support. Les livres et documents écrits avec ces encres deviennent fragiles, avec une vitesse de dégradation liée à l'ensemble des composants en présence et aux conditions de conservation.

D'autres encres pâlissent, surtout quand elles sont exposées à la lumière: les encres à base d'extraits végétaux (métallo-galliques incomplètes) ou diverses encres commercialisées du milieu du XIXe siècle à nos jours montrent une stabilité réduite.

L'histoire de la reliure est riche en exemples de reliures non fonctionnelles. Une reliure doit, d'une part, protéger efficacement son contenu et, d'autre part, permettre une lecture aisée. De nombreuses reliures répondent mal à la deuxième exigence; les lecteurs peu soigneux provoquent souvent des dommages en prétendant des prestations mécaniques impossibles pour ces reliures mal conçues.

La reliure «à la française» est un exemple de reliure très élégante mais difficile à utiliser: les supports de couture très minces, les mors pliés à l'équerre, le collage rigide du dos et les cuirs minces et fragiles souvent utilisés pour ces reliures rendent l'ouverture peu aisée; une utilisation régulière de ces livres aboutit très fréquemment à un affaiblissement des charnières et à la perte des couvertures. De nombreux autres exemples existent, depuis la reliure du Moyen-Age jusqu'à nos jours.

der falschen Laufrichtung, das heisst parallel zur Schrift: Die Seiten bleiben steif, und das Buch lässt sich nur begrenzt öffnen. Der Leser wird daher auf den Buchrücken drücken, worauf dieser gewöhnlich knickt oder bricht. Das gilt für alte wie für neue Bücher.

Druckfarben sind immer von ausreichender Stabilität, für Handschriften benutzte Tinten hingegen keineswegs. Eisengallustinten zum Beispiel können stark sauer sein. Die Anwesenheit von Metallteilchen verschlimmert noch die schädliche Wirkung, weil sie die Schadensabläufe im Schriftträger katalysieren. Mit solchen Tinten beschriebenes Schriftgut wird brüchig, wobei die Geschwindigkeit der Zersetzungsvorgänge von den gesamten Bestandteilen des Objekts und von den Aufbewahrungsbedingungen abhängig ist.

Andere Tinten bleichen aus, besonders wenn sie dem Licht ausgesetzt sind: Aus Pflanzenextrakten hergestellte Tinten (unvollständige Eisengallustinten) und verschiedene, seit der Mitte des 19. Jahrhunderts handelsübliche Produkte sind nicht sehr beständig.

Die Geschichte der Buchbinderei ist reich an Beispielen von nicht funktionsgerechten Einbänden. Ein Einband soll einerseits den Buchblock schützen und andererseits ein bequemes Lesen ermöglichen. Viele Einbände genügen der zweiten Forderung schlecht. Unachtsame Leser werden solche Einbände übermässig grossen Belastungen aussetzen und damit Schäden verursachen.

Der «Franzband» ist ein Beispiel für eine sehr ästhetische, aber wenig benutzerfreundliche Einbandart: Die Bünde sind sehr dünn, der Falz ist rechtwinklig abgepresst, die Rückenleimung ist unflexibel, und die für diese Einbandart verwendeten Leder sind meist sehr dünn. Dadurch lässt sich das Buch schlecht öffnen; bei regelmässiger Benutzung kommt es häufig zu einer Schwächung des Falzes und zum Verlust der Einbanddecke. Es liessen sich viele andere Beispiele aufzählen, angefangen mit den Einbänden des Mittelalters bis hin zu jenen der heutigen Zeit.

7.2 Restaurations non conservatives

La frontière entre une restauration réussie et une intervention destructive est parfois mince et une restauration peut devenir destructive de différentes manières, qui ne dépendent pas que de facteurs technologiques, mais surtout d'aspects conceptuels et éthiques (cf. chap. 1). Ainsi, de façon plus ou moins grossière, beaucoup de restaurations ont eu pour conséquence la perte définitive de matières originales ou d'informations contenues dans l'objet. La modification ou le remplacement d'une reliure ou de ses parties, le rognage des feuilles, mais aussi un nettoyage des marges qui élimine des traces codicologiques faibles (souvent visibles seulement par fluorescence UV), ou encore l'absence d'un rapport détaillé sur les caractéristiques archéologiques de l'objet, constituent des pertes irrémédiables d'informations.

De plus, les méthodes utilisées pour la restauration peuvent être nuisibles à la conservation. Quelques exemples :

- Dans le passé, beaucoup de restaurations ont été excessives : confronté à un dommage limité, le restaurateur n'a pas su circonscrire son action, il a modifié l'objet bien au-delà du strict nécessaire.
- Certains traitements, bien qu'apparemment efficaces à court terme, sont nocifs à long terme. Le critère de l'efficacité ne peut pas régir seul les choix de la restauration. Les dommages dus aux lavages et blanchiments du papier, les applications de vernis et couches protectrices, les réparations avec des papiers et des colles inadéquates, les traitements « maison » des cuirs, etc. posent des problèmes de restauration plus grands que si l'objet n'avait pas été traité.
- Certaines méthodes de restauration, bien que correctes, ne sont pas adaptées, de par leur nature ou leur mode d'application, aux caractéristiques de l'objet. Par exemple : le traitement aqueux d'un papier acide peut provoquer un affaiblissement des encres, la mise à plat des feuilles peut effacer la structure superficielle originale du papier, le nettoyage des marges peut éliminer des notes marginales intéressantes, etc.

7.2 Schädigende Restaurierungen

Die Grenze zwischen einer gelungenen Restaurierung und einem destruktiven Eingriff ist manchmal schmal, und eine Restaurierung kann sich in mancherlei Weise schädigend auswirken. Das hängt nicht nur von technologischen Faktoren ab, sondern vor allem von konzeptuellen und ethischen Aspekten (siehe Kap. 1). So haben nicht wenige Restaurierungen in grösserem oder kleinerem Mass zu einem endgültigen Verlust von Originalmaterial oder von im Objekt enthaltenen Informationen geführt. Die Veränderung oder der Verlust eines Einbandes oder seiner Bestandteile, das Beschneiden der Blätter, aber auch das Reinigen der Seitenränder, durch welches die schwachen kodikologischen Spuren (oft nur mit UV-Lampe sichtbar) entfernt werden, oder das Fehlen eines detaillierten Berichts über die archäologischen Merkmale des Objekts können einen unwiederbringlichen Verlust an Informationen bedeuten.

Auch Restaurierungsmethoden können schlecht für die Erhaltung sein. Einige Beispiele:

- Viele in der Vergangenheit ausgeführte Restaurierungen waren unangemessen: Obwohl der Schaden begrenzt war, schränkte der Restaurator seinen Eingriff nicht genügend ein, sondern veränderte das Objekt weit über das Nötige hinaus.
- Manche kurzfristig wirksam scheinende Behandlungen können sich langfristig als schädlich erweisen. Die Wirksamkeit darf nicht das alleinige Kriterium bei der Wahl von Restaurierungsmethoden sein. Manchmal wurde durch das Waschen und Bleichen von Papier, das Auftragen von Firnissen und Schutzschichten, Reparaturen mit unangemessenen Papieren und Klebstoffen, die Verwendung von «Hausmitteln» zur Lederbehandlung usw. mehr Schäden verursacht als behoben.
- Bestimmte Methoden sind an sich zwar gut, dürfen aber aus verschiedenen Gründen an einem bestimmten Objekt nicht angewendet werden. Zum Beispiel kann die Behandlung eines sauren Papiers in wässriger Lösung ein Schwächen der Tinten bewirken, das Glätten der Blätter kann die ursprüngliche Oberflächen-

Les règles éthiques de la restauration citées dans la première partie de cet ouvrage ont, entre autres, pour but de réduire au minimum le risque de dommages liés à la restauration.

struktur des Papiers verändern, das Reinigen der Ränder kann interessante Randbemerkungen vernichten usw.

Die ethischen Grundsätze der Restaurierung, die im ersten Teil dieses Werkes aufgeführt wurden, sollen unter anderem das mit der Restaurierung verbundene Risiko auf ein Minimum herabsetzen.

CHAPITRE 5

Nature et altérations du cuir et du parchemin

1 Structure histologique de la peau

Le cuir et le parchemin sont obtenus à partir de la peau de divers animaux. La peau est un véritable organe qui exerce différentes fonctions: elle assure la protection mécanique du corps et règle les échanges thermiques, elle est le siège du sens du toucher, intervient dans divers processus métaboliques d'absorption et d'élimination et a une importante fonction de sécrétion externe.

La structure de la peau est donc complexe. Il est utile de la connaître pour mieux comprendre les processus de fabrication et les qualités du cuir et du parchemin. La peau est organisée en couches et nous distinguons, de l'extérieur vers l'intérieur du corps, l'épiderme, le derme et l'hypoderme.

1.1 L'épiderme

L'épiderme est formé par plusieurs couches superposées de cellules, dont les plus profondes sont vivantes; elles se racornissent à mesure qu'elles s'approchent de la surface de la peau. Ce processus comprend le dessèchement de la cellule et la transformation de sa membrane en kératine, une protéine qui est aussi le composant principal des poils et des cheveux.

KAPITEL 5

Beschaffenheit und Abbauprozesse von Leder und Pergament

1 Die Histologie der Haut

Leder und Pergament werden aus Tierhaut hergestellt. Haut ist ein Organ und erfüllt verschiedene Funktionen: Sie schützt den Körper vor mechanischen Einwirkungen, sorgt für die Wärmeregulierung und dient der Sinneswahrnehmung. Sie ist an verschiedenen Stoffwechselprozessen des Auf- und Abbaus beteiligt und dient der Stoffausscheidung.

Die vielfältigen Aufgaben der Haut bedingen deren komplizierten Aufbau. Die Herstellungsprozesse sowie die Eigenschaften von Leder und Pergament werden besser verständlich, wenn man den Aufbau der Haut kennt. Diese besteht aus drei Schichten; von aussen nach innen unterscheidet man: die Oberhaut, die Lederhaut und die Unterhaut.

1.1 Die Oberhaut

Die Oberhaut besteht aus mehreren übereinandergelagerten Zellschichten. In den tief liegenden Schichten sind die Zellen lebendig, nahe der Hautoberfläche beginnen sie zu verhornen, das heisst, die Zelle trocknet aus und die Zellwand wird in Keratin (Horn) umgewandelt, ein Eiweiss, das auch den Hauptbestandteil der Haare bildet.

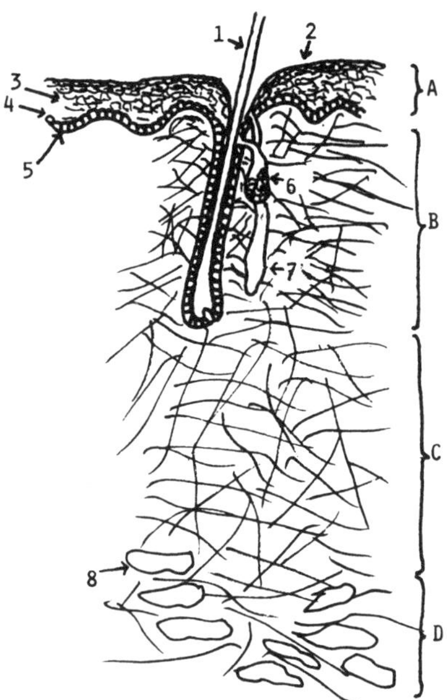

Fig 5/1 : Structure physiologique de la peau.

A = épiderme
B = derme, couche papillaire
C = derme, couche réticulaire
D = hypoderme
1 = poil
2 = couche cornée
3 = couche de Malpighi
4 = couche germinative
5 = membrane hyaline
6 = glande sébacée
7 = glande sudoripare
8 = cellule graisseuse

Fig. 5/1: Physiologischer Aufbau der Haut.

A = Oberhaut (Epidermis)
B = Lederhaut, Papillarschicht
C = Lederhaut, Retikularschicht
D = Unterhaut
1 = Haar
2 = Hornschicht
3 = Stachelzellschicht
4 = Keimschicht
5 = Basalmembran
6 = Talgdrüse
7 = Schweissdrüse
8 = Fettzelle

La couche cornée de l'épiderme est la plus superficielle; on y trouve des cellules mortes, fortement kératinisées, qui se détachent continuellement à cause des frottements. Sous la couche cornée se trouvent des couches dont les cellules vivantes de l'épiderme subissent une transformation qui leur donne d'abord un aspect granuleux et ensuite translucide.

Les cellules vivantes se trouvent dans la couche de Malpighi: elles prennent naissance dans la couche germinative, qui est la couche la plus profonde de l'épiderme. Cette dernière couche suit les papilles du derme et tapisse les follicules pilaires; on y trouve les cellules qui engendrent toutes les structures épithéliales, y compris les poils et les granules de mélanine qui donnent leur couleur à la peau et la protègent contre le rayonnement ultraviolet.

La couche germinative est atteinte par quelques terminaisons nerveuses, mais on n'y trouve pas de vaisseaux sanguins ou lymphatiques; ses cellules sont alimentées par diffusion à partir des couches sous-jacentes.

Les couches de cellules vivantes sont particulièrement sensibles à l'action d'agents chimiques et bio-

Die äussere Schicht der Oberhaut ist die Hornschicht: Ihre stark verhornten Zellen sind tot und werden durch Reibung ständig abgeschilfert. Unter der Hornschicht befinden sich Schichten, in denen die lebendigen Zellen der Oberhaut einen Umwandlungsprozess durchlaufen. Sie sind zuerst körnig und werden dann zu einer durchscheinenden Masse.

Die lebenden Zellen befinden sich in der Stachelzellschicht. Sie entstehen in der Keimschicht, der untersten Schicht der Oberhaut. Diese letzte Schicht ist durch Papillen mit der Lederhaut verzahnt und bedeckt die Haarfollikel (Haarbalg). Hier werden die Zellen des gesamten epithelialen Aufbaus gebildet, einschliesslich der Haare und der Melaninkörnchen. Die Letzteren verleihen der Haut ihre Farbe und schützen sie gegen ultraviolette Strahlen.

Die Keimschicht wird von einigen Nervenenden erreicht, es sind aber keine Blut- und Lymphgefässe vorhanden. Die Zellen werden durch Diffusion von den darunterliegenden Schichten versorgt.

Die lebenden Zellschichten sind chemischen und biochemischen Reaktionsabläufen gegenüber besonders empfindlich. Dieser Umstand wird von Leder- und Pergamentherstellern genutzt.

chimiques, et cette propriété sera utilisée par les tanneurs et les parcheminiers.

L'épiderme est séparé du derme par une couche transparente, formée par la substance basale, sans fibres, dite « membrane hyaline ». Cette substance joue un rôle important dans la physiologie des couches vivantes de l'épiderme ; elle entoure et protège le collagène dans le derme, diminuant ainsi sa réactivité chimique.

1.2 Le derme

Cette partie de la peau est caractérisée par un réseau dense de fibres du tissu conjonctif, formé essentiellement par du collagène, qui confère au cuir et au parchemin leur structure et leurs qualités. On distingue deux couches différentes.

La couche papillaire est la plus superficielle ; sa surface, structurée par les follicules pileux dont la disposition est caractéristique pour chaque espèce animale, forme le « grain » ou la « fleur » de la peau, qui confère aux différents cuirs leur caractère particulier. La structure de la couche papillaire est mise en évidence par l'épilation, qui vide les follicules pileux de leur contenu.

Dans la couche papillaire, les fibres de collagène sont organisées en faisceaux plutôt parallèles à la surface de la peau. On y trouve aussi des fibres d'élastine, les glandes sudoripares, les glandes sébacées, les follicules pileux, les muscles érecteurs des poils, des vaisseaux sanguins et lymphatiques et des terminaisons nerveuses. Le tissu fibreux y est moins compact que dans la couche réticulaire plus profonde.

La couche réticulaire est formée par des fibres de collagène organisées en faisceaux longs et ondulés d'un diamètre compris entre 1 et 20 microns, disposés dans toutes les directions. Les propriétés de ces fibres confèrent au cuir et au parchemin leurs caractéristiques spécifiques ; leur organisation particulière donne à la peau sa résistance mécanique. Avec les fibres de collagène, on trouve quelques fibres d'élastine, des cellules (fibroblastes, fibrocytes, istiocytes) qui sont les précurseurs du tissu conjonctif et qui interviennent dans des processus de cicatrisation ou d'inflammation. On y trouve na-

Oberhaut und Lederhaut werden durch eine transparente Schicht getrennt, die Basalmembran. Sie besteht aus einer Basalsubstanz ohne Faserstruktur. Diese Substanz ist für die Physiologie der lebendigen Schichten der Oberhaut von grosser Bedeutung. Sie umgibt schützend das Collagen der Lederhaut und verringert so seine chemische Reaktionsfähigkeit.

1.2 Die Lederhaut

Dieser Bereich der Haut wird von einem festen Geflecht aus Bindegewebefasern gebildet. Diese bestehen hauptsächlich aus Collagen und bestimmen Struktur und Eigenschaften von Leder und Pergament. Die Lederhaut ist zweischichtig:

Die obere Schicht ist die Papillarschicht. Ihre Oberfläche wird durch die Anordnung der Haarbälge bestimmt, die für jede Tierart charakteristisch ist. Die Oberfläche der Papillarschicht entspricht im Wesentlichen dem «Narben» des Leders, der den verschiedenen Lederarten ihre charakteristische Beschaffenheit verleiht. Die Oberflächenstruktur der Papillarschicht wird durch die Enthaarung freigelegt, bei welcher der Inhalt der Haarbälge entfernt wird.

In der Papillarschicht sind die Collagenfasern bündelweise und überwiegend parallel zur Oberfläche der Haut angeordnet. Hier sind auch die Elastinfasern, die Schweiss- und Talgdrüsen, die Haarbälge und Haarbalgmuskeln, die Blut- und Lymphgefässe und die Nervenenden eingelagert. Das Bindegewebe ist lockerer als das der tiefer liegenden Retikularschicht.

Die Retikularschicht wird aus Collagenfasern gebildet, die in langen und welligen Bündeln willkürlich angeordnet sind. Sie haben einen Durchmesser von 1 bis 20 Mikron. Die Eigenschaften dieser Fasern verleihen dem Leder und dem Pergament seine charakteristischen Merkmale. Die besondere Faseranordnung gibt der Haut ihre mechanische Widerstandsfähigkeit. Ausser den Collagenfasern besteht diese Schicht aus Elastinfasern sowie aus Zellen (Fibroblasten, Fibrozyten, Istiozyten), den Vorläufern des fasrigen Bindegewebes, welche bei Vernarbung und Entzündung

turellement aussi des vaisseaux sanguins et lymphatiques et des terminaisons nerveuses.

Entre les faisceaux fibreux du derme se trouve une substance liquide, visqueuse, appelée substance basale, qui remplit tous les interstices et forme la couche qui sépare l'épiderme du derme. La composition de la substance basale est complexe : on y trouve de l'eau, des muco-polysaccharides, des protéines, des lipides et des composés inorganiques. Cette substance joue un rôle essentiel dans les échanges entre les cellules et les couches, dans la lubrification de la peau, dans son contenu en eau, et donc dans ses caractéristiques de souplesse ou de rigidité; elle intervient aussi dans les processus de cicatrisation.

Le contenu en eau du derme vivant est très élevé, de l'ordre de 70 %, à cause de la présence de la substance basale et du caractère hydrophile des fibres de collagène.

1.3 L'hypoderme

L'hypoderme est formé par un réseau moins dense de tissu conjonctif, associé à des cellules de graisse, dans des quantités et avec des organisations variables, et à des fibres musculaires qui permettent les mouvements volontaires de la peau. Cette partie de la peau facilite son déplacement par rapport aux tissus plus profonds, aux muscles, os, etc.

Des cellules graisseuses peuvent se trouver aussi dans le derme, particulièrement chez les moutons; cette caractéristique engendre des difficultés supplémentaires pour le tanneur et le parcheminier : ils doivent éliminer cette graisse excédentaire pour obtenir un bon tannage ou une surface apte à recevoir l'écriture pour le parchemin.

1.4 Les caractéristiques des peaux des différentes espèces animales

Les peaux des différentes espèces animales ont des caractéristiques spécifiques qui influent fortement sur la qualité des cuirs et des parchemins qu'on peut produire. Il faut cependant considérer aussi d'autres facteurs, tels que la race, le sexe, l'âge,

wirksam werden. Ausserdem liegen hier natürlich auch Blut- und Lymphgefässe sowie Nervenenden.

Zwischen den Faserbündeln der Lederhaut befindet sich eine zähflüssige Substanz, genannt Basalsubstanz. Sie füllt alle Zwischenräume aus und bildet die Trennschicht zwischen Ober- und Lederhaut. Die Zusammensetzung der Basalsubstanz ist komplex; sie besteht aus Wasser, Mucopolysacchariden, Eiweissen, Fettkörpern und anorganischen Verbindungen. Diese Substanz ist von entscheidender Bedeutung für den Austausch zwischen Zellen und Schichten und für den Fett- und Wassergehalt der Haut, das heisst für deren Beweglichkeit beziehungsweise Starrheit. Sie ist weiter für die Vernarbungsprozesse von Bedeutung.

Der Wassergehalt der «lebenden» Lederhaut ist aufgrund der Basalsubstanz und der hydrophilen Collagenfasern sehr hoch, er liegt bei 70 %.

1.3 Die Unterhaut

Das Bindegewebe der Unterhaut ist weniger dicht. Es ist von mehr oder weniger vielen, unterschiedlich angeordneten Fettzellen sowie von Muskelfasern, welche die Bewegung der Haut ermöglichen, durchsetzt. Dieser Hautbereich erleichtert die Verschiebung der Haut gegenüber den tiefer gelegenen Geweben, Muskeln, Knochen usw.

Fettzellen können, besonders beim Schaf, auch in der Lederhaut vorkommen, und dadurch ergeben sich bei der Leder- und Pergamentherstellung zusätzliche Schwierigkeiten. Um eine gute Gerbung beziehungsweise eine beschreibbare Pergamentoberfläche zu bekommen, muss dieses überschüssige Fett entfernt werden.

1.4 Die Merkmale der Häute von verschiedenen Tierarten

Die Häute der verschiedenen Tierarten haben charakteristische Merkmale, welche die Qualität des daraus hergestellten Leders und Pergaments mitbestimmen. Es müssen jedoch auch andere Einflüsse berücksichtigt werden, zum Beispiel Rasse,

l'état de santé, l'alimentation et le climat dans lequel l'animal vit. Cette multitude de facteurs rend difficile l'établissement de règles générales.

L'épaisseur de la couche papillaire par rapport à la couche réticulaire varie fortement selon les espèces animales (d'après Reed, 1972):

Veau	1:2
Bovin	1:5
Chèvre, mouton	1:1
Porc	1:0

La couche réticulaire confère sa solidité au cuir, grâce à son organisation interne; ainsi, le cuir de bœuf est notablement plus solide que celui de veau et on le préférera pour des usages exigeant une très grande résistance mécanique, par exemple pour les semelles de souliers.

La chèvre et le mouton ont des follicules pilaires qui s'insèrent profondément dans la peau, sur environ la moitié de son épaisseur. Ces peaux diffèrent cependant en ce qui concerne d'autres caractéristiques. Le cuir de mouton contient des quantités de graisse importantes; dans certains cas, il y a même formation d'une couche qui sépare les couches papillaire et réticulaire et qui diminue très fortement la cohérence interne de la peau. Il semblerait que cette couche ait été utilisée par les parcheminiers au Moyen-Age pour dédoubler les peaux, afin d'obtenir des parchemins particulièrement minces. Par contre, la peau de chèvre a une structure plus compacte, ce qui la rend plus solide.

Les poils de la chèvre sont assez rigides et droits et sortent de la peau avec un angle d'environ 45 degrés; chez le mouton, les poils sont souples et plus ou moins bouclés. La disposition des follicules pilaires est légèrement différente chez les deux espèces; cette différence est souvent très difficile à reconnaître, étant donné les très nombreuses races et les autres facteurs qui l'influencent.

Les peaux de porc sont formés pratiquement par la seule couche papillaire, les poils s'insérant très profondément dans le derme. En regardant en transparence une peau de porc, les follicules pilaires apparaissent comme de très petits trous, ce qui rend ce cuir impropre pour de nombreux usages; on l'a par contre utilisé comme tamis et

Geschlecht, Alter, Gesundheitszustand, Nahrung sowie das Klima, in welchem das Tier lebt. Wegen der Vielfältigkeit der Faktoren können nur schwer allgemeingültige Regeln aufgestellt werden.

Die Dicke der Papillarschicht im Vergleich zur Retikularschicht ist bei jeder Tierart verschieden (nach Reed, 1972):

Kalb	1:2
Rind	1:5
Ziege, Schaf	1:1
Schwein	1:0

Die Festigkeit des Leders wird durch die Faserstruktur der Retikularschicht bestimmt. So ist Rindsleder viel stabiler als Kalbsleder und wird dort bevorzugt, wo sehr stark beanspruchbares Material nötig ist (z. B. für die Anfertigung von Schuhsohlen).

Die Haarbälge von Ziege und Schaf reichen bis tief in die Haut (ungefähr bis zur Hälfte ihrer Dicke). In anderer Hinsicht aber sind diese Tierhäute voneinander verschieden. Schafsleder enthält grosse Fettmengen. Das kann zur Bildung einer zusätzlichen Schicht zwischen Papillar- und Retikularschicht führen, die den inneren Zusammenhalt der Haut stark beeinträchtigt (Doppelhäutigkeit). Aller Wahrscheinlichkeit nach nutzten die Pergamenthersteller des Mittelalters diese Schicht zum Spalten der Haut, wodurch sie ein besonders dünnes Pergament gewannen. Die Ziegenhaut dagegen hat eine kompaktere Struktur und ist daher widerstandsfähiger.

Ziegenhaar ist rau und gerade, es tritt in einem Winkel von ca. 45 Grad zur Hautoberfläche aus. Das Haar des Schafes ist weich und kann mehr oder weniger gelockt sein. Die Haarbälge dieser beiden Tierarten sind nur leicht unterschiedlich angeordnet und daher aufgrund der vielen verschiedenen Rassen und anderer Einflussfaktoren häufig schwer zu unterscheiden.

Die Schweinshaut besteht im Grunde nur aus der Papillarschicht, denn das Haar ist sehr tief in die Lederhaut eingebettet. Betrachtet man eine Schweinshaut im Gegenlicht, zeichnen sich die Haarbälge wie ganz kleine Löcher ab. Dieses Leder ist daher für viele Verwendungszwecke ungeeignet; es wurde aber als Sieb und als billiges Einband-

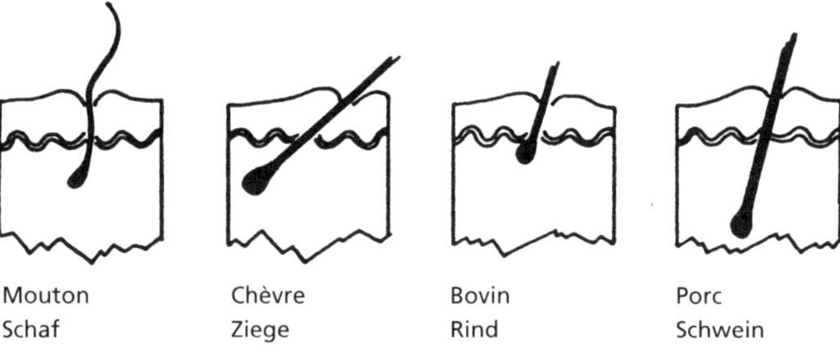

Fig. 5/2: Insertion des poils dans la peau chez divers animaux (d'après Denis Muzerelle, 1985).

Fig. 5/2: Haarverankerung bei verschiedenen Tierarten (nach Denis Muzerelle, 1985).

comme cuir de reliure à bon marché, surtout pour des livres de grand format, du XVIe au XVIIIe siècle.

Les veaux, moutons, chèvres et porcs ont fourni la plus grande partie des cuirs et des parchemins, avec l'exclusion du porc pour ces derniers. Cependant, depuis l'Antiquité on a utilisé une très grande variété d'animaux pour produire des cuirs.

2 Structure chimique de la peau

Dans les couches papillaire et réticulaire de la peau se trouvent essentiellement des fibres protéiques, dont les principaux composants sont le collagène et, dans une moindre mesure, l'élastine. Dans la peau se trouvent également de petites quantités d'autres protéines. La kératine est le principal composant des poils, qui eux sont éliminés au cours des opérations de tannage ou parcheminage. Au cours de ce processus, on élimine aussi les autres substances indésirables, pour ne conserver dans le cuir que le collagène et l'élastine, qui sont très semblables. Le collagène est la protéine principale du derme, et il permet d'obtenir à partir d'une peau brute deux produits aux qualités et aux caractéristiques fort différentes : le cuir et le parchemin.

leder, besonders für grossformatige Bücher des 16. bis 18. Jahrhunderts, verwendet.

Für die Herstellung von Leder und Pergament wurde hauptsächlich Kalbs-, Schaf-, Ziegen- und Schweinshaut (aus Letzterer kein Pergament) verarbeitet. Seit dem Altertum wurden aber auch die Häute anderer Tiere verwendet.

2 Chemischer Aufbau der Haut

Die Papillar- und Retikularschicht der Haut besteht vor allem aus Eiweisskörpern, deren Hauptbestandteile das Collagen und in geringerem Mass das Elastin sind. In der Haut befinden sich auch geringe Mengen anderer Eiweisse. Keratin ist Hauptbestandteil der Haare, die bei der Gerbung beziehungsweise der Pergamentherstellung entfernt werden. Im Verlauf dieser Herstellungsprozesse werden auch die anderen unerwünschten Substanzen entfernt. Im Leder verbleiben nur das Collagen und das Elastin, sehr ähnliche Proteine. Das Collagen ist das Hauptprotein der Lederhaut, und dank seinen Eigenschaften können aus einer Rohhaut zwei Produkte hergestellt werden, die sich in ihrer Beschaffenheit und in ihren Merkmalen stark voneinander unterscheiden: das Leder und das Pergament.

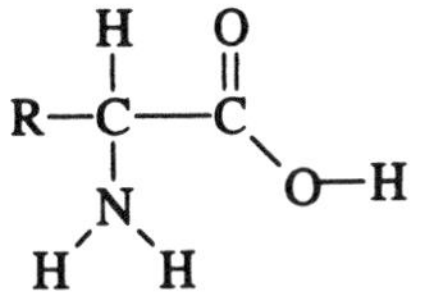

Fig. 5/3A : Schéma d'un acide aminé.
Fig. 5/3A: Darstellung einer Aminosäure.

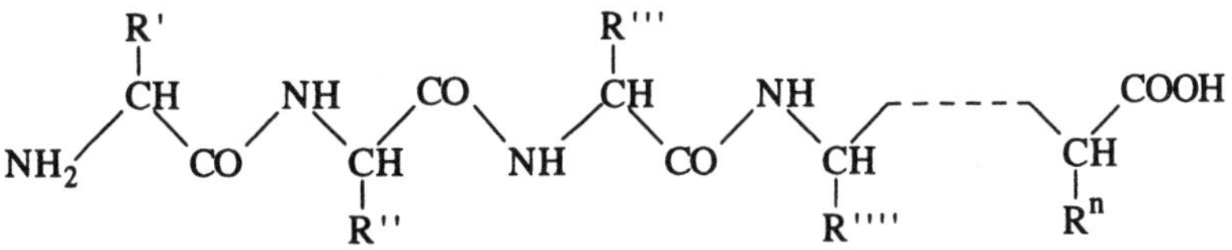

Fig. 5/3B : Disposition des acides aminés dans une protéine.

Fig. 5/3B: Abfolge von Aminosäuren in einem Protein.

2.1 Structure des protéines

Les protéines sont des macromolécules très complexes. Elles sont formées par des « éléments de base », les acides aminés (AA), qui se combinent selon une séquence caractéristique pour chaque protéine. Il existe dans la nature vingt AA principaux ; les protéines sont formées par la concaténation de 100 à 5000 AA.

Un acide aminé contient un atome de carbone C central, auquel sont liés un atome d'hydrogène H, un groupe carboxyle COOH, un groupe amine NH_2 et une chaîne latérale R, qui donne à chaque AA ses propriétés.

La chaîne R (= reste) peut être très différente de taille et de structure et peut également contenir d'autres groupes carboxyles ou amines. Par exemple :

Acide aminé	Chaîne latérale (R)
Glycine	-H
Cystéine	$-CH_2-SH$
Lysine	$-CH_2-CH_2-CH_2-CH_2-NH_2$
Acide aspartique	$-CH_2-COOH$

Pour former les protéines, les AA s'unissent avec un lien particulier, appelé liaison peptidique, entre le groupe carboxyle d'un AA et le groupe amine de l'autre.

Dans une protéine, on distingue entre structures primaire, secondaire, et tertiaire.

La structure primaire est formée pour chaque protéine par la séquence particulière d'AA, d'où

2.1 Aufbau der Proteine (Eiweisse)

Proteine sind kompliziert aufgebaute Makromoleküle. Die «Bausteine» sind Aminosäuren (hier AS), die für jedes Protein in einer bestimmten Abfolge (Aminosäuresequenz) miteinander verknüpft sind. Man kennt in der Natur 20 Hauptaminosäuren; Proteine werden durch eine Verkettung von 100 bis 5000 Aminosäuren gebildet.

Aminosäure besteht aus einem zentralen Kohlenstoffatom C, mit dem ein Wasserstoffatom H, eine Carboxylgruppe COOH, eine Aminogruppe NH_2 und eine Seitenkette R (Rest), welche einer jeden AS deren charakteristische Eigenschaften verleiht, verbunden sind.

Die Seitenkette R weist unterschiedliche Länge und Struktur auf und kann auch andere Carboxyl- oder Aminogruppen enthalten. Zum Beispiel:

Aminosäure	Seitenkette (R)
Glycin	-H
Cystein	$-CH_2-SH$
Lysin	$-CH_2-CH_2-CH_2-CH_2-NH_2$
Asparaginsäure	$-CH_2-COOH$

Zur Bildung der Proteine verknüpfen sich die AS über eine besondere Bindung, die Peptidbindung, miteinander. Diese entsteht zwischen der Carboxylgruppe der einen und der Aminogruppe der nächsten AS.

In einem Eiweiss wird zwischen der Primär-, Sekundär- und Tertiärstruktur unterschieden.

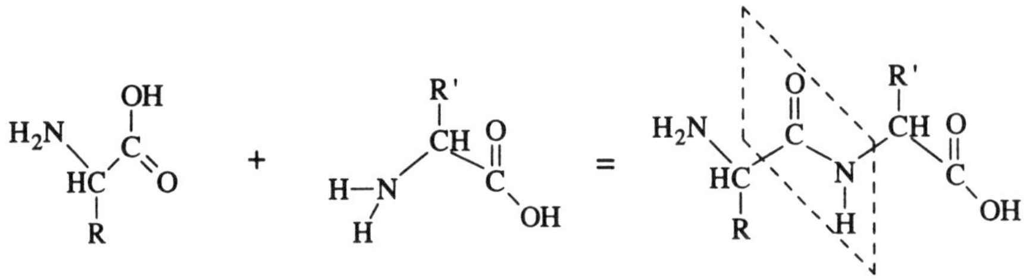

Fig. 5/4: Schéma d'un lien peptidique.

Fig. 5/4: Darstellung einer Peptidbindung.

peuvent dépasser les diverses chaînes latérales et qui a aux deux bouts un groupe carboxyle et un groupe amine.

La structure secondaire est donnée par la configuration spatiale de la protéine, localement, et dans son ensemble, qui peut prendre différentes formes:

- ☐ au hasard (pelote aléatoire);
- ☐ en feuillets en zigzag, unis par des ponts hydrogène entre les liens N-H d'une chaîne et les liens C=O de l'autre chaîne (feuillet plissé β);
- ☐ en hélices, avec des ponts hydrogène entre les divers niveaux de l'hélice (hélice α, autres types d'hélices).

Les différentes structures secondaires sont agencées les unes par rapport aux autres pour former la structure tertiaire, qui définit la position de la protéine dans l'espace.

La structure tertiaire est formée par l'assemblage d'au moins deux chaînes polypeptidiques. Dans le collagène, ces trois niveaux d'organisation jouent un rôle important pour déterminer les propriétés spécifiques de cette protéine essentielle du cuir et du parchemin.

Die Primärstruktur besteht bei jedem Protein aus einer eigenen Aminosäurensequenz, an deren beiden Enden sich eine Carboxylgruppe und eine Aminogruppe befinden. Aus diesem Grundskelett können die verschiedenen Seitenketten herausragen.

Als «Sekundärstruktur» wird die räumliche Struktur eines lokalen Bereiches (beziehungsweise einzelner Bereiche) im Protein bezeichnet. Sie kann verschiedene Formen annehmen:

- ☐ willkürlich (Random-coil);
- ☐ in einer Faltblattstruktur, wobei Wasserstoffbrücken zwischen den N-H-Bindungen der einen und den C=O-Bindungen der anderen Kette entstehen (β-Faltblatt);
- ☐ schraubenförmig, mit Wasserstoffbrücken zwischen den verschiedenen Windungen der Schraube (α-Helix und andere Helix-Strukturen).

Die Abfolge der verschiedenen Sekundärstrukturen wird als «Tertiärstruktur» bezeichnet, diese definiert die Stellung der Proteine im dreidimensionalen Raum.

Die Tertiärstruktur wird durch die Verbindung von mindestens zwei Polypeptidketten gebildet. Die drei Strukturebenen sind für die spezifischen Eigenschaften des Collagens, des wesentlichen Bestandteils von Leder und Pergament, von grosser Bedeutung.

2.2 La molécule du collagène

■ *Structure primaire*

Cette molécule est le constituant fondamental du derme et, par là, du cuir et du parchemin. Elle est constituée par divers acides aminés (environ un tiers de glycine, plus un tiers de proline, d'hydroxyproline et d'alanine, et un tiers d'autres AA). La séquence polypeptidique du collagène comprend environ 1050 AA.

On connaît quatre types de collagène qui forment l'ensemble des tissus conjonctifs (type I–IV); ils se distinguent par une composition légèrement différente de leur chaîne d'AA. Dans la peau, on trouve les collagènes du type I et III; ce dernier, qui forme des fibres plus fines et faibles, se trouve dans la couche papillaire du derme, alors que le type I se trouve surtout dans la couche réticulaire.

La séquence des AA du collagène comprend des zones polaires, avec des chaînes latérales longues, et des zones apolaires, avec des chaînes latérales courtes. Les zones apolaires donnent à la molécule sa structure spatiale particulière, alors que les zones polaires déterminent ses propriétés chimiques. Aux extrémités de la molécule se trouvent des séquences d'AA (téléopeptides) dont la composition est différente et qui ne sont pas aussi ordrés que le reste de la molécule; ces zones facilitent également la liaison entre les molécules.

■ *Structure secondaire*

La molécule du collagène s'organise dans l'espace avec une forme en hélice α, maintenue par des liaisons hydrogène entre les niveaux. Les restes R des acides aminés sortent vers l'extérieur de l'hélice et permettent les liaisons entre les molécules.

■ *Structure tertiaire*

Trois hélices se combinent pour former la «superhélice du collagène», appelée tropocollagène. Cette structure en hélices explique les propriétés d'élasticité et la capacité de gonflement de cette molécule.

■ *Structure quaternaire*

Les macromolécules de tropocollagène s'unissent à leur tour par groupes d'environ 8000 pour former

2.2 Das Collagenmolekül

■ *Primärstruktur*

Dieses Molekül bildet den Hauptbestandteil der Lederhaut und somit des Leders und des Pergaments. Es setzt sich aus verschiedenen Aminosäuren zusammen (ca. ein Drittel Glycin, dazu ein Drittel Prolin, Hydroxyprolin und Alanin sowie ein Drittel anderer AS). Die polypeptide Sequenz des Collagens besteht aus etwa 1050 AS.

Man kennt vier Collagentypen, die den Hauptanteil des Bindegewebes ausmachen (Typ I–IV) und die sich in der Zusammensetzung ihrer AS-Kette leicht unterscheiden. In der Haut findet man die Collagene des Typs I und III. Der Letztere bildet feinere und schwächere Fasern und liegt in der Papillarschicht der Lederhaut, Typ I hingegen tritt besonders in der Retikularschicht auf.

Die Aminosäuresequenz des Collagens umfasst polare Bereiche mit langen Seitenketten und nichtpolare mit kurzen Seitenketten. Die nichtpolaren Bereiche verleihen dem Molekül seine besondere räumliche Struktur, wogegen die polaren Bereiche seine chemischen Eigenschaften bestimmen. An den äusseren Enden des Moleküls befinden sich Aminosäuresequenzen (Teleopeptide) anderer Zusammensetzung und wahlloser angeordnet als das übrige Molekül; diese Bereiche erleichtern auch die Bindung zwischen den Molekülen.

■ *Sekundärstruktur*

Das Collagenmolekül ist schraubenförmig in sich zu einer α-Helix verdreht und wird durch Wasserstoffbrücken zwischen den Windungen zusammengehalten. Die Reste R der Aminosäuren ragen aus der Helix heraus und ermöglichen die Bindungen zwischen den Molekülen.

■ *Tertiärstruktur*

Drei ineinanderverschlungene Helices bilden eine «Tripelhelix», genannt Tropocollagen. Dieser schraubenförmige Aufbau des Collagens erklärt die Elastizität und das Quellvermögen des Moleküls.

■ *Quartärstruktur*

Die Makromoleküle des Tropocollagens wiederum verbinden sich durch die gruppenweise Zusammen-

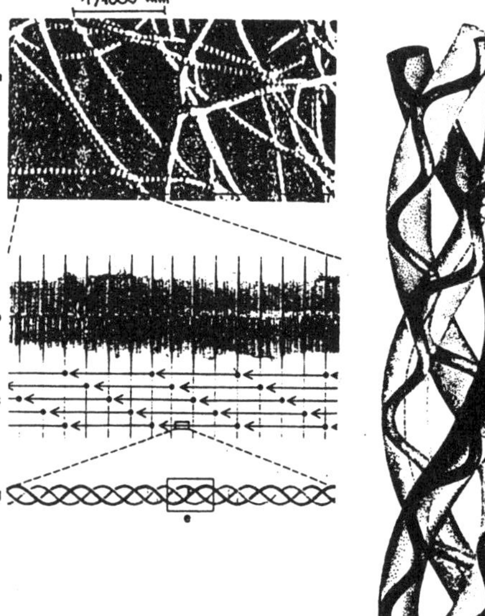

Fig. 5/5: Structure du tropocollagène.

a = fibrille de collagène de veau, agrandie environ 30 000 fois, vue au microscope électronique
b = A un agrandissement d'environ 100 000 fois, on perçoit dans une fibrille la disposition régulière des micro-fibrilles. Cette disposition est due à l'attraction entre certains groupes latéraux (R) de la molécule.
c = dessin schématique de la situation représentée sous b
d = Le tropocollagène est formé par une triple hélice droite de molécules de collagène.
e = Chacune des trois molécules de collagène qui forment le tropocollagène a également une structure en hélice (hélice α gauche).

Fig. 5/5: Struktur des Tropocollagens.

a = Collagenfibrille vom Kalb, ca. 30 000-fache Vergrösserung mit dem Elektronenmikroskop
b = Bei einer 100 000-fachen Vergrösserung erkennt man in einer Fibrille die regelmässige Anordnung der Mikrofibrillen. Diese Anordnung entsteht durch die Anziehung zwischen manchen Seitengruppen (R) des Moleküls.
c = schematische Zeichnung der unter b dargestellten Anordnung
d = Das Tropocollagen wird von einer seilartigen Tripelhelix von Collagenmolekülen gebildet.
e = Die drei Collagen-Polypeptidketten sind im Fall von Collagen Typ I die linksgängigen α-Ketten [α1(I)2α2(I)], die sich zu einer rechtshändigen Tripelhelix umeinander winden.

des microfibrilles; ces dernières tendent à se disposer, en se décalant de manière régulière, en zones cristallines (où les radicaux non polaires créent des liens étroits) et en zones amorphes (plus réactives avec les chaînes latérales polaires). Les liaisons entre les molécules sont fortes; elles constituent la réticulation naturelle du collagène qui le rend insoluble.

Enfin, les microfibrilles s'unissent en faisceaux très fins et ces derniers en faisceaux plus épais qui constituent la structure de la peau visible au microscope optique.[1]

En résumé, la bonne stabilité du collagène est liée à la propriété caractéristique de la molécule

[1] Une bonne synthèse des aspects caractéristiques, histologiques et chimiques du parchemin se trouve dans Haynes, 1999.

lagerung von ca. 8000 Tropocollagenen zu Mikrofibrillen. Diese sind regelmässig gegeneinander versetzt angeordnet, sie bilden kristalline Bereiche (in denen die nichtpolaren Radikale enge Bindungen eingehen) und amorphe Bereiche (die aufgrund der polaren Seitenketten reaktionsfreudiger sind). Die Bindungen zwischen den Molekülen sind stark und bilden die natürliche Vernetzung des Collagens, das dadurch unlöslich ist.

Die Mikrofibrillen lagern sich nun zu sehr feinen Bündeln zusammen und diese wiederum zu dickeren Bündeln. Diese Faserstruktur der Haut ist bei Betrachtung durch das Lichtmikroskop zu erkennen.[1]

[1] Eine gute Zusammenfassung der charakteristischen histologischen und chemischen Merkmale von Pergament findet sich in Haynes, 1999.

du collagène de former divers types de liens chimiques :

- les ponts hydrogène entre les O et les H, entre les niveaux de l'hélice d'une molécule ou avec une molécule voisine ;
- le lien électrostatique entre les acides aminés acides (-COO^-) d'une molécule et ceux basiques (-NH_3^+) de la molécule voisine ;
- les liens de type covalent entre les extrémités d'une molécule de tropocollagène et la molécule voisine.

Macroscopiquement, le collagène se distingue par deux propriétés particulières :

- sous l'influence de la chaleur, à une température d'environ 65 °C, le collagène se transforme de façon irréversible en gélatine, souvent utilisée comme colle, d'où son nom ; la structure en triple hélices se défait, l'hélice du collagène se transforme en pelote et devient soluble dans l'eau (cf. point 6.1 ci-après) ;
- sous l'effet d'acides, d'alcalis ou de certains sels en fortes concentrations, le collagène peut gonfler jusqu'à sa déstructuration ; le caractère hydrophile de la peau peut augmenter fortement dans un milieu fortement acide ou alcalin.

Le collagène forme aussi un bon terrain de culture pour de nombreux micro-organismes, bactéries et moisissures ; en effet, une peau brute pourrit très rapidement si elle est laissée sans aucun traitement. Pour cette raison, on a salé les peaux pour les conserver et les transporter à la tannerie sans qu'elles pourrissent.

Die gute Stabilität des Collagens ergibt sich aus der besonderen Eigenschaft des Collagenmoleküls, unterschiedliche Arten chemischer Bindungen einzugehen:

- Wasserstoffbrückenbindungen von O und H zwischen den Schraubenwindungen eines Moleküls oder mit denen eines daneben gelagerten Moleküls;
- elektrostatische Bindungen zwischen den sauren Aminosäuren (-COO^-) des einen Moleküls und den basischen (-NH_3^+) des danebenliegenden Moleküls;
- kovalente Bindungen zwischen den endständigen Gruppen eines Tropocollagenmoleküls und dem benachbarten Molekül.

Makroskopisch ist Collagen an zwei besonderen Merkmalen zu erkennen:

- Unter Wärmeeinwirkung (bei ca. 65 °C) wird es irreversibel in Gelatine umgewandelt, die oft als Leim verwendet wird. Collagen wird daher auch Leimbildner genannt. Bei der Gelatinierung löst sich die Struktur des Tropocollagens auf, die Helix des Collagens verknäult und wird wasserlöslich (siehe Punkt 6.1).
- Bei Einwirkung von Säuren, Basen oder stark konzentrierten Salzen kann Collagen bis zur Zerstörung aufquellen; der hydrophile Charakter der Haut wird in einem stark sauren oder alkalischen Milieu verstärkt.

Das Collagen bildet für zahlreiche Mikroorganismen wie Bakterien und Schimmelpilze einen guten Nährboden; daher fault eine unbehandelte Rohhaut sehr schnell. Aus diesem Grund wurden die Häute zum Konservieren und für den Transport in die Gerberei gesalzen.

3 Le cuir : procédés de tannage

Nous avons vu qu'une peau brute gonfle facilement, qu'elle est sensible aux températures supérieures à 60 °C et qu'elle pourrit rapidement, c'est-à-dire qu'elle est facilement altérée par des micro-organismes. Le but de tous les procédés de tannage ou de parcheminage est de rendre les peaux plus résistantes et durables en leur conférant des caractéristiques adaptées à l'usage prévu (souplesse, rigidité, résistance au frottement, à l'eau, à la chaleur, aspect du grain, etc.).

Du point de vue chimique, le tannage consiste à créer des liaisons entre le collagène de la peau et les substances tannantes, pour « couvrir » les parties sensibles de la molécule de collagène, sans en détruire la structure et l'organisation, et renforcer le lien entre les fibres. Le traitement de parcheminage a une nature tout à fait différente, que nous aborderons au point 4.

Les interactions chimiques précises qui ont lieu dans la transformation d'une peau brute en cuir sont très complexes, comme les molécules qui prennent part à ces réactions, et sont encore partiellement mal connues. Le travail du tanneur maintient encore de nos jours un certain caractère empirique. Nous allons décrire ci-après les méthodes traditionnelles de traitement des peaux et traiter à la fin de cette partie quelques aspects des tannages industriels modernes. Les méthodes traditionnelles et artisanales de tannage sont actuellement encore utilisées dans les pays où la main-d'œuvre est à faible coût.

Les différentes méthodes de traiter les peaux brutes, pour les transformer soit en cuir ou en parchemin, ne se distinguent qu'après une première série d'étapes communes : le « travail de rivière ».

3.1 Le travail de rivière

Cette étape du tannage ou du parcheminage est d'une très grande importance, car elle peut être déterminante pour les qualités du produit final. Par divers traitements, il s'agit de passer de l'état d'une peau arrachée à la dépouille à l'état d'une peau propre, prête pour les traitements successifs.

3 Das Leder: Gerbverfahren

Wir haben gesehen, dass eine rohe Haut leicht quillt, empfindlich gegenüber Temperaturen von über 60 °C ist und schnell fault, also leicht von Mikroorganismen befallen wird. Ziel der Gerbung beziehungsweise der Pergamentherstellung ist es, die Häute im Hinblick auf den vorgesehenen Verwendungszweck widerstandsfähiger und haltbarer zu machen (Biegsamkeit, Festigkeit, Beständigkeit gegen Abrieb, Wasser- und Wärmefestigkeit, Aussehen des Narben usw.).

Durch das Gerben entstehen chemische Bindungen zwischen dem Collagen der Haut und den Gerbstoffen. Diese «bedecken» die empfindlichen Bestandteile des Collagenmoleküls, ohne indes seine Struktur und seine Anordnung zu zerstören, und verstärken die Bindung zwischen den Fasern. Bei der Pergamentherstellung handelt es sich um ein Verfahren völlig anderer Natur; es wird unter Punkt 4 näher beschrieben.

Die genauen chemischen Vorgänge, welche bei der Umwandlung einer Rohhaut in Leder stattfinden, sind – genau wie die an diesen Reaktionen beteiligten Moleküle – sehr kompliziert und teilweise wenig bekannt. Die Arbeit des Gerbers weist noch heute empirische Charakterzüge auf. Im Folgenden werden die herkömmlichen Methoden zur Behandlung von Häuten beschrieben. Abschliessend wird auf einige Aspekte der modernen industriellen Gerbung eingegangen. Die traditionellen handwerklichen Gerbverfahren werden heute noch in Ländern angewendet, in denen billige Arbeitskräfte zur Verfügung stehen.

Die ersten Arbeitsgänge bei der Verarbeitung von Rohhäuten zu Leder beziehungsweise Pergament werden in der sogenannten «Wasserwerkstatt» durchgeführt. Die Weiterverarbeitung ist dann allerdings sehr unterschiedlich.

3.1 Die Wasserwerkstatt

Die Arbeitsgänge in der Wasserwerkstatt sind von grosser Bedeutung, denn sie können für die Qualität des Endprodukts Pergament beziehungsweise Leder ausschlaggebend sein; hier wird aus einem

Le but du travail de rivière est l'élimination des poils, de l'épiderme et de l'hypoderme, pour ne conserver que le derme, dont les fibres de collagène auront été préparées à recevoir les traitements successifs. Dans le travail de rivière, on distingue plusieurs étapes:

■ Le *lavage à l'eau courante* doit éliminer de la peau les restes de sang, d'excréments et de sel (utilisé pour conserver la peau); le lavage provoque aussi un léger gonflement de la peau, ce qui permet une meilleure pénétration des produits utilisés dans les phases suivantes. Cette étape est appelée reverdissage et peut durer quelques jours.

■ L'*épilage* (appelé *ébourrage* par les tanneurs) et l'*écharnage* éliminent les couches indésirables de la peau: l'épiderme avec les poils d'un côté et l'hypoderme avec les restes de chair et de graisse de l'autre. Cette opération ne peut pas être menée à bien sans un assouplissement préalable du lien entre le derme et l'épiderme.

Dans ce but, les tanneurs ont utilisé, au long des siècles, différentes méthodes. Pour faciliter la séparation de ces couches, on utilisait, dans l'Antiquité, une infusion de substances végétales (feuilles, céréales, farine et bière ou vin) ou animales (excréments, lait avec farine) en fermentation: les bactéries qui s'y développaient attaquaient la surface des peaux, permettant la séparation des couches. Il s'agit d'un perfectionnement d'une méthode très primitive qui consiste à laisser simplement pourrir la peau jusqu'au moment où les poils se détachent sans trop de difficulté. Ces méthodes sont de type biochimique, car elles utilisent l'action de micro-organismes et de leurs enzymes; l'odeur très désagréable et les résultats irréguliers et difficiles à prévoir en rendaient l'utilisation malaisée.

Depuis la fin du VIIIe siècle, une méthode chimique d'épilage s'est largement développée: le traitement des peaux avec de la chaux vive (hydroxyde de calcium) ou d'autres produits fortement alcalins a permis une simplification et un meilleur contrôle de l'épilage. La chaux vive est obtenue par cuisson du calcaire à environ 800 °C; les cendres de bois fournissent aussi un produit alcalin, mais moins puissant que la chaux. Tous ces produits provoquent la séparation de l'épiderme et des poils, une certaine saponification des graisses

abgezogenen Fell eine gereinigte, für die nachfolgenden Behandlungen vorbereitete Haut (Blösse).

Ziel der verschiedenen Arbeitsgänge in der Wasserwerkstatt ist es, Haar, Oberhaut und Unterhaut zu entfernen. Erhalten bleibt nur die Lederhaut, deren Collagenfasern für die nachfolgenden Behandlungen vorbereitet werden:

■ Durch das *Waschen in fliessendem Wasser* werden die Reste von Blut, Exkrementen und Salz (eingesetzt für die Konservierung der Haut) entfernt. Das Waschen bewirkt ein leichtes Quellen der Haut, wodurch die bei den folgenden Arbeitsgängen zugegebenen Produkte besser eindringen können. Dieser Vorgang wird «Weiche» genannt (Wiederherstellung der «grünen Haut») und kann einige Tage dauern.

■ Beim *Enthaaren und Entfleischen* werden die zur Weiterverarbeitung nicht benötigten Schichten der Haut beseitigt: die Oberhaut mit den Haaren auf einer Seite und die Unterhaut mit den Resten von Fleisch und Fett auf der anderen. Um dabei ein gutes Resultat zu erzielen, muss zuerst die Bindung zwischen der Leder- und der Oberhaut aufgelockert werden.

Dazu haben die Gerber im Verlauf der Jahrhunderte verschiedene Methoden angewendet. Am einfachsten war es, die Haut einfach faulen zu lassen, bis man die Haare ohne grosse Schwierigkeiten entfernen konnte. Im Altertum verwendete man dann einen gärenden Aufguss aus pflanzlichen oder tierischen Stoffen (Blätter, Getreide, Mehl, Bier oder Wein, beziehungsweise Exkremente, Milch mit Mehl): Die sich entwickelnden Bakterien griffen die Oberfläche der Haut an, deren Schichten dann leichter voneinander getrennt werden konnten. Diese biochemischen Methoden beruhen auf dem Wirken von Mikroorganismen und deren Enzymen. Der unangenehme Geruch und das ungleichmässige und schlecht vorhersehbare Ergebnis erschwerten die Anwendung.

Seit dem Ende des 8. Jahrhunderts setzte sich eine chemische Methode des Enthaarens durch: Ätzkalk (Calciumhydroxid) oder andere stark alkalische Produkte machten das Enthaaren einfacher und kontrollierbarer. Ätzkalk wird durch Erhitzen von Kalkstein auf ca. 800 °C gewonnen. Auch Holzaschen ergeben ein alkalisches Produkt, sind aber

qui deviennent ainsi solubles, le gonflement des fibres du derme qui deviennent plus accessibles, et l'élimination d'une partie de la substance basale qui entoure les fibres de collagène.

Le traitement avec de la chaux peut avoir des durées très différentes : le manuscrit de Lucca (Compositiones ad tingenda ..., MS 410 Biblioteca Capitolare) du VIIIe siècle parle de trois jours, alors que l'« Encyclopédie » de Diderot et d'Alembert parle de douze à dix-huit mois. Les concentrations de produit actif étaient probablement très différentes et, prolongée sur un temps assez long, l'action chimique de la chaux se combinait certainement avec l'action des micro-organismes qui se développent dans ce milieu alcalin.

Les méthodes de traitement alcalin n'ont jamais complètement remplacé les méthodes biochimiques ; l'Encyclopédie de Diderot et d'Alembert cite, parallèlement au traitement à la chaux, le traitement avec de l'orge (fermentation pendant cinq à six mois) et le traitement avec des eaux provenant des cuves de tannage (solutions tanniques faibles) : il s'agit de traitements enzymatiques à caractère acide, qui donnaient un cuir considéré de très bonne qualité.

Après ces traitements, on effectue l'épilage en raclant la peau posée sur une surface arrondie (tronc d'arbre) avec un couteau peu tranchant. Les poils se détachent facilement de la peau et peuvent être lavés puis utilisés comme laine. L'écharnage est ensuite réalisé sur le même support, à l'aide d'un couteau souple bien aiguisé : on élimine ainsi les couches hypodermiques et les restes de chair, et on égalise l'épaisseur de la peau. Cette opération est très délicate, car il est facile d'entamer le derme avec le couteau.

De nos jours, dans les pays industrialisés ces opérations sont réalisées par des machines, alors que dans les pays où la main-d'œuvre est bon marché elles sont encore exécutées manuellement.

■ Le *déchaulage* et le *confitage* complètent les opérations du travail de rivière et préparent les peaux pour les étapes suivantes du tannage. Le déchaulage est un traitement de neutralisation appliqué aux peaux qui ont subi un bain alcalin ; il est opéré avec des acides ou sels acides faibles, tels que l'acide borique, l'acide acétique, l'acide lactique, le

weniger wirkungsvoll als Kalk. Alle diese Produkte bewirken die Lockerung von Oberhaut und Haaren, das Verseifen und somit die Löslichkeit der Fette und das Quellen der Fasern der Lederhaut, die dadurch reaktionsfähiger wird. Ausserdem wird ein Teil der die Collagenfasern umgebenden Basalsubstanz eliminiert.

Die Behandlungsdauer im Kalkbad kann verschieden lang sein: In der Lucca-Handschrift (Compositiones ad tingenda ..., MS 410 Biblioteca Capitolare) des 8. Jahrhunderts werden drei Tage angegeben, wogegen in der «Enzyklopädie» von Diderot und d'Alembert von zwölf bis achtzehn Monaten gesprochen wird. Wahrscheinlich wurden sehr verschiedene Konzentrationen an wirksamem Gerbstoff verwendet. Bei einer ausreichend langen Behandlung kam zur chemischen Wirkung von Kalk sicherlich die Wirkung von Mikroorganismen hinzu, die sich im alkalischen Milieu entwickeln.

Die alkalischen Behandlungsmethoden haben die biochemischen nie vollständig verdrängt. In der «Enzyklopädie» von Diderot und d'Alembert wird parallel zur Behandlung mit Kalk eine Behandlung mit Gerste (Gärung während fünf bis sechs Monaten) und eine Behandlung mit Wasser aus Gerbbütten (schwach gerbsaure Lösungen) genannt: Es handelt sich um Enzymbehandlungen sauren Charakters; die Qualität des so gewonnenen Leders wurde als sehr gut angesehen.

Nach diesen Vorgängen wird die Haut auf einer gerundeten Oberfläche (Gerberbaum) mit einem stumpfen Schermesser enthaart. Die Haare lösen sich leicht von der Haut, sie können gewaschen und als Haarwolle verwendet werden. Das Entfleischen wird auf der gleichen Unterlage mit einem biegsamen, scharfen Messer vorgenommen: So werden Unterhaut und Fleischreste entfernt und die Dicke der Haut ausgeglichen. Hierbei muss sehr vorsichtig vorgegangen werden, damit die Lederhaut nicht verletzt wird.

Heute werden diese Arbeitsgänge in den Industrieländern maschinell, in Ländern mit billigen Arbeitskräften hingegen immer noch manuell durchgeführt.

■ Mit dem *Entkalken* und *Beizen* werden die Vorgänge in der Wasserwerkstatt abgeschlossen und die Häute für die Etappen der Gerbung vorbe-

bisulfite de sodium ou le chlorure d'ammonium; les recettes sont très nombreuses et varient pour chaque tanneur. Le gonflement de la peau provoqué par le traitement précédant est réduit et son pH est sensiblement diminué; les restes de chaux à la surface et à l'intérieur de la peau sont éliminés.

Le confitage est un traitement qui a été appliqué depuis l'Antiquité pour préparer les peaux au tannage proprement dit. Les confits sont des infusions végétales (farine, son) ou animales (excréments d'oiseaux ou d'autres animaux) qui permettent le développement de micro-organismes dont les enzymes attaquent les restes de poils dans les pores de la peau et la substance basale qui protège encore les fibres de collagène; ces dernières sont ainsi prêtes à se lier aux tanins.

La peau devient plus souple et élastique suite à ce traitement, qui doit être surveillé soigneusement, car les enzymes libérés peuvent attaquer aussi les fibres de collagène et affaiblir définitivement le cuir.

Le confitage avec des excréments d'animaux était utilisé, en Angleterre, encore en 1920 (Reed, 1972). Le confitage avec des infusions végétales a un caractère acide et produit aussi des quantités importantes de gaz carbonique; il exerce une action assouplissante sur les fibres du derme. Le tannage est possible aussi sans un confitage, mais il prendra plus de temps et sera moins régulier.

Certains tannages sont facilités par le «pickage», traitement acide à base d'acide sulfurique ou d'acide formique et de sel de cuisine, qui acidifie les fibres et les prépare à se lier avec l'agent tannant.

3.2 Le tannage avec des extraits végétaux tanniques

Le tannage est une opération par laquelle on cherche à obtenir une combinaison entre le collagène, rendu accessible et réactif par les opérations précédentes, et des tanins; cette combinaison est stable et modifie profondément les propriétés chimicophysiques de la peau, qui devient beaucoup plus résistante aux températures élevées, aux réactifs chimiques et à la dégradation microbiologique,

reitet. Durch das Entkalken werden die vorher in einem alkalischen Bad behandelten Blössen neutralisiert. Verwendet werden Säuren oder schwach saure Salze wie Borsäure, Essigsäure, Milchsäure, Natriumhydrogensulfid oder Ammoniumchlorid. Es gibt zahlreiche Rezepte, und sie werden von jedem Gerber unterschiedlich angewendet. Das durch die vorhergehenden Verfahren verursachte starke Quellen der Haut wird verringert. Der pH-Wert wird stark herabgesetzt, und die Kalkresten an der Oberfläche und in der Haut werden entfernt.

Das Beizen wird seit dem Altertum angewendet, um die Blössen auf den eigentlichen Gerbvorgang vorzubereiten. Beizen sind pflanzliche oder tierische Aufgüsse (Mehl, Kleie beziehungsweise Exkremente von Tieren), in denen sich Mikroorganismen entwickeln. Deren Enzyme greifen die Haarreste in den Hautporen und die noch die Collagenfasern schützende Basalsubstanz an. Dadurch können sich die Collagenfasern mit dem Gerbstoff verbinden.

Die Haut wird nach dieser Behandlung weicher und elastischer. Der Vorgang muss sorgsam überwacht werden, denn die freigesetzten Enzyme können auch die Collagenfasern angreifen und das Leder irreversibel beschädigen.

Das Beizen mit Tierkot wurde noch 1920 in England angewendet (Reed, 1972). Das Beizen mit pflanzlichen Aufgüssen ist ein saures Verfahren, durch welches auch grosse Mengen Kohlensäure erzeugt werden; diese lockert die Fasern der Lederhaut auf. Gerben ist auch ohne vorheriges Beizen möglich, dauert dann aber länger, und das Ergebnis ist weniger regelmässig.

Manche Gerbungen werden durch das «Pickeln» erleichtert, ein saures Verfahren auf der Grundlage von Schwefel- oder Ameisensäure und Kochsalz, das die Fasern auf einen sauren ph-Wert einstellt und sie für die Verbindung mit dem Gerbmittel vorbereitet.

3.2 Vegetabile Gerbung (mit pflanzlichen Gerbstoffen)

Mit der Gerbung wird eine Verbindung zwischen dem Collagen, das aufgrund der vorherigen Abläufe reaktionsfähig ist, und den Gerbstoffen ange-

tout en perdant une part plus ou moins grande de sa souplesse à l'état de peau brute. Cette méthode est connue depuis la fin de l'âge de la pierre et l'âge du bronze.

Le tannage artisanal consiste à laisser séjourner les peaux dans des fosses successives contenant des solutions avec des concentrations de plus en plus fortes de tanins.

Les tanins sont des substances naturelles présentes dans de très nombreux végétaux, toutefois avec des caractéristiques et des concentrations très différentes ; on en distingue plusieurs types. Dans la tannerie traditionnelle, on utilisait comme source de tanins surtout l'écorce de bois de chêne et de châtaignier, parfois en combinaison avec de l'écorce de bois résineux. L'écorce de mimosa, la feuille de sumac et d'autres plantes riches en tanins ont également été utilisées par les tanneurs et le sont d'ailleurs toujours.

La composition chimique des tanins est très variable ; on distingue deux groupes, les tanins hydrolysables et les tanins condensés. On trouve les deux types de tanins dans les plantes, issus de procédés biosynthétiques différents ; leur proportion varie fortement d'une plante à l'autre.

Les tanins hydrolysables sont principalement des dérivés de l'acide gallique ;[2] le bois de châtaigner, celui de sumac, le fruit du tara fournissent par exemple ce type de tanins.

Les tanins condensés sont caractérisés par la présence de groupes phénoliques,[3] qui se condensent en groupes plus ou moins complexes. L'écorce du chêne, l'écorce et le bois de mimosa, le bois de quebracho sont riches en tanins condensés.

Chaque tanin donne au cuir une couleur, une résistance à la lumière et des caractéristiques propres, qui sont utilisées à bon escient par les tanneurs.

La liaison entre tanin et collagène se fait de plusieurs manières : on distingue les tanins fixés, qui

strebt. Die entstehende Verbindung ist stabil und verändert tiefgreifend die chemischen und mechanischen Eigenschaften der Haut: Sie wird viel resistenter gegenüber hohen Temperaturen, chemischen Reagenzien und Mikroorganismenbefall, verliert dabei aber bis zu einem gewissen Grad die Flexibilität einer Rohhaut. Diese Methode ist seit dem Ende der Steinzeit und der Bronzezeit bekannt.

Beim manuellen Gerben werden die Blössen in aufeinanderfolgende Gruben mit Gerbbrühe (Gerberlohe) gelegt. Die Konzentration an Gerbstoff wird jeweils erhöht.

Als Gerbstoffe werden natürliche Substanzen bezeichnet, die mit unterschiedlichen Eigenschaften und Konzentrationen in sehr vielen Pflanzen vorkommen; man unterscheidet mehrere Arten. In der herkömmlichen Gerberei wurden sie hauptsächlich aus Rinde von Eichen und Kastanien, manchmal kombiniert mit Nadelholzrinde, gewonnen. Auch Mimosarinde, Sumachblätter und andere gerbstoffhaltige Pflanzen wurden und werden von den Gerbern verwendet.

Die Gerbstoffe sind in ihrer chemischen Zusammensetzung sehr vielfältig. Man unterscheidet zwei Gruppen: die hydrolisierbaren und die kondensierten Gerbstoffe. Beide Gerbstoffgruppen kommen in unterschiedlichen Konzentrationen in Pflanzen vor und werden durch verschiedene biosynthetische Prozesse gewonnen.

Hydrolisierbare Gerbstoffe sind hauptsächlich Derivate der Gallussäure.[2] Solche Gerbstoffe können zum Beispiel aus Edelkastanien- und Sumachholz sowie Tarafrüchten gewonnen werden.

Die kondensierten Gerbstoffe sind durch Phenolgruppen[3] charakterisiert, die sich als mehr oder weniger komplexe Gruppen niederschlagen. Eichenrinde, Mimosaholz und -rinde sowie Quebrachoholz sind reich an kondensierten Gerbstoffen.

Jeder Gerbstoff verleiht dem Leder eine eigene Farbe und Lichtbeständigkeit sowie andere spe-

[2] Plus précisément, les tanins hydrolysables sont des dérivés de l'acide gallique et d'autres acides polyphénoliques ; ils résultent de l'estérification, par ces acides, des fonctions alcooliques du glucose. Leur structure chimique est très variable, mais comporte toujours une partie polyphénolique.

[3] Ils consistent en un anneau benzénique C_6H_6 dont un ou plusieurs H sont remplacés par des groupes -OH.

[2] Hydrolisierbare Gerbstoffe sind Derivate der Gallussäure und anderer Polyphenole. Sie entstehen bei der durch die Säuren ausgelösten Bildung von Estern an den funktionellen Hydroxyd-Gruppen der Glukose. Ihre chemische Struktur ist sehr unterschiedlich, es sind aber immer Polyphenole enthalten.

[3] Phenol besteht aus einem Benzolring C_6H_6, bei dem ein oder mehrere H-Atome durch -OH-Gruppen ersetzt werden.

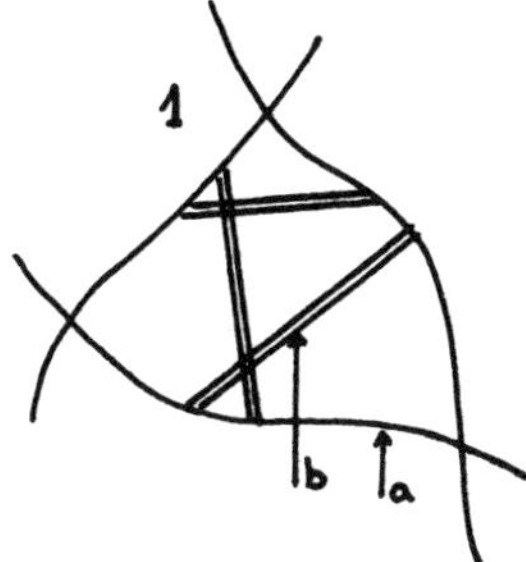

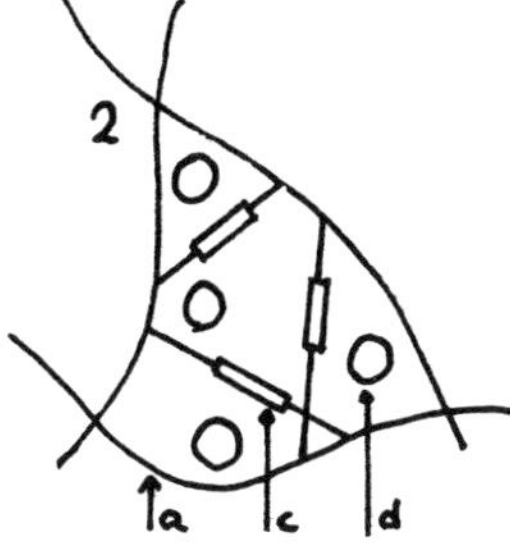

Fig. 5/6: Modèle schématique du tannage.

1 = Peau vivante, 2 = Cuir tanné
a = microfibrille de collagène
b = protéine hydrosoluble élastique dans la peau vivante
c = tanin
d = graisse

Fig. 5/6: Schematisches Modell einer Gerbung.

1 = «lebende» Haut, 2 = gegerbtes Leder
a = Collagenfibrille
b = wasserlösliches, elastisches Eiweiss in der «lebenden» Haut
c = Gerbstoff
d = Fett

sont complètement insolubles après leur fixation et dont le mode de liaison n'est pas encore complètement élucidé, les tanins liés au collagène par liaison ionique, qui deviennent solubles en fonction du pH du milieu, et les tanins solubles, qui peuvent être mis en solution avec de l'eau chaude et sont liés par des ponts hydrogène.

Les tanins se lient principalement dans les régions amorphes de la molécule de collagène. Des photographies au microscope électronique montrent que les tanins fixes s'agglutinent entre les fibres, vraisemblablement en formant des polymères très stables.

Le modèle fondamental du tannage indique que les tanins se placent entre les fibrilles de collagène et remplacent les protéines hydrosolubles élastiques naturelles qui ont été éliminées pendant le travail de rivière, créant ainsi une structure stable; sur le plan moléculaire, on peut imaginer que les tanins forment des liaisons avec les parties les plus réactives de la molécule de collagène et augmentent ainsi sa stabilité chimique. Au cours des dernières opérations de la tannerie, on introduira encore des graisses dans cette structure, pour améliorer les caractéristiques physiques de la matière.

Dans la tannerie traditionnelle, les peaux sont empilées en alternance avec des couches d'écorces

zifische Eigenschaften und wird hierfür vom Gerber überlegt ausgewählt.

Die Bindung zwischen Gerbstoff und Collagen vollzieht sich auf verschiedene Weise. Man unterscheidet zwischen festen Gerbstoffen, die nach ihrer Bindung vollkommen unlöslich sind und deren Bindungsart noch nicht vollständig aufgeklärt ist, Gerbstoffen, die durch Ionenbindung mit dem Collagen verbunden und in Abhängigkeit vom pH-Wert des Mediums löslich werden, sowie löslichen Gerbstoffen, die in heissem Wasser gelöst werden und durch Wasserstoffbrücken gebunden sind.

Die Gerbstoffe werden hauptsächlich in den amorphen Bereichen des Collagenmoleküls gebunden. Aufnahmen mit dem Elektronenmikroskop zeigen, dass die festen Gerbstoffe mit den Fasern verkleben und dabei wahrscheinlich hochstabile Polymere bilden.

Das Grundmodell einer Gerbung verdeutlicht, wie sich die Gerbstoffe zwischen den Collagenfibrillen anlagern. Sie ersetzen die in der Wasserwerkstatt eliminierten wasserlöslichen, elastischen, natürlichen Eiweisse und schaffen ein stabiles Gefüge. Man kann sich vorstellen, dass die Gerbstoffe mit den reaktivsten Teilen des Collagenmoleküls Verbindungen eingehen und damit seine chemische Stabilität erhöhen. Während der letzten Arbeitsgänge in der Gerberei werden dieser Struktur noch

tanniques et recouvertes d'eau. De temps en temps, on retourne les peaux et on les transporte vers une fosse avec une solution à plus forte concentration. Le principe du tannage consiste à imprégner la peau de solutions de tanins de plus en plus concentrées, chaque étape favorisant l'étape suivante, jusqu'à saturation de la peau. Ce processus, très long, pouvait durer jusqu'à deux ou trois ans.

Fonjallaz (1967) décrit le travail à la tannerie de La Sarraz (Suisse romande) vers le début du XXe siècle, époque à laquelle les procédés traditionnels y étaient encore utilisés: les peaux étaient mises dans un bain d'un jus léger d'écorce de chêne et de sapin[4] pendant deux semaines, avec une agitation très fréquente au début, quotidienne ensuite. Suivait un bain dans un jus plus épais, obtenu en mélangeant une part d'écorce de sapin pour deux parts d'écorce de chêne. Les peaux étaient ensuite entassées dans des fosses à l'extérieur, en couches alternées de cuir et d'écorce de chêne. Quatre mises en fosse dans des conditions semblables et avec une concentration toujours plus grande de tanins se succédaient; cela durait environ un an et achevait le tannage. Le temps de séjour très long dans les fosses de tannage combine l'action directe des tanins à l'action de processus microbiologiques et chimiques qui modifient certaines substances tannantes en conférant aux cuirs traités de cette manière des caractéristiques spécifiques permettant de les distinguer de cuirs tannés de manière plus expéditive.

Le processus de tannage proprement dit peut être réduit à quelques semaines seulement sans que l'aspect final des peaux soit sensiblement modifié; bien sûr, la stabilité chimique et la solidité mécanique des cuirs sont affectés, car dans ces cas on peut parler de semi-tannage ou de tannage incomplet. Certaines tanneries dans des pays pauvres travaillent aujourd'hui de cette manière.

Le tannage peut être accéléré par une agitation mécanique continue des peaux; en effet, au début

[4] L'écorce de sapin sert à régler l'acidité de la solution de tannage afin d'obtenir les conditions de pH idéales pour la liaison entre tanins et collagène. La première solution de tannage est très diluée. Elle sert à neutraliser les restes de produits alcalins provenant des étapes précédentes du travail et à préparer le collagène pour les étapes successives.

Fette zugesetzt, um die mechanischen Eigenschaften des Leders zu verbessern.

In der herkömmlichen Gerberei werden Blössen und gerbstoffhaltige Rinden abwechselnd geschichtet und mit Wasser bedeckt. Von Zeit zu Zeit werden die Blössen umgedreht oder in eine Grube mit höher konzentrierter Gerbbrühe umgelagert. Das Prinzip der Gerbung besteht darin, die Blösse stufenweise mit immer höher konzentrierten Gerbstofflösungen zu durchtränken, bis eine gleichmässige Durchdringung und die Absättigung der gesamten Haut mit Gerbstoffen erreicht ist. Dieser sehr lange Prozess konnte zwei bis drei Jahre dauern.

Fonjallaz (1967) beschreibt die Arbeit in einer am Anfang des 20. Jahrhunderts noch nach traditioneller Methode arbeitenden Gerberei von La Sarraz (Westschweiz): Die Häute wurden zwei Wochen lang in eine schwache Gerbbrühe von Eichen- und Tannenrinde[4] gelegt und zu Beginn häufig, später täglich gewalkt. Danach folgte ein Bad in einer dickeren Brühe (ein Teil Tannenrinde auf zwei Teile Eichenrinde). Im nächsten Vorgang wurden die Häute in Gruben, die sich im Freien befanden, aufeinandergeschichtet, wobei zwischen zwei Häute jeweils eine Lage Eichenrinde kam. Vier Grubenlagerungen unter ähnlichen Bedingungen und mit einer immer höheren Konzentration an Gerbstoffen dauerten insgesamt ein Jahr und schlossen den Gerbprozess ab. Die lange Lagerung in den Gerbgruben fördert neben der direkten Einwirkung der Gerbstoffe die Wirkung mikrobiologischer und chemischer Abläufe. Manche gerbenden Substanzen werden dabei verändert und verleihen dem so behandelten Leder spezifische Eigenschaften, durch die es sich von schneller gegerbten Ledern unterscheidet.

Der Gerbprozess selbst kann auf wenige Wochen verkürzt werden, ohne dass sich das Aussehen des Leders sichtbar verändert. Allerdings werden die chemische Stabilität und die mechanische Halt-

[4] Mit Tannenrinde kann der Säuregehalt der Gerblösung geregelt und dadurch bestmögliche pH-Werte für die Bindung zwischen den Gerbstoffen und dem Collagen geschaffen werden. Die erste Gerbstofflösung ist stark verdünnt. Sie neutralisiert die durch die vorherigen Arbeitsschritte in der Blösse verbliebenen alkalischen Produkte und bereitet das Collagen auf die weiteren Prozesse vor.

du XIXe siècle on introduisit les tonneaux tournants, où les peaux étaient régulièrement brassées avec la solution tannante, ce qui permis de réduire le temps de tannage à quelques semaines. Le processus de tannage avec des tanins végétaux s'est ensuite encore raccourci, jusqu'aux tannages industriels modernes, dont certains peuvent être exécutés en quarante-huit heures.

Un cuir tanné avec des extraits végétaux tanniques conserve son grain et prend une coloration jaune-brune dans toute son épaisseur. La nuance de couleur change, selon l'origine des tanins, du rouge-brun au jaune; la coloration que le cuir prendra sous l'effet de la lumière dépend aussi des autres caractéristiques de la peau.

Le cuir tanné végétalement conserve une certaine sensibilité à la chaleur, particulièrement à l'état mouillé: à une température d'environ 70 à 80 °C, il se produit une contraction des fibres et une certaine plastification des tanins; la température à laquelle ce phénomène se produit est appelée « température de contraction » et fournit un indice de la stabilité chimique de la liaison entre le collagène et les substances tannantes, donc de la qualité du tannage. On considère comme très stables des cuirs à tannage végétal dont la température de contraction est supérieure à 80 °C.

La capacité du cuir à se contracter dans certaines conditions a été exploitée au Moyen-Age pour produire du cuir formé et durci, par exemple pour des armures ou des récipients: le cuir mouillé était formé sur un moule et plongé pendant un court moment dans de l'eau bouillante. Le produit de ce traitement est appelé « cuir bouilli ».

Le tannage amène dans la peau un excès de tanins non liés chimiquement avec le collagène et se trouvant entre les fibres. Ces tanins constituent une réserve dans la peau, mais ils peuvent aussi migrer, par exemple dans les feuilles de garde d'un livre, leur donnant la coloration brune caractéristique à l'endroit des rabats en cuir à l'intérieur des plats.

barkeit des Leders herabgesetzt, es kann hier von einer Halbgerbung oder einer unvollständigen Gerbung gesprochen werden. Manche Gerbereien in armen Ländern arbeiten heute auf diese Weise.

Die vegetabile Gerbung kann durch ständige mechanische Bewegung der Blössen beschleunigt werden. Daher wurden zu Beginn des 19. Jahrhunderts rotierende Fässer eingeführt, in denen die Häute in der Gerbbrühe bewegt wurden. Die Gerbdauer konnte dadurch auf einige Wochen herabgesetzt werden. Der Gerbprozess wurde im Lauf der Zeit immer kürzer: Es gibt moderne industrielle Gerbungen, die nur 48 Stunden dauern.

Ein mit pflanzlichen Gerbstoffen gegerbtes Leder behält seinen Narben und nimmt in seiner gesamten Dicke eine bräunliche Färbung an. Der Farbton wechselt je nach Art des Gerbstoffs von Rotbraun zu Gelb. Der Farbton, den das Leder später unter Lichteinwirkung annehmen wird, hängt auch von anderen, hauteigenen Faktoren ab.

Vegetabil gegerbtes Leder bleibt, besonders in feuchtem Zustand, hitzeempfindlich; eine Temperatur von ca. 70 bis 80 °C bewirkt ein Zusammenziehen der Fasern und eine Art Plastifizierung der Gerbstoffe. Die Temperatur, bei welcher dieses Phänomen auftritt, wird die Schrumpftemperatur genannt und gibt Auskunft über die chemische Stabilität der Bindung zwischen dem Collagen und den gerbenden Substanzen, das heisst über die Qualität der Gerbung. Vegetabil gegerbte Leder mit einer Schrumpftemperatur von über 80 °C gelten als sehr haltbar.

Die Fähigkeit des Leders, unter bestimmten Bedingungen zu schrumpfen, wurde im Mittelalter zum Formen und Härten von Leder genutzt, zum Beispiel für Rüstungen oder Gefässe: Das nasse Leder wurde auf einer festen Form geformt und kurz in kochendes Wasser getaucht. Man nennt das so geformte Leder «cuir bouilli».

Beim Gerben wird ein Überschuss an Gerbstoff in die Blösse gebracht, der nicht vom Collagen gebunden, sondern zwischen den Fasern eingelagert wird. Er bildet eine Reserve im Leder, kann aber auch austreten, zum Beispiel in die Vorsatzblätter eines Buches. Diese weisen dann über dem Ledereinschlag im Deckel eine charakteristische braune Verfärbung auf.

3.3 Opérations finales de la tannerie

A la sortie des fosses ou des tonneaux de tannage, les peaux sont séchées à l'air pendant quelques jours; au moment où le cuir est encore humide, il subit les derniers traitements.

■ Pour le *graissage,* ou nourriture du cuir, on introduit dans le cuir humide des graisses destinées à améliorer sa souplesse en facilitant le déplacement des fibres entre elles. Le cuir est traité avec des graisses ou des huiles à l'état naturel ou en émulsion; le dégras provenant du chamoisage était autrefois très prisé pour cette opération, mais toutes sortes d'huiles et de graisses étaient utilisées: suif, huile de poisson, de cétacés, de pied de bœuf, beurre, jaune d'œuf, huile d'olive, de coton, de ricin, etc. L'huile de lin pouvait être utilisée pour former un film protecteur à la surface du cuir.

■ La *teinture* est un procédé connu et utilisé depuis l'Antiquité. Jusqu'au XIXe siècle, la gamme des couleurs était limitée, tout comme pour la teinture des fibres textiles ou pour la peinture, aux colorants naturels, principalement végétaux, mais aussi d'origine animale ou minérale. L'introduction des couleurs à l'aniline, dès leur découverte en 1856, a augmenté considérablement les possibilités dans ce domaine.

Sans aborder dans le détail ce chapitre, ce qui nous mènerait trop loin pour les buts de cet ouvrage, citons une méthode utilisée depuis l'Antiquité: le traitement du cuir tanné végétalement avec du sulfate de cuivre ou de fer, ce qui, par une réaction semblable à celle des encres métallogalliques, confère au cuir une couleur noire stable et insoluble.

■ Le *traitement de surface* est exécuté à l'aide de différents outils: avec un couteau tranchant, on égalise d'abord le côté chair de la peau; pour traiter le côté fleur, on peut égaliser le grain en frottant la surface avec une plaque de marbre ou, au contraire, le mettre en évidence en roulant les peaux fleur contre fleur. Ces traitements ont aussi été mécanisés par l'industrie du cuir.

Après ces traitements, les peaux sont séchées à l'air et pressées en tas, avant d'être entreposées en attendant leur mise en vente.

3.3 Die Nachbehandlungen in der Gerberei (das Zurichten)

Die Häute werden nach dem Herausnehmen aus den Gruben oder Fässern einige Tage lang an der Luft getrocknet. Das noch feuchte Leder wird dann weiterbearbeitet.

■ Durch das *Fetten* des Leders werden Fette in das feuchte Leder eingebracht, welche die Bewegung der Fasern untereinander erleichtern und die Flexibilität des Leders verbessern. Die Fette oder Öle werden pur oder als Emulsion zugegeben. Sehr begehrt war früher das durch die Sämischgerbung entstandene Lederfett, aber man verwendete andere Öle und Fette: Talg, Tran, Zetazeenöl, Klauenöl, Butter, Eidotter, Olivenöl, Baumwollöl, Rizinusöl usw. Leinöl wurde als Schutzfilm auf die Lederoberfläche aufgetragen.

■ Das *Färben* wird seit dem Altertum praktiziert. Bis zum 19. Jahrhundert beschränkte sich die Auswahl, genau wie beim Färben von Textilfasern oder in der Malerei, auf natürliche Farbstoffe, grösstenteils pflanzlichen, manchmal aber auch tierischen oder mineralischen Ursprungs. Mit der Entdeckung der Anilinfarben im Jahr 1856 und ihrer schnellen Verbreitung wurde die Auswahl beträchtlich erweitert.

Ohne auf Details einzugehen, denn das würde im Rahmen dieses Werkes zu weit führen, sei nur ein seit dem Altertum bekanntes Verfahren zum Schwärzen von Leder erwähnt: Das vegetabil gegerbte Leder wurde mit Kupfer- oder Eisensulfat behandelt. Aufgrund einer ähnlichen Reaktion wie bei den Eisengallustinten färbt sich das Leder dabei schwarz (stabil und unlöslich).

■ Die *Oberflächenbearbeitung* wird mit verschiedenen Werkzeugen durchgeführt. Die Fleischseite des Leders wird mit einem scharfen Messer ausgeglichen, sodass ein gleichmässig dickes Leder entsteht. Dann wird die Narbenseite behandelt. Der Narben kann durch Reiben auf einer Marmorplatte geglättet werden. Reibt man dagegen Narben gegen Narben, wird dieser noch betont. Diese Arbeitsgänge wurden von der Lederindustrie mechanisiert.

3.4 Les tannages blancs

Les tannages blancs représentent un groupe de méthodes de traitement du cuir moins laborieuses et bien plus rapides que le tannage aux extraits végétaux tanniques. Les premiers témoins de cette méthode remontent à l'âge du bronze. Les tannages blancs comportent l'utilisation d'alun, un sulfate double de potassium et d'aluminium présent dans des gisements naturels connus depuis l'Antiquité. Au XIXe siècle, le sulfate d'aluminium était disponible en grandes quantités comme sous-produit de l'industrie chimique. Un tannage à l'alun pur est un tannage minéral, mais il a souvent été combiné avec d'autres substances, végétales et/ou animales. Ainsi, une recette sumérienne cite l'utilisation d'alun, de graisse et de noix de galle.

Le *tannage à l'alun* peut être obtenu par immersion des peaux dans une solution d'alun, à une température de 20–30 °C; la solution de tannage contient 8–10 % d'alun naturel ou 5–7 % de sulfate d'aluminium pur, avec 2–3 % de sel de cuisine. Les peaux sont ensuite séchées lentement, pendant quelques semaines, à l'air; elles sont à ce moment très dures et rigides. Un lavage rapide permet d'éliminer les restes de sels à la surface de la peau, de les hydrater et d'améliorer les qualités mécaniques des peaux. On obtient ainsi un cuir blanc, stable dans des conditions normales, mais peu résistant à la chaleur (température de contraction env. 70 °C à l'état neuf) et sensible à l'eau. Cette dernière peut à la longue dissoudre les sels qui ne sont pas liés de manière très stable au collagène; la peau se détanne partiellement et devient très dure et rigide. Ce procédé de tannage ne se prête qu'à certains usages du cuir; à partir du XVIe siècle, il a été amplement utilisé pour la production de cuirs de reliure à bon marché.

Par la recherche d'une plus grande stabilité, on est arrivé à des tannages combinés, appelés *mégissages,* qui donnent des peaux blanches ou couleur crème, souples et solides, assez résistantes à l'eau. Cet effet est obtenu en ajoutant à l'alun et au sel de la farine et du jaune d'œuf, de l'huile ou du sébum (ce dernier est dit *tannage blanc hongrois*); l'Encyclopédie de Diderot et d'Alembert cite une

Nach diesen Arbeitsgängen werden die Häute an der Luft getrocknet, in Stapeln gepresst und verkaufsbereit gelagert.

3.4 Weissgerbungen

Weissgerbungen sind weniger umständlich und wesentlich schneller als vegetabile Gerbungen. Erste Zeugnisse dieser Methode stammen aus der Bronzezeit. Grundlage dieser Verfahren ist die Verwendung von Alaun, einem Doppelsulfat aus Kalium und Aluminium, das natürlich vorkommt und seit dem Altertum bekannt ist. Seit dem 19. Jahrhundert stand auch Aluminiumsulfat, ein Nebenprodukt der chemischen Industrie, ausreichend zur Verfügung. Eine reine Alaungerbung ist eine mineralische Gerbung; oft aber wurde Alaun in Kombination mit anderen pflanzlichen und/oder tierischen Stoffen verwendet. So gibt ein sumerisches Rezept die Verwendung von Alaun, Fett und Gallnuss an.

Bei der *Alaungerbung* werden die Blössen in eine Lösung aus Alaun eingelegt (Temperatur 20–30 °C); die Gerbstofflösung enthält 8–10 % natürliches Alaun oder 5–7 % reines Aluminiumsulfat und 2–3 % Kochsalz. So gegerbte Häute werden dann langsam einige Wochen lang an der Luft getrocknet, sie werden sehr hart und steif. Durch eine kurze Wäsche können die Salzreste an der Lederoberfläche eliminiert, das Leder hydratisiert und seine mechanischen Eigenschaften verbessert werden. Es entsteht ein weisses Leder, das unter normalen Bedingungen beständig ist. Es ist aber nicht sehr hitzestabil (neues Leder hat eine Schrumpftemperatur von ca. 70 °C) und ist ausserdem wasserempfindlich. Wasser kann die nicht sehr stabil an das Collagen gebundenen Salze im Lauf der Zeit auflösen; das Leder wird teilweise entgerbt und damit hart und steif. Alaungegerbtes Leder ist nur für ganz bestimmte Verwendungszwecke geeignet; seit dem 16. Jahrhundert diente dieses Gerbverfahren zur Herstellung von billigen Einbandledern.

Die Suche nach grösserer Stabilität führte zu einer Reihe von kombinierten Gerbungen, den sogenannten *Glacégerbungen.* Dabei entsteht ein

recette de mégissage. Il s'agit, en effet, d'un tannage combiné minéral/graisses. Les recettes comprennent généralement l'utilisation de 3–10 kg d'alun, 1–4 kg de sel de cuisine, 5–10 kg de farine, 1–2 kg de jaune d'œuf et 15–60 l d'eau pour préparer le bain tannant. Les peaux sont immergées dans ce bain et travaillées mécaniquement pour favoriser la pénétration des substances tannantes. La présence de graisses augmente sensiblement la résistance à l'eau de ces cuirs. Les étapes décrites étaient suivies d'un lavage, d'une finition de surface et d'un séchage final.

3.5 Tannages aux graisses et à la fumée

Ces méthodes de tannage sont très anciennes, Homère les cite, et leur utilisation remonte à l'âge de la pierre; elles sont encore utilisées de nos jours, sous une forme modernisée, pour quelques usages particuliers.

Les *graisses* (huiles de poisson ou de cétacés, jaune d'œuf, cervelle, foie, moelle ou autres graisses facilement oxydables) sont introduites mécaniquement dans la peau; un échauffement modéré, dû au travail ou provoqué artificiellement, favorise une meilleure pénétration et l'oxydation des graisses, qui se lient de manière stable au collagène. Au XVIIIe siècle, les peaux étaient entassées avec la graisse choisie et l'échauffement était obtenu par fermentation. Plus tard, on a travaillé avec des étuves chauffées à 30–50 °C. Par ce traitement, on obtient une imperméabilisation des fibres et donc un cuir très résistant à l'eau, dit « chamoisé ». La température de contraction réduite (65–70 °C) témoigne d'une liaison relativement faible des substances tannantes.

Les peaux de mouton, souvent refendues, se prêtent particulièrement bien à ce traitement, car leur structure fibreuse est lâche, tandis que des peaux très compactes et épaisses, comme par exemple le veau ou la vachette, se prêtent mal à cette méthode de tannage.

Le traitement avec les graisses est suivi d'un lavage avec un produit alcalin, ce qui permet d'éliminer la graisse superficielle inutile et de récupérer, comme produit secondaire, le « dégras », utilisé

weisses oder cremefarbenes, weiches und festes Leder, das relativ wasserbeständig ist. Ausser Alaun und Salz wird Mehl mit Eidotter, Öl oder Hauttalg zugesetzt (letztere Kombination ergibt die sogenannte ungarische Weissgerbung). In der «Enzyklopädie» von Diderot und d'Alembert wird ein Rezept der Glacégerbung, eine Kombination von Mineral- und Fettgerbung, erwähnt. In den Rezepten wird im Allgemeinen die Verwendung von 3–10 kg Alaun, 1–4 kg Kochsalz, 5–10 kg Mehl, 1–2 kg Eidotter und 15–60 l Wasser angegeben. Die Blössen werden in die Brühe gelegt und mechanisch bearbeitet, um das Eindringen der gerbenden Substanzen zu fördern. Die Wasserbeständigkeit dieser Leder wird durch das Fett stark erhöht. Nach diesen Arbeitsgängen folgen eine Wäsche, die Oberflächenbearbeitung und das abschliessende Trocknen.

3.5 Die Fett- und Rauchgerbungen

Diese Gerbverfahren sind sehr alt, schon Homer zitierte sie. Sie wurden schon in der Steinzeit angewendet und werden noch heute, in modernisierter Form, für Leder mit besonderem Verwendungszweck eingesetzt.

Bei der *Fettgerbung* werden Fette (Fisch- oder Zetazeenöl, Eidotter, Hirnmasse, Leber, Mark oder andere leicht oxidierende Fette) mechanisch in die Haut eingearbeitet. Die durch die Bearbeitung oder künstlich erreichte leichte Erwärmung bewirkt das gute Eindringen und Oxidieren der Fette, die sich fest mit dem Collagen verbinden. Im 18. Jahrhundert wurden die mit Fett getränkten Häute aufeinandergestapelt, die notwendige Wärme wurde durch die Gärung entwickelt. Später arbeitete man mit Heizschränken bei einer Temperatur von 30–50 °C. Durch dieses Verfahren werden die Fasern wasserundurchlässig und das Leder wasserfest; es wird als «sämisch gegerbtes» Leder bezeichnet. Die niedrigere Schrumpftemperatur (65–70 °C) zeugt von einer relativ schwachen Bindung der Gerbstoffe.

Schafshäute (oft gespalten) eignen sich besonders gut für dieses Verfahren, denn ihre Faserstruktur ist locker. Sehr kompakte und dicke Häute, wie

pour nourrir les peaux après le tannage avec des tanins végétaux.

Le *tannage à la fumée* est chimiquement proche du traitement aux graisses, car dans la fumée on trouve aussi des groupes aldéhydes qui se lient de manière stable au collagène. Ce tannage pouvait être combiné avec un traitement aux graisses et produisait un cuir assez dur et rigide, car la chaleur du feu altérait une partie des fibres de collagène.

3.6 Les tannages industriels modernes

La qualité des cuirs a été profondément modifiée par l'industrialisation des tannages, l'introduction de nouvelles substances tannantes naturelles ou synthétiques, par le raccourcissement énorme du temps de traitement des peaux et, aussi, par la qualité des peaux provenant d'animaux de races mieux sélectionnées et à croissance plus rapide. Pour ces raisons, il est très difficile de comparer un cuir moderne à un cuir produit artisanalement. Ce changement s'est opéré surtout dans la deuxième moitié du XIXe siècle, bien que quelques tanneries traditionnelles aient survécu jusqu'à nos jours.

Les méthodes de tannage traditionnel ont survécu dans les pays moins industrialisés, mais les méthodes décrites ci-dessus ont été souvent simplifiées pour obtenir une production plus rapide des cuirs, qui de ce fait sont souvent tannés de manière médiocre.

Il n'est pas possible de tracer ici un panorama des méthodes de tannage industriel actuelles,[5] signalons simplement quelques aspects très significatifs.

Dans le travail de rivière, l'action du lait de chaux est complétée ou remplacée par celle du sulfure de sodium, utilisé depuis la fin du XIXe siècle, qui permet d'exécuter l'épilage et l'écharnage en un ou deux jours. Les traitements enzymatiques sont utilisés lorsqu'on veut conserver le poil: des solutions d'enzymes pancréatiques remplacent les anciennes

[5] La série de volumes «Bibliothek des Leders» fournit des renseignements techniques complets sur la production industrielle des cuirs. Voir en particulier: Faber, K.: Gerbmittel, Gerbung, Nachgerbung. Bibliothek des Leders, Band 3, Frankfurt am Main, Verlag Umschau, 2. Auflage, 1990.

zum Beispiel Kalb oder Kuh (Vachetteleder), hingegen eignen sich kaum.

Das überschüssige Fett wird nach Beendigung des Gerbprozesses mit alkalischen Lösungen ausgewaschen. Das dabei entstehende Nebenprodukt, das «Lederfett», wird zur Pflege von vegetabil gegerbtem Leder verwendet.

Die *Rauchgerbung* ist sehr alt. Sie ähnelt in chemischer Hinsicht der Fettgerbung, denn auch im Rauch findet man Aldehydgruppen, die sich fest mit dem Collagen verbinden. Dieses Gerbverfahren konnte mit einer Fettgerbung kombiniert werden. Die Collagenfasern wurden durch die Wärme des Feuers zum Teil verändert, und es entstand ein hartes, steifes Leder.

3.6 Die modernen industriellen Gerbverfahren

Durch die Industrialisierung der Gerbverfahren, die Einführung neuer natürlicher beziehungsweise synthetischer Gerbsubstanzen, die stark beschleunigte Behandlungsdauer und die veränderte Qualität der Häute (von Tieren schnelleren Wachstums und besser gewählter Rassen) veränderte sich die Qualität der Leder tiefgreifend. Ein modernes Leder kann daher schwer mit einem handwerklich hergestellten Leder verglichen werden. Diese Umwandlung vollzog sich hauptsächlich in der zweiten Hälfte des 19. Jahrhunderts; einige traditionelle Gerbereien haben aber bis in unsere Tage überdauert.

Die herkömmlichen Gerbverfahren werden in den weniger industrialisierten Ländern noch angewendet, oft aber mit vereinfachten Methoden, um eine schnellere Lederherstellung zu erreichen; daraus resultiert häufig eine mittelmässige Gerbqualität.

Es ist hier nicht möglich, eine Übersicht der aktuellen industriellen Gerbmethoden[5] zu geben, es sollen nur einige bezeichnende Aspekte aufgezeigt werden.

[5] Die Reihe «Bibliothek des Leders» gibt vollständige technische Auskünfte über die industrielle Lederherstellung. Siehe vor allem: Faber, K.: Gerbmittel, Gerbung, Nachgerbung. Bibliothek des Leders, Band 3, Frankfurt am Main, Verlag Umschau, 2. Auflage 1990.

solutions en fermentation et permettent un meilleur contrôle de cette opération. Les peaux traitées avec du sulfure de sodium peuvent être épilées au moyen d'un jet d'eau, sans autres actions mécaniques; l'écharnage a été mécanisé.

Depuis le XVIIIe siècle, on connaît le moyen de refendre (dédoubler) le cuir, c'est-à-dire de séparer une peau en deux ou plusieurs couches; cette opération est effectuée soit avant, soit après le tannage. Les couches internes (peaux refendues) peuvent recevoir, après le tannage, un apprêt et l'impression mécanique d'un grain qui imite le grain naturel des peaux. Les peaux de moindre qualité peuvent aussi recevoir l'impression mécanique d'un grain sur leur fleur pour imiter le grain de peaux plus prisées.

Pour le confitage, de nos jours, les tanneurs utilisent des extraits pancréatiques ou des cultures bactériennes, en combinaison avec des acides ou des sels acides, de façon à obtenir un pH optimal pour les travaux suivants tout en créant des conditions favorables à l'action des micro-organismes.

Pour le tannage avec des extraits végétaux, l'industrie du cuir actuelle utilise principalement des tanins provenant de l'écorce d'acacia, d'eucalyptus et de mimosa, du bois de châtaignier et de quebracho, arbre d'Amérique du Sud, et de feuilles de sumac; les tanins végétaux sont fréquemment utilisés en combinaison avec d'autres substances tannantes, telles que des aldéhydes, des tanins synthétiques, etc. Le tannage est devenu une opération complexe où des dizaines de composants peuvent être utilisés. De cette manière, la régularité, la reproductibilité et la rapidité du tannage ont été améliorées; le temps du tannage proprement dit a été raccourci jusqu'à vingt-quatre heures, selon le procédé choisi.

Cependant, le produit obtenu diffère sensiblement de celui issu des tannages traditionnels. Ainsi, par rapport aux procédés exécutés en quelques semaines ou en quelques jours, la mise en fosse pendant une année au moins avec des écorces de chêne ou de châtaignier donne un cuir avec une résistance mécanique plus grande, contenant moins de substances minérales, de matières solubles et d'eau.[6]

[6] Cf. l'ouvrage cité en note 5, p. 110, « Altgrubengerbung ».

In der Wasserwerkstatt wird die Wirkung der Kalkmilch durch das seit dem Ende des 19. Jahrhunderts verwendete Natriumsulfid ergänzt oder ersetzt. Damit wird das Enthaaren und Entfleischen in ein oder zwei Tagen möglich. Enzymatische Behandlungen werden nur verwendet, wenn das Haar erhalten bleiben soll: Die Verwendung von Pankreatinlösungen ersetzt die alten Gärungsmethoden und ermöglicht eine bessere Kontrolle des Vorgangs. Die mit Natriumsulfid behandelten Blössen können ohne mechanische Hilfsmittel direkt mit einem Wasserstrahl gereinigt werden, das Entfleischen dagegen geschieht mechanisch.

Seit dem 18. Jahrhundert ist das Lederspalten bekannt. Dabei wird die Haut entweder vor oder nach dem Gerbprozess in zwei oder mehrere Schichten gespalten. Die inneren Schichten (Fleischspalt) können appretiert werden und einen künstlichen Narbenaufdruck erhalten, der den natürlichen Narben einer Haut imitiert. Auf die Narbenseite der Häute minderer Qualität kann maschinell ein Narben zur Imitation einer Narbung höher geschätzten Leders gedruckt werden.

Zum Beizen verwenden die Gerber heute Pankreatinlösungen oder Bakterienkulturen, die mit Säuren oder sauren Salzen kombiniert werden. Dabei wird ein optimaler pH-Wert für die nachfolgenden Vorgänge erreicht. Gleichzeitig werden vorteilhafte Bedingungen für das Wirken der Mikroorganismen geschaffen.

Für die vegetabile Gerbung werden in der heutigen Industrie vor allem Gerbstoffe aus Akazien-, Eukalyptus- und Mimosarinde, aus Edelkastanien- und Quebrachoholz (einem Baum aus Südamerika) und aus Sumachblättern verwendet. Die pflanzlichen Gerbstoffe werden häufig in Kombination mit anderen gerbenden Substanzen wie Aldehyden, synthetischen Gerbstoffen usw. gebraucht. Die Gerbung ist zu einem komplexen Vorgang geworden, bei dem viele verschiedene Bestandteile verwendet werden können. Auf diese Weise wird die Gerbung regelmässiger, von gleich bleibender Qualität und schneller; die Gerbzeit ist je nach Gerbverfahren bis auf 24 Stunden herabgesetzt worden.

Das Endprodukt jedoch ist von dem in der herkömmlichen Gerberei gewonnenen sehr verschie-

De nouvelles méthodes permettent de conférer une plus grande stabilité chimique aux peaux traitées avec des tanins végétaux : le premier tannage peut être complété par un retannage avec des sels d'aluminium.

La découverte, à la fin du XIXe siècle, du tannage avec les sels alcalins de chrome a eu une profonde influence dans la tannerie. Le tannage aux sels de chrome, qui doit être précédé par un traitement acide appelé « picklage », donne un cuir gris bleuâtre, souple et très résistant ; ce mode de traitement permet de produire des cuirs qui supportent l'eau bouillante (température de contraction > 100 °C). La stabilité à long terme du tannage aux sels de chrome est encore mal connue.

Les tannages blancs et les tannages à l'huile n'ont pas complètement disparu, car ils confèrent des propriétés particulières aux cuirs, mais ils restent marginaux dans la tannerie moderne. Le tannage à l'alun pur et le mégissage ont presque disparu ; les tannages blancs modernes sont soit des tannages aux sels de chrome complétés par un retannage avec des substances adéquates (p. ex. des tanins synthétiques, des sels d'aluminium[7]), soit des tannages utilisant des sels d'aluminium en combinaison avec des réactifs organiques qui créent des complexes stables. Ces peaux sont encore utilisées en orthopédie, pour des soufflets d'orgues, pour la reliure, etc. Leur stabilité à long terme est incertaine, mais on espère qu'elle sera bonne, bien que leur température de contraction ne soit pas très élevée.

[7] Depuis les années 1940, on utilise d'autres sels d'aluminium que le sulfate, p. ex. le chlorure d'aluminium, ou des sels de zirconium.

den. So enthält ein Leder, das mindestens ein Jahr lang mit Eichen- oder Kastanienrinden in Gruben gelagert wurde, weniger mineralische Substanzen, lösliche Stoffe und Wasser und zeigt höhere mechanische Beständigkeit als ein Leder, das mit Hilfe eines nur einige Wochen oder sogar Tage dauernden Verfahrens gewonnen wurde.[6]

Um eine bessere chemische Beständigkeit der vegetabil gegerbten Leder zu erreichen, kann man in neuen Verfahren die vegetabile Vorgerbung mit einer Nachgerbung mit Aluminiumsalzen kombinieren.

Das gegen Ende des 19. Jahrhunderts entdeckte Gerbverfahren mit alkalischen Chromsalzen beeinflusste die Gerbtechniken nachhaltig. Die Chromgerbung setzt eine saure Behandlung, genannt «Pickeln», voraus und ergibt ein graublaues, weiches und sehr widerstandsfähiges Leder, das auch gegen kochendes Wasser resistent ist (Schrumpftemperatur > 100 °C). Ob die Chromgerbung langfristig beständig ist, weiss man heute noch nicht genau.

Auch die Weiss- und Fettgerbungen sind nicht vollständig verschwunden, denn sie verleihen dem Leder besondere Eigenschaften. Unter den modernen Gerbverfahren sind sie aber ohne grössere Bedeutung. Die reine Alaungerbung und die Glacégerbung werden kaum noch praktiziert; die modernen Weissgerbungen sind entweder Chromgerbungen mit einer Nachgerbung adäquater Substanzen (z. B. synthetische Gerbstoffe oder Aluminiumsalze[7]) oder eine Kombination von Aluminiumsalzen mit organischen Stoffen, die stabile Komplexe bilden. Die so gewonnenen Leder werden zum Beispiel in der Orthopädie, für Blasebälge von Orgeln und für Einbände verwendet. Eine gute Alterungsbeständigkeit ist noch nicht völlig erwiesen, die Schrumpftemperatur ist allerdings nicht sehr hoch.

[6] Siehe in Anm. 5 zitiertes Werk, S. 110, «Altgrubengerbung».

[7] Seit etwa 1940 werden ausser dem Sulfat auch andere Aluminiumsalze verwendet, z. B. Aluminiumchlorid oder auch Zirkoniumsalze.

4 Le parchemin

La technique du parcheminage remonte, selon Hérodote, au VIIIe siècle av. J.-C., où chez les Assyriens des peux séchées ont remplacé les tablettes en argile comme support pour l'écriture (Reed, 1972).[8] Au cours des premiers siècles de notre ère, le parchemin a remplacé le papyrus comme support de l'écriture, ce qui a permis l'évolution de la forme du rotulus à celle du codex. Le parchemin a constitué le support essentiel pour les textes du Moyen-Age, et il n'a été que très progressivement remplacé par le papier, en Italie dès le XIIIe siècle, dans les pays au Nord un peu plus tardivement.

Le parchemin est produit à partir de peaux animales, comme le cuir; mais il diffère profondément du cuir, autant par sa nature chimique que par ses propriétés physiques. Le parcheminage peut être appliqué à toutes les peaux, mais les sources les plus utilisées sont le mouton, la chèvre et le veau. Les méthodes de production sont restées fondamentalement les mêmes depuis l'Antiquité, bien que de nombreuses variations soient possibles, donnant des parchemins avec des caractéristiques physico-chimiques très différentes.

Citons, par exemple, le «vélin», parchemin extrêmement mince et souple qui fut utilisé pour la production de nombreux manuscrits et, en particulier, pour des livres destinés à être transportés, comme les livres d'heures. La légende veut que le vélin ait été fabriqué uniquement à partir de peaux de veaux mort-nés, mais des recherches récentes ont mis en évidence que leur nombre n'était, et de loin, pas suffisant pour couvrir les besoins. En effet, les peaux de jeunes chèvres et moutons se prêtent aussi bien à être transformées en vélin, et il est possible qu'on ait utilisé aussi les peaux de moutons adultes, refendues grâce à la couche de graisse qui sépare la partie papillaire de la partie réticulaire du derme.

Nous manquons d'informations précises à ce sujet, car même si la production de parchemins s'est maintenue jusqu'à nos jours, son importance a fortement diminué au moment où le papier a été

[8] Cf. Meliora di Curci; History and Technology of Parchment Making. www.sca.org.au/scribe/articles/parchment.htm (XII 2009).

4 Das Pergament

Die Technik der Pergamentherstellung geht nach Herodot auf das 8. Jahrhundert v. Chr. zurück: Bei den Assyrern wurden die Tontafeln durch getrocknete Häute als Schriftträger ersetzt (Reed, 1972).[8] Im Lauf der ersten Jahrhunderte unseres Zeitalters trat das Pergament als Beschreibstoff an die Stelle von Papyrus. Dadurch wurde die Entwicklung der Buchform von der Rolle zum Kodex möglich. Pergament war der wesentliche Schriftträger im Mittelalter, und es wurde nur sehr langsam durch das Papier ersetzt – in Italien seit dem 13. Jahrhundert und in den nördlichen Ländern etwas später.

Pergament wird wie Leder aus Tierhaut hergestellt, ist aber in seiner chemischen Struktur wie auch in seinen physikalischen Eigenschaften völlig verschieden. Jede Haut kann zu Pergament verarbeitet werden, am häufigsten aber werden Schaf-, Ziegen- und Kalbshäute verwendet. Die Herstellungsmethoden haben sich seit dem Altertum im Grunde nicht verändert, es gibt aber zahlreiche Variationsmöglichkeiten, und daher kann Pergament mit unterschiedlichen mechanischen und chemischen Eigenschaften hergestellt werden.

Zu nennen ist beispielsweise das «Jungfernpergament», ein besonders dünnes und flexibles Pergament, das für zahlreiche Handschriften und vor allem für zu transportierende Bücher (z. B. Stundenbücher) verwendet wurde. Neueste Untersuchungen zeigen, dass unmöglich alle Jungfernpergamente – wie überliefert wird – aus Häuten totgeborener Kälber hergestellt sein können. Auch die Häute junger Ziegen und Schafe eignen sich sehr gut als Rohmaterial. Weiter können auch Häute ausgewachsener Schafe verwendet worden sein, die dank der trennenden Fettschicht zwischen Papillar- und Retikularschicht der Lederhaut gespalten wurden. Wir verfügen über keine genaueren Angaben zu diesem Thema, denn obwohl heute noch immer Pergament hergestellt wird, hat der Produktionsumfang stark abgenommen, seit das Papier zum Hauptträger für Schrift und Druck wurde, und zahlreiche Herstellungsver-

[8] Siehe Meliora di Curci: History and Technology of Parchment Making. www.sca.org.au/scribe/articles/parchment.htm (XII 2009).

adopté comme support généralisé pour l'écriture et l'impression, et de nombreux procédés de production ont été oubliés depuis.

Un autre type de parchemin particulier est le parchemin «veiné», dans lequel la structure des vaisseaux sanguins de la peau apparaît plus foncée et forme un effet esthétique spécial; ce parchemin est produit généralement avec les peaux de veaux qui n'ont pas été entièrement saignés au moment de l'abattage. Le sang qui reste dans la peau ou, plus précisément, les dérivés de son hémoglobine confèrent au parchemin cette coloration particulière.

4.1 La production du parchemin

Le parcheminage a en commun avec la production du cuir l'étape du travail de rivière, à l'exception du déchaulage et du confitage; les peaux destinées à être transformées en parchemin ne subissent généralement pas ces deux derniers traitements. Le schéma à la page 242 permet de reconnaître immédiatement une caractéristique essentielle du parchemin: *le parchemin n'est pas une peau tannée!*

Dans la production du parchemin, on peut distinguer quatre étapes fondamentales, auxquelles peut s'ajouter un traitement particulier de la surface.

4.1.1 Le traitement avec du lait de chaux

Le travail du parchemin est pratiquement identique à celui du cuir, dans la première étape de sa production: le travail de rivière. Les peaux sont lavées et traitées pendant une à quatre semaines dans un bain de lait de chaux[9] (selon la concentration en chaux vive, ce temps peut être diminué ou augmenté). Ce traitement, déjà décrit à propos des cuirs, permet l'épilage et l'écharnage des peaux; son caractère fortement alcalin provoque une certaine solubilisation des graisses qui sont saponifiées par la chaux. La durée de l'opération est très importante pour les opérations suivantes: un trai-

[9] Le lait de chaux est produit en délayant dans l'eau de l'oxyde de calcium, obtenu par cuisson à 800 °C du carbonate de calcium (pierre calcaire), qui forme, au contact avec l'eau, de l'hydroxyde de calcium.

fahren sind im Lauf der Zeit in Vergessenheit geraten.

Eine andere Pergamentart ist das Antikpergament, in dem die Blutgefässe der Haut dunkel hervortreten und eine besondere ästhetische Wirkung erzeugen. Dieses Pergament wird gewöhnlich aus Häuten von Kälbern hergestellt, die man bei der Schlachtung nicht völlig ausbluten lässt. Das Blut, genauer gesagt die Hämoglobinderivate, verbleibt in der Haut und verleihen dem Pergament das besondere Aussehen.

4.1 Die Pergamentherstellung

Zur Pergamentherstellung wird die Haut zunächst wie zur Lederherstellung in der Wasserwerkstatt bearbeitet, wobei jedoch die Arbeitsgänge Entkalken und Beizen normalerweise ausgespart werden. Anhand des Schemas S. 242 kann man sofort eine wesentliche Eigenschaft des Pergaments erkennen: *Pergament ist eine nicht gegerbte Tierhaut!*

Bei der Herstellung von Pergament unterscheidet man vier Hauptetappen, denen sich eine besondere Oberflächenbehandlung anschliessen kann.

4.1.1 Die Behandlung mit Kalklauge

In den ersten Arbeitsgängen, in der Wasserwerkstatt, ist die Herstellung von Pergament mit derjenigen von Leder nahezu identisch. Die Häute werden gewaschen und ein bis vier Wochen lang in ein Kalkmilchbad[9] gelegt (je nach Konzentration an Ätzkalk kann dieser Zeitraum verkürzt beziehungsweise verlängert werden). Durch dieses schon für die Lederherstellung beschriebene Verfahren wird das Enthaaren und Entfleischen der Häute möglich. Die hohe Alkalinität bewirkt die Lösung der Fette, die durch das Calciumhydroxid verseift werden. Die Dauer des Vorgangs ist für die späteren Abläufe wichtig: Eine zu kurze Behandlung bewirkt Schwierigkeiten beim Spannen der Haut. Eine zu

[9] Um Kalkmilch zu gewinnen, wird Calciumoxid in Wasser eingerührt, Calciumoxid wird durch Erhitzen auf 800 °C aus Calciumcarbonat (Kalkstein) gewonnen, das mit Wasser Calciumhydroxid (Ätzkalk) bildet.

Traitement des peaux brutes en cuir ou en parchemin		
	tronc commun	
	reverdissage	
	ébourrage – épilage	
	écharnage	
tannage = cuirs	← →	**parcheminage = parchemins**
déchaulage – confitage		étirage – séchage
tannage		ponçage – finissage de la surface
graissage		traitements particuliers de la surface
finissage		

Verarbeitung von Rohhäuten zu Leder oder zu Pergament		
	Gemeinsamkeiten	
	Weiche	
	Enthaaren	
	Entfleischen	
Gerbung = Leder	← →	**Pergament-herstellung = Pergament**
Entkalken – Beizen		Spannen – Trocknen
Gerben		Schleifen – Zurichten der Oberfläche
Fetten		Besondere Oberflächen-behandlungen
Zurichten		

tement trop court entraîne des difficultés lors de l'étirage de la peau, alors qu'un traitement trop prolongé affaiblit la peau, qui supportera mal la tension au séchage.

Du point de vue chimique, la très forte alcalinité modifie la molécule de collagène et provoque un affaiblissement des liaisons chimiques entre les molécules, ce qui rend possible la transformation en parchemin. Une partie des groupes amines des protéines est hydrolysée (libération d'ammoniaque) et la triple hélice du tropocollagène se desserre. La forte alcalinité provoque également un changement dans la position spatiale des acides aminés, qui contribue à affaiblir les liaisons entre les molécules. La diminution de la stabilité des liens chimiques à l'intérieur du collagène après ce traitement est démontrée par la diminution de la température de contraction à environ 55 °C, celle du parchemin fini.

Les méthodes biochimiques (traitement enzymatique avec des extraits végétaux) n'ont pratiquement pas été utilisées pour la production du parchemin en Occident, sauf pour la production de parchemins licites (kacher) juifs : les peaux étaient traitées avec un mélange de farine, de sel et de noix de galle.

lange Behandlung hingegen schwächt die Haut so, dass sie die Spannung beim Trocknen schlecht verträgt.

Chemisch gesehen verändert die sehr starke Alkalinität das Collagenmolekül und führt zu einer Schwächung der chemischen Bindungen zwischen den Molekülen, wodurch die Umwandlung in Pergament möglich wird. Ein Teil der Aminogruppen der Proteine wird hydrolysiert (Freisetzung von Ammoniak), und die Tripelhelix des Tropocollagens lockert sich. Durch die starke Alkalinität wird auch eine Veränderung in der räumlichen Anordnung der Aminosäuren bewirkt, was zur Schwächung der Bindungen zwischen den Molekülen beiträgt. Die aufgrund dieser Behandlung verminderte Stabilität der chemischen Bindungen innerhalb des Collagenmoleküls zeigt sich im Absinken der Schrumpftemperatur auf ca. 55 °C, die derjenigen des fertigen Pergaments entspricht.

Biochemische Verfahren (Enzymbehandlung mit pflanzlichen Extrakten) wurden bei der Pergamentherstellung im Abendland eigentlich nur bei der zulässigen jüdischen (koscheren) Pergamentherstellung angewendet: Die Häute wurden mit einem Gemisch aus Mehl, Salz und Gallnuss verarbeitet.

4.1.2 L'épilage et l'écharnage

Ces opérations sont analogues à celles de la production des cuirs. Certaines descriptions rapportent que l'écharnage était exécuté sur le parchemin déjà tendu sur un châssis. L'épilage était exécuté avec un couteau peu tranchant, alors que, du côté chair, les restes étaient éliminés avec un couteau tranchant.

Chahine (1985) cite la production actuelle de parchemin en Israël, avec un traitement d'une semaine des peaux dans du lait de chaux usagé, suivi de l'épilage et de l'écharnage, puis d'une semaine dans du lait de chaux frais. Reed (1972) cite la production de parchemins à partir de peaux sortant soit de l'épilage, soit du confitage; ce dernier cas ne correspond pas à la pratique la plus courante.

4.1.3 L'étirage et le séchage

Cette étape est essentielle pour la production du parchemin. Les peaux, qui ont été lavées à l'eau claire, sont tendues sur des cadres et sèchent sous tension. Du fait de l'affaiblissement des liens entre les molécules de collagène, le séchage sous tension engendre une importante modification de la structure interne de la peau: les réseaux de fibres se réorganisent en forme lamellaire; les fibres s'orientent de préférence parallèlement à la surface de la peau.

En même temps, la peau devient plus compacte et de nouveaux liens se créent entre les fibres. Les changements opérés par la mise sous tension sont ainsi fixés par le séchage.

Le séchage sous tension provoque aussi une opacification de la peau, qui peut être encore accentuée par des traitements de surface. La régularité de la tension est essentielle pour obtenir une opacité uniforme du parchemin; les parties qui n'ont pas été tendues deviennent dures et transparentes.

La tension doit continuellement être réadaptée,[10] ce qui signifie que les peaux ne peuvent pas être clouées aux cadres pour le séchage; elles sont

[10] Le plus souvent, des cadres rectangulaires ont été utilisés. Cependant, certains parcheminiers ont monté les parchemins dans des cadres circulaires en bois souple, qui permettent un rééquilibrage naturel des tensions.

4.1.2 Das Enthaaren und Entfleischen

Diese Vorgänge entsprechen weitgehend denen der Lederherstellung. Manchen Beschreibungen nach wurde die Haut erst entfleischt, wenn sie schon in den Rahmen gespannt war. Das Enthaaren wurde mit einem stumpfen Messer durchgeführt, die Reste auf der Fleischseite wurden mit einem scharfen Messer entfernt.

Chahine (1985) erwähnt die heutige Pergamentherstellung in Israel, bei der die Häute eine Woche in gebrauchter Kalklauge gelagert werden. Dann werden sie enthaart und entfleischt und in ein einwöchiges Bad frischer Kalklauge eingelegt. Reed (1972) erwähnt eine Art der Pergamentherstellung, bei der schon enthaarte oder gebeizte Häute als Ausgangsbasis dienen; das entspricht keiner geläufigen Praktik.

4.1.3 Das Spannen und Trocknen

Dieser Abschnitt ist für die Pergamentherstellung entscheidend. Die in klarem Wasser gewaschenen Häute werden auf Rahmen gespannt und unter Spannung getrocknet. Aufgrund der geschwächten Verbindungen zwischen den Collagenmolekülen wird der strukturelle Aufbau der Haut beim Spanntrocknen bedeutend verändert: Das Fasergewebe ordnet sich lamellar an, und die Fasern richten sich vorwiegend parallel zur Oberfläche der Haut aus.

Gleichzeitig verdichtet sich die Haut, und es entstehen neue Bindungen zwischen den Fasern. So werden die beim Spannen bewirkten Veränderungen durch das Trocknen gefestigt.

Durch das Trocknen unter Spannung wird die Haut opak. Diese Opazität kann durch eine Oberflächenbehandlung noch verstärkt werden. Zur Herstellung eines gleichmässig opaken Pergaments muss die Spannung beim Trocknen gleichmässig sein. Nicht gespannte Stellen werden hart und transparent.

Die Spannung muss ständig neu reguliert werden,[10] und daher darf die Haut zum Trocknen nicht

[10] Am häufigsten wurden rechteckige Rahmen verwendet. Einige Pergamenter haben das Pergament aber auf runde Rahmen aus biegsamem Holz gespannt, mit denen eine natürliche Regulierung der Spannung möglich war.

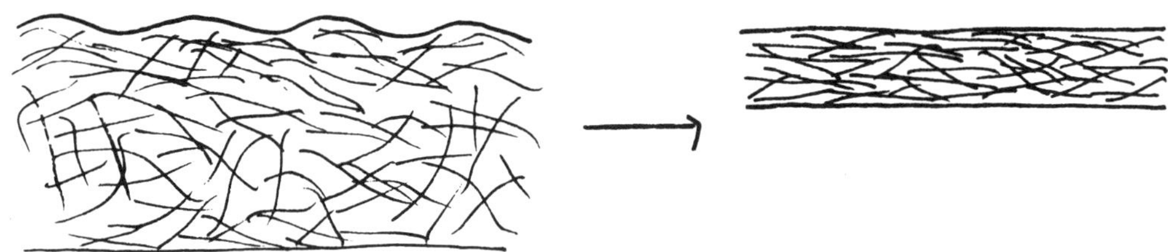

Fig. 5/7: Modification de la disposition des fibres de collagène dans le cuir et dans le parchemin.

Fig. 5/7: Veränderte Anordnung der Collagenfasern in Leder und in Pergament.

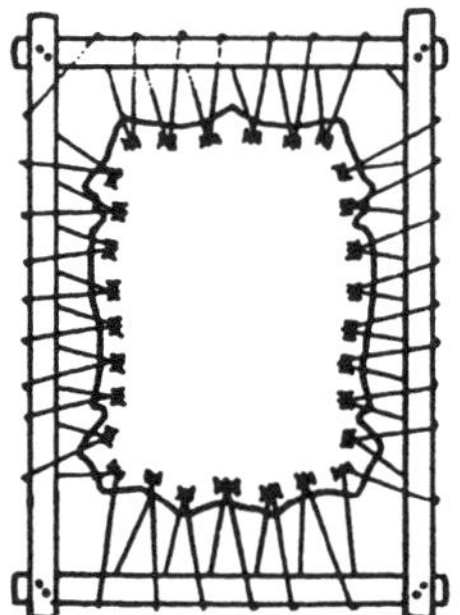

Fig. 5/8: Parchemin séchant dans son cadre (d'après Muzerelle, 1985).

Fig. 5/8: Im Rahmen trocknendes Pergament (nach Muzerelle, 1985).

montées avec des ficelles reliées à des chevilles en bois qui permettent le réglage fin de la tension de la peau. La vitesse de séchage détermine dans une large mesure la qualité finale du parchemin, et en particulier son opacité; elle est étroitement surveillée et, selon la saison et les conditions locales, on réhumidifie le parchemin ou, au contraire, on utilise de la pierre ponce, de la craie ou de la chaux pour déshumidifier et accélérer le séchage.

L'opacité du parchemin résulte de l'évaporation de l'eau dans la peau tendue qui laisse des espaces vides dans sa structure; si une peau sèche sans tension, la forte tension superficielle de l'eau fait que ses fibres se rapprochent et se collent les unes aux autres, formant des zones transparentes et rigides. Le séchage sous tension crée donc des micro-espaces vides dans le parchemin, et c'est ce qui lui confère son opacité et son élasticité. La présence de carbonate de calcium (restes de chaux transformée) contribue également à l'opacification.

Avant que le séchage commence, les deux côtés du parchemin sont vigoureusement travaillés avec un couteau en forme de demi-lune, dont la forme caractéristique est un symbole des parcheminiers.

auf den Rahmen genagelt werden. Durch die Befestigung mit Hilfe von Schnüren und Holznägeln ist eine weitgehende Feinregulierung der Spannung möglich. Die Geschwindigkeit, mit der das Pergament trocknet, beeinflusst in wesentlichem Mass seine Endqualität, vor allem seine Opazität, und wird daher genau kontrolliert. Je nach Jahreszeit und Raumbedingungen wird das Pergament entweder wieder befeuchtet oder die Trocknung durch den Gebrauch von Bimsstein, Kreide oder Kalk beschleunigt.

Die Opazität des Pergaments entsteht durch die hohlen Zwischenräume, die nach der Verdunstung des Wassers in der Struktur der gespannten Haut zurückbleiben. Wenn eine Haut ohne Spannung trocknet, verdichten sich aufgrund der hohen Oberflächenspannung von Wasser die Fasern und verkleben miteinander. Dadurch entstehen durchsichtige und steife Bereiche. Beim Spanntrocknen hingegen entstehen hohle Mikro-Zwischenräume im Pergament, und das verleiht ihm seine Opazität und seine Elastizität. Vorhandenes Calciumcarbonat (Reste von umgewandeltem Kalk) fördert ebenfalls die Opazität.

Fig. 5/9: Parcheminier travaillant la surface du parchemin avec un couteau en demi-lune.

Fig. 5/9: Pergamenter bearbeitet Pergamentoberfläche mit halbmondförmigem Messer.

Il faut remarquer que la structure du parchemin est stable uniquement si le parchemin est protégé du contact avec l'eau: un parchemin mouillé gonfle, ses fibres tendent à retrouver leur structure originelle; en séchant il se déforme, devient rigide et parfois transparent. Depuis le Moyen-Age, on connaît des recettes qui permettent de transformer le parchemin en cuir: après l'avoir trempé dans de l'eau, on lui fait subir un confitage et on le traite avec un tannage blanc (recette italienne du XVIe siècle citée par Chahine, 1985). Ces recettes démontrent l'instabilité relative du traitement de parcheminage; le cas inverse, soit la transformation d'un cuir en parchemin, n'est pas possible.

La tension appliquée au parchemin modifie aussi la structure des follicules pilaires et rend plus difficile l'identification visuelle de l'animal d'origine; si le ponçage de la surface est très poussé, les caractéristiques visibles typiques de l'espèce peuvent être presque complètement effacées.

4.1.4 Le finissage de la surface

Après le séchage sous tension, le parchemin a acquis les caractéristiques qui lui sont propres, et les traitements successifs sont destinés à en modifier uniquement l'aspect et l'aptitude à recevoir l'écriture ou la décoration.

Vor dem Trocknen werden beide Seiten der Haut kräftig mit dem Lunellarium bearbeitet, einem Messer, dessen halbmondförmige Klinge ein Symbol des Pergamenters ist.

Der strukturelle Aufbau von Pergament ist nur stabil, wenn dieses nicht mit Wasser in Berührung kommt. Ein durchnässtes Pergament quillt, und die Fasern richten sich wieder ihrer ursprünglichen Struktur gemäss aus. Wenn es dann wieder trocknet, verformt sich das Pergament, wird steif und manchmal transparent. Seit dem Mittelalter gibt es Rezepte, nach denen Pergament zu Leder umgewandelt werden kann: Das Pergament wird gewässert, gebeizt und dann mit einer Weissgerbung behandelt (italienisches Rezept des 16. Jahrhunderts, zitiert von Chahine, 1985). Diese Rezepte zeigen, dass das Verfahren der Pergamentherstellung ein relativ unbeständiges Produkt ergibt. Der umgekehrte Fall, das heisst die Umwandlung von Leder in Pergament, ist unmöglich.

Durch das Spannen der Haut wird auch die Anordnung der Haarbälge verändert, sodass die optische Identifizierung des ursprünglichen Tieres schwieriger wird. Durch sehr starke Oberflächenbearbeitung können diese sichtbaren, für jede Tierart charakteristischen Merkmale fast vollständig ausgelöscht werden.

Pour égaliser sa surface et son épaisseur, on travaille le parchemin séché, tendu sur le cadre, une nouvelle fois avec le couteau caractéristique en forme de demi-lune.

L'importance des opérations de traitement de surface dépend de la qualité recherchée et de l'usage prévu du parchemin. Ainsi pour les actes notariaux ou le parchemin de reliure, on utilisait généralement des parchemins sur lesquels, du côté fleur, la structure des follicules pilaires restait visible (l'écriture se trouvant bien sûr sur le côté chair), alors que pour les pages d'un livre on a souvent cherché à rendre le côté fleur de la peau aussi semblable que possible au côté chair par un ponçage prononcé de la couche papillaire de la peau.

La surface humide du parchemin peut donc être poncée des deux côtés, soit avec de la pierre ponce, soit avec une pâte durcie et cuite formée de verre pilé, de chaux vive, de farine et de blanc d'œuf.

Au même moment, on peut incorporer dans la peau encore humide d'autres substances, destinées à améliorer son aspect ou ses qualités. On connaît l'utilisation d'un mélange de gypse (sulfate de calcium) et de chaux (carbonate de calcium) avec de l'oxyde de calcium, ou avec des produits calcinés (coquilles d'œuf, coquillages, os) qui fournissent un mélange d'oxyde et de phosphate de calcium.

Le ponçage rend plus lisse, plus opaque et plus blanche la surface du parchemin.

Nous n'aborderons pas ici les autres utilisations du parchemin : divers types d'objets, matière translucide pour fenêtres, décalques, etc., pour lesquelles de nombreuses recettes sont connues.

4.1.5 Traitements particuliers de la surface

Le parchemin encore humide au moment du ponçage peut absorber des substances destinées à améliorer son aspect ou ses propriétés physico-chimiques. Ces traitements ont été très nombreux au cours des âges, mais nous n'avons que peu d'informations à leur sujet; la plupart des recettes citées ci-dessous ont été étudiées par Reed. Certains traitements pouvaient aussi être appliqués sur la feuille terminée, dans le scriptorium.

Le *traitement à l'alun* agit comme un mordançage de la surface du parchemin et facilite la liaison de l'encre. L'alun réagit avec le collagène et forme

4.1.4 Die abschliessende Oberflächenbehandlung

Nach dem Spanntrocknen weist das Pergament seine charakteristischen Eigenschaften auf. Die nachfolgenden Arbeitsgänge dienen ausschliesslich der Verschönerung und Verbesserung der Oberfläche für die Benutzung als Schreib- oder Malgrund.

Um die Oberfläche und die Dicke des Pergaments zu egalisieren, wird das getrocknete, in den Rahmen gespannte Pergament ein weiteres Mal mit dem Lunellarium bearbeitet.

Das Ausmass der Oberflächenbehandlung hängt von der gewünschten Qualität und dem vorgesehenen Verwendungszweck des Pergaments ab. So wurde für notarielle Akten oder Einbandpergament im Allgemeinen ein Pergament verwendet, auf dessen Narbenseite die Anordnung der Haarbälge sichtbar blieb (die Akten wurden natürlich auf der Fleischseite beschrieben). Für Buchseiten hingegen wurde durch intensives Schleifen der Papillarschicht der Haut versucht, die Narbenseite der Fleischseite so weit wie möglich anzugleichen.

Die feuchte Pergamentoberfläche kann also beidseitig mit einem Bimsstein oder mit einem Schleifbrot, einer gehärteten und gebrannten Masse aus zerstampftem Glas, Ätzkalk, Mehl und Eiweiss, geglättet und ausgeglichen werden.

Der noch feuchten Haut können jetzt zur Verschönerung oder zur Verbesserung der Gebrauchseigenschaften andere Substanzen zugesetzt werden, zum Beispiel eine Mischung aus Gips (Calciumsulfat) und Kalk (Calciumcarbonat) mit Calciumoxid oder mit kalkhaltigen Produkten (Eierschale, Muscheln, Knochen), die eine Mischung aus Calciumoxid und -phosphat ergeben.

Durch das Schleifen wird die Pergamentoberfläche glatter, opaker und weisser.

Wir befassen uns hier nicht mit den übrigen Anwendungsbereichen von Pergament: diverse Gegenstände, durchsichtige Materialien für Fenster, Durchpausmaterial usw., zu denen zahlreiche Rezepte bekannt sind.

4.1.5 Die speziellen Oberflächenbehandlungen

Dem noch feuchten Pergament können während des Schleifvorgangs Stoffe zugegeben werden, die das Aussehen oder die mechanischen und chemischen Eigenschaften verbessern. Im Verlauf der

une liaison stable (si la peau n'est pas mouillée); de cette manière, la souplesse et la blancheur du parchemin sont améliorées et l'on diminue sa sensibilité aux changements hygrométriques, mais on peut aussi modifier son caractère alcalin.

Le *traitement avec des graisses animales* (lait, jaune d'œuf, cervelle) a, concrètement, un effet semblable à celui de l'alun: ces graisses polaires lient de petites quantités d'eau qui augmentent la souplesse du parchemin; en même temps, les fibres deviennent moins sensibles aux changements hygrométriques.

On connaît des recettes très anciennes qui prévoient un traitement superficiel du parchemin avec *différentes huiles* (huile de lin, de cèdre, d'olive). En s'oxydant, ces huiles forment des liaisons stables avec le collagène à la surface du parchemin et diminuent sa réactivité. Un effet similaire, pratiquement un léger tannage superficiel, est obtenu par l'utilisation de *solutions tanniques diluées,* avec lesquelles on badigeonne la surface du parchemin. La présence de tanins a été, par exemple, détectée à la surface de parchemins retrouvés à Qumran (site archéologique en Israël). Certains parchemins très anciens montrent une structure proche du cuir, sur un côté, et l'on y a détecté la présence de tanins végétaux, alors que l'autre côté maintient la structure caractéristique du parchemin. L'application de *colorants végétaux* peut avoir un effet similaire, car dans ces colorants on relève fréquemment la présence de tanins.

L'*encollage de la surface* permettait d'obtenir un parchemin particulièrement lisse et soyeux, mais il a parfois créé des problèmes de conservation, car l'encre ne pouvait pas se lier en profondeur avec le parchemin. Pour ce traitement, on utilisait en Occident des solutions de gélatine (colle animale diluée), alors qu'en Orient on appliquait des solutions de blanc d'œuf, de sucres, de la graine de lin, d'amidons.

On connaît en Angleterre l'application sur la surface du parchemin d'un mélange de chaux, de farine, d'œuf et de lait, qui est étalé sur le parchemin et forme, en séchant, une couche blanche uniforme; ce parchemin est appelé « stanchgrain ».

Jahrhunderte gab es zahlreiche Behandlungsmethoden, wenig davon ist überliefert. Der grösste Teil der hier aufgeführten Rezepte wurde von Reed untersucht. Manchmal wurde das fertige Blatt auch im Skriptorium vom Schreiber beziehungsweise Maler selbst behandelt.

Die *Behandlung mit Alaun* wirkt auf die Pergamentoberfläche wie eine Beize und verbessert die Haftung der Tinte. Der Alaun reagiert mit dem Collagen und geht eine Bindung ein, die stabil bleibt, solange die Haut nicht nass wird. Auf diese Weise wird das Pergament flexibler, weisser und Klimaschwankungen gegenüber unempfindlicher; aber es kann sich auch sein alkalischer Charakter verändern.

Die *Behandlung mit tierischen Fetten* (Milch, Eidotter, Hirn) wirkt wie diejenige mit Alaun: Durch die polaren Fette werden kleine Wassermengen gebunden, welche die Flexibilität des Pergaments erhöhen. Gleichzeitig werden die Fasern beständiger gegenüber Klimaschwankungen.

Man kennt alte Rezepte, welche die Behandlung der Pergamentoberfläche mit *verschiedenen Ölen* (Lein-, Zedern-, Olivenöl) empfehlen. Bei Oxidation gehen diese Öle stabile Bindungen mit dem Collagen der Pergamentoberfläche ein und verringern dessen Reaktionsfähigkeit. Eine gleichartige Wirkung, ähnlich einer leichten Oberflächengerbung, wurde durch die Verwendung von *verdünnten Gerbstofflösungen* erreicht, mit denen man die Pergamentoberfläche einstrich. Zum Beispiel konnten auf der Oberfläche von Pergamenten aus Qumran (archäologische Stätte in Israel) Gerbstoffe nachgewiesen werden. Einige sehr alte Pergamente weisen auf der Seite, auf der die pflanzlichen Gerbstoffe nachgewiesen wurden, eine lederähnliche Struktur auf. Die andere Seite hingegen zeigt die charakteristische Pergamentstruktur. Auch *pflanzliche Farbstoffe* können sich ähnlich auswirken, denn sie enthalten häufig Gerbstoffe.

Durch das *Leimen der Oberfläche* kann ein besonders glattes und seidiges Pergament hergestellt werden. Dessen Dauerhaftigkeit als Schriftträger ist manchmal problematisch, da die Tinte häufig nur oberflächlich auf dem Pergament haftet. Im Abendland verwendete man Gelatinelösungen (verdünnter tierischer Leim), im Orient dage-

4.2 La production moderne des parchemins

Il existe encore quelques parcheminiers en Europe. Leurs produits sont destinés à la fabrication de lampes, d'instruments de musique, de chartes et diplômes, de reliures de livres et à la restauration. Les parcheminiers se targuent d'être les héritiers d'une tradition plus que millénaire, ce qui est partiellement vrai. Les principes de la production du parchemin sont restés, en effet, les mêmes depuis toujours; cependant, certains producteurs ont appliqué au parchemin des techniques industrielles pour faciliter et accélérer sa production.

Il faut souligner la difficulté d'obtenir des renseignements sur les méthodes actuelles de production; une partie importante des renseignements cités ont été recueillis par Reed. Il existe des différences très importantes dans les méthodes et dans la philosophie de travail des différents parcheminiers.

Le traitement avec du lait de chaux avant l'épilage est souvent complété ou remplacé par l'utilisation de sulfure de sodium, qui permet d'éliminer les poils par simple rinçage; ce traitement élimine aussi une part plus importante de substance basale, par rapport aux méthodes traditionnelles, et modifie ainsi le caractère du parchemin. De plus, les peaux peuvent être refendues, ce qui permet de produire des parchemins minces à partir de peaux plus épaisses.

Pour éliminer les graisses non saponifiées, il est possible de traiter les peaux avec un mélange eau-acétone, avec l'avantage d'accélérer le séchage.

Les peaux épilées et écharnées peuvent encore subir un léger déchaulage, pour diminuer l'alcalinité excessive, avant de recevoir un traitement à la formaldéhyde, qui constitue en fait un semi-tannage. Cette opération offre au parcheminier la possibilité de mieux organiser son travail, car les peaux ainsi traitées peuvent être entreposées pendant un certain temps sans qu'il y ait développement de bactéries et moisissures. Avant d'être tendues sur le cadre, les peaux sont lavées dans du chlorure d'ammonium, mais une partie du formaldéhyde reste liée au collagène. Ces parchemins ont un très bon degré de blancheur, mais les fibres ne se disposent pas en couches de manière aussi prononcée qu'avec gen Lösungen aus Eiweiss, Zuckerarten, Leinsamen oder Stärken.

Aus England ist die Behandlung der Pergamentoberfläche mit einem Gemisch aus Kalk, Mehl, Ei und Milch bekannt. Es wurde auf das Pergament aufgetragen und ergab getrocknet eine gleichmässige weisse Schicht; dieses Pergament wird «Stanchgrain» genannt.

4.2 Die moderne Pergamentherstellung

Es gibt in Europa noch einige Pergamenter. Ihre Produkte dienen zur Herstellung von Lampen, Musikinstrumenten, Urkunden und Diplomen, für den Buchbinderbedarf und die Restaurierung. Sie rühmen sich, Erben einer mehr als tausendjährigen Tradition zu sein, was zum Teil auch zutrifft. Die Grundlagen der Pergamentherstellung haben sich eigentlich kaum verändert. Einige Hersteller haben aber industrielle Techniken eingeführt, um den Bearbeitungsprozess zu vereinfachen und zu beschleunigen.

Es ist sehr schwierig, Auskünfte über die aktuellen Herstellungsmethoden zu erhalten. Ein grosser Teil der hier aufgeführten Angaben wurde von Reed zusammengetragen. Die Methoden und die Arbeitsethik der verschiedenen Pergamenter sind sehr unterschiedlich.

Die Behandlung mit Kalklauge vor der Enthaarung wird häufig durch die Verwendung von Natriumsulfid ergänzt oder ersetzt. Das Haar kann dann durch einfaches Spülen entfernt werden. Dadurch wird auch ein grösserer Teil der Basalsubstanz eliminiert als bei den herkömmlichen Methoden, was die Eigenschaften des Pergaments verändert. Ausserdem können durch Spalten dickerer Häute dünnere Pergamente gewonnen werden.

Um die nicht verseiften Fette zu entfernen, kann man die Häute mit einem Wasser-Azeton-Gemisch behandeln. Damit wird auch die Trocknung beschleunigt.

Die enthaarten und entfleischten Häute können noch einmal leicht entkalkt werden, um die zu hohe Alkalinität zu verringern. Dann werden sie mit Formaldehyd behandelt, was eigentlich einer Halbgerbung entspricht. Da die so bearbeiteten

les méthodes traditionnelles et la stabilité dans le temps des parchemins ainsi produits n'est pas connue.

Le ponçage peut être réalisé à l'aide de machines qui rabotent et poncent la surface du parchemin ; la surface peut encore être rendue plus lisse et uniforme par un traitement avec de l'eau chaude qui provoque une gélatinisation partielle.

4.3 Les caractéristiques du parchemin

Par le traitement de parcheminage, on obtient une matière qui a un certain nombre de caractéristiques définies, mais qui varient sensiblement en fonction de la provenance des peaux (race, sexe, âge, provenance, état de santé et alimentation de l'animal, saison de l'abattage) et des matières et techniques utilisées pour leur transformation en parchemin.

Le parchemin a une structure et des caractéristiques physico-chimiques fondamentalement différentes de celles du cuir. Sur le plan physique, le parchemin est translucide, semi-souple, peu élastique, peu extensible, difficilement formable ; sur le plan chimique, il s'agit d'une peau brute ayant subi un traitement alcalin et un séchage sous tension.

La structure fibreuse du parchemin n'est pas uniforme, car les fibres sont disposées de manière différente selon leur localisation sur la peau : on trouve une structure fibreuse très lâche sur les flancs, alors qu'elle est très compacte sur l'échine et vers le collet.

Dans le parchemin, il n'y a pas d'agents tannants qui se lient au collagène et en diminuent la réactivité chimique : en effet, le parchemin neuf se transforme en gélatine à une température d'environ 50–55 °C, contrairement aux cuirs, qui résistent en principe à une température de 70–80 °C. Le parchemin est également très sensible à l'action de micro-organismes ; en présence d'une humidité suffisante, il se dégrade presque, aussi rapidement qu'une peau brute qui pourrit.

Il est important de souligner la très forte hygroscopicité du parchemin, qui réagit rapidement a tous les changements de l'humidité de l'air ; sa structure non uniforme cause la naissance de dé-

Häute längere Zeit haltbar sind, ohne dass sich Bakterien oder Schimmel entwickeln, kann sich der Pergamenter seine Arbeit besser einteilen. Bevor die Häute auf Rahmen gespannt werden, wäscht man sie in Ammoniumchlorid; ein Teil des Formaldehyds bleibt aber mit dem Collagen verbunden. Diese Pergamente haben einen sehr hohen Weissgrad. Die Fasern sind jedoch nicht so deutlich in Schichten angeordnet wie bei den mit herkömmlichen Verfahren hergestellten Pergamenten, und das Alterungsverhalten dieser Pergamente ist unbekannt.

Die Pergamentoberfläche kann mit Hilfe von Maschinen gehobelt und geschliffen werden. Eine Behandlung mit heissem Wasser bewirkt das teilweise Gelatinieren der Oberfläche, die dadurch noch glatter und regelmässiger wird.

4.3 Die Eigenschaften des Pergaments

Durch die Pergamentherstellung werden der Haut bestimmte Eigenschaften verliehen. Diese werden aber von verschiedenen Faktoren erheblich mitbestimmt: von Rasse, Geschlecht, Alter, Herkunftsort, Gesundheitszustand und Ernährung des Tieres, Schlachtzeit sowie den bei der Pergamentherstellung verwendeten Materialien und Techniken.

Der physikalisch-chemische Aufbau und die Eigenschaften von Pergament unterscheiden sich grundlegend von denen des Leders. Pergament ist durchscheinend, halbflexibel, wenig elastisch, kaum dehnbar und lässt sich schlecht formen. Es handelt sich um eine Rohhaut, die alkalisch behandelt und unter Spannung getrocknet wurde.

Die Faserstruktur von Pergament ist unregelmässig, denn die Fasern sind je nach Körperteil unterschiedlich auf der Haut angeordnet: Auf den Flanken ist die Faserstruktur kaum ausgeprägt, entlang der Wirbelsäule und am Nacken hingegen ist sie sehr dicht.

Da Pergament keine Gerbstoffe enthält, die sich mit dem Collagen verbinden und seine chemische Reaktionsfähigkeit verringern, wird ein neues Pergament bei einer Temperatur von 50–55 °C zu Gelatine. (Leder dagegen ist für gewöhnlich bis zu einer Temperatur von mindestens 70–80 °C resistent.) Pergament ist ausserdem anfällig gegen Mi-

formations quand les écarts hygrométriques sont importants. Un parchemin qui a été mouillé perd une partie importante de ses caractéristiques, pour retrouver celles d'une peau brute.

Par contre, dans des conditions de conservation correctes, le parchemin montre une stabilité physico-chimique étonnante; on connaît de nombreux cas de parchemins de plus de mille ans qui sont parfaitement conservés et fonctionnels, alors que le cuir maintient plus difficilement ses caractéristiques au fil des siècles.

D'une manière générale, les caractéristiques du parchemin se rapprochent plus de celles d'une peau brute que d'un cuir tanné:

Peau brute	**Parchemin**	**Cuir**
se contracte en séchant	idem	très peu
est sensible à la chaleur	idem	sensibilité réduite
est attaquée par de micro-organismes	idem	difficilement
est très hygroscopique	idem	très peu
peut être solubilisée	idem	non
contient des graisses	graisses saponifiées	graisses ajoutées
ne contient pas d'agents de tannage	éventuellement à la surface	forte concentration
pH neutre	pH alcalin	pH acide
Caractéristiques physiques		
peu élastique	idem	élastique
peu souple	idem	très souple
rigide, dure	un peu rigide et dur	peut être formé
transparente	semi-opaque	totalement opaque

Fig. 5/10: Comparaison des caractéristiques d'après Reed (1972) et Puissant (1991).

kroorganismen, durch welche es bei entsprechender Feuchtigkeit fast genau so schnell abgebaut wird wie eine faulende Rohhaut.

Durch seine starke Hygroskopizität reagiert Pergament schnell auf jede Schwankung der Luftfeuchtigkeit; bei starken Klimaschwankungen verformt es sich aufgrund seiner unregelmässigen Struktur. Ein nass gewordenes Pergament verliert einen grossen Teil seiner charakteristischen Eigenschaften und gewinnt einige der Rohhaut wieder.

Unter materialgerechten Aufbewahrungsbedingungen jedoch beweist das Pergament eine erstaunlich gute physikalische und chemische Stabilität. Es gibt zahlreiche Pergamente, die über tausend Jahre alt und noch in gutem und funktionellem Zustand sind; Leder hingegen ist über die Jahrhunderte hinweg weniger beständig. Die Eigenschaften von Pergament entsprechen also eher denjenigen einer Rohhaut als denjenigen eines gegerbten Leders:

Rohhaut	**Pergament**	**Leder**
schrumpft beim Trocknen	idem	nur minimal
wärmeempfindlich	idem	weniger empfindlich
Mikroorganismenbefall	idem	kaum
sehr hygroskopisch	idem	kaum
kann aufgelöst werden	idem	nein
fetthaltig	verseifte Fette	zugesetzte Fette
enthält keine Gerbsubstanzen	eventuell oberflächlich	hohe Konzentration an Gerbsubstanzen
pH-Wert neutral	pH-Wert alkalisch	pH-Wert sauer
Physikalische Eigenschaften		
wenig elastisch	idem	elastisch
wenig flexibel	idem	sehr flexibel
starr, hart	leicht starr und hart	formbar
transparent	halb-opak	völlig opak

Fig. 5/10: Vergleich der Eigenschaften nach Reed (1972) und Puissant (1991).

5 Altérations du cuir

Le cuir est sujet à des altérations qui modifient profondément ses propriétés physico-chimiques; il est en général moins stable et moins durable que les autres matières du livre, mais on connaît des cuirs qui ont maintenu solidité et souplesse pendant plus de cinq siècles.

La sensibilité aux phénomènes d'altération est liée en premier lieu à la nature du matériel considéré. Nous avons déjà relevé que chaque peau est unique, de par la race, le sexe, l'alimentation, l'état de santé et l'époque d'abattage des animaux. Les traitements complexes qui amènent à une peau tannée, par l'une ou l'autre des méthodes décrites, introduisent une multitude d'autres variables dans cette équation, de manière que l'altération des cuirs se présente sous des formes et avec des mécanismes très divers.

L'expérience dans le domaine du livre nous montre que les tannages «blancs» sont souvent plus résistants dans le temps que les tannages végétaux[11] et que parmi ces derniers, les cuirs tannés au cours des deux cents dernières années se détériorent plus rapidement que les cuirs plus anciens.

A ces aspects, il faut ajouter la complexité de la chimie du cuir, déterminée par la complexité de la molécule du collagène et par le nombre important de facteurs qui interviennent dans les réactions d'altération.

L'altération du cuir, qu'elle se manifeste après quelques dizaines ou quelques centaines d'années, est une modification de l'organisation interne de la matière, qui peut être décrite comme la destruction d'un certain nombre de liaisons entre les fibres et la création parallèle de zones réticulées, qui rendent la matière plus rigide et fragile. Ces phénomènes s'accompagnent d'une modification du contenu en eau et en matières grasses, ce qui influe aussi sur les propriétés physiques du cuir.

[11] Ce phénomène constaté attend encore une explication scientifique solide. En effet, la température de contraction, indice théorique de stabilité, est meilleure pour les cuirs tannés végétalement que pour les tannages blancs. Ce constat indique que d'autres facteurs ont une influence importante sur la vitesse de dégradation du cuir.

5 Schäden am Leder

Die Abbauprozesse des Leders verändern deutlich dessen physikalisch-chemische Eigenschaften. Leder ist im Allgemeinen unbeständiger und weniger haltbar als die anderen Buch- und Schriftmaterialien. Es gibt aber Leder, die über mehr als fünf Jahrhunderte hinweg fest und geschmeidig geblieben sind.

Wie sich die Alterungsprozesse auf das Leder auswirken, hängt zuerst von der Beschaffenheit des jeweiligen Materials ab. Wir haben schon gesehen, dass jede Haut aufgrund der Rasse, des Geschlechts, der Ernährung, des Gesundheitszustands und der Schlachtzeit des Tieres einzigartig ist. Dazu kommen zahlreiche andere Einflussfaktoren in Zusammenhang mit den vielfältigen und komplexen Behandlungsmethoden beim Gerben. Die Alterung von Leder tritt daher in verschiedenen Formen und Abläufen auf.

Die Erfahrung auf dem Gebiet der Einbandmaterialien zeigt, dass Weissgerbungen langfristig oft widerstandsfähiger sind als vegetabile[11] Gerbungen. Unter den vegetabil gegerbten Ledern wiederum altern die in den letzten zweihundert Jahren gegerbten Leder schneller als diejenigen älteren Datums.

Zu all dem kommt die komplizierte Chemie des Leders hinzu, die durch das komplexe Collagenmolekül und andere zahlreiche, die Schadensprozesse beeinflussende Faktoren bestimmt wird.

Alterungsschäden von Leder, ob sie nun nach einigen Jahrzehnten oder einigen Jahrhunderten auftreten, sind immer die Folge von Veränderungen im strukturellen Aufbau des Materials: Zerstörung von Bindungen zwischen den Fasern und gleichzeitige Bildung von vernetzten Bereichen, wodurch das Material härter und spröder wird. In Zusammenhang mit diesen Vorgängen verändert sich der Wasser- und Fettgehalt, was sich wiederum auf die mechanischen Eigenschaften des Leders auswirkt.

[11] Hierfür gibt es noch keine fundierte wissenschaftliche Erklärung. Tatsächlich ist die Schrumpftemperatur, ein theoretisches Anzeichen für Stabilität, bei vegetabil gegerbtem Leder besser als bei weiss gegerbtem Leder. Diese Tatsache zeigt, dass noch andere Faktoren einen wichtigen Einfluss auf die Geschwindigkeit des Abbauprozesses von Leder haben.

L'altération du collagène se fait par des processus d'oxydation, d'hydrolyse et de réticulation, qui sont beaucoup plus complexes et moins bien connus que ceux concernant la cellulose. Ces phénomènes sont liés aux conditions externes et internes, et quelques facteurs importants peuvent être mis en évidence : l'acidité, le contenu en eau, le contenu en graisses, la chaleur et la lumière.

Extérieurement, l'altération du cuir se manifeste par l'apparition de craquelures dans sa couche papillaire, qui est plus sensible de par sa structure et de par la qualité du collagène qui la forme. Ces craquelures, d'abord microscopiques, deviennent de plus en plus profondes et tendent fréquemment à former des écailles. Les cuirs de mouton ont parfois tendance à se partager en deux couches ; du fait de la perte de cohérence interne du cuir, il suffit d'un frottement ou, dans le cas d'un cuir déjà très altéré, d'une légère pression pour que des lacunes apparaissent dans la couche papillaire.

Les facteurs d'altération et les processus de dégradation décrits ci-dessous devraient être compris dans leur ensemble, car tous ces facteurs interagissent dans un processus d'altération propre à chaque cuir.

5.1 Altérations liées à l'acidité

Le cuir a un caractère acide naturel ; au moment de sa production, son pH se situe à environ 3,5–4,5 (cuir tanné végétalement). Ce caractère le rend particulièrement sensible à la dégradation acide, qui peut avoir des sources internes ou externes, liées parfois dans un cercle vicieux.

■ *Acidité liée aux méthodes de production et de décoration*

Certains cuirs ont une acidité particulièrement prononcée, due aux méthodes de décoration. Les procédés de marbrure et de racinage du cuir, très utilisés au XVIIIe siècle, comportent l'utilisation de sels acides qui peuvent s'hydrolyser en acides forts. Il existe, bien sûr, de nombreuses recettes, et si certains cuirs se conservent très bien, probablement suite à un traitement de neutralisation appliqué par l'artisan qui a décoré le cuir, d'autres devien-

Das Collagen wird durch Oxidations-, Hydrolyse- und Vernetzungsprozesse geschädigt, die viel komplexer und weniger bekannt sind als diejenigen der Cellulose. Die Vorgänge hängen von exogenen und endogenen Einflüssen ab; ausschlaggebend sind: Säure, Wasser- und Fettgehalt, Wärme und Licht.

Äusserlich sichtbar wird die Schädigung des Leders durch das rissige Aufbrechen der Papillarschicht, die aufgrund ihres Aufbaus und wegen der Eigenschaften des Grundstoffs Collagen empfindlicher ist. Diese zuerst mikroskopisch kleinen Risse werden immer tiefer und führen häufig zur Bildung von Schollen (Narbenbruch). Schafsleder spaltet sich leicht in zwei Schichten auf. Infolge dieses Verlusts an Zusammenhalt entstehen auf der Narbenseite Fehlstellen, die entweder durch Reibung oder bei stärker geschädigtem Leder sogar schon durch geringe mechanische Belastung bewirkt werden.

Die im Folgenden beschriebenen Schadensfaktoren und Abbauprozesse sind als Gesamtheit zu verstehen, denn all diese Faktoren stehen innerhalb eines für jedes Leder spezifischen Abbauprozesses in wechselseitiger Beziehung.

5.1 Schädigung durch Übersäuerung

Leder ist von Natur aus sauer; nach der Herstellung liegt der pH-Wert bei ungefähr 3,5–4,5 (vegetabil gegerbtes Leder). Deshalb ist Leder von einem Abbau durch Säure besonders bedroht. Dieser kann äussere sowie innere Ursachen haben, die sich bisweilen in einem Teufelskreis gegenseitig beeinflussen.

■ *Übersäuerung durch Herstellungs- und Dekorationsmethoden*

Aufgrund der Dekorationsmethoden sind manche Leder besonders sauer. Die im 18. Jahrhundert häufig angewendeten Verfahren für marmoriertes, getupftes und gesprenkeltes Leder beruhen auf der Verwendung saurer Salze, die zu starken Säuren hydrolysieren können. Es gab zahlreiche Rezepte. Manche Leder sind sehr gut erhalten; wahrscheinlich wurde in diesem Fall vom Handwerker, der das Leder dekorierte, ein Neutralisierungsverfahren

nent très fragiles, car les produits acides sont restés dans la peau et réagissent lorsque l'humidité ambiante est suffisamment élevée. Dans certains cas, ces cuirs deviennent extrêmement sensibles à l'eau, dont une seule goutte peut provoquer une brûlure acide définitive se manifestant par un noircissement du cuir.

D'autres cuirs montrent une acidité marquée due, peut-être, au déchaulage ou à la composition du jus de tannage. Une source interne d'acidité est la décomposition des graisses dans le cuir, par oxydation et hydrolyse, qui aboutit à la libération d'acides gras, d'alcools gras, de peroxydes et d'aldéhydes qui en partie réagissent avec le collagène de la peau, en le décomposant et en créant de nouvelles liaisons (réticulation).

■ *Acidité provenant de la pollution de l'air*

La pollution de l'air est une source majeure d'acidité dans le cuir, et particulièrement la pollution acide de composés de soufre et d'azote. Le dioxyde de soufre engendré par la combustion d'hydrocarbures peu raffinés se dépose sur le cuir sous forme de poussière et s'y oxyde en trioxyde de soufre, en particulier par effet catalytique de particules métalliques qui peuvent se trouver dans le cuir. L'humidité de l'air permet ensuite la formation d'acide sulfurique; l'acidité du cuir peut ainsi atteindre un pH de 2. A ce moment, l'absorption de dioxyde de soufre est stoppée, mais l'acidité peut diminuer par l'action de produits alcalins issus de la dégradation des protéines du cuir ou provenant d'un apport extérieur, de manière que le mécanisme d'acidification peut se remettre en marche. De cette façon, une quantité importante d'acides peut s'accumuler dans le cuir. Ce processus est bien décrit par Stambolov (1990). A partir d'un pH inférieur à 2,5–3,[12] les réactions d'hydrolyse du collagène deviennent beaucoup plus graves et rapides.

La présence d'acides favorise directement l'altération du collagène, mais agit aussi indirectement, car elle facilite la formation d'eau oxygénée qui,

[12] Il faut prendre en compte le fait que le pH n'est qu'un des paramètres de l'état de conservation d'un cuir. Deux cuirs ayant un pH semblable peuvent en effet montrer des états d'altération fort différents.

angewendet. Andere Leder sind sehr empfindlich gegen exogene Einflüsse, denn die im Leder verbliebenen sauren Produkte reagieren, sobald die Raumfeuchtigkeit ausreichend hoch ist. Manche dieser Leder werden derart wasserempfindlich, dass schon ein einziger Tropfen eine irreversible saure Verbrennung verursacht: Das Leder wird an dieser Stelle schwarz.

Bei anderen Ledern wiederum kann der hohe Säuregehalt von der Entkalkung oder der Zusammensetzung der Gerbbrühe herrühren. Eine endogene Ursache für die Übersäuerung von Leder ist die Zersetzung der Fette durch Oxidation und Hydrolyse. Beide Vorgänge führen zur Freisetzung von Fettsäuren, fetthaltigen Alkoholen, Peroxiden und Aldehyden, die teilweise mit dem Collagen der Haut reagieren, indem sie es zersetzen und neue Bindungen eingehen (Vernetzung).

■ *Übersäuerung durch Luftverschmutzung*

Luftverschmutzung, besonders die saure Verschmutzung durch Schwefel- und Stickstoffverbindungen, ist eine der Hauptursachen der Übersäuerung von Leder. Schwefeldioxid entsteht durch die Verbrennung von wenig raffinierten Kohlenwasserstoffen. Es setzt sich als Staub auf dem Leder ab und oxidiert vor allem durch die katalysierende Wirkung der im Leder enthaltenen Metallteilchen in Schwefeltrioxid. Mit Luftfeuchtigkeit bildet sich Schwefelsäure, die im Leder zu einem pH-Wert bis zu 2 führen kann. Ist dieser Punkt erreicht, wird kein Schwefeldioxid mehr absorbiert. Die alkalischen Stoffe, die beim Abbau der Eiweisse des Leders entstehen oder von aussen zugesetzt werden, können den Säuregehalt aber wieder so weit absinken lassen, dass die Bildung von Säure von Neuem beginnt. Auf diese Weise kann sich im Leder sehr viel Säure ansammeln. Dieser Vorgang wurde von Stambolov (1990) gut beschrieben. Bei einem pH-Wert von unter 2,5–3[12] werden die Hydrolysereaktionen des Collagens immer schneller und haben schwerwiegendere Auswirkungen.

[12] Dabei ist zu bedenken, dass der pH-Wert nur eines der Masse für den Erhaltungszustand von Leder ist. Zwei Leder, die einen ähnlichen pH-Wert haben, können dennoch einen sehr unterschiedlichen Grad an Abbau aufzeigen.

en tant que puissant oxydant, participe ensuite à la dégradation des fibres protéiques.

L'agression acide du cuir trouve son expression la plus intense dans l'altération dite *red rot* en anglais, ou *roter Verfall* en allemand; il s'agit d'une forme très grave d'altération qui provoque une coloration rougeâtre du cuir tanné végétalement, qui se désagrège en poussière. La relation de cette altération avec la pollution de l'air est mise en évidence par des études scientifiques et par le fait que les parties du livre les plus exposées à l'air, et en particulier le dos, sont beaucoup plus altérées que les parties relativement protégées grâce au contact avec d'autres livres, comme les plats (voir aussi la note 13, point 5.6).

Une étude publiée par Chahine (1985) montre que 50 % des cuirs de reliure qu'elle a examinés avaient un pH inférieur à 3,5 (échantillon de 60 reliures du XVIIe au XXe siècle). D'autres études, effectuées dans des environnements industriels particulièrement pollués, ont permis d'établir une corrélation positive entre la pollution atmosphérique et l'altération des cuirs de reliure.

On constate cependant que certains cuirs résistent étonnamment bien à l'acidité, qu'ils absorbent sans se dégrader: on suppose que la présence de certains sels minéraux produit un effet tampon.

Par contre, la présence dans le cuir de sels métalliques, introduits lors de la fabrication du cuir ou lors de sa décoration (utilisation de sulfate de fer ou de cuivre p.ex.), favorise la transformation de l'anhydride sulfureux en acide sulfurique et catalyse aussi d'autres réactions destructives de l'organisation interne de la peau.

Cependant, il est nécessaire de considérer que le cuir tanné aux tanins végétaux est un matériel stable dans un milieu moyennement acide et qu'une alcalinité excessive peut lui être préjudiciable. Ainsi il convient, par exemple, d'être prudent lors de traitements de désacidification de masse de volumes avec une couverture en cuir (cf. chap. 6, partie VII, note 2).

Säuren wirken unmittelbar schädigend auf das Collagen. Sie wirken aber auch indirekt, indem sie die Bildung von Wasserstoffperoxid fördern, einem starken Oxidationsmittel, das zum Abbau der Eiweissfasern beiträgt.

Die schädigende Wirkung von Säure im Leder zeigt sich am stärksten im Schadensbild, das der *rote Verfall* (englisch *red rot*) genannt wird. Dieser vielerorts beobachtete Schaden zeigt sich in der rötlichen Färbung und dem staubartigen Zerfall von vegetabil gegerbtem Leder. Die Abhängigkeit von der Luftverschmutzung wird durch wissenschaftliche Untersuchungen sowie die Tatsache nachgewiesen, dass die der Luft ausgesetzten Buchteile, insbesondere der Rücken, viel stärker befallen sind als die durch Kontakt mit anderen Büchern relativ geschützten Buchdeckel (siehe auch Anm. 13, Punkt 5.6).

In einer von Chahine (1985) veröffentlichten Untersuchung weisen 50 % der untersuchten Einbandleder einen pH-Wert von unter 3,5 auf (60 Einbände vom 17. bis zum 20. Jh.). Andere Untersuchungen, die in stark verschmutzten Industriegebieten durchgeführt wurden, haben die Beziehung zwischen Luftverschmutzung und Schädigung von Einbandleder aufgezeigt.

Allerdings sind manche Leder erstaunlich widerstandsfähig gegen Säuren, die sie ohne Schädigung absorbieren. Man nimmt an, dass im Leder enthaltene Mineralsalze einen Puffereffekt ausüben.

Die bei der Herstellung oder bei der Dekoration von Leder zugeführten Metallsalze (z.B. durch die Verwendung von Eisen- oder Kupfersulfat) fördern hingegen die Umwandlung des Schwefeldioxids in Schwefelsäure und katalysieren auch andere Reaktionen, die den strukturellen Aufbau der Haut zerstören.

Dabei ist unbedingt zu beachten, dass vegetabil gegerbtes Leder ein beständiges Material im mittleren sauren Bereich ist, für welches eine übermässige Alkalinität deshalb schädlich ist. Demzufolge muss man zum Beispiel bei einer Massenentsäuerung von Büchern mit Ledereinband vorsichtig sein (siehe Kap. 6, Teil VII, Anm. 2).

5.2 Altérations liées au contenu en eau

■ *Humidité ambiante*

Le cuir contient de l'eau liée par deux mécanismes différents : une partie relativement réduite de l'eau est liée par des ponts hydrogène, de manière assez stable, tandis qu'une partie plus importante est simplement absorbée par la structure fibreuse du cuir. Le contenu en eau du cuir dans une atmosphère normale (18 °C et 55 % d'humidité relative) est important : environ 14 % du poids, contre 7–10 % pour le papier.

L'eau qui se situe entre les fibres et les fibrilles du cuir joue le rôle d'un lubrifiant interne, facilitant le déplacement des fibres les unes par rapport aux autres et favorisant de cette manière l'élasticité et la souplesse de la matière. Si le cuir est conservé dans une atmosphère avec une humidité très réduite, il tend à se mettre en équilibre en perdant progressivement son contenu en eau ; il devient alors dur et fragile. Le rétablissement de conditions hygrométriques plus favorables ne s'accompagne pas nécessairement d'une réhydratation complète du cuir ; tout dépend de l'intensité et de la durée de la période sèche subie par la matière.

Ce phénomène est appelé scientifiquement « hystérésis » : il s'agit d'une sorte de « mémoire de la matière », par laquelle la valeur d'humidité du cuir est déterminée non seulement par l'humidité ambiante du moment, mais encore par les valeurs précédentes auxquelles le cuir a été soumis. Pratiquement, plus un cuir est altéré, plus difficile sera sa réhydratation après un long dessèchement.

■ *Cuirs mouillés*

En principe, le cuir neuf supporte d'être mouillé et de sécher à température ambiante, sans que sa qualité soit modifiée de manière importante. Cette règle trouve, dans le domaine du livre, de si fréquentes exceptions qu'elle peut être transformée en son contraire. En effet, un cuir de reliure s'altère très fréquemment lorsqu'on le met en contact avec une quantité importante d'eau.

Les cuirs décorés avec des sels acides qui sont restés dans la peau montrent des réactions immédiates de destruction du tissu fibreux. Les cuirs tan-

5.2 Schädigung aufgrund zu hohen oder zu niedrigen Wassergehalts

■ *Raumfeuchtigkeit*

Das im Leder enthaltene Wasser ist auf zwei verschiedene Arten gebunden: ein relativ geringer Teil verhältnismässig stabil durch Wasserstoffbrücken, der grössere Teil einfach dadurch, dass er vom Fasergewebe des Leders absorbiert wird. Leder hat unter normalen Klimaverhältnissen einen hohen Wassergehalt: Bei einer Temperatur von 18 °C und einer relativen Feuchtigkeit von 55 % beträgt er ungefähr 14 % des Gewichts; unter gleichen Bedingungen beträgt er bei Papier ca. 7–10 %.

Das Wasser, das zwischen Fasern und Fibrillen des Leders angelagert ist, dient als Gleitmittel, das heisst, es erleichtert die Bewegung der Fasern untereinander und fördert auf diese Weise die Elastizität und Flexibilität des Materials. Wird Leder bei sehr niedriger Raumfeuchtigkeit aufbewahrt, passt es seinen Feuchtigkeitsgehalt der Umgebung an: Es reduziert seinen Wassergehalt und wird so hart und brüchig. Wird das Leder besseren klimatischen Bedingungen ausgesetzt, bewirken diese nicht unbedingt die vollständige Rehydratation. Entscheidend für die Reaktion des Leders sind Intensität und Dauer der vorangegangenen Trockenphase.

Die wissenschaftliche Bezeichnung für dieses Phänomen ist «Hysterese», eine Art «Gedächtnis des Materials», durch welches der Feuchtigkeitsgrad des Leders nicht nur aufgrund der herrschenden Raumfeuchtigkeit, sondern auch aufgrund der Bedingungen, denen das Leder vorher ausgesetzt war, bestimmt wird. Praktisch bedeutet das: Je schwerer das Leder geschädigt ist, desto schwieriger wird nach langer Austrocknung die neuerliche Hydratation sein.

■ *Nasses Leder*

Im Prinzip kann neues Leder nass gemacht werden und bei Raumtemperatur trocknen, ohne dass seine Eigenschaften massgeblich verändert werden. Die Ausnahmen von dieser Regel aber sind bei Buch- und Schriftmaterialien so häufig, dass die Regel zur Ausnahme wird. Kommt ein Einbandleder mit einer grossen Menge Wasser in Berührung, entstehen fast immer Schäden.

nés à l'alun peuvent montrer, d'une part, un changement de couleur non réversible, le cuir prend une coloration jaune orangée ; d'autre part, une quantité suffisante d'eau peut provoquer le déplacement ou le lavage d'une partie des sels minéraux tannants, avec pour conséquence un détannage partiel de la peau, qui de ce fait devient beaucoup plus rigide.

Les cuirs tannés végétalement qui sont très altérés supportent également très mal de grandes quantités d'eau ; l'eau permet la transformation des sels acides en acides, elle peut aussi agir physiquement : les fibres devenues trop hygroscopiques gonflent excessivement et peuvent déstructurer le tissu de la peau.

Le séchage des cuirs altérés qui ont été gorgés d'eau s'accompagne généralement d'un rétrécissement, d'autant plus prononcé que le cuir est altéré. Cependant, dans ce domaine aussi, on constate la présence d'exceptions, de cuirs qui maintiennent intacte pendant des temps très longs leur capacité d'être mouillés et de sécher sans dommage apparent.

5.3 Altérations liées au contenu en graisses

Le cuir a un contenu en graisses qui sont en grande partie des graisses apportées après le tannage, mais qui peuvent être aussi, surtout dans le cas du mouton, des graisses d'origine.

Le contenu en graisses d'un cuir varie selon l'animal d'origine et le traitement de tannage appliqué. Chahine (1985) cite les valeurs suivantes pour des cuirs neufs :

cuir de chèvre	2– 3 %
cuir de veau	5– 6 %
cuir de mouton	10–15 %

Les graisses augmentent la souplesse et l'élasticité du cuir et diminuent la réactivité des fibres de collagène aux changements hygrométriques et aux autres facteurs externes. Selon leur origine, les graisses sont plus ou moins facilement oxydables ; en se décomposant, elles augmentent l'acidité du cuir et créent de nouvelles liaisons chimiques.

In dekoriertem Leder wirken die verbliebenen sauren Salze sofort zerstörend auf das Fasergewebe. Alaungegerbtes Leder kann sich irreversibel gelborange verfärben; eine grosse Menge Wasser kann ein teilweises Wandern oder Auswaschen der gerbenden Mineralsalze bewirken, wodurch die Haut teilweise entgerbt und somit steifer wird.

Auch stark abgebaute vegetabil gegerbte Leder vertragen keine grossen Wassermengen. Die sauren Salze können in Säuren umgewandelt werden; das Wasser kann auch mechanisch schädigende Wirkung haben, wenn nämlich die zu hygroskopisch gewordenen Fasern übermässig quellen und die Gewebestruktur der Haut zerstören.

Ein durchnässtes, abgebautes Leder schrumpft normalerweise beim Trocknen. Je stärker das Leder abgebaut ist, umso stärker schrumpft es. Aber auch hier kommen Ausnahmen vor: Es gibt Leder, die über einen sehr langen Zeitraum hinweg ihre Eigenschaft behalten, nass werden und wieder trocknen können, ohne dabei ersichtlichen Schaden zu nehmen.

5.3 Schädigung aufgrund zu hohen oder zu niedrigen Fettgehalts

Die im Leder enthaltenen Fette werden grossenteils nach der Gerbung zugesetzt. Sie können aber auch, wie vor allem beim Schaf, von Natur aus in der Haut enthalten sein.

Der Fettgehalt von Leder ist je nach Tier und angewendetem Gerbverfahren unterschiedlich. Chahine (1985) gibt für neues Leder folgende Werte an:

Ziegenlede	2– 3 %
Kalbsleder	5– 6 %
Schafsleder	10–15 %

Fette erhöhen die Flexibilität und die Elastizität des Leders und verringern die Reaktionsfreudigkeit der Collagenfasern bei Klimaschwankungen und anderen exogenen Einflüssen. Fette oxidieren und zersetzen sich je nach Fettart mehr oder weniger leicht. Dabei erhöht sich der Säuregehalt des Leders, und es bilden sich neue chemische Verbindungen.

L'étude déjà citée de Chahine, qui portait sur 60 volumes reliés en cuir, du XVIIe au XXe siècle, a montré que 95 % des cuirs avaient un contenu en graisses inférieur à 1 %. Pour des cuirs récents, cette perte semble s'être produite en quelques dizaines d'années.

La qualité et la quantité des graisses dans le cuir ont aussi leur importance. Certaines graisses se décomposent plus rapidement que d'autres et entrent dans les mécanismes chimiques d'altération du cuir. La présence de graisses inadaptées ou en quantité excessive favorise aussi la dégradation biologique du cuir. De cette manière, un traitement inadapté des cuirs par des produits gras dont la composition ou la quantité ne sont pas judicieusement adaptées crée une situation de conservation encore plus négative que si l'on avait renoncé à tout traitement. D'une manière générale, on peut considérer qu'un apport contrôlé de matières grasses d'une qualité adéquate offre une certaine protection au cuir face à des agents extérieurs de dégradation (pollution de l'air, p. ex.), mais ne permet pas d'améliorer les qualités mécaniques du cuir. Par contre, l'aspect du cuir peut être sensiblement modifié par ces traitements. Récemment, on a développé des traitements à base de silicones qui améliorent la stabilité mécanique du cuir, mais la stabilité et les effets à long terme de ces produits ne sont pas connus et de ce fait ils ne peuvent pas encore être conseillés.

Dans ce domaine, il faut aussi considérer que la réversibilité de toute intervention est tout au plus théorique, car dans la pratique il est impossible d'extraire sans dommages d'un cuir un produit qu'on y a fait pénétrer. Pour toutes ces raisons, l'opportunité d'un apport en graisses sur les cuirs anciens fait toujours l'objet de discussions très vives parmi les spécialistes en conservation ; toute intervention à ce niveau par des non-spécialistes est fortement déconseillée.

Bei der schon zitierten Untersuchung von 60 Einbandledern aus dem 17. bis 20. Jahrhundert von Chahine wiesen 95 % der Leder einen Fettgehalt von unter 1% auf. Bei Ledern jüngeren Datums sank der Fettgehalt vermutlich schon innerhalb einiger Jahrzehnte auf diesen Wert ab.

Auch Qualität und Quantität der Fette im Leder sind wichtig. Manche Fette zersetzen sich schneller als andere; sie sind zu den Ursachen für chemische Abbauprozesse im Leder zu zählen. Ungeeignete oder in übermässiger Menge aufgetragene Fette fördern den biologischen Abbau von Leder. Aus diesem Grund kann sich eine unsachgemässe Behandlung von Leder mit Fettmitteln, deren Zusammensetzung oder Menge nicht genau materialgerecht berechnet wurde, negativer für die Erhaltung auswirken als ein Verzicht auf jegliche Behandlung. Generell kann man sagen, dass das kontrollierte Einbringen von Fett entsprechender Qualität einen gewissen Schutz des Leders gegenüber externen Schadensfaktoren darstellt (z. B. Luftverschmutzung), aber nicht die mechanischen Eigenschaften des Leders verbessert. Das Aussehen des Leders dagegen kann durch diese Behandlung merklich verändert werden. Kürzlich wurden Lederpflegemittel auf der Basis von Silikonen zur Verbesserung der mechanischen Beständigkeit des Leders entwickelt, aber Stabilität und Nebenwirkungen dieser Produkte sind langfristig nicht bekannt, und daher kann ihre Verwendung noch nicht empfohlen werden.

Es gilt auch zu bedenken, dass die Reversibilität eines Eingriffs immer nur theoretisch denkbar ist. In der Praxis ist es unmöglich, dem Leder ein einmal aufgetragenes Produkt zu entziehen, ohne das Leder zu schädigen. Aus all diesen Gründen ist die Frage der Behandlung alten Leders mit Fett von Spezialisten der Konservierung stark umstritten; von einem Eingriff durch Laien wird auf jeden Fall abgeraten.

5.4 Altérations biologiques

De par sa nature, le cuir est peu sensible aux altérations biologiques. Les agents de tannage protègent efficacement le collagène des attaques de bactéries et champignons microscopiques, et l'acidité marquée du cuir ne facilite pas le développement des micro-organismes. Cependant, dans des conditions d'humidité très élevée, une dégradation biologique reste possible.

Ce genre d'altération peut intervenir beaucoup plus facilement quand le cuir est traité de manière impropre, par l'apport de produits que les micro-organismes peuvent utiliser pour leur métabolisme. Dans ce sens, les traitements d'entretien et de graissage du cuir peuvent constituer un certain danger, surtout lorsque les quantités de graisses apportées sont excessives.

Un danger encore supérieur est causé par l'utilisation de produits inadaptés, comme les laits hydratants et autres produits de beauté ou les produits d'entretien pour chaussures. Si les produits de beauté sont adaptés pour être appliqués sur une peau vivante qui peut le métaboliser, ils sont, par contre, tout à fait nuisibles dans le cuir, qui est une matière morte et ne peut donc plus les éliminer. Les crèmes et cires pour chaussures ont une composition qui n'est pas déclarée, elles sont conçues pour donner une efficacité immédiate maximale, sans préoccupation des effets à long terme sur le cuir : le temps de vie normal des chaussures étant très différent de celui des livres, un produit qui est acceptable pour les premières ne l'est pas du tout pour ces derniers. Les altérations induites par ces produits ne sont pas uniquement de type biologique, mais aussi de type chimique.

Enfin, les insectes constituent, eux aussi, une menace potentielle pour le cuir, bien que celui-ci semble être moins facilement attaqué que le papier et le bois. Gallo (1985) cite parmi les insectes qui s'attaquent au cuir les blattidés, les anobiidés et les dermestidés ; ces insectes ont été décrits dans le chapitre 4.

5.4 Biologische Schädigung

Leder ist aufgrund seines Aufbaus gegenüber biologischem Abbau relativ unempfindlich. Das Collagen wird durch die Wirkstoffe der Gerbung vor Bakterien und Schimmelbefall geschützt, und auch durch den hohen Säuregehalt des Leders wird die Entwicklung von Mikroorganismen gehemmt. Allerdings können durch sehr hohe Feuchtigkeit biologische Schäden entstehen.

Häufig wird biologischer Abbau durch unsachgemässe Behandlung des Leders verursacht, wenn nämlich Stoffe aufgetragen werden, die von Mikroorganismen für ihren Stoffwechsel verwendet werden können. Lederpflege und das Aufbringen von Fett – vor allem, wenn es sich um grosse Mengen handelt – kann also gefährlich sein.

Noch gefährlicher sind ungeeignete Produkte wie Schuhpflege- und Schönheitsmittel (z. B. hydratisierende Milch). Letztere können von einer lebendigen Haut verwertet werden, für Leder aber sind sie äusserst schädlich, denn es ist tote Materie und kann diese Stoffe nicht verarbeiten. Die Zusammensetzung von Schuhcremen und -wachsen ist meist nicht genau deklariert; diese Produkte sind dazu bestimmt, sofort ein deutlich sichtbares Resultat zu zeigen; langfristige Auswirkungen auf das Leder spielen dabei keine Rolle. Da sich nun die normale Lebensdauer von Schuhen von derjenigen von Büchern enorm unterscheidet, ist ein für Schuhwerk geeignetes Produkt einem kostbaren Einbandleder keinesfalls angemessen. Die durch die genannten Mittel verursachten Schäden sind nicht nur biologischer, sondern auch chemischer Art.

Auch Insekten können Leder schädigen, obwohl es anscheinend nicht so schnell befallen wird wie Papier oder Holz. Nach Gallo (1985) gehören die Blattidae, die Anobiidae und die Dermestidae zu den Insekten, die Leder befallen. Sie wurden im Kapitel 4 beschrieben.

5.5 Altérations liées à la chaleur et à la lumière

Si une peau brute a une température de dégradation (où le collagène se transforme de manière irréversible et se contracte) d'environ 65 °C, les méthodes de tannage élèvent sensiblement la température qui est supportée par le cuir sans altération sensible ; ainsi, un cuir tanné avec des tanins végétaux résiste à une température d'environ 80 °C quand il est neuf. Les processus de l'altération modifient aussi la résistance du cuir à la chaleur, qui redevient proche de celle d'une peau brute ; les cuirs très altérés peuvent se dégrader déjà à environ 60 °C, voire, pour des cas extrêmes, à 35–40 °C, surtout en présence d'eau ou d'une forte humidité. Ces températures peuvent facilement être atteintes par l'action du soleil à travers une vitre. Pour les cuirs blancs (tannés à l'alun ou mégissés) et les cuirs chamoisés (tannés à l'huile), la température de contraction reste celle d'une peau brute, soit environ 60–65 °C quand le cuir est neuf et tend à diminuer avec le temps.

La lumière, et particulièrement sa composante ultraviolette, exerce également une action négative sur la conservation ; on remarque fréquemment une forte décoloration des cuirs sur le dos des livres exposés à la lumière du jour, par rapport aux plats qui sont protégés. L'action de la chaleur et de la lumière contribue à la dégradation oxydative des molécules de collagène, à l'acidification du cuir et à la rupture des chaînes moléculaires, aboutissant à la perte des qualités mécaniques originales.

5.5 Schädigung durch Wärme und Licht

Eine Rohhaut wird bei einer Temperatur von ungefähr 65 °C abgebaut (das Collagen wird irreversibel verändert und schrumpft). Durch das Gerben halten Leder beträchtlich höhere Temperaturen aus, ohne spürbar Schaden zu nehmen. So ist neues, vegetabil gegerbtes Leder widerstandsfähig gegen eine Temperatur von 80 °C. Durch Abbauprozesse verändert sich die Widerstandsfähigkeit des Leders gegen Wärme; sie nähert sich wieder derjenigen einer Rohhaut. Stark geschädigte Leder können schon bei 60 °C schrumpfen, in Extremfällen, vor allem in Gegenwart von Wasser oder bei starker Feuchtigkeit, sogar bei 35–40 °C. Diese Temperaturen können leicht erreicht werden, wenn Sonne durch eine Fensterscheibe scheint. Bei weissem Leder (Alaun- oder Glacégerbung) und bei sämisch gegerbtem Leder (Fettgerbung) liegt die Schrumpftemperatur des neuen Leders wie bei einer Rohhaut bei ca. 60–65 °C und nimmt mit der Zeit ab.

Auch Licht, besonders der UV-Anteil, kann sich negativ auswirken. Häufig ist Leder nur am Rücken, der dem Tageslicht ausgesetzt ist, ausgeblichen, nicht aber an den von den nebenstehenden Bänden geschützten Deckeln. Wärme und Licht fördern den Abbau der Collagenmoleküle durch Oxidation, das Ansteigen des Säuregehalts im Leder und den Abbruch der Molekülketten und führen damit zur Einbusse von anfänglich vorhandenen mechanischen Eigenschaften.

5.6 Altérations liées au contenu en substances tannantes

Une réserve en substances tannantes libres (non liées chimiquement au collagène) est utile pour la conservation du cuir ; si le lien entre un tanin et une partie de la molécule de collagène se défait, un tanin libre peut tout de suite s'accrocher à cet endroit et protéger la molécule. Des tannages mal exécutés ou des méthodes de tannage peu stables (p. ex. un tannage à l'alun soumis à l'action de l'eau) peuvent faire craindre un détannage du cuir,

5.6 Schädigung aufgrund unzureichenden Gerbstoffgehalts

Eine Reserve an freien Gerbstoffen (chemisch nicht mit dem Collagen verbunden) ist für die Erhaltung des Leders von Vorteil. Löst sich die Verbindung zwischen Gerbstoff und einem Teil des Collagens, kann sich sofort ein freier Gerbstoff an diese Stelle hängen und das Collagenmolekül schützen. Bei schlecht ausgeführten oder wenig beständigen Gerbungen (z. B. einer Alaungerbung, wenn das Leder mit Wasser in Berührung kommt) muss eine

qui retrouve ainsi tout ou partie de la fragilité d'une peau brute.

Des recherches récentes ont mis en évidence que, selon le type de tanins utilisés, le cuir sera plus ou moins sensible aux altérations acides.[13]

5.7 Altérations mécaniques

L'aspect mécanique ne doit pas être sous-évalué dans l'ensemble des processus d'altération du cuir; posé sur le livre, le cuir est soumis à des contraintes mécaniques liées à la conception de la reliure et à son utilisation.

Les reliures qui concentrent les efforts liés à l'ouverture du livre dans des points très précis imposent au cuir un travail très important dans ces zones; les charnières des reliures «à la française» en sont un exemple. En amincissant le cuir, particulièrement sur ces parties sensibles, le relieur enlève la couche réticulaire de la peau, qui est la plus solide, et compromet ainsi ultérieurement la conservation du cuir.

Les reliures qui ont un dos en cuir collé sur le dos du corps du livre imposent aussi au cuir un mouvement très important au moment de l'ouverture: le dos de convexe devient concave. Le dos étant aussi la partie la plus exposée aux facteurs externes, les altérations du cuir s'y manifestent plus rapidement.

D'autre part, le cuir, surtout quand il est déjà fragile, est rapidement altéré par les frottements dus, par exemple, à l'extraction de livres trop serrés sur des étagères ou à une utilisation impropre de la reliure. Les cuirs de mouton, dont la cohérence interne est relativement faible, et en général tous les cuirs déjà altérés, sont particulièrement exposés à ce type de dommages, aboutissant souvent à la perte de parties de la couche papillaire du cuir.

[13] Les cuirs tannés avec des tanins condensés (cf. 3.2 dans ce chapitre) et soumis à une forte acidité peuvent former des structures chimiques qui leur donnent une coloration rougeâtre; ces cuirs, soumis à une atmosphère polluée, absorbent deux fois plus d'acidité que les cuirs tannés avec des tanins hydrolysables.

Entgerbung des Leders befürchtet werden; dieses weist dann teilweise oder vollständig wieder die Eigenschaften der Rohhaut auf.

Neue Forschungen haben gezeigt, dass Leder je nach dem für seine Herstellung verwendeten Gerbstofftyp mehr oder weniger empfindlich gegenüber Schädigung durch Säure ist.[13]

5.7 Mechanische Schädigung

Die durch mechanische Beanspruchung verursachten Schäden nehmen in der Gesamtheit der Schädigungsprozesse im Leder einen bedeutenden Platz ein. Die mechanischen Belastungen, denen das Leder eines Buches ausgesetzt ist, hängen von der Einbandtechnik und der Art der Benutzung ab. Einbände, bei denen sich die durch das Öffnen des Buches entstehenden Belastungen auf ganz bestimmte Stellen konzentrieren – der Falz eines Franzbandes ist ein Beispiel dafür –, stellen an diesen Punkten hohe Ansprüche an das Leder. Wenn nun der Buchbinder das Leder ausdünnt, vor allem an diesen empfindlichen Stellen, entfernt er dabei die besonders haltbare Retikularschicht der Haut und gefährdet die Erhaltung des Leders.

Das Leder direkt auf dem Rücken eingelederter Einbände muss besonders elastisch sein, denn beim Öffnen des Buches wird aus einem konvexen ein konkaver Rücken. Da der Rücken den äusseren Einflüssen am meisten ausgesetzt ist, treten die Schädigungen des Leders hier schneller auf.

Ausserdem wird schon geschwächtes Leder zusätzlich durch Reibungen beschädigt, die beim Herausnehmen von zu eng in Regalen stehenden Büchern oder durch unkorrekte Handhabung des Einbandes entstehen. Schafsleder, deren innerer Zusammenhalt relativ schwach ist, und so gut wie alle bereits geschädigten Leder sind dieser Art Schädigung besonders ausgesetzt; oft gehen dadurch Teile der Papillarschicht des Leders verloren.

[13] Leder, die mit kondensierten Gerbstoffen gegerbt wurden (siehe Punkt 3.2), können in einem stark sauren Bereich chemische Strukturen bilden, deren schädigende Auswirkung sich in der rötlichen Färbung des Leders zeigt. Werden diese Leder verschmutzter Luft ausgesetzt, absorbieren sie doppelt so viel Säure wie Leder, die mit hydrolysierbaren Gerbstoffen gegerbt wurden.

6 Altérations du parchemin

Le parchemin est une matière encore moins bien connue que le cuir ; sa production seulement artisanale, bien que suivant les mêmes règles depuis des siècles, ne garantit aucune uniformité dans le produit fini et son faible intérêt économique limite les recherches.

De par sa nature et son procédé de fabrication, le parchemin possède une très bonne résistance au vieillissement, hormis son extrême sensibilité au facteur hygrométrique. Sa nature alcaline le protège efficacement contre la dégradation acide et sa structure compacte le rend difficilement pénétrable. Les altérations fréquentes du parchemin sont liées à quelques facteurs importants que nous développerons ci-dessous.

6.1 Altérations causées par la chaleur

Le parchemin n'est pas une peau tannée, mais une peau séchée sous tension après un traitement alcalin. Sa sensibilité à la chaleur est un peu supérieure à celle d'une peau brute ; à environ 55–60 °C, un parchemin neuf se transforme en gélatine. En présence d'eau, cette température diminue. La transformation du collagène en gélatine s'accompagne d'un rétrécissement d'environ 30 % ;[14] la matière devient transparente, prend une couleur jaunâtre et sa rigidité augmente. Cette réaction est brutale, une fois la température de dégradation atteinte ; elle est également irréversible. Un apport de chaleur ultérieur en présence d'eau (cuisson) aboutit à la solubilisation complète du collagène. Soumis à des températures très élevées, le parchemin se carbonise.

[14] Sur le plan scientifique, ce phénomène peut être expliqué de la manière suivante : la structure en triple hélice du collagène est maintenue par diverses liaisons chimiques. Quand l'énergie de l'environnement (chaleur) devient supérieure à celle de ces liens, ces derniers se défont, la structure en triple hélice s'écroule et la molécule change de configuration spatiale, ce qui implique un rétrécissement. Cette contraction donne une idée du vide qui se trouve à l'intérieur de la triple hélice du tropocollagène. On peut imaginer ce phénomène comme un ballon qui se dégonfle : la matière en présence est la même, mais sa position dans l'espace a changé.

6 Schäden am Pergament

Über das Material Pergament weiss man noch weniger als über Leder. Obwohl die Herstellung seit Jahrhunderten auf den gleichen Methoden beruht, ist das Endprodukt aufgrund der handwerklichen Herstellungsweise nie gleich, und angesichts des geringen ökonomischen Interesses werden Forschungen nur in beschränktem Mass durchgeführt.

Aufgrund seines Aufbaus und des Herstellungsverfahrens verfügt Pergament, abgesehen von seiner extremen Reaktion auf Feuchtigkeit, über eine gute Alterungsbeständigkeit. Pergament wird wegen seiner Alkalinität wirksam gegen den Abbau durch Säuren geschützt, und dank seiner kompakten Struktur ist es kaum durchlässig. Die häufigsten Schädigungen sind auf die in den folgenden Punkten beschriebenen Einflüsse zurückzuführen.

6.1 Schädigung durch Wärme

Pergament ist keine gegerbte, sondern eine alkalisch behandelte und unter Spannung getrocknete Haut. Die Wärmeempfindlichkeit von Pergament liegt etwas höher als die einer Rohhaut: Neues Pergament wird bei ca. 55–60 °C zu Gelatine; in Gegenwart von Wasser wird diese Temperatur niedriger. Bei dieser Umwandlung schrumpft das Collagen um ca. 30 %;[14] das Pergament wird durchsichtig, nimmt eine gelbliche Farbe an und wird starrer. Diese Reaktion tritt ganz unvermittelt ein, sobald die schädigende Temperatur erreicht ist. Der Vorgang ist irreversibel. Eine weitere Wärmezufuhr bis zum Siedepunkt führt zu einer vollständigen

[14] Wissenschaftlich kann dieser Vorgang wie folgt erklärt werden: Die Tripelhelix-Struktur des Collagens wird durch verschiedene chemische Verbindungen zusammengehalten. Wenn die umgebende Energie (Erwärmung) höher wird als die dieser Bindungen, lösen sich Letztere auf, die Tripelhelix-Struktur bricht zusammen, das Molekül ändert seine räumliche Anordnung, und es kommt zum Schrumpfen. Man erhält dadurch auch eine Vorstellung vom Hohlraum im Inneren der Tripelhelix des Tropocollagens. Den ganzen Vorgang kann man sich wie das Zusammenschrumpfen eines Ballons vorstellen, dem die Luft ausgeht: Die vorhandene Materie ist dieselbe, aber ihre Anordnung im Raum hat sich verändert.

Dans les parchemins historiques, la température limite diminue encore fortement du fait de la perte progressive des liens qui stabilisent les molécules de collagène. Cette température est fréquemment de l'ordre de 40 °C, mais dans certains cas, on a constaté une contraction à température ambiante, en particulier lorsque le parchemin est très humide ou en contact avec de l'eau. D'une manière générale, la présence d'eau ou une forte humidité aggravent fortement les dommages causés par une température trop élevée.

La température critique pour les parchemins anciens fortement altérés est facilement atteinte par la radiation solaire à travers une vitre ou dans une vitrine fortement illuminée, par exemple.

6.2 Altérations causées par l'humidité et l'eau

L'humidité élevée représente le plus grand danger pour la conservation du parchemin, non seulement à cause des problèmes microbiologiques, mais aussi à cause des modifications structurelles qu'elle engendre. Ces dommages sont particulièrement importants en cas de contact direct avec l'eau. En effet, la disposition spatiale des fibres qui confère au parchemin son élasticité et son opacité n'est pas stable en présence d'eau; lors du séchage (sans tension), les fibres peuvent se coller les unes aux autres et former des zones dures et transparentes. Le même phénomène peut se produire, de manière moins grave et moins brutale, avec une très forte humidité.

La disposition non uniforme des fibres dans la peau cause également une déformation sensible du parchemin au moment du séchage, car la contraction liée à la perte d'eau est très différente sur les diverses parties de la peau (échine, collet, croupon, flancs).

Il n'est pas rare de rencontrer ce genre de dommage après la mise à plat de documents en parchemin par humidification directe et mise sous poids: suite à ce traitement, les parchemins montrent généralement des déformations en forme de vagues rayonnant depuis l'échine, et une rigidité accrue qui augmente les risques de dom-

Solubilisation des Collagens. Bei sehr hohen Temperaturen verkohlt das Pergament.

Bei historischen Pergamenten sinkt die Grenztemperatur durch den fortschreitenden Verlust der Bindungen, die das Collagenmolekül zusammenhalten, noch weiter ab. Sie liegt häufig bei 40 °C, aber in manchen Fällen konnte ein Schrumpfen bei Raumtemperatur festgestellt werden, vor allem, wenn das Pergament sehr feucht ist oder sonst mit Wasser in Berührung kommt. Generell werden die durch eine zu hohe Temperatur verursachten Schäden durch die Gegenwart von Wasser beziehungsweise durch hohe Feuchtigkeit sehr verschärft.

Die für stark abgebautes historisches Pergament gefährliche Temperatur ist schnell erreicht, zum Beispiel wenn Sonne durch eine Fensterscheibe scheint oder eine Vitrine sehr stark beleuchtet wird.

6.2 Schädigung durch Feuchtigkeit und Wasser

Erhöhte Feuchtigkeit stellt die grösste Gefahr für die Erhaltung von Pergament dar, nicht nur aufgrund von mikrobiologischen Problemen, sondern auch, weil sie strukturelle Veränderungen mit sich bringt. Diese Schäden sind besonders bei direktem Kontakt mit Wasser bedeutend. Tatsächlich ist die räumliche Anordnung der Fasern, die dem Pergament seine Elastizität und seine Opazität verleiht, bei Berührung mit Wasser nicht stabil. Beim Trocknen (ohne Spannung) können die Fasern aneinanderkleben und harte, durchsichtige Bereiche bilden. Dieser Vorgang kann in geringerem Mass und weniger unvermittelt auch bei sehr hoher Feuchtigkeit auftreten.

Auch die unregelmässige Faseranordnung in der Haut kann eine merkliche Verformung des Pergaments beim Trocknen bewirken, denn das Schrumpfen infolge des Wasserverlusts ist an den verschiedenen Stellen der Haut unterschiedlich stark ausgeprägt (Wirbelsäule, Nackenbereich, Kernstück, Flanken).

Auf dieses Schadensbild stösst man oft bei Pergamenturkunden, die durch direktes Feuchten mit nachfolgender Lagerung unter einem Gewicht ge-

mages mécaniques lors de la manipulation du document.

Une réversibilité partielle ou complète de ces altérations est parfois possible par une réhumidification progressive et un séchage sous tension du parchemin endommagé, mais cette opération délicate doit être confiée à un spécialiste; dans certains cas, les dommages causés par un contact direct avec l'eau sont irréversibles.

L'eau peut aussi provoquer des dommages aux encres, pigments et colorants, soit en les solubilisant partiellement, soit en favorisant la migration de composantes chimiques nuisibles dans le parchemin.

D'un autre côté, une humidité ambiante insuffisante (< 40 % HR) exerce aussi une influence négative sur la conservation du parchemin; celui-ci se rigidifie par suite d'une perte de l'eau liée entre les chaînes moléculaires et devient ainsi de plus en plus fragile. Cet état n'est que partiellement réversible et la réhydratation est d'autant plus problématique que les conditions de sécheresse ont duré longtemps. Une réhydratation brutale peut aboutir dans ces cas à une destructuration de la matière.

6.3 Altérations biologiques

■ *Micro-organismes*

La croissance des micro-organismes est liée étroitement avec des conditions ambiantes d'hygrométrie élevée ou, plus précisément, à un contenu en eau élevé causé par l'absorption de l'humidité ambiante; cette altération est particulièrement grave: des documents qui se sont bien conservés pendant des siècles peuvent être détruits en quelques semaines.

Le collagène du parchemin n'est pas protégé par des substances tannantes et il constitue un très bon terrain de culture pour de nombreuses familles de micro-organismes. Les champignons microscopiques sont toujours présents sous forme de spores et dans des conditions idoines, ils se développent et sécrètent des enzymes qui coupent les chaînes polypeptidiques du collagène, permettant ainsi sa digestion par le micro-organisme. Le parchemin est extrêmement sensible à ce type d'altération, qui

glättet worden sind: Nach dieser Behandlung sind Pergamente gewöhnlich von der Wirbelsäule ausgehend wellenförmig verformt. Ausserdem werden sie steifer, wodurch sich die Gefahr mechanischer Schädigungen bei der Handhabung der Urkunde erhöht.

Diese Schäden können manchmal teilweise oder vollständig durch langsames Wiederbefeuchten und folgendes Trockenspannen des geschädigten Pergaments behoben werden. Diese schwierige Arbeit muss einem Spezialisten anvertraut werden. In manchen Fällen sind die durch den direkten Kontakt mit Wasser entstandenen Schäden irreversibel.

Wasser kann auch Schäden an Tinten, Pigmenten und Farbstoffen bewirken. Diese solubilisieren teilweise oder treten als schädigende chemische Komponenten in das Pergament ein.

Allerdings wirkt sich auch eine zu niedrige Umgebungsfeuchtigkeit (rF < 40 %) negativ bei der Aufbewahrung von Pergament aus. Durch den Verlust des zwischen den Molekülketten gebundenen Wassers wird das Pergament steif und dadurch immer empfindlicher. Dieser Zustand ist nur teilweise reversibel, und die Rehydratation ist umso problematischer, je länger die trockenen Verhältnisse gedauert haben. Eine plötzliche Rehydratation kann in diesem Fall zu einer Zerstörung des Pergaments führen.

6.3 Biologische Schädigung

■ *Mikroorganismen*

Das Wachstum von Mikroorganismen steht in direkter Beziehung zu einer erhöhten Feuchtigkeit im Raum oder, genauer gesagt, zu einem erhöhten Wassergehalt des Pergaments durch Absorption der Umgebungsfeuchtigkeit. Die so verursachten Schäden sind besonders schwer: Urkunden, die jahrhundertelang in gutem Zustand waren, können innerhalb einiger Wochen zerstört sein.

Das Collagen des Pergaments ist nicht durch Gerbstoffe geschützt und bildet daher einen sehr guten Nährboden für zahlreiche Arten von Mikroorganismen. Schimmel ist in Sporenform immer vorhanden und entwickelt sich, sobald günstige

peut déjà s'implanter avec une humidité relative à peine supérieure à 60 %, alors que dans les mêmes conditions, le papier et le cuir sont moins menacés. Avec une humidité relative de 70 % pendant une période assez longue, le développement de colonies de micro-organismes est fréquent ; il devient systématique avec une humidité de 80 % et plus. Le caractère du parchemin, le type de micro-organismes présents et les autres facteurs de l'environnement influencent la croissance des micro-organismes, de manière qu'il n'est pas possible d'établir des valeurs limite absolues.

Le caractère fortement hygroscopique du parchemin favorise les altérations microbiologiques. Le contenu en eau du parchemin augmente très rapidement quand l'humidité ambiante est élevée et crée des conditions idéales pour le développement de moisissures et bactéries. Une étude[15] a montré que les parchemins anciens sont encore plus hygroscopiques que les modernes, ce qui augmente le danger d'altérations microbiologiques.

L'altération par des micro-organismes est une des dégradations les plus graves du parchemin, qui perd rapidement toute consistance, devient spongieux et extrêmement fragile ; dans certains cas extrêmes, l'écriture ne repose plus sur un tissu de fibres de collagène, mais sur un tissu d'hyphes de micro-organismes qui n'a aucune consistance physique. Le développement étendu de colonies de micro-organismes s'accompagne donc fréquemment de dommages mécaniques et de pertes de texte.

Certains micro-organismes sécrètent des colorants puissants qui tachent de manière définitive le parchemin ; les possibilités de restauration sont ici encore plus limitées que pour le papier.

■ *Insectes*

Le parchemin est attaqué par certains insectes bibliophages, en particulier ceux qui se nourrissent de matières protéiques, tels que les blattidés et les dermestidés. Par contre, d'autres insectes, comme les anobiidés, recherchent exclusivement les ma-

[15] Dermoskova, J. et al. ; An investigation of the hygroscopicity of parchment subjected to different treatments. In : Restaurator, vol. 16, 1995, pp. 31–44.

Bedingungen herrschen. Mikroorganismen geben Enzyme ab, welche die Polypeptidketten des Collagens so zerstören, dass es daraufhin von ihnen verdaut werden kann. Pergament ist gegenüber biologischem Abbau besonders anfällig. Dieser kann schon bei einer relativen Feuchtigkeit von kaum mehr als 60 % auftreten. Papier und Leder dagegen sind unter gleichen Bedingungen weniger gefährdet. Bei länger herrschender rF von 70 % kommt die Entwicklung von Kolonien von Mikroorganismen häufig vor, und bei einer rF von 80 % und mehr tritt sie regelmässig auf. Das Wachstum von Mikroorganismen wird von der Natur des Pergaments, der Art der Mikroorganismen und den anderen äusseren Faktoren beeinflusst, sodass keine absoluten Grenzwerte angegeben werden können.

Pergament ist also aufgrund seines stark hygroskopischen Charakters durch mikrobiologische Schädigung besonders bedroht. Der Wassergehalt von Pergament steigt bei erhöhter Umgebungsfeuchtigkeit sehr schnell an, und damit sind ideale Bedingungen für die Entwicklung von Schimmel und Bakterien geschaffen. Eine Studie[15] hat gezeigt, dass alte Pergamente noch hygroskopischer sind als moderne, wodurch die Gefahr mikrobiologischer Schädigung noch zunimmt.

Mikroorganismenbefall führt zu einer der schlimmsten Schädigungen an Pergament: Es verliert rasch seine Festigkeit und wird schwammig und stark brüchig. In Extremfällen haftet die Schrift nicht mehr auf den Collagenfasern, sondern auf dem Hyphengewebe der Mikroorganismen, das keinerlei mechanische Festigkeit besitzt. Mikroorganismenbefall ist also häufig von mechanischen Schäden und Textverlust begleitet.

Manche Mikroorganismen scheiden Farbstoffe aus, die auf dem Pergament unlösliche Flecken bilden. Diese lassen sich von Pergament noch schlechter entfernen als von Papier.

■ *Insekten*

Pergament wird von manchen Schadinsekten befallen, und zwar vor allem von solchen, die sich,

[15] Dermoskova, J. u. a.: An investigation of the hygroscopicity of parchment subjected to different treatments. In: Restaurator, Bd. 16, 1995, S. 31–44.

tières cellulosiques, et on remarque, en effet, que des reliures avec plats en bois et feuilles de garde en parchemin montrent souvent des dommages d'insectes très étendus dans le bois, mais très réduits sur le parchemin. En cas d'attaque importante, le parchemin devient très faible et des dommages mécaniques s'ajoutent facilement à ceux provoqués directement par les insectes.

Les conditions idéales pour le développement des insectes, illustrées dans le chapitre 4, sont aussi très favorables à la croissance des micro-organismes, et ces derniers constituent une menace encore plus grave pour le parchemin.

■ *Rongeurs*
En tant que matière protéique, le parchemin peut constituer une nourriture appréciée par les rongeurs; la taille relativement grande de ces animaux fait que les dommages qu'ils causent deviennent rapidement graves, avec la formation de lacunes qui peuvent être importantes. Par contre, le profil net des lacunes fait que les dommages restent généralement circonscrits à la partie directement attaquée.

6.4 Les variations climatiques

Nous avons vu l'influence néfaste de l'humidité et de l'eau pour le parchemin; les variations climatiques interviennent de manière plus subtile et influencent surtout la conservation d'objets composés de plusieurs couches de matières ayant des réponses différentes aux changements hygrométriques.

Le parchemin a une hygroscopicité particulièrement prononcée: il répond rapidement et de manière vigoureuse aux changements de l'humidité ambiante, se contractant quand celle-ci diminue et se dilatant quand elle augmente; ce mouvement n'est pas uniforme, il est influencé aussi par la structure des fibres dans la peau, selon leur localisation anatomique.[16] Les variations hygrométriques sont d'autant plus dangereuses qu'elles sont intenses et rapides.

[16] Les fibres de collagène sont disposées de manière très variable sur la peau animale; elles sont très compactes sur la nuque et le long de l'échine, assez régulières sur la partie centrale (le croupon), très lâches sur les flancs et vers les aisselles.

wie die Blattidae und die Dermestidae von eiweisshaltigen Stoffen ernähren. Andere Insekten hingegen, zum Beispiel die Anobiidae, greifen nur cellulosehaltige Materialien an. Daher weisen Holzdeckeleinbände mit Pergamentvorsätzen häufig starken Insektenfrass am Holz, aber sehr geringen am Pergament auf. Bei bedeutendem Insektenbefall wird das Pergament sehr geschwächt, und so kommen zu den direkt von den Insekten verursachten Schäden noch mechanische Schäden hinzu.

Die schon im Kapitel 4 beschriebenen idealen Entwicklungsbedingungen für Insekten sind auch für Mikroorganismen sehr günstig, und diese sind für Pergament noch gefährlicher.

■ *Nagetiere*
Da Pergament ein eiweisshaltiges Material ist, kann es für Nagetiere eine wünschenswerte Nahrung sein. Da diese Tiere relativ gross sind, können sie sehr schnell bedeutenden Schaden, das heisst manchmal sogar sehr grosse Fehlstellen verursachen. Die Fehlstellen sind scharf umrissen, und der Schaden bleibt normalerweise direkt auf den angegriffenen Bereich beschränkt.

6.4 Klimaschwankungen

Wie wir gesehen haben, verursachen Feuchtigkeit und Wasser am Pergament starke Schäden. Klimaschwankungen wirken sich subtiler aus. Betroffen sind vor allem Objekte, deren verschiedene Materialien unterschiedlich auf klimatische Änderungen reagieren.

Pergament ist äusserst hygroskopisch: Es reagiert rasch und stark auf Änderungen der Umgebungsfeuchtigkeit. Es schrumpft, wenn diese sinkt, und dehnt sich aus, wenn sie steigt. Diese Bewegung ist nicht gleichmässig, denn sie wird auch von der anatomisch bedingten Faserstruktur der Haut beeinflusst.[16] Je grösser die Klimaschwankungen sind und je schneller sie sich vollziehen, desto gefährlicher sind sie.

[16] Die Collagenfasern sind auf der tierischen Haut unterschiedlich angeordnet: am Nacken und entlang der Wirbelsäule sehr gedrängt, in der Mitte (dem Kernstück) ziemlich regelmässig und an den Flanken und bei den Achselhöhlen sehr gering.

■ *Livres et documents d'archives*

Le parchemin d'un document formé par une seule feuille se déforme de manière plus ou moins prononcée, selon la partie de la peau dans laquelle il a été découpé, selon le caractère de la peau, et selon l'ampleur et la durée des variations hygrométriques.

Dans les livres en parchemin qui n'ont pas reçu de fermoirs ou qui les ont perdus, chaque feuille se déformera à sa manière, en fonction de ses caractéristiques spécifiques lors de chaque variation hygrométrique importante; le résultat est que la tranche de gouttière, où le parchemin est libre, se déformera et augmentera en épaisseur, jusqu'à déséquilibrer la mécanique de la reliure et à rendre difficile l'utilisation du livre. Les fermoirs protègent contre ce phénomène, car ils forment, avec les plats en bois et la couture solide qui caractérisent les reliures médiévales, une ceinture de pression sur les feuilles du livre. De cette manière, la pénétration des changements hygrométriques est ralentie et les déformations du parchemin sont beaucoup plus limitées. D'autre part, le caractère du parchemin fait qu'il reste rarement tout à fait plat, même s'il est conservé dans de bonnes conditions climatiques; une légère ondulation est tout à fait naturelle.

■ *Reliures*

Les reliures en parchemin se déforment facilement quand elles sont soumises à de fortes variations d'humidité, car le parchemin réagit plus rapidement que les autres matériaux, ce qui crée un déséquilibre dans les tensions qui maintiennent la forme de la couverture. Des plats fortement concaves témoignent généralement d'hygrométries hivernales très réduites. Les reliures les plus stables sont celles où le parchemin n'est pas collé sur les plats; ces reliures se conservent très bien pendant des siècles, surtout si les plats sont très souples.

■ *Miniatures et polychromies*

Un phénomène semblable à celui décrit pour les reliures se produit à l'échelle microscopique quand des couches polychromes sur parchemin sont soumises à une forte variation de l'humidité ambiante.

■ *Bücher und Archivalien*

Das Pergament einer aus einem einzigen Blatt bestehenden Urkunde verformt sich in unterschiedlichem Mass; dafür entscheidend sind die Hautpartie, aus der es herausgeschnitten wurde, die Art der Haut sowie die Grössenordnung der Klimaschwankungen und deren Dauer.

Aufgrund der Einzigartigkeit jedes Blattes werden bei Pergamenthandschriften, die nie Schliessen hatten oder keine mehr haben, durch jede Klimaschwankung bei jedem Blatt unterschiedliche Verformungen bewirkt. Da die Pergamentblätter am Vorderschnitt frei beweglich sind, verformt sich dieser und nimmt so viel Platz ein, dass die Funktion des Einbandes nicht mehr gewährleistet und die Benutzung erschwert wird. Die Schliessen beugen dem vor, denn sie bilden mit den Holzdeckeln und der soliden Heftung der mittelalterlichen Einbände einen Druckgürtel für die Blätter des Buches. Auf diese Weise wird die Wirkung von Klimaschwankungen verlangsamt, und die Verformungen des Pergaments werden eingeschränkt. Auf jeden Fall bleibt Pergament aufgrund seiner Beschaffenheit selten völlig glatt. Selbst unter guten klimatischen Bedingungen ist eine leichte Wellung völlig natürlich.

■ *Einbände*

Werden Pergamenteinbände starken Feuchtigkeitsschwankungen ausgesetzt, kommt es leicht zu Verformungen, denn Pergament reagiert schneller als die anderen Materialien und beeinträchtigt somit das Spannungsgleichgewicht der Decke. Stark nach innen gewölbte Deckel sind im Allgemeinen ein Zeichen für eine niedrige Luftfeuchtigkeit im Winter. Am stabilsten sind Einbände, bei denen das Pergament nicht auf die Deckel geklebt, sondern hohl verarbeitet wurde; sie bleiben über Jahrhunderte hinweg gut erhalten, vor allem wenn die Deckel sehr biegsam sind.

■ *Miniaturen und Illuminationen*

Der für die Einbände beschriebene Vorgang vollzieht sich so ähnlich auf mikroskopisch kleiner Ebene, wenn die polychromen Schichten auf dekoriertem Pergament starken Schwankungen der Umgebungsfeuchtigkeit ausgesetzt werden.

Les couches de pigments sont beaucoup moins hygroscopiques que le parchemin et si la variation climatique est suffisamment importante, le parchemin réagit plus rapidement que la couche de couleur et celle-ci perd son adhérence sur le parchemin. Il se forme ainsi des craquelures microscopiques qui augmentent en nombre et en profondeur jusqu'à former des écailles; celles-ci finissent par tomber, formant une microlacune visible. Quand ce stade est atteint, la stabilité de la miniature ou de la polychromie est déjà compromise et seules des conditions de conservation très rigoureuses et des limites strictes dans l'utilisation permettent encore d'enrayer les dommages; même les méthodes de restauration les plus récentes[17] n'offrent que des possibilités limitées d'intervention pour fixer les fragments instables.

La sensibilité du parchemin aux changements hygrométriques est encore augmentée par la présence d'une couche de liant à sa surface, ce qui rend particulièrement problématique la conservation de peintures polychromes dans un milieu climatiquement instable.

Dans une expérience menée par Fuchs (1991 et 1996), on a soumis des échantillons de parchemin naturel ou traité avec différents liants à des variations d'humidité relative de 25 à 75 % et de température de 14 à 24 °C.

Les résultats montrent que la présence de liants augmente encore la sensibilité du parchemin aux taux d'humidité de l'air; en général, on constate une augmentation de la réactivité par rapport au parchemin non traité, avec un facteur d'augmentation pouvant dépasser 5x.

Avec l'augmentation de la quantité de liant étalé à la surface du parchemin, les réactions de ce dernier augmentent et s'approchent des valeurs obtenues avec la gomme arabique. Sans être exhaustive, étant donné le nombre des variables possibles, cette expérience démontre l'importance du facteur climatique dans l'altération et la conservation des polychromies sur parchemin.

Da Pergament viel hygroskopischer ist als die Farbschichten, reagiert es bei starken Klimaschwankungen schneller als diese. Die Farbschicht löst sich dadurch vom Pergament. So bilden sich mikroskopisch kleine Risse, die immer zahlreicher und tiefer werden und zu Schollenbildung führen. Die Schollen fallen ab, und kleine Fehlstellen bleiben zurück. Tritt dieser Fall ein, ist die Erhaltung des Werks gefährdet, und nur durch strengste Aufbewahrungs- und Benutzungsbedingungen können die Schäden noch in Grenzen gehalten werden. Selbst unter Anwendung der neusten Restaurierungsmethoden[17] ist die Wiederbefestigung von gelösten Fragmenten nur in sehr beschränktem Masse möglich.

Wurde auf die Pergamentoberfläche ein Bindemittel aufgetragen, ist das Material Klimaschwankungen gegenüber noch empfindlicher. Deswegen ist die Erhaltung von polychromer Malerei auf Pergament in einer klimatisch instabilen Umgebung besonders problematisch.

In einem Versuch von Fuchs (1991 und 1996) wurden Proben von unbehandeltem und mit verschiedenen Bindemitteln behandeltem Pergament Feuchtigkeits- und Temperaturschwankungen ausgesetzt (rF 25–75 %, T 14–24 °C).

Die Resultate zeigen, dass die Bindemittel das Pergament noch empfindlicher gegenüber dem Feuchtigkeitsgehalt der Luft werden lassen. Im Verhältnis zu unbehandeltem Pergament ist eine höhere Reaktivität festzustellen, sie kann sogar mehr als das Fünffache betragen.

Wird die Menge des auf die Pergamentoberfläche aufgetragenen Bindemittels erhöht, reagiert das Pergament stärker und erreicht ähnliche Werte wie mit aufgetragenem Gummi arabicum. Ohne vollständig zu sein, was aufgrund der vielen Variablen schwierig wäre, zeigt dieses Experiment die Bedeutung des Klimas für die Alterung und Erhaltung von Malereien auf Pergament.

[17] Micro-injections de liants naturels sous les écailles instables ou micro-vaporisation de liants sur les pigments pulvérulents instables.

[17] Mikroinjektionen natürlicher Bindemittel unter abblätternde Schollen oder Mikrobesprühung mit Bindemitteln auf unbeständige pulverförmige Pigmente.

Parchemin Pergament	Traitement Behandlung	Variation dimensionnelle Grössenänderung	Facteur de variation par rapport au parchemin nature Änderungsfaktor im Verhältnis zu unbehandeltem Pergament
Veau **Kalb**	nature unbehandelt	0,40 %	
	colle de parchemin Pergamentleim	0,50 %	× 1,25
	colle de graines de lin Leinsamenkleister	0,77 %	× 1,92
	colle d'amidon Stärkekleister	1,06 %	× 2,65
	gomme arabique Gummi arabicum	2,30 %	× 5,75
Chèvre **Ziege**	nature unbehandelt	0,60 %	
	colle de parchemin Pergamentleim	0,63 %	× 1,05
	colle de graines de lin Leinsamenkleister	0,71 %	× 1,18
	colle d'amidon Stärkekleister	0,50 %	× 0,79
	gomme arabique Gummi arabicum	0,76 %	× 1,26
Mouton **Schaf**	nature unbehandelt	0,50 %	
	colle de parchemin Pergamentleim	0,74 %	× 1,48
	colle de graines de lin Leinsamenkleister	0,81 %	× 1,62
	colle d'amidon Stärkekleister	0,38 %	× 0,76
	gomme arabique Stärkekleister	0,83 %	× 1,66

Fuchs (1991) a aussi comparé les réactions du parchemin en fonction des variations de température et d'humidité de l'air; il a mis en évidence que le parchemin réagit aux changements hygrométriques de manière pratiquement indépendante de la température, comme le montre le tableau suivant publié avec l'aimable accord de l'auteur. On remarque également que la réponse du parchemin est pratiquement immédiate.

Si l'on tient compte du fait que ces essais ont été réalisés avec du parchemin moderne et que le parchemin ancien a une sensibilité encore plus grande

Fuchs (1991) hat weiter die Reaktionen von Pergament in Abhängigkeit von Schwankungen der Temperatur und der Luftfeuchtigkeit untersucht. Er wies nach, dass die Reaktion von Pergament auf Feuchtigkeitsveränderungen praktisch umgehend erfolgt und von der Temperatur so gut wie unabhängig ist. Die folgende Tabelle wird mit freundlicher Genehmigung des Autors veröffentlicht.

Diese Versuche wurden mit modernem Pergament durchgeführt. Da altes Pergament noch empfindlicher auf Feuchtigkeitsschwankungen reagiert, erweist sich eine kontrolliert konstante Feuchtigkeit

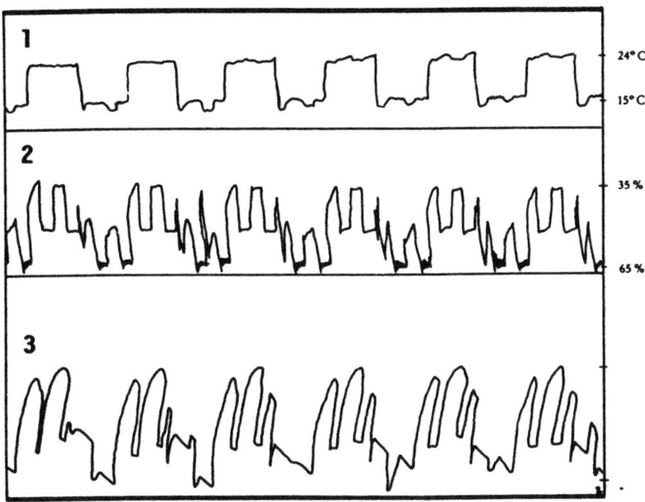

Fig. 5/11: Réactions d'une bande de parchemin de veau aux changements climatiques.
1 = variations de température
2 = variations de l'humidité relative
3 = variations dimensionnelles du parchemin

Fig. 5/11: Bewegung eines Pergamentstreifens (Kalb) bei Klimaschwankungen.
1 = Temperaturänderungen
2 = Änderungen der relativen Luftfeuchtigkeit
3 = Pergamentbewegung

aux variations hygrométriques, on peut en déduire que le contrôle de la stabilité hygrométrique des locaux est le facteur principal pour la conservation correcte des polychromies sur parchemin; ces observations sont également valables, bien que de manière un peu moins aiguë, pour la conservation des textes.

der Räume als von entscheidender Bedeutung für die Aufbewahrung von Miniaturen und anderen Malereien auf Pergament. Diese Beobachtungen gelten ebenso, wenn auch nicht ganz so dringlich, für die Aufbewahrung von handschriftlichen Dokumenten.

6.5 La présence de métaux

Les encres ou les couleurs contenant des sels métalliques non liés chimiquement peuvent causer des dommages graves au parchemin. Ils sont proportionnels à la quantité de fer ou de cuivre présents, à leur liaison chimique et à la présence d'autres facteurs favorisant les réactions d'altération.

Les métaux favorisent les réactions de rupture de liens soit entre les fibrilles de collagène, soit dans les chaînes moléculaires, ce qui se traduit par une perte de résistance mécanique du parchemin. Cette réaction se limite à l'endroit et aux alentours immédiats de la zone couverte par l'encre ou le pigment; les cas les plus graves sont représentés

6.5 Metalle

Tinten oder Farben, in denen chemisch nicht gebundene metallische Salze enthalten sind, können schwere Schäden am Pergament verursachen. Diese Schäden sind abhängig von der Menge an Eisen und Kupfer, deren chemischen Bindung und anderen Faktoren, welche die Abbaureaktionen fördern.

Die Metalle fördern den Abbruch von Bindungen zwischen den Collagenfibrillen oder den Molekülketten; das Pergament verliert an mechanischem Widerstand. Diese Reaktion bleibt auf den Bereich oder die enge Umgebung der Stellen beschränkt, die mit Tinte oder Pigment bedeckt sind.

par les parchemins entièrement teints avec de telles couleurs, comme le noir (encre métallo-gallique contenant du sulfate de fer) ou le vert (pigment contenant des sels de cuivre). Certains pigments bleus contiennent aussi des composés de cuivre et présentent les mêmes réactions.

L'altération par les sels métalliques est aussi influencée de manière déterminante par les conditions climatiques de la conservation. De fortes variations de l'humidité de l'air facilitent la migration des ions métalliques toujours plus en profondeur dans le parchemin et aggravent ainsi une pathologie contre laquelle on ne possède pas encore de remède efficace. D'où l'importance du contrôle rigoureux des conditions climatiques pour ralentir ce processus.

6.6 La pollution atmosphérique

Le caractère alcalin du parchemin lui confère une résistance supérieure à celle des autres matières du livre contre la dégradation acide liée à la pollution de l'air. Malgré tout, le parchemin n'est pas complètement insensible à la pollution de l'air : pollution oxydante de l'ozone ou diminution avec le temps du pouvoir tampon des produits alcalins incorporés au parchemin.

Selon les méthodes de fabrication, le caractère alcalin du parchemin peut aussi être plus ou moins prononcé ; on connaît le cas de parchemins ayant acquis un caractère acide, probablement à cause de l'action conjointe d'une faible alcalinité d'origine et d'une agression acide provenant de l'air pollué.

6.7 Altérations mécaniques

Le parchemin offre un caractère de solidité tout à fait remarquable; conservé dans des conditions correctes, il se maintient pendant un millénaire. Sur le parchemin sain, les dommages mécaniques sont rares et correspondent aux points de faiblesse ou aux défauts de la peau. Des zones faibles ou des trous «naturels» formés au moment du parcheminage et situés près des marges permettent la formation de déchirures lors de manipulations peu

Am stärksten sind Pergamente betroffen, die mit schwarzer (Eisengallustinte, die Eisensulfat enthält) oder grüner (Pigment, das Kupfersalze enthält) Farbe vollständig eingefärbt wurden. Manchmal enthalten auch blaue Pigmente Kupferverbindungen und wirken deshalb in genau derselben Weise auf das Pergament.

Der Abbau durch Metallsalze wird entscheidend durch die klimatischen Bedingungen bei der Aufbewahrung beeinflusst. Infolge von starken Feuchtigkeitsschwankungen dringen die Metallionen immer tiefer in das Pergament ein. Dadurch wird ein Abbauprozess beschleunigt, gegen den noch kein wirksames Mittel vorhanden ist. Nur durch das Einhalten streng festgelegter Klimabedingungen kann der Reaktionsablauf verlangsamt werden.

6.6 Luftverschmutzung

Pergament ist aufgrund seiner Alkalinität widerstandsfähiger gegen den Abbau durch Luftverschmutzung als die anderen Buch- und Schriftmaterialien. Trotzdem ist es nicht völlig resistent gegen die oxidierende Wirkung der Ozonverschmutzung. Auch nimmt mit der Zeit die Pufferwirkung der im Pergament enthaltenen Alkalien ab.

Pergament ist je nach Herstellungsverfahren mehr oder weniger alkalisch. Es gibt aber Pergamente, die sauer geworden sind. Man nimmt an, dass hier eine schon anfänglich schwache Alkalinität des Pergaments und die säurebildende Komponente der verschmutzten Luft zusammenwirken.

6.7 Mechanische Schädigung

Pergament ist ein ausgesprochen haltbares Material, das bei richtiger Aufbewahrung über ein Jahrtausend hinweg erhalten bleibt. Gut erhaltenes Pergament weist selten mechanische Schäden auf; diese sind dann an Schwachpunkten oder minderwertigen Stellen der Haut zu finden. An den Schwachpunkten oder den «natürlichen» Löchern, die während der Pergamentherstellung in der Nähe der Ränder entstehen, werden bei unaufmerk-

attentives. Un dommage caractéristique est la déchirure sur les coins de livres de très grand format (livres liturgiques, p. ex.) dont les doubles pages sont formées par une peau entière, l'échine se trouvant en position horizontale au milieu de la page. Les coins correspondent dans ce cas aux pattes ou aux aisselles de l'animal, de manière que la partie la plus manipulée est aussi la plus faible dans sa structure interne; cette situation aboutit, en cas d'utilisation intense et peu soigneuse, à la création de dommages mécaniques.

D'une manière générale, le parchemin bien conservé offre un caractère de solidité beaucoup plus prononcé que le papier. Il en va tout autrement pour le parchemin altéré. Le parchemin rendu fragile par une gélatinisation causée par la chaleur, par une rigidité provenant d'un contact direct avec l'eau, par des pigments ou encres contenant des sels métalliques, par des insectes ou des micro-organismes, se déchire et forme des lacunes avec la même facilité que le papier altéré. En particulier le parchemin altéré par les micro-organismes peut devenir d'une fragilité qui empêche toute manipulation.

Une autre forme d'altération est liée à la manipulation de documents pliés ou enroulés et dont le parchemin s'est durci dans cette situation. Pour consulter le document, le lecteur désire le mettre à plat; si lors de cette opération, il n'opère pas avec la prudence nécessaire, en respectant en tout cas les limites imposées par l'élasticité résiduelle du document, il peut causer la formation de brisures et craquelures, soit dans les parties les plus rigides, soit dans celles où le mouvement est très ample. De plus, sans l'aide de poids adéquats, le document tend à reprendre d'un coup sa position habituelle et peut s'endommager dans ce mouvement subit; au contraire, l'usage de poids trop lourds ou trop durs peut à son tour endommager le parchemin.

Ce type de dommages est encore plus fréquent lorsque l'on désire photographier ou numériser le document sans disposer d'une installation ad hoc: le photographe, limité par la profondeur de champ de sa caméra et désireux de donner une image non déformée de l'objet, écrase souvent le parchemin avec une plaque de verre, quand il ne le mouille pas pour lui donner plus de souplesse. Ces opéra-

samer Handhabung Risse verursacht. Charakteristisch sind Risse an den Ecken grossformatiger Bücher (z. B. liturgische Bücher), deren Doppelblätter aus einer einzigen Haut bestehen. Wenn der Wirbelsäulenbereich horizontal auf der Mitte der Seite liegt, entsprechen die Ecken den Hautbereichen von Pfoten oder Achselhöhlen des Tieres. Das heisst, dass die aufgrund ihres strukturellen Aufbaus empfindlichsten Stellen am meisten bewegt werden. Im Fall intensiver und unsorgfältiger Benutzung entstehen dort mechanische Schäden.

Im Allgemeinen ist ein gut erhaltenes Pergament viel stabiler als Papier. Für ein geschädigtes Pergament trifft das nicht mehr zu. Ist ein Pergament infolge des durch Wärme bewirkten Gelatinierens und der durch Kontakt mit Wasser verursachten Starrheit, durch metallische Salze enthaltende Pigmente und Tinten, durch Insekten oder Mikroorganismen geschwächt, entstehen genau so schnell Risse und Fehlstellen wie bei abgebautem Papier. Besonders ein durch Mikroorganismen geschädigtes Pergament ist häufig in einem so schlechten Zustand, dass jede Handhabung unmöglich wird.

Ein anderes Schadensbild entsteht bei der Handhabung von gefalteten oder gerollten Urkunden, die versprödet sind. Um die Urkunde konsultieren zu können, möchte sie der Leser flach legen. Dabei muss auf jeden Fall beachtet werden, dass dem Dokument nur eine beschränkte Elastizität verbleibt. Wird nicht mit der nötigen Vorsicht vorgegangen, bilden sich an den starrsten beziehungsweise den am stärksten von der Bewegung betroffenen Stellen Sprünge und Risse. Wenn man die Urkunde nicht mit Gewichten beschwert, schnellt sie häufig ganz plötzlich in ihre gewohnte Lage zurück, und dabei kann sie beschädigt werden. Sind die Gewichte aber zu schwer oder zu hart, kann dadurch Schaden am Pergament entstehen.

Solche Schäden entstehen noch öfter beim Digitalisieren oder Fotografieren der Urkunde ohne eine zweckdienliche Ausrüstung: Der Fotograf verfügt mit seiner Kamera nur über eine beschränkte Tiefenschärfe und möchte ein kongruentes Abbild des Objekts erhalten. Dazu wird das Pergament oft mit einer Glasplatte flach gedrückt. Es kommt sogar vor, dass es nass gemacht wird, um es flexibler

tions laissent fréquemment des marques permanentes dans la surface et la structure du parchemin.

En conclusion, les manipulations devraient toujours être adaptées à la solidité et à la souplesse des parties les plus faibles d'un objet; si ces limites ne permettent pas l'utilisation souhaitée, seul un restaurateur qualifié pourra redonner à l'objet une forme physique aussi proche que possible de l'état originel et qui se prête à une consultation sans dommages.

zu machen. Diese Behandlung hinterlässt häufig irreversible Spuren an der Oberfläche und in der Struktur des Pergaments.

Soll über die Handhabung eines Objekts entschieden werden, müssen immer die Haltbarkeit und die Flexibilität der empfindlichsten Stellen ausschlaggebend sein. Ist eine Benutzung daraufhin nicht möglich, so ist es die Aufgabe eines qualifizierten Restaurators, dem Objekt die äussere Form wiederzugeben, die dem Originalzustand bestmöglich entspricht und eine Konsultation ohne Schäden ermöglicht.

CHAPITRE 6

Méthodes de conservation

Dans ce chapitre qui est subdivisé en plusieurs parties, nous examinerons les principaux domaines de la conservation : la gestion des locaux de conservation, l'entreposage, la consultation et le traitement direct des volumes. Une partie spécifique est consacrée à la conservation de quelques supports particuliers, autres que le papier ou le parchemin. Enfin, une partie traite des mesures préventives et curatives en cas de catastrophes.

Les informations et conseils pratiques donnés dans ce chapitre sont en relation directe avec ce qui a été dit, dans les chapitres précédents, au sujet des processus d'altération endogènes et exogènes.

Ce chapitre reprend en partie des éléments de l'article « Architektur und Konservierung : Der Bau von Archivmagazinen / Architecture et conservation : la construction des dépôts d'archives ». In : A. Gössi, Archivbauten in der Schweiz und im Fürstentum Liechtenstein 1899–2009. Baden, hier + jetzt, 2007. Il est conseillé de se référer à cet article pour des aspects spécifiques de la construction de dépôts pour bibliothèques, archives et musées, qui ne peuvent être développés ici.

KAPITEL 6

Konservierungsmethoden

In diesem in mehrere Teile aufgeteilten Kapitel werden die verschiedenen Aufgabenbereiche der Konservierung beschrieben. Wir beschäftigen uns mit den Räumlichkeiten, der Aufstellung, der Benutzung und dem direkten Eingriff auf die Objekte. Ein weiterer Abschnitt beschreibt die Aufbewahrung einiger besonderer Informationsträger. Abschliessend ist ein Abschnitt den Vorbeugungs- und Hilfsmassnahmen bei Notfällen gewidmet.

Die in diesem Kapitel erläuterten konservierenden Methoden und Massnahmen ergeben sich aus den in den vorherigen Kapiteln beschriebenen endogenen und exogenen Alterungsprozessen.

In diesem Kapitel werden einige Elemente aus dem Artikel «Architektur und Konservierung: Der Bau von Archivmagazinen» wieder aufgenommen (In: A. Gössi, Archivbauten in der Schweiz und im Fürstentum Liechtenstein 1899–2009. Baden, hier + jetzt, 2007). Für spezifische Aspekte des Baus von Lagerräumen für Bibliotheken, Archive und Museen, auf die hier nicht näher eingegangen werden kann, verweisen wir direkt auf diesen Artikel.

PARTIE I

Les locaux d'entreposage : la gestion du climat

Nous avons vu dans les chapitres précédents que les facteurs climatiques sont d'une très grande importance. L'influence des conditions climatiques, et tout particulièrement de l'humidité relative de l'air, dans ses valeurs absolues et dans ses variations dans le temps, est essentielle parce qu'elle touche directement la plupart des processus d'altération.

1 Normes

1.1 Normes classiques

La question des normes climatiques a fait l'objet de nombreux débats d'experts et elle a évolué de manière significative au cours des dernières années. L'histoire du développement des valeurs hygrométriques dans les normes pour musées, archives et bibliothèques est bien illustrée par Kotterer.[1] Il apparaît clairement que les valeurs standard 50 ±5 %, ou 45 ±5 % HR, et des valeurs de 16–18°C pour les magasins sont des valeurs moyennes qui sont devenues des normes sans une base scientifique vraiment solide.

La nécessité d'une remise en cause de ces normes est basée sur le constat qu'elles sont peu réalistes, en particulier pour ce qui concerne la gestion de la température estivale à limiter à 18 °C; en pratique,

[1] Kotterer, Michael : Standardklimawerte für Museen ? In : Restauro 2/2004, pp. 106–116.

TEIL I

Lagerräume: Klimaregulierung

Wir haben in den vorhergehenden Kapiteln gesehen, dass die klimatischen Einflüsse von grosser Bedeutung sind. Die relativen und absoluten Werte der Luftfeuchtigkeit und deren Schwankungen stellen den wichtigsten Einflussfaktor für die Aufbewahrung und Erhaltung dar.

1 Normen

1.1 Klassische Normen

Die Frage der Normen für Klimawerte war bei zahlreichen Expertendiskussionen Schwerpunkt und hat sich im Lauf der letzten Jahre entscheidend entwickelt. Die Entwicklungsgeschichte der hygrometrischen Normen für Museen, Archive und Bibliotheken wird von Kotterer[1] gut erläutert. Dabei wird deutlich, dass die Standardwerte für Magazine von 50 ±5 % oder 45 ±5 % und die Werte von 16–18 °C Durchschnittswerte sind, die als Normen verwendet wurden, ohne wirklich wissenschaftlich fundiert zu sein.

Da sich herausstellte, dass diese Normen schwer umzusetzen sind, müssen sie notwendigerweise wieder in Frage gestellt werden. Dies gilt vor allem für die sommerliche Temperatur, die bei 18 °C ge-

[1] Kotterer, Michael: Standardklimawerte für Museen? In: Restauro 2/2004, S. 106–116.

Valeurs climatiques généralement admises. Synthèse de diverses normes, p. ex. ISO 11799
Allgemein anerkannte Klimawerte. Synthese verschiedener Normen, z. B. ISO 11799

	T T	HR rF	Variations HR Schwankungen der rF
Dépôts Magazine	16–18 °C	45–60%	±2% / h/Std. ou 3% / jour/Tag
Salles de consultation Lesesäle	20–22 °C	45–60%	±2% / h/Std. ou 3% / jour/Tag
Matériel photographique Fotografisches Material	12–14 °C	30–40%	±2% / h/Std. ou 3% / jour/Tag

seule une partie des dépôts munis d'un système de climatisation parvient à respecter cette norme. Cela présuppose un bon bâtiment, un excellent système de climatisation très bien entretenu et des dépenses énergétiques non négligeables. Ces facteurs ne sont réunis que dans une minorité des cas.

D'autre part, l'expérience prouve que de nombreux objets se sont très bien conservés dans des bibliothèques, archives et musées qui n'étaient pas chauffés en hiver ni climatisés en été jusqu'au XXe siècle. Cela signifie que des températures hivernales réduites ne sont pas forcément préjudiciables pour la bonne conservation et que des températures estivales légèrement supérieures à 18 °C (telles qu'on les constate dans de nombreux bâtiments historiques abritant des bibliothèques et des archives) ne sont pas forcément nuisibles, à condition que l'hygrométrie reste stable.

Il est cependant évident que des limites aux valeurs absolues et aux variations climatiques dans les dépôts sont indispensables, car les dommages liés à la température trop élevée (très rarement à la température trop basse), à l'humidité trop réduite ou trop élevée et aux fortes variations climatiques sont très bien connus et documentés. Ainsi, en 1986 Thomson[2] donnait des limites extrêmes de 40–70 % pour l'humidité de l'air.

Un assouplissement des normes climatiques constitue un thème très sensible, car il pourrait être utilisé pour justifier des conditions climatiques des dépôts qui sont en fait nuisibles. Pour cette

[2] Thomson, Garry : The Museum Environment, Second Edition. London, Butterworth, 1986.

halten werden soll. Dieser Norm kann nur in Magazinen entsprochen werden, die mit einem raumlufttechnischen System ausgestattet sind. Das wiederum setzt ein entsprechendes Gebäude, eine qualitativ hochwertige und gut gewartete Klimaanlage sowie beachtliche finanzielle Mittel für die Bewirtschaftung voraus. All diese Faktoren kommen nur in seltenen Fällen zusammen.

Nun zeigt die Erfahrung, dass sich zahlreiche Objekte, die vor dem 20. Jahrhundert im Winter in ungeheizten Bibliotheken, Archiven und Museen aufbewahrt wurden, sehr gut erhalten haben. Das bedeutet, dass niedrige winterliche Temperaturen nicht unbedingt nachteilig für eine gute Konservierung sind und dass die sommerlichen Temperaturen von etwas über 18 °C (so wie sie in zahlreichen historischen Gebäuden, in denen Bibliotheken und Archive untergebracht sind, gemessen werden) nicht unbedingt schädlich sind, vorausgesetzt die Luftfeuchtigkeit bleibt beständig.

Natürlich müssen Grenzwerte und tolerierte Klimaschwankungen für Magazine unbedingt vorgegeben werden, denn Schäden wegen zu hoher Temperatur (sehr selten wegen zu niedriger), zu hoher oder zu niedriger Feuchtigkeit und zu starker klimatischer Schwankungen sind sehr gut bekannt und dokumentiert. So gab zum Beispiel Thomson[2] 1986 die Extremgrenze für die Luftfeuchtigkeit mit 40–70 % an.

Die Lockerung der klimatischen Normen bleibt ein heikles Problem, denn sie könnte dazu führen, klimatische Bedingungen in den Lagerräumen zu

[2] Thomson, Garry: The Museum Environment, Second Edition. London, Butterworth, 1986.

Standard ASHRAE 2007	Norme	Fourchettes
Valeur de départ	T = 15–20 °C, HR = 50 %	
Standard AA	±5 % HR, ±2 °C variations à court terme HR stable, indépendante des valeurs saisonnières Variations annuelles de T ±5 °C	Limites maximales T 10–25 °C Limites maximales HR 45–55 % Variations max. à court terme dans les limites: ±2 °C, ±5 % HR
Standard A Variante 1	±10 % HR, ±2 °C variations à court terme HR stable, indépendante des valeurs saisonnières Variations annuelles de T +5 °C ou −10 °C	Limites maximales T 5–25 °C Limites maximales HR 40–60 % Variations max. à court terme dans les limites: ±2 °C, ±10 % HR
Standard A Variante 2 (variations à court terme plus réduites)	±5 % HR, ±2 °C variations à court terme Variations annuelles de HR de ±10 % Variations annuelles de T +5 °C ou −10 °C	Limites maximales T 5–25 °C Limites maximales HR 40–60 % Variations max. à court terme dans les limites: ±2 °C, ±5 % HR
Standard B	Comme standard A, mais sans limites inférieures de T en hiver (p. ex. pour des musées saisonniers)	Limites maximales T 0–25 °C. Limites maximales HR 40–60 % Variations max. à court terme dans les limites: ±2 °C, ±10 % HR
Standard C	25–75 % HR durant toute l'année T estivales en dessous de 30 °C	Limites maximales T 0–30 °C. Limites maximales HR 25–75 % Aucune limite des variations à court terme
Standard D	Sans intérêt pour la conservation	

raison, une partie des conservateurs-restaurateurs sont toujours favorables aux normes les plus strictes. D'autre part, une plus grande conscience écologique et une vision plus globale de la vie du livre et du document ont porté à un assouplissement de ces normes.

rechtfertigen, die im Grunde schädlich sind, und Konservatoren/Restauratoren sind deshalb zum Teil noch immer für sehr strenge Normen. Andererseits wird die Lockerung der Normen durch ein grösseres ökologisches Bewusstsein und eine umfassendere Sicht auf das Buch- und Schriftgut unterstützt.

1.2 Nouvelles normes

L'ASHRAE (American Society of Heating, Refrigerating and Air-conditioning Engeneers) a édité en 2007 des normes qui ne se basent plus sur des valeurs fixes, mais qui définissent une fourchette de valeurs acceptables et une vitesse de variation admise à l'intérieur de la fourchette. L'importance du contrôle de la vitesse des variations climatiques est liée à la propriété des matières hygroscopiques, dont le papier, le parchemin et le cuir font partie, à adapter leur contenu en eau à celui du climat environnant. Cependant, cette adaptation n'est pas instantanée et dépend des caractéristiques de chaque matériau (effet d'hystérésis). La formulation officielle de ces normes est assez complexe, et

1.2 Neue Normen

Die ASHRAE (American Society of Heating, Refrigerating and Air-Conditioning Engineers) hat 2007 Klimavorgaben veröffentlicht, die nicht mehr auf feststehenden Werten basieren, sondern eine Bandbreite akzeptabler Werte und eine tolerierte Schwankungsgeschwindigkeit innerhalb der Bandbreite angeben. Die Kontrolle dieser Klimaschwankungen ist von grosser Bedeutung, da hygroskopisches Material wie Papier, Pergament und Leder seinen Wassergehalt an den des Umgebungsklimas anpasst. Diese Anpassung setzt nicht unverzüglich ein und hängt noch dazu von den Charakteristiken des jeweiligen Materials ab (Hysteresiseffekt). Die offizielle Formulierung der Vorgaben ist verhält-

Standard ASHRAE 2007	Norm	Bandbreite
Ausgangswert	T = 15–20 °C, rF = 50 %	
Standard AA	±5 % rF, ±2 °C, kurzfristige Schwankungen Stabile rF, unabhängig von jahreszeitlichen Werten Jährliche Schwankungen von T ±5 °C	Maximaler Grenzwert T 10–25 °C Maximaler Grenzwert rF 45–55 % Kurzfristige maximale Schwankungen im Rahmen von: ±2 °C, ±5 % rF
Standard A Variante 1	±10 % rF, ±2 °C, kurzfristige Schwankungen Stabile rF, unabhängig von den jahreszeitlichen Werten Jährliche Schwankungen der T +5 °C oder –10 °C	Maximaler Grenzwert T 5–25 °C Maximaler Grenzwert rF 40–60 % Kurzfristige maximale Schwankungen im Rahmen von ±2 °C, ±10 % rF
Standard A Variante 2 (geringere kurzfristige Schwankungen)	±5 % rF, ±2 °C, kurzfristige Schwankungen Jährliche Schwankungen der rF ±10 % Jährliche Schwankungen der T +5 °C oder –10 °C	Maximaler Grenzwert T 5–25 °C Maximaler Grenzwert rF 40–60 % Kurzfristige maximale Schwankungen im Rahmen von ±2 °C, ±5 % rF
Standard B	Wie Standard A, aber ohne untere Grenzwerte der Temperatur im Winter (z.B. für saisonal geöffnete Museen)	Maximaler Grenzwert T 0–25 °C Maximaler Grenzwert rF 40–60 % Kurzfristige maximale Schwankungen im Rahmen von: ±2 °C, ±10 % rF
Standard C	25–75 % rF während des ganzen Jahres Sommerliche T unter 30 °C	Maximaler Grenzwert T 0–30 °C Maximaler Grenzwert rF 25–75 % Keine Beschränkungen für kurzfristige Schwankungen
Standard D	Für die Konservierung uninteressant	

dans le tableau ci-dessus, elle est traduite dans des fourchettes mieux compréhensibles. En pratique, le standard AA correspond aux normes classiques pour ce qui concerne l'humidité et offre une fourchette plus large pour la température.

Le standard AA correspond aux exigences pour la conservation de la plupart des biens culturels écrits ou imprimés et des œuvres d'art sur papier ou parchemin. Dans l'interprétation de cette norme, il faut tenir compte des matériaux qu'on désire entreposer et conserver. D'autre part, la consultation des documents impose de maintenir la température des dépôts dans un écart qui n'excède pas environ 5–6 degrés de celle des salles de consultation, ce qui limite en pratique la température minimale en hiver.

La norme ASHRAE rend possible une évolution conceptuelle essentielle : l'abandon d'un climat annuel unique et l'adoption d'un climat hivernal et d'un climat estival différents, à condition que le passage entre eux se fasse de manière lente et progressive. Le problème de la gestion du climat interne se pose dans des termes différents en hiver et en été :

nismässig kompliziert. In der oben stehenden Tabelle sind diese in übersichtlicher Form aufgeführt. Standard AA entspricht eigentlich den klassischen Feuchtigkeitsnormen und gewährt eine grössere Bandbreite für die Temperatur.

Der Standard AA entspricht den Konservierungsanforderungen für den grössten Teil des Schrift- oder Druckguts und der Kunstwerke auf Papier oder Pergament. Ausschlaggebend bei der Anwendung dieser Norm sind die Materialien, die gelagert und aufbewahrt werden müssen. Allerdings sollte die Temperatur in den Magazinen nicht mehr als 5–6 Grad von der für die Konsultation der Objekte notwendigen Temperatur in den Lesesälen abweichen, und damit ist die Mindesttemperatur im Winter natürlich begrenzt.

Durch die Norm ASHRAE wird eine grundlegende konzeptionelle Entwicklung möglich: Auf ein gleich bleibendes Jahresklima wird verzichtet. Für Sommer und Winter können unterschiedliche Klimawerte eingeführt werden – unter der Voraussetzung, dass der Übergang zwischen beiden jeweils langsam und fortschreitend vor sich geht. Das Problem der internen Klimaregulierung stellt

En hiver, de l'air froid est disponible en permanence. La caractéristique de l'air hivernal est un contenu en humidité absolue assez bas. Si l'on chauffe l'air hivernal, son humidité relative diminue de manière approximativement proportionnelle. Ainsi, un air extérieur à 5 °C et 90 % HR contient environ 5g/kg de vapeur d'eau. Cela engendre une HR de 35 % à 20 °C et de 45 % à 15 °C (cf. chap. 4, point 1.2.1). Le problème principal en hiver consiste à éviter une hygrométrie trop réduite dans les dépôts.

En été, l'air extérieur est plus chaud, et surtout plus riche en humidité. Le contenu en humidité absolue est important, et si les dépôts ont gardé une température relativement fraîche, ou si leurs murs ont une température de surface assez fraîche (p. ex. caves mal isolées), l'humidité relative peut atteindre des valeurs dangereuses. Par exemple, l'air extérieur estival à 24 °C présente fréquemment une HR de 60 %, ce qui correspond à une humidité absolue de 11 g/kg. Refroidie à 20 °C, cette masse d'air engendrerait une HR d'environ 75 %, ce qui constitue un danger certain pour les collections. En résumé, le climat estival est plus difficile à gérer, car il s'agit d'éviter à la fois une surchauffe des locaux et la création de climats ou de microclimats trop humides.

En tenant compte également de la contrainte donnée par les valeurs climatiques normales dans une salle de lecture, et par la nécessité d'éviter des chocs thermiques et hygrométriques importants lors du déplacement des livres et documents de et vers la salle de lecture (mais aussi pour des expositions, etc.), les normes ASHRAE donnent lieu à de nouvelles indications, que j'ai synthétisées à la page 279.

La différenciation du climat hivernal et du climat estival permet de réduire les besoins en équipements de climatisation ou d'envisager des solutions de gestion naturelle du climat, et permet de diminuer fortement la consommation énergétique. La baisse de température hivernale permet souvent de renoncer à une humidification de l'air. Il apparaît clairement que le respect de ces normes « assouplies » demande dans tous les cas une bonne qualité de l'enveloppe du bâtiment.

sich für Sommer und Winter auf verschiedene Weise dar:

Im Winter ist ständig kalte Luft verfügbar. Charakteristisch für die winterliche Luft ist ein äusserst niedriger Feuchtigkeitsgehalt. Wenn man die Winterluft heizt, sinkt ihre relative Feuchte ungefähr proportional dazu ab. So enthält Aussenluft bei einer T von 5 °C und 90 % rF ungefähr 5g/kg Wasserdampf. Das bedeutet eine rF von 35 % bei 20 °C und von 45 % bei 15 °C (vgl. Kap. 4, Punkt 1.2.1). Die grösste Aufgabe im Winter besteht darin, eine zu niedrige Luftfeuchtigkeit in den Lagerräumen zu vermeiden.

Im Sommer ist die Aussenluft wärmer und vor allem feuchter. Der Gehalt an absoluter Feuchtigkeit ist hoch, und wenn es in den Magazinen noch verhältnismässig kühl ist oder wenn die Mauern eine relativ kühle Oberflächentemperatur aufweisen (z. B. in schlecht isolierten Kellern), können gefährliche Werte der rF erreicht werden. So weist die Aussenluft im Sommer bei 24 °C häufig eine rF von 60 % auf, das entspricht einer absoluten Feuchte von 11 g/kg. Auf 20 °C abgekühlt, würde diese Luftmenge eine für die Sammlungen sehr gefährliche rF von ca. 75 % erzeugen. Alles in allem ist die Klimaregulierung im Sommer schwieriger; die Räume dürfen weder zu warm werden, noch darf ein zu feuchtes Klima oder Mikroklima entstehen.

Unter Berücksichtigung der Tatsache, dass in einem Lesesaal bestimmte Klimawerte vorgegeben sind und dass die Notwendigkeit besteht, beim Transport der Bücher und Dokumente vom und in den Lesesaal (aber auch bei Ausstellungen usw.) bedeutende thermische und hygrometrische Schocks zu vermeiden, weisen die ASHRAE-Normen neue Angaben auf (siehe Tabelle S. 279).

Durch die Trennung von Sommer- und Winterklima können entweder weniger raumlufttechnische Mittel nötig sein oder Möglichkeiten einer natürlichen Klimaregulierung untersucht werden. Auch der Energieverbrauch kann bedeutend herabgesetzt werden. Infolge der tieferen winterlichen Temperaturen kann oft auf die Luftbefeuchtung verzichtet werden. Auf jeden Fall wird deutlich, dass zur Aufrechterhaltung dieser gelockerten Normen unbedingt eine Gebäudehülle guter Qualität erforderlich ist.

Valeurs climatiques réalistes pour bâtiments non climatisés Realistische Klimawerte für nicht klimatisierte Gebäude	T	HR rF	Variations HR Schwankungen der rF
Dépôts hiver Magazine im Winter	14–18 °C	45–55 %	±5 %/jour/Tag
Dépôts été Magazine im Sommer	20–24 °C	50–60 %	±5 %/jour/Tag
Salles de consultation en hiver Lesesäle im Winter	20–22 °C	45–55 %	±10 %/jour/Tag
Salles de consultation en été Lesesäle im Sommer	24–28 °C	50–65 %	±10 %/jour/Tag

1.3 Activité de l'eau

L'activité de l'eau est une forme de mesure de la quantité d'eau présente dans une matière ou, plus précisément, de la quantité d'eau «disponible». Par rapport aux autres mesures possibles de l'humidité, elle offre des avantages spécifiques.

En effet, si l'on mesure l'humidité relative ambiante, on ne peut déduire le contenu en humidité d'un objet ou évaluer le risque en matière de conservation, sauf si l'histoire climatique de l'environnement de l'objet est connue.

D'autre part, la mesure du taux d'humidité en pourcentage du poids n'est pas forcément significative pour la prédiction des processus d'altération ou pour leur analyse. En effet, une matière peut contenir 15 % d'eau et ne pas présenter d'altérations biologiques, alors qu'une autre qui en contient 10 % présente une croissance de moisissures. Pourquoi ? L'eau peut se trouver dans une matière liée par des liens très divers, plus ou moins stables. Plus l'eau est liée dans la structure moléculaire d'une matière, moins elle est disponible pour des réactions chimiques ou des altérations biologiques. De plus, la mesure de la quantité d'eau en pour cent du poids n'est que très approximative avec les appareils raisonnablement rapides présents sur le marché; elle n'est précise qu'avec des méthodes de laboratoire qui ne sont pas applicables dans la pratique quotidienne.

L'activité de l'eau (symbole a_w pour *activity of water*) est définie comme «la pression de vapeur d'eau d´un produit humide sur la pression de va-

1.3 Wasseraktivität

Die Wasseraktivität ist eine Masseinheit, mit der die in einem Material vorhandene Menge Wasser oder, genauer gesagt, die vorhandene Menge an «verfügbarem» Wasser gemessen wird. Unter den verschiedenen Arten der Feuchtigkeitsmessung hat die Bestimmung der Wasseraktivität ganz spezifische Vorteile.

Tatsächlich kann mit dem Messen der relativen Umgebungsfeuchtigkeit weder der Feuchtigkeitsgehalt eines Objekts festgestellt noch das Risiko für die Konservierung bestimmt werden, es sei denn, der Verlauf des Klimas der Objektumgebung ist bekannt.

Andererseits ist das Mass des Feuchtigkeitsgehalts in Prozent des Gewichts nicht unbedingt aussagekräftig für die Voraussage der Alterungsprozesse oder für ihre Analyse. Ein Material kann nämlich 15 % Wasser enthalten und keine biologischen Abbauerscheinungen aufweisen, wohingegen ein anderes, das 10 % enthält, Schimmelwachstum zeigt. Warum? Das Wasser kann in einem Material durch sehr unterschiedliche, mehr oder weniger stabile Bindungen gebunden sein. Je stärker das Wasser in einer Molekularstruktur eines Materials gebunden ist, umso weniger ist es zu chemischen Reaktionen oder biologischen Veränderungen bereit. Noch dazu ist die Messung der Wassermenge in Prozent des Gewichts mit den handelsüblichen, einigermassen schnellen Geräten nur sehr ungenau. Nur mit Labormethoden können genaue Werte bestimmt werden, und diese sind in der

peur saturante à la même température ». Plus simplement, on peut la définir comme l'« humidité relative propre d'une matière », ou comme la quantité d'eau disponible dans une matière.

L'activité de l'eau ne représente pas la teneur en eau d'une matière, mais bien la disponibilité de cette eau. Sa valeur varie entre 0 et 1; 0 représente une matière dont aucune molécule d'eau n'est disponible (matière complètement sèche, ou eau complètement liée par des liaisons chimiques fortes), 1 représente la valeur d'une matière détrempée d'eau.

La valeur a_w varie très fortement d'une matière à une autre. Ainsi par exemple, le parchemin présente des valeurs a_w supérieures à celles du cuir dans un environnement humide; cela signifie qu'un parchemin développera plus facilement des moisissures qu'un cuir exposé aux mêmes conditions.

täglichen Praxis von Expertise und Beratung im Gebiet der Konservierung nicht anwendbar.

Die Wasseraktivität (Symbol a_W für *activity of water*) wird als der «Quotient des Wasserdampfdrucks über einem feuchten Produkt und dem Wasserdampfdruck über reinem Wasser bei gleicher Temperatur» definiert. Einfacher gesagt, kann man sie als die «relative Feuchte eines Materials» oder als Mass für verfügbares Wasser in einem Material bezeichnen.

Die Wasseraktivität gibt nicht den Wassergehalt eines Materials an, sondern die Verfügbarkeit dieses Wassers. Sie wird im Bereich von 0 bis 1 angegeben; 0 steht für ein Material, in dem kein Wassermolekül verfügbar ist (das Material ist völlig trocken, oder das Wasser ist durch starke chemische Bindungen vollständig gebunden), 1 stellt den Wert eines völlig durchnässten Materials dar.

Der a_W-Wert ist für jedes Material verschieden. So zeigt Pergament in feuchter Umgebung höhere a_W-Werte an als Leder. Das bedeutet, dass sich Mikroorganismen unter gleichen Bedingungen leichter auf Pergament als auf Leder entwickeln.

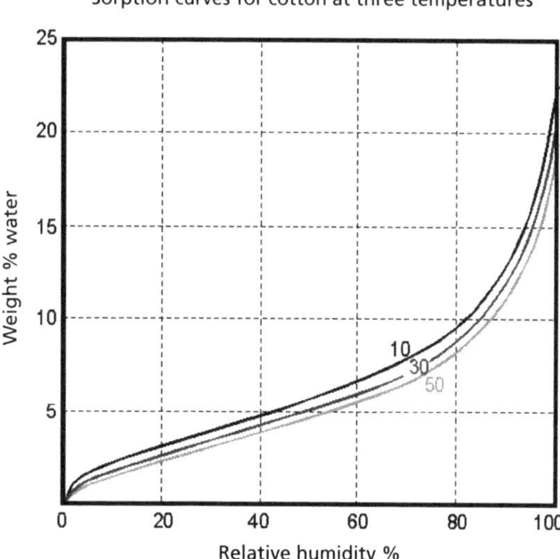

Fig. 6/1A : L'activité de l'eau a_w varie en fonction du contenu en eau et de la température d'une matière donnée (exemple indicatif).

Fig. 6/1A: Die Wasseraktivität a_w ist abhängig von Wasserinhalt und Temperatur eines Stoffs (Beispieldaten).

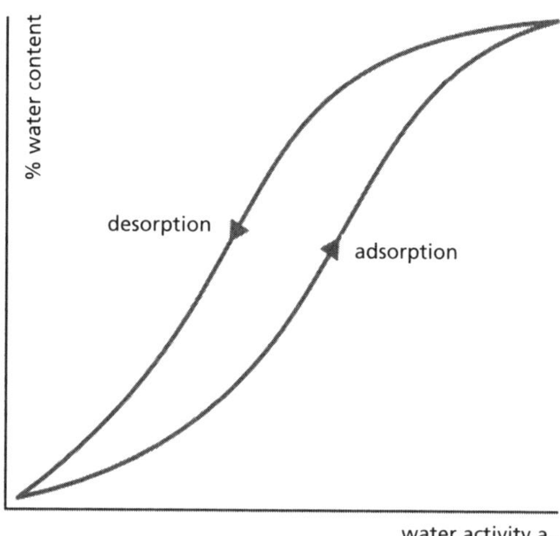

Fig. 6/1B : La courbe d'absorption et de désorption d'une matière hygroscopique sont différentes ; cette différence est appelée « hystérésis » (exemple indicatif).

Fig. 6/1B: Die Absorptionskurve unterscheidet sich von der Desorptionskurve eines hygroskopischen Materials. Den Unterschied nennt man Hysterese (Beispieldaten).

La valeur a_w varie pour un même matériau en fonction de la température: plus celle-ci est réduite, plus la valeur a_w sera réduite pour un même contenu d'eau. L'exemple ci-contre est indicatif et ne concerne pas les matières libraires. (http ://www.novasina.ch/wEnglisch/Knowledge_Center/Theorie/Theorie-dp-air-aw/Theorie-Wasseraktivitaet.php)

En outre, cette valeur n'est pas identique si une matière se trouve dans une phase d'absorption ou de désorption de l'humidité (références: idem).

Si l'aspect théorique est un peu compliqué, dans la pratique, la mesure de l'activité de l'eau est couramment utilisée par l'industrie alimentaire ou pharmaceutique pour contenir les risques microbiologiques. Cette mesure est un complément précieux aux autres formes de mesure de l'humidité, car elle est un indicateur fiable, surtout sur le plan microbiologique.

En principe, des valeurs d'activité de l'eau a_w supérieures à 0,6 devraient être évitées. Le seuil de croissance des moisissures se situe en principe à $a_w = 0{,}7$.

1.4 Dépassements de valeurs indiquées par les normes

Il peut arriver que les valeurs indiquées par les normes soient dépassées. Quel est le degré de danger, et donc la nécessité d'une réaction rapide de la part du responsable des magasins? Malheureusement, une réponse simple et univoque n'est pas possible, car plusieurs facteurs interagissent à ce propos:

d'une part l'*ampleur et la durée des dépassements.* Pour la plupart des biens culturels écrits et imprimés, le plus grand danger est représenté par une humidité trop élevée (font exception des matières qui sont très sensibles à la température, comme certains supports photographiques, des supports magnétiques, ou des objets en cire). La gravité des dépassements croît de manière exponentielle et peut être illustrée par l'équation suivante, qui ne prend pas en compte le facteur température: gravité = (ampleur du dépassement)^2 x (durée du dépassement)^2/25. Cela donne un ta-

Der a_W-Wert variiert bei ein und demselben Produkt in Abhängigkeit von der Temperatur: Je niedriger diese ist, desto niedriger wird bei gleichem Wassergehalt der a_W-Wert. Das nebenstehende Beispiel ist ein annähernder Wert und betrifft keine Buchmaterialien. (http://www.novasina.ch/wDeutsch/Knowledge_Center/Theorie/Theorie-dp-air-aw/Theorie-Wasseraktivitaet.php)

Zudem ist der Wert in der Adsorptions- und in der Desorptionsphase nicht identisch (Quelle: idem).

Der theoretische Aspekt ist ein wenig kompliziert, aber in der Praxis wird der Wert der Wasseraktivität häufig in der Lebensmittel- oder der Pharmaindustrie verwendet, um die mikrobiologischen Prozesse beeinflussen zu können. Der a_W-Wert ist neben den anderen Messmethoden der Feuchtigkeit ein wertvolles Instrument, denn er ist, vor allem hinsichtlich der mikrobiologischen Abläufe, ein zuverlässiger Indikator.

Wasseraktivitäts-Werte über 0,6 sollten vermieden werden. Das Wachstumsoptimum liegt bei Schimmelpilzen für gewöhnlich bei einem a_W-Wert von 0,7.

1.4 Überschreiten der Normwerte

Es kann vorkommen, dass die in den Normen vorgegebenen Werte überschritten werden. Wie hoch ist die Gefahr und somit die Notwendigkeit einer schnellen Reaktion von Seiten des Verantwortlichen für die Magazine? Leider ist eine einfache und eindeutige Antwort nicht möglich, denn hier interagieren mehrere Faktoren:

Ausmass und Zeitdauer der Überschreitung. Für den grössten Teil des Schrift- und Druckguts besteht die grösste Gefahr in einer zu hohen Feuchtigkeit (Ausnahme bilden Materialien, die sehr temperaturempfindlich sind wie z. B. manche fotografischen Träger, Magnetträger oder Objekte aus Wachs). Die Schwere der Überschreitungen steigt exponentiell an und kann durch folgende Gleichung, unter Nichtbeachtung des Faktors Temperatur, dargestellt werden: Schwere = (Umfang der Überschreitung)^2 x (Dauer der Überschreitung)^2/25. Dadurch erhält man eine Tabelle der Gefahrenstufen für eine typische Situation im Sommer:

Ampleur du dépassement HR par rapport au maximum de 60% (Température 18–24 °C) Umfang der Überschreitung rF im Verhältnis zum Maximum von 60% (Temperatur 18–24 °C)	Durée du dépassement en semaines Zeitdauer der Überschreitung in Wochen	Indice de danger Gefahrenstufen
+5 % = 65 %	1	1
	2	4
	4	16
+10 % = 70 %	1	4
	2	16
	4	64
+15 % = 75 %	1	9
	2	36
	4	144
+20 % = 80 %	1	16
	2	64
	4	400

bleau (ci-dessus) du niveau de danger pour une situation estivale typique.

Ce tableau donne une image de la gravité du danger, mais ne constitue pas une prédiction parce que d'autres facteurs entrent en jeu pour établir l'image des altérations engendrées par un dépassement.

D'autre part, la *nature matérielle des fonds conservés* a également une influence sur le niveau de danger: les caractéristiques plus ou moins hygroscopiques des matières des supports et des conditionnements et leur sensibilité sur le plan mécanique et chimique varient très fortement. Ainsi, par exemple, certaines matières constituent un support privilégié pour le développement de moisissures: certaines toiles de reliures, le parchemin, la gélatine des supports photographiques.

L'*histoire climatologique et microbiologique* des fonds concernés joue également un rôle: si des objets hygroscopiques ont été soumis pendant une longue période à un niveau d'humidité relative à la limite supérieure de la norme, toute augmentation du taux d'humidité tendra à développer rapidement des symptômes d'altération. De même, des collections qui ont déjà été infectées par des microorganismes seront plus sensibles que des objets dans un très bon état sanitaire.

In dieser Tabelle wird das Ausmass der Gefahr dargestellt. Es können aber keine Voraussagen getroffen werden, denn um sich eine Vorstellung von den durch Überschreitung verursachten Schäden zu machen, müssen weitere beeinflussende Faktoren beachtet werden.

Auch die *Materialbeschaffenheit* der aufbewahrten Bestände hat einen Einfluss auf die Gefahrenstufe: Trägermaterialien und Schutzverpackungen reagieren mehr oder weniger hygroskopisch und sind mechanischer und chemischer Schädigung gegenüber sehr unterschiedlich empfindlich. Bestimmte Materialien zum Beispiel bilden einen bevorzugten Träger für die Entwicklung von Mikroorganismen: einige Einbandgewebe, Pergament, die Gelatine von fotografischen Trägern.

Weiterhin spielt die *klimatische und mikrobiologische Geschichte* der betreffenden Bestände eine Rolle: Wenn hygroskopische Objekte über einen langen Zeitraum hinweg einem Feuchtigkeitsniveau im oberen Grenzbereich der Norm ausgesetzt waren, werden bei jeder Erhöhung des Feuchtigkeitsgehalts schnell Anzeichen von Schädigungen auftauchen. Genauso werden Sammlungen, die schon einmal von Mikroorganismen befallen waren, anfälliger sein als Objekte in einem sehr guten hygienischen Zustand.

Enfin, un dépassement d'humidité relative peut se combiner avec d'autres éléments importants, tels que la température ou la présence de *variations importantes des valeurs climatiques,* pour aboutir à des degrés de danger très divers. L'aide d'un spécialiste en conservation-restauration est recommandée pour évaluer le degré du danger et l'opportunité de la mise en œuvre de mesures urgentes.

Voir également chap. 4, point 4.1 « altérations biologiques » pour l'évaluation des risques.

2 Mesure

2.1 Appareils de mesure

La mesure de la température ne pose pas de problèmes, car un thermomètre à mercure ou à alcool offre en général une précision suffisante pour un prix réduit. Par contre, la mesure de l'humidité relative est beaucoup plus difficile à effectuer; les appareils à bas prix (moins de 100 euros) offerts sur le marché réagissent souvent avec une marge d'erreur trop grande et ne peuvent pas être étalonnés; en fait, ils ne sont pas utilisables pour les mesures climatiques dans les bibliothèques et les archives.

Le contrôle climatique dans les lieux de conservation exige l'utilisation d'appareils précis, fiables et pouvant être étalonnés périodiquement. On peut distinguer les appareils offrant des mesures ponctuelles des valeurs climatiques et ceux qui enregistrent les données mesurées pendant un temps donné.

Citons d'abord quelques appareils de mesures ponctuelles:

- Les *hygromètres à cheveux* donnent une mesure relativement précise de l'humidité. Un faisceau de cheveux humains (ou de matières synthétiques de remplacement) se dilate ou se contracte de manière assez linéaire en fonction des variations climatiques; il est relié à un mécanisme qui traduit ces variations de longueur en mouvements d'une aiguille sur un écran. Plus le faisceau de cheveux est long, plus la mesure de l'humidité sera précise. Ces appareils sont le plus souvent combinés avec un thermomètre.

Eine Überschreitung der relativen Feuchte kann auch mit anderen wichtigen Faktoren wie der Temperatur oder bedeutenden *Änderungen der klimatischen Werte* zusammentreffen und dann sehr verschiedene Gefahrenstufen auslösen. Die Hilfe eines Spezialisten für Konservierung/Restaurierung ist bei der Beurteilung der Gefahrenstufe und der Zweckmässigkeit, dringende Massnahmen einzuleiten, zu empfehlen.

Siehe bezüglich der Risikoeinschätzung auch Kap. 4, Punkt 4.1 «Biologische Schäden».

2 Messung

2.1 Messgeräte

Die Temperaturmessung stellt kein grosses Problem dar, denn ein Quecksilber- oder Alkoholthermometer ist präzise genug und nicht teuer. Die Messung der relativen Feuchtigkeit ist viel komplizierter, denn die im Handel erhältlichen billigen Instrumente (weniger als 100 Euro) reagieren oft mit einer zu grossen Fehlerquote und können nicht geeicht werden. Sie sind für Klimamessungen in Bibliotheken und Archiven ungeeignet.

Für die Überprüfung des Klimas in den Lagerräumen sind genaue und betriebssichere Geräte notwendig, welche regelmässig geeicht werden können. Man unterscheidet zwischen Geräten, mit denen punktuell gemessen wird, und solchen, mittels deren die Messwerte über eine bestimmte Zeit hinweg aufgezeichnet werden.

Zuerst sollen einige Apparate für die punktuelle Messung näher betrachtet werden:

- *Haarhygrometer* garantieren eine relativ genaue Feuchtigkeitsmessung. Bei Klimaschwankungen dehnt sich menschliches Haar (oder synthetisches Ersatzmaterial) in der Länge aus beziehungsweise zieht es sich zusammen. Im Haarhygrometer wird dieses Dehnen und Zusammenziehen einer Haarharfe (Bündel Haare) mechanisch über eine Übersetzung auf einen Zeiger übertragen. Das Resultat ist von einer Skala ablesbar. Je länger die Haarharfe, desto genauer ist die Messung. Apparate dieser Art sind sehr häufig mit einem Thermometer gekoppelt.

Les hygromètres à cheveux peuvent maintenir une bonne précision pendant des années, à condition qu'ils soient calibrés correctement et que les cheveux de l'instrument soient exposés au moins deux fois par an pendant vingt-quatre heures à l'air saturé d'humidité (situation de brouillard à l'extérieur; sac hermétique renfermant des chiffons humides) pour être régénérés. La poussière s'accumulant sur les cheveux peut aussi être un facteur d'erreur; mais le nettoyage doit être fait de manière très délicate, en évitant de solliciter le faisceau de cheveux.

■ Une mesure ponctuelle très fiable de l'humidité est liée à la nécessité d'étalonner les appareils de contrôle climatique. Il y a quelques années, le seul instrument existant était le *psychromètre*. Cet appareil comporte deux thermomètres, le bulbe de l'un étant entouré d'étoupe humide; l'évaporation de l'eau est liée à l'humidité ambiante et cause un refroidissement du bulbe humide proportionnel à la vitesse d'évaporation. Selon les conditions de l'humidité relative, les deux thermomètres montrent une différence de température; des tables permettent de calculer l'humidité relative de l'air en fonction de la température ambiante et de la différence relevée entre les thermomètres sec et humide. Si cet instrument est précis, il est peu pratique à l'usage.

■ Les *thermo-hygromètres électroniques* permettent une mesure très précise et fiable de l'humidité de l'air. On utilise des cellules de mesure électrolytiques qui offrent une précision de ±1%, valeur excellente dans ce domaine. De nouvelles cellules de mesure apparaissent régulièrement sur le marché, offrant une précision et une stabilité des mesures toujours meilleures. Il est indispensable que ces appareils soient facilement étalonables, ce qui est généralement le cas, de manière que la mesure soit tout à fait fiable.

■ Il existe également des *sondes* sous forme de lames, utiles pour mesurer les valeurs climatiques à l'intérieur des livres ou derrière les étagères, et des sondes pour les mesures dans les murs et les conduits d'aération. Certains thermo-hygromètres électroniques sont combinés avec un thermomètre IR et offrent la possibilité de mesurer à distance la température d'un objet, par exemple d'un mur

Die Angaben eines Haarhygrometers bleiben über Jahre hinweg präzise, wenn der Apparat vorschriftsmässig nachgeeicht und die Haarharfe mindestens zweimal im Jahr 24 Stunden lang einer mit Feuchtigkeit gesättigten Luft ausgesetzt wird (Aussenluft bei Nebel; hermetisch geschlossener Beutel mit feuchten Tüchern). Auf dem Haar sich ansammelnder Staub kann eine Fehlerquelle sein, aber bei einer Reinigung muss sehr vorsichtig vorgegangen werden, und die Haarharfe soll möglichst unberührt bleiben.

■ Für eine zuverlässige punktuelle Messung müssen die Kontrollinstrumente geeicht werden können. Vor einigen Jahren stand nur ein einziges entsprechendes Instrument zur Verfügung, das *Psychrometer.* Dieses Gerät hat zwei Thermometer; der Kolben des einen ist mit feuchtem Werg umwickelt. Das Wasser verdunstet je nach Umgebungsfeuchtigkeit schneller oder langsamer, und der feuchte Kolben kühlt sich proportional dazu ab. Entsprechend der relativen Feuchte zeigen die beiden Thermometer unterschiedliche Temperaturen an. Die relative Luftfeuchtigkeit kann nun aufgrund der Umgebungstemperatur und des Temperaturunterschieds zwischen dem trockenen und dem feuchten Thermometer mit Hilfe von Tabellen berechnet werden. Das Gerät ist genau, aber in der Anwendung etwas unpraktisch.

■ *Elektronische Thermohygrometer* ermöglichen eine sehr präzise und zuverlässige Messung der Luftfeuchtigkeit. Man verwendet elektrolytische Messzellen, die nur eine Abweichung von ±1% zulassen – ein ausgezeichneter Wert auf diesem Gebiet. Ständig kommen neue Messzellen mit immer höherer Präzision und Stabilität auf den Markt. Für eine zuverlässige Messung müssen diese Instrumente leicht kalibriert werden können (das trifft normalerweise zu).

■ Die klimatischen Werte im Inneren eines Buches oder hinter Regalen können auch mit schwertförmigen *Sonden* gemessen werden; auch für Messungen in Mauern oder Luftkanälen werden spezielle Sonden angeboten. Manche elektronischen Thermohygrometer sind mit einem IR-Thermometer kombiniert, und man kann mit ihnen die Temperatur eines vom Apparat weiter entfernten Objekts messen, zum Beispiel einer Aussen-

extérieur, et d'évaluer ainsi les risques de condensation. Pratiquement, ces appareils de mesure ont été adoptés partout où la mesure précise de l'humidité est nécessaire.

mauer. So können die Risiken von Kondensation eingeschätzt werden. Solche Messinstrumente werden dort eingesetzt, wo eine genaue Messung der Feuchtigkeit notwendig ist.

La mesure ponctuelle des valeurs climatiques n'est cependant pas suffisante pour évaluer les conditions de conservation dans une bibliothèque ou dans les dépôts d'archives. Les valeurs climatiques pendant les temps de fermeture et leur vitesse de variation ne peuvent être évaluées qu'avec des appareils qui enregistrent les données mesurées, à savoir des thermo-hydrographes ou des boîtiers électroniques enregistreurs appelés couramment « data logger ». Leur simplicité d'usage et leur conception garantissent des mesures correctes pendant des années. Chaque local de conservation devrait en être équipé de manière permanente.

■ Les *thermo-hygrographes à cheveux* fonctionnent selon le même principe que les thermo-hygromètres à cheveux; les données sont enregistrées sur une bande de papier, pendant la durée d'un jour, d'une semaine ou d'un mois. L'exposition périodique à l'air humide et l'étalonnage annuel sont nécessaires pour ces instruments.

■ Les *thermo-hygrographes électroniques* ou *data loggers* se présentent sous forme de petites boîtes contenant des senseurs; elles peuvent être reliées à un ordinateur de manière fixe ou ponctuelle. Les principes de la technique de mesure sont les mêmes que ceux indiqués pour les appareils de mesure ponctuelle; l'avantage du traitement de l'information par ordinateur est la possibilité d'adapter l'affichage à des besoins spécifiques. Il est ainsi possible de créer des graphiques sur une durée de temps choisie, de superposer plusieurs graphiques, de confronter directement les mesures d'une cellule posée à l'extérieur avec celles d'une ou de plusieurs cellules posées à l'intérieur pour évaluer la vitesse de pénétration des changements climatiques extérieurs, etc.

Un avantage important des appareils électroniques réside dans la forme des données, qui est fournie soit dans des fichiers Excel, soit dans des programmes ad hoc, qui permettent de synthétiser, de cadrer, de superposer différents profils. Ces programmes facilitent et rendent beaucoup plus effi-

Zur Einschätzung der Aufbewahrungsbedingungen in einer Bibliothek oder in den Magazinen eines Archivs reicht das punktuelle Messen der Klimawerte aber nicht aus. Die Klimawerte während der Schliesszeiten und die Schnelligkeit ihrer Schwankungen können nur mit Hilfe von Geräten beurteilt werden, welche die gemessenen Werte aufzeichnen – das heisst Thermohydrografen oder elektronische Registriergeräte, die sogenannten «Datenlogger». Ihre einfache Anwendung und ihre Bauart garantieren jahrelang fehlerfreie Messungen. Jeder Magazinraum sollte ständig mit einem solchen Apparat ausgestattet sein.

■ Die *Haar-Thermohygrografen* funktionieren nach dem gleichen Prinzip wie die Haar-Thermohygrometer. Die Daten werden einen Tag, eine Woche oder einen Monat lang auf einen Papierstreifen aufgezeichnet. Die Instrumente müssen regelmässig der feuchten Luft ausgesetzt und jährlich nachgeeicht werden.

■ Die *elektronischen Thermohygrografen* oder *Datenlogger* sind kleine Gehäuse mit Sensoren, welche permanent oder zeitweilig an einen Computer angeschlossen werden können. Die Messmethode beruht auf dem gleichen Prinzip wie die weiter oben erklärte punktuelle Messung. Der Vorteil der Datenverwertung durch Computer besteht in der Möglichkeit, die Art der Anzeige je nach den speziellen Erfordernissen frei zu wählen. Man kann zum Beispiel Diagramme eines bestimmten Zeitabschnitts aufzeichnen, mehrere Diagramme übereinanderlegen und den Messwert einer aussen angebrachten Zelle mit den Werten einer oder mehrerer innen angebrachter Zellen direkt vergleichen. So ist es zum Beispiel möglich, einzuschätzen, mit welcher Geschwindigkeit sich im Freien auftretende Klimaschwankungen auf das Innenklima auswirken, usw.

Ein grosser Vorteil der elektronischen Geräte besteht in der Darstellung der Messdaten, die entweder auf Excel-Dateien oder spezifische Programme übertragen werden, sodass es möglich ist, mehrere

cace le travail d'analyse périodique du climat, surtout quand il faut surveiller de nombreux locaux.

Dans les data loggers, plusieurs types d'accès aux données sont possibles et comportent des avantages et des inconvénients.

- ☐ Appareils avec transfert permanent des données sur un ordinateur (par câble ou par ondes radio). Ils offrent un maximum de confort d'utilisation et peuvent déclencher des alarmes quand les valeurs limites ne sont plus respectées, ce qui diminue la charge de travail de la personne responsable du climat interne. Ces appareils sont par conséquent très bien adaptés à l'utilisation en conservation. Cette solution technique est cependant la plus chère, et elle est adaptée à des institutions possédant de nombreux dépôts, tout particulièrement si ceux-ci se trouvent dans plusieurs bâtiments.
- ☐ Si le nombre de dépôts est assez réduit et qu'ils sont régulièrement fréquentés, on peut choisir des data loggers non reliés en ligne, mais munis d'un affichage bien visible et si possible d'une fonction d'alarme sonore ou visuelle. De cette manière, le contrôle régulier est garanti par le personnel qui fréquente le local, et les données sont ensuite déchargées de manière régulière pour l'analyse.
- ☐ Les appareils de mesure sans affichage et non liés en ligne sont réservés à des travaux d'expertise et ne sont pas adaptés aux exigences de la conservation courante. Une des fonctions de la mesure du climat est de permettre une prise de mesures rapide quand le climat se dérègle, avant que des dommages n'apparaissent sur les objets. Si les données mesurées par l'appareil ne sont accessibles que périodiquement, cette importante fonction de prévention n'est pas remplie.

Contrairement aux appareils à cheveux, les appareils électroniques n'enregistrent pas de manière continue les données climatiques, mais à des fréquences qu'on peut choisir librement, par exemple toutes les minutes ou une fois par heure. La précision des mesures est évidemment fortement influencée par la fréquence des relevés. En principe, pour obtenir une mesure fiable, il faudrait mesurer les valeurs climatiques au moins toutes les quinze/vingt minutes, en tenant compte du type de local

Ansichten zusammenzufassen, in Übereinstimmung zu bringen und übereinanderzulegen. Die regelmässige Auswertung des Klimas wird einfacher und viel effizienter, besonders wenn mehrere Räume überwacht werden müssen.

Bei den Datenloggern werden verschiedene Speichermedien mit ihren Vor- und Nachteilen unterschieden.

- ☐ Geräte mit ständiger Datenübertragung auf einen Computer (per Schnittstelle oder Funk) sind bequem in der Nutzung und können Alarm auslösen, sobald die vorgegebenen Grenzwerte überschritten werden. Damit wird der Verantwortliche für das Innenklima etwas entlastet. Diese Geräte sind für die Verwendung im Bereich der Konservierung folglich gut geeignet. Diese technische Lösung ist aber am teuersten und eignet sich am besten für Einrichtungen mit vielen Lagerräumen, vor allem wenn sich diese in mehreren Gebäuden befinden.
- ☐ Gibt es in der Einrichtung nur wenige Magazine und werden diese regelmässig benutzt, können Datenlogger, die nicht vernetzt, aber mit einer gut sichtbaren Messwertanzeige und wenn möglich mit einer akustischen oder visuellen Alarmfunktion ausgestattet sind, zum Einsatz kommen. Auf diese Weise ist eine regelmässige Kontrolle durch das Personal, welches die Magazine benutzt, möglich. Die Daten werden dann regelmässig zur Analyse ausgelesen.
- ☐ Messgeräte ohne Anzeige und ohne Vernetzungsmöglichkeit bieten sich nur für Expertisen an und sind für die Erfordernisse der normalen Konservierungspraxis nicht geeignet. Eine der Aufgaben der Klimamessung ist die schnelle Datenerfassung bei Klimaänderungen, bevor Schäden an den Objekten entstehen. Wenn die Messdaten eines Geräts nur periodisch zugänglich sind, wird diese wichtige Vorsorgefunktion nicht erfüllt.

Im Gegensatz zu den Haarharfen-Geräten werden die klimatischen Werte von den elektronischen Geräten nicht kontinuierlich, sondern in frei wählbaren Intervallen, zum Beispiel in Minutenabständen oder einmal pro Stunde, erfasst. Die Zuverlässigkeit der gesamten Messung hängt von der Häufigkeit der Erfassung ab. Die klimatischen Wer-

	Capacité de stockage nécessaire pour un data logger T et HR Notwendige Speicherkapazität eines Datenloggers für T und rF			
Délai I Zeitraum	2 mesures par heure (toutes les 30′) 2 Messungen pro Stunde (alle 30′)	4 mesures par heure (toutes les 15′) 4 Messungen pro Stunde (alle 15′)	6 mesures par heure (toutes les 10′) 6 Messungen pro Stunde (alle 10′)	12 mesures par heure (toutes les 5′) 12 Messungen pro Stunde (alle 5′)
3 mois I 3 Monate	2 × 4400	2 × 8800	2 × 13000	2× 26000
6 mois I 6 Monate	2 × 8800	2 × 17000	2 × 26000	2 × 52000
12 mois I 12 Monate	2 × 17000	2 × 34000	2 × 52000	2 × 104000

et de l'usage que l'on en fait. En fonction du délai prévu entre un déchargement de données et l'autre, les capacités de stockage suivantes sont à prévoir : voir tableau.

Les data logger enregistrent la température et l'humidité relative séparément, ce qui double les besoins de stockage (d'où le « 2 × » du tableau ci-dessus).

Lors du choix d'un appareil de mesure, les facteurs suivants seront pris en compte :

- □ Précision de la mesure : ±2 % HR constitue une précision acceptable ; la mesure de la température est toujours suffisamment précise pour les besoins de la conservation.
- □ Transmission des données ou facilité de déchargement des données pour les appareils hors ligne.
- □ Stabilité de la mesure dans le temps : certains senseurs présentent moins de dérives que d'autres au cours des années, ce qui diminue la fréquence des étalonnages.
- □ Capacité de stockage en fonction du délai de déchargement prévu.
- □ Facilité d'étalonnage : idéalement un appareil devrait être étalonné tous les 12 à 24 mois. Si possible, choisir des appareils qui peuvent être étalonnés sur place par le personnel de l'institution. Eviter dans tous les cas les appareils qui doivent être envoyés à l'étranger pour étalonnage.
- □ Possibilités de réparation : stabilité du fabricant, proximité géographique, qualité du service.
- □ Qualité du programme de lecture et d'analyse des données, possibilité de migration facile des données sur Excel.

Le seul vrai inconvénient des appareils de me-

te sollten daher mindestens alle fünfzehn bis zwanzig Minuten gemessen werden (je nach Art des Raums und seiner Nutzung). In Abhängigkeit vom Intervall zwischen den Datenauslesungen müssen folgende Speicherplätze vorgesehen werden: siehe Tabelle.

Die Datenlogger erfassen Temperatur und relative Feuchtigkeit unabhängig voneinander, dadurch verdoppelt sich die Zahl der notwendigen Speicherplätze (daher die Angabe «2 ×» in der obigen Aufstellung).

Bei der Auswahl eines Messgeräts müssen folgende Faktoren beachtet werden:

- □ Messgenauigkeit: ±2 % stellt für die rF eine annehmbare Genauigkeit dar; die Messgenauigkeit für die T ist für die Anforderungen der Konservierung immer ausreichend genau.
- □ Datenübertragung beziehungsweise einfache Datenabfrage für nicht vernetzte Geräte.
- □ Langzeitstabilität der Messungen: Manche Sensoren weisen im Lauf der Jahre geringere Abweichungen auf als andere; dadurch muss seltener nachkalibriert werden.
- □ Zahl der Speicherplätze im Verhältnis zur geplanten Auslesungshäufigkeit.
- □ Einfachheit des Kalibrierens: Idealerweise sollte ein Gerät alle 12 bis 24 Monate nachgeeicht werden. Möglichst ein Gerät wählen, das vor Ort und vom Personal der Einrichtung kalibriert werden kann. Möglichst keine Geräte verwenden, die zum Kalibrieren ins Ausland geschickt werden müssen.
- □ Reparaturmöglichkeit: Solidität des Herstellers, geografische Nähe, Qualität des Kundendienstes.

sure électroniques réside dans l'évolution très rapide des systèmes de gestion informatisés; ces appareils risquent donc d'être périmés après quelques années seulement. Leur amortissement devrait être pris en compte dans le calcul des dépenses de gestion du bâtiment.

■ *Mesure de l'activité de l'eau dans une matière*
L'activité de l'eau (a_w) est mesurée par des senseurs ad hoc, généralement connectables à des thermohygromètres électroniques haut de gamme. Malheureusement, ces senseurs coûtent très chers. La valeur a_w est couramment utilisée dans les industries alimentaire et pharmaceutique, mais elle est peu connue dans le domaine de la conservation. Rappelons que le seuil de garde pour la valeur a_w se situe à 0,6 et que le danger de croissance microbiologique se situe aux alentours de 0,7. En pratique, cette mesure est réservée à des spécialistes de la conservation, et elle est complémentaire de la mesure des valeurs climatiques.

2.2 Pratique de la mesure

D'une manière générale, il est important que toutes les informations concernant le climat dans les dépôts soient disponibles constamment et directement pour la personne responsable de la conservation (archiviste, responsable des collections, restaurateur).

Si on dispose d'un système de ventilation ou de conditionnement de l'air, un contrôle indépendant de l'efficacité du système est une garantie indispensable pour que les conditions de conservation réelles dans les dépôts n'échappent pas aux mains des personnes responsables des collections.

Lors de l'installation d'un réseau d'appareils de contrôle du climat, il est utile de disposer des points de mesure suivants:

- ☐ un appareil dans chaque dépôt;
- ☐ un appareil dans le canal de pulsion de chaque système de ventilation;
- ☐ un appareil à l'extérieur.

Ce dernier appareil est précieux pour évaluer l'efficacité du système de ventilation dans le traitement de l'air extérieur qui est pulsé dans les dépôts.

- ☐ Qualität des Datenaufnahme- und -auswertungsprogramms, Möglichkeit einer einfachen Datenmigration nach Excel.

Der einzige wirkliche Nachteil bei der Verwendung von Systemen mit elektronischer Messung bleibt deren ständige Weiterentwicklung, die so schnell voranschreitet, dass ein Gerät schon nach wenigen Jahren veraltet ist. Ihre Abschreibung ist bei den betriebswirtschaftlichen Ausgaben mitzuberechnen.

■ *Messung der Wasseraktivität in einem Material*
Die Wasseraktivität (a_W) wird von Sensoren ad hoc gemessen, die für gewöhnlich mit einem qualitätsvollen Thermohygrometer kompatibel sind. Leider sind diese Sensoren sehr teuer. Der a_W-Wert wird in der Lebensmittel- und Pharmaindustrie ständig benutzt, ist aber auf dem Gebiet der Konservierung noch wenig bekannt. Es sei daran erinnert, dass der Grenzwert für die Wasseraktivität bei 0,6 liegt und dass bei ca. 0,7 die Gefahr für mikrobiologisches Wachstum besteht. In der Praxis wird diese Messung ergänzend zu den Messungen der Klimawerte von Spezialisten für Konservierung vorgenommen.

2.2 Durchführung der Messung

Allgemein gilt, dass alle Informationen, die das Klima in den Magazinen betreffen, dem Verantwortlichen für Konservierung (Archivar, Sammlungsverantwortlicher, Restaurator) ständig und direkt zugänglich sein müssen.

Eine unabhängige Wirksamkeitskontrolle des Lüftungs- oder raumlufttechnischen Systems gewährleistet, dass der Bestandsverantwortliche die in den Magazinen herrschenden Konservierungsbedingungen wirklich überschauen kann.

Bei der Installation eines Netzwerks von Klimakontrollgeräten sollten folgende Messorte einbezogen werden:

- ☐ ein Gerät in jedem Magazinraum;
- ☐ ein Gerät im Zuluftkanal jedes Lüftungssystems;
- ☐ ein Gerät im Freien.

Letzteres dient zur Einschätzung des Lüftungssystems, mit dem die den Lagerräumen zuzuführende Aussenluft behandelt wird.

En principe, un appareil par dépôt est suffisant jusqu'à une surface de 200 à 300 m^2 ou un volume de 500 à 750 m^3. L'appareil de mesure sera disposé dans la partie centrale du dépôt, à environ 1 m de hauteur. Il est parfois pratique de disposer l'appareil près de la porte d'entrée d'un dépôt, mais avec le risque de ne pas mesurer les conditions réelles de la pièce.

Dans le cas où le dépôt présente des gradients thermo-hygrométriques importants (p. ex. un mur froid ou humide), il peut être utile de disposer un deuxième appareil dans la zone concernée. Cette pratique appartient cependant plutôt à l'expertise, car une telle situation est en général problématique et doit être corrigée.

2.3 Evaluation des données climatiques

A l'extérieur, les conditions thermo-hygrométriques sont régies par un cycle annuel qui comprend des variations très importantes de la température et de l'humidité relative de l'air. D'une manière générale, nous avons une saison hivernale où l'air est froid et son contenu en humidité (humidité absolue) réduit, et une saison d'été où l'air est chaud et humide.

La vitesse avec laquelle les changements extérieurs pénètrent dans les bâtiments, dépend du type de construction, de l'isolation, des portes et des fenêtres, d'une éventuelle aération forcée et de la présence humaine. Pour émettre un premier jugement sur les conditions climatiques dans un lieu de conservation, il faut disposer des données d'une année entière, relevées dans un même lieu, avec un appareil correctement calibré.

Dans le cas de thermo-hygrographes analogiques à cheveux, l'enregistrement des données sur des fiches hebdomadaires offre une vue détaillée des variations climatiques momentanées et de l'influence de la présence humaine (horaires d'ouverture); un enregistrement sur fiches mensuelles permet encore un jugement précis.

Les appareils électroniques fournissent les données dans des fichiers, lisibles généralement avec des programmes livrés avec l'appareil; certains de ces programmes sont suffisamment efficaces pour

Für ein Depot mit einer Fläche bis zu 200–300 m^2 oder einem Volumen von 500–750 m^3 reicht im Prinzip ein Gerät aus. Das Messgerät wird in der Mitte des Raumes in ca. 1 m Höhe aufgestellt. Manchmal wird ein Gerät aus praktischen Gründen in der Nähe der Eingangstür eines Lagerraums angebracht, dann besteht allerdings die Gefahr, dass die Messwerte nicht den realen Bedingungen im Raum entsprechen.

Falls im Lagerraum ein bedeutendes thermohygrometrisches Gefälle zu beobachten ist (z. B. eine kalte oder feuchte Mauer), kann es nützlich sein, im betreffenden Bereich ein zweites Gerät aufzustellen. Eigentlich gilt das vor allem bei einer Expertise, denn da durch eine solche Situation im Allgemeinen Probleme entstehen, muss diese korrigiert werden.

2.3 Beurteilung der Klimawerte

Das Aussenklima wird durch den jährlichen Zyklus mit seinen starken Schwankungen von Temperatur und relativer Luftfeuchtigkeit bestimmt. Für gewöhnlich ist die Luft im Winter kalt und ihr Feuchtigkeitsgehalt (absolute Feuchtigkeit) gering, im Sommer dagegen ist sie warm und feucht.

Die Geschwindigkeit, mit der sich die Klimaschwankungen im Inneren eines Gebäudes bemerkbar machen, hängt von der Bauweise, der Isolierung, der Qualität von Türen und Fenstern, von der Arbeitsweise einer eventuellen Klimaanlage und der Anwesenheit von Menschen ab. Um über die klimatischen Verhältnisse eines Aufbewahrungsortes urteilen zu können, müssen die Messwerte eines ganzen Jahres vorliegen, und diese müssen an ein und demselben Standort mit einem korrekt kalibrierten Gerät aufgezeichnet worden sein.

Mit der grafischen Darstellung der wöchentlichen Werte des analogen Haar-Thermohygrografen ist die Aussage über kurzzeitige klimatische Schwankungen und den Einfluss der Anwesenheit von Menschen (Öffnungszeiten) möglich. Auch eine Darstellung der monatlichen Werte lässt noch eine genaue Beurteilung zu.

Die elektronischen Geräte liefern die Daten in Dateien, welche im Allgemeinen von den mit den

permettre une lecture et une comparaison aisées des données. Cependant, pour l'échange de données avec un expert extérieur (consultant en conservation, ingénieur en chauffage et ventilation), le format Excel évite à tous les partenaires de devoir installer le programme spécifique de l'appareil de mesure.

Pour les appareils électroniques, il est facile de préparer des graphiques annuels et des graphiques détaillés pour les périodes problématiques.

L'évaluation des valeurs climatiques enregistrées se fait selon le double critère des valeurs absolues et de leurs variations. Ces dernières doivent être prises en considération dans leur amplitude, leur vitesse et leur fréquence. Bien entendu, il faut aussi tenir compte du type d'objets conservés. Par exemple, des variations climatiques importantes et fréquentes auront des conséquences plus graves pour une collection de parchemins ou de volumes avec des reliures historiques que pour une collection de brochures.

Il peut être utile d'établir des graphiques avec les valeurs hebdomadaires minimum et maximum pour la température et l'humidité de l'air. Ce type de graphiques permet de visualiser de manière immédiate autant les valeurs absolues que la stabilité du climat interne.

Si l'on superpose un graphique du climat interne avec les relevés du climat extérieur, on peut obtenir une image de la protection offerte par l'enveloppe du bâtiment. En principe, les variations extérieures ne devraient se répercuter à l'intérieur que de manière très atténuée. Les variations journalières devraient être complètement nivelées, tandis que celles qui s'étalent sur plusieurs jours ne devraient se manifester que lentement et de manière atténuée à l'intérieur.

L'analyse des relevés climatiques n'est par conséquent pas un travail simple et banal ; il ne s'agit pas simplement de noter si les valeurs extrêmes des normes adoptées sont respectées ou non, mais également d'évaluer le degré de danger d'une situation, ses causes et par là les mesures à prendre pour la corriger. Il est indispensable que cette évaluation des données climatiques soit effectuée par un spécialiste en conservation, capable de soutenir ensuite le dialogue avec les architectes ou les spé-

Geräten gelieferten Programmen lesbar sind. Einige dieser Programme sind so effizient, dass die Daten auch ausgelesen und bequem miteinander verglichen werden können. Für den Datenaustausch mit einem externen Spezialisten (Berater für Konservierung, Ingenieur für Heizung und Lüftung) empfiehlt sich die Anwendung von Excel, sodass nicht alle Partner das spezifische Programm des Messgeräts installieren müssen.

Mit den elektronischen Geräten können problemlos Jahresübersichten und detaillierte Grafiken der problematischen Zeiträume aufgestellt werden.

Die aufgezeichneten Angaben der klimatischen Verhältnisse werden nach Absolutwerten und deren Schwankungen ausgewertet. Letztere werden nach Ausschlag, Geschwindigkeit und Häufigkeit bewertet. Dabei müssen immer die Materialeigenschaften der aufzubewahrenden Objekte in Betracht gezogen werden. Zum Beispiel würden grosse und häufige klimatische Schwankungen auf Objekte aus Pergament oder auf Bücher mit historischen Einbänden schwerwiegendere Folgen haben als auf eine Sammlung von Broschüren.

Manchmal empfiehlt sich die Aufstellung von Diagrammen mit den wöchentlichen Minimal- und Maximalwerten von Temperatur und Luftfeuchtigkeit, sodass man die absoluten Werte und die Stabilität des internen Klimas sofort überschauen kann.

Legt man die Diagramme von internem und externem Klima übereinander, wird deutlich, in welchem Mass die Gebäudehülle ihrer Schutzfunktion gerecht wird. Im Prinzip dürfen die externen Schwankungen im Inneren des Gebäudes nur sehr abgeschwächt spürbar werden. Tägliche Schwankungen sollten vollkommen ausgeglichen werden, Schwankungen über mehrere Tage hinweg sollten sich im Gebäude nur langsam und vermindert bemerkbar machen.

Die Analyse der klimatischen Daten ist also nicht so einfach. Es gilt nicht nur festzustellen, inwieweit die Extremwerte der festgelegten Normen respektiert werden, sondern auch, wie gefährlich eine Situation ist, welches die Ursachen und die entsprechenden Verbesserungsmassnahmen sind. Diese Auswertung der Klimawerte muss unbedingt durch einen fachkundigen Konservierungsspezialisten er-

cialistes en climatisation; si l'institution ne dispose pas des connaissances indispensables, il est utile de s'adjoindre les services d'un consultant extérieur.

folgen, der sich dann sachgerecht mit Architekten oder Spezialisten für Klimatechnik beraten kann. Gibt es in der Einrichtung keinen Mitarbeiter mit entsprechenden Kenntnissen, sollte ein auswärtiger Berater hinzugezogen werden.

3 Moyens de contrôle: possibilités techniques dans la ventilation des dépôts

Le climat interne est influencé par deux facteurs principaux: la ventilation et la qualité des murs et d'une manière générale de l'enveloppe extérieure du bâtiment. Ces deux facteurs sont en interaction permanente et ils devraient toujours être considérés en parallèle.

La gestion du climat intérieur doit en principe répondre aux critères suivants:

- ☐ La stabilité du climat intérieur doit être garantie en premier lieu par la qualité de la construction, par des moyens passifs, avec des murs massifs ayant une bonne capacité de stockage de la chaleur et de la vapeur d'eau. Un concept de stabilité climatique fondé principalement sur des appareils de traitement de l'air est à exclure dans tous les cas.
- ☐ En cas d'utilisation d'appareils de traitement de l'air, il faut utiliser les équipements les plus simples qui permettent d'atteindre le but recherché, en évitant le sur-dimensionnement.
- ☐ La gestion du climat interne et de la ventilation des dépôts devrait être autonome, complètement séparée de celle de l'air des locaux administratifs et publics.
- ☐ Les dépôts situés à des niveaux différents dans un même bâtiment ne devraient en principe pas être ventilés en parallèle par une seule installation.

Des indications sur la qualité de construction pour les magasins de bibliothèques, archives et musées sont données dans l'article déjà cité dans l'ouvrage «Archivbauten in der Schweiz und im Fürstentum Liechtenstein 1899–2009». Baden, hier+jetzt, 2007. Les indications ci-dessous visent à mettre en évidence les diverses possibilités de gestion du climat interne, mais elles ne constituent pas un traité complet sur la question.

3 Kontrollmöglichkeit: technische Möglichkeiten bei der Lüftung von Lagerräumen

Das Innenklima wird von zwei Hauptfaktoren beeinflusst: von der Belüftung und der Qualität der Mauern und im weiteren Sinn von der Aussenhülle des Gebäudes. Die zwei Faktoren stehen in einer ständigen Wechselbeziehung und sollten nie unabhängig voneinander betrachtet werden.

Klimaregulierung soll im Prinzip folgenden Kriterien entsprechen:

- ☐ Grundlage für ein stabiles Innenklima ist die Qualität der Bausubstanz, nämlich massive Mauern mit einem guten Speichervermögen für Wärme und Wasserdampf. Ein Konzept der Klimaregulierung, das hauptsächlich auf der Verwendung von raumlufttechnischen Geräten beruht, ist auf jeden Fall auszuschliessen.
- ☐ Kommen raumlufttechnische Geräte zur Anwendung, sollte das angestrebte Ziel mit möglichst einfachen Ausrüstungen erreicht werden; überdimensionierte Anlagen sind zu vermeiden.
- ☐ Das Innenklima und die Lüftung der Magazine sollten autonom, das heisst völlig unabhängig von den entsprechenden Werten in Verwaltungs- und Öffentlichkeitsräumen gesteuert werden.
- ☐ Magazine, die sich auf unterschiedlichen Geschossen desselben Gebäudes befinden, sollten im Prinzip nicht parallel von einer einzigen Anlage belüftet werden.

Hinweise zu baulichen Anforderungen an Bibliotheks- und Archivmagazine sind im schon zitierten Artikel aus dem Werk «Archivbauten in der Schweiz und im Fürstentum Liechtenstein 1899–2009». Baden, hier+jetzt, 2007 nachzulesen. Die folgenden Angaben sollen die verschiedenen Möglichkeiten der Klimaregulierung aufzeigen, wobei hier natürlich nicht auf alle Details eingegangen werden kann.

3.1 Installations classiques de traitement de l'air

La qualité du climat interne des dépôts n'a attiré l'attention des constructeurs qu'au cours des années 1960, avec la généralisation des installations de climatisation de l'air pour les bâtiments de grande taille. Le premier appareil de climatisation de l'air a été réalisé en 1902 à Brooklin par W. H. Carrier, mais l'usage de ces appareils n'est devenu fréquent qu'après la Seconde Guerre mondiale.

On entend par ventilation l'apport d'air extérieur à l'intérieur d'un bâtiment. Le mot climatisation indique la présence d'un appareil capable de régler la température et l'humidité de l'air[3] entrant dans un bâtiment selon des caractéristiques prédéfinies.

La technique qui consistait à construire une enveloppe sans tenir compte des aspects liés à la gestion du climat interne et à confier cette dernière à des appareils de climatisation a largement démontré son inefficacité. Les principaux problèmes liés aux installations usuelles de climatisation sont :

- ☐ *Manque d'efficacité :* les bâtiments climatisés n'ont pas toujours des valeurs climatiques plus proches des normes que les autres. En réalité, seuls des appareils de climatisation très bien conçus et très bien entretenus, combinés avec un bâtiment bien construit, permettent d'atteindre les valeurs absolues et la stabilité préconisée. De très nombreuses installations techniques fonctionnent moyennement bien, et dans le pire des cas, elles engendrent un climat interne moins bon que si on les éteignait.
- ☐ *Instabilité du système :* les appareils de climatisation disposent par définition d'une forte capacité à modifier les valeurs de température et d'humidité de l'air qu'ils traitent. Leur action est gérée par des senseurs et par un système de régulation et de commande. Ces composantes du système sont sujettes à des pannes ou à des déréglages, qui peuvent engendrer un climat interne dangereux pour la conservation. De plus,

[3] Dans le langage courant, le mot « climatiseur » indique un appareil destiné à réduire la température d'une pièce, sans gérer son humidité.

3.1 Herkömmliche raumlufttechnische Anlagen

Die Qualität des Klimas in Magazinen hat erst in den 1960er-Jahren aufgrund der Verbreitung von raumlufttechnischen Anlagen für Bauten grossen Ausmasses die Aufmerksamkeit der Hersteller auf sich gezogen. Das erste Gerät zur Klimatisierung von Luft wurde 1902 von W. H. Carrier in Brooklyn realisiert. Die regelmässige Verwendung dieser Geräte setzte nach dem Zweiten Weltkrieg ein.

Unter Lüftung versteht man die Zufuhr von Aussenluft ins Innere des Gebäudes. Klimatisierung bedeutet, dass Temperatur und Feuchtigkeit der dem Gebäude zuzuführenden Luft[3] mit Hilfe einer raumlufttechnischen (RLT-)Anlage bedürfnisgerecht geregelt werden.

Das Konzept, eine Gebäudehülle zu bauen, ohne das Problem der Klimaregulierung zu beachten, und diese dann den RLT-Anlagen zu überlassen, hat sich in breitem Mass als erfolglos herausgestellt. Am häufigsten stellen sich durch die gebräuchlichen RLT-Anlagen folgende Probleme:

- ☐ *Mangelnde Wirksamkeit:* In klimatisierten Gebäuden werden die Normwerte für das Klima oft genauso wenig erreicht wie in den anderen Gebäuden. Eigentlich können die Absolutwerte und die empfohlene Klimastabilität nur durch sehr gut konzipierte und gewartete RLT-Geräte in Kombination mit einem gut konstruierten Gebäude erreicht werden. Zahlreiche technische Einrichtungen funktionieren nur mittelmässig und können im schlimmsten Fall sogar ein internes Klima erzeugen, das schlechter ist, als wenn man sie ausschalten würde.
- ☐ *Instabilität des Systems:* RLT-Geräte verfügen zwangsläufig über eine hohe Kapazität, die Temperatur- und Feuchtigkeitswerte der von ihnen behandelten Luft zu verändern. Sie werden von Sensoren und einem Regel- und Befehlssystem gesteuert. Diese Elemente werden oft von Störungen oder Reglerverstellungen betroffen, wodurch ein für die Konservierung gefährliches

[3] Umgangssprachlich steht «Klimaanlage» für ein Gerät, mit dem die Temperatur eines Raums herabgesetzt wird, ohne dessen Feuchtigkeit zu regulieren.

l'ensemble du système de traitement de l'air peut tomber en panne et doit subir des révisions périodiques: si la qualité de l'enveloppe extérieure du bâtiment est insuffisante, ces périodes peuvent devenir critiques.

- *Consommation d'énergie importante,* selon la qualité de l'enveloppe du bâtiment, et également à cause d'une tendance à sur-dimensionner les installations et à ventiler de manière excessive les locaux.
- *Problèmes de diffusion des poussières* et/ou de spores de micro-organismes si un système de filtrage adéquat n'est pas installé et entretenu.
- *Coût de l'installation,* entretien important et indispensable, remplacement des machines dans un délai de 15 à 20 ans.

Ces observations critiques ne signifient pas qu'il faut renoncer à utiliser ce type d'installations, mais que leur emploi devrait être conçu avec rigueur et bien intégré dans le concept général de gestion de la conservation. Une installation de ventilation forcée est en principe nécessaire pour tous les dépôts souterrains. Il existe de bons exemples d'appareils de traitement de l'air efficaces et fiables, mais leur efficacité est liée à une série de conditions qui doivent être soigneusement remplies. En principe, dans la mesure où l'enveloppe du bâtiment est stable, on peut tabler sur un sous-dimensionnement des appareils de traitement de l'air, ce qui permet de réduire les coûts d'achat, d'entretien et de fonctionnement, et réduit les risques de brusques variations climatiques provoquées par les appareils de ventilation.

3.2 Le « Kölner Modell » : enveloppe active et ventilation manuelle

Le Stadtarchiv Köln, construit en 1971 et très dramatiquement écroulé en 2009, a proposé un modèle alternatif par rapport à l'utilisation d'une installation de traitement de l'air pour garantir un climat interne stable et correct. Les murs des dépôts étaient formés par une double couche de briques pleines (49 cm), avec à l'extérieur une façade de protection en plaques de granit et à l'intérieur un crépi à la chaux, très hygroscopique. Ce modèle

Innenklima entstehen kann. Ausserdem muss mit einem Ausfall der Anlage und den regelmässig durchzuführenden Wartungen gerechnet werden: Wenn nun die Gebäudehülle nicht von ausreichend guter Qualität ist, kann es zu negativen Auswirkungen kommen.

- *Hoher Energieverbrauch:* Er ist abhängig von der Qualität der Gebäudehülle, entsteht häufig auch durch überdimensionierte Anlagen und eine zu starke Lüftung der Räume.
- Ohne ein zweckdienliches Filtersystem und/oder wenn dieses nicht gewartet wird, kann es zu *Verteilung von Staub* und/oder Sporen von Mikroorganismen kommen.
- *Gesamtkosten der Anlage,* notwendige Wartung, Austausch der Geräte nach 15 bis 20 Jahren.

Diese kritischen Beobachtungen bedeuten nicht, dass auf die Verwendung solcher Anlagen verzichtet werden sollte, sondern dass ihr Einsatz genau durchdacht und in das allgemeine Konservierungskonzept integriert werden muss. Im Prinzip ist für alle unterirdischen Depots die Installation einer Fremdbelüftung notwendig. Es gibt auch positive Beispiele für effiziente und betriebssichere RLT-Geräte. Deren Leistungsfähigkeit hängt aber von verschiedenen Bedingungen ab, die unbedingt zu erfüllen sind. Bei einer thermisch stabilen Gebäudehülle ist es im Prinzip von Vorteil, unterdimensionierte RLT-Geräte zu installieren. Damit können nicht nur die Investitions-, Wartungs- und Betriebskosten gesenkt werden, auch das Risiko plötzlicher Klimaschwankungen, die durch RLT-Geräte hervorgerufen werden können, nimmt ab.

3.2 Das «Kölner Modell»: aktive Gebäudehülle und Lüftung von Hand

Mit dem Bau des Stadtarchivs Köln, gebaut 1971 und auf dramatische Weise 2009 eingestürzt, wurde eine Alternative zur Installation von RLT-Anlagen zur Erhaltung eines stabilen und korrekten Innenklimas vorgestellt. Die Mauern der Magazine bestanden aus einer doppelten Vollziegelschicht (49 cm), die aussen mit einer Schutzfassade aus Granitplatten und innen mit einem ausgesprochen hygroskopischen Kalkputz versehen wurden. Dieses

a été adopté, avec de nombreuses variations plus ou moins heureuses, par de nombreuses institutions en Allemagne et en Europe. Comme l'observe W.H. Stein,[4] ce type de construction n'était au fonds pas vraiment innovant, car depuis des siècles, les propriétés de murs épais avec des ouvertures réduites étaient connues en Europe. Ces murs combinent une capacité d'isolation relativement bonne avec un très bon stockage de la chaleur, de manière qu'ils protègent assez efficacement des variations rapides du climat extérieur et tendent à offrir un climat stable à l'intérieur.

La crise du pétrole des années 1973–1977 a modifié les exigences quant à la consommation d'énergie des bâtiments : le besoin d'une isolation thermique efficace a dû être pris en compte dans la conception des bâtiments. Des murs massifs qui stabilisent le climat intérieur ont été remplacés par des murs très bien isolés, qui séparent le climat intérieur de celui extérieur, mais qui ont une faible capacité de stockage, ce qui implique l'adoption d'une installation de traitement de l'air.

Des solutions hybrides ont également vu le jour, mais elles ont révélé des problèmes importants (cf. W.H. Stein), en particulier à cause de l'utilisation d'une barrière vapeur associée à une couche d'isolation thermique, destinée à éviter la condensation dans les murs, mais qui empêche tout échange hygrométrique avec l'extérieur.

De nouveaux matériaux permettent actuellement la construction de murs monolithiques avec un très bon pouvoir isolant, sans utiliser de barrière vapeur. En même temps, la connaissance du comportement hygrométrique du béton armé comme matériel de construction s'est approfondie et permet une utilisation beaucoup mieux ciblée de ses caractéristiques propres.

Le Kölner Modell prévoit une ventilation manuelle des dépôts, qui a été adoptée également pour d'autres dépôts d'archives. Cette ventilation se fait par l'ouverture des fenêtres des magasins, qui devraient être de petite taille et disposées de manière à favoriser le balayage effectif du magasin avec de l'air frais. Elle est évidemment réservée aux

[4] Stein, Wolfgang Hans : Fragen der Anwendung des Kölner Modells im Archivbau. In : Der Archivar 45 (1992), pp. 410–424.

Modell wurde in verschiedenen mehr oder weniger geglückten Varianten von vielen Institutionen in Deutschland und im übrigen Europa übernommen. Wie W. H. Stein beobachtet,[4] ist dieser Bautyp nicht wirklich innovativ, denn seit Jahrhunderten waren die Eigenschaften von dicken Mauern mit kleinen Aussenöffnungen in Europa bekannt. Solche Mauern bieten sowohl ein relativ gutes Isolierungs- als auch ein sehr gutes Wärmespeichervermögen, sodass sie schnelle Schwankungen des Aussenklimas auffangen und ein eher stabiles Innenklima schaffen können.

Durch die Ölkrise der Jahre 1973–1977 veränderten sich die Anforderungen an den Energieverbrauch von Gebäuden: Zur Gebäudeplanung gehörte nun notwendigerweise auch ein effizienter Wärmeschutz. Anstelle massiver Mauern zur Stabilisierung des Innenklimas wurden sehr gut isolierte Mauern gebaut, die das Innenklima unabhängig vom Aussenklima machen, aber nur über eine niedrige Speicherkapazität verfügen und somit den Einbau einer RLT-Anlage nötig machen.

Es kamen auch kombinierte Lösungen zur Anwendung, die aber grosse Probleme zur Folge hatten (vgl. W. H. Stein). Diese ergaben sich vor allem durch die Verwendung einer Dampfsperre und einer wärmeisolierenden Schicht, mit der die Kondensation in den Mauern verhindert werden sollte, die aber jeden Feuchtigkeitsaustausch nach aussen verunmöglichte.

Neue Materialien ermöglichen heutzutage den Bau von monolithischen Mauern mit einem sehr guten Isolationsvermögen ohne die Verwendung einer Dampfsperre. Gleichzeitig wurden die Kenntnisse über das hygroskopische Verhalten des Baumaterials Stahlbeton vertieft, sodass seine spezifischen Eigenschaften gezielter eingesetzt werden können.

Das Kölner Modell sieht eine natürliche Belüftung der Depots über die Fenster vor, die auch in anderen Archiven zur Anwendung kam. Die zu öffnenden Fenster sollten klein und so angeordnet sein, dass das gesamte Magazin mit frischer Luft durchströmt wird. Diese Lüftung ist natürlich nur

[4] Stein, Wolfgang Hans: Fragen der Anwendung des Kölner Modells im Archivbau. In: Der Archivar 45 (1992), S. 410–424.

locaux situés au-dessus du sol et munis d'ouvertures ad hoc. La largeur des magasins ne devrait pas dépasser 20 m pour que cette ventilation soit efficace. La ventilation de très grands locaux, par ailleurs pratiques pour l'utilisation des espaces, est en principe plus problématique que pour des locaux de taille moyenne.

Ce mode de ventilation devrait tenir compte des qualités du climat extérieur pour éviter de faire pénétrer dans les dépôts des masses d'air qui empirent la situation du climat interne. En tenant compte du progrès des connaissances et des techniques de régulation dans ce domaine, la ventilation manuelle peut avantageusement être remplacée par une « ventilation intelligente ».

3.3 La ventilation « intelligente »

Le principe de la « ventilation intelligente » est d'apporter de l'air extérieur dans les dépôts, par ouverture automatique des fenêtres ou par une ventilation forcée, au moment où la qualité de cet air est conforme aux valeurs souhaitées. L'avantage est un coût d'installation et de fonctionnement très intéressant, parce que la ventilation est limitée à la pulsion d'air filtré et éventuellement chauffé; son efficacité peut être excellente.

Le système est fondé sur des senseurs intérieurs et extérieurs très précis, reliés à un système de commande élaboré, qui tient compte de la situation à l'intérieur et à l'extérieur, du taux de ventilation souhaité et de l'âge de l'air dans les locaux.

La possibilité de ventiler les dépôts par une « ventilation intelligente » doit être vérifiée de cas en cas. Elle dépend de divers facteurs:

- □ des valeurs climatiques souhaitées dans les dépôts;
- □ des valeurs climatiques du climat local extérieur, vérifiées sur les valeurs horaires moyennes sur des périodes suffisamment longues (10 ans);
- □ de la capacité de l'enveloppe du bâtiment de ralentir très fortement la pénétration des changements climatiques extérieurs;
- □ de la capacité des murs et des objets entreposés à stabiliser le climat interne pendant des périodes défavorables.

für oberirdische Lagerräume mit ad hoc versehenen Öffnungen möglich. Um eine wirkungsvolle Lüftung zu erreichen, sollten die Räume nicht breiter als 20 m sein. Die Lüftung sehr grosser Räume ist im Prinzip problematischer als die von mittelgrossen Räumen, obwohl die vorhandenen Flächen mit den Ersteren natürlich effektiver genutzt werden.

Um zu verhindern, dass Luftmassen in das Magazin eindringen, die das Innenklima verschlechtern würden, muss bei dieser Lüftungsart das Aussenklima beachtet werden. Unter Berücksichtigung der neuesten Kenntnisse und Methoden auf diesem Gebiet kann die Fensterlüftung vorteilhaft durch eine «intelligente» Lüftung ersetzt werden.

3.3 «Intelligente» Lüftung

Beim Prinzip der «intelligenten» Lüftung wird den Magazinen die Aussenluft durch automatisches Öffnen der Fenster oder durch Fremdbelüftung zugeführt. Dazu muss die Qualität der zugeführten Luft den angestrebten Werten entsprechen. Das System der intelligenten Lüftung ist kostengünstig (Installations- und Betriebskosten), da die Lüftung auf die Zufuhr von gefilterter und eventuell erwärmter Luft beschränkt ist; das System kann sehr leistungsfähig sein.

Das System stützt sich auf sehr präzise interne und externe Sensoren, die mit einem ausgeklügelten Befehlssystem verbunden sind, das der Situation innerhalb und ausserhalb des Gebäudes, dem angestrebten Lüftungsgrad und dem Alter der Luft in den Depots Rechnung trägt.

Ob die Magazine durch eine «intelligente» Lüftung belüftet werden können, muss von Fall zu Fall überprüft werden. Die Kriterien sind:

- □ die angestrebten Klimawerte in den Magazinen;
- □ die örtlichen Klimaverhältnisse, überprüft anhand der durchschnittlichen Stundenwerte ausreichend langer Zeiträume (10 Jahre);
- □ die Fähigkeit der Gebäudehülle, das Eindringen der Schwankungen des Aussenklimas in hohem Mass zu verlangsamen;
- □ die Fähigkeit der Mauern sowie der gelagerten Objekte, das Klima im Innenbereich zu Zeiten ungünstiger Verhältnisse stabil zu erhalten.

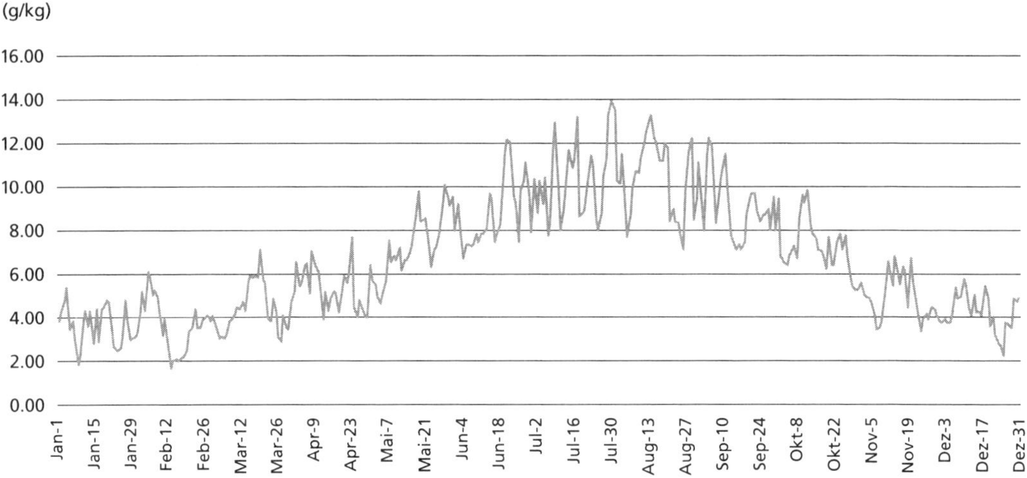

Fig. 6/2: Valeurs moyennes journalières de l'humidité absolue (g/kg) – Lucerne

Fig. 6/2: Tagesmittelwerte der absoluten Luftfeuchtigkeit (g/kg) – Luzern

Pour vérifier si l'air extérieur offre les qualités souhaitées, une fois sa température adaptée à celle du local, il faut prendre en considération l'humidité absolue de l'air, soit son contenu en vapeur d'eau exprimé en g/kg d'air sec. Pour que le climat interne soit correct pour la conservation, ce taux varie approximativement entre un minimum de 5 g/kg pour les conditions hivernales (T 14 °C, HR 42 %) à un maximum de 11 g/kg (T 22 °C, HR 56 %) pour l'été. Ci-dessus, à titre d'exemple le graphique des valeurs de l'humidité absolue de l'air à Lucerne, basée sur les données horaires moyennes sur 10 années.

Ces valeurs montrent qu'en principe pendant la saison hivernale, et dans une moindre mesure en plein été, pendant des périodes assez prolongées les dépôts ne pourront pas être ventilés. Une réflexion s'impose pour déterminer si et dans quelle mesure cette situation est acceptable, ou par quels moyens, actifs ou passifs, elle peut être améliorée. Les conditions locales varient fortement et devront dans tous les cas être analysées soigneusement. Cela pose également la question du taux de ventilation des dépôts (cf. 3.4 ci-après).

Il peut arriver que la situation locale et/ou les exigences de l'institution ne soient pas compatibles avec l'utilisation d'une ventilation intelligente. Par

Um zu überprüfen, ob die Aussenluft über die angestrebten Eigenschaften verfügt, nachdem ihre Temperatur derjenigen des Raumes angeglichen wurde, muss die absolute Luftfeuchte kontrolliert werden, das heisst der in der Luft enthaltene Wasserdampf in g/kg Trockenluft. Bei einem für die Konservierung korrekten Innenklima schwankt dieser Wert ungefähr zwischen mindestens 5 g/kg unter winterlichen Bedingungen (T 14 °C, rF 42 %) und höchstens 11 g/kg (T 22 °C, rF 56 %) im Sommer. Die oben stehende grafische Darstellung zeigt als Beispiel die Werte der absoluten Luftfeuchte in Luzern, ausgegangen wurde von den durchschnittlichen Stundenwerten in einem Zeitraum von zehn Jahren.

Diese Werte zeigen an, dass die Magazine normalerweise im Winter, und in geringerem Mass im Hochsommer, über längere Zeiträume hinweg nicht belüftet werden können. Es muss überlegt werden, ob und in welchem Mass diese Situation annehmbar ist oder mit welchen aktiven oder passiven Massnahmen sie verbessert werden kann. Die örtlichen Bedingungen schwanken stark und sollten auf jeden Fall genau analysiert werden. Gleichzeitig stellt sich damit auch die Frage nach der Lüftungsrate für die Lagerräume (vgl. weiter unten 3.4).

Es kann vorkommen, dass die örtlichen Bedingungen und/oder die Anforderungen einer Institu-

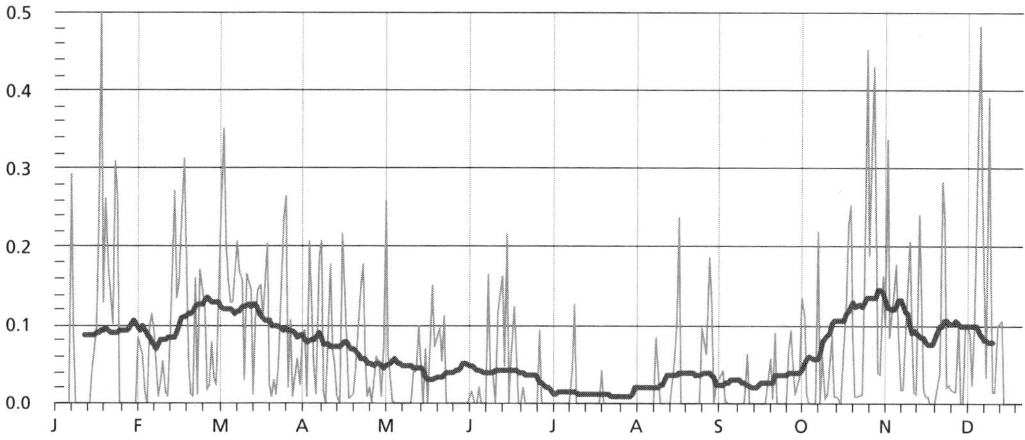

Fig. 6/3: Taux de ventilation horaire au cours de l'année.

Fig. 6/3: Lüftungsrate pro Stunde im Verlauf des Jahres.

exemple, dans une étude basée sur un modèle de calcul original de l'EPFL,[5] on a mis en évidence que la ventilation intelligente appliquée à un bâtiment à Lausanne-Dorigny, au bord du lac, impliquerait une longue période estivale sans aucune ventilation; les conséquences de cette situation doivent être évaluées de cas en cas. Naturellement, le résultat de ce type d'analyse dépend de la fourchette des valeurs climatiques internes acceptables qui a été définie au départ.

Le calcul qui permet de déterminer quand une ventilation intelligente peut être appliquée et avec quelles mesures d'accompagnement, doit être fait par une équipe pluridisciplinaire comprenant un architecte, un physicien du bâtiment, un ingénieur en chauffage-ventilation et un spécialiste en conservation.

Tous les facteurs impliqués dans le bilan thermique et hygrométrique du bâtiment doivent être pris en compte. Lors de nouvelles constructions ou de modifications importantes de bâtiments existants, il faut tenir compte de la phase de séchage du bâtiment, qui peut durer, selon les matériaux de

[5] Roulet, C.-A.; Foradini, F. (2001): Soft Air Conditioning in Storage Rooms. Conférence CLIMA 2000, Napoli, AICARR, Milano. Je remercie les auteurs qui ont mis l'image à ma disposition.

tion nicht mit dem Einsatz einer «intelligenten» Lüftung vereinbar sind. In einer Studie, die auf dem originalen Berechnungsmodell der EPFL beruht,[5] hat man zum Beispiel nachgewiesen, dass es beim Einsatz der intelligenten Lüftung in einem Gebäude in Lausanne-Dorigny, am Seeufer, im Sommer in einem langen Zeitraum ohne Lüftung kommen würde. Die Auswirkungen einer solchen Sachlage müssen von Fall zu Fall beurteilt werden. Natürlich hängt das Resultat einer solchen Analyse von der als angemessen erachteten Bandbreite für die Werte des Innenklimas ab.

Die Berechnung, auf deren Grundlage festgestellt werden kann, ob und unter welchen Bedingungen eine «intelligente» Lüftung zum Einsatz kommen kann, muss in einer fachübergreifenden Gruppe mit einem Architekten, einem Bauphysiker, einem Heizungs- und Belüftungsingenieur sowie einem Konservierungsspezialisten durchgeführt werden.

Zu berücksichtigen sind alle Faktoren, die zur thermischen und hygrometrischen Bilanz des Ge-

[5] Roulet, C.-A.; Foradini, F. (2001): Soft Air Conditioning in Storage Rooms. Konferenz CLIMA 2000, Neapel, AICARR, Mailand. Ich danke den Autoren, die mir das Diagramm zur Verfügung gestellt haben.

construction utilisés, de deux à dix ans environ. Une situation d'équilibre qui permet de recourir uniquement à la ventilation intelligente ne peut s'installer qu'au terme de cette période. Quand le bilan hygrométrique du bâtiment reste défavorable, il faut recourir à des appareils d'appoint pour régler le climat interne.

Le problème le plus fréquent est un excès d'humidité qui demande une déshumidification. Selon les cas, il peut être judicieux de prévoir simplement les branchements techniques (prise électrique, éventuellement écoulement pour l'eau de condensation) nécessaires pour des appareils d'appoint à installer directement dans les dépôts; dans ce cas, la chaleur dégagée par les déshumidificateurs s'accumulera dans les locaux, ce dont il faudra tenir compte, tout comme du risque engendré par la présence de cet équipement technique dans les magasins. Dans d'autres situations, il peut être plus économique ou plus efficace d'installer une unité de déshumidification dans le monobloc de ventilation, même si son fonctionnement n'est prévu que pour les premières années d'occupation du bâtiment.

3.4 Les besoins en ventilation d'un magasin de bibliothèque ou d'archives

3.4.1 Taux de ventilation naturelle d'un bâtiment

Aucun bâtiment normal ne peut être considéré comme véritablement étanche. En effet, par les fuites des joints, les effets de cheminée et tout élément non étanche, une certaine quantité d'air extérieur parvient toujours à pénétrer à l'intérieur et à sortir. Les échanges d'air se calculent le plus souvent en volume par jour ou en volume par heure. Un échange d'air d'un volume par jour signifie que la totalité de l'air occupant le volume du local est remplacée par de l'air frais une fois par jour. Un échange d'un volume par heure correspond à 24 volumes par jour.

Des échanges d'air de 0,05–0,2 vol./heure, soit 1–4 vol./jour, peuvent être attendus seulement dans des bâtiments modernes particulièrement bien isolés; 0,3 vol./heure est une valeur normale pour un bâtiment historique très bien isolé. Dans

bäudes beitragen. Bei Neubauten oder bedeutenden Umbauten von Gebäuden muss die Trocknungsphase beachtet werden, die je nach verwendeten Baustoffen zwei bis zehn Jahre dauern kann. Erst am Ende dieses Zeitraums kann ein Gleichgewicht erreicht werden, das den ausschliesslichen Einsatz der «intelligenten» Lüftung möglich macht. Bei einer andauernd ungünstigen hygrometrischen Bilanz des Gebäudes muss auf Zusatzgeräte zur Regulierung des Innenklimas zurückgegriffen werden.

Das häufigste Problem ist ein Feuchtigkeitsüberschuss, der eine Entfeuchtung nötig macht. In manchen Fällen kann es sinnvoll sein, direkt in den Magazinen eine ausreichende Anzahl technischer Anschlüsse (Steckdosen, evtl. Abläufe für Kondenswasser) für Zusatzgeräte zu installieren. Dabei ist erstens in Betracht zu ziehen, dass sich die von den Entfeuchtern abgegebene Wärme im Raum sammelt, und zweitens, dass mit solchen technischen Ausstattungen in den Magazinen ein Risiko verbunden ist. In anderen Fällen ist es vielleicht wirtschaftlicher oder effizienter, der RLT-Anlage eine Entfeuchtereinheit hinzuzufügen, selbst wenn diese nur für die ersten Jahre der Inbetriebnahme des Gebäudes in Funktion sein sollte.

3.4 Notwendige Lüftung von Bibliotheks- oder Archivmagazinen

3.4.1 Grad an natürlicher Lüftung eines Gebäudes

Ein vollständig abgedichtetes Gebäude gibt es nur in der Theorie. Durch baulich bedingte Fugen, Kaminwirkungen und andere undichte Elemente dringt immer etwas Luft von aussen nach innen und umgekehrt. Der Luftwechsel wird meistens mit dem Raumvolumen pro Tag oder Raumvolumen pro Stunde berechnet. Ein Luftaustausch von einem Volumen pro Tag bedeutet, dass die Gesamtheit der Raumluft einmal am Tag durch Frischluft ersetzt wird. Ein Luftwechsel von einem Raumvolumen pro Stunde entspricht 24 Volumen pro Tag.

Luftwechsel von 0,05–0,2 V/Std., das heisst 1–4 V/Tag, können nur in modernen, besonders gut isolierten Gebäuden erreicht werden; 0,3 V/Std. ist ein normaler Wert für ein sehr gut isoliertes historisches Gebäude. In gut isolierten unterirdischen,

des sous-sols bien isolés et sans fenêtres, on peut s'attendre à des valeurs inférieures à 0,5 volumes par jour; à ce niveau, les plus petits facteurs, tels que les passages de câbles ou le manque d'étanchéité des canaux de ventilation, deviennent sensibles. Il faut encore tenir compte du fait que le vent engendre des différences de pression qui augmentent sensiblement ces valeurs.

3.4.2 **Renouvellement de l'air dans les dépôts**

Les prescriptions concernant le renouvellement de l'air dans les locaux fréquentés varient beaucoup d'un pays à l'autre. A titre d'exemple, les volumes d'air frais suivants sont préconisés pour les expositions dans les musées: 10 m³/h/personne en Allemagne, 8 m³/h/personne aux Etats-Unis, 4 m³/h/personne en Suède. Il est intéressant d'observer la diversité de ces valeurs. Le besoin physiologique absolu est 0,5 m³/h/personne, mais le seuil du confort se situe bien sûr au-dessus. Pour des locaux fréquentés, les normes en vigueur en Suisse[6] (SWKI-Richtlinie 95-3) donnent pour des bureaux non fumeurs 30 m³/h/personne, soit environ 20 volumes/jour.

La situation dans un dépôt d'archives est très différente, et les normes n'en tiennent pas compte. Selon les recommandations de la Direction du livre et de la lecture du Ministère de la culture français, le débit minimum d'air est de 36 m³/h pour des dépôts de 100 m² (on peut estimer un volume moyen de 250 m³), soit un renouvellement de 0,14 vol./heure ou de 3,5 vol./jour. Ce débit est obtenu sans ventilation mécanique, par ventilation naturelle sur une surface de 6 m² de fenêtres de mauvaise qualité, ou 13 m² de fenêtres de qualité moyenne (cf. Chardot).

Le renouvellement nécessaire de l'air dans les dépôts ne correspond en aucun cas à celui prévu pour des locaux de travail. Les livres et les documents ne respirent pas et a priori ne consomment pas d'oxygène; de plus, la fréquentation des dépôts est en principe occasionnelle et limitée dans le temps. Comme base de calcul, on peut considérer que pour les magasins fréquentés par un magasinier, un renouvellement de 1 m³/h/personne est

[6] La norme SIA 180 donne des valeurs similaires.

fensterlosen Geschossen ist mit Werten unter 0,5 V/Tag zu rechnen; hier machen sich kleinste Faktoren wie durchführende Leitungen oder undichte Lüftungskanäle bemerkbar. Ausserdem ist in Betracht zu ziehen, dass der Wind Druckunterschiede verursacht, die diese Werte spürbar erhöhen.

3.4.2 **Lufterneuerung in den Magazinen**

Die Vorschriften zur Lufterneuerung in begangenen Räumen sind von einem Land zum anderen sehr verschieden. Zum Beispiel werden für Ausstellungen in Museen die folgenden Frischluftwerte empfohlen: Deutschland 10 m³/Std./Person, USA 8 m³/Std./Person, Schweden 4 m³/Std./Person. Es ist interessant, wie unterschiedlich diese Werte sind. Der absolute physiologische Bedarf beträgt 0,5 m³/h/Person, aber die Wohlfühlstufe liegt natürlich höher. In der Schweiz[6] (SWKI-Richtlinie 95-3) gilt für Nichtraucherbüros der Normwert von 30 m³/Std./Person, das heisst ungefähr 20 V/Std.

Die völlig andere Situation in einem Archivmagazin ist bei den Normen nicht vorgesehen. Nach den Empfehlungen der «Direction du livre et de la lecture» des französischen Kulturministeriums beträgt das Minimum an Zuluft 36 m³/h für Lagerräume von 100 m² (man kann ein durchschnittliches Volumen von 250 m³ annehmen), also eine Erneuerung von 0,14 V/h oder von 3,5 V/Tag. Diese Zuluft wird ohne maschinelle Luftförderung für eine Fläche von 6 m² mit Fenstern schlechter Qualität oder für 13 m² mit Fenstern mittlerer Qualität durch natürliche Lüftung erreicht (vgl. Chardot).

Da Bücher und Dokumente nicht atmen und a priori keinen Sauerstoff verbrauchen und da Magazine im Allgemeinen nur gelegentlich und kurzzeitig begangen werden, ist hier weniger Lufterneuerung nötig als in Arbeitsräumen. Als Berechnungsgrundlage kann man annehmen, dass für die von einem Mitarbeiter begangenen Magazine eine Luftwechselrate von 1 m³/Std./Person ausreichend ist. Selbst wenn man einen Wert von 4 m³/Std./Person annimmt, erhält man ein wöchentliches Volumen von 160 m³/Person, was in einem Magazin von 10 × 6,5 × 2,5 m (160 m³) 1 V/Woche entspricht. Das grosse Volumen verfügbarer Luft und die mini-

[6] Bei Norm SIA 180 werden ähnliche Werte angegeben.

suffisant. Même en adoptant une valeur de 4 $m^3/h/$ personne, on obtient un volume hebdomadaire de 160 m^3/personne, correspondant dans un dépôt de 10 × 6,5 × 2,5 m (160 m^3) à 1 vol/semaine. Le grand volume d'air disponible combiné avec la faible présence humaine dans ces locaux donnent une très grande marge de manœuvre. Les échanges naturels évoqués au point 3.4.1 ci-dessus peuvent dans certains cas être suffisants pour répondre à ces exigences, à l'exception des dépôts situés entièrement en dessous du sol.

Si les livres et les documents ne consomment pas d'oxygène, ils peuvent par contre produire des polluants (voir chap. 4, point 3). Pour cette raison, il est conseillé d'assurer un minimum de renouvellement d'air ou un filtrage de l'air ambiant en recyclage, et il est utile de mettre périodiquement en mouvement l'air intérieur.

En principe, un renouvellement d'air par jour, soit un taux de renouvellement horaire de 0,05, combiné avec une filtration périodique de l'air en recirculation, peut être considéré comme suffisant; selon la fréquentation et le volume des dépôts, l'absence de ventilation pendant une période d'une semaine peut être acceptée, surtout si cela ne concerne que des périodes isolées.

3.5 Les appareils de contrôle climatique

Dans le sens technique, le contrôle climatique comprend celui de la température et celui de l'humidité; chacun de ces facteurs doit en principe pouvoir être modifié dans les deux sens, soit: chauffer et refroidir, humidifier et déshumidifier.

Le contrôle climatique dans les bibliothèques et les dépôts d'archives pose des problèmes particuliers, mal connus de la plupart des spécialistes de la branche. En effet, les normes et les taux de renouvellement de l'air utilisés pour des locaux habités ou fréquentés diffèrent fortement de ceux des magasins avec des biens culturels, qui présentent par contre des problématiques spécifiques. Dans ces endroits, la stabilité climatique et le maintien de valeurs correctes sont bien plus importants que les renouvellements de l'air.

male Anwesenheit von Menschen in den Magazinen bieten einen sehr grossen Handlungsspielraum. Der im Punkt 3.4.1 angesprochene natürliche Wechsel kann, mit Ausnahme von vollständig unterirdischen Geschossen, in manchen Fällen ausreichen, um den Anforderungen zu genügen.

Buch- und Schriftgut verbrauchen zwar keinen Sauerstoff, können aber Schadstoffe abgeben (siehe Kap. 4, Punkt 3). Aus diesem Grund wird ein Minimum an Lufterneuerung oder eine Filterung der rückgeführten Raumluft empfohlen. Die Raumluft sollte in regelmässigen Abständen bewegt werden.

Im Prinzip kann ein täglicher Luftaustausch, das heisst ein stündlicher Luftwechsel von 0,05, zusammen mit einer regelmässigen Filterung der rückgeführten Luft als ausreichend betrachtet werden. Je nach Begehungshäufigkeit und Grösse der Depots ist auch ein Zeitraum von einer Woche ohne Lüftung akzeptierbar, vor allem wenn es nur ab und zu dazukommt.

3.5 Instrumente zur Klimakontrolle

Klimakontrolle bedeutet im technischen Sinn die Kontrolle der Temperatur und der Feuchtigkeit. Jede dieser Grössen muss verändert werden können, das heisst, die Luft muss erwärmt oder abgekühlt sowie be- und entfeuchtet werden können.

Bei der Klimakontrolle in Bibliotheken und Archiven ergeben sich besondere Probleme, die den Klimaspezialisten meistens nicht ausreichend bekannt sind. Die Normwerte und die Lufterneuerungsraten für bewohnte oder begangene Räume unterscheiden sich in bedeutendem Mass von denen der Magazine, in denen Kulturgut aufbewahrt wird. Hier ergeben sich spezifische Probleme, denn gleichmässige klimatische Verhältnisse nach den vorgeschriebenen Werten sind viel wichtiger als die Lufterneuerung.

3.5.1 Gestion de la température

■ *Chauffage*

Le chauffage d'un local peut être fait par les appareils de ventilation ou par une installation indépendante. Dans le premier cas, pendant la saison hivernale, la ventilation devra être en fonction en permanence tandis qu'un chauffage indépendant permet une plus grande liberté dans la gestion de la ventilation.

Dans un bâtiment bien conçu, la quantité de chaleur nécessaire pour maintenir la température aux niveaux souhaités pendant la saison hivernale est très réduite. Si l'on tient compte de la chaleur dégagée par les sources de lumière installées, l'apport calorique nécessaire est si réduit qu'une installation très simple est souvent suffisante. Si les dépôts sont adjacents (par un ou plusieurs côtés, ou par le haut ou le bas) à des locaux habités, il peut même arriver qu'une isolation thermique interne soit nécessaire pour éviter une élévation excessive de la température hivernale, qui pose ensuite des problèmes pour la gestion de l'humidité relative.

Il existe une variante très intéressante du chauffage indépendant: le chauffage périphérique du local. En apportant la chaleur nécessaire dans le pied des parois, et en particulier des parois extérieures, on évite la formation de microclimats, on obtient un climat intérieur très uniforme et on réduit les déplacements d'air par convection, qui est une cause de diffusion de la poussière. Cette possibilité mérite d'être sérieusement envisagée lors de nouvelles constructions ou de réaménagements de locaux existants.

■ *Refroidissement*

S'il est assez facile de chauffer un local, il est beaucoup plus difficile de le refroidir. Pour cette raison, il faut éviter autant que possible l'accumulation de chaleur par une enveloppe du bâtiment adéquate. La problématique particulière de l'action de la lumière sur une surface vitrée, et de ses effets sur le climat intérieur, est synthétisée dans la publication déjà citée (Gössi, Archivbauten ...).

Devant la nécessité de refroidir une pièce, deux possibilités se présentent: utiliser l'air extérieur quand il est suffisamment frais ou produire du

3.5.1 Temperaturregulierung

■ *Heizung*

Ein Raum kann mit Lüftungsgeräten oder einer eigenständigen Anlage beheizt werden. Bei Ersterem müsste die Lüftung während des gesamten Winters in Betrieb sein, bei einer eigenständigen Heizung hingegen wäre eine flexiblere Lüftungsregulierung möglich.

In einem sachdienlich konzipierten Gebäude ist nur eine geringe Wärmemenge notwendig, um die Temperatur im Winter bei den vorgeschriebenen Werten stabil zu halten. Stellt man die von den vorhandenen Lichtquellen abgegebene Wärme in Rechnung, muss nur noch eine so geringe Wärmemenge zugeführt werden, dass dafür häufig eine sehr einfache Anlage ausreicht. Grenzen die Magazine an bewohnte Räume (an einer oder mehreren Seiten, oben oder unten) kann es manchmal sogar notwendig werden, sie mit einer Wärmedämmung zu versehen, um im Winter zu hohe Temperaturen zu vermeiden, durch die es dann zu Problemen mit der relativen Feuchtigkeit kommen würde.

Eine interessante eigenständige Heizungsart ist die Sockelheizung. Indem die notwendige Wärme am Fuss der Mauer, vor allem an den Aussenwänden, eingebracht wird, kann die Bildung eines Mikroklimas vermieden werden. Im ganzen Raum wird dasselbe Klima erreicht, und die Luftumwälzung durch Konvektion, die zur Staubverteilung führt, wird reduziert. Diese Heizungsart ist bei Neubau oder Umbau von Räumlichkeiten unbedingt in Betracht zu ziehen.

■ *Kühlung*

Es ist verhältnismässig einfach, einen Raum zu heizen, schwieriger ist es, ihn zu kühlen. Aus diesem Grund muss mit Hilfe einer entsprechenden Gebäudehülle versucht werden, Wärmeansammlungen zu vermeiden. Auf das spezielle Problem der Auswirkungen von Licht auf verglaste Oberflächen und auf das Innenraumklima wurde in der bereits zitierten Veröffentlichung zusammenfassend eingegangen (Gössi, Archivbauten ...).

Muss ein Raum abgekühlt werden, gibt es zwei Möglichkeiten: die Zuführung von Aussenluft, wenn diese kühl genug ist, oder die maschinelle Erzeugung von Kälte. Ersteres findet in Büros

froid avec une machine. La première possibilité est utilisée pour des bureaux ou d'autres locaux habités par des installations de ventilation écologiques qui utilisent l'air frais nocturne, ou simplement en ouvrant les fenêtres. A la différence des magasins pour des biens culturels, dans ces locaux le contrôle de l'hygrométrie n'est pas essentiel et l'air nocturne se prête souvent à cet usage. Par contre, l'exigence de stabilité hygrométrique des magasins est par trop limitative pour utiliser cette technique sans l'adapter.

D'autre part, il existe divers types de machines capables de produire du froid, qui permettent d'absorber une partie de la chaleur de l'air ambiant et de le refroidir. Ces machines sont toutes énergivores si l'on ne dispose pas d'une source de froid naturelle (p.ex. l'eau profonde d'un grand lac ou d'un cours d'eau à proximité). En outre, comme il n'est pas possible de séparer refroidissement et gestion du taux d'humidité de l'air, la nécessité de refroidir amène presque inévitablement au choix d'un système de climatisation classique.

Les petits appareils mobiles destinés à rafraîchir l'air d'un local sont déconseillés pour des locaux de conservation : outre leur faible rendement énergétique, ils ne permettent pas une bonne gestion de l'humidité de l'air.

3.5.2 Gestion de l'humidité

■ *Humidification*

Le contrôle de l'humidité relative est nécessaire si le bâtiment ne maintient pas l'hygrométrie dans les normes citées. Une humidité insuffisante pendant la saison hivernale peut être corrigée avec un humidificateur. On peut distinguer entre les appareils mobiles de ménage et les appareils industriels fixes qui peuvent être installés directement dans les locaux ou dans les canaux de ventilation.

Les modèles mobiles de ménage sont en général suffisants pour des locaux jusqu'à 40–50 m³. Il en existe de très nombreux modèles, tous basés sur un des trois principaux modes de fonctionnement : évaporation naturelle, production de vapeur, pulvérisation d'eau.

Les modèles à évaporation naturelle, où l'air est pulsé par un ventilateur à travers une natte mouillée, ne permettent normalement pas de dépasser

oder bewohnten Räumen mit umweltfreundlichen Lüftungsanlagen unter Verwendung der kühlen Nachtluft oder einfach durch Öffnen der Fenster Anwendung. Da in diesen Räumen im Gegensatz zu Lagerräumen für Kulturgut keine hygrometrische Kontrolle notwendig ist, eignet sich die Nachtluft meistens gut. In den Magazinen hingegen ergeben sich durch die hier erforderliche hygrometrische Stabilität zu viele Einschränkungen, sodass diese Technik nicht ohne Anpassung einsetzbar ist.

Unter den Geräten zur Kälteerzeugung gibt es verschiedene Typen, mit denen ein Teil der Wärme der Raumluft aufgenommen und gekühlt werden kann. Wenn keine natürliche Kältequelle verfügbar ist (z.B. Wasser in der Tiefe eines grossen Sees oder ein naher Wasserlauf), sind diese Geräte alle sehr energieaufwendig. Da Kühlung ausserdem unbedingt auch Regulierung der Luftfeuchtigkeit bedeutet, führt die Notwendigkeit zum Kühlen unumgänglich zu einem klassischen Klimatisierungssystem.

Von den kleinen mobilen Geräten zur Raumkühlung wird für Depoträume abgeraten: Ihre Energiebilanz ist schlecht, und die Luftfeuchtigkeit kann nicht genau reguliert werden.

3.5.2 Feuchtigkeitsregulierung

■ *Befeuchten*

Liegt der Feuchtigkeitshaushalt des Gebäudes nicht im genannten Normbereich, ist eine ständige Kontrolle der relativen Feuchtigkeit notwendig. Zu niedrige Feuchtigkeit im Winter kann durch einen Befeuchter verbessert werden. Man unterscheidet zwischen mobilen Haushaltsmodellen und den in der Industrie verwendeten stationären Geräten, die direkt in den Räumen installiert oder in die Lüftungsanlage integriert werden können.

Für Räume bis zu 40–50 m³ sind im Allgemeinen mobile Haushaltsmodelle ausreichend. Die Funktionsweise der diversen Geräte im Angebot beruht für gewöhnlich auf einem der folgenden drei Grundprinzipien: Das Wasser wird verdunstet, verdampft oder zerstäubt.

Bei den Modellen mit natürlicher Verdunstung wird die Luft mittels eines Ventilators durch eine feuchte Filtermatte geführt. Normalerweise wer-

une HR de 60–65 %, car l'absorption de l'humidité diminue quand l'air atteint une hygrométrie suffisante. Ils sont pilotés par un hygrostat, mais même en cas de dysfonctionnement, ils ne représentent pas un danger important. Ce type d'appareil est cependant peu performant et assez encombrant par rapport à ses prestations, car l'efficacité de l'appareil est liée à sa surface d'échange; il est souvent utilisé dans des salles d'exposition, très rarement dans des magasins.

Les appareils qui produisent de la vapeur en chauffant de l'eau sont plus efficaces; ils peuvent, par contre, amener une humidité excessive dans le local et doivent impérativement être reliés à un senseur hygrométrique qui les déclenche quand l'HR atteint 55 %. L'humidité peut être trop élevée aux alentours immédiats de ces appareils et la direction du jet de vapeur doit être choisie de manière à permettre l'évaporation complète sans que des objets ou des parties du bâtiment puissent être atteints directement. Le jet de vapeur chaude peut aussi causer des brûlures s'il entre en contact avec des personnes ou des objets à la sortie de la buse. La consommation électrique de ces appareils est élevée, mais ils contribuent au chauffage du local; peu encombrants, ils sont généralement intégrés aux installations industrielles ou aux monoblocs de ventilation.

D'autres humidificateurs produisent un brouillard froid, l'eau étant pulvérisée au moyen d'ultrasons; des gouttelettes très fines s'évaporent dans l'air en utilisant la chaleur ambiante. Ce type d'humidificateur consomme très peu d'énergie directement; il utilise l'énergie de l'air ambiant pour l'évaporation. Les gouttelettes nécessitent un parcours suffisamment long dans l'air pour pouvoir s'évaporer; en descendant vers le sol, si celui-ci est trop proche de l'appareil, elles peuvent former une zone mouillée, surtout quand l'appareil fonctionne à plein régime ou si les conditions ne permettent pas l'évaporation rapide à cause d'une température trop basse. Tous les humidificateurs à ultrasons possèdent un senseur hygrométrique incorporé qui les arrête au moment où la valeur souhaitée est atteinte, mais la précision de cette mesure peut être insuffisante pour les exigences de la conservation. Ces appareils nécessitent un espace libre assez

den dabei 60–65 % relativer Feuchte nicht überschritten, da weniger Feuchtigkeit aufgenommen wird, sobald die Luft genügend davon enthält. Diese Geräte werden durch einen Hygrostat gesteuert und stellen auch im Fall einer Funktionsstörung keine grosse Gefahr dar. Ihre Leistungsfähigkeit ist nur gering. Da diese von der Grösse der Austauschfläche abhängt, nimmt das Gerät verhältnismässig viel Platz ein. Diese Geräte werden häufig in Ausstellungsräumen, sehr selten in Magazinen verwendet.

Die Modelle, in denen Dampf durch Erwärmen von Wasser hergestellt wird, sind zwar effizienter, es kann aber zu viel Feuchtigkeit in den Raum gelangen. Sie müssen daher unbedingt mit einem Kontrollsensor verbunden werden, der die Geräte bei einer relativen Luftfeuchtigkeit von 55 % abschaltet. In unmittelbarer Nähe der Geräte kann die Feuchtigkeit jedoch zu hoch sein. Die Richtung des Dampfstrahls muss deshalb so gewählt werden, dass dieser vollständig verdunsten kann, ohne dass Objekte oder Gebäudeteile direkt mit Wasser in Berührung kommen. Der heisse Dampfstrahl am Ausgang der Düse kann bei direktem Kontakt Verbrennungen verursachen. Der Energieverbrauch dieser Geräte ist hoch, sie tragen aber zur Beheizung des Raums bei. Da sie kaum Platz einnehmen, werden sie im Allgemeinen in Industrieanlagen oder in die Lüftungsaggregate integriert.

Andere Luftbefeuchter erzeugen kalten Nebel: Das Wasser wird mit Hilfe von Ultraschall in feinste Tröpfchen verteilt. Diese verdunsten durch die Raumwärme in der Luft. Der Befeuchter selbst verbraucht sehr wenig Energie, zum Verdunsten wird aber Heizenergie verbraucht. Um verdunsten zu können, benötigen die Tröpfchen einen ausreichend langen Weg in der Luft. Wenn ein zu nah am Boden angebrachtes Gerät mit voller Leistung arbeitet oder wenn aufgrund zu geringer Raumfeuchtigkeit keine schnelle Verdunstung möglich ist, kann sich um das Gerät herum eine feuchte Zone bilden. Durch eingebaute Sensoren werden Ultraschallbefeuchter zwar abgeschaltet, sobald der gewünschte Wert erreicht ist, doch ist diese Messung meist nicht genau genug, um den Anforderungen der Konservierung zu entsprechen. Da diese Geräte viel Umgebungsraum benötigen,

grand autour d'eux pour que les gouttelettes puissent s'évaporer sans toucher une surface et la mouiller; pour cette raison, ils sont mal adaptés pour des dépôts d'archives et de bibliothèques, car la place disponible y est toujours restreinte.

Les appareils mobiles doivent en principe être alimentés en eau manuellement, ce qui cause un travail quotidien non négligeable quand leur nombre se multiplie. Si une alimentation fixe en eau est installée, il faut tenir compte du danger qu'elle représente.

Les appareils industriels destinés aux grands locaux produisent l'humidité selon les mêmes principes, avec cependant une préférence pour la production de vapeur. Ils sont beaucoup plus performants et peuvent être couplés à des unités de commande précises et sensibles, séparées de l'appareil. L'alimentation en eau est faite directement par le réseau, d'où une simplification considérable de l'entretien quotidien. S'il existe une installation de ventilation forcée, l'humidité sera produite directement dans cette installation. Lors du calcul des puissances d'humidification nécessaires pour des locaux de conservation, il faut tenir compte du fait que l'air a moins souvent besoin d'être renouvelé que dans des locaux habités ou fréquentés; la puissance de l'installation peut être réduite en conséquence.

■ *Déshumidification*

Une HR trop élevée peut être corrigée avec un déshumidificateur. La déshumidification est une opération moins facile à réaliser que l'humidification et la puissance des appareils utilisés doit être suffisante.

En été, la principale source d'humidité est l'air extérieur; pendant les autres saisons ou lors d'une augmentation importante du taux d'humidité, il est important d'en rechercher la source. Il convient de vérifier, en particulier, si la cause n'est pas une infiltration d'eau dans le bâtiment.

■ *Appareils mobiles*

Parmi les appareils utilisés couramment, les déshumidificateurs classiques déshumidifient l'air ambiant en faisant condenser une partie de l'eau qu'il contient sur une surface refroidie; les gouttes

damit die Tröpfchen mit keiner Oberfläche in direkten Kontakt kommen, sind sie für Magazine von Archiven und Bibliotheken, in denen nur beschränkt Raum zur Verfügung steht, schlecht geeignet.

Die mobilen Geräte müssen im Prinzip manuell mit Wasser versorgt werden; das wirkt sich bei der täglichen Wartung merklich aus, vor allem wenn mehrere Geräte vorhanden sind. Bei einer direkten Versorgung aus der Leitung ist die damit verbundene Gefahr zu bedenken.

Die in der Industrie verwendeten Befeuchtungsgeräte für grosse Räume funktionieren nach den gleichen Prinzipien, hauptsächlich kommt die Herstellung von Dampf zur Anwendung. Industrielle Befeuchter sind viel leistungsfähiger und können mit genauen und höchst empfindlichen Steuersensoren ausserhalb des Geräts gekoppelt werden. Das Wasser wird direkt aus der Wasserleitung entnommen, sodass die tägliche Wartung weniger aufwendig ist. Ist eine Lüftungsanlage vorhanden, kann die Befeuchtung integriert werden. Bei der Berechnung der für die Magazinräume notwendigen Befeuchterleistung ist zu beachten, dass eine Lufterneuerung hier viel seltener erforderlich ist als in bewohnten Räumen und dass die Anlagenleistung dementsprechend herabgesetzt werden kann.

■ *Entfeuchten*

Eine zu hohe relative rF kann mit einem Entfeuchter ausgeglichen werden. Entfeuchten ist schwieriger als Befeuchten. Die verwendeten Geräte müssen über ein ausreichendes Leistungsvermögen verfügen.

Im Sommer ist die Aussenluft die Hauptursache für Feuchtigkeit. Sollte die Feuchtigkeit während der anderen Jahreszeiten unnormal hoch sein oder auf einmal extrem ansteigen, muss die Ursache dafür unbedingt gefunden werden. Vor allem ist zu untersuchen, ob Wasser in das Gebäude eindringt.

■ *Mobile Geräte*

Häufig werden die herkömmlichen Geräte zum Entfeuchten verwendet, bei denen ein Teil des in der Luft enthaltenen Wassers auf einer gekühlten Oberfläche kondensiert wird. Die entstandenen

d'eau ainsi formées sont recueillies dans un réservoir qu'il faut vider régulièrement ou brancher à un écoulement. L'air est ensuite réchauffé (par une résistance électrique ou par la chaleur produite par le compresseur), avant d'être expulsé dans le local. Les déshumidificateurs sont contrôlés par un hygromètre généralement interne à l'appareil. Il existe des appareils ayant des tailles et des performances très différentes, adaptés à tous les volumes et conditions de fonctionnement. Pour des installations permanentes, il est très utile de relier les réservoirs des déshumidificateurs au réseau des canalisations, en veillant cependant à la sécurité de ces branchements.

Il existe d'autres types d'appareils mobiles, dont les performances sont en général insuffisantes pour des magasins. Les petits déshumidificateurs passifs à absorption ne fonctionnent que pour de tout petits volumes; ils sont basés sur la capacité de certaines matières, souvent du gel de silice, à absorber une grande quantité d'humidité quand ils ont été préalablement séchés. Cette capacité est toutefois relative et les rend peu adaptés pour l'usage en conservation.

■ *Appareils fixes*

Dans une installation de climatisation, on trouve deux types principaux d'appareils de déshumidification. L'un est basé sur le même principe que les appareils mobiles (refroidissement-condensation), et nécessite une puissance de froid importante.

Les déshumidificateurs à absorption active recueillent l'humidité en forçant l'air à travers un cylindre muni de micropores tapissés de gel de silice; le cylindre est régénéré continuellement par un flux d'air chaud, de manière que le cycle de déshumidification est continu. Ces appareils peuvent être équipés de manière à rejeter soit l'air humide directement à l'extérieur, soit l'humidité condensée dans des bacs ou dans les canalisations.

Il arrive que seule une partie d'un local présente une humidité relative trop élevée, surtout les parties proches des murs extérieurs, pendant la saison froide ou en tout temps si ceux-ci sont enterrés; dans ce cas, des mesures permettant une meilleure circulation de l'air dans le local peuvent être provisoirement suffisantes; ensuite, l'isolation thermique

Wassertropfen werden in einem Behälter aufgefangen, der regelmässig entleert oder an eine Abflussleitung angeschlossen wird. Die Luft wird wieder erwärmt (durch einen elektrischen Heizwiderstand oder durch die von einem Kompressor erzeugte Wärme) und in den Raum zurückgegeben. Geregelt wird der Entfeuchter durch ein eingebautes Hygrometer. Grösse und Leistung der Geräte werden den jeweiligen räumlichen und funktionellen Anforderungen angepasst. Die Wasserreservoire stationärer Geräte können direkt an die Kanalisation angeschlossen werden, wobei auf die Sicherheit dieser Anschlüsse zu achten ist.

Es gibt andere mobile Gerätetypen, deren Leistungsvermögen für Magazine aber meistens nur unzureichend ist. Die kleinen passiven Absorptionsentfeuchter sind nur für sehr geringe Volumen effizient. Ihre Funktionsweise beruht auf Materialien, oft Kieselgel, die sehr viel Feuchtigkeit absorbieren können, wenn sie vorher getrocknet wurden. Diese Fähigkeit ist jedoch relativ, und so sind diese Entfeuchter für die Konservierung nur begrenzt einsetzbar.

■ *Stationäre Geräte*

In RLT-Anlagen kommen zwei Grundtypen von Entfeuchtergeräten zur Anwendung. Ein Typ beruht auf dem gleichen Prinzip wie die mobilen Geräte (Kühlung – Kondensation) und erfordert eine grosse Kühlleistung.

Von den aktiven Absorptionsentfeuchtern wird die Feuchtigkeit aufgefangen, indem die Luft durch einen Zylinder getrieben wird, der mit Mikrowaben versehen ist, die wiederum mit Kieselgel belegt sind. Der Zylinder wird ständig durch einen warmen Luftstrahl regeneriert, sodass der Entfeuchtungskreislauf nicht unterbrochen wird. Die feuchte Luft kann entweder direkt ins Freie abgegeben, als ausgeschiedenes Wasser in Behältern gesammelt oder direkt in die Kanalisation geführt werden.

Ist die relative Feuchte in einem Raum nur an einzelnen Stellen zu hoch (z. B. in der Nähe von Aussenwänden während der kalten Jahreszeit beziehungsweise jederzeit, wenn sie unterirdisch sind), können provisorische Massnahmen zur Verbesserung der Luftzirkulation vorerst genügen. Mit der

des murs et des sols donnera une meilleure stabilité climatique au local.

Le chauffage d'une pièce trop humide n'est efficace que s'il se combine avec un renouvellement de l'air suffisant: l'air trop humide doit être remplacé par de l'air plus sec. En effet, le simple chauffage diminue l'humidité relative, mais ne modifie pas le contenu en vapeur d'eau de l'air (humidité absolue).

■ *Hygiène des humidificateurs et déshumidificateurs*

Les humidificateurs et les déshumidificateurs doivent être nettoyés régulièrement et soigneusement, car ils peuvent devenir la source d'une infection par micro-organismes. Certaines parties en effet restent constamment humides et peuvent constituer des foyers de développement de micro-organismes. Les normes de nettoyage et d'entretien des fabricants doivent être respectées scrupuleusement.

3.6 Humidification et déshumidification par la ventilation naturelle des locaux

Une bonne compréhension des lois de l'humidité de l'air permet d'utiliser à bon escient la ventilation naturelle des locaux et d'éviter d'aggraver des situations déjà problématiques. Pendant l'hiver, l'air extérieur est froid et généralement perçu comme humide. Ceci est vrai aux températures extérieures, mais n'est pas vrai quand l'air extérieur est amené dans les locaux et chauffé. Prenons comme exemple une situation typique d'un hiver en Europe avec une température de 5 °C et une humidité très élevée de 90 %. Cette situation donne une impression subjective de très forte humidité, bien que l'humidité absolue de l'air soit réduite. En effet, si l'on ouvre les fenêtres d'un local faisant ainsi pénétrer l'air d'hiver à l'intérieur puis, une fois les fenêtres refermées, permet à cet air de se réchauffer à la température ambiante de 20 °C, on constatera que l'humidité relative de l'air sera d'environ 35 % (sans tenir compte d'éventuels apports d'humidité par les murs, les objets entreposés, etc.). En conclusion, en aérant l'hiver on des-

Isolierung von Mauern und Boden kann dann eine bessere Klimastabilität erreicht werden.

Das Beheizen eines zu feuchten Raums ist nur effizient, wenn gleichzeitig ein ausreichend grosser Luftaustausch vorgenommen wird: Die feuchte Luft wird durch trockene ersetzt. Das Heizen setzt zwar die relative Feuchte herab, verändert aber den Wasserdampfgehalt der Luft (absolute Feuchte) nicht.

■ *Reinigung und Wartung der Be- und Entfeuchter*

Be- und Entfeuchter müssen regelmässig und sorgfältig gereinigt werden, da ansonsten die Gefahr von Mikroorganismenbefall besteht. Manche Geräteteile sind ständig feucht und somit Wachstumsherde für Mikroorganismen. Die Reinigungs- und Wartungsvorschriften der Hersteller müssen genau befolgt werden.

3.6 Befeuchten und Entfeuchten durch natürliche Lüftung der Räume

Bei gutem Verständnis ihrer Gesetzmässigkeiten lässt sich die Luftfeuchtigkeit durch natürliche Lüftung der Räume regulieren, und man kann einer Verschlimmerung schon problematischer Situationen entgegenwirken. Während der Winterzeit ist die Aussenluft kalt und wird gewöhnlich als feucht empfunden. Das trifft bei den Aussentemperaturen zu, stimmt aber nicht mehr, wenn die Aussenluft in die Räume gebracht und geheizt wird. Nehmen wir als Beispiel eine typische mitteleuropäische Wintersituation mit einer Temperatur von 5 °C und einer sehr hohen Feuchte von 90 %. Dieser Zustand wird subjektiv als sehr feucht empfunden, obwohl die absolute Luftfeuchte niedrig ist. Würde man die Fenster eines Raumes öffnen, um Aussenluft einzulassen, ergäbe sich nämlich bei erneut geschlossenen Fenstern folgende Situation: Die eingelassene Luft erwärmt sich auf die Raumtemperatur von 20 °C, und die relative Luftfeuchte läge bei ca. 35 % (unter Nichtberücksichtigung einer eventuellen Feuchtigkeitszufuhr durch die Mauern, die gelagerten Objekte usw.). Daraus folgt, dass die geheizte Raumluft mit einer rF über 40 % im Win-

sèche l'air ambiant d'un local chauffé dont l'HR est supérieure à environ 40 %, et ce même quand à l'extérieur l'air est humide. Un calcul précis dans une situation donnée peut être fait avec le diagramme de Mollier (cf. chap. 4, point 1.2).

Pendant l'été, une situation inverse se présente : l'air extérieur est souvent chaud et ne nous paraît pas très humide, alors qu'en réalité son contenu en humidité absolue est élevé. Pendant la belle saison, les dépôts de bibliothèques et d'archives ont fréquemment une température légèrement inférieure à celle de l'extérieur, surtout dans des bâtiments historiques et en sous-sol. Si nous considérons une température extérieure de 27 °C avec une HR de 60 % (situation estivale typique) et que nous faisons entrer cet air dans un dépôt dans le but de le sécher, le résultat sera le suivant, en tenant compte du fait que le dépôt aura maintenu une température de 23 °C : l'air extérieur, une fois refroidi à la température du dépôt, aura une HR de presque 80 %. Par conséquent, en ventilant pendant l'été nous tendons à humidifier les locaux. Pour cette raison, les problèmes d'humidité excessive, qui se manifestent souvent pendant la saison estivale, doivent généralement être résolus par l'installation d'appareils de déshumidification ; une ventilation apportant de l'air extérieur ne fait qu'aggraver le problème.

3.7 Pratique de l'humidification et de la déshumidification

Lors de l'installation d'un appareil de contrôle climatique dans un lieu où les valeurs hygrométriques se situent en dehors des normes, il arrive souvent que pendant les premières semaines les performances théoriques de l'appareil ne se concrétisent pas entièrement. Si l'on désire diminuer l'humidité de l'air dans un local où sont conservés des livres ou documents d'archives, il faut tenir compte du rôle de tampon hygrométrique joué par ces derniers : leurs matières tendent à se mettre en équilibre hygrométrique avec le milieu extérieur en absorbant une quantité d'eau plus ou moins importante selon l'humidité ambiante. Le tableau suivant montre les valeurs extrêmes de cet équilibre.

ter durch Lüften ausgetrocknet wird, und zwar auch bei feuchter Aussenluft. Für die genaue Berechnung einer gegebenen Situation wird das Diagramm von Mollier verwendet (vgl. Kap. 4, Punkt 1.2).

Im Sommer entsteht die entgegengesetzte Situation: Die häufig warme Aussenluft erscheint uns eher trocken, obwohl ihre absolute Feuchtigkeit in Wirklichkeit hoch ist. Während der Sommerzeit liegt die Innentemperatur der Lagerräume von Bibliotheken und Archiven, vor allem in historischen Gebäuden und in Untergeschossen, häufig leicht unter der Aussentemperatur. Angenommen, wir lassen Aussenluft mit einer Temperatur von 27 °C und einer rF von 60 % (typischer Zustand) in einen Lagerraum ein, um diesen zu trocknen, hätten wir, vorausgesetzt, die Raumtemperatur bliebe bei 23 °C, folgendes Resultat: Die auf die Raumtemperatur abgekühlte Aussenluft hätte eine rF von beinahe 80 %. Daraus folgt, dass die Räume durch das Lüften im Sommer eher befeuchtet werden. Wenn sich daher, wie oft im Sommer, das Problem übermässiger Feuchtigkeit stellt, sollten im Allgemeinen Luftentfeuchter installiert werden; Lüften würde das Problem nur verstärken.

3.7 Praktische Hinweise zum Befeuchten und Entfeuchten

Wird ein Apparat zur Klimakontrolle in einem Raum installiert, dessen Feuchtigkeitswerte ausserhalb der Normen liegen, erbringt er in den ersten Wochen häufig nicht die erwartete Höchstleistung. Soll die Luftfeuchtigkeit in einem Lagerraum gesenkt werden, ist auch die Hygroskopizität des darin aufbewahrten Materials zu bedenken. Buch- und Schriftmaterialien passen ihren Feuchtigkeitsgehalt der Umgebung an. Die aufgenommene Wassermenge hängt immer von der Raumfeuchtigkeit ab. Die folgende Aufstellung zeigt die Grenzwerte dieses Gleichgewichts auf:

	Humidité relative		
	20 %	50 %	80 %
Papier journal	4 %	10 %	12 %
Papier cellulose	3 %	9 %	11 %
Cuir	8 %	15 %	23 %
Parchemin	5 %	8 %	12 %

Fig. 6/4: Contenu approximatif en eau (pour cent du poids).

	Relative Feuchtigkeit		
	20 %	50 %	80 %
Zeitungspapier	4 %	10 %	12 %
Cellulosepapier	3 %	9 %	11 %
Leder	8 %	15 %	23 %
Pergament	5 %	8 %	12 %

Fig. 6/4: Ungefährer Wassergehalt (Prozente des Gewichts).

Ces données nous indiquent que, lorsqu'on diminue l'humidité d'un local, la stabilité est atteinte seulement quand tous les objets hygroscopiques qui se trouvent dans la pièce se sont remis en équilibre avec les nouvelles conditions hygrométriques. Pour des masses importantes de papier, le temps d'adaptation peut être long, car les livres fermés et les documents enserrés dans des boîtes d'archives cèdent lentement leur humidité. Concrètement, la diminution de l'humidité relative de 80 % à 50 % implique une perte de poids d'environ 2 % pour le papier ; dans une pièce où se trouvent 1000 mètres linéaires de rayonnages avec des livres ou des documents, au poids moyen de 50 kg par mètre linéaire, ce changement hygrométrique implique la désorption de 1000 litres d'eau pour que le papier retrouve un équilibre hygrométrique à 50 % d'humidité relative. Dans ce calcul, on n'a pas tenu compte de l'humidité de la masse d'air du local et de celle absorbée par les murs et autres structures du local. L'ouverture des boîtes ou la disposition légèrement en éventail des livres accélère la vitesse d'adaptation au changement climatique.

Ce processus peut prendre plusieurs semaines avant d'être achevé. Pour vérifier si la désorption de l'humidité est complète, il convient d'arrêter tous les appareils de ventilation et de déshumidification et de maintenir le local fermé pendant 72 heures. Si pendant ce délai, l'humidité de l'air du local n'a pas augmenté, on peut considérer que le séchage est terminé ; dans le cas contraire, on reprendra la déshumidification pendant quelques jours ou semaines, et on procédera à une nouvelle vérification.

Diese Angaben zeigen, dass bei Verringerung der Raumfeuchtigkeit erst dann Stabilität erreicht wird, wenn sich alle hygroskopischen Objekte im Raum mit den veränderten Feuchtigkeitsverhältnissen im Gleichgewicht befinden. Bei grossen Mengen Papier kann die Anpassungszeit sehr lang sein, denn geschlossene Bücher und Archivalien in Schachteln geben ihre Feuchtigkeit nur sehr langsam ab. Zum Beispiel bewirkt die Verringerung der relativen Feuchte von 80 % auf 50 % einen Gewichtsverlust des Papiers von ca. 2 %. In einem Raum mit 1000 Laufmeter Schriftgut (mit einem durchschnittlichen Gewicht von 50 kg pro Laufmeter) müssen vom Papier also 1000 l Wasser abgegeben werden, damit das Papier wieder seinen relativen Feuchtigkeitswert von 50 % erreicht. Bei dieser Berechnung wurde die Feuchtigkeit der Raumluft, der Mauern und der anderen Strukturen im Raum ausser Acht gelassen. Ein Öffnen der Schachteln oder ein leicht fächerförmiges Aufstellen der Bücher beschleunigt die Geschwindigkeit der Anpassung an die klimatischen Veränderungen.

Dieser Vorgang kann mehrere Wochen dauern. Um zu überprüfen, ob die Desorption der Feuchtigkeit abgeschlossen ist, müssen alle Lüftungs- und Entfeuchtungsgeräte abgeschaltet werden. Der Raum bleibt nun 72 Stunden geschlossen. Steigt die Luftfeuchtigkeit des Raums während dieser Zeit nicht an, kann die Trocknung als beendet angesehen werden. Im gegenteiligen Fall muss für einige Tage oder Wochen weiter entfeuchtet werden, dann wird eine neuerliche Kontrolle vorgenommen.

3.8 Le transport d'objets sensibles aux variations hygrométriques

Le transport de biens culturels manuscrits ou imprimés est une source potentielle de dommages causés par des variations climatiques importantes. Si l'on considère un exemple extrême, les valeurs climatiques auxquelles un objet transporté en hiver d'abord à l'extérieur, puis dans une voiture chauffée, et posé ensuite dans une vitrine fortement éclairée pourraient être:

Etapes du trajet	Température	Humidité relative
Locaux de conservation	17 °C	50 %
Extérieur, en hiver	2 °C	70 %
Voiture chauffée	18 °C	25 %
Vitrine fortement éclairée	30 °C	10 %

La réaction des divers supports et formes des livres et documents à ces variations peut être très différente. Un livre ordinaire en papier, broché, peut ne pas manifester de réaction visible, sauf une éventuelle déformation de la couverture. Un volume relié avec une couverture rigide peut se déformer de manière visible, et son ouverture peut devenir moins facile.

Par contre, un volume relié en parchemin ou une reliure en cuir peuvent subir des déformations qui deviennent permanentes et qui affectent leur fonctionnalité. Plus grave encore, un manuscrit enluminé sur parchemin peut subir des altérations irréversibles de la liaison des couches picturales avec le support, qui constituent un dommage peu évident sur le moment, mais très grave.

Un coffre de transport à climatisation passive permet de protéger l'objet sensible des variations hygrométriques rapides et importantes. Un tel coffre de transport comprend une enveloppe extérieure imperméable et une couche d'isolation, avec une enveloppe intérieure perméable à la vapeur d'eau qui sert de tampon climatique, ou des plaques correctement climatisées de gel de silice (Art-Sorb®, Pro-Sorb®) qui stabilisent l'humidité interne. L'utilisation de coffres industriels isolés et étanches, munis d'une quantité de gel de silice

3.8 Transport von Objekten, die Feuchtigkeitsschwankungen gegenüber empfindlich sind

Der Transport von Buch- und Schriftgut ist aufgrund der auftretenden starken klimatischen Schwankungen eine potenzielle Gefahrenquelle. Betrachten wir ein Extrembeispiel, nämlich die Klimawerte, denen ein im Winter transportiertes Objekt zuerst im Freien, dann in einem geheizten Wagen und zuletzt in einer stark beleuchteten Vitrine ausgesetzt sein könnte:

Transportetappen	Temperatur	relative Feuchte
Aufbewahrungsraum	17 °C	50 %
Im Freien, Winter	2 °C	70 %
Beheiztes Auto	18 °C	25 %
Stark beleuchtete Vitrine	30 °C	10 %

Die verschiedenen Trägermaterialien und Erscheinungsformen von Buch- und Schriftgut können sehr unterschiedlich auf diese Schwankungen reagieren. Es kann sein, dass ein normales broschiertes Buch aus Papier ausser einer eventuellen Verformung des Umschlags keine sichtbaren Schäden zeigt. Schon ein gebundenes Buch mit einem festen Deckel kann sich sichtbar verformen, und seine Öffnung kann schwieriger werden.

Bei Pergament- oder Ledereinbänden hingegen besteht grosse Gefahr, dass sie sich definitiv verformen und in ihrer Funktionalität eingeschränkt bleiben. Schlimmer noch, die Haftung zwischen Malschicht und Träger einer illuminierten Handschrift auf Pergament kann unwiederbringlich geschädigt werden; ein nicht gleich erkennbarer, aber sehr schwerer Schaden.

Um ein empfindliches Objekt vor abrupten grossen Klimaschwankungen zu schützen, werden heute Transportbehälter mit passiver Klimatisierung verwendet. Ein solcher Behälter besteht aus einer dichten Aussenhülle, einer Isolierschicht mit einer inneren, wasserdampfdurchlässigen Hülle, die dem Klimaausgleich dient. Es können auch vorschriftsmässig klimatisierte Platten aus Kieselgel (Art-Sorb®, Pro-Sorb®) verwendet werden, welche die klimatische Stabilität erhöhen. Bei Temperatur-

calculée en fonction du volume interne, peut être suffisante quand les variations de température restent inférieures à 10 °C. Il s'agit d'une solution peu coûteuse. Par contre, pour les transports dans des conditions extrêmes, par exemple dans les soutes des avions, il faut consulter des entreprises spécialisées.

Pour des transports à l'extérieur sur de courtes distances (p. ex. entre deux institutions situées dans la même ville), on peut garantir la stabilité climatique en emballant l'objet (préalablement protégé par une couche de papier neutre) dans cinq à dix couches de film-bulles en PE, bien soudées avec du ruban gommé. Il est possible de joindre à l'objet une cassette avec du Silicagel (Pro-Sorb®, Art-Sorb®) pour stabiliser l'humidité au cœur de l'emballage.

Lors du transport d'un document entre deux locaux ayant des conditions climatiques différentes, un simple emballage de conservation exerce déjà une certaine protection contre le choc climatique, à condition de retarder l'ouverture de l'emballage de quelques heures.

schwankungen unter 10 °C sind handelsübliche abgedichtete Isolierbehälter, die mit einer dem Innenvolumen entsprechenden Menge Kieselgel ausgestattet sind, ausreichend und nicht allzu kostspielig. Hingegen müssen für Transporte unter Extrembedingungen wie zum Beispiel in den Laderäumen von Flugzeugen spezialisierte Hersteller befragt werden.

Um bei kurzen Transporten ausserhalb des Gebäudes (z. B. zwischen zwei Institutionen in derselben Stadt) eine klimatische Stabilität zu garantieren, muss das Objekt zuerst in eine Lage neutralen Papiers und dann in fünf bis zehn Lagen Luftpolsterfolie eingepackt werden. Das Ganze wird mit Klebeband gut verschlossen. Zur Stabilisierung der Feuchtigkeit im Inneren der Verpackung kann dem Objekt eine Silikagel-Kassette (Art-Sorb®, Pro-Sorb®) beigelegt werden.

Für die Beförderung von Objekten zwischen zwei Räumen mit unterschiedlichen klimatischen Bedingungen bildet schon eine einfache Schutzverpackung einen gewissen Schutz gegen den Klimaschock. Die Verpackung darf aber erst einige Stunden nach dem Transport geöffnet werden.

Les locaux d'entreposage: la gestion des autres facteurs environnementaux

1 Lumière

Nous avons vu de quelle manière la lumière influe sur la conservation des livres et des documents; il est utile de porter une grande attention à ce facteur, d'autant plus que son contrôle ne pose généralement pas de problèmes trop ardus à résoudre.

1.1 Normes

1.1.1 Lumière visible

Les dommages causés par la lumière dépendent de la quantité et de la qualité de la lumière. Le problème des dommages causés par la lumière se pose principalement lors d'expositions ou dans des magasins en libre accès. Dans ce dernier cas, on ne devrait pas trouver de livres ou documents à haute valeur patrimoniale, qui devraient être conservés dans des magasins fermés, où la gestion de la lumière est en principe plus simple.

■ *Normes quantitatives*

Les anciennes normes basées sur une certaine quantité de lumière, par exemple celles qui prescrivaient qu'un tel type d'objet devait être exposé à 50 lux ou à 100 lux, ont été remplacées par des normes qui définissent une certaine quantité de lumière qu'un objet peut recevoir sans dommages,

Lagerräume: Umgang mit den weiteren Einflussfaktoren

1 Licht

Wie schon gesehen, ist Licht eine der Schadensquellen bei der Aufbewahrung von Büchern und Archivalien. Es lohnt sich, diesen Faktor aufmerksam zu untersuchen, denn hier sind Verbesserungen für gewöhnlich relativ einfach zu verwirklichen.

1.1 Normen

1.1.1 Sichtbares Licht

Die Schädlichkeit von Licht hängt sowohl von der Menge als auch von der Art des Lichts ab. Das Problem von Lichtschäden stellt sich vor allem für Ausstellungen oder Freihandbereiche. In Letzteren sollten keine Bücher oder Dokumente von grosser kulturhistorischer Bedeutung aufgestellt werden. Diese gehören in geschlossene Magazine, in denen der Lichtschutz im Prinzip einfacher umsetzbar ist.

■ *Quantitative Normen*

Die alten Normen, die auf der Vorgabe einer bestimmten Lichtmenge beruhten (z.B. musste eine bestimmte Objektart bei 50 oder bei 100 Lux ausgestellt werden), wurden durch neue ersetzt. Definiert wird nun eine bestimmte Beleuchtungsstärke, der ein Objekt ohne Schaden, entweder insgesamt oder über einen bestimmten Zeitraum hinweg, aus-

Catégorie	Types d'objet (exemples)	Exposition lumineuse maximal globale *avant premiers dommages visibles (selon Colby)*	Dose totale d'exposition annuelle
1 = sensiblité extremement élevée	Aquarelles, gouaches, pastels, feutres, polychromies sur parchemin et sur papier, encres à base de colorants végétaux ou synthétiques, encres métallo-galliques, photographies en couleur avant 1990, tirages photographiques du XIXe siècle, polaroids. Tout document dégradé (aussi appartenant à d'autres catégories).	1.2 Mlx/h (100 ans)	12 klx/h/an (= p. ex. 4 semaines/an avec 42 heures/semaine à 75 lx)
2 = sensiblité élevée	Papiers de pâte mécanique, papiers de qualité médiocre, cartons, photographies en couleur modernes (après 1990), tirages photographiques en noir/blanc sur papier plastifié, diapositives en couleur, cuir, parchemin.	10 Mlx/h (250 ans)	42 klx/h/an (= p. ex. 10 semaines à 42 heures/semaine à 100 lx)
3 = sensible	Papiers chiffon de très bonne qualité, papiers de pâte chimique, encres noires d'imprimerie, encres à base de noir de fumée, dessins au crayon et à la mine de plomb, photographies argentiques en noir/blanc sur papier baryte.	300 Mlx/h (3500 ans)	84 klx/h/an (= p. ex. 20 semaines à 42 heures/semaine à 100 lx)

soit globalement, soit par rapport à une période de temps, par exemple au cours d'une année : on prend ainsi en compte la « dose totale d'exposition » (DTE) d'un objet, qui est définie comme le produit de l'éclairement (en lux) par la durée d'exposition en heures sur une année.

L'exposition lumineuse se calcule en lux par heure (lx/h) et se base sur le principe du dommage cumulatif et de la réciprocité : 1 heure à 1000 lx correspond à 1000 heures à 1 lx = 1000 lux/heure (lx/h).[1] Pour des quantités importantes de lumière, on utilise les multiples : le kilolux/heure (1 klx/h = 1000 lx/h) ou le mégalux/heure (1Mlx/h = 1000000 lx/h). Ainsi, par exemple, 200 klx/h/an signifie qu'un objet peut recevoir 200000 lx/h au cours d'une année, ce qui peut représenter 200 heures à 1000 lx, 2000 heures à 100 lx, ou 4000 heures à 50 lx.

La définition des limites est difficile, car il n'est pas simple de déterminer le moment où une œuvre commence à être endommagée à cause de son ex-

gesetzt werden darf; zum Beispiel im Verlauf eines Jahres: Das Produkt von Beleuchtungsstärke (in Lux) und den Ausstellungsstunden im Jahr ergibt also die «Gesamt-Beleuchtungsdosis» für ein Objekt.

Die Beleuchtungsdosis geht vom Prinzip des kumulativen Schadens und der Wechselwirkung aus und wird in Lux pro Stunde (lx/h) angegeben: 1 Stunde bei 1000 Lux wirkt genauso wie 1000 Stunden bei 1 Lux = 1000 Lux/Stunde (lx/h).[1] Für hohe Dosen wird vervielfacht: Kiloluxstunden (1 klx/h = 1000 lx/h) oder Megaluxstunden (1 Mlx/h = 1000000 lx/h). So sagt der Wert 200 klx/h/Jahr aus, dass das Objekt im Zeitraum eines Jahres mit 200000 lx/h bestrahlt werden kann, das kann 200 Stunden mit 1000 lx, 2000 Stunden mit 100 lx oder 4000 Stunden mit 50 lx bedeuten.

Die Definition der Grenzwerte ist schwierig, denn es ist nicht einfach zu bestimmen, wann das Licht beginnt, eine schädliche Wirkung auf ein Objekt zu haben. Manche Schäden können auffallend

[1] Blackwell, Ben : Light Exposure to Sensitive Artworks during Digital Photography. A propos de la loi de réciprocité : « Bunsen and Roscoe's law, expressed as H = I x t = constant, implies that exposure, (H), at a high intensity for a short time (t), is the same as exposure at a low intensity (I) for a correspondingly longer time. 1000 lux for 10 seconds has the same effect as 10 lux for 1000 seconds. » http://www.benblackwell.com/lighting.pdf (IX 2009).

[1] Ben Blackwell: Light Exposure to Sensitive Artworks during Digital Photography. Zum Gesetz der Wechselseitigkeit: «Bunsen and Roscoe's law, expressed as H = I x t = constant, implies that exposure, (H), at a high intensity for a short time (t), is the same as exposure at a low intensity (I) for a correspondingly longer time. 1000 lux for 10 seconds has the same effect as 10 lux for 1000 seconds.» http://www.benblackwell.com/lighting.pdf (IX 2009).

Kategorie	Objektart (Beispiele)	Globale Beleuchtungs-stärke *vor ersten sichtbaren Schäden (nach Colby)*	Jährliche Gesamt-beleuchtungs-Dosis
1 = extrem licht-empfindlich	Aquarell, Gouache, Pastell, Filzstift, Polychromie auf Pergament und Papier, Tinten aus pflanzlichen oder synthetische Farbstoffen, Eisengallustinten, Farbfotografien vor 1990, Abzüge aus dem 19. Jh., Polaroidfotos. Alle Objekte mit Schäden (auch aus anderen Kategorien).	1.2 Mlx/h (100 Jahre)	12 klx/h/Jahr (= z. B. 4 Wochen/Jahr mit 42 Stunden/Woche bei 75 lx)
2 = sehr licht-empfindlich	Holzschliffhaltiges Papier, Papier mittelmässiger Qualität, Karton, moderne Farbfotografien (nach 1990), Schwarz-Weiss-Abzüge auf kunststoff-beschichtetem Papier, Farbdiapositive, Leder, Pergament.	10 Mlx/h (250 Jahre)	42 klx/h/Jahr (= z. B. 10 Wochen mit 42 Stunden/Woche bei 100 lx)
3 = licht-empfindlich	Hadernpapier sehr guter Qualität, Papier aus Zellstoff, schwarze Drucktinten, schwarze Kohlen-stofftinten, Zeichnungen mit Grafitmine und Bleistift, Silberhalogenidfoto auf Barytpapier.	300 Mlx/h (3500 Jahre)	84 klx/h/Jahr (= z. B. 20 Wochen mit 42 Stunden/Woche bei 100 lx)

position à la lumière. Certains dommages, comme les modifications de couleur, peuvent être évidents, mais d'autres peuvent être difficiles à détecter au stade initial. Les normes par rapport à l'exposition lumineuse tendent à devenir de plus en plus strictes et de mieux en mieux différenciées en fonction des caractéristiques de chaque matière. Les objets sont répartis en plusieurs catégories en fonction de leur sensibilité à la lumière. Actuellement, deux formulations sont couramment utilisés, une par Colby,[2] l'autre par la norme française NF Z 40-010 « Prescriptions de conservation des documents graphiques et photographiques dans le cadre d'une exposition ». Les catégories et les valeurs proposées par ces normes sont très proches.

En synthétisant leur contenu, on partage les objets qui nous concernent en trois catégories selon leur sensibilité à la lumière et on attribue à chacune des catégories une quantité globale de lumière qui constitue la limite annuelle au-delà de laquelle des altérations visibles apparaissent à long terme. Ces limites supposent que la radiation UV soit pratiquement absente (en tout cas < 75 μW/lm), cf. 1.1.2 ci-après).

[2] Colby, Karen M.: A Suggested Exhibition/Exposure Policy for Works of Art on Paper. http://www.lightresource.com/policy1.html (IX 2009).

sein, zum Beispiel Farbveränderungen, andere dagegen sind im Anfangsstadium manchmal schwer feststellbar. Normen für die Beleuchtungsdosis werden tendenziell immer strikter und hinsichtlich der Materialeigenschaften ständig differenzierter. Die Objekte werden je nach Lichtempfindlichkeit in mehrere Kategorien eingeteilt. Momentan werden zwei Vorgaben verwendet: Eine von Colby,[2] die andere von den französischen Normbestimmungen NF Z 40-010 «Prescriptions de conservation des documents graphiques et photographiques dans le cadre d'une exposition» (Aufbewahrungsbestimmungen für Grafik und Fotografie bei Ausstellungen). Die vorgegebenen Kategorien und Werte beider Normen sind sehr ähnlich.

Bei der Zusammenfassung ihres Inhalts teilen wir die uns interessierenden Objekte nach ihrer Lichtempfindlichkeit in drei Kategorien ein. Jeder dieser Kategorien teilen wir eine globale Beleuchtungsstärke zu, die dem Jahreslimit entspricht, über das hinaus langzeitlich sichtbare Schäden auftreten. Diese Grenzwerte setzen voraus, dass so gut wie keine UV-Strahlung vorhanden ist (auf jeden Fall < 75 μW/lm), siehe nachfolgend Punkt 1.1.2).

[2] Colby, Karen M.: A Suggested Exhibition/Exposure Policy for Works of Art on Paper. http://www.lightresource.com/policy1.html (IX 2009).

Par rapport au passé, les normes sont devenues beaucoup plus strictes: par exemple, Thomson donnait en 1986 une limite de 200 klx/h/an pour les objets sensibles. Des nouvelles limites, il apparaît clairement que l'exposition permanente d'œuvres des deux premières catégories est très problématique, même avec des quantités de lumière réduites (p.ex. 50 lux).

A titre indicatif, pour d'autres catégories d'œuvres souvent exposées, les valeurs d'exposition lumineuse généralement admises sont:

- ☐ peintures à l'huile, tempera, bois, ivoire: 100 klx/h/an
- ☐ pierre, métal, céramique: 3000 klx/h/an.

Il est évident que la lumière solaire directe est très difficilement utilisable sinon après une réduction drastique: outre son abondance extraordinaire (jusqu'à 120 000 lx/h), on doit considérer la richesse de rayonnement UV et IR.

La valeur de 50 lux, souvent citée pour l'exposition d'œuvres sensibles à la lumière, est en pratique la quantité de lumière minimale pour qu'un œil adapté à cet environnement lumineux puisse percevoir les détails d'une œuvre ayant un fond clair. La perception d'œuvres très foncées, et la perception de la part de personnes âgées, nécessite une quantité de lumière supérieure, de 75 à 100 lux. Le concept de « dose totale d'exposition » permet de gérer des expositions avec un peu plus d'éclairement des objets, mais pour un temps plus réduit.

Im Vergleich zu früher sind die Normen heute viel strenger: So gab Thomson 1986 für empfindliche Objekte einen Grenzwert von 200 klx/h/Jahr an. Durch die neuen Grenzwerte wird deutlich, dass die Ausstellung von Werken der beiden ersten Kategorien selbst bei niedrigen Beleuchtungsstärken (z.B. 50 Lux) sehr problematisch ist.

Zum Vergleich: Für andere Objektkategorien, die oft ausgestellt werden, sind die im Allgemeinen zugelassenen Werte:

- ☐ Ölmalerei, Tempera, Holz, Elfenbein: 100 klx/h/Jahr
- ☐ Stein, Metall, Keramik: 3000 klx/h/Jahr.

Es versteht sich von selbst, dass direktes Sonnenlicht, wenn überhaupt, dann nur drastisch reduziert verwendet werden kann: Neben seiner immensen Beleuchtungsdosis (bis zu 120 000 lx/h) ist auch dem hohen Anteil an UV- und IR-Strahlen Rechnung zu tragen.

Der für die Ausstellung lichtempfindlicher Werke oft angegebene Wert von 50 Lux entspricht eigentlich der minimalen Lichtstärke, die nötig ist, damit ein an dieses Licht angepasstes Auge Details eines Werkes vor einem weissen Hintergrund erkennen kann. Für viele ältere Menschen und überhaupt zur Wahrnehmung sehr dunkler Werke ist eine höhere Beleuchtung von 75 bis 100 Lux notwendig. Durch die Einführung der «Gesamtbeleuchtungsdosis» können die Objekte in den Ausstellungen etwas stärker, aber über einen kürzeren Zeitraum hinweg beleuchtet werden.

■ *Eclairage des magasins*

Ces normes concernent principalement l'exposition d'objets. L'éclairage artificiel des dépôts pose en principe peu de problèmes, car la plupart des objets n'est pas soumise directement au rayonnement lumineux; un éclairage minimum de 10–30 lux pendant les heures d'ouverture permet l'orientation basique et un éclairage momentané à 150–200 lux permet aux magasiniers de travailler de manière confortable. De plus, les étagères mobiles protègent la plupart des objets de tout rayonnement lumineux. Le problème posé par l'éclairage artificiel des magasins est plutôt l'apport de chaleur des sources lumineuses (cf. 1.3.3 ci-dessous).

■ *Beleuchtung in den Magazinen*

Diese Normen gelten hauptsächlich für die Ausstellung von Objekten. Im Prinzip ergeben sich durch das Kunstlicht in den Magazinen kaum Probleme, denn die meisten Objekte sind der Lichtstrahlung nicht direkt ausgesetzt. Eine Minimalbeleuchtung von 10–30 Lux während der Öffnungszeiten ermöglicht die notwendige Orientierung im Magazin, und bei einer zeitweiligen Beleuchtung von 150–200 Lux können die Mitarbeiter bequem arbeiten. Auch die Rollregale schützen die meisten Objekte vor Lichtstrahlung. Zu einem Problem wird das Kunstlicht in den Magazinen eher durch die von den Lichtquellen verursachte Wärmezufuhr (siehe Punkt 1.3.3 weiter unten).

■ *Libre accès et places de travail*
Dans les zones en libre accès avec un éclairage naturel, l'action de la lumière sur les livres peut devenir importante et sa gestion devient nécessaire. Près d'une fenêtre, la quantité de lumière naturelle reçue par un objet atteint 13000 klx/h/an, soit 400 fois le maximum prévu pour les objets peu sensibles. De plus, le rayonnement direct du soleil provoque le réchauffement des objets. Par exemple, un volume de couleur foncée recevant la lumière solaire directe peut atteindre une température de surface de 60 °C!

En tenant compte du fait que, en principe, on ne devrait pas trouver dans un libre accès des volumes à haute valeur patrimoniale, on peut admettre des valeurs d'éclairement plus élevés, mais la gestion de la lumière, et en particulier de la lumière naturelle, reste nécessaire.

Sur les places de travail, la quantité de lumière nécessaire pour un travail continu est de 300 à 500 lux en salle de lecture, alors que des travaux de précision, par exemple dans un atelier de restauration, demanderont un éclairage de 1000 à 3000 lux.

■ *Aspects qualitatifs de la lumière visible*
Les normes quantitatives évoquées se basent sur l'ensemble de la lumière visible, de 380 à 780 nm de longueur d'onde (du violet au rouge). Mais en fait, des différences significatives existent à l'intérieur de ce spectre, la lumière de couleur bleue et violette étant potentiellement plus dangereuse (à quantité égale) que celle jaune-rouge. Ce fait établi n'a pas encore donné lieu à des normes qualitatives, à l'intérieur de la lumière visible.

1.1.2 Rayonnements UV et IR

Le rayonnement UV considéré comprend les catégories UV-A (315–400 nm) et UV-B (280–315 nm), qui sont présentes dans la lumière solaire et dans les spectres de certaines sources de lumière artificielle. Les normes prescrivent une quantité maximale de rayonnement UV par rapport à l'ensemble du rayonnement; pour cette raison, l'unité de mesure est le microwatt par lumen (µW/lm).

La norme actuelle, qui n'a pas évolué depuis quelques années, donne dans tous les cas, au maxi-

■ *Freihandbereich und Arbeitsplätze*
In den Freihandbereichen mit Tageslichteinfall kann dessen Wirkung auf die Bücher sehr gross werden und ist unbedingt zu regulieren. In Fensternähe kann ein Objekt einer Tageslichtdosis von 13000 klx/h/Jahr ausgesetzt sein, das heisst einer Dosis, die 400 Mal höher ist als der Richtwert für empfindliche Objekte. Ausserdem werden die Objekte durch die direkte Sonneneinstrahlung erwärmt: So kann sich ein dunkler Einband auf bis zu 60 °C erwärmen!

Unter der Voraussetzung, dass in einem Freihandbereich normalerweise keine Bücher von grossem kulturhistorischem Wert aufgestellt sind, können höhere Beleuchtungswerte zugelassen werden. Die Regulierung des Lichts, und vor allem des Tageslichts, bleibt aber unbedingt notwendig.

Für andauerndes Arbeiten an den Arbeitsplätzen liegt die notwendige Lichtmenge im Lesesaal bei 300 bis 500 Lux. Für feine Arbeiten wie zum Beispiel in einer Restaurierungswerkstatt wird eine Beleuchtung von 1000 bis 3000 Lux notwendig.

■ *Qualitative Aspekte des sichtbaren Lichts*
Die angeführten quantitativen Normen gehen vom gesamten Wellenlängenbereich des sichtbaren Lichts von 380 bis 780 nm (von violett bis rot) aus. Nun existieren aber innerhalb dieses Spektrums bedeutende Unterschiede: Das blaue und das violette Licht sind gleichermassen und potenziell viel gefährlicher als das gelb-rote Licht. Diese Tatsache wurde in den qualitativen Normen für sichtbares Licht noch nicht berücksichtigt.

1.1.2 UV- und IR-Strahlung

Wir betrachten hier die UV-Bereiche UV-A (315–400 nm) und UV-B (280–315 nm), die in der Sonnenstrahlung und in den Spektren einiger Kunstlichtquellen vorhanden sind. Die Normen sehen einen Höchstanteil der UV-Strahlung an der Gesamtstrahlung vor; daher ist die Masseinheit Mikrowatt pro Lumen (µW/lm).

Die seit einigen Jahren unveränderte aktuelle Norm gibt auf jeden Fall als Maximalwert 75 µW/lm an. Damit wird die UV-Strahlung ins Verhältnis zum Lichtstrom gesetzt.

mum 75 µW/lm. De cette manière, le rayonnement UV est défini en fonction du flux lumineux.

En connaissant l'éclairement, c'est-à-dire le flux lumineux sur une surface donnée (en lux = lm/m^2), on peut calculer le rayonnement UV par unité de surface : avec un éclairement de 100 lux et 75 µW/lm, on obtient 7500 µW/m^2, plus couramment exprimé comme 7,5 mW/m^2.

Le rayonnement IR (longueur d'onde > 780 nm) ne fait généralement pas l'objet de mesures spécifiques. Il est potentiellement moins dangereux que les rayonnements de longueur d'onde plus courtes, mais en quantités importantes, livrées par exemple par la lumière solaire ou par des lampes à incandescence, il cause un échauffement de l'objet, qui peut être à l'origine de dommages importants.

1.1.3 Rendu des couleurs

Le choix de l'indice de rendu des couleurs (IRC) doit être fait en fonction de l'utilisation du local ou des exigences de l'exposition. Un très bon IRC, entre 95 et 98, est atteint par des tubes fluorescents qui ont un rendement relativement défavorable (p. ex. Philips TLD série 900 : environ 65 lm/W), tandis qu'un IRC un peu moins bon offre un meilleur rendement (p. ex. Philips TLD Standard : 80 lm/W, soit +23 %), donc une consommation moindre pour un même niveau d'éclairement.

Les lampes à incandescence, et en particulier les lampes halogènes, offrent un très bon rendu des couleurs, mais un rendement défavorable, une forte émission de rayonnement IR et un fort dégagement de chaleur dans l'environnement proche.

1.1.4 Photographie

Une prise de vue photographique de qualité élevée nécessite une quantité importante de lumière. Dans les flash utilisés par les professionnels, la lumière est produite par une décharge électrique dans un tube de verre aux borosilicates rempli de gaz xénon. Le spectre d'émission est très large et peut comprendre une part de rayonnements entre 240 et 380 nm, qui peut être facilement filtrée par les accessoires d'origine du flash ; la durée de l'éclairement est très courte et il ne produit pratiquement pas d'échauffement de l'objet. Par exemple, un flash professionnel moderne produit environ

Kennt man die Beleuchtungsstärke, das heisst den Lichtstrom auf eine gegebene Oberfläche (in Lux = lm/m^2), kann man die UV-Strahlung pro Oberflächeneinheit ausrechnen: Mit einer Beleuchtung von 100 Lux und 75 µW/lm erhält man 7500 µW/m^2, auch 7,5 mW/m^2.

Die IR-Strahlung (Wellenlänge > 780 nm) wird meistens nicht extra gemessen. Sie ist potenziell ungefährlicher als die kurzwelligere Strahlung, aber in grossen Mengen abgegeben. Sie erwärmt zum Beispiel durch Sonnenlicht oder eine Glühlampe das Objekt und kann so grosse Schäden verursachen.

1.1.3 Farbwiedergabe

Der Farbwiedergabeindex (FWI, Ra) muss nach der Raumfunktion oder den Anforderungen durch die Ausstellung gewählt werden. Ein hoher Wert (zwischen 95 und 98) wird von Leuchtstoffröhren erreicht, die aber einen relativ schlechten Nutzeffekt haben (z. B. Philips TLD Serie 900: ca. 65 lm/W). Eine Leuchtstoffröhre mit schlechterem FWI hingegen ergibt einen etwas höheren Wirkungsgrad (z. B. Philips TLD Standard 80 lm/W: also +23 %), das heisst einen geringeren Verbrauch für eine ähnliche Beleuchtungsqualität.

Glüh- und vor allem Halogenlampen bieten eine sehr gute Farbwiedergabe, haben aber eine ungünstige Ausbeute, einen hohen Anteil an IR-Strahlung und geben viel Wärme in die nahe Umgebung ab.

1.1.4 Fotografieren

Um gute Fotografien zu erhalten, wird viel Licht benötigt. Das von den Berufsfotografen verwendete Blitzlicht wird in einer mit Xenon gefüllten Borsilikat-Glasröhre durch elektrische Entladung erzeugt. Das Emissionsspektrum ist sehr breit und kann einen grossen Strahlenanteil zwischen 240 und 380 nm beinhalten, der mit dem Blitzlicht-Zubehör leicht gefiltert werden kann. Die Bestrahlungsdauer ist nur sehr gering und bewirkt so gut wie keine Erwärmung des Objekts, so werden von einem modernen, professionellem Blitzlicht ca. 600 lx/s = 0,17 lx/h abgegeben. Eine gelegentliche Anwendung von Blitzlicht ist für die Konservierung im Prinzip nicht gefährlich; im Rahmen der Gesamtbestrahlung eines Objekts ist es zweitrangig.

600 lx/s = 0,17 lx/h. Une utilisation occasionnelle du flash n'est en principe pas dangereuse pour la conservation; du point de vue de l'exposition globale d'un objet, son importance est tout à fait secondaire. Par contre, la photographie de livres peut être source de dommages mécaniques graves si on force l'ouverture naturelle propre à chaque reliure. Le problème se pose en termes similaires pour ce qui concerne les photocopies.

1.2 Mesure

La quantité de lumière se mesure avec un luxmètre; elle est exprimée en lux (lumen/m^2); le rayonnement UV est mesuré avec un UV-mètre; il est exprimé en µW/lm ou en mW/m^2.

Il existe diverses catégories de luxmètres, qui offrent des prestations différentes. Les appareils à faible coût suffisent pour donner des indications générales, mais leur précision est relative. Pour une utilisation professionnelle il vaut mieux investir dans un appareil de la classe moyenne.

Il faut également tenir compte du fait qu'un luxmètre ne mesure pas l'énergie d'un rayonnement, ni son degré de nuisibilité, mais uniquement la quantité de lumière perceptible par l'œil. Les cellules de mesures normalement utilisées sont plus sensibles à la couleur jaune qu'au bleu, ce qui donne une mesure relative, mais cependant très utile, du danger d'un éclairage.

L'exposition globale des objets peut être mesurée avec des data-loggers adaptés, réservés aux professionnels; plus simplement, on peut obtenir une mesure fiable au moyen de détecteurs photosensibles, qui se décolorent après une exposition lumineuse donnée: les LightCheck®. Il existe des détecteurs adaptés aux catégories les plus sensibles, les LightCheck® Ultra, pour un maximum de 120 klx/h et avec une limite inférieure de sensibilité de 5 klx. Il existe aussi des détecteurs pour les objets mois sensibles, calibrés pour un maximum de 400 klx/h.

Les UV-mètres sont des appareils en général coûteux; ils sont souvent munis de deux cellules, une qui mesure le rayonnement total ainsi qu'une avec des filtres adéquats qui mesure le rayonne-

Hingegen können Bücher durch das Fotografieren schwer mechanisch beschädigt werden, wenn das Buch entgegen seiner ihm eigenen, natürlichen Öffnung mit Gewalt offen gehalten wird. Das gleiche Problem stellt sich beim Fotokopieren.

1.2 Messung

Die Beleuchtungsstärke wird mit dem Lux-Meter gemessen; sie wird in Lux (Lumen/m^2) angegeben. Die UV-Strahlung wird mit einem UV-Meter gemessen; sie wird in µW/lm oder mW/m^2 ausgedrückt.

Es gibt verschiedene Modelle von Lux-Metern mit unterschiedlichen Leistungen. Billige Geräte reichen für allgemeine Wertangaben aus, sind aber nicht sehr genau. Für den professionellen Gebrauch sollte besser in Modelle der Mittelklasse investiert werden.

Des Weiteren ist zu beachten, dass ein Lux-Meter weder die Strahlungsenergie noch deren Schädlichkeitsgrad misst, sondern nur die vom Auge wahrnehmbare Lichtmenge. Die für gewöhnlich verwendeten Messzellen sind gegenüber Gelblicht empfindlicher als gegenüber Blaulicht, somit wird nur ein relatives, wenn auch sehr nützliches Mass der Schädlichkeit einer Beleuchtung angegeben.

Die Beleuchtungsdosis kann mit entsprechenden Datenloggern für den professionellen Gebrauch gemessen werden. Einfacher ist eine zuverlässige Messung mit Dosimeterstreifen, Trägern mit einer lichtempfindlichen Schicht, deren Farbe unter Einfluss einer bestimmten Menge Licht ausbleicht: die LightCheck®. Es gibt einen Typ für lichtempfindliche Objekte, LightCheck® Ultra, für ein Maximum von 120 klx/h und mit einer minimalen Empfindlichkeit von 5 klx. Es gibt auch einen Typ für lichtbeständigere Objekte, der für maximal 400 klx/h kalibriert ist.

UV-Messgeräte sind meistens sehr teuer. Sie sind häufig mit zwei Zellen ausgestattet. Mit der einen wird die Gesamtstrahlung und mit der anderen, die mit einem entsprechenden Filter ausgestattet ist, die UV-Strahlung gemessen. Die beiden Messwerte, in Beziehung gesetzt, ergeben das Ergebnis in µW/lm. Die neueren Geräte geben auch die Werte pro Oberflächeneinheit in mW/m^2 an.

ment UV. La comparaison des deux mesures permet le calcul en µW/lm. Les appareils modernes fournissent également les valeurs par unité de surface, en mW/m^2.

1.3 Moyens de contrôle

Deux mesures principales peuvent être prises pour réduire les dommages dus à la lumière : la diminution de la quantité de lumière reçue par un objet et le choix d'une source lumineuse ayant un spectre favorable à la conservation.

1.3.1 Limitation de la quantité de lumière

Dans les locaux de consultation ou sur les places de travail, la lumière naturelle peut être réduite par une limitation des ouvertures dans les murs extérieurs, par des volets, des stores ou des rideaux opaques. Les stores devraient être placés, dans la mesure du possible, à l'extérieur des fenêtres, pour éviter le réchauffement de l'air entre la fenêtre et le store, qui peut induire un réchauffement et une modification climatique dans les locaux.

Dans des locaux éclairés avec de la lumière naturelle, les étagères devraient être disposées en fonction de la position des fenêtres ; une disposition perpendiculaire aux fenêtres évite qu'une rangée d'objets ne reçoive des quantités tout à fait excessives de lumière, qui à un mètre des fenêtres dépasse 10 millions de lux/an. Les livres disposés dans les zones proches des fenêtres, par exemple dans les zones en libre accès d'une bibliothèque, devraient être choisis parmi ceux destinés à un usage à court ou moyen terme.

La lumière solaire directe et indirecte devrait être exclue des magasins, ou y pénétrer de manière très atténuée : d'une part à cause des dommages directs de la lumière (et des rayonnements invisibles associés), de l'autre à cause de l'effet de la lumière sur le climat interne (cf. 1.3.3 ci-dessous).

La lumière artificielle peut être réduite si l'on choisit des sources lumineuses adaptées aux activités exercées dans les divers locaux. L'éclairage artificiel des dépôts pose en principe peu de problèmes ; de plus, la plupart des objets n'est pas soumise directement au rayonnement lumineux,

1.3 Kontrollmassnahmen

Zur Verringerung von Lichtschäden können zwei wesentliche Massnahmen ergriffen werden: die Herabsetzung der von einem Objekt empfangenen Lichtmenge oder die Wahl einer Lichtquelle mit einem für konservatorische Zwecke vertretbaren Spektrum.

1.3.1 Begrenzung der Lichtmenge

In Lesesälen oder an Arbeitsplätzen kann das eindringende Tageslicht gedämpft werden, indem die Öffnungen in den Aussenmauern beschränkt und Fensterläden, lichtundurchlässige Vorhänge oder Jalousien angebracht werden. Um das Aufheizen der Luft zwischen Fenster und Jalousie und die daraus folgende Erwärmung und Klimaveränderung in den Räumen zu vermeiden, müssen Jalousien möglichst an der Aussenseite der Fenster befestigt werden.

Beim Aufstellen von Regalen in Räumen mit Tageslichteinfall sollte die Anordnung der Fenster beachtet werden. Stehen die Regale quer zu den Fenstern, kann verhindert werden, dass die aussen befindlichen Objekte allzu grossen Lichtmengen ausgesetzt sind (einen Meter von den Fenstern entfernt sind es mehr als 10 Millionen Lux/Jahr). Die im Fensterbereich aufgestellten Bücher (z.B. im Freihandbereich einer Bibliothek) sollen zur Gruppe der nur kurz- oder mittelfristig zu erhaltenden Bestände gehören.

Der direkte oder indirekte Einfall von Sonnenlicht in Magazine sollte ausgeschlossen sein oder sehr abgeschwächt werden: einerseits wegen der direkten Schäden des Lichts (und der unsichtbaren Strahlung) und andererseits wegen der Auswirkung von Licht auf das Innenklima (siehe Punkt 1.3.3 weiter unten).

Die Menge an künstlichem Licht kann begrenzt werden, indem man die Lichtquellen nach der Nutzung der Räume auswählt. In den Magazinen kann das Kunstlicht gut reguliert werden. Die meisten Objekte werden durch die Regale geschützt, sodass sie keiner direkten Strahlung ausgesetzt sind. Je nach Begehungshäufigkeit der Magazine empfiehlt sich für fensterlose Räume eine Minimalbeleuchtung von 10–30 Lux zur Orientierung und

étant protégée par les étagères; selon le degré de fréquentation du magasin, on tend à adopter pour des dépôts aveugles un éclairage minimum de 10–30 lux pour l'orientation basique et un éclairage momentané à 150–200 lux, temporisé à 5–15 minutes, pour permettre aux magasiniers de travailler de manière confortable. L'éclairage momentané, déclenché par des détecteurs de mouvement, permet de limiter le rayonnement lumineux (et l'émission thermique relative).

1.3.2 Elimination des rayonnements nuisibles

■ La part de radiations UV de la *lumière naturelle* est très importante; pour cette raison, la lumière naturelle ne doit être utilisée que là où elle est réellement utile. Dans ce cas, elle peut être filtrée par divers moyens.

Le verre ordinaire absorbe les longueurs d'onde inférieures à 320 nm, mais laisse passer les radiations UV entre 320 et 380 nm. Il existe un verre filtrant efficace contenant des substances qui absorbent le rayonnement UV. Divers types de verres synthétiques ont aussi cette propriété, mais ils sont sensibles aux éraflures et se chargent électrostatiquement; il s'agit de feuilles plastiques acryliques ou de polycarbonates. Il existe également des vernis ou films filtrants qui peuvent être appliqués sur les fenêtres, mais leur efficacité est limitée dans le temps et le nettoyage des fenêtres devient plus problématique à cause de leur fragilité. Les radiations nocives entre 320 et 380 nm peuvent aussi être absorbées si l'on fait réfléchir la lumière sur des surfaces peintes avec du blanc de titane ou blanc de zinc; cette méthode, très efficace, est d'un coût fort raisonnable. Comme mesure provisoire, on peut fixer aux fenêtres des papiers blancs, ce qui réduit pratiquement à zéro les radiations UV et diminue fortement la lumière nuisible (et l'échauffement du local).

■ La *lumière artificielle* peut être plus facilement adaptée aux exigences de la conservation. D'une part, il est possible de choisir des sources de lumière avec un spectre favorable et, d'autre part, la quantité de lumière est en fonction du nombre et de la puissance des lampes. Les moyens de correction du spectre sont ceux cités pour la lumière du jour.

eine kurzzeitige Erhöhung der Beleuchtung auf 150–200 Lux (Schaltuhr: 5–10 Min.) zum komfortablen Arbeiten im Magazin. Durch die mit Hilfe von Bewegungsmeldern ausgelöste kurzzeitige Beleuchtung kann die Lichtstrahlung beschränkt werden (auch die Wärmeabgabe).

1.3.2 Eliminierung schädlicher Strahlung

■ Das *Tageslicht* hat einen grossen Anteil an UV-Strahlen. Es darf daher nur dort verwendet werden, wo es wirklich notwendig ist, und kann dann auf verschiedene Weise gefiltert werden.

Gewöhnliches Glas absorbiert Wellenlängen unter 320 nm, ist aber für UV-Strahlen zwischen 320 nm und 380 nm durchlässig. Es gibt ein wirksames Filterglas mit Substanzen, welche die UV-Strahlen absorbieren. Auch verschiedene synthetische Glasarten haben diese Eigenschaft, sie sind aber kratzempfindlich und laden sich statisch auf (Acrylat oder Polykarbonat). Es gibt auch Lacke und Folien, die, auf die Fenster gebracht, das UV-Licht filtern. Ihre Wirkung ist jedoch zeitlich begrenzt, und die Fensterreinigung wird durch die empfindliche Beschichtung erschwert. Die schädliche Strahlung zwischen 320 und 380 nm kann auch absorbiert werden, indem das Licht von mit Titan- oder Zinkweiss bestrichenen Oberflächen reflektiert wird; eine wirkungsvolle und preisgünstige Methode. Als provisorische Massnahme kann weisses Papier an die Fenster geklebt werden, dadurch wird die UV-Strahlung so gut wie ausgeschlossen und das sichtbare Licht (sowie das Aufheizen des Raumes) stark beschränkt.

■ Das *künstliche Licht* kann den Anforderungen der Konservierung leichter angepasst werden. Zum einen kann man Lichtquellen mit günstigen Spektren auswählen, zum anderen hängt die Lichtmenge von Anzahl und Leistung der Lampen ab. Die Möglichkeiten zur Verbesserung des Spektrums entsprechen den für das Tageslicht beschriebenen.

Das Emissionsspektrum der Glühlampen enthält nahezu keine Strahlung unter 400 nm. Trotzdem sind Glühlampen nur begrenzt einsetzbar, denn sie geben viel Wärme ab und haben eine schlechte Ausbeute von ungefähr 13 lm/W. Aus diesem Grund werden sie schrittweise abgeschafft.

Sur le plan du spectre émis, les ampoules à incandescence offrent une lumière pratiquement sans radiations inférieures à 400 nm. Leur emploi est limité par le fort échauffement et par leur mauvais rendement, d'environ 13 lm/W; ce qui est la cause de la disparition progressive de ce type d'ampoules.

Les lampes à halogène ne se prêtent pas bien pour les lieux de conservation: leur spectre d'émission donne un très bon rendu des couleurs et leur rendement est un peu meilleur que celui des ampoules à incandescence, mais il comprend une quantité plus importante de rayonnement UV et les températures atteintes provoquent d'importants problèmes d'échauffement. Au besoin, le rayonnement UV peut être filtré avec un verre résistant à la chaleur et filtrant les longueurs d'onde inférieures à 380 nm.

Les tubes fluorescents ont des spectres d'émission très divers; certains tubes peuvent offrir un spectre d'émission contenant une part faible de rayonnement UV. Leur échauffement est faible et ils présentent un bon rendement. Les informations au sujet des émissions UV sont parfois difficiles à obtenir des fabricants; une mesure directe sur un échantillon offre les meilleures garanties. La température de couleur, le rendu des couleurs et le rendement lumineux sont très bien spécifiés dans les catalogues. Il existe aussi des filtres sous forme de tubes transparents à poser sur les tubes fluorescents; ces filtres sont efficaces pendant des années, mais peuvent poser quelques problèmes pour le nettoyage des lampes; il vaut mieux, si possible, choisir des lampes ayant une faible émission UV.

La qualité des lampes utilisant des diodes luminescents (LED) évolue très rapidement; leur rendement est excellent, ce qui implique un faible échauffement. De plus, le spectre d'émission est en principe très pauvre de rayons UV. La température de la lumière et le rendu des couleurs ne sont pas encore optimaux, mais il est probable que les développements en cours permettront de résoudre ces problèmes.

Le *rayonnement infrarouge* (chaleur) émis par les sources de lumière peut augmenter de manière perceptible la température du local et produire un échauffement important d'un objet recevant un

Halogenlampen eignen sich nicht für Magazine: Ihre Ausbeute ist etwas besser als die von Glühlampen, und ihr Emissionsspektrum bietet eine gute Farbwiedergabe, aber es umfasst grössere Mengen an UV-Strahlen, und die hohen Temperaturen lösen grosse Erwärmungsprobleme aus. Wenn nötig, kann die UV-Strahlung mit wärmebeständigem Glas gefiltert werden, welches Wellenlängen unter 380 nm zurückhält.

Die Emissionsspektren von Leuchtstoffröhren sind sehr unterschiedlich; es gibt aber Röhren, deren Emissionsspektrum nur einen geringen Teil an UV-Strahlung aufweist. Die Wärmeabgabe ist niedrig und die Ausbeute gut. Informationen über die UV-Emission sind von den Herstellern manchmal schwer zu erhalten; eine Probemessung ist sicherer. Farbtemperatur, Farbwiedergabe und Lichtausbeute sind in den Katalogen genauestens angegeben. Es gibt auch Filter in Form von durchsichtigen Röhren, die auf die Leuchtröhren gesetzt werden können. Diese Filter sind über Jahre hinweg wirksam, können aber bei der Reinigung Probleme verursachen. Es ist besser, Lampen mit niedriger UV-Emission zu wählen.

Die Qualität der Lampen mit Leuchtdioden (LED) entwickelt sich sehr rasch. Die Ausbeute von LED ist hervorragend, was gleichzeitig eine niedrige Erwärmung impliziert. Noch dazu ist die Emission im UV-Bereich im Prinzip sehr schwach. Lichttemperatur und Farbwiedergabe sind noch nicht optimal, aber diese Probleme werden durch die laufenden Entwicklungen sicherlich gelöst.

Die von den Lichtquellen abgegebene *Infrarotstrahlung* (Wärme) kann die Raumtemperatur merklich beeinflussen und bei einem intensiv beleuchteten Objekt, vor allem in einem abgeschlossenen Bereich (z. B. Rahmen oder Vitrine), zu beträchtlicher Erwärmung führen. Diese klimatischen Probleme können gelöst werden, indem man die Lichtmenge beschränkt und eine angemessene Lichtquelle wählt. Die Erwärmung der zu Ausstellungszwecken beleuchteten Objekte kann auf die gleiche Weise eingeschränkt werden.

Es sei daran erinnert, dass der Erwärmungsgrad von der Lichtquelle abhängt; die Erwärmung durch eine gewöhnliche Glühlampe ist ca. viermal höher als die durch eine Leuchtstoffröhre. Wenn nötig,

faisceau lumineux intense, en particulier dans des enceintes closes, telles qu'un encadrement ou une vitrine. Ces problèmes climatiques peuvent être résolus par la diminution de la quantité de lumière et le choix d'une source lumineuse approprié. L'échauffement typique des objets en exposition peut être limité de la même manière.

Rappelons que l'échauffement est lié à la source de lumière choisie; celui provoqué par une ampoule ordinaire est environ quatre fois supérieur à celui d'une lampe fluorescente. Si nécessaire, l'interposition de filtres adéquats empêche la transmission du rayonnement IR. Il existe également des lampes à réflecteur dichroïque permettant de diffuser vers l'arrière de la lampe environ 70 % du rayonnement IR, de manière à limiter l'échauffement de l'objet.

1.3.3 Interactions de l'éclairage avec le climat interne

La relation entre éclairage et climat interne est régie par une loi physique, qui fait que toute lumière absorbée par un objet (un mur, un sol, des meubles, des livres, etc.) se transforme en chaleur. Ce phénomène est inévitable et ne peut être réduit qu'en diminuant la quantité de lumière. Un problème supplémentaire est posé par la chaleur produite par les sources de lumière artificielle.

■ *Lumière naturelle*

L'interaction de la lumière naturelle avec l'enveloppe d'un bâtiment, et en particulier avec des surfaces vitrées, est décrite dans l'article « Architektur und Konservierung : Der Bau von Archivmagazinen/Architecture et conservation : la construction des dépôts d'archives ». In : A. Gössi, Archivbauten in der Schweiz und im Fürstentum Liechtenstein. Baden, hier+jetzt, 2007.

Pour résumer, la lumière naturelle, et à plus forte raison le rayonnement solaire direct, qui pénètre à l'intérieur d'un bâtiment par une surface vitrée, provoque un échauffement; la chaleur restera emprisonnée dans le bâtiment d'autant plus que le verre et les murs sont isolants. Joint à l'action directe de la lumière sur les livres et les documents, ce fait justifie la limitation ou la suppression des ouvertures dans les magasins et l'utilisation de

können Infrarotstrahlen durch Filter zurückgehalten werden. Es gibt auch Lampen mit dichroitischem Reflektor, mittels dessen ca. 70 % der IR-Strahlung nach hinten geleitet werden, was die Erwärmung des Objekts vermindert.

1.3.3 Wechselwirkung zwischen Beleuchtung und Innenklima

Der Beziehung zwischen Beleuchtung und Innenklima liegt ein physikalisches Gesetz zugrunde: Das gesamte Licht, das von einem Objekt absorbiert wird (Mauer, Fussboden, Möbel, Bücher usw.) wird in Wärme umgewandelt. Dieser Vorgang ist nicht zu vermeiden und kann nur reduziert werden, indem die Lichtstärke herabgesetzt wird. Ein zusätzliches Problem stellt sich durch die Wärmeabgabe der künstlichen Lichtquellen.

■ *Tageslicht*

Auf das Zusammenspiel zwischen dem Tageslicht und einer Gebäudehülle, vor allem mit verglasten Oberflächen, wird im Artikel «Architektur und Konservierung: Der Bau von Archivmagazinen/Architecture et conservation: la construction des dépôts d'archives» (In: A. Gössi, Archivbauten in der Schweiz und im Fürstentum Liechtenstein. Baden, hier+jetzt, 2007) genauer eingegangen.

Kurz zusammengefasst: Wenn das Tageslicht und vor allem die direkte Sonnenstrahlung durch eine verglaste Fläche in das Innere eines Gebäudes gelangt, wird eine Erwärmung verursacht. Die Wärme verbleibt im Gebäude, umso mehr, als Glasflächen und Mauern innen isolierend wirken. Zusätzlich zur Wirkung von direktem Licht auf Bücher und Dokumente macht diese Tatsache die Beschränkung oder Abschaffung von Aussenöffnungen in den Magazinen und die Verwendung von Aussenjalousien zum Schutz von Räumen mit grossen Glasflächen erforderlich.

■ *Kunstlicht*

Die verschiedenen Quellen künstlichen Lichts unterscheiden sich hinsichtlich ihrer Ausbeute, das heisst des in Licht umgewandelten Energieanteils. Die Lichtausbeute ist der Quotient aus dem von einer Lichtquelle abgegebenen Lichtstrom und deren aufgenommener Leistung. Sie wird demnach in

stores extérieurs pour protéger les locaux ayant des surfaces vitrées importantes.

■ *Lumière artificielle*

Les diverses sources de lumière se différencient fortement en ce qui concerne leur rendement, c'est-à-dire la part d'énergie transformée en lumière. Le rendement lumineux d'une source lumineuse est le rapport entre le flux lumineux émis par cette source lumineuse et la puissance absorbée par la source. Il s'exprime donc en lumens par watt (lm/W). Rendements de quelques sources de lumière les plus fréquemment utilisées :

- à incandescence 10 à 15 lm/W
- halogène 15 à 25 lm/W
- diode électroluminescent (LED) 50 à plus de 100 lm/W
- lampe fluocompacte 50 à 90 lm/W
- lampe fluorescente 60 à 95 lm/W

Toute l'énergie consommée qui n'est pas transformée en lumière, est émise sous forme de chaleur. En pratique, cela signifie qu'un LED produit pour un même éclairement 10 fois moins de chaleur qu'une ampoule à incandescence.

La lumière émise finit par se transformer en chaleur quand elle est absorbée par un objet, de manière que toute source de lumière finit par livrer sous forme de chaleur l'équivalent de sa consommation électrique. Cela constitue un apport thermique dont il faut tenir compte dans le concept de gestion du climat interne ; il est en principe avantageux de réduire au maximum cet apport.

Dans des bâtiments bien isolés ou dans de petites enceintes closes telles qu'une vitrine, la chaleur émise par les sources de lumière artificielle peut devenir la source principale de chaleur ; son influence sur le climat interne peut être déterminante.

Lumen pro Watt (lm/W) angegeben. Nachfolgend die Lichtausbeute der am häufigsten benutzten Lichtquellen:

- Glühlampen 10 bis 15 lm/W
- Halogenlampen 15 bis 25 lm/W
- Leuchtdioden (LED) 50 bis mehr als 100 lm/W
- Kompakt-Leuchtstofflampe (Energiesparlampe) 50 bis 90 lm/W
- Leuchtstofflampe 60 bis 95 lm/W

Die nicht in Licht umgewandelte zugeführte Energie wird als Wärme abgestrahlt. Das bedeutet in der Praxis, dass eine LED bei gleicher Beleuchtungsstärke 10 Mal weniger Wärme produziert als eine Glühlampe.

Da das ausgestrahlte Licht bei der Aufnahme durch das Objekt schliesslich in Wärme umgewandelt wird, gibt am Ende jede Lichtquelle ihrem elektrischen Verbrauch entsprechend Wärme ab. Das bedeutet eine Wärmezufuhr, die bei der Klimaregulierung beachtet werden muss und die im Prinzip auf ein Minimum herabgesetzt werden sollte.

Die von den künstlichen Lichtquellen abgestrahlte Wärme kann in gut isolierten Gebäuden oder in kleinen abgeschlossenen Bereichen (z. B. Vitrinen) zur Hauptursache für Wärme werden; ihr Einfluss auf das Innenklima kann also entscheidend sein.

2 Qualité et circulation de l'air

2.1 Poussières

2.1.1 Normes

Une présence importante de poussières dans les dépôts peut être due à plusieurs facteurs:

- perméabilité du bâtiment, qui laisse pénétrer facilement les poussières extérieures;
- matériaux de construction qui dégagent de la poussière (p.ex. le béton brut, selon la cohésion et le soin apporté lors du nettoyage à la fin du chantier, panneaux d'aggloméré, tapis, etc.);
- introduction de fonds très sales, dont la poussière se diffuse ensuite partout;
- activité humaine dans le bâtiment; les personnes apportent des poussières ou en produisent par abrasion.

Si le bâtiment est équipé d'un système de ventilation, la présence de poussière peut indiquer un manque d'efficacité ou d'entretien des filtres et de l'installation; il ne faut évidemment pas attendre de tels signes pour décider de remplacer les filtres de climatisation.

La qualité des fenêtres et des portes, les habitudes du personnel et des utilisateurs, le fait d'avoir ou non une séparation bien définie entre zones réservées au public, zones administratives et dépôts sont autant de facteurs qui ont une influence importante sur le niveau de propreté dans les locaux de conservation.

Des normes qui définissent le niveau de propreté des magasins pour les bibliothèques, archives et musées font défaut. Il existe des normes concernant les poussières fines: les PM10, particules d'un diamètre inférieur à 10 µm, qui restent en suspension dans l'air et sont pour cette raison particulièrement nuisibles pour l'homme. Considérant que, parmi ces particules, on trouve de nombreuses substances nuisibles également pour les livres et les documents, on peut appliquer ces normes également pour les bibliothèques et les archives, en tant que normes minimales. En Suisse, les prescriptions sont les suivantes:

- moyenne annuelle inférieure à 20 µg/m^3
- une moyenne journalière de 50 µg/m^3 ne peut pas être dépassée plus d'une seule fois par année.

2 Luftqualität und Luftbewegung

2.1 Staub

2.1.1 Normen

Für viel Staub in den Magazinen können verschiedene Gründe verantwortlich sein:

- Das Gebäude ist schlecht abgedichtet, von aussen dringt Staub ein.
- Die verwendeten Baumaterialien geben Staub ab (z.B. unverputzter Beton je nach Kohäsion und Gründlichkeit bei der Endreinigung nach Bauarbeiten, Spanplatten, Teppiche usw.).
- Staub gelangt mit schmutzigen Objekten in die Magazine und verteilt sich dann überall.
- Anwesenheit von Menschen im Gebäude. Sie bringen nicht nur Staub mit, sondern verursachen Staubbildung durch Berühren aller möglichen Materialien: Abreibung.

Ist eine Lüftungsanlage eingebaut, kann Staub ein Zeichen für ungenügende Tätigkeit oder Wartung von Filtern und Anlage sein. Selbstverständlich sollen Klimatisierungsfilter nicht erst dann ersetzt werden, wenn solche Zeichen auftreten!

Die Qualität von Fenstern und Türen, die Gewohnheiten der Mitarbeiter und der Benutzer, die Trennung von Benutzerbereich, Verwaltungsbereich und Magazinbereich haben grossen Einfluss auf die Sauberkeit in den Lagerräumen.

Es gibt keine Normen zur Sauberkeit in Magazinen von Bibliotheken, Archiven und Museen. Vorgegeben sind Grenzwerte für Feinstaub: PM10, das heisst Staubpartikel von weniger als 10 µm Durchmesser, ein Schwebstoff, der ganz besonders schädlich für Menschen ist. Die Werte sollten auch in den Magazinen von Bibliotheken und Archiven eingehalten werden, denn Schwebstoff enthält zahlreiche Substanzen, die für Bücher und Dokumente ebenfalls schädlich sind. In der Schweiz gelten folgende Grenzwerte:

- maximaler Jahresmittelwert: 20 µg/m^3,
- 24-h-Mittelwert, der höchstens einmal pro Jahr überschritten werden darf: 50 µg/m^3.

2.1.2 **Mesure**

La mesure technique des poussières est possible avec différents procédés selon le diamètre des poussières :

- ☐ poussières grossières : mesure par gravimétrie, selon le poids ;
- ☐ poussières fines : mesure par coloration ;
- ☐ matières en suspension : mesure par comptage optique.

Ces mesures peuvent être confiées à un ingénieur en climatisation.

Une mesure précise de la quantité de poussière n'est que très rarement utile. En principe, on peut se contenter de vérifier l'absence de dépôts de poussière visibles à l'œil nu, sur des surfaces planes telles que des rayons non utilisés ou sur le rayon supérieur des étagères. Un examen avec une lampe de poche en lumière rasante donne une bonne indication. Si l'on constate la présence de poussières visibles, il est nécessaire de prévoir des mesures de nettoyage et, le cas échéant, de prévention. Toute accumulation de poussière visible dans les coins ou sous les étagères est un indicateur certain d'un niveau de propreté insuffisant.

2.1.3 **Moyens de contrôle**

Il convient d'examiner avec grande attention tous les éléments pouvant transporter ou dégager des poussières :

- ☐ La constitution d'une enceinte aussi étanche que possible autour des dépôts : la qualité des portes et des fenêtres ainsi que l'absence de fissures et d'entrées d'air non contrôlées jouent ici un rôle important.
- ☐ L'utilisation de matériaux de construction et de mobilier qui ne génèrent pas ou peu de poussières. Pour les murs, sols et plafonds des locaux de conservation, on choisira un revêtement qui ne retient pas les poussières. Les murs en béton brut doivent être peints si le béton n'est pas suffisamment lié pour ne pas dégager des poussières et s'il n'a pas été nettoyé à fond (lavage à la vapeur et brossage) après le chantier.
- ☐ Le nettoyage des fonds et des objets qui entrent dans les dépôts.

Si on dispose d'une ventilation des locaux, le système de filtrage de l'air entrant est essentiel pour

2.1.2 **Messung**

Technische Messungen werden je nach Durchmesser der Staubpartikel auf verschiedene Art vorgenommen:

- ☐ Grobstaub: gravimetrische Messung (nach Gewicht);
- ☐ Feinstaub: Messung durch Färbung;
- ☐ Schwebstoff: Messung durch optisches Zählen.

Mit diesen Messungen sollte ein Ingenieur für Klimatechnik betraut werden.

Eine genaue Messung der Staubmenge wird nur selten vorgenommen. Im Prinzip ist es ausreichend, mit blossem Auge auf ebenen Flächen wie unbenutzten Regalfächern oder obersten Regalflächen zu überprüfen, ob Staubablagerungen in den Lagerräumen vorhanden sind. Die Kontrolle kann mit einer Taschenlampe im Streiflicht vorgenommen werden. Stellt man sichtbaren Staub fest, müssen Reinigungs- und gegebenenfalls Vorbeugungsmassnahmen getroffen werden. Jede sichtbare Ansammlung von Staub in den Ecken oder unter den Regalen ist ein wichtiger Indikator für eine ungenügende Reinigung.

2.1.3 **Kontrollmassnahmen**

Alle Elemente, die Staub transportieren oder abgeben können, müssen genau untersucht werden:

- ☐ Bildung einer möglichst abgedichteten Hülle um die Lagerräume herum: Wichtig ist die Qualität der Türen und Fenster, es dürfen keine Spalten vorhanden sein, und es darf keine unkontrollierte Luft zugeführt werden.
- ☐ Verwendung von Baumaterialien und Ausstattungsgegenständen, die keinen oder wenig Staub abgeben. Wände, Böden und Decken der Räume müssen aus staubabweisenden Materialien bestehen. Wenn unverputzte Betonwände keine gute Kohäsion aufweisen (also Staub abgeben) und nach Beendigung der Bauarbeiten nicht gründlich unter Dampfdruck abgebürstet worden sind, müssen sie gestrichen werden.
- ☐ Reinigung von Beständen und Objekten, die in die Lagerräume eingestellt werden.

Sind die Räume mit einer Lüftung versehen, ist es ausgesprochen wichtig für die Luftqualität, dass die Zuluft gefiltert wird: Die beste Lösung ist es, mehrere immer feiner werdende Staubfilter mit

la qualité de l'air: la combinaison d'une série de filtres à poussière de plus en plus fins avec des filtres pour les polluants gazeux est la meilleure solution. La technologie de filtrage évolue continuellement. Actuellement, la combinaison d'une filtration des poussières fines, d'un filtre à charbon actif et d'un filtre à absorption chimique semble offrir les meilleures conditions à un prix encore abordable.

Les poussières présentes dans l'air extérieur ont des diamètres très divers, allant de 0,01 µm à 100 µm environ. Une filtration complète, comme on l'applique dans certains laboratoires ou locaux stériles, n'est possible qu'en parallèle avec une réglementation sévère des entrées et sorties des personnes et des objets, et avec des frais élevés. Ces deux conditions ne conviennent pas au fonctionnement des bibliothèques et des archives. Il convient donc d'appliquer une filtration « raisonnable » tout en limitant au mieux la pénétration de poussière par le système de ventilation; la filtration devrait concerner également l'air en recirculation, pour les poussières engendrées à l'intérieur du bâtiment.

Les filtres à poussière se répartissent en plusieurs groupes:

- ☐ Groupe G (filtres G1–G4): filtres pour les poussières grossières d'un diamètre supérieur à 10 µm; ils sont en général placés avant d'autres filtres plus fins pour éviter la saturation de ces derniers.
- ☐ Groupe F (filtres F5–F9): filtres pour les poussières fines, efficaces pour les particules entre 1 µm et 10 µm.
- ☐ Groupe H (filtres H10–H14): filtres de la classe H pour les poussières en suspension; il sont très efficaces pour des particules d'un diamètre inférieur à 1 µm.
- ☐ Groupe U (filtres U15–U17): filtres à très haute efficacité pour les plus petites particules en suspension.

Pour les bibliothèques et les archives, l'utilisation de filtres de la classe F9 semble offrir, actuellement, les meilleures garanties pour un prix raisonnable. Ce filtre est en principe précédé par un filtre grossier G4 pour prolonger sa durée de vie.

Les filtres doivent être surveillés et remplacés régulièrement pour maintenir leur efficacité. La

Schadstofffiltern (gasförmige Schadstoffe) zu kombinieren. Die Technologie der Luftfilterung entwickelt sich fortlaufend weiter. Gegenwärtig wird die Kombination Feinstaubfilter – Aktivkohlefilter – Chemiesorptionsfilter empfohlen (verhältnismässig kostengünstig).

Die Staubpartikel in der Aussenluft sind unterschiedlich gross, ihr Durchmesser schwankt zwischen ca. 0,01 µm und 100 µm. Ein vollständiges Filtern, notwendig für Labors oder sterile Räume, ist kostspielig und nur möglich, wenn parallel dazu bedeutende Vorsichtsmassnahmen für den Ein- und Ausgang von Personen und Objekten ergriffen werden. Eine solche Einrichtung ist für Archive und Bibliotheken daher nicht realisierbar. Folglich muss eine «vernünftige» Filterung eingesetzt werden, mit der das Eindringen von Staub durch das Lüftungssystem so weit als möglich reduziert werden kann. Gefiltert werden sollte auch die Umluft für den im Gebäude selbst erzeugten Staub.

Man unterscheidet mehrere Gruppen von Staubfiltern:

- ☐ Gruppe G (G1–G4-Filter): für grobe Staubpartikel von mehr als 10 µm Durchmesser. Sie werden gewöhnlich als Vorfilter eingesetzt, damit sich feinere Filter nicht zu schnell verstopfen.
- ☐ Gruppe F (F5–F9-Filter): für Feinstaub mit einer Partikelgrösse zwischen 1 µm und 10 µm.
- ☐ Gruppe H (H10–H14-Filter): HEPA-Filter für Schwebstoffe; sie sind sehr wirksam für eine Partikelgrösse unter 1 µm.
- ☐ Gruppe U (U15–U17-Filter): hochwirksame Filter für kleinste Schwebstoffe.

Für Bibliotheken und Archive scheint gegenwärtig der Einsatz eines F9-Filters die angemessenste und kostengünstigste Lösung zu sein. Zur Erhöhung seiner Lebensdauer wird im Prinzip der gröbere Filter F4 als Vorfilter eingesetzt.

Die Filter müssen kontrolliert und regelmässig ausgewechselt werden, damit ihr Leistungsvermögen erhalten bleibt. Das Auswechseln ist schwierig, denn der Belüftungskanal kann durch aus dem Filter fallenden Staub verschmutzt werden. Der neue Filter muss mit grosser Sorgfalt angebracht werden, denn das Entweichen von Luft verringert sein Leistungsvermögen beträchtlich.

manœuvre de remplacement est délicate, car on peut polluer le canal de distribution de l'air avec des poussières tombées du filtre; le nouveau filtre doit être installé avec beaucoup de soin, car des fuites d'air diminuent fortement son efficacité.

2.2 Polluants atmosphériques gazeux

L'influence des polluants atmosphériques sur la conservation a été prouvée par un grand nombre d'études; les normes citées ci-dessous sont extraites de l'ouvrage de Thomson[3] et restent d'actualité. Les normes de l'Ordonnance fédérale suisse contre la pollution de l'air ou les valeurs MAK concernent les seuils limites pour l'être humain – qui varient d'ailleurs d'un pays à l'autre; de telles quantités de polluants sont certainement gravement nuisibles à long terme pour les livres et les documents.

Les valeurs acceptables pour les polluants posent un problème pratique important. En effet, les valeurs indiquées sur de nombreux ouvrages de références, qui se situent pour SO_2, NO_X et O_3 dans le domaine des ppb, ne sont pas mesurables avec des moyens que l'on peut mettre raisonnablement en œuvre dans les bibliothèques et les archives. Les mesures courantes se situent dans le domaine des ppm et il semble raisonnable d'accepter de rester dans ce domaine tant que le développement technologique ne permettra pas de faire mieux.

2.2.1 Normes

■ *Niveau des polluants dans les locaux*
(toutes les valeurs sont arrondies)

Les normes sont exprimées avec deux unités de mesure:

- □ En parts par million (ppm) ou part par milliard (ppb): 1 ppm = 1000 ppb. Le ppm peut être exprimé également en ml/m^3.
- □ En mg/m^3 ou en $\mu g/m^3$: 1 mg/m^3 = 1000 $\mu g/m^3$.

[3] Thomson, Garry: The Museum Environment, Second Edition. London, Butterworth, 1986.

2.2 Gasförmige Luftschadstoffe

Der schädigende Einfluss von Luftschadstoffen auf die Erhaltung von Buch- und Schriftgut ist durch viele Untersuchungen bewiesen worden. Die folgenden Normen sind dem Werk von Thomson[3] entnommen, sie sind immer noch gültig. Die schweizerischen Normen der Luftreinhalte-Verordnung (LRV) sowie die MAK-Werte sind für den menschlichen Organismus aufgestellt (sie sind übrigens in allen Ländern verschieden); dieselben Schadstoffmengen sind langfristig sicher auch für Bücher und Archivalien schädlich.

Die Bestimmung der Normwerte für Schadstoffe stellt ein bedeutendes praktisches Problem dar. Die in vielen Referenzwerken angegebenen Werte für SO_2, NO_x und O_3 liegen im ppb-Bereich und sind mit in Archiven und Bibliotheken anwendbaren Methoden nicht messbar. Für gewöhnlich werden die Werte im ppm-Bereich gemessen, und es scheint vernünftig, in diesem Bereich zu bleiben, solange die technologische Entwicklung keine bessere Lösung anbietet.

2.2.1 Normen

■ *Schadstoffkonzentration in den Räumen*
(alle Werte sind gerundet)

Die Werte werden in zwei Masseinheiten angegeben:

- □ In Teilchen pro Million (ppm) oder in Teilchen pro Milliarde (ppb): 1 ppm = 1000 ppb. Das ppm kann auch in ml/m^3 angegeben werden.
- □ In mg/m^3 oder in $\mu g/m^3$: 1 mg/m^3 = 1000 $\mu g/m^3$.

[3] Thomson, Garry: The Museum Environment, Second Edition. London, Butterworth, 1986.

La relation entre ces unités de mesure dépend de la masse moléculaire de chaque polluant :

Polluant	Formule chimique	ppm	g/m³	ppb	µg/m³
Dioxyde de soufre	SO_2	1	2,6	1000	2600
Dioxyde d'azote	NO_2	1	2,0	1000	2000
Ozone	O_3	1	2	1000	2000
Acide acétique	CH_3COOH	1	2,5	1000	2500
Formaldéhyde	CH_2O	1	1,2	1000	1200

Normes selon ISO 11799		
Polluant	en ppb	en µg/m³
Dioxyde de soufre	5–10 ppb	11–23 µg/m³
Dioxyde d'azote	5–10 ppb	9–18 µg/m³
Ozone	5–10 ppb	10–20 µg/m³
Acide acétique	< 4 ppb	< 10 µg/m³
Formaldéhyde	< 4 ppb	< 5 µg/m³

A titre de comparaison, l'Ordonnance fédérale suisse contre la pollution de l'air (OPair) fixe les limites suivantes pour l'air extérieur. La comparaison avec la norme ISO 11799 montre qu'on souhaite simplement un air raisonnablement propre dans les magasins.

Limites OPair (Suisse)		
Polluant	Moyenne annuelle en µg/m³	Maximum journalier en µg/m³
Dioxyde de soufre	30 µg/m³	100 µg/m³
Dioxyde d'azote	30 µg/m³	80 µg/m³
Ozone	–	120 µg/m³

Will man die Werte in Beziehung setzen, muss man die molare Masse jedes Schadstoffs kennen:

Schadstoff	Chemische Formel	ppm	g/m³	ppb	µg/m³
Schwefeldioxid	SO_2	1	2,6	1000	2600
Stickstoffdioxid	NO_2	1	2,0	1000	2000
Ozon	O_3	1	2	1000	2000
Essigsäure	CH_3COOH	1	2,5	1000	2500
Formaldehyd	CH_2O	1	1,2	1000	1200

Norm nach ISO 11799		
Schadstoff	in ppb	in µg/m³
Schwefeldioxid	5–10 ppb	11–23 µg/m³
Stickstoffdioxid	5–10 ppb	9–18 µg/m³
Ozon	5–10 ppb	10–20 µg/m³
Essigsäure	< 4 ppb	< 10 µg/m³
Formaldehyd	< 4 ppb	< 5 µg/m³

Die schweizerische Luftreinhalte-Verordnung (LRV) legt für die Aussenluft die nachfolgenden Werte fest. Der Vergleich mit der Norm ISO 11799 zeigt, dass einfach eine angemessen saubere Luft in den Magazinen gewünscht wird.

Grenzwerte LRV (Schweiz)		
Schadstoff	Jahresdurchschnitt in µg/m³	Tagesmaximum in µg/m³
Schwefeldioxid	30 µg/m³	100 µg/m³
Stickstoffdioxid	30 µg/m³	80 µg/m³
Ozon	–	120 µg/m³

Pour l'air intérieur, les valeurs moyennes d'exposition (VME) aux postes de travail (SUVA Suisse) sont :[4]

Limites SUVA sur la place de travail (VME)

Polluant	Valeur en ppb	Valeur en µg/m³
Dioxyde de soufre	500 ppb	1300 µg/m³
Dioxyde d'azote	3000 ppb	6000 µg/m³
Ozone	100 ppb	200 µg/m³
Acide acétique	10 000 ppb	25 000 µg/m³
Formaldéhyde	300 ppb	370 µg/m³

■ *Circulation et renouvellement de l'air*

Il existe de nombreuses normes, utilisées par les ingénieurs en climatisation, pour établir la fréquence du renouvellement de l'air de locaux habités, selon les activités et la densité humaine prévues. Ces normes peuvent et doivent être appliquées dans les bureaux, salles de lecture et autres locaux fréquentés des bibliothèques et des archives. Dans les magasins et dépôts, le renouvellement de l'air peut être très réduit; rappelons que les livres et les documents ne respirent pas (cf. chap. 6, partie I, point 3.4.2). Cependant, le mouvement de l'air est favorable pour maintenir un climat uniforme dans les locaux et pour éviter la formation de poches d'air plus humides dans des zones plus froides ; l'air intérieur peut simplement être brassé régulièrement par un ventilateur ou un appareil de climatisation fonctionnant en circuit fermé.

La circulation de l'air est influencée par la qualité de la construction, le type de portes et fenêtres, les équipements de chauffage et de conditionnement de l'air et la disposition des meubles. La circulation de l'air peut souvent être améliorée par des moyens simples ; la disposition des étagères peut favoriser une bonne circulation de l'air ou, au contraire, permettre la formation de poches d'air stagnant avec un microclimat particulier. Il est particulièrement recommandé de ne pas disposer des étagères le long des murs extérieurs du bâtiment.

Die durchschnittlichen Arbeitsplatzkonzentrationswerte (DAK) gesundheitsgefährdender Stoffe (nach SUVA Schweiz) sind:[4]

Grenzwerte SUVA am Arbeitsplatz (DAK)

Schadstoff	Wert in ppb	Wert in µg/m³
Schwefeldioxid	500 ppb	1300 µg/m³
Stickstoffdioxid	3000 ppb	6000 µg/m³
Ozon	100 ppb	200 µg/m³
Essigsäure	10 000 ppb	25 000 µg/m³
Formaldehyd	300 ppb	370 µg/m³

■ *Luftzirkulation und Luftaustausch*

Es gibt zahlreiche Normen in der Klimatechnik, die den Luftaustausch in bewohnten Gebäuden festlegen. Sie richten sich nach den vorgesehenen Aktivitäten und der Personendichte. Diese Normen können und müssen auch für Büros, Lesesäle und andere regelmässig begangene Räume von Bibliotheken und Archiven angewendet werden. In den Lagerräumen braucht die Luft kaum erneuert zu werden, da Bücher und Urkunden nicht atmen (siehe Kap. 6, Teil I, Punkt 3.4.2). Die Frischluftzufuhr kann also sehr gering sein; wichtig dagegen ist die Umwälzung der Luft. Die Räume werden dadurch gleichmässig klimatisiert, und in kühleren Zonen wird die Bildung feuchter Lufteinschlüsse vermieden. Die Luft wird durch Ventilatoren oder eine in geschlossenem Kreislauf arbeitende Klimaanlage bewegt.

Die Luftbewegung ist abhängig von der Qualität und der Bauart des Gebäudes, von Türen und Fenstern, von Heiz- und Klimaanlage und von der Anordnung der Möbel. Sie kann oft mit einfachen Mitteln verbessert werden. Die Anordnung der Gestelle kann eine gute Luftbewegung fördern oder zur Bildung von stagnierenden Lufteinschlüssen führen, in denen sich ein eigenes Mikroklima entwickelt. Die Regale sollen nicht den Aussenmauern eines Gebäudes entlang aufgestellt werden.

[4] https://wwwsapp1.suva.ch/sap/public/bc/its/mimes/zwaswo/99/pdf/01903_f.pdf (XI 2009).

[4] https://www.sapp1.suva.ch/sap/public/bc/its/mimes/zwaswo/99/pdf/01903_d.pdf (XI 2009).

2.2.2 **Mesure**

La mesure directe de la concentration des polluants dans l'air est complexe et coûteuse quand on recherche des quantités très petites comme celles prescrites par les normes; elle doit être confiée à des spécialistes (p. ex. les services cantonaux de l'hygiène de l'air).

2.2.3 **Odeurs**[5]

Les odeurs sont des mélanges chimiques complexes et volatiles. Le seuil de perception des odeurs varie fortement entre une substance et l'autre et peut induire en erreur. En effet, alors que certaines substances nous sont perceptibles bien avant d'être à un niveau de concentration toxique (p. ex. toluène, méthylamine), d'autres ne nous sont perceptibles qu'à des concentrations très élevées (p. ex. benzène, formaldéhyde).

Substance	Seuil de perception olfactive en ppm	VME : valeur moyenne d'exposition, admise sur les places de travail, en ppm
Benzène C_6H_6	60	1
Ammoniaque NH_4OH	50	25
Toluène C_7H_8	2	50
Formaldéhyde CH_2O	1	0,3
Méthylamine CH_3NH_2	0,02	10
Aldéhyde acétique C_2H_4O	0,0001	50

De ce tableau nous constatons que notre seuil de sensibilité varie fortement et que le niveau de toxicité est propre à chaque polluant. Toutefois, dans la plupart des cas, notre nez nous signale la présence de composés organiques volatiles (COV) bien avant que ne soit atteint le seuil dangereux pour la santé; il remplit ainsi sa fonction de protection.

Les personnes constituent également une source de COV; en présence d'un renouvellement d'air insuffisant, les odeurs s'accumulent et finissent par

[5] Cette partie est basée sur l'ouvrage : Roulet, Claude-Alain : Santé et qualité de l'environnement intérieur dans les bâtiments. Lausanne, Presses polytechniques et universitaires romandes, 2008.

2.2.2 **Messung**

Die direkte Messung der Schadstoffkonzentration ist kompliziert und kostspielig. Die Stoffe werden, wie in den Normen vorgesehen, in sehr kleinen Mengen gemessen, und die Messung muss daher Spezialisten anvertraut werden (z. B. der für die Lufthygiene zuständigen kantonalen Dienststelle).

2.2.3 **Gerüche**[5]

Gerüche sind komplexe und flüchtige chemische Gemische. Die Wahrnehmungsschwelle ist von Stoff zu Stoff verschieden und kann irreführend sein. Manche Stoffe werden von uns wahrgenommen, lange bevor sie einen giftigen Konzentrationsgrad erreicht haben (z. B. Toluen, Methylamin), andere dagegen bemerken wir erst bei sehr hoher Konzentration (z. B. Benzen, Formaldehyd).

Stoff	Olfaktorische Wahrnehmungsschwelle in ppm	DAK: Durchschnittliche Arbeitsplatzkonzentrationswerte in ppm
Benzen C_6H_6	60	1
Ammoniak NH_4OH	50	25
Toluen C_7H_8	2	50
Formaldehyd CH_2O	1	0,3
Methylamin CH_3NH_2	0,02	10
Acetaldehyd C_2H_4O	0,0001	50

Diese Tabelle macht deutlich, dass unsere Reizschwelle stark variiert und dass jeder Schadstoff eine andere Toxizität besitzt. Immerhin zeigt uns unsere Nase in den meisten Fällen das Vorhandensein von flüchtigen organischen Verbindungen (VOC, engl.) an, bevor diese ein gesundheitsschädigendes Mass erreicht haben, und erfüllt so ihre Schutzfunktion.

Auch Menschen sind Ursache von VOC: Bei unzureichendem Luftaustausch sammeln sich die Gerüche an und werden schliesslich unangenehm. Uns

[5] Dieser Abschnitt stützt sich auf das Werk: Roulet, Claude-Alain: Santé et qualité de l'environnement intérieur dans les bâtiments. Lausanne, Presses polytechniques et universitaires romandes, 2008.

Matériaux	Prinicipaux polluants possibles	Alternatives (à évaluer de cas en cas)
Panneaux: en bois contreplaqué, panneaux de particules	Formaldéhyde Acides organiques du bois Acides des liants	Métal laqué à chaud Panneaux de particules sans liants ou liés avec du plâtre
Poutres en bois, lambris	Terpènes, pentachlorphénol, DDT et autres produits de préservation du bois	Bois non traité (sous réserve), métal laqué à chaud, panneaux de plâtre, etc.
Matières plastiques en plaques et en feuilles: PVC (polychlorure de vinyle)	Acide chlorhydrique	Polyester (PET) Polyéthylène (PE) Polypropylène (PP) Verre Feuilles d'aluminium
Composés à base de gomme naturelle vulcanisée	Acide sulfurique	Idem
Feuilles de nitrate ou d'acétate de cellulose	Acide nitrique, acide acétique	Idem
Mousses synthétiques: polyester-polyuréthane (dit polyester), polyether-polyuréthane (dit polyuréthane), chloroprène (neoprène), PVC, gomme vulcanisée	Formaldéhyde, acide formique, acide acétique, autres acides organiques	Mousses de polyéthylène (Ethafoam, Polyfoam, Plastazote), de polystyrène (Styrofoam), de polypropylène (Microfoam)
Peintures: peintures contenant des solvants, résines alkydes. Attention aux peintures «sans solvants» qui peuvent contenir des glycols toxiques à évaporation très lente.	Divers solvants et acides organiques réactifs. Les éthers de glycol du type éthyl-glycol, méthyl-glycol, acétate de glycol	Acier inoxydable (de qualité adaptée à l'utilisation), peinture par pulvérisation et cuisson (la stabilité augmente avec la température de cuisson et sa durée).
Joints d'étanchéité: silicones	Acide acétique, acide formique (silicones de type acide); alcool méthylique, ammoniaque (silicones de type alcalin ou «neutre»)	Mastics silicone adéquats; le type «neutre» se stabilise après environ 2–3 semaines.

devenir désagréables, nous avertissant d'une mauvaise qualité de l'air bien avant que celle-ci ne soit nuisible pour les biens culturels.

La qualification des odeurs est pour l'heure encore problématique. Pour définir les besoins en ventilation des locaux occupés par des humains (places de travail, locaux d'habitation), on se base sur le taux de dioxyde de carbone (CO_2), qui est un bon indice car il est émis lors de la respiration. La limite de concentration MAK est de 5000 ppm correspondant à 9100 mg/m^3. Le débit d'air nécessaire pour maintenir le taux de CO_2 à un niveau «normal» de 1400 ppm est en principe suffisant pour éviter l'accumulation de COV responsables des mauvaises odeurs. Ceci n'est valable qu'en l'absence d'autres sources de pollution interne.

2.2.4 Moyens de contrôle

On peut distinguer les mesures préventives et celles correctrices telles que la filtration de l'air.

wird eine schlechte Luftqualität bewusst, lange bevor diese schädlich für die Kulturgüter ist.

Die Einstufung von Gerüchen ist gegenwärtig noch problematisch. Um die Luftwechselrate für Räume, in denen sich Personen aufhalten (Arbeitsplätze, Wohnräume) zu bestimmen, geht man von der Konzentration an Kohlendioxid (CO_2 – ein guter Indikator, da es beim Atmen freigesetzt wird) aus. Der MAK-Wert liegt bei 5000 ppm, das heisst 9100 mg/m^3. Die zur Beibehaltung einer «normalen» CO_2-Konzentration von 1400 ppm notwendige Luftmenge reicht im Prinzip aus, um die Ansammlung der VOC, die schlechte Gerüche verursachen, zu verhindern. Das trifft nur zu, wenn keine anderen internen Verunreinigungsursachen vorliegen.

2.2.4 Kontrollmassnahmen

Es wird zwischen luftverbessernden (Luftfilterung) und Präventivmassnahmen unterschieden.

Materialien	Vorwiegend auftretende Schadstoffe	Alternativen (jeweils neu zu beurteilen)
Platten: aus Sperrholz, Spanplatten	Formaldehyd, organische Holzsäuren Bindemittelsäuren	Einbrennlackiertes Material, Spanplatte ohne Bindemittel oder mit Gips als Bindemittel
Holzbalken, Wandbekleidung	Terpene, Pentachlorphenol, DDT und andere Holzschutzmittel	Unbehandeltes Holz (vorbehaltlich), einbrennlackiertes Metall, Gipswandbauplatten usw.
Kunststoff in Platten- und Blattform: PVC (Polyvinylchlorid)	Chlorwasserstoffsäure	Polyester (PET) Polyethylen (PE) Polypropylen (PP) Glas Aluminiumfolie
Verbindungen auf Basis von vulkanisiertem Naturkautschuk	Schwefelsäure	Idem
Folie aus Cellulosenitrat oder -acetat	Salpetersäure, Essigsäure	Idem
Kunststoffschaum: Polyester-Polyurethan (genannt Polyester), Polyether-Polyurethan (genannt Polyurethan), Chloropren (Neopren), PVC, Gummi (vulkanisiert)	Formaldehyd, Ameisensäure, Essigsäure, andere organische Säuren	Polyethylenschaum (Ethafoam, Polyfoam, Plastazot), Polystyrolschaum (Styrofoam), Polypropylenschaum (Microfoam)
Anstrichstoffe: Anstrichstoffe mit Lösungsmitteln, Alkydharze. Achtung, Anstrichstoffe «ohne Lösungsmittel» können giftige Glycole von sehr langsamer Verdunstung enthalten.	Verschiedene Lösungsmittel und reaktionsfähige organische Säuren. Ether von Glycol: Typ Ethylglycol, Methylglycol, Glycolacetat.	Rostfreier Stahl (von gebrauchsgerechter Qualität), Farbspritzen und -brennen (die Stabilität erhöht sich mit Brenntemperatur und deren Dauer).
Dichtungsmaterial: Silikone	Essigsäure, Ameisensäure (Silikon Typ sauer); Methylalkohol, Ammoniak (alkalischer oder «neutraler» Typ)	Adäquater alkalischer oder neutraler Silikonkitt; der neutrale Silikonkitt stabilisiert sich nach ungefähr 2–3 Wochen

■ *Prévention de la pollution interne*

Parmi les mesures préventives, on distingue entre la pollution engendrée par les matières constituantes des locaux et de leur équipement et la pollution engendrée par les livres, les documents et leurs emballages.

■ *Pollution engendrée par les matériaux de construction et l'équipement des locaux*

Sur le plan des mesures préventives, il faut éviter d'introduire dans le bâtiment des matières qui dégagent des poussières ou des substances volatiles nuisibles. Des recherches récentes ont mis en évidence que de nombreux matériaux de construction et d'utilisation courante peuvent dégager des polluants. Une attention particulière doit être portée sur les matériaux utilisés dans des systèmes fermés, tels que les vitrines, les armoires, mais aussi les magasins avec un faible taux de ventilation (cf. Schwarz, 1998; Tétreault, 1999).

■ *Präventivmassnahmen gegen interne Luftverschmutzung*

Bei den Präventivmassnahmen unterscheidet man zwischen der Verschmutzung durch die Baumaterialien der Magazine und deren Ausstattung einerseits und der Verschmutzung durch die Bestände und ihre Schutzverpackung andererseits.

■ *Verschmutzung durch die Baumaterialien der Magazine und deren Ausstattung*

Es sollten möglichst keine Materialien in das Gebäude eingebracht werden, die Staub oder andere Schadstoffe abgeben. Jüngste Forschungen haben aufgezeigt, dass zahlreiche Bau- und Ausstattungsmaterialien Schadstoffe abgeben können. Besonders zu beachten sind Materialien, die in geschlossenen Systemen verwendet werden, zum Beispiel in Vitrinen und Schränken, aber auch in Magazinräumen mit einer niedrigen Lüftungsrate (siehe Schwarz, 1998; Tétreault, 1999).

La liste p. 330 donne des exemples de matériaux problématiques et indique des alternatives possibles. Cette liste n'est pas exhaustive et le risque lié à chaque matériau doit être évalué en fonction du cadre d'application. Tabelle

Les premières semaines après la mise en œuvre d'un matériau sont les plus critiques. Prévoir un temps de séchage d'au moins quatre semaines avant l'utilisation effective des matériaux non inertes, par exemple les panneaux fraîchement peints, montés ou collés. Le taux d'émission de composantes volatiles décroît fortement après quelques semaines, mais peut se maintenir à un faible niveau et devenir source de dommages dans un environnement fermé.

Un environnement est d'autant plus dangereux sur ce plan qu'il est hermétique. On considère comme hermétique une enceinte qui permet des échanges d'air inférieurs à 1 volume par jour, comme non étanche des échanges d'air jusqu'à 10 volumes/jour et comme ouvertes des conditions d'échange de 100 volumes/jour.

Parallèlement, il faut considérer le risque de dommages par contact: certains bois, les métaux oxydables et le béton sont potentiellement réactifs, éviter en principe tout contact direct avec des objets. La barrière interposée doit être adaptée au type d'objet. Pour les livres et les documents, un carton de pure cellulose à pH neutre ou alcalin est souvent suffisant pour éviter les dommages par contact.

■ *Pollution engendrée par les fonds et leurs conditionnements*

Les livres et les documents eux-mêmes produisent des composantes volatiles, qui sont d'autant plus dangereux s'ils se trouvent dans un environnement fermé ou presque. Ainsi, le papier à base de pâte mécanique dégage au cours de son altération de l'acide acétique, qui peut se former par hydrolyse. L'altération du cuir peut porter à la libération de formaldéhyde.

Bien connu est le cas des acétates de cellulose utilisés comme support pour les négatifs photographiques: au cours de leur processus d'altération endogène, ils dégagent de l'acide acétique, clairement perceptible par l'odorat. Contrairement à la

Beispiele für bedenkliche Materialien und mögliche Alternativen zeigt die Tabelle S. 331. Diese Liste erhebt keinen Anspruch auf Vollständigkeit, und das materialgebundene Risiko muss bei jeder Anwendung neu beurteilt werden.

Die ersten Wochen nach der Materialverarbeitung sind am gefährlichsten. Für reaktionsfreudige Materialien ist eine Trocknungszeit von mindestens vier Wochen vor dem tatsächlichen Gebrauch vorzusehen, zum Beispiel frisch gestrichene, montierte oder geklebte Platten. Der Emissionsgrad flüchtiger Komponenten sinkt nach einigen Wochen stark ab, kann sich aber auf einem schwachen Niveau stabilisieren und in einem geschlossenen Umfeld zur Schadensquelle werden.

Je hermetischer ein Umfeld abgeschlossen ist, desto gefährlicher ist es in dieser Hinsicht. Als hermetisch abgeschlossen wird eine Hülle bezeichnet, bei der ein Luftaustausch bis zu 1 Volumen pro Tag möglich ist, als undicht eine Hülle mit einem Luftaustausch bis zu 10 Vol./Tag und als offen eine Hülle mit einem Luftaustausch von 100 Vol./Tag.

Gleichzeitig ist auch das Schadensrisiko durch Berührung zu beachten: Da manche Holzarten, oxidierbare Metalle und Beton potenziell reaktionsfähig sind, ist jeder direkte Kontakt mit den Objekten zu vermeiden. Eine dazwischenliegende Sicherheitsschicht muss der jeweiligen Objektart entsprechen. Für Bücher und Dokumente ist ein Karton aus reiner Cellulose mit einem neutralen oder alkalischem pH-Wert oft ausreichend, um Berührungsschäden zu verhindern.

■ *Verschmutzung durch die Bestände und ihre Schutzverpackung*

Auch von den Objekten selbst können flüchtige Substanzen freigesetzt werden, vor allem wenn sich das Objekt in einem fast oder völlig abgeschlossenen Umfeld befindet. So kann holzschliffhaltiges Papier im Verlauf seiner Alterung Essigsäure (Bildung durch Hydrolyse) abgeben.

Gut bekannt sind die als Träger für fotografische Negative verwendeten Celluloseazetate: Im Lauf ihres endogenen Abbauprozesses setzen sie Essigsäure frei, deren spezifischer Geruch gut wahrnehmbar ist. Im Gegensatz zu den meisten Stoffen, deren VOC-Emission mit der Zeit abnimmt, wird bei

plupart des matières, dont l'émission de COV diminue dans le temps, l'émission d'acide acétique par ces supports augmente à partir d'un certain stade d'altération.

Certains matériaux utilisés pour l'emballage et la protection des fonds ne sont pas stables et dégagent des composantes volatiles. Le PVC est une matière plastique qui a été souvent utilisée dans la deuxième moitié du XXe siècle; de nombreuses pochettes et chemises transparentes de cette époque sont en PVC. Son altération aboutit à une perte d'élasticité et de solidité et au dégagement d'acide chlorhydrique, dont l'agressivité chimique est importante.

Une étude récente[6] a mis en évidence un taux de pollution interne important (pollution acide, composés soufrés) dont la cause serait les boîtes de conservation d'une qualité insuffisante. Ces constatations devraient fournir une motivation supplémentaire pour adopter des matières d'excellente qualité pour le conditionnement des fonds patrimoniaux.

■ *Filtration de l'air*

Les filtres permettant de retenir les polluants atmosphériques utilisent quatre principes majeurs de fonctionnement:

- ☐ Les filtres électrostatiques chargent positivement les particules, qui sont retenues ensuite par une plaque chargée négativement. Ils ne sont pas conseillés pour les lieux de conservation, car les forts courants électrostatiques provoquent la formation d'ozone; s'ils sont utilisés, ils doivent impérativement être suivis d'un filtre à charbon actif pour absorber l'ozone produit.
- ☐ Les filtres à rideau d'eau permettent de retenir la pollution acide, principalement les oxydes de soufre et d'azote, mais ne sont pas efficaces contre l'ozone.
- ☐ Les filtres à charbon actif ont une très bonne efficacité pour les oxydes de soufre et l'ozone, mais retiennent moins bien les oxydes d'azote. Il en existe de plusieurs types, avec du charbon naturel ou imprégnés d'un produit alcalin.

[6] Nguyen Thi-Phuong, BnF: http://iaq.dk/iap/iaq2006/Nguyen_IAQ2006.pdf (IX 2009).

diesen Trägern von einem bestimmten Alterungszustand an immer mehr Essigsäure freigesetzt.

Einige der Materialien, die für die Schutzverpackungen der Bestände verwendet werden, sind nicht beständig und setzen flüchtige Komponenten frei. PVC ist ein Kunststoff, der in der zweiten Hälfte des 20. Jahrhunderts oft verwendet wurde; viele der transparenten Taschen und Hüllen aus dieser Zeit sind aus PVC. Im Verlauf seiner Alterung verliert es an Elastizität und Festigkeit und gibt die chemisch sehr aggressive Salzsäure ab.

In einer kürzlichen Untersuchung[6] wurde auf eine hohe interne Schadstoffemission hingewiesen (sauer reagierende Verschmutzung, schwefelhaltige Verbindungen), die anscheinend durch Archivschachteln unzureichender Qualität verursacht wurde. Solche Feststellungen sollten noch mehr dazu führen, für die Schutzverpackungen von Altbeständen und Sondersammlungen nur Materialien hervorragender Qualität zu verwenden.

■ *Luftfilterung*

Filter zum Rückhalt von Luftschadstoffen funktionieren nach vier verschiedenen Grundprinzipien:

- ☐ In Elektrofiltern werden die Staubteilchen positiv aufgeladen und danach von einer negativ geladenen Platte angezogen. Filter dieser Art sind für Magazine nicht zu empfehlen, da sich durch die starken elektrostatischen Strömungen Ozon bildet. Werden sie dennoch eingesetzt, muss unbedingt mit einem Aktivkohlefilter nachgefiltert werden, um das entstandene Ozon zu absorbieren.
- ☐ Wasservorhangsfilter wirken gegen sauer reagierende Schmutzteilchen wie Schwefel- oder Stickoxide, bleiben Ozon gegenüber aber ohne Wirkung.
- ☐ Aktivkohlefilter wirken bei Schwefeloxiden und Ozon, halten aber Stickoxide weniger gut zurück. Je nach Modell enthalten diese Filter Naturkohle oder sind mit einem alkalischen Produkt imprägniert.
- ☐ Chemisorptionsfilter (Typ Purafil), die anfänglich für den militärtechnischen Bereich entwi-

[6] Nguyen Thi-Phuong, BnF: http://iaq.dk/iap/iaq2006/Nguyen_IAQ2006.pdf (IX 2009).

☐ Les filtres à absorption chimique (type Purafil), qui ont été développés à partir de techniques militaires, sont très efficaces et transforment les substances nocives en substances non agressives. Ils sont formés par du permanganate de potassium sur de l'oxyde d'aluminium.

Les techniques pour la filtration de l'air évoluent continuellement et de nouveaux produits apparaissent périodiquement sur le marché. Le choix, l'installation et la maintenance d'une unité de filtrage de l'air devront être faits avec la collaboration d'un ingénieur spécialisé. Actuellement, on conseille de combiner un filtre à charbon actif avec un filtre à absorption chimique.

2.3 Méthodes de nettoyage

Il n'existe pas de normes précises concernant le nettoyage des lieux de conservation; un niveau de propreté élevé est évidemment favorable pour la conservation des livres et documents d'archives. Depuis peu, on assiste au développement de normes sur l'hygiène microbiologique dans les dépôts d'archives et de bibliothèques, sans qu'il y ait d'accord sur le plan international (voir le point ci-après sur les risques biologiques). En principe, toute saleté visible indique une hygiène insuffisante dans les dépôts. Quelques règles de bon sens permettent de maintenir une hygiène correcte dans les surfaces de stockage. Les matériaux utilisés pour les murs et le sol devraient permettre un nettoyage simple et efficace; les murs ne devraient pas céder des poussières et les sols devraient être lisses et imperméables (les chapes en béton brut, les tapis ou moquettes se prêtent très mal au nettoyage).

Les étagères doivent être disposées de façon à permettre un bon nettoyage partout, y compris sous les meubles et sous les étagères: il faut éviter de créer des coins inaccessibles (p. ex. au croisement des étagères dans les coins) où la poussière peut s'accumuler.

■ Le nettoyage des sols et surfaces libres sera de préférence effectué avec un chiffon très légèrement humide; l'utilisation de chiffons de microfibres, à sec ou très légèrement humides, est très efficace. Les méthodes de nettoyage appliquées dans les hô-

ckelt wurden, sind sehr leistungsfähig und wandeln aggressive in nicht aggressive Substanzen um. Dies geschieht durch Kaliumpermanganat auf Aluminiumoxid.

Die Methoden zur Luftfilterung entwickeln sich ständig weiter, und es kommen fortwährend neue Produkte auf den Markt. Wahl, Installation und Wartung einer Luftfilterungsanlage müssen in Zusammenarbeit mit einem dafür spezialisierten Ingenieur durchgeführt werden. Gegenwärtig wird der kombinierte Einsatz von Aktivkohlefiltern und Chemisorptionsfiltern empfohlen.

2.3 Reinigungsmethoden

Es gibt keine festen Normen für die Reinigung von Aufbewahrungsräumlichkeiten. Sauberkeit ist für die Konservierung von Büchern und Archivalien eine wichtige Grundbedingung. Seit Kurzem werden Normen für Vorbeugemassnahmen gegen mikrobiologischen Befall in Magazinen von Archiven und Bibliotheken entwickelt, ohne dass es bis jetzt auf internationaler Ebene zu einer Einigung gekommen wäre (siehe weiter unten, Biologische Risiken). Im Prinzip weist sichtbarer Schmutz auf ungenügende Sauberkeit in den Depots hin. Befolgt man einige einfache Regeln, können die Aufstellungsflächen angemessen sauber gehalten werden. Die für Mauern und Böden verwendeten Materialien müssen einfach und gründlich gereinigt werden können. Mauern dürfen keinen Staub abgeben, und Böden müssen glatt und wasserdicht sein (z. B. sind Rohbetonschwellen, Fussbodenbelag oder Teppiche schlecht zu reinigen).

Die Regale müssen so aufgestellt werden, dass überall (auch unter den Möbeln und Regalen) gut gereinigt werden kann. Unzugängliche Winkel (z. B. an den Kreuzungspunkten der Regale), in denen sich Staub ansammeln kann, sollen vermieden werden.

■ Böden und freie Oberflächen werden am besten mit einem leicht feuchten Tuch gereinigt; sehr wirksam sind trockene oder leicht feuchte Mikrofasertücher. Die in Krankenhäusern angewendeten Reinigungsmethoden, bei denen möglichst kein Staub aufgewirbelt und verteilt wird, gelten auch

pitaux, qui évitent autant que possible de diffuser et de répartir les poussières, peuvent être utilisées dans les bibliothèques et les dépôts d'archives, en évitant toutefois l'utilisation de produits désinfectants et fongicides, dont l'effet à long terme sur les livres et les documents n'est pas connu.

■ Le nettoyage des étagères, des boîtes et des livres peut se faire avec un aspirateur muni d'une brosse douce (en prenant soin d'interposer un voile de gaze entre la brosse et le tuyau de l'aspirateur, pour filtrer d'éventuelles parties aspirées involontairement) et d'un filtre « absolu » (filtre HEPA), capable de filtrer des particules de plus de 0,5 microns, qui retient aussi une bonne partie des spores de micro-organismes, moisissures, levures et bactéries sporigènes. Plusieurs fabricants d'aspirateurs offrent de tels filtres, directement intégrés dans leurs appareils ou en option. Le nettoyage des étagères et des objets est une opération délicate, car des parties fragiles peuvent être facilement détruites; les papiers, cuirs, parchemins et reliures fortement altérés peuvent être mutilés par une forte aspiration. Cette opération doit être confiée à des personnes habiles et conscientes du danger qu'elle comporte.

■ Le nettoyage d'objets très sales doit être fait dans un local séparé du dépôt et bien aéré, avec un aspirateur muni d'un filtre et d'une brosse douce, et dont la puissance soit aisément réglable. L'introduction dans le bâtiment de livres ou documents d'archives provenant d'un lieu de conservation douteux est dangereuse. Ces fonds, souvent très empoussiérés, ne devraient jamais être transportés directement dans les locaux de conservation.

Si l'institution doit fréquemment traiter de tels objets (par exemple pour l'entrée de fonds d'archives très sales et poussiéreux), il convient d'équiper une table de travail d'un dispositif d'aspiration évacuant les poussières vers l'extérieur ou d'une hotte à flux laminaire de conception adéquate. Cette précaution est nécessaire autant pour l'hygiène de l'institution que pour la protection de la santé des personnes qui doivent traiter ces objets. Sur une table de nettoyage, les poussières peuvent être enlevées à l'aide d'un pinceau large et doux ou avec un très faible courant d'air comprimé purifié; pour l'utilisation de l'air comprimé, même à

für Bibliotheken und Archive. Dabei sollte allerdings auf den Gebrauch von Desinfektionsmitteln und Fungiziden verzichtet werden, deren Langzeitwirkung auf Bücher und Dokumente nicht bekannt ist.

■ Regale, Schachteln und Bücher können mit einem Staubsauger gereinigt werden. Dieser muss mit einer weichen Bürste (feines Netz zwischen Bürste und Saugöffnung montieren, um unerwünschtes Ansaugen zu vermeiden) und einem Schwebstofffilter (HEPA-Filter) ausgestattet sein. Dieser Filter hält über 0,5 Mikron grosse Teilchen und einen grossen Teil der Sporen von Mikroorganismen, Schimmel, Hefen und sporogenen Bakterien zurück. Mehrere Hersteller bieten solche Filter an. Sie sind direkt eingebaut oder werden als Zusatz geliefert. Die Reinigung der Regale und der Objekte ist problematisch: Empfindliche Teile können leicht zerstört und Papier, Leder, Pergament und Einbände durch starkes Saugen beschädigt werden. Das Reinigen mit einem Staubsauger sollte nur verantwortungsbewussten Personen anvertraut werden, welche die Risiken kennen.

■ Sehr schmutzige Objekte müssen in einem abgetrennten, gut gelüfteten Raum gereinigt werden. Der verwendete Staubsauger muss gut regulierbar und mit einem Filter sowie einer weichen Bürste ausgestattet sein. Eine Gefahrenquelle sind Neuzugänge, die aus schmutzigen Aufbewahrungsorten stammen. Solche Bestände sind oft sehr staubig und dürfen daher niemals direkt in die Magazine gebracht werden.

Sind in einer Institution häufig derartige Objekte zu behandeln (z.B. bei Aufnahme äusserst schmutziger und staubiger Archivbestände), lohnt sich die Einrichtung eines Arbeitstisches mit einer Absaugvorrichtung, die den Staub nach aussen befördert, oder mit einer adäquaten Laminar-Flow-Abzugshaube. Diese Massnahme ist sowohl der Sauberkeit im Gebäude als auch der Gesundheit der mit den Objekten arbeitenden Personen förderlich. Auf dem Reinigungstisch wird der Staub mit Hilfe eines weichen, breiten Pinsels oder mittels eines feinen Druckluftstrahls vom Objekt entfernt. Für die Arbeit mit Druckluft (selbst bei geringem Druck) muss der Tisch an allen Seiten abgeschirmt sein, sodass eine Kabine entsteht, die nur

faible puissance, il est nécessaire que la table soit fermée sur tous les côtés, de manière à former une cabine ouverte seulement vers l'opérateur, et que l'aspiration de l'air soit suffisante pour entraîner les poussières fines soulevées par le courant d'air. Des mesures de protection personnelle peuvent être souhaitables quand de grandes quantités d'objets doivent être nettoyés (cf. 3.1.4 ci-après).

zum Arbeitenden hin offen steht. Die Absauganlage muss stark genug sein, um den feinen Staub absaugen zu können, der durch den Luftstrahl aufgewirbelt wird. Müssen grosse Objektmengen gereinigt werden, sollten Personenschutzmassnahmen vorgesehen werden (siehe Punkt 3.1.4).

3 Risques biologiques

3.1 Micro-organismes

3.1.1 Normes et mesure

La présence de spores est inévitable dans les bibliothèques et les archives, comme partout ailleurs; leur élimination est très difficile et contraignante et elle n'est pratiquée que dans quelques laboratoires stériles. Nous devons, par conséquent, compter à la fois avec la présence de micro-organismes sous forme de spores et, naturellement, la présence de matières qu'ils peuvent utiliser pour leur métabolisme. La quantité de spores présentes et les conditions climatiques dans les dépôts déterminent les risques microbiologiques.

L'unité de mesure en ce qui concerne l'hygiène microbiologique est l'UFC (Unité Formant Colonie). Diverses techniques permettent de vérifier la quantité de spores actives présentes dans l'air. Par exemple, quand on aspire une quantité donnée d'air et on l'envoie contre une plaque contenant un terrain de culture, les bactéries et les spores des levures et des moisissures ont tendance à s'y fixer et, soumises à des conditions favorables, à y développer des colonies, qu'on peut compter et identifier. Cette mesure donne une indication fiable de la quantité de micro-organismes présents dans l'air.

Par exemple, la Bibliothèque nationale à Paris a établi un maximum de 25 UFC/m^3 dans les magasins climatisés où l'air est filtré et de 100 UFC/m^3 dans les magasins non climatisés. Ces normes paraissent très strictes en comparaison avec celles en vigueur dans les hôpitaux.[7] Dans l'air extérieur, la concen-

[7] A titre de comparaison, dans les hôpitaux, on distingue trois degrés de pureté de l'air, pour les locaux exigeant un air ambiant

3 Biologische Risiken

3.1 Mikroorganismen

3.1.1 Normen und Messung

Sporen sind überall und somit auch in Bibliotheken und Archiven vorhanden. Es ist sehr schwierig und kompliziert, sie zu vernichten; erreicht wird dies nur in einigen sterilen Laboratorien. Es ist also mit Mikroorganismen in Form von Sporen und deren Stoffwechselprodukten zu rechnen. Von entscheidender Bedeutung sind die Menge vorhandener Sporen sowie die klimatischen Bedingungen in den Magazinräumen.

Eine mikrobiologische Masseinheit ist die KbE (Koloniebildende Einheit). Die Menge aktiver Sporen in der Luft kann mit verschiedenen Techniken festgestellt werden. Atmet man zum Beispiel eine gegebene Masse Luft ein und bläst sie dann auf einen Nährboden in einer Petrischale, bleiben die Bakterien und die Sporen der Hefen und Schimmel haften und entwickeln unter günstigen Bedingungen auszählbare und identifizierbare Kolonien. So erhält man eine zuverlässige Mengenangabe der Mikroorganismen in der Luft.

Die Bibliothèque Nationale in Paris hat zum Beispiel für klimatisierte Magazinräume (das heisst gefilterte Luft) einen Höchstwert von 25 KbE/m^3 und für nicht klimatisierte Magazinräume den Wert von 100 KbE/m^3 festgelegt. Diese Normen scheinen im Vergleich zu denen in Krankenhäusern[7] geltenden sehr strikt. Die Aussenluft weist je

[7] Zum Vergleich: Für Krankenhäuser gibt es drei Luftreinhalteklassen für vollkommen keimfrei beziehungsweise keimarm zu haltende Räume (Hygieneraum-Klassen). Klasse I – max. 10 KbE/m^3: nicht kontaminierte Operationssäle. Klasse II – max. 200 KbE/m^3:

tration de spores varie fortement selon le lieu et la saison, avec des valeurs se situant généralement entre 1000 et 10 000 UFC/m³. La valeur moyenne d'exposition (VME) admise par la SUVA sur les places de travail est de 1000 UFC/m³.

Les mesures d'hygiène évoquées ci-dessus permettent de réduire ce type de risque. Une source fréquente d'infection est l'introduction dans les magasins de fonds déjà moisis; il est indispensable de déposer dans un local complètement séparé du reste des dépôts les fonds qui n'ont pas encore été examinés, nettoyés et conditionnés correctement.

Le moyen essentiel pour éviter le développement destructeur de colonies de micro-organismes est le contrôle de l'humidité relative des locaux, qui doit être maintenue au-dessous de 60 % pour inhiber la croissance de bactéries et champignons microscopiques. En réalité, c'est le contenu en eau d'un objet, et plus précisément d'« eau disponible » (cf. activité de l'eau, chap. 6, part I, point 1.3), qui détermine la croissance de micro-organismes, mais celui-ci est déterminé par les conditions hygrométriques ambiantes.

Ainsi, chaque microorganisme a son seuil de croissance. Les moisissures sont les premières à se développer dès 65–70 % HR ($a_w \geq 0{,}65$ pour les moisissures xérophiles), suivies par les moisissures mésophiles ($a_w \geq 0{,}7$) et levures ($a_w \geq 0{,}8$) et enfin par les bactéries ($a_w = 0{,}85–0{,}97$). Pour ces raisons, la surveillance du climat interne est une mesure préventive essentielle dans le domaine microbiologique.

A des températures « normales » dans des magasins de bibliothèques et archives (T = 15–25 °C), la limite de humidité relative de 60 % constitue un seuil de sécurité par rapport aux dommages biologiques. Si la température est en dessous de 10 °C, le seuil de sécurité monte à 70 % HR.

Des dépassements de courte durée ne permettent généralement pas l'activation des spores, mais les conditions de développement dépendent des microorganismes et des matières présents. La gra-

pratiquement exempt ou très pauvre en germes. Classe I – maximum 10 UFC/m³: salles d'opération hautement aseptisées. Classe II – maximum 200 UFR/m³: salles d'opération ordinaires. Classe III – maximum 500 UFC/m³: locaux pré- et postopératoires, salles des nourrissons.

nach Ort und Jahreszeit eine sehr unterschiedliche Sporenkonzentration auf. Normalerweise liegen die Werte zwischen 1000 und 10 000 KbE/m³, nach SUVA ist an Arbeitsplätzen ein DAK-Wert von 1000 KbE/m³ gültig.

Die schon beschriebenen Reinigungsmassnahmen verringern das Risiko mikrobiologischen Befalls. Eine häufige Gefahrenquelle bilden von Mikroorganismen befallene Neuzugänge in die Magazine. Die Bestände, die noch nicht kontrolliert und gereinigt wurden und noch keine Schutzverpackung haben, müssen unbedingt in einem isolierten Raum aufbewahrt werden.

Eine wesentliche Möglichkeit, die Entwicklung von Mikroorganismen zu verhindern, besteht in einer strengen Kontrolle der relativen Feuchtigkeit in den Räumen. Diese muss unter 60 % liegen, wenn das Wachstum von Bakterien und Mikropilzen verhütet werden soll. Tatsächlich ist es der Wassergehalt eines Objekts, genauer gesagt das «verfügbare Wasser» (siehe Wasseraktivität, Kap. 6, Teil I, Punkt 1.3), welcher das Wachstum von Mikroorganismen bestimmt. Die a_W wiederum wird durch die Feuchtigkeitsbedingungen im Raum bestimmt.

Jeder Mikroorganismus hat seine Wachstumsschwelle. Zuerst entwickeln sich ab einer rF von 65–70 % xerophile ($a_w \geq 0{,}65$) und dann mesophile Schimmelpilze ($a_w \geq 0{,}7$), gefolgt von Hefen ($a_w \geq 0{,}8$) und schliesslich von den Bakterien ($a_w = 0{,}85–0{,}97$). Die Überwachung des Innenraumklimas ist daher eine grundlegende Vorbeugungsmassnahme gegen mikrobiologischen Befall.

Bei «normalen» Temperaturen in den Bibliotheks- und Archivmagazinen (T = 15–25 °C) stellt der Grenzwert von 60 % rF eine Sicherheitsschwelle gegen biologische Schäden dar. Bei einer Temperatur unter 10 °C erhöht sich die Sicherheitsschwelle auf 70 % rF.

Die Sporen werden durch kurzfristige Wertüberschreitungen normalerweise nicht aktiviert, aber die Wachstumsbedingungen sind für die verschiedenen Mikroorganismen und je nach gelagertem Material unterschiedlich. Bei andauernden Überschreitungen steigert sich das Risiko um das Vier-

normale Operationssäle. Klasse III – max. 500 KbE/m³: prä- und postoperative Räume, Neugeborenen-Saal.

vité des dépassements croît avec le carré de l'ampleur et du temps. Cependant, des exceptions sont possibles, à cause de deux phénomènes :

- ☐ Certains champignons microscopiques disposent, une fois qu'ils se sont établis, de mécanismes qui leur permettent de survivre, et parfois de se développer, dans un milieu avec une humidité réduite. Plus précisément, pour le micro-organisme, l'important n'est pas l'humidité relative, mais le contenu en eau du substrat sur lequel il se trouve (qui est en général proportionnel à l'humidité ambiante). L'eau disponible d'un substrat dépend de sa concentration en sels, qui doit être inférieure à celle intracellulaire du micro-organisme pour créer une pression osmotique favorable pour ce dernier. Certains champignons microscopiques sont capables de varier leur concentration intracellulaire en sels pour prélever l'eau de supports problématiques ; ils peuvent ainsi survivre dans ces milieux défavorables (HR < 50 %), mais souvent, ils ne peuvent plus se développer, puisqu'ils dépensent trop d'énergie dans le processus d'extraction de l'eau du support.[8]
- ☐ Certains matériaux particulièrement hygroscopiques peuvent avoir un contenu en eau suffisant pour permettre la croissance de micro-organismes même si l'humidité relative du local respecte les normes pour la conservation ; il s'agit souvent de toiles de reliure dont l'apprêt est très hydrophile.

Des exceptions « positives » pour la conservation sont également possibles : il arrive que, malgré une période de quelques semaines avec une humidité trop élevée, aucune croissance visible ne se manifeste. Il faut tenir compte du fait que les processus vitaux sont très complexes et que nous ne considérons ici que les facteurs essentiels, mais que d'autres facteurs (p. ex. la vitesse de déplacement de l'air) jouent un rôle dans la croissance microbienne.

On peut en principe considérer comme peu dangereux des dépassements ponctuels (qui ne se ré-

[8] Basilone, C.; Pinzari, F.: L'attività e il potenziale: l'acqua dal punto di vista dei funghi biodeteriogeni. Roma, Cabnewsletter, Conservazione negli Archivi e nelle Biblioteche 5: 10–12.2001.

fache. Jedoch sind Ausnahmen aufgrund folgender Erscheinungen möglich:

- ☐ Manche Schimmelpilze sind so aufgebaut, dass sie in einem Milieu, in dem sie angesiedelt sind, mit geringer Feuchtigkeit überleben und manchmal sogar wachsen können. Genauer gesagt ist für Mikroorganismen nicht die relative Feuchte entscheidend, sondern das im jeweiligen Nährsubstrat enthaltene Wasser (der Wassergehalt verhält sich normalerweise proportional zur Raumfeuchtigkeit). Das im Substrat verfügbare Wasser ist abhängig von dessen Konzentration an Salzen, die unter der interzellularen des Mikroorganismus liegen muss, wodurch ein für diesen vorteilhafter osmotischer Druck ausgeübt wird. Manche Schimmelpilze können ihre interzellulare Konzentration an Salzen verändern, um problematischen Substraten Wasser zu entziehen und so unter ungünstigen Verhältnissen zu überleben (rF < 50 %); Wachstum ist dann aber oft nicht möglich, denn sie verbrauchen zu viel Energie, um dem Substrat das Wasser zu entziehen.[8]
- ☐ Der Wassergehalt besonders hygroskopischer Materialien kann ausreichend hoch sein, um das Wachstum von Mikroorganismen zu ermöglichen, selbst wenn die rF des Raums im vorschriftsmässigen Normenbereich liegt. Dabei handelt es sich häufig um Einbandgewebe mit einer sehr hydrophilen Beschichtung.

Auch für die Konservierung «positive» Ausnahmen sind möglich: Es kommt vor, dass trotz einer wochenlang zu hohen Feuchtigkeit kein sichtbares Wachstum erfolgt. Man muss sich darüber im Klaren sein, dass lebenswichtige Prozesse sehr komplex sind. Wir betrachten hier nur die wesentlichsten davon, ohne auf die anderen Einflussfaktoren (z. B. die Geschwindigkeit der Luftbewegung) des mikrobiellen Wachstums einzugehen.

In Prinzip sind punktuelle Überschreitungen (die sich nicht regelmässig wiederholen) von 5–10 % für höchstens einige Tage als wenig gefährlich zu betrachten. Auch die Temperatur ist wichtig: Bei einer

[8] Basilone, C.; Pinzari, F.: L'attività e il potenziale: l'acqua dal punto di vista dei funghi biodeteriogeni. Roma, Cabnewsletter, Conservazione negli Archivi e nelle Biblioteche 5: 10–12.2001.

pètent pas régulièrement) de 5–10 % pendant quelques jours au plus. Il faut également tenir compte de la température : à une température inférieure à 15 °C, la croissance des moisissures n'est possible qu'à des taux hygrométriques très élevés (environ 80 %) pendant une période prolongée. Dans la pratique de la conservation, nous sommes le plus souvent confrontés à une humidité élevée dans les magasins pendant la période estivale, où les températures tendent à monter bien au-delà de 15–16 °C.

Certaines zones du magasin peuvent être affectées alors qu'ailleurs, le climat est correct et qu'aucun problème biologique ne se manifeste. Ainsi, les zones proches de murs extérieurs enterrés et avec une mauvaise isolation thermique ou les niveaux inférieurs des étagères dans un magasin situé tout en bas d'un bâtiment sont souvent concernées par des problèmes microbiologiques alors que, au centre de la même pièce et à 1 m de hauteur, les conditions sont correctes.

Enfin, des dépassements importants des limites de l'humidité relative peuvent permettre une croissance des moisissures quand ils se répètent régulièrement pendant quelques heures par jour. On estime qu'une HR de 80–85 % pendant trois heures par jour pendant une période prolongée est suffisante pour permettre la germination des spores.

3.1.2 **Risques pour la santé humaine**

Les spores des moisissures peuvent provoquer divers problèmes de santé, surtout lors d'une exposition prolongée ; les professionnels des archives et des bibliothèques, et les restaurateurs, sont particulièrement concernés par ces risques.

Avec une concentration « normale » de 1000 spores/m^3 d'air et un volume d'air respiré d'environ 7,5 l/min, l'homme utilise environ 10 m^3 d'air par jour et inhale ainsi environ 10 000 spores. Pour une personne en bonne santé, cela n'a pas de conséquences négatives.

Lors du travail avec des livres ou documents fortement atteins par des moisissures ou dans des locaux où une croissance importante est en cours, la quantité de spores peut atteindre 100 000/m^3. Le corps humain peut être surchargé et réagir par une maladie ou une allergie.

Temperatur unter 15 °C ist Schimmelwachstum nur möglich, wenn über einen längeren Zeitraum hinweg sehr hohe Feuchtigkeit (ca. 80 %) herrscht. In der täglichen Konservierungspraxis stellt sich am häufigsten das Problem einer hohen Luftfeuchtigkeit während des Sommers, wenn auch die Temperaturen auf weit über 15–16 °C ansteigen können.

Es kann passieren, dass manche Bereiche eines Magazins von Mikroorganismen befallen sind, andere hingegen korrekte klimatische Bedingungen ohne derartige Probleme aufweisen. So sind Bereiche in der Nähe von unterirdischen, schlecht isolierten Aussenmauern oder die untersten Regalbereiche in einem ganz unten im Gebäude gelegenen Magazin häufig von mikrobiologischen Problemen betroffen, während in der Mitte desselben Raums und in 1 m Höhe korrekte Bedingungen herrschen.

Schliesslich können hohe Überschreitungen der relativen Feuchtigkeit, die sich mehrere Wochen lang regelmässig einige Stunden am Tag wiederholen, zu Wachstum von Schimmel führen. Es wird angenommen, dass eine rF von 80–85 %, die über einen längeren Zeitraum hinweg drei Stunden am Tag herrscht, zum Keimen von Sporen ausreicht.

3.1.2 **Gefährdung für den menschlichen Organismus**

Schimmelsporen können, vor allem bei langer Expositionszeit, verschiedene gesundheitliche Probleme auslösen. Für Mitarbeiter von Archiven und Bibliotheken sowie für Restauratoren ist das Risiko besonders hoch.

Bei einer «normalen» Konzentration von 1000 Sporen/m^3 Luft und einem Atemluftvolumen von ca. 7,5 l/min braucht der Mensch ca. 10 m^3 Luft pro Tag und atmet also ca. 10 000 Sporen ein. Für einen gesunden Menschen hat das keine negativen Folgen.

Bei der Arbeit mit Büchern und Dokumenten mit starkem Schimmelbefall oder in Räumen mit hohem Wachstum kann die Menge an Sporen 100 000/m^3 erreichen. Ein solchermassen überlasteter menschlicher Organismus kann mit Krankheit oder Allergie reagieren.

Die meisten Schimmelarten, von denen die Bücher und Archivalien befallen werden, sind im Prin-

La plupart des moisissures présentes dans les livres et les documents d'archives ne sont en principe pas directement dangereuses, mais certaines espèces fréquentes (Aspergillus, Mucor, Chaetonium, etc.) peuvent se développer sur les muqueuses respiratoires, surtout quand leur fonctionnement est dérangé, comme c'est le cas pour les asthmatiques.

Le principal danger lié à des concentrations élevées de spores sont les allergies. L'allergie, appelée également hypersensibilité, est une réaction exagérée et excessive du système immunitaire de l'organisme, consécutive à un contact avec une substance étrangère (l'allergène). Deux types principaux de réactions sont à observer : les allergies immédiates sont des réactions sous forme de rhumes, inflammations des muqueuses ou asthme bronchial, déclenchés par le contact avec certains allergènes chez des personnes qui ont été sensibilisées. Dans ces cas, des quantités assez réduites de spores, qui ne sont pas problématiques pour des personnes saines, suffisent à déclencher les symptômes. Les allergies retardées se manifestent lors d'un contact répété avec des concentrations importantes de spores. Les symptômes (toux, difficultés respiratoires, fièvre, etc.) apparaissent quelques heures après le contact et disparaissent dans un environnement propre. La répétition des crises peut causer des dommages permanents au système respiratoire.

Les mycotoxines représentent un autre danger ; ce sont des substances toxiques produites par certaines moisissures, fréquentes dans les magasins (Aspergillus, Penicillium, Fusarium, Alternaria, etc.). Ces substances ont un effet directement toxique pour l'homme. Pour que le danger soit réel, il faut que le nombre de colonies soit très important.

Les moisissures peuvent produire au cours de leur cycle vital des émissions gazeuses caractéristiques, appelées MVOC (Microbial Volatile Organic Compounds) ; en cas de ventilation réduite, ces émissions donnent naissance à une odeur caractéristique. Si la concentration de MVOC est suffisante, elle peut provoquer des maux de tête et des réactions allergiques des muqueuses.

zip nicht direkt gefährlich, aber einige häufige Arten (Aspergillus, Mucor, Chaetomium usw.) können sich auf der Atemschleimhaut ausbreiten, vor allem wenn deren Funktionsweise wie bei Asthmatikern schon gestört ist.

Die grösste Gefahr bei zu hohen Sporenkonzentrationen besteht in der Auslösung von Allergien. Eine Allergie, auch Überempfindlichkeit, ist eine übersteigerte Extremreaktion des menschlichen Immunsystems auf den Kontakt mit körperfremden Stoffen (Allergene). Zwei grundlegende allergische Reaktionen sind zu beobachten: Die Sofortreaktion in Form von Schnupfen, Schleimhautentzündung oder Bronchialasthma wird bei entsprechend sensibilisierten Personen durch den Kontakt mit bestimmten Allergenen ausgelöst. Bei diesen Personen reichen geringfügige, für Menschen normalerweise unproblematische Sporenmengen aus, um die Symptome auszulösen. Allergien mit verspäteten Reaktionen zeigen sich bei wiederholtem Kontakt mit hohen Sporenkonzentrationen. Die Symptome (Husten, Atemprobleme, Fieber usw.) treten einige Stunden nach dem Kontakt auf und hören in einer sauberen Umgebung auf. Wiederholte Anfälle können das Atemsystem anhaltend schädigen.

Eine weitere Gefahr bilden die Mykotoxine, giftige Substanzen, die von bestimmten Schimmelpilzen gebildet werden, die häufig in Magazinen vorkommen (Aspergillus, Penicillium, Fusarium, Alternaria usw.). Diese Stoffe haben auf Menschen unmittelbar giftige Auswirkungen. Diese Gefahr ist erst bei einer sehr hohen Kolonienbildung reell.

Schimmelpilze können im Verlauf ihres Lebenskreislaufs gasförmige Emissionen, MVOC (Microbial Volatile Organic Compounds), abgeben. Bei geringer Lüftung kann ein charakteristischer Geruch dieser Gase wahrnehmbar werden. Durch entsprechend hohe MVOC-Konzentration können Kopfschmerzen und allergische Reaktionen der Schleimhäute ausgelöst werden.

3.1.3 Désinfection

Les micro-organismes qui croissent sur les matières composant livres et documents ne se développent en principe pas quand l'humidité relative est inférieure à 60 %. Par contre, sous forme de spores, beaucoup de ces micro-organismes, présents de manière permanente, peuvent résister pendant des décennies à des conditions défavorables, pour se réactiver à n'importe quel moment quand des conditions favorables se créent.

La question d'une désinfection se pose quand on est confronté à une croissance de colonies de microorganismes, en général de moisissures. Deux options fondamentales s'opposent dans ce contexte : un traitement de stérilisation ou un traitement de désinfection partielle et de nettoyage.

■ *Stérilisation*

La stérilisation est une forme radicale de désinfection ; elle est le seul traitement capable non seulement de tuer les moisissures en activité, mais également de neutraliser les spores de manière définitive. Cette neutralisation est très difficile à obtenir dans des conditions qui ne soient pas nuisibles pour les livres. Pratiquement, les seules méthodes véritablement efficaces sont le traitement avec l'oxyde d'éthylène ou celui avec un rayonnement gamma.

L'oxyde d'éthylène (ETO) est un gaz dangereux pour l'homme et explosif en mélange avec l'oxygène de l'air, de sorte que son utilisation demande des précautions importantes et une structure industrielle adéquate. L'utilisation d'oxyde d'éthylène pour les papiers imprimés infectés fait l'objet d'évaluations divergentes pour ce qui concerne les dommages collatéraux ; par contre, le parchemin, le cuir, les encres des manuscrits, les pigments et les colorants peuvent subir des altérations irréversibles. Le traitement avec l'oxyde d'éthylène nécessite en outre, à plusieurs reprises, la création d'une pression très basse dans la chambre de désinfection, pour éliminer l'air avant d'introduire le gaz traitant et pour éliminer celui-ci après le traitement. Les objets subissent de cette manière des changements climatiques très importants. Enfin, on ne peut pas exclure que des quantités minimes mais dommageables d'ETO restent dans les objets

3.1.3 Desinfektion

Mikroorganismen, die auf den Bestandteilen von Büchern und Dokumenten wachsen, entwickeln sich im Prinzip nicht bei einer relativen Feuchtigkeit unter 60 %. Viele dieser (ständig vorhandenen) Mikroorganismen können in Form von Sporen jahrzehntelang in ungünstigen Verhältnissen überleben und jederzeit wieder aktiv werden, sobald sich günstige Verhältnisse bieten.

Das Problem der Desinfektion stellt sich bei einem starken Wachstum von Mikroorganismus-Kolonien (meistens Schimmelpilze). Zwei verschiedene Möglichkeiten stehen sich hier gegenüber: eine Sterilisation oder eine partielle Desinfektion mit nachfolgender Reinigung.

■ *Sterilisation*

Die Sterilisation ist eine radikale Form der Desinfektion. Sie ist das einzige Verfahren, mit dem nicht nur die aktiven Schimmelpilze abgetötet, sondern auch die Sporen vollständig inaktiviert werden können. Es ist schwierig, Mikroorganismen und Sporen abzutöten, ohne dabei Buch- und Schriftmaterialien zu schädigen. Momentan sind eigentlich nur die Behandlungen mit Ethylenoxid oder Gammastrahlen wirkungsvoll.

Ethylenoxid (EO) ist ein für den Menschen äusserst schädliches Gas und in Mischung mit Luftsauerstoff explosiv. Seine Anwendung erfordert deshalb spezielle Vorsichtsmassnahmen und entsprechende technische Anlagen. Bezüglich der Verwendung von Ethylenoxid für bedrucktes Papier besteht bei der Bewertung der Sekundärschäden Uneinigkeit. Klar ist hingegen, dass Pergament, Leder, Handschriftentinten, Pigmente und Farbstoffe irreversibel geschädigt werden können. Während einer Behandlung mit Ethylenoxid muss unter anderem der Druck in der Desinfektionskammer mehrere Male stark gesenkt werden, denn vor der Gaszufuhr wird die Luft abgesaugt, und nach der Behandlung muss das Gas eliminiert werden. Die Objekte unterliegen somit starken klimatischen Schwankungen. Ausserdem ist nicht auszuschliessen, dass in den behandelten Objekten minimale, aber schädigende Restbestände von EO verbleiben, die nachfolgend in den Magazinen austreten können. Vor allem für Polymere, die unter anderem in

traités et se diffusent dans les magasins par la suite; en particulier, des taux de rétention importants ont été signalés dans des polymères utilisés entre autres dans la photographie.
Le traitement avec des rayons γ est très efficace pour la stérilisation, mais la gestion du traitement pour éviter un affaiblissement sensible du papier est encore très problématique. Les essais effectués se sont révélés négatifs à cause des effets secondaires trop importants.

Pour garantir des conditions d'hygiène correctes, un nettoyage des objets stérilisés reste indispensable même après une stérilisation, avant la réintégration dans les dépôts. De plus, les résultats d'une stérilisation sont relativisés par le fait que, dès qu'on met un objet à l'air libre ou si on le manipule, de nouvelles spores se déposeront sur l'objet et seront prêtes à germer en cas de conditions favorables.

En résumé, les avantages et les inconvénients d'un traitement de désinfection par stérilisation doivent être évalués attentivement avant toute intervention; quand des alternatives sont possibles, il vaut mieux renoncer à une désinfection.

■ *Désinfection partielle*

Une désinfection partielle est un traitement fongistate, et non pas fongicide, qui vise à stopper aussi rapidement que possible la croissance des colonies actives et à rétablir une situation hygiénique favorable.

Les fongicides classiques utilisés dans les bibliothèques et les archives (thymol, p. ex.) sont inefficaces et potentiellement dangereux; ils ne doivent pas être utilisés.

Pour stopper la croissance des microorganismes, il est nécessaire de réduire rapidement le taux d'humidité des objets concernés; cela peut se faire de deux manières, par assèchement naturel, en mettant les objets dans un local bien ventilé où l'humidité relative se situe entre 35 et 45 %, ou par un séchage forcé à l'aide d'une chambre à vide.

Ce dernier traitement est en phase de développement; par un vide partiel atteignant environ 0,2 mbar, on provoque le dessèchement et l'inactivation du mycélium et on stoppe par là sa croissance. Les spores ne sont par contre pas inactivées.

der Fotografie verwendet werden, ist auf ein grosses Rückhaltevermögen hingewiesen worden.

Die Sterilisation mit γ-Strahlen ist sehr wirkungsvoll, die Steuerung des Verfahrens ist aber noch zu problematisch, und ein spürbarer Abbau des Papiers kann nicht vermieden werden. Die durchgeführten Versuche haben sich aufgrund der zu grossen Sekundärschäden als negativ erwiesen.

Um angemessene hygienische Bedingungen zu garantieren, müssen die sterilisierten Objekte auch nach einer Behandlung unbedingt gereinigt werden, bevor sie wieder in die Magazine gelangen. Ausserdem werden die Resultate einer Sterilisation durch den Umstand relativiert, dass sich auf einem Objekt, kaum bringt man es an die Luft oder handhabt es, neue Sporen absetzen, die unter günstigen Bedingungen zu keimen bereit sind.

Zusammenfassend ist zu sagen, dass die Vor- und Nachteile einer Desinfektionsbehandlung durch Sterilisation vor jedem Eingriff sehr aufmerksam abgewogen werden müssen; wenn alternative Behandlungen möglich sind, sollte besser auf eine Desinfektion verzichtet werden.

■ *Partielle Desinfektion*

Eine partielle Desinfektion ist keine fungizide, sondern eine fungistatische Behandlung, mit der das Wachstum aktiver Mikroorganismen-Kolonien schnellstmöglich gestoppt und wieder eine positive hygienische Situation hergestellt werden soll.

Die klassischen, in Bibliotheken und Archiven benutzten Fungizide (z. B. Thymol) sind unwirksam und möglicherweise gefährlich; sie dürfen nicht verwendet werden.

Um das Wachstum von Mikroorganismen zu stoppen, muss der Feuchtigkeitsgehalt der betroffenen Objekte schnell gesenkt werden. Dafür gibt es zwei Möglichkeiten: die natürliche Trocknung, bei der die Objekte bei einer rF zwischen 35 und 45 % in einem gut gelüfteten Raum trocknen, und zweitens die forcierte Trocknung mit Hilfe einer Vakuumkammer.

Letztere ist in der Entwicklungsphase: Durch ein partielles Vakuum von ca. 2 mbar wird die Austrocknung bewirkt, das heisst, das Myzelium wird inaktiv und sein Wachstum wird gestoppt – allerdings bleiben die Sporen aktiv. Dieses Ergebnis

Ce résultat peut être atteint en quelques heures de traitement, donc plus rapidement que lors d'un séchage naturel. Pendant le traitement, des températures très basses, inférieures à –2 °C, se forment dans la chambre à vide.

Sur des surfaces lisses et compactes (telles que des étagères métalliques), une désinfection partielle peut être obtenue par un nettoyage avec de l'alcool éthylique ou isopropylique à 60–70 %. Ce traitement ne peut pas être appliqué à des surfaces poreuses, et encore moins à des livres et documents. Il est parfois utilisé en restauration par des bains où des objets atteints par la moisissure sont immergés pour quelques minutes; l'opportunité et l'innocuité d'un tel traitement ne peuvent être évaluées que par un restaurateur professionnel.

3.1.4 Traitement de dépôts infectés

■ *Identification*

Dans le cas d'une infection grave, la présence de moisissures ou de bactéries est évidente pour chacun: les colonies de micro-organismes en plein développement sont visibles macroscopiquement, les moisissures produisent des spores dont la masse est bien visible. Par contre, dans le premier stade de leur développement, les moisissures peuvent être difficiles à reconnaître et confondues avec de la poussière; l'aspect macroscopique d'un léger duvet de couleur claire n'est pas très caractéristique, mais une observation avec une loupe, en particulier avec une lumière rasante, devrait permettre de déceler de fins filaments rayonnant blanchâtres, les hyphes, qui caractérisent le premier stade du développement des micro-organismes.

■ *Mesures concernant les dépôts*

La première réaction indispensable quand on constate que des micro-organismes sont en cours de développement est de vérifier, dans différentes zones du dépôt, avec un instrument fiable le taux hygrométrique de l'air. Si l'on constate une hygrométrie élevée, il est essentiel de la réduire, soit en aérant les dépôts (pendant la saison hivernale, où l'humidité absolue de l'air extérieur est faible), soit avec des déshumidificateurs. Plus l'humidité est élevée et installée depuis longtemps, plus le danger d'une croissance généralisée de moisissures est

kann mit einer Behandlung von einigen Stunden erreicht werden, also schneller als durch natürliche Trocknung. Während der Behandlung kommt es in der Vakuumkammer zu sehr niedrigen Temperaturen unter –2 °C.

Auf glatten und kompakten Flächen (z. B. Metallregalen) ist eine partielle Desinfektion durch die Reinigung mit 70-%igem Ethyl- oder Isopropylalkohol möglich. Diese Behandlung kann nicht auf porösem Material und noch weniger auf Buch- und Schriftmaterial angewendet werden. Allerdings wird sie manchmal in der Restaurierung verwendet, wenn Objekte mit Schimmelbefall einige Minuten lang in ein Bad gegeben werden. Die Zweckmässigkeit und Unbedenklichkeit einer solchen Behandlung können nur von einem spezialisierten Restaurator eingeschätzt werden.

3.1.4 Behandlung kontaminierter Lagerräume

■ *Identifizierung*

Bei starkem Befall sind Schimmelpilze oder Bakterien für jeden erkennbar: Im Wachstum begriffene Mikroorganismuskolonien sind mit blossem Auge erkennbar, Schimmelpilze produzieren Sporen, die in grosser Menge gut sichtbar sind. Im ersten Stadium ihrer Entwicklung hingegen sind Mikroorganismen schwer von Staub zu unterscheiden. Makroskopisch wirken sie wie ein heller Flaum ohne charakterisierende Aussage. Aber mit der Lupe, vor allem bei Streiflicht, müssten feine, weisslich leuchtende Fäden zu erkennen sein. Das sind die Hyphen, charakteristisch für das erste Wachstumsstadium der Mikroorganismen.

■ *Massnahmen in den Magazinräumen*

Wird das Wachstum von Mikroorganismen festgestellt, muss als Erstes in verschiedenen Bereichen des Magazins mit einem zuverlässigen Gerät die Luftfeuchtigkeit gemessen werden. Wird eine erhöhte Luftfeuchtigkeit festgestellt, muss sie unbedingt gesenkt werden, entweder durch Lüften der Räume (im Winter, da die absolute Feuchtigkeit der Aussenluft niedrig ist) oder mit Hilfe von Entfeuchtern. Je höher der Feuchtigkeitswert und je länger diese Bedingungen herrschten, umso grösser ist die Gefahr eines allgemeinen Wachstums von Mikroorganismen. Einige Tage bei einer Feuch-

grand. Si quelques jours avec une humidité relative de 70 % ne sont pas un problème grave, plusieurs semaines au-dessus de 80 % permettent presque certainement le développement de colonies. Bien évidemment, cette situation est influencée aussi par le type de spores et par les substrats nutritifs présents, ce qui empêche de formuler des prévisions absolument fiables.

La cause de l'augmentation de l'humidité devrait être identifiée et éliminée ; quand cette cause n'est pas évidente, on recherchera des infiltrations par capillarité dans les murs et les sols, des dommages dans le système hydraulique ou dans la toiture ou la ferblanterie de la maison, etc. On examinera également la position des étagères par rapport aux murs extérieurs ou aux autres surfaces qui présentent une température de surface inférieure à celle du centre du local, car dans ces zones, l'humidité relative de l'air peut être sensiblement plus élevée qu'ailleurs dans la même pièce.

Si pour une raison ou une autre l'humidité dans le dépôt a été élevée pendant une période excédant quelques jours, celle-ci a été absorbée par les murs et les objets et il faudra un certain temps pour que l'hygrométrie se stabilise dans des valeurs normales. Ce phénomène explique pourquoi on peut constater le développement de moisissures dans un local ayant, sur le moment, un taux hygrométrique correct. En effet, c'est le contenu en eau des objets et non directement l'humidité relative du local qui détermine des conditions plus ou moins favorables pour le développement de micro-organismes.

La présence de poussières sur les objets est un facteur favorable au développement des micro-organismes, parce que la poussière contient souvent à la fois des spores et des substances nutritives et parce qu'elle peut retenir l'humidité. De même, certains matériaux peu poreux peuvent subir plus facilement un phénomène de condensation superficielle qui crée des conditions favorables pour les moisissures.

Une fois rétablies des conditions hygrométriques correctes, les magasins et étagères qui ont subi l'infection doivent être nettoyés à fond, avec des désinfectants de surface adaptés. Les produits désinfectants utilisés pour l'hygiène hospitalière ne sont pas conçus pour les conditions de dépôts de biblio-

tigkeit von 70 % sind kein allzu grosses Problem, mehrere Wochen bei über 80 % aber führen fast sicher zur Entwicklung von Kolonien. Natürlich sind dabei der Typ der vorhandenen Sporen und das Nahrungssubstrat bestimmend, und deshalb können keine absolut zuverlässigen Angaben gemacht werden.

Der Grund für die erhöhte Luftfeuchtigkeit ist festzustellen und zu beseitigen. Ist die Ursache nicht klar ersichtlich, muss kontrolliert werden, ob aufgrund der Kapillarkräfte von Mauern und Böden Wasser eindringt, und es muss nach Schäden im hydraulischen System, am Dach oder an der Bauklempnerei des Gebäudes usw. gesucht werden. Zu prüfen ist auch die Aufstellung der Regale im Verhältnis zu den Aussenwänden oder anderen Flächen, deren Oberflächentemperatur unter derjenigen in der Mitte des Raumes liegt, denn an diesen Stellen kann die relative Luftfeuchte bedeutend höher sein als in anderen Bereichen des Raumes.

War die Feuchtigkeit in den Magazinen aus irgendeinem Grund länger als einige Tage erhöht, wurde sie von Mauern und Objekten aufgenommen. Dann braucht es eine bestimmte Zeit, bis sich wieder normale Werte einstellen. Das erklärt das Wachstum von Mikroorganismen in einem Raum, dessen Feuchtigkeitswerte beim Messen korrekt sind: Tatsächlich bildet der Feuchtigkeitsgehalt der Objekte, und nicht die relative Feuchtigkeit des Raumes, die Grundlage für mehr oder weniger günstige Wachstumsbedingungen von Mikroorganismen.

Staub auf den Objekten fördert das Wachstum von Mikroorganismen. Staub enthält häufig sowohl Sporen als auch nahrungsbildende Substanzen und kann Feuchtigkeit zurückhalten. Auch manche wenig poröse Materialien können leicht eine Oberflächenkondensation aufweisen, die dem Wachstum von Mikroorganismen förderlich ist.

Sind erneut vorschriftsmässige Feuchtigkeitswerte erreicht, müssen die befallenen Magazine und Regale mit geeigneten Desinfektionsmitteln zur Flächenreinigung gründlich gesäubert werden. Desinfektionsmittel aus dem Krankenhausbedarf eignen sich nicht für den Gebrauch in Archiv- und Bibliotheksmagazinen, es steht zu befürchten, dass

thèques et d'archives et on peut craindre des dégagements de produits potentiellement nuisibles pour les livres à long terme, en particulier des composés chimiques contenant du chlore. Pour cette raison, il est conseillé d'utiliser uniquement de l'alcool éthylique ou isopropylique à 60–70 % pour le nettoyage du sol et des étagères. L'alcool utilisé à des concentrations supérieures est moins efficace.

Le nettoyage devra être fait de manière à éviter la dispersion des spores dans toute la pièce. On utilisera un aspirateur muni d'un filtre « absolu » ou un chiffon très légèrement humide, de préférence en microfibres, qu'on lavera très fréquemment dans la solution désinfectante citée. Le chiffon qui aura servi au nettoyage d'une zone infectée ne doit pas être utilisé ailleurs avant d'avoir été lavé à 95 °C. L'hygiène personnelle du personnel exécutant ce travail est importante; on suivra les mesures indiquées au point 3.3.

Si les surfaces sont très sales, il est opportun de les nettoyer deux fois. L'utilisation de produits fongistates provenant de l'hygiène hospitalière peut être acceptée pour les couloirs et les locaux qui ne servent pas de dépôt. Les produits désinfectants ne doivent jamais être appliqués directement sur des objets, parce que leur stabilité chimique et leur interaction avec les composantes des objets ne peuvent pas être évaluées.

■ *Traitement des objets moisis*

Quand on est confronté à un lent développement d'hyphes (fins filaments blanchâtres), les risques d'infection sont réduits, car les spores ne se sont pas encore formées, et les objets peuvent être traités directement sur place si on a pu rétablir des conditions hygrométriques correctes dans le local. La différenciation des stades de développement pouvant être problématique pour un œil non exercé, il est utile de faire appel à un conseiller en conservation ou à un microbiologiste. Si les moisissures ont déjà développé des inflorescences et des spores, le danger d'infection est grand; le mycélium reproductif, avec la présence de spores, n'est reconnaissable à l'œil nu qu'à un stade avancé de son développement; en cas de doute, adopter les mesures de protection conseillées, autant pour les objets que pour les personnes.

langfristig Stoffe abgegeben werden, die für Buch- und Schriftmaterialien potenziell schädlich sind, und zwar vor allem chlorhaltige Verbindungen. Aus diesem Grund wird empfohlen, für die Boden- und Regalreinigung nur 60- bis 70-%igen Ethyl- oder Isopropylalkohol zu verwenden. Höherprozentiger Alkohol ist weniger wirksam.

Bei der Reinigung muss darauf geachtet werden, die Sporen nicht aufzuwirbeln und so im ganzen Raum zu verteilen. Verwendet wird ein Staubsauger mit Schwebstofffilter oder ein leicht feuchtes Tuch (vorzugsweise aus Mikrofasern), das ständig in der genannten Desinfektionslösung ausgewaschen werden muss. Das Tuch, mit dem ein infizierter Bereich gereinigt worden ist, darf nur nach Waschen bei 95 °C zur Reinigung anderer Bereiche verwendet werden. Die Sicherheitsmassnahmen für Mitarbeiter müssen unbedingt eingehalten werden, man beachte die Massnahmen in Punkt 3.3.

Sind die Flächen sehr schmutzig, sollten sie zweimal gereinigt werden. Fungizide aus dem Krankenhausbedarf sind für Gänge und Räume annehmbar, die nicht der Lagerung dienen. Die Desinfektionsmittel dürfen nie direkt auf die Objekte aufgebracht werden, da ihre chemische Beständigkeit und eine Interaktion mit den Bestandteilen der Objekte nicht beurteilt werden können.

■ *Kontaminierte Objekte*

Handelt es sich um eine langsame Entwicklung von Hyphen (feine weissliche Fäden), sind die Gefahren einer Infektion beschränkt, denn die Sporen sind noch nicht ausgebildet. Konnten die Feuchtigkeitsbedingungen im Raum wieder geregelt werden, ist es möglich, die Objekte direkt vor Ort zu behandeln. Da die Unterscheidung der verschiedenen Wachstumsphasen für ein ungeübtes Auge problematisch sein kann, sollte ein Spezialist für Konservierung oder ein Mikrobiologe herangezogen werden. Haben sich schon Blütenstände und Sporen entwickelt, ist die Infektionsgefahr gross. Reproduktives Myzel mit Sporen kann mit blossem Auge erst in einem fortgeschrittenen Entwicklungszustand erkannt werden; im Zweifelsfall sollten für Objekte als auch für Personen die empfohlenen Schutzmassnahmen ergriffen werden.

Plusieurs traitements sont possibles pour des livres et documents présentant des colonies de micro-organismes actifs :

- ☐ Le refroidissement des objets à environ 5 °C inhibe provisoirement la croissance, qui reprend toutefois dès que la température remonte audelà de 10 °C, si l'humidité du substrat n'a pas été modifiée. Pour cette raison, un refroidissement peut être une bonne mesure de premier secours, mais il doit impérativement être suivi par un séchage efficace des objets, pour ramener leur contenu en eau à un niveau normal. Le contrôle est exécuté au mieux avec la mesure de l'activité de l'eau, qui doit atteindre la valeur $a_w < 0,6$.
- ☐ Si les objets moisis sont très fortement humides ou mouillés, leur congélation est la meilleure solution : les objets seront emballés dans des sacs en polyéthylène ou polypropylène par paquets n'excédant pas, si possible, les 10 cm d'épaisseur, ils seront identifiés et congelés aussi rapidement que possible à –20 °C au moins (voir chap. 6, partie VIII sur le traitement des documents inondés). Les conseils d'un conservateur-restaurateur seront précieux pour identifier les objets qui pourraient souffrir de ce traitement. Après la congélation, on organisera calmement l'assainissement des locaux, le traitement des objets par lyophilisation et leur éventuelle désinfection. La lyophilisation stoppe efficacement la croissance des micro-organismes, mais ne tue pas les spores.
- ☐ Un séchage rapide des objets concernés par un début de croissance de micro-organismes (mycélium végétatif) peut également être suffisant, si le contenu en eau des objets reste assez réduit pour permettre une diminution importante de l'activité de l'eau dans les 24 heures. Pour cela, il faut transporter les objets dans un local ayant une humidité relative entre 35 et 45 %, maintenue si nécessaire par des déshumidificateurs. Les objets seront transportés avec précaution, en évitant les mouvements brusques. Pour une durée de quelques heures au maximum, on peut emballer les objets dans des sacs en plastique, pour des périodes plus longues, il faut choisir un emballage en papier poreux bien fermé avec du

Für Bücher und Dokumente, die von aktiven Mikroorganismuskolonien befallen sind, sind mehrere Vorgehensweisen möglich:

- ☐ Die Objekte werden auf ca. 5 °C abgekühlt: Das Wachstum wird vorübergehend gehemmt, beginnt allerdings wieder, sobald die Temperatur auf über 10 °C ansteigt und wenn die Feuchtigkeit des Substrats nicht verändert wurde. Aus diesem Grund kann das Abkühlen eine sehr gute erste Massnahme sein, muss aber unbedingt von einem effizienten Trocknen des Objekts gefolgt werden, damit der Wassergehalt der Objekte wieder seinen normalen Stand erreicht. Kontrolliert wird am besten durch die Messung der Wasseraktivität, die den a_w-Wert < 0,6 erreichen muss.
- ☐ Sind die befallenen Objekte sehr feucht oder nass, ist Schockgefrierung die beste Lösung: Die Objekte werden in Polyethylen- oder Polypropylenbeutel eingepackt (Pakete möglichst nicht höher als 10 cm), gekennzeichnet und schnellstmöglich bei mindestens –20 °C gefroren (siehe Kap. 6, Teil VIII zur Behandlung nasser Objekte). Mit Hilfe eines Konservators/Restaurators können die Objekte bestimmt werden, die solchermassen behandelt werden können. Nach der Schockgefrierung der Objekte können die nächsten Massnahmen organisiert werden: Trocknen und Säubern der betroffenen Magazinräume, Gefriertrocknung und eventuelle Desinfektion der Objekte. Durch Gefriertrocknung wird zwar das Wachstum von Mikroorganismen gestoppt, die Sporen jedoch werden nicht abgetötet.
- ☐ Für Objekte mit beginnendem Wachstum von Mikroorganismen (vegetatives Myzelium) kann eine schnelle Trocknung der Objekte ausreichen, wenn der Wassergehalt des Objekts so niedrig geblieben ist, dass die Wasseraktivität innerhalb von 24 Stunden stark herabgesetzt werden kann. Zum Trocknen müssen die Objekte in einen Raum gebracht werden, in dem die relative Feuchte zwischen 35 und 45 % liegt (wenn nötig, muss diese mit Hilfe von Entfeuchtern aufrechterhalten werden). Die Objekte müssen sehr sorgsam, ohne brüske Bewegungen transportiert werden. Für einige Stunden können die Objekte in Plastikbeuteln aufbewahrt werden,

ruban autocollant. Les objets seront disposés de manière à favoriser la circulation de l'air. Celle-ci peut être renforcée avec des ventilateurs. Le niveau de séchage pourra être vérifié par un appareil de mesure de l'activité de l'eau (a_w) ; la valeur devra être inférieure à 0,6.

L'évaluation de la méthode d'intervention devrait être confiée à un conservateur-restaurateur, car plusieurs facteurs interagissent pour créer des situations plus ou moins problématiques, autant pour les biens culturels que pour les collaborateurs de l'institution.

Le nettoyage des objets atteints par des microorganismes dépend du stade de croissance (cf. chap. 4, point 4.1). Il ne doit être effectué que sur des objets secs, ayant atteint un taux hygrométrique correct (valeur $a_w < 0,55$).

- ☐ Les objets atteints par le stade initial de croissance uniquement pourront être nettoyés superficiellement et rangés. Attention cependant à ne pas sous-évaluer le stade de croissance des colonies ! Le nettoyage peut être fait avec du papier ménage blanc à la surface douce, qu'on remplacera très fréquemment, ou avec des brosses, qu'on lavera fréquemment à l'eau et au savon et qu'on laissera sécher entièrement avant réutilisation.
- ☐ Le nettoyage des objets attaqués par des microorganismes, une fois que leur taux d'humidité sera redevenu normal, devra être fait impérativement hors du magasin, si possible sur une place de travail munie d'une aspiration de l'air (banc de travail propre, hotte à flux laminaire) ou, faute de mieux, dans une pièce vide avec les fenêtres ouvertes ou au pire à l'extérieur (le danger de choc climatique est présent surtout pour les objets sensibles). Pour le nettoyage, on peut utiliser un aspirateur muni d'une brosse douce et d'un filtre absolu (filtre HEPA), du papier ménage et des brosses, avec les précautions déjà évoquées.
- ☐ Dans la mesure du possible, il est opportun d'éliminer et de remplacer les boîtes et conteneurs n'ayant pas de valeur historique.

für einen längeren Zeitraum müssen sie in poröses Papier verpackt und mit Klebeband gut verschlossen werden. Die Objekte werden so angeordnet, dass eine gute Luftzirkulation möglich ist. Diese kann durch Ventilatoren verstärkt werden. Der Trocknungsgrad kann mit einem Messgerät für Wasseraktivität a_w überprüft werden, der Wert muss unter 0,6 liegen.

Die Beurteilung dieser Behandlungsmethode sollte einem Konservator/Restaurator anvertraut werden, denn hier interagieren einige Faktoren, durch die sowohl für die Kulturgüter als auch für die Mitarbeiter der Einrichtung mehr oder weniger problematische Situationen entstehen können.

Die Reinigung der von Mikroorganismen befallenen Objekte hängt von deren Wachstumsstand ab (siehe Kap. 4, Punkt 4.1). Nur trockene Objekte mit vorschriftsmässigen hygrometrischen Werten (a_w-Wert $< 0,55$) werden gereinigt.

- ☐ Objekte mit Befall im Anfangsstadium des Wachstums dürfen oberflächlich gereinigt und dann zurückgestellt werden. Achtung, nicht den Stand des Kolonienwachstums unterschätzen! Gereinigt werden kann mit weissem, weichem Haushaltpapier, das sehr häufig zu erneuern ist, oder mit weichen Bürsten. Diese sind laufend mit Wasser und Seife auszuwaschen und dürfen erst nach vollkommener Trocknung wieder verwendet werden.
- ☐ Die Reinigung der von Mikroorganismen befallenen Objekte ist erst durchzuführen, wenn sich ihr Feuchtigkeitsgehalt wieder normalisiert hat. Sie muss ausserhalb des Lagerraums, wenn möglich an einem Arbeitsplatz mit Absaugvorrichtung (Reinraumwerkbank, Laminar-Flow-Abzugshaube) vorgenommen werden. Notfalls wird in einem leeren Raum mit offenen Fenstern und schlimmstenfalls im Freien gearbeitet (Achtung, Klimaschock-Gefahr, besonders für empfindliche Objekte). Zur Reinigung können, unter den schon erwähnten Vorsichtsmassnahmen, ein Staubsauger, ausgestattet mit einer weichen Bürste und einem Schwebstofffilter (Filter HEPA), sowie Haushaltpapier und Bürsten verwendet werden.
- ☐ So weit wie möglich sollten Schachteln und Behälter ohne historischen Wert ausgeschieden und durch neue ersetzt werden.

■ *Mesures de protection personnelle*

Des mesures de protection personnelle peuvent être nécessaires quand on est exposé de manière intensive à un environnement riche en spores de micro-organismes. Les risques sont liés, d'une part, à des effets toxiques directs de certains micro-organismes et, d'autre part, à des réactions de sensibilisation par les spores.

L'utilisation d'une table de nettoyage avec aspiration des poussières ou, mieux, d'une hotte à flux laminaire est indispensable pour le nettoyage de grandes quantités d'objets attaqués par des micro-organismes, sinon les spores seraient redisséminées dans le bâtiment et l'opérateur se trouverait dans un environnement potentiellement nuisible pour sa santé. Pour le nettoyage de ces objets, il est nécessaire que l'opérateur prenne des mesures de protection personnelle, qui peuvent être également utiles lors du nettoyage d'objets simplement empoussiérés :

- ☐ Port d'un tablier en coton (lavable à 95 °C) ou en matériel jetable, qu'on laisse dans le local de nettoyage (même pour la pause-café) pour ne pas infecter d'autres locaux ; le tablier est lavé ou changé au moins une fois par semaine, une fois par jour dans les situations graves.
- ☐ Port d'un masque personnel léger,[9] à renouveler aussi souvent que nécessaire, pour le traitement d'objets gravement infectés (même après désinfection) ou d'objets même légèrement infectés si des symptômes allergiques se manifestent (éternuements, toux sèche, démangeaisons).
- ☐ Port de gants en latex ou vinyle ; nettoyage systématique des mains avec du savon et un produit désinfectant adapté, bactéricide et fongicide (type désinfectant chirurgical, à acheter en pharmacie), à chaque interruption du travail.
- ☐ Traitement journalier de la surface de travail avec un produit de désinfection des surfaces : vaporiser sur les surfaces et laisser sécher.
- ☐ Lavage régulier du sol du local de traitement avec un produit désinfectant, au minimum quatre fois par année, plus fréquemment (une fois par semaine) si l'on nettoie des objets fortement

[9] Masques FFP 3 selon DIN EN 149.

■ *Massnahmen zum Personenschutz*

Setzt man sich intensiv einem an Sporen von Mikroorganismen reichen Umfeld aus, sind persönliche Schutzmassnahmen notwendig. Es besteht sowohl die Gefahr direkter toxischer Auswirkungen mancher Mikroorganismen auf den Menschen als auch die der Auslösung allergischer Reaktionen durch die Sporen.

Für die Reinigung grosser Mengen von Objekten mit Mikroorganismenbefall ist ein Arbeitsplatz mit Absaugvorrichtung oder, besser, eine Laminar-Flow-Abzugshaube unbedingt notwendig, denn bei jeder anderen Methode würden die Sporen im ganzen Gebäude verteilt werden, und der Bearbeiter befände sich in einem potenziell gesundheitsschädigenden Umfeld. Bei der Reinigung dieser Objekte müssen von den Bearbeitern unbedingt persönliche Schutzmassnahmen getroffen werden (auch für die Reinigung nur staubiger Objekte nützlich):

- ☐ Tragen von Einweg- oder Baumwollschürzen (waschbar bei 95 °C). Die Schürzen verbleiben im Reinigungsraum (selbst während der Kaffeepause), um die anderen Räume nicht zu infizieren, und werden mindestens einmal wöchentlich gewaschen beziehungsweise weggeworfen (in schweren Fällen auch einmal pro Tag).
- ☐ Tragen leichter, persönlicher Schutzmasken[9] (je nach Bedarf wechseln) bei der Behandlung von stark befallenen Objekten (auch nach Desinfektion) oder auch von leicht infizierten Objekten, wenn Symptome von Allergie auftreten (Niesen, Reizhusten, Juckreiz).
- ☐ Tragen von Latex- oder Vinylhandschuhen; bei jeder Arbeitsunterbrechung systematisches Händewaschen mit Seife und einem entsprechenden bakterien- und pilztötenden Desinfektionsmittel (z. B. in der Apotheke erhältliches chirurgisches Desinfektionsmittel).
- ☐ Tägliche Reinigung der Arbeitsfläche mit einem Desinfektionsmittel für Flächenreinigung; Produkt aufsprühen und dann trocknen lassen.
- ☐ Regelmässige Fussbodenreinigung im Reinigungsraum mit einem Desinfektionsmittel, mindestens viermal im Jahr, bei der Behandlung

[9] FFP 3-Masken nach DIN EN 149.

infectés. Ne pas utiliser ce produit dans les dépôts.

- ☐ Dépoussiérage périodique de l'ensemble du local et des meubles avec un aspirateur muni d'un filtre HEPA.

3.2 Insectes

3.2.1 Le concept Integrated Pest Management (IPM)

Le concept *Integrated Pest Management (IPM),* issu de l'agriculture, désigne une stratégie d'action contre les insectes qui n'est pas basée sur l'utilisation de pesticides, mais implique une surveillance permanente et un traitement actif seulement lorsqu'il y a nécessité avérée. L'IPM peut être également appliqué aux rongeurs.

Dans les archives, bibliothèques et musées, l'IPM implique une vision d'ensemble, où les facteurs de l'environnement (climat, lumière, etc.) sont mis en relation avec les dommages biologiques, en particulier ceux causés par les insectes. Le but d'un programme IPM est d'éviter le développement de situations problématiques en intervenant avant que les problèmes n'aient atteint une dimension grave. Ce programme comprend les points suivants:

- ☐ la protection des locaux contre l'entrée des insectes;
- ☐ le contrôle des locaux, pour éviter la présence de niches favorables aux insectes;
- ☐ le contrôle régulier de la présence d'insectes avec des pièges;
- ☐ la connaissance des insectes bibliophages et de leurs dommages typiques;
- ☐ les interventions ciblées pour éliminer les conditions favorables à leur développement et pour éliminer les colonies qui ont pu se développer.

3.2.2 La protection contre l'entrée des insectes

La présence d'insectes peut être évitée par la réduction des possibilités d'accès au bâtiment. Les insectes volants peuvent utiliser des fenêtres ouvertes, les insectes rampants passent par les canalisations ou creusent des galeries. En évitant d'ouvrir les fenêtres ou/et en les protégeant avec une toile très fine, on peut limiter l'entrée d'in-

stark infizierter Objekte häufiger (wöchentlich). Dieses Produkt nicht in den Depots anwenden.

- ☐ Regelmässige Reinigung des gesamten Raumes sowie der Möbel mit einem Staubsauger mit HEPA-Filter.

3.2 Insekten

3.2.1 Das Konzept Integrated Pest Management (IPM)

Das Konzept *Integrated Pest Management (IPM)* wurde für die Landwirtschaft entwickelt und bietet eine Strategie zur Bekämpfung von Insekten, die nicht auf dem Gebrauch von Pestiziden, sondern auf einer permanenten Überwachung und der aktiven Behandlung im Fall wirklicher Notwendigkeit beruht. IPM ist auch für Nagetiere einsetzbar.

Voraussetzung für IPM in Archiven, Bibliotheken und Museen ist eine Betrachtung der Gesamtheit, bei der die Umgebungsfaktoren (Klima, Licht usw.) zu den biologischen Schäden, vor allem zu den durch Insekten verursachten, in Beziehung gesetzt werden. Das Ziel eines IPM-Programms ist es, problematische Situationen zu verhindern, indem eingegriffen wird, bevor die Probleme erhebliche Dimensionen annehmen. Das Programm beinhaltet folgende Punkte:

- ☐ Schutz der Räume gegen das Eindringen von Insekten;
- ☐ Kontrolle der Räume, um die Bildung von für Insekten günstige Nischen zu vermeiden;
- ☐ Regelmässige Überprüfung auf Anwesenheit von Insekten durch Aufstellung von Fallen;
- ☐ Kenntnis der bibliotheks- und archivtypischen Schadinsekten und der entsprechenden Schadensbilder;
- ☐ gezielte Eingriffe, um Bedingungen, die zur Entwicklung von Insekten günstig sind, auszuschalten und eventuell bestehende Kolonien zu eliminieren.

3.2.2 Schutz gegen das Eindringen von Insekten

Insektenbefall kann durch Schutz der Zugänge zum Gebäude vermieden werden. Fluginsekten dringen durch offene Fenster ein, Kriechinsekten durch die Kanalisation oder durch selbst gegra-

sectes. Les conduites qui entrent et sortent du bâtiment ne doivent pas permettre leur passage. Les voies d'accès sont en principe moins fréquentes dans les bâtiments modernes que dans les constructions anciennes; ces dernières devraient être particulièrement surveillées. L'introduction d'emballages ou de fonds infestés constitue également une voie d'entrée possible et les visiteurs peuvent éventuellement amener des insectes ou leurs œufs dans les vêtements. Une règle essentielle est d'éviter d'introduire directement dans les dépôts des fonds où il existe un risque, si minime soit-il, de présence d'insectes, en fonction de la composition et de la provenance du fonds. L'introduction d'insectes vivants, de larves ou d'œufs avec des livres ou documents peut être évitée si les fonds suspects sont placés dans un local séparé et nettoyés soigneusement selon les critères décrits dans la section précédente.

3.2.3 Le contrôle des locaux, pour éviter la présence de niches favorables aux insectes

Le contrôle des locaux vise à identifier la présence de niches favorables aux insectes et à éliminer ces zones potentiellement dangereuses.

Le nettoyage régulier des locaux et le dépoussiérage des étagères constituent à la fois un facteur de prévention et un moyen de contrôle et d'identification d'une éventuelle infestation. Le nettoyage doit toucher aussi les zones qui ne sont pas bien visibles, les recoins et zones difficiles d'accès où l'accumulation de saleté organique peut créer des niches favorables aux insectes. Les parties du bâtiment qui sont le plus fréquemment infestées sont: anciennes cheminées et canalisations, espaces vides et fissures dans les parois et les sols, meubles abandonnés, en particulier à la cave ou au grenier, accumulations de matériel abandonné dans des zones peu fréquentées. De plus, les lieux de pause, avec les machines à café et les aliments qui s'y trouvent, sont souvent le point d'attraction pour divers types d'insectes bibliophages, comme les blattes et les poissons d'argent.

Enfin, les conditions climatiques sont déterminantes pour le développement de presque tous les insectes bibliophages. Dans des conditions normales, leur développement est fortement inhibé,

bene Gänge. Indem man die Fenster selten öffnet und/oder insektendichte Gaze anbringt, kann das Eindringen von Insekten beschränkt werden. Zu- und Ableitungen des Gebäudes müssen für Insekten unzugänglich gemacht werden. In modernen Gebäuden gibt es im Prinzip weniger Zugangswege als in historischen; letztere müssen besonders aufmerksam überwacht werden. Insekten und deren Eier können durch Besucher eingeschleppt werden. Sie können aber auch durch Verpackungsmaterialien oder neue Bestände Zugang finden. Wichtig ist, dass keine Bestände direkt in die Lagerräume kommen, bei denen aufgrund ihrer Zusammensetzung und Herkunft auch nur die geringste Möglichkeit der Anwesenheit von Insekten besteht. Das Einschleppen lebendiger Insekten, Larven oder Eier durch Bücher oder Archivalien kann verhindert werden, indem diese in einem isolierten Raum gelagert und sorgfältig unter Beachtung der oben beschriebenen Kriterien gesäubert werden.

3.2.3 Die Kontrolle der Räume, um die Bildung insektengünstiger Nischen zu vermeiden

Durch die Kontrolle der Räume sollen Nischen ausgemacht werden, die günstig für Insekten sind, um diese potenziellen Gefahrenbereiche sodann auszumerzen.

Regelmässiges Reinigen der Räume und Entstauben der Regale dient einerseits als Schutzmassnahme, andererseits dem Erkennen und der Identifikation von Schädlingen. Dabei dürfen auch schlecht sichtbare Bereiche, verborgene Winkel und schwer zugängliche Stellen, in denen durch Ansammlung von Schmutz eine insektengünstige Nische entsteht, nicht vergessen werden. Häufig werden in den Gebäuden folgende Bereiche befallen: alte Schornsteinschächte und Wasserleitungen, leere Räume, Risse in Wänden und Fussböden, ungenutzte Möbel (vor allem im Keller und in Dachkammern) und Ansammlung ausrangierter Gegenstände in wenig begangenen Bereichen. Ausserdem sind die Pausenräume mit Kaffeemaschine und Nahrungsmitteln häufig ein Anziehungspunkt für verschiedene Schadinsektenarten wie Schaben und Silberfischchen.

Entscheidend für die Entwicklung eines Grossteils der Schadinsekten sind die klimatischen Be-

de manière que les dommages qu'ils provoquent sont minimes. Par contre, si l'humidité relative de l'air est supérieure à 65–70 %, leur vitesse de reproduction s'accélère et les dommages deviennent rapidement très graves. On ne peut pas totalement exclure le développement de colonies d'insectes, même quand les conditions hygrométriques sont bonnes: certaines espèces sont très résistantes et certains individus peuvent développer une capacité d'adaptation particulière qui leur permet de vivre et de se reproduire dans des conditions qui, en principe, leur sont défavorables. Les mécanismes qui régissent la prolifération périodique des insectes ne sont pas encore élucidés, et il est toujours possible d'être confronté avec une infestation massive et imprévisible. La surveillance humaine des magasins reste donc un facteur essentiel de prévention.

La vie de l'institution joue également un rôle important, car les insectes sont dérangés par les vibrations et les changements amenés par l'activité humaine tandis que la tranquillité absolue favorise leur développement. L'utilisation régulière des livres et des documents d'archives a par conséquent un effet préventif.

3.2.4 Le contrôle régulier de la présence d'insectes avec des pièges

Le contrôle avec des pièges a pour but d'identifier la présence d'insectes et non pas de les combattre. Les pièges sont formés d'une surface collante sur laquelle l'insecte est piégé et d'appâts, qui varient en fonction de l'insecte recherché. Il existe une large gamme de pièges couvrant une grande partie des insectes bibliophages; certains peuvent être complétés avec des phéromones spécifiques, hormones sexuelles qui attirent les insectes mâles.

Type d'insecte	Nom commun	Piège
Anobiidés	Vrillettes	à phéromones
Dermestidés	Dermestes, charançons	à appât alimentaire
Lepismatidés	Poissons d'argent	à appât alimentaire
Blattidés	Blattes «cafards»	à appât alimentaire

dingungen. Unter normalen Bedingungen wird ihr Wachstum so stark gehemmt, dass die Schäden minimal sind. Ist die relative Feuchte jedoch höher als 65–70 %, beschleunigt sich die Vermehrung, und die Schäden wachsen sehr rasch an. Die Entwicklung von Insekten ist aber auch bei guten klimatischen Werten nicht völlig auszuschliessen: Einige Spezies sind sehr resistent, und manche Exemplare sind von besonderer Anpassungsfähigkeit. Sie können daher auch unter normalerweise ungünstigen Verhältnissen leben und sich vermehren. Die Mechanismen des regelmässigen Insektenbefalls sind noch nicht aufgeklärt, und es kann jederzeit zu einem massiven und unvorhersehbaren Befall kommen. Die Überwachung der Magazine durch den Menschen bleibt daher eine wichtige Vorbeugemassnahme.

Auch das tägliche Leben in einer Institution hat grossen Einfluss auf die Vermehrung der Insekten. Die Tiere werden durch menschliche Aktivitäten (Erschütterungen, Umstellungen) gestört, Ruhe hingegen fördert ihre Entwicklung. Die regelmässige Benutzung von Büchern und Archivalien wirkt demnach vorbeugend.

3.2.4 Die regelmässige Überprüfung auf Anwesenheit von Insekten durch Aufstellen von Fallen

Mit dem Aufstellen von Fallen sollen die Insekten nicht bekämpft, sondern soll ihre Anwesenheit nachgewiesen werden. Die Fallen bestehen aus einer klebenden Oberfläche, auf welcher die Insekten gefangen bleiben, und einem dem gesuchten Insekt entsprechenden Köder. Es gibt eine Reihe von Fallen, die zu einem grossen Teil auch zum Nachweis von bibliotheks- und archivspezifischen Schadinsekten dienen. Einige können mit spezifischen Pheromonen, Sexuallockstoffen für die männlichen Insekten, kombiniert werden.

Insektenart	Trivialname	Falle
Anobiidae	Holzwurm	Pheromonköder
Dermestidae	Speck-, Pelzkäfer	Frassköder
Lepismatidae	Silberfischchen	Frassköder
Blattodea	Schabe	Frassköder

Cet examen doit être fait de manière systématique : il est nécessaire de poser un bon nombre de pièges (leur rayon d'action varie selon leur type et selon l'insecte à capturer) selon un plan prédéterminé ; les pièges seront posés dans des recoins, dans des endroits protégés plutôt qu'au centre des pièces. Les pièges doivent être numérotés et relevés – et si nécessaire remplacés – régulièrement, d'une fois par semaine à une fois par mois, selon la gravité de l'infestation. Cet examen doit se poursuivre durant toute la période active des insectes, selon le cas pendant toute une année ou pendant la belle saison, de mars à octobre. Si l'on constate une infestation grave, on n'attendra bien évidemment pas une année pour prendre des mesures ! Il faut tenir compte du fait que les pièges ne sont pas nécessairement spécifiques (surtout ceux à appât alimentaire) et qu'ils ne donnent qu'une indication, utile mais imprécise, de l'état sanitaire du local. Il est très utile de soumettre à un entomologue l'examen des pièges pour une identification précise des insectes ; cette opération est très difficile pour les non-spécialistes. En outre, les données récoltées doivent être interprétées pour déterminer la gravité effective du problème et les mesures utiles à prendre.

Bien évidemment, la présence d'insectes vivants, la découverte d'excréments ou de petits tas de matière broyée sont des signaux d'alarme graves qui doivent déclencher des analyses plus approfondies, avec l'aide d'un entomologue.

3.2.5 **La connaissance des insectes bibliophages et de leurs dommages typiques**

Cet aspect a été développé dans le chapitre 4, point 4.2. Selon la nature des matières conservées (meubles anciens, fonds contenant des objets divers en matières organiques, etc.) et la région où se trouve l'institution (par exemple le bassin méditerranéen où les termites constituent un danger), les connaissances en la matière devront être approfondies.

3.2.6 **Des interventions ciblées pour éliminer des colonies d'insectes (désinfestation)**

La désinfestation, lorsqu'il y a développement d'importantes colonies d'insectes, peut être nécessaire. La première mesure utile est l'isolation des objets

Diese Untersuchung muss systematisch durchgeführt werden: Nach einem festgelegten Plan sind genügend Fallen aufzustellen (der Wirkungskreis variiert je nach Insekten- und Fallenart), und zwar eher in verborgenen Winkeln und geschützten Ecken als in der Mitte der Räume. Sie müssen nummeriert und regelmässig (einmal wöchentlich bis einmal monatlich, je nach Schwere des Befalls) untersucht beziehungsweise ersetzt werden. Diese Untersuchung muss über den gesamten Aktivzeitraum der Insekten hinweg andauern, je nachdem bis zu einem Jahr oder während der Sommermonate (März bis Oktober). Bei schwerem Befall wird natürlich nicht gewartet, sondern es werden sofort Massnahmen getroffen! Die Fallen sind nicht unbedingt spezifisch auf eine Insektenart angelegt (besonders die Frassköderfallen); sie geben daher nur einen ungenauen, aber nützlichen Hinweis auf die Hygieneverhältnisse eines Raums. Mit der Insektenidentifikation wird am besten ein Entomologe beauftragt, denn für einen Nicht-Spezialisten ist sie fast unmöglich. Die gesammelten Daten müssen ausgewertet werden, um die Schwere des Problems richtig einschätzen zu können und die notwendigen Massnahmen zu bestimmen.

Die Anwesenheit lebendiger Insekten, die Entdeckung von Exkrementen oder von kleinen Häufchen zerkleinerter Materialien sind gefährliche Zeichen, welche unbedingt eine genauere Analyse mit der Hilfe eines Entomologen erforderlich machen.

3.2.5 **Kenntnis der bibliotheks- und archivstypischen Schadinsekten und der entsprechenden Schadensbilder**

Auf diesen Aspekt wurde im Kapitel 4, Punkt 4.2 eingegangen. Je nach Art des Sammlungsgutes (alte Möbel, Bestand mit verschiedenen Objekten aus organischen Materialien usw.) und der örtlichen Lage der Institution (z. B. Mittelmeergebiet mit Termitengefahr) müssen diese Kenntnisse erweitert werden.

3.2.6 **Gezielte Eingriffe zur Vernichtung von Insektenkolonien (Entseuchung)**

Bei starkem Insektenbefall wird eine Entseuchung notwendig. Dafür müssen die befallenen Objekte als erstes isoliert werden. Sie müssen unter wachs-

infestés; il faut veiller à les entreposer de manière bien séparée des autres objets et dans des conditions qui inhibent le développement des insectes. En cas de locaux infestés, il faut éviter la diffusion des insectes dans le reste du bâtiment en fermant provisoirement tous les passages d'insectes possibles, éventuellement aussi à l'aide de rubans autocollants.

L'identification des insectes par un spécialiste aidera dans le choix de la méthode de désinfestation; il existe de nombreux produits efficaces, mais leur innocuité en ce qui concerne les livres et documents d'archives est souvent discutée. Pour le traitement de pièces entières, les méthodes utilisant des composés chimiques toxiques pour les insectes sont efficaces, mais elles peuvent causer des dommages à certains matériaux libraires. Pour cette raison, on devrait consulter un conseiller en conservation avant de choisir un traitement. Pour combattre certains insectes, il existe des substances toxiques non dangereuses pour l'homme et pour les livres; par exemple, l'acide borique (H_3BO_3), posé dans un nombre suffisant de pièges, conduit à la mort de toute une population de poissons d'argent en une dizaine de jours (cf. Pöschko et al., 1997).

Pour le traitement d'objets ou de groupes d'objets infestés, quelques méthodes semblent offrir une solution correcte avec des effets secondaires nuisibles réduits:

- ☐ Le traitement par anoxie à l'azote modifie la composition de l'air, augmentant la part d'azote et diminuant très fortement la part d'oxygène. Température et humidité de l'air peuvent rester constantes et le taux de mortalité des insectes atteint 100 %. Le temps du traitement est par contre long (environ deux mois), pour détruire les capacités vitales des œufs. Cette méthode permet aussi le traitement d'objets très sensibles aux climat et aux réactifs chimiques, comme les parchemins portant des décorations polychromes.
- ☐ Le traitement avec le gaz carbonique (CO_2) est également efficace, mais ce gaz peut réagir avec certains pigments et colorants si le temps de contact est assez long et si l'humidité est d'environ 60 %.

tumshemmenden Bedingungen und getrennt von den anderen Objekten gelagert werden. Sind Räume von Insekten befallen, müssen deren Durchgänge, wenn auch erst einmal provisorisch, geschlossen werden (eventuell auch mit Hilfe von Selbstklebebändern), um eine weitere Verbreitung der Insekten im Rest des Gebäudes zu verhindern.

Die Identifikation der Insektenart durch einen Spezialisten hilft bei der Wahl der Desinfektionsmethode. Es gibt viele wirkungsvolle Produkte, aber ihre Unschädlichkeit für Buch- und Schriftmaterialien ist oft umstritten. Beim Einsatz von giftigen chemischen Verbindungen zur Vernichtung von Insekten im gesamten Raumbereich können auch Buchmaterialien geschädigt werden. Aus diesem Grund muss vor der Wahl eines Verfahrens ein fachkundiger Konservierungsspezialist befragt werden. Manche Insekten können mit Stoffen bekämpft werden, die für Menschen und Objekte ungefährlich sind. Werden zum Beispiel Frassköder mit Borsäure (H_3BO_3) flächendeckend ausgebracht, führt das in ca. zwei Wochen zum Tod der Silberfischchenpopulation (siehe Pöschko u. a., 1997).

Mehrere Verfahren zur Behandlung von insektenbefallenen Objekten beziehungsweise Objektgruppen, die nur begrenzte schädliche Nebenwirkungen zeigen, scheinen gute Resultate zu ergeben:

- ☐ Bei der Sauerstoffmangel-Behandlung mit Stickstoff wird die Zusammensetzung der Luft verändert: der Anteil an Stickstoff erhöht und der Anteil an Sauerstoff stark herabgesetzt. Temperatur und Luftfeuchte bleiben konstant, die Sterblichkeitsrate der Insekten liegt bei 100 %. Um die Lebensfähigkeit der Eier zu zerstören, ist aber eine lange Behandlungszeit nötig (ca. zwei Monate). Mit dieser Methode können auch Objekte behandelt werden, die gegenüber Klima und chemischen Reagenzien sehr empfindlich sind wie Pergament mit polychromen Verzierungen.
- ☐ Das Kohlendioxid-(CO_2-)Verfahren ist zwar effizient, aber nicht zur Behandlung von Büchern und Archivalien geeignet, denn das Gas kann bei zu langer Kontaktzeit und einer Luftfeuchte um ca. 60 % mit manchen Pigmenten und Farbstoffen reagieren.

- ☐ Par la méthode Thermo Lignum, qui a été développée en Allemagne, on tue les insectes ou on leur cause des dommages irréversibles en portant progressivement la température des objets à 55 °C, tout en maintenant l'humidité constante, de manière à ce qu'il n'y ait pas de changement dans le contenu en eau des objets. Cette méthode a été développée pour le bois, mais promet des applications intéressantes pour le papier; elle n'est, par contre, pas utilisable pour des objets en cuir ou en parchemin à cause de la température trop élevée. Une certaine prudence est recommandée pour des livres ayant des matières ou des colles thermosensibles et pour des photocopies ou impressions laser, où une température élevée peut réactiver le toner.
- ☐ Le traitement par le froid implique la congélation d'un objet infesté à –20 °C au minimum pendant au moins une semaine. Les objets devraient avoir été préalablement conditionnés pendant quelques semaines dans des conditions normales pour le développement des insectes, de manière à surprendre les insectes sans qu'ils aient le temps de développer leurs défenses au froid. Les objets doivent être emballés hermétiquement dans des sacs en polyéthylène, pour éviter la condensation sur l'objet. Cependant, le choc climatique sur l'objet est violent, ce qui limite sensiblement les possibilités d'emploi de la méthode. D'autres précautions sont nécessaires pour que ce traitement soit efficace et ne provoque pas d'effets secondaires nuisibles.

Ces méthodes offrent l'avantage d'éviter d'introduire des produits chimiques actifs qui pourraient interagir avec les matières du livre. Les inconvénients varient de l'une à l'autre et selon le type de l'objet à traiter; ils devront être évalués de cas en cas.

Le traitement de désinfection avec l'oxyde d'éthylène cité au point 3.1.3 est également très efficace contre les insectes, mais il faut tenir compte des réserves déjà formulées.

Enfin, les mesures préventives traditionnelles, par exemple l'utilisation de la naphtaline (actuellement interdite en Suisse) ou d'autres produits répulsifs, sont en principe à déconseiller, car pour être efficaces, ces substances doivent être utilisées

- ☐ Bei der in Deutschland entwickelten Thermo-Lignum-Methode werden die Insekten abgetötet oder irreversibel geschädigt, indem die Temperatur der Objekte langsam auf 55 °C erhöht wird. Dabei wird die Feuchtigkeit konstant gehalten, sodass der Wassergehalt der Objekte nicht verändert wird. Diese Methode wurde für Holz entwickelt, verspricht aber interessante Anwendungsmöglichkeiten für Papier. Für Objekte aus Leder und Pergament ist sie aufgrund der hohen Temperatur nicht geeignet. Eine gewisse Vorsicht ist bei Büchern mit hitzeempfindlichen Materialien oder Klebstoffen sowie bei Fotokopien oder Laserdrucken, bei denen der Toner durch eine hohe Temperatur reaktiviert werden kann, zu beachten.
- ☐ Bei der Kältebehandlung müssen insektenbefallene Objekte wenigstens eine Woche lang bei mindestens –20 °C eingefroren werden. Vorher müssen die Objekte einige Wochen lang bei normalem, das Wachstum von Insekten förderndem Klima aufbewahrt worden sein, sodass die Insekten von der Kälte überrascht werden und keine Zeit haben, Resistenzen dagegen zu entwickeln. Die Objekte müssen in hermetisch verschliessbaren Polyethylenbeuteln verpackt werden, um eine Kondensation auf den Objekten zu vermeiden. Aufgrund der starken, schockartigen Kälteeinwirkung auf die Objekte ist diese Methode nur begrenzt anwendbar. Andere Vorbeugemassnahmen sind nötig, um ein gutes Resultat ohne schädliche Nebenwirkungen zu erreichen.

Alle diese Methoden haben den Vorteil, dass keine aktiven chemischen Stoffe zugeführt werden, die mit den Buch- und Schriftmaterialien reagieren könnten. Jede Methode hat auch Nachteile, sodass sie entsprechend der Art des zu behandelnden Objekts jedes Mal von Neuem sorgfältig eingeschätzt werden muss.

Das unter Punkt 3.1.3 besprochene Desinfektionsverfahren mit Ethylenoxid wirkt auch bei Insektenbefall. Die schon genannten Vorbehalte müssen aber in Erwägung gezogen werden.

Von herkömmlichen Vorbeugemassnahmen wie zum Beispiel der Verwendung von Naphthalin (gegenwärtig in der Schweiz verboten) oder anderen Abschreckmitteln wird abgeraten, denn um effektiv

à une dose telle qu'elles ne sont pas sans danger pour la santé humaine, même si elles sont d'origine naturelle.

zu sein, müssen diese Mittel so hoch dosiert werden, dass sie trotz ihrem natürlichen Ursprung gesundheitsschädigend für den Menschen sein können.

3.3 Rongeurs

Le concept Integrated Pest Management peut également être appliqué à la gestion des problèmes causés par les rongeurs. Les bibliothèques et services d'archives régulièrement fréquentés et situés dans un bâtiment moderne et bien entretenu ne sont que peu menacés par des rongeurs, car les voies d'accès sont très limitées et la présence humaine dérange ces voraces ennemis des livres. Les institutions situées dans des bâtiments anciens ou en périphérie des villes ou les petites institutions locales devraient être attentives à interdire toute voie d'entrée possible (p. ex. une fenêtre ouverte près du sol), surtout au moment des premiers froids, quand les petits rongeurs cherchent un refuge pour l'hiver. Une surveillance régulière est une mesure efficace et indispensable; certains rongeurs peuvent percer des murs et des canalisations en plastique pour pénétrer dans un bâtiment. La présence de rongeurs est identifiable par leurs excréments, par des trous et des endroits rongés, par la présence de nids ou de dépouilles. Les entreprises spécialisées ont des moyens efficaces pour combattre les rongeurs; il convient toujours de vérifier l'innocuité du moyen choisi par rapport à la conservation des livres et des documents.

3.3 Nagetiere

Das Konzept des Integrated Pest Management gilt auch bei Problemen mit Nagetieren. Saubere und belebte Bibliotheken oder Archive in modernen Gebäuden sind wenig von Nagetieren bedroht, denn die Zugangswege sind beschränkt, und die gefrässigen Schädlinge werden durch die Anwesenheit von Menschen gestört. In historischen Gebäuden oder in kleinen Gemeinde- oder am Stadtrand befindlichen Institutionen muss darauf geachtet werden, jeden möglichen Zugangsweg zu versperren (z. B. offene Fenster in Bodennähe). Besonders bei der ersten Kälte suchen die kleinen Nager eine Winterzuflucht. Eine regelmässige Überwachung ist eine wirkungsvolle und unumgängliche Massnahme, denn manche Nagetiere nagen sich durch Mauern und Plastikabwasserleitungen in das Gebäude. Das Vorhandensein von Nagetieren erkennt man an ihren Exkrementen, an Löchern und angenagten Stellen sowie an Nestern oder Kadavern. Spezialisierte Firmen stellen wirkungsvolle Mittel zur Bekämpfung von Nagetieren zur Verfügung. Auf jeden Fall muss immer über die Unschädlichkeit der Verfahren bezüglich der Erhaltung von Buch- und Schriftmaterialien befunden werden.

CHAPITRE 6, PARTIE III

La gestion de l'entreposage des livres et des documents

1 Etagères

Lors d'une nouvelle construction ou du réaménagement de dépôts existants, on est souvent amené à acheter de nouvelles étagères. Divers questions techniques se posent alors, qui sont abordées ci-après. Cependant, avant de définir les exigences à propos des étagères, il est important de connaître les caractéristiques matérielles des fonds et les besoins en matière de conservation passive, de manière à acquérir un équipement réellement adapté aux fonds qui vont être entreposés.

1.1 Etagères fixes

Pour la structure des étagères fixes, comme pour la superstructure des mobiles (cf. 1.3 ci-après), on observera quelques points essentiels.

1.1.1 Matériaux constituants

L'acier avec une couche adéquate de protection contre la rouille (zingué ou laqué à chaud) ou l'acier inoxydable sont les matières les plus idoines pour la construction des étagères pour les dépôts de bibliothèques, archives et musées.

Les étagères en bois contreplaqué ou en aggloméré revêtu de diverses matières ne sont pas adaptées. Ces matières exhalent souvent des compo-

KAPITEL 6, TEIL III

Aufstellung von Büchern und Archivalien

1 Regale

Bei einem Neubau oder bei der Umstrukturierung von Depots kommt es oft zum Kauf von neuen Regalen. Dadurch ergeben sich technische Fragen, die nachfolgend besprochen werden sollen. Zur Festlegung der Anforderungen an Regale müssen allerdings die Materialeigenschaften der Bestände und die Erfordernisse im Bereich der passiven Konservierung bekannt sein, denn nur so kann eine wirklich adäquate Ausstattung angeschafft werden.

1.1 Feststehende Regale

Für die Struktur von feststehenden Regalen und Regalteilen von Rollgestellen (siehe Punkt 1.3) müssen einige grundlegende Aspekte beachtet werden.

1.1.1 Material der Bestandteile

Für den Bau von Regalen in Lagerräumen von Bibliotheken, Archiven und Museen eignet sich am besten Stahl mit einer adäquaten Rostschutzschicht (verzinkt oder einbrennlackiert) oder rostbeständiger Stahl.

Regale aus Sperrholz oder aus Spanplatten mit unterschiedlicher Beschichtung sind nicht geeignet. Sie geben oft über Jahre hinweg flüchtige orga-

santes organiques volatiles nuisibles pour la conservation,[1] leur solidité est insuffisante pour le poids de certains volumes ou documents d'archives et, en cas d'inondation, les panneaux gonflent et se déforment. Par contre, ce matériau offre une certaine protection en cas d'incendie.

Dans des bibliothèques historiques, on trouve le plus souvent des rayonnages en bois plein; contrairement aux agglomérés, cette matière n'est pas en soi défavorable pour la bonne conservation, surtout quand elle est vieillie. Le bois massif est solide, il contribue à stabiliser le climat de la pièce, il est relativement stable à l'eau et, pour les bois durs, il offre une certaine résistance au feu. Cette matière a été abandonnée à cause de son coût et à cause du risque lié aux insectes. Certains bois peuvent en outre être nuisibles pour certaines collections particulières, surtout des bois très tanniques ou avec une forte émission de composantes organiques volatiles (p. ex. le chêne qui ne doit pas être utilisé pour le rangement de collections photographiques). Si l'on veut conserver en l'état original des bibliothèques historiques avec des étagères en bois, on doit surveiller très régulièrement l'état sanitaire avec des pièges pour insectes (voir chap. 6, partie II, point 3.2).

1.1.2 Caractéristiques techniques

■ Montants verticaux, de préférence fermés, formés par un cadre de profilés métalliques rempli avec une tôle perforée (vide au moins 40 %), sans aspérités et avec toutes les arêtes arrondies. Les montants verticaux sont formés par un cadre qui laisse généralement un vide au milieu; la zone vide devrait être comblée des deux côtés avec une tôle perforée, pour éviter la fente qui se créerait entre les rayons; cependant, si on n'entrepose que des documents protégés par des boîtes, cette exigence peut être redimensionnée.

Si cette solution n'est pas adoptée, les joues des rayonnages devraient avoir une hauteur suffisante

[1] Voir chap. 4, point 3.2.3 et chap. 6, partie II, point 2.2. Il faut cependant remarquer que l'émission de COV atteint son pic quand ces matériaux sont neufs et tend à diminuer avec le temps. Ainsi, si l'on a des étagères en panneaux agglomérés et que celles-ci remplissent correctement leur fonction, il n'y a pas de raisons majeures pour les remplacer.

nische Komponenten ab, die für Buch- und Schriftmaterialien schädlich sind.[1] Zudem sind diese Gestelle für das Gewicht von Büchern und Archivalien oft nicht stabil genug. Im Fall einer Überschwemmung quellen die Platten auf. Hingegen bieten Spanplatten einen gewissen Schutz bei Bränden.

In historischen Bibliotheken sind die Regalfachböden oft aus Massivholz. Im Prinzip ist Holz (besonders altes), im Gegensatz zu Spanplatten, für eine gute Konservierung nicht von Nachteil. Massivholz ist solide, steuert zu einem stabilen Klima im Raum bei und ist relativ wasserfest. Hartholz ist relativ feuerfest. Aufgrund der hohen Kosten und der Gefahr von Insektenbefall wird Holz nicht mehr für Regalfachböden angeschafft. Manche Hölzer, vor allem solche, die Gerbsäure enthalten oder eine hohe Emission flüchtiger organischer Stoffe aufweisen (z. B. Eiche, die nie für fotografische Sammlungen verwendet werden sollte), können ausserdem von schädigender Wirkung auf bestimmte Materialien sein. Soll der Originalzustand einer historischen Bibliothek mit Holzregalen erhalten bleiben, müssen die Räume regelmässig mit Hilfe von Fallen auf Spuren von Insekten untersucht werden (siehe Kap. 6, Teil II, Punkt 3.2).

1.1.2 Technische Eigenschaften

■ Möglichst geschlossene Seitenwände, das heisst Metallprofilrahmen mit perforierter Blechabdeckung (mindestens 40 % frei), rundkantig und ohne Unebenheiten: Die Seitenwände bestehen aus einem Pfostenrahmen, der in der Mitte frei ist. Damit zwischen den Regalen kein Freiraum bleibt, sollte dieser Bereich von beiden Seiten mit perforiertem Blech abgedeckt werden. Wenn die hier gelagerten Objekte jedoch alle durch Schachteln geschützt sind, kann eine weniger aufwendige Möglichkeit gefunden werden.

Entscheidet man sich nicht für diese Lösung, müssen die Seitenwangen der Regale auf jeden Fall ausreichend hoch sein, um die Bücher auch wirklich

[1] Siehe Kap. 4, Punkt 3.2.3 und Kap. 6, Teil II, Punkt 2.2. Es ist anzumerken, dass die VOC-Emission bei neuen Materialien am höchsten ist und dann mit der Zeit eher abnimmt. Daher ist es nicht unbedingt notwendig, ältere schon vorhandene, funktionstüchtige Regale aus Spanplatten durch neue Regale besserer Qualität zu ersetzen.

pour soutenir efficacement les livres; selon leur profondeur, la hauteur des côtés sera calculée pour soutenir des volumes jusqu'au format A4 ou A3. Des formats supérieurs à A4 se prêtent de toute manière assez mal pour la conservation verticale.

■ Fentes de réglage pour les rayons, sur les montants verticaux, à une distance de 20–25 mm; système d'accrochage des rayons en métal solide et simple à manipuler sans outils. Les rayons doivent pouvoir être déplacés facilement même après le montage de l'étagère.

■ Rayons métalliques munis de fentes pour l'accrochage de séparations verticales fixes et de serre-livres (distance entre les fentes: 20–25 mm, voir 1.2 ci-après). La charge des rayons varie selon le type de matériel: il faut tenir compte du fait que cette charge peut augmenter fortement et même doubler en cas d'inondation. Les rayons devraient dans tous les cas pouvoir supporter au minimum une charge de 100 kg/ml; en cas de charges supérieures, les fournisseurs prévoient des rayons renforcés.

Objets	Poids par mètre linéaire (sec)
Boîtes d'archives	30–50 kg
Livres modernes	30–90 kg
Livres anciens	30–60 kg
Journaux (grand format)	100–150 kg
Registres (grand format)	150–200 kg

Si, pour des raisons financières, on choisit des rayons avec des résistances différentes, en fonction des fonds conservés, il faut pouvoir identifier facilement les rayons ayant une charge réduite; en effet, au cours des années et des décennies, des déplacement de collections ne sont pas à exclure, et il faut éviter que des objets plus lourds ne soient entreposés sur des rayonnages ayant une solidité trop limitée.

■ Hauteur maximale du dernier rayon accessible 190–200 cm; cela porte la hauteur maximale à environ 230–240 cm. Autant que possible, il faut éviter des hauteurs de rayons qui imposent l'utilisation d'un escabeau. Hauteur libre au-dessus de l'étagère (entre l'étagère et le plafond, ou entre l'étagère et les canaux de ventilation): au minimum 20 cm.

zu stützen. Je nach Tiefe muss die Höhe der Seitenwangen für Bände bis zum Format A4 oder A3 berechnet werden, Formate über A4 eignen sich sowieso schlecht für die senkrechte Aufbewahrung.

■ Der Abstand zwischen den Fachbodenträgerschlitzen in den Seitenwänden soll höchstens 20–25 mm betragen; die Bodenträgervorrichtung muss aus solidem Metall und ohne Werkzeug einfach zu handhaben sein. Die Fachböden sollen auch nach dem Zusammenbau leicht umgesetzt werden können.

■ Die Fachböden aus Metall sollen mit Schlitzen/Bohrungen für das Anbringen feststehender Seitentrennungen und Buchstützen versehen sein (Abstand zwischen den Schlitzen/Bohrungen 20–25 mm, siehe auch Punkt 1.2). Die Regalbelastung richtet sich nach der Art der Objekte: Achtung, das Gewicht steigt im Fall einer Überschwemmung stark an und kann sich sogar verdoppeln. Die Fachböden sollen auf jeden Fall mindestens 100 kg/lfm tragen können; im Fall höherer Lasten wird vom Hersteller ein verstärkter Boden vorgesehen.

Objekte	Gewicht pro Laufmeter
Archivschachteln	30–50 kg
Moderne Bücher	30–90 kg
Alte Bücher	30–60 kg
Grossformatige Zeitungen	100–150 kg
Grossformatige Register	150–200 kg

Werden aus finanziellen Gründen für die verschiedenen Bestandskategorien Fachböden mit unterschiedlicher Tragkraft angeschafft, müssen diese gut identifizierbar sein. Im Lauf der Jahre und Jahrzehnte werden Sammlungen oft umgestellt, und dabei dürfen keine schweren Objekte in Fächer mit zu geringer Tragfähigkeit gestellt werden.

■ Der oberste zugängliche Regalfachboden darf max. 190–200 cm hoch sein, das heisst, die Regalhöhe liegt bei höchstens 240 cm. Möglichst keine Fachböden einrichten, die nur mit einer Trittleiter erreichbar sind. Freier Raum über den Regalen (zwischen Regal und Decke, zwischen Regal und Lüftungskanal): mindestens 20 cm.

■ Le premier rayon sera disposé à 10–15 cm du sol, pour favoriser l'aération et pour offrir une marge de sécurité en cas d'inondation. La hauteur du premier rayon doit dans tous les cas permettre le nettoyage du sol sous le rayon avec les moyens habituels.

■ Les étagères sont généralement doubles, avec des rayons accessibles des deux côtés. La partie centrale ne devrait pas être en métal plein; un treillis ou un croisillon permettent une meilleure circulation de l'air. Selon le type des fonds conservés, il peut être très utile de disposer, dans une partie au moins des étagères,[2] de la possibilité d'exploiter la double profondeur des rayons pour ranger des objets très encombrants, ce qui suppose l'absence d'obstacles ou de renforcement dans la partie centrale de l'étagère. Dans ce cas, des arrêts stables mais faciles à placer devraient être posés sur le fond des rayons qui ne sont pas utilisés en double profondeur.

■ Il est important de prévoir un nombre suffisant d'étagères ayant une grande profondeur (45–50 cm) pour le rangement d'objets de grand format et de disposer d'un nombre suffisant de rayons pour ranger à plat tous les objets qui le demandent.

■ Il est utile de prévoir une tablette de consultation mobile par travée, de manière à pouvoir rapidement vérifier le contenu d'un volume ou d'une boîte d'archives sans se livrer à des exercices dangereux et inconfortables.

1.2 Serre-livres et accessoires

Les serre-livres sont des accessoires indispensables pour une conservation correcte des livres; ils doivent répondre à de multiples exigences, de manière qu'il est très difficile de trouver un modèle unique, utilisable partout. Le serre-livres devrait:

□ être en métal laqué à chaud ou en acier inoxydable, sans arêtes ni coins vifs;

[2] Un nombre minimum de croisillons (1–2 pièces en principe) est indispensable pour donner une stabilité latérale suffisante à une rangée d'étagères.

■ Der unterste Regalfachboden muss 10–15 cm über dem Fussboden angebracht sein. So wird die Luftzirkulation gefördert, und im Fall einer Überschwemmung ist eine Sicherheitszone gewährleistet. Der Abstand muss auf jeden Fall so gross sein, dass die Fussbodenreinigung unter den Regalen mit normalen Mitteln durchführbar ist.

■ Die Regale sind gewöhnlich doppelseitig, das heisst von beiden Seiten aufstellbar. Die Rückenverkleidung zwischen den beiden Einfachregalen darf nicht aus massivem Metall bestehen, ein Gitter oder ein Lochblech ermöglichen eine bessere Luftzirkulation. Für manche Bestände kann es von Vorteil sein, wenigstens teilweise die doppelte Tiefe der Fachböden zu belassen,[2] um sehr voluminöse Objekte zu lagern. In der Mitte des Regals darf sich dann keine Verstärkung des Mittelregalteils befinden. In diesem Fall müssen die Fachböden von unten mit einer stabilen, aber leicht zu handhabenden Mittenversteifung gesichert werden.

■ Es muss eine ausreichende Menge besonders tiefer Regale (45–50 cm) für grossformatige Objekte vorhanden sein. Ausserdem müssen genügend Fächer für flach liegend aufzubewahrende Objekte vorgesehen werden.

■ Pro Regalreihe sollte eine ausziehbare Ablagefläche vorgesehen werden, damit in Bücher oder Archivschachteln einfach und risikofrei Einsicht genommen werden kann.

1.2 Buchstützen und Zubehör

Buchstützen sind für die richtige Aufbewahrung von Büchern sehr wichtig. Sie müssen vielen Anforderungen gerecht werden, und ein Universalmodell ist schwer zu finden. Eine Buchstütze sollte:

□ aus einbrennlackiertem Metall oder aus rostfreiem Stahlblech bestehen und keine scharfen Ecken und Kanten aufweisen;

□ Bücher einer Grösse von 14 bis 40 cm wirkungsvoll stützen (Verhindern von Falten oder Verformungen);

[2] Ein Minimum an Lochblechen ist nötig (im Prinzip 1–2 Stück), damit eine Reihe seitlich ausreichend stabil ist.

- ☐ soutenir efficacement des livres d'une hauteur de 15 à 40 cm sans plier ou se déformer;
- ☐ empêcher qu'un livre souple ne puisse glisser et se déformer;
- ☐ pouvoir être approché à 2–3 cm d'un autre serre-livres ou du bord du rayon pour soutenir un objet isolé;
- ☐ être très stable à la pression, ne pas se déformer, ne pas se déplacer spontanément;
- ☐ être facile à déplacer manuellement, être facile à positionner avec précision.

Les serre-livres qui se maintiennent par pincement sur l'étagère ne sont généralement pas assez stables et tendent à pivoter; ceux qui sont fixés sur le rayonnage supérieur ne maintiennent pas suffisamment la partie inférieure des livres qui, de ce fait, tendent à se déformer. Par contre, des serre-livres qui s'accrochent sur l'épaisseur du rayon et se fixent dans les fentes sur la surface des rayons remplissent au mieux ces exigences. Sur des étagères existantes, de simples équerres en métal laqué à chaud ou en acier inoxydable sont souvent la solution la moins chère et la plus performante.

Dans des installations nouvelles, les serre-livres peuvent être efficacement complétés par des séparations verticales semi-fixes qu'on accroche en bas dans des fentes prévues dans le rayon et en haut dans des encoches sur les parties repliées du rayon supérieur; elles permettent de partager la longueur du rayon en plusieurs sections. Ces séparations nécessitent donc une exécution particulière des rayons. Elles offrent une bonne protection pour les volumes lourds qui supportent la conservation verticale, en évitant leur déformation.

1.3 Etagères mobiles

La structure et les caractéristiques des étagères mobiles conçues pour les bureaux ne répondent en principe pas aux exigences de la conservation. Outre les aspects déjà évoqués au point 1.1 ci-dessus, qui sont valables également pour les étagères mobiles, les points suivants devraient être considérés.

- ☐ verhindern, dass ein flexibles Buch unter die Buchstütze rutscht und sich verformt;
- ☐ in 2–3 cm Abstand von einer anderen Buchstütze oder der Seitenwand des Regalfachs angebracht werden können, damit auch einzelne Objekte gestützt werden;
- ☐ einen gewissen Druck aushalten können, sich nicht verformen und nicht verrutschen;
- ☐ sich leicht umstellen lassen und präzise angebracht werden können.

Am Regal festzuklemmende Buchstützen sind gewöhnlich nicht stabil genug und drehen sich leicht. Bei Buchstützen, die am Boden des nächsthöheren Regalfaches angebracht sind, wird der untere Teil des Buches nicht ausreichend gestützt und verformt sich. Sehr zu empfehlen sind Buchstützen, die um den Fachboden geklemmt und ausserdem in die Verbindungsschlitze des Fachbodens eingerastet werden. Für vorhandene Regale bieten rechtwinklige, aus einbrennlackiertem Metall oder rostfreiem Stahlblech bestehende Stützen häufig die billigste und wirkungsvollste Lösung.

Für Neueinrichtungen können Buchstützen durch senkrechte Fachunterteilungen ergänzt werden, die bei Bedarf unten in den Verbindungsschlitzen des Fachbodens und oben in den Kerben der abgewinkelten Rechteckabkantungen des Fachbodens befestigt werden. Dadurch kann die Länge des Faches mehrmals unterteilt werden. Die Regale müssen also für diese Unterteilungen vorgesehen sein. Schwere Bände, die stehend aufbewahrt werden können, sind auf diese Weise gut vor Verformungen geschützt.

1.3 Rollregale

Bei Rollgestellen für den Bereich der Konservierung sind Aufbau und Eigenschaften im Prinzip anders als bei für Büros entworfenen Gestellen. Ausser den im Punkt 1.1 schon aufgeführten Faktoren, die auch für Rollgestelle gültig sind, müssen die nachfolgenden Aspekte beachtet werden.

1.3.1 Gain de place et charge supplémentaire par rapport aux étagères fixes

■ *Gain de place*

L'utilisation d'étagères mobiles tend à se généraliser à cause de la saturation des dépôts et du prix par m² des nouveaux magasins. Le gain de place est très significatif; dans le tableau ci-dessous, on confronte dans la situation imaginaire d'un magasin de 200 m² l'utilisation d'étagères fixes de 30 ou de 40 cm, par rapport aux étagères mobiles de ces deux dimensions. Le calcul a été exécuté en considérant six rayons utilisables par étagère.

	Mètres linéaires total	Mètres linéaires par m²	Gain par rapport à l'étagère fixe
Etagère fixe 30 cm	720	3,6	
Etagère mobile 30 cm	1608	8,0	220 %
Etagère fixe 40 cm	684	3,4	
Etagère mobile 40 cm	1200	6,0	175 %

Pour calculer le gain de place effectif dans une situation donnée, il faut prendre en compte tous les facteurs qui entrent en jeu: la forme du local, la présence d'obstacles (colonnes, canalisations et conduites techniques, canaux de ventilation, luminaires, etc.), la distance à tenir par rapport aux murs extérieurs, les parcours dans le local (en considérant l'éventualité d'une évacuation d'urgence), etc. Le format des objets à conserver et la hauteur effectivement exploitable jouent également un rôle essentiel.

■ *Augmentation de la charge sur les dalles*

On constate que les gains de place sont importants, ce qui cause une augmentation proportionnelle de la charge sur les dalles qui doit être prise en compte, en pensant également à l'éventuelle augmentation de poids des collections en cas d'inondation. Le poids propre des étagères mobiles varie, en fonction de la configuration, entre environ 8 et 12 kg/ml (valeurs indicatives, à vérifier de cas en cas).

1.3.1 Platzersparnis und Zusatzlast im Vergleich zu festen Regalen

■ *Platzersparnis*

Rollregale werden immer öfter verwendet, denn die Magazine sind überfüllt und der m²-Preis für neue Lagerräume ist hoch. Die Platzersparnis ist bedeutend; die folgende Tabelle zeigt eine angenommene Situation: In einem 200 m² grossen Magazin wird der Platzaufwand für feste Regale und für Rollregale von jeweils 30 bis 40 cm Breite verglichen. Gerechnet wurde mit sechs Fachböden pro Regal.

	Gesamte Laufmeter	Laufmeter pro m²	Ersparnis im Verhältnis zu festem Regal
Festes Regal 30 cm	720	3,6	
Rollregal 30 cm	1608	8,0	220 %
Festes Regal 40 cm	684	3,4	
Rollregal 40 cm	1200	6,0	175 %

Um die tatsächliche Platzersparnis in einer gegebenen Situation zu berechnen, sind alle Einflussfaktoren zu beachten: der Grundriss des Raums, vorhandene Behinderungen (Säulen, Abflussleitungen, technische und Lüftungskanäle, Beleuchtung usw.), der notwendige Abstand zu den Aussenwänden, die Verkehrswege im Raum (unter Beachtung einer eventuellen Evakuation im Notfall) usw. Das Format der zu lagernden Objekte und die wirklich nutzbare Höhe sind ebenso von entscheidender Bedeutung.

■ *Erhöhte Bodenbelastung*

Wie festgestellt werden kann, ist die Platzersparnis sehr gross, wodurch proportional auch die Belastung des Bodens zunimmt. Noch dazu muss an eine eventuelle Erhöhung des Gewichts der Objekte im Fall einer Überschwemmung gedacht werden. Das Eigengewicht der Rollregale ist je nach Struktur unterschiedlich, sie liegt ungefähr zwischen 8 und 12 kg/lfm (Durchschnittswert, jeweils zu überprüfen).

1.3.2 Caractéristiques techniques

■ *Rails, châssis*

Les rails devraient être en métal avec une très bonne protection contre l'oxydation, très bien intégrés dans le sol, sans créer aucun relief par rapport à la surface. Les parties en bas-relief devraient permettre le passage sans secousses d'un chariot de transport. La structure des rails doit être facile à nettoyer, sans fentes inaccessibles. Le système anti-culbute peut être intégré dans les rails ou être séparé; il doit être efficace même si les étagères sont chargées uniquement sur leurs rayons supérieurs.

Dans la mesure du possible, il faut éviter la pose de rails par-dessus un sol fini. Cette technique, souvent inévitable dans des locaux existants où il n'est pas envisageable de creuser des rigoles pour poser les rails, a des désavantages dont il faut tenir compte. Le système impose l'utilisation d'un faux-sol, fait en général de panneaux agglomérés avec un revêtement de surface, ce qui introduit dans les dépôts des matières qui ne sont pas forcément chimiquement stables, crée une zone inaccessible au nettoyage et pose des problèmes très graves lors d'inondations ou de simples accidents avec de l'eau.

Les châssis doivent être aussi lourds et stables que possible, en profilé métallique zingué et laqué à chaud; les roues doivent avoir un diamètre d'au moins 10 cm, être en fonte solide et montées sur des roulements à billes fermés ne nécessitant pas d'entretien. Toutes les parties des chariots des étagères mobiles devraient être métalliques et traitées pour être non oxydables.

■ *Systèmes de traction*

Le système de traction manuel est en principe préférable, car il offre une bonne efficacité avec un coût limité. Le système de traction par une chaîne intégrée dans les rails est le plus efficace; la chaîne devrait être en métal non oxydable et pouvoir être lubrifiée sans que les poussières puissent s'y fixer; elle sera munie d'un système permettant de régler sa tension. La manivelle de traction devrait être métallique, à trois ou quatre bras. La force nécessaire pour la mise en mouvement devrait être réduite même à pleine charge (au maximum 10 kg); pour ce faire, il faut prendre en compte le type d'objets entreposés pour calculer la démultiplica-

1.3.2 Technische Daten

■ *Schienen und Fahrgestelle*

Die Schienen müssen aus Metall mit einem sehr guten Oxidationsschutz bestehen und ohne Bodenerhebungen gut im Boden verankert sein. Ein Transportwagen muss ohne Erschütterungen über die Flachreliefteile fahren können. Die Schienen müssen überall zugänglich und einfach zu reinigen sein. Die Kippsicherung kann schienenintegriert oder unabhängig sein. Sie muss auch funktionieren, wenn nur die oberen Regalfächer belegt sind.

Die Schienen sollten möglichst nicht auf einem fertigen Fussboden verlegt werden. In vorhandenen Räumen ist das jedoch häufig nicht zu vermeiden, und das ist ein grosser Nachteil. Da es hier oft nicht möglich ist, Nuten zur Schienenverlegung in den Fussboden einzulassen, wird der Einbau einer Podestkonstruktion, meistens aus Spanplatten, notwendig. Dadurch können chemisch instabile Materialien in die Depots kommen, und es entsteht ein unzugänglicher Bereich. Ausserdem ergeben sich bei Überschwemmungen oder einfachen Unfällen mit Wasser sehr grosse Probleme.

Die Fahrgestelle müssen so schwer und stabil wie möglich sein, mit einem verzinkten, einbrennlackierten Metallprofilrahmen. Die Räder müssen einen Durchmesser von mindestens 10 cm haben, aus solidem Gusseisen bestehen und auf dichte, wartungsfreie Wälzkugellager montiert sein. Alle Teile der Fahrgestelle des Rollregals sollen aus Metall mit Oxidationsschutz bestehen.

■ *Das Antriebssystem*

Der Handradantrieb ist im Prinzip vorzuziehen, da er leistungsfähig und kostengünstiger ist. Die vom Handrad ausgehende Kraft wird mittels einer in die Schienen integrierten Kette übertragen. Die Kette muss aus nicht oxidierbarem Metall sein, sie soll geschmiert werden können, ohne Staub zu binden. Sie muss mit einem System zur Spannungsregulierung ausgestattet sein. Die drei- oder vierarmige Antriebskurbel muss aus Metall sein. Zum Fahren soll so wenig Kraft wie möglich aufgewendet werden müssen, auch wenn das Gestell voll beladen ist (höchstens 10 kg). Zur Berechnung des nötigen Übersetzungsverhältnisses muss die Art des Lagerguts beachtet werden. Ein hohes Über-

tion nécessaire. Une démultiplication élevée (correspondant à un déplacement réduit par tour de manivelle) favorise un mouvement doux des étagères, ce qui réduit le risque de déplacement et de déformation des livres.

Le système de déplacement électrique est efficace quand un moteur individuel est intégré dans le châssis de chaque étagère; ce système est par contre très onéreux et on ne peut pas compter sur une disponibilité à moyen terme de pièces de rechange et de main d'œuvre compétente. Pour cette raison, l'utilisation d'étagères à déplacement électrique est déconseillée.

Avec d'autres systèmes de déplacement électrique, le mouvement n'est généralement pas suffisamment doux et peut causer des dommages aux livres et aux documents.

■ *Autres caractéristiques*

La structure des étagères devrait permettre, autant que possible, une bonne circulation de l'air: parois latérales formées par des montants métalliques, partie vide des montants en tôle perforée, fond vide ou formé par un treillis, voire un croisillon métallique, et le maintien par des tampons butoirs d'une distance de 4–6 cm entre les éléments mobiles.[3] Si on dispose d'un système de ventilation artificielle, les bouches pour la pulsion et l'aspiration devraient être positionnées en tenant compte des caractéristiques et de la disposition des étagères dans la pièce, de manière à favoriser la circulation de l'air et permettre d'éviter la formation d'un microclimat. Dans une bibliothèque ou un service d'archives, le problème de la poussière doit être résolu par une bonne filtration de l'air et par des méthodes adéquates de nettoyage; la stabilité climatique joue par contre un rôle très important pour la conservation et doit être privilégiée.

Le rayon inférieur devrait se trouver à environ 10 cm du sol; cette condition est automatiquement réalisée dans les étagères mobiles. Pour les

[3] Les étagères mobiles vendues pour les bureaux sont munies d'un joint en caoutchouc qui rend presque étanche la jointure entre les éléments et sert à empêcher la pénétration de la poussière; de cette manière, on crée un microclimat à l'intérieur de l'étagère. Le problème de la poussière devrait être géré au niveau du magasin.

setzungsverhältnis (entspricht pro Radumdrehung einer geringeren Fortbewegung) gestattet eine leichtgängige Bewegung der Regale. Dadurch wird das Risiko, dass Bücher verrutschen oder sich verformen, herabgesetzt.

Der elektrische Antrieb ist nur dann effizient, wenn jede Regalachse einen eigenen Antriebsmotor besitzt (Einzelantrieb). Dieses System ist aber sehr aufwendig, und eine mittelfristige Versorgung mit Ersatzteilen und kompetenter Arbeitskraft ist nicht garantiert. Aus diesem Grund wird von Regalen mit elektrischem Antrieb abgeraten.

Mit anderen Antriebssystemen können die Gestelle nicht ausreichend sanft bewegt werden, dadurch können Bücher und Archivalien beschädigt werden.

■ *Andere Eigenschaften*

Die Rollregale müssen eine möglichst gute Luftzirkulation zulassen: Seitenwandrahmen aus Metall mit perforierter Blechabdeckung der freien Rahmenfläche, Rückwand frei oder mit einem Gitter oder einer Kreuzverstrebung und zwischen den Rollgestellen ein mittels Stossdämpfern abgesicherter Abstand von 4–6 cm.[3] Wenn ein künstliches Lüftungssystem vorhanden ist, müssen die Antriebs- und Ansaugöffnungen den Eigenschaften und der Anordnung der Regale im Raum entsprechend so angeordnet werden, dass eine gute Luftzirkulation möglich ist und die Bildung eines Mikroklimas verhindert wird. In Bibliotheken und Archiven muss das Staubproblem durch Luftfiltrierung und Reinigung gelöst werden. Die Beständigkeit des Klimas ist für die Bestandserhaltung entscheidend und hat Vorrang.

Der untere Regalfachboden muss einen Abstand von 10 cm zum Fussboden haben. Diese Bedingung wird durch Rollregale automatisch erfüllt. Bei feststehenden Regalen muss der freie Raum unter dem Regal mit den normalen Mitteln bequem gereinigt werden können.

[3] Für den Normalgebrauch in Büroräumen sind solche Gestelle mit Gummidichtungen versehen, welche die Lücken zwischen den Rollelementen schliessen und abdichten, um das Eindringen von Staub zu verhindern. Dadurch wird im Regal ein Mikroklima geschaffen. Das Staubproblem sollte für das gesamte Magazin geregelt werden.

étagères fixes, l'espace vide sous le rayon inférieur doit permettre un nettoyage aisé avec les moyens habituels.

Les étagères seront munies d'un rayon qui couvre la rangée supérieure de livres ou de boîtes; cette précaution réduit l'empoussièrement des objets entreposés sur ce rayon et offre une certaine protection quand de l'eau coule depuis le plafond.

1.4 Armoires-bibliothèques et coffres-forts

Les armoires-bibliothèques sont fréquemment utilisées dans les collections privées ou dans les petites institutions pour protéger des objets d'une valeur particulière. Les risques liés à leur utilisation proviennent, d'une part, des matières qui les composent (voir ci-dessus) et, d'autre part, de la création d'un microclimat, problème d'autant plus marqué que l'armoire est étanche. Le coffre-fort et l'armoire anti-feu présentent le même risque, mais de manière bien plus aiguë : l'étanchéité est presque parfaite et en cas d'instabilité climatique, un microclimat défavorable peut se créer. Par exemple, un refroidissement dans le local causera tôt ou tard l'augmentation de l'humidité relative de la masse d'air enfermée dans le coffre; ainsi, l'air estival humide pourrait atteindre des valeurs qui permettent la germination et la croissance de moisissures.

Un coffre-fort offre naturellement une bonne protection contre le vol, mais une protection limitée en ce qui concerne les incendies. En effet, lors d'un sinistre important, la température à l'intérieur du coffre augmente, et des températures qui peuvent être supportées sans trop de dommages par le papier seront destructrices pour le cuir, le parchemin, les sceaux en cire, etc.

L'utilisation d'un coffre-fort sans risques pour les livres et les documents d'archives implique les conditions suivantes :

- ☐ bonne stabilité climatique du local où le coffre se trouve;
- ☐ pas de contact direct entre le coffre et un mur extérieur : le coffre doit être placé à une distance de 30 cm minimum;
- ☐ contrôle climatique par un appareil posé dans le coffre;

Die letzte Reihe von Büchern und Schachteln im Regal wird durch einen obersten, abschliessenden Regalfachboden geschützt. So wird die Staubablagerung auf den hier lagernden Objekten reduziert und ein gewisser Schutz gegen eventuell durch die Decke eindringendes Wasser gegeben.

1.4 Bücherschränke und Panzerschränke

Bücherschränke werden in Privatsammlungen oder kleineren Institutionen häufig zum Schutz besonders wertvoller Objekte verwendet. Ihre Verwendung birgt aufgrund der Materialien (siehe oben) und der Bildung von Mikroklima im Schrank einige Risiken. Je besser ein Schrank nach aussen hin abgedichtet ist, umso eher entsteht im Inneren ein Mikroklima. Ein Feuerschutz- oder Panzerschrank ist nahezu vollständig abgedichtet; im Fall von Klimaschwankungen ausserhalb des Schrankes kann das zur Bildung eines für die im Schrank aufbewahrten Objekte ungünstigen Mikroklimas führen. Wenn zum Beispiel die Temperatur im Raum absinkt, steigt die relative Feuchtigkeit innerhalb des Schrankes früher oder später an. So können durch die feuchte Sommerluft Werte erreicht werden, die das Keimen und das Wachstum von Schimmel ermöglichen.

Ein Panzerschrank bietet guten Schutz vor Diebstahl, aber nur einen beschränkten Schutz bei Brand. Bei einem grösseren Brandfall steigt die Temperatur im Schrank an. Papier übersteht hohe Temperaturen ohne grossen Schaden, Leder, Pergament, Wachssiegel usw. aber werden zerstört.

Damit sich die Verwendung eines Panzerschrankes nicht negativ auf Bücher und Dokumente auswirkt, müssen folgende Bedingungen beachtet werden:

- ☐ beständiges Klima im Raum, in dem sich der Panzerschrank befindet;
- ☐ der Schrank darf nicht unmittelbar an einer Aussenwand stehen (Mindestabstand 30 cm);
- ☐ Apparat für die Klimakontrolle im Innern des Schranks;
- ☐ regelmässiges Öffnen des Schrankes (mindestens einmal wöchentlich).

- ☐ ouverture régulière du coffre (au moins une fois par semaine).

1.5 Disposition des étagères

La disposition des étagères doit permettre une bonne circulation de l'air et ne doit pas créer de microclimats dans certaines zones du dépôt. Les étagères seront disposées perpendiculairement aux murs extérieurs et aux fenêtres; une distance minimum de 50 cm les séparera d'un mur extérieur; en principe, il est avantageux de disposer les voies de circulation le long des murs extérieurs, ce qui améliore aussi l'utilisation de la surface du dépôt. Dans la disposition, on tiendra également compte de la direction du déplacement de l'air de la ventilation, pour favoriser, autant que possible, l'aération uniforme de tout le local. Les étagères seront disposées de manière à éviter toute zone inaccessible, même de petites dimensions, dans les dépôts.

La distance entre les rangées, ou la place disponible dans un épi d'étagères mobiles, doit tenir compte des dimensions des objets entreposés. Un minimum de 80 cm est indispensable dans tous les cas pour des objets de dimension standard. Pour des volumes de grand format, tels que des journaux reliés ou des registres, une distance minimale de 100 cm est nécessaire.

1.5 Aufstellung der Regale

Die Regale müssen so aufgestellt werden, dass die Luft gut zirkulieren kann, damit in keinem Bereich des Magazins ein Mikroklima entsteht. Die Regale müssen quer zu den Aussenwänden und den Fenstern stehen und mindestens 50 cm von der Wand entfernt sein. Im Prinzip ist es günstig, die Verkehrswege an den Aussenwänden entlang zu führen; dadurch wird auch die Raumkapazität voll ausgeschöpft. Um im ganzen Raum eine möglichst gleichmässige Luftzirkulation gewährleisten zu können, muss auch die Richtung der durch die Lüftung bewegten Luft beachtet werden. Beim Aufstellen der Regale ist darauf zu achten, dass der gesamte Magazinraum zugänglich bleibt.

Der Abstand zwischen den Regalreihen beziehungsweise der verfügbare Raum zwischen den Rollregalen muss den zu lagernden Objekten angemessen sein. Für Objekte von Normalformat sind auf jeden Fall unbedingt mindestens 80 cm notwendig. Für grossformatige Bände wie gebundene Zeitungen oder Register muss ein Mindestabstand von 100 cm verfügbar sein.

2 Rangement des objets

La règle essentielle pour le rangement et la protection des objets est de tenir compte de la nature physique de chaque objet et d'adapter le mode de conservation à ses exigences. Il est rare qu'une collection soit complètement uniforme, d'autant plus si elle est ancienne. Ainsi, il arrive fréquemment qu'un système standard soit bien adapté pour la très grande majorité des livres ou des documents, mais il est probable qu'il y aura quelques exceptions qui demanderont un traitement particulier. Ce sont ces exceptions qui souffrent le plus quand on les contraint dans une situation physique qui n'est pas conforme à leurs besoins.

2 Aufstellung der Objekte

Bei der Aufstellung und zum Schutz der Objekte sind die Materialeigenschaften jedes Objekts unbedingt zu berücksichtigen, und die Art der Aufbewahrung ist den daraus folgenden Anforderungen entsprechend einzurichten. Es kommt, vor allem bei alten Beständen, selten vor, dass diese völlig uniform sind. Obwohl also für eine grosse Mehrzahl der Bücher und Dokumente ein Standardsystem geeignet sein kann, ist auf jeden Fall mit einigen Ausnahmen zu rechnen, für die ein besonderes Vorgehen nötig ist. Diese Ausnahmefälle sind es, die unter Umgebungsverhältnissen, die ihren Bedürfnissen nicht entsprechen, am meisten leiden.

L'ordre apparent d'une rangée de boîtes cache parfois des situations de conservation dangereuses. Ainsi, par exemple, certains documents sont écrasés et pliés dans des boîtes, certains livres coincés dans des étagères trop petites pour eux, etc.

Pour obtenir une conservation correcte, il est indispensable d'admettre la diversité du matériel et d'adapter les méthodes de conservation aux caractéristiques des objets. Ainsi, il est souvent indispensable de conserver séparément certains objets particuliers par la matière, le format ou le poids, en mettant à leur place originale un « fantôme » qui indique leur emplacement.

2.1 Livres et journaux

Les livres sont rangés en principe verticalement, par format; il doit rester une distance de quelques centimètres entre la tranche supérieure d'une rangée et l'étagère suivante pour que l'air puisse circuler et pour que les livres puissent être facilement saisis et rangés. Les livres doivent être suffisamment serrés pour ne pas prendre une position oblique qui les déforme, mais suffisamment espacés pour pouvoir être saisis par le dos et non par les coiffes (extrémités du dos). Les rayonnages qui ne sont pas entièrement remplis doivent être munis de serre-livres qui maintiennent les livres en position verticale. Il faut en tout cas éviter que des livres ou des documents dépassent des bords des rayons vers les couloirs entre les étagères. Cette situation est particulièrement dangereuse avec des étagères mobiles, parce que la partie qui dépasse peut être écrasée.

Les livres reliés en cuir, et dont le cuir est altéré et fragile, devraient être protégés du frottement contre d'autres livres. Sinon, les volumes en cuir peuvent être facilement endommagés et ils peuvent pour leur part salir les livres adjacents avec des dépôts pulvérulents. Une mesure minimale est d'intercaler entre les reliures en cuir et les autres un carton lisse non acide, mais une protection bien meilleure est donnée par la mise en boîte des reliures en cuir endommagées; par contre, les reliures en parchemin ne souffrent que très rarement des frottements.

Hinter einer geordneten Regalreihe verstecken sich manchmal gefährliche Umstände der Aufbewahrung. Zum Beispiel können Archivalien geknickt und gefaltet in den Schachteln liegen, Bücher in zu kleinen Regalfächern klemmen usw.

Für eine vorschriftsmässige Aufbewahrung müssen die Objekte in ihrer Verschiedenartigkeit erkannt und die Konservierungsmethoden den Objekteigenschaften angepasst werden. So ist es häufig unumgänglich, Objekte, die sich aufgrund ihrer Bestandteile, ihres Formats oder ihres Gewichts von den anderen unterscheiden, separat aufzubewahren. Anstelle des Originals wird am ursprünglichen Platz ein «Phantom» mit der Angabe des neuen Stellplatzes eingestellt.

2.1 Bücher und Zeitungen

Bücher werden im Prinzip senkrecht, nach Format geordnet aufgestellt. Zwischen dem oberen Abschluss einer Buchreihe und dem nächsthöheren Regalboden muss ein Abstand von einigen Zentimetern belassen werden, sodass Luft zirkulieren kann und die Bücher mühelos ausgehoben und reponiert werden können. Damit die Bücher nicht schräg stehen und sich verformen, müssen sie relativ gedrängt eingeordnet sein. Es muss aber so viel Zwischenraum belassen werden, dass die Bücher am Rücken und nicht am Häubchen (oberes beziehungsweise unteres Rückenende) herausgegriffen werden können. In nur teilweise gefüllten Regalen werden die Bücher durch Buchstützen in senkrechter Lage gehalten. Auf keinen Fall dürfen Bücher oder Urkunden über die Ränder der Regalfächer hinaus auf die Regalgasse überstehen. Das ist besonders bei Rollregalen gefährlich, weil der herausstehende Teil zerdrückt werden kann.

Ledereinbände, deren Leder abgebaut und spröde ist, müssen vor Abreibungen durch andere Bücher geschützt werden, da sie ansonsten sehr leicht beschädigt werden. Die danebenstehenden Bücher wiederum können durch das Leder mit pulverförmigen Ablagerungen beschmutzt werden. Als provisorische Massnahme können zwischen die mit Leder und die mit anderen Materialien gebundenen Bände säurefreie Kartonbögen gelegt werden.

■ Les livres de grand format se déforment facilement quand ils sont conservés verticalement. La conservation verticale, réalisée avec des étagères et des serre-livres adéquats, peut être utilisée pour des livres d'une hauteur inférieure à 40 cm et qui ont une rigidité suffisante; les livres d'un format supérieur et ceux ayant une stabilité propre réduite, comme les livres minces en papier souple ou les livres très épais, devraient être conservés à plat.

Pour déterminer si un livre peut être conservé verticalement, il suffit généralement de l'observer: les livres qui ne souffrent pas de la conservation verticale ne montrent pas une déformation du dos (différence de forme entre le haut et le bas du dos), le corps du livre n'est pas affaissé vers le bas de la gouttière et il n'y a pas de signe de faiblesse aux charnières. Si par contre un de ces symptômes se manifeste, il indique que le livre souffre dans la position verticale et devrait recevoir un meilleur soutien ou être entreposé à plat.

Si l'on désire conserver verticalement des livres de très grand format, par exemple des atlas, il est très utile de créer de nombreuses séparations verticales solides sur les rayonnages. On peut prévoir une séparation tous les 20 cm environ; la conservation à plat reste cependant préférable, et elle est malgré tout indispensable pour certains volumes.

■ Les livres très épais sont menacés par leur propre poids; le corps du livre tend à déformer le dos, pour pouvoir reposer sur l'étagère. Cet affaissement provoque une déformation définitive et un affaiblissement du dos et des charnières; la reliure devient «flasque», avant de se démonter. Cette situation est typique pour les dictionnaires et les gros manuels reliés industriellement, car la force du dos n'est pas suffisante pour le poids du volume. Ces volumes doivent être disposés à plat; pour les dictionnaires courants, la confection d'une reliure artisanale solide augmente sensiblement la durée de vie du volume. Dans ce cas également, l'observation du comportement du livre entreposé verticalement nous indique si cette situation est potentiellement nuisible pour lui.

■ Les journaux sont des objets extrêmement sensibles à cause de la très mauvaise qualité de leur papier et du fait de leur format qui les rend mécaniquement très vulnérables. Les journaux non re-

Einen viel besseren Schutz bietet die Lagerung der beschädigten Ledereinbände in Schachteln. Pergamenteinbände sind normalerweise nicht reibungsempfindlich.

■ Grossformatige Bücher verformen sich bei senkrechter Aufbewahrung leicht. Die senkrechte Aufbewahrung – in angemessenen Regalen mit Buchstützen – ist nur für ausreichend stabile Bücher bis 40 cm Höhe geeignet. Grössere Bücher sowie Bücher mit geringerer Eigenstabilität wie schmale, biegsame Pappeinbände oder sehr dicke Bücher werden besser flach liegend aufbewahrt.

Um zu entscheiden, ob ein Buch senkrecht stehend aufbewahrt werden kann, muss es eigentlich nur genau betrachtet werden: Bücher, die eine senkrechte Lagerung gut vertragen, weisen keine Verformung des Rückens auf (oberer und unterer Bereich des Rückens sind unterschiedlich geformt), der Buchblock hängt nicht nach unten durch, und es gibt keine Anzeichen für einen brüchigen Falz. Wird aber eines dieser Zeichen sichtbar, bedeutet das, dass dieses Buch die senkrechte Lage nicht verträgt; es muss besser gestützt oder flach liegend aufbewahrt werden.

Sollen sehr grosse Bücher, zum Beispiel Atlanten, senkrecht aufbewahrt werden, müssen in Abständen von ca. 20 cm stabile vertikale Unterteilungen auf den Fachböden angebracht werden; die liegende Aufbewahrung bleibt aber vorzuziehen und ist für manche Bücher unbedingt notwendig.

■ Sehr dicke Bücher sind durch ihr Eigengewicht in Gefahr. Der Buchblock «hängt durch» und liegt auf dem Regalboden auf. Dieses Absenken bewirkt eine irreversible Verformung und Schwächung des Rückens und des Falzes. Das Einbandmaterial verliert an Festigkeit und bietet keinen Schutz mehr. Solche Schäden sind typisch für industriell hergestellte Wörterbücher und dicke Lehrbücher, bei denen die Einbandtechnik nicht dem Gewicht des Bandes entspricht. Diese Bücher müssen liegend aufbewahrt werden. Für häufig benutzte Wörterbücher ist die Anfertigung eines soliden, handgebundenen Einbandes zu empfehlen, der die Lebensdauer des Buches beträchtlich verlängert. Auch hier zeigt die Beobachtung des senkrecht aufbewahrten Buches, ob diese Art der Lagerung schädlich ist oder nicht.

liés (en attente d'une reliure) devraient être rangés à plat, dépliés à leur format normal. Le rangement des journaux reliés devrait également être horizontal; cette mesure est indispensable pour les volumes déjà affaiblis (dos déformé, pages mal liées au corps du livre) et pour les volumes très épais. Le rangement vertical de journaux reliés bien conservés et d'une épaisseur d'environ 5 cm est possible, à condition de créer des séparations verticales stables tous les 20 à 25 cm, pour empêcher les volumes de se déformer.

■ Les reliures anciennes sont souvent très sensibles aux frottements; une excellente protection mécanique est donnée par la confection d'étuis ou de boîtes de protection. Les boîtes de conservation découpées de manière industrielle sur mesure (type Nomi-Box®) peuvent offrir une très bonne protection pour un prix raisonnable. Il faut préférer les modèles qui s'ouvrent largement et qui évitent les frottements lors de la manipulation du livre. Pour des volumes très épais ou de grand format, la conservation à plat est conseillée.

La mise en boîte est plus efficace que l'utilisation d'un étui avec support pour la tranche inférieure (en anglais *book shoe*), qui a l'avantage de laisser le dos du livre visible sur l'étagère, mais qui comporte le risque de frottements entre le livre et sa protection au moment où le livre est saisi ou rangé.

Une mesure d'urgence utile consiste à intercaler une feuille de carton neutre entre chaque volume, pour éviter les frottements lors de la manipulation du livre.

Les reliures avec des parties métalliques peuvent causer des dommages aux reliures voisines au moment où les livres sont sortis du rayonnage ou quand ils sont remis en place; dans ce cas, des mesures de protection sont indispensables.

Les reliures de volumes écrits sur parchemin qui ont perdu leurs fermoirs doivent toujours être entreposées à plat, pour éviter des déformations graves des feuilles ou des reliures; dans ce cas aussi, une boîte de conservation est recommandée.

■ Protection des volumes endommagés: les volumes dont la reliure est gravement endommagée devraient en principe être traités par un restaurateur. Quand cette solution n'est pas envisageable à

■ Zeitungen sind der schlechten Papierqualität wegen äusserst empfindlich und durch ihr unhandliches Format leicht zu beschädigen. Ungebundene Zeitungen (die später gebunden werden) sollten ungefaltet und flach liegend aufbewahrt werden. Auch gebundene Zeitungen werden besser in horizontaler Lage aufbewahrt. Für sehr dicke und für schon geschwächte Bände (verformter Rücken, lose Blätter im Buchblock) ist diese Massnahme unbedingt einzuhalten. Die senkrechte Aufbewahrung von gebundenen Zeitungen in gutem Zustand und einer Dicke, die 5 cm nicht übersteigt, ist möglich, wenn alle 20 bis 25 cm stabile senkrechte Trennwände eingesetzt werden, damit die Bände sich nicht verformen.

■ Alte Einbände sind Reibung gegenüber oft sehr empfindlich. Ausgezeichneten mechanischen Schutz bieten hier Schuber oder Schachteln. Industriell nach Massvorgabe geschnittene Konservierungsschachteln (Typ Nomi-Box®) bieten einen guten Schutz zu einem erschwinglichen Preis. Zu bevorzugen sind Schachteln, die weit geöffnet werden können und die bei der Handhabung des Buches möglichst keine Reibungen verursachen. Für sehr dicke oder grossformatige Bände ist eine flach liegende Lagerung zu empfehlen.

Die Verwendung von Schachteln ist effizienter als die von Buchschuhen (engl.: *book shoe*, Schuber mit einem inneren Träger für den Unterschnitt). Letzterer hat den Vorteil, dass der Buchrücken auf dem Regal sichtbar bleibt. Andererseits besteht aber Abriebgefahr zwischen Buch und Buchschuh, wenn das Buch herausgenommen oder eingestellt wird.

Um bei der Handhabung Reibungen zwischen den Büchern zu vermeiden, kann als Notmassnahme ein Bogen säurefreien Kartons zwischen die einzelnen Bände geschoben werden.

Einbände mit Metallteilen können beim Ausheben oder beim Reponieren danebenstehende Einbände beschädigen. In solchen Fällen sind unbedingt die vorgenannten Schutzmassnahmen anzuwenden.

Einbände von Pergamenthandschriften, deren Schliessen nicht mehr vorhanden sind, müssen immer liegend aufbewahrt werden, damit schwere Verformungen der Blätter oder der Einbände ver-

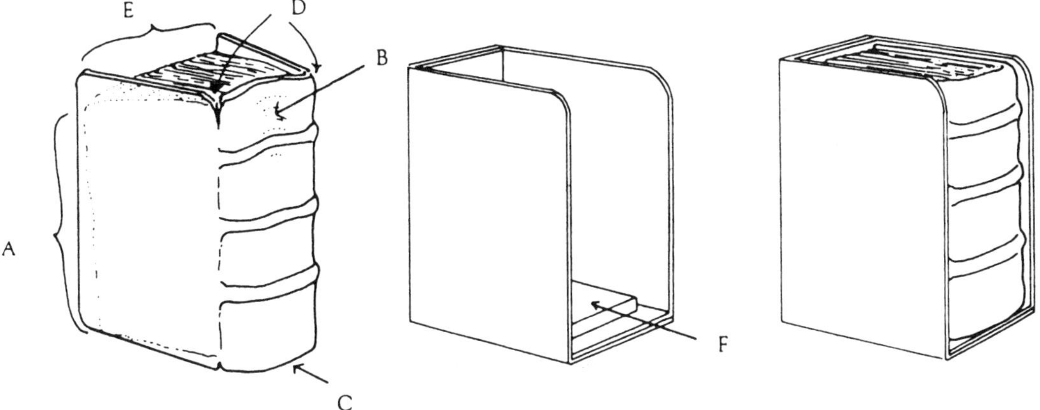

Fig. 6/5: « book shoe ».

A = Affaissement du corps du livre
B = Affaissement de la partie supérieure du dos
C = La partie inférieure du dos maintient sa forme d'origine
D = Tension sur la partie supérieure des charnières
E = Déformation de la tranche de gouttière
F = Support pour la tranche inférieure

(Extrait de : Odegen, Sherelyn : Preservation of Library & archival materials : a manual. Northeast Document Conservation Center, Andover, Massachusetts USA, 1992.)

court terme, plusieurs solutions d'attente sont possibles.

- ☐ La mise en boîte est une mesure de protection efficace pour la protection de livres fragiles ou dont la reliure a été endommagée. Elle permet de maintenir l'unité de l'objet, de prévenir des dommages mécaniques, d'éviter des déformations et d'atténuer l'ampleur des variations climatiques.
- ☐ Pour maintenir les plats, on peut utiliser, comme solution d'attente, une bande de polyester de conservation d'environ 4 cm de large, un peu plus longue que la circonférence du livre de manière à pouvoir fixer dessus un morceau de Velcro® et ainsi la fermer à la largeur du livre.
- ☐ Il est également possible d'emballer le livre dans du papier neutre et de l'entourer d'un ruban en tissu, éventuellement fixé par un arrêt à ressort placé sur le dos.

Fig. 6/5: «Buchschuh».

A = Absinken des Buchblocks
B = Absinken des oberen Rückenabschnitts
C = Unterer Rückenabschnitt verbleibt in seiner ursprünglichen Form
D = Spannung auf den oberen Abschnitt der Fälze
E = Verformung des Vorderschnitts
F = Träger für den Unterschnitt

(Auszug aus: Odegen, Sherelyn: Preservation of Library & archival materials: a manual. Northeast Document Conservation Center, Andover, Massachusetts USA, 1992.)

mieden werden. Auch in diesem Fall ist eine Schutzschachtel zu empfehlen.

■ Schutz von beschädigten Bänden: Bücher mit stark beschädigten Einbänden müssen im Prinzip von einem Restaurator behandelt werden. Ist dies in absehbarer Zeit nicht möglich, gibt es verschiedene Zwischenlösungen:

- ☐ Die Aufbewahrung in Schachteln bietet einen wirksamen Schutz für Bücher, die empfindlich sind oder einen beschädigten Einband haben. Die Gesamtheit des Objekts bleibt erhalten, mechanischen Schäden wird vorgebeugt, Verformungen werden vermieden, und der Einfluss der Klimaschwankungen wird verlangsamt.
- ☐ Um die Buchdeckel zu halten, bietet ein Konservierungsstreifen aus Polyester einen guten provisorischen Schutz. Er soll ca. 4 cm breit und ein wenig länger als der Buchumfang sein, sodass ein Klettverschluss (Velcro®) angebracht werden kann, um den Streifen an der Breitseite des Buches zu schliessen und die Buchdeckel zu halten.

2.2 Fascicules, brochures et feuilles isolées

■ Les fascicules et les brochures posent un problème de conservation important de par leur instabilité mécanique. La conservation verticale individuelle de ces objets minces et souples est déconseillée, surtout s'ils se trouvent intercalés entre des volumes plus lourds et solides, car cette situation aboutit à des déformations, plis et déchirures.

La conservation verticale est possible dans des boîtes en carton alcalin, avec, le cas échéant, une protection individuelle; la condition indispensable est que la boîte soit correctement remplie, pour éviter les déformations. Les boîtes doivent être suffisamment grandes pour éviter de plier ou de déformer les fascicules. Si le cahier est particulièrement mince ou fragile, il est utile de le protéger d'abord par une chemise, une enveloppe en papier neutre ou un brochage de conservation (voir chap. 6, partie IV, point 2.3).

Une boîte conservée verticalement et qui ne contient que quelques objets devrait être provisoirement remplie avec de la matière (par exemple carton, Plastazote®, etc.), de manière à éviter les déformations. La conservation horizontale des boîtes réduit la tendance aux déformations et n'oblige pas à remplir les boîtes partiellement vides, mais elle demande un peu plus de place que la conservation verticale, car il n'est pas conseillé de superposer plus de 2 boîtes, 3 au maximum.

■ Les feuilles isolées de petit format peuvent être conservées, toujours dépliées, seules ou en très petits ensembles dans des chemises ou des enveloppes en papier neutre ou alcalin, protégées, à leur tour, par des boîtes adaptées de même qualité. Il faudrait éviter autant que possible de mettre en contact des documents de papiers de qualités très différentes, comme le papier de pâte mécanique, le papier sans bois, des papiers spéciaux, etc. Les chemises et les boîtes doivent toujours avoir un format supérieur à celui de la plus grande feuille dépliée.

■ Les documents en papier avec sceau apposé sont très fréquents dans les archives et posent des problèmes de conservation graves. Dès le XVIe siècle, parallèlement au passage du parchemin au papier comme support pour les documents, le sceau

□ Eine weitere Möglichkeit ist eine Verpackung aus säurefreiem Papier und der Verschluss mit einem Gewebeband, das eventuell auf dem Rücken mit einem Kordelstopper verschliessbar ist (Buchrückenhalter).

2.2 Faszikel, Broschüren, Einzelblätter

■ Durch die mechanische Instabilität von Faszikeln und Broschüren ergeben sich bei der Aufbewahrung grosse Probleme. Von der senkrechten Aufbewahrung dieser schmalen und empfindlichen Objekte ist abzuraten, vor allem wenn sie zwischen schwereren und grösseren Bänden eingestellt sind; sie führt zu mechanischen Beschädigungen.

Eine senkrechte Aufbewahrung ist in Schachteln aus gepuffertem Karton möglich, wenn jedes Objekt einzeln geschützt wird. Beim Einstellen in die Schachtel ist so vorzugehen, dass Verformungen vermieden werden. Damit die Faszikel nicht geknickt oder verformt werden, müssen die Schachteln ausreichend gross sein. Ist ein Objekt besonders schmal oder empfindlich, muss es ausserdem durch eine Hülle oder einen Umschlag aus säurefreiem Papier oder durch eine Konservierungsbroschüre (siehe Kap. 6, Teil IV, Punkt 2.3) geschützt werden.

Eine senkrecht aufbewahrte Schachtel, die nur einige Objekte enthält, sollte provisorisch mit Füllstoff (z. B. Karton, Plastazot® usw.) aufgefüllt werden, damit sich die Objekte nicht verformen. Die horizontale Lagerung der Schachteln reduziert die Gefahr von Verformungen, und das Auffüllen von halbleeren Schachteln entfällt. Andererseits ist mehr Raum nötig, denn es dürfen nicht mehr als zwei, höchstens drei Schachteln übereinandergelegt werden.

■ Kleinformatige Einzelblätter müssen immer aufgefaltet, einzeln oder in sehr kleinen Gruppen in Hüllen oder Umschlägen aus säurefreiem oder gepuffertem Papier aufbewahrt werden. Diese wiederum werden in Schachteln derselben Qualität gelagert. Papiere unterschiedlicher chemischer Beschaffenheit – Holzschliffpapier, holzfreies Papier, spezielle Papiere usw. – sollen möglichst nicht miteinander in Kontakt kommen. Hüllen und Schach-

en cire suspendu est remplacé par un sceau apposé. Ces sceaux sont formés par une fine couche de cire, ou d'un mélange de cire et de résines naturelles, de diverses couleurs, souvent recouverte par un morceau de papier. Ils sont apposés dans la marge inférieure du document ou, s'ils sont utilisés pour sceller des lettres, se trouvent fréquemment au verso du document. Le relief est imprimé à chaud dans le sceau. L'adhérence de la cire/résine au document est parfois augmentée par de petites entailles ou perforations dans le support. Ces sceaux sont très sensibles mécaniquement, aux coups et à la pression, et se brisent facilement; souvent, une partie de la cire/résine est déjà perdue et le relief du sceau n'est conservé que par le papier qui le recouvre. Ces documents devraient être protégés individuellement ou par petits paquets par une chemise en papier de conservation et entreposés par petits paquets dans des boîtes de 6 cm d'épaisseur maximum, de préférence à plat. La présence des sceaux devrait être signalée sur la boîte et sur la chemise, pour éviter des manipulations brutales qui pourraient causer des dommages irréparables. En effet, pour ces sceaux, on ne dispose pas encore d'une méthode de restauration efficace.

2.3 Affiches, plans, cartes géographiques, dessins utilitaires

■ Les affiches, plans et autres documents en papier de grand format sont très sensibles mécaniquement; la qualité du papier est rarement excellente et souvent médiocre.

La conservation horizontale à plat est indispensable; la conservation en rouleau est toujours problématique et doit être réservée à des situations exceptionnelles, en principe pour des formats où la conservation à plat devient trop problématique (cf. ci-dessous). Plusieurs possibilités peuvent être envisagées, selon le caractère des objets de la collection:

□ Conservation individuelle ou par petits paquets (en évitant de mettre en contact direct des supports de qualités très différentes) dans des chemises en papier neutre ou alcalin et dans des cartables en carton. Le cartable devrait être

teln müssen immer etwas grösser sein als das grösste aufgefaltete Blatt. Die Schachteln stellt man so auf, dass die Blätter flach liegen.

■ Papierurkunden mit aufgedrücktem Siegel kommen in Archiven häufig vor und stellen grosse Konservierungsprobleme. Im 16. Jahrhundert, mit dem Übergang vom Schriftträger Pergament zum Papier, wird das angehängte Wachssiegel durch ein direkt aufgedrücktes Siegel ersetzt. Siegel dieser Art bestehen aus einer feinen Wachsschicht oder einer Mischung aus Wachs und natürlichen Harzen verschiedener Farben und sind oft mit einem Stück Papier bedeckt. Sie wurden im unteren Bereich der Urkunde angebracht oder zum Versiegeln von Briefen benutzt. Die Siegel von Briefen befinden sich häufig auf der Rückseite der Urkunde. Das Siegelrelief wurde in die warme Siegelmasse gedrückt. Um die Haftung auf dem Dokument zu verbessern, wurden manchmal kleine Schnitte oder Löcher in das Papier beziehungsweise das Pergament gemacht. Solche Siegel sind ausgesprochen stoss- und druckempfindlich und brechen leicht. Oft fehlt ein Teil des Wachses/Harzes, und das Relief ist nur noch auf dem Deckpapier erhalten. Diese Urkunden müssen einzeln oder in kleinen Stössen in Hüllen aus alterungsbeständigem Papier gelegt und möglichst flach liegend in kleinen Stössen in Schachteln (max. 6 cm hoch) aufbewahrt werden. Ein Vermerk auf dem Umschlag sollte auf das Vorhandensein der Siegel hinweisen, denn jede unvorsichtige Handhabung könnte irreparable Schäden verursachen. Tatsächlich gibt es für aufgedrückte Siegel noch keine effiziente Restaurierungsmethode.

2.3 Plakate, Pläne und Karten, technische Zeichnungen

■ Aufgrund ihrer selten hervorragenden und oft mittelmässigen Papierqualität sind Plakate, Pläne und andere grossformatige Dokumente aus Papier empfindlich gegen mechanische Beanspruchung.

Sie müssen unbedingt flach liegend aufbewahrt werden; die Aufbewahrung in gerollter Form ist immer problematisch und darf nur in Ausnahmefällen angewendet werden (im Prinzip bei Forma-

autant que possible en carton de conservation, mais l'utilisation du carton gris est acceptable s'il n'y a pas de contact avec les originaux à conserver.[4] Ces cartables peuvent être déposés à plat dans des étagères, en évitant d'en superposer plus de trois à cinq (selon leur poids et la fréquence d'utilisation), ou dans des armoires à tiroirs métalliques.

- □ Des documents fragiles ou qui doivent être isolés ou protégés peuvent être posés entre deux feuilles de papier de conservation ou de polyester de conservation (voir le point 3.2 ci-après).
- □ De petits ensembles de tels documents peuvent être déposés dans des armoires à tiroirs, en protégeant le fond et la partie supérieure avec des feuilles de carton de conservation et en séparant les diverses qualités de papier par des feuilles intercalaires de format supérieur à celui des documents. Ce système a l'inconvénient de rendre difficile la consultation et d'aboutir fréquemment à du désordre dans les tiroirs, car il est difficile d'extraire et de remettre en place un document sans l'endommager et sans endommager les autres. Il est également important de disposer de suffisamment de place pour extraire ces documents du tiroir et de pouvoir les consulter dans un lieu très proche du lieu de dépôt, car leur transport est difficile. Il faut également penser qu'une éventuelle évacuation (en cas de sinistre important) de documents conservés de cette manière est problématique.
- □ Un système de rangement, développé aux Archives cantonales de Berne par Guido Voser et la maison Oekopack pour la conservation d'une grande collection de cartes géographiques, permet une meilleure utilisation des tiroirs et diminue le risque de dommages mécaniques au moment de la saisie ou du rangement des documents. Un cartable comprenant vingt à trente couches de carton neutre permet la superposition d'un bon nombre de cartes dans le même tiroir et un appareil d'ouverture permet d'accéder

[4] Il faut tenir compte du fait que des cartables en carton de qualité médiocre perdront à moyen terme leur solidité et devront être remplacés. Pour cette raison, l'épargne par rapport à du matériel de conservation de bonne qualité n'est pas forcément un bon investissement à long terme.

ten, für die eine horizontale Aufbewahrung zu problematisch wird, siehe unten). Je nach Objektart kann unter den verschiedenen Aufbewahrungsmöglichkeiten gewählt werden:

- □ Aufbewahrung einzeln oder in kleinen Stössen (dabei direkten Kontakt zwischen Trägern sehr unterschiedlicher Materialeigenschaften vermeiden) in Hüllen aus säurefreiem oder gepuffertem Papier. Diese in Mappen aus Karton lagern, möglichst Konservierungskarton. Graupappe ist akzeptabel, wenn sie nicht mit den aufbewahrten Originalen in Kontakt kommt.[4] Die Mappen werden flach liegend in Regalen oder in Schränken mit Metallschubfächern gelagert, dabei nicht mehr als drei bis fünf übereinanderlegen (je nach Eigengewicht und Nutzungshäufigkeit).
- □ Brüchige Dokumente oder solche, die isoliert gelagert werden müssen, können zwischen zwei Bogen alterungsgerechtem Papier oder konservierungsgerechten Polyesterfolien aufbewahrt werden (siehe unten, Punkt 3.2)
- □ Kleine Dokumentgruppen können in Schubfächern aufbewahrt werden. Boden und Decke des Schubfachs werden mit Konservierungskarton ausgekleidet. Die verschiedenen Papierqualitäten werden durch das Einlegen von Zwischenbogen getrennt, die etwas grösser als die Originale sein müssen. Der Nachteil dieses Systems besteht in einer erschwerten Benutzung und führt häufig zu Unordnung in den Schubfächern, denn es ist schwierig, ein Dokument auszuheben oder zu reponieren, ohne dieses oder die anderen zu beschädigen. Es muss genügend Platz in der Nähe vorhanden sein, damit solche Dokumente aus dem Schubfach herausgenommen, in der Nähe hingelegt und konsultiert werden können, denn ihr Transport ist schwierig. Weiterhin ist zu bedenken, dass eine eventuelle Evakuation (bei schweren Notfällen) solcherart aufbewahrter Dokumente problematisch ist.
- □ Für eine umfangreiche Kartensammlung im Staatsarchiv Bern wurde von Guido Voser und

[4] Dabei ist zu berücksichtigen, dass Mappen aus Karton minderwertiger Qualität mittelfristig an Festigkeit verlieren und ersetzt werden müssen. Aus diesem Grund ist die Einsparung an Schutzverpackungsmaterial langzeitlich gesehen nicht unbedingt eine gute Investition.

directement au niveau désiré, sans toucher les couches supérieures et avec les deux mains libres pour extraire ou ranger le document. Ce système de rangement est actuellement commercialisé et permet le rangement correct d'objets jusqu'au format A0.

- □ Dans les collections de documents techniques, on trouve aussi des armoires pour le rangement vertical de plans; ceux-ci sont munis d'une solide bande de carton perforé collée avec des autocollants sur une marge et suspendus à des tiges métalliques à l'intérieur d'un caisson généralement en métal. Du point du vue physique, cette méthode de rangement est acceptable tant que le papier du document est solide et qu'il n'est pas endommagé, mais elle pose des problèmes dus à l'autocollant utilisé, qui est instable à long terme; il n'est pas rare, par exemple, que la colle suinte et que les feuilles tendent à se coller les unes aux autres. Cette méthode ne doit donc pas être utilisée de manière élective. Les collections rangées de cette manière peuvent être laissées dans l'état original tant que la liaison entre les feuilles et la bande de carton reste stable. Par contre, les documents endommagés doivent être libérés de la bande de carton performée et conservés à plat.

L'élimination de l'autocollant demande l'intervention d'un restaurateur et elle cause des frais importants; ainsi, on est souvent contraint à couper simplement la bande de carton perforé, en mutilant la marge du document original.

■ Les cartes de géographie et les plans de format supérieur à A0 sont difficiles à ranger; plusieurs solutions sont possibles:

- □ Il existe des tiroirs de très grand format, mais leur prix est très élevé et leurs dimensions peuvent rendre difficile l'introduction dans les locaux.
- □ Le nombre de documents de très grand format étant normalement réduit, il est possible d'utiliser pour leur rangement la surface supérieure d'un groupe d'armoires à tiroirs de format standard juxtaposées; les cartes et les plans sont rangés à plat dans des cartables en carton alcalin, disponibles dans des dimensions très grandes (jusqu'à 122×244 mm) mais d'un coût élevé. Si nécessaire, les documents peuvent être proté-

der Firma Oekopack eine Planschrank-Schraubmappe entwickelt, die eine bessere Nutzung der Schubfächer ermöglicht und das Risiko mechanischer Schäden beim Ausheben oder Reponieren der Dokumente bedeutend verringert. In einer durch zwanzig bis dreissig Lagen säurefreien Kartons in Fächer unterteilten Mappe können die Karten übereinandergelegt in einem Schubfach aufbewahrt werden. Ein Register nebst Öffnungseinrichtung ermöglicht den direkten Zugang zur gewünschten Karte, ohne dass die anderen Lagen berührt werden müssen. Beide Hände bleiben zum Ausheben oder Reponieren der Dokumente frei. Dieses Aufbewahrungssystem ist im Handel erhältlich. Es gestattet die Aufbewahrung von Objekten bis zum Format A0.

- □ In Sammlungen technischer Dokumente gibt es auch Schränke zur vertikalen Lagerung von Plänen. Auf einen Rand des Plans wird mit Selbstklebestreifen ein haltbarer, perforierter Kartonstreifen geklebt und an einem Metallbügel in einen Kasten (meist aus Metall) gehängt. Obwohl diese Methode in mechanischer Hinsicht akzeptabel sein mag, solange das Papier solide und unbeschädigt ist, stellen sich aufgrund der Klebestreifen Probleme. Sie sind langfristig instabil, und es kommt nicht selten vor, dass der Klebstoff durchschlägt und die verschiedenen Blätter aneinanderkleben. Diese Lagermethode darf nicht neu gewählt werden. Ist sie in der Sammlung schon in Gebrauch, kann sie belassen werden, solange die Bindung zwischen Blättern und Klebstoff hält. Von beschädigten Blättern hingegen muss der perforierte Kartonstreifen abgenommen werden, und sie müssen flach liegend aufbewahrt werden.

Für die Abnahme der Selbstklebestreifen muss ein Restaurator herangezogen werden, und es ergeben sich hohe Kosten. Aus diesem Grund wird der perforierte Kartonstreifen häufig einfach abgeschnitten und der Rand des Dokuments schwer beschädigt.

■ Die Aufbewahrung von mehr als A0-grossen Karten und Plänen ist schwierig. Mehrere Möglichkeiten werden empfohlen:

- □ Schubladenschränke für sehr grosse Formate sind teuer und können aufgrund der beengten

gés avec un emballage en film de polyester (voir point 3.2 ci-dessous).

- Une possibilité pour des documents suffisamment solides est aussi la conservation verticale sur des grillages mobiles en métal inoxydable ou laqué à chaud, comme ceux utilisés dans les réserves des musées pour les tableaux. Le document doit cependant être muni d'un système d'accrochage et son état de conservation doit permettre cette technique de rangement, car la partie supérieure du document est chargée par le poids de tout le document.
- Si aucune autre solution n'est envisageable, la conservation sur rouleau est la dernière possibilité; pour limiter les risques liés à cette solution, on choisira un rouleau d'un diamètre aussi grand que possible (en principe 18–20 cm, au minimum 12 cm, environ 30 cm pour des papiers très fragiles). Si le rouleau n'est pas en carton de conservation, il sera recouvert par deux couches de papier de conservation avant que l'objet ne soit enroulé autour. Enfin, l'objet sera protégé vers l'extérieur par au moins deux couches en papier ou mi-carton de conservation et le tout maintenu avec des rubans en tissu de 12–15 mm de largeur (jamais par des ficelles ou des élastiques).

■ Les cartes de géographie et les plans de grand format encadrés ou montés sur toile avec des baguettes en bois peuvent être suspendus à des grillages en métal inoxydable (voir ci-dessus). Enfin, certains objets particulièrement fragiles peuvent être conservés montés sur un châssis en bois couvert de plusieurs couches de papier (« Karibari », technique japonaise); cette technique offre une très grande stabilité et une excellente protection, mais son coût est très élevé et limite son application à des documents très importants. Les châssis sont entreposés verticalement.

2.4 Gravures, estampes et dessins

Les gravures et dessins forment un groupe très hétéroclite quant à leur nature matérielle; on y trouve toutes les qualités de papier, de la meilleure à la plus instable, et toutes les techniques d'écri-

Platzverhältnisse in den Magazinen häufig nicht aufgestellt werden.

- Da sich in einer Institution normalerweise nur wenige Dokumente sehr grossen Formats finden, können diese zur Aufbewahrung auf nebeneinanderstehenden Schubladenschränken normaler Grösse abgelegt werden. Sie werden flach liegend in Mappen aus säurefreiem Karton aufbewahrt, der in verschiedenen Grössen (bis 122 × 244 cm) erhältlich, aber kostenintensiv ist. Wenn nötig, können diese Dokumente in einer Polyesterfolie aufbewahrt werden (siehe unten, Punkt 3.2).
- Für eine korrekte vertikale Aufbewahrung ausreichend widerstandsfähiger Dokumente eignen sich nicht oxidierbare oder einbrennlackierte, auf Rollen montierte Metallgitter, wie sie häufig in Museen für die Aufbewahrung von Gemälden benutzt werden. Dafür müssen die Dokumente aber mit einer Haltevorrichtung ausgestattet werden. Entscheidend für die Wahl dieser Aufbewahrungsmethode ist der Erhaltungszustand des Objekts, denn der obere Abschnitt des Dokuments trägt das gesamte Gewicht.
- Nur in Ausnahmefällen sollte auf die Verwendung von Trägerrollen zurückgegriffen werden. Diese Methode hat viele Nachteile; soll sie aber angewendet werden, muss der Durchmesser der Rolle möglichst gross sein (im Prinzip 18–20 cm, mindestens 12 cm, ca. 30 cm für sehr empfindliches Papier). Ist die Trägerrolle nicht aus konservierungsgerechtem Karton, muss sie mit zwei Lagen alterungsbeständigem Papier bedeckt werden, bevor das Dokument auf diesen Träger gerollt wird. Von aussen wird das Dokument dann von mindestens zwei Lagen alterungsbeständigem Papier oder Halbkarton umwickelt. Das Ganze wird mit 12–15 mm breiten Gewebebändern zusammengehalten (nie mit Strippe oder Gummibändern).

■ Eingerahmte oder auf Leinwand aufgezogene und an Holzstäben befestigte Karten und grossformatige Pläne können an nicht oxidierbaren Metallgittern aufgehängt werden (siehe oben). Besonders empfindliche Objekte können auf einem mit mehreren Lagen Papier bedeckten Holzrahmen («Karibari» – japanische Methode) befestigt

ture, de gravure, de dessin et de décoration. Les collections modernes comportent souvent des matières inhabituelles : matériaux de récupération, papier goudron, verres acryliques, diverses matières plastiques, etc.

La meilleure protection pour les gravures et dessins sont les passe-partout ; ils sont constitués par un fond et une partie avec une fenêtre réunis par une charnière en toile, et éventuellement munis d'un couvercle. L'objet à conserver est fixé sur le fond par des coins en papier ou des languettes en papier japon pliées en deux, collées avec une colle d'amidon très diluée (ou méthylcellulose) qui garantit un démontage facile ; de cette manière, le verso de la pièce reste également accessible sans difficulté. Toutes les parties étrangères, en particulier des agrafes ou autres parties métalliques et les restes de rubans autocollants, devraient être éliminées auparavant. Rappelons que l'élimination des rubans autocollants doit être confiée à un restaurateur. L'utilisation d'un film protecteur transparent n'est en principe pas nécessaire et peut poser des problèmes, en cas d'instabilité climatique, à cause de sa faible perméabilité à la vapeur d'eau et des charges électrostatiques. Si, pour des raisons particulières, on désire recourir à cette protection supplémentaire, il faut choisir une matière d'une très grande stabilité chimique : certains types de polyester, comme le Mylar D, répondent à ces exigences (voir point 3.2 de cette partie).

Le choix du matériel pour le passe-partout et son fond dépend de la nature de l'objet à conserver : pour les gravures et estampes imprimées avec de l'encre noire ou les dessins au crayon, un carton en pur coton, sans acides, avec charge alcaline garantit la meilleure protection. Par contre, la conservation d'objets polychromes se fera dans un carton sans charge alcaline, car quelques observations récentes font craindre une interaction de la charge alcaline avec certaines couleurs. Un restaurateur spécialisé pourra recommander le matériel le mieux adapté pour chaque collection.

Les passe-partout peuvent être conservés à plat dans des armoires à tiroirs ; une solution meilleure, à mon avis, est la confection de passe-partout d'un format extérieur standardisé (selon le type de collection, deux à quatre formats seront utiles), qui werden. Diese Methode bietet eine grosse Stabilität und ausgezeichneten Schutz. Der hohen Kosten wegen wird sie jedoch nur für ausgesuchte Dokumente angewendet. Die Rahmen werden senkrecht stehend gelagert.

2.4 Stiche, Grafik und Zeichnungen

Stiche, Grafik und Zeichnungen können von unterschiedlichster Beschaffenheit sein. Hier sind alle Papierqualitäten, von der haltbarsten bis hin zur unbeständigsten, und alle Schrift- und Malmaterialien vertreten. Bei modernen Sammlungen stösst man auf ungewöhnliche Stoffe wie Recyclingpapier, Acrylglas oder andere Kunststoffe.

Stiche und Zeichnungen werden am besten durch einen Passepartout geschützt. Er besteht aus einem Träger- und einem Rahmenkarton, die durch ein Gelenk aus Leinenband verbunden sind (eventuell mit einem Deckel versehen). Das aufzubewahrende Objekt wird mittels gefalteter Papierecken oder Fälzen aus Japanpapier auf dem Karton befestigt. Geklebt wird mit stark verdünntem Stärkekleister (oder Methylcellulose), damit die Reversibilität garantiert ist. Dabei kann auch die Rückseite des Blattes problemlos konsultiert werden. Alle Fremdteile, besonders Heftklammern, andere Metallteile und Reste von Selbstklebebändern, müssen vorher entfernt werden. Selbstklebebänder müssen unbedingt von einem Restaurator abgenommen werden. Die Verwendung von Hüllen aus transparenter Folie ist normalerweise nicht nötig und kann bei unbeständigem Klima aufgrund der schwachen Wasserdampfdurchlässigkeit und der statischen Aufladung der Folie Probleme hervorrufen. Bestehen Gründe für solch zusätzlichen Schutz, ist ein alterungsbeständiges Material zu wählen: bestimmte Polyesterarten, z. B. Mylar D, entsprechen den Anforderungen (siehe Punkt 3.2).

Die Wahl des Materials für den Passepartout hängt von der Materialbeschaffenheit des aufzubewahrenden Objekts ab: Für einfarbige, schwarze Stiche und Druckgrafik oder für Bleistiftzeichnungen ist ein säurefreier, gepufferter Karton aus reiner Baumwolle am besten geeignet. Für farbige Objekte hingegen empfiehlt sich ein ungepufferter Karton,

seront conservés par groupes de dix à vingt dans des boîtes en carton alcalin. Cette méthode offre la meilleure protection contre la poussière et contre la pollution atmosphérique, et elle offre une grande facilité d'évacuation en cas de catastrophe.

2.5 Documents en parchemin non scellés

Les documents en parchemin nous parviennent généralement pliés ou enroulés. On peut les conserver tels quels, protégés par des enveloppes en papier alcalin et dans des boîtes adaptées, en évitant toute pression excessive. Si les parchemins sont encore souples, cette méthode de conservation ne pose pas de problèmes, d'autant plus que le taux de consultation de ce type de fonds est en général très réduit.

Si par contre le parchemin, par sa propre nature ou, plus fréquemment, suite à des erreurs de conservation, est devenu rigide, la consultation de ces documents devient fréquemment cause de nouveaux dommages. Par ailleurs, le microfilmage ou la numérisation deviennent traumatisants ou impossibles.

Une alternative est la conservation à plat, dans des enveloppes en papier ou en mi-carton alcalins posées par petits groupes dans des armoires à tiroirs. Cette méthode se prête bien au rangement de documents non scellés et permet un microfilmage/une numérisation de qualité sans endommager les documents. Par contre, la mise à plat est une opération dont le coût, multiplié par le nombre des documents traités, n'est pas négligeable, car elle doit être effectuée par un restaurateur spécialisé dans ce domaine. Rappelons que les dommages causés par des mises à plat où le parchemin est directement humidifié sont graves (cf. chap. 5, point 6.3).

Les rouleaux formés par deux ou trois parchemins cousus peuvent le plus souvent aussi être mis à plat et pliés en accordéon à l'endroit de la couture ; ceux formés par des parchemins collés les uns aux autres ou par plusieurs peaux seront conservés sous forme de rouleaux, entourés d'un papier de protection, dans des tiroirs d'une hauteur suffi-

denn Farbveränderungen lassen darauf schliessen, dass die alkalischen Substanzen im gepufferten Karton mit manchen Farben reagieren. Ein fachkundiger Restaurator kann das für eine Sammlung am besten geeignete Material empfehlen.

Passepartouts werden flach liegend in Schubladenschränken aufbewahrt. Eine gute Lösung ist meiner Meinung nach die Anfertigung von Passepartouts mit einheitlichem Aussenformat (je nach Art der Sammlung reichen zwei bis vier Formate aus). Sie werden gruppenweise (zehn bis zwanzig) in Schachteln aus gepuffertem Karton aufbewahrt. Diese Methode bietet den besten Schutz gegen Staub und Luftverschmutzung und ermöglicht im Katastrophenfall eine schnelle Evakuierung.

2.5 Pergamenturkunden ohne Siegel

Pergamenturkunden wurden gewöhnlich gefaltet oder gerollt aufbewahrt. Sie können so belassen und durch Umschläge aus gepuffertem Papier und angemessene Schachteln geschützt werden; übermässiger Druck ist zu vermeiden. Wenn das Pergament noch flexibel ist, ergeben sich bei dieser Aufbewahrungsmethode keine Probleme, umso mehr, als die Benutzungshäufigkeit dieser Bestandskategorie gewöhnlich sehr gering ist.

Ist das Pergament jedoch durch seine Beschaffenheit, häufiger aber durch Fehler bei der Aufbewahrung unflexibel geworden, entstehen bei der Benutzung oft neue Schäden. Auch die Mikroverfilmung oder die Digitalisierung können schwerwiegende Folgen haben oder undurchführbar sein.

Eine Alternative bildet die flach liegende Aufbewahrung in Umschlägen aus gepuffertem Papier oder Halbkarton, gruppenweise in Schubladen verwahrt. Diese Methode eignet sich besonders gut für Urkunden ohne Siegel und ermöglicht eine qualitätsvolle Mikroverfilmung/Digitalisierung ohne Beschädigung der Dokumente. Die Kosten des Glättens grosser Mengen von Dokumenten sind jedoch nicht unerheblich, denn es sollte immer einem spezialisierten Restaurator anvertraut werden. Es sei daran erinnert, dass beim Glätten von Pergament durch direktes Feuchten schwere Schäden verursacht werden (siehe Kap. 5, Punkt 6.3).

sante; le diamètre du rouleau ne sera pas inférieur à 12 cm.

2.6 Documents en parchemin scellés

Les documents scellés demandent des précautions particulières pour leur rangement. L'utilisation, citée auparavant, de simples enveloppes en mi-carton exige un très grand soin, pour éviter des dommages aux sceaux à l'intérieur de l'enveloppe; il faut en tout cas éviter toute pression ou contrainte mécanique importante sur les parchemins et sur les sceaux. Pour cette raison, l'utilisation d'emballages semi-rigides en mi-carton pour des documents individuels ou de petits groupes de document, de manière à partager une boîte en plusieurs couches offre souvent un bon rapport qualité de conservation/prix.

Les sceaux apposés et les sceaux suspendus sont tous très sensibles à la pression et aux contraintes mécaniques; pour les sceaux apposés, seule la protection contre la pression ou le montage individuel dans une boîte de conservation ad hoc permettent d'éviter des dommages. Pour les sceaux suspendus, l'utilisation de pochettes pour sceaux en polyester, ouvertes en haut et en bas, peut être conseillée dans certains cas. La manipulation des sceaux ainsi protégés demande toutefois un certain doigté.

Les sceaux ne doivent en principe pas être emballés avec de la ouate ou «protégés» par des boîtes qui les enferment: l'observation des sceaux qui ont été protégés de la sorte confirme que ces méthodes sont peu efficaces à moyen et à long terme.

Il est utile de signaler l'existence d'un sceau sur le conditionnement externe du document, pour que l'extraction de celui-ci et la manipulation soient faites avec une grande prudence.

La meilleure protection pour des parchemins scellés est obtenue par des boîtes individuelles en carton alcalin, dans lesquelles chaque document et chaque sceau est maintenu individuellement par des languettes en polyester ou en carton ou par d'autres méthodes facilement démontables. Cette méthode, qui comprend quelques variantes, offre une protection mécanique excellente pour les

Auch Rollen aus zwei oder drei zusammengehefteten Pergamenten können häufig geglättet und dann als Leporello entlang der Heftung gefalzt werden. Dokumente aus aneinandergeklebten Pergamenten oder aus mehreren Häuten werden rollenförmig aufbewahrt. Sie werden, mit einem Schutzpapier umwickelt, in ausreichend hohen Schubladen aufbewahrt. Der Innendurchmesser der Rollen soll nicht unter 12 cm liegen.

2.6 Pergamenturkunden mit Siegeln

Für die Aufbewahrung von Urkunden mit Siegeln müssen besondere Massnahmen getroffen werden. Werden einfache Umschläge aus Halbkarton verwendet, so sind diese sehr sorgfältig zu handhaben, damit die Siegel nicht beschädigt werden. Auf alle Fälle müssen jeder grössere Druck oder mechanische Beanspruchung auf Urkunden und Siegel vermieden werden. Für Einzeldokumente oder Dokumentgruppen können halbflexible Verpackungen aus Halbkarton verwendet werden, die dann wiederum in mehreren Lagen in einer Schachtel gelagert werden; diese Methode bietet oft ein gutes Preis-Leistungs-Verhältnis.

Aufgedrückte oder angehängte Siegel sind sehr empfindlich gegenüber Druck und mechanischer Beanspruchung. Bei aufgedrücktem Siegel können Schäden nur durch Schutz gegen Druck oder durch die Einzelbefestigung in einer Konservierungsschachtel ad hoc vermieden werden. Für angehängte Siegel kann in bestimmten Fällen der Gebrauch von oben und unten offenen Siegelkapseln aus Polyester empfohlen werden. Die Handhabung solchermassen geschützter Siegel erfordert ein gewisses Fingerspitzengefühl.

Siegel dürfen im Prinzip nie in Watte verpackt oder in verschlossenen Schachteln aufbewahrt werden: Es zeigt sich bei der Beobachtung von solchermassen geschützten Siegeln, dass diese Methoden mittel- und langfristig kaum wirksam sind.

Auf der äusseren Schutzverpackung muss vermerkt sein, dass sich ein Siegel darin befindet, damit beim Umgang mit dem Umschlag und beim Herausnehmen der Urkunde besonders vorsichtig vorgegangen wird.

sceaux. Elle peut être appliquée aux documents pliés si les sceaux ne sont pas nombreux; un grand nombre de sceaux exige la mise à plat ou au moins le dépliage du document. Dans ce cas, le document peut être consulté au recto sans être touché. Il est cependant nécessaire de disposer de suffisamment de place, car le volume occupé augmente très sensiblement.

Pour les documents scellés fortement endommagés, en attendant une restauration indispensable et à condition d'en interdire toute consultation, le rangement provisoire à plat dans une boîte, qui sera manipulée avec beaucoup de précaution, ou la stabilisation entre deux feuilles de polyester maintenues ensemble par quelques points de soudure sont des solutions acceptables. Il est important de protéger particulièrement bien les sceaux endommagés avec du papier vélin ou japon ou avec des pièces de mousse non acide (Ethafoam®, Plastazote®). A très court terme (quelques semaines), l'utilisation de films à bulles en PE est acceptable si on ne dispose pas de matériel plus spécifique.

2.7 Documents de prestige

Les documents de prestige ont une vie particulière dans les institutions, car ils sont généralement montrés aux hôtes de marque ou à des groupes de visiteurs. Cette façon d'agir peut être justifiée dans une politique d'ouverture de l'institution, mais elle comporte des risques pour la conservation de documents qui sont justement essentiels dans l'histoire locale ou nationale. Ces documents ne devraient en principe pas être exposés de manière permanente.

Une alternative favorable à la conservation serait de montrer une très bonne reproduction photographique au public qui n'a pas des raisons scientifiques justifiant un accès à l'original; cette solution doit être en tout cas appliquée quand le document est en mauvais état de conservation, mais comporte une perte significative sur le plan symbolique.

Den besten mechanischen Schutz für Pergamenturkunden mit Siegeln bieten spezielle individuelle Behältnisse aus gepuffertem Karton, in denen jede Urkunde und jedes Siegel einzeln und leicht demontierbar befestigt wird, zum Beispiel mit Karton- oder Polyester-Fälzen. Die Methode eignet sich vor allem für gefaltete Dokumente mit nicht allzu vielen Siegeln (ein Dokument mit vielen Siegeln muss geglättet oder zumindest entfaltet werden). Da sie aufgefaltet auf einem Karton liegt, kann die Vorderseite direkt gelesen werden, ohne dass die Urkunde dafür berührt werden muss. Diese Aufbewahrungsart nimmt aber sehr viel Raum in Anspruch, sodass ausreichender Platz zur Verfügung stehen muss.

Stark beschädigte Urkunden mit Siegeln können bis zu ihrer notwendigen Restaurierung und unter der Bedingung, dass jegliche Benutzung unterbleibt, flach liegend in einer sorgsam zu handhabenden Schachtel aufbewahrt werden oder eventuell auch zwischen zwei schützenden Polyesterfolien, die an wenigen Punkten zusammengeschweisst sind. Besonders wichtig ist es, die beschädigten Siegel mit Velin- oder Japanpapier beziehungsweise mit säurefreiem Schaumstoff (Ethafoam®, Plastazote®) zu schützen. Die kurzzeitige Verwendung (einige Wochen) von Luftpolsterfolie aus PE ist akzeptabel, wenn kein sachgerechteres Material verfügbar ist.

2.7 Urkunden besonderer Bedeutung

Besonders bedeutenden Urkunden gilt in den Institutionen auch besondere Aufmerksamkeit. Aus Prestigegründen werden sie gewöhnlich allen bedeutenden Gästen und jeder geführten Gruppe gezeigt. Dies mag für das Ansehen der jeweiligen Einrichtung wichtig sein, für die Erhaltung der Dokumente aber, die ja einen wichtigen Beitrag zur Erforschung der lokalen oder nationalen Geschichte leisten, ist es gefährlich. Solche Urkunden dürfen im Prinzip nicht permanent ausgestellt werden.

Im Sinne der Bestandserhaltung ist es angebracht, dem Publikum sehr gute Reproduktionen zu zeigen. Nur Wissenschaftler sollten ein Recht auf Zugang zum Original haben. Diese Beschrän-

■ *Cadres de protection climatique*

Les chocs climatiques et les risques liés au contact direct avec le public peuvent être évités ou fortement atténués par la construction de cadres techniques de protection et d'exposition. Deux techniques peuvent être utilisées : le ralentissement de la pénétration des variations climatiques ou la création d'un microclimat contrôlé.

- ☐ Un simple encadrement, où le document repose sur une couche de carton neutre (fixé de manière adaptée, p. ex. par des coins en polyester), avec un élément qui maintient la vitre ou le plexiglas à une certaine distance du document et avec un dos en carton, offre déjà une très bonne protection climatique. Sauf en cas de chocs thermiques très violents, les variations climatiques (T et HR) ne pénètrent que lentement à l'intérieur du cadre.
- ☐ Une protection plus élevée est offerte par un cadre étanche qui comprend, derrière le support du document, une chambre vide dans laquelle est montée une plaque de gel de silice (Art-Sorb®, PROSorb®) qui stabilise le climat interne du cadre. Dans ce cas, l'accès direct au document implique le démontage du cadre, mais la protection offerte est plus importante.

Même en employant l'une ou l'autre de ces protections, il faut toujours éviter des changements climatiques trop brutaux (écarts de température supérieurs à 7–8 °C), car les possibilités de stabilisation sont limitées. Ces cadres sont conservés habituellement à plat dans des tiroirs fermés et ne sont sortis que lors de leur exposition.

- ☐ Les boîtes de conservation en carton mentionnées plus haut peuvent également offrir une certaine protection mécanique lors de la présentation du document, car le parchemin n'est pas manipulé directement ; on peut recouvrir la boîte avec une plaque en plexiglas ou autre matériel similaire, pour éviter tout contact direct et diminuer l'effet des changements climatiques liés à la présence d'un grand nombre de personnes.

kung gilt ganz besonders für Urkunden in schlechtem Zustand, auch wenn die symbolische Komponente damit deutlich an Relevanz verliert.

■ *Klimaschutzrahmen*

Die schockartige Einwirkung von Klimaschwankungen und die Risiken aufgrund des Publikumsverkehrs können durch den Bau von Schutz- und Ausstellungsrahmen verhindert beziehungsweise stark verringert werden. Zwei Techniken stehen zur Verfügung: Verlangsamung des Eindringens klimatischer Schwankungen oder Schaffung eines kontrollierten Mikroklimas.

- ☐ Einen guten klimatischen Schutz bildet schon ein einfacher Rahmen, in dem die Urkunde auf einem säurefreien Karton liegt (angemessen befestigt, z. B. durch Polyesterecken), das Glas beziehungsweise Plexiglas wird in einer bestimmten Entfernung vom Objekt angebracht, und die Rahmenrückwand ist aus Karton. Die Klimaschwankungen (T und rF) machen sich nur langsam im Inneren des Rahmens bemerkbar, Ausnahme bilden sehr heftige Thermoschocks.
- ☐ Einen besseren Schutz bietet ein abgedichteter Rahmen: Hinter dem Träger des Dokuments wird ein Vakuumraum geschaffen. Durch eine hier befestigte Silikagel-Kassette (Art-Sorb®, PROSorb®) wird das Innenklima im Rahmen konstant gehalten. Der Schutzfaktor ist höher, allerdings muss zur Entnahme des Originals der Rahmen demontiert werden.

Bei beiden Systemen müssen zu plötzliche Klimaschwankungen vermieden werden (Temperaturdifferenzen von mehr als 7–8 °C), denn ihr Vermögen, das Klima beständig zu halten, bleibt beschränkt. Die Rahmen werden gewöhnlich flach liegend in geschlossenen Schubladen aufbewahrt und nur für Ausstellungen herausgenommen.

- ☐ Auch die oben beschriebenen Behältnisse aus Karton garantieren mechanischen Schutz beim Zeigen der Urkunde, denn das Pergament wird nicht berührt. Die Schachtel kann mit einer Plexiglasscheibe oder ähnlichem Material bedeckt werden, um jeglichen direkten Kontakt zu vermeiden und die Auswirkungen von Klimaschwankungen herabzusetzen, die sich aus der Anwesenheit grosser Menschengruppen ergeben.

3 Matériel de conservation

Jusque dans les années 1980, la quasi-totalité du matériel de conservation utilisé dans les bibliothèques et archives était en réalité du simple matériel de bureau, presque toujours inadapté et très souvent directement nuisible pour la conservation des livres et documents d'archives de par ses caractéristiques physico-chimiques. De nombreuses institutions sont aujourd'hui confrontées au problème de conditionnements à remplacer en masse. Face aux choix imposés par un budget restreint, la première priorité est en principe d'améliorer la qualité de la couche de conditionnement directement en contact avec le livre ou le document (p. ex. exemple les chemises, pochettes, enveloppes) ; le remplacement des autres couches d'emballage est remis à plus tard.

Principe de base : le conditionnement doit être adapté à l'objet à conserver, et non pas le contraire. De nombreux dommages mécaniques, parfois graves, que je constate pendant mes expertises proviennent du manque de respect de cette règle.

Lors de tout reconditionnement, il faut donc prendre en compte non seulement la qualité de la matière choisie, mais aussi sa forme physique qui doit être adaptée à l'objet à conserver : la règle qui devrait être respectée dans toutes les situations est que le format des chemises, cartables, enveloppes et boîtes de conservation doit toujours être légèrement supérieur au format des documents conservés.[5]

Les caractéristiques physiques des collections à reconditionner, leur mode d'utilisation, le mobilier de rangement disponible seront également pris en compte avant de choisir une méthode de reconditionnement.

Pour les documents sous forme de petites brochures, assemblages de feuilles ou feuilles uniques, l'opportunité d'utiliser uniquement chemises et boîtes (emballage à deux couches) ou de créer des sous-unités avec des dossiers à rabats (emballage à

[5] Ainsi, la chemise devrait dépasser l'objet d'au moins 1 cm sur chaque côté ouvert, et les couches successives devraient compter un jeu de 1 cm dans chaque direction pour permettre un rangement aisé.

3 Konservierungsmaterial

Bis nach 1980 waren fast alle Konservierungsmaterialien Artikel aus dem Bürobedarf, die der Verwendung in Bibliotheken und Archiven angepasst wurden. Aufgrund ihrer mechanisch-chemischen Eigenschaften sind diese Materialien für die Erhaltung von Buch- und Schriftgut nahezu immer ungeeignet und meistens sogar schädlich. In vielen Institutionen müssen diese alten Materialien massenweise ersetzt werden – dem jedoch setzen die finanziellen Mittel Grenzen. Vorrang hat daher im Prinzip die Verbesserung der Qualität der Schutzverpackung, die unmittelbar mit dem Objekt in Berührung kommt (z. B. Hüllen, Taschen, Umschläge). Andere Schutzverpackungen können später ausgetauscht werden.

Grundprinzip: Die Schutzverpackung muss dem zu erhaltenden Objekt angepasst werden, nicht umgekehrt. Viele mechanische Schäden (manchmal schwere), die ich während der Expertisen feststelle, entstanden durch die Nichtbeachtung dieser Regel.

Bei der Erneuerung der Schutzverpackungen muss also nicht nur die Qualität des gewählten Materials bedacht, sondern auch dessen Form dem aufzubewahrenden Objekt angepasst werden. Auf jeden Fall sollte jegliche Schutzverpackung (Hülle, Mappe, Umschlag oder Schachtel) etwas grösser sein als das aufzubewahrende Objekt.[5]

Bei der Auswahl der neuen Schutzverpackungen müssen ausserdem die Materialeigenschaften der jeweiligen Sammlungen, deren Nutzungsweise und die vorhandenen Aufstellungsmöglichkeiten in Betracht gezogen werden.

Für kleine Broschüren, Blattsammlungen oder Einzelblätter muss objektspezifisch über die Zweckmässigkeit entschieden werden, nur Hüllen und Schachteln zu verwenden (Zweilagenverpackung) oder Unterteilungen mit Sammelmappen vorzunehmen (Dreilagenverpackung). Verhältnismässig widerstandsfähige Objekte (Hefte, dickes Papier

[5] So sollte eine Hülle auf jeder offenen Seite 1 cm grösser sein als das Dokument. Für eine problemlose Lagerung sollte auch den weiteren Schutzlagen jeweils ein Spielraum von 1 cm in jede Richtung gegeben werden.

trois couches) doit être évaluée en fonction de la nature de l'objet. Les objets assez solides (cahiers compacts, papiers épais, etc.) peuvent être conservés seulement avec chemises et boîtes, tandis que les feuilles minces, les paquets de feuilles déformées ou tout matériel assez souple ou fragile sont mieux protégés par un emballage à trois couches.

3.1 Chemises, dossiers à rabats et enveloppes en papier

Par chemise nous entendons une feuille pliée en deux; elle doit toujours être légèrement plus grande que le document à protéger. Les dossiers à rabats (ou cartables) sont destinés à grouper plusieurs chemises; ils sont en mi-carton et possèdent sur un, deux ou trois côtés un rabat qui maintient un groupe de chemises; ils sont parfois munis d'attaches en toile.

3.1.1 Chemises

Les chemises constituent la première couche de conservation, celle qui est en contact direct avec l'objet à préserver: pour cette raison, la qualité chimique des chemises est d'une très grande importance et le remplacement des chemises de mauvaise qualité par du matériel correct est prioritaire par rapport aux autres améliorations de conditionnement.

Dans leur très grande majorité, les feuilles isolées, brochures ou cahiers isolés peuvent être conservés, individuellement ou par très petits paquets, dans des chemises en papier de conservation de 100 à 120 g/m², sans bois, avec une charge alcaline de 2–3 % de carbonates de calcium, respectant les normes ISO ou ANSI citées au chapitre 2, point 3.3. La composition chimique de ce papier a une grande influence sur le vieillissement des matières qu'il protège. Un papier légèrement teinté à l'avantage pratique d'être moins salissant,[6] mais le papier blanc est généralement moins cher et donc plus fréquemment utilisé. Pour ce qui concerne l'estampillage, l'étiquetage et l'écriture sur le ma-

[6] Il faut veiller à ce que le colorant utilisé donne des garanties suffisantes de stabilité à la lumière et dans le temps.

usw.) können zweilagig in Hüllen und Schachteln aufbewahrt werden. Dünnes Papier, Stösse verformter Blätter oder brüchige und flexible Objekte werden besser in einer Dreilagenverpackung gelagert.

3.1 Hüllen, Sammelmappen, Umschläge

Unter einer Hülle versteht man ein einfach gefaltetes Blatt. Sie muss immer etwas grösser als das zu schützende Dokument sein. Mehrere Hüllen können in (Sammel-)Mappen aus Halbkarton mit Klappen aufbewahrt werden. Diese sind auf einer, zwei oder drei Seiten angebracht und verhindern das Herausgleiten der Hüllen. Manche Mappen sind mit Verschlussbändern aus Gewebe versehen.

3.1.1 Hüllen

Als erste Schutzlage kommen Hüllen direkt mit dem aufzubewahrenden Objekt in Berührung. Ihre chemische Beschaffenheit ist daher sehr wichtig, und das Auswechseln von Hüllen aus schlechtem Material hat gegenüber anderen Konservierungsmassnahmen absoluten Vorrang.

Die meisten Einzelblätter, Broschüren und Einzelhefte können einzeln oder in kleinen Stössen in einer Hülle aus alterungsbeständigem Papier aufbewahrt werden (100–120 g/m², holzfrei, mit einer alkalischen Reserve von 2–3 % Calciumkarbonat, nach ISO- oder ANSI-Normen – siehe Kap. 2, Punkt 3.3). Die chemische Zusammensetzung des Schutzpapiers hat grossen Einfluss auf die Alterung der zu schützenden Materialien. Ein leicht eingefärbtes Papier ist weniger schmutzempfindlich,[6] aber weisses Papier ist gewöhnlich billiger und wird aus diesem Grund häufiger verwendet. Zu Methoden zum Stempeln, Etikettieren und Beschriften der Schutzverpackungen siehe Teil IV, Punkt 1 dieses Kapitels. Für die Aufbewahrung von Fotografien und anderen speziellen Trägern, wie manchen technischen Zeichnungen oder ihren Kopien, sind besondere Bedingungen erforderlich; sie werden im Teil V dieses Kapitels behandelt.

[6] Der verwendete Farbstoff muss langfristig stabil und lichtbeständig sein.

tériel de conservation, se référer à la partie IV de ce chapitre, point 1. Rappelons enfin que la conservation des photographies ou d'autres supports particuliers, comme certains dessins utilitaires ou leurs copies, peut avoir des exigences particulières, qui seront abordées dans la partie V de ce chapitre.

3.1.2 Enveloppes

Les enveloppes sont utilisées soit comme première couche de protection en combinaison avec des boîtes d'archives, soit comme protection unique pour des documents de plus grand format. Dans le premier cas, le matériel des enveloppes correspond en tout point à celui des chemises; le rabat de l'enveloppe ne doit ni être collé ni être autocollant, et pour la confection de l'enveloppe, on doit utiliser des colles chimiquement stables et avec un pH neutre. Les rabats latéraux devraient être collés à l'extérieur de l'enveloppe, pour que les surfaces internes soient lisses. Il est évident que les enveloppes utilisées dans les bureaux ne correspondent à aucun de ces critères et ne doivent jamais être utilisées.

Les enveloppes de format supérieur à C4 (229× 324 mm) devraient être confectionnées avec un matériel plus lourd; selon leurs dimensions et leur utilisation, du mi-carton de 200–300 g/m^2, toujours en qualité de conservation est indiqué.

3.1.3 Dossiers à rabats

Les dossiers à rabats, ou cartables, forment la deuxième couche de conservation pour des petits groupes de documents protégés par des chemises. Confectionnés en papier lourd (120–150 g/m^2) ou en mi-carton (200–300 g/m^2), avec une forme variable et avec un à trois rabats, ils jouent un rôle de protection mécanique et ils facilitent la manipulation du contenu d'une boîte. Le grammage sera choisi en fonction du format et du poids du contenu. On préférera les dossiers formés d'une seule pièce; les éventuelles parties collées le seront avec une colle neutre, si possible naturelle (colle à base d'amidon).

3.1.2 Umschläge

Umschläge werden wie Hüllen als erste Schutzschicht verwendet: entweder zur weiteren Lagerung in Archivschachteln oder als einziger Schutz für Dokumente grösseren Formats. Im ersteren Fall müssen die Materialeigenschaften den für Hüllen genannten entsprechen. Die Klappe des Umschlags darf weder geklebt werden noch darf sie selbstklebend sein, und für die Herstellung des Umschlags ist nur ein chemisch stabiler, pH-neutraler Klebstoff zu benutzen. Um im Umschlag glatte Oberflächen zu erreichen, sollten die Seitenklappen aussen an den Umschlag geklebt werden. Selbstverständlich entsprechen Umschläge des Bürobedarfs in keinem Fall diesen Bedingungen und dürfen nie verwendet werden.

Umschläge für Objekte, die grösser als Format C4 (229×324 mm) sind, müssen aus widerstandsfähigerem Material hergestellt werden: Je nach Format und Anwendung ist alterungsbeständiger Halbkarton von 200–300 g/m^2 zu benutzen.

3.1.3 Sammelmappen

Sammelmappen dienen als mechanischer Schutz und äusseres Behältnis für kleine Stösse schon durch Hüllen geschützter Dokumente und zur einfacheren Handhabung des Inhalts einer Schachtel. Sie werden in verschiedenen Montagevarianten aus festem Papier (120–150 g/m^2) oder Halbkarton (200–300 g/m^2) hergestellt; zusätzlich können ein bis drei Klappen angebracht werden. Dicke und Festigkeit des Kartons müssen dem Format und dem Gewicht des Objekts angepasst sein. Falls geklebt wird, benutzt man einen säurefreien, möglichst natürlichen Klebstoff (Kleister auf Stärkebasis), besser sind aus einem Bogen gefaltete Mappen.

3.2 Encapsulation dans des feuilles de polyester

Le terme d'«encapsulation» a été transposé de l'anglais, pour indiquer la conservation entre deux feuilles en polyester transparent plus ou moins scellées. Cette méthode de conservation peut être très intéressante et fournit dans certains cas une solution d'attente ou une alternative à un traitement de restauration pour des documents individuels en mauvais état.

Le polyester est le matériel qui a été le plus utilisé dans ce domaine. Son appellation chimique est polyéthylène-téréphtalate, ou PET. Il en existe de nombreuses qualités et marques dont les propriétés varient et ne sont pas toutes adaptées à l'usage en conservation. Seules des matières adaptées à la conservation doivent être utilisées, car d'autres types peuvent contenir des composantes nuisibles. Les deux marques Mylar® D ou Melinex® 0, 400, 401, 456, 516 ont connu une grande diffusion dans le domaine de la conservation. Le film Hostaphan® 43SM est accepté par la Library of Congress, et le Therphane® 40-01, considéré comme plus cassant, est admis par la Bibliothèque nationale de France.[7] Les bons fournisseurs de matériel de conservation sont au courant de l'évolution des marchés. Le polyester de conservation existe en différentes épaisseurs; l'unité de mesure indiquée varie selon les fournisseurs et les pays.

Comparaison des unités de mesure utilisées pour l'épaisseur des feuilles:

mil[8]	pouces	μ	mm
1	0,001	25	0,0025
2	0,002	50	0,05
3	0,003	75	0,075
4	0,004	100	0,1
5	0,005	125	0,125
7	0,007	175	0,175

[7] Cf. l'article de 1998, un peu vieux mais encore actuel: http://multimedia.bnf.fr/actus_conservation/cn_act_num07_art2.htm (III 2010).

[8] Le mil représente aux Etats-Unis un millième de pouce, qui mesure 2,54 cm.

3.2 Polyesterschutzfolie (Encapsulation)

Der Begriff «Encapsulation» stammt aus dem Englischen und beschreibt die Aufbewahrung eines Objekts zwischen zwei transparenten, mehr oder weniger verschweissten Polyesterfolien. In manchen Fällen bietet diese nützliche Konservierungsmethode eine Zwischenlösung oder eine Alternative zur Restaurierung von Einzelobjekten in schlechtem Zustand.

Polyester wird in diesem Bereich am häufigsten verwendet. Seine chemische Bezeichnung ist Polyethylenterephthalat, kurz PET. Es gibt verschiedene Qualitäten und Fabrikate, deren Eigenschaften variieren und die nicht alle für die Konservierung geeignet sind. Es darf nur PET benutzt werden, das den Konservierungsanforderungen entspricht, da die anderen Typen schädliche Stoffe enthalten können. Die Fabrikate Mylar® D oder Melinex® 0, 400, 401, 456, 516 fanden im Bereich der Konservierung weite Verbreitung. Die Hostaphan®-Folie 43SM wird von der Library of Congress anerkannt, und Therphan® 40-01, als spröder angesehen, wird von der französischen Nationalbibliothek zugelassen.[7] Die guten Lieferbetriebe für Konservierungsmaterial sind über die Entwicklung des Marktes ständig informiert. Konservierungsfolien aus Polyester gibt es in verschiedenen Dicken, die Masseinheit ist je nach Lieferant und Land verschieden.

Vergleich der Masseinheiten zur Angabe der Folienstärke:

mil[8]	Zoll	μ	mm
1	0,001	25	0,0025
2	0,002	50	0,05
3	0,003	75	0,075
4	0,004	100	0,1
5	0,005	125	0,125
7	0,007	175	0,175

[7] Siehe den Artikel von 1998, schon etwas älter, aber noch aktuell: http://multimedia.bnf.fr/actus_conservation/cn_act_num07_art2.htm (III 2010).

[8] Das Mil entspricht in den USA 1/1000 Zoll, ein Zoll gleich 2,54 cm.

L'épaisseur la plus utilisée est celle de 75 µ, mais l'épaisseur de 100/125 µ est utile pour la protection d'objets de très grand format. Le polyester de conservation peut être obtenu en rouleaux de différentes dimensions et épaisseurs ou sous forme de matériel préconfectionné, adapté aux types d'objets les plus divers; pour le matériel photographique en particulier, on dispose d'une gamme complète de matériel prêt à l'usage.

Du point de vue chimique, le polyester de conservation a d'excellentes propriétés, il est solide et durablement transparent. Par contre, quelques caractéristiques en limitent l'emploi:

- ☐ Le polyester limite fortement les échanges hygrométriques: même sans utiliser des pochettes soudées, les échanges se font lentement. En cas d'un brusque changement de température, l'humidité peut condenser à l'intérieur de la pochette, avec de graves conséquences.
- ☐ Parallèlement, les échanges gazeux sont également réduits. D'un côté, cela peut avoir un effet de protection par rapport à des polluants extérieurs, de l'autre, c'est évidemment nuisible quand l'objet lui-même dégage des composantes agressives, comme c'est le cas pour certains types de copies de dessins utilitaires.
- ☐ Le polyester est électrostatique, il tend à se charger avec le temps et attire ainsi la poussière ou des parties pulvérulentes de l'objet à conserver. Par exemple ne doivent pas être encapsulés: les miniatures sur parchemin, les pastels, les dessins au fusain, à la sanguine, à la craie ou au crayon graphite.
- ☐ Enfin, le prix du polyester de conservation est beaucoup plus élevé que celui du papier de conservation, ce qui limite également son emploi.

Malgré ces inconvénients, ce matériau permet de trouver de très bonnes solutions dans un certain nombre de cas et doit être pris en considération.

Le mode de confection de l'emballage en polyester joue aussi un rôle important: il faut éviter autant que possible de former des pochettes étanches. Le montage du document entre deux couches de polyester complètement soudées par ultrason ou scellées avec des rubans autocollants double face est à déconseiller. Il est bien préférable

Am häufigsten wird eine Stärke von 75 µ benutzt, aber für den Schutz sehr grossformatiger Objekte eignet sich eine Stärke von 100/125 µ sehr gut. Polyesterfolien sind als Rollen in verschiedenen Grössen und Dicken oder als vorgefertigtes Aufbewahrungsmaterial für verschiedenste Objektarten im Handel. Besonders für fotografisches Material steht eine breite Auswahl an vorgefertigtem Material zur Verfügung.

Alterungsbeständiger Polyester hat hervorragende chemische Eigenschaften, er ist haltbar und dauerhaft transparent. Allerdings wird die Anwendung durch andere Merkmale beschränkt:

- ☐ Polyesterfolien sind nicht besonders feuchtigkeitsdurchlässig: Auch wenn ungeschweisste Hüllen verwendet werden, geht der Luftaustausch nur sehr langsam vor sich. Ein plötzlicher Temperaturwechsel kann im Hülleninneren zu einer Kondensation mit ernsten Konsequenzen führen.
- ☐ Dementsprechend ist auch der Gasaustausch sehr eingeschränkt. Einerseits besteht dadurch ein Schutz gegen Schadstoffe von aussen, andererseits aber kann es sich natürlich negativ auswirken, wenn ein Objekt schädliche Komponenten abgibt, wie zum Beispiel bei bestimmten Kopienarten technischer Zeichnungen.
- ☐ Polyesterfolien sind elektrostatisch, sie laden sich mit der Zeit elektrisch auf und ziehen dann pulverförmige Bestandteile des Objekts oder Staub an. Unter anderem dürfen folgende Objekte nicht in Polyesterfolien gelagert werden: Miniaturen auf Pergament, Pastelle, Kohle-, Rötel-, Kreide- und Grafitstiftzeichnungen.
- ☐ Die Kosten für alterungsbeständigen Polyester sind viel höher als für alterungsbeständiges Papier.

Trotz dieser Nachteile bietet dieses Material gute Lösungen, sodass die Aufbewahrung zwischen Polyesterfolie für viele Fälle eine mögliche Konservierungsmethode bleibt.

Auch die Montageart der Polyesterverpackung ist von Bedeutung: Hüllen sollen soweit möglich nicht vollkommen dicht verschlossen werden. Es wird abgeraten, die Dokumente zwischen zwei miteinander ultraschallverschweissten oder durch doppelseitiges Selbstklebeband verschlossenen Polyes-

d'unir les deux feuilles par des points de soudure espacés de quelques centimètres. Les pochettes soudées sur deux ou trois côtés sont acceptables pour les objets de petites dimensions. L'utilisation d'autocollants, même s'ils ne sont pas en contact direct avec l'original, devrait être abandonnée; il existe sur le marché de très bonnes machines à souder le polyester qui évitent tous les problèmes qui peuvent être liés à l'emploi d'autocollants.

D'autres films transparents sont utilisés en conservation: le polypropylène (PP) et le polyéthylène (PE) qui, dans certaines qualités adaptées à la conservation, offrent une alternative meilleur marché et acceptable pour certaines utilisations. La stabilité chimique de ces polymères synthétiques est bonne, sans atteindre celle du polyester; elle devrait être confirmée par le Photographic Activity Test (PAT, ISO Standard 18916).[9] La transparence des films PP et PE n'est pas aussi bonne que celle du polyester, mais ces films sont moins électrostatiques.

3.3 Boîtes de conservation

3.3.1 Boîtes standard en carton de conservation

Les boîtes de conservation ont une fonction primaire de protection mécanique; leur construction doit être adaptée à la méthode de rangement choisie et doit permettre une manipulation simple des chemises et cartables. Les documents ne doivent pas être rangés directement dans une boîte.

Les boîtes de conservation sont en carton de pure cellulose, avec charge alcaline; les qualités physiques du carton, son caractère plus ou moins compact, sa résistance au pliage sont déterminants pour la confection de boîtes pratiques et durables. Le carton alcalin de la boîte agit comme un filtre pour la pollution acide de l'air; à l'intérieur des boîtes de conservation, on a mesuré des concentrations de polluants sensiblement inférieures à celles de l'extérieur.

[9] Ce test a été développé par l'Image Permanence Institute de Rochester USA. Il consiste à poser le matériel à tester en contact avec des matières particulièrement sensibles aux réactifs chimiques et à le soumettre à une forte chaleur et humidité. Si les indicateurs réagissent, le test n'est pas réussi. Cf. http://www.imagepermanenceinstitute.org/shtml_sub/srv_pat.asp (XI 2009).

terfolien zu lagern. Es ist besser, die zwei Folienblätter durch Schweisspunkte zu verbinden, die mindestens einige Zentimeter voneinander entfernt liegen. Zwei- oder dreiseitig verschweisste Hüllen können für Objekte kleineren Formats verwendet werden. Selbstklebeband darf nicht benutzt werden, auch wenn es mit dem Objekt nicht direkt in Berührung kommt. Es ist besser, die im Handel erhältlichen Geräte zum Verschweissen von Polyester zu verwenden.

Auch andere durchsichtige Folien werden in der Konservierung verwendet: Bestimmte Qualitäten der Materialien Polypropylen (PP) und Polyethylen (PE) sind für die Konservierung geeignet. Sie bilden eine kostengünstigere Alternative, die für bestimmte Anwendungsbereiche akzeptabel ist. Die chemische Stabilität dieser synthetischen Polymere ist gut (ohne die von Polyester zu erreichen); sie muss noch durch den Photographic Activity Test (PAT, ISO Standard 18916)[9] bestätigt werden. Die Transparenz ist weniger gut, sie sind aber auch weniger elektrostatisch.

3.3 Archivschachteln

3.3.1 Archivschachteln aus alterungsbeständigem Karton

Archivschachteln bieten vor allem einen guten mechanischen Schutz. Die Montageart der Schachteln muss dem Aufstellungsmodus in den Regalen angepasst sein und eine einfache Handhabung der in Hüllen und Mappen aufbewahrten Objekte gewährleisten. Archivalien dürfen nicht ungeschützt in einer Schachtel aufbewahrt werden.

Archivschachteln bestehen aus holzschlifffreiem, gepuffertem Karton. Ausschlaggebend für die Anfertigung von alterungsbeständigen Schachteln sind die mechanischen Eigenschaften des Kartons, das heisst seine Haltbarkeit und seine Falzfestig-

[9] Dieser Test wurde vom Image Permanence Institute in Rochester, USA entwickelt. Er besteht darin, das Testmaterial mit Stoffen in Kontakt zu bringen, die chemischen Reaktiven gegenüber besonders empfindlich sind, und es starker Hitze und Feuchtigkeit auszusetzen. Wenn die Indikatoren reagieren, ist der Test nicht bestanden. Siehe http://www.imagepermanenceinstitute.org/shtml_sub/srv_pat.asp (XI 2009).

Les boîtes qui ferment bien jouent un rôle important de protection contre les variations climatiques à court terme : des variations de l'ordre de 10–15 % de courte durée (quelques minutes à quelques heures) ne se répercutent que très peu à l'intérieur de la boîte. L'importance de la protection est liée à la qualité de la matière et au mode de construction de la boîte.

Il existe de très nombreux modèles de boîtes d'archives. Selon mon expérience, les boîtes qui s'ouvrent entièrement, permettant une vision libre et l'accès direct à toutes les couches qu'elles contiennent, sont celles qui offrent les meilleures garanties ; elles ont été adoptées dans de nombreuses archives en Suisse, dont les Archives fédérales. Par contre, les boîtes qui ne s'ouvrent que d'un seul côté comportent plus de risques d'endommager les documents lors des manipulations.

Un soin particulier doit être apporté à tous les détails de la boîte : tous les matériaux utilisés (papiers, colles, métaux, rubans) doivent être stables à long terme. Les agrafes métalliques doivent être inoxydables,[10] bien repliées et si possible recouvertes de papier, pour éviter qu'elles ne blessent le contenu de la boîte. Les rubans des attaches peuvent être soit en coton, soit en polyester ; ce dernier doit être soudé, pour qu'il ne puisse pas s'effilocher. Les colles utilisées doivent être chimiquement stables et avoir un pH neutre.

Deux types de boîtes sont disponibles actuellement sur le marché : les boîtes montées (en général par collage/agrafage) et celles livrées à plat et pliées par l'utilisateur. Les premières offrent une très bonne stabilité et une simplicité d'emploi, mais leur prix comprend le travail de montage et leur stockage en attente d'utilisation demande beaucoup de place. Les boîtes à plier sont légèrement moins solides, elles sont aussi moins chères, mais le temps de montage doit être considéré pour le conditionnement de collections quantitativement importantes. Le marché de la conservation offre actuellement des boîtes satisfaisantes, mais il est

[10] Les agrafes des boîtes ordinaires n'ont reçu qu'une protection superficielle contre l'oxydation, qui n'est pas efficace au-delà de 10–30 ans. Les agrafes des boîtes de conservation doivent être inoxydables dans la masse. Cette propriété peut facilement être vérifiée par un conseiller en conservation.

keit. Der alkalische Karton der Schachtel wirkt als Filter gegen saure Luftverschmutzung. Im Inneren der Schachteln hat man viel niedrigere Schadstoffkonzentrationen gemessen als ausserhalb.

Gut schliessende Schachteln üben eine wichtige Schutzfunktion gegen kurzzeitige klimatische Schwankungen aus: Schwankungen von 10–15 %, die nur einige Minuten bis zu einigen Stunden dauern, wirken sich im Schachtelinneren nur sehr wenig aus. Wie sehr die Schachtel schützt, hängt von ihrer Materialqualität und ihrer Montageart ab.

Es gibt zahlreiche Modelle von Archivschachteln. Meiner Erfahrung nach eignen sich diejenigen am besten, die sich vollständig öffnen lassen. Sie erlauben eine sofortige Übersicht des Inhalts. Solche Archivschachteln werden in vielen Schweizer Archiven benutzt, unter anderem im Schweizerischen Bundesarchiv. Bei einseitig zu öffnenden Schachteln vergrössert sich das Risiko, die Dokumente bei der Handhabung zu beschädigen.

Die Werkstoffe für eine Schachtel sind sorgfältig zu bedenken: Alle verwendeten Materialien (Papier, Klebstoff, Metallteile, Bänder) müssen alterungsbeständig sein. Drahtklammern müssen aus rostfreiem Metall,[10] gut eingebogen und möglichst mit Papier abgedeckt sein, um Beschädigungen der Objekte zu vermeiden. Die Verschlussbänder müssen entweder aus Baumwolle oder aus Polyester sein, Letzterer muss angeschmolzen werden, damit er nicht ausfasert. Die benutzten Klebstoffe müssen chemisch inaktiv und pH-neutral sein.

Gegenwärtig sind zwei Schachteltypen auf dem Markt: vorgefertigte (gewöhnlich geklebt/geheftet) und flach gelieferte Faltschachteln. Die ersteren sind von sehr guter Qualität und einfach im Gebrauch, aber durch die inbegriffene Montage erhöht sich der Preis, und sie beanspruchen viel Lagerraum. Die Faltschachteln sind nicht ganz so widerstandsfähig, aber auch preisgünstiger. Die Zeit für ihre Montage ist bei den Ausgabenberechnungen für Schutzverpackungen als kostenträchtig zu berücksichtigen. Auf dem Markt werden gegen-

[10] Drahtklammern normaler Schachteln sind nur oberflächlich gegen Oxidation geschützt (für 10–30 Jahre). Bei Drahtklammern für Archivschachteln muss das gesamte Vollmaterial rostfrei sein. Das kann von einem Konservierungsberater auf einfache Weise kontrolliert werden.

indispensable de maintenir un regard critique sur les produits offerts.

La disposition des boîtes sur les étagères peut être horizontale ou verticale. Les deux solutions sont possibles, avec des avantages et inconvénients différents :

- ☐ La conservation horizontale évite la déformation des documents, même dans des boîtes peu remplies, car la force de gravité s'exerce perpendiculairement au document. Elle est en principe la plus favorable à la conservation, mais elle diminue un peu la densité dans les magasins.
- ☐ La conservation verticale ne pose pas de problèmes pour des fonds de format uniforme et avec des boîtes solides et bien remplies. Par contre, quand les formats sont très différents, il devient nécessaire de protéger les documents les plus faibles (à cause de leur taille, de leur épaisseur, de la qualité de leur papier) avec des enveloppes, pochettes ou chemises. Si une boîte n'est pas entièrement remplie (en principe moins que 80 % de sa capacité), il faudrait introduire des cales provisoires, pour éviter la déformation du contenu. Si ce matériel n'est pas sans acides, il faut éviter qu'il entre en contact avec la matière originale.

3.3.2 Boîtes industrielles sur mesure (type Nomi-Box®)[11]

Les boîtes standard existent dans de nombreux formats adaptés à la plupart des documents et publications courantes. Par contre, la production de petites quantités ou de boîtes individuelles avec des formats divers n'est pas possible avec la méthode traditionnelle (forme de découpe). L'utilisation d'une machine de découpe au laser, pilotée par ordinateur, permet de réaliser de petites séries ou des pièces individuelles sur mesure. Ces boîtes sont réalisées en carton cannelé de conservation[12] ou en carton compact mince. Elles offrent l'avantage

[11] Appellation commerciale d'un produit fort diffusé en Suisse et en Allemagne ; des produits similaires existent en France et dans d'autres pays.

[12] Ce carton cannelé se distingue par la qualité des fibres et des colles utilisées ; il répond aux exigences les plus sévères sur le plan chimique. Par contre, il reste malgré tout moins solide qu'un carton compact de conservation.

wärtig den Anforderungen entsprechende Schachteln angeboten, doch müssen die Produkte immer genau überprüft werden.

Schachteln können flach liegend oder senkrecht stehend auf den Regalen gelagert werden. Beide Möglichkeiten sind akzeptabel und haben verschiedene Vor- und Nachteile:

- ☐ Die horizontale Lagerung eignet sich am besten für die Aufbewahrung: Selbst in halbvollen Schachteln wird die Verformung der Objekte vermieden, denn die Schwerkraft wirkt senkrecht auf das Objekt. Allerdings entsteht in den Magazinen eine geringere Lagerdichte.
- ☐ Durch die senkrechte Lagerung von Beständen gleichförmiger Formate in widerstandsfähigen und gut gefüllten Schachteln ergeben sich keine Probleme. Sind die Formate jedoch sehr unterschiedlich, müssen die schwächeren Objekte (aufgrund ihrer Grösse, ihrer Dicke, ihrer Papierqualität) mit Umschlägen, Taschen oder Hüllen geschützt werden. Wenn eine Schachtel nicht vollständig gefüllt ist (im Prinzip weniger als 80 % ihrer Kapazität), müssen provisorische Keile eingelegt werden, um Verformungen vorzubeugen. Ist das Keilmaterial nicht säurefrei, darf es nicht mit den Dokumenten in Berührung kommen.

3.3.2 Industriell nach Massvorgabe gefertigte Archivschachteln (Typ Nomi-Box®)[11]

Es gibt Schachteln für Standardformate der meisten gängigen Archivalien und Veröffentlichungen. Im Gegensatz dazu können kleine Serien oder Einzelstücke verschiedener Formate nicht mit der traditionellen Methode (Art des Zuschnitts) produziert werden. Durch den Gebrauch eines maschinellen, computergesteuerten Schneidesystems mit Laser ist die Herstellung kleiner Serien oder Einzelstücke nach Mass möglich. Diese Schachteln werden aus alterungsbeständigem Wellkarton[12] oder aus dün-

[11] Markenname eines in der Schweiz und in Deutschland vertriebenen Produkts; ähnliche Produkte gibt es in Frankreich und in anderen Ländern.

[12] Dieser Wellkarton unterscheidet sich durch die Qualität der verwendeten Fasern und Klebstoffe; er entspricht in chemischer Hinsicht den strengsten Vorschriften. Er ist aber dennoch mechanisch weniger widerstandsfähig als ein Museumskarton.

de pouvoir être adaptées exactement à l'objet à conserver, que ce soit du point de vue du format ou du modèle. Elles offrent une excellente solution pour la conservation d'objets ayant perdu une partie de leur stabilité (volumes endommagés p. ex.) et constituent souvent, pour des objets rarement consultés, une alternative, du moins provisoire, à la restauration. Par contre, leur stabilité mécanique est inférieure à celle des boîtes en carton de conservation compact de 2 mm d'épaisseur et l'avantage de leur encombrement réduit pendant le stockage est compensé par le temps de travail nécessaire pour leur montage. En conclusion, ce matériel offre un complément très utile aux boîtes d'archives standard.

3.3.3 Boîtes d'archives en carton ordinaire (avec bois)

L'utilisation de ces boîtes est un compromis quand on ne dispose pas des ressources nécessaires pour acheter du matériel de conservation pour toutes les couches. Les cartons ordinaires sont confectionnés à partir de papiers recyclés et/ou de pâtes de bois; ils contiennent toujours une part importante de lignine et d'impuretés. Ce carton vieillit assez rapidement, tout particulièrement quand il est exposé à la lumière, et il est nuisible par contact pour la conservation des documents. Les boîtes en carton ordinaire sont déconseillées; si on est contraint de les utiliser, quelques précautions sont indispensables:

- ☐ Choisir des modèles et des matières solides; les modèles en carton ondulé ou cannelé n'offrent le plus souvent pas une résistance mécanique suffisante. Les modèles fournis montés et agrafés sont généralement plus solides que les modèles qu'on monte soi-même par pliage.
- ☐ Préférer des boîtes qui s'ouvrent complètement (comme décrites ci-dessus).
- ☐ Vérifier l'exécution de la boîte dans les détails: éviter des boîtes dont les agrafes sont mal repliées et qui pourraient blesser le contenu, vérifier la solidité du système de fermeture, vérifier que le couvercle puisse être ouvert et fermé des dizaines de fois sans être endommagé.
- ☐ Vérifier la solidité de la boîte à l'état mouillé et à l'état détrempé: certaines boîtes deviennent

nem Museumskarton hergestellt. Das Angebot ist sehr breit gefächert. Modell und Format der Schachtel werden dem Objekt genau angepasst. Diese Schachteln eignen sich hervorragend für Objekte, die an Stabilität verloren haben (z.B. beschädigte Einbände). Sie sind oft eine, wenn auch provisorische, Alternative zur Restaurierung selten benutzter Objekte. Ihre mechanische Beständigkeit ist geringer als die von Schachteln aus Museumskarton von 2 mm Dicke. Sie nehmen weniger Lagerraum ein, dafür ist aber Montagezeit nötig. Diese Schutzverpackung ist eine gute Ergänzung zur Archivschachtel aus alterungsbeständigem Karton.

3.3.3 Schutzschachteln aus gewöhnlichem Karton (holzhaltig)

Die Verwendung dieser Schachteln ist ein Kompromiss, wenn aus Kostengründen nicht für alle Lagen der Schutzverpackung alterungsbeständiges Material verwendet werden kann. Gewöhnlicher Karton wird auf der Basis von Recycling- und/oder Holzstoffpapier hergestellt. Er enthält immer einen grossen Anteil an Lignin und Unreinheiten und altert, besonders bei Lichteinwirkung, verhältnismässig schnell. Jeder direkte Kontakt ist schädlich für die aufbewahrten Objekte. Von der Verwendung der Schachteln aus gewöhnlichem Karton wird abgeraten. Ist sie nicht zu vermeiden, sind folgende Vorbeugemassnahmen zu treffen:

- ☐ Haltbare Modelle und Materialien wählen. Modelle aus Wellpappe sind meistens nicht widerstandsfähig genug. Vorgefertigte und verklammerte Schachteln sind meistens haltbarer als Modelle, die noch zusammengesteckt werden müssen.
- ☐ Vollständig aufklappbare Schachteln verwenden (siehe oben).
- ☐ Montageausführung genau überprüfen: Die Heftklammern müssen gut eingebogen sein, um Beschädigungen der Objekte zu vermeiden. Haltbarkeit des Verschlusssystems: Der Schachteldeckel muss ohne Schaden sehr häufig geöffnet werden können.
- ☐ Prüfung der Schachtel in feuchtem und durchnässtem Zustand: Manche Schachteln verlieren ihre Festigkeit und erschweren bei Überschwemmung die dringliche Evakuation.

très fragiles et compromettraient une évacuation d'urgence des documents touchés par une inondation.

- ☐ Utiliser impérativement et systématiquement des chemises et dossiers en matériel de conservation; les originaux ne doivent en aucun cas être en contact direct avec la boîte.

Tenir compte du fait que l'utilisation de boîtes de qualité non conforme aux normes pour la conservation est un mauvais investissement à long terme, car elles devront être remplacées dans le délai de 20–50 ans (selon leur qualité), quand elles auront perdu leur stabilité mécanique et deviendront inutilisables.

3.3.4 **Boîtes spéciales**

Pour des usages particuliers, le marché de la conservation offre des boîtes de construction très soignée, en carton de conservation doublé à l'intérieur de papier neutre et à l'extérieur de toile solide; le système de fermeture est généralement très bien construit, il est pratiquement étanche à la poussière. Ces boîtes, d'un coût élevé mais d'une qualité excellente, peuvent être utilisées pour la conservation de collections spéciales, là où une protection particulière et une grande résistance sont exigées, par exemple pour la protection d'œuvres d'art sur papier montées dans des passe-partout.

3.3.5 **Cartables rigides pour documents de grand format**

Les documents de grand format devraient impérativement être conservés dépliés et à plat dans des cartables solides de format supérieur à celui du plus grand objet contenu. Les arguments énoncés à propos des boîtes d'archives sont également valables dans ce cas. Le carton du cartable doit être d'une force proportionnée au format et au poids du contenu. Pour de très grands formats, l'utilisation de cartons légers et rigides, tels que les cartons cannelés multicouches, est avantageuse pour limiter le poids et faciliter la manipulation. Depuis quelque temps, des plaques de PP (polypropylène) cannelé sont également disponibles: leur solidité et leur légèreté les rend intéressantes pour ce type d'application. Il faut cependant tenir compte du fait qu'il ne faut en principe pas mettre un original

- ☐ Unbedingt immer Hüllen und Umschläge aus alterungsbeständigem Material als erste Lage verwenden. Die Objekte dürfen auf keinen Fall mit der Schachtel in Berührung kommen.

Die Einsparung durch die Verwendung von Schachteln, die nicht den Normen für Schutzverpackungen entsprechen, lohnt sich letztlich nicht, denn diese müssen innerhalb von 20–25 Jahren ersetzt werden, wenn sie ihre mechanische Festigkeit verloren haben und unbrauchbar geworden sind.

3.3.4 **Spezialschachteln**

Für spezielle Zwecke werden Schachteln von besonders sorgfältiger Herstellungsart angeboten. Der alterungsbeständige Karton wird innen mit säurefreiem Papier ausgeschlagen und aussen mit Steifleinen kaschiert. Das Verschlusssystem ist für gewöhnlich sehr gut durchdacht und so gut wie staubundurchlässig. Diese Schachteln sind teuer, aber von ausgezeichneter Qualität. Sie können für die Aufbewahrung von Spezialsammlungen verwendet werden, wenn besonderer Schutz und grosse Haltbarkeit nötig sind (z.B. in Passepartouts montierte Kunstwerke auf Papier).

3.3.5 **Mappen für grossformatige Objekte**

Grossformatige Objekte müssen unbedingt aufgefaltet und flach liegend in haltbaren Mappen aufbewahrt werden. Diese müssen immer etwas grösser sein als das grösste darin aufbewahrte Objekt. Alle für Archivschachteln angeführten Argumente gelten auch für Mappen. Die Kartondicke der Mappe muss dem Format und dem Gewicht des Inhalts angemessen sein. Bei sehr grossen Formaten sollte ein leichter, steifer Karton, zum Beispiel mehrlagiger Wellkarton, verwendet werden, damit das Gewicht gering gehalten und die Handhabung erleichtert wird. Seit einiger Zeit gibt es auch PP(Polypropylen-)Wellplatten: aufgrund ihrer Haltbarkeit und ihres geringen Gewichts eignen sie sich für Mappen. Dabei ist aber zu beachten, dass die Originale im Prinzip nicht direkt mit dem PP in Berührung kommen dürfen und dass das PP im Brandfall schmelzen und sicherlich irreversible Schäden verursachen würde.

Bei Mappen mit einem Rückengelenk aus Gewebe muss die Rückendicke dem vorgesehenen Inhalt

directement en contact avec le PP et qu'en cas d'incendie, le PP fondrait en causant vraisemblablement des dommages irréversibles.

Les cartables montés avec un dos en toile doivent avoir une épaisseur du dos qui corresponde au contenu prévu et la qualité des matières utilisées doit donner de bonnes garanties de stabilité mécanique et chimique. Il est préférable d'utiliser des cartables avec trois attaches en toile, pour éviter que le contenu puisse glisser hors du cartable quand on le manipule.

Un cartable en carton de conservation est bien préférable à un cartable en carton gris ordinaire et offre les meilleures garanties de stabilité et d'innocuité. Pour la gestion de collections très volumineuses, quand les moyens financiers font défaut, on peut utiliser un système de conservation en plusieurs couches, ce qui permet de réduire les coûts: le support physique est donné par un cartable en carton gris solide de 2–3 mm (ou en PP cannelé), avec un dos en toile; à l'intérieur se trouve un cartable à ailettes en mi-carton de conservation (300–400 g/m^2) qui sert de barrière et qui protège son contenu de la poussière. Les documents sont disposés dans ce cartable interne par petits paquets, protégés si nécessaire par des chemises ou des feuilles intercalaires en papier ou en polyester de conservation. Dans chaque cartable, on peut ranger des documents pour une épaisseur totale d'environ 20–25 mm. L'avantage de cette technique est que le cartable extérieur en carton gris est d'un coût réduit et que le cartable intérieur en mi-carton de conservation est également peu cher. Le coût global du conditionnement se trouve ainsi réduit, et la méthode de conservation est acceptable, bien qu'il s'agisse d'un compromis.

Il faut toujours poser une séparation avec une feuille de papier-barrière entre des documents ou des objets formés par des matières différentes. Par exemple: entre des affiches imprimées sur papier très médiocre et des affiches imprimées sur du papier de meilleure qualité, ou encore entre les divers types de copies de dessins d'architecture. La meilleure protection est offerte par une séparation individuelle de chaque pièce. Il faut en tout cas éviter de disposer des documents directement dans un cartable, sans protection.

entsprechen; die verwendeten Materialien müssen gute mechanische und chemische Beständigkeit garantieren. Die Mappen werden am besten auf drei Seiten mit Gewebebändern zugebunden, damit der Inhalt bei der Handhabung nicht aus Versehen herausrutscht.

Alterungsbeständiger Karton ist gewöhnlicher Graupappe selbstverständlich vorzuziehen: Er ist widerstandsfähiger und im Prinzip unschädlich. Bei sehr umfangreichen Sammlungen und beschränkten finanziellen Mitteln kann ein Schutzsystem aus mehreren Lagen zur Kostensenkung beitragen: Mechanischer Träger ist eine Mappe aus fester Graupappe von 2–3 mm (oder PP-Wellplatte) mit einem Geweberücken. Darin liegt zwecks Isolierung und Staubschutz eine Einlagemappe aus alterungsbeständigem Halbkarton (300–400 g/m^2). Die Objekte werden, wenn nötig, von Hüllen oder Zwischenlagenblättern aus alterungsbeständigem Papier oder Polyester geschützt und in kleinen Stössen (Gesamthöhe ca. 20–25 mm) in der Einlagemappe gelagert. Da die Kosten der Mappe aus Graupappe gering und die der Einlagemappe niedrig sind, sinken die Schutzverpackungskosten insgesamt; diese Konservierungsmethode ist somit ein akzeptabler Kompromiss.

Objekte von unterschiedlicher Materialbeschaffenheit müssen immer durch ein Zwischenlagenpapier voneinander getrennt gelagert werden: zum Beispiel Plakate, die auf sehr minderwertigem, und solche, die auf Papier von besserer Qualität gedruckt sind, oder verschiedene Kopientypen von Architekturzeichnungen. Am besten erhält jedes Dokument eine eigene erste Schutzverpackung. Auf jeden Fall dürfen Dokumente nie ohne Schutzverpackung direkt in eine Mappe gelegt werden.

3.4 Evaluation du matériel de conservation

L'évaluation du matériel de conservation n'est pas facile pour une personne qui ne s'occupe pas régulièrement de ces questions; il faut en effet considérer non seulement les propriétés intrinsèques du conditionnement considéré, mais le mettre en relation avec les objets à protéger, avec les conditions de rangement, de transport et d'utilisation dans une institution donnée. Une solution acceptable dans un contexte peut s'avérer nuisible dans un autre. L'aide d'un conseiller en conservation s'avère souvent précieuse et efficace.

Une grille d'évaluation peut rendre l'observation plus systématique et fournir une image plus claire. Cette grille devrait être utilisée pour chaque élément de conditionnement. L'évaluation finale dépend du matériel à conserver, mais en principe, on devrait éviter d'utiliser du matériel qui comporte un ou plusieurs points négatifs. La grille d'évaluation du matériel de conservation a été élaborée en collaboration avec Mme Christelle Quillet des Services de conservation de la Bibliothèque nationale de France à Paris.

Grille d'évaluation du matériel de conservation	
Article:	
Dimensions:	
Fournisseur:	
Quantité totale envisagée:	
Type d'objets à conserver:	
☐	matériel en contact direct avec l'original
☐	matériel intermédiaire (2e couche)
☐	matériel externe (3e couche)

3.4 Bewertung von Konservierungsmaterial

Für eine Person, die sich nicht ständig mit dieser Problematik beschäftigt, ist eine Bewertung des Konservierungsmaterials schwierig. Es müssen nicht nur die endogenen Eigenschaften des Materials beurteilt werden, sondern diese müssen auch in Bezug zu den zu bewahrenden Objekten und den Aufbewahrungs-, Transport- und Benutzungsbedingungen in einer gegebenen Institution gesetzt werden. Eine hier akzeptable Lösung kann sich dort als schädlich erweisen. Die Hilfe eines Beraters für Konservierung ist oft wertvoll und effizient.

Mit einem Bewertungsschlüssel werden eine systematischere Beobachtung und eine klarere Sicht erreicht. Der Schlüssel muss für jedes Element der Schutzverpackung benutzt werden. Die abschliessenden Bewertungskriterien hängen von den aufzubewahrenden Objekten ab. Ein Material, das ein oder zwei Negativpunkte aufweist, sollte im Prinzip nicht verwendet werden. Der hier aufgezeigte Bewertungsschlüssel für Konservierungsmaterial wurde in Zusammenarbeit mit Frau Christelle Quillet, Services de conservation, Bibliothèque nationale de France in Paris, erarbeitet.

Bewertungsschlüssel für Konservierungsmaterial	
Artikel:	
Masse:	
Lieferant:	
Vorgesehene Gesamtmenge:	
Art der aufzubewahrenden Objekte:	
☐	Material in direkter Berührung mit Objekt
☐	Zwischenmaterial (zweite Lage)
☐	Aussenmaterial (dritte Lage)

Evaluation des caractéristiques	--	-	+	++
Ouverture, accès				
Fermeture : facilité, stabilité				
Solidité				
Comptabilité avec mobilier existant				
Facilité d'entretien (dépoussiérage)				
Etanchéité à l'eau et à la poussière				

Bewertung der Eigenschaften	--	-	+	++
Öffnung, Zugang				
Verschluss: Handhabung, Haltbarkeit				
Festigkeit				
In vorhandenes Mobiliar integrierbar				
Einfache Instandhaltung (Reinigung)				
Wasser- und Staubundurchlässigkeit				

Composantes (stabilité chimique)	--	-	+	++
Composante 1				
Composante 2				
Composante 3				
Composante 4				

Bestandteile (chemische Stabilität)	--	-	+	++
Bestandteil 1				
Bestandteil 2				
Bestandteil 3				
Bestandteil 4				

Fonctionnalité	--	-	+	++
Adaptation générale à l'objet				
Taille				
Présence d'aspérités internes				
Accessoires internes				
Facilité de manipulation du contenu				

Funktionalität	--	-	+	++
Globale Anpassung an das Objekt				
Grösse				
Inwendige Unebenheiten				
Inwendiges Zubehör				
Einfache Handhabung des Inhalts				

4 Manipulation et transport des livres et des documents à l'intérieur de l'institution

Dans cette partie sont évoquées quelques précautions nécessaires pour la manipulation et le transport à l'intérieur de l'institution de divers types d'objets. Ces informations devront naturellement être complétées par celles des autres parties de ce chapitre, par exemple à propos des photocopies, des méthodes de rangement et d'étiquetage.

La manipulation des livres et des documents est très souvent source de dommages : soit par manque de connaissances, soit par manque d'attention. Ces deux manques doivent absolument être comblés si on veut éviter que les efforts d'une politique de conservation ne soient réduits à peu de chose par les gestes quotidiens des magasiniers, des archivistes, des bibliothécaires et des lecteurs.

Avant de donner des conseils plus détaillés pour chaque catégorie d'objets, voici quelques précautions d'ordre général :

- ☐ Ne jamais manipuler les objets avec hâte. Malgré le stress, malgré les exigences de la productivité/rentabilité, il faut manipuler chaque objet avec soin ; plus un objet est fragile, plus on doit le manipuler doucement. Il faut toujours rester attentif à ce que l'on fait, avoir conscience de ses gestes : en effectuant machinalement des gestes, on risque de provoquer des dommages sans même s'en apercevoir.
- ☐ Le matériel de rangement et d'emballage choisi devrait faciliter la manipulation. De ce point de vue, la forme physique du matériel à disposition est essentielle (cf. 3.1 ci-dessus).
- ☐ Malgré toutes les précautions pour maintenir un bon niveau de propreté dans les dépôts, les mains de ceux qui manipulent beaucoup d'objets se salissent rapidement : il ne faut pas oublier de les laver fréquemment.
- ☐ Les chariots de transport devraient permettre de ranger de manière correcte tous les objets habituellement déplacés vers la salle de lecture. Il faut toujours éviter qu'un objet dépasse du chariot de transport, s'il n'est pas protégé de manière adéquate (p. ex. : un cartable de transport pour un document de grandes dimensions).

4 Handhabung und Transport von Bibliotheks- und Archivgut in der Einrichtung

In diesem Abschnitt werden Richtlinien erörtert, die bei Handhabung und Transport verschiedener Objektarten in der Institution zu beachten sind. Diese Angaben sind natürlich mit den anderen Abschnitten dieses Kapitels in Beziehung zu setzen: zum Beispiel Fotokopieren, Aufstellungsmethoden, Signieren.

Beim Umgang mit Büchern und Dokumenten werden häufig entweder aus Unkenntnis oder aus Unachtsamkeit Schäden verursacht. Beides muss vermieden werden, wenn die Bemühungen einer Konservierungspolitik nicht durch tägliche Handlungsweisen von Archivaren, Bibliothekaren und Lesern nahezu zunichtegemacht werden sollen.

Bevor wir näher auf die einzelnen Objektkategorien eintreten, geben wir einige Grundregeln an, die für alle Objekte gelten:

- ☐ Zu grosse Eile kann bei der Handhabung von Objekten zu Schäden führen. Trotz nötiger Arbeitsproduktivität und Wirtschaftlichkeit ist jedes Objekt mit angemessener Sorgfalt zu behandeln. Je empfindlicher ein Objekt ist, desto bedachtsamer muss es gehandhabt werden. Dabei muss man sich seiner Bewegungen immer bewusst sein, denn mit automatischen Gesten richtet man leicht Schaden an, ohne es zu merken.
- ☐ Gewähltes Aufstellungs- und Schutzverpackungsmaterial soll die Handhabung vereinfachen. Hierbei ist die äussere Form des verfügbaren Materials entscheidend (siehe Punkt 3.1).
- ☐ Trotz allen Bemühungen, die Magazinräume sauber zu halten, werden die Hände der Personen, die viele Objekte handhaben, schnell schmutzig: Häufiges Händewaschen ist wichtig.
- ☐ Objekte, die zum Lesesaal gefahren werden, müssen auf dem Transportwagen korrekt abgelegt werden können. Kein Objekt darf über den Rand des Gestells hinausragen. Ist es nicht zu vermeiden, muss das Objekt eine angemessene Schutzverpackung bekommen (z. B. Transportmappe für ein grossformatiges Dokument).

4.1 Livres

Les livres ne doivent jamais être saisis par leur coiffe; ce geste malheureusement spontané doit être proscrit !

Pour sortir des volumes de taille petite ou moyenne, on poussera légèrement les volumes adjacents afin de permettre aux doigts de s'appuyer sur les plats du livre à extraire. Avant de remettre en place un livre, il faut lui créer la place nécessaire; il faut absolument éviter de coincer un livre entre les autres en forçant.

Une autre méthode de saisir un livre, qui est adaptée aussi aux volumes lourds ou de grand format, est de poser plusieurs doigts sur la tranche de tête, sans appuyer sur le tranchefile ou sur la coiffe, et de le faire basculer en arrière d'environ 30 degrés; le livre peut alors être saisi facilement comme indiqué. Pour les volumes les plus lourds, la main peut passer par dessus la tranche de tête pour prendre appui sur la partie supérieure de la tranche de gouttière.

- Les livres très lourds, épais ou de grand format devraient être toujours saisis des deux mains; ces volumes devraient être ouverts ou refermés avec précaution et jamais d'un coup brutal, car de cette manière on peut engendrer des déformations et des plis dans le papier ainsi que des dommages au dos du livre.
- Les volumes entreposés à plat, entassés avec d'autres, sont généralement lourds ou de grand format. Quand on doit saisir un volume qui se trouve sous les autres, il faut d'abord déplacer ces derniers vers une surface libre, puis prendre le livre désiré, des deux mains si nécessaire. Pour faciliter cette opération, il ne faut jamais superposer plus de trois volumes: si nécessaire, multiplier le nombre des rayonnages.
- Pendant le transport des livres sur un chariot, on doit respecter les précautions déjà indiquées pour leur rangement. Il faut éviter de superposer ou de juxtaposer des volumes ayant des caractéristiques matérielles trop différentes, comme par exemple les journaux reliés et les petites brochures. Pour cette raison, il est utile de disposer d'un chariot à plusieurs étages ou compartiments et de pochettes de transport

4.1 Bücher

Bücher dürfen beim Herausnehmen nie am Häubchen gezogen werden. Diese leider automatische Bewegung ist absolut untersagt!

Zum Ausheben kleiner oder mittelgrosser Bände schiebt man die benachbarten Bücher etwas nach hinten und schafft so den nötigen Platz, um mit den Fingern um den Rücken herum auf die Deckel zu greifen und das Buch herauszuziehen. Bevor ein Buch reponiert werden kann, muss der notwendige Raum zum Einstellen geschaffen werden; auf jeden Fall darf ein Band nicht mit Gewalt zwischen die anderen geklemmt werden.

Bei einer anderen Methode zur Buchentnahme, die besonders für schwere oder dicke Bücher geeignet ist, werden mehrere Finger auf den Kopfschnitt gelegt, ohne auf das Kapital oder das Häubchen zu drücken. Das Buch wird um ca. 30 Grad zur Person gekippt. Nun kann es wie beschrieben bequem gegriffen werden. Bei sehr dicken Büchern kann die Hand über den Kopfschnitt hinweg an den oberen Abschnitt des Vorderschnitts greifen und das Buch herausschieben.

- Schwere, dicke oder grossformatige Bücher müssen immer mit beiden Händen gegriffen werden. Diese Bände müssen sehr sorgsam und dürfen nie mit einem plötzlichen Ruck geöffnet und geschlossen werden, denn es bilden sich sehr schnell Verformungen und Falten im Papier und Schäden am Buchrücken.
- Flach liegende, übereinandergelegte Bände sind gewöhnlich schwer oder grossformatig. Wenn ein unten liegender Band ausgehoben werden soll, müssen zuerst die darüberliegenden Bücher auf einer freien Fläche abgelegt werden. Immer beide Hände benutzen. Um diesen Vorgang zu erleichtern, sind möglichst immer nur drei Bände übereinander zu lagern; wenn nötig, muss mehr Regalfläche geschaffen werden.
- Beim Transport von Büchern auf dem Transportwagen gelten dieselben Regeln wie beim Aufstellen. Bände mit unterschiedlichen Materialeigenschaften (z. B. gebundene Zeitungen und kleine Broschüren) sollten nicht neben- oder übereinander gelegt werden. Transportwagen mit mehreren Fächern oder Abteilungen und für

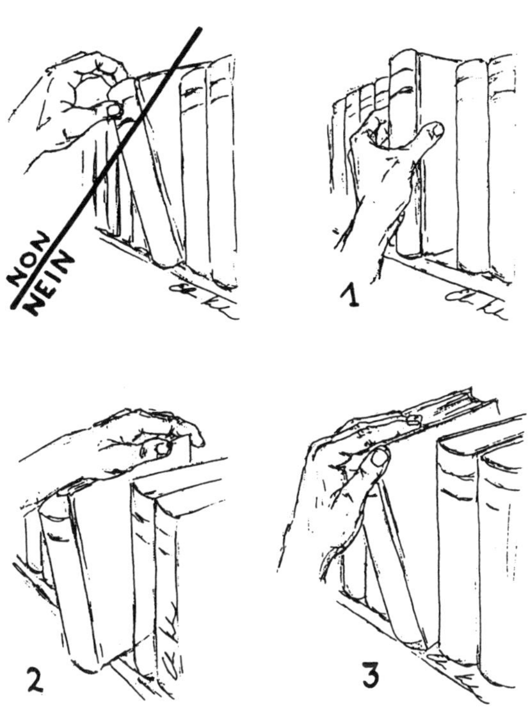

Fig. 6/6: Différentes manières de manipuler un livre.
1. Façon normale de saisir un livre
2. et 3. Façon précautionneuse de saisir un volume très lourd ou très épais

Fig. 6/6: Unterschiedliche Handhabung eines Buches.
1. Übliches Vorgehen beim Ausheben eines Buches
2. und 3. Schonendes Vorgehen beim Ausheben sehr schwerer oder sehr dicker Bücher

pour des brochures ou volumes fragiles, non protégés par une reliure.

4.2 Brochures et feuilles isolées

Ces objets sont particulièrement fragiles et les manipulations sont souvent la cause principale de leur altération. La saisie ou le rangement de brochures ou de feuilles isolées dans des boîtes d'archives est une opération délicate qui demande beaucoup d'attention. En particulier les boîtes qui ne s'ouvrent que d'un seul côté sont dangereuses, car on ne voit pas les conséquences de ses gestes sur les autres documents. Ainsi, il arrive fréquemment que des feuilles soient écrasées par le rangement d'autres documents dans la même boîte. Ce danger est encore augmenté par la présence d'agrafes ou de trombones. Pour ces raisons, on conseille l'utilisation de boîtes s'ouvrant entièrement, qui permettent de contrôler la situation de tous les documents de la boîte, et on conseille une protection individuelle de chaque document.

empfindliche Broschüren oder Bücher, die nicht durch Einbände geschützt sind, Transporttaschen verwenden.

4.2 Broschüren und Einzelblätter

Broschüren und Einzelblätter sind besonders empfindlich und werden häufig durch unsachgemässen Umgang beschädigt. Beim Ausheben und Reponieren von Broschüren oder Einzelblättern in Archivschachteln muss sehr sorgfältig vorgegangen werden. Gefährlich sind vor allem nur einseitig zu öffnende Schachteln, denn man sieht nicht, ob andere Dokumente beim Hantieren beschädigt werden. Oft werden einzelne Blätter beim Reponieren anderer Dokumente zerknittert. Die Schadengefahr erhöht sich, wenn an den Objekten Büro- oder Heftklammern angebracht sind. Aus diesen Gründen sollte jedes einzelne Dokument eine Schutzverpackung erhalten; es werden vollständig aufklappbare Schachteln zwecks Übersicht über alle Dokumente in der Schachtel empfohlen.

- ☐ Les feuilles qui n'ont pas une protection propre (brochage, chemise ou cartable de conservation) devraient être munies d'un emballage au moins pendant leur transport.
- ☐ Pendant le transport, il faut éviter de placer à côté ou sur ces objets d'autres objets beaucoup plus lourds, tels que des livres.

4.3 Documents de grand format

La manipulation des documents de grand format (p. ex. les affiches et les plans) pose les mêmes problèmes que ceux évoqués pour les feuilles isolées, mais de manière plus aiguë.

Les documents de grand format doivent toujours être saisis et manipulés des deux mains, voire par deux personnes. Il faut en tout cas éviter de soulever d'une main un tas de feuilles et d'utiliser l'autre pour saisir une feuille se trouvant sous ce tas. Les feuilles posées sur le document désiré doivent être déplacées, par petits paquets et des deux mains, vers une surface libre et plane; elles seront remises en place de la même façon.

Le transport des documents de grand format doit toujours être fait en utilisant des cartables rigides d'un format supérieur à celui de l'objet transporté et munis d'une fermeture. De plus, les documents très fragiles devraient être protégés par des chemises individuelles, pour éviter leur manipulation directe. Pendant le transport, les documents très fragiles devraient rester à plat, tandis que le transport vertical est possible pour les documents en bon état, protégés par un solide cartable soigneusement fermé.

4.4 Documents sous forme de rouleaux

Quand le rouleau n'a pas reçu un support interne rigide et une protection externe plus grande que le document, la manipulation et le transport sont dangereux. Il faut éviter d'écorner les extrémités du rouleau ou d'écraser le rouleau avec d'autres objets, car les dommages qui en résultent sont souvent irréversibles. Ces dommages surviennent surtout lors du rangement ou du transport.

- ☐ Objekte, die keine eigene Schutzverpackung (Broschur, alterungsbeständige Hülle oder Mappe) haben, müssen wenigstens für den Transport eine Verpackung erhalten.
- ☐ Broschüren und Einzelblätter dürfen beim Transport nicht mit anderen, schwereren Objekten, zum Beispiel Büchern, zusammen gestapelt werden.

4.3 Grossformatige Objekte

Bei der Handhabung grossformatiger Objekte (z. B. Plakate und Pläne) ergeben sich die gleichen Probleme wie bei kleineren Einzelblättern, aber in verstärktem Mass.

Grossformatige Objekte müssen immer mit beiden Händen oder sogar von zwei Personen gehandhabt werden. Niemals einen Stoss Blätter mit einer Hand hochhalten, um ein darunterliegendes Blatt herauszuziehen. Die auf dem gewünschten Dokument liegenden Blätter müssen in kleinen Stössen an einem freien, ebenen Ort abgelegt und genauso wieder zurückgelegt werden.

Grossformatige Objekte müssen immer in einer festen Mappe transportiert werden, die etwas grösser als das Objekt ist und einen Verschluss hat. Sehr brüchige Dokumente müssen ausserdem eine eigene Schutzhülle haben, damit die Objekte beim Hantieren nicht berührt werden. Sehr empfindliche Dokumente müssen flach liegend transportiert werden. Senkrecht stehend können gut erhaltene Objekte in einer sorgfältig verschlossenen, festen Mappe transportiert werden.

4.4 Gerollte Objekte

Ein in gerollter Form aufzubewahrendes Objekt muss über einen steifen inneren Träger gerollt werden und eine äussere Schutzhülle erhalten, die etwas grösser ist als das Objekt. Ohne diese Massnahmen sind Handhabung und Transport gefährlich. Häufig entstehen irreversible Schäden, wenn die Enden der Rollen eingestossen werden oder die Rolle von daraufliegenden Objekten eingedrückt wird.

- ☐ Les rouleaux devraient toujours être transportés à plat et manipulés des deux mains.
- ☐ Quand le rouleau n'est pas protégé, il faut utiliser des emballages de transport d'un diamètre et d'une longueur amplement suffisants.
- ☐ Les institutions qui transportent fréquemment des rouleaux (archives de l'architecture moderne p. ex.) devraient se munir d'un chariot de transport spécifique offrant une bonne protection mécanique.

4.5 Documents scellés en parchemin ou en papier

La manipulation des documents scellés doit prévenir autant que possible toute contrainte mécanique sur les sceaux.

Les documents avec un sceau plaqué sont très fragiles; les sceaux de la fin du Moyen-Age et des siècles suivants sont très souvent formés par une couche de cire extrêmement mince, recouverte de papier, qui peut très facilement se briser et se partager en plusieurs fragments. Il faut éviter toute pression, traction ou manipulation brusque.

- ☐ Les documents qui sont pliés, et tout particulièrement les parchemins, devraient être dépliés avec beaucoup de prudence; si le support de l'écriture résiste au dépliage, il faut confier le document à un restaurateur, car en forçant l'ouverture du document, on risque fortement d'endommager son sceau.
- ☐ Les documents avec un sceau plaqué devraient être transportés de manière à éviter les chocs et des pressions importantes; on aura soin d'éviter de leur superposer d'autres objets.
- ☐ Les documents avec des sceaux pendants sont particulièrement sensibles aux chocs. Quand on saisit, consulte ou range le document, le sceau peut heurter des surfaces dures ou des sceaux peuvent s'entrechoquer. La cire étant souvent fragile, ces chocs causent des brisures et la perte de fragments. La manipulation des documents scellés doit être précautionneuse et surtout lente.
- ☐ Les boîtes d'archives contenant ce type de documents doivent aussi être manipulées avec pru-

- ☐ Die Rollen müssen immer liegend transportiert und mit beiden Händen gehandhabt werden.
- ☐ Ist eine Rolle ohne Schutzverpackung, muss eine Transportverpackung von ausreichendem Durchmesser und angemessener Länge benutzt werden.
- ☐ Für Institutionen, in denen häufig Rollen transportiert werden (z. B. Archiv für moderne Architektur), empfiehlt sich ein Spezialtransportwagen, der guten Schutz garantiert.

4.5 Pergament- oder Papierurkunden mit Siegel

Bei der Handhabung von Urkunden mit Siegeln muss möglichst jede mechanische Beanspruchung des Siegels vermieden werden.

Urkunden mit aufgedrücktem Siegel sind sehr brüchig. Mittelalterliche und spätere Siegel bestehen sehr oft aus einer sehr feinen Wachsschicht, bedeckt mit einem feinen Papier. Sie brechen leicht und zersplittern in viele Teile. Druck, Spannung und jede abrupte Handhabung sind zu vermeiden.

- ☐ Gefaltete Urkunden und vor allem Pergamenturkunden müssen äusserst vorsichtig aufgefaltet werden. Gibt es beim Auffalten Probleme, sollte das Dokument einem Restaurator anvertraut werden, denn durch gewaltsames Öffnen kann das Siegel beschädigt werden.
- ☐ Beim Transport von Urkunden mit aufgedrücktem Siegel sind Erschütterungen und Druck unbedingt zu vermeiden. Keine anderen Objekte darüberlegen!
- ☐ Aufgehängte Siegel an Urkunden sind besonders stossempfindlich. Wird eine Urkunde mit aufgehängtem Siegel ausgehoben, benutzt oder reponiert, besteht die Gefahr, dass das Siegel an harte Flächen prallt oder dass mehrere Siegel aneinanderstossen. Da das Wachs sehr oft brüchig ist, können Risse entstehen oder Materie verloren gehen. Vorsorgliche und besonders bedachtsame Handhabung!
- ☐ Schachteln, die Dokumente mit Siegeln enthalten, müssen vorsichtig gehandhabt werden. Häufig finden sich in den Schachteln Siegelfragmente, die sich aufgrund von unvorsichtiger

dence; souvent, on constate la présence de fragments de sceaux dans ces boîtes, preuves d'une manipulation brutale. Pour cette raison, il est utile de signaler à l'extérieur de la boîte la présence de documents scellés.

- ☐ Si les documents ne sont pas transportés dans leur boîte, il est utile de les disposer sur un support (par exemple un carton) recouvert avec un feutre de laine ou synthétique de 2–3 mm d'épaisseur, pour éviter tout choc. Ce support peut être porté tel quel sur la table du lecteur.

4.6 Œuvres d'art sur papier

En dehors des précautions déjà évoquées pour les feuilles isolées, ces objets demandent une attention particulière concernant le frottement sur la surface de l'œuvre. L'œuvre devrait être saisie par les bords et touchée le moins possible sur sa surface.

- ☐ Pendant le transport vers la salle de consultation, chaque œuvre devrait être protégée individuellement avec au moins une chemise en papier et un fond rigide, si elle n'est pas déjà protégée par un emballage de conservation ou un passe-partout.
- ☐ Certains types d'œuvres, comme les pastels ou les miniatures sur parchemin, ont des sensibilités spécifiques qui demandent des mesures de protection particulières. Pour les décorations polychromes sur parchemin, la stabilité du climat joue un rôle essentiel dans la conservation. Il n'est pas rare que certaines parties de ces œuvres soient devenues fragiles; dans ce cas, tout frottement peut engendrer une perte ou un mélange de pigments. Ce danger guette encore plus les pastels, dont la surface peut être endommagée de manière irréversible par le moindre frottement.

Handhabung gelöst haben. Auf den Schachteln muss daher unbedingt vermerkt werden, dass sich Urkunden mit Siegeln darin befinden.

- ☐ Werden die Urkunden nicht in ihren Schachteln transportiert, müssen sie auf einen mit synthetischem oder Wollfilz von 2–3 mm Dicke bedeckten Träger (z. B. Karton) gelegt werden, um jede Erschütterung zu vermeiden. Der Träger kann so auch zur Ansicht auf den Tisch des Benutzers gelegt werden.

4.6 Kunstwerke auf Papier

Es gelten die schon für Einzelblätter aufgeführten Regeln. Ausserdem muss bei diesen Objekten jede Berührung, jeder Abrieb der Oberfläche des Kunstwerks vermieden werden. Das Objekt sollte nur an den Rändern angefasst und die Vorderseite möglichst nicht berührt werden.

- ☐ Ist das Objekt noch nicht mit einer Schutzverpackung (z. B. Passepartout) versehen, muss es für den Transport in den Lesesaal eine eigene Verpackung (zumindest eine Papierhülle mit festem Untergrund) erhalten.
- ☐ Bestimmte Objekte, wie Pastelle oder Miniaturen auf Pergament, erfordern aufgrund ihrer spezifischen Sensibilität besondere Schutzmassnahmen. Für die Erhaltung von Miniaturen auf Pergament ist die Stabilität des Klimas von entscheidender Bedeutung. Diese Werke sind häufig in einem schlechten Zustand; in diesem Fall kann jede Reibung zu einem Verlust oder einer Vermischung der Pigmente führen. Bei Pastellen ist dieses Risiko noch höher, ihre Oberfläche kann durch die geringste Reibung unwiederbringlich geschädigt werden.

4.7 Photographies

Lors de toute manipulation de supports photographiques, il faut éviter le contact direct des doigts avec la surface qui porte l'image; il faut également éviter toute contrainte mécanique: plis ou brisures.

- □ Les objets qui ne sont pas entièrement emballés avec du matériel de conservation seront manipulés avec des gants en coton ou en fibres synthétiques.
- □ Les objets qui n'ont par reçu un emballage de conservation seront protégés pendant le transport par une chemise, un cartable rigide ou une boîte, selon leur nature.
- □ Le transport des plaques de verre sera fait en évitant tous les chocs et les vibrations, en prenant des précautions particulières pour éviter que la boîte puisse glisser ou tomber.

4.7 Fotografien

Beim Umgang mit fotografischem Material sind unbedingt der direkte Kontakt mit der bildtragenden Oberfläche sowie mechanische Einwirkungen aller Art, Knicke oder Sprünge zu vermeiden.

- □ Objekte, die nicht vollständig verpackt sind, dürfen nur mit sauberen Handschuhen aus Baumwolle oder synthetischen Fasern angefasst werden.
- □ Objekte ohne eigene Schutzverpackung werden beim Transport je nach Objektart mit einer Hülle, einer festen Mappe oder einer Schachtel geschützt.
- □ Beim Transport von Glasplatten sind Stösse und Erschütterungen absolut zu vermeiden. Damit die Schachtel mit den Platten nicht rutschen oder fallen kann, sind besondere Vorsichtsmassnahmen zu ergreifen.

CHAPITRE 6, PARTIE IV

Le traitement direct des livres et des documents

1 Ecriture, estampillage, étiquetage

1.1 Ecriture manuelle sur les originaux

Les exigences de la gestion portent fréquemment à devoir écrire sur les originaux; cotes de classement et foliotations en sont deux exemples courants. Dans la mesure du possible, on devrait écrire sur les originaux uniquement avec un crayon graphite à mine moyenne (HB) ou douce (B)[1] adaptée à la manière personnelle d'écrire, avec plus ou moins de pression. L'utilisation d'une mine trop dure marque un creux pratiquement indélébile dans le papier. Le crayon graphite est absolument stable dans le temps et ne pose aucun problème lors d'une restauration; son unique désavantage, qui représente dans certaines situations un avantage, réside dans le fait qu'il peut facilement être effacé. Si on utilise une mine trop douce, le tracé de l'écriture peut baver sous les frottements, et devenir rapidement imprécis si le crayon n'est pas régulièrement aiguisé.

Si la permanence de l'écriture doit être assurée, on peut utiliser soit des feutres à pigments noirs,[2]

[1] La dureté de la mine est décrite par un symbole, de H à 9H pour les mines toujours plus dures, de B à 9B pour des mines toujours plus douces. HB représente la mine moyenne.

[2] Par exemple : Staedtler Pigment Liner.

KAPITEL 6, TEIL IV

Direkter Eingriff auf Buch- und Schriftgut

1 Beschriften, Stempeln und Signieren

1.1 Beschriften der Originale von Hand

Um eine korrekte Bestandsverwaltung zu sichern, muss häufig auf Originale geschrieben werden. Signatur und Paginierung sind zwei alltägliche Beispiele. Auf Originale soll möglichst nur mit Bleistift mittlerer (HB) und weicher Mine (B),[1] je nach persönlicher Art zu schreiben mit mehr oder weniger Druck, geschrieben werden. Eine zu harte Mine hinterlässt ein kaum zu entfernendes Relief im Papier. Wird eine zu weiche Mine gebraucht, kann der Schriftzug durch Reibung verschmiert und, wenn der Bleistift nicht regelmässig angespitzt wird, leicht ungenau werden. Bleistift ist alterungsbeständig und verursacht bei einer Restaurierung keine Probleme. Leider hat er einen Nachteil, der in anderen Beziehungen ein Vorteil ist: Er kann leicht ausradiert werden.

Muss eine nicht eliminierbare Beschriftung vorgenommen werden, eignen sich entweder Filzstifte mit schwarzen Pigmenten[2] oder Tusche. Beide sind

[1] Der Härtegrad der Mine wird durch ein Symbol angezeigt, von H bis 9H werden die Minen immer härter, von B bis 9B immer weicher. HB gilt für die mittlere Stärke.

[2] Zum Beispiel: Staedtler Pigment Liner.

qui offrent une écriture stable à la lumière et à l'eau, soit de l'encre de Chine. Il faut être conscient que ce qui a été écrit de cette manière restera définitivement sur l'objet. Vu la variété de produits présents sur le marché, il convient d'effectuer quelques tests simples avant d'utiliser un médium sur des originaux. A cet effet, préparer plusieurs échantillons sur un papier de bonne qualité et laisser sécher pendant quarante-huit heures au moins. On peut alors immerger un échantillon dans l'eau pour vérifier l'absence de composantes solubles. La solidité à la lumière peut être vérifiée en couvrant la moitié de l'échantillon avec un carton opaque et en posant l'échantillon entier en pleine lumière du jour, derrière une fenêtre, pendant au moins quatre semaines : la comparaison des deux parties, celle couverte et celle exposée, nous donnera des indications précieuses.

Par ailleurs, il faut considérer qu'une très grande partie des moyens d'écriture fournis par le marché est instable pour une raison ou une autre. En particulier, de très nombreuses encres pour stylos à bille et feutres ne sont pas stables et pâlissent après quelques mois ou quelques années ou sont du moins partiellement solubles dans l'eau et dans l'alcool ; elles posent des difficultés supplémentaires lors de la restauration des documents.

1.2 Estampillage

L'estampillage est utilisé pour affirmer la propriété et décourager le vol des objets. Deux systèmes sont d'un usage courant dans les bibliothèques et les archives : l'estampillage à sec et l'estampillage avec des timbres et des encres.

1.2.1 Estampillage à sec

Les timbres à sec sont formés par un moule et un contre-moule en métal et/ou en matières synthétiques ; ils gaufrent un motif en relief sur le papier, les fibres de papier étant déformées de manière à obtenir l'effet souhaité. Ce type d'estampillage a l'avantage d'être discret, mais il comporte deux inconvénients importants : il peut être assez facilement éliminé ou rendu méconnaissable par pression et il ne peut pas être appliqué sur des papiers

licht- und wasserbeständig und können nicht entfernt werden. Eine mit diesen Schreibmitteln aufgetragene Beschriftung ist definitiv. Da im Handel verschiedene Schreibmittel angeboten werden, sollten vor deren Anwendung einige einfache Versuche durchgeführt werden. Dazu werden mehrere Proben des Schreibmittels auf Papier guter Qualität aufgebracht (mindestens 48 Stunden lang trocknen lassen). Um zu überprüfen, ob wasserlösliche Bestandteile vorhanden sind, wird die Probe ins Wasser getaucht. Die Lichtbeständigkeit kann untersucht werden, indem man die eine Hälfte der Probe mit einem opaken Karton zudeckt und das Ganze für vier Wochen direkt in das Tageslicht vor ein Fenster legt: Der Vergleich zwischen dem Teil, der dem Licht ausgesetzt ist, und dem abgedeckten Teil gibt wertvolle Hinweise.

Die meisten der im Handel erhältlichen Schreibmittel sind aus verschiedensten Gründen nicht stabil. Vor allem sind sehr viele Tinten für Kugelschreiber, Filzstifte und andere moderne Schreibmittel nicht beständig, und die Schrift verblasst nach einigen Monaten oder Jahren oder wird auf jeden Fall wasser- und alkohollöslich. Diese Tinten stellen bei einer Restaurierung zusätzliche Probleme.

1.2 Stempeln

Stempel werden zur Eigentumskennzeichnung und zur Vorbeugung gegen Diebstahl angebracht. In Bibliotheken und Archiven werden Prägestempel und Stempel mit Stempelfarbe verwendet

1.2.1 Prägestempel

Prägestempel bestehen aus einer Form und einer Gegenform aus Metall und/oder aus synthetischem Material, mit denen ein Relief in das Papier geprägt wird (die Papierfasern werden verformt). Diese Methode ist sehr diskret, hat aber zwei bedeutende Nachteile: Erstens kann der Stempel durch Druck leicht entfernt oder unkenntlich gemacht werden; zweitens kann er nicht auf brüchigen Papieren angebracht werden, denn diese sind nicht mehr flexibel genug und brechen rund um die Prägung herum. Prägestempel genügen den Anforderungen von Archiven und Bibliotheken demnach nicht.

fragiles. En effet, un papier altéré n'a plus l'élasticité pour supporter ce traitement et il casse autour du relief estampé. Les timbres à sec ne sont par conséquent pas adaptés aux exigences des archives et des bibliothèques.

1.2.2 Estampillage avec des timbres à encre

C'est la méthode la plus couramment utilisée; pour qu'elle soit efficace, il faut cependant veiller à quelques points essentiels:

- ☐ L'encre utilisée doit être absolument stable dans le temps et avoir autant que possible un pH neutre. Seules les encres noires à base de pigments peuvent remplir ces conditions; le Preservation Office de la Library of Congress et quelques fournisseurs de matériel de conservation diffusent des encres adéquates. Dans de nombreux pays, de telles encres sont également utilisées dans les bureaux de la poste et y peuvent être achetées.
- ☐ Les encres ordinaires, même si elles sont de couleur noire, sont à base de colorants; elles sont peu stables à long terme et relativement faciles à éliminer; elles ne se prêtent pas pour l'estampillage de conservation. Presque toutes les encres commerciales de couleur sont instables et ne devraient pas être utilisées.
- ☐ L'utilisation d'encres noires à pigments comporte la nécessité d'adopter des timbres en métal, car le caoutchouc des timbres courants se détériore à long terme au contact de ces encres. Les timbres en métal coûtent beaucoup plus cher, mais ils sont aussi bien plus durables. Le timbre ne devrait pas avoir un diamètre supérieur à 15 mm et il devrait être composé de lignes minces, pour éviter le dépôt de grandes quantités d'encre sur l'original. Pour l'estampillage de séries limitées, il existe des timbres en plastique dur résistant aux encres huileuses. Leur coût est favorable, mais ils ne permettent pas la finesse de trait des timbres métalliques.
- ☐ Lors de l'estampillage, le timbre ne doit être que légèrement enduit d'encre (utiliser un coussin adéquat) et doit être apposé en dehors des zones de texte ou des représentations graphiques, avec discrétion. Il faut tenir compte que ce timbrage est pratiquement indélébile et

1.2.2 Stempel mit Stempelfarbe

Diese Methode ist am gebräuchlichsten. Einige wesentliche Punkte sind zu beachten:

- ☐ Die verwendete Stempelfarbe muss absolut alterungsbeständig und möglichst pH-neutral sein. Nur schwarze Stempelfarbe auf Pigmentbasis erfüllt diese Bedingung. Das Preservation Office der Library of Congress und einige Lieferanten für Konservierungsmaterial bieten entsprechende Produkte an. In zahlreichen Ländern verwenden die staatlichen Postbetriebe entsprechende Stempelfarbe und verkaufen sie an Einzelpersonen.
- ☐ Handelsübliche Stempelfarben, auch schwarze, werden auf der Grundlage von Farbstoffen hergestellt. Sie sind fast alle langfristig unbeständig und relativ leicht zu eliminieren. Für alterungsbeständiges Stempeln sind sie völlig ungeeignet und sollten nicht benutzt werden.
- ☐ Für die Verwendung von schwarzer Pigmentstempelfarbe sollte besser ein Metallstempel benutzt werden, denn die üblichen Gummistempel nutzen sich im Gebrauch mit dieser Farbe schnell ab. Metallstempel sind viel teurer, aber auch haltbarer. Der Stempeldurchmesser darf nicht grösser als 15 mm sein, und um einen übermässigen Farbauftrag auf das Original zu vermeiden, müssen die aufdrückenden Linien fein sein. Für das Stempeln zahlenmässig begrenzter Serien gibt es Hartkunststoffstempel, die widerstandsfähig gegenüber ölhaltigen Tinten sind. Sie sind kostengünstig, zeigen aber nicht den feinen Linienauftrag der Metallstempel.
- ☐ Die Stempelfarbe darf nur ganz leicht aufgetragen werden (entsprechendes Stempelkissen benutzen). Der Stempel muss ausserhalb von Text und Bild an einer nicht störenden Stelle aufgedrückt werden, denn diese Farbstempel können nicht mehr eliminiert werden und verändern demnach auf unabänderliche Weise das Aussehen des Objekts. Um ein Ausbluten der Tinte zu verhindern, sollte der Stempelabdruck ca. eine Stunde lang getrocknet werden (je nach aufgetragener Tintenmenge und Papierqualität) und 24 Stunden lang mit einem Schutzpapier bedeckt bleiben.

qu'il modifie de manière définitive l'aspect de l'objet. Il est prudent de laisser sécher le timbre pendant une heure (plus ou moins, selon la quantité d'encre déposée et la qualité du papier) et d'intercaler une feuille de papier pendant vingt-quatre heures, pour éviter des migrations d'encre.

- ☐ Pour l'estampillage des conteneurs, boîtes ou cartables, ces précautions ne sont pas indispensables, mais elles garantissent la stabilité à long terme.

1.3 Etiquetage

Le bibliothécaire et l'archiviste doivent souvent coller sur le dos des livres ou des boîtes et conteneurs d'archives une ou plusieurs étiquettes portant des indications utiles pour la gestion des dépôts et l'utilisation par le lecteur. Il est important d'utiliser des matières qui soient durables et non nuisibles pour le livre ou le document. La stabilité d'une étiquette est déterminée par la stabilité de chacune de ses composantes, c'est-à-dire le papier, la colle et le moyen d'écriture utilisé. Presque toutes les étiquettes destinées à une utilisation industrielle ne remplissent pas les exigences relatives à la conservation et ne devraient donc pas être utilisées. La meilleure stabilité est obtenue avec les méthodes, simples, décrites ci-après.

1.3.1 Papier

On choisira un papier de conservation selon les normes ISO ou ANSI (cf. chap. 2, point 3.3) de 80 à 100 g/m^2 et de couleur claire. Les étiquettes en plastique n'offrent pas les mêmes garanties de stabilité à long terme.

1.3.2 Colle

La colle doit lier de manière stable l'étiquette à son support; cependant, il doit être possible de démonter l'étiquette même à long terme. Il n'est pas possible de recommander un seul type de colle pour tous les matériaux, car les colles qui offrent la meilleure stabilité et réversibilité ne sont pas utilisables sur les matières plastifiées. Nous distinguons ainsi plusieurs situations:

- ☐ Beim Stempeln auf Behältnisse wie Schachteln oder Mappen sind all diese Massnahmen nicht unbedingt nötig, garantieren aber eine langfristige Beständigkeit.

1.3 Etikettieren

Auf Bibliotheks- und Archivgut werden meistens ein, oft auch mehrere Etiketten geklebt. Darauf werden die Signatur und andere Angaben vermerkt, die für das Aufstellen im Magazin oder für die Benutzung notwendig sind. Zu diesem Zweck sollen haltbare und für das Objekt unschädliche Materialien eingesetzt werden. Eine Etikette ist alterungsbeständig, wenn ihre Bestandteile es sind, das heisst Papier, Klebstoff und verwendetes Schreibmittel. So gut wie keine industriell gefertigte Etikette entspricht den Konservierungserfordernissen, und solche Etiketten dürfen demnach nicht verwendet werden. Die grösste Beständigkeit wird durch Befolgung der nachfolgenden, einfachen Regeln erreicht.

1.3.1 Papier

Verwendet wird alterungsbeständiges Papier nach den ISO- oder ANSI-Normen (siehe Kap. 2, Punkt 3.3) mit einem Gewicht von 80–100 g/m^2 und von heller Farbe. Kunststoffbeschichtete Etiketten gewährleisten keine langfristige Beständigkeit.

1.3.2 Klebstoff

Klebstoffe müssen eine beständige Verbindung zwischen Etikette und Träger garantieren, gleichzeitig aber auch noch nach langer Zeit entfernt werden können. Ein Universalklebstoff kann nicht empfohlen werden, da die Klebstoffe, welche die grösste Beständigkeit und Reversibilität sichern, nicht auf kunststoffbeschichteten Materialien kleben. Man muss daher unterscheiden:

- ☐ Für Einbände, die mit porösem Material überzogen sind (unbeschichtetes Papier und Gewebe, Leder, Pergament) ist Kleister aus oder auf der Basis von Stärke am geeignetsten. Am besten eignet sich klassischer Kleister, der direkt vor dem Gebrauch hergestellt wird, indem man

□ Pour les conteneurs et les reliures recouvertes en matières poreuses (papiers et toiles non plastifiés, cuir, parchemin), la colle la mieux adaptée est une colle d'amidon ou à base d'amidon. La colle d'amidon classique, préparée sur le moment en cuisant de l'amidon dans de l'eau,[3] offre les meilleures garanties; on trouve également des colles d'amidon stabilisées utilisables directement ou des colles à base de méthylcellulose ou de dextrine, qui sont plus pratiques pour une utilisation ponctuelle et qui sont en principe acceptables pour cet usage.

□ Les reliures et les conteneurs en papier ou en toile recouverts d'une pellicule plastique ne peuvent pas être étiquetés avec des colles à base d'amidon. Pour ces reliures, on utilisera des colles blanches (dispersions de PVAc), en choisissant une colle avec un pH neutre ou alcalin et avec les plastifiants liés chimiquement. Ces colles sont moins stables à long terme et plus difficilement réversibles, et leur interaction à long terme avec les matières du livre n'est pas bien connue. Il faut en limiter l'utilisation aux matériaux plastifiés.

1.3.3 **Moyens d'écriture**

Les étiquettes peuvent être soit écrites à la main, soit imprimées avec une machine à écrire, des imprimantes reliées à un ordinateur ou par la technique offset. L'écriture manuelle a été évoquée au point 1.1 ci-dessus.

□ L'écriture à la machine a une stabilité qui dépend du type de ruban utilisé. Les rubans qui peuvent être corrigés par des rubans correcteurs « lift off » offrent une stabilité limitée, alors que les rubans qui doivent être corrigés par « cover up » sont beaucoup plus stables. Les notaires utilisaient ce type de ruban pour éviter que les documents qu'ils écrivent puissent être facilement falsifiés. Cependant, les machines à écrire ont disparu, sauf pour des utilisations particulières.

[3] Pour la préparation de la colle et la technique de collage, voir : Bürger, U. ; Giovannini, A. ; Grossenbacher, G. ; Strebel, M. : La réparation des déchirures : directives pratiques. In : Arbido 6/1995, p. 5–9.

Stärke in Wasser aufkocht.[3] Es gibt auch gebrauchsfertige, stabilisierte Stärkekleister oder Klebstoffe auf der Grundlage von Methylcellulose oder Dextrin, die für einen gelegentlichen Gebrauch praktischer und im Prinzip für diese Verwendung akzeptabel sind.

□ Auf Einbänden aus kunststoffbeschichtetem Papier oder Gewebe haften Stärkeklebstoffe nicht. Daher benutzt man pH-neutralen oder alkalischen Weissleim (PVAc-Dispersion) mit gebundenen Weichmachern. Diese Klebstoffe sind langfristig unbeständiger und schlecht zu entfernen, und die langfristigen Reaktionen mit Buch- und Schriftmaterialien sind weitgehend unbekannt. Sie dürfen nur für kunststoffbeschichtete Materialien verwendet werden.

1.3.3 **Schreibmittel**

Etiketten werden von Hand, mit der Schreibmaschine, mit einem an die EDV-Anlage angeschlossenen Drucker oder im Offsetdruck beschriftet. Die Beschriftung von Hand wurde oben unter Punkt 1.1 behandelt.

□ Die Haltbarkeit von Maschinenschrift ist abhängig von der Art des verwendeten Schreibbandes. Bänder, die mit «Lift off»-Korrekturbändern korrigiert werden können, bieten beschränkte Stabilität. Bänder mit «Cover up»-Korrektur sind viel beständiger. Notare zum Beispiel verwendeten die letzteren, damit die von ihnen geschriebenen Dokumente nicht so leicht gefälscht werden konnten. Schreibmaschinen sind, ausser für besondere Fälle, nicht mehr in Gebrauch.

□ Die Schrift des Laserdruckers ist je nach verwendetem Drucker von unterschiedlicher Beständigkeit. Das Pigment Schwarz ist stabil, aber seine Haftung auf dem Papier ist verschieden und langfristig nicht garantiert. Beim Druck von Fotokopierern besteht dasselbe Problem. Daher wurde ein empirischer Test, der sogenannte «Peel-Test», entwickelt, der mit dem Selbstklebeband Typ Scotch Tape 230 KP Drafting Tape

[3] Für die Herstellung von Kleister und die Klebetechnik, siehe: Bürger, U.; Giovannini, A.; Grossenbacher, G.; Strebel, M.: Eine Anleitung für das Ausbessern von Rissen in Büchern und an Dokumenten für Archive und Bibliotheken. In: Arbido 7/8 (1995), S. 8–11.

- ☐ L'impression laser a une stabilité variable selon l'imprimante utilisée. Le pigment noir est stable, mais la liaison pigment-papier peut être plus ou moins bonne, et actuellement, personne ne peut garantir l'adhérence à long terme. L'impression avec des photocopieurs a les mêmes caractéristiques. Un test empirique, appelé « peel test », a été développé, basé sur un type particulier de bande autocollante : le Scotch Tape 230 KP Drafting Tape (à ne pas remplacer par un autre). Un morceau d'environ 10 cm de l'autocollant est coupé et une extrémité repliée sur environ 1 cm pour former une languette ; ensuite, on pose l'autocollant sur une partie foncée de l'impression à tester, en pressant dessus cinq à six fois avec les doigts (mais sans appuyer avec les ongles). En retirant la bande autocollante avec une traction parallèle à la surface de la feuille (à 180°), on ne devrait pas trouver des particules de toner sur la bande. Dans le cas contraire, il faut essayer avec une autre imprimante, car la stabilité de l'impression dépend surtout du réglage de l'appareil. Le test devrait être répété deux à trois fois ; il doit être effectué avec l'imprimante et le papier prévus, au moment de l'impression : toute variation de matériel ou un délai de temps supérieur à quelques jours peut changer le résultat du test.
- ☐ La stabilité des impressions à jet d'encre dépend de l'encre utilisée par l'imprimante. Après une première génération d'encres noires à base de colorants instables sont apparues sur le marché des encres à base de pigments offrant une excellente stabilité à la lumière et à l'eau. Cependant, la composition de ces encres change souvent et seule une vérification ponctuelle peut donner les garanties nécessaires pour une utilisation dans le domaine de la conservation.
- ☐ Les anciennes imprimantes à aiguilles donnaient souvent une impression stable, car la technique d'impression était proche de celle des machines à écrire. Aujourd'hui, ces imprimantes ont pratiquement disparu.
- ☐ Pour d'autres systèmes d'impression, la stabilité à long terme du tracé obtenu doit être vérifiée avant d'adopter le système.

durchgeführt werden muss (kein anderes Klebeband verwenden!). Ein etwa 10 cm lang geschnittenes Stück Klebeband wird an einem Ende ca. 1 cm breit zu einer Lasche umgefaltet. Das Band wird auf einen dunklen Teil des Testdrucks gelegt und fünf bis sechs Mal mit den Fingern (nicht mit den Fingernägeln) aufgedrückt. Beim Abziehen des Selbstklebebandes parallel zur Blattoberfläche (180°) dürfen sich auf dem Band keine Tonerpartikel befinden. Im gegenteiligen Fall muss ein anderer Drucker ausprobiert werden, denn die Druckbeständigkeit hängt zum grössten Teil von der Einstellung des Druckers ab. Der Test muss zwei bis drei Mal wiederholt werden und ist kurz vor dem definitiven Druck mit dem zu benutzenden Drucker und dem vorgesehenen Papier durchzuführen: Jede Materialänderung oder ein Abstand von mehr als einigen Tagen zwischen dem Test und dem definitiven Druck kann zu anderen Ergebnissen führen.

- ☐ Entscheidend für die Stabilität von Tintenstrahldruck ist die verwendete Farbe. Die ersten schwarzen Farben im Handel wurden mit instabilen Farbstoffen hergestellt, inzwischen sind auch licht- und wasserbeständige Farben auf Pigmentbasis auf dem Markt. Die Zusammensetzung dieser Farben wechselt ständig, und nur eine punktuelle Kontrolle kann über die mögliche Verwendung im Bereich der Konservierung etwas aussagen.
- ☐ Die Schrift der Matrixdrucker ist im Allgemeinen stabil, denn das System ähnelt dem einer Schreibmaschine; Matrixdrucker sind aber kaum noch im Gebrauch.
- ☐ Für andere Drucksysteme muss die Langzeitstabilität des Druckbildes überprüft werden, bevor das System übernommen wird.

1.3.4 **Industriell gefertigte Etiketten**

Man unterscheidet Selbstklebe-, Heissklebe- oder gummierte Etiketten. Industriell gefertigte Etiketten und vor allem Selbstklebeetiketten sind mit ganz wenigen Ausnahmen für Verwendungszwecke entwickelt worden, die nur eine Haltbarkeit erforderlich machen, die auf höchstens einige Jahre beschränkt ist. Es gibt eine Unmenge von Etiketten und Klebstoffen, die im Prinzip immer für einen

1.3.4 Etiquettes industrielles

Dans cette catégorie, nous trouvons des étiquettes autocollantes, thermocollantes ou gommées. Il faut tenir compte du fait que les étiquettes industrielles, et en particulier les autocollantes, ont été développées, à de très rares exceptions près, pour des utilisations où la stabilité requise est limitée à quelques années au plus. Il existe une variété presque infinie d'étiquettes et de colles, chacune adaptée en principe à son utilisation spécifique. Seules très peu parmi celles-ci peuvent être utilisées pour des livres et documents, même en excluant toute utilisation à long terme.

- ☐ Les étiquettes autocollantes sont toutes relativement instables et donc inefficaces à long terme; aucune ne peut garantir une bonne stabilité à moyen et à long terme (> 50 ans). La colle finit en principe par pénétrer la matière poreuse sur laquelle elle a été posée et l'étiquette se détache; si la matière n'est pas poreuse, la colle peut migrer et baver sur le pourtour de l'étiquette, en fixant la poussière ou en se collant à l'objet adjacent. De plus, les interactions chimiques à long terme entre ces colles et les matières du livre sont imprévisibles et inconnues. Par conséquent, les étiquettes autocollantes ne devraient jamais être appliquées directement sur des originaux destinés à la conservation définitive.

  Parmi les étiquettes autocollantes, il y en a cependant de qualités très différentes. Les étiquettes ordinaires achetées dans le commerce ordinaire sont très peu stables et ne doivent en aucun cas être utilisées dans les bibliothèques et les archives; leur altération se fait le plus souvent en quelques mois ou en quelques années, délais tout à fait insuffisants pour les usages même courants dans les institutions. Par contre, il existe des étiquettes autocollantes en papier de bonne qualité[4] avec une colle relativement stable, qui peut être aussi ultérieurement stabilisée avec de la chaleur. Ces étiquettes peuvent être utilisées pour l'étiquetage direct des livres destinés à une utilisation à moyen terme (50 ans

[4] Par exemple celles de la maison Pleuser à Köln, http://www.pleuser.de/home.htm (XI 2009).

spezifischen Verwendungszweck entwickelt wurden. Nur sehr wenige davon sind für Buch- und Schriftgut zu gebrauchen, selbst wenn man von jeder langfristigen Anwendung absieht.

- ☐ Alle Selbstklebeetiketten sind relativ instabil und verlieren somit langfristig an Klebkraft; für sie kann keine gute mittel- und langfristige Stabilität garantiert werden (> 50 Jahre). Im Prinzip dringt der Klebstoff schliesslich in das poröse Material ein, auf das er aufgetragen wurde, und die Etikette löst sich ab. Wenn das Material nicht porös ist, kann der Klebstoff ausbluten und sich am Etikettenrand verschmieren. Dabei wird Staub fixiert, oder das danebenliegende Objekt klebt fest. Ausserdem sind langfristig chemische Reaktionen zwischen den Klebstoffen und dem Buch- und Schriftmaterial nicht auszuschliessen. Folglich sollten Selbstklebeetiketten nie direkt auf die zur endgültigen Aufbewahrung bestimmten Originale geklebt werden.

  Bei den Selbstklebeetiketten gibt es grosse Qualitätsunterschiede. Die im normalen Handel erhältlichen gewöhnlichen Etiketten sind instabil, sie altern häufig innerhalb einiger Monate oder Jahre und dürfen auf keinen Fall, auch nicht für den täglichen Gebrauch, in Bibliotheken und Archiven verwendet werden! Im Gegensatz dazu gibt es Selbstklebeetiketten guter Qualität,[4] die mit einem verhältnismässig beständigen Klebstoff hergestellt werden, der nachträglich auch mit Hitze stabilisiert werden kann. Diese Etiketten können zur direkten Etikettierung von mittelfristig zu konservierenden Bänden (höchstens 50 Jahre) und von mittelfristig zu konservierenden Schachteln und Behältern (50–100 Jahre) benutzt werden. Da die zum Kleben dieser Etiketten verwendeten Polymere (Acrylate) so stabil wie in diesem Bereich möglich sind, kann eine Abnahme der Etiketten problematisch werden. Auf jeden Fall sind diese Etiketten weniger beständig als die nach der weiter oben beschriebenen Methode hergestellten (Punke 3.1–1.3.3). Sie sind aber aufgrund ihrer selbstklebenden Eigenschaft sehr praktisch.

[4] Zum Beispiel von Pleuser in Köln, http://www.pleuser.de/home.htm (XI 2009).

au plus) ou pour l'étiquetage de boîtes et conteneurs destinés à la conservation à moyen terme (50–100 ans). Les polymères utilisés pour ces étiquettes (des acrylates) sont aussi stables que possible dans ce domaine, mais justement pour cette raison, le démontage des étiquettes peut être problématique, De toute façon, ces étiquettes sont moins stables que celles produites avec les méthodes indiquées ci-dessus (points 1.3.1–1.3.3), mais leur caractère autocollant les rend très pratiques à l'usage.

- ☐ Les étiquettes thermocollantes sont en principe plus stables que les autocollantes, mais leur stabilité dépend de la composition chimique de la colle; il n'est pas rare que ces colles jaunissent et durcissent quand elles sont soumises à la lumière et aux rayons UV. Le démontage de ces étiquettes est problématique et laisse le plus souvent des traces indélébiles. Ce type d'étiquette peut être utilisé pour l'étiquetage direct des livres destinés à une utilisation à court terme (20 ans au plus) ou pour l'étiquetage de boîtes et conteneurs destinés à la conservation à moyen terme (50–100 ans).
- ☐ Les étiquettes en papier gommé sont livrées par des fournisseurs de matériel de conservation et constituent une alternative intéressante à celles autocollantes. Leur papier doit répondre aux normes pour la conservation et la colle utilisée est généralement de la dextrine, qui est activée par humidification et qui est stable à long terme. Ce type de colle est utilisé pour les timbres-poste, mais son pouvoir collant est limité; ces étiquettes se prêtent bien pour l'application sur des matières rigides, comme le carton des boîtes d'archives ou des cartables, mais l'application sur le dos des livres peut être décevante. Par contre, leur utilisation sur des boîtes, à l'intérieur des livres ou directement sur les documents peut être envisagée.

1.4 Pellicules autocollantes de protection

Certaines institutions utilisent systématiquement des pellicules de protection transparentes et autocollantes pour le renforcement et la protection des

- ☐ Heissklebeetiketten sind im Prinzip stabiler als Selbstklebeetiketten, wobei ihre Stabilität von der chemischen Zusammensetzung des Klebstoffs abhängt. Häufig vergilben und verhärten diese Klebstoffe unter Einfluss von Licht und UV-Strahlen. Die Abnahme dieser Etiketten ist problematisch, und es bleiben häufig irreversible Spuren. Diese Etiketten können zur direkten Etikettierung von kurzfristig zu konservierenden Bänden (höchstens 20 Jahre) und von mittelfristig zu konservierenden Schachteln und Behältern (50–100 Jahre) benutzt werden.
- ☐ Etiketten aus gummiertem Papier werden vom Lieferanten für Konservierungsmaterial angeboten und sind eine gute Alternative zu Selbstklebeetiketten. Das Papier muss den Konservierungsnormen entsprechen. Als Klebstoff wird meistens Dextrin verwendet, das durch Feuchtigkeit aktiviert wird und langfristig stabil ist. (Die gleiche Klebstoffart wird für nicht selbstklebende Briefmarken benutzt.) Das Klebvermögen dieser Klebstoffe ist beschränkt. Die Etiketten kleben gut auf steifen Materialien wie Archivschachtelkarton oder Mappen, sind aber für Buchrücken häufig ungeeignet. Sie können aber für Schachteln, im Buch oder direkt auf einem Dokument verwendet werden.

1.4 Selbstklebende Schutzfolie

In manchen Institutionen kommt systematisch selbstklebende Klarsichtschutzfolie als Verstärkung und Schutz der Signaturschilder auf dem Buchrücken zur Anwendung. Erreicht wird genau das Gegenteil, denn die Selbstklebefolien sind im Prinzip instabiler als die Etiketten, altern schnell und stellen bei der Etikettenabnahme grosse Probleme. Eine Etikette aus alterungsbeständigem Papier, die mit vorschriftsmässigen Materialien beschrieben und aufgeklebt ist, muss nicht speziell geschützt werden.

Selbstklebefolie wird häufig als Schutz von Büchern im öffentlichen Publikumsverkehr und im Freihandbereich angewendet. Die Lebensdauer der so geschützten und verstärkten Broschüren wird um höchstens 10–20 Jahre verlängert. Danach

étiquettes de codage sur le dos des livres. Dans ce cas, l'effet obtenu est contraire à l'effet espéré, car les pellicules autocollantes sont en général moins stables que les étiquettes, s'altèrent assez rapidement et posent de très gros problèmes lors du démontage de l'étiquette. Une étiquette de bonne qualité, bien écrite et bien collée ne nécessite pas de protection particulière.

Les films autocollants sont utilisés fréquemment pour la protection des livres destinés à la lecture publique ou en libre accès. Dans cette situation, les pellicules autocollantes offrent une bonne protection et consolidation des volumes brochés ou cartonnés et peuvent prolonger leur durée de vie, mais pas au-delà de dix à vingt ans au maximum. A plus long terme, la pellicule autocollante pose de très graves problèmes de conservation et son élimination est très problématique et coûteuse. Pour ces raisons, les pellicules autocollantes sont à proscrire pour les objets destinés à être conservés à long terme. Une alternative pour la protection de livres destinés à la conservation est la confection d'une jaquette en polyester de conservation,[5] qui ne sera pas collée sur l'original.

stellen die Selbstklebefolien bedeutende Konservierungsprobleme, und ihre Abnahme ist äusserst schwierig und kostenintensiv. Aus diesen Gründen ist die Anwendung von Selbstklebefolie für langfristig aufzubewahrende Objekte verboten. Zum Schutz solcher Bücher kann ein Umschlag aus alterungsbeständigem Polyester[5] angefertigt werden, der nicht auf das Original geklebt wird.

2 Reliure

La reliure constitue une excellente mesure de protection pour le livre ; l'analyse de l'état des fonds à la Bibliothèque de Genève en 2008/2009 a mis en évidence que les livres reliés sont dans un état de conservation sensiblement meilleur que ceux sans reliure. Les méthodes de travail des relieurs ont évolué vers une simplification dictée par des raisons économiques ; la stabilité mécanique et chimique des matières et des techniques de reliure sont des critères dont on ne tient pas compte dans la formation des relieurs ; ceux-ci opèrent leur choix en fonction de critères de tradition, d'expérience personnelle et de rentabilité économique.

La reliure appelée « reliure de bibliothèque » répond en principe aux exigences d'un prix réduit et d'une solidité acceptable, mais ne tient pas compte de la conservation à long terme : elle peut être ac-

[5] Mylar D, Melinex 0 ou équivalents.

2 Bucheinband

Der Bucheinband ist eine ausgezeichnete Schutzmassnahme für den Buchblock. Bei der Bestandsanalyse in der Bibliothèque de Genève von 2008/2009 wurde ersichtlich, dass die gebundenen Bücher in einem viel besseren Erhaltungszustand sind als die ungebundenen. Wirtschaftliche Gründe haben zu einer Vereinfachung der Arbeitsmethoden der Buchbinder geführt. Die mechanische Funktionsweise der verschiedenen Einbandformen und das chemische Verhalten von Werkstoffen werden bei der Buchbinderausbildung nicht gelehrt, sodass die Wahl der Arbeitsmethode von Tradition, persönlicher Erfahrung und wirtschaftlichen Überlegungen geleitet wird.

Die heute mit «Bibliothekseinband» bezeichnete Einbandsform entspricht im Prinzip zwar den Forderungen nach niedrigen Kosten und ausrei-

[5] Mylar D, Melinex 0 oder Gleichwertiges.

ceptée uniquement pour des objets destinés à une utilisation limitée dans le temps.

Nous allons analyser sommairement les techniques de travail utilisées par les relieurs artisanaux, et nous définirons ensuite les critères techniques pour les reliures et les brochages de conservation.

Ci-dessous les termes principaux utilisés en reliure.[6]

chender Festigkeit, nicht aber denjenigen nach Alterungsbeständigkeit. Er ist nur für Objekte mit zeitlich begrenzter Aufbewahrung zu verwenden.

Wir wollen uns zunächst einen Überblick über die Arbeitstechniken der Handbuchbinderei verschaffen und dann die technischen Kriterien für die Konservierung definieren.

Nachfolgend die grundsätzlichen Begriffe der Buchbinderei.[6]

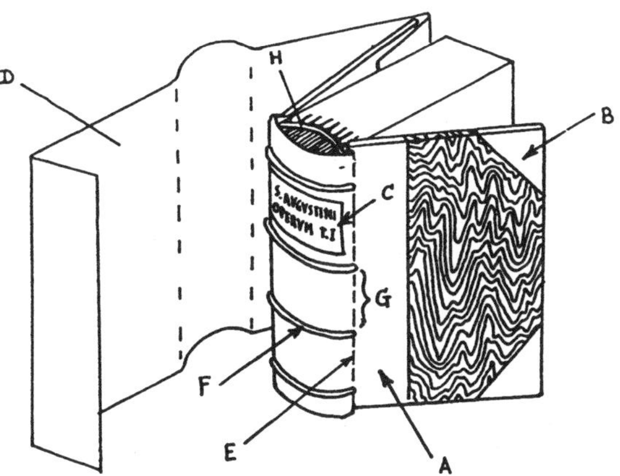

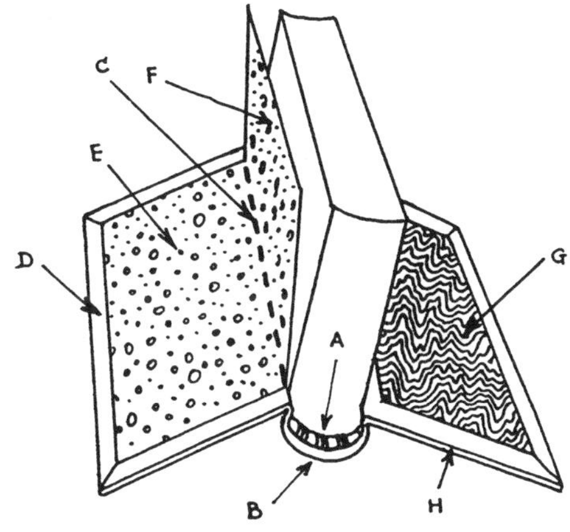

Fig. 6/7:

Livre fermé

A = Plat, reliure en demi (peau, parchemin)
B = Coin
C = Etiquette de titre
D = Jaquette
E = Charnière
F = Nerf
G = Entrenerf
H = Ranchefile

Livre ouvert

A = Tranchefile
B = Coiffe
C = Mors
D = Chasses
E = Contreplat, avec garde collée
F = Garde volante
G = Garde collée marbrée
H = Champ du carton (des ais)

Fig. 6/7:

Geschlossenes Buch

A = Deckel, Halbeinband (Leder, Pergament)
B = Ecke
C = Titelschild
D = Schutzumschlag
E = Falz
F = Bund
G = Rückenfelder
H = Kapital

Offenes Buch

A = Kapital
B = Häubchen
C = Rückenfalz
D = Deckelkante
E = Deckel, mit geklebtem Vorsatz
F = Vorsatz – fliegendes Blatt
G = Vorsatz – marmorierter Spiegel
H = Stehkante (des Deckels)

[6] Images extraites de : Muzerelle, D. ; Vocabulaire codicologique : http://vocabulaire.irht.cnrs.fr/pages/vocab2.htm (XII 2009).

[6] Illustrationen aus: Muzerelle, D.: Vocabulaire codicologique: http://vocabulaire.irht.cnrs.fr/pages/vocab2.htm (XII 2009).

2.1 Techniques de la reliure moderne

2.1.1 Méthodes de couture

Nous distinguons deux groupes de reliures : les reliures cousues et les reliures collées.

■ Dans les *reliures cousues,* les cahiers sont reliés entre eux et à un support (ficelle, ruban ou gaze) par le fil de couture qui passe dans le pli de chaque cahier.

- ☐ La *couture à la main* utilise comme support des ficelles en chanvre ou des rubans, généralement en lin ou en coton. Selon le format du livre, la couture se fait sur deux à six supports. Le fil utilisé parcourt en principe tout le pli d'un cahier avant de passer dans le cahier suivant. Dans les livres très épais avec des cahiers minces, les relieurs cousent souvent deux ou trois cahiers en un seul passage du fil : chaque cahier n'est en fait relié que sur une partie de sa hauteur ; cette technique offre, bien sûr, moins de solidité.
- ☐ La *couture sur ficelles* est faite traditionnellement en grecquant les cahiers ; le grecquage consiste à scier dans le dos des cahiers une entaille dans laquelle la ficelle peut se loger, ce qui permet d'obtenir des dos lisses et facilite le travail du relieur en rendant la couture plus rapide ; par contre, on peut ainsi affaiblir considérablement le dos des cahiers.
- ☐ La *couture sur rubans* ne requiert pas de grecquage et n'affaiblit pas le dos des cahiers : le fil sort du cahier d'un côté du ruban et rentre dans le cahier de l'autre côté ; le dos est plus souple et l'ouverture du livre est meilleure, mais le travail du relieur est un peu plus long. Il est aussi possible de coudre de cette manière en utilisant des ficelles. Pour obtenir une couture régulière et pour trouver plus facilement l'endroit où le fil doit sortir et rentrer dans le cahier, le relieur peut tracer à la scie une série de rainures, correspondant aux rubans ou ficelles, sur le dos des cahiers.

■ Dans les *reliures collées,* les feuilles ne sont pas réunies en cahiers ; chaque feuille est indépendante des autres ; il peut s'agir de feuilles libres ou de cahiers auxquels on a rogné (coupé) le dos. Les feuilles sont tenues ensemble par une couche de

2.1 Moderne Buchbindetechniken

2.1.1 Art der Heftung

Man unterscheidet beim Buchbinden zwei Heftweisen: Fadenheftung oder Klebebindung.

■ Bei der *Fadenheftung* werden die Lagen mit Heftfaden miteinander und mit dem Bundmaterial (Schnur, Band oder Gaze) verbunden. Der Faden wird durch jede Lagenmitte geführt.

- ☐ Bei der *Handheftung* werden entweder Hanfschnüre oder Bänder (gewöhnlich aus Leinen oder Baumwolle) als Bundmaterial benutzt. Entsprechend der Buchgrösse wird auf zwei bis sechs Bünde geheftet. Übliche Heftart ist die Durchheftung: Dabei wird mit dem vom oberen zum unteren Rückenende reichenden Heftfaden jeweils eine Lage erfasst. Bei sehr dicken Büchern mit dünnen Lagen werden jeweils zwei bis drei Lagen mit einem Heftfaden verbunden (Wechselheftung): Jede Lage wird dabei nur auf einem Teil ihrer Höhe geheftet; diese Technik ist weniger haltbar.
- ☐ Bei der *Heftung auf Schnüre* werden die Lagen meistens eingesägt. Dabei werden mit einer Säge Kerben in den Lagenrücken geschnitten, in welche die Schnur eingelegt wird. Dadurch kann ein Buch mit flachem Rücken hergestellt werden. Die Arbeit des Buchbinders wird erleichtert, da schneller geheftet werden kann, aber die Lagen werden im Falz geschwächt.
- ☐ Für das *Heften auf Bänder* ist kein Einsägen nötig, und die Lagen werden nicht geschwächt, denn der Faden wird an der einen Seite des Heftbandes aus der Lage heraus- und auf der anderen Seite des Heftbandes wieder in die Lage eingeführt. Der Rücken ist flexibler, und das Buch lässt sich besser öffnen, aber das Heften dauert etwas länger. Solcherart kann auch auf Schnur geheftet werden. Um eine gleichmässige Heftung zu erhalten und um den Fadenein- und -austritt leichter zu finden, kann der Buchbinder die Lagenrücken entsprechend der Einteilung von Bändern oder Schnüren mit einer Säge anritzen.

■ Bei der *Klebebindung* werden keine Bogen zu Lagen zusammengestellt, sondern Einzelblätter

colle appliquée sur le dos. Ce type de reliure est parfois appelé « lumbeck » par les relieurs.

Appliquée par une machine, la colle est déposée seulement sur l'épaisseur de chaque feuille; les pages sont ainsi faiblement liées. Les papiers très absorbants (non couchés, avec un collage faible) sont relativement bien liés par cette méthode, tandis que les papiers couchés se prêtent très mal au collage. Les colles utilisées industriellement sont souvent des colles à chaud qui durcissent en se refroidissant; il arrive que ces colles soient trop rigides et que le dos du livre casse rapidement.

Le relieur artisanal pratique aussi cette technique, soit pour gagner du temps en supprimant la couture, soit parce qu'il doit relier un livre formé par des feuilles libres. Il a cependant la possibilité de « bercer » les feuilles, c'est-à-dire d'appliquer la colle de telle façon qu'elle soit déposée non seulement sur le dos, mais aussi sur une fine bande de la surface des feuilles. Si l'on utilise une colle souple et stable, cette méthode peut donner des résultats satisfaisants sur le plan de la solidité. Cependant, elle ne doit pas être appliquée sans nécessité, car un démontage et une nouvelle reliure sont beaucoup plus problématiques à partir d'un livre collé qu'à partir d'un livre cousu. De plus, les colles utilisées pour ce travail sont des dispersions de polymères synthétiques dont la stabilité à long terme n'est pas garantie.

2.1.2 **Feuilles de garde**

Ces pages, qui précèdent et suivent le corps du livre, ont deux fonctions: elles protègent le corps du livre et contribuent à le lier à sa couverture. Dans les reliures collées, les feuilles de garde sont formées par une double feuille collée sur quelques millimètres à la première et à la dernière feuille du volume. Pour des reliures cousues, le relieur peut choisir entre diverses méthodes de montage et de renforcement. Une consolidation de la partie initiale et terminale du livre est obtenue par le collage, dans le pli du premier et du dernier cahier et dans le pli des feuilles de garde, d'une fine bande de coton ou de papier. La feuille de garde peut être cousue séparément ou avec le premier cahier. Le soin apporté au renforcement des extrémités du livre contribue notablement à la solidité de la re-

miteinander verbunden. Es handelt sich dabei entweder um lose oder um Einzelblätter von ursprünglich vorhandenen und später am Rücken beschnittenen Lagen. Die Blätter werden durch eine Schicht Klebstoff am Rücken zusammengehalten. Diese Art Bindung wird von den Buchbindern auch «Lumbecken» genannt.

Bei der maschinellen Klebebindung wird der Klebstoff auf die Schnittkante am Rücken aufgetragen. Die Blätter sind also nur schwach verbunden. Stark absorbierende Papiere (nicht gestrichen, geringe Leimung) eignen sich gut für die Klebebindung, gestrichene Papiere hingegen eignen sich kaum dafür. In der Industriebuchbinderei werden oft Schmelzklebstoffe verwendet, die beim Abkühlen hart werden. Es kommt häufig vor, dass diese Leime zu wenig flexibel sind und der Buchrücken schnell bricht.

Der Handbuchbinder wendet die Technik des Klebebindens an, um Zeit zu sparen oder weil er aus Einzelblättern ein Buch binden muss. Aber er wird die Blätter nach beiden Seiten hin «auffächern» und den Leim somit nicht nur auf den Rücken, sondern auch schmal auf die Blätter geben. Wird ein flexibler und beständiger Klebstoff verwendet, ergibt diese Technik, was die Haltbarkeit betrifft, ein befriedigendes Resultat. Trotzdem sollte sie so wenig wie möglich verwendet werden, denn das Auseinandernehmen und das Neubinden ist bei einem klebegebundenen Buch schwieriger. Dazu kommt, dass als Klebstoffe synthetische Polymerdispersionen verwendet werden, deren Alterungsbeständigkeit nicht sicher ist.

2.1.2 **Vorsatz**

Die Vorsatzblätter sind am Anfang und am Ende des Buchblocks angebracht und erfüllen zwei Funktionen: Sie schützen den Block und bilden die Verbindung von Block und Einband.

Bei Klebebindungen besteht das Vorsatz aus einem Doppelblatt, das einige Millimeter auf die erste beziehungsweise letzte Seite des Buches geklebt wird. Bei gehefteten Bindungen kann der Buchbinder verschiedene Befestigungs- und Verstärkungsmethoden wählen. Die ersten und letzten Lagen werden mit einem schmalen Gewebe- oder Papierstreifen im Falz verstärkt. Das Vor-

liure, mais ce travail est peu visible et un peu fastidieux; certains relieurs le négligent ou le suppriment. Le papier utilisé pour les feuilles de garde a généralement un grammage de 100 à 120 g/m^2; on adopte normalement des papiers en pure cellulose, mais on tient rarement compte des autres exigences pour qu'un papier soit stable dans le temps.

2.1.3 Forme et encollage du dos

L'encollage et la formation des mors déterminent définitivement la forme du dos. La formation des mors consiste en une modification de la forme des cahiers: les cahiers, dont le dos dépasse de quelques millimètres l'étau qui les enserre, sont pliés à coups de marteau, de manière à créer une protubérance qui forme un angle de 45 degrés. Dans la reliure «à la française», les mors sont pliés à angle droit par rapport à la surface du cahier. La formation des mors est possible grâce à l'augmentation de l'épaisseur du dos, déterminée soit par le fil de la couture, soit par la colle dans les reliures collées.

Dans la reliure par collage, la forme du dos est déterminée au moment du collage: une fois la colle durcie, on ne peut plus la modifier. Les mors peuvent être formés après le séchage (partiel) de la colle.

Pour les livres cousus, le relieur peut choisir la forme et le type de collage du dos. Le plus souvent, les relieurs passent d'abord une couche de colle d'amidon; après séchage, ils encollent le dos, soit avec de la colle animale à chaud, soit avec une colle blanche. Avant que la colle n'ait durci, ils lui donnent une forme (plate ou arrondie) et ils façonnent les mors. Le livre est ensuite mis dans une presse, où, après avoir contrôlé sa forme, le relieur applique sur le dos une ou plusieurs couches de renforcement (p.ex. deux couches de gaze et une de papier kraft) qui stabilisent définitivement sa forme.

Beaucoup de relieurs sont convaincus qu'un dos solide est un dos fortement collé; en fait, par un collage abondant, on obtient un dos très compact, mais rigide et donc fragile. La plus grande solidité est obtenue avec un dos stabilisé par une couture soignée, plat ou légèrement arrondi et peu collé. De plus, dans ce cas, un démontage pour une future réparation est grandement facilité.

satzblatt kann separat oder zusammen mit der ersten beziehungsweise letzten Lage geheftet werden. Die Verstärkung im Falzbereich trägt zur Stabilität der Bindung bei. Diese Arbeit nimmt aber Zeit in Anspruch, fällt am fertigen Buch kaum auf und wird daher von manchen Buchbindern vernachlässigt. Das für die Vorsatzblätter verwendete Papier ist normalerweise 100–120 g/m^2 schwer. Gewöhnlich werden Papiere aus reiner Cellulose verwendet, nur selten aber werden wirklich alterungsbeständige Papiere eingesetzt.

2.1.3 Ableimen und Formen des Rückens

Mit dem Ableimen und Abpressen wird dem Buchblock seine Form gegeben. Beim Abpressen werden die Lagen zur Erzielung bleibender Fälze verformt: Der gerundete Buchblock wird so in die Klotzpresse eingespannt, dass der Rücken einige Millimeter vorsteht. Mit einem Hammer werden sorgfältig Schläge auf den Buchrücken gegeben, dabei ergeben sich scharfe, gleichmässige Rückenfälze der Lagen von 45 Grad. Beim «Franzband» wird ein rechtwinkliger (tiefer) Falz angeschlagen. Die Bildung des Falzes ergibt sich aus der beim Heften durch die Dicke des Heftfadens oder beim Klebebinden durch die Dicke des Klebstoffauftrags entstehenden Erhöhung des Buchrückens.

Bei der Klebebindung wird während des Klebstoffauftrags über die Form des Rückens entschieden; ist der Klebstoff ausgehärtet, kann nichts mehr verändert werden. Der Falz kann nach dem Antrocknen des Klebstoffs abgepresst werden.

Bei gehefteten Büchern kann der Buchbinder über die Art des Ableimens und die Formgebung des Rückens entscheiden. Meistens tragen die Buchbinder eine Schicht Stärkekleister auf. Ist dieser angetrocknet, leimen sie den Rücken entweder mit Heiss- oder mit Weissleim ab. Bevor der Leim abgetrocknet ist, gibt der Buchbinder dem Rücken seine gerade oder gerundete Form und bildet den Falz. Das Buch wird dann in die Presse gespannt, der Buchbinder kontrolliert die Form und verstärkt den Rücken durch ein- oder mehrmaliges Überkleben (z.B. zwei Gazeschichten und eine Schicht Kraftpapier). Die Form des Rückens ist damit definitiv stabilisiert.

2.1.4 **Couverture**

Actuellement, les couvertures sont presque toujours confectionnées séparément du corps du livre et unies à celui-ci à la fin des opérations de reliure. Fait exception la reliure dite « à la française », où les plats en carton sont reliés directement aux ficelles de la couture; la matière de couverture est appliquée ensuite sur le dos et les plats. Ce procédé est réservé aujourd'hui aux reliures de luxe; il donne des résultats esthétiques remarquables, mais la solidité des reliures « à la française » est trop limitée pour une utilisation intensive.

Pour les autres reliures, la couverture est formée par les plats et le faux dos qui sont recouverts de toile, de papier, de cuir ou de parchemin. Si les plats sont entièrement couverts par la matière recouvrant le dos, on parle d'une reliure *en plein* (pleine toile, pleine peau, plein parchemin); autrement, on parle d'une *demi-reliure* (demi-toile, demi-peau, demi-parchemin).

La reliure industrielle assemble les plats, le dos et la matière de couverture (généralement en plein) en une seule opération. Les charnières ne sont formées que par la matière de couverture.

Le relieur artisanal assemble d'abord les plats et le dos, en les montant sur un papier d'emballage solide, et les recouvre par la suite avec la matière choisie. Les charnières se trouvent ainsi renforcées par une couche supplémentaire.

Les matières de couverture utilisées industriellement sont souvent des papiers ou des toiles recouvertes d'une couche plastique imitant le cuir ou des toiles de fil naturel. Le papier, naturel ou recouvert par une couche plastique, utilisé comme matière de couverture n'offre qu'une solidité très réduite. Par contre, les toiles de fil naturel sont assez solides; la solidité des toiles recouvertes d'une couche plastique imitant le cuir dépend surtout de la force du tissu de la toile; les couches en matière plastique vieillissent souvent assez rapidement, surtout si elles sont exposées à une forte lumière. Pour les reliures en cuir fabriquées industriellement, on utilise généralement des cuirs de mouton, de mauvaise qualité mais faciles à travailler; ils sont généralement moins durables qu'une bonne toile.

Viele Buchbinder sind überzeugt, dass durch starkes Ableimen der Rücken stabil wird; tatsächlich aber wird er dadurch steif und bricht leicht. Am beständigsten ist ein sorgfältig gehefteter, gerader oder leicht gerundeter und wenig abgeleimter Rücken. Ausserdem wird dadurch ein später vielleicht notwendiges Auseinandernehmen einfacher.

2.1.4 **Einband**

Heutzutage wird der Einband meist getrennt vom Buchblock angefertigt und erst nachher mit diesem verbunden. Eine Ausnahme bildet der «Franzband», bei dem die Kartondeckel direkt mit den Bundschnüren verbunden werden und das Überzugsmaterial anschliessend auf Rücken und Deckel aufgebracht wird. Diese Technik ist heute Luxuseinbänden vorbehalten; dabei entstehen zwar ästhetisch schöne Einbände, für eine häufige Benutzung sind Franzbände aber nicht genügend haltbar.

Bei den anderen Einbandarten werden die Einbanddecken, bestehend aus Deckel, Rückeneinlage und Überzugsmaterial (Leinen, Papier, Leder oder Pergament), separat hergestellt. Werden Deckel und Rücken mit demselben Material überzogen, spricht man von einem *Ganzeinband* (Ganzleinen-, Ganzleder-, Ganzpergamenteinband). Ansonsten handelt es sich um einen *Halbeinband* (Halbleinen-, Halbleder-, Halbpergamenteinband).

In der Industriebuchbinderei werden Deckel, Rückeneinlage und Bezugsmaterial (gewöhnlich im Ganzen) in einem einzigen Vorgang miteinander verbunden. Dabei werden die Fälze nur durch das Einbandmaterial gebildet.

Der Handbuchbinder verbindet Deckel und Rückeneinlage, indem er sie zuerst auf ein festes Papier klebt und sie dann mit dem gewählten Material überzieht. Die Fälze werden somit durch eine zusätzliche Lage verstärkt.

Als Bezugsmaterialien werden in der Industriebuchbinderei oft kunststoffbeschichtete Papiere oder Gewebe verwendet, welche Leder oder Naturgewebe imitieren. Das als Bezugsmaterial verwendete unbeschichtete oder beschichtete Papier ist wenig haltbar. Im Gegensatz dazu sind Naturgewebe von ausreichender Haltbarkeit. Die Bestän-

Le relieur artisanal dispose d'un choix de matières de couverture un peu plus vaste, surtout en ce qui concerne les cuirs et les parchemins. Les reliures les plus solides sont celles recouvertes de toile de fil naturel, de parchemin ou de cuir de bonne qualité.

2.2 Techniques de la reliure de conservation pour bibliothèques et archives

Les exigences spécifiques des bibliothèques et des services d'archives pour la reliure de livres destinés à la conservation à long terme se traduisent en spécifications techniques pour les relieurs; ces derniers sont souvent peu et mal informés au sujet de la stabilité dans le temps des matériaux et des techniques de reliure. L'archiviste ou le bibliothécaire doit exiger une qualité de travail adaptée à son but de conservation et être prêt à payer un prix correct.

Les livres destinés à durer plus de dix ans et ceux qui sont utilisés de manière intensive devraient recevoir en principe une reliure. Les caractéristiques des reliures de conservation décrites ci-dessous sont celles requises pour la conservation à long terme. Pour une conservation de moins longue durée, des solutions simplifiées peuvent être considérées, mais il faut tenir compte que l'attribution du niveau de conservation d'un livre peut subir des changements dans le temps et qu'une reliure de mauvaise qualité peut devenir un obstacle pour la conservation.

Les indications qui suivent concernent les reliures de conservation courantes, telles qu'elles sont exécutées par les relieurs pour les besoins des bibliothèques et services d'archives. La confection de reliures « techniques » de conservation, comme par exemple les reliures sans colle ou les reliures pour manuscrits en parchemin, doit être confiée à un restaurateur; il n'est pas possible, dans le cadre de ce livre, d'en donner une description détaillée.

digkeit der beschichteten Gewebe (Lederimitation) hängt vor allem von der Gewebestärke ab. Die Kunststoffschichten altern oft verhältnismässig schnell, besonders wenn sie starkem Licht ausgesetzt werden. Für industriell hergestellte Ledereinbände wird gewöhnlich Schafsleder schlechter Qualität verwendet, da dieses leicht und schnell zu verarbeiten ist; es ist im Allgemeinen nicht so haltbar wie ein gutes Gewebe.

Der Handbuchbinder verfügt über eine grössere Auswahl an Bezugsmaterialien, insbesondere bei Leder und Pergament. Am haltbarsten sind Einbandbezüge aus Naturgewebe, aus Pergament oder aus Leder guter Qualität.

2.2 Konservierungseinbände für Bibliotheken und Archive

Die spezifischen Anforderungen von Bibliotheken und Archiven an alterungsbeständige Bucheinbände schlagen sich in technischen Anweisungen zur deren Ausführung nieder. Die meisten Buchbinder sind kaum oder nur schlecht über diese Anforderungen informiert. Der Archivar oder Bibliothekar muss für Konservierungseinbände Qualitätsarbeit fordern und bereit sein, den entsprechenden Preis zu zahlen.

Bücher, die länger als zehn Jahre halten sollen, und solche, die sehr oft benutzt werden, müssen gebunden werden. Die nachfolgend beschriebenen Merkmale des Konservierungseinbandes entsprechen den Anforderungen für Objekte, die zur langfristigen Aufbewahrung bestimmt sind. Für kurzfristigere Aufbewahrungsziele können einfachere Lösungen in Betracht gezogen werden. Zu bedenken bleibt, dass sich das Konservierungsniveau eines Buches im Lauf der Zeit verändern kann. Ausserdem kann sich ein schlechter Einband negativ auf die Erhaltung auswirken.

Die folgenden Angaben betreffen gängige Konservierungseinbände, wie sie von Buchbindern für Bibliotheken und Archive angefertigt werden. Spezialeinbände für die Konservierung, zum Beispiel Einbände ohne Klebstoffe oder Einbände für Pergamenthandschriften, müssen von einem Restaurator angefertigt werden; es würde den Rahmen

■ *Choix du type de reliure*

Tous les livres qui sont formés de cahiers ou de feuilles ayant un talon permettant la couture devraient être cousus; la reliure par rognage et encollage du dos ne doit être appliquée qu'aux volumes déjà reliés de cette façon ou aux groupes de feuilles isolées (photocopies p.ex.). La reliure «à la française» ne sera utilisée que très exceptionnellement, pour des œuvres de bibliophilie rarement consultées: sa conception implique une stabilité mécanique réduite qui la rend inadaptée pour les usages normaux dans les bibliothèque et les archives.

■ *Débrochage et réparations*

Il faut procéder au débrochage des livres avec beaucoup de prudence, en évitant, autant que possible, de blesser le papier et en enlevant les couches de vieille colle. La réparation des fonds des cahiers, des éventuelles déchirures et lacunes, sera faite avec du papier japon de bonne qualité, avec uniquement de la colle d'amidon de blé préparée manuellement (sans agent conservateur). L'utilisation d'autocollants, même de très bonne qualité, est à proscrire absolument. Les livres dont les cahiers sont très abîmés du côté du dos seront correctement réparés; la reliure par collage ne sera pas utilisée pour résoudre ce genre de problèmes.

■ *Préparation des cahiers pour la couture*

Les deux premiers et les deux derniers cahiers de chaque volume destiné à être cousu seront renforcés dans leur pli par le collage d'une fine bande de toile de coton, avec de la colle d'amidon. La préparation du premier et du dernier cahier sera faite de façon à s'adapter au montage des feuilles de garde. Les couvertures cartonnées souples seront autant que possible maintenues, montées avec une bande de toile à l'avant de la première feuille du livre. Si la méthode de couture choisie demande un grecquage des cahiers, celui-ci sera aussi petit que possible.

dieses Buches sprengen, die dafür notwendigen Techniken erklären zu wollen.

■ *Wahl der Bindetechnik*

Alle Bücher aus Lagen oder aus zusammen- beziehungsweise an Fälze gehängten Einzelblättern sollten geheftet werden. Die Klebebindung (Beschneiden und Kleben des Rückens) darf nur bei Büchern, die schon solcherart gebunden waren, oder bei Einzelblättern (z.B. Fotokopien) praktiziert werden. Ein echter «Franzband» wird nur in seltenen Ausnahmefällen hergestellt, für kaum benutzte bibliophile Werke, denn er ist mechanisch wenig widerstandsfähig und daher für die normale Benutzung in Bibliotheken und Archiven nicht geeignet.

■ *Auseinandernehmen und Reparieren*

Beim Auseinandernehmen von Büchern ist grösste Vorsicht geboten, das Papier soll möglichst nicht beschädigt werden. Alle Leimrückstände müssen entfernt werden. Risse und Fehlstellen in der Lagenmitte und entlang den Kanten werden mit Japanpapier guter Qualität ausgebessert. Dabei nur selbst angerührten Kleister aus Weizenstärke (ohne Konservierungsmittel) verwenden. Auf gar keinen Fall dürfen Selbstklebebänder (auch nicht solche von sehr guter Qualität) verwendet werden. Bücher, deren Lagen im Falz sehr beschädigt sind, müssen repariert und nicht etwa klebegebunden werden.

■ *Zurichten der Lagen für die Heftung*

Zur Verstärkung der zu heftenden Lagen wird in die Mitte der beiden ersten und der beiden letzten Lagen ein schmaler Streifen aus Baumwollgewebe mit Stärkekleister eingeklebt. Die erste und die letzte Lage werden entsprechend der gewählten Vorsatzart vorbereitet. Biegsame Umschläge aus Pappe werden so weit wie möglich erhalten und mit einem Leinenband um die erste Lage gehängt. Fordert die gewählte Heftart das Einsägen der Lagen, muss dieses möglichst gering gehalten werden.

■ *Feuilles de garde*

Le choix du papier de garde se fera dans la gamme des papiers de conservation, avec une charge alcaline, d'un grammage variant entre 100 et 120 g/m^2. Pour les livres cousus, il convient de renforcer la feuille de garde avec une bande de toile de coton, de manière qu'elle puisse être cousue, séparément ou avec le premier cahier.

■ *Couture*

C'est la couture à la main sur un cousoir qui donne les meilleurs résultats pour la solidité du livre; elle devrait être adoptée aussi souvent que possible, en tout cas pour les livres d'un format supérieur à A4 ou pour des livres particulièrement lourds ou très fréquemment utilisés.

La couture des cahiers sera faite, autant que possible, sur des rubans de toile de lin ou de coton; la couture sur ficelles sera réservée aux livres déjà reliés de cette manière (réparations) ou ayant une reliure « à la française ». Le nombre minimal de rubans ou de ficelles est de trois; pour les volumes d'une hauteur supérieure à 30 cm, on adoptera quatre rubans ou ficelles, cinq si elle dépasse 40 cm.

Le fil de couture sera en lin ou en chanvre et son épaisseur légèrement supérieure à celle adoptée dans la même situation pour les reliures ordinaires; l'utilisation d'un fil souple permet de limiter l'augmentation de l'épaisseur du dos. En principe, chaque cahier devrait être cousu individuellement. Les ficelles utilisées pour la couture ne seront pas détordues sur le dos et sur les charnières.

La couture des livres très épais doit être particulièrement soignée; elle sera exécutée sur rubans, avec éventuellement un ruban supplémentaire par rapport aux autres livres de même format.

■ *Reliure par collage*

Ce type de reliure est réservé uniquement à des livres déjà brochés ou reliés par cette méthode. Le collage du dos sera fait en « berçant » les feuilles, de façon à favoriser la pénétration de la colle entre les feuilles. Sur le dos, on appliquera deux couches de gaze imprégnées de colle et une couche de papier fort non acide. La forme du dos sera de préférence légèrement arrondie. La colle doit maintenir une grande souplesse dans le temps; les disper-

■ *Vorsatzblätter*

Als Vorsatzpapier wird ein alterungsbeständiges, gepuffertes Papier von ca. 100–120 g/m^2 gewählt. Bei gehefteten Büchern wird das Vorsatzblatt mit einem Streifen aus Baumwollgewebe verstärkt. Dadurch wird es möglich, das Vorsatzblatt einzeln oder mit der ersten Lage mitzuheften.

■ *Heftung*

Am haltbarsten ist das Heften von Hand auf der Heftlade, und daher sollte diese Technik möglichst häufig gewählt werden. Unbedingt notwendig aber ist sie für Bücher, deren Grösse das Format A4 überschreitet, ferner für besonders schwere und für häufig benutzte Bücher.

Als Bundmaterial dienen Baumwoll- oder Leinenbänder. Auf Schnur geheftet werden nur «Franzbände» oder zu reparierende Bücher, die schon auf Schnur geheftet sind. Es werden mindestens drei Heftbänder oder Schnüre verwendet. Bücher, deren Höhe 30 cm überschreitet, werden auf vier, solche, die mehr als 40 cm hoch sind, auf fünf Bänder oder Schnüre geheftet.

Der Heftfaden soll aus Leinen oder Hanf bestehen und etwas dicker sein als bei einer gewöhnlichen Heftung. Eine zu hohe Steigung des Rückens kann durch den Gebrauch eines weichen Fadens eingeschränkt werden. Im Prinzip muss jeweils eine Lage geheftet werden (keine Wechselheftung). Die Heftschnüre werden auf Rücken und Falz nicht aufgedreht.

Sehr dicke Bücher müssen ganz besonders sorgfältig auf Bänder geheftet werden. Dabei soll eventuell auf ein Heftband mehr geheftet werden als bei dünneren Büchern gleichen Formats.

■ *Klebebindung*

Nur wenn schon beim Original die Klebebindung angewendet worden ist, darf mit dieser Technik gearbeitet werden. Der Rücken wird nach beiden Seiten «aufgefächert», wodurch der Klebstoff schmal zwischen die Blätter gebracht wird. Der Rücken wird dann mit zwei Gazestreifen gefestigt, mit Leim bestrichen und mit festem, säurefreiem Papier hinterklebt. Der Rücken wird leicht gerundet. Der verwendete Klebstoff muss flexibel bleiben; am besten geeignet sind daher pH-neu-

sions de polyvinylacétate (PVAc) avec peu ou pas de plastifiants libres[7] et à pH neutre ou alcalin sont les mieux indiquées.

■ *Endossage*
Le dos sera formé à plat ou avec un léger arrondi; le dos carré est nécessaire pour les reliures selon le modèle « Quarter Joint ». Après un premier encollage (colle d'amidon, dispersion de PVAc) et la mise en forme du dos, le livre sera mis en presse et on appliquera sur le dos deux couches de gaze et une couche de papier fort non acide, en utilisant de la colle d'amidon. De toute façon, on cherchera à obtenir un dos souple.

■ *Couvertures*
Les plats seront découpés dans du carton solide d'une épaisseur proportionnée au poids et au format du livre et le dos sera monté sur papier solide et non acide. On évitera de monter directement le dos sur la toile de couverture. Le carton ne doit pas être nécessairement un carton de conservation, si la matière de couverture et les feuilles de garde ont des qualités chimiques qui garantissent un « effet barrière »; l'utilisation de carton de conservation offre cependant une meilleure stabilité à très long terme. Si le carton de la couverture reste nu, le choix d'une matière répondant aux critères de la conservation à long terme est nécessaire. Le type de dos (souple ou un peu rigide) et la largeur des charnières seront choisis en fonction de la reliure adoptée.

La matière de la couverture sera choisie, autant que possible, parmi les toiles de coton ou de lin écrues ou teintées (type Buckram); pour les livres très lourds ou utilisés très intensivement, on choisira un parchemin de mouton, de veau ou de chèvre. L'utilisation du cuir se limitera aux collections déjà reliées en cette matière; dans ce cas, on évitera les cuirs de mouton et on choisira un cuir tanné à l'alun ou un cuir tanné végétalement et retanné aux sels d'aluminium. Le cuir ne doit pas être aminci sur les charnières; si nécessaire, il est préférable de choisir un cuir moins épais, d'un animal plus

[7] Les plastifiants libres peuvent migrer et réagir dans le papier, compromettant ainsi sa conservation et la stabilité de la colle.

trale oder alkalische PVAc-Dispersionen (Polyvinylacetat) mit gebundenen oder wenig ungebundenen Weichmachern.[7]

■ *Abpressen*
Der Rücken bleibt möglichst gerade oder wird nur leicht gerundet. Für Einbände nach der «Quarter Joint»-Methode ist ein gerader Rücken notwendig. Nach dem ersten Ableimen (Kleister, Dispersionskleber PVAc) und dem Formen des Rückens wird das Buch eingepresst. Der Rücken wird mit zwei Lagen Gaze und einer Lage säurefreien festen Papiers hinterklebt. Dazu wird Stärkekleister verwendet. Der Rücken muss aber auf jeden Fall flexibel bleiben.

■ *Deckel*
Die Deckel werden aus fester Pappe zugeschnitten, wobei deren Dicke sich nach dem Gewicht und dem Format des Buches richtet. Die Rückeneinlage wird über festes, säurefreies Papier mit den Deckeln verbunden; sie sollte nicht direkt auf das Bezugsmaterial geklebt werden. Wenn das Bezugsmaterial und die Vorsatzblätter aufgrund ihrer chemischen Beschaffenheit als «Barriere» wirken, müssen die Deckel nicht unbedingt aus alterungsbeständigem Material sein. Die Verwendung von Museumskarton verspricht jedoch langfristig eine bessere Haltbarkeit. Bleiben die Deckel ohne Überzug, muss ihr Material den Kriterien der Langzeitaufbewahrung entsprechen. Die Rückenform (flexibel oder etwas steif) und die Falzbreite richten sich nach der Einbandart.

Als Bezugsmaterial wird möglichst Baumwoll- oder Leinengewebe (naturfarben oder eingefärbt – Typ Buckram) verwendet. Für schwere oder häufig benutzte Bücher empfiehlt sich Schafs-, Kalbs- oder Ziegenpergament. Leder wird man nur dann verwenden, wenn das Buch zu einer Sammlung in Leder gebundener Bücher gehört. In diesem Fall wird möglichst kein Schafsleder, sondern nur alaungegerbtes Leder oder vegetabil gegerbtes und mit Aluminiumsalzen nachgegerbtes Leder verwendet.

[7] Ungebundene Weichmacher können in das Papier eindringen und sich negativ auf dessen Erhaltung und die Stabilität des Klebstoffs auswirken.

jeune, qui conserve toute sa couche réticulaire. On renoncera, dans la mesure du possible, aux toiles « plastifiées ». Les coins des couvertures en demi-reliures recouvertes de papier seront renforcés avec de la toile ou du parchemin.

■ *Reliures « Quarter Joint »*

Les reliures exécutées selon les critères cités offrent des prestations acceptables quant à la capacité d'ouverture du livre ; une utilisation intensive de la photocopieuse implique que les livres soient fréquemment mis complètement à plat sur l'appareil, ce qui produit un effort mécanique important sur les éléments de la reliure qui tendent à freiner une ouverture aussi prononcée. Un article de J. A. Szirmai[8] a remis en valeur un type de reliure développé par P. B. G. Upton et qui a fait l'objet d'une patente en 1952.[9]

La reliure « Quarter Joint »[10] prévoit un dos carré et une couverture avec des charnières d'une largeur correspondant au quart de la largeur du dos ; les charnières de la couverture ne sont pas collées sur les feuilles de garde, de manière que le dos puisse se plier fortement sur lui-même et le livre s'ouvrir entièrement à plat. Ainsi, la photocopie ne cause plus de dommages mécaniques à la reliure.

Quelques essais récents d'application ont montré que cette reliure peut être réalisée soit par couture, soit par collage du bloc du livre ; dans ce dernier cas, le berçage des feuilles et toute l'opération de collage doivent être menés avec le plus grand soin, car à chaque ouverture, le mouvement du dos est très prononcé. Les essais ont donné, jusqu'à ce jour, des résultats concluants ; cette reliure peut devenir le modèle pour une future reliure de conservation.

■ *Journaux*

La reliure traditionnelle des journaux est une reliure par collage fortement simplifiée pour en réduire le coût. Le corps du livre est collé en appliquant directement une toile (traditionnellement

Das Leder wird in den Gelenken nicht verdünnt (geschärft), eher verarbeitet man, wenn nötig, das dünne Leder eines jüngeren Tieres. Die für die Festigkeit verantwortliche Retikularschicht bleibt dabei vollständig erhalten. Möglichst kein kunststoffbeschichtetes Gewebe als Bezugsmaterial verwenden! Bei Halbeinbänden mit Papierbezug werden die Ecken mit Gewebe oder Pergament verstärkt.

■ *Viertel-Falz-Einbanddecke («Quarter Joint Binding»)*

Einbände, die nach den genannten Kriterien hergestellt sind, lassen sich für den normalen Gebrauch gut öffnen. Beim Fotokopieren aber, wo die Bücher flach auf den Apparat gedrückt werden, entsteht an bestimmten Stellen des Einbands eine übermässige Belastung. In einem Artikel von J. A. Szirmai[8] wird auf eine von P. B. G. Upton entwickelte und 1952[9] patentierte Einbandart hingewiesen.

Die «Quarter Joint»[10]-Bindung hat einen flachen, geraden Rücken. Die Falzbreite entspricht einem Viertel der Rückenbreite. Im Falzbereich werden die Vorsatzblätter nicht verklebt. Dadurch kann sich der Rücken beim Öffnen gut biegen, und das Buch lässt sich völlig flach aufschlagen. Auf diese Weise schädigt das Fotokopieren nicht mehr den Einband des Buches.

Versuche haben gezeigt, dass der Buchblock bei dieser Einbandtechnik sowohl geheftet als auch klebegebunden werden kann. Grösste Sorgfalt ist beim Auffächern der Blätter und dem Auftragen des Klebstoffs nötig, denn bei jedem Öffnen wird der Rücken stark bewegt. Die Versuche haben bis jetzt gute Resultate erbracht, sodass diese Einbandtechnik als Modell für Konservierungseinbände gelten kann.

■ *Zeitungen*

Um Kosten zu sparen, ist es üblich, Zeitungen mit einer vereinfachten Klebebindung zu binden. Zur

[8] In : Restauro, N° 3 (1992), pp. 153s.
[9] Brit. Pat. 728 657.
[10] http://temperproductions.com/Bookbinding%20How-to/QJ-how-to/adhesive%20quarter-jointe.htm (XI 2009).

[8] In: Restauro, N° 3 (1992), S. 153f.
[9] Brit. Pat. 728 657.
[10] http://temperproductions.com/Bookbinding%20How-to/QJ-how-to/adhesive%20quarter-jointe.htm (XI 2009).

du triège noir) sur le dos et les plats sont plaqués sur les feuilles de garde, sans chasses. Cette reliure est fonctionnelle pour un emploi à court terme, mais s'avère d'une stabilité insuffisante après quelques décennies. Le choix de la reliure des collections de journaux devrait être fait en fonction de leur utilisation. Prenons deux cas extrêmes: si les journaux sont consultés uniquement sur une copie de substitution, on peut à la limite les conserver dans des boîtes en carton de conservation, sans les relier;[11] si par contre la consultation directe est la règle, une reliure solide, si possible par couture, devient indispensable. On regroupera les journaux en volumes dont le dos n'aura pas plus de 5 cm d'épaisseur. Le rognage des tranches sera limité au strict minimum; le dos du corps du livre sera souple, renforcé en toile; la couverture sera en carton solide, doublé en pleine toile avec une matière solide (lin naturel, toile «buckram», triège).

2.3 Brochages de conservation

Les brochages sont traditionnellement les «parents pauvres» de la reliure; la recherche de méthode de conservation simples et bon marché ont remis en valeur cette «protection minimaliste», efficace surtout pour les cahiers et feuilles isolées. Souvent, les brochages sont exécutés avec du matériel inadapté pour la conservation à long terme: cartons de pâte de bois, agrafes métalliques, rubans autocollants. Pourtant, la réalisation d'un brochage de conservation est facile et n'occasionne que peu de frais supplémentaires.

■ *Couture*
Les brochages de conservation seront toujours cousus avec du fil textile; l'agrafage est en principe interdit. Même des agrafes inoxydables sont déconseillées. Avant de coudre les feuilles isolées, on leur ajoutera un talon en papier alcalin collé avec

[11] Cette méthode comporte cependant des risques très élevés, même lors d'une consultation tout à fait occasionnelle. Il est en effet difficile de consulter des journaux non reliés et de les remettre parfaitement en position dans leur boîte. Pratiquement, cette méthode doit être réservée à des collections absolument hors consultation.

Bildung des Buchblocks wird ein Gewebe (für gewöhnlich schwarzes Registerleinen) direkt auf den Rücken aufgebracht. Die Deckel, ohne Kanten, werden direkt auf die Vorsätze geklebt. Diese Bindeart ist nur kurzfristig haltbar und nach einigen Jahrzehnten nicht mehr funktionell. Die Aufbewahrungsweise von Zeitungen richtet sich nach der jeweiligen Benutzung; nehmen wir zwei Extreme: Werden die Zeitungen nur auf einem Ersatzmedium gelesen, würde es im Grunde ausreichen, sie ohne Einband[11] in Schachteln aus alterungsbeständigem Karton aufzubewahren. Sind sie jedoch in regelmässiger Benutzung, ist ein haltbarer Einband unbedingt notwendig, und die Zeitungen werden möglichst geheftet. Die Breite des Rückens darf 5 cm nicht überschreiten. Der Buchblock wird geringfügig beschnitten. Der flexible Rücken wird mit Gewebe verstärkt und durch eine Hülse aus Gewebe mit der Decke verbunden. Die Decke ist aus festem Karton, überzogen mit haltbarem Gewebe (natürliches Leinen, Buckram-Gewebe, Registerleinen), ein Ganzeinband.

2.3 Konservierungsbroschüre

Eine Broschüre war ursprünglich ein behelfsmässiger Einbandschutz. Auf der Suche nach einfachen und billigen Konservierungsmethoden wurde ihr als «Minimalschutz» neue Beachtung geschenkt. Sie eignet sich vor allem für Hefte und Einzelblätter. Häufig wird zur Herstellung von Broschüren Material verwendet, das einer Langzeitkonservierung nicht entspricht – Holzschliffkarton, rostende Metallheftklammern, Selbstklebebänder. Dabei ist die Anfertigung einer konservierungsgerechten Broschüre einfach und kaum kostenintensiver.

■ *Heftung*
Konservierungsbroschüren werden immer mit Faden geheftet. Klammern sind im Prinzip verboten;

[11] Diese Methode ist gefährlich, und das auch schon bei seltenen Benutzungen. Es ist nämlich nicht einfach, ungebundene Zeitungen nach ihrer Benutzung wieder genau an ihren Platz in der Schachtel zu legen. Eigentlich sollte diese Methode nur für Sammlungen verwendet werden, für die keine Nutzung gestattet ist.

de la colle d'amidon (aucun ruban autocollant ne doit être utilisé pour ces travaux); les réparations seront effectuées selon les indications données ci-dessus pour les reliures. Quand c'est possible, on protégera le début et la fin de la brochure par une ou deux feuilles de garde en papier de conservation.

■ *Couverture*

La couverture sera réalisée en carton de conservation d'un grammage de 300 à 800 g/m^2; seules les couvertures qui sont ensuite recouvertes de toile peuvent être en carton ordinaire, mais l'utilisation de carton de conservation est toujours recommandée. Une solution simple et efficace consiste à coudre le cahier ou les feuilles directement à travers la couverture, en formant une boucle en forme de 8 et en laissant le nœud à l'intérieur du brochage.

2.4 Boîtes, fourres et étuis

Les boîtes, fourres et étuis devraient être montés en carton de conservation, pour éviter les dommages par contact et obtenir la durabilité nécessaire. Si l'on utilise du carton ordinaire, il est impératif de doubler toute la boîte avec des matières adaptées à la conservation à long terme. Les matières de couverture seront choisies selon les directives données plus haut. Les modèles ne s'ouvrant que d'un seul côté ne sont pas recommandés pour la conservation, à cause des frottements et du manque de contrôle visuel. Il faut porter attention à la posi-tion du couvercle quand il est fermé : les couvercles à rabat intérieur endommagent la première pièce dans la boîte.

L'apparition récente de boîtes en carton de conservation découpées industriellement sur mesure pour un prix relativement modique[12] fournit une alternative moins chère aux boîtes et étuis artisanaux, qui offrent cependant une solidité bien meilleure. Certains objets, tels que des reliures mé-

[12] Par exemple : Nomi-Box http://www.klug-conservation.com/site/index.php?lang=de&prod=nomi&nava=4&typ=Produkt-Kategorie (XI 2009).

auch von Heftklammern aus rostfreiem Stahl wird abgeraten. Einzelblätter werden an Fälze aus alkalischem Papier gehängt und können anschliessend geheftet werden. Geklebt wird mit Stärkekleister (kein Selbstklebeband benutzen). Bei Reparaturen gelten die oben für Einbände genannten Hinweise. Die ersten und letzten Lagen der Broschüre werden möglichst durch ein oder zwei Vorsatzblätter aus alterungsbeständigem Papier geschützt.

■ *Deckel*

Als Deckelmaterial wird 300 bis 800 g/m^2 schwerer, alterungsbeständiger Karton verwendet. Nur Deckel, die einen Überzug erhalten, können aus gewöhnlichem Karton hergestellt werden, wobei alterungsbeständiger Karton immer empfohlen wird. Eine einfache und zweckdienliche Lösung ist das Heften der Blätter oder des Heftes direkt durch die Deckel. Am Ende der Heftung wird eine 8-förmige Schleife gemacht, der Knoten bleibt innerhalb der Broschüre.

2.4 Schachteln und Schuber

Schachteln und Schuber werden möglichst aus Museumskarton hergestellt, um Schäden durch Berührung zu vermeiden und die notwendige Beständigkeit zu erreichen. Wird gewöhnlicher Karton verwendet, muss die gesamte Schachtel unbedingt mit alterungsbeständigem Material, das den obigen Richtlinien entspricht, kaschiert werden. Der nur einseitig offene Schuber ist als Schutzverpackung nicht geeignet: Es besteht die Gefahr mechanischer Schädigung durch Reibung, und die visuelle Kontrolle im Inneren der Schachtel ist eingeschränkt. Es muss auf die Stellung des geschlossenen Deckels geachtet werden: Deckel mit Innenklappen beschädigen das erste Objekt in der Schachtel.

Industriell nach Massvorgabe zugeschnittene Schachteln zu einem relativ niedrigen Preis[12] bilden eine kostengünstige Alternative zu den handwerk-

[12] Zum Beispiel: Nomi-Box http://www.klug-conservation.com/site/index.php?lang=de&prod=nomi&nava=4&typ=Produkt-Kategorie (XI 2009).

diévales, qui nécessitent des supports adaptés précisément à leur forme, seront mieux protégés dans des boîtes artisanales.

lich hergestellten Schachteln und Schubern. Diese sind aber wiederum viel haltbarer. Objekte, für die formgerechte Behältnisse nötig sind, zum Beispiel mittelalterliche Einbände, werden in handwerklich angefertigten Schachteln besser geschützt.

3 Entretien des reliures en cuir

Le niveau de connaissances à propos des phénomènes d'altération du cuir a progressé au cours des dernières années; les interactions chimiques qui interviennent dans la dégradation du cuir sont très complexes et il a été mis en évidence qu'un apport de graisse dans un cuir, sans diagnostic préalable clair, risque d'être plus dangereux que bénéfique. Pour cette raison, une décision sur le traitement des cuirs de reliure devrait toujours être confiée à un restaurateur spécialisé, et un chapitre sur ce thème ne se justifie plus dans un ouvrage sur les principes et les méthodes de la conservation.

3 Pflege der Ledereinbände

Der Kenntnisstand von den Schadensvorgängen im Leder hat sich in den letzten Jahren erweitert. Die chemischen Zusammenhänge der Alterung von Leder sind sehr komplex, und wie schon aufgezeigt, muss der Zustand eines Leders vor dem Auftragen von Fett genau beurteilt werden, da dieses ansonsten eher gefährlich als nützlich sein kann. Aus diesem Grund muss die Entscheidung über die Behandlung von Ledereinbänden immer von einem fachkundigen Restaurator getroffen werden. Ein Abschnitt zu diesem Thema ist daher in einem Buch über die Grundsätze und Methoden der Konservierung nicht mehr gerechtfertigt.

CHAPITRE 6, PARTIE V

La conservation de quelques supports spéciaux

1 Les copies des documents administratifs avant l'ère de la photocopie[1]

1.1 Généralités

Dans cette partie, nous examinerons de manière approfondie un certain nombre de techniques de copie et de reproduction de documents, utilisées dans les administrations jusqu'à la généralisation de la photocopie. Des documents issus de ces techniques se trouvent fréquemment dans les archives et méritent un traitement adapté à leurs exigences spécifiques.

Cette partie complète et parfois se superpose légèrement à celle dédiée aux dessins techniques et aux documents d'architecture (cf. point 2 plus bas).

[1] Cette partie a été publiée sous forme d'article dans la revue Arbido 2/2001, pp. 20–26. Pour approfondir les arguments traités, je conseille la lecture des ouvrages suivants, qui m'ont servi de référence, et de leur bibliographie. Rhodes, B.; Wells Streeter, W.: Before photocopying. The Art and History of Mechanical Copying 1780–1938. New Castle, Delaware, Oak Knoll Press, 1999. – Kissel, E.; Vigneau, E.: Architectural Photoreproductions. A Manual for Identification and Care. New Castle, Delaware, Oak Knoll Press, 1999. – Dobrusskin, S.: « Frühe, nichtphotographische Kopier- und Vervielfältigungstechniken ». In: IADA Preprints, 9. IADA-Kongress. Kopenhagen, Royal Academy of Fine Arts, 1999, pp. 195–205.

KAPITEL 6, TEIL V

Die Aufbewahrung einiger spezieller Informationsträger

1 Die Kopien von Verwaltungsdokumenten vor der Zeit der Fotokopie[1]

1.1 Allgemeines

In diesem Teil beschäftigen wir uns eingehender mit einigen Kopier- und Vervielfältigungstechniken, die bis zur allgemeinen Durchsetzung der Fotokopie im Verwaltungsbereich verwendet wurden. Die mit diesen Verfahren hergestellten Dokumente sind in den Archiven häufig zu finden und sollten ihren spezifischen Anforderungen gemäss behandelt werden.

Dieser Abschnitt wird von der Abhandlung über die technischen und Architekturzeichnungen ergänzt und teilweise auch überschnitten (siehe Punkt 2 weiter unten).

[1] Dieser Abschnitt wurde in der Zeitschrift Arbido 2/2001, S. 20–26 veröffentlicht. Zur Vertiefung der dargelegten Aspekte empfehle ich folgende Werke, die mir als Referenz gedient haben, und ihre Bibliografien: Rhodes, B.; Wells Streeter, W.: Before photocopying. The Art and History of Mechanical Copying 1780–1938. New Castle, Delaware, Oak Knoll Press, 1999. – Kissel, E.; Vigneau, E.: Architectural Photoreproductions. A Manual for Identification and Care. New Castle, Delaware, Oak Knoll Press, 1999. – Dobrusskin, S.: Frühe, nichtphotographische Kopier- und Vervielfältigungstechniken. In: IADA Preprints, 9. IADA-Kongress. Kopenhagen, Royal Academy of Fine Arts, 1999, S. 195–205.

1.2 Les procédés de copie et de reproduction

1.2.1 Premiers essais : les polygraphes

Les essais pour obtenir des copies directement en écrivant l'original ont débuté déjà au XVIIe siècle. Le polygraphe permettait l'écriture à double, deux plumes étant tenues ensemble par un parallélogramme. Cette méthode est citée en 1603 par Christophe Schneider pour la copie de dessins, elle a été utilisée pour l'écriture dès 1631. Cependant, le polygraphe devait être peu pratique et son emploi est resté très limité.

Conservation : Du point de vue de la conservation, a priori rien ne distingue ces copies des originaux. Les problèmes de conservation correspondent donc à ceux des originaux manuscrits de la même époque.

1.2.2 La copie directe : les précurseurs

L'idée de poser une feuille vierge sur un texte fraîchement écrit pour en obtenir une copie est ancienne. Vers 1650 à Londres, S. Hartlieb obtint ainsi des copies avec le texte à l'envers et qu'on pouvait lire à l'aide d'un miroir. Peu pratique, le procédé de la copie directe ne s'est pas développé, jusqu'à la découverte de James Watt décrite dans le paragraphe suivant.

Conservation : Du point de vue de la conservation, a priori rien ne distingue ces copies des originaux. Les problèmes de conservation correspondent donc à ceux des originaux manuscrits de la même époque.

1.2.3 La copie directe : la Watt Copy Press et ses successeurs

Le procédé de copie directe non inversée permet de copier des documents manuscrits ; il fut inventé en Angleterre par James Watt, en 1778, qui eut l'idée d'utiliser un papier mince et semi-transparent permettant la lecture d'un texte imprimé au verso, et qui développa une encre et une presse ad hoc qui furent rapidement commercialisées. Le procédé de Watt se diffusa largement dès 1780 dans le monde anglophone ; il a été utilisé en France dès 1805 et jusqu'au début du XXe siècle ; en Suisse, selon S. Dobrusskin, le premier témoignage

1.2 Kopier- und Vervielfältigungsverfahren

1.2.1 Erste Versuche: der Polygraph (Vielschreiber)

Schon im 17. Jahrhundert begannen Versuche, gleichzeitig mit dem Original Kopien herzustellen. Der Polygraph ermöglichte die doppelte Schreibung, indem zwei Federn durch eine Parallelführung zusammengehalten wurden. Diese Methode wird 1603 von Christoph Schneider für das Kopieren von Zeichnungen zitiert und ab 1631 für Schrift verwendet. Allerdings waren Polygraphen wahrscheinlich nicht besonders praktisch, und ihre Anwendung blieb sehr begrenzt.

Erhaltung: Aus konservatorischer Sicht unterscheidet diese Kopien grundsätzlich nichts vom Original. Die Probleme bei der Erhaltung ähneln also denen der handschriftlichen Originale derselben Epoche.

1.2.2 Die Abdruckkopie: Vorläufer

Die Idee, ein leeres Blatt Papier auf einen frisch geschriebenen Text zu legen und so eine Kopie zu erzeugen, ist alt. Gegen 1650 stellte S. Hartlieb auf diese Weise Kopien mit seitenverkehrtem Text her, welchen man mit Hilfe eines Spiegels lesen konnte. Da nicht sehr praktisch, wurde das Verfahren der Abdruckkopie erst nach der im nächsten Punkt beschriebenen Entdeckung von James Watt weiterentwickelt.

Erhaltung: Aus konservatorischer Sicht unterscheidet diese Kopien grundsätzlich nichts vom Original. Die Probleme bei der Erhaltung ähneln also denen der handschriftlichen Originale derselben Epoche.

1.2.3 Die Abdruckkopie: die Watt Copy Press und ihre Nachfolger

Mit dem Verfahren der seitenrichtigen Abdruckkopie können handschriftliche Manuskripte kopiert werden. Es wurde 1778 in England von James Watt erfunden, der die Idee hatte, ein durchscheinendes, dünnes Papier zu verwenden, sodass der auf der Rückseite gedruckte Text von der Vorderseite her lesbar war. Er entwickelte ad hoc eine Tinte und eine Presse, die schnell auf den Markt kamen. Das Verfahren von Watt verbreitete sich in der eng-

de l'emploi de cette technique date de 1856, aux Archives cantonales de Berne.

En résumé, le procédé comprend les étapes suivantes:

- □ écriture du texte avec une encre métallo-gallique particulière ou une encre ordinaire à laquelle on avait ajouté du sucre (voir aussi le paragraphe concernant les « encres à copier »);
- □ préparation d'une feuille de papier mince et non encollé au format de l'original;
- □ humectage du papier copie avec de l'eau ou un fluide spécial, pressage pour éliminer l'humidité en excès;
- □ pose du papier copie sur l'original; le papier copie est recouvert d'un papier souple et d'un tissu;
- □ pressage des papiers dans une presse plane (ou à rouleaux) pour favoriser le transfert de l'encre, qui s'imprime au verso de la copie. La minceur du papier copie permet la lecture par transparence et le texte apparaît non inversé au recto;
- □ séparation de l'original et de la copie, pressage individuel jusqu'au séchage.

Ces copies sont caractérisées par un papier mince un peu transparent, par le tracé de couleur brune-noire de l'encre métallo-gallique et par l'impression du texte presque toujours au verso de la feuille. Une variante de ce procédé permettait d'obtenir trois copies: on répétait le procédé sur l'original et, en plus, on l'appliquait également sur la première copie. Cette dernière copie avait de nouveau le texte imprimé au recto.

Le procédé de la copie directe inversée s'est maintenu pour des documents de grandes dimensions, tels que des plans, mais on utilise alors du papier épais pour la copie.

L'outillage nécessaire pour ces copies était disponible aussi sous forme d'une petite valise, avec des compartiments pour l'humectage et pour le séchage, ce qui permettait de faire des copies aussi en déplacement.

Il existe de très nombreuses versions simplifiées du procédé de Watt. Par exemple, une copie pouvait être obtenue en enroulant une feuille mince sur un bâtonnet rond, qui était déposé sur la feuille originale et était déroulé après l'écriture de chaque

lischsprachigen Welt in breitem Mass ab 1780. Es wurde von 1805 bis in die Anfänge des 20. Jahrhunderts in Frankreich angewendet; in der Schweiz (Staatsarchiv Bern) sind nach S. Dobrusskin die ersten Zeugnisse dieser Technik mit 1856 datiert.

Das Verfahren umfasst kurz zusammengefasst folgende Etappen:

- □ Schreiben des Textes mit spezieller Eisengallustinte oder gewöhnlicher Tinte, der Zucker zugesetzt wurde (siehe auch Abschnitt «Kopiertinten»);
- □ Vorbereitung eines dünnen, ungeleimten Blattes Papier im Format des Originals;
- □ Befeuchten dieses Kopierpapiers mit Wasser oder spezieller Flüssigkeit, Pressen zur Eliminierung überschüssiger Feuchtigkeit;
- □ Auflegen des Kopierpapiers auf das Original; Abdecken des Kopierpapiers mit einem biegsamen Papier und einem Tuch;
- □ Pressen der Papiere in einer Andruck- oder Rollpresse, um einen guten Transfer der Tinte auf die Rückseite der Kopie zu erreichen. Da das Kopierpapier dünn ist, kann man den auf der Vorderseite seitenrichtig erscheinenden Text durch das Blatt hindurch lesen;
- □ Original und Kopie werden voneinander getrennt und jedes Blatt für sich bis zum vollständigen Trocknen gepresst.

Die charakteristischen Merkmale dieser Kopien sind ein dünnes, leicht transparentes Papier, der braunschwarze Schriftzug der Eisengallustinte und der fast immer auf der Rückseite des Blattes befindliche Druck. Mit einer Abwandlung dieses Verfahrens konnten drei Kopien hergestellt werden: Das Verfahren wurde noch einmal mit dem Original und dann mit der ersten Kopie wiederholt. Bei dieser letzten Kopie war der Text wieder auf der Vorderseite.

Das seitenverkehrte Abdruckverfahren wurde für grossformatige Dokumente wie Pläne beibehalten, dafür wurde aber dickes Kopierpapier verwendet.

Für das Kopieren ausserhalb der Werkstatt stand ein spezieller Koffer mit Fächern für die Befeuchtung und die Trocknung zur Verfügung.

Es gibt sehr viele vereinfachte Versionen des Watt-Verfahrens. Zum Beispiel wurde eine Kopie hergestellt, indem man ein dünnes Blatt um einen

ligne, de manière à absorber l'encre encore humide. La presse pouvait aussi être remplacée par un cartable sur lequel on marchait pour obtenir une pression suffisante, etc., mais le principe même du procédé est resté pratiquement inchangé pendant plus d'un siècle.

Les papiers utilisés pour les copies directes devaient être minces, semi-transparents, absorbants et solides; pour cette raison, les fibres de coton ont été souvent employées pour leur production; la cellulose de paille et de bois a été plus rarement utilisée, car elle se prête moins bien à ce procédé. Le plus souvent, ces papiers n'étaient pas encollés, mais on connaît des recettes d'imprégnation pour faciliter le transfert de l'encre.[2]

L'idée de ranger les copies des documents administratifs, de les rassembler dans un volume relié pour en faciliter la gestion date de la fin du XVIIIe siècle. La première forme était un volume à onglets, où l'on collait les copies au fur et à mesure qu'elles étaient exécutées. Cette forme a été remplacée vers le milieu du XIXe siècle par des livres tout prêts en papier copie, dans lesquels l'original était copié après son écriture. La lettre qui venait d'être écrite était posée sous la feuille de copie; par-dessus, on posait un tissu humide et une plaque métallique ou un papier huilé et le livre était fermé et mis sous presse. Cet procédé a été utilisé, avec beaucoup de variantes, jusqu'à la fin du XIXe siècle. A ce moment, on constate un abandon progressif des livres de copies au profit des copies individuelles stockées dans divers types de «classeurs».

Conservation: Les papiers utilisés pour ce procédé sont généralement de bonne qualité et relativement solides par rapport à leur poids et leur épaisseur; ils sont moins sujets à une dégradation acide que beaucoup d'autres papiers produits à la même époque, sauf quelques cas de papiers prétraités avec des produits chimiques peu stables.

Par contre, ces papiers sont sensibles aux dommages mécaniques liés au stockage et à la manipulation. De plus, l'encre peut causer des dommages importants si elle est très acide, et on constate

[2] Ces recettes pouvaient être nuisibles pour la conservation de la copie, mais leur utilisation semble être assez rare.

runden Stab wickelte. Dieser wurde auf das Originalblatt gelegt und der Niederschrift folgend nach jeder Linie entrollt, um die noch feuchte Tinte aufzusaugen. Eine Presse konnte auch durch eine Schreibmappe ersetzt werden, auf der man herumlief, um genügend Druck auszuüben usw. Das Grundprinzip selbst blieb aber über ein Jahrhundert lang so gut wie unverändert.

Das für die Abdruckkopien verwendete Papier musste dünn, halbtransparent, saugfähig und fest sein; aus diesem Grund wurden oft Baumwollfasern für seine Herstellung verwendet. Papiere auf der Grundlage von Stroh oder Holz eigneten sich weniger gut für dieses Verfahren und wurden daher seltener gebraucht. Meistens wurden diese Papiere nicht geleimt, aber es sind Rezepte zur Imprägnierung bekannt, durch die der Tintentransfer gefördert wurde.[2]

Im 18. Jahrhundert wurden die Kopien von Verwaltungspapieren in einem gebundenen Band zusammengefasst. Zunächst wurde ein Buch mit Falzen hergestellt, auf welche die fertigen Kopien nach und nach geklebt wurden. Diese Form wurde in der Mitte des 19. Jahrhunderts durch fertige Kopierbücher ersetzt, in welche das Original nach seiner Niederschrift kopiert wurde. Der gerade geschriebene Brief wurde unter das Kopierpapier gelegt, darüber kamen ein feuchtes Gewebe und eine Metallplatte oder ein Ölpapier; das Buch wurde geschlossen und eingepresst. Dieses Verfahren wurde mit vielen Abwandlungen bis zum Ende des 19. Jahrhunderts angewendet. Von da an wurden die Kopierbücher zunehmend zugunsten von Einzelblattkopien aufgegeben. Diese wurden in den verschiedenen «Ordnern» abgeheftet.

Erhaltung: Die für dieses Verfahren verwendeten Papiere waren normalerweise von guter Qualität und im Verhältnis zu ihrem Gewicht und ihrer Dicke recht gut haltbar. Sie weisen weniger Schäden durch Säure auf als viele andere im selben Zeitraum hergestellte Papiere; Ausnahmen bilden einige Papiere, die mit nicht sehr stabilen Chemikalien vorbehandelt worden waren.

[2] Diese Rezepte können sich negativ auf die Erhaltung der Kopie auswirken, aber sie wurden anscheinend verhältnismässig selten angewendet.

fréquemment des phénomènes de migration de l'encre d'une feuille à l'autre. Les encres utilisées peuvent également être sensibles à la lumière.

1.2.4 Les encres à copie métallo-galliques et les encres mixtes

Les encres de la famille métallo-gallique peuvent en principe être utilisées comme encres à copier. En effet, les deux composantes essentielles, l'extrait tannique et le sel métallique, ne forment un composé insoluble qu'après l'oxydation, du moins partielle, qui a lieu dans le support de l'écriture. Pendant tout le XVIIIe siècle, on a recherché les proportions idéales entre les composantes de ces encres. Pour éviter l'oxydation de l'encre dans la bouteille avant l'écriture, on a ajouté dès le début du XVIIIe siècle de l'acide sulfurique ou oxalique. La présence d'une partie non oxydée permettait la copie, car cette composante pouvait migrer dans une feuille si celle-ci était posée sur le texte peu de temps après l'écriture.

L'adjonction de sucre aux encres métallo-galliques, utilisées par Watt, était connue déjà précédemment pour donner un tracé plus brillant. Le sucre (mais aussi le miel, la dextrine, le sucre de raisin) permet une meilleure adhésion de l'encre au papier et ralentit l'oxydation; de cette manière, le « temps ouvert » pour obtenir une copie par contact était prolongé jusqu'à vingt-quatre heures après l'écriture.

D'autres recettes comprennent l'adjonction de sels instables, comme le chlorure de calcium ou d'ammonium, qui maintiennent l'encre humide, pour permettre la copie directe sur une feuille sèche à la fin de l'écriture de l'original. Le chlorure d'ammonium se décompose ensuite en acide chlorhydrique, qui peut endommager le papier.

Vers 1770, on commença à ajouter des colorants aux encres métallo-galliques, pour renforcer leur couleur et faciliter l'écriture.[3] Grâce à leur solubilité, ces colorants facilitent également le processus de copie. Le premier colorant végétal utilisé fut l'indigo: d'abord l'indigo naturel (extrait de l'Indigofera tinctoria L.) et ensuite l'indigo traité avec

[3] L'encre métallo-gallique ne prend sa couleur définitive qu'une fois oxydée, après le séchage du tracé.

Bei der Lagerung und der Handhabung dieser Papiere kommt es leicht zu mechanischen Schädigungen. Zudem können bedeutende Schäden durch eine stark saure Tinte bewirkt werden, und häufig schlugen Tinten auf benachbarte Blätter durch. Die verwendeten Tinten können lichtempfindlich sein.

1.2.4 Eisengallus-Kopiertinten und gemischte Tinten

Eisengallustinten können im Prinzip zum Kopieren verwendet werden. Tatsächlich bilden die beiden wesentlichen Komponenten, das Gerbextrakt und das Metallsalz, zumindest teilweise, erst nach der Oxidation beim Ausschreiben auf dem Träger eine unlösliche Verbindung. Das ganze 18. Jahrhundert hindurch wurde nach den idealen Mengenverhältnissen zwischen den Bestandteilen dieser Tinten gesucht. Um zu verhindern, dass die Tinte schon in der Flasche oxidierte, wurde am Anfang des 18. Jahrhunderts Schwefelsäure oder Oxalsäure hinzugegeben. Zum Kopieren muss ein Teil nicht oxidierter Bestandteile vorhanden sein, denn diese sind es, die sich auf einem Blatt abdrucken, wenn es kurze Zeit nach dem Schreiben auf den Text gelegt wird.

Die von Watt angewendete Beigabe von Zucker zu den Eisengallustinten benutzte man schon vorher, um einen glänzenderen Schriftzug zu erreichen. Durch Zucker (aber auch Honig, Dextrin und Traubenzucker) haftet die Tinte besser auf dem Papier, und die Oxidation wird verlangsamt; dadurch wurde das vollständige Trocknen der Tinte verzögert, und es konnte bis zu 24 Stunden nach dem Schreiben eine Abdruckkopie hergestellt werden.

Bei anderen Rezepten werden instabile Salze wie Calcium- oder Ammoniumchlorid hinzugefügt. Sie halten die Tinte feucht, sodass nach dem Schreiben des Originals eine Kopie auf trockenes Papier abgedruckt werden kann. Das Ammoniumchlorid wird dann zu Salzsäure abgebaut, die das Papier schädigen kann.

Um 1770 begann man, den Eisengallustinten Farbstoffe zuzusetzen, die die Farbe verstärken und das Schreiben erleichtern sollten.[3] Dank ihrer

[3] Eisengallustinte nimmt ihre endgültige Farbe erst an, wenn sie oxidiert ist, nachdem der Schriftzug auf dem Blatt getrocknet ist.

de l'acide sulfurique et d'autres produits chimiques pour le rendre mieux soluble.[4]

Le bois de campêche (Haematoxylum campechianum L.) a été utilisé dès 1763 et donnait aux encres une nuance violacée grâce à sa couleur rousse; l'adjonction de chromate de potassium (dès 1848) donnait une encre de couleur rougeâtre ou violette au moment de l'écriture et noire ensuite.

Un autre colorant, le bleu de Prusse – ou bleu de Berlin, ou bleu de Paris[5] – était obtenu par synthèse; il fut découvert par accident par le peintre Heinrich Diesbach à Berlin en 1704 ou 1705. C'est pourquoi il est également connu comme bleu de Berlin. La formule chimique du bleu de Prusse est $Fe_7(CN)_{18}(H_2O)_x$, où x varie de 14 à 18. C'est un ferrocyanure ferrique. Il donne une coloration violette quand on le dissout dans du tartrate d'ammonium. La recette pour une encre en a été publiée en 1750 et a été utilisée pour la production d'encres jusqu'au XIXe siècle.

Ces recettes ne sont que des exemples illustrant les nombreux essais de production d'encres colorées qui ont eu lieu, surtout au courant du XIXe siècle. L'apparition des couleurs aniline, vers 1860, a révolutionné le monde des colorants (cf. le paragraphe 1.2.5 ci-après) et a permis la production d'encres à copier à base de colorants purs.

Conservation: En principe, les encres métallo-galliques utilisées comme encres à copier sont stables si leur composition est équilibrée. Font exception les encres qui contiennent un excès de sel métallique ou d'acide et qui peuvent être très agressives pour le papier.

Les encres métallo-galliques sont en principe relativement stables à la lumière. Par contre, les colorants qui entrent dans la recette de bon nombre d'encres à copier contiennent très souvent

[4] L'indigo prenait le nom de « Sächsisch Blau » s'il était traité seulement avec l'acide sulfurique et d'« Indigo carmine » s'il était traité en plus avec du chlorure de sodium et du carbonate de calcium. L'encre d'alizarine, découverte en 1856, était composée d'acides tanniques, de sulfate de fer, d'indigo modifié à l'acide sulfurique et d'alizarine, colorant végétal extrait de la racine de la garance (Rubia tinctorum L.), qui pouvait également être produite pas synthèse; cette encre se prêtait très bien au processus de la copie directe.

[5] Ce bleu reçut de très nombreux noms; il existe sous forme de pigment insoluble ou de colorant soluble dans l'eau.

Löslichkeit förderten diese Farbstoffe auch den Kopierprozess. Als erster Pflanzenfarbstoff wurde Indigo eingesetzt: zuerst das natürliche Indigo (Extrakt aus Indigofera tinctoria L.) und dann das, um es löslicher zu machen, mit Schwefelsäure und anderen chemischen Stoffen versetzte Indigo.[4]

Das Holz der Kampesche (Haematoxylum campechianum L.) wurde ab 1763 verwendet und gab den Tinten aufgrund seiner rötlichen Farbe einen violetten Farbstich; die Zugabe von Kaliumchromat (seit 1848) ergab eine beim Schreiben rötliche oder violette Tinte, die dann schwarz wurde.

Ein anderer Farbstoff, das Preussischblau – auch Berliner oder Pariser Blau[5] – wurde durch Synthese gewonnen. Es wurde aus Zufall von Heinrich Diesbach um 1704/05 in Berlin entdeckt, deshalb auch Berliner Blau. Die chemische Formel des Preussischblau wird mit $Fe_7(CN)_{18}(H_2O)_x$ angegeben, wobei x zwischen 14 und 18 variiert. Das ist ein Ferroferricyanid. In Ammoniumtartrat gelöst ergibt es eine violette Färbung. Das Rezept für eine Tinte wurde 1750 veröffentlicht und war bis zum 19. Jahrhundert für die Herstellung von Tinten in Gebrauch.

Diese Rezepte sollen beispielhaft die besonders im 19. Jahrhundert gemachten zahlreichen Versuche zur Herstellung von Farbtinten illustrieren. Das Aufkommen von Anilinfarben gegen 1860 hat die Welt der Farbstoffe (siehe Punkt 1.2.5) völlig verändert und die Produktion von Kopiertinten auf der Grundlage von reinen Farbstoffen ermöglicht.

Erhaltung: Im Prinzip sind die als Kopiertinten verwendeten Eisengallustinten im Fall einer ausgewogenen Zusammensetzung stabil. Ausnahmen bilden Tinten mit einem Überschuss an Metallsalz oder Säure, die starke Schäden am Papier verursachen können.

[4] Indigo wird als «Sächsisch Blau» bezeichnet, wenn es nur mit Schwefelsäure versetzt worden ist, und als «Indigocarmin», wenn es ausserdem mit Natriumchlorid und Calciumcarbonat behandelt wurde. Alizarintinte, 1856 entdeckt, war ein Gemisch aus Gerbsäuren, Eisensulfat und mit Schwefelsäure und Alizarin (aus der Wurzel der Krapp-Pflanze, Rubia tinctorum L., extrahierter Farbstoff, konnte später auch durch Synthese hergestellt werden) modifiziertem Indigo; diese Tinte eignet sich sehr gut für die Herstellung von Abdruckkopien.

[5] Dieses Blau trägt verschiedene Bezeichnungen; es existiert als unlösliches Pigment oder als wasserlöslicher Farbstoff.

des composantes peu stables à la lumière, et on constate fréquemment une grande sensibilité à l'eau et à l'alcool. Ces composantes ne sont en principe pas nuisibles pour le papier, mais le tracé lui-même peut être peu stable.

La stabilité et la nocivité de l'encre pour le papier dépendent donc de la composition de l'encre et de l'interaction des composantes avec le papier.

1.2.5 **Les encres à copier à base de colorants aniline**

Dans la deuxième moitié du XIXe siècle, la découverte de colorants aniline révolutionne le monde des substances colorantes, de par leur force de coloration et la variété des couleurs possibles. La découverte de la fuchsine (magenta) en 1858, du violet de Hoffmann en 1863, de l'éosine (rouge) en 1874, et de très nombreux autres colorants de cette famille par la suite, eut une influence profonde aussi sur la composition des encres.

Il était désormais possible de produire des encres à copier très simplement, avec des colorants aniline concentrés, de l'alcool et de la glycérine; ces encres pouvaient contenir également de la gomme arabique ou du sucre. Les encres aniline étaient disponibles dans de nombreuses couleurs vers la fin du XIXe siècle, aussi sous forme solide à diluer. Leur solubilité les rendait idoines pour la copie directe ou indirecte (pour cette dernière voir le point 1.2.12 sur les hectographies). Elles pouvaient être ajoutées également aux encres métallo-galliques.

Conservation: Les colorants aniline ont un degré de stabilité variable. Les premières encres de ce type montrent une stabilité réduite à la lumière; ensuite, leur stabilité a été améliorée. En pratique, il convient de les conserver à l'abri de la lumière et de limiter leur exposition pour éviter toute modification de couleur.

Les encres aniline sont presque toujours sensibles à l'eau et à l'alcool.[6] Sur la base de ce qui est généralement observé, les colorants aniline ne sont pas nuisibles pour le papier; cependant, certaines encres peuvent former des acides ou des radicaux

[6] Il existe des encres aniline insolubles dans l'eau mais solubles dans des solvants organiques.

Eisengallustinten sind im Prinzip relativ lichtbeständig. Hingegen enthalten Farbstoffe, die einem Grossteil von Kopiertinten beigegeben sind, sehr oft lichtunbeständige Bestandteile und sind Wasser und Alkohol gegenüber empfindlich. Diese Bestandteile sind im Allgemeinen nicht schädlich für das Papier, aber der Schriftzug selbst kann verblassen.

Die Stabilität der Tinte und deren Schädlichkeit für das Papier hängen also von der Zusammensetzung der Tinte und den Reaktionen zwischen Tintenbestandteilen und Papier ab.

1.2.5 **Kopiertinten auf der Grundlage von Anilinfarbstoffen (Farbstofftinten)**

In der zweiten Hälfte des 19. Jahrhunderts fand auf dem Gebiet der färbenden Substanzen durch die Entdeckung der Anilinfarbstoffe mit hohem Färbevermögen und einer reichhaltigen Farbpalette eine bedeutende Umwälzung statt. Die Entdeckung des Fuchsins (Magenta) 1858, des Violetts durch Hoffmann 1863, des Eosins 1874 und noch zahlreicher anderer Farbstoffe dieser Familie hatte auch auf die Zusammensetzung der Tinten grossen Einfluss.

Kopiertinten können nunmehr auf sehr einfache Weise mit konzentrierten Anilinfarbstoffen, Alkohol und Glyzerin hergestellt werden; diese Tinten können auch Gummi arabicum oder Zucker enthalten. Anilintinten gab es gegen Ende des 19. Jahrhunderts in verschiedenen Farben; sie existierten auch in fester Form zum Auflösen. Durch ihre Löslichkeit sind sie für die direkte Abdruckkopie, aber auch für das indirekte Kopieren geeignet (für Letzteres siehe Punkt 1.2.12 zur Hektografie). Sie konnten auch den Eisengallustinten zugegeben werden.

Erhaltung: Die Stabilität der Anilinfarbstoffe ist unterschiedlich. Die frühen Tinten dieser Art zeigen eine beschränkte Lichtbeständigkeit, die dann verbessert wurde. Die Kopien müssen vor Licht geschützt aufbewahrt und dürfen möglichst wenig ausgestellt werden, um jede Farbveränderung zu vermeiden.

Farbstofftinten sind fast immer wasser- und alkoholempfindlich.[6] Allgemeinen Beobachtungen zu-

[6] Es gibt Anilintinten, die in Wasser unlöslich, in organischen Lösungsmitteln aber löslich sind.

réactifs en s'altérant. Cet aspect est encore très mal connu et n'a pas été étudié à ma connaissance.

De nombreuses encres aniline sont sensibles à l'alcalinité ou à l'acidité du papier et changent de couleur en fonction du pH; l'acidification du support peut conduire à des modifications de la couleur des encres, de même qu'un traitement de désacidification.

1.2.6 Le papier carbone

Ce type de papier existe depuis le début du XIXe siècle, mais ce n'est qu'après plusieurs décennies, vers 1870, qu'il a connu un formidable essor, grâce à la possibilité de l'utiliser avec les machines à écrire.[7]

En 1805, Ralph Wedgwood a fait breveter un papier avec une couche de pigment de carbone et de l'huile comme liant. Le papier était imprégné au recto et au verso et il permettait d'obtenir deux copies d'un texte écrit avec un stylo d'agate sur un paquet formé par le papier carbone pris entre les deux feuilles de copie, dont l'une recevait le texte sur le verso et se lisait par transparence et l'autre portait le tracé sur le recto. L'écriture avec une plume n'étant pas possible, ce procédé ne pouvait pas être utilisé pour la correspondance; il a trouvé son application pour des reçus, des bons de commande, etc.

Des 1810, on connaît plusieurs recettes pour la production de papier carbone, par exemple: couvrir un papier de graphite, l'imprégner de beurre, le faire sécher, puis l'imprégner de plomb, de noir de fumée ou d'autres pigments, tels que pigments rouges ou bleus, mais aussi verts et orange. Ces papiers étaient utilisés pour l'écriture manuelle.

Puis en 1866, Pratt invente une machine à écrire qui utilise du papier carbone comme médium; le ruban est un peu plus tardif. Mais c'est vers 1880 que le papier carbone connaît un vrai essor, grâce à une amélioration importante de sa qualité: la substitution de l'huile par de la cire comme liant. Ces papiers carbone utilisaient du noir de fumée comme pigment, de la térébenthine, de la cire

[7] La machine à écrire s'est developpée à partir d'un premier brevet accordé à l'anglais Henry Mill en 1714. Au XIXe siècle, le premier modèle commercialisé fut la «Writing Ball» de Rasmus Malling-Hansen en 1870. la diffusion fut ensuite très rapide, avec en 1873 le premier modèle de la marque Remington.

folge sind Anilinfarben für das Papier nicht schädlich; manche Tinten aber können beim Abbau Säuren oder reaktionsfähige Radikale formen. Dieser Aspekt ist noch nicht sehr gut bekannt und wurde meines Wissens nicht näher untersucht.

Zahlreiche Farbstofftinten sind Basen oder Säuren gegenüber empfindlich und verändern die Farbe in Abhängigkeit vom pH-Wert. Liegt der pH-Wert des Trägers im sauren Bereich, kann das, wie auch bei einer Entsäuerungsbehandlung, zu Farbveränderungen der Tinten führen.

1.2.6 Kohlepapier

Obwohl seit dem Beginn des 19. Jahrhunderts bekannt, gewann das Kohlepapier erst nach mehreren Jahrzehnten, gegen 1870, dank seiner auch in der Schreibmaschine möglichen Verwendung[7] ausserordentliche Bedeutung.

1805 liess Ralph Wedgwood ein mit dem Pigment Kohlenstoff und dem Bindemittel Öl beschichtetes Papier patentieren. Um zwei Kopien eines geschriebenen Textes herstellen zu können, war das Blatt vorn und hinten mit einer Schicht versehen. Das Kohlepapier wurde zwischen zwei Kopierpapiere gelegt, und darauf wurde mit einem Achatstift geschrieben. Auf dem einen Kopierpapier erschien der Text auf der Rückseite und las sich in Transparenz, und auf dem anderen druckten sich die Schriftzüge auf der Vorderseite ab. Da nicht mit der Feder geschrieben werden konnte, eignete sich dieses Verfahren nicht für den Schriftverkehr; es wurde für Quittungen, Bestellzettel usw. angewendet.

Ab 1810 sind mehrere Rezepte für die Herstellung von Kohlepapier bekannt, zum Beispiel: ein Papier mit Grafit bedecken, mit Butter tränken, trocknen lassen und mit Blei, Russ oder anderen Pigmenten, wie Rot und Blau, aber auch Grün und Orange, imprägnieren. Diese Papiere wurden für handschriftliche Arbeiten verwendet.

1866 erfand Pratt eine Schreibmaschine, in der das Kohlepapier als Medium gebraucht wurde; das

[7] Die Schreibmaschine entwickelte sich aus einem ersten bekannten Patent des Engländers Henry Mill, 1714. Die erste im Handel erhältliche Schreibmaschine, im 19. Jahrhundert, war die «Writing Ball» von Rasmus Malling-Hansen, 1870. Anschliessend fand sie mit dem ersten Modell der Marke Remington schnell Verbreitung.

(d'abeille, de carnauba et autres) et de la colophane comme liants, mais on y trouve de nombreux autres ingrédients. Les papiers carbone étaient produits dans diverses qualités, pour l'écriture manuelle ou pour la machine à écrire.

Un type particulier de papier carbone, mis sur le marché en 1907, mérite d'être mentionné. Il s'agit d'un papier double face: un côté en papier carbone normal, l'autre contenant en plus des colorants, le plus souvent des anilines, qui s'imprimaient au verso de l'original. De cette manière, on obtenait une sorte de matrice (original inversé) qui permettait d'imprimer plusieurs copies non inversées sur le recto de feuilles humides.

Conservation: Le tracé obtenu avec du papier carbone noir est généralement stable, car le pigment noir à base de carbone est très stable et le liant à base de graisse ou de cire est peu sensible. Par contre, les tracés des papiers carbone colorés, souvent à base de colorants aniline, peuvent être sensibles à la lumière et le sont souvent à l'alcool et à l'eau.

1.2.7 La lithographie et les procédés similaires

La lithographie classique a été inventée par Alois Senefelder en 1796. Cette méthode d'impression utilise une pierre calcaire sur laquelle le tracé à imprimer est dessiné à l'envers avec un crayon ou une encre grasse. Il était également possible de transférer sur la pierre des dessins tracés sur des papiers de transfert. Les parties non écrites absorbent l'eau et refusent l'encre d'imprimerie, qui adhère par contre au tracé et peut ainsi être transférée sur une feuille vierge. Le poids des pierres lithographiques et leur prix élevé constituaient un inconvénient majeur, qui en limitait l'utilisation courante dans les bureaux. De plus, la très forte pression nécessaire pour obtenir l'impression exigeait l'emploi de presses lourdes et compliquées.

Pour remplacer les pierres lithographiques, Senefelder a proposé, en 1822, des papiers couchés d'argile, et dès 1834 ont été utilisées des plaques de zinc (zincographie) qui permettaient d'obtenir des copies avec une simple presse plane. Le développement de l'emploi de plaques de zinc et d'aluminium, finement grainées pour pouvoir retenir l'eau, a permis de passer à l'impression rotative dès

Schreibband kam etwas später auf. Aber an wirklicher Bedeutung gewann das Kohlepapier gegen 1880 dank einer wichtigen Qualitätsverbesserung: Das Bindemittel Öl wurde durch Wachs ersetzt. Man benutzte das Pigment Kohlenstoff und die Bindemittel Terpentin, Wachs (Bienen-, Carnaubawachs u.a.) und Kolophonium, aber es gab auch viele andere Bestandteile. Kohlepapier wurde in verschiedener Qualität für handschriftliche und für Schreibmaschinenarbeiten hergestellt.

Ein besonderer Typ von Kohlepapier, der 1907 auf den Markt kam, soll noch genannt werden: das beidseitig beschichtete Doppelkopierpapier. Auf einer Seite ein normales Kohlepapier, wurden auf der anderen Seite noch Farbstoffe zugesetzt, meistens mit Anilin, die sich auf die Rückseite des Originals abdruckten. So erhielt man eine Art Matrize (seitenverkehrtes Original), mit der mehrere seitenrichtige Kopien auf feuchte Blätter gedruckt werden konnten.

Erhaltung: Der mit dem Kohlepapier erzeugte Schriftzug ist im Allgemeinen beständig, denn weder das schwarze Pigment auf Kohlenstoffbasis noch das Bindemittel auf der Basis von Fett oder Wachs sind besonders empfindlich. Die mit farbigen Kohlepapieren erzeugten Schriftzüge hingegen sind oft licht- und meist alkohol- und wasserempfindlich.

1.2.7 Die Lithografie (Steindruck) und gleichartige Verfahren

Die herkömmliche Lithografie wurde 1796 von Alois Senefelder erfunden. Bei diesem Druckverfahren wird der zu druckende Schriftzug mit einem Grafitstift oder fetthaltiger Tinte seitenverkehrt auf einen speziellen Kalkstein gebracht. Es konnten auch auf Transferpapier vorgezeichnete Zeichnungen auf den Stein übertragen werden. Die unbeschriebenen Stellen saugen Wasser auf und stossen die Tinte ab. Diese bleibt aber am Schriftzug haften und kann somit auf ein leeres Blatt übertragen werden. Das Gewicht und der hohe Preis der Lithosteine bildeten für den gängigen Gebrauch in den Büros ein grosses Hindernis. Da zum Drucken ein sehr starker Druck nötig war, musste mit sehr schweren und komplizierten Pressen gearbeitet werden.

1890 et a favorisé plus tard, vers 1910, le développement des procédés d'impression indirecte offset (transfert de l'image de la plaque sur un cylindre de caoutchouc qui l'imprime sur le papier). Ces méthodes d'impression étaient cependant réservées aux imprimeurs, bien que quelques petites machines de bureau aient existé.

On connaît également l'utilisation d'encres à copier pour lithographies, similaires aux encres à copier d'imprimerie (cf. 1.2.9). Dès 1880, les hectographies, plus simples à réaliser et moins chères, ont fortement limité l'emploi des procédés lithographiques dans les bureaux.

Conservation: Les encres lithographiques noires donnent une impression stable qui ne pose pas de problèmes de conservation. Pour les encres colorées, la stabilité dépend de celle du pigment et une certaine sensibilité à la lumière ne peut être exclue. Les encres à copier qui contiennent des colorants aniline posent les problèmes de conservation caractéristiques déjà cités.

1.2.8 Les crayons à copier

Les crayons sous leur forme moderne, avec une mine à base de graphite et d'argile dans une enveloppe de bois, furent inventés en France à la fin du XVIIIe siècle. Les crayons à copier ont été commercialisés dès 1875. Ils ont eu beaucoup de succès dans les décennies suivantes et on en trouvait un grand nombre de modèles différents, plus de trente sortes, selon Rhodes,[8] en 1923. Ils ont été utilisés largement jusque vers 1960 et le sont encore marginalement jusque vers la fin du XXe siècle. C'est grâce à leur qualité d'indélébilité qu'ils continuent à être utilisés malgré les possibilités des machines à écrire et des procédés modernes de copie.

On peut distinguer deux types de crayons à copier, dont le premier est dominant:

C'est un crayon graphite auquel on a ajouté un colorant qui ne se manifeste que lors de la copie; le tracé original est gris foncé et celui de la copie en couleur, le plus souvent violet.[9] Les crayons graphite à copier sont constitués en principe de gra-

[8] Cf. note 1, p. 422.

[9] La couleur la plus utilisée, le violet de méthyle, se prête particulièrement bien, car elle sert également de liant pour la mine.

Als Ersatz für die Lithosteine bot Senefelder 1822 tonbeschichtete Blätter an, und ab 1834 kamen Zinkplatten zur Anwendung (Zinkografie), mit denen die Kopien in einer einfachen Flachpresse erzeugt wurden. Ausgehend von der Verwendung feinkörniger (für den Wasserrückhalt) Zink- und Aluminiumplatten, führte die Entwicklung ab 1890 zum Rotationsdruck und später, ab 1910, zum indirekten Offsetdruckverfahren (Transfer des Bildes von der Platte auf eine Gummiwalze, die auf das Papier druckt). Diese Druckverfahren wurden fast ausschliesslich in den Druckereien angewendet, obwohl es kleine Büromaschinen gab.

Seltener wurden zum Lithografieren auch Kopiertinten verwendet, sodass wie mit Kopierdruckfarben gearbeitet werden konnte (siehe 1.2.9). Ab 1880 wurden die lithografischen Verfahren in den Büros zum grossen Teil von der Hektografie abgelöst, da diese billiger und einfacher in der Durchführung war.

Erhaltung: Die mit den schwarzen Lithografietinten hergestellten beständigen Druckwerke stellen keine Konservierungsprobleme. Die Stabilität der Farbtinten hängt von der des Pigments ab. Lichtempfindlichkeit ist nicht auszuschliessen. Kopiertinten, die Anilinfarbstoffe enthalten, stellen die schon aufgeführten charakteristischen Konservierungsprobleme.

1.2.8 Kopierstifte

Der Bleistift in seiner modernen Gestalt, bestehend aus einer in Holz eingebetteten Mine auf der Basis von Grafit und Ton, wurde am Ende des 18. Jahrhunderts in Frankreich erfunden. Kopierstifte kamen 1875 in den Handel. Sie fanden in den folgenden Jahrzehnten breite Verbreitung. Es gab viele verschiedene Modelle, nach Rhodes[8] waren es um 1923 mehr als dreissig Sorten. Kopierstifte wurden bis gegen 1960 viel verwendet. Sie waren aufgrund ihrer Unlöschbarkeit trotz der Schreibmaschine und der modernen Kopierverfahren, wenn auch in geringem Ausmass, bis zum Ende des 20. Jahrhunderts in Gebrauch.

Es können zwei Arten von Kopierstiften unterschieden werden:

[8] Siehe Anm. 1, S. 422.

phite, de kaolin ou autres terres argileuses,[10] de colorants et de gomme ou de dextrine comme liants; ils peuvent en plus contenir divers additifs.

Le second type est un crayon qui écrit et copie dans la même couleur; il est à base de colorant, de charges et de liants, avec d'autres additifs.

Les colorants utilisés sont essentiellement des colorants aniline, dans les couleurs violet, bleu, vert, rouge, jaune et noir.

Le procédé de travail était proche de celui décrit au point 1.2.3 ci-dessus.

Conservation: Le tracé de graphite est absolument stable du point de vue chimique et n'est sensible qu'aux frottements ou à l'abrasion. Par contre, la composante aniline est sensible à l'eau et à l'alcool; elle peut également être sensible à la lumière, mais vue la forte concentration de colorant dans ces crayons, ce problème est mineur.

Un problème spécifique est donné par la difficulté à reconnaître un crayon à copier d'un crayon ordinaire. En effet, la part de colorant est très difficile à identifier à l'état sec, mais elle se manifeste de manière brutale et souvent indélébile au moindre contact avec de l'eau ou de l'alcool. Face à des tracés en graphite, il convient toujours de vérifier la présence éventuelle de colorants aniline[11] avant d'entreprendre des traitements humides qui sont réservés au seul restaurateur. De plus, même si le trait en graphite a été effacé, quelques traces d'aniline restent souvent dans le papier et elles occasionnent des taches bien visibles en présence d'eau ou d'alcool; cet aspect garantit la « permanence » du tracé.

1.2.9 **L'encre d'impression copiable**

Utilisée dès 1857 en Angleterre, elle permettait de copier également les parties imprimées des lettres, telles que les en-têtes. Son succès a été limité par la difficulté d'utilisation pour les imprimeurs. Les encres étaient constituées par le pigment noir et le

[10] L'adjonction d'une quantité plus ou moins grande de terre permet d'obtenir les divers degrés de dureté des crayons.

[11] On peut différencier le crayon ordinaire du crayon à copier en posant sur environ 2–3 mm du trait un buvard humide et en pressant légèrement : un crayon à copier laissera une trace colorée sur le buvard. Ce test est à effectuer de préférence à l'aide d'une loupe suffisamment puissante.

Überwiegend in Verwendung war ein Grafitstift, dem ein Farbstoff zugesetzt wurde, welcher erst auf der Kopie freigesetzt wurde. Der originale Schriftzug ist grau und erscheint auf der Kopie farbig, meistens violett.[9] Diese Kopierstifte bestehen aus Grafit, Kaolin oder anderer Tonerde,[10] Farbstoffen und den Bindemitteln Gummi oder Dextrin; es können noch andere Zusatzstoffe enthalten sein.

Bei der anderen Art von Kopierstift haben Original und Kopie die gleiche Farbe. Dieser, auch Farbkopier- oder Tintenstift, enthält Farb- und Füllstoffe, Bindemittel und weitere Zusätze.

Es werden hauptsächlich Anilinfarbstoffe in den Tönen Violett, Blau, Grün, Rot, Gelb und Schwarz verwendet.

Der Ablauf des Verfahrens ähnelt dem weiter oben unter Punkt 1.2.3 beschriebenen.

Erhaltung: Der Grafit-Schriftzug ist chemisch stabil und Abrieb und Verschleiss gegenüber nicht empfindlich. Die Anilinkomponente hingegen ist wasser- und alkoholempfindlich; sie kann auch lichtempfindlich sein, aber da der Farbstoff stark konzentriert auftritt, ist dieses Problem von geringerer Bedeutung.

Eine besondere Schwierigkeit besteht darin, einen Kopierstift von einem gewöhnlichen Bleistift zu unterscheiden. Der Farbstoffanteil ist im trockenen Zustand sehr schwer zu identifizieren, aber beim geringsten Kontakt mit Wasser oder Alkohol macht er sich auf heftige und unlöschbare Weise bemerkbar. Vor jedweder wässrigen Behandlung (nur von einem Restaurator durchzuführen) sollte Grafitschrift immer in Hinsicht auf das eventuelle Vorhandensein von Anilinfarbstoffen[11] überprüft werden. Auch wenn der Grafitschriftzug entfernt wurde, bleiben häufig Anilinspuren im Papier und bilden beim Kontakt mit Wasser oder Alkohol deutlich sichtbare Flecken; das beweist die «Unlöschbarkeit» des Schriftzuges.

[9] Der am häufigsten verwendete Farbstoff Methylviolett ist besonders gut geeignet, da er zusätzlich als Bindemittel für die Mine fungiert.

[10] Durch die Zugabe unterschiedlich grosser Mengen Ton können Stifte in verschiedenen Härten hergestellt werden.

[11] Um einen gewöhnlichen Bleistift von einem Kopierstift zu unterscheiden, wird auf ca. 2–3 mm des Schriftzuges ein feuchtes Löschpapier gelegt und leicht angepresst; der Kopierstift hinter-

liant huileux des encres d'impression ordinaires, auxquelles on ajoutait des colorants aniline solubles à l'eau et des liants, tels que gomme, sucre, dextrine, etc., invisibles à l'état sec. En posant une feuille humide contre la partie imprimée, on obtenait un transfert des colorants sur la nouvelle feuille. Par cette technique, ces encres pouvaient copier dans une couleur autre que le noir.

1.2.10 Les rubans à copier pour la machine à écrire

Outre les rubans ordinaires imprégnés de pigment noir (à base de noir de fumée, non copiant), dès 1880, on a utilisé des rubans imprégnés avec un mélange de colorants aniline, glycérine et alcool avec divers additifs, qui permettaient la copie par contact. Un type de ruban où les colorants étaient mélangés au pigment noir était également disponible. Dès 1910, on peut trouver des rubans bicolores, avec la partie noire non copiante et la partie en couleur qui peut être copiée.

Les textes écrits à la machine avec des encres à base d'aniline pouvaient être copiés directement, de la même manière que les textes manuscrits (cf. procédé de copie directe de Watt, point 1.2.3).

Conservation: Pour les tracés des rubans de machine à écrire, le problème de conservation est semblable à celui posé par ceux des crayons à copier. La composante noire est le plus souvent du carbone et elle est stable, tandis que la partie aniline pose les problèmes déjà décrits.

1.2.11 Les stencils ou ronéocopies

Cette technique de copie a existé dans de très nombreuses variantes et la terminologie prête parfois à confusion. En principe, cette technique permet de produire de multiples copies par la diffusion d'une encre à travers une matrice perforée, qui peut être obtenue de diverses manières.

Au début du XIXe siècle, J. Lind découvrit la possibilité d'obtenir de nombreuses copies à partir d'un original sur papier huilé. Mais le premier développement commercial date seulement de 1870 et, l'application étant compliquée, sa diffusion est restée limitée.

T. Edison a fait breveter en 1876 un stylo électrique permettant de produire des stencils en pa-

1.2.9 Kopierdruckfarbe

Mit der ab 1874 in England verwendeten Kopierdruckfarbe konnten auch die vorgedruckten Abschnitte von Schriftstücken, zum Beispiel Briefköpfe, kopiert werden. Der Erfolg blieb wegen der für die Drucker schwierigen Anwendung begrenzt. Die Farben bestehen, wie die gewöhnlichen Druckfarben, aus schwarzen Pigmenten und öligen Bindemitteln. Ihnen werden wasserlösliche Anilinfarbstoffe und Bindemittel wie Gummi, Zucker, Dextrin usw. zugesetzt, die im trockenen Zustand nicht sichtbar sind. Mit dem Auflegen eines feuchten Blattes auf die bedruckte Fläche wurde ein Farbtransfer auf das neue Blatt vorgenommen. Mit dieser Technik konnte ausser in Schwarz auch in anderen Farben kopiert werden.

1.2.10 Kopierfähige Schreibmaschinenbänder

Abgesehen von den gewöhnlichen, mit schwarzem Pigment imprägnierten Bändern (auf der Grundlage von Russ, nicht kopierfähig), wurden ab 1880 Bänder hergestellt, mit denen Abdruckkopien gemacht werden konnten und die mit einer Mischung aus Anilinfarbstoffen, Glyzerin, Alkohol und verschiedenen anderen Zusätzen imprägniert waren. Es gab auch Bänder, für deren Imprägnierung die Farbstoffe mit schwarzen Pigmenten gemischt wurden. Von 1910 an gab es zweifarbige Bänder, mit einem schwarzen, nicht kopierfähigen und einem farbigen, kopierfähigen Teil.

Von den mit Farbe auf Anilinbasis auf der Maschine geschriebenen Texten konnten, wie von handschriftlichen Dokumenten, Abdruckkopien hergestellt werden (siehe Abdruckkopieverfahren von Watt, Punkt 1.2.3).

Erhaltung: Für den Schriftzug von Schreibmaschinenbändern stellen sich ähnliche Konservierungsprobleme wie für den von Kopierstiften. Die schwarze Komponente ist meistens Kohlenstoff und daher stabil; mit dem Anilinanteil hingegen stellen sich die schon beschriebenen Probleme.

lässt auf dem Löschblatt Farbspuren. Der Test sollte mit Hilfe einer ausreichend starken Lupe durchgeführt werden.

pier perforé. Ce stylo avait une pointe qui par un rapide mouvement de va-et-vient provoqué par un petit moteur électrique permettait de produire un tracé formé par de très petites perforations. La matrice ainsi obtenue était insérée dans un cadre qui était placé au-dessus de la feuille à imprimer. Le stencil était encré avec un rouleau, soit avec de l'encre d'imprimerie diluée, soit avec des encres à base de colorants aniline, et l'encre diffusait à travers les perforations dans la feuille vierge. Suite au succès de cette invention, diverses variantes de la méthode furent développées, permettant de produire quelques dizaines de copies à partir d'une matrice.

Edison était aussi en possession d'un brevet pour une machine à écrire dont les lettres étaient composées de petites pointes pour perforer des stencils. Sur un coussin imprégné d'encre étaient posés d'abord le stencil, puis le papier à imprimer, et le transfert de l'encre à travers les perforations du stencil était obtenu par pression. A cause du coût élevé de ces machines à écrire spéciales, le système n'a connu qu'un succès limité.

L'idée de créer des stencils par perforation mécanique trouva diverses applications, par exemple dans un appareil qui permettait de produire des stencils en écrivant sur un papier couché en cire sur une surface métallique très dure et rugueuse qui produisait des microperforations sur le tracé de l'écriture (Trypographe ou Mimeographe, 1880).

Vers 1890, D. Gestetner eut l'idée d'utiliser du papier japonais ciré, très mince et solide, pour produire des matrices pouvant être utilisées avec n'importe quel type d'instrument de perforation, et il les appela « stencils ». Une autre variante comprenait ce même type de papier doublé d'une toile de soie ; la pression de la lettre de la machine à écrire faisait migrer la cire sur la toile, laissant une zone perméable à travers laquelle l'encre pouvait ensuite migrer. Après chaque utilisation, on devait laver la toile de soie pour éliminer les restes de cire. Une première version fut vendue par Gestetner en 1881 et elle fut perfectionnée dans les années suivantes.

A la fin du siècle, l'impression à plat fut remplacée par celle sur cylindre rotatif. A l'intérieur du cylindre sur lequel était fixé le stencil, un mécanisme

1.2.11 Schablonendruck

Von dieser Kopiertechnik gab es zahlreiche Abwandlungen, und die Terminologie gibt manchmal Anlass zu Verwirrung. Ausgehend von einer mit unterschiedlichen Mitteln perforierten Matrize können mehrfach Kopien hergestellt werden. Der Farbübertrag erfolgt durch die perforierte Matrize hindurch.

Zu Beginn des 19. Jahrhunderts entdeckte J. Lind die Möglichkeit, von einem Original auf Ölpapier zahlreiche Kopien zu gewinnen. Eine erste Verfahrensform kam erst ab 1870 in den Handel und verbreitete sich aufgrund der komplizierten Anwendung nur begrenzt.

T. Edison liess 1876 einen elektrischen Stift patentieren, mit dem durch Perforieren von Papier Schablonen hergestellt werden konnten. Die Spitze dieses Stiftes wurde mit Hilfe eines kleinen Elektromotors in eine schnelle Hin- und Herbewegung versetzt, wodurch sich ein sehr fein perforierter Schriftzug bildete. Die so entstandene Matrize kam in einen Rahmen und wurde über das zu bedruckende Blatt gelegt. Die Farbe, entweder verdünnte Druckfarbe oder Farbe auf der Basis von Anilinfarbstoffen, wurde mit Hilfe einer Rolle auf die Schablone aufgetragen und durch die Löcher auf das leere Blatt übertragen. Die auf den Erfolg dieser Erfindung hin entwickelten Abwandlungen ermöglichten schliesslich ausgehend von einer Matrize die Produktion Dutzender von Kopien.

Edison hatte auch ein Patent für eine Schreibmaschine, deren Buchstaben zum Perforieren der Schablonen aus kleinen Punkten zusammengesetzt waren. Auf ein mit Farbe getränktes Kissen wurde zuerst die Schablone und darauf das zu bedruckende Papier gelegt, der Farbtransfer erfolgte mittels Druck durch die Schablonenlöcher hindurch. Aufgrund ihrer hohen Kosten blieb der Erfolg dieser speziellen Maschinen begrenzt.

Die Idee, Schablonen durch mechanische Perforation herzustellen, fand verschiedene Anwendungen. Zum Beispiel gab es ein Gerät, in dem die Schablonen auf einem mit Wachs beschichteten Papier geschrieben wurden, das auf einer sehr harten und rauen Metalloberfläche lag. Dadurch bildeten sich auf dem Schriftzug Mikroperforationen (Trypograph oder Mimeograph, 1880).

d'encrage forçait l'encre à travers les perforations du stencil sur la feuille à imprimer. Ce type d'appareil se diffusa rapidement, même si le modèle à plat réussit à survivre pendant quelques décennies encore. Cette méthode d'impression était considérée comme idoine pour des séries de 50 à 5000 copies. Pour de plus petites séries, l'hectographie était plus économique. Les modèles les plus connus en Europe étaient ceux de Gestetner, de Ronéo (d'où le nom français de Ronéocopies) et de Ellams. Avec de nombreux perfectionnements, différents modèles de cette machine furent produits pendant plusieurs décennies.

Conservation: La stabilité du tracé des stencils dépend du type d'encre utilisé. Les encres d'imprimerie grasses sont très stables pour la couleur noire, en principe également pour les autres couleurs. Pour les encres aniline, voir point 1.2.5.

1.2.12 **Les hectographies**

Cette technique de copie utilisant une couche de gélatine a été inventée vers 1878. Son succès fut immédiat, car elle permettait de produire des copies pour un coût réduit. En Suisse, on trouve des hectographies dès 1890 et ce procédé a été utilisé jusqu'à la Deuxième Guerre mondiale.

La couche de base était constituée essentiellement de gélatine et de glycérine, avec en plus de la colle et des agents inhibant le développement de moisissures, ainsi que de très nombreux autres additifs possibles.

L'original devait être écrit, que ce soit à la main ou à la machine, avec de l'encre hectographique; il devait être posé pendant plusieurs minutes sur la surface de gélatine humidifiée pour permettre le transfert de l'encre. Une alternative était d'utiliser un stencil préalablement écrit, posé face en bas contre la gélatine, et d'encrer le dos du stencil, en attendant ensuite le temps nécessaire pour que l'encre migre à travers le stencil dans la gélatine. Dans les deux cas, un texte inversé se trouvait imprimé sur la couche de gélatine.

L'encre hectographique était le plus souvent composée de colorants aniline et de glycérine: elle migrait dans la gélatine de la plaque grâce à la glycérine.

Gegen 1890 stellte D. Gestetner Matrizen aus sehr dünnem und festem, gewachstem Japanpapier her. Zur Perforation dieser «Stencils» genannten Matrizen konnte jedwedes Instrument benutzt werden. Bei einer anderen Variante wurde dieses Japanpapier mit einem Seidentuch kaschiert. Durch den Druck des Buchstabens beim Maschinenschreiben schlug das Wachs auf das Tuch durch und hinterliess einen durchlässigen Bereich, durch den die Tinte dann eindringen konnte. Die Wachsreste mussten nach jedem Gebrauch aus dem Tuch ausgewaschen werden. Eine erste Ausführung wurde 1881 von Gestetner verkauft und dann perfektioniert.

Gegen Ende des Jahrhunderts wurde der Flachform- durch den Zylinderrotationsdruck ersetzt. Vom Inneren des Zylinders, auf welchem die Schablone befestigt war, wurde die Farbe mit Hilfe einer mechanischen Vorrichtung durch die Perforation auf das zu bedruckende Papier getrieben. Diese Geräteart verbreitete sich schnell, das Flachformmodell blieb aber noch einige Jahrzehnte lang im Gebrauch. Mit dieser Methode wurden 50 bis 5000 Kopien hergestellt. Für kleinere Serien war die Hektografie wirtschaftlicher. In Europa am weitesten verbreitet waren die Modelle von Gestetner, von Ronéo (daher der Name Ronéokopie) und von Ellams. Natürlich erfuhr dieses Gerät zahlreiche Verbesserungen und wurde über mehrere Jahrzehnte hinweg in verschiedenen Ausführungen hergestellt.

Erhaltung: Die Haltbarkeit der mit Hilfe von Schablonen entstandenen Schriftzüge hängt von der verwendeten Farbe ab. Die fetten schwarzen und im Prinzip auch die farbigen Druckfarben sind sehr stabil. Für Anilinfarben siehe Punkt 1.2.5.

1.2.12 **Hektografie**

Dieses Vervielfältigungsverfahren, das auf dem Gebrauch einer Gelatineschicht beruht, wurde 1878 erfunden. Es hatte sofort Erfolg, denn die Kopien konnten zu einem niedrigen Preis angefertigt werden. In der Schweiz kommen Hektografien ab 1890 vor; das Verfahren wurde bis zum Zweiten Weltkrieg angewendet.

Die Grundschicht bestand hauptsächlich aus Gelatine und Glyzerin und enthielt ausserdem Kleb-

Ensuite, il suffisait de poser des feuilles vierges sur la plaque et de les presser légèrement avec la main ou un rouleau pour obtenir environ 50 copies de bonne qualité.

Pour préparer la plaque pour une nouvelle impression, on pouvait laver l'encre ancienne ou la laisser pénétrer en profondeur dans la couche de gélatine, où elle devenait inactive.

Un type de plaque sans gélatine, à base de kaolin et de glycérine, eut un certain succès, car la gélatine était sensible à la température et devenait difficile à utiliser si le climat était trop froid ou trop chaud.

En principe, le processus hectographique utilise des encres anilines; on connaît cependant une variante où l'on utilisait des encres métallo-galliques. Celles-ci, en réagissant avec la gélatine, créent des composés insolubles à l'eau qui acceptent des encres grasses, contrairement à la gélatine. Dans ce cas, la plaque de gélatine pouvait être utilisée comme une pierre lithographique, avec des encres d'imprimerie grasses. Ce processus, appelé « collographie », fut introduit en 1880. Du point de vue technique, le résultat de ces impressions est semblable à celui des lithographies.

Au début du XXe siècle, l'emploi des copies hectographiques fut simplifié par la disponibilité sur le marché de papiers ayant une couche de gélatine à la surface et qui, après humectage, servaient de matrice pour les copies.

En même temps, de nombreux appareils permettant de mécaniser le travail de copie furent commercialisés; à remarquer vers 1920 un appareil spécifique pour la copie de fiches de bibliothèque.

Conservation: Dans la plupart des cas, les encres hectographiques sont des encres à base de colorants aniline; les tracés ont par conséquent les problèmes de sensibilité à la lumière et de stabilité chimique évoqués dans le point 1.2.5. Dans le cas de la collographie, les encres sont des encres lithographiques, qui en principe sont stables. Mais les collographies ne représentent qu'une petite minorité des documents imprimés sur un film de gélatine.

stoff, Wirkstoffe gegen Schimmelbildung sowie viele andere unterschiedliche Zusätze.

Die Vorlage wurde mit Hektografentinte von Hand oder mit der Maschine geschrieben. Um den Tintentransfer zu ermöglichen, wurde das Blatt dann mehrere Minuten lang auf die feuchte Gelatineoberfläche gelegt. Eine Alternative war eine vorher geschriebene Schablone: Sie wurde mit der Vorderseite nach unten auf die Gelatine gelegt und von hinten eingefärbt. Dann wurde die notwendige Zeit zur Übertragung der Tinte auf die Gelatine abgewartet. In beiden Fällen erschien auf der Gelatineschicht der seitenverkehrte Text.

Hektografentinte bestand meistens aus Anilinfarbstoffen und Glyzerin, Letzteres ermöglichte ihr Eindringen in die Gelatineschicht.

Nach dem Übertrag auf die Platte wurden einfach leere Blätter aufgelegt und leicht von Hand oder mit einer Rolle angepresst. So konnten ungefähr 50 Kopien guter Qualität hergestellt werden.

Zur Vorbereitung der Platte für einen neuen Druck wusch man die alte Tinte entweder ab, oder man liess sie tief in die Gelatineschicht absinken, wo sie unwirksam wurde.

Auch ein anderer, ohne Gelatine hergestellter Plattentyp auf Kaolin- und Glyzerinbasis hatte Erfolg, denn die temperaturempfindliche Gelatine war bei zu niedrigen oder zu hohen Temperaturen schwierig in der Anwendung.

Obwohl beim Hektografie-Verfahren im Allgemeinen Anilintinten verwendet wurden, ist auch die Verwendung von Eisengallustinten bekannt. Diese bildeten bei der Reaktion mit der Gelatine wasserunlösliche Verbindungen, die im Gegensatz zur Gelatine fetthaltige Tinten annahmen. In diesem Fall konnte die Gelatineplatte wie ein Lithostein mit fetthaltigen Druckfarben gebraucht werden. Dieses als «Collografie» bezeichnete Verfahren wurde 1880 eingeführt. Vom technischen Standpunkt aus ähneln diese Drucke denen der Lithografie.

Das Verfahren wurde durch das am Anfang des 20. Jahrhunderts in den Handel kommende gelatinebeschichtete Spezialpapier vereinfacht. Das Papier wurde befeuchtet und als Matrize verwendet.

1.2.13 **Les duplicateurs à alcool**

Le principe de travail est ici le même que pour les hectographies. Pour produire la matrice, on écrit avec des colorants solubles dans l'alcool sur un papier lisse, avec du papier carbone hectographique tourné vers le verso de la matrice, de manière à obtenir une image négative du texte. La matrice est montée sur le cylindre de l'appareil. Les feuilles de papier vierges entrent en contact avec la matrice, entraînées par la machine, après avoir été humectées avec un liquide à base d'alcool. Ces appareils ont été introduits vers 1920; plus rapides et plus faciles à utiliser que les appareils à hectographies classiques, ils n'ont été remplacés qu'au cours des dernières décennies du XXe siècle par les photocopieurs modernes.

Conservation: du point de vue technique, ces copies s'apparentent aux hectographies et elles restent sensibles aux alcools (pour le reste voir paragraphe 1.2.12 ci-dessus).

1.2.14 **Les photostats**

Voir point 2.2.7.

1.2.15 **Les xérographies**

Ce procédé a été développé pendant la Deuxième Guerre mondiale et le premier appareil fut commercialisé dès 1948; les appareils devinrent plus simples et efficaces à partir de 1960. Plusieurs générations d'appareils et de techniques de reproduction se sont succédées et les copies ainsi produites n'ont pas toutes la même stabilité dans le temps. Le nom de « xérocopie » indique que ce procédé de copie se passe à sec, sans l'utilisation de bains de produits chimiques qui caractérisaient les premiers procédés de copie avec des machines de bureau.

Le principe de la copie est basé sur l'attraction électrostatique. Plusieurs étapes se succèdent dans le photocopieur pour produire la copie d'un document:

- ☐ Une plaque métallique dans le photocopieur est chargée électriquement.
- ☐ L'exposition à la lumière décharge localement cette plaque: l'image de l'objet à copier est reportée sous forme de zones plus ou moins chargées sur la plaque métallique.

Zur gleichen Zeit kamen zahlreiche Geräte zur Mechanisierung der Vervielfältigungsarbeit in den Handel; hervorzuheben ist 1920 eine spezielle Maschine zum Kopieren von Bibliothekskarteikarten.

Erhaltung: Meistens wurden zur Herstellung von Hektografentinten Anilinfarbstoffe eingesetzt; die Schriftzüge sind daher lichtempfindlich und chemisch unbeständig (siehe Punkt 1.2.5). Für die Collografie werden Lithografietinten verwendet, die im Prinzip beständig sind. Collografien machen aber nur einen kleinen Anteil der auf Gelatineschicht gedruckten Dokumente aus.

1.2.13 **Umdruck (Spirit-Umdruck)**

Der Umdruck entsteht nach dem gleichen Prinzip wie die Hektografie. Die Matrize wird mit alkohollöslichen Farbstoffen auf glattem Papier geschrieben, das so auf ein Hektografie-Kohlepapier aufgelegt wird, dass der Text in Spiegelschrift auf der Matrize erscheint. Diese wird auf den Zylinder des Vervielfältigungsgeräts aufgebracht. Die nacheinander in das Gerät eingeführten, mit einer alkoholhaltigen Flüssigkeit befeuchteten Blätter werden von der Matrize bedruckt. Diese Geräte wurden gegen 1920 eingeführt; schneller und leichter zu handhaben als die herkömmlichen Hektografie-Geräte, wurden sie erst in den letzten Jahrzehnten des 20. Jahrhunderts von den modernen Fotokopiergeräten ersetzt.

Erhaltung: Technisch gesehen gleichen diese Kopien den Hektografien, und sie bleiben Alkoholen gegenüber empfindlich; für den Rest siehe Punkt 1.2.12.

1.2.14 **Photostat**

Siehe Punkt 2.2.7.

1.2.15 **Xerografie**

Dieses Verfahren wurde während des Zweiten Weltkriegs entwickelt, das erste Gerät kam 1948 in den Handel; nach 1960 wurden die Geräte einfacher und leistungsfähiger. Mehrere Generationen von Geräten und Methoden folgten einander, und die so hergestellten Kopien sind langfristig von unterschiedlicher Beständigkeit. Die Bezeichnung Xerografie gibt an, dass es sich hier um ein Trockenverfahren handelt. Im Gegensatz zu den

- ☐ L'image visible se forme par adhésion du « toner » saupoudré sur cette plaque. Le toner consiste en un pigment noir, généralement très stable, enrobé d'une résine synthétique.
- ☐ Une feuille de papier, chargée à son tour, est appliquée contre la plaque et le toner se transfère sur le papier.
- ☐ L'action combinée de la pression et de la chaleur fait fondre la résine du toner et permet de fixer l'image sur la feuille de papier.

Le procédé d'impression est en principe le même sur un copieur que sur une imprimante laser moderne ; seule la formation de l'image sur la plaque métallique est différente, gérée par un système optique dans le premier cas et par un rayon laser dans le second.

La *stabilité de ces copies* est variable : si la stabilité du pigment utilisé ne devrait pas poser problème, ni même à long terme, l'adhésion du pigment sur la feuille, obtenue par fusion de la résine qui enrobe le pigment, n'est pas toujours suffisante et dépend à la fois de l'appareil utilisé, de son réglage, de la qualité du papier et du toner utilisés.

ersten Kopierverfahren mit Büromaschinen kommen bei der Xerografie keine Bäder mit chemischen Produkten zur Anwendung.

Das Prinzip der Xerokopie beruht auf elektrostatischer Anziehung. Das Kopieren eines Dokumentes geht in mehreren Etappen im Kopiergerät vor sich:

- ☐ Eine Metallplatte wird elektrisch geladen.
- ☐ Durch Belichten wird die Platte teilweise entladen: Das Bild des zu kopierenden Objekts wird in Form von mehr oder weniger geladenen Bereichen auf die Metallplatte übertragen.
- ☐ Das sichtbare Bild wird durch Haftung des auf dieser Platte aufgestreuten «Toners» erzeugt. Der Toner besteht aus einem im Allgemeinen sehr beständigen schwarzen Pigment, das in Kunstharz eingebettet ist.
- ☐ Ein ebenfalls geladenes Papier wird auf die Platte gelegt, und der Toner wird auf das Blatt übertragen.
- ☐ Die gemeinsame Wirkung von Druck und Wärme bringt das Kunstharz des Toners zum Schmelzen und fixiert dadurch das Bild auf dem Papier.

Das Druckverfahren des Kopiergeräts gleicht im Prinzip dem eines modernen Lasergeräts. Der Unterschied zwischen beiden besteht in der Erzeugung des Bildes auf der Metallplatte: Das erste System wird optisch und das zweite mit einen Laserstrahl gelenkt.

Die *Beständigkeit der Kopien* ist unterschiedlich: Obwohl die Stabilität des verwendeten Pigments auch langfristig unproblematisch sein dürfte, ist die Haftung des Pigments auf dem Papier, die durch das Schmelzen des Kunstharzes erreicht wurde, in welches das Pigment eingebettet ist, nicht immer ausreichend. Sie hängt sowohl vom verwendeten Gerät und dessen Einstellung als auch von der Qualität des Papiers und des Toners ab.

2 Les documents techniques et les dessins d'architecture

Cette partie a été écrite avec la collaboration d'Eléonore Kissel, qui a travaillé de manière intensive sur ce sujet et qui a mis à ma disposition sa documentation.[12] Aux processus de dégradation spécifiques cités s'ajoutent bien évidemment les autres altérations liées aux conditions d'entreposage et à l'utilisation des documents. Pour la conservation de ces documents, en dehors des indications spécifiques données, se référer aux autres parties de ce chapitre 6.

2.1 Documents originaux

Les collections de dessins utilitaires et de documents d'architecture sont formées le plus souvent par du matériel hétéroclite : dessins, tirages d'après des dessins originaux, documents écrits ou imprimés sur papier, photographies, cartes postales, échantillons divers, maquettes, etc. Dans ce chapitre, nous n'aborderons que les dessins techniques et leur copies, mais il faut tenir compte du fait que la gestion d'une collection de ce type requiert des mesures adaptées pour chacune des catégories d'objets qui la compose.

2.1.1 Les supports

Outre les supports spécifiques examinés ci-dessous, on trouve également dans les collections de dessins techniques des documents sur divers types de papier opaque; pour ce type de support voir les parties relatives au papier dans les précédents chapitres de ce livre.

■ *Les papiers transparents jusqu'au milieu du XIXe siècle*

Les supports transparents les plus anciens sont des parchemins imprégnés de liants ou d'huiles. Dès le

[12] Cf. note 1, p. 422. De plus : Kissel, E. : Une vision large de la conservation préventive. La gestion de collections de dessins utilitaires : architecture, design industriel et mode. Paris, Université de Paris I Panthéon-Sorbonne, 1994. – Kissel, E. : Duplicata de dessins d'architecture. Techniques, identification et stockage. In : Conservation-restauration de biens culturels 6 (1994), pp. 40–48.

2 Technische und Architekturzeichnungen

Dieser Abschnitt wurde in Zusammenarbeit mit Frau Eléonore Kissel erarbeitet, die sich ausgiebig mit diesem Thema beschäftigt hat und mir ihre Dokumentation zur Verfügung stellte.[12] Natürlich kommen ausser den hier aufgeführten spezifischen Schadensbildern auch die allgemein durch Lagerung und Benutzung der Dokumente verursachten Abbauerscheinungen zur Wirkung. In dieser Hinsicht ist auf die anderen Teile dieses Kapitels Bezug zu nehmen.

2.1 Originale

Sammlungen von technischen Zeichnungen und Architekturmaterial beinhalten häufig Objekte unterschiedlichster Form: Zeichnungen, Abzüge nach Originalzeichnungen, handschriftliche oder gedruckte Dokumente auf Papier, Fotografien, Postkarten, verschiedenste Muster, Modelle usw. Es sind natürlich für jede Objektart angemessene, objektgerechte Massnahmen notwendig. Wir beschäftigen uns hier nur mit den technischen und Architekturzeichnungen und ihren Kopien.

2.1.1 Trägermaterial

Ausser den im Folgenden zu betrachtenden Trägermaterialien gehören zu jeder Sammlung technischer Zeichnungen auch Dokumente auf verschiedenen opaken Papieren. Siehe dazu die Ausführungen zum Thema Papier in den vorherigen Kapiteln des vorliegenden Buches.

■ *Transparentpapier bis Mitte des 19. Jahrhunderts*

Der älteste transparente Träger ist bindemittel- oder ölgetränktes Pergament. Vom 15. Jahrhundert an wurde Papier imprägniert. Bis ca. 1820 war

[12] Siehe Anm. 1, S. 422. Ausserdem: Kissel, E.: Une vision large de la conservation préventive. La gestion de collections de dessins utilitaires: architecture, design industriel et mode. Paris, Université de Paris I Panthéon-Sorbonne, 1994. – Kissel, E.: Duplicata de dessins d'architecture. Techniques, identification et stockage. In : Conservation-restauration de biens culturels 6 (1994), S. 40–48.

XVe siècle, on a utilisé des papiers imprégnés. Jusque vers 1820, il s'agit de papiers produits manuellement (à la cuve), tandis que par la suite, on a utilisé des papiers de production industrielle; on trouve occasionnellement de tels papiers jusqu'en 1960 environ. On connaît de multiples recettes pour l'imprégnation du papier qui prévoient l'utilisation d'une huile végétale ou minérale (avec ou sans siccatifs) ou bien d'une résine (naturelle ou synthétique), ou encore d'une cire, avec divers additifs.[13] Le rôle de tous ces produits est de combler les zones d'air entre les fibres du papier, permettant ainsi à la lumière de traverser de manière uniforme le matelas fibreux. Ces papiers sont reconnaissables à leur aspect mat et à une odeur d'huile ou de résine. Toutefois, si l'imprégnation a été effectuée à l'huile minérale, la transparence diminue à mesure que le solvant s'évapore. La technique de l'imprégnation des papiers a survécu jusqu'à nos jours pour la production de divers types de papier (papier d'abat-jour, etc.). Cependant, son utilisation dans le domaine des dessins techniques est aujourd'hui dépassée.

La plupart des substances utilisées pour l'imprégnation du papier tendent à jaunir avec le temps; ces papiers perdent rapidement leur souplesse, deviennent très cassants et difficiles à manipuler.

■ *Papiers transparents de 1850 à nos jours*

Les papiers imprégnés ont survécu jusqu'aux premières décennies du XXe siècle, mais ils ont été rapidement supplantés. Les papiers transparents peuvent être produits par deux procédés principaux : soit par un raffinage extrême de la pâte à papier, combiné ou non avec un calandrage poussé,[14] soit par une modification chimique de la cellulose.

Le premier procédé permet d'obtenir du calque naturel. Il a été introduit vers la fin du XIXe siècle pour le « papier pergamine » et dès les années 1930 pour le papier calque.

handgeschöpftes Papier (Büttenpapier) im Gebrauch, danach wurde industriell gefertigtes Papier benutzt. Imprägnierte Papiere treten zum Teil noch bis ca. 1960 auf. Es sind verschiedenste Rezepturen zum Imprägnieren von Papier bekannt, unter anderem mit pflanzlichem oder mit Mineralöl (mit oder ohne Trockenmittel), mit Harz (natürlichem oder synthetischem) oder mit Wachs, denen verschiedene Zusätze zugegeben werden.[13] Diese Produkte dienen dazu, die Lufteinschlüsse zwischen den Papierfasern zu füllen, sodass das Licht das Faservlies gleichmässig durchdringen kann. Imprägnierte Papiere wirken matt und haben einen spezifischen Öl- oder Harzgeruch. Bei der Imprägnierung mit Mineralöl nimmt die Transparenz im gleichen Mass ab, wie das Lösungsmittel verdunstet. Die Technik des Imprägnierens von Papier hat sich bis in unsere Tage für die Herstellung verschiedener Papiere (z. B. Lampenschirmpapier) erhalten. Für technische Zeichnungen aber ist es heute nicht mehr im Gebrauch.

Die Mehrheit der zum Imprägnieren benutzten Substanzen führt nach einiger Zeit zum Vergilben des Papiers. Es verliert schnell an Flexibilität, wird brüchig und schwer zu handhaben.

■ *Transparentpapier von 1850 bis heute*

Die imprägnierten Papiere wurden im 20. Jahrhundert noch einige Jahrzehnte lang hergestellt, verloren aber schnell an Bedeutung.

Bei der Herstellung von Transparentpapier kommen hauptsächlich zwei Verfahrensweisen zur Anwendung: entweder extrem hohe Mahlung des Faserstoffs (evtl. in Kombination mit einem hochleistungsfähigen Kalander[14]) oder chemische Veränderung der Cellulose.

Das erste Verfahren ergibt ein Naturpauspapier. Es wurde gegen Ende des 19. Jahrhunderts für das Pergaminpapier und seit ca. 1930 für Pergamentersatzpapier eingesetzt.

[13] On trouve des traces écrites à propos d'utilisation d'huile de noix, d'amandes, de sésame, de térébenthine, de mastic, de sandaraque ainsi que de solutions de cire, de paraffine et de résines. Dans les papiers modernes, on utilise des résines synthétiques acryliques, des esters de cellulose ou des glycols.

[14] Pour les termes techniques de cette partie, voir le chap. 2, point 2.

[13] In schriftlichen Quellen wird die Anwendung von Nuss-, Mandel-, Sesam-, Terpentin-, Mastix- oder Sandaraköl sowie von Lösungen aus Wachs, Paraffin und Harzen empfohlen. Für die modernen Papiere werden synthetische Acrylharze, Celluloseester oder Glykole verwendet.

[14] Für alle technischen Bezeichnungen, siehe «Die industrielle Papierherstellung» Kap. 2, Punkt 2.

- Le *papier pergamine* a un grammage qui varie de 30 à 40 g/m^2 environ ; il est généralement produit à partir de pâte chimique blanchie extrêmement raffinée, avec un encollage acide et un satinage à la calandre. Très fins, ces papiers étaient déjà décrits comme peu résistants au moment de leur production.
- Le *papier calque* est produit avec de la pâte chimique blanchie, ou du linters (poils courts) de coton pour les meilleures qualités ; selon le degré de raffinage, on obtient des papiers translucides ou transparents. Les grammages varient de 40 à 160 g/m^2 environ.

Pendant le raffinage, les fibres de cellulose sont coupées et écrasées de manière à obtenir un matelas fibreux extrêmement compact ; ainsi, les interstices entre les fibres sont éliminés. En effet, un papier transparent ne doit pas comporter de zones vides entre ses fibres, en raison de phénomènes optiques dus à la diffusion de la lumière. Le raffinage extrême de la pâte des calques anciens rend le papier plus fragile, surtout quand les fibres cellulosiques vieillissent ; les autres composantes du papier tendent souvent à accélérer ce processus. Par contre, dans les calques modernes, un raffinage mieux contrôlé permet de conserver des fibres plus longues mais bien fibrillées, et le papier a de meilleures qualités mécaniques.

L'ensemble du processus de fabrication vise à compacter les fibres et éviter toute présence d'air dans le matelas fibreux. Ainsi, l'encollage est souvent fait en deux étapes : d'abord dans la masse, puis en surface, après la production de la feuille, de manière à rendre le papier peu hydrophile. Les produits d'encollage anciens tendent à jaunir, tandis que les encollages actuels sont constitués de polymères synthétiques résistants au jaunissement. De plus, les calques naturels modernes sont généralement produits avec peu d'additifs, dans des conditions de pH proche de la neutralité, ce qui leur donne une plus grande résistance à long terme. Selon le type de revêtement de surface et le degré de calandrage, on obtient des surfaces mates (pour le dessin au crayon) ou lisses (pour le dessin à l'encre de Chine), ou encore un côté mat et un côté lisse.

- *Pergaminpapier* hat ein Flächengewicht von ca. 30 bis 40 g/m^2. Es wird im Allgemeinen aus hoch ausgemahlenem, gebleichtem Zellstoff hergestellt, sauer geleimt und im Kalander stark satiniert. Sehr feines, als Dünnpergamin hergestelltes Papier wurde schon zur Zeit seiner Herstellung als kaum resistent beschrieben.
- *Pergamentersatzpapier* beziehungsweise Transparentzeichenpapier (moderne Papiere) wird aus gebleichtem Zellstoff oder, für eine bessere Qualität, aus Baumwoll-Linters (kurze Fasern) hergestellt. Je nach Mahlgrad entsteht durchscheinendes oder durchsichtiges Papier. Das Flächengewicht beträgt ca. 40 bis 160 g/m^2.

Während der Mahlung werden die Cellulosefasern zerschnitten und zerquetscht, dabei werden die Lufteinschlüsse zwischen den Fasern weitmöglichst eliminiert, und es entsteht ein kompaktes Faservlies. Um ein ungehindertes Durchdringen des Lichts und damit die Transparenz zu erreichen, darf das Papier keine leeren Bereiche zwischen seinen Fasern aufweisen. Die alten Pergamentersatzpapiere sind aufgrund ihres extrem hohen Mahlgrades empfindlicher, besonders wenn die Cellulosefasern altern; durch die anderen Bestandteile des Papiers wird dieser Abbauprozess beschleunigt. Das moderne Papier weist bessere mechanische Eigenschaften auf. Durch eine besser kontrollierte Mahlung bleiben die Fasern länger, werden aber gut fibrilliert.

Die Leimung dient auch dem Ausfüllen der leeren Bereiche zwischen den Fasern, sie wird häufig in zwei Etappen durchgeführt: erst in der Masse und dann durch Oberflächenleimung des fertigen Blatts, damit das Blatt wasserabweisender wird. Die alten Leimstoffe vergilben häufig. Die heutigen Klebstoffe bestehen aus synthetischen Polymeren, die weniger zum Vergilben neigen. Ausserdem wird Transparentzeichenpapier für gewöhnlich mit wenigen, nahezu pH-neutralen Zusätzen hergestellt, wodurch sie länger haltbar sind. Durch die Wahl der Oberflächenbeschichtung und der Kalanderstärke kann man eine matte Oberfläche für Bleistiftzeichnungen oder eine glatte für Tuschezeichnungen sowie Blätter mit einer matten und einer glatten Seite herstellen.

Le deuxième procédé permet la fabrication de *calque chimique.* Il a été appliqué dès 1858 et consiste en l'immersion d'une feuille déjà formée dans de l'acide sulfurique; ceci modifie fortement la structure de la cellulose et rend le papier compact, uniforme et translucide. La caractéristique principale de cette technique est la possibilité d'obtenir un support relativement épais et résistant, avec un aspect légèrement marbré. La feuille peut ensuite être exposée à des vapeurs d'acide nitrique, pour en augmenter encore la transparence. On manque d'informations précises sur le déclin de ce procédé, mais il est vraisemblable qu'avec la production de calque naturel, sa production ait rapidement diminué. Il n'est plus utilisé pour la production de papiers à dessins techniques.

Le papier calque chimique vieillit très rapidement si l'acide utilisé pour sa production est imparfaitement neutralisé; si le rinçage est correctement effectué, il se conserve assez bien, en partie à cause de sa solidité initiale.

■ *Les toiles à dessiner*

Ce type de support apparaît vers 1850 et il a été couramment utilisé au cours des décennies suivantes, pour disparaître complètement vers 1970. Il s'agit de toiles fines de lin ou coton, fortement encollées à l'amidon ou enduites de cire et de térébenthine pour permettre divers procédés de copie. L'encollage était passé sur une face seulement, puis, la toile était fortement calandrée. Il en résultait une différence entre les deux surfaces. Ces toiles servaient de support pour des dessins originaux, mais également pour des copies, puisque certaines étaient enduites de solutions photosensibles.

La toile de coton est un support stable dans le temps, et plus encore la toile de lin; cependant, ces supports ayant en général été utilisés intensivement, ils présentent souvent des déchirures. Du fait de leur couche d'amidon, ces toiles sont susceptibles d'être attaquées par des micro-organismes, et parfois même par des insectes. Les bains chimiques utilisés lors des processus de reproduction peuvent avoir laissé dans la toile des produits nuisibles.

Das zweite Verfahren dient der Herstellung des *vegetabilen Pergaments,* auch *Pergamentpapier.* Es wurde 1858 eingeführt. Ein Papierblatt wird in Schwefelsäure getaucht. Dadurch wird der Aufbau der Cellulose verändert, und das Papier wird kompakt, gleichförmig und durchscheinend. Man erhält einen relativ dicken und haltbaren, leicht marmorierten Bogen. Wird das Blatt zusätzlich Salpetersäuredämpfen ausgesetzt, erhöht sich die Transparenz. Man weiss nicht genau, warum dieses Verfahren an Bedeutung verlor, vermutlich durch die sich schnell verbreitende Herstellung von Naturpauspapieren. Heutzutage wird es für die Produktion von Papier für technische Zeichnungen nicht mehr verwendet.

Die Alterung von Pergamentpapier wird stark beschleunigt, wenn die zu seiner Herstellung verwendete Säure nicht ausreichend neutralisiert wurde. Ansonsten ist Pergamentpapier aufgrund seiner guten Ursprungsfestigkeit relativ haltbar.

■ *Kopierleinwand (Pausleinen)*

Dieses Trägermaterial kam gegen 1850 auf, wurde in den folgenden Jahrzehnten häufig verwendet und verschwand vollständig gegen 1970. Feines Leinen- oder Baumwollgewebe wurde entweder stark mit Kleister geleimt oder mit Wachs und Terpentin überzogen, um später mit verschiedenen Methoden Kopien herstellen zu können. Nachdem eine Seite geleimt worden war, wurde die Leinwand stark kalandriert. Daraus folgt die verschiedenartige Oberflächenstruktur der beiden Seiten. Diese Leinwand wurde als Träger für Originalzeichnungen verwendet oder für Kopien, denn es gab auch mit lichtempfindlicher Schicht überzogene Kopierleinwand.

Kopierleinwand aus Baumwolle, und besonders aus Leinen, ist langfristig haltbar. Durch meistens sehr häufige Benützung weist sie aber oft Risse auf; durch die Kleisterschicht ist sie empfindlich gegenüber Mikroorganismen und Insekten; aufgrund der chemischen Bäder zur Reproduktion können schädliche und instabile Substanzen in der Leinwand verbleiben.

■ *Les films synthétiques*

Les premiers films transparents synthétiques ont été commercialisés dans les années 1940; leur utilisation est devenue plus large dès 1960. Parmi les supports de dessins, on trouve plusieurs types de polymères synthétiques:

- □ le polychlorure de vinyle (PVC), inventé vers 1925, et utilisé surtout entre 1945 et 1955; il est produit par calandrage à chaud et tend à se rétrécir ou à gondoler;
- □ le polystyrène (PS), inventé en 1935 et utilisé dès 1950;
- □ le polyéthylène téréphtalate, appelé «polyester», fut d'abord commercialisé sous le nom de Mylar™ par Dupont de Nemours, dès 1955; jusqu'à la généralisation des imprimantes pour dessins techniques sur papier normal «Plotter», le polyester est la principale composante des films synthétiques utilisés en dessin d'architecture et technique.

Parmi les supports transparents modernes, on trouve aussi des supports mixtes – formés par une âme en polyester doublée des deux côtés d'un papier transparent – qui combinent les propriétés de surface du papier avec la stabilité dimensionnelle du polyester.

La stabilité de tous les films synthétiques, à l'exception de ceux en polyester, est limitée dans le temps. Le polyester est le seul support véritablement stable, bien qu'on ne connaisse pas la pérennité des produits dont sont enduits les films pour les rendre aptes à l'écriture et au dessin. La plupart des autres supports synthétiques ont une sensibilité particulière à la lumière et aux taux d'humidité relative élevés. Ils se dégradent en gondolant; le processus d'altération peut provoquer le dégagement de produits chimiques nuisibles soit au document même, soit aux documents adjacents.

2.1.2 Les techniques de traçage du dessin

■ *Techniques traditionnelles*

Parmi les crayons, on distingue:

- □ *La mine graphite naturelle:* déjà connue à l'époque médiévale, elle a été très largement utilisée vers la fin du XVIe siècle.
- □ *Le crayon noir:* inventé à la fin du XVIIIe siècle, il consiste en un mélange de graphite, de craie et

■ *Kunststofffolien*

Die ersten transparenten Kunststofffolien kamen in den Jahren nach 1940 auf den Markt, es kam aber erst nach 1960 zu einer breiten Anwendung. Als Trägermaterial für Zeichnungen unterscheidet man mehrere Typen synthetischer Polymere:

- □ Polyvinylchlorid (PVC), erfunden gegen 1925, im Gebrauch vor allem zwischen 1945 und 1955; geformt im Heissglättverfahren; Schadensbild: häufig Einschrumpfen oder Wellen;
- □ Polystyrol (PS), erfunden 1935, im Gebrauch seit 1950;
- □ Polyethylenterephthalat (PETP), häufig «Polyester» genannt, zuerst im Handel bei Dupont unter dem Namen Mylar™. Von 1955 bis zur allgemeinen Verbreitung der Drucker für technische Zeichnungen auf normalem Papier («Plotter») war Polyester Hauptbestandteil der Kunststofffolien, die für technische und Architekturzeichnungen benutzt wurden.

Unter den modernen transparenten Trägern gibt es auch kombinierte Träger, die aus einem beidseitig mit einem Transparentpapier verstärkten Polyesterkern bestehen. Sie weisen die Merkmale einer Papieroberfläche und die Dimensionsstabilität von Polyester auf.

Mit Ausnahme von Polyester sind alle Kunststofffilme langfristig instabil. Polyester ist der einzig wirklich stabile Träger; ein Unsicherheitsfaktor allerdings bleibt die Haltbarkeit der Produkte, mit denen man die Folien überzieht, um auf ihnen schreiben und zeichnen zu können. Die meisten anderen synthetischen Träger sind äusserst empfindlich gegenüber Licht und hoher Feuchtigkeit. Im Lauf des Abbauprozesses wellen sich die Folien. Sie können auch chemische Schadstoffe abgeben, die entweder für das Dokument selbst oder für die daneben gelagerten Dokumente schädlich sind.

2.1.2 Zeichenmittel

■ *Traditionelle Zeichenmittel*

Verschiedene Zeichenstifte:

- □ *Natürliche Grafitmine,* schon im Mittelalter verwendet, besonders stark verbreitet seit dem Ende des 16. Jahrhunderts.
- □ *Bleistift,* erfunden gegen Ende des 18. Jahrhunderts: Eine Mischung aus Grafit, Kreide und Ton

de terres qui est cuit et formé en mine; la mine est ensuite glissée dans un porte-mine ou enrobée de bois. Plus tard, on a ajouté des paraffines ou des dérivés de cellulose pour améliorer la liaison du médium avec le papier.

- □ *Le crayon de couleur:* il est produit industriellement dès 1835, avec des pigments, des charges et un liant (huiles végétales ou animales, cires, paraffines) et divers adjuvants. Le mélange est produit sous pression à froid, car les pigments ne résistent pas à la chaleur.
- □ *Le «crayon permanent»* ou *«crayon à copier»* est produit avec du graphite, de la gomme végétale et du violet de méthyle, un colorant qui se libère lorsque le papier est mouillé.

La stabilité de ces médiums est en général bonne du point de vue chimique, mais médiocre du point de vue mécanique: le tracé peut être altéré ou effacé par la pression et les frottements.

Parmi les encres noires ou brunes, utilisées généralement pour renforcer le tracé au crayon ou pour des lavis décoratifs, on distingue:

- □ *Les encres au carbone* sont formées par du noir de fumée et un liant, généralement glucidique. Cette catégorie d'encres couvre la plupart des encres utilisées depuis l'antiquité jusqu'aux premiers siècles de notre ère. On trouve de telles encres jusqu'à nos jours. Dans l'encre de Chine, qui a été importée en Europe dès le XVIIe siècle, le liant est une résine qui, une fois sèche, devient insoluble à l'eau. Ces deux types d'encres sont très stables chimiquement.
- □ *Les encres métallo-galliques,* à base d'un extrait tannique (noix de galle) et d'un sel métallique (sulfate de fer ou de cuivre), étaient utilisées dès le haut Moyen-Age et jusque dans la première partie du XXe siècle. Ces encres peuvent présenter une très bonne stabilité; dans certains cas, elles peuvent être très acides et corrosives, selon l'équilibre de leurs composantes, et elles sont agressives pour le support. Selon leur composition, elles peuvent être plus ou moins sensibles à la lumière.
- □ *Le bistre,* solution de goudrons extraits de la suie par ébullition dans l'eau, a été remplacé dès le XVIIe siècle par le sépia naturel (une substance

wird gebrannt. Später wurden Paraffine oder Cellulosederivate hinzugefügt, um die Bindung des Mediums mit dem Papier zu verbessern. Die gebrannte Mischung wird als Mine geformt und in einen Minenträger geschoben oder in Holz eingebettet.

- □ *Farbstift,* seit 1835 industriell hergestellt: mit Pigmenten, Füllstoffen, einem Bindemittel (pflanzliches oder tierisches Öl, Wachse, Paraffine) und verschiedenen Zusatzstoffen. Die Mischung wird durch Kaltpressung hergestellt, denn die Pigmente sind nicht wärmebeständig.
- □ *Kopierstift* (dokumentenecht), Herstellung aus Grafit, Pflanzengummi und Methylviolett, einem Farbstoff, der auf feuchtem Papier freigesetzt wird.

Die chemische Stabilität dieser Medien ist im Allgemeinen gut, ihre mechanische Beständigkeit dagegen ist nur mittelmässig: Die Linie kann bei Druck oder Reibung beschädigt oder entfernt werden.

Schwarze und braune Tinten dienen im Allgemeinen der Verstärkung eines mit Stift gezeichneten Entwurfs oder dem Lavieren. Zu unterscheiden sind:

- □ *Kohlenstofftinten* werden aus Kaminruss und einem Bindemittel, gewöhnlich einem Kohlehydrat, hergestellt. Zu dieser Kategorie gehören die meisten Tinten, die von alters her bis in die ersten Jahrhunderte unsere Epoche verwendet wurden und auch heute noch in Gebrauch sind. Bei der seit dem 17. Jahrhundert nach Europa importierten Chinatusche ist das Bindemittel ein Harz, das nach Trocknen des Wassers unlöslich wird. Beide Tintenarten sind sehr beständig.
- □ *Eisengallustinten* bestehen aus Gerbextrakt (Gallnuss) und einem Metallsalz (Eisen- oder Kupfersulfat); sie waren vom Mittelalter bis in die erste Hälfte des 20. Jahrhunderts hinein im Gebrauch. Diese Tinten weisen eine gute Stabilität auf. Es kam aber vor, dass das Mischverhältnis der Bestandteile nicht ausgewogen war, sodass stark säurehaltige und korrosive, für den Träger äusserst schädliche Tinten entstanden. Je nach ihrer Zusammensetzung sind Eisengallustinten mehr oder weniger lichtempfindlich.

brun foncé issue de la poche ventrale des seiches). Le bistre est une couleur très stable chimiquement et à la lumière, tandis que le sépia naturel est un colorant organique qui pâlit rapidement s'il est exposé à la lumière.

Finalement, il y a les techniques de couleur :

- ☐ *Les encres des plumes à réservoir* à base de colorants organiques dissous dans de l'eau ou un solvant, dont l'usage s'est diffusé au XIXe siècle, ont une composition très variée (cf. ci-dessus 1.2.5) qui rend leur identification problématique. Leur stabilité est inégale, mais la lumière en endommage bon nombre.
- ☐ *Les encres colorées, aquarelles et gouaches* sont le plus souvent utilisées sur les dessins de présentation et sur les toiles, plus rarement sur calque, car ce support gondole en présence de techniques de tracé en base aqueuse. Les pigments utilisés pour ces couleurs sont souvent stables (avec une exposition à la lumière limitée), mais la liaison avec le support peut être problématique, surtout pour les gouaches appliquées en couche épaisse sur un support peu poreux.
- ☐ *Le fusain, le pastel et les craies* ont été utilisés sur une grande variété de supports, surtout pour des dessins de présentation. Le dessin est fixé par un vaporisateur à bouche ou, plus tard, avec des aérosols, au fur et à mesure qu'il est tracé. Le fusain a surtout été utilisé au XIXe siècle ; il est formé d'une fine baguette de bois (brûlée en atmosphère réductrice, pauvre en oxygène). Les fixatifs utilisés sont des gommes naturelles, puis dès le XIXe siècle des résines naturelles en solution dans l'alcool, et enfin dans les dernières décennies du XXe siècle des résines synthétiques. Comme pour les dessins au crayon, les processus d'altération de ces dessins sont essentiellement mécaniques.

■ *Techniques du XXe siècle*

- ☐ *Le stylo à bille :* inventé à la fin du XIXe siècle, il ne fut réellement diffusé qu'à partir de 1940, par l'armée américaine. Au départ, les encres étaient à base d'huile de lin et de colorants, plus tard, on utilisa des huiles minérales plus fluides et, dès 1949, des glycols séchant plus rapidement.

- ☐ *Bister,* eine Lösung aus Teer, die durch Aufkochen von Russ in Wasser extrahiert wird, wurde im 17. Jahrhundert durch natürliche Sepia ersetzt (dunkelbraunes Sekret des Tintenfisches). Bister ist eine chemisch stabile, lichtbeständige Farbe. Natürliche Sepia ist ein organischer Farbstoff, der im Licht schnell ausbleicht.

Verschiedene Farbtechniken:

- ☐ *Tinten für Füllfederhalter* aus wasser- oder bindemittellöslichen organischen Farbstoffen sind seit dem 19. Jahrhundert in Gebrauch. Ihre Zusammensetzung ist sehr unterschiedlich (siehe oben 1.2.5), wodurch die Identifizierung schwierig ist. Sie sind von unterschiedlicher Stabilität, sehr viele dieser Tinten werden durch Licht geschädigt.
- ☐ *Aquarell und Gouache* wurden häufiger für besondere Zeichnungen und auf Leinwand verwendet, seltener auf Transparentpapier, das sich bei wässrigen Zeichenmitteln wellt. Die für diese Farben verwendeten Pigmente sind oft stabil (bei geringer Beleuchtung), aber die Haftung auf dem Träger kann problematisch sein. Das gilt besonders bei Gouache, die als dicke Schicht auf einen kaum porösen Träger aufgebracht wurde.
- ☐ *Zeichenkohle, Pastell und Kreide* wurden für besondere Zeichnungen auf ganz verschiedenen Trägern benutzt. Zeichenkohle wurde vor allem im 19. Jahrhundert in Form von feinen Holzstäbchen (unter Luftabschluss verbrannt, sauerstoffarm) verwendet. Die Zeichnungen wurden während oder nach der Arbeit mit Hilfe eines Zerstäubers fixiert. Übliche Fixative waren Pflanzengummi, seit dem 19. Jahrhundert in Alkohol gelöste Naturharze und schliesslich in den letzten Jahrzehnten des 20. Jahrhunderts Kunstharze. Wie bei den Stiftzeichnungen zeigt sich der Alterungsvorgang auch hier hauptsächlich durch mechanische Schäden.

■ *Zeichenmittel des 20. Jahrhunderts*

- ☐ Der *Kugelschreiber* wurde Ende des 19. Jahrhunderts erfunden, fand aber erst ab 1940 grössere Verbreitung durch den Einsatz in der amerikanischen Armee. Zu Beginn bestanden diese Tin-

□ *Le stylo feutre:* inventé en 1946, il n'a été commercialisé qu'à partir de 1954 (sous le nom de Magic Markers™). Il est composé d'un réservoir de matière absorbante, sorte d'éponge renfermant une teinture à l'aniline dissoute dans un mélange eau-alcool (ou dans un solvant, pour les feutres permanents). Des glycols à point d'ébullition élevé empêchent le séchage rapide de la pointe.

La stabilité de ces moyens d'écriture est difficile à déterminer parce que leur composition varie énormément. De nombreux colorants sont instables à la lumière; sous l'effet de la pression et/ou d'une humidité élevée, certains peuvent même se sublimer et se transférer sur un support voisin. Ces médiums se reconnaissent essentiellement par le type de tracé produit par l'instrument d'écriture et de dessin: tire-lignes, puis feutres et stylos à bille.

□ *Les motifs et textes autocollants et les décalcomanies.* Depuis les années 1950, il existe une vaste gamme d'éléments figurés, de structures graphiques et de textes qu'on peut reporter facilement sur un dessin, soit directement (autocollants), soit par pression (décalcomanies, souvent appelées du nom commercial Letraset™). Ces éléments sont posés sur la surface de la feuille et leur adhésion est souvent précaire; leur perte peut être grave parce que ces éléments peuvent porter des informations essentielles, surtout quand ils ont été utilisés pour composer des textes.

□ *Les collages.* Cette technique a été utilisée assez fréquemment; sa stabilité dépend du type de colle utilisé. Certaines colles très pratiques à l'usage (par exemple les « colles caoutchouc » de type Rubber Cement™) s'altèrent rapidement: elles endommagent le document et l'élément collé se détache.

□ *Les dessins produits par des imprimantes à aiguilles, à jet d'encre ou laser.* Voir à propos de leur stabilité le point 1.3.3 de la partie IV de ce chapitre.

ten aus Farbstoffen und Leinöl, das später durch flüssigere Mineralöle und seit 1949 durch das schneller trocknende Glykol ersetzt wurde.

□ Der *Filzstift* wurde 1946 erfunden, kam aber erst 1954 in den Handel (Markenbezeichnung Magic Markers™). In einem Reservoir aus absorbierendem Material (hart gepresster Schwamm) wird eine in einem Alkohol-Wasser-Gemisch (oder für Permanent-Filzstifte in einem Lösungsmittel) gelöste Anilinfarbe gespeichert. Glykole mit hohem Siedepunkt verhindern ein zu schnelles Austrocknen der Spitze.

Angaben zur Stabilität dieser Medien sind schwer zu machen, denn ihre Zusammensetzung wechselt ständig. Viele Farbstoffe sind lichtunbeständig. Bei Druck und/oder hoher Feuchte können manche sogar sublimieren und auf einen benachbarten Träger übertreten. Diese Einfärbungsmittel erkennt man vornehmlich an der Art des Strichs, der für die verwendeten Zeichen- beziehungsweise Schreibgeräte (Reissfeder, Filz- und Kugelschreiber) charakteristisch ist.

□ *Abziehbare Motive und Texte.* Seit ca. 1950 gibt es eine breite Auswahl figurativer Elemente, grafischer Strukturen und Texte, die man leicht auf eine Zeichnung übertragen kann. Das geschieht entweder direkt (durch Selbstklebung) oder durch Druck (Abziehen, oft unter der Handelsbezeichnung Letraset™). Diese Elemente sind auf die Blattoberfläche aufgebracht, und die Haftung ist oft bedenklich. Da diese Elemente wichtige Informationsträger sein können, besonders wenn sie zur Zusammenstellung eines Textes benutzt wurden, ist ihr Verlust schwerwiegend.

□ *Collagen.* Diese Technik wurde verhältnismässig häufig angewendet. Ihre Stabilität hängt vor allem vom verwendeten Klebstoff ab. Manche sehr einfach zu gebrauchenden Klebstoffe (z. B. «Gummikleber» vom Typ Rubber Cement™) bauen sich schnell ab und bewirken Schäden am Dokument. Die geklebten Elemente fallen ab.

□ *Zeichnungen mit Matrix-, Tintenstrahl- oder Laserdruckern.* Näheres zu ihrer Stabilität in Teil IV dieses Kapitels, Punkt 1.3.3.

2.2 Duplicata et procédés de reproduction

Jusque vers 1860, la reproduction des dessins se faisait manuellement; ensuite, diverses techniques ont été développées pour la reproduction mécanique des dessins techniques et d'architecture, dont certaines ont survécu jusqu'à nos jours. Ci-après, nous en aborderons les sept principales.

2.2.1 Les cyanotypes ou «bleus d'architecture»

Les premiers cyanotypes furent produits en 1842 et ils représentaient une production artistique (photographies). La cyanotypie s'est largement diffusée dans les bureaux d'architectes aux alentours de 1870. Cette technique est appliquée en général sur papier, mais peut être utilisée avec toutes sortes de matériaux. Le papier est sensibilisé dans un bain[15] puis séché. Il est ensuite exposé à la lumière sous un original transparent ou translucide, puis développé dans l'eau. Le papier prend une coloration bleue, mais reste blanc sous le tracé du dessin; on obtient ainsi une copie négative. Le séchage se fait à l'air.

Des procédés basés sur les mêmes principes, mais permettant la copie positive ont été développés. Soit on utilisait une copie intermédiaire négative, soit on copiait directement: on trouve donc des dessins à lignes blanches sur fond «bleu de Prusse» ou à lignes bleues sur fond blanc.

Les papiers utilisés pour cette technique étaient de bonne qualité, surtout pour les plus anciens; le papier tend à jaunir de manière uniforme avec le temps. La couleur bleue tend à pâlir quand elle est exposée à la lumière, mais ce phénomène est parfois spontanément réversible. De plus, la couleur peut potentiellement être altérée en présence de produits alcalins et d'une humidité élevée. Il faut éviter le contact des cyanotypes avec d'autres types de copies et isoler les documents avec du papier de conservation sans charge alcaline ou avec des feuilles de polyester de conservation.

[15] Une solution de citrate de fer et ferrocyanure de potassium.

2.2 Duplikate und Reproduktionsverfahren

Bis etwa 1860 wurden Zeichnungen von Hand reproduziert. Später wurden verschiedene Verfahren zur mechanischen Reproduktion von technischen und Architekturzeichnungen entwickelt, von denen einige noch heute praktiziert werden. Nachstehend werden die sieben Hauptverfahren erörtert.

2.2.1 Cyanotypie beziehungsweise Blaupause

Die ersten Cyanotypien wurden 1842 für den künstlerischen Gebrauch (Fotografien) hergestellt. Um 1870 fand die Cyanotypie weite Verbreitung in den Architekturbüros. Mit dieser Technik wird im Allgemeinen auf Papier gearbeitet, sie kann aber auf den verschiedensten Materialien angewendet werden. Das Papier wird in einem Bad[15] sensibilisiert. Nach dem Trocknen wird es unter einem durchsichtigen oder durchscheinenden Original dem Licht ausgesetzt und in Wasser entwickelt. Das Papier nimmt eine blaue Färbung an und bleibt nur unter den Linien der Zeichnung weiss. So erhält man eine Negativkopie. Getrocknet wird an der Luft.

Auf denselben Prinzipien aufbauend wurden Verfahren für die Positivkopie entwickelt: entweder unter Verwendung einer Zwischennegativkopie oder durch direktes Kopieren. Man findet daher Zeichnungen mit weissen Linien auf blauem Grund oder mit blauen Linien auf weissem Grund.

Die für diese Technik verwendeten Papiere (besonders die alten) waren von guter Qualität. Das Papier weist mit der Zeit eine gleichförmige Vergilbung auf. Die blaue Farbe neigt bei Licht zum Verblassen, aber diese Erscheinung kann manchmal selbsttätig reversibel sein. Die Farbe kann auch durch alkalische Produkte und hohe Feuchtigkeit abgebaut werden. Cyanotypien müssen getrennt von den anderen Kopiearten und zwar einzeln zwischen alterungsbeständigem, ungepuffertem Papier oder alterungsbeständigen Polyesterfolien gelagert werden.

[15] Eine Lösung aus Eisenzitrat und Kaliumferrocyanid.

2.2.2 La lithographie sur gélatine

Ce type de reproduction, pour lequel on connaît plusieurs noms commerciaux,[16] a été développé selon diverses variantes et utilisé depuis le début du XXe siècle. Ce procédé peut être mécanique ou photomécanique, selon qu'un intermédiaire dessiné ou copié (cyanotype non développé) soit utilisé pour le tirage final. Quel que soit le mode de fabrication, il produit des copies encrées qui ne contiennent pas de produits chimiques résiduels. La technique permet ainsi d'établir plusieurs dizaines de copies d'un original, avec des corrections si nécessaire.

Le procédé se base sur les réactions de la gélatine et des sels de fer. Le document tracé avec des encres contenant des sels ferriques ou bien un cyanotype exposé mais non développé est mis en contact avec une plaque de gélatine. Le tracé du dessin ou du cyanotype est donc constitué de sels de fer, qui ont la propriété de faire durcir localement la gélatine. La plaque de gélatine est ensuite encrée avec une encre d'imprimerie, qui ne se fixe que sur les parties durcies : la gélatine non durcie, gorgée d'eau, repousse l'encre grasse. On produit les copies (sur papier opaque ou transparent ou sur toile) en mettant le support choisi contre la plaque de gélatine encrée et en exerçant une légère pression. Les copies sont donc à l'échelle exacte de l'original, l'impression avec des encres d'imprimerie est stable dans le temps.

2.2.3 Les épreuves Van Dyke

Cette technique a été inventée à la fin du XIXe siècle, pour produire des copies intermédiaires corrigibles ou des tirages utilisables comme plans de présentation. Elle peut être utilisée comme procédé négatif ou positif et donne des épreuves avec des lignes brun-noir sur fond clair ou des lignes blanches sur fond marron. C'est d'ailleurs cette couleur brune, très opaque aux rayons lumineux, qui permet d'utiliser les copies Van Dyke comme épreuves intermédiaires : la couleur peut être effacée avec des réactifs chimiques, ce qui permet d'apporter des modifications au plan, puis d'en tirer des copies définitives. Le procédé de production

[16] Procédés True-To-Scale™/Ordoverax™, Velograph™, Guild™.

2.2.2 Fotoldruck

Dieses Reproduktionsverfahren wurde in verschiedenen Varianten entwickelt, es sind mehrere Handelsnamen bekannt.[16] Der Fotoldruck ist seit Anfang des 20. Jahrhunderts in Gebrauch. Das Verfahren ist mechanisch oder fotomechanisch, je nachdem, ob der zum endgültigen Abzug verwendete Zwischenträger gezeichnet oder kopiert (unentwickelte Cyanotypie) wird. Gleichgültig, welches Prinzip angewendet wird, es entstehen immer Druckfarbenkopien ohne chemische Rückstände. Von einem Original können zahlreiche Kopien gemacht werden, wobei jederzeit korrigiert werden kann.

Das Verfahren beruht auf den Reaktionen zwischen Gelatine und Eisensalzen. Ein mit eisensalzhaltiger Tinte gezeichnetes Dokument oder eine dem Licht ausgesetzte, aber unentwickelte Cyanotypie wird auf eine Gelatineplatte gelegt. Durch die in den Linien der Zeichnung oder der Cyanotypie enthaltenen Eisensalze wird die Gelatine an den Berührungsstellen ausgehärtet. Die Gelatineplatte wird dann mit der Druckfarbe bedeckt, diese wird nur von den gehärteten Stellen angenommen: Die nicht gehärtete, mit Wasser getränkte Gelatine stösst die fette Farbe ab. Zur Herstellung der Kopien wird der gewünschte Träger (opakes oder transparentes Papier oder Leinwand) leicht gegen die mit Farbe bedeckte Gelatineplatte gepresst. Die Kopien haben somit den gleichen Massstab wie das Original, und die Druckfarben sind langfristig beständig.

2.2.3 «Van Dyke»-Verfahren

Dieses Verfahren wurde am Ende des 19. Jahrhunderts zur Herstellung von korrigierbaren Zwischenkopien oder von Abzügen, die als Präsentationspläne verwendet wurden, erfunden. Es ist sowohl als Negativ- wie auch als Positivverfahren anwendbar. Die Abzüge zeigen entweder braunschwarze Linien auf hellem Grund oder weisse Linien auf braunem Grund. Aufgrund dieser braunen Farbe, die ausgesprochen lichtundurchlässig ist, können die «Van Dyke»-Kopien als Zwischenkopien gebraucht werden. Die Farbe kann mit chemischen

[16] Verfahren True-To-Scale™/Ordoverax™, Velograph™, Guild™.

ressemble à celui des cyanotypes, mais utilise d'autres réactifs[17] et comprend une étape de fixage de l'image, donc un bain supplémentaire.

La surface des tirages reste chimiquement réactive et peut s'altérer avec le temps, causant un affaiblissement du support papier. Il est important d'isoler ces copies de celles réalisées avec d'autres procédés, de la manière déjà évoquée plus haut.

2.2.4 Les diazotypes

Le procédé a été inventé vers 1880 pour les diazotypes négatifs (aujourd'hui très rares dans les archives) et environ dix ans plus tard pour les diazotypes positifs, puis s'est diffusé vers 1920. Les diazotypes ont été largement utilisés jusque vers la fin du XXe siècle, souvent sous le terme impropre de « bleus » (ce nom devrait en toute rigueur être réservé aux cyanotypes). Ces copies sont généralement produites sur papier, mais d'autres supports peuvent également être utilisés.

Le support est sensibilisé à la surface avec une solution contenant des composés diazoïques (colorants organiques) et d'autres produits adjuvants. Le support est exposé à la lumière sous un original translucide ou transparent. Le développement peut être fait par immersion dans un bain d'ammoniaque ou, depuis les années 1920, par le passage dans une atmosphère saturée de vapeurs d'ammoniaque. Par ce traitement « sec », on évite les modifications d'échelle induites par la distorsion du papier, ainsi que les étapes de lavage et de rinçage des copies.

Ce procédé permet d'obtenir des copies de couleurs très variées, qui vont d'un fond orangé avec des lignes rouge-brun aux lignes bleues, noires ou violettes sur fond blanc des copies modernes. Les diazotypes dégagent souvent une odeur marquée d'ammoniaque.

Ces copies tendent à jaunir à cause des réactifs chimiques qui restent sur leur surface, avec un jaunissement plus prononcé sur le pourtour de l'image et au niveau des plis. Le tracé pâlit fortement à la lumière; ces documents doivent impérativement

[17] Nitrate d'argent, oxalate d'ammonium ferrique, sels métalliques alcalins d'un acide polycarboxylique, thiosulfate de sodium pour le fixage.

Reagenzien gelöscht werden; dadurch können am Plan Veränderungen vorgenommen und dann definitive Kopien abgezogen werden. Der Herstellungsprozess ähnelt dem von Cyanotypien, wird aber mit anderen Reagenzien[17] durchgeführt und schliesst eine Bildfixierung ein, das heisst ein Bad mehr.

Die Oberfläche der Abzüge bleibt reaktionsfreudig und kann mit der Zeit abgebaut werden. Das Trägerpapier wird dadurch geschwächt. Auch diese Kopien müssen getrennt von den anderen Kopiearten aufbewahrt werden.

2.2.4 Diazoverfahren

Das Verfahren wurde um 1880 für Negativ-Diazotypien (heute sehr selten in den Archiven) und ca. zehn Jahre später für Positiv-Diazotypien erfunden. Es verbreitete sich um 1920, und wurde noch bis zum Ende des 20. Jahrhunderts angewendet, oft unter dem falschen Namen «Blaupause» (dieser Name darf nur für Cyanotypien angewendet werden). Diese Kopien wurden für gewöhnlich auf Papier abgezogen, es können aber auch andere Träger vorkommen.

Der Trägeroberfläche wird mit einer Lösung, die Diazoverbindungen (organische Farbstoffe) und andere Zusatzstoffe enthält, sensibilisiert und unter einem durchsichtigen oder durchscheinenden Original dem Licht ausgesetzt. Entwickelt wird entweder durch Eintauchen in ein Ammoniakbad oder, ab ca. 1920, durch Einwirken von Ammoniakdämpfen. Durch diese Trockenmethode können die durch die Papierbewegung verursachten Massstabsveränderungen sowie die Wasch- und Spülbäder der Kopien vermieden werden.

Mit dem Diazoverfahren können verschiedenfarbige Kopien produziert werden; die Farbpalette reicht von einem orangefarbenen Grund mit rotbraunen Linien bis zu den blauen, schwarzen oder violetten Linien auf weissem Grund der modernen Kopien. Diazotypien riechen oft stark nach Ammoniak.

Diazotypien vergilben aufgrund der auf ihrer Oberfläche verbliebenen chemischen Reagenzien,

[17] Silbernitrat, Eisen(II)ammoniumoxalat, alkalische Metallsalze einer Polycarboxylsäure, Natriumthiosulfat zur Fixierung.

être protégés. Le papier est souvent d'une qualité moyenne ou médiocre et tend à perdre sa résistance en devenant rigide et cassant.

Ce type de copie souffre également au contact avec des matières alcalines; on prendra donc soin de séparer ces copies des autres par des feuilles en papier barrière sans charge alcaline ou par des feuilles en polyester.

2.2.5 Les épreuves sépia

Cette technique a été utilisée à partir de 1920 et, comme pour les tirages Van Dyke, elle servait essentiellement à réaliser des copies intermédiaires. Ces tirages ont une couleur brun-jaune, et on les confond fréquemment avec les épreuves Van Dyke. Ils sont toujours négatifs et parfois imprimés à l'envers: le côté sans émulsion est utilisé pour apporter des corrections, puis on en tire un diazotype positif.

Les épreuves sépia peuvent endommager les documents en contact avec elles et transmettre par contact une coloration rose ou orangée; si la surface de ces copies a été enduite de paraffine, ce phénomène est freiné, mais la paraffine peut causer des taches translucides sur d'autres documents. Ces copies doivent donc être isolées des documents produits avec d'autres procédés.

2.2.6 Les épreuves ferro-galliques

Ce procédé, inventé en 1861, était fréquemment utilisé vers la fin du XIXe siècle, mais sa diffusion ne s'est pas poursuivie. Il donne un tracé noir-bleuté sur fond blanc (parfois légèrement violacé). Le papier est sensibilisé avec une solution de sels de fer, exposé sous l'original translucide et développé dans un bain acide (avec éventuellement l'adjonction de réactifs, selon la composition de la couche photosensible), il est ensuite rincé et séché.

Avec le vieillissement, le tracé tend à devenir brun et le papier jaunâtre, en particulier sous l'action de la lumière. Le papier tend à vieillir rapidement à cause des acides résiduels; cette altération est renforcée par une forte humidité. Comme pour les autres types de copies, les documents produits avec ce procédé devraient être isolés par des feuilles intercalaires en papier neutre ou en polyester.

und zwar besonders am Rand des Bildes und in den Falten. Da die Linie bei Licht stark ausbleicht, müssen die Dokumente unbedingt vor Licht geschützt werden. Das Papier ist oft von mittlerer bis schlechter Qualität, verliert leicht seine Widerstandsfähigkeit und wird steif und brüchig.

Diese Kopien sind auch alkalischen Materialien gegenüber empfindlich. Sie müssen deshalb getrennt zwischen alterungsbeständigem Papier ohne alkalische Reserve oder Polyesterfolien aufbewahrt werden.

2.2.5 Sepia-Verfahren

Dieses Verfahren wurde ab 1920 angewendet. Wie beim «Van Dyke»-Verfahren dienten die Abzüge hauptsächlich als Zwischenkopie. Sie haben eine braungelbe Farbe und werden häufig mit den «Van Dyke»-Abzügen verwechselt. Sepia-Abzüge ergeben immer Negativkopien und sind manchmal seitenverkehrt gedruckt: Auf der Seite ohne Emulsion werden Korrekturen vorgenommen, dann wird eine Positiv-Diazotypie abgezogen.

Sepia-Abzüge können Dokumente schädigen, mit denen sie in Berührung kommen, und sie an den Kontaktstellen rosa oder orange verfärben. Wurde die Oberfläche der Sepia-Abzüge mit Paraffin überzogen, wird diese Erscheinung zwar gehemmt, aber das Paraffin kann durchscheinende Flecken hinterlassen. Sepia-Abzüge müssen getrennt von Dokumenten aufbewahrt werden, die mit anderen Verfahren hergestellt wurden.

2.2.6 Eisengallusverfahren

Dieses 1861 erfundene Verfahren war gegen Ende des 19. Jahrhunderts häufig in Gebrauch, hat sich dann aber nicht weiter verbreitet. Eisengallusabzüge zeigen eine schwarzbläuliche Linie auf weissem Grund (manchmal leicht ins Violett gehend). Das Papier wurde mit einer Lösung von Eisensalzen sensibilisiert und unter einem durchscheinendem Original belichtet. Anschliessend wurde es in einem sauren Bad (je nach Zusammensetzung der lichtempfindlichen Schicht wurden eventuell Reagenzien zugesetzt) entwickelt, gespült und getrocknet.

Im Verlauf der Alterung, besonders bei Lichteinwirkung, färbt sich die Linie bräunlich und das Pa-

2.2.7 **Les photostats**

Les photostats résultent d'un procédé photographique positif-négatif (copies à lignes claires sur fond foncé) inventé en 1909 par Kodak; un procédé positif-positif a été développé en 1953 et utilisé jusque dans les années 1970. Pour cette technique, on n'a pas besoin d'un original translucide, car l'exposition n'est pas faite à travers l'original. Il s'agit d'un véritable procédé photographique, effectué sur un papier présensibilisé avec une émulsion de gélatine et de sels d'argent qui est exposé, développé et fixé dans une machine. Les images peuvent avoir des tons dégradés de gris.

Comme les autres tirages photographiques, ces épreuves sont sensibles à l'oxydation, aux produits soufrés et à la lumière. L'image peut être fortement altérée par divers processus de dégradation chimique, qui provoquent typiquement un effet marbré appelé « miroir d'argent ». Les photostats doivent être isolés des autres types de tirage et, en particulier, des diazotypes et des épreuves Van Dyke.

pier gelblich. Aufgrund der Säurereste altert das Papier schnell, der Vorgang wird durch hohe Feuchtigkeit noch beschleunigt. Wie die anderen Kopiearten müssen auch Eisengallusabzüge einzeln zwischen neutralem, alterungsbeständigem Papier oder Konservierungspolyester aufbewahrt werden.

2.2.7 **Photostat**

Das Photostat-Verfahren ist eine fotografische Positiv-Negativ-Technik (Kopien mit hellen Linien auf dunklem Grund), die 1909 von Kodak erfunden wurde. Ein Positiv-Positiv-Verfahren wurde 1953 entwickelt und bis in die 1970er-Jahre angewendet. Für diese Technik muss das Original nicht durchscheinend sein, denn die Belichtung erfolgt hier nicht durch das Original hindurch. Es handelt sich um ein fotografisches Verfahren, bei dem das mit einer Emulsion aus Gelatine und Silbersalz vorsensibilisierte Papier in einem Gerät belichtet, entwickelt und fixiert wird. Bei den Bildern herrschen Grautöne vor.

Wie die anderen fotografischen Abzüge sind auch die Photostate empfindlich gegenüber Oxidation, Schwefelverbindungen und Licht. Der Zustand des Bildes kann sich aufgrund verschiedener chemischer Abbauprozesse verschlechtern, typische Erscheinung ist eine Marmorierung, auch Silberspiegel genannt. Photostate müssen getrennt von anderen Kopienarten aufbewahrt werden, vor allem von Diazotypien und «Van Dyke»-Abzügen.

3 Les papiers thermiques

Les papiers thermiques ont été utilisés dans divers types d'imprimantes liées à l'équipement informatique, aux calculatrices et, surtout, aux télécopieurs (fax). Des papiers de ce type ont également été utilisés pour produire des copies de dessins techniques.

Les papiers thermiques sont formés par un support en papier qui a reçu un couchage sensible à la chaleur, ce qui permet la reproduction de textes et d'images. On peut distinguer deux sortes de papiers thermiques:

- ☐ Ceux utilisés pour les copies de dessins techniques se reconnaissent à leur couleur: un brun orangé mat, plus foncé au recto qu'au verso.
- ☐ Ceux utilisés principalement pour les télécopieurs et photocopieurs se reconnaissent à la trace foncée qui apparaît à leur surface lorsqu'on appuie avec un objet pointu ou qu'on gratte avec un ongle, par exemple.

Ces papiers sont généralement d'une qualité médiocre, mais le principal problème est lié à la conservation du texte ou des images. En effet, la surface sensible à la chaleur reste active après le processus d'impression et l'exposition à des sources de chaleur ou de rayonnement ultraviolet peut faire foncer le fond et pâlir l'image, diminuant le contraste au point d'en rendre impossible la lecture. La surface imprimée peut également réagir avec des solvants ou avec d'autres composantes, comme par exemple celles émises par des pochettes en PVC. Ces réactions d'altération peuvent affecter par la suite d'autres papiers en contact direct. La chimie des papiers thermiques n'est pas déclarée par leur producteur et leurs réactions de vieillissement sont mal connues; toutefois, l'instabilité de ces papiers est attestée, tant par des études que par l'expérience courante. Même dans des conditions optimales, les images sur papier thermique ont une espérance de vie d'environ un à cinq ans; pour cette raison, les documents sur ces papiers ne peuvent pas être archivés.

Suite à ces constats, on recommande les précautions suivantes:

- ☐ Photocopier systématiquement les documents destinés à une conservation de plus d'une année;

3 Thermopapiere

Thermopapiere wurden für verschiedene Typen von Druckern verwendet, die an elektronische Geräte, Rechner und vor allem an Telekopierer (Fax) angeschlossen sind. Sie wurden auch für die Herstellung von Kopien technischer Zeichnungen benutzt.

Thermopapiere bestehen aus einem Träger aus Papier, der mit einer wärmeempfindlichen Schicht überzogen ist. Man unterscheidet zwei Sorten von Thermopapier:

- ☐ Das für Kopien technischer Zeichnungen verwendete Thermopapier ist an seiner matten orangebraunen Farbe zu erkennen, das Rekto dunkler als das Verso.
- ☐ Das hauptsächlich für Tele- und Fotokopierer gebrauchte Thermopapier ist an der dunklen Spur erkennbar, die auf seiner Oberfläche erscheint, wenn man mit einem spitzen Gegenstand oder einem Fingernagel auf ihr entlangfährt.

Die Papiere sind meist von mittelmässiger Qualität. Das Hauptproblem besteht in der Konservierung von Text oder Bild, denn die wärmeempfindliche Oberfläche bleibt nach dem Druckvorgang aktiv. Wird das Blatt nun Wärme oder ultravioletten Strahlen ausgesetzt, kann der Grund dunkler werden und das Bild ausbleichen. Die bedruckte Oberfläche kann auch mit Lösungsmitteln oder anderen Komponenten reagieren, zum Beispiel solchen, die von PVC-Hüllen abgegeben werden. Diese Abbaureaktionen können in der Folge auf andere, in direktem Kontakt befindliche Papiere übergreifen. Die chemische Zusammensetzung der Thermopapiere wird von den Herstellern nicht veröffentlicht, und die Alterungsvorgänge sind nicht gut bekannt. Die Instabilität dieser Papiere ist aber durch Untersuchungen und die tägliche Erfahrung erwiesen. Selbst unter Optimalbedingungen ist Thermopapier nicht länger als ca. ein bis fünf Jahre haltbar. Aus diesem Grund eignet es sich nicht zur Archivierung.

Infolgedessen werden folgende Vorbeugemassnahmen empfohlen:

- ☐ Dokumente auf Thermopapier, die länger als ein Jahr aufzubewahren sind, müssen systematisch

utiliser du papier permanent selon les normes citées au chap. 2, point 3.3. Vérifier la stabilité de l'impression de la copie (cf. partie IV, point 1.3.3). Après la copie, le papier thermique peut être éliminé.

- ☐ Si on désire conserver l'original, éviter le contact avec d'autres documents en l'isolant avec une chemise ou des feuilles intercalaires en qualité de conservation. Eviter également le contact avec des pochettes en PVC.
- ☐ Ne pas utiliser des autocollants (cette précaution est également valable pour tous les autres types de documents) ou des moyens d'écriture contenant des solvants, comme certains marqueurs ou stylos feutre, car ils peuvent former des taches foncées. Les stylos avec des encres à base d'eau ou les crayons posent moins de problèmes.

auf alterungsbeständiges Papier nach den in Kapitel 2, Punkt 3.3 zitierten Normen fotokopiert werden. Prüfung der Stabilität des Drucks der Kopie (siehe Teil IV, Punkt 1.3.3). Nach dem Kopieren kann das Thermopapier eliminiert werden.

- ☐ Wenn das Original aufbewahrt werden soll, muss jeder Kontakt mit anderen Dokumenten vermieden werden. Dazu können die Blätter in Hüllen oder getrennt durch Zwischenlagenblätter aus Konservierungsmaterial aufbewahrt werden. Keine PVC-Hüllen verwenden!
- ☐ Keine Selbstklebebänder verwenden (diese Massnahme gilt auch für alle anderen Dokumente). Lösungsmittelhaltige Schreibmittel wie zum Beispiel Markier- oder Filzstifte vermeiden, denn sie können dunkle Flecken verursachen. Wässrige Tinten oder Bleistift sind weniger problematisch.

4 Les supports photographiques

La conservation du matériel photographique, que ce soit en noir et blanc ou en couleur, sous forme de négatifs, de diapositives ou de tirages positifs, est complexe. Un grand nombre de procédés de production ont été utilisés, souvent en parallèle, tout au long de l'histoire de la photographie[18] et seul un spécialiste peut identifier les techniques et donner des conseils précis. L'archiviste ou le bibliothécaire responsable d'une collection de photographies qui a un intérêt significatif devrait faire appel à un conservateur-restaurateur spécialisé, pour préparer un programme de conservation et choisir les techniques de conservation adéquates. Cependant, il arrive fréquemment que dans les fonds d'archives se trouvent quelques petits groupes de documents photographiques et j'ai résumé ci-après les principales indications pour leur conservation. Pour la rédaction de ce chapitre, j'ai bénéficié des conseils de Christophe Brandt de la Fondation suisse pour la restauration et la conservation du patrimoine

[18] Ainsi par exemple, les papiers aristotypes à la gélatine à noircissement direct ont été d'un usage courant jusque vers 1940; concurrencés dès le début, ils ont ensuite été remplacés par les papiers à développement courants jusque vers la fin du XXe siècle, mais ils sont restés en production jusqu'en 1987 chez Kodak.

4 Fotografische Träger

Die Aufbewahrung von fotografischem Schwarz-Weiss- oder Farbmaterial in Form von Negativen, Diapositiven oder Positivabzügen ist kompliziert. Verschiedene Herstellungsverfahren waren, häufig gleichzeitig, im Gebrauch,[18] und nur ein Spezialist kann die Verfahren identifizieren und präzise Ratschläge geben. Bei einer einschlägigen Sammlung fotografischen Materials muss der Archivar oder Bibliothekar gemeinsam mit einem Konservator/Restaurator für Fotografie ein Konservierungsprogramm erarbeiten und die sachgerechten Konservierungsmassnahmen auswählen. Es kommt aber häufig vor, dass zu den Archivbeständen kleine Einheiten fotografischen Materials gehören, und deshalb habe ich im Folgenden einige grundlegende Hinweise zu ihrer Aufbewahrung zusammengefasst. Für die Ausarbeitung dieses Abschnitts konnte ich mich auf Auskünfte von Christophe Brandt vom Schweizerischen Institut zur Erhaltung der Fotografie in Neuenburg[19] stützen. Im Internet oder

[18] Zum Beispiel waren Chlorsilbergelatine-Papiere bis 1940 stetig im Gebrauch. Sie wurden dann von dem bis zum Ende des 20. Jahrhunderts gebräuchlichen Fotopapier ersetzt, aber gleichwohl noch bis 1987 bei Kodak hergestellt.

[19] Brandt, C.: « La restauration et la conservation de documents photographiques anciens et modernes ». In: Arbido spécial 6/1991.

photographique à Neuchâtel;[19] une documentation très fournie est disponible sur Internet ou dans des publications spécialisées.

4.1 Documents photographiques sur négatifs noir et blanc

Les films négatifs noir et blanc sont formés par un support et une couche photosensible. Cette dernière est toujours formée par une émulsion de nitrate d'argent dans la gélatine. Par contre, le support a évolué avec le temps: avant 1951, on trouve le nitrate de cellulose, qui a remplacé les plaques de verre dès 1889. Les plaques en verre ont été abandonnées à cause de leur fragilité et de leur poids, tandis que les films de nitrate de cellulose ont été remplacés à cause de leur instabilité et de leur inflammabilité, parfois spontanée.[20] Par la suite on a développé des supports d'acétates de cellulose (différents types) ou de polyester; cette dernière matière forme les supports actuels.

Les supports d'acétate de cellulose peuvent être plus ou moins stables; dans les films des années 1930 à 1940, on a constaté des altérations graves et macroscopiques. Il est fréquent que ce type de support dégage une odeur de vinaigre; cette odeur est le signe d'une altération chimique caractéristique. En constatant tout phénomène d'altération des pellicules, craquelures, contraction ou odeurs de vinaigre, il est nécessaire de faire appel à un restaurateur spécialisé.

Le polyester est, par contre, un support très stable dont l'espérance de vie est de quelques siècles au moins.

La stabilité de l'émulsion dépend de sa densité, mais aussi de la qualité des produits de fixage utilisés et de l'efficacité du lavage; une cause d'altéra-

[19] Brandt, C.: «La restauration et la conservation de documents photographiques anciens et modernes». In: Arbido spécial 6/1991. Parmi l'ample documentation disponible sur Internet, voir par exemple les notes de l'Institut canadien de conservation http://www.preservation.gc.ca/howto-comment/articles/photo-fra.asp (XII 2009).

[20] L'inflammabilité spontanée a été constatée uniquement quand de grandes quantités de films de ce type étaient conservées ensemble, par exemple dans un dépôt de documents cinématographiques.

in spezialisierten Veröffentlichungen stehen umfangreiche und ergiebige Unterlagen zur Verfügung.

4.1 Schwarz-Weiss-Negative

Schwarz-Weiss-Negative bestehen aus einem Träger und einer lichtempfindlichen Schicht. Die Letztere besteht fast immer aus einer Emulsion von Silbernitrat und Gelatine. Das Trägermaterial dagegen hat sich im Lauf der Zeit verändert: Vor 1951 gab es die Cellulosenitrat-Filme, die ab 1889 die sehr empfindlichen und schweren Glasplatten ersetzten. Die Cellulosenitrat-Filme wiederum wurden aufgrund ihrer Instabilität und hohen Feuergefährlichkeit (auch selbstentzündbar[20]) verboten. In der Folge wurden Träger aus Celluloseazetat (verschiedene Typen) und Polyester entwickelt. Polyester wird auch heute noch als Trägermaterial verwendet

Träger aus Celluloseazetat weisen eine unterschiedlich gute Stabilität auf; die Filme zwischen 1930 bis 1940 zeigen wesentliche makroskopische Abbauerscheinungen. Dieses Material strömt oft einen spezifischen Essiggeruch aus, charakteristisches Zeichen für chemischen Abbau. Werden Schäden am Film wie Risse, Spannungen oder Essiggeruch festgestellt, muss ein fachkundiger Restaurator herangezogen werden.

Polyester hingegen ist ein stabiles Trägermaterial, dessen Lebensdauer auf einige Jahrhunderte geschätzt wird.

Die Stabilität der Emulsion hängt zum Teil vom Schwärzungsgrad, von der Qualität der zur Fixierung verwendeten Produkte und von der Qualität der Wässerung ab. Häufig werden Schäden durch Rückstände von den Behandlungsbädern des Films verursacht. Diese Beobachtungen gelten auch für Schwarz-Weiss-Positivabzüge.

Unter den reichlichen Unterlagen, die im Internet zur Verfügung stehen, siehe z. B. beim Institut canadien de conservation, http://www.preservation.gc.ca/howto-comment/articles/photo-fra.asp (XII 2009).

[20] Zur Selbstendzündbarkeit kommt es, wenn grosse Mengen von solchen Filmen zusammen gelagert werden, z. B. in Magazinen von Filmarchiven.

tion importante est la présence de résidus des bains de traitement du film. Ces observations sont également valables pour les tirages positifs en noir et blanc.

Les conditions de conservation correctes pour des institutions non spécialisées sont une température d'environ 16–20 °C (une température plus réduite est en principe favorable) et une humidité entre 30 et 35 % ; pour de petites collections pour lesquelles il n'est pas possible de créer des conditions climatiques spécifiques, sont également acceptables des conditions d'humidité correctes pour les livres et les documents d'archives, avec une humidité comprise entre 45 et 60 %. Cette dernière valeur ne devrait cependant jamais être dépassée. Les variations climatiques brusques sont très dangereuses et doivent être évitées, et les variations rapides (journalières, hebdomadaires) de température devraient rester inférieures à 2 °C.

Les négatifs noir et blanc, comme d'ailleurs les tirages positifs correspondants, sont particulièrement sensibles aux polluants de l'air, notamment aux composantes à base de soufre et à l'ozone.

La consultation des négatifs peut être faite à travers des tirages positifs ou sur une table lumineuse. L'apparition sur le marché de feuilles luminescentes souples de format A4 permet une consultation aisée des négatifs rangés dans des boîtes ou des classeurs. La manipulation directe des négatifs devrait toujours être faite avec des gants en coton ou en nylon, car les traces de doigts sur l'émulsion sont souvent impossibles à effacer.

Les négatifs de nitrate de cellulose devraient être conservés séparément des autres supports et séparés entre eux par un emballage individuel. De cette manière, le risque de combustion est pratiquement nul pour de petites quantités et on évite également que les produits de l'altération de ces supports puissent réagir avec les autres types de négatifs. Pour garantir la conservation à long terme de ce type de supports, il est judicieux de faire exécuter des contretypes (copies du négatif).

La conservation de tous les négatifs peut être faite dans des enveloppes en papier de pure cellulose à pH neutre ou, plus usuellement, dans des enveloppes spécialement structurées pour les formats

Vorschriftsmässige Aufbewahrungsbedingungen liegen für nicht spezialisierte Einrichtungen bei einer Temperatur von 16 bis 20 °C (niedrigere Temperaturen sind im Prinzip von Vorteil) und einer relativen Luftfeuchte zwischen 30 und 35 %. Können für kleine Sammlungen keine speziellen klimatischen Bedingungen geschaffen werden, sind auch die für Buch- und Schriftmaterialien geltenden Feuchtigkeitsbedingungen akzeptabel, das heisst eine relative Feuchte von 45 bis 65 %. Letzterer Wert darf aber auf keinen Fall überschritten werden. Abrupte Feuchtigkeitsschwankungen sind gefährlich und deshalb zu vermeiden, schnelle Temperaturschwankungen (täglich, wöchentlich) sollten 2 °C nicht überschreiten.

Schwarz-Weiss-Negative sowie die entsprechenden Positive sind gegenüber Luftschadstoffen wie Schwefelverbindungen und Ozon besonders empfindlich.

Die Negative können auf einem Leuchttisch oder als Positivkopien betrachtet werden. Die im Handel zu beziehenden, flexiblen Leuchtfolien Format A4 eignen sich gut zur Betrachtung der in Schachteln oder Ordnern gelagerten Negative. Beim Umgang mit Negativen müssen immer Baumwoll- oder Nylonhandschuhe getragen werden, denn Fingerspuren auf der Emulsion können meistens nicht mehr entfernt werden.

Cellulosenitrat-Negative müssen einzeln verpackt und gesondert von den anderen Trägermaterialien aufbewahrt werden. Solchermassen ist die Feuergefahr für kleine Mengen praktisch ausgeschlossen, und es wird vermieden, dass die Abbauprodukte dieses Trägers mit den Materialien anderer Negative reagieren können. Von Cellulosenitrat-Filmen müssen Kontaktabzüge (Negativkopien) angefertigt werden, um eine langfristige Konservierung des Bildinhalts zu garantieren.

Negative werden in Umschlägen aus pH-neutralem Papier aus reiner Cellulose oder, was gebräuchlicher ist, in speziellen Umschlägen (für Standardformate) aus konservierungsgerechtem Polyester,[21] Polyethylen oder Polypropylen aufbewahrt. Als sicherstes transparentes Material gilt zurzeit Polyester, er ist aber verhältnismässig teuer. Der Markt

[21] Siehe Teil III, Punkt 3.2 dieses Kapitels.

normaux, en polyester,[21] polyéthylène ou polypropylène de conservation. Le polyester est le meilleur matériel actuellement disponible, mais son coût est plus élevé. Le marché de la conservation fournit actuellement des produits conformes, souvent intégrés dans un programme de conteneurs bien conçu. Comme pour tous les conditionnements en plastique, les échanges hygrométriques entre l'objet et l'atmosphère environnante sont lents; il est indispensable d'éviter de forts changements de température et d'humidité, pour prévenir les risques de condensation dans les enveloppes et les pochettes, qui peut avoir des conséquences particulièrement graves sur tout le matériel photographique.

Les produits achetés dans les grands magasins ne peuvent pas être conseillés, car leurs composantes sont inconnues.[22] Il faut en tout cas éviter les conteneurs en PVC et les pochettes en papier pergamine ou papier cristal fournies par la plupart des photographes. De même, les rubans adhésifs, les peintures et vernis frais, les meubles et cadres en bois résineux et certaines colles peuvent causer des dommages graves et souvent irréversibles.

4.2 Documents photographiques positifs en noir et blanc

Très schématiquement, les tirages photographiques en noir et blanc peuvent être distinguées en deux groupes:

■ *Les papiers à noircissement direct*

Presque toutes les techniques historiques utilisaient ce type de papiers:

- ☐ Les papiers salés, où l'image se trouve dans la structure du matelas fibreux; technique utilisée entre 1830 et 1860 environ.
- ☐ Les papiers avec une couche de liant, à base d'albumine ou de collodion, dans lequel se trouvent les sels argentiques qui forment l'image.

[21] Cf. partie III de ce chapitre, point 3.2.

[22] Même pour les produits en PE ou PP, la présence d'antistatiques ou de lubrifiants peut poser des problèmes de conservation importants; sans les garanties données par le PAT (Photographic Activity Test), il est impossible de vérifier l'adéquation des produits pour la conservation à long terme.

bietet konforme, objektgerechte Aufbewahrungsmaterialien in mehreren, aufeinander abgestimmten Grössen an. Wie bei allen Verpackungen aus Plastik geht der Austausch von Feuchtigkeit zwischen Objekt und Umgebung nur äusserst langsam vor sich; starke Temperatur- und Feuchtigkeitsschwankungen sind unbedingt zu vermeiden, um einer Kondensation in Umschlägen und Hüllen aus dem Weg zu gehen, die schwere Auswirkungen auf das fotografische Material hätte.

Handelsübliche Verpackungsmaterialien aus Supermärkten dürfen nicht verwendet werden, denn ihre Zusammensetzung ist nicht bekannt.[22] Auf keinen Fall dürfen die von den meisten Fotografen gelieferten Behältnisse aus PVC oder Pergaminhüllen verwendet werden. Auch durch Klebebänder, frische Wandanstriche und Firnisse, Möbel und Rahmen aus Nadelholz und bestimmte Klebstoffe können schwere und oft irreversible Schäden verursacht werden.

4.2 Schwarz-Weiss-Positive

Sehr vereinfacht dargestellt, können die Schwarz-Weiss-Positive in zwei Gruppen unterteilt werden:

■ *Positive auf Auskopierpapier*

Dieser Papiertyp wurde für fast alle historischen Techniken verwendet:

- ☐ Salzpapier. Die bildformenden Teilchen sind direkt in den Papierfaserfilz eingebettet. Diese Technik wurde ungefähr von 1830 bis 1860 angewendet.
- ☐ Abzüge auf Papier mit einer Bindemittelschicht aus Albumin oder Kollodium, in welche die bildformenden Silbersalze eingebettet sind.

■ *Positive auf Entwicklungspapier*

Verfahren, bei dem das sichtbare Bild erst nach der Entwicklung des Papiers in chemischen Bädern erzeugt wird.

[22] Selbst bei Produkten aus PE oder PP können durch antistatische Substanzen oder Weichmacher grosse Konservierungsprobleme auftreten; ohne eine Garantie durch den PAT (Photographic Activity Test) kann nicht überprüft werden, ob die Produkte für die langfristige Konservierung geeignet sind.

■ *Les papiers à développement*

L'image ne se forme qu'après le développement du papier qui est exposé dans des bains chimiques :

- □ Les papiers barytés, sur lesquels on a tiré la plupart des photographies en noir et blanc du XXe siècle et qui sont encore utilisés pour des tirages professionnels.
- □ Les tirages modernes sur papiers à développement plastifiés (« Papiers RC resin coated »), apparus à la fin des années 1960. Dans ces papiers, la partie sensible est posée sur la couche plastique qui permet le traitement de l'image dans un temps très bref, de quelques minutes.

Actuellement, les photographes peuvent faire des tirages soit sur papier « traditionnel » baryté (uniquement par des photographes professionnels), soit sur des papiers plastifiés. Si on désire un document aussi stable que possible, il faut choisir les papiers barytés ; ces tirages, s'ils ont été correctement traités par le photographe et s'ils sont conservés de manière adéquate, ont une espérance de vie de plusieurs siècles.

Pour les conditions de conservation des tirages en noir et blanc sont valables les indications données ci-dessus pour les négatifs en noir et blanc. Par rapport aux négatifs, on tend à exposer plus fréquemment à la lumière les tirages positifs. Ces derniers cependant souffrent du rayonnement lumineux (en particulier de la composante UV) et du contact avec des polluants, leur image peut pâlir et le fond jaunir. Il est donc important de conserver ces images dans l'obscurité et d'être très prudent lors de leur exposition ; l'avis d'un spécialiste qui peut différencier les différentes techniques et indiquer les limites pour chacune d'elles est ici très précieux. La manipulation des tirages positifs devrait être faite exclusivement avec des gants en coton ou en fibres synthétiques. Ces exigences assez rigoureuses rendent la numérisation des documents photographiques particulièrement attrayante pour la facilité de consultation qu'elle offre.

Les conditionnements de protection peuvent être en papier de conservation sans charge alcaline ou en une matière synthétique agréee aussi pour la conservation des négatifs (voir la partie sur les négatifs ci-dessus). Les tirages modernes sur papier

- □ Barytpapier. Die meisten Schwarz-Weiss-Fotografien des 20. Jahrhunderts wurden mit diesem Verfahren hergestellt. Es wird noch heute für professionelle Arbeiten verwendet.
- □ Die modernen Abzüge auf kunststoffbeschichtetem Entwicklungspapier (RC-Papier «resin coated») kamen um 1970 auf. Die Emulsionsschicht bedeckt das beidseitig mit Kunststoff beschichtete Papier. Eine sehr schnelle Bildbehandlung ist möglich.

Die Fotografen verwenden heutzutage für ihre Abzüge beide Papiere, das «traditionelle» Barytpapier (nur Berufsfotografen) oder das kunststoffbeschichtete Papier. Soll ein möglichst beständiges Dokument hergestellt werden, empfiehlt sich die Verwendung von Barytpapier. Werden diese Abzüge vom Fotografen vorschriftsmässig hergestellt und unter korrekten Bedingungen aufbewahrt, können sie mehrere Jahrhunderte halten.

Für die Aufbewahrung von Schwarz-Weiss-Abzügen gelten die schon für Schwarz-Weiss-Negative gegebenen Hinweise. Im Vergleich zu Negativen werden Positive häufiger dem Licht ausgesetzt, dabei sind auch sie sehr lichtempfindlich (besonders UV-Anteil). Ebenso zerstörend wirken Luftschadstoffe: Das Bild kann ausbleichen und der Grund vergilben. Die Bilder müssen im Dunkeln aufbewahrt werden, bei ihrer Ausstellung ist grosse Vorsicht geboten. Es wird unbedingt empfohlen, einen Spezialisten zu konsultieren, der mit den fotografischen Techniken vertraut ist und beim Umgang mit jeder von ihnen die angemessenen Massnahmen empfehlen kann. Positive dürfen nur mit Handschuhen aus Baumwolle oder synthetischen Fasern angefasst werden. Die Digitalisierung von fotografischen Dokumenten ist besonders vorteilhaft, denn da die Benutzung verhältnismässig strengen Anforderungen unterliegt, wird sie durch die Ersatzmedien vereinfacht.

Schutzverpackungen sollen aus Konservierungspapier ohne Pufferzusätze oder aus alterungsbeständigem synthetischem Material, das auch für Negative zu verwenden ist, bestehen (siehe oben, Abschnitt über Negative). Die modernen Abzüge auf Barytpapier oder PE/RC-Papier können auch

baryté ou sur papier plastifié peuvent être également conservés avec des enveloppes et pochettes en papier de conservation avec charge alcaline.

Il est souhaitable de séparer entre eux les documents photographiques à l'aide de chemises ou de pochettes ou au moins de feuilles intercalaires. Cette précaution est particulièrement utile pour des anciennes épreuves collées sur carton ; en effet, ces cartons sont souvent de qualité très médiocre et le contact d'une image avec le carton de support d'une autre image peut causer une altération notable. Les agrafes et autres parties métalliques, ainsi que tout corps dur qui peut blesser la photographie, doivent être éliminés. Les tirages qui sont encadrés avec un verre directement en contact avec l'émulsion photographique devraient être séparés du verre par une baguette interne ou par une autre technique.

4.3 Documents photographiques en couleur

La couleur a été utilisée en photographie dès le début du XXe siècle, mais elle ne s'est diffusée qu'à partir de la fin des années 1930, avec l'apparition sur le marché des films en couleur. Il serait bien difficile de décrire les différentes techniques utilisées dans toute leur complexité ; cependant, les indications pour la conservation sont cohérentes et applicables à tout matériel photographique en couleurs. Pour des institutions non spécialisées, il n'est donc, en principe, pas nécessaire de différencier entre les différentes techniques de production. Naturellement, tous les procédés n'offrent pas la même stabilité ; il est facile de constater déjà dans les albums de souvenir privés que la vitesse d'altération peut varier considérablement. D'une manière générale, ces documents sont peu stables et il faut prendre toutes les précautions si l'on veut les conserver à long terme. Les supports photographiques en couleurs sont très sensibles aux conditions climatiques. Une température très réduite et une humidité relative peu élevée sont favorables, en évitant bien sûr tout choc thermique ou hygrométrique. On peut évaluer schématiquement l'effet d'une baisse de la température d'entreposage :

in Umschlägen oder Hüllen aus gepuffertem, alterungsbeständigem Papier gelagert werden.

Fotografische Dokumente sollten möglichst nicht gemischt, sondern einzeln in Hüllen, Umschlägen oder wenigstens durch Zwischenlagenblätter getrennt aufbewahrt werden. Diese Massnahme ist besonders für alte, auf Pappe geklebte Abzüge wichtig. Tatsächlich ist diese Pappe oft von schlechter Qualität, und der Kontakt mit einem anderen Bild kann zu erheblichen Schäden führen. Heftklammern und andere Metallteile sowie alle harten Objekte können die Fotografie beschädigen und müssen deshalb entfernt werden. Sind Abzüge eingerahmt, darf das Rahmenglas die fotografische Emulsionsschicht nicht direkt berühren. Dies muss mit Hilfe von Rahmenleisten oder einer anderen Methode verhindert werden.

4.3 Farbfotografische Dokumente

Farbe war in der Fotografie seit Anfang des 20. Jahrhunderts in Gebrauch, zu einer breiten Anwendung kam es aber erst am Ende der 1930er-Jahre mit dem Erscheinen von Farbfilmen auf dem Markt. Die Zusammensetzung der verschiedenen farbfotografischen Verfahren ist komplex. Die Angaben zur Aufbewahrung der Farbmaterialien hingegen sind kohärent, und im Prinzip ist dazu in nicht spezialisierten Institutionen keine Unterscheidung der verschiedenen Herstellungstechniken nötig. Natürlich sind die verschiedenen Verfahren von unterschiedlicher Stabilität und Alterungsgeschwindigkeit (das wird schon in den privaten Fotoalben ersichtlich). Farbfotografische Dokumente sind instabil, und es müssen alle nur möglichen Massnahmen getroffen werden, um sie langfristig zu erhalten. Farbfotografische Träger sind besonders klimaempfindlich. Empfohlen werden sehr niedrige Temperaturen sowie eine niedrige relative Feuchte. Natürlich müssen alle starken Klimaschwankungen vermieden werden. Die folgende schematische Darstellung zeigt die Auswirkung einer Temperatursenkung im Magazinraum auf:

Température	Modification du facteur de conservation
24 °C	1×
19 °C	2×
13 °C	5×
7 °C	10×
–10 °C	100×
–26 °C	1000×

Temperatur	Veränderung des Haltbarkeitsfaktors
24 °C	1×
19 °C	2×
13 °C	5×
7 °C	10×
–10 °C	100×
–26 °C	1000×

Dans la pratique, la gestion du climat à des températures très basses est complexe et onéreuse; elle se justifie dans des institutions spécialisées. La conservation à environ 13 °C et à 25–35 % d'humidité relative crée de bonnes conditions dans un cadre plus facile à réaliser.

Dans les conditions normales pour les autres documents en papier, les processus d'altération seront plus rapides; quand on ne peut pas créer des conditions spécifiques, il faut éviter autant que possible de dépasser une température de 20 °C et maintenir l'humidité de l'air toujours en dessous de 60 %.

Les colorants de presque tous les documents photographiques en couleurs sont sensibles à la lumière et pâlissent irrémédiablement; même dans l'obscurité, une modification des couleurs est possible, mais elle sera beaucoup plus lente. Cette altération est irréversible. La conservation dans des conteneurs qui protègent de la lumière et une grande prudence lors de l'exposition sont indispensables.

Lors des manipulations, le contact direct des doigts avec le matériel photographique doit en tout cas être évité; pour la manipulation directe, le port de gants en coton ou en fibres synthétiques est indispensable.

Actuellement, les tirages sur papier Cibachrome ou Ilfochrome ont une espérance de vie très longue (certaines études parlent de plusieurs siècles), à condition qu'ils soient conservés dans de bonnes conditions; ces tirages sont faits à partir de diapositives, généralement produites avec le procédé Ektachrome. Ces diapositives sont relativement instables et les couleurs se modifient de manière sensible déjà après quelques décennies. Par contre, les diapositives produites avec des films Kodachrome,

Die Erhaltung sehr niedriger Temperaturen in Archivräumen ist kompliziert und kostenaufwendig und kommt daher nur für Einrichtungen in Frage, die auf Fotografien spezialisiert sind. Eine Temperatur von 13 °C und eine relative Luftfeuchtigkeit von 25–30 % ergeben gute Aufbewahrungsbedingungen, die einfacher zu realisieren sind.

Wenn für das farbfotografische Material keine spezifischen Bedingungen geschaffen werden können, muss es bei Normalbedingungen für Papierobjekte aufbewahrt werden (obwohl sich der Alterungsprozess beschleunigt), das heisst, die Temperatur muss auf jeden Fall unter 20 °C liegen und die relative Luftfeuchtigkeit darf 60 % nicht überschreiten.

Fast alle Farbstoffe von farbfotografischem Material sind lichtempfindlich und bleichen irreversibel aus. Selbst im Dunkeln sind Farbveränderungen möglich, treten aber verlangsamt auf. Die Aufbewahrung in lichtundurchlässigen Behältern und äusserste Vorsicht beim Ausstellen sind geboten.

Um schädigende Fingerabdrücke zu vermeiden, darf fotografisches Material nur mit Handschuhen aus Baumwolle oder synthetischen Fasern angefasst werden.

Heutzutage wird für Farbabzüge Cibachromebeziehungsweise Ilfochrome-Papier verwendet. Es ist langfristig beständig, wenn es unter guten Bedingungen aufbewahrt wird (in manchen Untersuchungen wird von mehreren Jahrhunderten gesprochen). Die Abzüge werden von Diapositiven gemacht, gewöhnlich mit dem Ektachrome-Verfahren. Diese Diapositive sind relativ instabil, und schon nach einigen Jahrzehnten verändern sich die Farben merklich. Diapositive, die mit einer anderen Technik, nämlich mit Kodachrome-Filmen hergestellt werden, sind langfristig stabiler (wenn

qui utilisent une technique différente, sont beaucoup plus stables dans le temps, mais leurs couleurs sont un peu moins fidèles; ce procédé a été retiré du marché au début du XXIe siècle. Les films négatifs en couleurs et leurs tirages sur papier ont une stabilité limitée dans le temps. Une évaluation précise est difficile parce que chaque producteur peut modifier continuellement ses produits et procédés sans l'indiquer au client.

Les conditionnements conseillés ci-dessus pour les documents photographiques en noir et blanc sont indiqués aussi pour le matériel en couleurs. Pour le conditionnement des photographies, il existe des pochettes adéquates dans des matières plastiques agréees.

sie vor Licht geschützt aufbewahrt werden), die Farben sind allerdings etwas weniger naturgetreu. Dieses Verfahren wurde am Anfang des 21. Jahrhunderts vom Markt genommen. Farbnegativfilme und ihre Abzüge auf Papier sind beschränkt haltbar. Genauere Angaben zur Haltbarkeit sind schwierig, da die Hersteller die Zusammensetzung ihrer Produkte und die Herstellungsverfahren ohne Mitteilung an den Kunden jederzeit verändern können.

Die schon für Schwarz-Weiss-Fotomaterial aufgeführten Anforderungen an Schutzverpackungen gelten auch für farbfotografisches Material. Für die Verpackung von fotografischem Material gibt es Taschen aus konservierungsgerechtem Kunststoff.

5 Quelques supports multimédias analogiques et numériques

Les problèmes de conservation sont en grande partie les mêmes, qu'il s'agisse de documents sonores, audiovisuels ou informatiques, car tous ces documents utilisent les mêmes types de supports (exception : les disques à microsillons) et les problèmes de conservation sont plus liés au support qu'à son application. C'est pour cette raison que ce chapitre a été structuré en fonction des techniques d'enregistrement et de reproduction.

5.1 Les disques et bandes magnétiques

Les supports sonores peuvent avoir des durées de vie très différentes, selon les matières utilisées pour leur production : matières plastiques qui contiennent différents additifs, choisis en fonction de la qualité à obtenir pour une utilisation donnée. L'équilibre entre ces composants est un élément fondamental pour la conservation, et l'espérance de vie peut augmenter ou diminuer de plusieurs décennies, voire d'un siècle, selon la stabilité générale du mélange choisi par le fabriquant et le soin apporté au moment de la production.

L'altération des matières plastiques utilisées pour les supports sonores provoque des changements structurels dans la matière, consécutifs à la

5 Einige Träger analoger und digitaler Audiodaten

Bei der Aufbewahrung von Tonträgern, audiovisuellen Dokumenten und elektronischen Datenträgern stellen sich gleichartige Probleme, denn zu ihrer Herstellung werden grösstenteils die gleichen Trägermaterialien verwendet (mit Ausnahme der Mikrorillen-Platten). Da sich die Aufbewahrungsprobleme eher durch die Art des Trägers als durch seinen Nutzungsbereich ergeben, richtet sich die folgende Aufteilung nach Art der Aufnahme und der Wiedergabe von Informationen.

5.1 Platten und Magnetbänder

Die Lebensdauer von Tonträgern ist stark von den verwendeten Herstellungsmaterialien abhängig. Das Trägermaterial besteht aus Kunststoffen, die je nach gewünschter Qualität und nach Verwendungszweck verschiedene Zusätze enthalten. Die vom Hersteller gewählten Bestandteile und die Produktionsmethode beeinflussen ganz wesentlich die Lebensdauer des Tonträgers; die Lebenserwartung kann sich um mehrere Jahrzehnte und sogar ein Jahrhundert verschieben.

Bei der Alterung der zur Herstellung von Tonträgern verwendeten Kunststoffe wird der strukturelle Aufbau des Materials infolge des Abbruchs

rupture des chaînes moléculaires et/ou au mélange et à la modification chimique des composants.

Les conditions de conservation ont une très grande influence sur l'évolution de ces processus. Les principaux facteurs d'altération sont:

- ☐ la chaleur, qui provoque des réactions chimiques et des modifications physiques permanentes (déformations);
- ☐ l'humidité ou l'eau, qui peuvent être absorbées par certaines résines causant ainsi des changements dimensionnels, et qui interviennent dans les altérations chimiques en agissant comme solvants ou comme catalyseurs;
- ☐ les altérations biologiques liées à la présence d'une humidité suffisante (HR supérieure à 60 %); les micro-organismes peuvent se nourrir de certains additifs présents dans le support (huiles, cires, acides gras, quelques plastifiants) ou des traces de graisse laissées lors de manipulations non correctes; les enzymes sécrétés par les micro-organismes peuvent attaquer aussi les autres composants du support;
- ☐ la lumière, surtout dans les fréquences courtes (lumière bleue violette et rayonnement ultraviolet);
- ☐ les polluants atmosphériques, qui peuvent réagir avec les composants du support;
- ☐ la poussière et le sable, qui exercent une action abrasive sur le support;
- ☐ les dommages mécaniques liés à l'entreposage, à la manipulation et à la lecture.

5.1.1 **Les disques à microsillons**

Les disques 78 tours sont composés d'un mélange contenant un pourcentage important de gomme laque. Cette matière est sensible aux dommages dus à l'humidité, à la décomposition de la matière du support et aux sollicitations mécaniques.

Les disques à microsillons en plastique sont en chlorure de polyvinyle (PVC) ou en polystyrène. Ces matières sont sensibles à la chaleur et au rayonnement UV et, pour le polystyrène, à l'oxydation. L'électricité statique accumulée sur le disque au moment du pressage reste active pendant longtemps et attire la poussière; cette charge électrique se régénère avec les manipulations et la lecture du disque.

von Molekülketten und/oder aufgrund der chemischen Zusammensetzung und Veränderung der Bestandteile verändert.

Auch die Aufbewahrungsbedingungen beeinflussen den Ablauf dieser Prozesse. Nachfolgend werden die hauptsächlichsten Schadensfaktoren aufgeführt:

- ☐ Wärme verursacht chemische Abbaureaktionen und Verformungen.
- ☐ Feuchtigkeit oder Wasser werden von manchen Harzen absorbiert, wodurch sich die Masse verändert, sie wirken ausserdem als Lösungsmittel oder Katalysator bei chemischen Alterungsprozessen.
- ☐ Biologische Schäden bei zu hoher Feuchtigkeit (rF höher als 60 %) entstehen dadurch, dass Mikroorganismen sich von bestimmten im Kunststoff des Trägers enthaltenen Zusätzen (Öl, Wachse, Fettsäuren, einige Weichmacher) oder von Fettspuren, die durch unvorschriftsmässige Handhabung entstanden sind, ernähren können. Die von den Mikroorganismen ausgeschiedenen Enzyme können wiederum auch die anderen Bestandteile des Trägers angreifen.
- ☐ Licht ist besonders im Kurzwellenbereich (blauviolettes Licht und UV-Strahlung) schädlich.
- ☐ Luftschadstoffe können mit den Kunststoffen und Zusätzen reagieren.
- ☐ Staub und Sand bewirken Scheuerschäden am Tonträger.
- ☐ Mechanische Schäden entstehen durch Aufbewahrung, Handhabung und Abhören.

5.1.1 **Schallplatten**

Schallplatten (Drehzahl 78 U/min) werden aus einem Kunststoffgemisch hergestellt, das zu einem grossen Teil aus Schellack besteht. Dieses Material wird durch Feuchtigkeit, Zersetzung des Kunststoffgemischs und mechanische Belastung geschädigt.

Mikrorillen-Platten bestehen aus Polyvinylchlorid (PVC) oder aus Polystyrol. Beide Materialien sind gegenüber Wärme und UV-Strahlen empfindlich: Polystyrol kann ausserdem leicht oxidieren. Die statische Elektrizität, die sich bei der Herstellung (Pressen) auf Schallplatten bildet, bleibt lange Zeit aktiv und zieht Staub an; diese elektrische Ladung wird bei Handhabung und Abhören der Platte reaktiviert.

Le stockage incorrect peut causer des déformations irréversibles. Les conditions de conservation recommandées sont :

□ température inférieure à 25 °C ;
□ humidité relative inférieure à 60 % ;
□ protection du rayonnement UV ;
□ conservation verticale, avec légère pression entre les disques ;
□ contrôle régulier de la lisibilité, avec établissement d'une copie de remplacement aux premiers signes d'altération profonde.

5.1.2 Les bandes et disquettes magnétiques : son, image (et anciennes données numériques)

Les *bandes magnétiques* sont formées par un support (aujourd'hui PVC, PET) sur lequel se trouve une couche magnétisable (Fe_3O_4, Fe_2O_3, CrO_2, etc.). Les dangers d'altération sont les mêmes que ceux présentés pour les disques, avec quelques particularités dues au mode d'enregistrement et de reproduction.

□ Les tensions de bobinage, dues à la tendance de certaines bandes à se dérouler, peuvent causer des déformations et la rupture de la bande.
□ L'effet copie, c'est-à-dire la magnétisation des spires adjacentes dans la structure de la bande, est influencé par la température, le temps de stockage, l'épaisseur de la bande, la présence de champs magnétiques et les rembobinages périodiques.

Les conditions de conservation recommandées sont celles indiquées pour les disques, avec les mesures supplémentaires suivantes :

□ protection des champs magnétiques (moteurs électriques, haut-parleurs, etc.) ;
□ rembobinage périodique, au moins une fois par année ;
□ utilisation de bandes de très bonne qualité et d'une épaisseur suffisante (éviter les bandes « longue durée »).

L'établissement de copies de remplacement est la seule possibilité quand le support (disque microsillon ou bande magnétique) donne des signes d'altération grave ; pour des supports sonores dont la conservation est prioritaire, il est opportun d'établir au moins une copie de sécurité, pour éviter que la consultation ne dégrade rapidement l'original et

Unsachgemässe Aufbewahrung kann irreversible Verformungen bewirken. Empfohlen werden folgende Aufbewahrungsbedingungen:

□ Temperatur unter 25 °C;
□ relative Feuchtigkeit unter 60 %;
□ Schutz vor UV-Strahlung;
□ senkrechte Aufbewahrung mit leichtem Druck zwischen den Platten;
□ regelmässige Kontrolle der Tonqualität; bei ersten Anzeichen von tiefgreifenderen Schäden muss eine Kopie angefertigt werden.

5.1.2 Magnetbänder und -platten: Ton, Bild (und ältere digitale Daten)

Magnetbänder bestehen aus einem Träger (heute PVC, PET), auf dem eine magnetisierbare Schicht liegt (Fe_3O_4, Fe_2O_3, CrO_2 usw.). Magnetbänder sind, was die Alterung betrifft, den gleichen Risikofaktoren ausgesetzt wie Schallplatten. Aber durch die Art des Aufnehmens und des Abspielens ergeben sich einige Besonderheiten, von denen hier die wichtigsten genannt seien:

□ Beim Spulen entstehen plötzliche Spannungen, da manche Bänder nicht fest gewickelt bleiben; das Band kann sich verformen und reissen.
□ Der Kopiereffekt, das heisst die Magnetisierung der anliegenden Tonspuren auf dem Band, wird von der Temperatur, der Aufbewahrungsdauer, der Banddicke, von magnetischen Feldern und vom vielen Rückspulen beeinflusst.

Empfohlen werden die gleichen Aufbewahrungsbedingungen, wie sie für Schallplatten gelten; folgende Massnahmen müssen zusätzlich beachtet werden:

□ Schutz vor Magnetfeldern (Elektromotoren, Lautsprecher usw.);
□ regelmässiges Umspulen, mindestens einmal pro Jahr;
□ Verwendung von Bändern guter Qualität und ausreichender Dicke (keine Langbänder verwenden).

Die Herstellung von Kopien ist der einzige Ausweg, wenn ein Träger (Schallplatte oder Magnetband) Anzeichen von Schädigungen zeigt. Für Tonträger, die unbedingt aufbewahrt werden müssen, muss mindestens eine Sicherheitskopie angefertigt werden. So wird die Abnutzung des Originals durch

pour garantir une plus longue durée de vie si le support de l'enregistrement original est relativement instable.

En Suisse, la Phonothèque nationale suisse à Lugano offre ses services pour faire des copies d'archives et distribue aussi du matériel adapté pour la conservation à long terme des disques et bandes magnétiques (boîtes et pochettes).

Abhören vermieden. Die Lebensdauer eines instabilen Originaltonträgers wird auf diese Weise beträchtlich verlängert.

In der Schweiz fertigt die Schweizerische Landesphonothek in Lugano Archivkopien an und vertreibt ausserdem Material für die Aufbewahrung von Schallplatten und Magnetbändern (Schachteln und Taschen).

5.2 Les supports optiques type CD : son, image et informations numériques

Cette partie se limite à donner des indications sur la nature et la conservation des CD. Cette information peut partiellement être extrapolée pour les DVD. Vue l'évolution très rapide des supports informatiques actuels, se référer à des sites Internet actualisés pour des informations sur les autres supports informatiques.

Les *CD* forment une catégorie de supports numériques avec un procédé de lecture optique, appelés disques compacts. En principe, tous les CD courants ont en commun les mêmes dimensions et quelques aspects techniques généraux : ils sont constitués par un disque de polycarbonate transparent de 1,2 mm d'épaisseur, recouvert d'une couche métallique réfléchissante (d'une épaisseur d'environ 0,1 micron, pratiquement semi-transparente), qui est recouverte à son tour d'une couche de laque de protection (10 à 30 microns), sur laquelle se trouve l'étiquette ou l'impression. Le support en polycarbonate est gravé d'une spirale microscopique dont les traces sont si proches qu'elles créent le typique effet arc-en-ciel avec la lumière. La lecture est faite par un rayon laser qui est réfléchi ou interrompu selon la structure imprimée dans le disque ; cette information est interprétée comme musique, texte ou image par des microprocesseurs.

Dans les CD de bas de gamme, par exemple certains CD offerts avec des publications, le support peut être constitué d'une autre matière plastique, moins stable que le polycarbonate.

5.2.1 Les différents types de disques compacts (CD)

■ Les *CD* « ordinaires » ou *CD-ROM* (read only memory), par exemple les CD de musique, les CD

5.2 Optische Träger Typ CD: Ton, Bild und digitale Daten

Dieser Abschnitt beschränkt sich darauf, Angaben über die Art und die Konservierung von CDs zu geben. Die Informationen gelten zum Teil auch für DVDs. In Anbetracht der sehr schnellen Entwicklung der heutigen Informationsträger wird empfohlen, sich diesbezüglich auf den aktualisierten Internetseiten zu informieren.

CDs sind Datenträger, die mittels optischer Verfahren gelesen werden, sie werden Compact Disk genannt. Im Prinzip haben alle CDs die gleichen Masse und einige generelle technische Merkmale: Sie bestehen meist aus einer transparenten Polycarbonatplatte von 1,2 mm Dicke, die mit einer reflektierenden Metallschicht (ca. 0,1 Mikron, fast halbtransparent) bedeckt ist. Darauf ist eine Schutzlackschicht (10–30 Mikron) aufgebracht, die dann bedruckt oder mit einem Schild beklebt wird. Auf den Polycarbonatträger werden die Signale spiralförmig mit einem Mikroschreibkopf eingraviert. Die Spuren liegen so dicht beieinander, dass sich im Licht der charakteristische Regenbogeneffekt ergibt. Gelesen wird mit Hilfe eines Laserstrahls, der entsprechend der gravierten Struktur reflektiert oder unterbrochen wird. Diese Information wird von Mikroprozessoren als Musik, Text oder Bild interpretiert.

Bei CDs niedriger Qualität, zum Beispiel Gratis-CDs aus Publikationen, besteht der Träger häufig aus einem anderen, weniger stabilen Kunststoff als Polycarbonat.

5.2.1 Verschiedene Compact-Disk-Typen

■ Die «gewöhnliche» *CD* oder *CD-ROM* (CD read only memory), zum Beispiel Musik-CDs, CDs für

contenant des programmes informatiques, etc., peuvent être reconnus à l'éclat argenté semblable des deux faces du disque. L'information est gravée dans des microreliefs à l'intérieur de la spirale et elle est imprimée à partir d'un moule. Cette technique est utilisée quand un nombre important de copies sont produites. Dans les CD-ROM actuels, la couche réfléchissante est en aluminium ou un alliage d'aluminium et de chrome, tandis que dans les plus anciens ou dans des produits de qualité médiocre, elle peut être en argent ou autres métaux oxydables.

L'oxydation de la couche métallique conduit à une perte du pouvoir réfléchissant qui est indispensable pour la lecture : le CD-ROM devient inutilisable. Pour les produits actuels de bonne qualité, Kodak estime la durée de vie à au moins cent ans, à condition qu'ils soient conservés dans des conditions normales, mais certains disques de qualité médiocre sont déjà aujourd'hui gravement altérés.

Les CD-ROM devraient être relativement peu sensibles aux rayures sur leur face inférieure, car le rayon laser est focalisé sur la couche métallique et non pas sur la surface du disque ; en pratique, leur lisibilité devient rapidement problématique s'ils sont rayés. Les dommages mécaniques sur la couche supérieure peuvent gravement affecter la lisibilité.

Un grand nombre de problèmes de lisibilité proviennent aussi des appareils, car il s'agit de machines électromécaniques complexes qui peuvent se dérégler. Il n'est pas rare qu'un CD puisse être lu par un lecteur, alors que dans un autre, il est inutilisable. Les lecteurs contiennent aussi des programmes de correction automatique des erreurs, qui peuvent compenser dans une certaine mesure les problèmes de lecture.

■ Les *CD-R* (recordable) ou *WORM* (write once, read multiple) ont souvent une nuance verdâtre plus ou moins foncée sur la partie inférieure. Ils sont vendus vierges et ne peuvent être enregistrés qu'une seule fois; par contre, on peut les lire par la suite sans limites.

Sur une base similaire aux autres CD, une structure particulière permet l'enregistrement d'informations. La surface réfléchissante est généralement en or ; sous cette surface se trouve une couche

Computerprogramme usw. Man erkennt sie an ihrem beidseitigen silbernen Schein. Die Information ist in Mikrorillen im Inneren der Spirale gespeichert und wird von einer Matrize gepresst. Diese Technik eignet sich nur, wenn viele Kopien hergestellt werden. Die reflektierende Schicht besteht bei den heutigen CD-ROMs aus Aluminium oder einer Aluminiumchromlegierung, während sie bei den meisten alten CDs oder CDs minderer Qualität häufig aus Silber oder anderen oxidierbaren Metallen besteht.

Die Oxidation der Metallschicht führt zu einem Verlust an Reflexionsvermögen, das die Voraussetzung für das Auslesen ist: Die CD ist nicht mehr zu benutzen. Für die gegenwärtig produzierten Produkte guter Qualität gibt Kodak eine Lebensdauer von mindestens hundert Jahren an, wenn sie unter Normalbedingungen aufbewahrt werden. Aber manche CDs von mittelmässiger Qualität weisen schon heute schwere Schäden auf.

Kratzer auf der unteren Seite der CD-ROM sollten keine grosse Rolle spielen, denn der Laserstrahl wird auf die Metallschicht und nicht auf die Oberfläche des Trägers konzentriert. In Wirklichkeit können Kratzer schnell zu einem Problem für die Lesbarkeit von CDs werden. Die mechanischen Schäden an der Oberschicht können sich beim Auslesen der Platte negativ bemerkbar machen.

Viele Probleme beim Auslesen entstehen auch durch die Geräte, denn es handelt sich um komplizierte elektromechanische Apparate, die sich verstellen können. Es kommt nicht selten vor, dass eine CD von dem einen Lesegerät ausgelesen werden kann, während sie auf einem anderen unlesbar ist. Die Lesegeräte verfügen auch über eine automatische Fehlerkorrektur, welche die Probleme beim Auslesen bis zu einem gewissen Grad kompensieren kann.

■ CD-Rs (recordable) oder *WORMs* (write once, read multiple) sind auf der Unterseite oft grünlich in verschieden starken Nuancen. Sie werden unbeschrieben verkauft, sind einmal beschreibbar und unendlich oft auslesbar.

Das Grundprinzip ähnelt dem einer «gewöhnlichen» CD, aber durch eine besondere Struktur wird das Speichern von Daten durch den Benutzer möglich. Die reflektierende Oberfläche ist meis-

de pigments verts organiques, qui peut être modifiée (rendue plus foncée et opaque) par un rayon laser, ce qui permet de créer une succession de zones réfléchissantes et de zones opaques qui contient l'information. L'opération de l'écriture est délicate et définitive; le disque doit être parfaitement propre pour éviter des modifications du rayon laser d'écriture.

Le pigment vert utilisé pour enregistrer les données reste sensible à la lumière, dans une mesure qui peut varier fortement selon la qualité du disque. Dans certains cas, l'exposition du côté inférieur du disque au soleil ou à de fortes lumières artificielles peut modifier l'information et la rendre illisible après un temps assez court. Les CD-R de qualité sont plus résistants, mais il est nécessaire de les protéger autant que possible de la lumière, donc de les ranger systématiquement dans un emballage opaque quand ils ne sont pas utilisés.

■ Les *CD-E* (erasable) permettent à l'utilisateur d'écrire et d'effacer à volonté. Ce procédé repose sur un principe différent: certaines matières peuvent assumer une structure moléculaire cristalline (ordonnée) ou amorphe (désordonnée), et le passage d'une structure à l'autre peut être provoqué avec un faisceau laser. Selon la structure moléculaire, la lumière est réfléchie différemment, et de cette manière, on stocke l'information. La durée de vie de ces supports est actuellement estimée à vingt ou trente ans.

5.2.2 **Le traitement des CD**

Les CD devraient être conservés dans une atmosphère «normale», en évitant les excès de chaleur et d'humidité; les normes indiquées pour les autres documents écrits ou imprimés créent un cadre correct pour la conservation des CD. Une atmosphère plus fraîche et une humidité relative plus réduite sont encore plus favorables.

D'autres aspects devraient être observés pour garantir la durée de vie de ces supports:

□ Ranger toujours les CD dans leur emballage (normalement en polyacrylates) et conserver ces emballages dans des boîtes fermées opaques à la lumière. Sortir les CD seulement pour leur utilisation.

tens aus Gold. Darunter liegt eine Schicht organischer Grünpigmente; diese Schicht kann mit einem Laserstrahl verändert werden (wird dunkler oder opaker gemacht). So wird eine Folge von reflektierenden und opaken Zonen gebildet, in der die Informationen enthalten sind. Das Beschriften ist heikel und bleibt definitiv. Die Platte muss völlig sauber sein, um ungewollte Abweichungen des Laserstrahls vom CD-Brenner zu vermeiden.

Das Grünpigment, in das die Informationen eingeschrieben werden, bleibt lichtempfindlich, allerdings je nach Plattenqualität in unterschiedlichem Masse. Wird die Scheibenunterseite der Sonne oder starkem künstlichem Licht ausgesetzt, kann das innerhalb kurzer Zeit zu einer Datenveränderung oder zur Unauslesbarkeit der CD führen. CD-Rs von guter Qualität sind stabiler, sie müssen aber möglichst lichtgeschützt in opaken Schutzverpackungen aufbewahrt werden.

■ *CD-RWs* (ReWritable) können vom Benutzer beschrieben und gelöscht werden. Dieses Verfahren beruht auf einem anderen Grundprinzip (Phasenwechsel): Manche Materialien können von einer kristallinen (geordneten) Struktur in eine amorphe (ungeordnete) Molekularstruktur und umgekehrt wechseln. Der Wechsel von einem Zustand in den anderen kann von einem Laserstrahl ausgelöst werden. Die Reflexion eines Materials ist je nach Zustand verschieden hoch, und solcherart können Informationen gespeichert und verändert werden. Die Lebensdauer von CD-RWs wird gegenwärtig auf zwanzig bis dreissig Jahre geschätzt.

5.2.2 **Aufbewahrung von CDs**

CDs sollten unter «normalen» Umgebungsbedingungen unter Vermeidung extremer Temperatur- und Feuchtigkeitswerte aufbewahrt werden. Die Klimarichtwerte für Buch- und Schriftmaterialien bilden korrekte Aufbewahrungsbedingungen für CDs, noch vorteilhafter sind aber niedrigere Temperaturen und eine geringere relative Feuchtigkeit.

Um eine längere Haltbarkeit dieser Träger zu erreichen, müssen weitere Hinweise beachtet werden:

□ CDs immer in ihren Verpackungen (normalerweise aus Polyacrylat) und diese in verschlossenen, lichtundurchlässigen Schachteln aufbewahren.

- ☐ Protéger les CD de la lumière solaire ou d'une lumière artificielle intense.
- ☐ Eviter de salir les CD : les toucher seulement sur les bords, les protéger de la poussière.
- ☐ Ne pas écrire sur les CD avec des pointes dures (stylos à bille ou crayons). S'il est indispensable d'écrire, utiliser un feutre souple et écrire sur la face supérieure du disque. Utiliser des feutres à base d'eau, car certains solvants peuvent endommager le disque.
- ☐ Ne pas appliquer d'étiquette sur la surface du disque, ne pas enlever les étiquettes originales ; le risque d'endommager la couche de laque et la couche métallique sont grands, car le disque peut être délaminé.
- ☐ Ne pas plier ou forcer un CD.
- ☐ Le nettoyage des CD peut être fait avec un chiffon non abrasif par des mouvements allant du centre du disque vers l'extérieur et non pas circulaires. Eviter l'usage de solvants, car leurs effets peuvent être imprévisibles.
- ☐ Eviter les brusques changements climatiques supérieurs à 5 °C ou à 10 % d'humidité relative. Les emballages d'origine offrent une bonne protection contre des changements normaux, mais ne peuvent pas amortir des variations extrêmes ; par exemple, il faut éviter de laisser des CD dans une voiture parquée au soleil.

En conclusion, si les CD-ROM et, dans une moindre mesure, les CD-R de bonne qualité ont une espérance de vie assez longue, le problème principal dans leur conservation est posé par l'évolution du matériel et des programmes de lecture ; en effet, plusieurs générations se succèdent en quelques années. Le support optique est absolument inutilisable sans l'outillage (machines et programmes) qui permet de lire et de décoder l'information.

CDs nur zwecks Benutzung aus der Verpackung nehmen.

- ☐ CDs vor Sonnenlicht sowie starker künstlicher Lichtstrahlung schützen.
- ☐ CDs vor Verschmutzungen und Staub schützen. CDs nur am Rand anfassen.
- ☐ Nicht mit harten Spitzen wie Kugelschreiber oder Bleistift auf CDs schreiben. Wenn beschriftet werden muss, mit einem weichen Filzstift auf die Oberseite der CD schreiben; Tinte auf Wasserbasis benutzen, denn manche Lösungsmittel können die CD schädigen.
- ☐ Keine Schilder auf die Plattenoberfläche kleben, kein Originalschild entfernen; die Gefahr einer Beschädigung der Lack- oder Metallschicht ist gross, denn die Platte kann sich aufspalten.
- ☐ CDs nicht knicken oder mit Gewalt in ein Lesegerät eingeben.
- ☐ CDs werden mit einem nicht kratzenden Tuch, ausgehend von der Mitte der Platte nach aussen gereinigt (nicht kreisförmig). Der Gebrauch von Lösungsmitteln ist zu vermeiden, da die Auswirkungen nicht vorhersehbar sind.
- ☐ Abrupte Klimawechsel vermeiden: Temperaturschwankungen sollten 5 °C und Feuchtigkeitsschwankungen 10 % nicht überschreiten. Die Originalverpackungen schützen gut gegen normale Klimaschwankungen, können extreme Schwankungen aber nicht ausgleichen: zum Beispiel CDs nicht in einem in der Sonne parkierten Wagen lassen.

Zwar ist die Lebensdauer von CD-ROMs und (in geringerem Masse) von CD-Rs guter Qualität verhältnismässig lang, doch besteht das Hauptproblem ihrer Erhaltung in der ständigen Entwicklung von Lesegeräten und Programmen (mehrere Generationen in einigen Jahren). Der optische Speicher wird ohne Geräte und Programme, welche die Informationen auslesen und interpretieren können, vollkommen unbrauchbar.

CHAPITRE 6, PARTIE VI

La consultation des livres et des documents

1 Méthodes de consultation

Les indications qui suivent devront être intégrées avec les conseils donnés sur la manipulation des livres et des documents (cf. partie III, point 4 de ce chapitre).

1.1 La salle de consultation

■ *Climat*
Les lieux de consultation ne devraient pas avoir un climat trop différent de celui des magasins ou dépôts. En principe, dans les salles de lecture devraient être respectées les mêmes limites pour l'humidité relative que dans les magasins (45–60 % HR), tandis que la température sera bien entendu supérieure et les conditions climatiques moins stables que dans les magasins, la présence des lecteurs étant déjà un facteur de variation.

Le respect des normes devrait être d'autant plus strict que le matériel consulté est sensible. Ainsi, pour des documents en papier, des livres brochés ou des reliures ordinaires, on peut admettre une certaine élasticité dans les limites données, tout en sachant que tout ce qui est toléré pour favoriser la consultation va au détriment de la conservation.

Par contre, pour les objets sensibles, tels que les parchemins (et tout particulièrement ceux avec une décoration polychrome), les reliures historiques

KAPITEL 6, TEIL VI

Benutzung von Buch- und Schriftmaterialien

1 Benutzungsbedingungen

Die folgenden Hinweise sind im Zusammenhang mit den Empfehlungen zur Handhabung von Buch- und Schriftgut zu sehen (siehe Kap. 6, Teil III, Punkt 4).

1.1 Der Lesesaal

■ *Klima*
Das Klima in den Lesesälen sollte dem in den Magazinen herrschenden möglichst ähnlich sein. Im Prinzip sollten im Lesesaal die gleichen Sollwerte der relativen Luftfeuchte herrschen wie in den Magazinen (45–60 % rF), die Temperatur hingegen wird natürlich höher sein. Die klimatischen Verhältnisse sind weniger stabil als in den Magazinen, denn schon die Anwesenheit von Benutzern sorgt im Lesesaal für Klimaschwankungen.

Die Normen sollten umso strenger eingehalten werden als das konsultierte Material empfindlich ist. Für Dokumente aus Papier, gewöhnliche Broschüren oder Bücher könnte also eine gewisse Elastizität akzeptiert werden, doch bleibt immer zu bedenken, dass sich die Toleranz zugunsten der Benutzung negativ auf die Konservierung auswirkt.

Für empfindliche Objekte wie zum Beispiel Dokumente aus Pergament (und vor allem wenn sie

ou des objets très gravement altérés, la stabilité climatique joue un rôle très important et devrait être maintenue pendant la consultation. Dans ce cas, les différences climatiques entre la salle de lecture et les dépôts devraient rester à l'intérieur des normes données (de 5 % par jour, cf. chap. 6, partie I, point 1.2).

Si ces normes ne peuvent pas être respectées, il est possible, pour atténuer le choc climatique, d'utiliser un coffret qui ralentit la pénétration des changements climatiques; le coffret peut être une solide boîte en carton, fermant bien, ou deux boîtes en carton, l'une dans l'autre. Ce coffret sera conservé habituellement dans le magasin, avec les objets qu'il doit protéger. Lorsqu'un objet sera demandé en consultation, il sera placé dans le coffret et déposé dans le lieu de consultation entre quatre et vingt-quatre heures à l'avance (selon l'ampleur du décalage climatique). Les mêmes précautions seront prises lors du retour de l'objet au dépôt. Pour des consultations occasionnelles d'objets sensibles aux chocs climatiques, la consultation directe dans les dépôts, sous la surveillance du personnel de l'institution, est une solution acceptable.

■ *Lumière naturelle*

Pour la consultation d'objets destinés à la conservation à long terme, on évitera des quantités excessives de lumière naturelle; la lumière du jour est particulièrement nuisible pour les papiers contenant de la lignine, pour les objets manuscrits et pour une partie importante des couleurs utilisées pour la décoration des livres, ainsi que pour certains dessins, estampes, gravures et photographies. Rappelons que la lumière a un effet cumulatif et que la somme des expositions subies par un objet est déterminante pour les altérations causées par les rayonnements liés à la lumière.

La quantité de lumière du jour peut être diminuée par des stores semi-transparents en toile claire, qui éliminent au moins une partie du rayonnement UV; le choix de verres filtrants pour les fenêtres permet non seulement de réduire la quantité de lumière (désirée), mais encore d'éliminer entre 95 et 98 % du rayonnement UV. Dans l'aménagement des salles de lecture avec de grandes surfaces vitrées, il convient de tenir compte de l'in-

mit polychromer Verzierung versehen sind), historische Einbände oder sehr stark geschädigte Objekte ist die klimatische Stabilität von entscheidender Bedeutung und muss auch während der Nutzung gesichert sein. Die Unterschiede der Klimawerte zwischen Lagerraum und Lesesaal müssen innerhalb der genannten Normen liegen (ab 5 % täglich, siehe Kap. 6, Teil I, Punkt 1.2).

Können diese Normen nicht eingehalten werden, kann zur Abschwächung des Klimaschocks ein Behälter verwendet werden, durch den der Einfluss der Klimaschwankungen verlangsamt wird. Als Behälter eignen sich eine stabile, gut schliessende Schachtel oder zwei ineinandersteckbare Schachteln aus Karton, die im gleichen Lagerraum aufbewahrt werden wie das jeweilige Sammelgut. Die zu konsultierenden Objekte werden hier in den Behälter gelegt und dieser zwischen 4 und 24 Stunden vor der Benutzung (je nach Klimaunterschied) ungeöffnet in den Lesesaal gestellt. Die gleichen Massnahmen werden bei der Rückführung in das Magazin befolgt. Für eine gelegentliche Benutzung von Objekten, die Klimaschwankungen gegenüber besonders empfindlich sind, kann eine direkte Nutzung im Magazin, unter der Aufsicht von Mitarbeitern der Einrichtung, eine akzeptable Lösung sein.

■ *Natürliches Licht*

Bei der Benutzung von Objekten, welche zur langfristigen Erhaltung bestimmt sind, müssen zu hohe Werte natürlichen Lichts vermieden werden. Tageslicht ist besonders schädlich für ligninhaltiges Papier, für Handschriften und für einen Grossteil der Farben in Büchern sowie für bestimmte Zeichnungen, Drucke, Grafiken und Fotografien. Erinnern wir uns, dass Licht kumulativ ist und dass die Gesamt-Lichtbelastung eines Objekts für die durch Strahlung verursachten Schäden ausschlaggebend ist.

Die Tageslichtmenge kann von durchscheinenden Rouleaus aus hellem Gewebe herabgesetzt werden, die wenigstens einen Teil der UV-Strahlung herausfiltern. Entscheidet man sich bei den Fenstern für Isolierglas, kann nicht nur die (gewünschte) Lichtmenge reduziert, sondern auch zwischen 95 und 98 % der UV-Strahlung heraus-

fluence de la lumière sur le climat interne (cf. chap. 6, partie II, point 1.3.3). Pour les objets délicats, les conditions de lumière dans la salle de consultation doivent être conformes aux normes citées à propos des dépôts (cf. chap. 6, partie II, point 1); pour les respecter, la lumière naturelle doit être presqu'entièrement éliminée.

■ *Lumière artificielle*
Le confort de lecture est obtenu par un contraste entre la lumière sur la table de travail et celle de l'environnement. 500 lux sur une table de travail sont largement suffisants; en principe, on peut très bien lire avec 300 lux si l'environnement est illuminé avec 150 lux; cependant, le besoin de lumière pour un confort visuel augmente avec l'âge. La tendance actuelle est d'augmenter toujours plus la quantité de lumière de l'environnement, ce qui demande une lumière encore plus forte sur les tables de lecture; cette tendance n'est pas un avantage pour la conservation. Dans la pratique, les avantages liés au confort de lecture devraient être mis en relation avec les risques pour la conservation pour ce qui est de la quantité de lumière. On protégera en tous les cas autant que possible les objets très sensibles (manuscrits, polychromies, photographies, etc.) et on évaluera les risques pour les autres objets, en fonction de leur sensibilité et de leur taux de consultation.

Pour la qualité de la lumière, deux aspects devraient être considérés: d'une part, la lumière dans les salles de lecture doit permettre une bonne reproduction des couleurs (elle doit avoir un IRC de 95 à 98, cf. chap. 4, point 2.2); d'autre part, le rayonnement ultraviolet devrait être éliminé pour respecter la norme (cf. chap. 6, partie II, point 1.3.2). Ce résultat n'est pas difficile à obtenir et permet d'éviter les dommages dus à l'interaction entre la lignine et le rayonnement UV dans les papiers industriels ordinaires.

gefiltert werden. Wird geplant, den Lesesaal über grosse Flächen hinweg zu verglasen, ist der Einfluss des Lichts auf das Innenklima in Betracht zu ziehen (siehe Kap. 6, Teil II, Punkt 1.3.3). Für empfindliche Objekte müssen die Lichtbedingungen im Lesesaal den schon erläuterten Normen für Magazine entsprechen (siehe Kap. 6, Teil II, Punkt 1); damit diese erreicht werden, muss das natürliche Licht fast vollständig eliminiert werden.

■ *Künstliches Licht*
Der Lesekomfort wird durch den Kontrast zwischen dem Licht auf der Arbeitsfläche und dem der weiteren Umgebung erreicht. Auf einem Arbeitstisch sind 500 Lux völlig ausreichend; im Prinzip kann man bei 300 Lux sehr gut lesen, wenn die Umgebung mit 150 Lux beleuchtet wird; der Bedarf an Licht zum bequemen Lesen steigt mit zunehmendem Alter. Derzeit herrscht die Tendenz, die Beleuchtungsstärke der Umgebung immer mehr zu erhöhen. Dadurch wird auf den Arbeitstischen immer stärkeres Licht erforderlich, was sich bei der Konservierung natürlich negativ auswirkt. Dem Vorteil von Lesekomfort sollten die Risiken, die sich aus der grossen Lichtmenge für die Konservierung ergeben, gegenübergestellt werden. Auf jeden Fall müssen sehr empfindliche Objekte (Handschriften, Polychromien, Fotografien usw.) weitmöglichst geschützt werden. Die Risiken für die anderen Objekte werden in Abhängigkeit von ihrer Empfindlichkeit und der Häufigkeit ihrer Benutzung beurteilt.

Für die Lichtqualität sind zwei Aspekte zu berücksichtigen: Zum einen muss das Licht in den Lesesälen eine gute Farbwiedergabe gestatten (sie muss einen FWI von 95–98 haben, siehe Kap. 4, Punkt 2.2), und zum anderen sollte die ultraviolette Strahlung ausgefiltert werden, um den Normen zu entsprechen (siehe Kap. 6, Teil I, Punkt 1.3.2). Das ist leicht zu erreichen, und dadurch können die durch die Reaktion zwischen dem Lignin und der UV-Strahlung verursachten Schäden an nicht alterungsbeständigem, industriell hergestelltem Papier vermieden werden.

1.2 Organisation de la place de travail

La place de travail doit permettre la consultation aisée de plusieurs ouvrages et documents sans qu'on ait besoin de les poser les uns sur les autres, pour éviter des dommages mécaniques. Pour la consultation d'objets de grandes dimensions, la table devrait toujours être nettement plus grande que l'objet, avec une surface unique : éviter si possible de juxtaposer plusieurs tables.

Pour éviter des dommages liés à la consultation, il est utile de mettre à la disposition des lecteurs certains accessoires simples, mais très utiles, en fonction du type de document consulté :

- ☐ des feutres de laine ou synthétiques d'une épaisseur de 1,5 à 2 mm, à poser sur la table pour éviter des dommages superficiels aux reliures précieuses et pour éviter des chocs aux sceaux ;
- ☐ des jeux de coussins triangulaires en mousse, qui permettent de poser un livre ouvert sans en forcer l'ouverture au-delà de 120° ; cet angle ne pose pas de problèmes à la très grande majorité des reliures sensibles. Ces coussins existent en trois grandeurs différentes et sont bien appréciés aussi par les lecteurs. Ils devraient être utilisés partout où des livres anciens ou des volumes dont l'ouverture spontanée n'atteint pas 180° sont consultés.[1] Ils remplacent très avantageusement les lutrins classiques ;
- ☐ des gants en coton ou en fibres synthétiques, dont le port doit être exigé pour la consultation des livres et objets particulièrement précieux et sensibles (manuscrits avec miniatures, sceaux en plomb, photographies, etc.) ;
- ☐ des signets et feuilles de notes en papier de bonne qualité (pour le cas où on oublierait ce matériel dans les objets après la consultation) ; les signets peuvent être utilisés pour rappeler les règles pour une consultation correcte ;
- ☐ de petits sachets en tissu serré, d'environ 15 cm de long et de 4 cm de diamètre, remplis de sable de quartz, pour maintenir à plat des documents

[1] On peut vérifier l'angle naturel d'ouverture d'une reliure en ouvrant lentement un livre, sans le poser sur la table : quand on perçoit une augmentation de la résistance d'ouverture à un certain angle, on a atteint le degré d'ouverture à ne pas dépasser.

1.2 Ausstattung des Arbeitsplatzes

Zur Vermeidung mechanischer Schäden muss die Arbeitsfläche so gross sein, dass man mit mehreren Büchern und Dokumenten arbeiten kann, ohne sie aufeinanderstapeln zu müssen. Für die Benutzung grossformatiger Objekte muss der Tisch immer grösser sein als das Objekt, und die Tischoberfläche sollte durchgehend sein, das heisst, das Aneinanderstellen von mehreren Tischen sollte vermieden werden.

Um Schäden bei der Benutzung zu vermeiden, sollten dem Leser je nach Beschaffenheit des konsultierten Dokuments einige einfache Hilfsmittel zur Verfügung gestellt werden:

- ☐ Unterlagen aus Woll- oder Kunststofffilz (1,5–2 mm Dicke), um Oberflächenschäden an wertvollen Bänden und das Aufprallen von Siegeln zu vermeiden;
- ☐ keilförmige Schaumstoffkissen zum schonenden Ablegen geöffneter Bücher bei über 120°; dieser Öffnungswinkel ist bei den meisten empfindlichen Büchern problemlos zu erreichen. Die Kissen-Sets sind in drei Grössen erhältlich. Sie werden auch von den Lesern sehr geschätzt. Unbedingt zu benutzen sind diese Kissen für alte Bücher und für Bücher, deren natürlicher Öffnungswinkel unter 180° liegt.[1] Die Keilkissen ersetzen die traditionellen Leseständer;
- ☐ Handschuhe aus Baumwolle oder synthetischen Fasern, die beim Umgang mit besonders wertvollen und empfindlichen Büchern und Objekten (illuminierte Handschriften, Siegel aus Blei, Fotografien usw.) getragen werden müssen;
- ☐ Lesezeichen und Notizzettel von guter Papierqualität (falls sie nach der Benutzung im Objekt vergessen werden). Auf den Lesezeichen können die Verhaltensregeln zur vorschriftsmässigen Benutzung angegeben werden;
- ☐ kleine mit Quarzsand gefüllte Säckchen aus dichtem Gewebe, ca. 15 cm lang, ca. 4 cm Durch-

[1] Um den natürlichen Öffnungswinkel eines Buches festzustellen, wird das Buch langsam geöffnet (ohne dass man es dabei auf den Tisch legt): Wenn man von einem bestimmten Öffnungswinkel an einen erhöhten Widerstand spürt, sollte das Buch nicht weiter geöffnet werden, der maximale natürliche Öffnungswinkel ist erreicht.

qui tendent à se plier et à s'enrouler (ces sachets existent sur le marché de la conservation et peuvent, par ailleurs, facilement être réalisés). Les sachets ne devront jamais être utilisés pour forcer l'ouverture d'un livre, mais seulement pour maintenir une position qui ne cause pas de dommages. Pour les livres, des chaînes de poids en plomb enrobées de tissu, utilisées pour les rideaux, peuvent aussi remplir cette fonction.

1.3 Règles pour la consultation

Le lecteur devra être rendu attentif aux comportements nuisibles à la conservation. On lui fera prendre connaissance des règles de comportement pour les utilisateurs de bibliothèques et d'archives, et on les lui rappellera sans hésitation si besoin est:

- ☐ Dans la salle de lecture, on n'apporte ni survêtements ni parapluies; les sacs et les mallettes de travail devraient rester dans le vestiaire.
- ☐ On ne mange pas, on ne boit pas, on ne fume pas dans une salle de consultation.
- ☐ Le seul instrument d'écriture admis est le crayon graphite noir. Sont interdits en particulier les marqueurs de texte.
- ☐ Sont interdits également les blocs-notes type «post-it». Ils doivent être remplacés par des papiers blancs de pure cellulose, si possible papier permanent.
- ☐ Comme signets, on utilisera les papiers notes mentionnés ou des signets mis à disposition par l'institution. On évitera en particulier d'insérer dans les livres et les documents des agrafes, trombones ou tout autre objet indésirable.
- ☐ Si l'on doit partager des liasses de papier en plusieurs lots, on utilisera uniquement des chemises en papier de conservation. Le matériel de bureau ordinaire ne doit pas être mis en contact ou laissé avec des documents originaux.
- ☐ Les livres et les reliures ne doivent pas être utilisés comme sous-main: on écrira toujours et exclusivement à côté des objets consultés.
- ☐ Des livres ouverts ne doivent pas être superposés.
- ☐ L'humectage des doigts pour feuilleter un livre est interdit.

messer (im Handel für Konservierungsmaterial zu beziehen, auch leicht anzufertigen) zum schonenden Flachhalten von Dokumenten, die zum Falten oder Rollen neigen. Nicht zum gewaltsamen Offenhalten von Büchern, Urkunden usw. verwenden, sondern nur, um eine Stellung beizubehalten, die keinen Schaden am Objekt verursacht. Für Bücher eignen sich auch in Gewebe verpackte Bleiketten, wie sie für Gardinen gebraucht werden.

1.3 Benutzungsbedingungen

Der Leser muss auf die Verhaltensweisen, die schädlich für die Erhaltung des Buch- und Schriftmaterials sind, aufmerksam gemacht werden. Er wird über die Benutzungsbedingungen in Bibliotheken und Archiven informiert und ohne Zögern ermahnt, wenn sein Verhalten nicht den Vorschriften entspricht:

- ☐ In den Lesesaal werden keine Mäntel, Jacken, Regenschirme, Taschen und Arbeitskoffer mitgenommen.
- ☐ Essen, Trinken und Rauchen ist untersagt.
- ☐ Zum Schreiben ist nur (Grafit-)Bleistift zugelassen; verboten sind besonders Textmarkierstifte.
- ☐ Selbstklebende Notizzettel wie «Post-it» sind verboten. Zu benutzen sind Notizzettel aus weissem Papier (reine Cellulose, möglichst alterungsbeständig).
- ☐ Als Lesezeichen werden die oben beschriebenen Notizzettel oder von der Institution bereitgestellte Lesezeichen verwendet. Keine Büro-, Heftklammern oder andere Objekte als Lesezeichen benutzen.
- ☐ Müssen Papierstösse getrennt werden, sind nur Hüllen aus alterungsbeständigem Papier zu gebrauchen. Gewöhnliches Büromaterial darf auf keinen Fall mit Originaldokumenten in Berührung kommen oder mit ihnen gelagert werden.
- ☐ Bücher und Einbände dürfen nicht als Schreibunterlage verwendet werden, es muss immer neben den benutzten Objekten geschrieben werden.
- ☐ Offene Bücher dürfen nicht gestapelt werden.

- ☐ Les reliures anciennes doivent être ouvertes et fermées lentement, elles doivent être posées sur des supports adéquats qui limitent leur ouverture.
- ☐ Les documents qui s'ouvrent mal ne doivent jamais être forcés; on ne fera pas de contre-plis pour maintenir à plat une feuille qui s'est déformée ou pliée; dans ce but, on utilisera uniquement les sachets de sable ou une chaîne de poids en plomb.
- ☐ Si l'utilisateur constate ou cause un dommage à un livre ou à un document, il le signalera au personnel; il ne réparera jamais lui-même des dommages. L'utilisation de toutes les sortes d'autocollants est proscrite.

2 Les photocopies

2.1 Politique d'accès à la photocopie

La photocopie peut être une source d'altérations; on craint généralement la lumière, alors que celle-ci n'est nuisible que pour des objets particulièrement sensibles soumis à de très nombreuses photocopies. Par contre, la très grande majorité des dommages causés par la photocopie sont d'ordre mécanique, liés à la manipulation de l'objet et à sa mise à plat sur la vitre de l'appareil. Ce type de dommage peut être évité si l'on utilise des photocopieurs qui permettent d'éviter l'ouverture complète des livres; ces appareils sont encore trop peu répandus dans les institutions. L'utilisation de scanners qui n'obligent pas l'ouverture à plat des livres constitue également une alternative intéressante à la photocopie classique. De même, la photographie numérique à main levée permet une reproduction d'une qualité suffisante pour les exigences de la plupart des lecteurs.

En principe, la photocopie doit être limitée au nécessaire. Beaucoup d'institutions limitent la photocopie en augmentant les prix, mais cette politique peut devenir nuisible si elle n'est pas équilibrée : il peut arriver que les lecteurs découpent ce qu'ils ne peuvent pas photocopier ! Il est important de distinguer le « niveau de conservation » des objets pour définir les limites de la photocopie : ces li-

- ☐ Das Befeuchten der Finger beim Umblättern ist verboten.
- ☐ Alte Bände müssen langsam und vorsichtig aufgeschlagen und geschlossen werden; eine geeignete Unterlage (Keilkissen) soll verhindern, dass sie sich vollständig öffnen.
- ☐ Objekte nie mit Gewalt öffnen; nie verformte oder gefaltete Blätter in die Gegenrichtung falten, um sie flach zu halten; dazu nur ein Sandsäckchen oder eine Bleikette in Gewebe verwenden.
- ☐ Werden vom Leser Schäden am Objekt bemerkt oder wird ein Schaden verursacht, ist er sofort dem Personal zu melden. Niemals selbst den Schaden reparieren. Alle Arten von Selbstklebematerial sind verboten.

2 Fotokopien

2.1 Fotokopierpolitik

Fotokopieren kann die Alterung der Objekte beschleunigen. Das wird für gewöhnlich der Lichtzufuhr zugeschrieben, diese ist aber eigentlich nur für sehr empfindliche und oft fotokopierte Objekte schädlich. Das eigentliche Problem besteht in der mechanischen Belastung durch die Handhabung und das Auflegen der Objekte auf die Gerätscheibe. Um diese Art Beschädigung zu vermeiden, sollten Buchfotokopierer verwendet werden, bei denen ein vollständiges Öffnen des Buches nicht nötig ist. Diese Geräte sind in den Einrichtungen noch viel zu wenig verbreitet. Die Benutzung von Scannern, bei denen keine vollständige Öffnung der Bücher nötig ist, bildet eine gute Alternative zu den klassischen Fotokopiergeräten. Auch die digitale Fotografie aus der Hand ergibt eine ausreichend gute Reproduktion für die Bedürfnisse der meisten Benutzer.

Im Prinzip muss das Fotokopieren auf das Notwendigste beschränkt werden. In vielen Institutionen wird versucht, das Fotokopieren durch einen erhöhten Kopienpreis zu beschränken, aber diese Politik kann sich negativ auswirken: Manche Leser schneiden Seiten aus, die sie nicht fotokopieren können! Wichtig für die Entscheidung über die Ko-

mites se justifient entièrement pour certains objets destinés à la conservation à long terme, tandis qu'elles n'ont pas de raison d'être pour des objets destinés de manière certaine à la consommation. Il est toutefois utile d'avoir une politique qui ne soit pas complètement rigide; il arrive parfois que par une photocopie, en soi un peu nuisible, on puisse éviter des dommages beaucoup plus graves.

La photocopie est particulièrement dangereuse et potentiellement nuisible pour des ouvrages qui, pour une raison ou une autre, sont fragilisés:

- ☐ volumes dont le papier est fragile à cause d'une perte de souplesse liée à des processus d'altération, ou à cause du format ou de l'état physique (papiers minces, présence de déchirures, etc.);
- ☐ volumes dont la reliure est fragile et ne s'ouvre pas spontanément à plat; cette limite peut être repoussée en utilisant des appareils à photocopier qui n'imposent pas l'ouverture complète d'un livre;
- ☐ textes écrits ou décorés avec des encres particulièrement fragiles, photographies anciennes (uniquement pour des photocopies répétées);
- ☐ d'une manière générale, tous les parchemins et volumes écrits sur parchemin.

Sur la base de ce qui précède, il serait utile de définir des catégories d'objets qui peuvent ou ne peuvent pas être copiés, en se référant à leur nature matérielle plutôt qu'à l'époque de leur production. Par exemple, une petite brochure du XVIIIe siècle souffre relativement peu d'une photocopie, tandis qu'un volume relié de la même époque peut être très gravement endommagé s'il est ouvert à plat.

Les reliures qui souffrent le plus des photocopies sont celles qui sont antérieures à 1800, souvent fragiles et dont l'ouverture à plat est dangereuse; pour les plus récentes, il faut juger de cas en cas.

Sur la base de ces considérations, la permission de photocopier un livre ou un document devrait être donnée après un examen de l'objet basé sur les critères suivants:

- ☐ souplesse et solidité du papier;
- ☐ format et possibilité de manipuler l'objet sans dommages;
- ☐ structure et état de conservation de la reliure, avec une attention particulière à la résistance à l'ouverture, à l'état du dos et des charnières;

pierbarkeit eines Objekts ist sein «Konservierungsniveau». Für langfristig zu erhaltende Objekte sind Beschränkungen unbedingt einzuhalten. Für Objekte, die kurzzeitig zu erhalten beziehungsweise für den «Verbrauch» bestimmt sind, sind sie allerdings nicht nötig. Es sollte eine gewisse Flexibilität herrschen, da mit dem an sich schädlichen Fotokopieren manchmal weit grösserer Schaden vermieden werden kann.

Besonders gefährlich und potenziell schädlich ist Fotokopieren für Objekte, die aus unterschiedlichen Gründen brüchig sind:

- ☐ Bände, deren Papier aufgrund des durch die Alterungsvorgänge verursachten Verlusts an Biegsamkeit, aufgrund des Formats oder des mechanischen Zustands (dünnes Papier, vorhandene Risse usw.) brüchig ist;
- ☐ Bände, deren Einband brüchig ist und deren natürlicher Öffnungswinkel unter 180° liegt; hier sollten Buchfotokopierer benutzt werden, bei denen kein vollständiges Öffnen des Buches nötig ist;
- ☐ Texte, die mit besonders empfindlicher Tinte geschrieben oder verziert sind; alte Fotografien (nur wiederholtes Fotokopieren);
- ☐ im Allgemeinen alle Pergamenturkunden und -handschriften.

Aufgrund dieser Kriterien können Kategorien der Objekte definiert werden, die kopiert beziehungsweise nicht kopiert werden dürfen, entscheidend ist dabei eher ihre materielle Beschaffenheit als der Zeitpunkt ihrer Herstellung; zum Beispiel schadet das Fotokopieren einer kleinen Broschur des 18. Jahrhunderts relativ wenig, ein gebundenes Buch derselben Epoche hingegen kann durch vollständiges Öffnen sehr schwer beschädigt werden.

Durch das Fotokopieren besonders gefährdet sind Einbände vor 1800, sie sind häufig brüchig, und eine vollständige Öffnung ist gefährlich. Bei Büchern jüngeren Datums muss von Fall zu Fall geurteilt werden.

Bevor die Genehmigung zum Fotokopieren eines Buches oder eines Dokumentes gegeben wird, sollte dieses auf der Grundlage der folgenden Kriterien untersucht werden:

- ☐ Biegsamkeit und Festigkeit des Papiers;

- ☐ stabilité des médiums utilisés pour le texte et la décoration (sans dramatiser une photocopie très occasionnelle dans la mesure où les autres critères sont respectés).

Une partie des objets qui ne peuvent pas être copiés par le public peuvent l'être par le personnel de l'institution s'il est correctement sensibilisé ; de plus, pour copier des documents et des livres de très grandes dimensions ou très lourds, comme les journaux, on devrait toujours être à deux. Pour les objets dont on demande fréquemment des copies, un microfilm, des copies numériques, ainsi que la photographie numérique par les lecteurs sont des alternatives valables.

Les limites admises pour la photocopie seront clairement affichées. Quand un microfilm ou une copie numérique existent, il faut interdire totalement la photocopie de l'original. Les photocopies devraient être faites dans un local séparé bien aéré, sous surveillance visuelle ou par le personnel.

L'utilisation de papier recyclé pour les copies ordinaires (non destinées à la conservation) comporte un avantage écologique certain ; cependant, il faut tenir compte du risque que ces copies soient oubliées parmi les originaux, les papiers recyclés peuvent en effet causer des dommages par contact.

2.2 Photocopies de conservation

La photocopie de conservation peut être utilisée pour éviter la consultation inutile d'un original fragile ou précieux. Si elle est faite avec précaution, elle devient une mesure de conservation efficace.

Un microfilm ou une copie numérique du document, avec éventuellement une copie positive sur papier, sont des mesures plus efficaces et préférables, mais quand cela n'est pas possible, la photocopie de conservation devient une alternative acceptable. Il est souhaitable que les photocopies de conservation soient aussi durables que possible. Elles devraient être imprimées sur un papier permanent (selon la norme ISO 9706 ou similaire) ; certains papiers pour photocopies, sans bois, répondent à cette norme sans que cela soit nécessairement déclaré. La stabilité du lien du pigment noir sur le

- ☐ Format und Möglichkeit, das Objekt ohne Schädigung zu handhaben;
- ☐ Struktur und Konservierungszustand des Einbandes unter besonderer Beachtung der Öffnung, des Zustandes des Rückens und der Falze;
- ☐ Haltbarkeit des Schreib- und Zeichenmittels (eine gelegentliche Fotokopie sollte nicht dramatisiert werden, wenn alle anderen Kriterien respektiert werden).

Ein Teil der Objekte darf zwar nicht von den Benutzern, immerhin aber von den Mitarbeitern kopiert werden, wenn Letztere entsprechend über die Problematik unterrichtet sind. Grossformatige oder schwere Objekte wie Zeitungen müssen immer von zwei Personen fotokopiert werden. Für sehr häufig zum Fotokopieren angeforderte Objekte sind Mikrofilm, digitale Kopien oder auch das digitale Fotografieren durch den Leser alternative Lösungen.

Die geltenden Bestimmungen für das Fotokopieren müssen gut sichtbar bekannt gemacht werden. Sind ein Mikrofilm oder eine digitale Kopie vorhanden, muss das Fotokopieren des Originals vollkommen untersagt werden. Fotokopiert wird in einem abgetrennten, gut belüfteten Raum, unter Aufsicht oder durch das Personal.

Der Gebrauch von Recycling-Papier für alltägliche Fotokopien (nicht zur Aufbewahrung bestimmt) ist umweltfreundlich. Es besteht aber die Gefahr, dass diese Kopien in den Originalen vergessen werden und bei längerem Kontakt mit den Originalen Schäden verursachen.

2.2 Konservierungsfotokopie

Eine Konservierungsfotokopie kann angefertigt werden, um die unnötige Benutzung eines empfindlichen oder wertvollen Originals zu vermeiden. Wenn sie vorsorglich durchgeführt wird, kann sie als eine effiziente Konservierungsmassnahme betrachtet werden.

Eine wirkungsvollere und vorteilhaftere Massnahme bieten Mikrofilm oder digitale Kopie des Dokuments mit einer eventuellen Kopie auf Papier. Nur wenn diese Möglichkeiten ausgeschlossen sind, sollte eine Konservierungsfotokopie gemacht werden. Damit Konservierungskopien möglichst

papier est essentielle; on peut la vérifier selon la procédure décrite au chapitre 6, partie IV, point 1.3.3.

3 Education des lecteurs

Une information systématique des utilisateurs des bibliothèques et des archives sur les comportements corrects et sur les conséquences des comportements incorrects est fondamentale. Cette information peut être faite par écrit, au moyen d'une exposition ou de clips vidéo, que les utilisateurs devraient visionner avant de consulter pour la première fois un objet dans une bibliothèque ou un service d'archives. Un rappel de la responsabilité de l'usager dans la conservation peut être imprimé sur les cartes de lecteur, les signets, les guides de l'utilisateur, etc.

La surveillance humaine reste le facteur primordial dans la prévention. Le personnel de l'institution doit être bien informé sur les raisons qui motivent le règlement pour la salle de lecture, de façon à pouvoir les expliquer aux usagers. Il ne doit pas craindre d'intervenir pour modifier le comportement des usagers, même ceux de longue date, habitués à des attitudes pour eux normales, mais nuisibles à la conservation des livres et documents. La prise de conscience de la nécessité d'un effort de conservation de la part de tous demande un grand investissement pédagogique! Il est donc évident qu'une formation de base de tout le personnel des bibliothèques et des archives en matière de conservation est la condition préalable à l'application de ces notions et leur transmission aux usagers.

langfristig haltbar sind, müssen sie auf alterungsbeständigem Papier (ISO-Norm 9706 oder entsprechenden Normen) gedruckt werden. Manche holzfreien Fotokopierpapiere entsprechen diesen Normen, ohne dass es indessen angegeben wird. Von entscheidender Bedeutung ist die Haftung des schwarzen Pigments auf dem Papier. Man kann sie mit Hilfe des schon beschriebenen Tests überprüfen (siehe Kap. 6, Teil IV, Punkt 1.3.3).

3 Anleitung der Benutzer

Der Bibliotheks- und Archivbenutzer muss systematisch über richtiges Verhalten und über die Konsequenzen falschen Verhaltens aufgeklärt werden. Das kann schriftlich, in einer Ausstellung oder mit einem Video geschehen, das die Leser vor der ersten Benützung der Bibliothek oder des Archivs ansehen. Auf allen für den Benutzer bestimmten Dokumenten und Prospekten, zum Beispiel auf dem Leseausweis, dem Benutzerführer, den Lesezeichen, wird auf die Mitverantwortung des Benutzers bei der Bestandserhaltung hingewiesen.

Menschliche Aufsicht bleibt eine wesentliche vorbeugende Massnahme. Das Personal der Einrichtung muss über die Gründe, welche die Benutzungsbedingungen erforderlich machen, gut informiert sein, um sie dem Benutzer erklären zu können. Man soll sich nicht scheuen, Benutzer – auch langjährige – auf falsche Verhaltensweisen aufmerksam zu machen, wenn diese für die Aufbewahrung von Büchern und Archivalien schädlich sind. Die Bewusstseinsbildung der Mitarbeiter und der Benutzer für Fragen der Bestandserhaltung und die Bedeutung richtigen Verhaltens beim Umgang mit Buch- und Schriftmaterialien erfordert ständige Aufklärungsbemühungen! Schulungsmassnahmen auf dem Gebiet der Bestandserhaltung für die Bibliotheks- und Archivmitarbeiter sind unerlässlich, damit diese dann dem Benutzer den sorgsamen Umgang mit den Objekten und die Einhaltung der zum Schutz der Objekte ausgearbeiteten Massnahmen vermitteln können.

CHAPITRE 6, PARTIE VII

Les traitements de désacidification de masse

Le besoin d'une méthode de traitement de masse pour les papiers qui perdent trop rapidement les propriétés mécaniques indispensables pour qu'ils soient utilisables est avéré depuis plus de trente ans. Au cours de la dernière décennie du XXe siècle, de nombreux pays industrialisés se sont donné les moyens de traiter en masse des livres et des documents acides par un procédé de désacidification. Ces procédés, bien qu'aujourd'hui appliqués industriellement, se trouvent toujours en phase d'évolution. En principe, ils doivent répondre aux critères suivants:

- ☐ La neutralisation des acides doit être régulière et complète.
- ☐ Il faut introduire dans le papier une charge alcaline uniforme, suffisante et stable dans le temps.
- ☐ Les produits utilisés doivent offrir une excellente stabilité à long terme.
- ☐ Le procédé doit être compatible avec tous les types de papiers, d'encres d'imprimerie et d'écriture, de colles et avec toutes les autres matières des reliures, des étiquettes et des sceaux.
- ☐ Le procédé ne doit pas être nuisible pour l'environnement.
- ☐ Son coût doit rendre possible le traitement de centaines de milliers d'ouvrages.
- ☐ L'aspect des objets ne doit pas être modifié.

La description et l'évaluation des procédés actuellement utilisés dépassent le cadre de cet ouvrage. Une riche information est disponible, entre autres, sur les sites internet des grandes ins-

KAPITEL 6, TEIL VII

Massenentsäuerungs-verfahren

Seit über dreissig Jahren weiss man um die Notwendigkeit einer Massenbehandlungsmethode für Papiere, die ihre zur Nutzung unentbehrlichen mechanischen Eigenschaften zu schnell verlieren. Im Verlauf des letzten Jahrzehnts des 20. Jahrhunderts haben zahlreiche Industrieländer Mittel aufgewendet, um säurehaltige Bücher und Dokumente mit Hilfe von Massenverfahren zu entsäuern. Obschon heute industriell angewendet, befinden sich diese Verfahren weiterhin in der Entwicklungsphase. Im Prinzip müssen sie folgenden Kriterien entsprechen:

- ☐ Vollständige und homogene Neutralisierung der Säuren.
- ☐ Gleichmässiges Einbringen einer ausreichend hohen und langfristig stabilen alkalischen Reserve in das Papier.
- ☐ Die Alterungsbeständigkeit der verwendeten Produkte muss langfristig ausgezeichnet sein.
- ☐ Das Verfahren muss für alle Papierarten, Druckfarben, Tinten, Klebstoffe, alle anderen Einbandmaterialien, Schilder und Siegel unschädlich sein.
- ☐ Das Verfahren darf nicht umweltschädigend sein.
- ☐ Die Verfahrenskosten müssen die Behandlung grosser Objektmengen gestatten.
- ☐ Das Aussehen der Objekte darf sich nicht verändern.

Es geht über den Rahmen dieses Buches hinaus, alle heute angewendeten Verfahren zu beschreiben und zu bewerten. Umfassende Informationen

titutions qui s'occupent de la conservation. Je crois toutefois utile de formuler quelques observations générales.

L'idée de désacidification de masse a évolué au cours des dernières années en conservation de masse. Le seul traitement de désacidification ne peut pas résoudre le problème de la conservation des papiers fragiles; il doit être inséré dans une logique plus globale de gestion conservative, qui prend en compte les conditions d'entreposage (cf. chap. 4) et tous les autres aspects de la vie d'un livre ou d'un document. La création de supports de remplacement, microfilms ou supports numériques fait partie de ce concept général de traitement.

Les traitements de désacidification sont actuellement mieux connus également dans leurs limites:

- ☐ Presque tous les traitements ne font que désacidifier le papier, ce qui signifie que les qualités mécaniques du papier ne se trouvent pas améliorées par le traitement. La désacidification est donc surtout indiquée pour les papiers qui ont encore des qualités de solidité et de souplesse qui permettent leur consultation.
- ☐ Tous les papiers ne doivent pas être désacidifiés: ce traitement est indiqué pour des papiers de production industrielle contenant une part importante d'impuretés du bois. Pour les papiers de production artisanale à base de fibres textiles, l'opportunité d'un traitement devrait être évaluée.
- ☐ Une désacidification n'est pas indiquée pour les volumes reliés en cuir, du moins pas pour des reliures historiques dont la conservation est prioritaire; contrairement au papier, le cuir trouve sa stabilité optimale à un pH moyennement acide et souffre d'une désacidification excessive.[1]
- ☐ La grande variété des matières utilisées pour la production de livres et de documents ainsi que pour les reliures fait que certaines réactions non prévues et indésirables peuvent se manifester lors de la désacidification. A mesure que les ex-

[1] Les réactions du cuir au traitement de désacidification ont fait l'objet en 2003 d'un travail de diplôme. Weber, Myriam: Leder in der Papierentsäuerung. Diplomarbeit. Hochschule der Künste Bern, Fachklasse Konservierung und Restaurierung, Prof. Elke Mentzel, 2003.

sind unter anderem auf den Internetseiten der grossen bestandserhaltenden Institutionen zu finden. Einige generelle Betrachtungen halte ich dennoch für zweckdienlich.

Der Gedanke einer Massenentsäuerung wurde in den vergangenen Jahren erweiternd zu dem einer Massenkonservierung entwickelt. Das Problem brüchiger Papiere kann nicht allein durch ein Massenentsäuerungsverfahren gelöst werden, sondern muss in ein Gesamtkonzept zur Bestandserhaltung eingebunden sein. Teil eines solchen Konzeptes ist ausser den Lagerungsbedingungen (siehe Kap. 4) und allen anderen Aspekten des Lebens eines Buches und Dokumentes auch die Erstellung eines Ersatzträgers (Mikrofilm oder digitaler Träger).

Heute sind auch die Grenzen der jeweiligen Entsäuerungsverfahren besser bekannt:

- ☐ Bei nahezu allen Verfahren wird das Papier nur entsäuert, das heisst, dass seine mechanischen Eigenschaften durch das Verfahren nicht verbessert werden. Eine Entsäuerung ist daher vor allem für Papier von Vorteil, das noch über eine für seine Benutzung ausreichende Festigkeit und Biegsamkeit verfügt.
- ☐ Nicht alle Papiere müssen entsäuert werden: Diese Behandlung ist für industriell gefertigte Papiere angezeigt, die einen bedeutenden Anteil an Unreinheiten vom Holz beinhalten. Für handwerklich hergestellte Papiere auf der Grundlage von pflanzlichen Fasern sollte die Zweckmässigkeit einer Behandlung von Fall zu Fall beurteilt werden.
- ☐ Bei Ledereinbänden ist eine Entsäuerung nicht angezeigt; jedenfalls nicht für historische Einbände, deren Erhaltung vorrangig ist; im Gegensatz zu Papier findet Leder seine optimale Stabilität bei einem mittleren sauren ph-Wert und verträgt keine zu starke Entsäuerung.[1]
- ☐ Durch die grosse Verschiedenheit der für die Herstellung von Büchern, Bucheinbänden und Dokumenten verwendeten Materialien können bei der Entsäuerung unvorhergesehene und un-

[1] Die Reaktion von Leder auf Entsäuerungsverfahren wurde 2003 in einer Diplomarbeit untersucht. Weber, Myriam: Leder in der Papierentsäuerung. Diplomarbeit. Hochschule der Künste Bern, Fachklasse Konservierung und Restaurierung, Prof. Elke Mentzel, 2003.

périences s'accumulent, ce risque diminue très fortement, mais il n'est pas possible de l'exclure totalement.

- Presque toutes les méthodes exigent une déshydratation poussée du livre avant le traitement; les objets composites (reliures p. ex.) peuvent subir une déformation permanente; ce phénomène est actuellement bien maîtrisé pour les reliures courantes.
- L'efficacité et l'innocuité du traitement de désacidification pour le problème des encres métallo-galliques corrosives a fait tout récemment l'objet d'un travail de Master auprès de la Hochschule der Künste Bern:[2] bien que des recherches complémentaires soient encore nécessaires, il semble qu'un bénéfice significatif puisse être espéré par un traitement de désacidification de masse.
- Enfin, un problème éthique se pose: par la désacidification, on introduit dans le livre ou le document des composants chimiques qui ne font en principe pas partie de son caractère original. Cette opération n'est pratiquement pas réversible: même l'utilisation d'agents désacidifiants potentiellement solubles ne permettra pas de trouver les ressources nécessaires pour un tel travail. La stabilité chimique des produits utilisés ne peut jamais être considérée comme absolue; une part de risque, pour réduite qu'elle soit, est donc nécessairement liée à ce traitement.

Ces éléments mettent en évidence que le traitement de désacidification de masse demande un important travail de préparation à l'institution:[3]

- la définition des besoins et l'identification des fonds à désacidifier, la définition d'un cadre financier et temporel;
- la combinaison de la désacidification de masse avec la création de supports de remplacement pour les fonds fréquemment consultés;

[2] Effner, Carmen: Einfluss der Mengenentsäuerung (Papersave Swiss Verfahren) auf tintenfrassgeschädigtes Papier. Masterarbeit. Hochschule der Künste Bern, Fachklasse Konservierung und Restaurierung, Prof. Elke Mentzel, 2008.

[3] Voir une bonne synthèse, toujours d'actualité, sur ce sujet: Haberditzl, A.: Empfehlungen der Archivreferentenkonferenz zur Massenentsäuerung von Archivgut. In: Der Archivar 55 (2002), H. 3, pp. 218–222.

erwünschte Reaktionen eintreten. Mit zunehmender Erfahrung nehmen diesbezügliche Risiken in bedeutendem Mass ab, können aber nie völlig ausgeschlossen werden.

- Bei nahezu allen Methoden muss das Buch vor der Behandlung stark entwässert werden; heterogene Objekte (z. B. Bucheinbände) können dadurch eine anhaltende Verformung erfahren. Bei gängigen Einbänden wird dieses Problem weitestgehend beherrscht.
- Die Wirksamkeit und Unschädlichkeit von Entsäuerungsverfahren bei korrosiven Eisengallustinten war kürzlich Objekt einer Masterarbeit an der Hochschule der Künste Bern:[2] Obwohl natürlich weitere Forschungsarbeiten notwendig sind, scheint man auf eine positive Auswirkung von Verfahren der Massenentsäuerung hoffen zu können.
- Schliesslich stellt sich ein ethisches Problem: Mit der Entsäuerung kommen chemische Komponenten in das Buch oder das Dokument, die im Prinzip nicht Teil des Originals waren. Dieser Vorgang ist so gut wie irreversibel: Selbst wenn man potenziell lösliche Wirkstoffe zur Entsäuerung verwendet, wären die für diese Arbeit aufzuwendenden Ressourcen zu hoch. Die chemische Stabilität der verwendeten Produkte kann nie als absolut betrachtet werden. Demnach besteht bei dieser Behandlung immer ein gewisses Risiko, so gering es auch sein mag.

Diese Aspekte zeigen deutlich, dass die Entscheidung für ein Massenentsäuerungsverfahren von der Institution eine beachtliche Vorbereitungsarbeit erfordert:[3]

- Aufstellung des Kriterienkatalogs und Bestimmung der zu entsäuernden Bestände, Festlegen der finanziellen und zeitlichen Bedingungen;
- Kombination von Massenentsäuerung und Herstellung von Ersatzträgern für häufig benutzte Bestände;

[2] Effner, Carmen: Einfluss der Mengenentsäuerung (Papersave Swiss Verfahren) auf tintenfrassgeschädigtes Papier. Masterarbeit. Hochschule der Künste Bern, Fachklasse Konservierung und Restaurierung, Prof. Elke Mentzel, 2008.

[3] Ein guter Überblick zu diesem Thema bei Haberditzl, A.: Empfehlungen der Archivreferentenkonferenz zur Massenentsäuerung von Archivgut. In: Der Archivar 55 (2002), H. 3, S. 218–222.

- ☐ la combinaison éventuelle avec des traitements de restauration individuels, quand le traitement de masse ne peut pas résoudre le problème de conservation de l'objet ou du fonds;
- ☐ l'organisation interne concrète des travaux préliminaires et de rangement;
- ☐ la révision et l'amélioration des conditions de conservation dans les magasins de l'institution.

En conclusion, la désacidification de masse est une réponse partielle à un des problèmes de conservation importants qui se manifestent dans les bibliothèques et les archives. Il est correct de lui donner sa juste place, en renonçant à toute attente injustifiée sur son efficacité globale.

- ☐ eventuell Kombination mit Einzelrestaurierungen, wenn das Problem der Erhaltung des Objekts oder des Bestandes durch die Massenbehandlung nicht gelöst werden kann;
- ☐ die interne Organisation der konkreten verfahrensvorbereitenden Arbeiten;
- ☐ Revision und Verbesserung der Konservierungsbedingungen im Magazinbereich der Institution.

Zusammenfassend ist festzustellen, dass mit der Massenentsäuerung eine teilweise Lösung für eines der dringenden Konservierungsprobleme von Bibliotheken und Archiven geboten wird. Es ist wichtig, ihr den gebührenden Platz einzuräumen, ohne sich indessen ungerechtfertigten Erwartungen über ihre globale Wirksamkeit hinzugeben.

CHAPITRE 6, PARTIE VIII

Prévention et mesures d'urgence en cas de sinistres et de catastrophes

1 Introduction et définitions

La vie n'a pas besoin d'être vraisemblable pour être vraie, disait Luigi Pirandello dans son discours sur le théâtre; son affirmation vaut également dans le domaine de la conservation des biens culturels. Ainsi, une rafale de vent lors d'un orage exceptionnel a arraché le toit d'un bâtiment d'archives fraîchement inauguré; ce n'est pas vraisemblable... mais c'est arrivé en Suisse, au Tessin, en 2000. Les installations techniques, même bien entretenues, sont sujettes à des accidents et des pannes en partie imprévisibles. En revanche, de nombreux sinistres sont causés par des défauts importants d'un bâtiment ou par des installations techniques mal placées et/ou mal entretenues. Les comportements humains sont également à l'origine de situations qui peuvent dégénérer en sinistres ou en catastrophes.

L'analyse de nombreux sinistres montre a posteriori qu'ils auraient pu être évités par des démarches de prévention, souvent élémentaires. De plus, l'expérience prouve que des sinistres, même importants, peuvent être gérés et les dommages fortement circonscrits si les institutions concernées se sont préparées correctement. Au vu des biens conservés dans les bibliothèques patrimoniales et les archives, qui sont en grande partie irremplaçables, une politique de prévention efficace vaut

KAPITEL 6, TEIL VIII

Präventiv- und Hilfsmassnahmen im Not- und Katastrophenfall

1 Einführung und Definitionen

In seinem Aufsatz zum Theater sagte Luigi Pirandello, dass das Leben nicht wahrscheinlich zu sein braucht, um wahr zu sein. Seine Behauptung trifft auch auf dem Gebiet der Erhaltung von Kulturgütern zu. Dass nämlich ein Wirbelwind bei einem aussergewöhnlich starken Gewitter das neue Dach eines gerade eingeweihten Archivgebäudes davonträgt, ist nicht wahrscheinlich... aber wahr (Schweiz, Tessin 2000). Technische Anlagen, selbst wenn sie gewartet werden, sind oft Ursache von teilweise unvorhersehbaren Unfällen und Störungen. Zahlreiche Notfälle aber entstehen durch bedeutende Mängel an den Gebäuden oder durch am falschen Ort installierte und/oder schlecht gewartete technische Anlagen. Auch menschliches Verhalten löst Situationen aus, die in Notfälle oder Katastrophen ausarten können.

Die Analyse zahlreicher Notfälle macht a posteriori sichtbar, dass diese durch (häufig einfache) Vorsorgemassnahmen hätten verhindert werden können. Ausserdem zeigt die Erfahrung, dass selbst mit grossen Notfällen umgegangen und der Schaden stark eingegrenzt werden kann, wenn die betroffenen Einrichtungen ausreichend vorbereitet sind. Für das meist unersetzliche Kulturgut, das in Archiven und Bibliotheken mit Sammelauftrag aufbewahrt wird, ist eine wirksame Vorsorgepolitik

encore mieux qu'un bon plan d'intervention et qu'une couverture d'assurance maximale. Et ce d'autant plus que dans la plupart des cas un sinistre, même très bien géré, laisse des cicatrices irréversibles sur les fonds.

Quand un sinistre est survenu, c'est le plan d'intervention, précédemment préparé, qui doit permettre de limiter les dommages; la gestion d'un sinistre limité ou grave est complexe et ne s'improvise pas sur le moment quand l'eau coule ou que le feu brûle, sinon au prix d'une aggravation considérable des pertes, des dommages et des coûts du sinistre. L'expérience prouve que le coût d'un plan de gestion des sinistres est largement compensé déjà dans le cas d'un sinistre de petites dimensions, sans parler des sinistres qu'on aura réussi à éviter.

La gestion des sinistres ne se limite donc pas et de loin à un ensemble de mesures d'urgence à appliquer au moment où un problème survient; un plan de gestion des sinistres devrait prendre en compte tout d'abord l'identification et la réduction des risques. En cela, il fait partie intégrante d'un plan général de conservation, car une partie des mesures envisagées auront un effet bénéfique sur d'autres aspects de la conservation des fonds.

Définissons les différentes parties d'un plan de gestion des sinistres:

- *Plan de gestion des sinistres:* comprend l'analyse des risques, les mesures préventives et le plan d'intervention en cas de sinistres (et donc aussi le plan d'urgence).
- *Plan d'intervention en cas de sinistres:* comprend les procédures d'alarme, la définition des responsabilités et des compétences en cas de sinistres, et l'ensemble des mesures qui s'appliquent une fois un sinistre survenu. Parmi ces dernières: les procédures et les ressources matérielles et humaines pour la première intervention (plan d'urgence), les procédures et les ressources pour la stabilisation et le rétablissement des locaux et des fonds concernés. Il considère donc les aspects avant – pendant – après un sinistre jusqu'à la reprise normale des activités de l'institution.
- *Le plan d'urgence* est une partie du plan d'intervention; il comprend les premières mesures à mettre en œuvre pour limiter les dommages en cas

von noch grösserem Wert als ein guter Notfallplan und die höchste Versicherungssumme. Das gilt umso mehr, als die meisten Notfälle, selbst wenn sehr gut reagiert wird, unwiderrufliche Schädigungen an den Beständen verursachen.

Wenn ein Notfall eingetreten ist, hilft ein vorher erarbeiteter Notfallplan die Schäden begrenzt zu halten. Der Umgang mit begrenzten und schweren Notfällen ist komplex und sollte nicht erst angesichts von Wasserfluten oder Feuer improvisiert werden, denn dadurch vervielfachen sich die Schäden, die Verluste und die Kosten in bedeutendem Mass. Die Erfahrung zeigt, dass die Kosten für einen Notfallrahmenplan schon bei einem Notfall kleineren Umfangs ausreichend kompensiert werden, ganz abgesehen von den Notfällen, die man zu vermeiden gewusst hat.

Notfallschutz beschränkt sich also bei Weitem nicht nur auf ein Bündel von Notfallmassnahmen für ein auftauchendes Problem. Ein Notfallplan sollte zuallererst Risikoquellen identifizieren und reduzieren. Damit ist er wesentlicher Bestandteil eines umfassenden Konservierungsplans, denn die vorzusehenden Massnahmen haben zum Teil auch auf andere Aspekte der Bestandserhaltung einen positiven Einfluss.

Die verschiedenen Teile eines Notfallrahmenplans können wie folgt definiert werden:

- Der *Notfallrahmenplan* beinhaltet die Risikoanalyse, die Vorsorgemassnahmen und den Notfallplan (und somit auch den Einsatzplan).
- Der *Notfallplan* beinhaltet die Vorgänge bei der Alarmauslösung, die Definition der Verantwortlichkeiten und der Kompetenzen im Notfall sowie die Gesamtheit der Alarm- und Bekämpfungsmassnahmen bei einem Notfall. Zu Letzterem gehören: Abläufe, Mittel und Personal für den ersten Einsatz (Einsatzplan), Abläufe und Mittel für die Stabilisierung und die Wiederherstellung der betroffenen Räumlichkeiten und Bestände. Der Notfallplan benennt also alle Aspekte vor, während und nach einem Notfall bis hin zur Wiederaufnahme des Normalbetriebs in der Einrichtung.
- Der *Einsatzplan* ist ein Teil des Notfallplans; er beinhaltet die ersten Massnahmen, mit denen die Schäden bei einem Notfall beschränkt gehalten

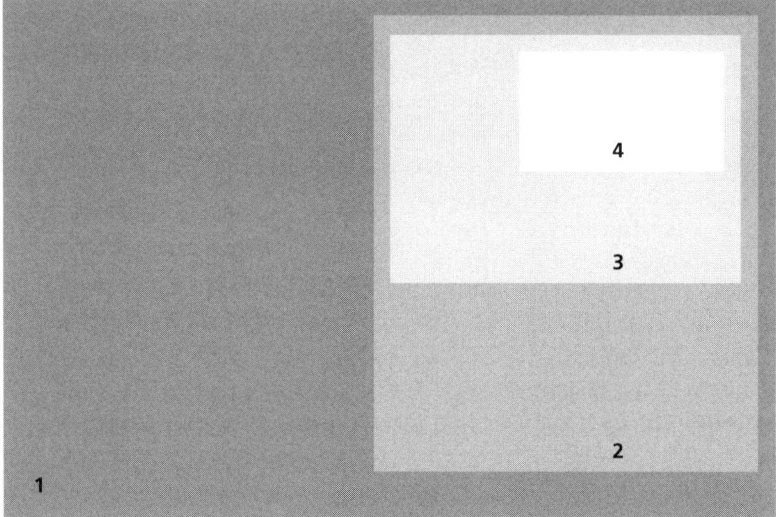

Fig. 6/8: De la politique de conservation au plan d'urgence : la gestion des sinistres
1. Politique de conservation
2. Plan de gestion des sinistres : identification et réduction des risques
3. Plan d'intervention : mesures en cas de sinistre
4. Plan d'urgence : mesures immédiates en cas de sinistre

Fig. 6/8: Von der Konservierungspolitik bis zum Einsatzplan: Notfallmanagement
1. Konservierungspolitik
2. Notfallrahmenplan: Risikoanalyse und Risikobegrenzung
3. Notfallplan: Notfallmassnahmen
4. Einsatzplan: erste Massnahmen im Notfall

de sinistre. Il doit être orienté vers l'efficacité pratique sur le lieu du sinistre.

Un plan de gestion des sinistres est l'aboutissement d'un grand nombre de démarches préliminaires; sa préparation demande une bonne coordination, souvent concrétisée par une personne responsable. Le rapport entre l'investissement nécessaire pour l'élaboration d'un plan de gestion des sinistre et la réduction des coûts et des dommages en cas de sinistre est dans tous les cas favorable.

werden sollen. Wichtig ist, dass er am Notfallort eine praktische Hilfe bietet.

Die Erarbeitung eines Notfallrahmenplans erfordert sehr viele vorbereitende Schritte, für deren Koordination meistens eine Person verantwortlich ist. Die notwendige Investition für die Ausarbeitung des Notfallrahmenplans lohnt sich unter allen Umständen, denn die bei einem Notfall auftretenden Kosten und Schäden werden in bedeutendem Mass reduziert.

2 Typologie des sinistres

2.1 Classification des sinistres selon leur ampleur

■ *Sinistre mineur*
N'interrompt pas le fonctionnement de l'institution, ne touche qu'une petite quantité de livres ou documents. Ne devient grave que s'il est négligé.

■ *Sinistre limité*
Permet le fonctionnement normal de l'institution sauf dans la zone concernée, touche une quantité plus importante d'objets, nécessite l'activation d'un groupe de personnes formées pour limiter les dégâts.

■ *Sinistre majeur*
Touche un grand nombre d'objets, mais ne concerne que l'institution, à l'extérieur des murs, la situation reste normale. Nécessite l'intervention au complet des équipes de sauvetage internes, qui doivent se coordonner avec les pompiers, la police, etc. Nécessite une intervention longue et coûteuse et il est probable qu'une partie des livres ou documents soient définitivement endommagées ou détruites.

■ *Catastrophe*
Sinistre généralisé au-delà de l'institution qui mobilise les services de secours collectifs pour le sauvetage de vies et la sécurité de la population ; seule une coordination entre les équipes de secours sur le plan régional peut permettre de sauver au moins une partie des objets touchés.

L'expérience montre que dans un pays comme la Suisse, on constate chaque année plusieurs sinistres de types « mineur » et « limité », alors que, fort heureusement, des sinistres appartenant aux deux autres catégories ne se produisent que tous les cinq à dix ans. En Suisse, les événements survenus, entre autres, à Brigue/Gondo (inondation, 2000), Sarnen (inondation, 2005), à l'Université de Genève (incendie du bâtiment des Philosophes et de ses bibliothèques, 2008) sont des exemples démontrant que des « sinistres majeurs » et des « catastrophes » se produisent réellement et ne peuvent pas être

2 Typologie der Notfälle

2.1 Einteilung nach Schwere der Notfälle

■ *Kleiner Notfall*
Der Dienstbetrieb der Einrichtung wird nicht unterbrochen; der Notfall betrifft nur eine kleine Anzahl von Büchern oder Dokumenten. Die Situation wird nur bedenklich, wenn der Notfall unbeachtet bleibt.

■ *Begrenzter Notfall*
Der normale Dienstbetrieb in der Institution wird nur im betroffenen Bereich unterbrochen; der Notfall betrifft eine grössere Objektmenge. Der Einsatz einer Gruppe geschulter Personen ist zwecks Schadensbegrenzung erforderlich.

■ *Schwerwiegender Notfall*
Betrifft eine grosse Objektmenge, aber nur die Einrichtung ist involviert; ausserhalb des Gebäudes ist die Situation normal. Erfordert den Einsatz aller internen Rettungsgruppen in Abstimmung mit der Feuerwehr, der Polizei usw. Hat einen langen und kostspieligen Einsatz zur Folge, und es ist mit definitiver Schädigung oder Verlust eines Teils der Bücher oder Dokumente zu rechnen.

■ *Katastrophe*
Ein generalisierter Notfall, der nicht nur die Institution betrifft; alle Partnerorganisationen des Bevölkerungsschutzes werden mobilisiert; nur durch Koordination der regionalen Notfallgruppen kann wenigstens ein Teil der betroffenen Objekte gerettet werden.

Der Erfahrung nach kommen in einem Land wie der Schweiz jedes Jahr mehrere «kleine» und «begrenzte» Notfälle vor, Notfälle der beiden anderen Kategorien hingegen treten glücklicherweise nur in Abständen von fünf bis zehn Jahren auf. In der Schweiz zeigen Vorfälle wie in Brig/Gondo (Überschwemmung, 2000) und Sarnen (Überschwemmung, 2005) und in der Universität Genf (Brand des «bâtiment des Philosophes» und der dortigen Bibliotheken, 2008), dass sich «schwerwiegende Notfälle» und «Katastrophen» tatsächlich ereignen

considérés comme des simples cas de figure improbables. A l'étranger, les catastrophes de Cologne (écroulement du Stadtarchiv, 2009) et de Weimar (incendie de la bibliothèque Herzogin Anna Amalia, 2004) prouvent que des sinistres de grande envergure peuvent se produire même dans des institutions bien gérées.

2.2 Classification des sinistres selon leur nature

■ *Feu*

Pour le feu, on distingue différentes phases de développement : les deux premières, la phase latente (sans fumée, sans chaleur, sans flammes) et la phase des braises (fumée et chaleur mais pas de flammes) se développent lentement, parfois pendant des heures. Les deux suivantes, la phase des flammes (fumée, chaleur et flammes) et la phase de la combustion violente (chaleur intense, combustion en chaîne, explosions) se développent rapidement, en quelques minutes.

- □ *Dommages provoqués par la fumée :* la fumée est formée par des particules de suie extrêmement fines, qui se fixent dans les pores de la peau ou les micro-espaces entre les fibres de papier, de manière souvent irréversible. La combustion de quantités réduites de certaines matières plastiques peut engendrer une très grande quantité de suie (parfois également toxique), qui endommage des magasins entiers. Les volumes ainsi noircis sont très difficiles à manipuler, car on peut facilement aggraver les dommages, faisant pénétrer encore plus profondément les particules de suie ou en endommageant d'autres livres avec les mains sales. Quand ces dommages sont peu prononcés, ils peuvent être invisibles, perceptibles uniquement à l'odeur pénétrante de la suie.
- □ *Dommages provoqués par la chaleur modérée :* déformation des plats et du papier causée par un microclimat très sec et fragilisation des reliures par durcissement des matières constituantes, surtout des nerfs et de la matière de reliure, d'où cassure du dos et des charnières. De plus, le parchemin et les cuirs altérés réagissent

und nicht einfach als unwahrscheinliche Hypothesen zu betrachten sind. Auch Katastrophen im Ausland wie Köln (Einsturz des Stadtarchivs, 2009) und Weimar (Brand der Herzogin Anna Amalia Bibliothek, 2004) beweisen, dass Notfälle bedeutenden Ausmasses selbst in gut geführten Einrichtungen eintreten können.

2.2 Einteilung nach Art der Notfälle

■ *Brand*

Ein Brand durchläuft verschiedene Entwicklungsphasen: Die beiden ersten, die Zündphase (kein Rauch, keine Wärme, keine Flammen) und die Schwelbrandphase (Rauch und Wärme, aber keine Flammen) verlaufen langsam, manchmal über Stunden. Die nächsten beiden, die Flammenphase (Rauch, Wärmeentwicklung und Flammen) und die Vollbrandphase (Hitze, Flammenbrand, Explosionen) entwickeln sich schnell, in einigen Minuten.

- □ *Schäden durch Rauch:* Die im Rauch enthaltenen, äusserst feinen Russpartikel lagern sich, meist irreversibel, in den Poren der Haut oder in den Mikroräumen zwischen den Papierfasern ab. Schon beim Verbrennen kleiner Mengen bestimmter Kunststoffe kann sehr viel Russ entstehen (manchmal auch giftiger), mit dem ganze Magazine vollständig verschmutzt werden können. Derart geschwärzte Bände sind schwierig zu handhaben, denn die Schäden werden leicht vergrössert: Die Russpartikel können noch tiefer eingebracht oder andere Bücher durch die Handhabung mit schmutzigen Händen geschädigt werden. Geringfügige Schädigungen bleiben manchmal unsichtbar und sind nur aufgrund des durchdringenden Rauchgeruchs zu erkennen.
- □ *Schäden durch mässige Wärme:* Die Buchdeckel und das Papier verformen sich aufgrund eines sehr trockenen Mikroklimas, die Einbände werden durch das Verhärten der Bestandteile, vor allem der Bünde und des Einbandmaterials, spröde, Folge davon sind gebrochene Buchrücken und Falze. Ausserdem reagieren Pergament und Leder in abgebautem Zustand auf Wärme (sogar mässige), indem sie sich auf irreversible Weise

à la chaleur, même modérée, en se contractant de manière irréversible et en devenant très fragiles. Des feuilles imprimées par photocopie ou avec des imprimantes laser peuvent coller ensemble, car la chaleur active la résine du toner; la lisibilité du texte peut être compromise.

■ *Eau*

Les dégâts d'eau peuvent être provoqués par des sinistres mineurs (fuite ou rupture dans les tuyauteries et canalisations) ou par des sinistres majeurs (inondations, d'origine naturelle ou par suite d'une intervention des pompiers). Les effets peuvent être immédiats et/ou à moyen terme.

- □ *Effets immédiats:* absorption d'eau par les objets, déformation des papiers et des reliures, altération grave et irréversible de nombreux cuirs et parchemins, désolidarisation d'objets collés, migration d'encres solubles, augmentation du poids (donc de la charge sur les étagères, sur les dalles, avec un danger d'écroulement), encrassement des œuvres (eau mélangée avec de la boue, avec l'eau des égouts, avec de l'huile de chauffage).
- □ *Effets à moyen terme:* détériorations biologiques, soudure de papiers couchés, destruction d'adhésifs solubles à l'eau (visible après séchage), délamination de matériaux sensibles (photographies, papiers couchés Zn-Ox), corrosion des trombones, agrafes et parties métalliques des classeurs. Les dommages biologiques causés par des micro-organismes sont particulièrement redoutables parce que leur évolution peut être très rapide dans des conditions favorables, leur croissance étant alors exponentielle; presque tous les supports d'information peuvent être attaqués.

■ *Dommages mécaniques*

Cette catégorie couvre des dommages ayant des caractéristiques et des dimensions très diverses. Par exemple: lors de l'incendie d'un toit, si l'intervention des pompiers ne permet pas d'éviter son effondrement, il faut fréquemment compter, parallèlement aux dommages causés par le feu, la chaleur, la fumée et l'eau, avec des dommages mécaniques. Des étagères écrasées, des rayonnages qui tombent

zusammenziehen und sehr empfindlich werden. Fotokopien oder Blätter mit Laserdruck können zusammenkleben, denn durch die Wärme wird das Kunstharz des Toners aktiviert; die Lesbarkeit des Textes kann herabgesetzt werden.

■ *Wasser*

Wasserschäden können durch kleine Notfälle (undichte Leitungen oder Rohrbrüche, Kanalisationsprobleme) oder durch schwerwiegende Notfälle (Überschwemmung durch Naturereignis oder Feuerwehreinsatz) hervorgerufen werden. Die Auswirkungen können unmittelbar und/oder mittelfristig sein.

- □ *Unmittelbare Auswirkungen:* Wasseraufnahme der Objekte, Verformung von Papier und Einbänden, schwere und irreversible Schäden an vielen Ledern und Pergamenten, Auflösung von Klebungen an Objekten; Ausbluten löslicher Tinten, Gewichtserhöhung der Objekte (daraus folgt eine höhere Last auf den Regalen und Decken, Einsturzgefahr), Verschmutzung der Werke (mit Schlamm, Abwasser oder Heizöl verschmutztes Wasser).
- □ *Mittelfristige Auswirkungen:* biologische Schäden, Verkleben gestrichener Papiere, Zerstörung von wasserlöslichem Klebstoff (nach Trocknung sichtbar), Aufblättern empfindlicher Materialien (Fotografien, gestrichenes Zinkoxidpapier), Korrosion durch Büro- und Heftklammern sowie durch Metallteile von Ordnern. Besonders gefährlich für fast alle Informationsträger sind biologische Schäden durch Mikroorganismen, deren Wachstum unter für sie günstigen Bedingungen exponentiell ist, das bedeutet eine extrem schnelle Verbreitung.

■ *Mechanische Schäden*

Zu dieser Kategorie gehören Schäden ganz verschiedener Art und Grösse. Zum Beispiel: Wenn bei einem Dachbrand der Zusammensturz des Daches auch durch das Eingreifen der Feuerwehr nicht verhindert werden kann, kommen zu den durch Feuer, Wärme und Wasser verursachten Schäden häufig noch mechanische hinzu. Bücher und Dokumente werden von einstürzenden Regalen und herabfallenden Regalfachböden stark beschädigt.

les uns sur les autres endommagent gravement les livres et les documents.

Plus grave encore : l'effondrement du bâtiment. Le cas du Stadtarchiv Köln en 2009 a marqué les esprits ; l'incendie ou le tremblement de terre peuvent également provoquer de telles situations.

En revanche, un cas plus fréquent est l'écroulement d'étagères suite à la surcharge causée par des livres et des documents ayant absorbé une grande quantité d'eau, ce qui arrive quand la solidité de l'étagère a été calculée au plus juste en fonction du poids à sec des livres ou des documents qu'on veut y entreposer.

Les dommages mécaniques peuvent aboutir à l'éclatement des reliures ou des boîtes contenant des brochures ou des documents d'archives, avec dispersion du contenu ; le risque de perte directe d'informations ou de perte indirecte par un mélange de diverses sources est alors très important. Dans de très nombreux cas même très graves (effondrement du Stadtarchiv de Cologne), l'efficacité de bon emballages de conservation a été prouvée et constitue une motivation supplémentaire pour investir dans des boîtes de qualité.

2.3 Classification des sinistres selon leur cause

■ *Cas de force majeure*

□ Sinistres causés par les forces naturelles, événements météorologiques, géologiques (tremblements de terre, glissements de terrain), cosmiques.

□ Sinistres liés aux précédents et causés par des forces physiques : fragilisation, déformation ou destruction de murs ou de structures dans des dépôts, chute de livres ou de documents, etc.

■ *Causes accidentelles*

□ Dysfonctionnements imprévisibles d'appareils ou d'installations (bien entretenus) ; faiblesses structurelles du bâtiment ; installations électriques, hydrauliques, de climatisation, informatiques, etc.

Noch schlimmer: Das Gebäude stürzt ein. Der Fall des Stadtarchivs Köln 2009 ist uns allen in nachhaltiger Erinnerung; auch Brände oder Erdbeben können zu solchen Situationen führen.

Am häufigsten jedoch stürzen Regale zusammen, weil ihre Belastbarkeit nur nach dem Trockengewicht der hier zu lagernden Objekte berechnet wurde, ohne zu bedenken, dass das Gewicht von Büchern und Dokumenten ansteigt, wenn sie nass werden.

Mechanische Schäden entstehen, wenn Einbände oder Schachteln mit Broschüren oder Archivalien aufplatzen und deren Inhalt verstreut wird. Dann besteht grosse Gefahr, dass wichtige Informationen direkt oder auch indirekt, durch das Durcheinanderkommen verschiedener Quellen, verloren gehen. Bei sehr vielen, auch schweren Notfällen (Einsturz des Stadtarchivs Köln) hat sich erwiesen, dass gute Schutzverpackungen sehr wirkungsvoll sind – eine zusätzliche Motivation, in Schachteln guter Qualität zu investieren.

2.3 Einteilung nach Ursache der Notfälle

■ *Naturereignisse*

□ Notfälle, verursacht durch Naturgewalten, meteorologische, geologische (Erdbeben, Erdrutsch) und kosmische Vorkommnisse.

□ Folgeschäden nach Naturereignissen, bewirkt durch physikalische Kräfte: Einsturzgefahr, Verformung oder Zerstörung von Mauern oder internen Strukturen der Magazine; Herabfallen von Büchern und Dokumenten usw.

■ *Unfälle*

□ Unvorhergesehene Störungen von (gut gewarteten) Geräten oder Anlagen; strukturelle Schwachstellen des Gebäudes; elektrische, hydraulische, klimatechnische, datenverarbeitende Anlagen usw.

□ Notfälle, die in der näheren Umgebung der Institution ausgelöst werden, Chemie- und Verkehrsunfälle und ihre Folgen usw.

- □ Sinistres provenant de l'entourage de l'institution, accidents chimiques, accidents de la circulation et leurs conséquences, etc.

- ■ *Causes humaines*
- □ Sinistres techniques provoqués par mauvaise gestion des installations existantes, par erreur ou par négligence (fenêtre ouverte, prises électriques bricolées, installations mal entretenues, etc.)
- □ Sinistres provoqués par acte volontaire, par des personnes appartenant ou non à l'institution: psychopathes, vandales, terroristes; militaires en cas de conflit armé.

- ■ *Menschliches Fehlverhalten*
- □ Technische Notfälle, ausgelöst durch schlechte Bewirtschaftung der vorhandenen Anlagen, durch Fehlverhalten oder durch Fahrlässigkeit (offene Fenster, gebastelte Steckdosen, schlecht gewartete Anlagen usw.).
- □ Vorsätzlich ausgelöste Notfälle, durch institutionsinterne oder -externe Personen: Psychopathen, Vandalen, Terroristen; Militär im Fall eines bewaffneten Konflikts.

3 Plan de gestion des sinistres

3.1 Identification des risques

Le premier pas dans l'établissement d'un plan de gestion des sinistres sera une analyse des risques, en vue de leur réduction. Ce travail demande beaucoup d'expérience et ne devrait être confié qu'à des professionnels de la conservation des biens culturels écrits et imprimés ayant une bonne expérience dans le domaine du bâtiment et des équipements techniques.

3.1.1 Risques liés à l'environnement naturel

L'environnement naturel d'un lieu de conservation peut être source de nombreux risques et doit être observé attentivement, en considérant un rayon assez large, qui peut atteindre plusieurs kilomètres pour les risques d'inondations ou de coulées de boue. Les aspects suivants devraient être considérés en particulier:

- ■ *Eau*
- □ Ecoulement des eaux de surface provenant de reliefs ou de cours d'eau environnants, en considérant le niveau d'eau d'une crue centenaire/millénaire. Risques de coulées de boue.
- □ Ecoulement des eaux de surface en cas de fortes pluie, d'orages exceptionnels, de rupture de conduites importantes dans un environnement urbain.

3 Notfallrahmenplan

3.1 Risikoanalyse

Der erste Schritt bei der Ausarbeitung eines Notfallrahmenplans ist eine Analyse der Risiken, denn nur so können diese dann reduziert werden. Für diese Arbeit ist viel Erfahrung nötig, und sie sollte nur Fachkräften für die Konservierung von schriftlichem und gedrucktem Kulturgut mit Erfahrungen im Bereich «Gebäude und technische Ausstattung» anvertraut werden.

3.1.1 Risiko durch das natürliche Umfeld

Das natürliche Umfeld eines Aufbewahrungsortes kann zahlreiche Gefahrenquellen bergen und muss diesbezüglich aufmerksam und in einem ausreichend grossen Umkreis untersucht werden, in Hinsicht auf die Gefährdung durch Überschwemmungen und Erdrutsche sogar in einem Radius von einigen Kilometern. Zu beachten sind vor allem folgende Aspekte:

- ■ *Wasser*
- □ Wasserablauf von Hügeln oder Wasserläufen in der Umgebung. Dabei ist der Wasserstand bei einem Jahrhundert-/Jahrtausend-Hochwasser zu beachten. Gefahr von Erdrutschen.
- □ Wasserablauf bei starkem Regen, aussergewöhnlichen Gewittern und bei Rohrbrüchen von grossem Ausmass im Stadtgebiet.

- ☐ Niveau de la nappe phréatique et écoulement naturel des eaux souterraines près du bâtiment.
- ☐ Structure des canalisations dans l'environnement proche, possibilité d'un débordement ou de la création d'un surpression dans les canalisations.

- ■ *Feu*
- ☐ Risques liés à un incendie dans des forêts ou surfaces naturelles proches.

- ■ *Tremblements de terre*
- ☐ Analyse des risques de la région sur la base des informations de l'office compétent (en Suisse : Office fédéral de l'environnement OFEV).

- ■ *Autres risques*
- ☐ Risques liés à la présence de gros arbres dans l'environnement immédiat du bâtiment.

3.1.2 **Risques liés à l'environnement bâti**

Sont considérés ici les risques causés par des bâtiments ou installations proches.

- ■ *Feu*
- ☐ Risques causés par l'extension d'un incendie dans un bâtiment ou dans une installation industrielle proche.
- ☐ Risques causés par des accumulations de matières combustibles dans un environnement proche.

- ■ *Eau*
- ☐ Ecoulement des eaux d'extinction utilisées par le service du feu en cas de sinistre dans un bâtiment proche.
- ☐ Ecoulement des eaux en cas d'accident important des installations techniques d'un bâtiment proche.

- ■ *Tremblement de terre*
- ☐ Risques liés à l'écroulement de bâtiments à proximité dans les zones à risque.

- ■ *Autres risques*
- ☐ Risques d'accidents de la route dans l'environnement immédiat du bâtiment.

- ☐ Stand des Grundwasserspiegels und natürlicher Ablauf des Grundwassers in Gebäudenähe.
- ☐ Anordnung der Kanalisation in der näheren Umgebung, Risiko von Überlaufen oder Überdruck der Kanalisation.

- ■ *Brand*
- ☐ Brandgefahr in Wäldern oder natürlichen Standorten der Umgebung.

- ■ *Erdbeben*
- ☐ Gefahrenanalyse auf der Grundlage von Auskünften der zuständigen Behörde (in der Schweiz: Bundesamt für Umwelt BAFU).

- ■ *Andere Risiken*
- ☐ Grosse Bäume in der unmittelbaren Nähe des Gebäudes.

3.1.2 **Risiken durch bauliche Umgebung**

Hierzu gehören Risiken durch benachbarte Gebäude oder Betriebsanlagen.

- ■ *Feuer*
- ☐ Ausbreitung eines Brandes benachbarter Gebäude oder Industrieanlagen.
- ☐ Ansammlung brennbarer Materialien im näheren Umfeld.

- ■ *Wasser*
- ☐ Eindringen des von der Feuerwehr verwendeten Löschwassers bei einem Brand in einem benachbarten Gebäude.
- ☐ Eindringen von Wasser bei einem grösseren Defekt der technischen Anlagen eines benachbarten Gebäudes.

- ■ *Erdbeben*
- ☐ Einsturz benachbarter Gebäude in Risikozonen.

- ■ *Andere Gefahren*
- ☐ Verkehrsunfallgefahr in unmittelbarer Nähe des Gebäudes.
- ☐ Risiko starker Verunreinigungen, vor allem durch Heizöl oder Industrie im nahen Umfeld des Gebäudes.

- ☐ Risques de pollutions graves, en particulier d'origine industrielle ou d'huile de chauffage, survenant dans l'environnement immédiat du bâtiment.
- ☐ Risques liés à des voies d'accès instables ou pouvant devenir impraticables, rendant difficile voire impossible une intervention.
- ☐ Risques d'attentats et de vandalisme sur un bâtiment proche ayant une valeur symbolique importante.

3.1.3 **Risques feu (dans le bâtiment abritant les collections)**

- ☐ *Protection contre la foudre:* selon la nature et la position du bâtiment, l'installation d'un paratonnerre peut être indispensable.
- ☐ *Cloisonnement des dépôts et des voies de communication verticales:* la structure interne du bâtiment et la qualité des cloisonnements déterminent la diffusion du feu et permettent, le cas échéant, de limiter le sinistre. Les voies de communication verticales en particulier (cages d'escaliers, ascenseurs, monte-charges) constituent un risque important en cas d'incendie si elles ne sont pas cloisonnées. D'importantes surfaces horizontales non cloisonnées permettent également l'extension du feu dans le bâtiment.
- ☐ *Installations électriques:* l'état du réseau électrique d'un bâtiment est un des éléments essentiels pour la définition du risque feu. Une attention particulière doit être portée aux bâtiments ayant subi plusieurs adaptations et modifications successives, où une vision d'ensemble de l'état du réseau électrique fait défaut. D'autre part, tout appareil alimenté par le réseau électrique peut être sujet à un court-circuit, qui peut engendrer des températures élevées et un feu. Ce risque est minime (mais pas nul) pour des appareils en bon état, mais il augmente avec l'âge des appareils.
- ☐ *Matériaux combustibles, caractéristiques des fonds:*
  - *Papier, carton:* les risques liés à la présence de grandes quantités de papier dans les bibliothèques et les archives sont relatifs. Le papier est une matière qui ne brûle bien que sous forme de feuilles libres, mais dont la combus-

- ☐ Zugangswege, die unsicher sind oder unbegehbar werden können, sodass ein Einsatz erschwert beziehungsweise unmöglich gemacht wird.
- ☐ Attentat oder Vandalismus in einem benachbarten Gebäude, das eine symbolische Bedeutung hat.

3.1.3 **Brandgefahr (im Gebäude, in denen die Bestände gelagert werden)**

- ☐ *Schutz gegen Blitzschlag:* Je nach Art und Standort des Gebäudes ist die Installation eines Blitzableiters unbedingt notwendig.
- ☐ *Bauliche Trennung von Lagerräumen und vertikalen Verkehrswegen:* Die interne Struktur des Gebäudes und die Qualität der baulichen Trennungen sind bei der Ausbreitung eines Brandes von entscheidender Bedeutung und können helfen, ihn zu beschränken. Vor allem vertikale Verkehrswege (Treppenhäuser, Fahrstühle, Lastenaufzüge) sind gefährlich, wenn sie nicht brandschutztechnisch getrennt sind. Auch grosse horizontal ausgerichtete Bereiche ohne Brandabschnittstrennungen begünstigen die Brandausbreitung in einem Gebäude.
- ☐ *Elektrische Anlagen:* Der Zustand der elektrischen Anlagen eines Gebäudes ist bei der Beurteilung von Brandrisiken ein grundlegendes Element. Besonders aufmerksam müssen Gebäude inspiziert werden, die mehrmals umgebaut oder verändert worden sind, da die elektrischen Anlagen dabei oft nicht in ihrer Gesamtheit betrachtet wurden. Andererseits kann es bei jedem Gerät, das von der Elektroanlage gespeist wird, einen Kurzschluss geben, der zu erhöhten Temperaturen und damit zu einem Brand führen kann. Diese Gefahr ist bei Geräten in gutem Zustand gering (aber nicht null), wird aber grösser, je älter die Geräte sind.
- ☐ *Brennbares Material, Bestandszusammensetzung:*
  - *Papier, Karton:* Die grossen Mengen von Papier in den Bibliotheken stellen nur ein relatives Risiko dar, denn lediglich Einzelblätter aus Papier brennen gut, in den Regalen aber stehen die Bücher als kompakte Masse dicht nebeneinander und brennen daher langsam und mühsam. Ein wichtiger Faktor des Brand-

tion est lente et difficile dans le cas de masses compactes, comme des livres serrés sur des rayonnages. Pour les documents d'archives, la qualité des boîtes joue un rôle dans le risque feu : des boîtes de très bonne qualité, en carton compact et épais, brûlent difficilement et protègent le contenu en cas de sinistre limité, tandis que des boîtes de qualité médiocre, fermant mal, constituent un bon combustible.

- *Matières plastiques :* certaines matières plastiques comme le PVC et le polyéthylène (PE) brûlent bien, d'autres moins ; il est toutefois possible d'insérer dans les chaînes moléculaires des plastiques des composantes qui inhibent la combustion, ce qui diminue le risque. Le risque d'une matière spécifique devrait être évalué de cas en cas. D'autre part, certaines matières plastiques, pour nous tout particulièrement le PVC, dégagent des nuages toxiques (organochlorures, dioxyne, etc.) très dangereux pour la santé humaine et causent des dépôts sur une zone très étendue, sans commune mesure avec la quantité de matière brûlée.
  Enfin, certains supports d'informations sont problématiques sur ce plan. Citons par exemple les acétates de cellulose, utilisées comme support pour les films négatifs en photographie, ou pire encore le nitrate de cellulose, dont le processus d'altération endogène peut aboutir à l'auto-combustion.

☐ *Systèmes de détection et d'extinction du feu :* les systèmes de détection ne sont en principe problématique que s'ils ne fonctionnent pas, car ils ne remplissent pas leur fonction essentielle. En revanche, les systèmes d'extinction peuvent être à leur tour cause de dommages. Les systèmes utilisant de l'eau (sprinkler) dont la tuyauterie est remplie en permanence d'eau peuvent être sujets à des accidents (cf. également ci-dessous). D'autre part, certains extincteurs provoquent des dommages collatéraux très grands et presque pires que l'acci-dent primaire ; c'est tout particulièrement le cas pour des extincteurs à poudre et pour ceux à mousse.

schutzes ist die Qualität der Behälter für Archivalien: Schachteln sehr guter Qualität aus kompaktem dickem Karton brennen schwer und schützen den Inhalt bei begrenzten Notfällen, schlecht schliessende Schachteln mittelmässiger Qualität hingegen bilden einen guten Brennstoff.

- *Kunststoffe:* Kunststoffe sind unterschiedlich gut brennbar, PVC und Polyethylen (PE) zum Beispiel brennen gut. Es können auch Komponenten in die Molekularkette der Kunststoffe eingebracht werden, durch die eine Verbrennung gehemmt und das Risiko herabgesetzt wird. Jedes spezifische Material muss von Fall zu Fall auf sein Risiko hin eingeschätzt werden. Manche Kunststoffe (in unserem Bereich hauptsächlich PVC) geben extrem gesundheitsschädigende Dämpfe ab (Organochlor-Verbindungen, Dioxin usw.), und die Russpartikel lagern sich unverhältnismässig (dem verbrannten Material gegenüber) grossflächig ab.
  Einige Informationsträger sind sehr problematisch. Dazu gehören Celluloseazetat-Filme (Träger von Fotonegativen) oder, noch schlimmer, Cellulosenitrat-Filme, deren endogener Abbauprozess zur Selbstentzündung führen kann.

☐ *Feuermelde- und Feuerlöschsysteme:* Feuermeldesysteme werden eigentlich nur zu einem Problem, wenn sie nicht funktionieren, denn dann erfüllen sie ihre Aufgabe nicht. Feuerlöschsysteme hingegen können ihrerseits Schaden verursachen. Feuerlöscher auf Wasserbasis (Sprinkler), deren Rohrleitungen permanent mit Wasser gefüllt sind, können Unfälle auslösen (siehe auch weiter unten). Durch andere Feuerlöscher, vor allem Pulver- und Schaumlöscher, können bedeutende Sekundärschäden verursacht werden, die fast schlimmer sind als die unmittelbaren Schäden.

3.1.4 Risques eau (à l'intérieur du bâtiment)

Les risques eau constituent en fait la catégorie de sinistres la plus fréquente, du moins en Suisse. Il faut parfois lutter contre des inondations de grandes dimensions provenant de l'extérieur ou contre l'eau utilisée par les pompiers pour éteindre un incendie qui atteint aussi des magasins non affectés par le feu. Mais il s'agit beaucoup plus souvent de sinistres de dimensions plus réduites, liés au réseau sanitaire du bâtiment ou au dysfonctionnement d'appareils. Pour ce qui concerne les mesures préventives, les aspects suivants méritent une observation détaillée :

- ☐ *Toiture, enveloppe du bâtiment (murs avec les ouvertures, dalles, radier) :* La fonction de l'enveloppe du bâtiment est de séparer l'extérieur de l'intérieur et de protéger ce qui est à l'intérieur. Le toit, et en particulier les ouvertures sur le toit, les baies vitrées, les fenêtres, les portes et toute autre ouverture dans les murs constituent des points potentiellement faible dans l'enveloppe, où un problème d'étanchéité peut surgir, en particulier en cas de fort orage, de grêle ou de pluies exceptionnelles.
- ☐ *Ferblanterie et évacuation des eaux de pluie :* l'état de la ferblanterie, des chénaux et des descentes avec leurs puits détermine aussi l'étanchéité de l'enveloppe du bâtiment. Les terrasses et les toits plats constituent souvent des points faibles. De même, l'évacuation de l'eau au fond de puits de lumière et sauts-de-loup doit être examinée ; dans ces partie situées en contrebas, le risque de canalisations bouchées par accumulation de détritus (d'origine naturelle ou humaine) est importante.
- ☐ *Installations sanitaires et de chauffage :* ces différents réseaux sont la cause de très nombreux petits sinistres et de quelques sinistres limités. Toute installation comportant un branchement au réseau d'eau sous pression, à un écoulement dans les égouts ou à un réseau d'eau en circuit fermé (p. ex. chauffage avec radiateurs classiques) est potentiellement dangereuse. Le degré du danger varie fortement, selon la conception, l'âge et l'état d'entretien des installations. La quantité d'eau est toutefois limitée dans une installation à circuit fermé.

3.1.4 Risiko durch Wasser (im Gebäude)

Am häufigsten, jedenfalls in der Schweiz, werden Notfälle durch Wasser ausgelöst. Manchmal muss man extern verursachten Überschwemmungen grossen Ausmasses entgegentreten. Es kommt auch vor, dass Wasser, das von der Feuerwehr benutzt wurde, um einen Brand zu löschen, auch in Magazine läuft, die vom Brand gar nicht betroffen sind. Aber viel häufiger kommt es zu kleineren Notfällen, ausgelöst durch Probleme im Sanitärbereich des Gebäudes oder durch Gerätestörungen. Um dem vorzubeugen, sollten folgende Aspekte gründlicher überprüft werden:

- ☐ *Dachkonstruktion, Gebäudehülle (Mauerwerk mit Bauöffnungen, Decken, Fundamentplatte):* Die Aufgabe der Gebäudehülle ist es, aussen von innen zu trennen und zu schützen, was im Inneren ist. Das Dach und vor allem die Dachöffnungen, Glaswände, Fenster, Türen und andere Öffnungen im Mauerwerk sind potenzielle Schwachpunkte der Gebäudehülle. Hier besteht die Gefahr von Wasserdurchlässigkeit, vor allem bei starken Gewittern, Hagel oder aussergewöhnlichen Regenfällen.
- ☐ *Bauklempnerei und Regenablaufsystem:* Der Zustand der Bauklempnerei, der Regenrinnen und der Fallrohre mit Ablaufschächten ist wichtig für die Dichtigkeit der Gebäudehülle. Terrassen und Flachdächer sind oft Schwachpunkte. Auch der Wasserabfluss am Boden der Lichtschächte und der Bodeneinläufe muss geprüft werden; in diesen tiefer liegenden Bereichen besteht oft die Gefahr, dass die Kanalisation durch Anhäufung von Abfällen (natürlichen oder menschlichen Ursprungs) verstopft.
- ☐ *Sanitäre und Heizungsanlagen:* Hier kommt es zu zahlreichen kleinen und einigen begrenzten Notfällen. Jede Anlage, die an ein wasserführendes System, das Abwasserleitungsnetz oder auch an ein geschlossenes Wassersystem (z. B. Heizung mit klassischen Heizkörpern) angeschlossen ist, birgt potenziell eine Gefahr. Je nach Anlage, Alter und Wartungszustand ist das Risiko grösser oder kleiner. In einem geschlossenen Wassersystem ist die Wassermenge zumindest nicht so gross.

Un risque supplémentaire est lié à la présence de regards ou d'écoulements liés au réseau des canalisations dans la partie la plus profonde du bâtiment : dans ce cas, le risque de refoulement d'eau des canalisation lié à une surpression momentanée doit être pris en compte.

- ☐ *Voies d'écoulement et points d'accumulation :* tout apport d'eau imprévu et suffisamment important tend à s'accumuler dans le point le plus bas du bâtiment, en suivant le chemin le plus direct, selon les lois de la gravité, dans la mesure où il n'a pas été évacué auparavant. Le chemin d'écoulement de l'eau devrait être étudié pour les divers cas de figure (intervention des pompiers aux étages supérieurs, accident technique aux installations sanitaires, etc.), dans le but d'identifier les points d'accumulation et les risques pour les collections.
  Une grande quantité d'eau (eau d'extinction d'un incendie) peut trouver un chemin même à travers de petits orifices, canaux techniques (électricité, etc.) et fissures dans une dalle en béton armé.
- ☐ *Risques liés à l'équipement des magasins :* l'équipement des magasins peut être une source de risque sur deux plans. D'une part, la présence d'appareils liés au réseau sanitaire, utilisant ou produisant de l'eau (humidificateurs, déshumidificateurs). D'autre part, selon la disposition des étagères et la matière de revêtement du sol, un accident éventuel peut avoir des conséquences plus ou moins graves. Par exemple, des recoins inaccessibles derrière les étagères ou un revêtement de sol non imperméable (moquette) compliquent fortement l'intervention en cas de sinistre.
- ☐ *Sprinklers :* Il existe plusieurs types de sprinklers, d'ailleurs en évolution permanente. On peut distinguer les sprinklers classiques des nébulisateurs d'eau.
  Dans le cas des sprinklers classiques, l'apport d'eau en cas d'enclenchement est de l'ordre d'env. 60–120 l/min par tête de sprinkler. Les tuyaux d'alimentation peuvent être constamment remplis d'eau ou bien remplis à la demande, suite à une alarme déclenchée par deux détecteurs. Dans le premier cas, un risque non

Ein zusätzliches Risiko bilden Kanalschächte oder Abflussleitungen des Kanalisationssystems im untersten Bereich des Gebäudes: Hier besteht Rückstaugefahr der Abwässer durch einen kurzzeitigen Überdruck.

- ☐ *Abflusswege und Sammelstellen:* Jede unvorhergesehene und grössere Zufuhr von Wasser wird sich auf dem direktesten Weg an der tiefsten Stelle des Gebäudes sammeln (Gravitation), wenn das Wasser nicht vorher abgeleitet werden konnte. Der Wasserverlauf muss auf die verschiedenen Szenarien hin überprüft werden (Feuerwehreinsatz in den oberen Stockwerken, technischer Störfall der Sanitäranlage usw.), um so die Sammelstellen und die entsprechenden Risiken für die Bestände festzustellen.
  Selbst durch kleine Öffnungen, technische Kanäle (Elektrizität usw.) und Ritzen in einer Stahlbetonplatte können grosse Wassermengen (Löschwasser) einen Weg finden.
- ☐ *Risiken aufgrund der Magazinausstattung:* Probleme können zum einen durch Geräte entstehen, die an das Sanitärsystem angeschlossen sind und Wasser verbrauchen beziehungsweise produzieren (Be- und Entfeuchter). Zum anderen können auch die Regalanordnung und das Material, mit dem der Boden bedeckt ist, für das Ausmass des Schadens ausschlaggebend sein. Der Einsatz bei Notfällen wird zum Beispiel durch unzugängliche Ecken hinter den Regalen oder wasserdurchlässige Fussbodenbeläge (textiler Belag) erschwert.
- ☐ *Sprinkler:* Es gibt verschiedene Typen von Sprinkleranlagen, die ständig weiterentwickelt werden. Man unterscheidet zwischen der konventionellen Sprinkler- und der Nebellöschanlage.
  Bei den konventionellen Sprinklern liegt die Wasserzufuhr bei ca. 60–120 l/Min. pro Sprinklerkopf. Die Rohrleitungsnetze können permanent oder erst bei Alarm durch zwei Brandmelder mit Wasser gefüllt werden. Bei dem permanenten System besteht die ernst zu nehmende Gefahr einer Fehlauslösung.
  Bei Nebellöschanlagen ist die austretende Wassermenge um 40 bis 60 % niedriger als bei konventionellen Sprinklern. Diese Anlagen sind immer trocken und werden durch eine Brand-

indifférent d'accidents causés par un déclenchement accidentel est à considérer.

Dans le cas des nébulisateurs d'eau, la quantité d'eau répandue est diminuée de 40 à 60 % par rapport aux sprinklers classiques. Ces installations sont toujours sèches, et elles sont déclenchées par activation d'un système de détecteurs de feu ou de fumée, par secteurs ou sur tout un local, de manière que le risque eau reste très réduit.

3.1.5 Identification des zones difficilement accessibles du bâtiment

Certains bâtiments présentent des zones qui sont assez bien accessibles en temps normal, mais où un accès en cas de sinistre peut devenir très problématique voire impossible, soit sur le plan physique, soit à cause des risques encourus par les sauveteurs. Cette situation peut se présenter autant dans des bâtiments anciens que modernes. Ce serait le cas d'un magasin situé au niveau le plus bas d'un bâtiment avec un accès unique, où l'eau s'accumulerait sans possibilité d'évacuation naturelle.

Dans ce type de situation, la sécurité des collections est mise en cause, car une évacuation en cas de sinistre deviendrait difficile et en tout cas très lente. Cet aspect devrait être examiné en collaboration avec le service du feu appelé à intervenir en cas de sinistre.

3.1.6 Risques liés à des travaux de rénovation ou d'entretien des bâtiments et des installations

Des travaux d'entretien ou de réfection du bâtiment et/ou des installations techniques sont un moment particulièrement dangereux dans la vie d'une institution conservant des biens culturels.

- Des ouvriers qui ne sont pas nécessairement conscients des risques qu'ils provoquent se trouvent dans le bâtiment. Les pratiques de travail en usage sur les chantiers de nouveaux bâtiments peuvent représenter un risque très élevé dans un bâtiment qui abrite des collections.
- Des accidents techniques peuvent survenir avec un effet non immédiat. Il semble que l'incendie de la bibliothèque Herzogin Anna Amalia à Weimar ait été provoqué par un câble écrasé et avec un développement très lent avant l'explosion du feu.

oder Rauchmeldeanlage für eine bestimmte Wirkfläche oder einen ganzen Raum aktiviert, sodass die Gefahr einer Fehlauslösung gering ist.

3.1.5 Bestimmung schwer zugänglicher Bereiche im Gebäude

In manchen Gebäuden gibt es Bereiche, die normalerweise gut zugänglich sind, deren Zugang im Notfall aber sehr problematisch oder sogar unmöglich werden kann, entweder weil es physisch unmöglich ist oder weil die Gefahren für die Helfer sehr gross sind. Das gilt für alte und moderne Gebäude. So ein Problem würde sich zum Beispiel für ein Magazin am tiefsten Punkt eines Gebäudes stellen, in welchem sich das Wasser ohne Möglichkeit eines natürlichen Ablaufs sammelt und das nur einen Zugang hat.

In einer solchen Situation ist die Sicherheit der Sammlungen in Frage gestellt, denn eine Evakuation bei einem Notfall würde sich als schwierig und auf jeden Fall sehr langsam erweisen. Das Problem muss in Zusammenarbeit mit der verantwortlichen lokalen Feuerwehrdienststelle untersucht werden.

3.1.6 Gefährdung durch Bau- oder Instandhaltungsarbeiten an Gebäude und Anlagen

Wartungs- oder Instandsetzungsarbeiten am Gebäude und/oder den technischen Anlagen sind für eine Einrichtung, in der Kulturgüter aufbewahrt werden, besonders risikoreich.

- Handwerker sind sich über die Probleme, die durch ihre Tätigkeit im Gebäude hervorgerufen werden können, nicht unbedingt im Klaren. Es ist sehr gefährlich, in einem Gebäude, in dem Sammlungen aufbewahrt werden, einfach die gleichen Arbeitspraktiken anzuwenden wie bei einem Neubau.
- Technische Unfälle können auch mit einem verzögerten Effekt auftreten. So entstand der Brand in der Weimarer Herzogin Anna Amalia Bibliothek anscheinend durch ein defektes Elektrokabel und entwickelte sich sehr langsam bis zum Ausbruch des Vollbrandes.
- Es ist manchmal schwierig, über die auf der Baustelle tätigen Personen die Übersicht zu behalten und eine funktionelle Trennung zwischen dem Baubereich und den Beständen zu garan-

□ Il peut être difficile de maintenir un contrôle clair des personnes présentes sur le chantier et de garantir une séparation efficace entre la zone du chantier et les collections, d'autant plus si les travaux concernent les magasins.

3.1.7 **Risques liés aux comportements humains**

□ Les comportements du personnel de l'institution et des visiteurs peuvent être une source de sinistres. Par exemple des fumeurs se cachant dans un recoin pour contourner l'interdiction de fumer, des utilisateurs des sanitaires qui ne ferment pas un robinet après l'usage, le personnel qui ne ferme pas des portes cloisonnant la partie non publique du bâtiment, etc. exposent l'institution à un risque accru.

□ D'autre part, bien que cela soit heureusement rare dans le milieu des biens culturels écrits, on ne peut pas exclure un acte de malveillance, soit de la part d'un membre du personnel, soit d'un usager de l'institution.

3.1.8 **Risques de vol et de vandalisme**

Les risques de vol sont liés à plusieurs aspects ; nous pouvons distinguer un vol « fonctionnel », opéré par un lecteur désirant disposer d'une source audelà des limites imposées par l'institution, et un vol « économique », accompli dans le but de revendre l'objet pour s'enrichir. On peut encore ajouter le vol « fétichiste », destiné à s'approprier objet pour sa valeur symbolique, individuelle ou collective.

□ Le vol est grandement favorisé si les zones accessibles au public ne sont pas clairement délimitées, de manière qu'il est facile pour un lecteur d'accéder aux dépôts. La pratique de permettre l'accès direct au magasin à des lecteurs privilégiés est également une source de risques sur ce plan.

□ Le vol, surtout de type « économique », est également favorisé par la présence de fenêtres ou de portes ou de voies de fuite aboutissant aux dépôts et insuffisamment sécurisés. Ce type de vol peut être également motivé par des restrictions excessives ou un prix très élevé pour les photocopies.

tieren, vor allem wenn in den Magazinen gearbeitet wird.

3.1.7 **Gefährdung durch menschliches Verhalten**

□ Das Verhalten des Einrichtungspersonals und der Besucher können Notfälle auslösen: Raucher, die sich in einer Ecke verstecken, um das Rauchverbot zu umgehen; Benutzer der Sanitäranlage, die den Wasserhahn nach Gebrauch nicht mehr schliessen; Mitarbeiter, die Türen zum Dienst- und Magazinbereich offen lassen usw.

□ Nicht auszuschliessen, obwohl bei Schriftgut glücklicherweise selten, ist eine böswillige Schädigung durch einen Mitarbeiter oder einen Benutzer der Einrichtung.

3.1.8 **Gefährdung durch Diebstahl und Vandalismus**

Es kann verschiedene Gründe für einen Diebstahl geben. Zu einem «funktionellen» Diebstahl kann es kommen, wenn ein Leser über die Beschränkungen der Einrichtung hinweg über eine Quelle verfügen möchte. Bei einem «ökonomischen» Diebstahl möchte der Dieb das Objekt weiterverkaufen, um sich zu bereichern. Bei einem «Fetisch»-Diebstahl wird das Objekt aufgrund seines symbolischen, individuellen oder kollektiven Werts gestohlen.

□ Diebstahl wird unterstützt, wenn die Besucherbereiche nicht eindeutig abgegrenzt sind und der Besucher leicht zu den Magazinen gelangen kann. In manchen Einrichtungen haben bevorzugte Leser Zugang zu den Lagerräumen, auch hier besteht ein Risiko.

□ Vor allem der «ökonomische» Diebstahl wird geradezu herausgefordert, wenn Fenster, Türen oder Fluchtwege, die in die Magazine führen, nicht ausreichend gesichert sind. Er kann auch durch übertriebene Einschränkungen bei der Herstellung von Fotokopien oder deren zu hohe Kosten bedingt sein.

□ Natürlich wird Diebstahl begünstigt, wenn bei der Ausgabe von Büchern und Archivalien im Lesesaal oder in den Nebenräumen nicht ausreichend kontrolliert wird.

- ☐ D'une manière générale, le vol est favorisé par l'absence de contrôle, soit dans la distribution des livres et des documents, soit dans la salle de lecture ou dans les locaux annexes.
- ☐ Le fait de regrouper les livres et documents précieux dans un endroit insuffisamment protégé augmente les risques.
- ☐ Il faut bien sûr tenir compte de la renommée des collections et de leur valeur sur le marché des antiquaires, mais ce critère n'est pas suffisant pour déterminer le risque sur ce plan.
- ☐ Les expositions à l'intérieur et à l'extérieur de l'institution peuvent constituer un moment de risque accru, selon les mesures de sécurité envisagées; le moment de la préparation et du démontage et le transport des œuvres exposées, fréquemment d'intérêt majeur, sont particulièrement à risque.

Le risque de vandalisme est semblable à celui du vol et se manifeste dans des conditions similaires.

3.1.9 Risques administratifs

- ☐ *Contrats d'assurance:* l'assurance dont on dispose ne comporte pas seulement le risque d'être sous-assuré (disponibilité insuffisante de ressources en cas de sinistre) ou sur-assuré (dépenses régulières trop élevées et inutiles), mais aussi celui d'être mal assuré. Dans ce cas, on peut avoir bien assuré un risque relativement secondaire et se trouver à découvert en cas d'un sinistre banal mais plus fréquent.
- ☐ *Disponibilités financières immédiates en cas de sinistre:* en cas de sinistre, même de dimensions assez réduites, la vitesse de réaction est un facteur essentiel pour circonscrire au mieux les conséquences. Pour cela, on est souvent amené à engager très rapidement des dépenses extraordinaires, qui permettront par la suite des économies importantes. Une liberté d'action suffisante sur ce plan est également un facteur de sécurité.

3.1.10 Risques liés à la gestion intellectuelle des collections

- ☐ *Inventaire:* la présence d'inventaires complets et précis, protégés contre une perte par des copies de sécurité, est un pilier essentiel d'un plan d'intervention. Le sauvetage indifférencié est source

- ☐ Werden wertvolle Bücher oder Dokumente an einem ungenügend gesicherten Ort aufbewahrt, besteht erhöhtes Risiko.
- ☐ Auch der Bekanntheitsgrad der Sammlung und ihr Wert in Antiquariaten muss berücksichtigt werden, aber diese Kriterien reichen zu einer Risikobestimmung nicht aus.
- ☐ Ausstellungen in und ausserhalb der Einrichtung können ein hohes Risiko darstellen. Besonders wichtig sind die vorgesehenen Sicherheitsmassnahmen bei der Vorbereitung, dem Abbau und dem Transport der ausgestellten Objekte, vor allem da diese häufig von besonders grossem Interesse sind.

Das Risiko von Vandalismus ähnelt dem des Diebstahls und tritt unter gleichartigen Bedingungen auf.

3.1.9 Verwaltungstechnische Risiken

- ☐ *Versicherungsverträge:* Die abgeschlossene Versicherung kann nicht nur zu tief (im Notfall sind zu wenig Mittel verfügbar) oder zu hoch (regelmässig zu hohe, unnötige Ausgaben) angesetzt sein. Es besteht auch die Gefahr, dass die Einrichtung schlecht versichert ist, das heisst, dass zum Beispiel ein verhältnismässig unbedeutendes Risiko gut versichert ist, aber häufiger auftretende kleinere Notfälle nicht gedeckt sind.
- ☐ *Finanzielle Verfügbarkeit sofort nach einem Notfall:* Bei Notfällen, selbst bei verhältnismässig kleinen, sollte schnell reagiert werden können, um die Folgen möglichst zu beschränken. Dazu müssen ausserplanmässige Ausgaben häufig sehr rasch vorgenommen werden können, was später bedeutende Einsparungen ermöglicht. Ausreichende Handlungsfreiheit ist hier gleichzeitig ein grosser Sicherheitsfaktor.

3.1.10 Risiken bei der intellektuellen Verwaltung der Sammlungen

- ☐ *Bestandsübersicht:* Eine vollständige und genaue Bestandsübersicht, mit Anfertigung von Sicherheitskopien zum Schutz vor Verlust, ist wesentlicher Teil eines Notfallplans. Eine ungeordnete Bergung führt zu Schäden, Verlust und auf jeden Fall zu zusätzlichen Ausgaben, selbst wenn die Bergung technisch korrekt ausgeführt wurde.

de dommages, de pertes et en tout cas de dépenses supplémentaires, même s'il a été bien mené sur le plan technique.

- ☐ *Liste des priorités de sauvetage:* une liste de priorités en cas de sauvetage est un facteur d'efficacité du sauvetage en cas de sinistres limités ou majeurs.

3.2 Réduction des risques

Une analyse des risques a pour but la réduction des risques identifiés. Lors de la construction d'un nouveau bâtiment, on peut en principe obtenir la meilleure réduction des risques avec un rapport coût/efficacité favorable. Dans un bâtiment existant, la difficulté principale est d'établir la limite entre des risques importants, qui doivent impérativement être réduits, et des risques moins importants, où le coût des mesures nécessaires n'est plus proportionné à l'efficacité de ces mesures. La personne responsable de l'institution (responsable des fonds, responsable de la conservation), un spécialiste en conservation et les spécialistes sectoriels (architectes, ingénieurs) doivent absolument collaborer. Toutes les mesures évoquées ci-après doivent être appliquées le cas échéant, et en les adaptant à la situation concrète. Seuls sont évoqués les points pour lesquels des mesures « raisonnables » peuvent être entreprises; ainsi par exemple, nous n'évoquerons pas des mesures de renforcement des structures portantes du bâtiment par rapport aux tremblements de terre ou des mesures de protection par rapport à l'incendie d'une forêt proche, etc.

La mise en œuvre d'une politique de réduction des risques contribue également à une amélioration des conditions de conservation dans l'institution et fait, par conséquent, partie de la tâche générale de conservation des fonds.

3.2.1 Risques liés à l'environnement naturel

■ *Eau*

- ☐ Création de barrières fixes ou amovibles pour contenir d'éventuel flux d'eau provenant de l'extérieur jusqu'à la hauteur maximale prévisible. Imperméabilisation des murs extérieurs au-dessus du niveau maximal prévisible.

- ☐ *Liste der Bergungsprioritäten:* Vor allem bei begrenzten und schwerwiegenden Notfällen ist eine Liste der Prioritäten für Bergungsarbeiten sehr hilfreich.

3.2 Risikoreduzierung

Eine Risikoanalyse soll Gelegenheit geben, die erkannten Risiken zu reduzieren. Bei einem Neubau ist meistens eine gute Risikoreduzierung in einem vorteilhaften Preis-Leistungs-Verhältnis möglich. Bei einem schon bestehenden Gebäude liegt die grösste Schwierigkeit darin, die Grenze zwischen bedeutenden Risiken, die unbedingt einzuschränken sind, und geringfügigeren Risiken, für welche die Kosten der notwendigen Massnahmen nicht mehr im Verhältnis zu deren Erfolg stehen, festzulegen. Der Verantwortliche der Einrichtung (Verantwortlicher für die Bestände, Verantwortlicher für die Konservierung), ein Spezialist für Konservierung und die Fachleute verschiedener Bereiche (Architekten, Ingenieure) müssen unbedingt zusammenarbeiten. Alle im Nachfolgenden aufgeführten Massnahmen müssen je nach Notwendigkeit und der konkreten Situation entsprechend umgesetzt werden. Es werden hier nur Themen behandelt, für die «vernünftige» Massnahmen realisierbar sind. So werden wir zum Beispiel keine Massnahmen zur Verstärkung von Trägerstrukturen eines Gebäudes bei Erdbebengefahr oder Schutzmassnahmen gegen den Brand eines nahen Waldes usw. aufführen.

Die Umsetzung einer Politik der Risikoreduzierung trägt auch zu einer Verbesserung der Aufbewahrungsbedingungen in der Institution bei und ist daher Teil der Gesamtaufgabe der Bestandskonservierung.

3.2.1 Risiken durch das natürliche Umfeld

■ *Wasser*

- ☐ Schaffung von stationären oder ambulanten Sperren, um einen eventuellen Wasserzufluss von aussen bis zu der zu erwartenden Maximalhöhe aufzuhalten. Abdichtung der Aussenmauern oberhalb des vorhersehbaren Maximalniveaus.

- ☐ Renforcement le cas échéant des points d'écoulement autour du bâtiment; nettoyage régulier des points d'écoulement, au minimum une fois par année en automne ou selon les besoins.
- ☐ Renforcement du drainage extérieur du bâtiment.
- ☐ Pose de clapets anti-refoulement dans les canalisations, pose de joints étanches dans les regards des canalisations.

3.2.2 **Risques liés à l'environnement bâti**

■ *Feu:* les mesures doivent toujours être prises en collaboration avec les services du feu locaux.

- ☐ Examen des séparations coupe-feu par rapport à des bâtiments proches, en particulier les murs coupe-feu et la séparation au niveau du toit.
- ☐ Autres mesures de protection en cas d'incendie d'un bâtiment proche (par exemple refroidissement des façades).

■ *Eau*

- ☐ Création de barrières fixes ou amovibles pour contenir d'éventuel flux d'eau.
- ☐ Renforcement le cas échéant des points d'écoulement autour du bâtiment.

■ *Autres risques*

- ☐ Par rapport aux risques évoqués au point 3.1.2, des mesures de protection et des procédures d'interventions spécifiques doivent être convenues avec les partenaires concernés.

3.2.3 **Risques feu**

- ☐ *Détection:* en principe, dans des bâtiments publics, la détection du feu est soumise à des normes strictes et bien établies; les installations sont régulièrement vérifiées. Il est important que la détection soit assurée également dans les espaces clos ou dans les espaces techniques difficilement accessibles, lorsqu'un risque d'incendie ne peut pas être absolument exclu. Pour toute alarme, la procédure de transmission et de réaction est déterminante à partir du moment où une situation irrégulière a été relevée.
- ☐ *Protection contre la foudre:* installation d'un paratonnerre.

- ☐ Gegebenenfalls mehr Abflüsse um das Gebäude herum anlegen; regelmässige Reinigung der Abflüsse mindestens einmal pro Jahr im Herbst oder bei Bedarf.
- ☐ Verbesserung der Drainage ausserhalb des Gebäudes.
- ☐ Installation von Rückstauklappen im Abflusssystem sowie von Dichtungen in den Abwassereinläufen.

3.2.2 **Risiken durch die bebaute Umgebung**

■ *Brand:* Diese Massnahmen müssen immer gemeinsam mit der örtlichen Feuerwehr erarbeitet werden.

- ☐ Untersuchung der feuerbeständigen Abtrennungen zu benachbarten Gebäuden, vor allem der Brandmauern und der Abtrennung im Dachbereich.
- ☐ Andere Schutzmassnahmen für den Fall eines Brandes in einem benachbarten Gebäude (z.B. Kühlung der Fassaden).

■ *Wasser*

- ☐ Schaffung von stationären oder ambulanten Sperren, um einen eventuellen Wasserzufluss aufzuhalten.
- ☐ Gegebenenfalls um das Gebäude herum mehr Wassereinläufe anlegen.

■ *Andere Risiken*

- ☐ Hinsichtlich der im Punkt 3.1.2 aufgeführten Risiken müssen Massnahmen und Einsätze mit den jeweiligen Nachbarn abgesprochen werden.

3.2.3 **Brandgefahr**

- ☐ *Meldesystem:* In öffentlichen Gebäuden untersteht das Feuermeldesystem im Prinzip strikten, feststehenden Bestimmungen, zu denen die regelmässige Überprüfung der Anlagen gehört. Wenn Brandgefahr nicht völlig ausgeschlossen werden kann, müssen auch in abgeschlossenen Räumen oder in schwer zugänglichen technischen Bereichen Feuermelder installiert werden. Wenn aufgrund einer abweichenden Situation ein Alarm ausgelöst wird, ist es von entscheidender Bedeutung, wie der weitere Ablauf von Weiterleitung und Reaktion funktioniert.

- ☐ *Cloisonnement des dépôts et des voies de communication verticales :* en principe, tout cloisonnement dans les magasins ou entre les magasins et les lieux de prêt et de consultation est un obstacle pour le travail des magasiniers et pour le service au public. Pour cette raison, dans la mesure du possible, il faut envisager un cloisonnement qui ne se met en place qu'en cas d'alarme feu, avec des portes automatiques, en tenant cependant compte aussi de la séparation indispensable entre les magasins et les zones publiques.
- ☐ *Installations électriques :* vérification de l'état du réseau électrique fixe, vérification des charges (puissance des appareils utilisés régulièrement ou occasionnellement) et de l'état d'entretien de ces appareils fixes et mobiles et de leurs raccordements (rallonges, prises multiples).
- ☐ *Matériaux combustibles, caractéristiques des fonds :* identification des composantes particulièrement inflammables dans les fonds (cf. 3.1.3) ; choix de boîtes de qualité pour les fonds concernés (périodiques, brochures, fonds d'archives, etc.). Elimination aussi radicale que possible de la présence de PVC et autres matières plastiques facilement combustibles dans les magasins (matériaux de revêtement, emballages, etc.) et dans les fonds.
- ☐ *Choix à propos d'un système d'extinction fixe :* cet argument est toujours discuté et une opinion univoque n'a pas été établie. Si la pose d'un système de détection efficace est généralement obligatoire et très bien normée, l'installation même d'un système d'extinction est controversée. Chaque système a des avantages et inconvénients.[1]
  - *Un système de sprinklers.* Le système sprinkler, dans une configuration « sèche » adaptée à des bibliothèques, archives et musées, comporte une alimentation sous forme de tuyaux remplis d'eau de manière permanente à l'extérieur des magasins, un réseau de

[1] Cf. Juditzki, Ines : « Vergleich von stationären Feuerlöschanlagen für den Einsatz in Bibliotheken ». In : http://www.forum-bestandserhaltung.de/downloads/feuerloeschanlagen-bibliotheken.pdf (VI 2009).

- ☐ *Schutz gegen Blitzschlag:* Installation eines Blitzableiters.
- ☐ *Trennung der Lagerräume und der vertikalen Verkehrswege:* Im Prinzip bedeutet jede bautechnische Trennung in den Magazinen oder zwischen den Magazinen und dem Öffentlichkeitsbereich eine Behinderung für die Magazinarbeiter und den Besucherservice. Soweit als möglich sollte deshalb eine Abtrennung durch Feuerschutztüren vorgesehen werden, die erst bei Alarmauslösung selbsttätig schliessen. Dabei muss aber immer die unbedingt notwendige Trennung zwischen Magazin- und Besucherbereich beachtet werden.
- ☐ *Elektrische Anlagen:* Prüfung des Zustands des Stromleitungssystems, Prüfung der Geräteladung (Leistung der regelmässig oder gelegentlich benutzten Geräte) und des Wartungszustands dieser Geräte und ihrer Anschlüsse (Verlängerungskabel, Vielfachstecker).
- ☐ *Brennbares Material, Bestandszusammensetzung:* Bestimmung besonders leicht entflammbarer Komponenten in den Beständen (siehe 3.1.3); Qualität der Schachteln für die jeweiligen Bestände (Zeitschriften, Broschüren, Archivgut usw.). PVC und andere leicht entflammbare Kunststoffe in den Magazinen (Belagsmaterial, Verpackungen usw.) und Beständen so viel als möglich aussondern.
- ☐ *Wahl des stationären Feuerlöschsystems:* Zu diesem fortwährend diskutierten Thema besteht noch keine einhellige Meinung. Die Installation eines wirkungsvollen Feuermeldesystems ist normalerweise obligatorisch und unterliegt bestimmten Normen. Die Installation einer Feuerlöschanlage hingegen ist umstritten. Jeder Anlagentyp hat seine Vor- und Nachteile.[1]
  - *Sprinkleranlage:* Bei einer Sprinkler-Trockenanlage in Bibliotheken, Archiven und Museen steht das Rohrleitungsnetz der Anlage ausserhalb der Magazine permanent unter Wasserdruck. In den Lagerräumen ist ein trockenes

[1] Siehe Juditzki, Ines: «Vergleich von stationären Feuerlöschanlagen für den Einsatz in Bibliotheken». In: http://www.forum-bestandserhaltung.de/downloads/feuerloeschanlagen-Bibliotheken.pdf (VI 2009).

tuyaux secs avec une soupape qui en commande le remplissage en cas d'alarme déclenchée par des détecteurs de fumée et des sprinklers proprement dits. Un sprinkler (= arroseur en anglais) est un dispositif d'arrosage obturé par un élément thermosensible. Il est conçu pour débiter de l'eau lorsque la température à laquelle il est soumis dépasse sa valeur de calibrage. L'élément thermosensible est une ampoule qui maintient en place un bouchon obturant l'arrivée d'eau; cet élément est calibré à une température précise, le plus souvent de 68 °C (ampoules rouges). Le débit de chaque tête, la température d'enclenchement, la rapidité de l'enclenchement, la surface (7–12 m^2 par sprinkler) et la forme de l'arrosage peuvent être définis de cas en cas.
La quantité d'eau dégagée par chaque sprinkler activé est assez importante (environ 60–120 l/min), mais seuls les sprinklers de la zone concernée sont activés. Une statistique a mis en évidence que dans 80 % des cas d'incendie dans une installation munie de sprinklers classiques, seuls un à quatre sprinklers entrent en action; pour quatre sprinklers, cela représente tout de même 2400–4800 litres en 10 minutes... L'efficacité est très bonne. Dans le cas d'un système « sec » au niveau des magasins, les risques d'un déclenchement involontaire sont réduits.

- *Un système de nébulisation d'eau.* Ce système produit des gouttelettes d'eau beaucoup plus fines qu'un sprinkler ordinaire, ce qui permet d'éteindre plus efficacement le feu, à condition que la hauteur du local ne dépasse pas 3 m. Si la quantité d'eau est réduite de 40 à 60 %, il ne faut pas imaginer pour autant que des livres ne sortent qu'humides d'un tel traitement. Le système est déclenché par des détecteurs de fumée, sans qu'il y ait un déclenchement individuel des têtes d'arrosage. Cela représente en principe une surface arrosée plus grande que pour des sprinklers classiques. Le risque de déclenchements ou d'écoulements involontaires est réduit, car les tuyaux dans les magasins sont vides.

Rohrleitungsnetz mit einem Ventil versehen, das nach Alarmauslösung durch die Feuermelder und die Sprinkler, die Wasserversorgung des Systems im Raum herbeiführt. Ein Sprinkler (= Dusche, engl.) ist eine Sprühdüse, die durch ein wärmeempfindliches Geräteteil (Glasfass) verschlossen ist. Sobald die Umgebungstemperatur den Wert übersteigt, auf den das Glasfass kalibriert ist, wird Wasser abgegeben. Im Glasfass wird mit einem Glaskolben eine Druckschraube festgehalten, mit der die Wasserversorgung ausgelöst wird;
das Glasfass ist auf eine genaue Auslösetemperatur kalibriert (meistens 68 °C, rotes Glasfass). Je nach Bedarf können der Durchflussfaktor jedes Sprühkopfs, die Auslösetemperatur, die Höhe der Ansprechzeit, die Auslegung (7–12 m^2 pro Sprinkler) und die Düsenform bestimmt werden.
Von jedem aktivierten Sprinkler wird relativ viel Wasser abgegeben (ca. 60–120 l/min), es werden aber nur die Sprinkler über dem Brandbereich ausgelöst. Eine Statistik hat aufgezeigt, dass in 80 % der Brandfälle nur ein bis vier Sprinkler einer konventionellen Sprinkleranlage in Aktion treten; für vier Sprinkler bedeutet das immerhin 2400–4800 Liter in 10 Minuten... Die Wirksamkeit der Anlage ist hoch.
Bei einer Trockenanlage in den Magazinen ist das Risiko einer Fehlauslösung ist geringer.

- *Nebellöschanlage:* Da die Wassertröpfchen bei einer Nebellöschanlage feiner zerstäubt werden als bei konventionellen Sprinklern, wird ein Brand effizienter gelöscht (bei einer maximalen Raumhöhe von 3 m). Obwohl die austretende Wassermenge um 40 bis 60 % geringer ist, muss man nach der Löschung auch hier mit nassen und nicht nur feuchten Objekten rechnen. Das System wird durch Rauchmelder aktiviert, es erfolgt keine individuelle Auslösung durch die Sprühköpfe. Dadurch wird im Prinzip eine grössere Fläche besprüht als bei konventionellen Sprinklern. Das Risiko von Wasserschaden zum Beispiel durch Fehlauslösung ist geringer, da die Rohrleitungen in den Magazinen leer sind.

– *Des systèmes d'extinction à base de gaz.* Ce domaine est complexe, car il existe de nombreux produits, surtout depuis que les Halons (famille de gaz à la composition chimique très variée, les plus utilisés avant l'interdiction étant les Halons 1211 et 1301) ont été interdits définitivement à la fin 2003 à cause de leur effet négatif sur l'environnement. Actuellement, le marché propose divers gaz purs ou en mélanges, dont l'efficacité, le coût, l'effet corrosif (du gaz ou de ses dérivés) ou le stockage sont tendenciellement moins favorables par rapport aux anciens gaz Halons, mais qui sont écologiquement acceptables. Parmi ceux-ci, on trouve des gaz purs comme l'Helium (He), l'Argon (Ar), l'Azote (N_2) et des mélanges : Inergen (N_2 + Ar + CO_2), Argonite (N_2 + Ar). Depuis peu, un nouveau gaz, Novec 1230, a été admis en Suisse ; il semble posséder des propriétés intéressantes sans présenter de problèmes environnementaux majeurs.[2]

En conclusion, il y a un choix presque idéologique à la base de l'installation ou non d'un système d'extinction. En principe, des locaux remplissant les conditions suivantes :

☐ construits dans des matières incombustibles,
☐ cloisonnés dans des surfaces n'excédant pas 200 m^2,
☐ où on ne trouve que les installations techniques indispensables,
☐ avec une installation électrique minimale et conforme au standard actuel,
☐ où toutes les mesures préventives ont été considérées,
☐ possédant un système de détection performant,

ne comportent qu'un risque absolument minime d'incendie, si on exclut quelques cas de fonds ayant un risque propre (négatifs photographiques sur film de nitrate de cellulose) et les risques d'incendies volontaires. Dans ces conditions théoriques

– *Gaslöschanlagen:* Dieser Bereich ist komplex, denn es gibt zahlreiche Produkte, besonders seit die Halon-Gase (Gruppe von Gasen mit sehr unterschiedlicher chemischer Zusammensetzung, es wurden besonders die Gase Halon 1211 und 1301 verwendet) wegen ihrer umweltschädigenden Wirkung 2003 definitiv verboten wurden. Gegenwärtig sind verschiedene reine und gemischte Gase auf dem Markt, deren Wirksamkeit, Kosten, korrosive Wirkungen (des Gases und seiner Derivate) oder Lagerung eher ungünstiger sind als die der früher verwendeten Halon-Gase, dafür aber ökologisch vertretbar. Dazu gehören reine Gase wie Helium (He), Argon (Ar), Stickstoff (N_2) und die Mischgase Inergen (N_2 + Ar + Co_2) und Argonite (N_2 + Ar). Seit Kurzem ist in der Schweiz ein neues Gas, Novec 1230, zugelassen; anscheinend hat es interessante spezifische Eigenschaften ohne grössere umweltschädigende Auswirkungen.[2]

Schliesslich liegt dem Für oder Wider eines Löschanlageneinbaus eine fast ideologische Entscheidung zugrunde. Im Prinzip besteht bei Räumen, die folgende Bedingungen erfüllen, nur ein minimales Brandrisiko:

☐ Verwendung von nicht brennbarem Baumaterial,
☐ Bildung von Brandschutzabschnitten unter 200 m^2,
☐ auf das Nötige beschränkte technische Einrichtungen,
☐ auf das Minimum beschränkte elektrische Anlagen gemäss derzeit gültiger Norm,
☐ alle Vorbeugemassnahmen wurden berücksichtigt,
☐ Ausstattung mit einem effizienten Brandmeldesystem.

Davon ausgeschlossen sind einige Bestände, die ein Risikofaktor an sich sind (z. B. Negative auf Cellulosenitrat-Filmen), sowie vorsätzliche Brandstiftung. Unter solchen theoretischen Idealverhältnissen scheint mir die notwendige finanzielle Inves-

[2] Novec 1230 : Nonafluor-4-(trifluormethyl-)3-pentanon ; possède des qualités proches des gaz Halons. Cf. http://w1.siemens.ch/web/bt_ch/SiteCollectionDocuments/bt_internet_ch/loesungen-services/our-offering/fire-safety/downloads/BR_Novec.pdf (VI 2009).

[2] Novec 1230: Nonafluor-4-(trifluormethyl-)3-pentanon; weist Eigenschaften ähnlich denen der Halon-Gase auf. Cf. http://w1.siemens.ch/web/bt_ch/SiteCollectionDocuments/bt_internet_ch/loesungen-services/our-offering/fire-safety/downloads/BR_Novec.pdf (VI 2009).

idéales, il me semble que l'investissement financier nécessaire pour l'installation et l'entretien d'un système d'extinction de qualité n'est pas forcément proportionné aux risques réels, du moins dans les magasins; il faut cependant évaluer chaque situation dans son contexte.

- *Systèmes d'extinction mobiles.* Les extincteurs portatifs proposent divers types de produits d'extinction pour la classe A (matières solides) qui nous concerne. Sont considérés dans cette classe les extincteurs à eau, à eau avec additifs, à mousse et à poudre type ABC. Sont à éviter les extincteurs à poudre et ceux à mousse, à cause des dommages collatéraux beaucoup trop graves. L'eau avec additifs a des effets sur le papier et les livres qui ne sont pas encore étudiés. Ceux à eau pulvérisée semblent être les moins nuisibles sur ce plan. Il est bien clair que, dans le meilleur des cas, les objets concernés par une action d'extinction seront mouillés.
  Les extincteurs à base de gaz (CO_2) ne sont pas efficaces pour les matières solides formant des braises (bois, papier) et leur action est de très courte durée; ils ne sont pas adaptés aux bibliothèques et archives, sauf dans des locaux techniques où les risques de feux d'hydrocarbures (classe B), de gaz (classe C) ou d'éléctricité (ancienne classe E) sont présents.

3.2.4 **Risques eau (à l'intérieur du bâtiment)**

- ☐ Vérification du toit, des chénaux avec leurs descentes et voies d'écoulement; vérification de toute ouverture dans l'enveloppe du bâtiment, portes, fenêtres, baies vitrées, ouvertures pour la ventilation, passages de conduites et canalisations. Vérification du nettoyage régulier des chénaux et de leurs écoulements. Vérification des grilles d'évacuation au sol et des puits et sauts-de-loup.
- ☐ Contrôle général des installations sanitaires: réseaux d'eau sous pression, réseaux d'eau fermés, branchements aux canalisations. Les écoulements, grilles et regards des canalisations à l'étage le plus bas du bâtiment feront l'objet d'un examen particulièrement attentif.

tition für die Installation und die Wartung eines qualitätsvollen Feuerlöschsystems im Verhältnis zu den realen Risiken nicht unbedingt gerechtfertigt, jedenfalls in den Magazinen. Allerdings muss jede Situation in ihrem Kontext eingeschätzt werden.

- *Handfeuerlöscher:* Für die Klasse A (feste Stoffe) werden verschiedene Produkttypen angeboten – Löscher mit wässrigen Lösungen, Wasser-, Schaum- und Pulverlöscher (Typ ABC). Wegen zu grosser Folgeschäden sind Pulver- und Schaumlöscher nicht geeignet. Die Auswirkungen der wässrigen Lösungen auf Papier und Bücher sind noch nicht untersucht worden. Wassernebellöscher scheinen hier am günstigsten zu sein, wobei immer zu bedenken ist, dass die solcherart gelöschten Objekte, im besten Fall, nass sind.
- *Löscher auf der Grundlage von Gas* (CO_2) eignen sich nicht für feste, glutbildende Materialien (Holz, Papier), und sie wirken nur kurzzeitig. Sie sind für Bibliotheken und Archive ungeeignet, ausser in technischen Räumen, in denen ein Brandrisiko aufgrund von Kohlenwasserstoff-Verbindungen (Klasse B), Gas (Klasse C) oder Elektrogeräten beziehungsweise -leitungen (alte Klasse E) besteht.

3.2.4 **Wasserrisiko (im Gebäude)**

- ☐ Prüfung des Dachs, der Dachrinnen mit Fallrohren und Abflussleitungen, Kontrolle aller Bauöffnungen der Gebäudehülle, Türen, Fenster, Glaswände, Öffnungen für die Lüftung, Öffnungen für Rohrleitungen und Kanalisation. Sicherstellung einer regelmässigen Reinigung der Dachrinnen und der Abflüsse. Kontrolle der Roste von Bodenabläufen, der Schächte und der Wassereinläufe.
- ☐ Umfassende Kontrolle der Sanitäranlagen: Wasserleitungen unter Druck, geschlossene Wasserleitungsnetze, Kanalisationsanschlüsse. Abflüsse, Roste und Kanalschächte des untersten Gebäudegeschosses müssen besonders gut kontrolliert werden.
- ☐ Überprüfung des Wartungszustandes von technischen Betriebsmitteln und Einrichtungen im Gebäude, vor allem Heizungs-, Lüftungs- und Klimaanlagen; Überprüfung der Abflüsse in den betriebstechnischen Räumen.

- ☐ Vérification de l'état d'entretien des appareils et équipements techniques se trouvant dans le bâtiment, en particulier des installations de chauffage, ventilation et climatisation; vérification des écoulements dans les locaux techniques.
- ☐ Examen des voies d'écoulement et points d'accumulation de l'eau, selon les différents cas de figure. Création de barrières pour éviter l'écoulement de l'eau dans les dépôts. Création ou renforcement des voies d'évacuation vers l'extérieur du bâtiment. Dans les dépôts souterrains se trouvant en dessous du niveau des égouts, création d'un point d'accumulation équipé de pompes (doubles, reliées à une alimentation électrique de secours et à une alarme).
- ☐ Elimination dans la mesure du possible de tout appareil branché au réseau sanitaire, utilisant ou produisant de l'eau (déshumidificateurs) à l'intérieur des magasins. Le cas échéant, déplacement de ces appareils hors des magasins.
- ☐ Pose d'une alarme pour l'eau dans tous les magasins, reliée à un système de transmission efficace. Il existe des détecteurs ponctuels, qui sont relativement peu efficaces dans les grands locaux. En effet, la tension superficielle de l'eau rend assez lente sa diffusion sur un sol plat: un détecteur placé à une certaine distance d'une fuite d'eau ne réagira qu'avec retard et quand la quantité d'eau libérée sera déjà importante. Des détecteurs sous forme de câble périphérique, posés sur le pourtour d'un local, sont beaucoup plus efficaces. Pour toute alarme, les procédures de transmission et de réaction sont déterminantes à partir du moment où une situation irrégulière a été relevée.
- ☐ Vérification que la disposition des étagères et des rayonnages ne soit pas un obstacle à une intervention. Eviter toute partie inaccessible dans les magasins. Une hauteur libre minimale de 10 cm sous le premier rayon offre une certaine sécurité en cas d'accident mineur et permet le séchage du sol avec des aspirateurs.
- ☐ Vérification de la solidité des étagères en tenant compte de l'augmentation du poids des documents, qui peut atteindre les 100 %. Dans ce cas, on peut s'attendre aux charges suivantes:

- ☐ Untersuchung der Abflussleitungen und der Wassersammelstellen je nach Notwendigkeit. Bildung von Sperren zum Schutz der Magazine vor eindringendem Wasser. Schaffung beziehungsweise Verbesserung der Abflussleitungen nach aussen. In unterirdischen Lagerräumen unterhalb des Abwasserkanals muss eine mit Pumpen ausgestattete Sammelstelle geschaffen werden (doppelt, verbunden mit einem Notstromaggregat und einem Alarm).
- ☐ Wasserführende Geräte, die an das Sanitärsystem angeschlossen sind (z.B. Entfeuchter), möglichst nicht in den Magazinen belassen. Wenn möglich ausserhalb der Lagerräume installieren.
- ☐ Verlegung eines wirksamen Wasseralarmsystems in allen Magazinen; wichtig ist eine effiziente Weitergabe der Meldung. Es gibt punktuelle Fühler/Melder, die sich jedoch für grosse Räume nicht besonders gut eignen: Wasser verbreitet sich aufgrund seiner Oberflächenspannung nur langsam auf ebenem Boden: Ist also in der Nä-he einer Undichtigkeit kein Fühler/Melder angebracht, wird es erst zu einer Reaktion kommen, wenn sich schon viel zu viel Wasser angesammelt hat. Sensorkabelmelder, die dem gesamten Raumumfang entlang verlegt werden, sind viel wirksamer. Wird aufgrund einer abweichenden Situation ein Alarm ausgelöst, ist entscheidend, wie der nötige Ablauf von Weiterleitung und Reaktion funktioniert.
- ☐ Regale und Regalfachböden müssen so angeordnet sein, dass sie bei einem Notfalleinsatz kein Hindernis darstellen. Unzugängliche Orte in einem Magazin sind unbedingt zu vermei-den. Der Abstand des untersten Regalfachs zum Fussboden muss mindestens 10 cm betragen; dadurch wird eine gewisse Sicherheit bei kleinen Notfällen gewährleistet, und der Fussboden kann mit Sauggeräten getrocknet werden.
- ☐ Kontrolle der Belastbarkeit der Regale, da sich das Gewicht der Objekte um bis zu 100 % erhöhen kann. Dann kann es zu folgenden Gewichten kommen:

Objets	Charge par mètre linéaire à l'état sec (kg/ml)	Charge par mètre linéaire à l'état mouillé (kg/ml)
Boîtes d'archives	30–50	50–100
Livres modernes	30–90	50–150
Livres anciens	30–60	50–150
Journaux (grand format)	100–150	150–200
Registres (grand format)	150–200	200–250

- ☐ L'ancrage vertical des étagères doit également être vérifié pour éviter leur écroulement.
- ☐ Vérification du type de revêtement du sol et de l'étanchéité du sol; des matières absorbantes comme le feutre ou la moquette devraient être remplacées, par exemple par de la résine industrielle ou du linoléum (exempt de PVC).
- ☐ Vérification des caractéristiques et du fonctionnement d'une éventuelle installation de sprinklers; le cas échéant, transformation en installation sèche, en maintenant l'eau en dehors des magasins.
- ☐ Elimination de tous les objets et collections stockées à même le sol. En cas de besoin, une hauteur minimum de 10 cm (par exemple en utilisant une palette) doit être respectée. Les voies d'évacuation des fonds à travers les magasins ne peuvent pas être encombrées.
- ☐ Utilisation de boîtes et emballages de bonne qualité, de matières et façons qui offrent une solidité suffisante pour que le transport soit possible même à l'état mouillé ou détrempé.

3.2.5 Identification des zones difficilement accessibles du bâtiment

En présence de zones où un accès en cas de sinistre peut devenir difficile voire impossible, on peut rechercher la possibilité de créer un accès et/ou une voie d'évacuation supplémentaire, autant pour les personnes que pour les documents. Dans des cas particuliers, des solutions originales, telles que des toboggans d'évacuation pour des locaux situés au-dessus du sol, peuvent être envisagées.

Objekte	Gewicht pro Laufmeter im Trockenzustand (kg/lfm)	Gewicht pro Laufmeter im Nasszustand (kg/lfm)
Archivschachteln	30–50	50–100
Moderne Bücher	30–90	50–150
Alte Bücher	30–60	50–150
Zeitungen (Grossformat)	100–150	150–200
Register (Grossformat)	150–200	200–250

- ☐ Auch die vertikalen Regalbefestigungen müssen überprüft werden, um Einsturz zu vermeiden.
- ☐ Kontrolle des Fussbodenbelags und der Dichtigkeit des Bodens; absorbierende Materialien wie Filz oder textile Auslegware sollten zum Bei-spiel durch Kunstharz oder Linoleum (PVC-frei) ersetzt werden.
- ☐ Kontrolle von Eigenschaften und Funktionsweise einer eventuellen Sprinkleranlage; wenn möglich in eine Trockenanlage umwandeln, das heisst nur die ausserhalb der Magazine befindlichen Leitungen unter ständigem Wasserdruck belassen.
- ☐ Keine Objekte und Sammlungen auf dem Fussboden lagern. Fall das nicht zu umgehen ist, müssen die Objekte in mindestens 10 cm Abstand vom Boden (z. B. Verwendung einer Palette) gelagert werden. Die Wege zur Evakuation der Bestände müssen hindernisfrei sein.
- ☐ Verwendung von Schutzverpackungen (Schachteln usw.) guter Qualität: Material und Art der Montage müssen ausreichend stabil sein, damit auch in nassem oder aufgeweichtem Zustand ein Transport möglich ist.

3.2.5 Ortung von schwer zugänglichen Bereichen im Gebäude

Für Bereiche, die im Notfall möglicherweise schwer oder gar nicht zugänglich sind, sollte möglichst ein zusätzlicher Zugang und/oder Weg zur Evakuation von Personen und Objekten geschaffen werden. In besonderen Fällen können auch originelle Lösungen wie zum Beispiel eine Rutsche für oberirdisch gelegene Räume in Betracht gezogen werden.

Si malgré tout, la situation ne peut pas être améliorée et une sécurité suffisante ne peut pas être assurée, il faut renoncer à conserver des collections patrimoniales (priorités d'évacuation 1 et 2) dans ces locaux.

3.2.6 **Risques liés à des travaux de rénovation ou d'entretien des bâtiments et des installations**

☐ Etablissement de procédures de travail claires, instructions spécifiques aux responsables des entreprises et aux ouvriers.

☐ Identification et contrôle de présence des ouvriers chargés des travaux; accord préalable avec les entreprises pour limiter le nombre d'ouvriers engagés sur le chantier.

☐ Vérification systématique à la pause de midi et de manière encore plus approfondie à la fin de chaque journée de l'ensemble du chantier, débranchement de tout appareil non indispensable. Une seule et même personne devrait être chargée de ce travail pour toute la durée du chantier.

3.2.7 **Risques liés aux comportements humains**

☐ Information du personnel et des visiteurs sur les consignes de sécurité. Application stricte du règlement.

☐ Vérification à la fin de chaque journée de tous les services sanitaires, cuisines, locaux de séjour, salles de lecture. Débranchement de tout appareil électrique non indispensable.

3.2.8 **Risques de vol et de vandalisme**

☐ Vérification de l'enveloppe extérieure du bâtiment, renforcement et/ou mise sous alarme des voies de passage possibles vers les dépôts.

☐ Vérification du cloisonnement entre les zones publiques, semi-publiques (réservées au travail du personnel) et les magasins. Mise en place d'un système de cloisonnement efficace, en tenant compte des exigences du travail du personnel, en particulier des magasiniers. Les obstacles sur les voies de circulation principales doivent être aussi réduits que possible; dans le cas contraire, le risque d'inactivation des barrières de la part du personnel est réel.

Falls eine Verbesserung der Situation nicht möglich ist und keine ausreichende Sicherheit garantiert werden kann, darf in diesen Räumen kein Sammlungsgut der Evakuierungsprioritäten 1 und 2 gelagert werden.

3.2.6 **Gefährdung durch Bau- oder Instandhaltungsarbeiten an Gebäude und Anlagen**

☐ Bereitstellung eindeutiger Arbeitsvorschriften, spezifische Unterweisung der Verantwortlichen der Betriebe und der Handwerker.

☐ Namentliche Identifizierung der Handwerker und Anwesenheitskontrolle. Mit den Betrieben ist vorab zu vereinbaren, dass auf der Baustelle eine möglichst begrenzte Anzahl von Handwerkern eingesetzt wird.

☐ Regelmässige Kontrolle der gesamten Baustelle in der Mittagspause und noch gründlicher nach Arbeitsschluss, Abschaltung aller nicht notwendigen Geräte. Mit dieser Aufgabe sollte während der gesamten Arbeiten ein einziger verantwortlicher Mitarbeiter betraut werden.

3.2.7 **Gefährdung durch menschliches Verhalten**

☐ Information der Mitarbeiter und der Besucher über Sicherheitsvorschriften. Strenge Einhaltung der Vorschriften.

☐ Täglich nach Dienstschluss sind Sanitär- und Küchenanlagen, Aufenthaltsräume und Lesesäle zu kontrollieren. Alle nicht unbedingt notwendigen Betriebsmittel von der Stromversorgung trennen.

3.2.8 **Gefährdung durch Diebstahl und Vandalismus**

☐ Überprüfung der äusseren Gebäudehülle, Verbesserung und/oder Installation eines Einbruchmeldesystems an möglichen Zugangswegen zu den Magazinen.

☐ Überprüfung der Sperren zwischen Besucherbereich, Mitarbeiterbereich und den Magazinen. Einrichtung eines wirkungsvollen Sperrsystems unter Beachtung der arbeitsablaufbedingten Bedürfnisse des Personals, vor allem der Magazinarbeiter. Hauptverkehrswege sollten möglichst hindernisfrei sein; ansonsten besteht die Gefahr, dass die Sperren von den Mitarbeitern selbst ausser Betrieb gesetzt werden.

Avant de mettre en place tout système de cloisonnement, il faut vérifier avec un spécialiste de la sécurité des personnes si les mesures envisagées n'entrent pas en conflit avec les normes pour la sécurité des personnes (lecteurs et personnel de l'institution), et en particulier avec les voies de fuite, qui constituent une priorité absolue.

- ☐ Surveillance, autant que possible directe, de la salle de lecture ; éviter les espaces de travail protégés du regard du personnel.
- ☐ L'utilisation d'un système antivol inséré dans les livres pour des collections patrimoniales devrait être évaluée avec un restaurateur qualifié ; ces systèmes, très utiles dans des bibliothèques publiques, ne sont pas conçus en tenant compte d'une stabilité à long terme et sont souvent autocollants.
- ☐ Pour les collections en libre accès, éviter de mettre à disposition des lecteurs des ouvrages patrimoniaux dont on ne dispose pas d'au moins deux copies supplémentaires ; le cas échéant, mettre à disposition une copie de substitution sur papier ou sur un autre support.
- ☐ Vérification des conditions de sécurité pendant le transport des livres et des documents, à l'intérieur et à l'extérieur de l'institution.
- ☐ Vérification des conditions de sécurité lors d'expositions, en tenant compte des périodes de préparation et démontage de l'exposition.

3.2.9 **Risques administratifs**

- ☐ Contrats d'assurance : la définition d'un contrat d'assurance pour une institution conservant des biens culturels est un travail de spécialistes des deux côtés et diffère du travail ordinaire d'un agent d'assurance ; sans un partenaire spécialisé, il sera difficile de développer un contrat adéquat sur le plan des coûts et des prestations.
  En principe, pour éviter tout conflit en cas de sinistre, il est conseillé de s'entendre sur une valeur agréée des biens assurés, ce qui évite toute situation de sur- ou sous-assurance. La valeur d'assurance devrait au minimum couvrir les frais d'une première intervention et d'une restauration partielle ou approfondie (en fonction des caractéristiques et de l'importance du fonds) en cas de sinistre. L'assurance doit prévoir la couver-

Bevor ein Sperrsystem installiert wird, sollte gemeinsam mit einem Spezialisten für Personensicherheit überprüft werden, ob die geplanten Massnahmen nicht mit den Normen für Personenschutz (Personal und Besucher) in Konflikt geraten. Fluchtwege sind besonders zu beachten, sie haben unbedingt Vorrang.

- ☐ Überwachung des Lesesaals, möglichst direkt; möglichst keine Arbeitsplätze schaffen, die vom Personal nicht eingesehen werden können.
- ☐ Die Verwendung eines Antidiebstahlsystems in Büchern von Sammlungen kulturhistorischen Wertes müssen gemeinsam mit einem spezialisierten Restaurator eingeschätzt werden, denn diese für Allgemeinbibliotheken sehr nützlichen Systeme sind nicht langfristig haltbar und oft selbstklebend.
- ☐ Im Freihandbereich sollten Werke von kulturhistorischer Bedeutung den Benutzern nur zur Verfügung gestellt werden, wenn es noch mindestens zwei zusätzliche Exemplare gibt. Ist dies nicht der Fall, sollte eine Kopie auf Papier oder einem anderen Träger bereitgestellt werden.
- ☐ Überprüfung der Sicherheitsbedingungen während des Transports von Büchern und Dokumenten in und ausserhalb der Einrichtung.
- ☐ Überprüfung der Sicherheitsmassnahmen bei Ausstellungen, dabei auch den Auf- und Abbau der Ausstellung bedenken.

3.2.9 **Verwaltungstechnische Risiken**

- ☐ Versicherungsverträge: Die Ausarbeitung eines Versicherungsvertrages für eine Einrichtung, die Kulturgut aufbewahrt, muss von Sachverständigen der Einrichtung und der Versicherung durchgeführt werden, denn sie entspricht nicht der gewöhnlichen Arbeit eines Versicherungsvertreters; ohne einen sachverständigen Partner wird es schwierig, einen kosten- und leistungsadäquaten Vertrag aufzustellen.
  Um jeden Streit bei einem Notfall zu vermeiden, sollte man sich im Prinzip am besten auf einen Wert der versicherten Objekte einigen. Dadurch wird jede zu tief oder zu hoch angesetzte Versicherung vermieden. Die Versicherungsleistung sollte zumindest die Kosten eines ersten Einsatzes und einer teilweisen oder einer umfassenden

ture des démarches initiales visant à la limitation des dommages (y compris l'appel de spécialistes extérieurs) et d'un traitement de congélation/lyophilisation.

L'équilibre entre les prestations convenues et les frais, qui grèvent régulièrement le budget, est à rechercher dans chaque contexte concret.

- ☐ Vérification auprès de l'autorité de tutelle d'une mise à disposition rapide de sommes importantes, proportionnées à l'ampleur des collections et des dégâts, en cas de sinistre. La possibilité d'engager à très court terme des spécialistes et des collaborateurs supplémentaires devrait être considérée.
- ☐ Vérification des aspects concernant les assurances pour des volontaires et pour des personnes engagées pour la première action de sauvetage. Préparation, le cas échéant, d'un contrat-modèle de volontariat.

3.2.10 Risques liés à la gestion intellectuelle des collections

- ☐ Inventaire : vérification des inventaires et de leur disponibilité en cas de sinistre important. Classement des fonds non encore inventoriés.
- ☐ Définition d'une liste de priorités de sauvetage. Cette liste devrait comprendre quatre priorités :
  - Première priorité : au maximum 20 % de l'ensemble des fonds. Livres et documents de grande valeur patrimoniale, documents de valeur juridique essentielle ou nécessaires pour garantir le fonctionnement d'une institution en cas de sinistre.
  - Deuxième priorité : au maximum 20 % de l'ensemble des fonds. Livres et documents ayant une grande valeur patrimoniale ou documentaire, mais qui n'ont pas pu être inclus dans la catégorie 1.
  - Troisième priorité : l'ensemble des fonds à l'exclusion des catégories 1, 2 et 4.
  - Quatrième priorité : livres et documents qui pourraient être directement éliminés en cas de sinistre.

Les priorités de sauvetage, qui ne peuvent être définies que par des personnes très compétentes et expérimentées, fournissent un outil précieux qui oriente également la conservation des collections.

Restaurierung (je nach Art und Bedeutung des Bestandes) im Notfall abdecken. Mit der Versicherung müssen die ersten Schritte zur Schadensbegrenzung (inbegriffen Beizug von externen Spezialisten) sowie die Tiefgefrierung/Gefriertrocknung gedeckt sein.

Den konkreten Umständen entsprechend muss zwischen den vereinbarten Leistungen und den Versicherungsbeiträgen, die regelmässig das Budget belasten, ein Gleichgewicht gefunden werden.

- ☐ Absprache mit den vorgesetzten Behörden, ob im Notfall proportional zur Bedeutung der Sammlung und der Schäden schnell bedeutende Summen zur Verfügung gestellt werden können. Absprache der Möglichkeit, sehr kurzfristig zusätzliche Fachkräfte und Mitarbeiter einzustellen.
- ☐ Prüfung möglicher Versicherungen für Freiwillige und Personen, die für die ersten Rettungsaktionen eingestellt werden. Gegebenenfalls einen Modellvertrag für Freiwillige vorbereiten.

3.2.10 Risiken bei der intellektuellen Verwaltung der Sammlungen

- ☐ Bestandsaufnahme: Kontrolle der Bestandserfassungslisten und Sicherstellung, dass auch bei bedeutenden Notfällen auf sie zugegriffen werden kann. Einteilung von Beständen, die noch nicht erfasst sind.
- ☐ Ausarbeitung einer Bergungsprioritätenliste. In dieser Liste sollen vier Prioritätsstufen definiert werden:
  - Erste Stufe: maximal 20 % der gesamten Bestände. Bücher und Dokumente, die unverzichtbares Kulturerbe sind, Dokumente, die eine wesentliche juristische Bedeutung haben oder notwendig sind, um das Funktionieren der Institution im Notfall zu garantieren.
  - Zweite Stufe: maximal 20 % der gesamten Bestände. Bücher und Dokumente, die wertvolles Kulturerbe sind oder dokumentarischen Wert haben, die aber nicht in die Kategorie 1 eingeschlossen werden konnten.
  - Dritte Stufe: die Gesamtheit der Bestände ohne jene in Stufe 1, 2 und 4.

□ Identification des fonds présentant des problèmes particuliers en cas de sinistre :
  - sensibilité particulière à la température ; par exemple documents scellés avec sceaux en cire, papiers thermiques, certains types de copies, etc. ;
  - sensibilité particulière à l'eau ; par exemple médium très soluble à l'eau, corrosion des encres à un stade évolué, manuscrits sur parchemin, etc.;
  - sensibilité particulière sur le plan mécanique ; par exemple objets de très grand format sur papier mince, négatifs photographiques sur plaques de verre, etc.

□ L'établissement de copies de sécurité, sous forme analogique et/ou numérique, offre une sécurité supplémentaire en cas de sinistre majeur. Dans le contexte actuel, seule la forme analogique (microfilm, microfiches) établie selon les normes offre une garantie de conservation de l'information à long terme, tandis que la forme numérique offre de son côté une extraordinaire facilité d'accès et d'utilisation à court et moyen terme.

3.2.11 Calendrier d'entretien

D'une manière générale, on constate que de très nombreux risques sont liés à un entretien irrégulier ou insuffisant des divers éléments d'un bâtiment et de ses équipements techniques. Cet entretien est complexe et comporte des actions de toutes sortes, dont la fréquence peut être quotidienne jusqu'à annuelle et dont l'exécution peut être réalisée en interne ou doit être confiée à des spécialistes extérieurs.

Un entretien régulier ne peut être géré que par l'établissement d'un calendrier d'entretien du bâtiment et de ses installations techniques, avec les délais, les personnes ou entreprises concernées et un feed-back des travaux exécutés. Ce calendrier constitue un facteur de prévention de première importance.

  - Vierte Stufe: Bücher und Dokumente, die im Notfall direkt vernichtet werden könnten.

Die Bergungsprioritäten, die nur von wirklich sachverständigen und erfahrenen Personen festgelegt werden dürfen, ergeben gleichzeitig ein wertvolles Arbeitsmittel, das auch für die Konservierung der Sammlungen richtungsweisend ist.

□ Identifizierung der Bestände, durch die sich im Notfall spezielle Probleme stellen:
  - besonders temperaturempfindlich; z. B. Urkunden mit Wachssiegeln, Thermopapier, manche Kopienarten;
  - besonders wasserempfindlich; zum Beispiel sehr wasserempfindliche Medien, fortgeschrittene Tintenkorrosion, Handschriften auf Pergament usw.;
  - besonders empfindlich gegenüber mechanischer Belastung; zum Beispiel sehr grossformatige Objekte auf dünnem Papier, Fotonegative auf Glasplatten.

□ Die Herstellung von analogen und/oder digitalen Sicherheitskopien bietet bei schwerwiegenden Notfällen eine zusätzliche Sicherheit. Gegenwärtig bietet nur die normgemäss angefertigte analoge Form (Mikrofilm, Mikrofiche) eine Möglichkeit, die Informationen langfristig zu sichern; kurz- bis mittelfristig hingegen sind die digitalen Medien äusserst einfach zugänglich und benutzbar.

3.2.11 Wartungskalender

Durch eine unregelmässige oder unzureichende Wartung der verschiedenen Teile eines Gebäudes und der technischen Ausstattung können sich zahlreiche Gefahrenquellen ergeben. Wartung ist vielseitig und erfordert verschiedenste Schritte. Diese können täglich bis hin zu jährlich notwendig sein und werden entweder durch Mitarbeiter der Einrichtung oder durch externe Fachkräfte durchgeführt.

Eine regelmässige Wartung des Gebäudes und der technischen Ausrüstungen mit Fristen/Terminen, den entsprechenden Personen oder Betrieben und einem Feedback der ausgeführten Arbeiten kann nur mit Hilfe eines Wartungskalenders verwaltet werden. Ein solcher Kalender bildet ein wichtiges Element der Notfallvorsorge.

4 La gestion d'un sinistre : plan d'intervention et plan d'urgence

Une politique de prévention active est complétée par un plan pour la gestion de sinistres, qui devrait prévoir les principaux types de sinistres possibles et les réactions spécifiques. La mise sur pied d'un plan d'intervention en cas de sinistres sans une analyse des risques et des mesures de prévention est une démarche qui ne relève pas de la rationalité. Le meilleur plan d'intervention ne permettra jamais de compenser les effets d'un sinistre sur les fonds, autant sur le plan des dommages résiduels que sur le plan financier.

Un plan d'intervention en cas de sinistre comprendra l'ensemble des éléments qui permettent la meilleure gestion possible d'un événement qu'on n'aura pas pu éviter par les mesures de prévention ; il envisage donc les étapes de l'alarme, de la première intervention, de la mise sur pied des mesures d'urgence et ensuite du rétablissement progressif de la situation jusqu'au retour à un fonctionnement normal de l'institution. Physiquement, un plan d'intervention prend souvent la forme d'un gros classeur, où l'information est ordonnée par chapitres.

Les mesures à court terme sont résumées dans un plan d'urgence, qui constitue un document léger destiné à guider l'action des responsables de l'institution en cas de sinistre. Le plan d'urgence devrait être simple et aussi souple que possible ; en cas de sinistre, nombreuses sont les personnes qui perdent une partie de leurs capacités d'analyse et doivent être guidées par des instructions claires. Physiquement, un plan d'urgence est représenté par un classeur comprenant un nombre limité de fiches, imprimées de manière à résister à l'eau et aux manipulations peu soigneuses, qui ne contiennent que les informations nécessaires à court terme sur le lieu du sinistre.

4 Notfallbewältigung: Notfallplan und Einsatzplan

Zu einer aktiven Vorsorgepolitik gehört die Erarbeitung eines Notfallplans, in dem die wichtigsten potenziell zu erwartenden Notfalltypen und die daraus folgenden spezifischen Vorgehensweisen aufgeführt werden. Allerdings wäre es unvernünftig, einen Notfallplan auszuarbeiten, ohne vorher die Risiken und die Vorsorgemassnahmen zu analysieren. Auch mit dem besten Notfallplan können die Auswirkungen eines Schadenereignisses auf die Bestände hinsichtlich der verursachten Schäden und der finanziellen Belastung nicht ausgeglichen werden.

Ein Notfallplan enthält alle Elemente, mit deren Hilfe ein effizienter Umgang mit einem Ereignis möglich wird, welches man trotz der Vorsorgemassnahmen nicht hat vermeiden können. Er enthält also die Etappen Alarm, Ersteinsatz, Organisation der Rettungsmassnahmen und dann die fortschreitende Verbesserung der Situation bis zur normalen Betriebsaufnahme der Einrichtung. Ein Notfallplan wird normalerweise den Umfang eines dicken Ordners annehmen, in dem die Informationen in Kapiteln geordnet sind.

Erste Schritte werden in einem Einsatzplan aufgeführt, mit dem vor allem das Handeln der Verantwortlichen der Einrichtung im Notfall unterstützt werden soll. Der Einsatzplan muss einfach sein und den verschiedenen Situationen entsprechen können. Im Notfall verlieren sehr viele Menschen zum Teil ihre Fähigkeit zur Analyse und sollten daher durch eindeutige Anweisungen unterstützt werden. Ein Einsatzplan wird die Form eines Ordners haben. Die darin enthaltenen wenigen Seiten sollten wasserfest und robust sein und nur die kurzfristig am Notfallort nötigen Informationen enthalten.

4.1 Sécurité des personnes et sécurité des biens culturels

En cas de sinistre, la sécurité des personnes prime dans tous les cas sur celle des collections, indépendamment de l'importance de ces dernières. Ce n'est qu'au moment où tout risque pour les personnes peut être exclu qu'une action de sauvetage des biens culturels peut être entreprise.

En principe, pour tout sinistre d'une certaine importance, les services du feu et de sécurité interviennent; leur priorité sera de sauvegarder la vie et l'intégrité des personnes et de circonscrire le sinistre. Ce n'est que quand ces risques seront sous contrôle que le sauvetage des livres et des documents pourra être mis en place. Toute personne travaillant dans une institution sinistrée sera soumise à l'autorité des services d'intervention, qui seuls autorisent l'accès au bâtiment touché.

Cependant, un plan d'urgence et des équipes formées au sauvetage des livres et des documents, ainsi qu'une base préalable de connaissance réciproque entre services d'intervention et personnel de l'institution, faciliteront la collaboration en cas de sinistre. Il est important d'élaborer le plan d'intervention avec les services potentiellement concernés et d'en mettre un exemplaire à leur disposition. Une personne de l'équipe d'intervention servira d'interface avec les services de secours.

4.2 Plan d'intervention en cas de sinistre

Le plan d'intervention en cas de sinistre (ensuite plan d'intervention) doit prendre en compte des mesures à court et à long terme. Pour les réactions immédiates, il faut tenir compte du fait que certains services pourraient ne pas être disponibles, comme par exemple l'eau, l'électricité ou le téléphone en réseau fixe.

4.2.1 Procédures d'alarme

La définition de procédures d'alarme est essentielle pour l'efficacité de l'intervention. Elle doit tenir compte des divers cas de figure : type de sinistre, dimensions, heure de l'alarme. Dans ce chapitre, on

4.1 Sicherheit von Personen und Sicherheit von Kulturgut

Bei einem Notfall geht die Sicherheit von Menschenleben der Bergung von Beständen, unabhängig von deren Bedeutung, auf jeden Fall vor. Erst wenn jede Personengefährdung ausgeschlossen ist, kann mit die Bergung des Kulturguts begonnen werden.

Im Prinzip ist bei jedem Notfall grösseren Umfangs der Einsatz von Brand- und Sicherheitskräften notwendig. Ihre Priorität sind Lebens- und Personenschutz sowie die Brandeindämmung. Erst wenn in dieser Hinsicht alles unter Kontrolle ist, wird die Bergung von Büchern und Dokumenten organisiert. Alle Personen, die in einer vom Notfall betroffenen Einrichtung arbeiten, unterstehen der Machtbefugnis der Ersteinsatzkräfte; diese allein sind befugt, das betroffene Gebäude zum Betreten freizugeben.

Eine Zusammenarbeit im Notfall wird leichter, wenn: ein Einsatzplan vorliegt, es einrichtungsinterne Gruppen gibt, die für die Bergung von Büchern und Dokumenten geschult wurden, sich externe Einsatzkräfte und das Einrichtungspersonal schon bei Erfahrungsaustausch und Begehungen kennenlernen konnten. Der Notfallplan muss mit den potenziell betroffenen Hilfsdiensten abgesprochen und dann eine Kopie davon bei ihnen hinterlegt werden. Der Beauftragte einer Einsatzgruppe der Institution wird als Verbindungsperson die Zusammenarbeit mit den Hilfsorganisationen absichern.

4.2 Notfallplan

In einem Notfallplan (auch Einsatzplan) müssen alle kurzfristigen wie auch langfristigen Massnahmen aufgeführt werden. Dabei ist zu beachten, dass zum Beispiel die Versorgung mit Wasser und Strom oder das Festnetztelefon im Notfall ausfallen kann.

4.2.1 Vorgehensweisen bei Alarm

Die Erarbeitung der Vorgehensweisen bei Alarm ist grundlegend für die Wirksamkeit eines Einsatzes.

suppose l'existence de systèmes d'alarme efficaces pour le feu, l'eau et l'effraction.

En principe, il est utile de distinguer les catégories suivantes pour établir des procédures d'alarme :

☐ Types d'alarmes

- Alarme feu : elle provoque en principe l'intervention immédiate du service du feu, car toute alarme feu est potentiellement dangereuse pour les personnes. Seuls des sinistres de dimensions minimes, où l'intervention est très rapide et où on dispose de moyens d'extinction adéquats, peuvent être réglés de manière interne. En principe, même un sinistre mineur devrait déclencher une alarme et les pompiers interviendront.
  A partir du moment où les pompiers sont sur place, ils prennent la direction des opérations et exercent une autorité absolue sur le lieu du sinistre. En cas d'alarme feu, l'équipe responsable de l'institution arrivera sur place en même temps, ou souvent après les pompiers, et prendra les décisions en collaboration avec eux.
- Alarme eau : une alarme eau ne comporte pas nécessairement un degré d'urgence aussi élevé que le feu. Il est rarissime que l'eau coule en quantités très grandes de manière abrupte, et encore plus rare que cela puisse représenter un danger pour les personnes. Pour cette raison, lors d'une alarme eau, il est possible de prévoir une vérification sur place et de décider si on peut gérer le sinistre et quittancer l'alarme ou s'il faut faire appel aux ressources des services de secours.
- Alarme effraction : cette alarme concerne les heures de fermeture et comporte en principe l'intervention automatique de la police ou d'un service de sécurité. Pendant les heures d'ouverture, un premier contrôle est en principe effectué par le personnel de l'institution.

☐ Heure d'alarme

- Alarme pendant les heures d'activité de l'institution. Cette tranche temporelle comporte d'une part un risque accru pour les personnes, dont la sécurité prime toujours sur celle des biens culturels. D'autre part, pen-

Hier ist den verschiedenen Situationen Sorge zu tragen: Art des Notfalls, Ausmass, Alarmzeit. Das Vorhandensein effizienter Feuer-, Wasser- und Einbruchsalarmsysteme wird hier vorausgesetzt.

Um die Vorgehensweisen bei Alarm festsetzen zu können, sind im Prinzip folgende Kategorien zu unterscheiden:

☐ Alarmarten

- Feueralarm: Durch einen Feueralarm wird normalerweise sofort ein Feuerwehreinsatz ausgelöst, denn jeder Feueralarm bedeutet potenziell Gefahr für Personen. Nur bei sehr kleinen Notfällen, bei denen ein schneller Eingriff erfolgt und die man mit den vorhandenen Löschmitteln löschen kann, ist keine auswärtige Hilfe nötig. Im Prinzip sollte selbst durch einen kleinen Notfall Alarm ausgelöst werden und die Feuerwehr zum Einsatz kommen.
  Sobald die Feuerwehr am Notfallort ist, übernimmt sie die Leitung der Operationen und gilt dort als absolute Autorität. Bei Feueralarm trifft die institutionseigene Notfallgruppe gleichzeitig oder oft auch erst nach der Feuerwehr ein und kann dann gemeinsam mit dieser die notwendigen Entscheidungen koordinieren.
- Wasseralarm: Bei einem Wasseralarm muss häufig nicht ganz so schnell eingegriffen werden wie bei einem Feueralarm. Es ist äusserst selten, dass Wasser ganz plötzlich in sehr grossen Mengen eindringt, und noch seltener entsteht Gefahr für Menschen. Aus diesem Grund kann man bei einem Wasseralarm eine Untersuchung vor Ort vornehmen und entscheiden, ob man den Notfall selbstständig regeln und den Alarm deaktivieren kann oder ob externe Hilfsorganisationen hinzugezogen werden müssen.
- Einbruchalarm: Dieser Alarm wird vor allem in den Schliesszeiten ausgelöst und hat normalerweise automatisch den Einsatz der Polizei oder eines Sicherheitsunternehmens zur Folge. Während der Öffnungszeiten wird eine erste Kontrolle vom Personal der Einrichtung vorgenommen.

dant les périodes d'activité, l'équipe responsable peut se rendre très rapidement sur place et prendre des décisions sur la suite des opérations (sous réserve des observations dans « alarme feu » ci-dessus).
Certains cas particuliers, comme par exemple une alarme pendant les heures d'ouverture avec un personnel réduit, devraient être considérés dans l'établissement des procédures d'alarme (salle de lecture ouverte au public le soir).
- Alarme pendant la nuit et les périodes de fermeture. Dans cette situation, la présence humaine dans le bâtiment est nulle ou réduite au concierge ou à un huissier. Pour les alarmes eau, on peut charger la personne présente d'aller sur place vérifier le type de sinistre et éventuellement de quittancer l'alarme en cas de sinistre insignifiant. La personne responsable de la présence nocturne devra disposer de procédures clairement définies pour les différents cas de figure et être correctement formée pour assumer ce rôle; si cela n'est pas possible, l'intervention de l'équipe responsable s'avèrera indispensable. Dans ce cas, l'alarme sera automatiquement transmise aux pompiers, pour qu'une action de sauvetage ne soit pas inutilement retardée.

Si on fait appel à un service de surveillance et de sécurité extérieur, il est nécessaire d'établir les procédures avec une très grande clarté et précision. Très souvent, les personnes appelées à intervenir ne connaissent bien ni le bâtiment ni l'institution, et encore moins les biens culturels; ils ne sont pas à même de réagir par leur propres moyens au-delà de quelques gestes de base. Il faut donc guider leur action de manière telle que toute alarme effective soit transmise rapidement à des personnes compétentes.

Les alarmes seront transmises aux personnes faisant partie de l'équipe responsable (voir ci-dessous) et à leurs remplaçants par un circuit en boucle, jusqu'au moment où une personne accuse réception. A partir de ce moment, l'alarme sera diffusée selon un plan préétabli.

☐ Alarmzeit
- Alarm während der Dienstzeit: Natürlich besteht in diesem Zeitraum verstärkt Gefahr für Menschen; deren Sicherheit steht immer an erster Stelle. Andererseits kann sich die Notfallgruppe während der Dienstzeit sehr schnell vor Ort begeben und Entscheidungen für die Abfolge der Operationen treffen (vorbehältlich der Hinweise zum Feueralarm weiter oben).
Einige besondere Fälle wie zum Beispiel ein Alarm während der Öffnungszeiten mit beschränkter Mitarbeiterzahl sollten bei den Alarmverfahren berücksichtigt werden (abendliche Öffnung eines Lesesaals für Besucher).
- Alarm in der Nacht und während der Schliesszeiten: Zu diesen Zeiten ist niemand oder nur ein Hausmeister oder Pförtner im Gebäude. Bei Wasseralarm kann die anwesende Person beauftragt werden, die Art des Notfalls vor Ort einzuschätzen und den Alarm im Fall eines geringfügigen Notfalls zu deaktivieren. Die für die Nachtsicherung verantwortliche Person soll eindeutige Anweisungen über die Vorgehensweise in den unterschiedlichen denkbaren Situationen haben und aufgabengerecht ausgebildet sein. Ist das nicht der Fall, muss die Notfallgruppe eingreifen, und der Alarm muss automatisch an die Feuerwehr weitergeleitet werden, sodass bis zum Beginn der Rettungsaktion keine unnötige Zeit verloren wird.

Wird ein externes Überwachungs- und Sicherheitsunternehmen in Anspruch genommen, müssen sehr eindeutige und präzise Vorgehensweisen festgelegt werden. Sehr oft kennen diese Personen weder das Gebäude noch die Institution, geschweige denn die Kulturgüter. Sie können, auf sich allein gestellt, nur einige Grundhandlungen ausführen, und ihr Vorgehen muss daher so gelenkt werden, dass ein Alarm schnell an kompetente Personen weitergeleitet wird.

Der Alarm wird an die Mitglieder der Notfallgruppe (siehe unten) beziehungsweise deren Stellvertreter weitergeleitet, bis eine Person den Alarmempfang bestätigt. Von diesem Moment an wird

4.2.2 **Equipe responsable**

L'équipe responsable est appelée à intervenir la première sur le lieu d'un sinistre, le cas échéant dès que l'accès au bâtiment est autorisé par le service du feu, à évaluer la situation (le cas échéant en collaboration avec le services de secours) et à prendre des décisions sur la suite des opérations. Les membres de l'équipe (et leurs remplaçants désignés) seront appelés à gérer les aspects suivants:

- ☐ Première intervention sur le lieu du sinistre, évaluation de la situation. La première intervention sur le lieu d'un sinistre peut avoir des formes et des contenus très différents. En cas d'alarme feu, les pompiers sont immédiatement et obligatoirement alarmés. Ils assument la direction des opérations et ne permettront l'accès sur le lieu du sinistre qu'une fois la situation stabilisée et sécurisée.
  Selon les dimensions du sinistre, une alarme eau ne nécessite pas toujours l'intervention des pompiers; l'équipe responsable peut décider si leur intervention est souhaitée. Dans le cas de sinistres mineurs ou limités, sans feu, tout le sinistre peut être géré par l'équipe responsable.
- ☐ Décision et coordination générale des opérations.
- ☐ Contact avec les pompiers et services de secours (maintenir autant que possible le même interlocuteur).
- ☐ Appel des équipes d'intervention.
- ☐ Appel de spécialistes et conseillers externes: restaurateurs spécialistes pour la congélation et lyophilisation, restaurateurs spécialistes pour des supports particuliers (parchemin, photographie, pastels, etc.), spécialistes pour la désinfection.
- ☐ Appel de la PBC (protection des biens culturels, Bouclier bleu).
- ☐ Supervision du travail des équipes d'intervention.
- ☐ Contacts avec police, pompiers, protection civile, ambulances.
- ☐ Contacts avec les corps de métiers responsables du bâtiment, architectes.
- ☐ Contacts avec les entreprises de transport, les dépôts provisoires possibles, les entreprises disposant d'une chambre froide, etc.
- ☐ Contacts avec les médias: presse, radio, TV.

der Alarm nach einem festgelegten Plan weiterverbreitet.

4.2.2 **Notfallgruppe**

Die ersten Entscheidungen am Notfallort werden von der Notfallgruppe getroffen. Diese wird die Lage beurteilen (je nach Notwendigkeit gemeinsam mit den Hilfsorganisationen), sobald das Gebäude von der Feuerwehr zum Betreten freigegeben wurde, und Entscheidungen über das weitere Vorgehen treffen. Die Mitglieder der Gruppe (und ihre benannten Stellvertreter) werden für Folgendes zuständig sein:

- ☐ Erster Einsatz am Notfallort, Lagebeurteilung. Art und Ablauf des ersten Einsatzes am Notfallort können sehr unterschiedlich sein. Bei Feueralarm wird zwangsläufig sofort die Feuerwehr alarmiert. Sie übernimmt die Leitung der Operationen und gestattet den Zutritt zum Notfallort erst, wenn die Lage stabilisiert und gesichert ist.
  Je nach Ausmass des Notfalls ist bei einem Wasseralarm nicht immer ein Feuerwehreinsatz erforderlich; die Notfallgruppe kann über die Notwendigkeit eines solchen entscheiden. Kleine oder begrenzte Notfälle, ohne Feuer, können von der Notfallgruppe geregelt werden.
- ☐ Entscheidungsfindung und generelle Koordination der Operationen.
- ☐ Kontakt mit der Feuerwehr und den Rettungsorganisationen (möglichst immer mit demselben Ansprechpartner).
- ☐ Berufung der Einsatzgruppen.
- ☐ Berufung von externen Spezialisten und Beratern: Restauratoren, spezialisiert für Tiefgefrierung und Gefriertrocknung, spezialisierte Restauratoren für spezifische Träger, Materialien usw. (z. B. Pergament, Fotografie, Pastell), Spezialisten für die Desinfektion.
- ☐ Verbindung mit KGS (Kulturgüterschutz, Schutzsymbol blauer Schild) aufnehmen.
- ☐ Beaufsichtigung der Arbeit der Einsatzgruppen.
- ☐ Kontakt mit Polizei, Feuerwehr, Zivilschutz, Rettungsdienst.
- ☐ Kontakt mit den für das Gebäude verantwortlichen Handwerkern, Architekten.
- ☐ Kontakt mit den Speditionen, den möglichen Ausweichlagern, Unternehmen mit Kühlräumen usw.

- ☐ Contact avec les assurances.
- ☐ Documentation de la situation pour le sponsoring du rétablissement et les assurances.
- ☐ Contact avec des volontaires pour des sinistres majeurs et gestion de ces personnes.

La composition de l'équipe responsable varie fortement selon le type, les dimensions et les caractéristiques des fonds d'une institution. Selon les dimensions de l'institution, dans l'équipe des personnes responsables devrait se trouver au moins :

- ☐ une personne faisant partie de la direction de l'institution ;
- ☐ une personne ayant une connaissance très approfondie de la structure et du contenu des fonds ;
- ☐ une personne ayant une compétence établie dans la conservation-restauration ; si nécessaire, faire appel à un consultant extérieur qui peut intervenir dans des délais rapides ;
- ☐ une personne ayant une connaissance approfondie du bâtiment et de ses équipements techniques.

Si d'une part, il est intéressant de réunir autant de compétences que possible dans l'équipe responsable, il faut en limiter les dimensions pour favoriser l'efficacité dans la prise des décisions, même pour des institutions importantes. Des compétences complémentaires seront disponibles dans les équipes d'intervention ou chez des spécialistes identifiés par avance, qui pourront intervenir à court terme.

4.2.3 **Equipes d'intervention**

Les équipes d'intervention sont chargées d'appliquer les procédures établies par le plan et les décisions prises par l'équipe responsable. Dans les équipes d'intervention, on devrait trouver des personnes ayant une connaissance approfondie des principaux fonds de l'institution, des personnes ayant une très bonne connaissance des magasins, ainsi que des personnes compétentes en conservation/restauration. Selon la taille de l'institution et le nombre de personnes disponibles, il sera possible de diversifier plus ou moins les rôles.

Les équipes d'intervention sont chargées de limiter l'ampleur du sinistre, de circonscrire les dommages aux fonds et de mettre en œuvre les mesures

- ☐ Kontakt mit den Medien: Presse, Radio, Fernsehen.
- ☐ Kontakt mit den Versicherungen.
- ☐ Schadensdokumentation für Sponsoring zur Wiederherstellung und für die Versicherungen.
- ☐ Kontakt mit und Leitung von Freiwilligen bei schwerwiegenden Notfällen.

Die Zusammensetzung der Notfallgruppe ändert sich je nach Notfalltyp und -ausmass sowie den Charakteristiken der institutionseigenen Bestände. Zu der Notfallgruppe sollten gemäss der Grösse der Einrichtung zumindest je eine Person gehören, die:

- ☐ Mitglied der Direktion ist;
- ☐ mit der Struktur und den Charakteristiken der Bestände sehr gut vertraut ist;
- ☐ anerkannte Fachkraft auf dem Gebiet der Konservierung/Restaurierung ist; wenn nötig, einen externen Berater beiziehen, der im Notfall rasch zur Verfügung stehen kann;
- ☐ das Gebäude und seine technischen Ausstattungen sehr gut kennt.

Obwohl natürlich Interesse besteht, so viele Kompetenzen wie möglich in der Notfallgruppe zu konzentrieren, ist es – auch für grosse Einrichtungen – besser, sich auf eine kleine Gruppe zu beschränken, um dadurch bei der Entscheidungsfindung zweckdienlicher reagieren zu können. Ergänzende Kompetenzen werden in den Einsatzgruppen oder bei vorher bestimmten Spezialisten, die rasch eingreifen können, zur Verfügung stehen.

4.2.3 **Einsatzgruppen**

Die Einsatzgruppen müssen die im Ablaufplan vorgesehenen Schritte und die Entscheidungen der Notfallgruppe umsetzen. Mitglieder der Einsatzgruppen sollten die wichtigsten Bestände und die Magazine der Institution sehr gut kennen, ausserdem dazugehören sollten Fachkräfte für Konservierung/Restaurierung. Mit der Grösse der Institution und der Anzahl zur Verfügung stehender Personen verändern sich auch deren Aufgaben.

Die Einsatzgruppen sollen das Ausmass des Notfalls begrenzen, die Schäden an den Beständen einschränken und Massnahmen zur Bergung der Bestände durchführen. Zu bilden sind im Prinzip:

de sauvetage des fonds. En principe, il est utile de distinguer:

- □ Une équipe chargée de stabiliser et de rétablir la situation dans le bâtiment. Dans cette équipe, on trouvera le responsable de l'entretien du bâtiment, le responsable de la sécurité des personnes, l'architecte, etc.
- □ Les équipes chargées du sauvetage des fonds; selon l'ampleur du sinistre, une ou plusieurs équipes seront formées. On devrait y trouver une personne ayant une connaissance approfondie du contenu des fonds concernés, des magasiniers connaissant bien les magasins, un ou plusieurs restaurateurs compétents pour le type de fonds endommagés.
- □ Une équipe chargée de gérer les aspects administratifs, sur mandat de l'équipe responsable.
- □ Une équipe chargée le cas échéant de la gestion du personnel travaillant sur le lieu du sinistre, employés et collaborateurs volontaires: gestion de la sécurité, confort (aliments, boissons chaudes en hiver, etc.), aspect formels (contrat de volontariat).

La dimension et le nombre des équipes dépendent de l'ampleur du sinistre et des cas de figure.

Il est important que tout le personnel qui peut être appelé, à un titre ou à un autre, à collaborer à une intervention en cas de sinistre soit informé et instruit de manière à pourvoir tenir son rôle dans l'agitation et la tension qui caractérisent un sinistre réel (voir 4.4).

4.2.4 **Réactions au stress, exigences personnelles**

Outre les compétences professionnelles, seules des personnes ayant une bonne capacité de décision dans une situation de stress et d'inconfort physique devraient être intégrées dans les groupes appelés à intervenir.

Face au stress, trois types de réactions de base ont été reconnus:

- □ réaction active, prise en main de la situation, prise de responsabilité;
- □ réaction de blocage, incapacité d'assumer des responsabilités, pensée confuse;
- □ réaction de fuite, refus des responsabilités, abandon du lieu du sinistre.

- □ Eine Gruppe zur Stabilisierung und Normalisierung der Situation im Gebäude. Mitglieder dieser Gruppe sind der Verantwortliche für die Gebäudewartung, der Verantwortliche für den Personenschutz, der Architekt usw.
- □ Gruppen zur Bergung der Bestände; je nach Ausmass des Notfalls werden eine oder mehrere Gruppen gebildet. Zu der Gruppe sollten gehören: eine Person, die den Inhalt des jeweiligen Bestandes sehr gut kennt, Magazinarbeiter mit guten Kenntnissen der Magazine, ein oder mehrere Restauratoren mit problembezogenen Kompetenzen.
- □ Eine Gruppe, die sich im Auftrag der Notfallgruppe um die verwaltungstechnischen Probleme kümmert.
- □ Eine Gruppe, die sich gegebenenfalls um das Management der am Notfallort arbeitenden Personen (angestellte und freiwillige Mitarbeiter) kümmert: Sicherheitsmanagement, Versorgung (Nahrung, warme Getränke im Winter usw.), formale Angelegenheiten (Freiwilligenvertrag).

Die Grösse und die Anzahl der Gruppen hängen von Ausmass und Art des Notfalls ab.

Alle bei einem Notfall herbeigerufenen Mitarbeiter der verschiedenen Verantwortungsbereiche müssen gut informiert und unterwiesen sein, damit sie ihre Aufgabe in der allgemeinen Aufregung und Spannung, welche einen realen Notfall charakterisieren, erfüllen können (siehe Punkt 4.4).

4.2.4 **Reaktionen auf Stress, persönliche Anforderungen**

Zu den im Notfall berufenen Gruppen sollten nur Personen gehören, die, abgesehen von beruflicher Kompetenz, in Situationen von Stress und physischer Belastung über eine gute Entscheidungsfähigkeit verfügen.

Bei Stress sind drei Grundreaktionen bekannt:

- □ aktive Reaktion, Handhaben der Situation, Übernehmen von Verantwortung;
- □ Erstarrung, Unfähigkeit zum Übernehmen von Verantwortung, Denkstörung;
- □ Flucht, Zurückweisung von Verantwortung, Verlassen des Notfallortes.

Es versteht sich von selbst, dass Personen, die zu normalen Zeiten kompetent und leistungsfähig

Il est évident que des personnalités compétentes et efficaces en temps normaux, mais présentant des réactions de blocage ou de fuite face au stress ne seront pas intégrées dans les équipes de sauvetage ; si nécessaire, on leur confiera des tâches concrètes bien définies.

La direction des opérations ne doit pas nécessairement être assumée par la direction de l'institution, mais peut être déléguée à une personne dont le profil de personnalité et de compétence se prête au mieux à ce rôle.

Le domicile des personnes faisant partie de ces groupes et de leurs remplaçants ne devrait pas être éloigné de l'institution, pour permettre une intervention suffisamment rapide ; les dommages tendant en principe à augmenter de manière exponentielle, la rapidité de l'intervention est un facteur qui en limite l'ampleur.

Il faut tenir compte de la réaction émotionnelle de personnes attachées aux biens culturels en cas de sinistre grave ; la vue de livres et documents importants et gravement endommagés peut causer une souffrance émotionnelle importante, qui ne doit pas être niée, mais verbalisée pour permettre ensuite une action efficace.

4.2.5 **Equipement personnel sur le lieu du sinistre**

Une intervention sur un lieu de sinistre est rarement une expérience agréable. L'environnement est gravement perturbé, une partie au moins des fonds sont endommagés, leur manipulation est difficile. L'équipement personnel doit permettre de travailler dans les meilleures conditions dans cet environnement. Suivant le type et l'ampleur du sinistre, la saison et les conditions climatiques à l'extérieur, l'équipement personnel peut varier fortement.

Les membres de l'équipe responsable et des équipes d'intervention devraient arriver sur le lieu du sinistre munis d'habits et d'un équipement personnel minimum qui permet leur action efficace. Chaque membre devrait avoir chez soi une liste permettant de réunir en quelques instants le matériel indispensable.

- ☐ Habits d'été : un pantalon solide et un T-shirt, un pullover léger mais solide, un pantalon solide et un T-shirt de rechange, sous-vêtements et chaus-

sind, bei Stress aber mit Erstarrung oder Flucht reagieren, keiner Rettungsgruppe zugeteilt werden; wenn nötig, sind ihnen konkrete, genau definierte Aufgaben zu übertragen.

Die Leitung der Operationen muss nicht unbedingt von der Direktion der Institution übernommen werden, sondern kann einer Person übertragen werden, die aufgrund ihres Persönlichkeits- und Kompetenzprofils am besten für diese Aufgabe geeignet ist.

Um einen schnellen Einsatz am Notfallort zu garantieren, ist es günstig, wenn die Mitglieder der Gruppen und ihrer Vertreter möglichst in der Nähe der Einrichtung wohnen. Die Schäden wachsen für gewöhnlich exponentiell an, und auch durch die Schnelligkeit, mit der eingegriffen wird, kann ihr Ausmass begrenzt werden.

Bei schwerwiegenden Notfällen muss die gefühlsbedingte Reaktion der Personen, denen das Kulturgut am Herzen liegt, berücksichtigt werden. Wichtige Bücher und Dokumente beschädigt zu sehen, kann grosses emotionales Leid auslösen. Das darf nicht verneint, sondern muss verbalisiert werden, um dann zu wirksamem Handeln zu führen.

4.2.5 **Persönliche Ausrüstung für den Notfallort**

Ein Einsatz an einem Notfallort ist selten eine angenehme Erfahrung. Die Umgebung ist stark beeinträchtigt, die Bestände sind jedenfalls teilweise beschädigt, ihre Handhabung ist schwierig. Die persönliche Ausrüstung dient dazu, in dieser Umgebung unter bestmöglichen Bedingungen zu arbeiten, und sie wird je nach Art und Ausmass des Notfalls, nach Jahreszeit und externen Klimabedingungen sehr unterschiedlich sein.

Um effizientes Handeln zu gewährleisten, sollten die Mitglieder der Notfallgruppe und der Einsatzgruppen mit zweckdienlicher Kleidung und einer persönlichen Mindestausrüstung am Notfallort eintreffen. Jedes Mitglied sollte eine Liste zu Hause haben, mit deren Hilfe in kurzer Zeit das Notwendigste beisammen ist.

- ☐ Sommerkleidung: Strapazierfähige Hose und T-Shirt; leichter, aber strapazierfähiger Pullover; eine strapazierfähige Hose, T-Shirt, Unterwäsche und Socken zum Wechseln. Die Wäsche zum Wechseln muss in einem verschlossenen Plastik-

settes de rechange, les habits de rechange emballés dans des sacs en plastique fermés. Veste de pluie. Souliers lourds (de sécurité) et/ou bottes de rechange. Une grande bouteille de boisson froide.

- ☐ Habits des autres saisons : sous-vêtements thermiques, pantalon et pullover solides et chauds, habits solides et chauds de rechange, sous-vêtements thermiques et deux paires de chaussettes chaudes de rechange, les habits de rechange emballés dans des sacs en plastique fermés. Veste de pluie solide. Souliers lourds (de sécurité) ou bottes de rechange, gants chauds, bonnet chaud. Un thermos avec une boisson chaude.
- ☐ Equipements fixes : gants en cuir et gants en latex épais, un linge, lampe frontale LED avec 2 jeux de piles chargées, téléphone portable chargé, appareil de photo personnel chargé.

Sur le lieu du sinistre devraient être disponibles, dans une gamme de tailles adaptées :

- ☐ gilets de sécurité, éventuellement en plusieurs couleurs ;
- ☐ casques de chantier ;
- ☐ tabliers imperméables, salopettes en tyvek ;
- ☐ gants en gomme solides ;
- ☐ protection pour les voies respiratoires (type FFP 3) : cette protection est nécessaire en cas de suies (tout particulièrement si elles ont été engendrées par la combustion de matières plastiques), en cas de diffusion de nuages de poussière ou lors de contaminations de micro-organismes. Pendant les trois premiers jours après un sinistre où de l'eau a été répandue, il n'y a en principe pas de danger de développements importants de colonies de micro-organismes (si non préexistantes). Par la suite, la zone du sinistre et également les documents qui ont été exposés à une humidité importante doivent être maintenus sous contrôle. La présence de quelques hyphes d'un mycélium végétatif n'impose pas forcément le port d'un masque, qui se révèle nécessaire dès que le développement des micro-organismes atteint le stade des inflorescences et produit de très nombreuses spores. (cf. la partie spécifique du livre, chap. 6, partie I, point 4.1.3, et ci-dessous point 4.5).

sack verpackt sein. Regenkleidung. Festes Schuhwerk (Sicherheitsschuhe) und/oder feste Schuhe zum Wechseln. Eine grosse Flasche mit kaltem Getränk.

- ☐ Kleidung für andere Jahreszeiten: Thermo-Unterwäsche; strapazierfähige, warme Hose und Pullover auch zum Wechseln, Thermo-Unterwäsche und zwei Paar warme Socken zum Wechseln. Die Wäsche zum Wechseln muss in einem verschlossenen Plastiksack verpackt sein. Widerstandsfähige Regenkleidung. Festes Schuhwerk (Sicherheitsschuhe) oder feste Schuhe zum Wechseln, warme Handschuhe, warme Mütze. Thermosflasche mit warmem Getränk.
- ☐ Grundausrüstung: Lederhandschuhe und dicke Latexhandschuhe, Handtuch, LED-Stirnlampe mit geladenen Ersatzbatterien, geladenes Mobiltelefon, geladener persönlicher Fotoapparat.

Am Notfallort müssen in verschiedenen angemessenen Grössen vorhanden sein:

- ☐ Sicherheitswesten, eventuell in mehreren Farben;
- ☐ Bauschutzhelme;
- ☐ wasserdichte Schürzen, Tyvek-Latzhosen;
- ☐ Handschuhe aus haltbarem Gummi;
- ☐ Atemschutz (Klasse FFP 3); dieser Schutz ist notwendig: bei Russ (ganz besonders, wenn dieser durch Verbrennung von Kunststoffen entstanden ist), bei Ausbreitung von Staubwolken oder bei Mikroorganismenbefall. In den ersten drei Tagen nach einem Notfall mit Ausbreitung von Wasser besteht im Prinzip keine Gefahr für die Entwicklung bedeutender Kolonien von Mikroorganismen (ausser wenn schon vorher vorhanden). Danach müssen der Notfallbereich und die Dokumente, die hoher Feuchtigkeit ausgesetzt waren, kontrolliert werden. Das Vorhandensein einiger Hyphen eines vegetativen Myzels macht das Tragen einer Maske nicht unbedingt erforderlich. Dies ist jedoch notwendig, sobald die Entwicklung von Mikroorganismen das Stadium von Blütenständen erreicht und zahlreiche Sporen produziert werden (siehe dazu Kap. 6, Teil I, Punkt 4.1.3, und weiter unten Punkt 4.5).

4.2.6 **Informations pratiques, ressources**

Dans cette partie du plan d'intervention se trouvent les informations nécessaires pour mettre sur pied une action de sauvetage.

- ☐ Services, assurances, médias (avec adresse, numéros de téléphone, e-mail, personnes de contact)
  - Services d'intervention, police, pompiers, ambulances.
  - Restaurateurs compétents en sauvetage de biens culturels, spécialistes en congélation et lyophilisation de livres et documents.
  - Restaurateurs spécialisés dans le sauvetage pour chaque type de fonds (livres et documents, art graphique, photographies, tableaux, etc.).
  - Responsable régional de la PBC (Protection des biens culturels), responsable de la PC.
  - Personne de contact pour les assurances.
  - Contacts avec la presse, les radios, les télévisions, locales et nationales.
- ☐ Entreprises (avec adresse, numéros de téléphone, e-mail, personnes de contact)
  - Entreprises de congélation avec lesquelles un contact a été préétabli en vue du dépôt provisoire de biens culturels (avec plans d'accès).
  - Dépôts provisoires pour des fonds qui ne sont pas directement touchés par le sinistre (avec plan d'accès).
  - Entreprises de transport, location de camionnettes.
  - Fournisseurs de matériel d'emballage (palettes, boîtes, sacs en plastique, etc.).
  - Entreprises du bâtiment : chauffage-sanitaire, ventilation, électricien, menuisier, vitrier, installations de sécurité, couvreur, entreprise de construction.
  - Entreprise responsable de l'informatique et des communications.
  - Fournisseurs des tentes ou gazébo.
  - Fournisseurs des ventilateurs et déshumidificateurs.
  - Fournisseurs d'habits de travail (bottes, gants, tabliers, etc.).

4.2.6 **Praktische Informationen, Mittel**

In diesem Teil des Notfallplanes werden alle Informationen aufgeführt, die für die Organisation einer Rettungsaktion notwendig sind.

- ☐ Hilfsdienste, Versicherungen, Medien (mit Adresse, Telefonnummer, E-Mail, Kontaktpersonen)
  - Hilfsdienste, Polizei, Feuerwehr, Rettungsdienst.
  - Kompetente Restauratoren für die Sicherung von Kulturgut in Notfällen, Fachkräfte für Tiefgefrierung und Gefriertrocknung von Büchern und Dokumenten.
  - Restauratoren mit Spezialisierung auf die verschiedenen Bestandskategorien (z.B. Buch- und Schriftgut, Grafik, Fotografie, Gemälde usw.).
  - Regionaler Verantwortlicher für Kulturgüterschutz (KGS), Verantwortlicher für Zivilschutz (ZS).
  - Kontaktperson für die Versicherungen.
  - Kontakte zu Presse, Radio und Fernsehen (lokal und national).
- ☐ Unternehmen (mit Adresse, Telefonnummer, E-Mail, Kontaktpersonen)
  - Unternehmen der Tiefkühlbranche, mit denen im Vorfeld die Möglichkeit einer zeitweiligen Lagerung von Kulturgütern abgeklärt wurde.
  - Notmagazine für nicht direkt durch den Notfall betroffene Bestände (mit Zugangsplan).
  - Transportunternehmen, Kleintransporter-Verleihfirmen.
  - Lieferanten von Verpackungsmaterial (Paletten, Kisten, Plastiksäcke usw.).
  - Gebäudetechnische Unternehmen: Heizungs- und Sanitäranlage, Klimatechnik, Elektriker, Schreiner, Glaser, Sicherheitsinstallation, Dachdecker, Baufirma.
  - Informatik- und Kommunikationsunternehmen.
  - Lieferanten von Zelten oder Gazebos (Gartenzelte).
  - Lieferanten von Ventilatoren und Entfeuchtern.
  - Lieferanten von Arbeitskleidung (Stiefel, Handschuhe, Schürzen usw.).

4.2.7 Procédures d'intervention dans les locaux

Sans entrer dans le détail d'une intervention sur le bâtiment, qui peut prendre les formes les plus variées selon ses caractéristiques, l'ampleur et la typologie du sinistre, il est utile de donner quelques indications essentielles sur les premières démarches à effectuer dans un lieu sinistré. Comme tout conseil en cas d'urgence, les indications qui suivent doivent être adaptées à la réalité ; la compétence d'un restaurateur formé est presque toujours nécessaire pour procéder à des choix adaptés à une situation particulière. Une fois établie la sécurité des lieux et exclu tout risque important pour les personnes, on peut procéder au sauvetage des fonds, en fonction de leurs caractéristiques et des dommages subis, en tenant compte des indications suivantes :

- ☐ Protéger les fonds qui n'ont pas été endommagés, par exemple dans un local inondé, en les enveloppant dans des bâches en polyéthylène pour ralentir l'absorption d'humidité en attendant leur évacuation, qui doit cependant avoir lieu dans les 48–72 heures après le sinistre, car l'humidité ambiante finira par être absorbée par les volumes non endommagés par ailleurs.
- ☐ Ventiler autant que possible les locaux humides par des courants d'air modérés, réduire la température interne des locaux.
- ☐ Récolter et sauver d'abord les objets qui se trouvent sur le sol.
- ☐ Vider les étagères en commençant par les rayons les plus hauts, pour diminuer les risques d'écroulement.
- ☐ Maintenir autant que possible l'ordre des fonds. Enregistrer les objets triés en fonction de leur destination finale (dépôt provisoire, congélation, élimination, etc.). Garantir le suivi des objets : un sauvetage rapide qui engendre du désordre causera au minimum des frais de rétablissement élevés. Et dans le pire des cas une perte d'information.
- ☐ Manipuler et emballer les objets de manière à éviter des dommages supplémentaires et de manière adéquate en fonction du traitement prévu. Pour les livres, ne pas ouvrir les livres fermés, ne pas fermer les livres ouverts.

4.2.7 Vorgehensweisen beim Einsatz in den Räumlichkeiten

Ohne hier detailliert auf einen Einsatz im Gebäude eingehen zu wollen, da ein solcher entsprechend seiner Charakteristiken, dem Ausmass und der Art des Notfalls ganz unterschiedliche Formen annehmen kann, können einige grundlegende Hinweise zu den ersten Massnahmen an einem Notfallort gegeben werden. Wie alle Ratschläge für einen Notfall müssen auch die folgenden Angaben an die reale Situation angepasst werden. Die Fachkompetenz eines ausgebildeten Restaurators ist fast immer notwendig, um in einer bestimmten Situation die angemessenen Entscheidungen zu treffen. Sind die Räumlichkeiten abgesichert und jedes Risiko für Menschen ausgeschlossen, kann entsprechend der Eigenschaften und der Schädigungen der Bestände mit der Bergung begonnen werden. Dabei sind folgende Hinweise zu beachten:

- ☐ Schutz der unversehrten Bestände, zum Beispiel in einem überschwemmten Raum: Einpacken der Objekte in Polyethylen-Planen, um die Aufnahme von Feuchtigkeit bis zur Evakuation zu verlangsamen. Diese sollte innerhalb von 48–72 Stunden nach dem Notfall erfolgen, denn die Feuchtigkeit der Umgebung wird auch von den unversehrten Objekten absorbiert.
- ☐ Feuchte Räume so viel als möglich mässig querlüften, Temperatur in den Räumen senken.
- ☐ Zuerst die auf dem Boden liegenden Objekte aufheben und sichern.
- ☐ Die Regale von oben nach unten leeren, um die Einsturzgefahr herabzusetzen.
- ☐ Möglichst die Ordnung der Bestände erhalten. Die Objekte sollten nach Bestimmungsort sortiert und registriert werden (Notmagazin, Tiefgefrierung, Vernichtung usw.). Bestehende Reihenfolge der Objekte garantieren: Eine zu schnelle Bergung ohne Ordnung verursacht auf jeden Fall hohe Kosten und im schlimmsten Fall den Verlust von Informationen.
- ☐ Sorgfältige Handhabung und Verpackung der Objekte, um eine weitere Schädigung zu vermeiden. In Hinblick auf die vorgesehene Behandlung verpacken. Geschlossene Bücher nicht öffnen, offene Bücher nicht schliessen.

- ☐ Procéder aussi rapidement que possible au tri des fonds en fonction des dommages. Suivre les indications des fiches d'intervention (cf. 4.2.9).

4.2.8 Catégorisation des divers matériaux (papier et parchemin, cuir, médiums)

En principe, les procédures d'intervention sont soumises à des exigences contradictoires: d'une part, il faut créer des procédures aussi simples que possible, pour permettre une première intervention efficace de la part de personnes de l'institution qui n'ont qu'une formation partielle dans ce domaine, sans être de vrais spécialistes. De l'autre, il faut différencier au mieux les procédures pour les diverses sous-catégories de biens culturels, pour que l'intervention soit ciblée au mieux et les dommages collatéraux aussi réduits que possible.

En réalité, ces deux aspects concernent deux phases différentes d'un sauvetage. Dans une toute première phase, l'équipe responsable dans une institution qui n'a pas de restaurateur au sein de son personnel doit agir rapidement et de manière simplifiée, en évitant simplement les erreurs les plus grossières. Pour cela, des catégories très simplifiées sont indispensables:[3] voir tableau p. 520.

Pour les cas particuliers, quelques indications sommaires se trouvent sur la fiche du plan d'intervention.

La liste ci-après donne une image plus détaillée des fonds, qui correspond à la vision différenciée d'un restaurateur. La lecture de la liste met en évidence la nécessité de la présence d'un ou de plusieurs restaurateurs formés sur le lieu du sinistre, pour orienter les choix de sauvetage. En effet, la combinaison des catégories considérées avec les cas de figure possibles lors d'un sinistre crée un nombre de combinaisons tel que l'élaboration de lignes directrices détaillées n'est pas envisageable.

[3] Ces catégories ont été établies dans un groupe de travail chargé d'établir des procédures d'intervention pour les biens culturels écrits et imprimés du Canton d'Obwald en 2010, où j'ai collaboré avec mes collègues Martin Strebel (Atelier Strebel, 5502 Hunzenschwil) et Guido Voser (Docusave, 3662 Seftigen). Les catégories détaillées reportées ci-après ont également été définies dans ce groupe.

- ☐ Die Bestände möglichst schnell hinsichtlich der Schadensbilder sortieren. Den Hinweisen auf den Massnahmeblättern folgen (siehe Punkt 4.2.9).

4.2.8 Sortierung nach Materialbeschaffenheit (Papier, Pergament, Leder, Schreib- und Zeichenmittel)

Die Verhaltensmassregeln für den Notfall unterliegen eigentlich widersprüchlichen Forderungen: Einerseits sollen möglichst einfache Verhaltensmassregeln vorgegeben werden, damit die nur teilweise in diesem Bereich geschulten Mitarbeiter der Institution, ohne wirkliche Fachkräfte zu sein, effizient reagieren können. Andererseits sollten für die Kulturgüter verschiedenster Art unterschiedliche Vorgehensweisen beachtet werden, um die Bestände möglichst sachgerecht zu sichern und zu bergen und die Folgeschäden so gering wie möglich zu halten.

Im Grunde genommen betreffen die beiden Aspekte zwei verschiedene Phasen der Sicherung, und in einem ersten Stadium muss die Notfallgruppe einer Institution, in der kein Restaurator zu den Mitarbeitern gehört, schnell und unkompliziert reagieren und dabei die gröbsten Fehler vermeiden können. Dafür sind stark vereinfachte Kategorien unerlässlich:[3] siehe Tabelle S. 520.

Für die Sonderfälle werden auf dem Massnahmeblatt des Einsatzplans kurze Hinweise gegeben.

Die nachfolgende Aufstellung ergibt ein genaueres Bild der Bestände, wie es sich dem differenziert betrachtenden Restaurator darstellt. Beim Lesen der Übersicht wird erkennbar, dass ein oder mehrere spezialisierte Restauratoren am Notfallort sein müssen, um bei den Entscheidungen zur Sicherung der Bestände zu beraten. Bei der Kombination der aufgeführten Kategorien mit den verschiedenen möglichen Notfallsituationen sind nämlich so viele Variationen möglich, dass die Vorgabe detaillierter Vorgehensweisen kaum denkbar ist.

[3] Diese Kategorien wurden 2010 bei der Ausarbeitung von Verhaltensmassregeln für den Notfall für schriftliches und gedrucktes Kulturgut im Auftrag des Kantons Obwalden mit meinen Kollegen Martin Strebel (Atelier Strebel, 5502 Hunzenschwil) und Guido Voser (Docusave, 3662 Seftigen) in einer Arbeitsgruppe entwickelt. Auch die detaillierte Aufstellung wurde in dieser Gruppe erarbeitet.

Catégories	Objets concernés, exceptions
Documents sous forme de feuilles libres antérieurs à 1800	Documents sous forme de feuilles libres, liasses, boîtes d'archives. Cas particulier : documents en parchemin scellés ou non.
Livres et documents reliés antérieurs à 1800	Livres reliés, livres brochés. Cas particuliers : reliures en cuir/parchemin, reliures avec parties métalliques (coins, fermoirs), volumes avec les pages en parchemin avec/sans décorations polychromes.
Documents sous forme de feuilles libres postérieurs à 1800	Documents sous forme de feuilles libres, liasses, boîtes d'archives. Cas particuliers : fichiers, cartothèques, dossiers suspendus, encres et timbres solubles.
Livres et documents reliés postérieurs à 1800	Livres reliés, livres brochés, livres de poche. Cas particuliers : papiers couchés, reliures en cuir/parchemin. Exceptionnellement : reliures avec parties métalliques (coins, fermoirs), volumes avec les pages en parchemin avec/sans décorations polychromes.
Œuvres d'art sur papier	Œuvres d'art imprimées, gravées, peintes, dessinées, etc.
Objets de grand format	Objets de grand format sur papier (cartes et plans, affiches, tapisseries).

- ☐ Papier
  - Papiers chiffon
  - Papiers à base de pâte mécanique
  - Papiers aquarelle
  - Papiers pigmentés/couchés
  - Papier japon
  - Papiers transparents (divers types)
  - Papiers autocopiants NCR « Non-Carbon-Copy »
  - Anciennes photocopies, « Zink-Ox »
  - Papiers avec sceau apposé (en papier, cire sous papier, gomme-laque)
- ☐ Parchemin
  - Manuscrit
  - Avec polychromies
  - Avec dorure
  - Avec sceau(x) : pendants, apposés
  - Volumes avec corps du livre en parchemin
- ☐ Papyrus
  - Libres
  - Sous verre
- ☐ Assemblage
  - Feuilles libres, boîtes, liasses, classeurs
  - Brochures, livres brochés
  - Reliures modernes (diverses techniques et matières de couverture)
  - Reliures historiques en cuir/parchemin
  - Reliures avec ais en bois
  - Décoration des reliures par dorure, à froid, mosaïques de cuir, incrustations d'autres matières

- ☐ Papier
  - Hadernpapier
  - Holzschliffhaltiges Papier
  - Aquarellpapier
  - Pigmentpapier/gestrichenes Papier
  - Japanpapier
  - Transparentpapier (verschiedene Typen)
  - Kohlefreies Selbstdurchschreibe-papier
  - Alte Fotokopien, «XeroX»
  - Papier mit aufgedrücktem Siegel (aus Papier, Wachs unter Papier, Schellack)
- ☐ Pergament
  - Handschrift
  - Mit Polychromie
  - Mit Vergoldung
  - Mit Siegel(n): angehängt, aufgedrückt
  - Buchblock aus Pergament
- ☐ Papyrus
  - Unverglast
  - Verglast
- ☐ Zusammenstellung
  - Einzelblätter, Schachteln, Bündel, Ordner
  - Broschüre, broschiertes Buch
  - Moderne Einbände (verschiedene Einband-techniken und -materialien)
  - Historische Leder-/Pergamenteinbände
  - Holzdeckelbände
  - Einbandverzierungen: Vergoldung, Blind-druck, Ledermosaik, Intarsien mit anderen Materialien

Kategorie	Betroffene Objekte, Sonderfälle
Einzelblätter vor 1800	Einzelblätter, Bündel, Archivschachteln. Sonderfall: Pergamenturkunden mit und ohne Siegel.
Gebundene Einzelblätter und Bücher vor 1800	Gebundene Bücher, Broschuren. Sonderfälle: Leder-/Pergamenteinbände, Einbände mit Metallteilen (Ecken, Schliessen), Bände mit Pergamentseiten mit/ohne polychrome Verzierungen.
Einzelblätter nach 1800	Einzelblätter, Papierstösse, Archivschachteln. Sonderfälle: Dateien, Karteikarten, Hängeakten, lösliche Tinten und Stempel.
Gebundene Einzelblätter und Bücher nach 1800	Gebundene Bücher, Broschüren, Taschenbücher. Sonderfälle: gestrichenes Papier. Leder-/Pergamenteinbände. In Ausnahmefällen: Einbände mit Metallteilen (Ecken, Schliessen), Bände mit Pergamentseiten mit/ohne polychrome Verzierungen.
Kunstwerke auf Papier	Drucke, Stiche, Gemälde, Zeichnungen usw.
Grossformatige Objekte	Grossformatige Objekte auf Papier (Karten und Pläne, Plakate, Tapeten).

- Décoration des tranches: dorure, jaspage, marbrure, tranches couleur

☐ Médiums
- Standard, stable
- Encres corrosives
- Encres solubles à l'eau
- Aquarelles, gouaches
- Timbres solubles

■ *Cas de figure:*

☐ Feu
- Objets brûlés
- Traces de brûlures, suie
- Odeur de brûlé

☐ Eau
- Objets détrempés
- Objets partiellement mouillés
- Objets humides
- Eau propre
- Eau avec boues (rivière, eau salie par les décombres)
- Eau contaminée par des excréments (animaux, égouts)
- Eau contaminée par de l'huile de chauffage, de l'essence
- Eau avec adjuvants d'extinction
- Mousse d'extinction

☐ Poussières
- Poussières provenant du bâtiment
- Poudre d'extinction

- Verzierungen am Schnitt: Gold-, Spreng-, Marmor-, Farbschnitte

☐ Schreib- und Zeichenmittel
- Standard, beständig
- Korrosive Tinten
- Wasserlösliche Tinten
- Aquarell-, Gouachefarben
- Lösliche Stempel

■ *Mögliche Sachverhalte:*

☐ Brand
- Verbrannte Objekte
- Brandspuren, Russ
- Brandgeruch

☐ Wasser
- Durchweichte Objekte
- Teilweise nasse Objekte
- Feuchte Objekte
- Sauberes Wasser
- Schlammverschmutztes Wasser (Flusswasser, mit Schutt verschmutztes Wasser)
- Durch Exkremente verseuchtes Wasser (Tiere, Abwässer)
- Heizöl-, benzinverseuchtes Wasser
- Wasser mit Löschzusätzen
- Löschschaum

☐ Staub
- Staub vom Gebäude
- Löschpulver

☐ Dommages mécaniques
  – Déformations
  – Dommages aux marges
  – Déchirures, état fragmentaire
  – Ecrasé et fragmentaire (constructions écroulées)
☐ Dommages biologiques

4.2.9 Procédures pour les divers matériaux (supports et médiums)

Pour la première phase de l'intervention, on doit disposer de fiches qui indiquent les gestes essentiels et les gestes à éviter pour les catégories suivantes : manipulation, premier nettoyage, séchage, entreposage, particularités et exceptions, matériel nécessaire.

Des fiches thématiques pour des cas particuliers mais fréquents accompagnent les fiches d'intervention :

☐ Livres et documents brûlés, légèrement brûlés, avec restes de suie, avec odeur de combustion.
☐ Livres et documents salis avec de la boue (propre).
☐ Livres et documents contaminés avec de l'essence, de l'huile de chauffage, des excréments (eau d'égout).

Les fiches pratiques illustrent une synthèse des arguments développés au point 5 de ce chapitre.

4.2.10 Plans des dépôts et du bâtiment

Des plans détaillés du bâtiment sont indispensables ; il est conseillé d'établir plusieurs catégories de plans en plusieurs jeux. Les aspects suivants doivent être facilement identifiables sur les plans :

☐ Plans des bâtiments et de leurs environs immédiats avec les dépôts ; voies de fuite pour les personnes, voies d'évacuation pour les livres et les documents. Voies d'évacuation spéciales pour objets particulièrement encombrants. Emplacements prévus pour un lieu de tri et d'emballage à l'extérieur du bâtiment.
☐ Plans avec les équipements techniques ; position des vannes et interrupteurs principaux. Position des équipements et dépôts de matériel potentiellement dangereux (p. ex. solvants inflammables).

☐ Mechanische Schäden
  – Verformungen
  – Schäden an den Rändern
  – Risse, bruchstückhafter Zustand
  – Zerdrückt und bruchstückhaft (eingestürzte Gebäude)
☐ Biologische Schäden

4.2.9 Vorgehensweisen für die verschiedenen Materialien (Träger sowie Schreib- und Zeichenmittel)

Für die erste Phase nach dem Notfall müssen Massnahmenblätter zur Verfügung stehen, auf denen die wesentlichsten Sofortmassnahmen sowie die zu vermeidenden Handlungen aufgeführt werden: Handhabung, erste Reinigung, Trocknung, Lagerung, Spezialfälle und Ausnahmen, notwendiges Material.

Zusätzlich zu den Massnahmenblättern gibt es thematische Informationsblätter für spezielle, aber häufig vorkommende Schäden:

☐ Verbrannte, nur leicht angebrannte Bücher und Dokumente, mit Russauflage, mit Brandgeruch
☐ Schlammverschmutzte Bücher und Dokumente (nicht kontaminiert)
☐ Benzin-, heizöl-, exkrement-(abwässer)kontaminierte Bücher und Dokumente

Die praxisgerechten Blätter bilden eine Synthese der unter Punkt 5 dieses Kapitels dargelegten Aspekte.

4.2.10 Magazin- und Gebäudepläne

Ausführliche Gebäudepläne sind unbedingt notwendig. Pläne zu den verschiedenen Gegenständen müssen in mehreren Exemplaren angefertigt werden. Folgende Informationen müssen auf den Plänen leicht auffindbar sein:

☐ Pläne der baulichen Anlage mit dem Magazinbereich und der unmittelbaren Umgebung. Fluchtwege für Personen. Evakuationswege für Buch- und Schriftgut. Spezielle Evakuationswege für sperrige Objekte. Ausserhalb des Gebäudes vorgesehene Standorte für Sortierung und Verpackung.
☐ Pläne mit den technischen Ausstattungen. Standort der Hauptventile und -schalter. Standorte

- ☐ Plans de chaque dépôt avec indication des priorités d'évacuation et des fonds nécessitant un traitement particulier. Les plans des dépôts devraient être établis à l'échelle (non de manière schématique), en utilisant un programme de dessin architectural. L'unité considérée est en principe une étagère entière (formée par deux montants latéraux et une série de tablettes superposées, sans différencier les tablettes); la priorité d'évacuation est donc établie étagère par étagère.

  Dans le plan des dépôts, les cotes seront indiquées sur chaque étagère. Un code couleur donnera l'indication de la priorité d'évacuation (p. ex. orange pour la priorité 1, jaune pour la priorité 2, blanc pour la priorité 3, gris pour la priorité 4), voir ci-dessus.

Ces plans doivent être facilement accessibles en cas de besoin et devraient exister en plusieurs exemplaires et en plusieurs endroits. Toutefois, l'accès doit en être réservé aux personnes concernées, car ces plans contiennent aussi des informations sensibles, susceptibles d'être utilisées par des personnes mal intentionnées.

Les plans devraient être révisés et remis à jour régulièrement : les documents sont déplacés, les collections s'accroissent et les équipements sont modifiés. Des plans qui ne sont pas à jour engendrent confusions et pertes de temps lors d'un sinistre.

4.2.11 Liste du matériel de premier secours

Le contenu d'une liste de matériel de premier secours devrait être adapté à la dimension de l'institution, aux caractéristiques des fonds, aux conditions prévisibles pour l'évacuation des fonds. Une liste générale ne peut avoir qu'une valeur indicative.

Une grande partie des matériaux prévus dans une liste n'est pas spécifique à une institution donnée. Lors d'une concentration géographique de plusieurs institutions conservant des biens culturels écrits ou imprimés et des œuvres d'art sur papier, il est possible d'établir des dépôts de matériel communs, dans des lieux qui devraient rester facilement accessibles à tous en cas de sinistre.

La liste du matériel peut comporter un plan des dépôts de matériel spécifique, qui peut être utilisé

der Ausstattungen und der Lagerräume mit potenziell gefährlichen Stoffen (z. B. leicht entflammbare Lösemittel).

- ☐ Plan jedes Magazins mit Angaben zu Bergungsprioritäten und zu Beständen, für die eine besondere Behandlung nötig ist. Die Magazinpläne sollten massstabsgerecht (nicht nur schematisch) mit Hilfe einer Architektursoftware erstellt werden. Ausgegangen wird im Prinzip von einem ganzen Regal (bestehend aus zwei Seitenwänden und mehreren übereinander angeordneten Regalfachböden, ohne die Fachböden einzeln aufzuführen); die Bergungspriorität wird somit von Regal zu Regal angegeben.

In den Magazinplänen werden auf jedem Regal die Signaturen angegeben. Die Bergungspriorität wird durch eine Farbe angezeigt, zum Beispiel Orange für Priorität 1, Gelb für Priorität 2, Weiss für Priorität 3, Grau für Priorität 4, siehe weiter oben.

Die Pläne müssen bei Bedarf leicht zugänglich sein und sollten in mehreren Exemplaren und an verschiedenen Orten hinterlegt werden. Allerdings dürfen nur autorisierte Personen Zugang dazu haben, denn diese Pläne enthalten wichtige Auskünfte, die leicht missbraucht werden können.

Die Pläne müssen regelmässig überarbeitet und aktualisiert werden: Dokumente werden umgelagert, Sammlungen werden grösser, und die Ausstattung wird verändert. Pläne, die nicht auf dem letzten Stand sind, führen bei einem Notfall zu Verwirrung und Zeitverlust.

4.2.11 Verzeichnis der Grundausstattung für Sofortmassnahmen

Das Verzeichnis der Grundausstattung für Sofortmassnahmen muss auf die Grösse der Institution, die Art der Bestände und die vorhersehbaren Bedingungen einer Bestandsevakuierung abgestimmt werden. Ein generelles Verzeichnis kann nur richtungweisend sein.

Ein grosser Teil der für eine Grundausstattung vorgesehenen Materialien ist nicht einrichtungsspezifisch. Wenn sich also in einem Gebiet mehrere für die Aufbewahrung von schriftlichem und gedrucktem Kulturgut und Kunstwerken auf Papier verantwortliche Institutionen befinden, können gemeinschaftliche Depots für das Notfallmaterial vor-

en temps normaux dans la vie de l'institution et comporter simplement une réserve supplémentaire en cas de sinistre (p.ex. des caisses pour le transport de livres et documents).

La liste est complétée par les adresses de fournisseurs de matériel (voir aussi 4.2.4). Il faut évaluer de cas en cas l'opportunité d'établir un dépôt de matériel appartenant à l'institution par rapport à la disponibilité garantie de matériel auprès de fournisseurs.

Tout matériel stocké est sujet à un processus de vieillissement; selon les cas, le matériel peut devenir inutilisable dans des délais de un à deux ans (p.ex. gants, piles, stylos-feutres, etc.), ou rester utilisable au-delà de dix ans de stockage (caisses de stockage sans PVC, sacs d'emballage en PE ou PP, etc.). Les matières les plus instables, tels le latex et le PVC, seront évites dans la mesure du possible.

Liste indicative de matériel de sauvetage:
- ☐ bâches, feuilles de polyéthylène pour couvrir des étagères entières (en rouleaux). Ruban adhésif solide pour fixer les bâches;
- ☐ sacs en PE ou PP solides et de dimensions adaptées aux boîtes et livres, fermetures pour les sacs;
- ☐ feuilles en PE pour séparer les couches sur des palettes, rouleaux de film à bulles PE;
- ☐ selon les cas, dérouleurs de feuille d'emballage alimentaire;
- ☐ moyens d'écriture stable en milieu humide, ciseaux, ruban collant solide. Etiquettes volantes, ficelle. Papier ménage (pas de papier WC);
- ☐ bandes de gaze (pour les reliures historiques endommagées par l'eau);
- ☐ caisses de transport, palettes avec cadres 40 cm. Conteneurs pour formats spéciaux;
- ☐ moyens de séchage: sceaux, éponges, serpillères;
- ☐ tuyaux et branchements standard avec douchettes pour le nettoyage de fonds salis par la boue (sous les directives d'un restaurateur);
- ☐ protections personnelles: tabliers, salopettes tyvex, gants solides imperméables, gants en cuir, gilets de sécurité, masques respiratoires FFP 3. Lampes frontales (LED) avec piles;
- ☐ trousse de premiers secours (petites coupures, etc.);

gesehen werden. Auszuwählen sind Orte, die bei einem Notfall für alle leicht zugänglich sind.

Dem Verzeichnis der Grundausstattung kann ein Plan von Depots mit spezifischem Material hinzugefügt werden. Dieses kann in normalen Zeiten durch die Institution genutzt werden und gleichzeitig eine zusätzliche Reserve für den Notfall bilden (z. B. Kisten für den Transport von Büchern und Dokumenten).

Das Verzeichnis wird durch die Adressen der Materiallieferanten vervollständigt (siehe auch Punkt 4.2.4). Es muss von Fall zu Fall entschieden werden, ob es sich lohnt, ein Depot mit institutionseigenem Material einzurichten, oder ob es günstiger ist, mit den Lieferanten eine garantierte Verfügbarkeit von Material abzusprechen.

Das gelagerte Material unterliegt einem Alterungsprozess; manche Materialien sind häufig nach ein bis zwei Jahren nicht mehr verwendbar (z. B. Handschuhe, Batterien, Filzstifte usw.), andere können länger als zehn Jahre funktionstüchtig bleiben (PVC-freie Kisten, Verpackungsbeutel aus Polyethylen oder Polypropylen usw.). Soweit als möglich zu vermeiden sind vor allem instabile Materialien wie Latex und PVC.

Empfehlungen für ein Verzeichnis der Grundausstattung:
- ☐ Planen, Folien aus PE zum Abdecken ganzer Regale (in Rollen). Haltbares Klebeband zum Befestigen der Planen;
- ☐ Beutel aus stabilem PE und PP von passender Grösse für Schachteln und Bücher, Beutelverschlüsse;
- ☐ PE-Folien zur Trennung der Schichten auf den Paletten, Luftpolsterfolie aus PE;
- ☐ Nach Bedarf Rollen mit Lebensmittelfolie;
- ☐ Schreibmittel, die in feuchter Umgebung funktionieren, Scheren, haltbares Klebeband. Lose Etiketten, Schnur. Haushaltpapier (kein Toilettenpapier);
- ☐ Mullbinden (für wassergeschädigte historische Einbände);
- ☐ Transportkisten, Paletten mit Rahmen (40 cm). Behälter für Spezialformate;
- ☐ Hilfsmittel zum Trocknen: Eimer, Schwämme, Wischtücher;

□ sacs poubelle 60–110 l, solides.

Eventuellement, dans le cas où ils ne seraient pas disponibles rapidement dans les environs: sacs de sable, bâches, tréteaux, planches, chariots de transport, palettes et transpalettes.

Le matériel doit être rangé dans des caisses entreposés selon un plan de stockage clair, en le répartissant entre plusieurs bâtiments ou parties du bâtiment pour qu'il ne subisse pas le sinistre. Le poids de chaque caisse ne devrait pas dépasser 15 kg et son contenu devrait pouvoir être identifié facilement.

4.3 Plan d'urgence

4.3.1 Contenus du plan d'urgence

Le plan d'urgence est destiné à guider et à accompagner l'action de sauvetage dans sa phase initiale. Il réunit les contenus du plan d'intervention qui sont indispensables au moment d'agir sur le lieu d'un sinistre, pendant les 24 à 48 premières heures au maximum. Il constitue une sorte de résumé: l'information doit s'y trouver sous une forme simple et rationnelle.

Il devrait être imprimé sur un support et avec un médium résistant à l'eau, en caractères suffisamment grands pour être lus dans la pénombre. La quantité de symboles utilisés doit permettre son utilisation par des non-professionnels ayant reçu une formation de base.

□ Standardschläuche und -anschlüsse mit Duschen zum Reinigen von Beständen, die mit Schlamm verunreinigt sind (unter Anleitung eines Restaurators);

□ Personenschutz: Schürzen, Tyvek-Latzhosen, wasserdichte haltbare Handschuhe, Lederhandschuhe, Sicherheitswesten, Atemschutzmasken FFP 3. LED-Stirnlampe mit Batterien;

□ Erste-Hilfe-Kasten (kleine Wunden usw.);

□ Müllbeutel 60–110 l, widerstandsfähig.

Eventuell, wenn nicht kurzfristig in der Umgebung zu beziehen: Sandsäcke, Planen, Böcke und Holzauflagen, Transportwagen, Paletten und Hubstapler.

Das Material muss nach einem eindeutigen Lagerungsplan in die Kisten eingeordnet werden. Die Kisten müssen in den verschiedenen Gebäuden beziehungsweise an verschiedenen Standorten im Gebäude gelagert werden, sodass sie im Notfall verfügbar sind. Keine Kiste soll mehr als 15 kg wiegen, und der jeweilige Inhalt muss leicht identifizierbar sein.

4.3 Einsatzplan

4.3.1 Inhalt des Einsatzplans

Der Einsatzplan listet die ersten Schritte auf, die nach einem Notfall durchzuführen oder zu veranlassen sind. Hier werden die im Notfallplan ausgeführten Hinweise aufgelistet, nach denen am Notfallort in den ersten 24 bis maximal 48 Stunden unbedingt zu handeln ist. Der Einsatzplan ist eine Art Zusammenfassung: Die Informationen müssen hier einfach und zweckmässig aufgeführt sein.

Der Einsatzplan muss in einer ausreichenden Schriftgrösse (im Halbdunkel lesbar) gedruckt werden, und sowohl Träger als auch Druckmedium müssen wasserfest sein. Er darf nur so viele Symbole enthalten, dass er auch von einem Laien mit einer Grundausbildung benutzt werden kann.

Les contenus indispensables d'un plan d'urgence sont:

■ *Adresses*

☐ Equipes et services de sauvetage

- numéros d'appel des services d'intervention, police, pompiers, ambulances, PBC;
- organigramme de l'équipe responsable et des remplaçants, adresses et numéros de téléphone et du portable. Arbre de diffusion des alarmes;
- organigramme des équipes d'intervention, avec adresses, et numéros de téléphone et du portable;
- restaurateurs compétents en sauvetage des divers domaines, spécialistes en congélation et lyophilisation de livres et documents, préalablement contactés: numéro de téléphone et du portable.

☐ Sauvetage et transport: entreprises (avec adresse, numéros de téléphone, e-mail, personne de contact)

- entreprises de congélation avec lesquelles un contact préalable a été établi en vue du dépôt provisoire de biens culturels (avec plans d'accès);
- dépôts provisoires pour des fonds qui ne sont pas directement touchés par le sinistre (avec plans d'accès);
- entreprises de transport, location de camionnettes;
- fournisseurs de matériel d'emballage (palettes, boîtes, sacs en plastiques, etc.);
- fournisseurs de ventilateurs et déshumidificateurs;
- fournisseurs d'habits de vêtements (bottes, gants, tabliers, etc.);
- fournisseurs de tentes ou gazébo.

☐ Bâtiment et équipements

- personne de contact pour les assurances;
- entreprises du bâtiment: chauffage-sanitaire, ventilation, électricien, menuisier, vitrier, installations de sécurité, couvreur, entreprise de construction;
- entreprise responsable de l'informatique et des communications.

In einem Einsatzplan müssen unbedingt aufgeführt werden:

■ *Adressen*

☐ Hilfsgruppen und Hilfsdienste

- Rufnummern von Ersteinsatzdiensten, Polizei, Feuerwehr, Rettungsdienst, KGS;
- Organisationsplan der Notfallgruppe mit Vertretern, Adressen und Rufnummern (Festnetz und mobil). Festlegung der Telefonkette;
- Organisationsplan der Einsatzgruppen, Adressen und Rufnummern (Festnetz und mobil) ;
- Vorab kontaktierte Restauratoren mit Spezialisierung für die verschiedenen Bestandsarten, Spezialisten für Tiefgefrierung und Gefriertrocknung von Buch- und Schriftgut: Rufnummern (Festnetz und mobil).

☐ Bergung und Transport: Unternehmen (mit Adressen, Rufnummern, E-Mail, Ansprechpartner)

- Unternehmen der Gefrierbranche, mit denen im Vorfeld die Möglichkeit einer zeitweiligen Lagerung von Kulturgütern abgeklärt wurde (mit Zugangsplänen);
- Notmagazine für Bestände, die nicht vom Notfall betroffen wurden (mit Zugangsplänen);
- Transportunternehmen, Kleintransporter-Verleihfirmen;
- Lieferanten von Verpackungsmaterial (Paletten, Kisten, Plastiksäcke usw.);
- Lieferanten von Ventilatoren und Entfeuchtern;
- Lieferanten von Arbeitskleidung (Stiefel, Handschuhe, Schürzen usw.);
- Lieferanten von Zelten oder Gazebos (Gartenzelte).

☐ Gebäude und Ausstattung

- Kontaktperson für die Versicherungen;
- Gebäudetechnische Unternehmen: Heizungs- und Sanitäranlage, Lüftung, Elektriker, Schreiner, Glaser, Sicherheitsinstallationen, Dachdecker, Baufirma;
- Verantwortliche Informatik- und Telefonunternehmen.

□ Médias
 – contacts avec la presse, radios, télévisions, locales et nationales;
 – webmaster de l'institution.

■ *Procédures pour le sauvetage des divers matériaux (phase d'urgence)*
□ instruction sur la manière de prendre en charge les locaux sinistrés;
□ fiches techniques pour les divers types de matériaux;
□ fiches thématiques pour des cas particuliers fréquents (p. ex. objets touchés par de l'eau contaminée).

■ *Plans (voir 4.2.10)*
□ bâtiment, avec voies de fuite et d'évacuation;
□ bâtiment, avec les équipements techniques;
□ magasins, avec priorités d'évacuation et fonds nécessitant un traitement particulier;
□ emplacement des dépôts de matériel. Liste du contenu des dépôts de matériel.

4.3.2 **Entretien du plan d'urgence**

Un plan d'urgence, tout comme un plan d'intervention, devrait faire l'objet d'une révision dans un délai dépendant de l'institution et des rotations du personnel, entre un et trois ans. Lors de la révision, les adresses et personnes de contact devraient être vérifiées. Tous les contacts extérieurs à l'institution devraient être reconfirmés. Les plans des magasins avec l'emplacement des collections, et les plans des équipements dans le bâtiment seront également mis à jour.

La version révisée devrait être remise au personnel concerné et aux services d'intervention.

4.3.3 **Plans d'intervention et d'urgence partagés**

La partie qui analyse les risques et les mesures préventives d'un plan de gestion des sinistres ne peut être partagée que sur le principe de la démarche. En revanche, les parties «plan d'intervention» et «plan d'urgence» peuvent faire l'objet d'un partage dans une région regroupant plusieurs institutions ayant une charge de conservation pour des livres et des documents. Ce partage est avantageux pour tous et concerne les domaines suivants:

□ Medien
 – Kontakt zu Presse, Radio, Fernsehen (lokal und national);
 – Webmaster der Einrichtung.

■ *Verhaltensmassregeln für die Bergung der verschiedenen Materialien (Sofortmassnahmen)*
□ Direktiven für die Übernahme der vom Notfall betroffenen Räumlichkeiten;
□ Technische Massnahmenblätter für die verschiedenen Materialkategorien;
□ Thematische Informationsblätter für häufige Spezialfälle (z. B. schmutzwassergeschädigte Objekte).

■ *Pläne (siehe Punkt 4.2.10)*
□ Bauliche Anlage mit Flucht- und Evakuierungswegen;
□ Bauliche Anlage mit technischer Ausstattung;
□ Magazine mit Evakuierungsprioritäten und Angaben von Beständen, für die eine Spezialbehandlung notwendig ist;
□ Standort der Lagerung von Hilfsmaterial. Inhaltsverzeichnis der Grundausstattung.

4.3.2 **Aktualisierung des Einsatzplans**

Ein Einsatzplan muss, ebenso wie ein Notfallplan, regelmässig und je nach Institution und Personalwechsel alle ein bis drei Jahre überprüft werden. Dabei sind die Adressen und die jeweiligen Ansprechpartner zu überprüfen. Alle einrichtungsexternen Kontakte müssen bestätigt werden. Auch die Magazinpläne mit der Bestandsanordnung und die Pläne mit den technischen Ausstattungen der baulichen Anlage sind zu aktualisieren.

Die aktualisierte Version der Pläne muss bei den betroffenen Mitarbeitern und den jeweiligen Hilfsdiensten hinterlegt werden.

4.3.3 **Zusammenarbeit bei Notfallplan und Einsatzplan**

Die Risikoanalyse und die Vorbeugungsmassnahmen eines Notfallrahmenplans können im Prinzip nur von jeder Institution individuell erarbeitet werden. In einem Gebiet, in dem sich mehrere für die Erhaltung von Schrift- und Druckgut verantwortliche Einrichtungen befinden, ist jedoch eine ge-

- ☐ structure générale et aspect graphique du plan. Cet aspect augmente l'efficacité d'une éventuelle entraide, car chacun est familier avec le langage et la structure du plan;
- ☐ listes d'adresses de fournisseurs extérieurs de matériel et de prestations: par le partage, on réduit les coûts de la recherche et de la mise à jour;
- ☐ procédures d'intervention pour les différents types de fonds et cas de figure: une élaboration à l'aide de spécialistes qualifiés peut profiter à plusieurs institutions et réduire également le coût d'un plan individuel;
- ☐ stocks de matériel de secours unifiés et disponibles réciproquement: augmentation de la quantité de matériel disponible, rationalisation et diminution des coûts;
- ☐ formation: des séances de formation communes augmentent la motivation, créent un cadre favorable en cas d'entraide. Elles permettent la réalisation d'exercices plus réalistes pour des institutions de petite taille, pour lesquelles l'organisation d'un exercice est une charge lourde.

4.4 Formation du personnel

La formation des personnes concernées par une intervention en cas de sinistre est un volet essentiel pour que les mesures envisagées soient efficaces au moment voulu. Cette formation comporte plusieurs aspects, théoriques et pratiques.

- ☐ Connaissances théoriques
  - connaissance théorique des matières présentes dans les fonds et de leur sensibilité au feu, à l'eau et aux dommages mécaniques;
  - connaissance des principaux types de sinistre, développement du feu, cas de figure d'inondations, basée sur des sinistres survenus ailleurs;
  - connaissance des contenus du plan de gestion des sinistres, plan d'intervention et plan d'urgence. Familiarisation avec les symboles utilisés dans le plan d'urgence;

meinsame Erarbeitung des «Notfallplans» und des «Einsatzplans» möglich. Diese Zusammenarbeit ist für alle Beteiligten von Vorteil und kann folgende Bereiche betreffen:

- ☐ Genereller Aufbau und Grafik der Pläne. Aufgrund der gemeinsamen Fachsprache und der genaueren Kenntnis der jeweiligen Pläne wird eine eventuell notwendige gegenseitige Hilfe effizienter.
- ☐ Adressenverzeichnis von externen Lieferanten für Material und Dienstleistungen: Durch eine Zusammenarbeit wird die Suche und die Aktualisierung kostengünstiger.
- ☐ Verhaltensmassregeln für die Bergung der verschiedenen Materialien im Anschluss an die unterschiedlichen Notfallarten: Eine Ausarbeitung mit Hilfe von qualifizierten Spezialisten kann mehreren Einrichtungen zugute kommen und für die einzelnen Einrichtungen die Kosten senken.
- ☐ Gemeinschaftliche Anschaffung und Nutzung einer Grundausstattung von Hilfsmaterialien: Es kann mehr Material bereitgestellt werden, die Suche wird rationeller, und die Materialien werden kostengünstiger.
- ☐ Schulung: Gemeinsame Schulungsveranstaltungen führen zu einer grösseren Sensibilisierung und schaffen eine gute Grundlage für gegenseitige Hilfe. Auch für kleinere Institutionen, die mit der Durchführung einer Alarmübung überfordert sind, werden dadurch realitätsnahe Notfallübungen möglich.

4.4 Schulung der Mitarbeiter

Die Schulung der Mitarbeiter, die im Notfall zum Einsatz kommen, ist sehr wichtig, um gegebenenfalls die geplanten Massnahmen effizient durchführen zu können. Diese Schulung beinhaltet mehrere theoretische und praktische Aspekte.

- ☐ Theoretische Kenntnisse
  - Theoretische Kenntnisse der in den Beständen vorkommenden Materialien und ihrer Schadensanfälligkeit durch Brand, Wasser und mechanische Schädigung.

- ☐ Exercices pratiques: le but de l'exercice pratique est de se familiariser avec les caractéristiques propres aux livres et documents sinistrés: aspect, poids, difficultés de manipulation, etc. Ce point est important pour diminuer la charge émotionnelle lors d'une intervention réelle: confrontés avec des biens culturels endommagés, nombre de collaborateurs de bibliothèques, archives et musées éprouvent une souffrance émotive profonde, qui ne doit cependant pas aboutir à un blocage. Seul l'exercice permet de diminuer ce choc bien connu lors de sinistres dans le passé.
  - Exercices pratiques avec des matériaux de rebut partiellement brûlés, mouillés, endommagés. Attention aux risques réels pendant la préparation de l'exercice...
  - Autant que possible, création d'un cadre réaliste pour l'exercice: local froid, assez sombre, exercice exécuté en automne ou en hiver.
  - L'exercice doit comprendre l'intervention sur le lieu du sinistre, l'organisation des équipes et de la place de secours, la mise en place des mesures de sauvetage, la protection des fonds pas directement touchés, le tri, l'enregistrement, l'emballage et l'évacuation des objets touchés.

L'exercice sera documenté (photo, vidéo) et observé par une personne ayant une bonne connaissance de base ou par un conseiller technique, sans autre charge; il sera suivi quelques jours après par une évaluation. Il sera répété autant que possible tous les 3–5 ans, ou si la rotation du personnel a apporté un pourcentage important de personnes n'ayant pas reçu cette formation.

  - Kenntnis der hauptsächlichen Notfallarten, Brandentwicklung, mögliche Situationen bei einer Überschwemmung; Bezugnahme zu anderweitig geschehenen Notfällen.
  - Kenntnis des Notfallrahmen-, Notfall- und Einsatzplans. Gutes Verständnis der im Einsatzplan verwendeten Symbole.
- ☐ Praktische Übungen: Ziel der Übungen ist es, ein besseres Verständnis für die Probleme im Umgang mit geschädigtem Buch- und Schriftgut zu entwickeln: Aussehen, Gewicht, schwierige Handhabung usw. Dieser Punkt ist wichtig, um die psychologische Belastung bei einem tatsächlichen Notfall zu mindern: Viele Mitarbeiter von Bibliotheken, Archiven und Museen sind beim Anblick der geschädigten Objekte stark betroffen, es muss verhindert werden, dass dies zur völligen Erstarrung führt. Nur durch vorbereitende Übungen kann ein solcher erfahrungsgemäss bei Notfällen eintretender Schock vermindert werden.
  - Praktische Übungen mit teilweise verbrannten, nassen, beschädigten Ausschussobjekten. Achtung, es besteht auch bei der Vorbereitung der Übung Gefahr...
  - Übung in einer möglichst realistischen Umgebung durchführen: kalter Raum, eher dunkel, Übung im Herbst oder Winter durchführen.
  - Zur Übung gehören: Einsatz am Notfallort, die Organisation der Gruppen und des Sicherungsortes, die Erarbeitung der Sicherungsmassnahmen, der Schutz der nicht direkt betroffenen Bestände, Sortieren, Registrieren, Verpacken und Evakuieren der betroffenen Objekte.

Die Übung muss dokumentiert werden (Foto, Video) und von einer Person mit guten Grundkenntnissen oder von einem technischen Berater beobachtet werden (nimmt nicht an der Übung teil). Einige Tage danach folgt eine Einschätzung. Übungen sollten möglichst alle drei bis fünf Jahre oder im Fall sehr vieler neu eingestellter Mitarbeiter ohne diesbezügliche Schulung wiederholt werden.

4.5 Délais de l'intervention en cas de sinistre – risques microbiologiques

Lors d'un sinistre, une intervention est efficace si elle parvient à éviter une augmentation importante des dommages après le sinistre. Le temps utile avant qu'une croissance exponentielle des dommages ne se mette en place dépend de plusieurs facteurs, dont les principaux sont le type de sinistre, la nature des fonds et souvent aussi les conditions climatiques extérieures.

Le problème urgent auquel on est le plus souvent confronté lors de sinistres est celui de l'eau et de l'humidité, qui engendrent des altérations sur plusieurs plans (cf. 2.2 ci-dessus). Le degré d'urgence est dicté par la combinaison des facteurs en jeu; la collaboration d'un restaurateur est souvent nécessaire pour évaluer la situation.

Par exemple, les papiers «couchés» sont particulièrement sensibles à l'eau car le liant du couchage peut être activé par l'eau et aboutir à la soudure des feuilles. Ce phénomène se produit au moment du séchage des feuilles. Par conséquent, par rapport à cet aspect, il sera plus urgent de traiter des volumes partiellement mouillés que des volumes complètement immergés dans l'eau. En revanche, des textes écrits avec un médium soluble dans l'eau, ou des volumes reliés avec des reliures historiques, subissent des dommages qui augmentent avec le temps d'immersion; dans ce cas, le sauvetage des objets immergés est prioritaire. Les priorités varient ainsi selon la nature des documents et le type de sinistre.

D'une manière générale, le début du processus de séchage est particulièrement critique et doit être très bien géré pour limiter les dommages. Un des avantages de la congélation, pour les objets qui supportent ce traitement, est de stopper presque instantanément les processus d'altération en cours.

Un autre aspect essentiel pour la détermination des délais est le problème microbiologique. La croissance des spores des micro-organismes, en principe présents partout et en très grande quantité, est déterminée par le taux d'humidité adéquat d'un objet;[4] la croissance est facilitée par l'absence

[4] Ce taux, appelé «activité de l'eau» (a_w), est en relation avec l'humidité ambiante, mais d'une manière qui varie d'un matériel

4.5 Zeitfaktor beim Einsatz im Notfall – mikrobiologisches Risiko

Ein Einsatz nach einem Notfall ist wirklich wirkungsvoll, wenn der weitere Schadensverlauf möglichst gestoppt und nicht noch vergrössert wird. Wie viel Zeit zur Verfügung steht, bevor eine exponentielle Vergrösserung der Schäden einsetzt, hängt von mehreren Faktoren ab. Entscheidend sind vor allem die Notfallart, die Bestandskategorien und häufig auch die externen klimatischen Bedingungen.

Am häufigsten steht man bei Notfällen vor den dringenden Problemen, die durch Wasser und Feuchtigkeit verursacht werden und Schäden unterschiedlicher Art zur Folge haben (siehe weiter oben Punkt 2.2). Die Dringlichkeitsstufe hängt von der Kombination der jeweiligen Umstände ab. Zur Einschätzung der Situation ist oft die Mitarbeit eines Restaurators notwendig.

Beispielsweise sind «gestrichene Papiere» besonders wasserempfindlich, denn das Bindemittel des Strichs kann vom Wasser aktiviert werden. Das führt dann während der Trocknung zum Zusammenkleben der Blätter. Aus diesem Grund müssen die nur teilweise feuchten Objekte dringlicher behandelt werden als solche, die vom Wasser bedeckt sind.

Anders ist es bei Blättern, die mit wasserempfindlichen Schreib- und Farbmitteln beschrieben sind, oder bei Büchern mit historischen Einbänden. Hier wird der Schaden grösser, je länger sie dem Wasser ausgesetzt sind, und daher sind die Sicherungsmassnahmen absolut vorrangig. Die Prioritäten sind also je nach Art der Bestände und des Notfalls verschieden.

Im Allgemeinen ist der Anfang des Trocknungsprozesses besonders kritisch, und um Schäden zu vermeiden, muss er sehr vorsichtig durchgeführt werden. Es ist sehr vorteilhaft, wenn die Objekte die Tiefgefrierung vertragen, denn durch diese wird der ablaufende Schadensprozess fast unmittelbar gestoppt.

Ein entscheidender Zeitfaktor bei der Festlegung der Massnahmenabfolge ist der drohende mikrobiologische Befall. Das Wachstum der Sporen von Mikroorganismen, die im Prinzip überall

de facteurs dérangeants, tels qu'une température réduite et des courants d'air.

Dans des conditions idéales, on peut s'attendre à une croissance microbiologique dans des délais de 24 à 72 heures. Ces conditions ne se produisent pas forcément lors d'un sinistre, ce qui donne souvent un délai supplémentaire avant l'apparition du premier stade de croissance, le mycélium végétatif, visible sous forme d'un voile blanchâtre sur les objets. Si les conditions favorables se maintiennent, ce mycélium continue son développement et donne naissance à des inflorescences qui portent de très nombreuses spores. Cette dernière phase a un développement très rapide et doit impérativement être évitée, car elle cause des dommages très graves aux objets et devient un facteur de risque pour ceux qui travaillent sur le lieu du sinistre (voir 4.2.10 cidessus).

Les objets les plus atteints sont ceux dont le taux d'humidité est élevé sans qu'ils soient détrempés. Ainsi, un objet complètement immergé est peu menacé sur le plan microbiologique, alors qu'un objet qui a commencé son processus de séchage et est très humide offre un terrain très favorable pour les moisissures. Sont également menacés, mais dans un délai de plusieurs jours, des livres et documents qui n'ont pas été directement mouillés, mais qui en séjournant dans une atmosphère très humide ont absorbé suffisamment d'humidité. Pour cette raison, on recommande l'emballage avec une feuille plastique des étagères non touchées par le sinistre; cette mesure ne fait que ralentir la pénétration et offre par là un délai supplémentaire qu'on peut évaluer à quelques jours au maximum.

Un état sanitaire médiocre des fonds avant le sinistre est un facteur de risque important; des colonies de micro-organismes déjà présentes peuvent se développer très rapidement dans les conditions très humides qui se produisent lors de la plupart des sinistres. La poussière et la saleté accumulées sur des objets contribuent également à créer un

à l'autre et qui dépend aussi du temps. Les micro-organismes se développent dès que, à la surface des documents, un certain taux d'humidité a été atteint (en principe $a_w > 0,6$, taux idéal a_w 0,8–0,9).

und in grossen Mengen vorhanden sind, wird begünstigt, wenn ihnen das für sie notwendige, frei verfügbare Wasser in einem Objekt[4] zur Verfügung steht und störende Faktoren wie zum Beispiel niedrige Temperatur und Zugluft fehlen.

Unter idealen Bedingungen kann es innerhalb von 24 bis 72 Stunden zu mikrobiologischem Wachstum kommen. Solche Verhältnisse sind bei einem Notfall nicht notwendigerweise sofort gegeben, und dadurch verbleibt häufig eine zusätzliche Frist bis zum sichtbaren Stadium des Wachstums, dem vegetativen Myzelium, einem weisslichen Belag auf den Objekten. Bleiben die günstigen Bedingungen bestehen, entwickelt sich dieses Myzel weiter und produziert Blütenstände mit zahlreichen Sporen. Diese letzte Entwicklungsphase verläuft sehr schnell. Sie muss unbedingt verhindert werden, da sehr grosse Schäden an den Objekten verursacht werden und die Arbeit am Notfallort auch für Menschen gefährlich wird (siehe oben Punkt 4.2.10).

Am stärksten werden Objekte betroffen, die zwar nicht durchnässt sind, deren Feuchtigkeitsgehalt aber hoch ist. So ist ein vollständig mit Wasser bedecktes Objekt kaum von mikrobiologischem Befall bedroht, ein Objekt aber, das zwar zu trocknen angefangen hat, aber noch sehr feucht ist, bietet Schimmelpilzen eine sehr günstige Grundlage.

Ausserdem gefährdet, aber erst nach mehreren Tagen, sind Bücher und Dokumente, die nicht direkt nass geworden sind, jedoch in einer sehr feuchten Umgebung gelagert wurden und somit ausreichend Feuchtigkeit aufnehmen konnten. Aus diesem Grund wird empfohlen, die vom Notfall unversehrt gebliebenen Regale mit einer Plastikfolie einzuhüllen. Diese Massnahme kann das Eindringen von Feuchtigkeit zwar nur verringern, lässt aber etwas mehr Zeit zum Handeln (höchstens einige Tage).

Einen weiteren Risikofaktor stellen bereits vor dem Notfall bestehende, ungenügende hygienische

[4] Die sogenannte «Wasseraktivität» (a_W) hängt von der Umgebungsfeuchtigkeit ab, ist aber für jedes Material verschieden und auch abhängig von der Zeit. Die Mikroorganismen entwickeln sich, sobald an der Oberfläche der Dokumente ein bestimmter Feuchtigkeitsgehalt erreicht ist (im Prinzip $a_W > 0,6$, Wachstumsoptimum: a_W 0,8–0,9).

terrain de culture particulièrement favorable lors d'un apport d'humidité important. Dans ces conditions, on peut assister à un développement très important de colonies de micro-organsimes dans des délais très réduits.

Les conditions climatiques extérieures jouent également un rôle dans de nombreux sinistres, où seule reste la possibilité de créer des courants d'air pour ventiler les locaux. Cette pratique est en principe à conseiller, car le développement des colonies de micro-organisme est dérangé par l'air en mouvement. Cependant, selon la saison, l'air extérieur aura des caractéristiques fort différentes et plus ou moins favorables. En hiver, l'air froid et relativement sec sera un facteur d'inhibition pour la croissance microbiologique, alors qu'en été l'air chaud et plus humide sera un facteur plus favorable aux micro-organismes. La ventilation reste cependant conseillée même dans ces conditions.

Il n'est par conséquent pas possible de donner des délais précis pour une intervention efficace, car trop de facteurs peuvent se conjuguer pour aggraver ou, au contraire, pour simplifier la situation à propos des délais utiles. Pour cette raison, la plupart des textes donnent prudemment un délai maximum de 48 à 72 heures, qui représente en principe une très bonne sécurité. Dans des conditions favorables, on peut compter sur quelques jours supplémentaires avant que le cycle naturel de destruction microbiologique ne prenne son essor. Les connaissances et l'œil expérimenté d'un restaurateur seront une aide précieuse pour s'orienter à ce propos.

Verhältnisse der Bestände dar. Schon vorhandene Mikroorganismen-Kolonien können sich unter den sehr feuchten Verhältnissen der meisten Notfälle sehr schnell entwickeln. Angesammelter Staub und Dreck auf den Objekten trägt ebenfalls dazu bei, dass mit dem Ansteigen der Feuchtigkeit ein besonders vorteilhaftes Entwicklungsterrain entsteht. Unter solchen Bedingungen muss man in sehr kurzer Zeit mit der Entwicklung von bedeutenden Mikroorganismen-Kolonien rechnen.

Auch die externen klimatischen Bedingungen spielen bei vielen Notfällen eine Rolle, denn oft besteht die einzige Möglichkeit zur Lüftung der Räume darin, quer zu lüften. Im Prinzip ist das zu empfehlen, denn die Entwicklung der Mikroorganismen-Kolonien wird durch die Bewegung der Luft gestört. Die Aussenluft weist aber je nach Jahreszeit unterschiedliche, mehr oder weniger vorteilhafte Eigenschaften auf. Im Winter hemmt die kalte und relativ trockene Luft das mikrobiologische Wachstum, im Sommer hingegen ist die wärmere und feuchtere Luft günstiger für das Wachstum von Mikroorganismen. Lüftung ist jedoch auch unter diesen Bedingungen zu empfehlen.

Wie zu sehen ist, können keine genauen Zeitangaben für die Durchführung eines effizienten Einsatzes gemacht werden, denn zu viele Faktoren können die Situation verschlimmern oder auch vereinfachen, das heisst die erforderlichen Zeitabläufe verändern. Aus diesem Grund wird in den meisten Texten vorsichtig ein maximaler Zeitraum von 48 bis 72 Stunden angegeben, für gewöhnlich eine sehr gute Sicherheitsspanne. Unter vorteilhaften Bedingungen kann man mit einigen zusätzlichen Tagen rechnen, bevor der natürliche Kreislauf der mikrobiologischen Zerstörung einsetzt. Die Kenntnisse und die Erfahrung eines Restaurators sind hier eine wertvolle Hilfe.

4.6 La Protection des biens culturels (PBC) en Suisse

La PBC en Suisse est gérée au niveau national par la Section de la protection des biens culturels de l'Office fédéral de la protection de la population. La structure de la PBC s'échelonne aux niveaux fédéral, cantonal et communal. Les équipes d'intervention sont organisées principalement au niveau cantonal.

Les unités de la PBC interviennent en principe après les services de secours, dans un délai variable de canton à canton; selon le canton, il faut compter entre 1 et 24 heures après le sinistre. En cas de sinistre majeur, une intervention de la PC (protection civile) est envisageable dans un délai de deux à quatre jours après le sinistre.

La PBC dispose de structures d'intervention propres, qui sont créées selon un schéma standardisé. La vision de la PBC concerne naturellement tous les biens culturels et n'est pas spécifique aux livres, documents et œuvres d'art sur papier et parchemin. De très nombreux symboles sont utilisés, ce qui nécessite un temps d'adaptation pour une lecture rapide des plans et des schémas.

- ☐ Plans de situation: bâtiment et ses environs, voies d'intervention des services de secours, voies d'évacuation des biens culturels, emplacement prévu pour un poste de secours pour les biens culturels.
- ☐ Plans du bâtiment, avec position des biens culturels.
- ☐ Feuille de résumé des biens culturels conservés dans l'institution, avec données quantitatives, indications sur les spécialistes de référence et sur la feuille d'intervention concernée.
- ☐ Feuille de synthèse des dommages, par groupes de matières, avec pourcentage des objets évacués (dépôt provisoire, congélation, etc.) et avec pourcentage des dommages selon le degré de gravité.
- ☐ Plans détaillés pour biens culturels avec traitements particuliers indispensables lors du démontage et de l'évacuation (concerne plutôt d'autres biens culturels, tableaux de grandes dimensions, sculptures, etc.).

4.6 Kulturgüterschutz (KGS) in der Schweiz

Der KGS wird in der Schweiz auf nationaler Ebene vom Fachbereich Kulturgüterschutz des Bundesamts für Bevölkerungsschutz verwaltet. Die Interessen des KGS werden auf den Stufen Bund, Kantone und Gemeinden wahrgenommen. Die Einsatzorganisationen werden hauptsächlich auf kantonaler Ebene organisiert.

Im Allgemeinen handelt der KGS nach den Ersteinsatzorganisationen, von Kanton zu Kanton verschieden schnell (je nach Kanton 1 bis 24 Stunden nach dem Notfall). Bei Grossereignissen ist in einem Zeitraum von zwei bis vier Tagen mit dem Einsatz des Zivilschutzes (ZS) zu rechnen.

Der KGS ist in einem Verbundsystem organisiert und verfügt über eine vereinheitlichte Struktur der Einsatzorganisationen. Die Verantwortung des KGS umfasst natürlich die Gesamtheit der Kulturgüter und nicht nur Bücher, Dokumente und Kunstwerke auf Papier und Pergament. Bei der Ausarbeitung von Plänen und Schemas werden viele Symbole verwendet, sodass am Anfang etwas Zeit für das Verständnis nötig ist.

- ☐ Situationspläne: Bauliche Anlage und Umgebung, Zufahrtswege für die Ersteinsatzorganisationen, Evakuationswege für Kulturgut, vorgesehener Standort für eine Notunterbringung des Kulturguts.
- ☐ Plan der baulichen Anlage mit Standort des Kulturguts.
- ☐ Inventarblatt des aufbewahrten Kulturguts, mit Mengenangabe, Angaben zu den jeweiligen Fachleuten und auf dem betreffenden Massnahmenblatt.
- ☐ Schadensdokumentation für jede Materialgruppe mit Prozentangabe der evakuierten Objekte (Notmagazin, Tiefgefrierung usw.) und des jeweiligen Schadensausmasses.
- ☐ Detailpläne für Kulturgüter, mit besonderen Anweisungen für die Demontage und Evakuierung (betrifft eher andere Kulturgüter wie grossformatige Gemälde, Skulpturen usw.).
- ☐ Detaillierte Liste der beizuziehenden Fachleute für die verschiedenen Kategorien des Kulturguts.

☐ Liste détaillée des spécialistes de référence pour les divers types de biens culturels.
☐ Feuilles d'intervention pour chaque groupe de biens culturels.
☐ Feuilles thématiques pour des thèmes particuliers communs à plusieurs biens culturels (contamination avec des huiles, protection personnelle, etc.).
☐ Feuilles de rapport pour le suivi des actions pour les divers biens culturels.

5 Traitement de divers types de supports d'information mouillés ou humides

La collaboration avec un restaurateur qualifié est vivement conseillée avant de décider de l'utilisation de l'une ou l'autre des techniques, si l'on ne dispose pas d'une compétence interne. Les méthodes évoquées ne sont pas toutes sans effets secondaires indésirables. La dimension du sinistre et les ressources disponibles à court terme, comme la nature des objets concernés par le sinistre, obligent parfois à choisir une solution de compromis pour éviter une aggravation importante des dommages. Ainsi par exemple, les dommages secondaires causés par la congélation sont en principe et sauf exceptions rares moins importants que ceux causés par des moisissures se développant sur les objets humides. Les mesures de protection par rapport aux livres et documents qui n'ont pas été directement touchés par le sinistre ne sont pas évoquées dans cette partie.

5.1 Papiers, parchemins

5.1.1 Manipulation d'objets inondés

D'une manière générale, la manipulation d'objets inondés est difficile. Le poids des objets augmente fortement, leur solidité diminue, parfois de manière dramatique. Sur le lieu d'un sinistre, on se trouve pris entre deux exigences contradictoires : agir rapidement pour limiter l'ampleur des dommages et agir prudemment pour que l'action de sauvetage ne soit pas cause de nouveaux dommages.

☐ Informationsblatt zur sachgerechten Behandlungsmethode der verschiedenen Kulturgutkategorien.
☐ Thematische Informationsblätter zu speziellen, aber verschiedenes Kulturgut gleichermassen betreffenden Problemen (Ölkontaminierung, Personenschutz usw.).
☐ Schadensberichte über die differenzierten Folgemassnahmen für die verschiedenen Kulturgüter.

5 Behandlung der verschiedenen Arten von Informationsträgern in nassem oder feuchtem Zustand

Vor der Entscheidung für die eine oder andere Behandlungsmethode wird unbedingt empfohlen, sich an einen qualifizierten Restaurator zu wenden, sollte in der Institution keine Fachkompetenz zur Verfügung stehen. Die aufgeführten Methoden bleiben nicht alle ohne unerwünschte Nebenwirkungen. Die Schwere des Notfalls und die kurzfristig verfügbaren Ressourcen sowie die Beschaffenheit der vom Notfall betroffenen Objekte machen manchmal Zugeständnisse erforderlich, um bedeutendere Schäden zu vermeiden. So können zum Beispiel durch das Tiefgefrieren Schäden verursacht werden, die jedoch im Prinzip, und nur mit seltenen Ausnahmen, geringer sind als Schäden durch Mikroorganismen, welche sich auf feuchten oder nassen Objekten entwickeln. Schutzmassnahmen für Bücher und Dokumente, die nicht direkt vom Notfall betroffen wurden, werden in diesem Abschnitt nicht besprochen.

5.1 Papier und Pergament

5.1.1 Handhabung wassergeschädigter Objekte

Wassergeschädigte Objekte sind eigentlich immer schwierig zu handhaben. Das Gewicht der Objekte nimmt erheblich zu, und ihre Haltbarkeit nimmt ab, manchmal in extremem Umfang. Am Notfallort ist man zwei widersprüchlichen Anforderungen ausgesetzt: schnell handeln, um das Ausmass der

□ *Papiers:* la solidité des papiers détrempés par l'eau varie énormément, essentiellement en fonction de l'épaisseur du papier, de la longueur des fibres et de l'état général de conservation. Ainsi, lors d'une action de sauvetage il faut manipuler des feuilles ou des paquets de feuilles avec une très grande prudence, car l'un ou l'autre des papiers pourrait être gravement endommagé. Les pressions sur les marges engendrent fréquemment des plis et des déchirures. Les papiers très minces (p. ex. copies de tapuscrits) sont particulièrement délicats.
Le temps de séjour dans l'eau augmente également la fragilité des papiers, à cause du gonflement des fibres, et de la perte de l'encollage pour les papiers anciens et une partie des papiers industriels.

□ *Grands formats:* les formats supérieurs à DIN A4 environ sont particulièrement délicats. La difficulté de manipulation croît de manière rapide avec le format, et il est souvent nécessaire d'utiliser des supports intermédiaires (p. ex. feuilles en plastique lors de la congélation) et de travailler à deux pour éviter de causer des dommages mécaniques importants, qui engendreront des frais de restauration élevés.

□ *Boîtes:* la manipulation de documents et livres protégés par des boîtes dépend de la qualité des emballages. Des boîtes de conservation en carton non acide épais, solidement montées, résistent sans problème à toute manipulation normale même en complètement détrempées. En revanche, des boîtes de qualité médiocre, en carton mince, montées par pliage peuvent s'ouvrir et se déchirer, répandant leur contenu sur le sol, lors d'une manipulation sans précaution.

□ *Livres reliés:* les volumes reliés souffrent beaucoup du contact avec l'eau, de fortes déformations du corps du livre et de la couverture sont fréquentes. D'une manière générale, il faut éviter de changer la position d'un livre; ainsi, les livres trouvés ouverts seront laissés tels quels, tout comme les livres fermés.
La liaison entre le corps du livre et la couverture peut être gravement affaiblie par l'eau: éviter de soulever un livre en prenant uniquement la couverture.

Schäden zu beschränken, und mit Vorsicht agieren, um bei den Sicherungsarbeiten keine neuen Schäden zu verursachen.

□ *Papier:* Die Haltbarkeit von nassem Papier ist sehr unterschiedlich und hängt hauptsächlich von der Papierdicke, der Faserlänge und dem generellen Erhaltungszustand ab. Um schwere Schäden am Papier zu vermeiden, müssen Einzelblätter oder Papierstapel mit grosser Vorsicht gehandhabt werden. Druck auf den Papierrändern führt oft zu Falten und Rissen. Sehr dünne Papiere (z. B. Durchschlagpapier) sind besonders empfindlich.
Je länger das Papier im Wasser liegt, desto empfindlicher wird es, denn die Fasern quellen auf, und der Leimstoff von altem und teilweise auch von industriell gefertigtem Papier geht verloren.

□ *Grossformate:* Formate über DIN A4 sind besonders empfindlich. Je grösser die Objekte, desto schwieriger wird ihre Handhabung. Oft müssen Zwischenträger (z. B. Plastikfolien für das Gefrieren) benutzt und muss zu zweit gearbeitet werden, denn dadurch können bedeutende mechanische Schäden und dementsprechend hohe Restaurierungskosten vermieden werden.

□ *Schachteln:* Ob Bücher und Dokumente in Schachteln problemlos gehandhabt werden können, hängt von der Qualität der Schutzverpackungen ab. Haltbar montierte Schachteln aus dickem, säurefreiem Konservierungskarton sind auch in einem vollkommen nassen Zustand gut zu handhaben. Vorgefertigte, -gefaltete Schachteln mittelmässiger Qualität aus dünnem Karton hingegen können sich bei unvorsichtiger Handhabung leicht öffnen oder einreissen, woraufhin der Inhalt auf den Boden fällt.

□ *Gebundene Bücher:* Für eingebundene Bücher ist der Kontakt mit Wasser besonders schädlich. Verformungen des Buchblocks und der Einbanddecke sind häufig die Folge. Bücher sind in ihrem Zustand zu belassen, das heisst, offene Bücher sollen nicht geschlossen und geschlossene Bücher nicht geöffnet werden.
Die Verbindung zwischen Buchblock und Buchdecke kann durch das Wasser stark geschwächt sein: ein Buch beim Aufheben möglichst nicht nur an seiner Decke anfassen.

□ *Parchemins:* le parchemin souffre beaucoup au contact de l'eau; il tend alors à se contracter. Si le parchemin était en bon état avant le sinistre, il ne devient que relativement fragile sur le moment (en admettant que le médium ne soit pas sensible à l'eau). Les dommages principaux surviennent lors du séchage, qui doit être confié à un restaurateur spécialisé dans ce domaine; le spécialiste devrait être présent sur le lieu du sinistre pour gérer aussi la manipulation et les mesures d'urgence. Les documents scellés sont particulièrement délicats. Les sceaux en cire ne souffrent en principe pas d'un contact avec l'eau, mais restent très sensibles aux chocs et aux pressions. Leurs attaches peuvent être gravement affaiblies par l'eau et casser lors d'une manipulation peu prudente. L'utilisation d'un support intermédiaire pour la manipulation de documents avec un ou plusieurs grands sceaux, ou avec des attaches faibles, est souvent indispensable pour éviter de nouveaux dommages.

5.1.2 **Manipulation d'objets avec restes de suie**

Les livres et boîtes secs mais portant des restes de suie posent un grave problème de manipulation, car, dès qu'on en a touché un, on transfère la suie sur tout ce qu'on touche. Toute manipulation tend à fixer la suie dans l'objet. Pour cette raison, et dans la mesure du possible, il faudrait procéder à un nettoyage des objets avant leur manipulation, par un restaurateur ayant une expérience dans ce domaine. Qu'ils soient secs ou mouillés, ces objets seront emballés séparément, dans des caisses ou des palettes identifiées.

Des boîtes salies peuvent être immédiatement remplacées, il faut toutefois veiller à ce que dans la chaîne de manipulations on ne transfère pas de la suie sur les documents, et à ne pas perdre les informations indiquées sur les boîtes.

Dans le cas d'objets salis par la suie et mouillés, on est pressé par le temps à cause des risques microbiologiques (moindres sur les surfaces calcinées), alors que le délai d'intervention est moins important pour des documents secs.

□ *Pergament:* Pergament ist äusserst wasserempfindlich, und es besteht die Gefahr, dass es schrumpft. War das Pergament vor dem Notfall in einem guten Zustand, wird es durch Feuchtigkeit nicht übermässig empfindlich werden (ausser bei wasserempfindlichen Schreib- und Farbmitteln). Die hauptsächlichen Schäden entstehen beim Trocknen, das deshalb einem spezialisierten Restaurator anvertraut werden soll. Am besten sollte der Spezialist am Notfallort sein, um auch die Handhabung und die Sofortmassnahmen zu überblicken. Dokumente mit Siegeln sind besonders empfindlich. Wachssiegel sind für gewöhnlich nicht wasserempfindlich, bleiben aber immer sehr stoss- und druckempfindlich. Ihre Aufhängungen können durch Wasser destabilisiert werden und bei unvorsichtiger Handhabung reissen. Oft ist es zur Vermeidung neuer Schäden von Vorteil, zur Handhabung der Dokumente mit einem oder mehreren grossen Siegeln oder mit empfindlichen Aufhängungen einen Zwischenträger zu verwenden.

5.1.2 **Handhabung von verrussten Objekten**

Bücher und Schachteln, die zwar trocken sind, aber Russspuren aufweisen, sind bei der Handhabung sehr problematisch, denn sobald man sie berührt, verteilt man den Russ weiter auf alles, was man in die Hand nimmt. Der Russ wird mit jeder Handhabung tiefer in das Objekt eingebracht. Aus diesem Grund sollten die Objekte wenn möglich vor ihrer Handhabung von einem erfahrenen Restaurator gereinigt werden. Ob nass oder trocken, diese Objekte werden gesondert in gut gekennzeichnete Kisten oder Paletten verpackt.

Verschmutzte Schachteln können sofort ausgetauscht werden, dabei ist aber darauf zu achten, dass bei den verschiedenen Handhabungen kein Russ auf die Dokumente gebracht wird und dass keine Informationen verloren gehen, die auf der alten Schachtel vermerkt waren.

Bei nassen verrussten Objekten muss aufgrund der Gefahr von mikrobiologischem Befall (weniger bei verkohlten Oberflächen) schnell gehandelt werden, bei trockenen Objekten spielt die Zeit keine so grosse Rolle.

5.1.3 Nettoyage des objets avant traitement

La question d'un nettoyage sur le lieu du sinistre, en admettant qu'il soit possible, est controversée. Dans certains cas, pour des documents qui de toute manière ont été complètement immergés dans l'eau, il est possible de réduire sensiblement les dommages par un nettoyage immédiat, en particulier lors d'inondations avec de l'eau boueuse. Le nettoyage se fait généralement avec une douchette, dont la pression doit être réduite. Il faut en tout cas éviter de frotter les objets, car on renforcerait ainsi la pénétration des particules.

Il est cependant facile de provoquer de nouveaux dommages lors d'un tel nettoyage ; la décision devrait être confiée à un restaurateur spécialisé dans le type d'objets concernés.

5.1.4 Préparation pour la congélation

La congélation, suivie d'un séchage par lyophilisation, est devenue la méthode reine lors de sinistres où livres et documents ont été mouillés ; pour d'autres détails voir la partie 5.2 ci-après. Les indications données ci-dessous devront être appliquées « cum granu salis » et « mutatis mutandis ».

- □ Livres, documents, boîtes complètes et classeurs seront posés à plat, par couches séparées par une feuille de plastique, dans des caisses en plastique. Il est également possible de les emballer dans des sacs en plastique. Autant que possible, maintenir l'épaisseur d'une couche en dessous de 15 cm, idéalement 10 cm. Les livres et documents doivent impérativement rester en position horizontale, en évitant de les froisser ou de les écraser. Les livres seront en principe congelés dans l'état où on les a trouvés, ouverts ou fermés.

  Pour des quantités importantes, on conseille l'utilisation de palettes standard avec un cadre mobile de 40 cm ; les objets seront posés à plat, par couches séparées par une feuille de plastique. Trois palettes pourront être superposées de cette manière, pour une hauteur total d'environ 150 cm.

  Les livres de grand format (environ > DIN A4), les livres très épais et les reliures fragiles peuvent être stabilisés avant congélation s'ils sont emballés dans une feuille alimentaire (il existe des dis-

5.1.3 Säuberung der Objekte vor der Behandlung

Eine direkt am Notfallort vorgenommene Reinigung, sollte sie denn möglich sein, ist sehr umstritten. In manchen Fällen, bei Objekten, die sowieso völlig von Wasser bedeckt waren, können die Schäden durch eine sofortige Reinigung in grossem Mass minimiert werden, vor allem bei Überschwemmungen mit Schlammwasser. Für gewöhnlich wird eine Dusche mit geringem Druck verwendet. Auf keinen Fall darf auf den Objekten gerieben werden, da die Schmutzteilchen dadurch noch mehr eindringen würden!

Bei einer solchen Reinigung können allerdings leicht weitere Schäden verursacht werden; die Entscheidung sollte von einem für die jeweilige Objektkategorie spezialisierten Restaurator gefällt werden.

5.1.4 Vorbereitung für die Tiefgefrierung

Die Tiefgefrierung, gefolgt von der Gefriertrocknung, ist heute die bei Weitem bevorzugte Methode bei Notfällen mit wassergeschädigten Büchern und Dokumenten. Für weitere Details siehe auch weiter unten Punkt 5.2. Die nachfolgend gegebenen Hinweise müssen «cum granu salis» und «mutatis mutandis» angewendet werden.

- □ Bücher, Urkunden, vollständige Schachteln und Ordner werden flach und mit Plastikfolien voneinander getrennt in Plastikkisten gelegt. Sie können auch in Plastikbeutel verpackt werden. Die Stapel sollten nicht höher als 15 cm sein, ideal sind 10 cm. Die Bücher und Dokumente müssen unbedingt horizontal gelagert und dürfen möglichst nicht zerknittert und zerdrückt werden. Bücher werden im Prinzip im aufgefundenen Zustand tiefgefroren, geöffnet oder geschlossen.
- □ Bei grossen Mengen sollten Standardpaletten mit Aufsatzrahmen von 40 cm benutzt werden; die Objekte werden flach gelagert und schichtweise mit Plastikfolie bedeckt. Drei Paletten können so bis zu einer Höhe von etwa 150 cm übereinandergestellt werden.
- □ Grossformatige Bücher (ungefähr > DIN A4), sehr dicke Bücher und empfindliche Einbände können vor der Tiefgefrierung stabilisiert werden. Dazu werden sie in Haushaltsfolie verpackt

tributeurs très pratiques à placer sur la table de sauvetage) ou bandagés avec une bande de gaze ; ce traitement ne peut pas être appliqué lorsque le corps du livre est déformé ou qu'il dépasse de la couverture, en particulier sur la gouttière.

- ☐ Les papiers couchés devraient être congelés à l'état mouillé, très rapidement, avant que le papier ne commence à sécher ; si la congélation est retardée et que les objets étaient déjà détrempés, il vaut mieux maintenir mouillés les livres et documents de ce type (le temps disponible est cependant limité par la germination des spores des micro-organismes).
- ☐ Pour les reliures historiques en cuir ou en parchemin, il faut placer si possible quelques pièces de feuille plastique, de format un peu plus grand que le livre, entre les feuilles ; de deux à cinq pièces, selon l'épaisseur du volume, sont conseillées et facilitent le travail ultérieur.
- ☐ Cas particuliers :
  - Les livres et documents contaminés par de l'eau mélangée à de l'huile de chauffage ou au contenu des égouts seront emballés dans des sacs en plastique solides et bien fermés. Autant que possible éviter de créer une épaisseur supérieure à 15 cm.
  - Les papiers calques sont souvent endommagés par le contact avec l'eau ; si possible, les sécher à plat, de manière traditionnelle. En présence de grandes quantités de tels documents, procéder à la congélation, en égalisant plis et froissements avant la congélation.
  - Pour les objets de grand format, le séchage par lyophilisation n'est possible que pour des dimensions inférieures à 150 × 90 × 10 cm (limites des mesures internes de la machine en Suisse ; se renseigner pour d'autres pays). En cas de besoin, confrontés par exemple à des collections importantes et à un manque de possibilités pour un séchage manuel à plat, on peut congeler des objets dépassant ces dimensions, pour procéder plus tard à la décongélation et au séchage manuel.
  - Les livres et documents sur parchemin devraient en principe être séchés manuellement par un restaurateur spécialisé. En présence

(es gibt sehr praktische Verteiler, die man auf den Tisch für die Sicherungsarbeiten stellen kann) oder mit Mullbinden bandagiert. Dieses Verfahren kann nicht angewendet werden, wenn der Buchblock verformt ist oder (vor allem am Vorderschnitt) über den Einband hinausragt.

- ☐ Gestrichenes Papier muss sehr schnell in nassem Zustand tiefgefroren werden (bevor das Papier zu trocknen anfängt). Verzögert sich das Tiefgefrieren schon nasser Objekte, ist es besser, die Bücher und Dokumente mit gestrichenem Papier weiter nass zu halten (die verfügbare Zeit ist allerdings durch die Keimung von Mikroorganismen-Sporen begrenzt).
- ☐ Wenn möglich, sollten bei historischen Leder- und Pergamenteinbänden ca. 2–5 Plastikfolien (je nach Buchdicke) zwischen die Seiten gelegt werden; sie müssen etwas grösser als das Buch sein. Dadurch wird die spätere Arbeit erleichtert.
- ☐ Spezialfälle:
  - Bücher und Dokumente, die mit Heizöl oder Abwasser kontaminiert sind, werden einzeln in haltbare Plastikbeutel eingepackt und gut verschlossen. Eine Stapelhöhe von 15 cm ist möglichst nicht zu überschreiten.
  - Transparentpapiere werden bei Kontakt mit Wasser oft beschädigt. Sie sollen, möglichst flach liegend, auf herkömmliche Weise getrocknet werden. Bei grossen Mengen von Transparentpapier sollten diese tiefgefroren werden – vorher Falten und zerknitterte Stellen glätten.
  - Grossformatige Objekte können in der Schweiz nur bis zu einer Grösse von 150 × 90 × 10 cm gefriergetrocknet werden (Innenumfang der Anlage; für andere Länder Informationen einholen). Wenn nötig, zum Beispiel bei Sammlungen bedeutenden Ausmasses und fehlender Möglichkeit einer flach liegenden Trocknung, kann man grössere Formate einfrieren und sie zu einem späteren Zeitpunkt auftauen und von Hand trocknen.
  - Bücher und Dokumente auf Pergament müssen prinzipiell von Hand von einem speziali-

d'une catastrophe majeure, où de très grandes quantités de tels objets ont été mouillées, une congélation doit être envisagée si un traitement dans les 72 heures n'est pas possible, pour éviter des dommages encore plus graves, en particulier de type microbiologique. Dans ce cas, séparer chaque document avec une feuille en plastique. Pour les livres, insérer autant que possible une feuille plastique très mince entre les feuilles. Les livres avec des décorations polychromes doivent dans tous les cas être confiés le plus rapidement possible à un restaurateur spécialisé; ils ne doivent pas être congelés.
En attendant l'arrivée d'un restaurateur spécialisé, conserver les parchemins mouillés ou humides autant que possible à une température de 5 à 10 °C.
- Les œuvres encadrées doivent être libérées rapidement de leur cadre (identifier les cadres pour ne pas perdre la relation avec l'œuvre contenue). Elles devraient être prises en charge très rapidement par un restaurateurs spécialisé. La variété des supports et des techniques fait qu'il est très vraisemblable que des dommages graves et irréversibles se produiront lors d'un traitement simplifié. Si cela représente la seule possibilité, on congèlera les œuvres en les séparant par une feuille en plastique.

La congélation à –22 °C devra être aussi rapide que possible; une congélation rapide forme des cristaux de glace très petits et donnera les meilleurs résultats.

5.2 Autres supports

5.2.1 Supports photographiques

En règle générale, sécher les films négatifs et les tirages photographiques de manière conventionnelle, en évitant dans tous les cas de laisser en attente des paquets humides ou mouillés; lors du séchage, la couche de gélatine tend à coller. En revanche, ces supports supportent une immersion complète dans de l'eau propre pendant 24 à 48 heures.

sierten Restaurator getrocknet werden.
Wenn nach einem Katastrophenfall oder bei einer sehr grossen Menge nasser Objekte eine Behandlung in den folgenden 72 Stunden nicht möglich ist, muss das Tiefgefrieren als eine Möglichkeit in Anspruch genommen werden, um grössere Schäden, vor allem mikrobiologischen Befall, zu vermeiden. Dazu müssen Dokumente jeweils mit einer Plastikfolie voneinander getrennt werden. Zwischen die Buchseiten sollten, soweit möglich, sehr dünne Plastikfolien eingelegt werden. Bücher mit polychromen Verzierungen sollten auf jeden Fall schnellstmöglich einem spezialisierten Restaurator anvertraut werden; diese Bücher dürfen nicht tiefgefroren werden.
- Bis zur Ankunft eines spezialisierten Restaurators sollte das nasse oder feuchte Pergament möglichst bei einer Temperatur von 5–10 °C aufbewahrt werden.
- Gerahmte Werke müssen rasch ausgerahmt werden (Kennzeichnung des Rahmens, um später Rahmen und Werk einander zuordnen zu können). Die Werke sind schnellstmöglich einem spezialisierten Restaurator zu übergeben. Bei der Vielfalt an potenziellen Trägern und Techniken kommt es bei einer vereinfachten Behandlung mit hoher Wahrscheinlichkeit zu grossen und irreversiblen Schäden. Wenn es allerdings keine andere Möglichkeit als die Tiefgefrierung gibt, müssen die Werke mit Plastikfolien voneinander getrennt werden.

Die Tiefgefrierung muss bei –22 °C so schnell wie möglich vor sich gehen; wird rasch tiefgefroren, bleiben die entstehenden Eiskristalle sehr klein, und es werden bessere Resultate erreicht.

5.2 Andere Trägermaterialien

5.2.1 Fotografisches Material

Im Allgemeinen werden Negativfilme und Positive auf herkömmliche Weise getrocknet. Sie dürfen auf keinen Fall in feuchtem oder nassem Zustand in Stapeln liegen gelassen werden, denn beim Trocknen kann die Gelatineschicht zu Klebstoff werden.

Les supports contaminés avec de l'eau sale peuvent en principe être rincés, en évitant tout frottement direct de leur surface.

Parmi les supports les plus courants dans les archives, l'ordre de priorité de sauvetage est le suivant (priorité 1 indique la priorité maximale) :

- ☐ Priorité 1: films négatifs nitrates, négatifs sur plaque de verre, négatifs couleurs, positifs couleurs imprimés sur support papier.
- ☐ Priorité 2 : négatifs noir et blanc souples (sauf nitrates), microfilms originaux, tirages positifs sur papiers salés, sur papiers albumine et sur papiers baryte.
- ☐ Priorité 3 : copies diazo de microfilms, tirages modernes sur papiers RC (resin coated = papiers plastifiés) ; au pire, ces supports peuvent rester, en principe sans dommages trop graves, pendant quelques jours immergés dans de l'eau claire.

Dans la mesure du possible, si l'on dispose d'assez de personnel et d'espace, les photographies peuvent être séchées à l'air, dans des conditions similaires à celles indiquées pour les feuilles de papier, toutefois il faut éviter les courants d'air sur les objets et les mouvements de poussière.

- ☐ Sécher les tirages positifs à plat, sur une matière absorbante, l'émulsion vers le haut.
- ☐ Sécher les films négatifs entiers et les microfilms suspendus à des fils, fixés sur la partie non imprimée avec des pinces spéciales ou avec une pince à linge. Laver les films souillés à l'eau claire ou dans un appareil de lavage.
- ☐ Les diapositives, négatifs coupés en bandes et cartes fenêtres peuvent être rincés à l'eau claire et séchés à l'air. Idéalement, il faudrait sortir les diapositives de leurs châssis pour le séchage ; il est indispensable de les en sortir si elles sont posées entre deux verres.
- ☐ Les photographies conservées dans des enveloppes ou pochettes en papier ou en polyester doivent être extraites pour le séchage ; l'extraction en immersion dans une cuvette d'eau évite des dommages supplémentaires pour des objets déjà entièrement mouillés.
- ☐ Si des paquets de photographies sont collées et qu'aucun spécialiste n'est disponible, on peut les congeler après les avoir emballées dans des sacs en plastique.

Dafür können die Objekte aber ca. 24 bis 48 Stunden lang in klarem Wasser belassen werden.

Schmutzwasserkontaminierte Träger können im Prinzip abgespült werden, dabei auf keinen Fall direkt auf der Oberfläche reiben.

Für die am häufigsten in den Archiven gelagerten Träger besteht folgende Sicherungspriorität (Stufe 1 steht für die maximale Priorität):

- ☐ Priorität 1: Nitratnegative, Negative auf Glasplatten, Farbnegative, Farbabzüge auf Papier.
- ☐ Priorität 2: Schwarz-Weiss-Negativfilme (ausser Nitratfilme), Mikrofilmoriginale, Positive auf Salz-, Albumin- und Barytpapier.
- ☐ Priorität 3: Diazokopien von Mikrofilmen, Abzüge auf modernem RC (resin coated)-Papier (kunststoffbeschichtetes Papier, auch PE-Papier); wenn es sich nicht vermeiden lässt, können diese Träger im Prinzip ohne zu schwere Schädigung einige Tage lang in klarem Wasser belassen werden.

Soweit man über ausreichendes Personal und genügend Platz verfügt, können Fotografien unter ähnlichen Bedingungen wie Einzelblätter luftgetrocknet werden. Zugluft und Bewegung von Staub sind zu vermeiden.

- ☐ Positive werden mit der emulsionstragenden Seite nach oben flach liegend auf einem saugfähigen Material getrocknet.
- ☐ Ganze Negativfilme und Mikrofilme an Fäden aufgehängt trocknen, diese mit Spezial- oder Wäscheklammern an den unbedruckten Stellen befestigen. Verschmutzte Filme in klarem Wasser oder in einem Waschgerät reinigen.
- ☐ Diapositive, Negativstreifen und Filmlochkarten können mit klarem Wasser gespült und dann luftgetrocknet werden. Ideal ist es, die Diapositive zum Trocknen aus ihren Rahmen zu entfernen; sind sie zwischen Glas eingerahmt, müssen sie dem Rahmen auf jeden Fall entnommen werden.
- ☐ Fotografien, die in Umschlägen beziehungsweise Taschen aus Papier oder Polyester aufbewahrt werden, sind zur Trocknung herauszunehmen. Um zusätzliche Schäden an schon nassen Objekten zu vermeiden, sollten die Fotografien unter Wasser in einer Wanne entnommen werden.

- ☐ Si l'on ne peut pas sécher à l'air dans un délai de 72 heures et qu'aucun spécialiste n'est disponible, la congélation est malgré tout conseillée, sauf pour les films et les tirages RC qui, eux, peuvent rester pendant quelques jours complètement immergés dans de l'eau claire. Autant que possible, il faut disposer une feuille plastique (PE, PP, PES) entre chaque négatif ou tirage positif avant la congélation. Séparer les divers types de supports et étiqueter les paquets, puis contacter un spécialiste pour les étapes suivantes du séchage, qui peut être fait par décongélation et séchage à l'air ou par lyophilisation.

5.2.2 **Supports magnétiques et CD**

Il est vivement conseillé de prendre contact avec une institution spécialisée lors d'un sinistre concernant ce type de supports, qu'il soient analogiques ou numériques.

Les supports magnétiques sont en général très sensibles à la chaleur; la température limite avant formation d'altérations irréversibles se situe entre 40 et 50 °C. La couche magnétisable des bandes magnétiques peut parfois se séparer de son support en présence d'eau. La tendance à moisir est plus limitée, et ce matériel peut en principe rester humide pendant quelques jours sans que les dommages s'aggravent fortement. En cas de besoin, on peut en principe immerger les supports qui ont été mouillés ou détrempés dans de l'eau froide et propre avec un délai de 72 heures, en attendant l'arrivée d'un spécialiste. Les supports magnétiques ne peuvent en principe pas être congelés. Les supports contaminés avec de l'eau sale peuvent en principe être rincés, en évitant tout frottement direct de leur surface.

Les CD ont une sensibilité similaire à la température; en revanche, ils semblent être peu sensibles à l'eau et supportent en principe un lavage à l'eau claire et le séchage. On évitera cependant toute rayure de leur surface; on peut les laisser sécher sur des grilles, des serviettes de toilette ou du papier, ou les sécher avec du papier ménage, par des mouvements transversaux et jamais circulaires.

- ☐ Wenn Fotografien in Stössen zusammenkleben und kein Spezialist zur Stelle ist, können sie, verpackt in Plastikbeutel, tiefgefroren werden.
- ☐ Ist innerhalb von 72 Stunden keine Lufttrocknung möglich und kein Spezialist verfügbar, wird trotz allem zur Tiefgefrierung geraten. (Ausnahme bilden Filme und RC-Abzüge, die einige Tage lang vollständig bedeckt in klarem Wasser belassen werden können.) Soweit möglich, sollen vor der Tiefgefrierung zwischen alle Negative oder Positivabzüge Polyesterfolien (Mylar) gelegt werden. Sortierung und Auflistung nach den verschiedenen Trägerarten. Kontakt mit Spezialisten zwecks Trocknung der Objekte aufnehmen – entweder Auftauen und Lufttrocknung oder Gefriertrocknung.

5.2.2 **Magnetträger und CDs**

Wenn diese Träger (analog oder digital) bei einem Notfall betroffen sind, wird unbedingt empfohlen, Kontakt mit einer spezialisierten Einrichtung aufzunehmen.

Magnetträger sind für gewöhnlich sehr wärmeempfindlich; eine Temperatur von 40 bis 50 °C führt zu irreversiblen Schädigungen. Die magnetisierbare Schicht der Magnetbänder kann sich in Kontakt mit Wasser manchmal von ihrem Träger lösen. Schimmelgefahr ist nicht sehr gross, und das Material kann im Prinzip einige Tage lang feucht bleiben, ohne dass sich die Schäden bedeutend verstärken. Wenn es notwendig ist, kann man die feucht gewordenen oder nassen Träger im Prinzip bis zur Ankunft eines Spezialisten (maximal 72 Stunden) in kaltem sauberem Wasser belassen. Magnetträger können normalerweise nicht tiefgefroren werden. Schmutzwasserkontaminierte Träger können für gewöhnlich abgespült werden; dabei darf nicht auf der Oberfläche gerieben werden.

CDs weisen eine ähnliche Temperaturempfindlichkeit auf, scheinen aber durch Wasser kaum gefährdet zu sein. Im Prinzip können sie in klarem Wasser gewaschen und dann getrocknet werden, dabei sind Kratzer unbedingt zu vermeiden. Sie können zum Trocknen auf Gitter, Handtücher oder Papier ausgelegt werden oder mit Haushaltpapier in transversal gerichteten, auf keinen Fall in Kreisbewegungen getrocknet werden.

5.3 Différentes méthodes de séchage

5.3.1 Séchage à l'air

Le séchage s'effectue dans un local sec, où la ventilation est assurée par l'ouverture des fenêtres ou par un système de ventilation mécanique. En hiver (dans un local chauffé), cette méthode est plus efficace qu'en été, car l'air extérieur est plus sec.

Cette méthode très classique est utilisable pour un nombre limité d'objets humides mais non mouillés. En apparence peu chère, cette méthode demande beaucoup de travail et son coût peut être finalement très élevé; elle nécessite de très grandes surfaces et un nombre important de ventilateurs. Pendant le séchage, il peut être nécessaire de bouger manuellement les livres et les paquets de feuilles pour obtenir un séchage régulier. Les objets séchés à l'air peuvent subir de fortes déformations, en particulier les volumes reliés; après séchage, il est souvent nécessaire de mettre à plat les feuilles et de relier les livres à nouveau, ce qui occasionne des coûts importants. Après séchage, les volumes occuperont plus de place sur les étagères (20–30 %), et un réaménagement des étagères sera probablement nécessaire.

Le séchage à l'air ne peut pas être utilisé pour des objets imprimés sur papier couché, ni pour les manuscrits écrits avec des encres solubles à l'eau. Si le séchage n'est pas suffisamment rapide, des moisissures se développeront sur les objets. Pour la procédure détaillée, voir 5.3.2 ci-après.

5.3.2 Séchage à l'air avec déshumidification

Le séchage s'effectue dans un local sec, équipé d'un ou plusieurs déshumidificateurs. Le risque de formation de moisissures diminue grâce à une plus grande vitesse de séchage. Cette méthode se prête surtout au séchage de locaux ayant été inondés vidés de leur contenu; l'opération de déshumidification pourra être considérée comme achevée dès lors que l'hygrométrie du local reste au-dessous de 50 % d'humidité relative, sans appareils de déshumidification, pendant au moins 72 heures. L'eau stockée dans les murs et les sols peut prendre des semaines pour s'évaporer, et sa désorption dépend aussi de la porosité des matières et non seulement de la puissance de déshumidification disponible.

5.3 Verschiedene Trocknungsmethoden

5.3.1 Lufttrocknung

Getrocknet wird in einem trockenen Raum, der durch Fensteröffnung oder durch ein mechanisches Lüftungssystem ausreichend belüftet werden kann. Im Winter (in einem beheizten Raum) ist diese Methode aufgrund der trockeneren Aussenluft wirkungsvoller als im Sommer.

Diese herkömmliche Methode kann für kleine Mengen feuchter, aber nicht nasser Objekte angewendet werden. Dem Anschein nach nicht teuer, ist sie jedoch arbeitsaufwendig, und die Kosten können daher sehr hoch werden. Benötigt werden grosse Arbeitsflächen und mehrere Ventilatoren. Um eine gleichmässige Trocknung zu erreichen, müssen Bücher und Papierstapel während des Trocknens hin und wieder bewegt werden. Bei lufttgetrockneten Objekten, vor allem bei Büchern mit festem Einband, kann es zu starken Verformungen kommen. Häufig ist es notwendig, die Blätter zu glätten und die Bücher wieder neu einzubinden (unter hohem Kostenaufwand). Nach der Trocknung nehmen die Bände auf dem Regalfach mehr Raum ein (20–30 %), sodass wahrscheinlich eine Neueinteilung der Regale notwendig wird.

Für Druck auf gestrichenem Papier und für handschriftliche Manuskripte mit wasserlöslichen Tinten eignet sich die Lufttrocknung nicht. Verläuft die Trocknung nicht schnell genug, kommt es zu Mikroorganismenbefall. Für die genaue Vorgehensweise siehe unten Punkt 5.3.2.

5.3.2 Lufttrocknung mit Entfeuchten

Für die Trocknung wird ein trockener Raum mit einem oder mehreren Entfeuchtern benutzt. Dank einer höheren Trocknungsgeschwindigkeit verringert sich die Gefahr von Mikoorganismen-Befall. Diese Methode eignet sich vor allem für das Austrocknen von geleerten Räumen nach Überschwemmungen: Die Entfeuchtung kann beendet werden, wenn die relative Luftfeuchte im Raum bei ausgeschalteten Entfeuchtern mindestens 72 Stunden lang unter 50 % liegt. Die Verdunstung des in Mauern und Fussböden angesammelten Wassers kann Wochen dauern, und seine Desorption hängt nicht nur von der verfügbaren Ent-

Un séchage de collections modérément humides (jamais mouillées, même si partiellement) dans les locaux mêmes peut être envisagé (pour des sinistres de peu de gravité), mais le risque de formation de moisissures, ou de soudure des pages pour les papiers couchés, est réel; en revanche, on évite les coûts et les risques liés au déplacement des collections.

La procédure conseillée pour le séchage à l'air, avec ou sans déshumidification, est la suivante:

■ *Documents sous forme de feuilles libres, petites brochures*

1. Sécher les objets touchés dans un local propre où l'humidité est inférieure à 50 % et la température entre 15 et 22 °C. Surveiller les conditions climatiques avec un thermo-hygromètre fiable. Eviter le séchage à l'extérieur, à cause des risques liés à l'exposition directe au soleil, au vent, au vol.

2. L'air doit être maintenu en mouvement par des ventilateurs; éviter que ces derniers produisent des courants d'air pouvant endommager ou mettre en désordre les feuilles.

3. Ouvrir régulièrement les fenêtres pour provoquer un changement d'air et faire sortir l'humidité accumulée dans l'air du local. En hiver, les conditions extérieures facilitent le séchage, tandis qu'en été, l'hygrométrie élevée de l'air à l'extérieur rend cette opération plus lente.

4. Installer un maximum de déshumidificateurs, selon la puissance électrique disponible dans le local. Si l'on installe plusieurs appareils, utiliser si possible des prises reliées à des disjoncteurs différents. Vider régulièrement les cuvettes des déshumidificateurs. Les hygromètres des déshumidificateurs devront être réglés à 35 % HR.

5. Tenir un registre des feuilles ou des objets traités.

6. Des feuilles individuelles peuvent être disposées côte à côte, ou selon le cas même avec une légère superposition (face écrite/imprimée si possible vers le haut) sur du papier propre (papier non imprimé, papier de ménage) ou du tissu propre.

7. Les feuilles en papier couché doivent être séparées entre elles et séchées individuellement, avant qu'elles ne collent ensemble. Pour séparer une feuille de l'autre, on peut poser sur la feuille

feuchtungsleistung, sondern auch von der Porosität der Materialien ab.

Für leicht feuchte Sammlungen (nie für teilweise oder völlig nasse) kann die Trocknung in ihren angestammten Lagerräumen in Betracht gezogen werden (bei kleinen Notfällen). Dabei besteht aber die Gefahr von Mikroorganismen-Befall und des Zusammenklebens von Seiten aus gestrichenem Papier. Von Vorteil ist allerdings, dass die Kosten und die Risiken bei der Verlagerung der Bestände vermieden werden.

Bei der Lufttrocknung (mit oder ohne Entfeuchtung) wird folgende Vorgehensweise empfohlen:

■ *Einzelblätter, kleine Broschüren*

1. Die geschädigten Bestände werden in einem sauberen Raum bei einer relativen Feuchte unter 50 % und einer Temperatur zwischen 15 und 22 °C getrocknet. Überwachung der klimatischen Verhältnisse mit einem zuverlässigen Thermohygrometer. Trocknung im Freien ist zu vermeiden, da die Objekte hier durch direktes Sonnenlicht, Wind und Diebstahl gefährdet sind.

2. Die Luft muss mit Ventilatoren bewegt werden. Achtung, bei Zugluft können Objekte beschädigt und Blätter in Unordnung gebracht werden.

3. Regelmässig die Fenster öffnen, um die Luft im Raum auszutauschen und die angesammelte Feuchtigkeit abzuführen. Im Winter erleichtern die Aussenbedingungen das Trocknen, im Sommer wird es durch die hohe Aussenluftfeuchte verlangsamt.

4. Je nach Verfügbarkeit elektrischer Leistung im Raum sind möglichst viele Entfeuchter aufzustellen. Werden mehrere Geräte installiert, sollten wenn möglich Steckdosen benutzt werden, die an unterschiedliche Schutzschalter angeschlossen sind. Entfeuchterschalen sind regelmässig zu entleeren. Die Hygrometer der Entfeuchter sollten auf 35 % eingestellt werden.

5. Führen eines Verzeichnisses der behandelten Blätter oder Objekte.

6. Einzelblätter werden, möglichst mit der Schrift-/Farbseite nach oben, dicht nebeneinander oder leicht überlappend (den Umständen entsprechend) auf sauberem Papier (unbedrucktes Papier, Haushaltpapier) oder sauberem Gewebe ausgelegt.

supérieure une feuille de polyester, puis doucement soulever feuille et support; ce travail doit être interrompu si l'on endommage une des feuilles. La feuille libérée peut être séchée sur le polyester ou, mieux, posée sur une autre surface poreuse.

8. En cas de formation de moisissures, dont le premier stade est l'apparition d'un fin duvet blanc, appeler immédiatement un conseiller en conservation.

9. Le temps de séchage complet dans une pièce avec un déshumidificateur qui maintient l'humidité ambiante à environ 35 %, est d'environ deux semaines pour des livres seulement humides; on peut doubler ce temps pour des objets mouillés. Ces temps sont indicatifs et dépendent de plusieurs facteurs, y compris la saison et les conditions météorologiques locales.

10. A la fin de la procédure de séchage, il est conseillé de contrôler le taux d'humidité à l'intérieur de l'objet (livre ou paquet de feuilles) au moyen d'une sonde hygrométrique en forme de lame, ou d'un appareil ad hoc. Une méthode très empirique et beaucoup moins précise consiste à sonder avec les mains la température du papier: s'il est encore humide, il nous paraîtra plus froid.

11. Après séchage, les objets non reliés devront être reconditionnés en chemises et boîtes; la place occupée augmentera sensiblement, ce qui fait que le système de rangement sur les étagères devra probablement être adapté.

■ *Livres*

Les étapes 1–5 et 8–10 s'appliquent également aux livres. De plus:

- ☐ Eliminer les éventuelles doublures des couvertures en plastique non autocollant, les étuis qui ne comportent pas d'informations essentielles (en conservant les cotes!)
- ☐ Ne pas traiter avec cette méthode des livres imprimés sur papier couché; les congeler et les lyophiliser.
- ☐ Disposer une feuille de papier ménage ou de papier journal non imprimé entre des petits groupes de feuilles du livre. Eviter d'augmenter excessivement l'épaisseur de chaque volume pour prévenir les déformations du dos. Fermer le livre et le poser sur des feuilles absorbantes.

7. Stapel mit gestrichenem Papier müssen Blatt für Blatt getrennt werden, bevor die Blätter aneinanderkleben. Um ein Blatt vom anderen zu trennen, kann auf das obere Blatt eine Polyesterfolie gelegt und können beide zusammen vorsichtig hochgehoben werden; wird das Blatt dabei beschädigt, muss sofort aufgehört werden. Das abgehobene Blatt auf dem Polyester oder, noch besser, auf einer saugfähigen Unterlage trocknen lassen.

8. Bei Schimmelbildung (erstes Stadium ist ein leichter weisser Belag) sofort mit einem Konservierungsberater Kontakt aufnehmen.

9. Für nur feuchte Bücher liegt die vollständige Trocknungszeit in einem Raum, dessen relative Feuchte mit einem Entfeuchter auf 35 % gehalten wird, bei ca. zwei Wochen; für nasse Objekte muss mit der doppelten Zeit gerechnet werden. Diese Richtzeiten hängen von mehreren Faktoren ab, unter anderem von der Jahreszeit und den örtlichen klimatischen Verhältnissen.

10. Nach dem Trocknungsvorgang sollte der Feuchtigkeitsgehalt im Inneren der Objekte mit einer klingenförmigen hygrometrischen Sonde oder einem zu diesem Zweck konstruierten Gerät kontrolliert werden (Buch oder Papierstapel). Eine sehr empirische und viel ungenauere Methode besteht in der Kontrolle der Papiertemperatur mit den Händen: Ist das Papier noch feucht, scheint es uns kälter.

11. Nach der Trocknung müssen die nicht gebundenen Objekte wieder mit einer Schutzverpackung versehen werden; die Objekte nehmen jetzt wesentlich mehr Raum ein, und das Stellsystem auf den Regalen muss wahrscheinlich entsprechend angepasst werden.

■ *Bücher*

Die Etappen 1–5 und 8–10 gelten auch für Bücher. Des Weiteren:

- ☐ Entfernen von eventuell vorhandenen, nicht klebenden Plastikschutzeinschlägen und Schubern, die keine wichtigen Angaben tragen (Signaturen erhalten!).
- ☐ Bücher aus gestrichenem Papier nicht lufttrocknen; sie werden tiefgefroren und gefriergetrocknet.

Changer ces papiers régulièrement, dès qu'ils ont absorbé beaucoup d'humidité.

- ☐ Quand les livres ne sont plus mouillés, on peut les disposer ouverts à 90 degrés environ en face d'un ventilateur. L'efficacité de la ventilation peut être augmentée en créant un « tunnel de ventilation » : on dispose les volumes sur des tables juxtaposés en face du ventilateur et on couvre les tables avec des cartons qui forment un arc au-dessus des livres, de manière que l'air soit convoyé à l'intérieur du tunnel.
- ☐ Quand les livres ne sont plus que très légèrement humides (mesure avec un appareil ou froid au toucher), ils devraient être fermés et posés à plat ; donner avec douceur la bonne forme au dos. Ils devraient être ainsi maintenus par un poids. Ne pas superposer les livres. Vérifier le séchage et attendre un séchage complet avant de les remettre dans les magasins, car le risque de formation de moisissures est élevé.
- ☐ Contrôler régulièrement les volumes, éventuellement les ouvrir à nouveau pour quelques heures, posés debout et avec la tranche de gouttière ouverte à 60–90 degrés pour faciliter l'évacuation de l'humidité, puis les refermer et les mettre sous poids.
- ☐ Pour les livres dont seuls les coins sont mouillés, cette méthode peut être utilisée sans interfeuillage. Ces volumes devraient être refermés et mis sous poids avant un séchage complet, pour limiter la déformation des feuilles.

Il est clair que cette méthode de séchage demande beaucoup de travail et bloque des surfaces importantes pendant plusieurs semaines ; par conséquent, on comprend aisément qu'elle ne soit pas utilisable en cas de sinistres graves.

5.3.3 Séchage sous vide

On peut également traiter sous vide des feuilles ou des volumes mouillés, à l'aide d'appareils utilisés dans l'industrie alimentaire, par exemple dans les boucheries. Entre les feuilles des livres ou dans des paquets de feuilles libres sont intercalés des papiers absorbants non imprimés (idéalement du papier buvard) ; chaque paquet est emballé dans un sac en plastique et mis sous vide à l'aide d'une pompe adéquate. Le vide accélère la migration de

- ☐ In Abständen von einigen Seiten wird im Buch ein Blatt Haushaltpapier oder unbedrucktes Zeitungspapier eingelegt. Den Buchblock möglichst nicht übermässig erhöhen, da es sonst zu Verformungen des Rückens kommt. Das Buch wird geschlossen und auf saugfähiges Material gelegt. Sobald die Papiere genügend Feuchtigkeit aufgesaugt haben, werden sie regelmässig gewechselt.
- ☐ Sind die Bücher nicht mehr nass, können sie um ca. 90 Grad aufgefächert vor einem Ventilator aufgestellt werden. Die Wirksamkeit der Ventilation kann durch einen «Ventilationstunnel» erhöht werden: Die Bände werden auf nebeneinanderstehenden Tischen vor einem Ventilator aufgestellt, über die Bücher wird Karton zu einem Zelt aneinandergestellt, der Luftstrom wird in den Tunnel geleitet.
- ☐ Sind die Bücher kaum noch feucht (Messung mit Sonde oder kalt bei Berührung), werden sie geschlossen hingelegt. Dem Buchrücken wird vorsichtig seine Form gegeben, und das Buch wird mit einem leichten Gewicht beschwert. Bücher nicht aufeinanderlegen. Trocknung überprüfen. Vor der Rückführung in das Magazin die vollständige Trocknung abwarten, denn das Risiko von Schimmelbildung ist gross.
- ☐ Bände regelmässig kontrollieren, eventuell für einige Stunden nochmals aufgefächert (ca. 60–90°) hinstellen, um das Verdunsten der Feuchtigkeit zu erleichtern, wieder schliessen und beschweren.
- ☐ Wird diese Methode für Bücher angewendet, die nur an den Ecken nass sind, legt man keine Einlageblätter zwischen die Seiten. Diese Bücher werden vor der vollständigen Trocknung geschlossen und beschwert, um die Verformung der Blätter zu vermeiden.

Natürlich erfordert diese Trocknungsmethode viel Arbeit und blockiert über viele Wochen hinweg beträchtliche Flächen. Es versteht sich daher von selbst, dass sie bei schweren Schadensereignissen nicht anwendbar ist.

5.3.3 Vakuumtrocknung

Eine weitere Möglichkeit zur Behandlung nasser Blätter oder Bücher ist die Verwendung von Vaku-

l'eau de l'original dans les papiers buvards après quelques heures, le paquet peut être ouvert et les intercalaires remplacés, pour recommencer un nouveau cycle. Le développement de moisissures, qui menace toujours dans ces situations, est freiné par le vide ; le contact avec le plastique des sachets est limité dans le temps, quelques jours au maximum, et de ce fait, des dommages par migration ne sont pas à craindre.

Par rapport au séchage à l'air, ce traitement permet d'accélérer le séchage, surtout dans la phase initiale, et les déformations sont moins graves. La technologie à utiliser n'est pas très compliquée, mais il faut beaucoup de main-d'œuvre. Cette méthode peut être appliquée, même après congélation, pour des séries limitées à quelques centaines de livres ou boîtes d'archives. Elle a été utilisée avec succès lors des graves inondations dans la ville de Prague en été 2002.

5.3.4 Congélation et lyophilisation

L'emploi de cette méthode s'est généralisé pour le traitement de collections très humides ou directement mouillées, car elle offre d'importants avantages. La congélation rapide permet de limiter les déformations, la diffusion des encres solubles et le collage des papiers couchés. La lyophilisation peut intervenir dans les mois suivants, sans la pression de l'urgence. Elle est basée sur le processus physique de la sublimation, c'est-à-dire la transformation directe de la glace en vapeur d'eau.

La lyophilisation consiste à ôter l'eau d'un produit congelé par une évaporation sous vide de la glace, sans la faire fondre. Le principe de base est que lorsqu'on réchauffe de l'eau à l'état solide (glace) à très basse pression (environ en dessous de 6 mbar, la pression « normale » étant d'environ 1013 mbar), l'eau se sublime, c'est-à-dire qu'elle passe directement de l'état solide à l'état gazeux. La vapeur d'eau (ou de tout autre solvant) quitte le produit et on la capture par congélation à l'aide d'un condenseur ou piège froid.

Les objets se déforment moins qu'au séchage manuel (environ 10 %), et le risque de collage des papiers couchés est moindre, mais ne peut pas être exclu, surtout si les livres n'ont pas été congelés rapidement (plus de 6 à 8 heures en présence d'eau).

umgeräten, wie sie in der Nahrungsmittelindustrie, zum Beispiel in Metzgereien, verwendet werden. In das Buch oder den Papierstoss wird saugfähiges, unbedrucktes Papier (am besten Löschpapier) eingelegt; dieses Paket wird in einen Plastikbeutel gegeben und mit einer entsprechenden Pumpe in ein Vakuum versetzt. Durch das Vakuum wird der Übergang des Wassers aus dem Original in das Löschpapier beschleunigt; nach einigen Stunden kann das Paket geöffnet und das Löschpapier für eine neue Abfolge ausgewechselt werden. Die in solchen Notfallsituationen eminente Gefahr der Entwicklung von Mikroorganismen wird durch das Vakuum herabgesetzt; die Objekte sind nur einige Tage lang mit dem Kunststoff der Beutel in Kontakt, und die Gefahr des Abklatschens besteht nicht.

Verglichen mit der Lufttrocknung kommt es bei diesem Verfahren weniger zu Verformungen, und die Trocknung wird, vor allem in der Anfangsphase, beschleunigt. Es ist keine komplizierte technische Ausrüstung nötig, allerdings ist ein hoher Personaleinsatz erforderlich. Die Methode kann für kleinere Serien einiger hundert Bücher oder Archivschachteln auch nach dem Tiefgefrieren angewendet werden. Sie wurde bei der Flutkatastrophe in Prag im Sommer 2002 mit Erfolg eingesetzt.

5.3.4 Tiefgefrierung und Gefriertrocknung

Diese Methode findet aufgrund ihrer beträchtlichen Vorteile bei der Behandlung sehr feuchter oder nasser Bestände allgemein Anwendung. Durch eine rasche Tiefgefrierung der Objekte können Verformungen, das Ausbluten löslicher Tinten und das Zusammenkleben gestrichener Papiere verhindert werden. Eine anschliessende Gefriertrocknung kann ohne Zeitdruck in den folgenden Monaten erfolgen. Diese beruht auf dem physikalischen Prinzip der Sublimation, das bedeutet hier die direkte Überführung von Eis in Wasserdampf.

Bei der Gefriertrocknung wird das in Form von Eis in einem tiefgefrorenen Objekt befindliche Wasser im Vakuum ohne Schmelzen direkt in Dampf überführt. Grundprinzip ist die Erwärmung von Wasser in festem Zustand (Eis) bei reduziertem Druck (unter ca. 6 mbar, der normale Druck liegt bei ca. 1013 mbar), sodass das Wasser sublimiert,

Sur la base d'expériences récentes, on peut conseiller l'utilisation de la congélation suivie par la lyophilisation dans une installation ad hoc même pour des collections seulement partiellement atteintes par l'eau ou fortement humides, surtout quand on est confronté à des sinistres touchant des fonds étendus.

Lors d'un séchage manuel de ce type d'objets, un tri préalable s'impose pour identifier les objets le plus gravement atteints qui doivent être congelés. Cela signifie que les collections ne sont plus évacuées dans un ordre cohérent, mais qu'on crée deux groupes qu'il faudra réunir plus tard.

D'autre part, le séchage manuel exige beaucoup de surfaces disponibles et beaucoup de main d'œuvre, ce qui revient souvent plus cher qu'une congélation et une lyophilisation systématique.

5.4 Odeurs résiduelles

Les livres et documents contaminés par la fumée, l'huile de chauffage ou le contenu des égouts conservent souvent après le séchage une odeur persistante et désagréable. Ils peuvent être traités avec plus ou moins de succès selon leurs caractéristiques et les produits absorbés. Les livres et documents contaminés par la fumée et la suie peuvent présenter une odeur marquée bien qu'il n'y ait aucune trace visible à l'œil nu. Selon le type de contamination et de matériel, divers types de traitements sont possibles :

- ☐ Ventilation : les odeurs tendent à diminuer avec le temps, toutefois très lentement.
- ☐ Ventilation et chauffage à 40–50 °C : dans certains cas, ce traitement peut être efficace, avec une sensible diminution des odeurs.
- ☐ Ventilation avec filtration : il existe des appareils brassant une grande quantité d'air (env. 800 m^3/h), munis de filtres HEPA et filtres au charbon actif, qui absorbent les molécules responsables des odeurs ; ils sont transportables et peuvent être utilisés sur place.
- ☐ Vaporisation de parfums neutralisant, généralement des extraits végétaux (citron, pin, etc.) ; ces parfums lient en partie les molécules responsables des odeurs désagréables et couvrent leur

das heisst direkt vom festen in den gasförmigen Zustand überführt wird. Der entweichende Wasserdampf (oder andere Lösungsmitteldämpfe) wird mit Hilfe eines Kondensators wieder zu Eis.

Die Objekte verformen sich weniger als bei der manuellen Trocknung (ca. 10 %), und die Gefahr des Zusammenklebens gestrichener Papiere ist geringer, kann aber nicht ausgeschlossen werden, vor allem bei Zeitverlust bis zur Tiefgefrierung der Bücher (über 6–8 Stunden dem Wasser ausgesetzt).

Auf der Grundlage neuester Erfahrungen wird die Tiefgefrierung, gefolgt vom Trocknen in einer Gefriertrocknungsanlage, selbst für partiell wassergeschädigte oder sehr feuchte Sammlungen empfohlen, vor allem wenn ausgedehnte Bestände betroffen sind.

Werden nämlich solcherart betroffene Objekte von Hand getrocknet, müssen vorher die am stärksten geschädigten Objekte für die Gefriertrocknung aussortiert werden. Das bedeutet, dass die Sammlungen nicht mehr in einer zusammenhängenden Reihenfolge evakuiert werden, sondern dass zwei Gruppen entstehen, die später wieder zusammengeführt werden müssen. Die Trocknung von Hand erfordert viel freie Oberfläche und viele Arbeitskräfte, wodurch sie häufig teurer wird als eine konsequent durchgeführte Tiefgefrierung und Gefriertrocknung.

5.4 Restgerüche

Rauch-, heizöl- oder abwasserkontaminierte Bücher und Dokumente behalten häufig auch nach dem Trocknen einen anhaltenden und unangenehmen Geruch. Je nach ihren Eigenschaften und den absorbierten Produkten können die Objekte mehr oder weniger erfolgreich behandelt werden. Bücher und Dokumente, die Rauch und Russ ausgesetzt waren, weisen manchmal trotz dem starken Brandgeruch keine mit dem Auge sichtbaren Spuren auf. Je nach Art der Kontamination und des Materials sind verschiedene Massnahmen möglich:

- ☐ Lüftung: Die Gerüche nehmen mit der Zeit sehr langsam ab.
- ☐ Lüftung und Heizung bei 40–50 °C: In manchen Fällen erweist sich ein solches Vorgehen als wir-

odeur. Leur efficacité et la stabilité du traitement dans le temps sont limitées.

- ☐ Nébulisation (« Fogging ») : appareils nébulisant un brouillard très fin, avec des produits oxydants et des parfums neutralisant les odeurs ; par cette méthode, comme avec les deux suivantes, on atteint aussi les parties difficilement accessibles d'un local.
- ☐ Ozone : cette molécule (O_3) est chimiquement très active et transforme les molécules responsables des mauvaises odeurs (également efficace contre les odeurs de mazout). S'agissant d'un oxydant très fort, on peut s'attendre en principe à des altérations superficielles des matériaux. Des études précises font défaut. Cette méthode est adéquate pour le traitement de pièces vides plus que pour des biens culturels.
- ☐ Ionisation : grâce à une machine, on obtient un état de l'air semblable à celui provoqué dans la nature par les orages, avec apparition d'un état excité de l'oxygène, le « singulet ». Ce traitement provoque d'une part l'agrégation des particules fines en conglomérats qui tombent par gravité, et de l'autre la neutralisation des molécules odorantes par réaction chimique. Il est moins violent que le traitement à l'ozone ; son application pour les biens culturels est à l'étude.

Les livres et documents contaminés par le contenu des égouts doivent en principe être traités par un restaurateur, qui prendra soin de vérifier en collaboration avec un institut de microbiologie la qualité des résidus dans le papier.

kungsvoll und führt zu merkbarer Verringerung des Geruchs.

- ☐ Lüftung mit Filterung: Es gibt Geräte, die grosse Luftmengen bewegen (ca. 800 m^3/h); sie sind mit HEPA- und Aktivkohlefiltern ausgerüstet, mit denen die den Geruch verursachenden Moleküle entfernt werden. Die Geräte sind mobil und können vor Ort eingesetzt werden.
- ☐ Zerstäubung neutralisierender Duftstoffe, im Allgemeinen von Pflanzenextrakten (Zitrone, Tanne usw.). Diese Duftstoffe binden einen Teil der den unangenehmen Geruch verursachenden Moleküle und überlagern ihn. Sie sind begrenzt und nur für eine bestimmte Zeit wirksam.
- ☐ Feinstnebel (Fogging-Verfahren): Geräte, mit denen Oxidationsmittel und Duftstoffe zur Geruchsneutralisierung zu einem Feinstnebel zerstäubt werden. Mit dieser und den beiden folgenden Methoden können auch schwer zugängliche Orte in einem Raum erreicht werden.
- ☐ Ozon: Dieses Molekül (O_3) ist chemisch sehr aktiv und wandelt die für die schlechten Gerüche verantwortlichen Moleküle um (wirksam auch gegen Heizölgeruch). Da es sich um einen sehr starken Oxidanten handelt, muss man mit Schädigungen der Materialoberflächen rechnen. Genaue Untersuchungen fehlen noch. Diese Methode eignet sich eher zur Anwendung in leeren Räumen als für Kulturgüter.
- ☐ Ionisation: Mit Hilfe eines Ionisators wird im Raum ein ähnlicher Luftzustand erreicht, wie er in der Natur nach einem Gewitter herrscht; es wird Sauerstoff in angeregtem Zustand (Singulett-Sauerstoff) gebildet. Dieses Verfahren verursacht einerseits die Aggregation der feinen Teilchen in Klümpchen, die infolge der Gravität zu Boden sinken, und andererseits die Neutralisation der Geruchsmoleküle durch eine chemische Reaktion. Die Ionisation ist nicht so aggressiv wie die Ozonmethode; die Anwendung für Kulturgüter wird untersucht.

Abwasserkontaminierte Bücher und Dokumente müssen im Prinzip von einem Restaurator behandelt werden, der in Zusammenarbeit mit einem mikrobiologischen Institut die Art der Rückstände im Papier untersucht.

Annexe | Anhang

Bibliographie

1 Bibliographie sélective sur la conservation Auswahlbibliographie zur Bestandserhaltung

Ouvrages choisis par/zusammengestellt von Ulrike Bürger, Zentrum Historische Bestände, Universitätsbibliothek Bern

Adelstein, Peter Z.: IPI [Image Permanence Institute] media storage. Quick reference, 2nd edition. Rochester, NY: Image Permanence Institute, 2009.

Balloffet, Nelly; Hille, Jenny: Preservation and conservation for libraries and archives. Chicago: American Library Association, 2005.

Baird, Brian J.: Preservation strategies for small academic and public libraries. Lanham, Oxford: The Scarecrow Press, 2003.

Boston, George (ed.) : Mémoire du monde. Guide des normes, pratiques recommandées et ouvrages de référence concernant la conservation des documents de toute nature. Paris: UNESCO, 1998.

Calenge, Bertrand: Bibliothèques et politiques documentaires à l'heure d'Internet. Paris: Editions du Cercle de la Librairie, 2008.

DePew, John N.: A library, media, and archival preservation handbook. Santa Barbara, Denver, Oxford: ABC-Clio, 1991.

Feather, John (ed.): Managing preservation for libraries and archives. Current practice and future developments. Aldershot: Ashgate, 2005.

Glauert, Mario; Ruhnau, Sabine (eds.): Verwahren, sichern, erhalten. Handreichungen zur Bestandserhaltung in Archiven (Veröffentlichungen der brandenburgischen Landesfachstelle für Archive und öffentliche Bibliotheken, Bd. 1). Potsdam: Lehrfachstelle für Archive und öffentliche Bibliotheken, 2005.

Gorman, G. E.; Shep, Sydney J. (eds.): Preservation management for libraries, archives and museums. London: Facet Publishing, 2006.

Harvey, Douglas Ross: Preservation in libraries. Principles, strategies and practices for librarians. 2 Bde., London: Bowker-Saur, 1993.

Harvey, Ross: Preserving digital materials. München: Saur, 2005.

Hähner, Ulrike: Schadensprävention im Bibliotheksalltag (Bibliothekspraxis; 37). München: Saur, 2005.

Hilbert, Günter S.: Sammlungsgut in Sicherheit. Beleuchtung und Lichtschutz, Klimatisierung, Schadstoffprävention, Schädlingsbekämpfung, Sicherungstechnik, Brandschutz, Gefahrenmanagement, 3., vollständig überarbeitete Auflage (Berliner Schriften zur Museumskunde, 1). Berlin: Gebrüder Mann Verlag, 2002.

Hofmann, Rainer; Wiesner, Hans-Jörg: Bestandserhaltung in Archiven und Bibliotheken, hg. vom DIN Deutsches Institut für Normung e. V. 2. aktualisierte Auflage, Berlin: Beuth Verlag, 2009.

Lavédrine, Bertrand: Les collections photographiques. Guide de conservation pratique. Paris: ARSAG, 2000. Englische Ausgabe: A guide to the preventive conservation of photograph collections. Los Angeles: Getty Conservation Institute, 2003.

Manning, Ralph W.: A reader in preservation and conservation. Under the auspices of the IFLA Section on Preservation and Conservation (IFLA publications; 91). München: Saur, 2000.

Mirabile, Antonio: Care and handling of manuscripts = Préservation et manipulation des manuscrits (Cultural heritage protection handbook, 2). Paris: UNESCO, 2006. http://unesdoc.unesco.org/images/0014/001484/148463f.pdf

Oddos, Jean-Paul (ed.): La Conservation. Principes et réalités. Paris: Electre, Editions du Cercle de la Librairie, 1995.

Peltz, Uwe; Zorn, Olivia (eds.): kulturGUTerhalten. Standards in der Restaurierungswirtschaft und Denkmalpflege. Berlin: Philipp von Zabern 2009.

Schmidt, Marjen: Fotografien in Museen, Archiven und Sammlungen. Konservieren, archivieren, präsentieren. 2. verb. Aufl., München: Weltkunst, 1995.

Willich, Petra: Bestandserhaltung als Aufgabe des Bibliotheksmanagements (Berliner Arbeiten zur Bibliothekswissenschaft, 5). Berlin: Logos, 2001.

Internetseiten

Bibliothèque Nationale de France. La Conservation des Collections. http://www.bnf.fr/fr/la_bnf/missions_bnf/a.conservation_collections.html

Forum Bestandserhaltung, ein Informations- und Kommunikationssystem zu allen Aspekten der Bestandserhaltung in der Bundesrepublik Deutschland. http://www.uni-muenster.de/Forum-Bestandserhaltung/forum/

International Federation of Library Associations and Institutions (IFLA). IFLA Core Activity for Preservation and Access (PAC). http://www.ifla.org/en/pac

Northeast Document Conservation Center. Preservation leaflets, Andover, Ma: Northeast Document Conservation Center (NEDCC), 2007 ff. http://www.nedcc.org/resources/leaflets.list.php

2 Publications choisies d'Andrea Giovannini Ausgewählte Publikationen von Andrea Giovannini

Architecture et préservation; même combat. Architecture and Preservation: Fighting the Same Battle. In: International preservation news IFLA-PAC, N 22–23, décembre 2000 (texte bilingue français-anglais).

Procédés de copie utilisés dans les administrations et les bureaux avant la diffusion des photocopies 1800–1950. In: Arbido 2/2001, pp. 20–26.

Pour un plan de prévention et d'intervention en cas de catastrophe. In: Arbido 1/2002, pp. 5–12.

Pataki, Andrea; Forstmeyer, Kerstin; Giovannini, Andrea: Leafcasting parchment documents degraded by mould. In: ICOM, the 13th triennal meetig Rio de Janeiro preprints, Vol. II, pp. 622–627.

Conservare piuttosto che restaurare. In: La biblioteca fra tradizione e innovazioni tecniche. De tutela librorum. A cura di Andrea Capaccioni. Revello, Centro Universitario europeo per i beni culturali, Edipuglia, 2002, pp. 27–32.

Die Restaurierung von Bleibullen: eine neue Möglichkeit. In: Arbido 9/2004, pp. 35–36.

Architektur und Konservierung: Der Bau von Archivmagazinen/Archtecture et conservation: la construction des dépôts d'archives. In: Gössi, Anton (ed.): Archivbauten in der Schweiz und im Fürstentum Liechtenstein 1899–2009. Baden, hier+jetzt, 2007.

Dictionnaire français–allemand

A

Acide aminé	Aminosäuren
Acidité	Säuregehalt, Übersäuerung
Affiche	Plakat
Agrafe	Heftklammer
Altération	Schaden, Alterung, Schädigung
Alun	Alaun
Ampoule à incandescence	Glühlampe
Anobiidés (famille d'insectes)	Anobiidae (Insekten)
Anthrènes (famille d'insectes)	Anthrenus (Insekten)
Aquarelle	Aquarell
Armoire	Schrank
Attagènes (famille d'insectes)	Attagenus (Insekten)
Autocollant	Selbstklebematerial (Klebebänder/Klebeschilder)
Azurant (blanchisseurs) optique	Aufheller, optischer

B

Bactéries	Bakterien
Bande magnétique	Magnetband
Bistre	Bister
Blanc de titane	Titanweiss
Blanchiment	Bleichen
Blatte	Schabe
Bleu d'architecture	Blaupause
Bois	Holz
Boite	Schachtel
Brochage de conservation	Konservierungsbroschüre
Brochure	Broschüre

C

Cadre de protection climatique	Klimaschutzrahmen
Calandre	Kalander
Carbonate	Carbonat
Cartable	Mappe
Carte géographique	Karte, geografische
Carton de conservation	Karton, alterungsbeständiger
Cassette	Kassette
Catastrophe	Katastrophe
CD (disque compact)	CD (Compact Disc)
Cellulose	Zellulose
Chaleur	Wärme
Champignon	Pilz
Chanvre	Hanf
Charge alcaline	Füllstoff, alkalischer
Charge minérale	Füllstoff, mineralischer
Chemise	Hülle
Chiffons	Lumpen
Chlore	Chlor
Circulation de l'air	Luftzirkulation
Cirons	Maden
Classe de matières	Stoffklasse
Classement des papiers	Klassifizierung der Papiere
Climat	Klima
Climat extérieur	Aussenklima
Climatisation	Klimaregulierung/Klimatisierung
Climatologie	Klimakunde, -technik
Coiffe (dos du livre)	Häubchen (am Buchrücken)
Coléoptères	Coleopteren
Collagène	Kollagen
Colle	Klebstoff, Leim, Kleister
Colophane	Kolophonium
Concentration de polluants	Schadstoffkonzentration
Condensation	Kondensation
Conditionnement de conservation	Schutzverpackung
Conditions d'utilisation	Benutzungsbedingungen
Confitage (cuir)	Beizen (Leder)
Congélation	Tiefgefrieren
Copeau	Schnitzel/Span
Contrôle	Kontrolle
Contrôle climatique	Klimakontrolle
Coton	Baumwolle
Couchage (papier)	Strich (gestrichenes Papier)
Couture (reliures)	Heftung (Bucheinbände)
Couverture (reliure)	Einband (Buch)
Craie	Kreide
Crayon	Bleistift
Crayon à copier	Kopierstift
Crayon couleur	Farbstift/Buntstift
Crayon/mine graphite	Grafitstift
Crayon permanent	Kopierstift
Cuir	Leder
Cuivre	Kupfer

D

Déchaulage	Entkalken
Décoration	Verzierung
Défibreur	Zerfaserer
Défibreur à chaînes	Holzschleifmaschine
Déformation	Verformung
Dégât	Schaden
Dépôt	Magazin, Depot
Derme	Lederhaut
Dermestidés (famille d'insectes)	Dermestidae (Insekten)

Désacidification	Entsäuerung
Déshumidificateurs	Entfeuchter
Déshumidification	Entfeuchten
Désinfection	Desinfektion
Désinfestation (insectes)	Schädlingsbekämpfung, Entseuchen (Insekten)
Dessèchement	Austrocknung
Dessin technique	Zeichnung, technische
Détérioration	Abbau
Diapositive	Diapositiv
Diazotype	Diazotypie
Dichroïque	Dichroïtisch
Dioxyde d'azote	Schwefeloxid
Disque à microsillons	Schallplatte
Disque compact (CD)	Compact Disc (CD)
Disque dur d'ordinateur	Festplatte (Hard Disc)
Disquette informatique	Diskette
Document en parchemin	Urkunde, Dokument aus Pergament
Document scellé	Urkunde mit Siegel
Dommage	Schaden
Dos (reliure)	Buchrücken
Dossier à rabats	Sammelmappe
Duplicata	Duplikat

E

Ebourrage/épilage (cuir)	Enthaaren/Epilation (Leder)
Echange d'air	Luftwechsel, -austausch
Echarnage (cuir)	Entfleischen (Leder)
Echauffement	Erwärmung
Eclairage	Beleuchtung
Ecriture	Schrift
Ektachrome	Ektachrome
Encadrement	Einrahmung
Encapsulation	Incapsulation
Encollage	Leimung
Encre	Tinte
Encre métallo-gallique	Eisengallustinte
Entreposage	Lagerung
Entretien	Pflege, Wartung
Enveloppe	Umschlag
Enzyme	Enzym
Epair du papier	Durchsicht-Prüfmethode (Papier)
Epiderme	Oberhaut
Epilage/ébourrage (cuir)	Epilation/Enthaaren (Leder)
Epreuve	Abzug
Epreuve ferro-gallique	Eisengallus-Verfahren (Abzug)
Epreuve sépia	Sepia-Verfahren (Abzug)
Epreuve Van Dyke	Van-Dyke-Verfahren (Abzug)
Equipement	Ausstattung
Estampes	Grafik
Etagère	Regal
Etagère mobile	Rollregal, -gestell
Ethique de la restauration	Restaurierungsethik
Etiquetage	Etikettieren
Etiquette	Schild
Etui	Schuber
Evaluation	Beurteilung, Bewertung

F

Fascicule	Faszikel
Feu	Feuer
Feuille	Blatt
Feuille de garde (reliure)	Vorsatzblatt (Buch)
Feuille isolée	Einzelblatt
Feutre (stylo)	Filzstift
Fibre de bois	Faser, Holzfaser
Fibre ligneuse	Faser, verholzte
Fibre textile	Faser, textile
Filigrane	Wasserzeichen
Film synthétique	Kunststoffolie
Filtrage de l'air	Luftfiltern
Filtre	Filter
Filtrer	Filtern
Filtre à poussière	Staubfilter
Filtre UV	UV-Filter
Fond	Bestand
Formation	Ausbildung
Forme à papier	Schöpfform (Papierherstellung)
Foxing	Foxing (Stockflecken)
Frottement	Reibung
Fusain	Zeichenkohle, Kohlezeichnung

G

Gélatine	Gelatine
Glucose	Glukose
Grand format	Grossformat
Gravure	Stich
Groupe chromophore	Gruppe, chromophore

H

Halogène	Halogen
Hémicellulose	Hemizellulose
Humidification/humidificateur	Befeuchtung/Befeuchter
Humidité	Feuchtigkeit, Feuchte
Humidité de l'air	Luftfeuchtigkeit, -feuchte
Hydrolyse	Hydrolyse
Hygromètre	Hygrometer
Hyphe (micro-organismes)	Hyphe (Mikroorganismen)
Hypoderme	Unterhaut

I/J

Identification	Identifizierung
Imprimante (ordinateur)	Drucker (Computer)
Incendie	Brand
Indice de rendu des couleurs	Farbwiedergabeindex
Infection/infestation	Schädlingsbefall
Infiltration d'eau	Wasserinfiltration
Inondation	Überschwemmung
Insecte	Insekt
Jaunissement (du papier)	Vergilben (von Papier)
Journal	Zeitung

K

Kératine	Keratin/Hornstoff

L

Lait de chaux	Kalklauge/Kalkmilch
Lampe à incandescence	Glühlampe
Lampe à miroir dichroïque	Spiegel-Reflektorlampe
Lampe fluorescente	Leuchtstoffröhre
Lampe halogène	Halogenlampe
Lecteur	Leser
Lignine	Lignin
Lin	Leinen
Linter de coton	Baumwoll-Linters
Lisse (production du papier)	Glättwerk (Papierherstellung)
Lithographie sur gélatine	Fotoldruck
Livre	Buch
Local	Raum, Räumlichkeit
Lumen (unité de mesure)	Lumen (Masseinheit)
Lumière	Licht
Lyophilisation	Gefriertrocknung

M

Machine à double toile	Doppelsieb-Former
Machine à formes rondes	Rundsiebmaschine
Machine à table plate	Langsiebmaschine
Machine à papier	Papiermaschine
Main du papier	Volumen des Papiers, x-faches
Manipulation	Handhabung
Matériel de conservation	Konservierungsmaterial
Mégissage	Glacégerbung
Mesure	Messung, Massnahme
Métal	Metall
Micro-organisme	Mikroorganismus
Miniature	Miniatur
Moisissure	Schimmelpilz
Mollier, diagramme de	Mollier-Diagramm
Moyen d'écriture	Schreibmittel
Mutilation	Beschädigung, mutwillige
Mycélium	Myzelium

N

Négatif (photo)	Negativ (Foto)
Nettoyage	Reinigung
Niveau de conservation	Konservierungsniveau
Niveau d'information potentiel	Niveau an potenzieller Information
Non acide	Säurefrei
Norme	Norm

O

Oxydation	Oxidation
Oxydes d'azote	Stickoxide
Oxyde de soufre	Schwefeloxid
Ozone	Ozon

P

Paille	Stroh
Pâlir, Pâlissement	Ausbleichen, Verblassen
Papier apprêté	Papier, maschinenglattes
Papier avec bois	Papier, holzhaltiges
Papier avec chlore	Papier, chlorhaltiges
Papier brillant	Papier, gestrichenes
Papier brut de machine	Papier, Roh-
Papier chiffon	Papier, Hadern-
Papier couché	Papier, gestrichenes
Papier d'édition	Papier, Werkdruck-
Papier journal	Papier, Zeitungs-
Papier longue conservation	Papier, alterungsbeständiges
Papier machine à écrire	Papier, Schreibmaschinen-
Papier médiéval	Papier, mittelalterliches
Papier nature	Papier, Natur-
Papier pauvre en chlore	Papier, chlorarmes
Papier pergamine	Papier, Pergamin-
Papier pigmenté	Papier, pigmentiertes
Papier polycopie	Papier, Kopier-
Papier recyclé	Papier, Recycling-
Papier sans bois	Papier, holzfreies
Papier sans chlore	Papier, chlorfreies
Papier satiné	Papier, satiniertes
Papier thermique	Papier, Thermo-
Papier transparent	Papier, Transparent-
Papier vélin	Papier, Velin-
Parchemin	Pergament
Partie amorphe	Amorpher Bereich
Partie cristalline	Kristalliner Bereich
Passe-partout	Passepartout
Pastel	Pastell
Pâte à papier	Faserstoff
Pâte à papier chimique	Zellstoff
Pâte à papier mécanique	Holzschliff
Peau	Haut
Pellicule de protection	Schutzfolie
Photocopie	Fotokopie
Photographie	Fotografie
Photostat	Photostat
Piège	Falle
Pile à papier	Stampfwerk/Lumpenschneider
Pile hollandaise	Holländer (Papierherstellung)
Plan de catastrophes	Katastrophenplan
Plan	Plan
Plan de gestion des sinistres	Notfallrahmenplan
Plan d'intervention	Notfallplan
Plan d'urgence	Einsatzplan
Poil/poils	Haar/Fell
Point de rosée	Taupunkt
Poisson d'argent	Silberfischchen
Politique de conservation	Konservierungspolitik
Polluant	Schadstoff
Polluant atmosphérique	Luftschadstoff
Pollution atmosphérique	Luftverschmutzung
Polychlorure de vinyle	Polyvinylchlorid
Polyester (feuille de)	Polyester(-folie)
Polyéthylène téréphtalate	Polyethylenterephthalat
Polymères, Polymérisation	Polymere, Polymerisation
Polystyrène	Polystyrol
Ponçage	Schleifen
Pont hydrogène	Wasserstoffbrücke
Pourrissoir	Faulgrube
Poussière	Staub
Poux des livres	Buchlaus
Presse encolleuse (Size Press)	Leimpresse (Size Press)
Priorité	Priorität
Procédé	Verfahren
Protéine	Protein, Eiweissstoff

R

Raffinage (pâte à papier)	Mahlen/Mahlung (Papierfaserstoff)
Rangement	Einordnen
Rayonnement infrarouge	Infrarotstrahlung
Rayonnement ultraviolet	Ultraviolettstrahlung
Rayonnement nuisible	Strahlung, schädliche
Recyclé/Récupération	Recycling/Wiederaufbereitung
Reliure de conservation	Konservierungseinband
Reliure	Einband
Rendu des couleurs	Farbwiedergabe
Renouvellement de l'air	Lufterneuerung
Reproduction	Vervielfältigung
Résines naturelles	Harze, natürliche
Résines synthétiques	Harze, synthetische
Restauration conservative	Restaurierung, konservatorische
Restauration reconstitutive	Restaurierung, rekonstruierende
Rétention, agent de	Retentionsmittel
Réticulation (cellulose)	Vernetzung (Zellulose)
Reverdissage (parcheminage)	Weichen (Pergamentherstellung)
Réversibilité	Reversibilität
Rondin de bois	Stangenholz
Rongeur	Nagetier
Rouleau	Rolle

S

Salle de consultation	Lesesaal
Sceau	Siegel
Sécherie (machine à papier)	Trockenpartie (Papiermaschine)
Semi-tannage	Halbgerbung
Sens du papier	Laufrichtung (Papier)
Sépia	Sepia
Serre-livres	Bücherstütze
Sinistre	Notfall, Schadensfall
Spectre (lumière)	Spektrum (Licht)
Spore	Spore
Stylo à bille	Kugelschreiber
Stylo feutre	Filzstift
Sulfate d'aluminium	Aluminiumsulfat
Sulfate de fer	Eisensulfat
Sulfure de sodium	Natriumsulfid
Support magnéto-optique	Magneto-optischer Speicher
Support multimédia	Datenträger (Multimedia)

T

Tanin	Gerbstoff
Tannage	Gerben/Gerbung/Gerbverfahren
Tannage à l'alun	Alaungerbung
Tannage blanc	Weissgerbung
Teinture	Färben
Température	Temperatur
Température de couleur	Farbtemperatur
Test du double pli	Doppelfalztest
Thermo-hygrographe	Thermohygrograf
Thermo-hygromètre	Thermohygrometer
Timbrage/Timbre	Stempeln/Stempel
Toile à dessiner	Kopierleinwand/Pausleinen
Tracé d'écriture	Schiftzug
Traitement de surface (papier)	Oberflächenbehandlung (Papier)
Trombone	Büroklammer
Tube fluorescent	Leuchtstoffröhre

V

Valeur	Wert
Vélin	Velinpapier
Vergeures (forme à papier)	Rippen (Schöpfform)
Verre filtrant	Filterglas
Vieillissement	Alterung
Vol	Diebstahl
Vrillettes	Würmer

Wörterbuch deutsch–französisch

A	
Abbau	Détérioration
Abzug	Epreuve
Alterung	Vieillissement, Altération
Alaun	Alun
Alaungerbung	Tannage à l'alun
Aluminiumsulfat	Sulfate d'aluminium
Aminosäure	Acide aminé
Amorpher Bereich	Partie amorphe
Anobiidae (Insekten)	Anobiidés (famille d'insectes)
Anthrenus (Insekten)	Anthrènes (famille d'insectes)
Aquarell	Aquarelle
Attagenus (Insekten)	Attagènes (famille d'insectes)
Aufheller, optischer	Azurant (blanchisseurs) optique
Ausbildung	Formation
Ausbleichen/Verblassen	Pâlir, Pâlissement
Aussenklima	Climat extérieur
Ausstattung	Equipement
Austrocknung	Dessèchement
B	
Bakterien	Bactéries
Baumwoll-Linters	Linter de coton
Baumwolle	Coton
Befeuchtung/Befeuchter	Humidification/humidificateur
Beizen (Leder)	Confitage (cuir)
Beleuchtung	Eclairage
Benutzungsbedingungen	Conditions d'utilisation
Beschädigung, mutwillige	Mutilation (découpage)
Bestand	Fond
Beurteilung/Bewertung	Evaluation
Bister	Bistre
Blatt	Feuille
Blaupause	Bleu d'architecture
Bleichen	Blanchiment
Bleistift	Crayon (noir, graphite)
Brand	Incendie
Broschüre	Brochure
Buch	Livre
Bücherstütze	Serre-livres
Buchlaus	Poux des livres
Buchrücken	Dos (reliure)
Büroklammer	Trombone
C	
Carbonat	Carbonate
Chlor	Chlore
Coleopteren	Coléoptères
Compact Disc (CD)	Disque compact (CD)
D	
Datenträger (Multimedia)	Support multimédias
Dermestidaen (Insekten)	Dermestidés (famille d'insectes)
Desinfektion	Désinfection
Diapositiv	Diapositive
Diazotypie	Diazotype
Dichroïtisch	Dichroïque
Diebstahl	Vol
Diskette	Disquette informatique
Doppelfalztest	Test du double pli
Doppelsieb-Former	Machine à double toile
Drucker (Computer)	Imprimante (ordinateur)
Duplikat	Duplicata
Durchsicht-Prüfmethode (Papier)	Epair du papier
E	
Einband	Reliure/Couverture
Einordnen	Rangement
Einrahmung	Encadrement
Einsatzplan	Plan d'urgence
Einzelblatt	Feuille isolée
Eisengallus-Verfahren (Abzug)	Epreuve ferro-gallique
Eisengallustinte	Encre métallo-gallique
Eisensulfat	Sulfate de fer
Eiweissstoff	Protéine
Ektachrome	Ektachrome
Entfeuchten	Déshumidification
Entfeuchter	Déshumidificateur
Entfleischen (Leder)	Echarnage (cuir)
Enthaaren/Epilation (Leder)	Ebourrage/épilage (cuir)
Entkalken	Déchaulage
Entsäuerung	Désacidification
Entseuchen (Insekten)	Desinfestation (insectes)
Enzym	Enzyme
Epilation/Enthaaren (Leder)	Epilage/ébourrage (cuir)
Erwärmung	Echauffement
Etikettieren	Etiquetage
F	
Falle	Piège
Färben	Teinture
Farbstift/Buntstift	Crayon couleur
Farbtemperatur	Température de couleur
Farbwiedergabe	Rendu des couleurs
Farbwiedergabeindex	Indice de rendu des couleurs
Faser, Holz-	Fibre de bois
Faser, textile	Fibre textiles
Faser, verholzte	Fibre ligneuse

Faserstoff	Pâte à papier
Faszikel	Fascicule
Faulgrube	Pourrissoir
Fell	Poil, Fourrure, Pelage
Festplatte (Hard Disc)	Disque dur d'ordinateur
Feuchte	Humidité
Feuchtigkeit	Humidité
Feuer	Feu
Filter	Filtre
Filterglas	Verre filtrant
Filtern	Filtrer
Filzstift	Stylo feutre
Fotografie	Photographie
Fotokopie	Photocopie
Fotoldruck	Lithographie sur gélatine
Foxing (Stockflecken)	Foxing
Füllstoff, alkalischer	Charge alcaline
Füllstoff, mineralischer	Charge minérale

G

Gefriertrocknung	Lyophilisation
Gelatine	Gélatine
Gerben/Gerbung/Gerbverfahren	Tannage
Gerbstoff	Tanin
Glacégerbung	Mégissage
Glätten (Pergament)	Ponçage
Glättwerk (Papierherstellung)	Lisse (production du papier)
Glühlampe	Ampoule/lampe à incandescence
Glukose	Glucose
Grafik	Estampes
Grafitstift	Crayon/mine graphite
Grossformate	Grands formats
Gruppe, chromophore	Groupe chromophore

H

Haar/Fell	Poil/poils
Halbgerbung	Semi-tannage
Halogen	Halogène
Halogenlampe	Lampe halogène
Handhabung	Manipulation
Hanf	Chanvre
Harze, natürliche	Résines naturelles
Harze, synthetische	Résines synthétiques
Häubchen (am Buchrücken)	Coiffe (dos du livre)
Haut	Peau
Heftklammer	Agrafe
Heftung (Bucheinband)	Couture (reliure)
Hemizellulose	Hémicellulose
Holländer (Papierherstellung)	Pile hollandaise
Holz	Bois
Holzschleifmaschine	Défibreur à chaînes
Holzschliff	Pâte à papier mécanique
Hornstoff/Keratin	Kératine
Hülle	Chemise
Hydrolyse	Hydrolyse
Hygrometer	Hygromètre
Hyphe (Mikroorganismen)	Hyphe (micro-organismes)

I

Identifizierung	Identification
Incapsulation	Encapsulation
Infrarotstrahlung	Rayonnement infrarouge
Insekt	Insecte

K

Kalander	Calandre
Kalklauge/Kalkmilch	Lait de chaux
Karte, geografische	Carte géographique
Karton, alterungsbeständiger	Carton de conservation
Kassette	Cassette
Katastrophe	Catastrophe
Katastrophenplan	Plan de catastrophes
Keratin/Hornstoff	Kératine
Klassifizierung der Papiere	Classement des papiers
Klebebänder/Klebstoff	Colle
Kleister	Colle
Klima	Climat
Klimakunde, -technik	Climatologie
Klimakontrolle	contrôle climatique
Klimaregulierung/Klimatisierung	Climatisation
Klimaschutzrahmen	Cadre de protection climatique
Kohlezeichnung	Fusain
Kollagen	Collagène
Kolophonium	Colophane
Kondensation	Condensation
Konservierungsbroschüre	Brochage de conservation
Konservierungseinband	Reliure de conservation
Konservierungsmaterial	Matériel de conservation
Konservierungsniveau	Niveau de conservation
Konservierungspolitik	Politique de conservation
Kontrolle	Contrôle
Kopierleinwand/Pausleinen	Toile à dessiner
Kopierstift	Crayon permanent, crayon à copier
Kreide	Craie
Kristalliner Bereich	Partie cristalline
Kugelschreiber	Stylo à bille
Kunststoffolie	Film synthétiques
Kupfer	Cuivre

L

Lagerung	Entreposage
Langsiebmaschine	Machine à table plate
Laufrichtung (Papier)	Sens du papier
Leder	Cuir
Lederhaut	Derme
Leim	Colle
Leimpresse (Size Press)	Presse encolleuse (Size Press)
Leimung	Encollage
Leinen	Lin
Leser	Lecteur
Lesesaal	Salle de consultation
Leuchtstoffröhre	Tube fluorescente
Licht	Lumière
Lignin	Lignine
Lufterneuerung	Renouvellement de l'air
Luftfeuchtigkeit, -feuchte	Humidité de l'air
Luftfiltern	Filtrage de l'air

Luftschadstoff	Polluant atmosphérique
Luftverschmutzung	Pollution atmosphérique
Luftwechsel, -austausch	Echange d'air
Luftzirkulation	Circulation de l'air
Lumen (Masseinheit)	Lumen (unité de mesure)
Lumpen	Chiffons

M

Maden	Cirons
Magazin	Dépôt
Magnetband	Bande magnétique
Magneto-optischer Speicher	Support magnéto-optique
Mahlen/Mahlung (Papierfaserstoff)	Raffinage (pâte à papier)
Mappe	Cartable
Massnahme	Mesure
Messung	Mesure
Metall	Métal
Mikroorganismus	Micro-organisme
Miniatur	Miniature
Mollier-Diagramm	Mollier, diagramme de
Myzelium	Mycélium

N

Nagetier	Rongeur
Natriumsulfid	Sulfure de sodium
Negativ (Foto)	Négatif (photo)
Niveau an potenzieller Information	Niveau d'information potentiel
Norm	Norme
Notfall	Sinistre, Catastrophe
Notfallplan	Plan d'intervention
Notfallrahmenplan	Plan de gestion des sinistres

O

Oberflächenbehandlung (Papier)	Traitement de surface (papier)
Oberhaut	Epiderme
Oxidation	Oxydation
Ozon	Ozone

P

Papier, alterungsbeständiges	Papier longue conservation
Papier, chlorarmes	Papier pauvre en chlore
Papier, chlorfreies	Papier sans chlore
Papier, chlorhaltiges	Papier avec chlore
Papier, gestrichenes	Papier couché, brillant
Papier, Hadern-	Papier chiffon
Papier, holzfreies	Papier sans bois
Papier, holzhaltiges	Papier avec bois
Papier, Kopier-	Papier polycopie
Papier, maschinenglattes	Papier apprêté
Papier, mittelalterliches	Papier médiéval
Papier, Natur-	Papier nature
Papier, Pergamin-	Papier pergamine
Papier, pigmentiertes	Papier pigmenté
Papier, Recycling-	Papier recyclé
Papier, Roh-	Papier brut de machine
Papier, satiniertes	Papier satiné
Papier, Schreibmaschinen-	Papier machine à écrire
Papier, Thermo-	Papier thermique
Papier, Transparent-	Papier transparent
Papier, Velin-	Papier vélin
Papier, Werkdruck-	Papier d'édition
Papier, Zeitungs-	Papier journal
Papiermaschine	Machine à papier
Passepartout	Passe-partout
Pastell	Pastel
Pergament	Parchemin
Pflege	Entretien
Photostat	Photostat
Pilz	Champignon
Plakat	Affiche
Plan	Plan
Polyester(-folie)	Polyester (feuille de)
Polyethylenterephthalat	Polyéthylène téréphtalate
Polymere, Polymerisation	Polymères, Polymérisation
Polystyrol	Polystyrène
Polyvinylchlorid	Polychlorure de vinyle
Priorität	Priorité
Protein, Eiweissstoff	Protéine

R

Raum, Räumlichkeit	Local
Recycling/Wiederaufbereitung	Récupération
Recycling-Papier	Papier recyclé, de récupération
Regal	Etagère
Reibung	Frottement
Reinigung	Nettoyage
Reproduktionsverfahren	Reproduction, procédés de
Restaurierung, konservatorische	Restauration conservative
Restaurierung, rekonstruierende	Restauration reconstitutive
Restaurierungsethik	Ethique de la restauration
Retentionsmittel	Rétention, agent de
Reversibilität	Réversibilité
Rippen (Schöpfform)	Vergeures (forme à papier)
Rolle	Rouleau
Rollregal, -gestell	Etagère mobile
Rundsiebmaschine	Machine à formes rondes

S

Sammelmappe	Dossier à rabats
Säurefrei	Non acide
Säuregehalt	Acidité
Schabe	Blatte
Schachtel	Boîte
Schaden	Dégât, dommage
Schadensfall	Sinistre
Schädigung	Altération
Schädlingsbefall	Infection/infestation
Schädlingsbekämpfung	Désinfestation
Schadstoff	Polluant
Schadstoffkonzentration	Concentration de polluants
Schallplatte	Disque à microsillons
Schild	Etiquette
Schimmelpilz	Moisissure/champignon
Schleifen	Ponçage
Schnitzel	Copeau
Schöpfform (Papierherstellung)	Forme à papier
Schrank	Armoire

Schreibmittel	Moyen d'écriture
Schrift	Ecriture
Schriftzug	Tracé d'écriture
Schuber	Etui
Schutzfolie	Pellicule de protection
Schutzverpackung	Conditionnement de conservation
Schwefeldioxid	Dioxyde d'azote
Schwefeloxid	Oxyde de soufre
Selbstklebematerial	Autocollants
Sepia	Sépia
Sepia-Verfahren (Abzug)	Epreuve sépia
Siegel	Sceau
Silberfischchen	Poisson d'argent
Stoffklasse	Classe de matières
Spektrum (Licht)	Spectre (lumière)
Spiegel-Reflektorlampe	Lampe à miroir dichroïque
Span	Copeau
Spore	Spore
Stampfwerk/Lumpenschneider	Pile à papier
Stangenholz	Rondin de bois
Staub	Poussière
Staubfilter	Filtre à poussière
Stempel/Stempeln	Timbres/Timbrage
Stich	Gravure
Stickoxid	Oxydes d'azote
Stockflecken (Foxing)	Foxing
Strahlung, schädliche	Rayonnement nuisible
Strich (gestrichenes Papier)	Couchage (papier)
Stroh	Paille

T

Taupunkt	Point de rosée
Temperatur	Température
Thermohygrograf	Thermo-hygrographe
Thermohygrometer	Thermo-hygromètre
Tiefgefrieren	Congélation
Tinte	Encre
Titanweiss	Blanc de titane
Trockenpartie (Papiermaschine)	Sécherie (machine à papier)

U

Übersäuerung	Acidité
Überschwemmung	Inondation
Ultraviolettstrahlung	Rayonnement ultraviolet
Umschlag	Enveloppe
Unterhaut	Hypoderme
Urkunde/Dokument aus Pergament	Document en parchemin
Urkunde mit Siegel	Document scellé
UV-Filter	Filtre UV

V

Van-Dyke-Verfahren (Abzug)	Epreuve Van Dyke
Velinpapier	Vélin
Verfahren	Procédé
Verformung	Déformation
Vergilben (von Papier)	Jaunissement du papier
Vernetzung (Zellulose)	Réticulation (cellulose)
Vervielfältigung	Reproduction
Verzierung	Décoration
Volumen des Papiers, x-faches	Main du papier
Vorsatzblatt (Buch)	Feuille de garde (reliure)

W

Wärme	Chaleur
Wartung	Entretien
Wasserinfiltration	Infiltration d'eau
Wasserzeichen	Filigrane
Wasserstoffbrücke	Pont hydrogène
Weichen (Pergamentherstellung)	Reverdissage (parcheminage)
Weissgerbung	Tannage blanc
Wert	Valeur
Wiederaufbereitet	Recyclé
Würmer	Vrillettes

Z

Zeichenkohle	Fusain
Zeichnung, technische	Dessin technique
Zeitung	Journal
Zellstoff	Pâte à papier chimique
Zellulose	Cellulose
Zerfaserer	Défibreur

Index (français)

Index (deutsch)